必須歷史用語解說辭典

필수역사용어해설사전

이 은 식 지음

필수역사용어해설사전

초판 1쇄 인쇄 | 2014년 12월 22일
초판 2쇄 인쇄 | 2014년 12월 22일

지은이 | 이은식
펴낸이 | 한국인물사연구원

주간 | 지해영
편집 | 이성환
인쇄 | RICH MEDIA

펴낸곳 | 도서출판 타오름
주소 | 서울 은평구 통일로 52길 3, 2층
전화 | 02) 383-4929
팩스 | 02) 356-6600
전자우편 | taoreum@naver.com
블로그 | http://blog.naver.com/taoreum

값   33,000원
ISBN 978-89-94125-84-8

「이 도서의 국립중앙도서관 출판예정도서목록(CIP)은 서지정보유통지원시스템 홈페이지(http://seoji.nl.go.kr)와
국가자료공동목록시스템(http://www.nl.go.kr/kolisnet)에서 이용하실 수 있습니다.(CIP제어번호:CIP2014036274)」

必須歷史用語解說辭典
필수역사용어해설사전

한국인물사연구원 편저

도서출판 다은름

목 차

▌작가의 말

문학박사 이은식

· 한국인물사연구원 원장
· (재)성균관 수석부관장
· 사)퇴계학진흥협의회 이사
· 사)서울문학사학회 부회장
· 사)사육신현창회 연구이사
· 서울시 지명(地名)위원
· 사)청소년보호단체(한국BBS) 서울시연맹회장

인류문화(人類文化)의 발전(發展)은 그 민족(民族)의 역사(歷史)를 얼마나 바르게 인식(認識)하고 어떻게 가꾸느냐에 따라 흥망성쇠(興亡盛衰)가 달려있다고 하겠습니다.

특히 오늘날과 같이 격변(激變)하는 시대(時代)에 살고 있는 현세대들에게는 역사(歷史)가 주는 교훈(敎訓)이 더욱 절실(切實)하게 요구(要求)되며, 역사의 근간(根幹)이 되는 씨족사관 재정립(氏族史觀再定立)의 중요성(重要性)이 심대(甚大) 한 지금, 우리들의 부재를 이해함에 있어 범연(泛然)하기 쉬운 오류(誤謬)를 극소화(極小化)시켜야겠습니다.

본(本) 필수 역사용어해설사전은 족보(族譜) 및 한국사(韓國史)를 이해하는데 필요한 내용(內容)에 치중(置重)하여 수록(收錄)하였고, 관청(官廳) 및 관직(官職)과 품계(品階)에 대(對)해서는 「경국대전(經國大典)」과 「속대전(續大典)」 그리고 「대전통편(大典通編)」 등의 문헌(文獻)을 참고(參考)했으며, 지명(地名)은 「삼국사기(三國史記)」와 「동국여지승람(東國輿地勝覽)」 「증보문헌비고(增補文獻備考)」· 「한국지명연혁고(韓國地名沿革考)」 등 각지지(各地誌)에 나타나는 고지명(故地名) 중에서 성씨(姓氏)의 관적지(貫籍地)와 관련(關聯)된 지역(地域)만을 대상(對象)으로 수록(收錄)하였고 서술(敍述)은 역사적(歷史的)인 연혁(沿革)에 치중했으며, 인문지리적(人文地理的) 사항(事項)은 가급적 간력하게 하였습니다.

모쪼록 이 한 권의 사전이 문사(文事)에 종사하는 관계자와 한국사를 해득(解得)하려는 모든 사람들을 위한 훌륭한 보학(譜學)의 지침서(指針書)가 되기를 기대하면서 우리 한민족은 유구한 역사를 통해 우수한 문화를 형성하였고, 유교를 통해서 민유방본(民維邦本)의 민주민본사상과 인간의 중심사상으로서의 충효(忠孝) 사상의 진실한 의의(意義)와 해의(解義)가 현대적으로 실현화될 때 인간정신 방향의 빛이 될 것이다. 이러한 상황 속에서 민족적 순결관념과 충효열(忠孝烈)의 중심사상이 한민족을 지켜온 가치관을 정립하는데 가장 필요한 그 무엇인가를 시대가 절실히 요망하고 있는 실정이다.

우리가 우리의 맥(脈)을 알기 위하여 필요한 역사서를 한 권 읽어 보려해도 난해한 용어와 낱말에 막혀 결국 읽지 못하는 것이 오늘날 역사학의 현실이다. 필자는 이 절박한 마음에서 우리 국민들 모두는 누구를 막론하고 우리 민족(民族)의 혈맥(血脈)인 역사학을 쉽게 읽고 이해 하여야 하겠기에 비록 시작에 불과하겠지만 각종 사료를 모아 필수 역사용어해설사전이란 이름으로 펴내오니 많은 참고가 되는 사전으로 그 구실을 다 할수 있도록 기대하는 바입니다.

2014년 갑오년(甲午年) 설경을 바라보며
북한산기슭 녹번동에서.

▍추천사

이어령李御寧 · 초대 문화부 장관

· 신문인/문학평론가
· 이화여자대학교 석좌교수
· 중앙일보 상임고문

한 민족의 역사가 그 민족의 발자취와 위업을 담은 것이듯이 선인(先人)들이 남겨 준 고전 이야말로 귀중한 문화유산(文化遺産)인 동시에 겨레의 정신적 지주(精神的支柱)이다.

이 중요한 우리 고전은 대부분 한문으로 되어 있는데다 한때 역사의 단절(斷絶)로 이를 계발(啓發)하지 못하여 이제는 이를 해독(解讀)하는 사람마저 극소수에 불과한 형편이다.

이런 점에 비추어 볼 때 고전을 국역하여 국학(國學)연구에 이바지하는 한편 국민에게 널리 읽힘으로써 전통문화(傳統文化)를 계발, 빛나는 민족문화 창조에 공헌(功獻)해야 함은 당연한 역사적 사명인 것이라 해야 하겠다.

근래에 와서 국내(國內)는 물론 국외(國外)에서도 우리 고전에 대한 연구와 관심도(關心度)가 높아지고 있음은 매우 다행스러운 일이 아닐 수 없다 하겠다.

이러한 국내외의 추세(趨勢)에 발 맞추어 금번 한국인물사연구원에서는 역사고전의 이해(理解)와 연구의 저변확대(底邊擴大) 및 고전의 대중화(大衆化)를 위하여 그 동안 간행된 모든 기록물(역사책)을 쉽게 이해할수있게 만들어진 〈필수역사용어해설사전〉 본문과 고금을 비교할 수 있는 각종 사료史料, 성씨의 기원, 지명변천 왕릉일람 그리고 일반인들에게 호칭하던 자字 호號 선현先賢들의 시호諡號등 역사책을 접하면서 더욱 쉽게 이해할수 있도록 엮은 부록편 등은 격조높은 내용이라 매우 유익할것임을 확신하면서 추천사에 대하는 바입니다.

2014년 갑오년(甲午年) 12월

▌추천사

김재현金在鉉

· (전) 성균관 관장
· (재) 한국유도원 이사장
· 신라종친연합회 부총재
· 자유수호국민운동 운영위원장
· 용현개발 회장

　민족문화(民族文化) 전승계몽(傳承啓蒙)은 현대(現代)를 살고 있는 우리 모두 의 소명(召命)된 책무(責務)이자 조상(祖上)에 대한 보본외경(報本畏敬)의 으뜸일 것이며 또한 우리민족의 혼이고 맥일 것입니다.

　예로부터 우리나라는 갖은 변란(變亂)과 고난(苦難)속에서도 조상(祖上)을 숭배(崇拜)하고 윤리도덕(倫理道德)을 삶의 근본(根本)으로 여겨왔습니다. 그러나 안타깝게도 서구(西歐)의 물질문명이 무분별(無分別)하게 난입(亂入)되어 우리 민족고유(民族固有)의 미풍양속(美風良俗)이 점차 사라지고 인륜도덕(人倫道德)이 타락(墮落)되고 패륜(悖倫)과 무질서(無秩序)가 혼돈(混沌)을 거듭하여 올바른 인재(人才) 육성(育成)이 절실히 요구되고 있습니다.

　특히 탁세(獨世)에 부회(附會)하여 유독(唯獨) 안녕(安寧)만을 추구(追求)하는 시대(時代)에 숭조애족지심(崇祖愛族之心)으로 민족종사서양(民族宗事擧揚)에 일익(一翼)을 담당해온 한국인물사연구원이 본(本) 필수 역사용어해설사전을 출간(出刊)하게 되었음을 진심(眞心)으로 맞이하는 바입니다.

　특히 본 사전은 선조(先祖)들의 사적(事踏)을 기록(記錄)한 문헌(文獻)으로 엮여진 용어이므로 그 속에 담겨진 뜻의 범위(範圍)가 방대(尨大)할 뿐만 아니라 시대(時代)에 따라 표기(表記) 방법(方法)이 달라서 이해하기가 매우 어렵습니다. 독자(讀者)의 형편상(形便上) 전문분야별(專門分野別) 사전(事典)을 모두 구비(具備)할 수 없는 실정(實情)이고 볼 때, 이 한권의 역사용어사전이 문사(門事)에 종사하는 관계자와 족보 및 한국사(韓國史)를 해득(解得)하려는 모든 사람들을 위한 훌륭한 역사(歷史)의 지침서(指針書)가 될 것을 간망(懇望)하면서 추천사(推薦辭)에 대하는 바입니다.

2014년 갑오년(甲午年) 12월

必須歷史用語解說辭典
필수역사용어해설사전

가

가加 고대 부여·고구려 부족단체장의 이름또는 관명. 혹은 과거에 왕에 선출된 바 있던 부족의 장이나 왕과 혼인을 맺은 인척의 부족의 장에 대한 존칭.

가각곡架閣庫 ① 고려시대 도서를 보관하던 관청. ② 조선시대 도서와 수교受敎 등 중요한 문서를 보관하던 관청.

가감역관假監役官 조선 중기 선공감繕工監에 설치되었던 종9품의 임시직 관직. 가감역監役이라고도 함. 1718년(숙종 44)에 처음 설치되었고, 정원 3명. 국가의 토목·영선 사업을 감독함.

가관假官 조선시대 법정정원 외에 추가로 임용하거나 중요한 관직에 결원이 생겼을 때 타관이 겸임하는 임시관직.

가극加棘 조선시대 유형流刑의 하나. 유배소에 가시나무(탱자나무)로 울타리를 치는것.

가금呵禁 귀인의 행차에 가인呵引이 잡인의 통행을 소리쳐 금지하는 것. 가갈呵喝·갈도(喝道·喝導)·가도(呵道·呵導)·창가唱呵라고도 함.

가급유加給由 관원에게 준 휴가기간이 다찼을 때 말미를 주는 것.

가낭청假郎聽 임시로 임용된 낭관직郎官職.

가덕대부嘉德大夫 조선시대 문산계文散階의 하나. 종친 종1품 하계下階의 관계명官階名.

가도조假賭租 우선 가량假量하여 미리 받아들이는 도조賭租.

가독부可毒夫 발해에서 사용되던 왕의 칭호.

가동수금家僮囚禁 법률을 위반하여 공사公事를 회피한 자를 대신하여 그 가동家僮, 즉 종을 수금囚禁하는 것.

가령家令 ① 고관의 집이나 대갓집에 딸려 고용인을 지휘·감독하고 가사家事 일체를 관리하는 사람. ② 고려시대 동궁관東宮官의 종4품 관직. 정원은 1명.

가례嘉禮 《국조오례의國朝五禮儀》에 규정한 길吉·흉凶·가嘉·빈賓·군軍의 오례五禮 중의 한 가지로 경사스러운 의례儀禮. 임금의 성혼成婚·즉위, 또는 왕세자·오아세손이나 황태자·황태손의 성혼·책봉 같은 때의 예식. 사가私家에서의 가례는 관례冠禮나 혼례婚禮를 뜻하기도 함.

가례도감嘉禮都監 조선시대 국왕이나 왕세자·왕세손 등의 가례嘉禮 때 관계되는 업무를 총괄하기 위해 임시로 설치하였던 기구.

가례도감의궤嘉禮都監儀軌 가례 때의 절차를 적은 책.

가리假吏 그 지방에서 대를 이어받은 아전이 아니고 다른 고을에서 전입轉入한 아전.

가마加麻 문인이나 스승의 상喪에, 혹은 후배가 존경하는 선배의 상에 심상心喪을 입은 표시로 겉옷에 삼베헝겊을 붙이는 것.

가망加望 관원의 후보자로 삼망三望을 갖추어 올릴 때 그 벼슬에 해당하는 품계보다 한 품계 낮은 이를 삼망 속에, 혹 삼망 밖에 더 적어 넣어 올리는 것.

가무별감歌舞別監 조선시대 궁중의 액정서掖庭署에 소속되어 가무歌舞에 관한 일을 맡아보던 체아직遞兒職으로 잡직雜職 가운데 하나. 화초별감花草別監이라고도 함.

가문價文 팔거나 살 때에 주거나 받는 돈. 가금價金·가액價額이라고도 함.

가미價米 물품·용역 등의 대가代價로 주는 미곡米穀.

가별장假別將 조선 후기 각 지방의 산성과 나루터를 지키기 위하여 설치된 임시 별장. 종9품. 한강가별장·삼전도가별장 등으로 호칭됨.

가복加卜 ① 의정議政으로 추천된 후보자 명단에 왕의 의중의 인물이 없을 경우 다시 한 사람 또는 두 사람을 추가하여 추천하는 것. ② 가결결結, 즉 전지田地의 조세율租稅率을 높이는 것.

가사통기家舍統記 민호民戶의 통統을 표시한 문서. 통은 민호 편제의 한 단위.

가상존호加上尊號 임금이나 왕후의 존호尊號에 존호를 더 올리는 것.

가색稼穡 곡식 농사. 가稼는 심는 것, 색穡은 거두어들이는 것. 곡식의 경종耕種에서 수확까지를 통틀어 이르는 말.

가선대부嘉善大夫 조선시대 문산계文散階의 하나. 문고나 종2품 하계下階의 관계명官階名.

가설동지加設同知 정원 외에 임시로 두는 동지사同知事.

가세嫁稅 재변災變으로 전지田地가 유실되어 세를 받을 수 없을 경우 그 결손缺損을 다른 전지에 물리는 것.

가솔假率 조선 후기 변방지역의 방비 강화를 위해 선발된 특수병종. 보통 가솔군假率軍官이라고도 함. 일반 병졸보다 조금 나은 하사관의 지위에 있었음.

가쇄枷鎖 조선시대의 옥구獄具. 죄인의 목에 씌우는 나무칼[枷]과 목·발목에 채우는 쇠사슬[鎖].

가급독假讀讀 조선시대 관상감觀象監·사역원司譯院·전의감典醫監·훈련원訓鍊院의 임시 습독관讀讀官.

가승加升 세곡稅穀을 받아들일 때 뒤에 축날 것을 예상하여 1석石에 대해 3승升씩 더 받는 것.

가승家升 민가民家에서 곡물을 되는 데 쓰이는 되. 10작勺을 1홉, 10홉을 1되, 10되를 1말, 15말을 소곡小斛 또는 평석平石, 20말을 대곡大斛 또는 전석全石이라고 함.

가승전색假承傳色 임시로 임용된 승전색承傳色.

가승지假承旨 임시로 임용된 승지.

가신은加贐銀 멀리 가는 사람에게 노자路資로 주는 은자銀子를 신은贐銀이라 하고, 추가하여 더 주는 신은을 가신은이라 함.

가위주리 고문拷問에 사용하는 형벌의 하나. 두 발을 묶고 정강이 사이에 막대기 두 개를 넣어, 그 한쪽 끝을 좌우로 벌리는 것. 가새주리라고도 함.

가유加由 유由는 휴가休暇라는 말로, 가유는 휴가를 더 주는 것. 가급유加給由의 준말.

가의대부[嘉義大夫 조선시대 문산계文散階의 하나. 문관 종2품 상계上階의 관계명官階名. 원래 가정대부嘉靖大夫이던 것을 1522년(중종 17) 당시 명나라 세종이 즉위하여 연호를 '가정嘉靖'이라 정하자 이를 피하기 위해 가의대부로 고친 것임.

가인呵引 귀인의 행차에 앞서가며 잡인의 통행을 소리쳐 금하는 사람.

가인의假引儀 조선시대 통례원通禮院에 설치되었던 종9품의 임시 관직. 정원은 6명. 대소 조회의 의전을 담당한 인의引儀의 일을 같이 함.

가일과加一瓜 재직기한이 끝난 관원에게 한 임기 동안을 더 머무르게 하는 것.

가자加資 ① 정3품 통정대부通政大夫 이상의 품계에 올려주는 것. ② 정3품 통정대부 이상의 품계.

가자체加資帖 가자加資를 내릴 때 주는 체지帖紙. 즉 사령辭令·교지敎旨.

가장假將 전장戰場에서 어느 장수의 결원이 있을 때 그 봉총으로 정식 임명이 있기 까지 주장主將의 명령으로 그 직무를 맡아 보게 하는 임시 장수.

가장령假掌令 조선시대 사헌부 장령掌令의 임시 대리 관직.

가전駕前 ① 임금이 거둥할 때 임금의 수레 앞에서 호위하는 시위병. ② 임금의 대가大駕 앞.

가전별초駕前別抄 조선 후기 어영청御營廳 소속의 군인. 설치 초기의 임무는 국왕이 거둥할 때 궐내에서는 임금의 말을 양쪽에서 호위하고, 궐외에서는 임금의 수레를 호위하는 임무를 맡음. 나중에는 한량閑良이나 산관散官 등을 우대하기 위한 병종으로 바뀜.

가전정소駕前呈訴 임금의 거가車駕 앞에 나아가 직소直訴함. 원통한 일을 당한 사람이 임금이 거둥하는 길가에서 꽹과리를 쳐서 하문下問을 기다리는 것. 격쟁擊錚.

가정家丁 자기 집에서 부리는 남자 일꾼.

가정관加定官 ① 임시로 설정한 벼슬. ② 정원 이외에 더 설정한 임시 관원.

가정대부嘉靖大夫 조선시대 문산계文散階의 하나. 문관 종2품의 상계上階의 관계명官階名.

가좌전家座錢 호포戶布. 봄·가을 두 차례 집집마다 부과시키는 호별세戶別稅.

가주서假注書 조선시대 승정원 주서注書의 유고시 임시로 임명하는 주서. 사변가주서事變假注書의 준말.

가지평假持平 조선시대 사헌부 지평持平의 임시 대리 관직.

가질假質 조선시대 병자호란 뒤 대신들의 적자嫡子를 대신하여 청나라에 인질로 잡혀갔던 사람.

가집加執 지방관이 상부의 명령으로 관의 양곡糧穀을 팔 때 정액定額 이상으로 팔아 중간 이익을 취하는 것.

가차사假差使 임시 차사差使.

가차하加差下 관리를 정원 이외에 더 임명하는 것.

가참봉假參奉 참봉직에 결원이 생겨 후임자가 임명될 때까지 임시로 둔 임시 참봉.

가척歌尺 신라시대에 노래를 부르던 악공.

가초노假抄奴 임시로 선발한 종.

가출加出 관아에서 사무의 폭주로 정원 외 서리書吏·원역員役을 더 채용하는 것.

가출서리加出書吏 정원 외에 임시로 임명한 서리書吏.

가포價布 일정한 신역身役을 치러야 할 사람이 출역出役하지 않고 그 역의 대가로 바치는 포.

가화함假華銜 임시로 아름다운 직함職銜을 사용하는 것. 예를 들어, 중국에 보내는 사은사謝恩使는 정2품 이상으로 하되 제1품인 판종정경判宗正卿이나 종1품인 판중추부사判中樞府事의 직함을 빌려 쓰며, 부사副使는 종2품인 자로 하되 정2품인 예조판서의 직함을 쓰게 하는 것 등.

가후駕後 임금이 거둥할 때 임금의 수레 뒤에 따르는 호위병.

가후금군駕後禁軍 국왕이 거둥할 때 어가御駕 뒤에 늘어서서 호위하는 금군禁軍. 가후駕後 또는 가후군駕後軍·가후별초駕後別抄라고도 함.

가후별초駕後別抄 가후금군駕後禁軍의 이칭.

가흥창可興倉 충청북도 중원군 가금면 가흥리 남한강변에 있었던 조선시대 조창漕倉.

각각刻 시각時刻·시간時間. 밤낮을 백각百刻으로 하고, 춘분·추분에는 밤·낮을 각각 50각으로 나누며, 동지에는 낮 40각, 밤 60각으로, 하지에는 낮 60각, 밤 40각으로 구분하여 시간을 계산함.

각간角干 신라의 경위京位 17관등 중 최상위 관등인 이벌찬伊伐湌의 이칭. 이벌간伊伐干·우벌찬于伐湌·각찬角粲·서발한舒發翰·서벌한舒伐邯 이라고도 함.

각간角干 신라시대의 관등. 17관등의 첫째 위계位階로서 진골眞骨이 하는 벼슬. 이벌찬伊伐湌·간벌찬干伐湌·각찬角粲·서발한舒發翰·서불한舒弗邯이라고도 함.

각감閣監 조선시대 규장각 잡직雜職의 하나. 어진御眞을 봉안奉安한 곳의 수직守直을 맡음. 정원은 2명. 그 계에 따라 군직軍職을 부여함.

각감청閣監廳 조선 후기에 설치된 규장각의 한 부서. 역대 왕들의 초

상화·친필·어제御製·왕실족보·새보璽寶·인장印章·보감寶鑑 등을 봉안하고 관리하는 일을 맡아봄.

각거覺擧 ① 적발하여 검거하는 것. ② 관리가 공무를 실착(失錯:과실 또는 착오)한 후 발각되기 전에 스스로 깨달아 그 사실을 자수하는 것.

각권閣圈 조선시대 규장각 관원의 임용 후 보자에게 권점圈點을 행하는 것.

각기各岐 문관文官·무관武官·음관蔭官 출신 이외에 특별한 기술로써 벼슬살이를 하는 천문관·의관醫官·관상감관観象官·화원畵員·녹사錄事·사자관寫字官·역관譯官·율원律員 등의 통칭.

각령閣令 도자기를 굽는 일터 또는 도자기를 만드는 일을 맡은 공방을 일컬음.

각루刻漏 물시계. 밑에 작은 구멍 하나를 뚫은 누호漏壺라는 그릇 안에 눈을 잘게 새긴 누전漏箭이라는 것을 세우고 물이 새어서 줄어가는 정도를 보아 시간을 알게 됨. 누수기漏水器라고도 함.

각루원刻漏院 고려시대 물시계의 관측을 위하여 서경西京에 둔 관청. 태조 때 설치 되었으며, 1116년(예종 1) 서경 분사제도分司制度의 실시로 인해 분사태사국分司太史局으로 바뀌었으며, 1136년(인종 14)에 다시 각루원으로 환원됨.

각릉등록各陵謄錄 조선시대 예조 전향사典享司에서 각 능의 관리에 관한 문건을 모아 놓은 책.

각묘위전各廟位田 종묘·사직 기타 각 묘廟의 제향 비용으로 쓰기 위하여 마련된 전지田地. 위전位田은 수확물을 일정한 목적에 쓰기 위하여 마련한 전지.

각문閣門 고려시대 조회와 의례를 맡아보던 관청. 합문閤門이라고도 함. 전기 때부터 설치되었으며, 1274년 충렬왕이 즉위하여 통례문通禮門으로 고쳤다가, 1298년(충렬왕 24)에 각문으로 복구됨. 1308년에 중문中門으로 다시 개정되었다가 곧 통례문으로 바뀜. 1356년(공민왕 5)과 1369년에 각각 각문으로 복구되었고, 1372년에 다시 통례문으로 바뀜.

각방各房 ① 형조의 9방(房). 형조의 사사四司에 각각 2개씩 있는 것과 형방刑房을 합한 것. 즉 상일방祥一房·상이방, 고일방考一房·고이방, 금일방禁一房·금이방, 예일방隸一房·예이방, 형방刑房을 말함. ② 육방六房. 이방吏房·호방戶房·예방禮房·병방兵房·형방刑房·공방工房을 일컬음.

각사면신各司免新 각 관아의 신임자가 피로(披露:일반에게 널리 공포함)의 뜻으로 고참자에게 향응을 베푸는 것. 허참許參이라고도 함.

각신閣臣 ① 조선시대 규장각의 제학提學의 이칭. ② 규장각에 소속된 모든 관원들을 일컫기도 함.

각자수세各自收稅 전지田地의 지급을 받은 자가 국가의 수세권收稅權을 대행하여 세를 징수하며 국가에 대해서는 따로 납세하지 않는 것.

각자장刻字匠 각판刻板에 글자를 새기는 장인匠人. 각장刻匠이라고도 함.

각장榷場 고려시대 거란·여진족 등 북방민족과의 교역을 위해 설치된 무역장. 일명 각서權署라고도 함. 이를 관리하는 관청을 각무權務라고 하였으며, 이곳에서는 관무역과 민간무역이 동시에 진행됨.

각전各廛 각 주비전主比廛. 조선 초기부터 서울에 있던 백각전百各廛 중의 으뜸이 되는 시전市廛. 보통 여섯 혹은 여덟 개씩 이었으므로 육주비전六注比廛·팔주비전八注比廛으로 불림.

각직閣直 규장각지기.

각직閣職 규장각의 관직.

각찬角粲 이벌찬伊伐湌의 이칭.

각패角牌 정3품 이하의 문·무관이 차는 뿔로 만든 호패號牌.

각함閣銜 규장각의 직함職銜.

각화權貨 이익을 독점하는 물품. 곧 도거리 상품.

간干 ① 고대 부족사회의 족장이나 왕의 호칭. ② 신라시대의 관직. 촌도전徙徒典·마전麻典·재전滓典·석전席典·궤개전机概典·양전楊典·와기전瓦器典에 각각 1명씩 소속되어 있었고, 육전肉典에는 2인 소속되어 있었음. ③ 신라시대 외위外位 관등의 하나. 제7 관등으로서 하간下干으로도 표기되었음. ④ 무무武舞를 출때 사용하는 의물儀物의 하나.

간경도감刊經都監 조선 세조 때 불경의 국역과 간행을 위하여 설치된 임시관청. 1461년(세조 7) 왕명으로 설치되었다가, 1471년(성종 2) 폐지됨.

간고諫鼓 임금에게 간쟁하고 싶어하는 사람이나 소원訴冤하고자 하는 사람에게 그 뜻을 통하게 하기 위하여 와서 치도록 궁문에 비치한 큰 북. 신문고申聞鼓.

간관諫官 고려시대 낭사郎舍와 조선시대 사간원·사헌부의 합칭 또는 두 관서 관원의 총칭. 간諫이라 함은 선·악을 분별하여 국왕에게 진술함을 뜻하는 것으로, 이를 맡은 관서 또는 관원을 간관이라 함. 고려시대에는 문하부의 낭사인 좌·우간의대부左右諫議大夫로부터 정언正言까지를, 조선시대에는 사간원의 대사간·사간·헌납·정언과 사헌부 또는 그 관원을 지칭함.

간다개장看多介匠 마구馬具의 하나인 말굴레를 제조하는 장인匠人.

간도목間都目 매년 음력 6월과 12월에 관원의 성적을 고사하여 출척(黜陟:못된 사람을 내쫓고 착한 사람을 올리어 씀)과 승진·좌천 등의 인사행정을 행하는 것을 도목정사都目政事라고 하고, 이외에 관직의 종류 또는 필요에 따라 6월·12월의 사잇달인 3월과 9월에도 인사행정을 하는데, 이 3월·9월의 인사행정을 일컬음.

간돌도끼 돌을 갈아서 만든 도끼. 마제석부磨製石斧라고도 함.

간문間門 도성都城의 정문正門인 동·서·남·북의 4대문이 있는데, 이 정문과 정문 사이에 위치한 작은 문을 일컬음. 동소문·서소문 등.

간벌찬干伐湌 이벌찬의 이칭.찬

간삼도목三都目 6월·12월을 정기도목定期都目, 3월·9월을 간접도목間接都目이라 하는데, 9월은 세 번째 도목이고 또 간접도목에 해당되어 간접의 세 번째 도목이라는 뜻으로 부르는 명칭.

간수군看守軍 고려시대 창고·관청 등의 경비를 맡아보던 군인.

간옹看翁 신라시대 고녕전尻녕典·평진음전平珍音典·연사전煙舍典·명활전明活典·원곡양전源谷羊典·염곡전染谷典·벽전壁典·자원전薪園典·두탄탄전豆呑炭典 등에 소속된 관원. 정원은 각각 1명.

간원院 사간원司諫院의 약칭.

간의良衣 새끼[繩]·끈[索]·참바·동아줄 따위의 단위를 표시하는 명칭.

간의諫議 발해시대 선조성宣詔省의 관직. 국왕을 시종하고 왕의 자문에 응하며, 왕의 과실에 대해 간언하는 역할을 담당함.

간의簡儀 천제의 위치를 측정하는 천체관측기구.

간의대부諫議大夫 고려시대 중서문하성의 관직. 원래 성종 때부터 있었으며, 목종 때 좌·우의 구분이 있었고, 문종 때 관제가 정비되어 품계를 정4품으로 정함. 1116년(예종 11)에 좌·우사의대부左右司議大夫로 명칭이 바뀌고, 1298년(충렬왕 24)에 다시 좌·우간의대부로, 품계를 종4품으로 낮추었다가 뒤에 다시 좌·우사의대부로 바뀜. 1356년(공민왕 5) 간의대부로 바뀌고 품계도 종3품으로 오르고, 1362년 다시 좌·우사의대부로 바뀜. 중서문하성의 낭사郎舍로서 봉박封駁과 간쟁諫爭을 담당하는 간관諫官임.

간장諫長 사간원의 우두머리 벼슬인 대사간大司諫의 이칭.

간쟁諫爭 고려·조선시대 국왕의 옳지 못한 처사나 과오에 대하여 간관諫官들이 행하던 간언.

간지干支 천간天干과 지지地支를 일컬음. 천간은 갑甲·을乙·병丙·정丁·무戊·기己·경庚·신辛·임壬·계癸의 10간干이고, 지지는 자子·축丑·인寅·묘卯·진辰·사巳·오午·미未·신申·유酉·술戌·해亥의 12지支임.

간척干尺 신분은 양인良人이나 천한 일에 종사하는 사람. 화척禾尺·양수척揚水尺·봉화간烽火干 등 대개 어미에 간干 또는 척尺 자를 붙여 부르던 부류의 사람들.

간추看秋 지주地主가 소작지의 농작물 작황을 살피러 다니던 일.

간축출외趁逐出外 집 밖으로 쫓아내는 행위.

간택揀擇 조선시대 왕실에서 혼인을 치르기 위해 여러 혼인 후보자들을 궐내에 모아 놓고 왕 이하 왕족이나 궁인들이 나아가 직접 보고 적격자를 뽑던 행사.

간통簡通 사헌부나 사간원의 관원이 글로써 서로의 의견을 교환하는 것.

간평看坪 소작지에서 농작물을 수확하기 전에 지주나 지주의 대리인이 미리 작황을 조사하여 소작료를 결정하던 일. 두지정頭支定·집수執穗·간수看穗·답품踏品·집조執租라고도 함.

간평의簡平儀 천문관측기구의 하나.

간행間行 남몰래 다니는 행위. 곧 미행微行.

간활식간姦猾媳息 수령守令의 칠사七事 가운데의 하나. 간사하고 교활한 버릇을 멈추게 하는 것.

갈도喝道 조선시대 왕이나 고위관직자들의 행차 때 선두에서 소리를 질러 행인들을 비키게 하던 일 또는 그 일을 맡은 사람.

갈돌 선사시대에 사용된 조리용 석기의 일종. 석봉石棒이라고도 함.

갈문왕葛文王 신라시대 왕의 아버지로서 왕이 된 적이 없는 자, 왕모의 아버지, 왕의 장인, 왕의 아우 또는 여왕의 남편 등에게 주던 칭호.

갈장渴葬 예월禮月을 기다리지 않고 급히 장사지내는 일. 예월이란 초상 뒤에 장사지내는 달로서, 천자는 일곱 달, 제후는 다섯 달, 대부는 넉 달, 선비는 한 달 만에 지냄.

갈천궁전葛川宮典 신라시대의 관청. 내성內省 소속의 왕실 직할의 별궁인 갈천궁葛川宮을 관리하던 관청.

갈판 신석기시대와 청동기시대에 곡물이나 야생열매를 부수어서 가는 데 사용하던 석기.

감監 ① 신라시대의 중앙관직. 대체로 제2급 중앙관부의 최고책임자를 일컫던 직명. 각 관부의 성격에 따라 임무가 달랐고, 정원이나 취임 자격도 조금씩 차이가 있었음. ② 발해시대 문적원文籍院·주자감胄子監의 우두머리 벼슬. ③ 고려시대 비서성秘書省·전중성殿中省·소부감少府監·장작감將作監·사진감司津監·군기감軍器監·태복감太卜監·태의감太醫監의 장관직. 품질은 종3품이며, 후기에 자주 관제를 개정할 때 영令·윤尹·정正 등으로 바뀜. ④ 조선시대 종친부宗親府의 종친 정6품직.

감결甘結 상급관아에서 하급관아로 내리는 문서양식의 하나. 내용은 지시·명령이 주가 됨.

감고監考 ① 조선시대 정부의 재정부서에서 전곡錢穀 출납의 실무를 맡거나 지방의 전세·공물 징수를 담당하던 하급관리. ② 봉화간烽火干을 감시·감독하는 관원.

감공監工 조선 말기 감공사監工司의 관원으로서 토목공사를 관리하는 관원.

감공관監工官 조선시대 선공감繕工監과 대한제국 때의 감공사監工司의 관원으로서 토목공사를 감독하는 관원. 감역관監役官이라고도 함.

감공사監工司 조선 1881년(고종 18)에 화폐주조에 관한 사무 등을 관장하기 위하여 설치된 관청.

감관監官 조선시대 각 관아나 궁방에서 금전출납을 맡아보거나 중앙정부를 대신하여 특정업무의 진행을 감독하던 관리. 각 지방의 곡식을 색리色吏와 함RP 서울로 운송하는 경우 배를 타는 감관을 영선감관領船監官, 곡식을 바치는 일을 관리하는 감관을 봉상감관捧上監官이라고 함.

감관문기監官文記 감관監官으로서의 권리를 매매하는 문서.

감관사監館事 감춘추관사監春秋館事의 약칭.

감국監國 ① 고대중국에서 제왕이 구외로 나가고 태자가 서울에 남아 있을 때의 태자의 칭호. ② 천자가 일시적 이유로 대권을 대행시키는 기관.

감군監軍 조선시대 도성 내외의 야간순찰을 감독하는 군직軍職. 선전관·병조·오위도총부의 당하관 중에서 선발되어 낮에는 소속부서에서 근무하고, 밤에는 감군의 소임을 수행하는 겸직兼職임.

감납관監納官 각 조창漕倉에 세곡稅穀을 수납하거나 각종 공물을 수납할 때 이를 감독하기 위하여 임시로 파견된 관원. 감납차사원監納差使員이라고도 함.

감다감찰監茶監察 조선시대 사헌부·사간원의 관원이 근무하는 중 일정한 시간에 휴식하면서 차를 마시고 있을 때의 동정을 감시하는 사헌부의 감찰. 정6품.

감당監幢 신라시대 수도행정을 맡은 육부소감전六部小監典 아래 본피부본彼部·모량부차梁部·한지부漢祇部·습비부習比部 등 네 행정기관에 둔 관직. 지위는 사지舍知와 사史의 중간임. 정원은 본피부와 모량부에 각각 5명, 한지부와 습비부에 각각 3명.

감대사監大舍 신라시대 수도행정을 맡은 육부소감전六部小監典 아래 본피부本彼部 구역을 다스리기 위해 감랑監郞 아래의 벼슬. 정원은 1명.

감대청感戴廳 별군직청別軍職廳의 이칭.

감독監督 조선 말기 궁내부宮內府 산하기관인 수륜원水輪院·수민원綏民院·철도원·서북철도국·광학국礦學局·내장원內藏院·비원秘苑 등에 설치된 관직. 칙임관勅任官급에 해당됨.

감동관監董官 ① 조선시대 국가의 토목공사나 서적간행 등 특별한 사업을 감독, 관리하기 위해 임시로 임명된 관원. 감역관監役官·감조관監照官이라고도 함. ② 대한제국시대에 비원秘苑의 관리를 위하여 두었던 관원.

감랑監郞 신라시대 육부소감전六部小監典 아래 급량부及梁部·사량부沙梁部·본피부本彼部 등의 행정을 담당한 우두머리 관직. 정원은 각각 1명.

감령監令 신라시대 사천왕사성전四天王寺成典의 장관직. 원래는 금하신衿荷臣이었으나, 759년(경덕왕 18) 감령으로 개칭됨. 정원 1명. 관등이 5등급 대아찬大阿湌에서 1등급 간간角干까지의 소유자만이 취임할수 있었음. 사천왕사성전은 사천왕사의 수리·영선 이외에 신라 중대에는 불교계의 통제도 맡았던 것으로 보이므로 그 장관인 감령은 신라 중대 불교계의 통제권을 장악하였던 관직이라 할 수 있음.

감룡撼龍 음양과陰陽科 초시初試의 시험 과목. 감룡이란 당나라 양균송楊筠松이 지은 감룡경撼龍經의 약칭이며, 관상감觀象監에서 지리학의 하나로 시험을 보았음.

감률勘律 법률에 의하여 처벌함.

감리監理 한말 감리서監理署에 소속된 주임관奏任官의 관직. 특정한 일에 대하여 총체적으로 감독, 관리하는 최고책임자. 종류는 삼림森林·광무鑛務·매광煤礦·지계地契·양무量務·광鑛·봉조捧

租·양전量田 등의 감리가 있음.

감리서監理署 한말 개항장開港場·개시장開市場의 행정과 대외관계의 사무를 처리하기 위하여 설치된 관청. 1883년(고종 20) 8월에 부산·원산·인천에 처음 설치되었으며, 1889년에는 경흥·회령·의주에, 1897년에는 삼화의 진남포, 무안의 목포에, 1899년에는 옥구의 군산포, 창원의 마산포와 성진·평양에 1904년에는 용천·의주 등에 설치됨.

감목牧 감목관監牧官의 약칭.

감목관監牧官 조선시대 지방의 목장에 관한 일을 관장하던 종6품의 외관직.

감무監務 고려초기부터 조선초기까지 군郡·현縣에 파견되었던 지방관. 1106년(예종 1)부터 두기 시작하였으며, 1413년(태종 13) 현감縣監으로 개칭됨.

감문위監門衛 ① 고려시대 중앙군이 육위六衛의 하나. 임무는 궁성 내외의 여러 문을 지키는 수문군. ② 조선 1392년(태조 1)에 설치된 의흥친군위義興親軍衛의 십위十衛 가운데 하나. 1395년(태조 4) 호용순위사虎勇巡衛司로 바뀜.

감병사監兵使 각 도 감사監司와 병사兵使. 즉 각 도 관찰사와 병마절도사의 합칭.

감병영監兵營 감사監司의 영절監과 병사兵使의 영의 합칭.

감부勘簿 ① 금전 또는 곡물의 출잡에 관한 문부文簿를 마감 정리함. ② 조선시대 동반東班 토관직土官職의 하나. 종6품 봉직랑奉職郞이 받는 관직.

감부대전監夫大典 신라시대 내성內省에 소속되어 궁중의 노복奴僕을 관장하던 관청. 소속 관원으로 대사大舍 2명, 사史 2명, 종사지從舍知 2명을 둠.

감사監史 고려시대 이속吏屬의 하나. 소부시小府寺에 6명, 군기감軍器監에 8명이 배속됨. 주요 기능은 문부文簿를 관장함.

감사監司 관찰사의 이칭.

감사監事 조선시대 춘추관春秋館에 두었던 정1품의 관직. 정원은 2명, 좌·우의정이 겸임하였음. 간춘추고나사監春秋館事의 약칭.

감사지監舍知 신라시대의 무관직. 육정六停과 구서당九誓幢을 비롯하여 삼무당三武幢·계금당罽衿幢에 각각 1명씩 배속되어 모두 19명을 둠. 523년(법흥왕 10)에 설치되어 장군 이하 대관대감大官大監·대대대隊大監·제감弟監을 보좌함. 관등은 대사大舍로부터 사지舍知까지임.

감사천왕사부監四天王寺府 신라시대 사천왕사四天王寺에 관한 일을 맡은 관청. 759년(경덕왕 18)에 사천왕사성전四天王寺成典을 고친 것임. 뒤에 다시 사천왕사성전으로 바뀜.

감색監色 ① 간색看色. 즉 물건의 좋고 나쁨을 가리기 위하여 본보기로 그 일부를 보는 것. ② 감관監官과 색리色吏의 합칭.

감생청減省廳 조선시대 관상감觀象監안에 설치된 임시관청. 1882년(고종 19) 10월 정부의 불필요한 기구축소와 관원감축을 통한 국가의 재정절감을 위한 추진기구로 설치되었으며, 1883년 5월에 폐지됨.

감서監書 조선시대에 설치된 규장각 내각內閣의 잡직 관직. 정원은 6명. 품계는 정해져 있지 않고, 결재 처리된 문서나 왕명으로 제찬된 문한을 정리, 보존하는 일을 담당함.

감선減膳 나라에 변고가 있을 때 근신하는 뜻에서 임금의 수라상 음식물의 수효를 줄이는 것.

감선監膳 고려시대 이속吏屬의 하나. 잡류직으로 입사직入仕職에 해당되며, 궁중에서 식찬食饌에 관한 일을 담당함.

감수국사監修國史 고려시대 사관史館의 최고관직. 시중侍中이 겸임함. 1308년(충렬왕 34) 충선왕이 사관을 문한서文翰署와 합하여 예문춘추관예文春秋館으로 바꿀 때 폐지됨.

감시監試 ① 각종 시험의 감독. ② 고려시대 국자감國子監의 진사進士를 뽑는 시험. 국자감시國子監試라고도 함. ③ 조선시대 생원과 진사를 뽑는 과거시험. 사마시司馬試·소과小科라고도 함.

감시관監試官 ① 과장科場을 감독하는 관원. ② 생원·진사를 뽑는 시험관.

감시어사監市御史 조선시대 개시상황開市狀況을 감시하는 어사御史.

감신監臣 신라시대 육부소감전六部小監典 중 모량부牟梁部·한지부漢祇部·습비부習比部의 행정을 담당한 최고관직. 정원은 각 1명.

감야관冶官 조선 전기 공철貢鐵을 채납하던 철장도회鐵場都會의 임시 감독관.

감여堪輿 만물을 포용하며 싣고 있는 물건이란 뜻으로, 곧 하늘과 땅. 풍수지리를 공부한 사람을 일컬어 감여가堪輿家라고도 함.

감여설堪輿說 풍수와 지리에 관한 학설.

감역監役 ① 역사役事를 감독함. ② 감역관監役官의 약칭.

감역관監役官 ① 조선 초기 궁궐·관청 등의 건축공사가 있을 때 임시로 차출되어 감독의 책임을 맡은 관원. ② 조선 중기 이후 선공감繕工監에 두었던 종9품 관직. 정원은 3명. 주임무는 궁궐·관청의 건축, 수리공사 감독을 함. 감역監役이라고도 함.

감영監營 조선시대 각 도의 감사監司가 집무하던 관청.

감영흥사관監永興寺館 신라시대 영흥사永興寺의 관리를 맡은 관청. 759년(경덕왕 18)에 영흥사성전永興寺成典이 바뀐것임.

감예관監제官 임금이 친경親耕하는 적전籍田의 곡식이 성숙하면 임금이 먼저 벼베기를 시험하고, 그 다음 경작자로 하여금 벼베기를 하게 하는데, 이를 감독하기 위하여 임시로 임명하는 관원.

감옥서監獄署 조선 말기 감옥을 관장하던 관서. 1894년(고종 31)부터 1907년까지 설치됨. 전옥서典獄署의 후신.

감은사성전感恩寺成典 신라시대 감은사感恩寺의 관리를 맡아보던 관청. 감은사성전이 언제 설치되었는지 정확히 알 수 없으나, 759년(경덕왕 18)에 수영감은사사修營感恩寺使院으로 개칭됨, 소속 관원으로는 처음에는 금하신衿荷臣 1명, 상당上堂 1명, 적위赤位 1명, 청위靑位 1명, 사史 2명이 있었으나, 759년 관제개혁 때 금하신은 검교사使檢校使로, 상당은 부사副使로, 사는 전典으로 개칭됨. 776년(혜공왕 12)에 다시 감은사성전으로 환원되었으며, 애장왕 때 다시 금하신은 영속으로, 상당은 경卿으로 개칭됨.

감의군사感義軍使 신라 신무왕 때 장보고張保皐의 직함. 이 직함은 실제 신라에서는 사용되지 않던 특수직명으로 실질적인 관직명이 아닌 명예칭호적인 관직임.

감작監作 고려시대 서리직의 하나. 입사지仕職에 해당되며, 공작工作 관계의 일을 담당함. 장작감將作監에 6명, 도교서都校署에 4명, 액정국掖庭局에 1명을 둠.

감적관監的官 무과武科의 활 쏘는 시험에서 화살이 과녁에 맞고 안 맞음을 감시하는 관원.

감전監典 신라시대 궁중의 제사관계와 의례 때 주악奏樂을 담당하던 관청. 소속 관원으로 대사大舍 2명, 사지舍知 2명, 사史 4명, 도관都官 4명, 종사지從舍知 2명 등을 둠.

감제柑製 황감제黃柑製의 약칭.

감종실監宗室 조선시대 종친부宗親府의 정6품 벼슬인 감監이 될 수 있는 자격을 가진 왕의 친족.

감진사監賑史 감진어사監賑御史의 약칭.

감진어사監賑御史 조선시대 왕이 파견한 특명사신의 하나. 큰 흉년으로 기근이 들었을 때 그 실태를 좇아고 지방관들의 진휼賑恤을 감독하기 위하여 파견됨. 암행어사와 달리 기근 구제활동의 감찰만을

담당하였으며 공개적으로 활동하였음. 당하관 중에서 뽑아 보내되, 만일 당상관을 보낼 경우에는 사史 대신 사使를 씀. 줄여서 감진사監賑史라고도 함.

감찰監察 조선시대 사헌부 소속의 종6품관직. 관리들의 비위 규찰, 재정부문의 회계감사, 의례행사 때의 의전 감독 등 감찰실무를 담당함. 1392년(태조 1)에는 20명을 정원으로 하였다가, 1401년(태종 1)에는 25명으로 증원하고 그 가운데 일부는 다른 관원으로 겸직시켰으나, 1455년(세조 1)에 모두 실직화하고 1명을 감하여 24명을 정원으로 함. 조선 후기에는 문관 3명, 무관 5명, 음관 5명으로 13명만 두게 됨.

감찰규정監察糾正 고려시대 감찰사監察司의 종6품 관직. 1277년(충렬왕 3)에 감찰어사監察御史가 바뀐 것임. 임무는 백관의 규찰과 제사祭祀·조회朝會·전곡錢穀의 출입 등을 감찰함.

감찰내사監察內史 고려시대 사헌부司憲府에 속했던 종6품 관직. 사헌부의 명칭이 자주 변개됨에 따라 그에 따른 관직명도 자주 바뀌어, 1298년(충렬왕 24)에 감찰사監察司가 사헌부로 바뀌면서 종6품의 감찰사監察史가 감찰내사로 바뀌고 정원을 6명으로 함. 다시 사헌부가 감찰사監察史로 바뀌면서 감찰내사를 감찰어사監察御史로 함. 대관臺官의 일원으로서 백관의 규찰과 제사祭祀·조회朝會·전곡錢穀의 출납을 감찰하는 임무를 수행함.

감찰대부監察大夫 고려시대 감찰사監察司의 최고관직. 정3품직. 1275년(충렬왕 1)에 제헌提憲으로 개칭되었다가, 1308년에는 대사헌大司憲으로 개칭되고 품계도 정 2품으로 오름.

감찰사監察司 고려시대 시정을 논하고 풍속을 교정하며, 백관을 규찰·탄핵하는 일을 맡아보던 관청. 1275년(충렬왕 1)에 어사대御史臺를 고친 것임. 관원은 어사대의 대부大夫를 제헌提憲으로, 중승中丞을 시승侍丞으로, 시어사侍御史를 시사侍史로, 감찰어사監察御史를 감찰사監察史로 고쳐 소속시킴. 1298년(충렬왕 24) 사헌부司憲府로 개칭되었다가 곧 다시 감찰사로 환원되고, 1308년에 사헌부로, 1356년(공민왕 5) 어사대로, 1362년 감찰사로, 1369년 사헌부로 변개를 반복하다 조선시대 사헌부로 정착하게 됨.

감찰사監察史 고려시대 감찰사監察司에 속했던 종6품 관직. 1275년(충렬왕 1) 어사대御史臺를 감찰사監察司로 고치면서 종6품의 감찰어사監察御史를 감찰사監察史로 바꾼 것임. 1298년(충렬왕 24)에 감찰사監察司로 바꿈. 대관臺官의 일원으로서 백관의 규찰과 제사祭祀·조회朝會·전곡錢穀의 출납 등을 감찰함.

감찰사헌監察司憲 고려 현종 때 사헌대司憲臺의 종6품 관직. 뒤에 감찰어사監察御史로 개칭됨. 대관臺官의 일원으로서 백관의 규찰과 제사祭祀·조회朝會·전곡錢穀의 출납 등을 감찰함.

감찰시사監察侍史 고려시대 감찰사監察司에 소속된 종5품 관직. 1275년(충렬왕 1) 어사대御史臺가 감찰사監察司로 바뀌면서 시어사侍御史가 시사侍史로 바뀐 것임. 대관臺官의 일원으로서 백관의 규찰과 제사祭祀·조회朝會·전곡錢穀의 출납 등을 감찰함.

감찰시승監察侍丞 고려시대 감찰사監察司 소속 종5품 관직. 1275년(충렬왕 1) 어사대御史臺가 감찰사監察司로 바뀌면서 어사중승御史中丞이 감찰시승監察侍丞으로 바뀐 것임. 대관臺官의 일원으로서 백관의 규찰과 제사祭祀·조회朝會·전곡錢穀의 출납 등을 감찰함.

감찰어사監察御史 고려시대 어사대御史臺 소속 종6품 관직. 995년(성종 14) 국초의 사헌대司憲臺를 어사대御史臺로 고치면서 그 휘하에 처음으로 설치됨. 1275년(충렬왕 1) 어사대를 감찰사監察司로 고치면서 감찰사도 감찰사監察史로 바뀜. 1298년 감찰사監察司가 사헌부司憲府로 개칭되면서 감찰사監察史가 감찰내사監察內史로 고쳐졌다가 곧 사헌부를 감찰사로 고치면서 감찰내사도 감찰어

사로 바뀜. 1308년 사헌부로 바뀌면서 감찰어사도 감찰규정監察糾正으로 바꾸고, 1356년(공민왕 5) 다시 어사대라 하면서 규정을 감찰어사로, 1362년 다시 감찰사監察司로 하면서 감찰어사를 다시 감찰규정으로 바꿈. 백관의 규찰과 제사祭祀·조회朝會·전곡錢穀의 출납 등을 감찰함.

감찰장령監察掌令 고려시대 감찰사監察司의 종4품 관직. 1308년(충렬왕 34) 시어사侍御史를 장령으로 고치고, 종전의 종5품을 종4품으로 올림. 백관의 규찰과 제사祭祀·조회朝會·전곡錢穀의 출납 등을 감찰함.

감찰제헌監察提憲 고려시대 감찰사監察司의 최고관직. 정3품직. 1275년(충렬왕 1)에 어사대御史臺가 감찰사監察司로 바뀌면서 감찰대부監察大夫가 감찰제헌으로 바뀐 것임. 백관의 규찰과 제사祭祀·조회朝會·전곡錢穀의 출납 등을 감찰함.

감찰지평監察持平 고려시대 감찰사監察司의 종5품 관직. 1308년(충렬왕 34)에 전중시어사殿中侍御史를 지평으로 바꾸고 종전의 정6품을 정5품으로 올렸다가 다시 종5품으로 낮춤.

감찰집의監察執義 고려시대 감찰사監察司의 정3품 관직. 1308년9충렬왕 34) 중승中丞을 집의로 바꾸고 종전의 종3품을 정3품으로 올림. 백관의 규찰과 제사祭祀·조회朝會·전곡錢穀의 출납 등을 감찰함.

감참관監斬官 죄인의 참형斬刑을 감시하고 검열하는 관원.

감창사監倉使 고려시대 양계지방에 두었던 관직. 감세사監稅使라고도 함. 주요 임무는 창고와 조세의 관리 및 감독. 춘추외산제고사春秋外山祭告使를 겸임하고 있어 매년 정기적으로 봄·가을 두 차례 파견됨.

감춘추관사監春秋館事 약칭 감관사監館事. ① 고려시대 춘추관春秋館의 관직. 1325년(충숙왕 12) 예문춘추관이 예문관과 춘추관으로 분리되면서 영춘추관사領春秋館事와 함께 설치됨. 수상이 겸임함. ② 조선시대 춘추관의 관직, 조선 초에는 고려 말의 제도를 답습하여 감관사는 예문춘추관의 최고위 관직으로서 정원이 1명이고 시중 이상이 겸임함. 1401년(태종 1) 관제개혁 때 예문춘추관이 예문관·춘추관으로 나누어지고 다시 감춘추관사가 설치됨. 품계는 정1품이고, 정원은 2명으로 좌·우의정이 겸임하는데, 같은 정1품 관직인 영춘추관사를 영의정이 겸임하므로 서열상 춘추관의 제2의 관직임.

감합勘合 ① 조선시대 각 관서에서 발부한 공문서의 진위眞僞를 추후에 확인할 수 있도록 원부原簿와 발송문서 혹은 시행문서인 이문移文에 비표를 하고 계인契印을 찍던 일. '감勘'은 '고증한다'는 뜻이며, '합合'은 '동일同一하다'는 뜻으로 동일여부를 확인함을 의미. ② 조선시대 외교 및 무역의 목적으로 내조하던 왜인倭人들의 입국확인서, 혹은 그것을 확인하던 일.

감합무역勘合貿易 조선시대 일본, 여진 등과 행하던 무역의 한 형태. 감합은 사신의 내왕에 사용되던 확인 표찰을 뜻하는 것으로, 사행使行의 과정에서 부수적으로 이루어지거나 사행을 빙자하여 고의적으로 행해지는 무역을 감합무역이라고 함.

감합부감부符 조선시대 일본 사신들에게 지참시킨 확인표찰의 하나. 국왕사(國王使:막부幕府정부에서 조선에 보내는 사신)와 거추사(巨酋使:지방의 영주들이 조선에 보내는 사신)의 사칭을 방지하기 위해 조선정부에서 발급한 확인표. 통신부通信符라고도 함.

감합선勘合船 조선시대 정부가 허가한 일본인들의 공식 무역선.

감합식勘合式 감합勘合에 관한 규정.

감후監候 ① 고려시대 측후·각루를 관장하였던 태사국太史局 소속의 종9품 관직. 1308년(충렬왕 34) 사천감과 태사국이 병합되어 서운관書雲觀으로 되었는데, 이때 정9품이 됨. 이후 변개를 반복함. ② 조선 초기 서운관 소속의 기후에 관한 일을 맡아 보던 관직. 1466

년(세조 12) 서운관이 관상감觀象監으로 바뀌면서 부봉사副奉事로 바뀜.

갑과甲科 조선시대 문과文科에서 합격한 사람 33명을 성적에 따라 갑·을·병으로 나눈 첫 번째 등급. 갑과는 모두 3명으로 하고, 그 가운데 갑과 제1명은 모두 3명으로 하고, 그 가운데 갑과 제1은 장원壯元, 제2명은 방안榜眼, 제3명은 탐화랑探花郞이라고 함.

갑관甲觀 세자시강원世子侍講院의 별칭.

갑사甲士 조선시대 오위제五衛制의 중위(中衛:의흥위義興衛)에 속했던 군인. 고려 때부터 갑사라는 명칭이 사용되었고, 조선 초기에는 사병적인 성격의 내갑사內甲士가 있었는데, 1401년(태종 1) 왕궁의 호위를 담당하는 특수병종으로 제도화됨. 조선 초기에는 서울의 시위병으로, 또한 변경방비의 양계갑사兩界甲士와 호환虎患을 방지하기 위한 착호갑사捉虎甲士등이 설치됨. 군제가 문종 이후 오위제로 바뀜에 다라 1457년(세조 3) 의흥위에 속함.

갑수甲首 갑옷을 입은 정병正兵.

갑인자甲寅字 1434년(세종 16) 갑인甲寅에 만든 동활자銅活字.

갑인통공甲寅通共 조선 1794년(정조 18)에 내린 통공발매정책通共發賣政策. 육의전을 제외한 시전市廛의 특권을 모두 폐지하고, 자유상인과 수공업자들도 도성 안에서 자유로이 상행위를 할 수 있도록 조치한 일종의 상공유통정책.

갑장甲匠 갑옷을 만드는 공장工匠.

갑진자甲辰字 1484년(성종 15)에 만든 동활자銅活字. 일명 신묘자.

강講 배운 글이나 들은 말을 스승이나 시관試官 또는 웃어른 앞에서 외워 들려주는 것.

강감江監 조선시대 용산강 가까이에 있던 군자감軍資監 별창別倉의 하나. 강창江倉이라고도 함. 군자감 3분감 중 2감이 폐지되고 강감만 남게 되어 군자감의 별칭으로 부르기도 함.

강경講經 ① 경서經書의 강독講讀. ② 조선시대 강경과講經科에서 경서 중 몇 가지를 골라 내어 강송講誦시키는 시험.

강경과講經科 조선시대에 시행하던 과거의 하나. 성균관成均館과 사학四學의 유생, 생원·진사를 대상으로 사서삼경四書三經을 암송하게 하는 시험. 전강殿講의 시초가 됨.

강경문관講經文官 강경과講經科에 급제하여 임용된 문관.

강관講官 임금이 배석하는 경연經筵에서 경서를 강독하는 시강관侍講官 이하 모든 관원.

강년채降年債 조선시대 역을 마친 고령자에게 나이를 맞춰 군포軍布를 부담시킨 관리들의 부정행위.

강노剛弩 고려시대 별무반別武班의 쇠뇌를 쓰는 군대.

강도江都 강화도江華島의 별칭.

강동육주江東六州 고려 성종 때 세워진 서북면의 행정구역. 흥화(興化:의주이동義州以東)·용주(龍州:지금의 용천龍川)·통주(通州:선천서북宣川西北)·철주(鐵州:지금의 철산鐵山)·구주(龜州L지금의 구성龜城)·곽주(곽주:지금의 곽산郭山)를 말함.

강등전降等田 조선시대 정전正田 중에서 양전量田을 할 때 원래 등급이 높았던 땅이 오래도록 진폐陳廢된 경우 경작 후에 소출이 적을 것으로 판단하여 그 등급을 낮추어 수세하는 땅.

강목체綱目體 편년체編年體 역사서술방법의 하나. 줄거리 기사를 큰 글씨로 쓴 것을 강綱이라 하고, 이에 대한 구체적인 서술 내용을 목目이라 함.

강무講武 왕의 친림하에 실시하는 수렵대회로 군사훈련의 일종. 조선 초기 서울에서는 사계절 끝무렵에, 지방에서는 봄·가을 두 계절에 수렵을 하여 잡은 동물을 종묘사직과 지방사직에 제사하고 잔치를 베풀었음. 후기에는 봄·가을 두 차례만 실시하도록 규정하였으나 거의 시행되지 않았음.

강미講米 글방 스승에게 보수로 바치는 쌀. 공량貢糧·학세學稅·학채學債·훈채訓債라고도 함.

강복降服 오복五服의 복제服制에 따라 등급을 낮추는 것. 양자간 아들이나 시집간 딸의 생가 부모에 대한 복제가 이에 해당됨.

강사포絳紗袍 국왕이 조하朝賀 때 입는 붉은 빛깔의 예복禮服. 머리에 원유관遠遊冠을 쓰므로 원유관포 또는 원유관복이라고도 함.

강상江商 조선 후기 경강지역을 근거로 하여 대동미 운수업 및 각종 상업활동에 종사하였던 상인.

강생講栍 강시講試의 순번을 정하는 것. 생栍이란 길이가 1치[寸]만 한 둥근 나무에 통通·약략略·조粗·불不을 각각 1자씩 쓴 것으로, 강講의 성적이 우등인 자에게는 통자생通字栍을, 그 다음은 약자생略字栍, 그 다음은 조자생粗字栍, 아주 성적이 좋지 못한 자에게는 불자생不字栍을 내어 우열을 구분함.

강서講書 경서經書를 강론하는 조선시대 과거시험의 하나. 시고나 앞에서 사서오경中 지정된 부분을 읽고 해석한 뒤 시관의 질문에 대답하는 구술시험. 강경講經이라고도 함.

강서원講書院 조선시대 왕세손에게 경서를 강의하는 세손시강원世孫侍講院의 약칭. 동반東班 정3품 아문.

강속전降續田 조선시대 세율을 낮춘 강등전降等田을 경작하기를 원하지 않을 때 강등해서 윤년으로 경작하는 땅인 속전續田으로 하는 땅. 기전起田할 때는 강등한 세율에 따라 수세하도록 함.

강연講筵 ① 강석講席, 즉 강講하는 자리. ② 임금에게 아침의 조강朝講, 낮의 주강晝講, 저녁의 석강夕講으로 경서를 진강進講하는 것을 통틀어 지칭하는 것.

강예재講藝齋 고려 1109년(예종 4)에 국학國學에 설치한 7재齋의 하나. 무신武臣을 양성하기 위하여 설치한 것으로 무학武學을 전공하는 곳. 무학재武學齋라고도 함.

강의講儀 강講을 받는 이정한 방식과 절차.

강일剛日 천간(天干六十甲子의 윗단위를 이루는 요소. 즉 十干을 말함.) 이 양陽에 해당하는 날. 강일에는 집 밖에서 하는 일이 좋다고 하며, 강일과 반대되는 음陰에 해당하는 날을 유일柔日이라고 하고, 집 안에서 하는 일이 좋다고 함.

강자降資 관원의 등급에 동·서반의 품계를 품자품資 또는 자급資級이라 하며, 이 자급을 강등降等하는 것.

강정降定 무관武官에 대한 징벌의 하나. 즉 벼슬을 강등하여 군역軍役을 시키는 것.

강정역관講定譯官 일본과 사절을 교환할 때 먼저 사절의 일정과 의식 儀式을 강론하여 정하기 위하여 미리 파견되는 통역관.

강제講製 강독講讀과 제술製述.

강창江倉 강하江河 연변에 설치되어 있던 창고. 국가의 세곡·진휼미·군량미 등을 보관하던 곳으로서, 지방 고을에서 관할하던 창고와 중앙 정부가 관장하던 창고로 구분됨.

강첨講籤 강서講書시험에 시관試官이 시험성적을 심사할 때 시험성적의 정도를 표시하기 위하여 사용하는 표찰標札. 표찰의 표면에 시험 성적순을 나타내주는 통通·약략略·조粗·불不 등의 문자가 새겨있는데, 이름 자표字標라고도 함.

강충降充 신분을 낮추어 천역賤役에 충정充定하는 것.

강태講汰 관학館學의 유생이 일정한 서책의 강독을 하지 않을 때 쫓아내는 것.

강호號降號 읍호邑號를 낮추는 것. 그 지방에 만약 대역부도大逆不道 또는 강상죄人綱常罪人이 나게 되면 그 읍호의 목牧을 부府로, 부를 군郡으로, 군을 현縣으로 낮추는 것.

강화부江華府 조선시대 강화에 설치되었던 유수부留守府.

강획講劃 강講의 성적을 획으로 표시하는 것. 즉 강서講書 성적의 점수.

개개蓋 조선시대 왕·왕비·왕세자 등의 행차시에 사용된 의장기물儀仗器物의 하나. 대형 일산日傘으로서 홍개紅蓋와 청개靑蓋 두 종류가 있음. 형태는 양산과 비슷.

개거도감開渠都監 조선시대 한성漢城의 개천을 관리하기 위하여 설치된 임시관청.

개국공신開國功臣 나라를 세우는 데 왕을 도와 공이 많은 신하. 이들에게 개국공신이라는 칭호를 우대하였음. 고려·조선 건국 때 공로가 많은 신하에게 수여함.

개국기년開國紀年 조선 말기 갑오개혁 때 채택한 연호의 하나. 이성계李成桂가 조선을 건국한 1392년을 원년으로 하고, 채택년인 1894년을 503년으로 산정함. 1896년 1월 1일을 기하여 폐지됨.

개국원종공신開國原從功臣 조선시대 개국開國에 공이 있으나 정공신正功臣이 아닌 원종공신原從功臣에게 내린 훈호勳號 또는 그 공신.

개국자開國子 고려시대 다섯 등급의 작위爵位 가운데 네 번째 등급의 작위. 정5품이며 식읍食邑 500호를 받음. 문종 때 정하였다가 1372년(공민왕 21)에 폐지됨.

개록開錄 왕에게 올리는 문서의 말미에 의견을 열기列記하는 것.

개만滿滿 이두吏讀로서, 고만考滿을 말함. 고만은 임기가 만료된 것.

개명정식改銘旌式 왕이나 왕비의 명정銘旌을 시호諡號가 결정된 뒤에 고쳐서 쓰는 서식書式.

개문좌부開門左符 성문 또는 궁문을 열 때 사용하는 부신符信. 우반右半符는 수문장에게 주고, 좌반부左半符는 궁중에 보관하였다가 정시定時 이외 문을 열 때 이를 서로 맞추어보아 부합符合하면 개문하게 하였음.

개방開榜 과거에 급제한 자를 발표하는 것.

개배盞杯 뚜껑접시.

개부의동삼사開府儀同三司 고려시대 문산계散階의 가장 높은 품계. 995년(성종 14)에 제정되었으며, 문종 때 종1품으로 됨. 1298년(충렬왕 24)에 숭록대부承祿大夫로 고쳐지고, 1308년에는 삼중대광三重大匡으로 바뀌고 정1품이 되었으며, 1356년(공민왕 5)에 다시 개부의동삼사로 바뀌면서 정1품으로 되었다가, 1362년에 벽상삼한삼중대광壁上三韓三重大匡으로, 1369년에 특진보국삼중대광特進輔國三重大匡으로 바뀜.

개부표改付標 한번 왕의 재가를 받은 문서에 일부분 고쳐야 할 사유가 있을 때 다시 재가를 받기 위하여 문서의 수정부분에 붙이는 황색의 부전付箋.

개색改色 ① 세곡을 운반하는 도중 수침水沈된 경우에 그 수침미水沈米를 그 지방민에게 나누어주고 딴 곡식으로 대신 바꾸게 하는 것. ② 종류가 같은 물건 중에서 마음에 드는 것으로 바꾸는 것.

개성부開城府 ① 고려시대 왕도王都에 설치되었던 특별행정구역. ② 조선시대 개성에 설치되었던 유수부留守府.

개시장開市場 조선시대 다른 나라와의 통상을 허가한 시장. 중강中江에서 요동과 무역하게 된 것을 시초로 하여 중강후시中江後市·책문후시柵門後市·회령개시會寧開市·경원개시慶源開市·왜관개시倭館開市 등이 있었음.

개시절목開市節目 시장에서 교역을 진행하는 절차상의 조목.

개신開申 ① 내용이나 사정을 밝혀 이야기 하는 것. ② 자기가 한 일에 관하여 감독자나 웃어른에게 보고하는 것.

개인예목改印禮木 각 관아의 인장을 개조할 때 철재鐵材·조각彫刻·기타 수수료등을 합한 사례조의 무명.

개인작목改印作木 인신印信을 고쳐 만드는 데 필요한 비용을 돈 대신 받는 포목布木.

개장蓋匠 지붕에 기와를 이는 일을 업으로 삼은 장인匠人.

개적改籍 조선시대 3년에 한 번씩, 즉 매 식년式年마다 전국의 호적을 다시 만드는 일.

개정시開政時 매년 6월과 12월에 정기적으로 실시하는 도목정사都目政事.

개정군開定軍 고려 태조 때 북방개척을 위해 파견된 관군官軍.

개제改除 인원의 도태淘汰와 관사官司의 개폐 등으로 인하여 벼슬 이름이 변경 된 경우 관리를 다시 임용하는 것.

개좌일수開坐日數 당상관이 출근하여 사무를 본 일수.

개지극당皆知戟幢 신라시대의 군대. 690년(신문왕 10)에 설치됨. 그 이름으로 보아 창극槍戟을 사용한 부대였을 것으로 짐작됨.

개지극당감皆知戟幢監 신라시대의 무관직. 왕도에 배속되었으며, 명칭으로 보아 개지극당皆知戟幢에 소속되었을 것으로 추측됨. 정원은 4명이며, 관등은 나마奈麻로부터 사지舍知까지임.

개차改差 벼슬아치를 바꿈.

개천도감開川都監 조선시대 도성 내에 개천공사를 시행하면서 임시로 설치하였던 관청.

개체開剃 머리의 가장자리를 깎고 정수리 부분의 머리털만 남기어 땋아 늘이는 것. 몽고에서 들어온 풍속으로 고려 말엽에 한창 성행하였음.

개항장開港場 외국인의 내왕과 무역을 위하여 개방한 제한지역. 외국인의 정박·접대·무역처로서의 기능을 발휘한 항구를 통칭함.

개항장재판소開港場裁判所 조선 1895년(고종 32)에 부산·원산·인천 등의 개항장에 설치된 재판소.

개화改火 조선시대 궁중과 각 관아에서 보관하던 불씨를 사계절마다 갈아주던 행사.

개화당開化黨 한말 개화사상의 비조인 오경석吳慶錫·박규수朴珪壽·유홍기劉鴻基 등의 영향과 교육을 받은 김옥균金玉均·박영교朴泳敎·박영효朴泳孝·서광범徐光範 등이 중심이 되어 1875년(고종 12)경부터 개화정책을 추구한 정치집단.

객관客官 ① 해당 관청의 사무에 직접적인 책임이 없는 벼슬아치. ② 어떤 관청에 임시로 와서 일을 보는 다른 관청의 벼슬아치를 일컬음.

객관客館 ① 외국사절이 유숙하는 관사館舍. ② 각 고을마다 궐패闕牌를 두고 왕명을 받들고 오는 벼슬아치를 대접하고 묵게 하는 곳. ③ 나그네를 묵게 하는 집.

객사客使 다른 나라에서 온 사신使臣.

객사客舍 고려·조선 시대 각 고을에 설치하였던 관사館舍. 객관客館이라고도 함. 외국사절이 유숙하기도 하고, 객사에 전패殿牌를 안치하고 초하루와 보름에 향망궐배向望闕拜하는 한편 벼슬아치를 대접하고 묵게도 하였음.

객사사客舍史 고려시대 향직鄕職의 하나. 객사客舍의 일을 맡아봄.

객사정客舍正 고려시대 향리직의 하나. 1051년(문종 5)에 제정됨. 등급은 향직의 9등급 가운데 제5등급의 부호정富戶正과 같음.

객성성客省省 고려 초기 외국 빈객賓客의 접대를 맡은 관청. 921년(태조 4)에 설치된 예빈성禮賓省이 995년(성종 14)에 바뀐 것으로, 후에 예빈성으로 다시 바뀜.

객주客主 상인의 물건을 위탁받아 팔아주거나 매매를 거간하며, 그에 부수되는 여러 기능을 담당한 중간상인.

객주조합客主組合 조선 1876년(고종 13)개항 이후 객주들이 그들의 상권을 유지하기 위하여 결성한 동업조합.

거관去官 벼슬의 일정한 임기가 차서 그 자리를 떠나 다른 관직으로 옮겨가는 것.

거관居館 성균관成均館의 재방齋房에 들어가 생활하는 것.

거관일수居館日數 생원이나 진사가 성균관의 재방齋房에 거처한 일수.

거달巨達 '거덜'의 취음. 조선시대 사복시司僕寺에서 말 치는 일을 맡아보던 하례下隷.

거도선居刀船 ① 조선시대 거룻배와 같게 만든 작고 빠른 병선兵船. 선봉선先鋒船·전령선傳令船 등을 말함. ② 거룻배.

거둥[擧動] 임금의 나들이.

거리치① 가라치. 정경正卿 이상의 관원이 출입할 때 긴요한 문서를 담아 가지고 다니는 제구. 또는 이것을 가지고 앞서서 다니는 하인. ②군뢰軍牢. 군대 안에서 죄인을 다루는 병졸兵卒.

거말居末 전최殿最 때 성적이 최하위임. 전殿에 해당하는 성적.

거묘去廟 종묘宗廟에 봉안한 신주神主를 영녕전永寧殿으로 옮기는 것.

거문去文 돈 거래에 있어서 상대자에게 준 돈.

거문擧問 적발해서 추문推問함. 또는 거거檢擧해서 신문함.

거방전채擧放錢債 관리가 그의 관내의 백성百姓들에게 이자를 받고 돈을 꾸어주는 것.

거빈去邠 임금이 난을 피해 다른 곳으로 옮기는 것.

거사居士 ① 도덕과 학문이 도저하면서도 숨어 살며 벼슬을 하지 않는 선비. ② 출가하지 않은 사람으로 불교의 법명法名을 가진 사람. 처사處士·청신사淸信士라고도 함.

거사물정居斯勿停 신라시대 지방군사조직인 십정十停의 하나. 완산주(完山州:지금의 금주金州) 거사물현居斯勿縣에 설치되었음. 경덕왕 때 청웅현靑雄縣으로 개칭된 거사물현은 지금의 전라북도 임실군 청웅면으로 비정됨. 소속 관원으로 대대감大監 1명, 소감少監 2명, 대척大尺 2명, 삼천당주三千幢主 6명, 삼천감三千監 6명이 있었음.

거사비去思碑 선정선정善政을 베푼 감사監司나 수령守令이 바뀐 뒤 그를 기려 고을 주민들이 세우는 비.

거삼居三 성적의 순위가 세 번째인 것. 3등.

거상居喪 ① 상중喪中에 있음. ② 상중에 입는 상복喪服.

거상가취居喪嫁娶 부모 또는 남편의 복상服喪 중인 자녀나 아내가 시집·장가를 재혼하는 것.

거서간居西干 신라 초기의 왕호. 신라 시조 박혁거세朴赫居世를 거서간이라 칭하였음.《삼국사기》〈시조본기 始祖本紀〉에서는 "거서간은 진한辰韓의 말로 왕을 이름한다."라고 했고, 혹은 "귀인貴人을 칭하는 것이다."라고 하였음.《삼국유사》에서는 신라시조 혁거세 왕조에서 "위호位號를 거슬감居瑟邯이라 하였다."라는 말의 주註에 "혹은 거서간이라고도 한다."라고 하여 거슬한·거서간이 한 뜻임을 나타냄.

거서통거書通車 수레와 글이 서로 통한다는 말로서 천하가 통일되거나 행정권이 미친다는 뜻.

거슬한居瑟邯 신라 초기의 왕호. 거서간居西干이라고도 함.

거안擧案 공회公會에 참여하는 벼슬아치가 임금 또는 상관에게 명함을 올리는 것. 또는 그 올리는 명함.

거애擧哀 상사喪事가 났을 때 초혼招魂을 하고 나서 상제가 머리를 풀고 슬피 울어 초상난 것을 알리는 의식의식儀式. 발상發喪이라고도 함.

거애임상擧哀臨喪 초상 중의 상가喪家를 방문하고, 영전靈前에 통곡하는 것.

거애회장擧哀會葬 초상난 집을 찾아 슬픔을 표하고 장사葬事에 참여하는 것.

거열형車裂刑 이미 죽은 시체나 생명이 있는 상태에서 사지와 목을 오거五車에 따로 따로 매달고 말을 달리게 하여 찢어서 토막내는 형벌.

거이居二 성적의 순위가 두 번째인 것. 2등.

거자擧子 고려·조선 시대 각종 과거에 참가한 응시자.

거장車匠 수레를 만드는 장인匠人.

거재居齋 조선시대 교육기관인 성균관·사학四學·향교 등에 있는 기숙사에서 생활하며 공부하는 것. 대개는 성균관의 기숙 생활을 말함.

거재생居齋生 조선시대 성균관·사학四學·향교에 들어가 숙식하며 학업을 닦는 선비. 거재유생居齋儒生.

거접居接 조선시대 서당에서의 집단적인 학습활동 또는 연중행사로 하던 글짓기 경쟁.

거조擧條 임금에게 아뢰는 조항條項.

거주擧主 남을 천거한 사람.

거중居中 ① 벼슬아치가 도목정사都目政事에 중등中等을 맞음. ② 중간에 들어 있음.

거진巨鎭 조선시대 각 도에 설치되었던 중간 규모의 군사진영. 절제사節制使가 지휘하는 부대의 진영. 절도사節度使가 지휘하는 상급 진영을 주진主鎭, 절제도위節制都尉·만호萬戶 등이 지휘하는 하급 진영을 제진諸鎭이라 하였음.

거집據執 허위문서로 남의 것을 강점하고 반환하지 않는 것.

거천擧薦 ① 인재를 추천함. ② 어떤 일이나 사람에 대하여 관계하기를 시작함.

거추사巨酋使 일본 지방 군벌軍閥로 세력이 거대한 자, 즉 그 추장酋長의 사자使者.

거치문鋸齒文 톱니무늬.

거친무늬거울 청동기시대 전기에 사용되었던 청동거울. 다뉴조문경多鈕粗紋鏡이라고도 함. 거울 뒷면에 다소 거친 기하학적인 무늬가 새겨져 있음으로 붙여진 이름.

거탈據奪 허위문서를 가지고 남의 것을 침탈하는 것.

거포巨逋 관원이 큰 액수의 공금을 사사로이 소비함.

꺼푸집 청동기나 철기를 만들 때 사용하는 주물틀. 일명 용범鎔范.

거핵擧劾 허물을 들어 탄핵함.

거형토기車形土器 수레모양의 토기.

거화去化 여진어학女眞語學의 서적. 일명 거화吐化라고도 함.

건공장군建功將軍 조선시대 무산계武散階의 하나. 서반 종3품 상계上階의 관계명官階名. 1392년(태조 1) 관계 제정시 보의장군保義將軍이라 하였다가, 1466년(세조 12) 건공장군으로 개칭됨.

건괘乾卦 《주역》64괘 가운데 첫 번째 괘.

건량乾糧 ① 먼 길 가는 데 지니고 다니기에 간편한 양식. ② 흉년에 곤궁한 사람들을 구호할 때에 죽을 쑤어주지 않고 대신 주는 곡식. ③ 중국에 가는 사신이 가지고 가는 양식.

건백建白 임금이나 조정에 대하여 의견을 진술함. 건언建言.

건복建福 신라 진평왕 때의 연호. 584년(진평왕 6)부터 634년(선덕여왕 3)까지 사용됨.

건신대위健信隊尉 조신시대 서반 토관계土官階의 정6품 관계명官階名.

건양建陽 1896년부터 1897년 8월까지 사용되었던 조선시대 최초의 연호.

건열미乾劣米 파선破船으로 가라앉은 쌀을 건져내어 건조시킨 것.

건원建元 ① 나라의 연호年號를 정하는 것. ② 신라시대의 연호. 536년(법흥왕 23)부터 550년(진흥왕 11)까지 15년 동안 사용 되었음.

건원절乾元節 조선 27대 왕 순종의 탄생일. 날짜는 처음에는 음력 2월 8일로 하였다가 이듬해 양력으로 환산하여 3월 25일로 함.

건원중보乾元重寶 고려시대에 주조, 발행된 화폐의 하나. 관官에서 주조한 우리나라 최초의 화폐로서, 철전鐵錢과 동전銅錢 두 종류가

있었음.

건저建儲 제왕의 계승자로 황태자나 왕세자를 세우는 것.

건주建州 발해의 지방행정구역. 62주州중의 하나. 솔빈부率賓府에 속함. 그 위치는 현재의 흑룡강성 동녕현黑龍江省東寧縣 부근으로 보는 설과 동녕현 또는 소련 연해주의 수찬시(지금의 파르치잔스크)로 보는 설과 흑룡강성 동녕현에 있는 대성자大成子로 보는 설 등이 있음.

건충대위建忠隊尉 조선시대 서반 토관계土官階의 정5품 관계명官階名.

건평성建平省 신라시대의 관청. 759년(경덕왕 18)에 내사정전內司正典을 개칭한 것이며, 뒤에 다시 내사정전으로 바뀜. 관원은 의결議決 명, 정찰貞察 2명, 사보 4명을 둠.

건흥建興 ① 고구려시대의 연호. 사용시기에 대하여는 고구려의 안원왕 또는 영양왕 때로 추정하기도 하며, 장수왕 때로 보는 견해도 있음. ② 발해시대의 연호. 제10대 선왕때의 연호로, 818년부터 830년까지 사용되었음.

건흥절乾興節 고려 19대 명종의 탄생일인 10월 16일. 1171년(명종 1)에 제정되었음.

걸과乞科 조선시대 소과小科에서 떨어진 선비가 시관에게 다시 시험 보기를 요청하는 것.

걸군乞郡 시종신侍從臣으로서 늙은 부모가 살아 있을 때 보모를 보양하기 위하여 왕에게 부모가 있는 군郡·현縣이나 가까운 곳의 수령으로 보내줄 것을 청하는 것.

걸립乞粒 ① 어떤 집단에 특별히 경비를 사용할 일이 있을 때 여러 사람이 패를 짜 각처로 다니면서 풍물을 치고 집집마다 돌아다니면서 축원을 해주어 돈과 곡식을 얻는 일. 걸궁乞窮 또는 걸량乞糧이라고도 함. ② 무속巫俗의 하위신 가운데 하나. 화주걸립貨主乞粒이라고도 함. 주신主神에 붙어 다니며 '수비'류와 비슷한 성격을 가짐.

걸복乞卜 결부結負에 변동이 생겼을 때 실지로 결부수를 조사하는 것. 고복考卜이라고도 함.

걸양乞養 중앙 관아官衙에 적을 두고 있는 관원이 노부모의 봉양奉養을 위하여 수령守令으로 보내 달라고 주청奏請하는 것. 걸군乞郡이라고도 함.

걸해乞骸 나이 많은 관원이 사직辭職을 청하는 것. 자신의 뼈를 가져다 고향에 묻겠다는 뜻. 걸해골乞骸骨.

검계관檢計官 고려 문종 때 설치된 왕실도 서관인 어서원御書院에 배속된 관원. 정원은 2명.

검교檢校 ① 고려·조선 시대 고위 관직을 정원 이외에 임시로 늘리거나 실제 사무를 보지 않고 이름만 가지고 있게 할 때 그 관직 이름 앞에 붙이는 명칭. 예를 들면, 검교문하시중檢校門下侍中·검교정승檢校政丞등임. ② 조선 영조·정조 때 규장각의 제학提學이나 직각直閣의 현임現任이 사고가 있을 때 전임前任에게 임시로 그 일을 맡게 할 경우 그 벼슬 이름 앞에 붙이던 명칭.

검교각신檢校閣臣 조선시대 현임現任이 아니면서 임시로 일을 맡아 보던 규장각의 제학提學의 통칭.

검교사檢校使 신라시대 봉성사성전奉聖寺成典·감은사성전感恩寺成典·봉덕사성전奉德寺成典의 최고 관직. 경덕왕 때 금하신衿荷臣이 검교사로 바뀐 것임.

검률檢律 조선시대 율령에 관한 사무를 담당하던 종9품의 관원.

검상檢詳 조선시대 의정부에 소속된 정5품 관직. 정원 1명. 상위의 사인舍人, 하위의 사록司錄과 함께 의정부의 실무를 담당함.

검상조례사檢詳條例司 조선 초기 법제업무를 관장하던 관청. 1392년(태조 1)7월 관제 제정 때 도평의사사都評議使司 아래에 설치되고, 검상檢詳 2명, 녹사錄事 3명을 두었으며, 모두 겸직으로 함.

1414년(태종 14) 의정부의 국정총괄권이 없어지자 예조에 소속되었다가 세조 때《경국대전》제정시 폐지됨. 업무는 법령의 수집·정리, 새로운 법령의 역사적 근거 조사, 법전편찬의 세부적인 사무 등을 담당함.

검서관檢書官 조선 후기 규장각에 두었던 실무관직. 정원은 4명. 정규직이 아닌 잡직으로서 5~9품에 해당하는 군직軍職을 받고 규장각에서 일함. 이 관직은 특히 학식과 재능이 있는 서얼 출신들을 위해 마련된 것임. 업무는 각신閣臣을 보좌하여 서적 검토 및 필사, 왕들의 초상화 관리, 왕의 수행 및 어제御製·일력日曆·일성문·명령문 등을 관리함.

검선劒船 고려 말 조선 초의 군선軍船. 접전시 적이 배에 뛰어들지 못하도록 뱃전에 짧은 창칼槍劒을 빈틈없이 꽂아 놓은 배로서 창검선槍劒船이라고도 함.

검수黔首 일반 백성을 일컫는 말. 사람의 머리가 검은 데에서 생긴 것. 여서黎庶·검려黔黎·여민黎民이라고도 함.

검시관檢屍官 조선시대 변사자變死者의 시체를 검사하던 관원. 검관檢官이라고도 함.

검안檢案 조선시대에 살인사건이 발생한 경우 시체의 검험檢驗에서부터 그 사건에 관련된 피의자·증인 등의 심리審理 내용을 기록한 문서.

검약檢藥 고려시대 전의사典醫寺에 속하였던 정9품의 관직. 궁중의 의약醫藥, 치료의 일을 담당함.

검열檢閱 ① 고려시대 예문관과 춘추관 소속의 관직. 1308년(충렬왕 34) 예문관과 춘추관이 병합하면서 정9품의 검열 2명을 두었으며, 1325년(충숙왕 12) 예문관과 춘추관이 분리될 때도 검열은 그대로 존속되다가, 1356년9공민왕 5) 예문관이 한림원翰林院으로 바뀌고 춘추관이 사관史館으로 바뀔 때 각기 정원이 1명으로 줄고 정8품으로 됨. 1362년 다시 한림원이 예문관으로 되고 사관이 춘구관으로 개칭되면서 각기 정9품으로 바뀜. ② 조선시대 예문관의 하위관직. 1392년(태조 1) 예문춘추관이 설치될 때 정9품의 직관直館으로 개칭되었다가, 1401년(태종 1) 춘추관과 예문관이 분리되면서 검열로 개칭되고 예문관에 속하게 됨. 춘추관의 기사관을 겸직하고, 승지와 더불어 근시로 지칭되었으며, 비록 하급관직이었으나 조선시대의 대표적인 청요직으로 선망을 받음.

검은간토기 청동기시대부터 철기시대 초기에 걸쳐 사용된 검은빛을 띤 민무늬토기의 하나. 흑색토기·흑색마연토기黑色磨硏土器라고도 함.

검의檢擬 당하 무관직堂下武官職을 임명할 때 취재取才에 합격했는지 또는 선전관宣傳官·부장部將·수문장守門將 등에 추천된 사실이 있는지의 여부를 조사하여 위에 주천(奏薦:임금에게 상주하여 천거함)하는 것.

검인관鈐印官 조선시대 과거의 시권(試券:답안지)에 확인 도장을 찍던 과장科場 종사관. 검인관檢印官 또는 타인관打印官이라고도 함.

검점군檢點軍 고려시대 경군(京軍:중앙군)에 소속된 특수부대의 하나. 주로 개경시가와 교외의 요소에 배치되어 순검巡檢하는 임무를 맡음. 검점군撿點軍이라고도 표기됨.

검지鈐識 어제御製의 표시로 인장을 찍는 것. 규장지보奎章之寶라는 어인御印을 찍음.

검측檢側 고대 진국辰國 때 소국의 우두머리의 칭호.

검토관檢討官 조선시대 경연經筵에서 강독講讀·논사論思에 관한 일을 맡아보는 정6품 관직. 타관이 겸직함.

검파형동기劒把形銅器 대쪽모양동기.

검핵檢劾 검사하여 탄핵하는 것.

검핵檢覈 사실을 조사하는 것.

검험檢驗 조선시대 살인 사건이나 사람이 죽었을 때 죽은 원인을 밝히기 위해 담당관원이 시체를 검증하고 검안서檢案書를 작성하는 것.

겁령구怯怜口 고려시대 원라의 공주를 따라온 공주의 사속인私屬人. 겁령구는 '집안아이'라는 뜻을 지닌 몽고어 계령구(Ke-ling-k'ou)의 한어漢語 표기임.

겁설怯薛 고려시대 번을 나누어 고대가 궁중을 지키는 일을 맡은 사람. 몽고에서 온 이름.

겁수劫囚 옥에 갇힌 죄인을 폭력으로 빼앗아내는 것. 겁옥劫獄.

게으쭈루 병조관서나, 각 영문營門의 대장, 각 관찰사·병마절도사·수군절도사, 그밖에 병권兵權이 있는 높은 관원의 행차에 호위하는 순령수巡令手가 사람들의 통행을 금하며 외치는 소리.

격고擊鼓 임금이 거둥할 때 원통한 일을 임금에게 상소하기 위하여 북을 쳐서 하문下問을 기다리는 것.

격군格軍 곁军의 취음取音. 수부水夫의 하나로서 사공沙工의 일을 돕는 사람. 선격船格이라고도 함.

격문檄文 선동하거나 의분을 고취시키려고 쓴 글. 적국을 설복하거나 힐책하는 글과 급히 여러 사람들에게 알리려고 각 곳에 보내는 글도 포함됨. 격檄 또는 격서檄書라고도 함.

격살擊殺 쳐서 죽임.

격장법隔帳法 조선시대 문과文科와 명경과明經科의 강경講經 시험장에서 시관과 응시자 사이를 장막으로 가리게 하는 제도.

격쟁擊錚 억울한 일을 당한 사람이 임금에게 하소연하기 위해 임금이 거둥하는 길가에서 징이나 꽹과리를 쳐서 임금의 하문下問을 기다리는 것.

격지석기 석편을 떼어내고 남은 돌을 석핵石核이라고 부르며, 석핵에서 떼어낸 석편에 모종의 석기를 제작하기 위하여 다시 가공한 것을 격지석기라고 함. 석편석기石片石器라고도 함.

견감蠲減 조세 등의 일부를 감면시켜줌.

견갑형동기肩甲形銅器 청동기시대의 의장구儀裝具.

견당매물사遣唐買物使 신라시대 청해진대사淸海鎭大使 장보고張保皐가 당나라에 파견한 무역사절.

견당유학생遣唐留學生 당나라 국자감國子監에 파견되었던 유학생.

견룡牽龍 고려시대 숙위군宿衛軍의 하나. 주로 대전大殿을 웃위하였으며, 동궁東宮을 숙위하는 동궁견룡이 따로 설치되어 있었고, 충렬왕 때부터는 제비주부諸妃主府의 숙위에도 동원됨. 국왕의 의위의衛와 왕태자의 노부鹵簿에도 시종함. 견룡지유牽龍指諭·견룡행수牽龍行首 등의 직제가 갖추어져 있음.

견마배牽馬陪 사람이 타는 말이나 당나귀를 끄는 마부. 조선 중종 때 잡직 종7품을 받음.

견복甄復 퇴임자 중에서 적합한 사람을 골라 거듭 관직에 복귀하게 함. 견서甄敍·견임甄任이라고도 함.

견사犬使 부여시대의 관직.

견사급역遣使給驛 견사遣使는 사자를 보내는 것, 급역給驛은 공무출장인에게 역마驛馬를 내어주는 것. 즉 사자를 파견하는 데 역마를 내어주는 것.

견서甄敍 퇴임자 중에서 적합한 사람을 골라 거듭 관직에 복귀하게 함. 견복甄復이라고도 함.

견예부堅銳府 고려시대 무반조직의 하나. 보통의 군사집단과 달리 각종 제사에서의 무무武舞를 주로 담당함. 설치시기는 정확히 알 수 없으나, 고려 말까지 존속되었다가 조선 태조 때 무공방武工房으로 개편됨. 1령領으로 편성되었으며, 정7품의 별장別將 1명과 정9품의 위尉 2명 및 종9품의 대정隊正 4명의 장교가 배속되었음.

견월見越 통과되지 아니함. 보류됨.

견인대수遣人代首 범죄자가 스스로 자수하지 않고, 남을 대신 보내어 자수하는 것.

견임甄任 퇴임자 중에서 적합한 사람을 골라 거듭 관직에 복귀하게 함. 견복甄復이라고도 함.

견전제遣奠祭 발인發靷할 때 문 앞에서 지내는 제사. 약칭 견전遣奠.

견종법畎種法 발작물을 파종할 때 그 토양의 지형조건을 기준으로 한 파종법播種法중의 하나. 이랑과 이랑 사이의 골에 파종하는 방법.

견지遣支 삼한지역 소국의 군장軍長에 대한 칭호.

견치甄差 나이가 많아 벼슬을 사임한 사람을 다시 불러 관직을 맡기는 것. 견복甄復이라고도 함.

견파譴罷 관원의 실수를 견책譴責하여 파면함.

견패遣牌 패문牌文을 보내는 것. 패문은 중앙행정 각 부에서 지방의 각 도에 보내는 독촉공문의 하나.

견폐遣弊 폐해弊害를 덜어버리거나 없애는 것.

결結 농토의 면적단위. 이 넓이가 농가 한가구에 나누어주기 위한 면적이었으므로 '몫'이라고도 함. 삼국시대부터 고려 문종 때까지 1결의 넓이는 장년농부의 10지指를 기준으로 한 지척指尺으로, 가로 세로 640자尺인 정사각형으로 1만 5,447.5m²가 됨. 고려 무종 때부터는 전토田土를 3등급으로 나누어 옛 1결은 하등전下等田 1결은 9분의 4배에 해당하게 함. 다시 조선시대 1444년(세종 26)부터 6등급으로 나누어, 1등전 1결의 넓이는 고려 때 하등전 1결의 3분의 2의 넓이로, 그 넓이는 주척周尺으로 가로 세로 477.5자인 정사각형으로 함. 따라서 1등전 1결의 넓이는 9,859.7m²로 변함. 임진왜란 이후 다시 변하여 1634년(인조 12)부터 1등전 1결의 넓이가 1만 809m²로 되었다가, 대한제국 1902년(광무 6)부터는 1만m²인 1ha를 1결로 제정함. 1등에서 6등으로 갈수록 1결의 면적은 일정한 비율로 넓어짐.

결가結價 토지 1결에 대한 조세의 액수. 결금이라고도 함.

결곤決棍 곤형棍刑을 집행함. 곤형은 곤장으로 치는 형벌.

결금結─ 결가結價의 이칭. 토지 1결에 대한 조세의 액수.

결급決給 결정하여준다는 뜻으로 소송에 대하여 판결을 내려줌.

결납結納 ① 폐백幣帛을 들이고 약속을 맺음. 혼약婚約의 표시로 교환하는 남녀양가의 예물禮物. ② 결탁結託.

결납전結納錢 신랑·신부 양가에서 혼약婚約의 표시로 예물로 바치는 돈.

결두전結頭錢 조선 말기 경복궁 중건을 위하여 전세田稅에 덧붙여 징수한 일종의 부가세. 징수액은 전田 1결에 전錢 100문文으로, 백성들의 많은 원성을 샀음.

결득決得 승소판결을 얻음. 승소勝訴.

결등決等 ① 죄인을 재판하여 죄의 등급을 결정함. ② 정안正案이나 속안續案을 만들 때 노비奴婢가 치를 역役의 등급을 결정함.

결람結攬 결탁結託 함.

결렴結斂 결세結稅에 덧붙여 돈이나 곡식을 거두어들임.

결목結木 전지田地의 조세로 바치는 무명.

결미結米 전지田地의 조세로 바치는 미곡.

결방決放 죄인의 정상을 참작하여 방면하기로 결정하고 석방함.

결벌決罰 ① 죄인의 형刑을 결정하는 것. ② 형벌을 집행하는 것.

결복結卜 결結과 복卜. 즉 전지田地의 면적단위. 혹은 전세田稅를 의미하는 말로도 사용됨.

결복闋服 어버이의 삼년상三年喪을 마침. 탈상脫喪.

결복서용闋服敍用 상喪을 당하여 벼슬에 물러났던 사람을 탈상 후에 다시 기용하는 것.

결부법結負法 곡식 수확량과 토지면적 및 조세수취를 연결, 파악하는 제도. 화곡禾穀 1악握을 1파把, 10파를 1속束, 10속을 1부負 혹

은 1짐[卜], 100부負를 1결結이라 하고, 1결을 생산해낼 수 있는 토지의 단위면적 및 그러한 단위면적을 대상으로 조세를 부과하는 토지제도.

결세結稅 조선시대 토지세의 하나. 결부법結負法에 따라 전지田地를 측량하고 결結을 기준으로 하여 여러 가지 세稅를 매기는 세제稅制.

결속색結束色 조선 후기 병조 소속 관아의 한 부서. 도성의 대문이나 대궐문의 개폐의 보류 및 대궐 안에서나 국왕의 행차 때 떠드는 것을 금하는 일을 담당함. 결색結色이라고도 함.

결송決訟 소송訴訟을 판결함. 결옥決獄.

결송아문決訟衙門 재판을 관장하는 관아. 즉 형조와 한성부.

결송해용지決訟該用紙 조선시대 민사소송인 사송詞訟에서 승소자가 판결서인 결송입안決訟立案을 발급받기 위해서 관아에 납부하던 백지수수료白紙手數料의 일종. 일명 작지作紙라고도 함.

결승結繩 셈법의 하나. 문자가 사용되기 이전에 새끼줄을 묶어서 수를 셈하던 방법.

결안結案 결정된 안건이나 문서.

결안結案 죽을 죄를 지은 죄인에 대한 국왕의 최종 결재[판하判下]에 따라 사형 집행 전에 형을 확정짓기 위한 형식적인 절차 및 그 문서.

결역結役 조선시대 결세結稅 중에서 경저리京邸吏·영저리營邸吏들에게 주는 급료.

결역가結役價 조선 후기 토지에 부과되는 부가세의 하나. 전세田稅·대동미大同米·삼수미三手米·결전結錢 및 거기에 따른 수수료 등의 법정세금과는 별도로 지방관아의 여러 비용 마련을 위하여 징수하던 부가세의 일종. 처음에는 '치계시탄가雉鷄柴炭價'라 하였으나, 다른 명목의 잡세가 추가됨으로써 흔히 잡역가雜役價라고도 하였음.

결옥決獄 범죄인에 대한 형사 판결.

결옥일한決獄日限 조선시대 범죄인에 대한 판결기한의 규정. 죄인을 판결할 때 죄의 경중에 따라 대사大事인 사죄死罪는 30일, 중사中事인 도徒·유流의 죄는 20일, 소사小事인 태笞·장杖의 죄는 10일을 기한으로 처결하게 함.

결작結作 조선 후기 토지에 부과되던 지세地稅의 하나. 쌀로 징수하는 결미(結米:결작미라고도 함.)와 화폐로 징수하는 결전結錢의 두 가지가 있었음. 1750년(영조 26)에 시행된 균역법의 문제점을 해결하기 위해 이듬해 마련됨. 즉 평안·함경의 양도를 제외한 6도의 토지에서 1결당 쌀 2말 또는 전錢 5전을 징수하기로 함. 부과대상은 개인 소유지는 물론 공해公廨·향교·사원祠院·사찰의 부지와 적전籍田을 제외한 궁방宮房 및 각 관아에 소속된 면세지도 결작부과의 대상이 되었음.

결작미結作米 조선 후기 전결田結에 대한 부가세. 영조 때 균역법 시행으로 생긴 군포의 부족액을 메우기 위해 토지 1결에 대하여 쌀 2말 또는 전錢 5전을 부과하였는데, 그 쌀을 결미結米 또는 결작미라고 하였음.

결작전結作錢 조선 후기 전결田結에 대한 부가세. 영조 때 균역법均役法 시행으로 생긴 군포의 부족액을 메우기 위해 토지 1결에 대하여 쌀 2말 또는 전錢 5전을 부과하였는데, 그 전을 결전結錢 또는 결작전이라고 하였음.

결전結錢 ① 결세結稅를 돈으로 환산한 것. ② 결작전結作錢의 약칭.

결절決折 재판裁判. 관결判決.

결채結綵 색실·색형겊·색종이 등을 다라나 지붕이나 문 위에 내걸어 오색五色으로 아름답게 장식하는 것. 결채結彩라고도함. 임금의 행차나 중국의 칙사를 맞이할 때 환영하기 위해 만듦.

결채가요結綵歌謠 죽은 임금이나 왕비의 신주神主를 종묘宗廟로 모실 때 행하는 행사. 성균관의 유생과 기생 등이 각각 색종이를 길 좌

우에 화려하게 장식하고 가요를 울리며 돌아간 임금이나 왕비의 덕을 칭송함.

결처決處 형벌을 집행함.

결총結總 결복結卜의 총수總數. 즉 전지田地 면적 또는 전세田稅의 총수를 말함.

결포結布 조선 후기 양역변통책으로 제기 되었던 토지 부과세. 전결田結을 단위로 포를 징수하는 세법인데, 실시되지는 못하였음.

결함結銜 임시로 어느 벼슬의 직함을 겸임하는 것.

결혼도감結婚都監 고려시대 원나라의 요구로 만자(蠻子:남송인으로 원날에 항복한 사람)에게 시집보낼 여자를 뽑기 위하여 1274년(원종 15)에 설치한 임시기구.

겸감목兼監牧 겸감목관兼監牧官의 약칭.

겸감목관兼監牧官 조선시대 첨사僉使 · 수령守令 등이 겸직한 감목관監牧官을 일컬음.

겸검서兼檢書 조선 후기 규장각에 정원 외로 두었던 첨설 관직. 정식 명칭은 겸검서관兼檢書官. 규장가구이 검서관 4명이 임기가 차면 그 중 2명을 홍문관에서 임의로 선임하여 겸검서관이라 호칭하고, 서반체아직西班遞兒職을 주도록 하는 데서 생김.

겸관兼官 ① 수령守令에 결원이 생겼을때 이웃 고을의 수령이 일시 겸임하는 것. ② 겸직.

겸교련관兼敎鍊官 조선 후기 용호영(龍虎營.금군청)에 소속된 무관직, 교련관 14명 중 금군禁軍 출신의 교련관 2명을 말함.

겸교리兼校理 조선 후기 교서관校書館의 종5품 관직. 1782년(정조 6) 교서관이 규장가구이 외각外閣으로 편입되면서 규장각 직각直閣이 겸직하도록 함.

겸교수兼敎授 ① 조선 후기 서울의 사학四學에 설치하였던 종6품 관직. ② 조선시대 호조 · 형조 · 관상감觀象監 · 사역원司譯院 · 혜민서惠民署에 두었던 종6품직. 사역원의 한학漢學 겸교수와 혜민서의 의학 겸교수, 호조의 산학算學 겸교수, 형조의 율학律學 겸교수, 관상감觀象監의 천문학 · 지리학 명과학課學 겸교수 등이 있었음.

겸낭청兼郎廳 조선 말기 종부시宗簿寺에 설치되었다가 종친부宗親府로 옮긴 종9품 관직. 종친이 아닌 다른 관청의 낭청이 종친부의 낭청을 겸함. 직임은 선원보첩璿源譜牒을 편찬하는 등 종친부가 실무 책임을 담당함.

겸내취兼內吹 조선 후기 지방에서 징집된 내취(內吹:궁중 취타대)의 취고수吹鼓手로서 금위영 · 어영청御營廳 · 용호영 등에 분속된 병사.

겸대兼臺 조선시대 중국으로 파견되는 사신의 일원인 서장관書狀官이 임시로 겸직한 사헌부의 직함. 행대行臺 혹은 행대어사行臺御史라고도 함. 겸대의 직명은 겸지평 · 겸장령 · 겸집의 등. 이들 사헌부의 직함을 겸한 서자오간은 본래의 기록 보존 업무 외에 사신 일행의 비위를 규찰하고 불법행위를 단속하는 임무를 띰.

겸도사兼都事 조선 말기 충훈부忠勳府에 설치되었던 종5품 관직. 1865년(고종 2) 임시직이었던 가도사假都事 1명을 정직인 겸도사로 고친 것임. 직임은 도사와 함께 충훈부의 실무를 담당함.

겸도승지兼都承旨 조선 후기 승정원 도승지의 관계官階 진급에 따른 임시 관직명. 도승지의 정식품계는 정3품 통정대부通政大夫였으나, 여기서 3단계를 진급하여 정2품 자헌대부資憲大夫가 되거나 자헌 대부 이상의 관계를 가진 사람이 도승지에 임명되면 겸도승지로 발령하고 중추부中樞府의 지중추부사知中樞府事를 형식적인 본직으로 제수함.

겸록부장兼祿部將 조선 숙종 때 좌 · 우포도청에 증치된 군관직. 1703년(숙종 29) 서울 근교에서 도적이 성하자 금군禁軍 군관 가운데서 삼강三江 · 성외城外 출신 12명을 특별히 지정하여 강도들을

색출, 체포하게 하고, 이들을 겸록부장 가설부장加設部將 혹은 겸포 도兼捕盜라고 함.

겸료兼料 조선 후기 직업군인들 가운데서 특수임무를 겸한 자들에게 본봉에 더해주던 급료. 가료加料 · 겸봉兼俸 · 겸료미兼料米라고도 함.

겸문학兼文學 조선 중기 이후 세자시강원世子侍講院에 설치되었던 정5품 관직. 정원은 1명으로 홍문관 등 다른 관서의 문관으로서 겸하게 함. 직임은 서연書筵의 강독관講讀官임.

겸방어사兼防禦使 조선 중기 이후 전국의 군사요지에 파견되었던 종2품 무관직. 정식 명칭은 병마방어사 또는 수군방어사였으나, 전원을 지방수령으로서 겸임하도록 하여 겸방어사라고 부르게 됨.

겸별장兼別將 조선 후기 수어청守禦廳에 편제되어 있던 정3품 무관직. 여주목사 및 이천부사로 겸직하게 함.

겸별파진兼別破陣 조선 후기 금위영과 어영청御營廳에 편성되어 있던 특수병종. 각각 40명씩으로 조직되었으며, 각색군各色軍 가운데서 차출, 겸임시킴. 왕의 행차시에 화기火器를 지참하고 어가를 호위하거나, 화약고와 본영의 숙직을 담당함.

겸보덕兼輔德 조선 후기 세자시강원世子侍講院에 설치되었던 정3품 당상관직. 세자에게 경사經史와 예절 · 도의를 가르침.

겸사兼史 조선시대 다른 관서의 관원으로서 춘추관의 사관史官을 겸임한 관리. 특히 지방관으로서 춘추관 기사관記事官을 겸직한 관원을 지칭함. 겸춘추兼春秋라고도 함.

겸사복兼司僕 조선시대 가장 정예인 기병 중심의 친위병. 주로 국왕의 신변보호와 왕궁호위 및 친병양성 등의 임무를 맡았던 금위禁衛의 군사임.

겸사복장兼司僕將 조선시대 정예 친위대의 하나였던 겸사복兼司僕의 지휘관. 내장內將이라고도 함. 종2품의 무관직으로 정원은 3명이었으나, 모두 다른 부서의 관원들로 겸직하게 하였고, 문관들이 겸하는 경우도 많았음.

겸사서兼司書 조선시대 세자시강원世子侍講院에 설치되었던 정6품 관직. 정원은 1명이었으며, 홍문관 등 다른 관서의 문관으로 겸임하게 함. 직임은 시강원의 장서藏書 담당이었으나, 서연書筵의 강독관講讀官으로도 참여함.

겸설서兼設書 조선시대 세자시강원世子侍講院에 설치되었던 정7품 관직. 정원은 1명. 홍문관의 박사 이하 관원 및 예문관의 봉교 이하 관원 중에서 선임, 겸직하게 함. 직임은 설서設書 · 사서司書 등과 함께 서연書筵에서의 강독과 동궁東宮의 기록업무를 담당.

겸습독관兼習讀官 조선시대 훈련원訓鍊院 소속의 종9품 무관직. 정원은 10명. 겸습독사兼習讀事라고도 함. 이들은 훈련원 소속의 습독관이었으나 금군禁軍의 하나인 겸사복兼司僕의 임무를 겸하여 무경칠서武經七書 등을 익히는 습독관으로서의 일보다 궁중의 수비나 국왕의 호위와 같은 금군의 기능이 더 중시되었음.

겸압원兼押院 고려시대 궁내 왕실도서관인 어서원御書院에 속했던 관직. 정원은 2명.

겸영장兼營將 조선 후기 각 도에 설치된 진영장鎭營將 중에서 지방의 수령이 겸직 하도록 한 무관직.

겸예문兼藝文 조선시대 임시 관직의 하나. 1456년(세조 2) 집현전이 폐지되자 그 학문 연구 및 문한文翰의 기능이 예문관으로 이관되었으나, 예문관의 관원과 직제는 제한되어 있어 다른 관서의 관원들 가운데 명망 있는 문관 수십명에게 겸예문의 직명을 주어 그 일을 담당하게 함.

겸인의兼引儀 조선 중기 이후 통례원通禮院에 설치되었던 종9품 관직. 직임은 대소 조회朝會 및 기타 의례시에 여창(臚唱:식순을 적은 홀기에 따라 구령을 외치는 일)을 하는 등의 의전을 담당함.

겸자군鎌子軍 조선시대 임진왜란 때 군마의 목초를 베기 위하여 특별히 동원되었던낫鎌子부대.

겸장례兼掌禮 조선 말기 다른 관원이 겸임한 장례원掌隷院 소속의 관직.

겸전의醫兼典醫 조선 말기 태의원太醫院 소속의 의관醫官. 1894년(고종 31) 종래의 내의원內醫院이 태의원으로 개편되면서 설치됨. 정원은 4명. 직급은 판임관判任官으로 주임관奏任官인 전의典醫의 하위직임. 1895년 전의보典醫補로 개칭되었다가 1896년에 폐지됨.

겸직중대兼直中臺 고려 1010년(현종 1)에 중추원을 고친 중대성中臺省에 둔 관직. 다음해 다시 중대성을 없애고 중추원을 환원시킬 때 없어짐.

겸차兼差 어떤 임시 사무를 겸하여 맡아보게 하는 것.

겸찰兼察 ① 한 사람이 여러 가지 일을 겸하여 보살피는 것. ② 현임 대장大將이 임시로 다른 영문營門의 직무를 맡아보는 것.

겸찰방兼察訪 조선 중기 이후 지방에 파견된 외관직의 하나. 역驛·원院의 관리와 감독을 위하여 종6품의 찰방직에 종7품 이하의 시종 문신을 겸임하게 함.

겸참군兼參軍 조선시대 한성부에 설치되었던 정7품의 겸관직. 통례원通禮院의 인의引儀 가운데 1명이 겸임하게 함.

겸토포사兼討捕使 조서 후기 지방의 도적을 수색, 체포하기 위하여 설정한 특수직임. 처음에는 수령으로 임명하였고, 나중에는 진영장鎭營將이 겸임하게 함.

겸파총兼把摠 조선 후기 어영청御營廳·금위영 소속의 관직. 금위영과 어영청의 하번향군下番鄕軍의 군사훈련과 상격賞格등을 담당했던 종4품직.

겸편수관兼編修官 고려시대 춘추관에 속했던 관직. 1325년(충숙왕 12)에 예문춘추관이 예문관과 춘추관으로 나뉠 때 춘추관에 새로이 설치되었으며, 충수찬관充修撰官·충편수관充編修官과 함께 3품 이하로 임명되어 국사편수를 담당함.

겸필선兼弼善 조선시대 세자시강원世子侍講院에 설치되었던 정4품 관직. 정원은 1명. 보통 집의執義나 사간司諫이 겸임함. 직임은 세자의 강학관講學官임.

겸함兼銜 ① 겸직할 때 그 겸하여 가진 직함職銜. ② 겸직兼職.

경更 하룻밤 동안을 다섯으로 나눈 그 하나. 초경初更·이경二更·삼경三更·사경四更·오경五更으로 나눔.

경頃 농토의 면적단위. 중국 주공周公이 처음으로 제정한 도량형의 면적단위로, 우리나라에서는 신라와 고려시대에 경을 사용하였는데, 그 실질적 넓이는 1결結과 같아 결의 별칭으로도 사용되었음. 삼국시대에서 고려 때까지의 1경의 넓이는 1만 5,447.5㎡였고, 조선 1436년(세종 18)~1444년(세종 26)까지 경무보법頃畝步法이 일시적으로 실시되었는데, 이때의 1경은 세종주척世宗角尺으로 하여 1보步는 5자尺, 1무畝는 240보, 1경은 100무로서 1경의 넓이는 2만 5,945.9㎡였음.

경卿 ① 신라시대 조부調俯·경성주작전京城周作典·창부倉部·예부禮部·승부乘府·사정부司正府·예작부例作府·선부船府·영객부領客府·위화부位和府·좌이방부左理方府·우이방부右理方府·내성內省 등의 제일급중앙관청과 사천왕사성전四天王寺成典·감은사성전感恩寺成典·봉덕사성전奉德寺成典·봉은사성전奉恩寺成典 등 왕실의 사원을 관리하던 관청의 차관직. ② 신라시대 전융서典戎署·영창궁성전永昌宮成典·국학國學·음성서音聲署의 장관직. ③ 발해시대 정당성政堂省 예하 육부六部와 대농시大農寺·사빈시司賓寺·태상시太常寺의 최고관직. ④ 고려 초기 병부兵部·물장성物藏省의 차관직. ⑤ 고려 태조때 창부倉部의 최고관직. ⑥ 고려시대 봉상시奉常寺·종정시宗正寺·위위시衛尉寺·태

복시太僕寺·예빈시禮賓寺·장작감將作監·사재시司宰寺 등 제시諸寺의 장관 또는 차관직. 품계는 정3품 또는 종3품. ⑦ 고려시대 서경西京의 아관衙官·병부兵部·납화부納貨府·진각성珍閣省·내천부內泉府·국천부國泉府·관택사官宅司·도항사都航司·대어부大馭府 등의 수석 또는 차석급에 해당하는 관직. ⑧ 조선 1895년(고종 32) 4월 이후 궁내부宮內府 소속 각 원院의 장관급 관직.

경감京監 군수물자를 관리하는 군자삼감軍資三監의 하나. 일명 강감江監.

경강선京江船 조선시대 한강의 수운에 사용된 선박.

경계庚癸 군량軍糧의 은어隱語. 경庚은 서쪽이므로 곡식을, 계癸는 북쪽이므로 무를 주관한다는 뜻에서 나온 말.

경고更鼓 밤의 시작을 알리기 위하여 치는 북.

경공인京貢人 조선시대 지방관地方官이하 아전들이 서울에 출장할 때 제반사무 및 숙박 등의 편의를 보아주던 사람. 금전의 대차貸借, 제반사무에 사용되는 비용 등을 주선하여주고, 그 후에 그 지방청으로부터 원비용에 이자를 첨가형 받아들이는 것을 임무로 함. 경주인京主人·경저리京邸吏라고도 함.

경공장京工匠 조선시대 왕실과 관부에서 필요로 하는 각종 물품의 제작에 종사하던 전업적 수공업자. 이들은 한성부의 장적匠籍에 등록되었으며, 고려시대부터 각 관아에 소속되었던 공장工匠과 관·사노비官私奴婢로 구성되었으나, 차츰 양인良人으로 교체되어 조선시대 경공장은 양인이 주류를 이룸.

경과科科 조선시대 서울에서 보는 과거. 즉 회시會試나 전시殿試등을 일컬음.

경과經科 강경과講經科의 준말.

경과慶科 조선시대 왕실이나 국가에 경사가 있을 때 실시한 과거. 별시別試·정시庭試·증광시增廣試 등이 있음.

경관京官 서울 안 각 관아의 관원 및 개성·강화·수원·광주廣州의 유수留守의 통칭. 개성·강화·수원·광주는 지방이나 경관에 속함. 경직京職이라고도 함.

경관직京官職 중앙에 있는 각 관아의 벼슬. 조선시대의 경우 경관직은 중앙에 자리 잡은 동반東班·서반西班 각 아문의 관직과 개성부와 각 능전陵殿의 관직이 포함됨. 조선 후기에는 개성부開城府와 수원부·광주부·강화부를 사도四都라 하여 경관직으로 임명함.

경교校校 조선시대 서울의 좌·우포도청左右捕盜廳에 소속된 군관軍官인 포교捕校의 이칭. 경포교京捕校·경포京捕라고도 함.

경군京軍 서울 안 각 군영에서 복무하는 군사.

경궁梗弓 고려시대 별무반別武班에 소속된 군대. 센 화살을 쏠 수 있는 사람만으로 조직됨.

경기京畿 고려·조선 시대 왕도와 왕실을 보위하기 위하여 설치된 왕도의 외곽지역.

경당扃堂 고구려시대 지방에 설치된 미혼의 평민층 자제를 위한 사학기관.

경도역京都驛 신라시대의 관청. 서울인 경주의 중심 역정驛亭 소속 관원으로는 사지舍知에서 나마奈麻까지의 관등을 가진 대사大舍 2명과 사史 2명이 있음.

경략사經略使 ① 조선 1882년(고종 19)부터 1884년까지 함경도·평안도 지역의 국경무역문제 처리와 지방관의 행정 감독을 위해 임시로 둔 관직. ② 조선 1887년에 거문도에 진鎭을 설치하기 위하여 임시로 두었던 관직.

경력經歷 고려 말부터 조선시대에 걸쳐 주요 부서에 설치하였던 실무담당의 종4품 관직. ① 고려 충선왕 때 문하부門下府의 요직으로 잠깐 둔 적이 있고, 공양왕 때 관찰사의 보좌관으로 1명씩, 도평의사사都評議使司 부속 경력사經歷司의 속관으로 1명이 설치됨. ② 조선

초기 도평의사사와 관찰사의 속관으로 두었다가 1465년(세조 11) 폐지됨. 대신 조선 초기부터 충훈부·의빈부·의금부·개성부·중추부·오위도총부에 새로이 설치되어 행정실무를 담당함. 조선 후기에 충훈부·의빈부·의금부의 경력은 폐지되고, 오위도총부는 4명이 증원되었으며, 강화부와 광주부는 잠간 설치되었다가 판관判官으로 대체됨.

경력사經歷司 고려 말기 중앙의 도평의사사都評議使司와 지방의 각 도에 설치된 사무기구의 하나. 1390년(공양왕 2)에 도평의 사사의 전곡 출납을 맡은 육방녹사六房綠事를 감독하기 위해 처음으로 설치됨. 지방의 각 도에 설치된 경력사는 관찰사의 업무를 보좌하는 기능을 가짐.

경룡절慶龍節 고려 17대 인종의 탄신일.

경루更漏 경更을 알리는 물시계.

경리당상經理堂上 경리통리기무아문사經理統理機務衙門事의 약칭.

경리사經理使 경리청經理廳의 으뜸 벼슬.

경리원經理院 조선 말기 1905년 3월에 설치되어 황실재산을 총괄하던 궁내부宮內府 소속 관청.

경리청經理廳 조선 후기 북한산성의 관리를 담당하던 관청.

경리통리기무아문사經理統理機務衙門事 조선 1880년(고종 17)에 설치된 경리통리기무아문經理統理機務衙門의 각 사司의 사무司務를 관장하던 관직. 약칭은 경리당상經理堂上·당상경리사당上經理事·경리사經理事. 다른 관직에 있는 관리가 겸직함. 1882년에 폐지됨.

경면黥面 죄인의 얼굴에 살을 째고 죄명罪名을 먹물로 새겨넣는 형벌.

경무관警務官 조선 말기 경무청警務廳에 둔 관직. 경무사警務使의 아래. 주사主事의 위임.

경무법頃畝法 신라시대에 사용된 토지단위법. 원래 중국 고대의 토지면적단위법으로, 전한前漢 이전에는 주척周尺으로 6자 평방을 1보步, 100보를 1무畝, 100무를 1경頃이라 하였고, 전한 이후로는 주척 5자 평방을 1보, 240보를 1무, 100무를 1경으로 하였음. 신라에서는 중국의 양전법量田法과 같이 경무법으로 표시하였음. 또는 결부법結負法과 같이 혼용됨.

경무사警務使 조선 말기 경찰·감옥 업무를 관장한 경무청警務廳의 장관. 칙임관勅任官으로 임명됨.

경무청警務廳 조선 말기 경찰업무를 관장하던 관청. 1894년(고종 31) 갑오개혁 때 신설된 내무아문에 소속된 관청. 종래의 좌·우포도청을 합쳐 설립한 것으로, 한성부와 오부五部 내의 경찰업무를 관장하였음. 1900년 경부警部로 개편되었다가 1902년 경무청으로 복설되었으며, 1907년 경시청警視廳으로 개편됨.

경방자京房子 조선시대 경저리京邸吏나 계수주인界首主人이 관할 읍에 발송하는 공문·통신 등을 전달하는 하인.

경보經寶 고려 정종 때 불교진흥책의 일환으로 세워진 장학재단. 일명 불명경보佛名經寶.

경복궁제거사慶福宮提擧司 조선 1394년(태조 3)에 설치된 경복궁을 관리하던 관청. 1466년(세조 12)에 전연사典涓司로 바뀜.

경부警部 조선 말기 고종 때 일체의 경찰업무를 관장하고 한성부漢城府 및 각 지방 개항시장의 경무警務와 감옥서監獄署를 통합하며 경찰관리를 감독하던 관청. 1900년 6월 내무아문 직할의 경무청警務廳을 폐지하고 내무아문에서 독립된 경부를 신설함.

경비사經費司 조선시대 호조에 소속된 관아. 경중京中에서 이루어지는 모든 국비의 지출 및 왜인의 양료糧料 등에 관한 사무를 관장함.

경사京司 서울에 있는 각 관사官司의 통칭.

경사京師 ① 수도首都. 서울. ② 고법전에서는 중국의 수도를 지칭하기도 함.

경사고京史庫 서울에 두었던 사고史庫.

경사교수經史教授 고려시대 국자감國子監에 소속되어 경經·사史를 가르치던 관직.

경사교수도감經史教授都監 고려 후기 유학의 진흥을 위해 설치된 임시관청. 1296년(충렬왕 22) 독립적인 특수관청으로 설치됨. 명유名儒 2명을 택하여 경사교수도감사經史教授都監使로 삼아 7품 이하의 관원에게 경서와 사서史書를 가르치게 함.

경사대부卿士大夫 영의정·좌의정·우의정 이외 모든 관원의 총칭.

경사자집經史子集 동양도서분류법의 하나. 경부經部·사부史部·자부子部·집부集部의 준말이며, 동야의 전통적인 사부분류법四部分類法을 뜻함.

경상卿相 ① 육경六卿과 삼상三相. ② 재상.

경서經署 임금에게 올리는 서류가 어느 관사官司를 경유할 것인가에 관하여 동의하는 서명.

경서교정청經書校正廳 조선 후기 현종 때 성균관 안에 설치한 관청. 경서經書의 자획字劃과 음의音義가 잘못된 것을 바로 잡는 일을 담당함.

경선점慶仙店 고려시대 제사도감각색제司都監各色으로 통칭되던 비상설 관청의 하나. 문종 때 설치됨. 지속연한과 관장업무에 대해서는 알 수 없음. 관원으로는 녹사錄事 2명이 있고, 이속吏屬으로는 기사記事 1명, 기관記官 1명, 서자書字 2명이 배속되어 있었음.

경성주작전京城周作典 신라시대의 관청. 왕경王京인 경주 주위의 성곽 수리를 담당 하였는데, 장관인 5명의 영슈, 그 아래 경卿 6명, 대사大舍 6명, 사지舍知 1명, 사史 8명 등의 관원이 있었음.

경소京所 지방의 명망가나 유력자 등을 서울에 재류在留 시켜 그 지방의 일을 의논하고 중앙과 지방 관청의 연락사무를 맡아보게 하는 곳. 고려 때 지방의 유력자들을 서울로 불러 올려서 그 세력을 억압하려는 목적이 있기도 하였음. 경재소京在所라고도 함.

경수경첨警守更籤 경수소警守所에서 야간에 사용하는 표신標信.

경수소警守所 조선시대 한성부의 치안업무를 위한 최말단 기관. 복처伏處라고도함. 도성都城 안팎의 도적을 방비하고 화재등을 예방하기 위하여 좌순청左巡廳·우순청右巡廳 순라군이 야간에 거처하던 곳.

경승부敬承府 조선 1402년(태종 2) 원자 제(褆:양녕대군)의 교육을 위해 성균관 구내에 세웠던 별도의 학당. 원자부元子府라고도 함.

경시京試 조선시대 3년에 한번씩 서울에서 실시하던 과거의 하나인 소과小科의 초시初試.

경시卿寺 경은 9경九卿, 시는 관아官衙의 뜻으로, 즉 중앙관아를 일컬음.

경시警視 대한제국 때 경시청警視廳의 관직. 주임관奏任官에 해당됨. 1907년 7월 경무청이 경시청으로 바뀌면서 경무청의 경무관警務官도 경시청의 경시로 바뀜. 소임은 황궁·한성부 및 경기도의 경찰·소방 및 위생사무를 관장하는 경시총감과 경시부감의 유고시 그 업무를 대행하거나, 상부의 명령에 따라 경시청의 사무를 관장하고 부하관리를 지휘, 감독함.

경시관京試官 조선 후기 중앙에서 향시鄕試에 파견한 감시관監試官. 감시관은 서울에서는 사헌부감찰이, 지방에서는 각 도의 도사都事가 맡게 되어 있었으나, 과장科場이 둘 씩 설치되는 큰 도에는 경시관이 1명씩 파견되었는데, 충청도·전라도·경상도의 좌도 및 평안도·합경도의 남도 과장을 감독함. 원칙적으로 식년문과와 증광문과의 초시初試에만 위의 도에 파견됨.

경시서京市署 고려·조선 시대 시전市廛을 관할하기 위하여 설치한 관청.

경시청警視廳 대한제국 때 한성부와 경기도의 경찰·소방 업무를 맡아보던 관청. 1907년 7월에 경무청警務廳이 바뀐 것임.

경신庚申 경신일庚申日에 자지 않고 다음날明日을 기다리는 행사. 경신회庚申會. 경신일을 싫어하는 도교道敎에서 온 신앙.

경신대출척庚申大黜陟 경신환국庚申換局.

경신박해庚申迫害 조선 1806년(철종 11) 경신년에 일어난 천주교 박해의 옥사獄事. 경신사옥庚申邪獄.

경신사옥庚申邪獄 경신박해庚申迫害.

경신참변庚申慘變 1920년 일본군이 만주로 출병하여 무고한 한국인을 대량으로 학살한 사건.

경신환국庚申換局 조선 1680년(숙종 6)에 남인南人 일파가 정치적으로 대거 축출된 사건. 서인西人 김석주金錫胄·김익훈金益勳 등이 남인인 당시의 영의정 허적許積의 서자 허견許堅이 인조의 손자이며 인평대군麟坪大君의 아들인 복창군福昌君·복선군福善君·복평군福平君 등 과 역모한다고 고발하여 옥사獄事가 일어 났는데, 이로 이낳여 남인 일파가 쫓겨나고 서인 일파가 집권하게 됨. 경신대출척庚申大黜陟이라고도 함.

경실京室 왕실. 임금의 집안.

경아문京衙門 서울의 각 관아.

경아전京衙前 조선시대 중앙 각 사司에 근무하던 하급관리. 녹사錄事·서리書吏·조례皀隷·나장羅將 등이 있었는데, 그 중 상급서리上級胥吏인 녹사와 하급서리인 서리가 주종을 이룸.

경연經筵 임금 앞에서 경서經書를 강론하는 자리. 경연經筵이라고도 함.

경안京案 경관京官의 정안政案. 즉 중앙관직의 인사기록서.

경양도景陽道 조선시대 전라도 역도驛道의 하나. 중심역은 광주光州의 경양역景陽驛이며, 역승驛丞이 소개하였으나 뒤에 찰방察訪으로 승격됨.

경여갑당京餘甲幢 신라시대의 군대. 삼십구여갑당三十九餘甲幢의 한 부대. 소속 군관으로 법당주法幢主·법당감法幢監·법당화척法幢火尺이 배치됨.

경여갑당주京餘甲幢主 신라시대의 무관직. 법당주法幢主 소속의 158명 가운데 15명이 소속되었으며, 관등이 사지舍知에서 급찬級湌까지 인자로 임명됨.

경역리京役吏 고려·조선 시대 중앙과 지방 관청의 연락사무를 담당하기 위하여 지방수령이 서울에 파견해둔 아전 또는 향리. 일명 경저리京邸吏·저인邸人·경저인京邸人·경주인京主人이라고도 하며, 사주인私主人에 대칭해서 붙여진 이름임.

경연經筵 ① 임금에게 경사經史를 진강하고 치도治道를 논강論講하는 것 또는 그 자리. 경악經幄 또는 경유經帷라고도 함. ②조선시대 강독講讀·논사論思의 임무를 관장하는 정3품 관직.

경연관經筵官 고려·조선 시대 국왕의 학문 지도와 치도治道 강론을 위하여 설치한 경연經筵에 참여하는 관원. 보통 학문과 인품이 탁월한 문관으로 겸직시킴.

경연원經筵院 한말에 경적經籍과 문한文翰을 보관하고 경연經筵과 대찬(代撰:임금의 말씀이나 명령을 신하가 대신하여 지어 올리는 것)에 관한 사무를 맡은 관청. 1894년(고종 31) 홍문관과 예문관을 합하여 경연청經筵廳이라 하였으며, 1895년 경연청을 폐지하고 시종원侍從院에서 그 업무를 담당하다가 그해 11월에 경연원을 설치함. 경卿 1명, 시강侍講 1명을 둠.

경연청經筵廳 ① 조선시대 경연관經筵官들이 경연經筵에 참석하기 위해 대기하던 장소. ② 조선 말기의 관청. 1894년(고종 31) 홍문관과 예문관이 합쳐 경연청이 됨. 궁내부宮內府 소속으로 시강侍講과 문한文翰 등을 맡았으며, 직제는 대학사大學士·학사學士·부학사副學士 각각 1명과 시강侍講·시독侍讀 각각 2명이 있었음.

경오자庚午字 조선 1450년(문종 즉위년)에 안평대군 용안평大君瑢의 글씨를 자본字本으로 하여 만든 동활자.

경오종당京五種幢 신라시대의 군대. 설치연대는 미상. 소속 군관으로 만보당주萬步幢主 15명을 둠. 금衿의 빛깔은 청록·적자赤紫·황백黃白·백흑白黑·흑청黑靑의 다섯 색임.

경오종당주京五種幢主 신라시대의 무관직. 경오종당京五種幢의 지휘관. 절말당주節末幢主·구주만보당주九州萬步幢主와 함께 만보당주萬步幢主라고도 불림.

경운慶雲 신라 헌덕왕 때 김헌창金憲昌이 세운 장안국長安國의 연호.

경운궁慶運宮 덕수궁의 옛 이름.

경운절慶雲節 고려 고종의 탄신일.

경원개시京源開市 조선시대 청나라와 통상하던 경원慶源에 있던 국제시장. 회령개시會寧開市와 함께 북관개시北關開市라고도 함.

경위京位 신라시대 왕경王京 출신 관료들의 개인적인 신분표시로 설정된 관등체계. 17등계로 구성됨. 제1등 이벌찬伊伐湌, 제2등 이찬伊湌, 제3등 잡찬迊湌, 제4등 파진판波珍湌, 제5등 대아찬大阿湌, 제6등 아찬阿湌, 제7등 일길찬一吉湌, 제8등 사찬沙湌, 제9등 급찬級湌, 제10등 대나마大奈麻, 제11등 나마奈麻, 제12등 대사大舍, 제13등 사지舍知, 제14등 길사吉士, 제15등 대오大烏, 제16등 소오小烏, 제17등 조위造位. 신라는 삼국을 통일하기 이전에는 지방민에게는 11등계로 된 외위外位가 주어졌으며, 왕경민에게는 17등계로 구성된 경위를 설정하여 관등체계가 이원적이었음. 삼국이 통일된 후 지방민에게도 경위가 주어지면서 관등체계가 경위로 일원화됨. 이후 관등이라면 곧 경위만을 지칭하게 됨.

경위원警衛院 대한제국 때 궁내부宮內府에 소속되어 임금이 있는 대궐의 안팎을 경계하고 지키는 일을 맡은 관청.

경유經帷 임금에게 경사經史를 진강하고 치도治道를 논강論講하는 것 또는 그 자리. 경악經幄·경연經筵이라고도 함.

경자자庚子字 조선 1420년(세종 2)에 만든 동활자.

경잠과耕蠶科 조선 영조 때 실시한 특수과거의 하나. 친경친잠례親耕親蠶禮 뒤에 왕의 친림하에 숭정전崇政殿 뜰에서 실시하여 당일 합격자를 발표한 과거. 경과慶科의 성격을 띤 부정기적인 정시庭試의 일종으로서, 1767년(영조 43)에 단 한 번 실시됨.

경장鏡匠 안경을 만드는 장인匠人.

경재소京在所 조선시대 지방의 유향소留鄕所를 통제하기 위하여 중앙에 설치한 연락기구. 경소京所라고도 함.

경저京邸 조선시대 서울에 둔 지방 각 관아의 분실공서分室公署.

경저리京邸吏 고려·조선 시대 중앙과 지방 관청의 연가사무를 담당하기 위하여 지방수령이 서울에 파견해둔 아전 또는 향리. 일명 경주인京主人·저인邸人·경저인京邸人이라고도 함.

경적사耕籍使 임금이 적전籍田에서 친경親耕할 때 수행하는 임시관직. 호조판서가 이를 수행하는 것이 원칙이나 호조판서가 유고하면 참판이 대행함.

경절전세京折田稅 서울에 있는 각 궁방宮房·공신功臣 등에게 지급한 전지田地의 조세.

경점更點 ① 북과 꽹과리를 쳐서 알리는 밤의 시간. 하룻밤의 시간을 다섯 경更으로 나누고, 1경과 5경은 3점點으로, 2경에서 4경까지는 다섯 점으로 나누어 경에는 북을 치고, 점에는 꽹과리를 침. ② 절에서 초경初更·이경·삼경·사경·오경에 맞추어 종을 치는 것.

경점군사更點軍士 경更과 점點을 알리기 위하여 북과 꽹과리를 치는 군사. 전루군傳漏軍이라고도 함.

경접위관京接慰官 일본과의 교린交隣에 있어서 대차왜(大差倭:일본 사신의 하나)가 올 때 영접문위迎接問慰하기 위하여 중앙에서 파견하는 임시관직.

경조京兆 한성부漢城府의 별칭.

경조윤京兆尹 한성판윤漢城府判尹의 별칭.

경주慶州 발해의 지방행정구역. 62주州중의 하나. 동경용원부東京龍原府라, 또한 동경용원부의 수주首州이기도 함. 속현屬縣으로 용원龍原・영안永安・오산烏山・벽곡壁谷・웅산熊山・백양白楊이 있음.

경주瓊州 발해의 지방행정구역. 62주州중의 하나. 안변부安邊府에 속하나, 그 위치나 속현屬縣은 알 수 없음.

경주도慶州道 고려시대 22개 역도驛道중의 하나. 중심역은 경주慶州의 활리역活里驛. 관할지역 범위는 경주를 중심으로 하여 영일迎日―영덕盈德―영해寧海로 이어지는 역로와 경주―대구, 경주―울산으로 이어지는 역로임.

경주인京主人 고려・조선 시대 중앙과 지방 관청의 연락사무를 담당하기 위하여 지방수령이 서울에 파견해둔 아전 또는 향리. 일명 경저리京邸吏・저인邸人・경저인京邸人이라고도 하며, 사주인私主人에 대칭해서 붙여진 이름임.

경차관敬差官 조선시대 중앙정부의 필요에 따라 특수임무를 띠고 지방에 파견된 관리.

경찰京察 도목정사都目政事의 일명.

경찰鏡察 조선 말기 갑오개혁 이후 전국에 23부府를 두었을 때의 경성관찰사鏡城觀察使의 약칭.

경창京倉 조선시대 서울의 남쪽 한강연안에 설치되었던 중앙창고 전국의 각 조창에서 조운해온 세곡을 수납, 보관하였다가 용도에 따라 이용하였으며, 강창江倉이라고도 함. 광흥강창廣興江倉과 풍저강창豊儲江倉은 서강변에 위치하여 해운으로 운반한 전라도・충청남도・황해도 등지의 세곡을 보관하였고, 군자강창軍資江倉은 용산강변에 위치하여 수운으로 운반한 경상도・강원도・충청북도의 세곡을 보관함.

경첩更籤 조선시대 서울 도성 내외의 야간 방범. 순찰 및 경수소(警守所:야경초소)의 근무상태 확인을 위해 사용된 목제표찰.

경체徑遞 임기가 만료되기 전에 다른 관직에 전임轉任시키는 것.

경출徑出 숙직 중 교대할 사람의 입직入直을 기다리지 않고 물러나가는 것.

경통사京通事 중앙에서 근무하는 통역관. 향통사鄕通事에 대칭됨.

경포교京捕校 조선시대 서울의 좌・우포도청에 소속된 포교捕校. 즉 포도부장을 가리킴.

경학박사經學博士 고려시대 지방에 파견된 교수직. 987년(성종 6) 지방에서 유학 온 학생들 중 고향에 돌아가기를 원하는 자를 위해 학문에 통달한 자를 뽑아 경학박사로 삼아서 12주牧에 각각 1명씩을 보냄. 임무는 교유敎諭를 돈독히 행하되, 각 주・군・현의 관리나 백성 중 가르칠 만한 자가 있으면 교육을 시키는 것임.

경학원經學院 조선 1887년(고종 24)에 성균관에 부설된 교육기관. 1910년 이후 성균관을 이어받은 교육기관이 됨.

경형黥刑 죄인의 얼굴・팔뚝 등에 먹물로 죄명을 새겨넣는 형벌. 묵형墨刑・자자형刺字刑이라고도 함.

계공랑啓功郎 조선시대 문산계文散階의 하나. 문관 종7품의 관계명官階名.

계관階官 품계만 있고 현재의 직무가 없는 관원. 산계散階・산반散班・산관散官이라고도 함.

계궁階窮 조선시대 당하관의 품계가 더 올라갈 자리가 없게 되었다는 뜻으로, 당하관의 최고위계. 정3품 하계下階를 말하는데, 자궁資窮이라고도 함. 동반은 통훈대부通訓大夫, 서반은 어모장군禦侮將軍이 이에 해당됨.

계금당罽衿幢 라 654년(태종무열왕 1)에 설치된 군대. 기병騎兵관계의 부대. 소속 군관으로 대대감隊大監・제감弟監・감사지監舍知・소감少監・대척大尺・착금당주著衿騎幢主・착금감著衿監등을 둠. 금衿의 빛깔은 계색罽色.

계달사후자契達奢候者 고구려시대의 관직. 상위사자上位使者. 고려 후기 직제의 6품쯤 되는 벼슬.

계덕季德 ① 백제시대 16관등 중 10번째 관등. 공복公服은 비색緋色, 띠는 청대靑帶. ② 적은 덕德. 말덕末德.

계라啓螺 임금의 거둥 때 취타吹打를 올림.

계라차지啓螺差知 임금의 거둥 때 겨내취樂內吹를 영솔하는 선전관.

계령戒令 ① 조선시대 병졸의 품행과 복무에 대하여 단속하는 여덟 가지 명령. ② 조선시대 국상을 당해서 관청과 백성이 지키고 행하여야 할 일에 관한 규칙.

계례笄禮 혼례 때 여자가 쪽을 지어 오리고 비녀를 꽂는 의례. 여자의 성인식.

계루부桂婁部 고구려시대 오부五部 중의 하나. 소노부왕족消奴部王族 다음의 왕족을 배출한 부. 국가체제 성립 이후에는 내부內部또는 황부黃部라고 하였음.

계릉啓陵 왕릉을 이장하기 위하여 능의 봉분을 파헤치고 광중壙中을 여는 것.

계림대도독부鷄林大都督府 신라 문무왕때 당나라가 신라를 지배하고자 설치하였던 기관. 나・당연합군이 백제를 멸망시킨 뒤 663년(문무왕3) 당나라가 신라를 그들의 예속하에 두려고 신라에 계림대도독부를 설치하고 문무왕을 계림주대도독鷄林州大都督으로 임명함.

계목啓目 계본啓本에 붙이는 목록.

계목식啓目式 계본啓本에 붙이는 목록을 쓰는 서식.

계문啓聞 임금에게 아룀. 계품啓稟이라고도 함.

계미자癸未字 조선 1403년(태종 3)에 만든 조선시대 최초의 동활자.

계방契房 ① 조선 후기 각 지역의 백성들이 하급관리들과 결탁하여 돈을 내고 군역・잡역 등을 경감받거나 불법행위를 묵인받던 이런 활동의 일종. ② 옛날 나루터 근처에 살던 사람들이 배를 타는 삯으로 여름에는 보리, 가을에는 벼를 거두어주던 것을 말함.

계방桂坊 조선시대 세자시강원世子侍講院・세자익위사世子翊衛司의 별칭.

계방촌契房村 조선 후기 지방행정기관인 이방청吏房廳・향청鄕廳・장관청將官廳・하리청下吏廳 등이 사사로이 부역을 징수하는 대신에 주민의 각종 신역身役을 면제하여주던 마을. 제역촌除役村의 일종으로서, 모입동募入洞・모입소募入所라고도 불림.

계복啓覆 조선시대 사죄인(死罪人:사형에 해당하는 죄인)에 대한 최종 심리 및 관결을 위하여 국왕에게 상계하는 것.

계본啓本 조선시대 국왕에게 올리던 문서 양식 중의 하나.

계본식啓本式 계본啓本을 장석하는 서식.

계사부計史部 발해시대 정당성政堂省 소속 예부禮部의 지사支司.

계사計士 조선시대 호조에 두었던 종8품 관직. 회계 실무를 담당함.

계사計史 고려시대 서리직의 하나. 삼사三司에 2명, 상서고공尙書考功・호부・형부・상서도관尙書都官・공부工部・어사대・대부시大府寺에 각각 1명씩 배속되고, 동궁에도 2명이 배속되었음. 명칭으로 보아 경리담당자로 추정됨.

계사計仕 벼슬아치들의 근무한 날수를 계산함.

계사啓事 ① 임금에게 일을 아룀. 서면으로 적어 올리기도 하고 직접 아뢰기도 함. ② 임금에게 일을 아뢰는 글.

계사啓辭 논죄論罪에 관하여 임금에게 올리는 글.

계사繼嗣 조상의 제사 내지 종통宗統을 계상하는 것. 계사승조繼嗣承祧라고도 함.

계사랑啓仕郎 조선시대 동반 토관직土官職의 정9품 관계명官階名.

계서영리啓書營吏 조선시대 지방에 있는 각 관청에서 왕에게 상주하는 계서啓書를 쓰는 이속吏屬.

계성기啓省記 조선시대 병조의 숙직당상관이 매일밤 초저녁에 모든 숙위인宿衛人·행순인行巡人과 각 문 파수인 및 경수소警守所의 숙직인을 군호軍號와 함께 서명署名을, 밀봉密封하여 상신(上申:웃어른이나 관청 등에 일에 대한 의견 혹은 사정들을 말이나 글로 여쭙는 것)하는 것.

계성사啓聖祠 공자·안자顏子·자사子思·증자曾子·맹자의 아버지를 제사하는 사당. 서울 문묘文廟안에 있었음.

계성전啓聖殿 조선 태조의 아버지 환조桓祖의 진전(眞殿:왕의 초상화인 어진을 봉안·향사하는 처소).

계수관界首官 고려·조선 초기의 지방제도의 한 형태. ① 지방의 행정구획을 의미하는 것으로서 지방의 중심이 되는 대읍을 지칭함. 즉 고려에서의 경京·목牧·도호부都護府, 조선에서의 부府·목·도호부를 말함. ② 군현을 영속領率하는 대읍의 수령을 의미하기도 함. 즉 고려시대의 3경三京의 유수留守, 8목의 목사牧使, 3도호부의 도호부사都護府使, 조선시대의 부윤府尹·목사·대도호부사大都護府使·도호부사를 말함.

계수번界首番 계수주인界首主人의 이칭.

계수주인界首主人 조선시대 서울에 있으면서 각 도 감영監營에 관한 일을 맡아보던 사람. 계수번界首番이라고도 함.

계욕禊浴 목욕을 통해 부정을 씻는 정화의례.

계유정난癸酉靖難 조선 1453년(단종 1)에 수양대군首陽大君이 단종의 보좌세력인 원로대신 황보인皇甫仁·김종서金宗瑞 등 수십명을 살해, 제거하고 정권을 잡은 사건.

계의관計議官 고려시대 자정원資政院·광정원光政院에 두었던 정7품 관직.

계의병繼義兵 조선 임진왜란 때 호남지역에서 활약한 의병. 계의군繼義軍이라고도 함.

계의참군計議參軍 고려시대 광정원光政院·자정원資政院에 두었던 정8품 관직.

계장啓狀 각 관아에서 상주하는 문서.

계점사計點使 고려 후기의 외관직. 1280년(충렬왕 6) 백성의 병고를 묻고 관리의 비행을 적발하기 위해 설최되어, 속관으로 판관·녹사 각각 2명을 둠.

계제사稽制司 조선시대 예조에 속했던 관청. 1405년(태종 5)에 설치되었으며, 1894년(고종 31) 갑오개혁으로 폐지됨. 계제稽制라 함은 여러 가지 제도를 신중히 상고上考한다는 뜻으로, 의식·제도·조회·경연·사관史官·학교·과거·인신印信·표전表箋·책명冊命·천문天文·누각漏刻·묘휘廟諱·국장國葬 등에 관한 일을 맡음.

계주啓奏 ① 임금에게 아룀. ② 관찰사·절도사 등이 글로 써서 임금에게 아룀. 계품啓稟·계문啓聞이라고도 함.

계지稽知 ① 신라시대의 관등. 17관등을 중제 14관등으로, 길사吉士·길차吉次·당幢이라고도 함. 사두품 이상의 신분이면 받을 수 있으며, 공복公服의 빛깔은 황색. ② 신라시대 고관가전古官家典의 우두머리 벼슬.

계차啓差 임금께 아뢰어 차정差定함. 곧 임명함.

계천기원절繼天紀元節 조선 말기 대한제국의 선포 및 광무황제光武皇帝의 즉위기념일. 음력 9월 17일. 1897년(광무 원년)에 정하였음.

계청啓請 이금에게 아뢰어 청함.

계축契軸 동방同榜·동갑同甲·기사耆社 등 계원契員들이 모여 함께 즐기고 그 사실을 읊조린 시문을 권축卷軸으로 만들어 각기 한 벌씩 나누어서 가지는 시축詩軸.

계축자癸丑字 조선 1493년(성종 24)에 만든 동활자.

계품啓稟 임금께 아룀. 계주啓奏·계문啓聞이라고도 함.

계품환방啓稟換房 승정원承政院의 승지가 각기 사무를 분장하여 도승지가 이방吏房, 좌승지가 호방戶房, 우승지가 예방禮房, 좌부승지가 병방兵房, 우부승지가 형방刑房, 동부승지가 공방工房을 맡는데, 이 육방의 사무 분장을 임금에게 아뢰어 바꾸는 것.

계하啓下 임금의 재가를 받음.

계해약조癸亥約條 조선 1443년(세종 25)에 대마도주와 맺은 세견선歲遣船 등 무역에 관한 조약.

계호정啓壺正 고려시대 천문天文을 맡았던 태사국太史局의 종8품 관직.

계획計劃 관한 유생의 시험 성적을 따져서 등급을 정하는 것.

계후繼後 생전이나 사후에 양자養子를 세워 뒤를 잇게 함. 계사繼嗣라고도 함.

계후예목繼後禮木 입양절차를 마치고 사례조로 관에 바치는 무명. 양가 부모가 모두 잇는 자는 12냥, 양가 중 한쪽이, 혹은 양쪽 다 부모가 없는 자는 15냥을 바쳤음.

고孤 왕후王侯 자신의 겸칭. 고려 1276년(충렬왕 2) 이후 짐朕의 호칭을 이 명칭으로 바꿈.

고가告暇 휴가를 얻음.

고간高干 신라시대 지방의 세력가에게 준 관등. 외위外位 중 세 번째로서, 경위京位의 급찬級飡에 상당함. 삼국통일 무렵인 674년(문무왕 14) 지방 출신에게도 일률적으로 경위를 주게 됨에 따라 자연히 폐지됨.

고감故勘 신문권訊問權을 가진 관리가 고의로 무고無辜한 사람을 고문拷問하여 죄를 과하는 것.

고강考講 강시講試의 성적을 고사考查함.

고공雇工 고용되어 일하는 사람. 머슴.

고공기考功記 이조吏曹의 고공사考功司에서 관장하는 문신의 공과功過·근태·휴가와 제사아전諸司衙前의 근무와 향리자손의 감독 등에 관한 기록.

고공낭중考功郎中 고려 995년(성종 14)에 설치된 상서고공尙書考功과 1356년(공민왕 5)에 설치된 고공사考功司의 정5품 관직.

고공사考功司 ① 고려시대 관리의 공과를 심사하는 일을 관장하던 관청. 국초에는 사적司績이라고 칭하였다가 995년(성종 14) 상서고공尙書考功으로 바꿈. 1298년(충렬왕 24)에는 전조銓曹에 합쳐졌으며, 1356년(공민왕 5)에 고공사로 바꿈. ② 조선시대 이조 소속 관리의 공과·근태·휴가와 모든 관사아전官司衙前의 근무일수 및 향리자손의 감독 등을 맡아보던 관청.

고공산랑考功散郎 고려시대 상서고공尙書考功·고공사考功司의 정6품 관직. 1369년(공민왕 18)에 고공원외랑考功員外郎을 고친 것임.

고공원외랑考功員外郎 고려시대 상서고공尙書考功·고공사考功司의 정6품 관직.

고공정랑考功正郎 고려시대 상서고공尙書考功과 고공사考功司의 정5품 관직. 1275년(충렬왕 1)에 고공낭중考功郎中을 고친 것임.

고공좌랑考功佐郎 고려시대 상서고공尙書考功·고공사考功司의 정6품 관직. 1275년(충렬왕 1)에 고공원외랑考功員外郎을 고친 것임.

고공직랑考功直郎 고려시대 상서고공尙書考功과 고공사考功司의 정5품 관직. 1369년(공민왕 18)에 고공낭중考功郎中을 고친 것임.

고과법考課法 고려·조선 시대 관리들의 근무일수·근무태도·업적·재능·품행 등을 기록, 관리하고 평가하여 승진과 좌천, 포상과 처벌에 반영하던 인사행정제도.

고관考官 조선시대 무과武科와 강경과講經科를 감독하던 주임시관. 임시직.

고관가전古官家典 신라시대 고관가古官家의 관리를 맡았던 관청. 소속 관원으로 당(幢 또는 稽知) 4명, 구척鉤尺 6명, 수주水主 6명, 화주禾主 15명이 있음.

고궐故闕 일부러 관아에 나가지 않고 빠짐.

고나궁古奈宮 신라시대 홍현궁전弘峴宮典·갈천궁전葛川宮典·선평궁전善坪宮典·이동궁전伊同宮典·평립궁전平立宮典 등의 5궁의 통칭.

고덕固德 백제시대의 관등. 16관등 중 아홉 번째 관등. 띠는 적대赤帶였으며, 복색은 비색緋色임.

고동가제告動駕祭 3년상이 끝난 뒤 왕의 신주神主를 태묘太廟에 모시기 위하여 신주의 수레를 인발引發할 때 고유告由하는 제사.

고등재판소高等裁判所 조선 1895년에 설치된 최상위 재판소. 1899년에 폐지됨.

고랍국古臘國 고대 마한 소국의 하나.

고량부리정古良夫里停 신라시대 각 주에 설치된 십정十停 군단의 하나. 고량부리정古梁夫里停이라고도 함. 주둔 위치는 지금의 충청남도 청양으로 비정됨. 소속 군관으로 대대감隊大監 1명, 소감少監 2명, 대척大尺 2명, 삼천당주三千幢主 6명, 삼천감三千監 6명이 배속됨. 금衿의 빛깔은 청색.

고려율高麗律 고려시대의 형법.《당률唐律》과 《송형통宋刑統》을 참작, 고려의 실정에 맞게 제정한 독자적인 성문형법.

고려인삼국高麗人蔘局 조선시대 중국과의 인삼무역을 위하여 요동지방에 설치한 관청.

고려조선군왕高麗朝鮮郡王 고구려 멸망 이후 당나라에 끌려갔던 보장왕의 후손에게 당나라 조정이 준 작위.

고름庫廩 창고.

고리국古離國 고대 마한 소국의 하나.

고리칼 손잡이 머릿부분이 고리모양을 이룬 칼. 삼국시대 고분에서 주로 출토됨.

고립雇立 돈을 주고 다른 사람을 대신 보내어 병역이나 부역 등을 치르게 하는 것.

고마법雇馬法 조선시대 사객使客이나 지방관의 행차에 필요한 말을 역마驛馬 이외에 민간에서 고용하여 쓰게 하는 법.

고마청雇馬廳 조선 후기 고마법雇馬法의 실시로 사신이나 수령 등 지방관의 교체와 영송에 따른 제반 비용을 마련하기 위하여 설치한 관청.

고만考滿 ① 관리의 임기만료. ② 오고(五考:관원의 성적을 평정하는 다섯 번의 考査)가 참. 개만箇滿이라고도 함.

고명誥命 중국 황제가 조선 등 제후국의 국왕을 인준하는 문서.

고명顧命 임금이 임종시에 왕자나 대신들에게 최후로 남기는 말. 보통 후계문제, 장례절차, 선정善政 당부 등이 그 내용임. 유명遺命·유훈遺訓·유조遺詔·유고遺誥·유교遺敎라고도 함.

고명대신顧命大臣 고명顧命을 받은 대신.

고명책인誥命册印 중국에서 이웃의 여러 나라 왕의 즉위를 승인하여 고명(誥命:왕위를 승인하는 문서)과 금인金印을 보내던 일.

고목告目 조선시대 각 사의 서리 및 지방관아의 향리가 상관에게 공적인 일을 알리거나 문안할 때 올리는 간단한 문서양식.

고배高杯 굽다리접시.

고복考卜 결부結負에 변동이 생겼을 때 실지로 결부수를 조사하는 것. 걸복乞卜이라고도 함.

고부告訃 사람의 죽음을 남에게 알림. 부고訃告·부문訃聞·부음訃音·통부通訃·흉보凶報라고도 함.

고부庫部 고려시대 상서병부에 속하였던 관청. 995년(성종 14) 초기의 병관兵官을 상서병부로 고칠 때 병관의 속사屬司인 고조庫曹가 고부로 바뀐 것임.

고부사告訃使 조선시대 왕이 죽으면 이를 중국에 알리기 위해 보내던 사신.

고비考妣 사망한 부모.

고사告祀 액운이 없어지고 행운이 오도록 신령에게 빌며 제사를 올림.

고성상庫城上 각 궁전 또는 각 관아의 용기창고를 맡아보는 하례下隷. 고지기.

고성자庫城子 왕을 비롯한 왕족들의 음식을 만드는 궁중의 수라간水剌間에서 일하는 하례下隷의 하나.

고순시국古淳是國 고대 변한 소국의 하나.

고시관考試官 고려시대 과거의 시험관. 1315년(충숙왕 2)에 과거의 시험관인 지공거知貢擧를 개칭한 것임. 동지공거同知貢擧 1명과 함께 과거를 관장하였음.

고신告身 관원에게 품계와 관직을 임명할 때 주는 임명장. 사령장·사첩謝帖·직첩(職帖 또는 職牒)·관교官敎·교첩敎牒 등으로도 불림.

고신拷訊 조선시대까지 행하여진 법률상의 고문.

고실故失 도살盜殺과 같은 사고로 없어진 것.

고안제告安祭 영혼을 위로하여 편안하도록 고유告由하는 제사.

고언告言 고소告訴. 진고陳告.

고역雇役 고용되어 노역勞役하는 것. 혹은 고용되어 노역하는 사람.

고역전尻驛典 신라시대 내성內省 산하의 관청. 소속 관원으로 간옹看翁 1명과 궁옹宮翁 1명이 있음.

고유告由 민가나 나라에서 어떤 일이 생겼을 때 가묘家廟나 종묘宗廟에 그 사유를 고하는 것. 사례四禮 중 제례祭禮의 사당봉사의례식祠堂奉祀儀式에 속하는 것으로, 내용에 따라 출입고出入告와 유사고有事告로 나눔.

교유제告由祭 고유告由하고 올리는 제사.

고율사국律司 조선시대 형조의 속사로 율령의 조사와 형옥刑獄의 사찰査察에 관한 업무를 맡은 관청. 1405년(태종 5)에 설치됨.

고인돌 선사시대 돌무덤의 하나. 지석묘支石墓라고도 함. 크게 북방식·남방식으로 나누어짐. 북방식 고인돌은 네 개의 판석板石을 세워서 평면이 직사각형인 돌방을 구성하고 그 위에 거대한 뚜껑돌을 올려놓은 것으로, 유해가 매장되는 돌방이 지상에 노출되어 있음. 남방식 고인돌은 판석·할석割石이나 냇돌을 사용하여 지하에 돌방을 만들고 그 위에 거대한 뚜껑돌을 올려놓음.

고자庫子 조선시대 각종 창고를 지키며 출납을 맡아보던 하급관리.

고자미동국古資彌凍國 경상남도 고성에 위치하였던 고대 변한 소국의 하나.

고장鼓匠 조선시대 북 종류의 타악기를 만드는 것을 업으로 삼은 장인匠人.

고장藁葬 가난하여 관곽을 마련하지 못하고 시체를 짚이나 거적에 싸서 장사지내는 것.

고적考績 고과考課.

고조庫曹 고려 초기 병관兵官에 소속된 관청. 995년(성종 14) 상서고부尙書庫部로 개칭되었다가 1011년(현종 2)에 없어짐. 기능에 대해서는 정확히 알 수 없음.

고주高州 발해의 지방행정구역. 62주州중의 하나. 막힐부鄚頡府에 속함. 위치와 속현屬縣은 알 수 없음.

고주鼓鑄 풀무질로 금속을 녹여 거푸집[모형模型]에 넣어서 기물을 만드는 것.

고준考准 베낀 서책이나 서류를 원본과 대조하여봄.

고직庫直 관청의 창고를 지키는 사람. 고지기라고도 함.

고창전古昌典 신라시대의 관청. 내성內省에 소속되어 특정한 궁전의 관리를 담당했던 것으로 추정됨. 소속 관원으로 대사大舍 2명, 사史 4명을 둠.

고추가古鄒加 고구려시대 귀족의 칭호. 고추대가古鄒大加라고도 함. 왕의 종족과 소노부消部의 적통대인嫡統大人, 왕비족인 절노부絶奴部의 대인 등에게 주어졌음. 따라서 고추가의 칭호는 여러 귀족보다 우세한 대족장(大族長:대가)의 뜻으로 쓰인 것으로 보임. 고추가의 지위는 고구려 말기로 갈수록 약화되었으나 칭호는 고구려 말까지 존재하였음.

고포국古蒲國 고대 마한 소국의 하나.

고풍古風 ① 옛 풍속. ② 한문시漢文詩의 한체體. ③ 임금이 화살쏘기 연습을 하다가 과녁을 맞히면 모시었던 신하들에게 상을 주는 일. ④ 글읽는 아이들이 책을 끼고 거리를 지나가다가 대신이나 재상이 오는 것을 보고 책을 길 위에 죽 펴놓고 책 위로 못 지나간다고 하면 대신이나 재상이 그 기상을 장하게 여겨 지필묵紙筆墨을 많이 주고 길 터 주기를 청하여 지나가는 풍속. ⑤ 장신將臣이 사정射亭에 가서 사원射員들에게 터놀이 하라고 돈을 주는 것. ⑥ 관아에 새로 온 벼슬아치가 전례에 따라 인사와 관계가 있는 관청의 서리書吏·하례下隸에게 행하(行下:금품을 내려주거나 음식을 내려주는 것)를 주는 것.

고풍채古風債 고풍古風으로 주는 돈이나 물품.

고핵考覈 고찰하여 사실을 자세히 밝혀냄.

고핵告劾 관리의 비위를 상고하여 탄핵함.

고험考驗 생각하여 조사함. 상고하여 사실査實함.

고훈사考勳司 조선시대 이조에 소속된 관청. 1405년(태종 5)에 설치되었다가 1894년(고종 31) 갑오개혁으로 폐지됨. 종친·관리의 훈봉勳封과 내명부內命婦·외명부外命婦의 고신告身 및 봉증封贈, 시호諡號, 노직老職의 작첩爵帖 및 향리의 급첩給帖 등에 관한 일을 맡아봄.

고훤부장考喧部將 국왕의 거둥 때 어로御路의 소란을 단속하는 장교.

곡斛 열 말에 해당하는 용량단위. 또는 그 용량을 되는 용기.

곡반哭班 국상國喪 때 곡哭하는 벼슬아치의 반열班列.

곡배曲拜 임금을 뵐 때에 하는 절. 임금이 남쪽을 향하여 앉으므로 절하는 사람은 마주 대하지 않고 동쪽이나 서쪽을 향하여 절함.

곡부穀部 백제시대의 관청. 백제 22부중 가운데 궁중의 사무를 관장하던 내관內官 12부 중의 하나로, 양곡과 농업관계의 업무를 담당함.

곡상米上 세미稅米를 받을 때 미리 쥐로 인한 피해 등의 손실을 감안하여 한 섬에 몇 되씩 더 받는 것.

곡장曲墻 능陵·원園 또는 예장禮葬한 무덤 뒤에 둘러쌓은 나지막한 담.

곡초전穀草廛 이엉을 파는 가게.

곡호대曲號隊 조선 1881년(고종 19) 이후 군대의 행진과 군례용軍禮用으로 상요하기 위하여 조직된 취주악대. 중앙을 비롯한 각 지방의 대대단위의 부대에 둠.

곡호수曲號手 군대에서 나발을 부는 병정. 나발수.

곤궁壺宮 왕의 아내가 거처하는 곳. 또는 왕비를 일컬음.

곤룡포袞龍袍 왕이 집무시에 입던 정복正服. 가슴과 등·양어깨에 용의 무늬를 금으로 수놓은 원보圓補를 붙인 옷으로, 곤복袞服·용포龍袍·망포蟒袍·어곤御袞이라고도 함.

곤망閫望 병사兵使·수사水使의 후보자를 추천하는 것.

곤법壺法 궁중 후궁의 규율.

곤보寶寶 임금의 보새寶璽. 즉 임금의 인장印章.

곤복袞服 왕이 집무시에 입던 정복正服. 가슴과 등·양어깨에 용의 무늬를 금으로 수놓은 원보圓補를 붙인 옷으로, 곤룡포袞龍袍·용포龍袍·망포蟒袍·어곤御袞이라고도 함.

곤수閫帥 병사兵使와 수사水使의 이칭. 곤수梱帥라고도 함.

곤얼閫臬 감사監司·병사兵使·수사水使의 영문營門.

곤원절坤元節 조선 최후의 왕인 순종의 비 순정효황후純貞孝皇后의 탄생기념일. 날짜는 1908년 음력 8월 20일이었던 것을 양력으로 환산하여 9월 19일로 확정됨.

곤의袞衣 임금의 정복正服. 곤룡포袞龍袍.

곤장棍杖 목봉木棒으로 만든 형구刑具 중의 하나. 이 형구로 죄인의 볼기와 허벅다리를 침. 곤棍과 장杖으로 나누어지는데, 곤은 중곤重棍·대곤大棍·중곤中棍·소곤小棍의 일반곤과 치도곤治盜棍의 특별곤이 있음. 장은 5형五刑 가운데 하나인 장형의 형구로서 형荊 나뭇가지로 만들어 씀.

곤전坤殿 오아후를 높이어 일컫는 말. 중궁전中宮殿·중궁中宮·중전中殿이라고도 함.

곤정壺政 내전內殿의 일.

곤해군坤海軍 고려 성종 때 설치된 12절도사 중의 하나로, 해양도海陽道에 속하는 승주昇州절도사에 설치된 군대.

곤형棍刑 곤장으로 죄인의 볼기와 허벅다리를 번갈아 치는 형벌.

골각기骨角器 짐승·새·물고기 등의 뼈·뿔·이빨을 이용하여 만든 기물.

골내근정骨乃斤停 신라시대 각 주州에 설치된 십정十停 군단의 하나. 한주漢州에 설치되었으며, 지금의 경기도 여주 일대임. 소속 군관으로 대대감大隊監 1명, 소감少監 2명, 대척大尺 2명, 삼천당주三千幢主 6명, 삼천감三千監 6명이 배속됨. 금衿의 빛깔은 황색.

골벌국骨伐國 경상북도 영천지방에 있었던 삼한시대 소국 중 하나.

골아가리토기 신석기·청동기 시대 토기의 한 종류. 토기의 입술부분을 시문구로 눌러 톱날과 같이 하거나 골을 내어 무늬 효과를 낸 것을 특징으로 함. 구순각목토기口脣刻目土器라고도 함.

골품제도 신라시대의 신분제도. 개인의 혈통의 존비에 따라 정치적인 출세는 물론 혼인, 가옥의 규모, 의복의 빛깔, 우마차의 장식에 이르기까지 사회생활 전반에 걸쳐 여러 가지 특권과 제약이 가해지던 제도. 성골聖骨·진골眞骨·6두품頭品·5두품·4두품·3두품·2두품·1두품의 8개의 신분계급으로 나누어져 있음. 이 중 성골은 왕족 가운데서도 왕이 될 수 있는 자격을 가진 최고의 신분으로 진덕여왕眞德女王을 끝으로 소멸되었고, 진골은 성골과 마찬가지로 왕족이었으나 원래 왕이 될 자격이 없었는데 성골 소멸 이후 태종무열왕太宗武烈王대부터 왕이 된 계급이며, 그밖에 가락국, 고구려의 왕족으로 신라에 온 사람들임. 진골 아래 6개의 신분계급은 크게 상하 두 계급으로 구별되는데, 6두품·5두품·4두품은 관료가 될 수 있는 상위계급이었고, 3두품·2두품·1두품은 관료가 될 수 없는 하위계급으로 흔히 평인·백성이라고 불림. 3두품·2두품·1두품의 하위계급은 시간이 흐를수록 구분의 의미가 없어져, 성골이 없어진 이후 점차 신분계급이 진골·6두품·5두품·4두품과 백성의 5등급으로 정리됨. 골품에 따라 관직에도 오를 수 있는 한계가 있어, 진골은 최고관등인 이벌찬伊伐湌까지 승진할 수가 있으나, 6두품은 제6관등인 아찬阿湌까지, 5두품은 제10관등인 대나마大奈麻까지. 4두품은 제12관등인 대사大舍까지로 승진의 한계가 정해져 있었음.

공거문公車文 소장疏章의 글.

공거제貢擧制 고려시대 과거시험관제도. 원래 고대중국의 제후나 지방장관이 매년 천자에게 유능한 인물을 천거하던 제도였으나, 과거제도를 처음 실시한 수나라에서 각 지방으로부터 온 선비를 뽑는 주임관으로 지공거知貢擧를 둔 데서 비롯됨. 고려 광종 때 쌍기雙冀를 지공거로 임명한 뒤부터 과거를 실시할 때마다 지공거를 임명함.

공계貢契 조선시대 대동법 실시 이후 공물청부를 목적으로 결성된 계 조직.

공고公故 벼슬아치가 조회朝會·진하進賀 및 임금의 거둥, 그밖에 궁중의 길례吉禮에 따르는 행사에 참여하는 것.

공관工官 고려 초기 산택山澤을 관장하던 관청.

공관空館 조선시대 성균관의 유생들이 거행한 집단시위의 한 형태로, 유생들이 각기 집으로 돌아가 성균관을 비우는 행위. 권당捲堂이라고도 함.

공궐위장空闕衛將 조선시대 왕이 거주하지 않는 빈 대궐의 수비를 담당한 책임관직.

공궤供饋 음식물을 주는 것.

공귀리형토기公貴里型土器 청동기시대의 민무늬토기. 압록강 중·상류 유역과 만주의 혼강渾江·송화강 유역에서 출토되는 민무늬토기의 한 종류로, 평안북도 강계시 공귀리(지금의 자강도 강계시 공귀리) 집터유적에서 가장 먼저 출토되어 공귀리형토기로 명명됨.

공납貢納 지방의 토산물을 현물로 내는 세제의 하나. 조租·용庸·조調 중 조調에 해당함.

공녀貢女 원나라와 명나라의 요구로 처녀등을 뽑아 보내던 일.

공노비公奴婢 왕실 및 중앙과 지방의 국가기관에 소속, 사역되던 노비.

공덕보功德寶 신라시대 김유신金庾信의 명복을 빌기 위하여 취선사鷲仙寺에 준 전田 30결結을 재원으로 하여 설치된 이식재단利息財團.

공덕부功德部 백제시대의 관청. 백제 22부部 가운데 궁중의 사무를 관장하는 내관內官 12부 중의 하나로서, 불교관계의 제반 업무를 담당하였음.

공도회公都會 조선시대 각 도의 도사都事와 개성·강화의 유수留守가 매년 가을 지방유생을 대상으로 실시하던 시험. 합격자는 생원·진사시의 복시覆試에 응시할 자격이 주어짐.

공두인公斗人 관청 곡식의 두량斗量을 맡은 사람.

공랑公廊 조선시대 도성 안에 정부에서 건축하여 상인에게 빌려준 점포.

공량貢糧 글방 선생에게 보수로 바치는 곡식. 강미講米라고도 함.

공려公厲 나라에서 지내는 칠사七祀의 하나. 공려는 원래 옛 제후諸侯로서 자식이 없이 죽은 자인데, 죽은 뒤에 살벌殺罰을 맡아 다스리는 궁중의 작은 신神으로 받들어졌음. 여귀厲鬼가 제사를 받지 못하는 불만 속에 원한이 사무쳐 인간 세상에 보복적 가해를 일삼기 때문에 그 발동을 진정시키기 위하여 칠사를 나라에서 지내었다. 또한 전염병이나 억울한 죽음을 당한 자도 여귀가 된다고 믿었음.

공렬토기孔列土器 구멍무늬토기.

공령功令 고려·조선 시대 문과文科에 부과된 고시과목의 문체. 과문科文이라고도 함.

공령시功令詩 과거를 볼 때 쓰는 시체詩體.

공률工律 대명률大明律 중의 한 편. 대명률은 명례율名例律·이율吏律·호율戶律·예율禮律·병율兵律·형률刑律·공률工律의 7편으로 나누어져 있는데, 이중 공률은 영조營造·하방河防·도로·교량·직조織造 등에 관한 범죄사항을 규정하고 있음.

공리貢吏 공물貢物을 맡아서 관리하는 아전.

공명첩空名帖 수취자의 이름을 기재하지 않은 백지임명장. 관직·관작의 임명장인 공명고신첩空名告身帖, 양역良役의 면제를 인정하는 공명면역첩空名免役帖, 천인에게 천역을 면제하고 양인이 되는 것을 인정하는 공명면천첩空名免賤帖, 향리에게 향리의 역을 면제하여주는 공명면향첩空名免鄕帖등이 있음.

공목孔目 고려시대 서리직의 하나. 예빈성禮賓省에 15명이 소속되어 문서를 검토하고 시중드는 일을 담당함.

공무랑供務郎 조선시대 동반東班 토관직土官職 정8품의 관계명官階名.

공무아문工務衙門 조선 1894년(고종 31) 갑오개혁 때 설치된 중앙행정부서의 하나. 공작·교통·체신·건축·광산 등의 사무를 관장함. 산하에 총무국·역체국驛遞局·전신국電信局·철도국·광산국·등장국燈檣局·건축국·회계국 등이 있음. 1895년 농상아문과 합하여져 농상공부로 개편됨.

공물貢物 중앙관서와 궁중의 수요를 충당하기 위하여 여러 군·현에 부과, 상납하게 하였던 물품. 조租·용庸·조調의 조調에 해당하는 것으로, 지방의 토산물을 세로 납부하는 물품.

공방工房 ①조선시대 승정원의 공정公政 담당부서. 토목·영선·공장工匠 등에 관계된 왕명의 출납을 맡음. 책임자는 동부승지. ②조선시대 지방관아의 실무를 담당한 육방六房 가운데 하나로서 공정公政을 담당한 부서 또는 그 책임을 맡은 향리.

공방貢房 지방에서 바치는 공물貢物의 공납貢納을 대신하는 곳. 공물貢物房이라고도 함.

공번空番 입번入番할 차례가 되었으나 입번하지 않음. 궐번闕番이라고도 함.

공법상정소貢法上程所 조선 초기 1436년(세종 18)에 공법(貢法:조세제도)을 논의하기 위해 임시로 설치한 기구.

공병대工兵隊 조선 1895년(고종 32)에 신설된 중앙군대의 하나.

공봉供奉 ①고려 1308년(충렬왕 34)에 예문춘추관藝文春秋館을 설치하고 둔 정6품 관직. ②고려 1325년(충숙왕 12)에 예문춘추관에서 분리된 춘추관春秋館의 정7품 관직.

공봉복사供奉卜師 신라시대의 관직. 내성內省에 소속되어 음양복술陰陽卜術을 담당함.

공봉의사供奉醫師 신라시대의 관직. 전의典醫의 역할을 담당함.

공부工部 고려시대 산택山澤·공장工匠·영조營造의 일을 관장하던 중앙기관. 995년(성종 14)에 삼성육부三省六部 제정시 상서성尙書省 밑의 육부의 하나로 설치됨. 1275년(충렬왕 1)에 혁파되었다가, 1298년에 다시 공조工曹로 부활되었으며, 뒤에 다시 혁파됨. 1356년(공민왕 5) 다시 공부로 부활되었다가, 1362년 전공사典工司로, 1369년 공부로, 1372년 전공사로, 1389년(공양왕 1) 공조로 개칭되어 조선시대까지 이어짐.

공부貢賦 국가에서 각 지방의 산물에 대하여 부과한 조세의 일종. 상공常貢과 별공別貢의 구분이 있는데, 상공은 해마다 각 주州·현縣으로부터 일정한 양의 현물세를 받아들이는 것이고, 별공은 특수생산 장소인 각 소所에서 공출하는 것임.

공부상정도감貢賦詳定都監 조선 초기 공안貢案을 작성하기 위해 설치된 임시관청. 1392년(태조 1)에 설치됨.

공사貢士 향시鄕試에 급제하여 국자감시國子監試에 응시할 자격이 있는 사람에 대한 칭호. 태학에서 선발된 상공上貢, 각 주州·현縣의 향시에서 선발된 향공鄕貢, 외국인 중에서 선발된 빈공賓貢 등으로 구분됨.

공사관公事官 조선 말기 의정부에 신설된 종6품 관직. 의정부 내에 이전의 비변사의 실무를 담당하였고, 의정부에 통합된 제언사堤堰司의 낭청을 겸하기도 함.

공사색公事色 조선 말기 비변사가 의정부에 병합된 뒤에 의정부 내의 비변사 업무를 담당한 부서.

공사청公事廳 조선시대 임금의 명을 전하는 내시의 직소職所.

공삼차사貢蔘差使 조선시대 강계지방에서 나는 산삼을 공물로 바칠 것을 강요하면서 이 일을 주관, 감독하기 위하여 서울에서 내려보내던 관직.

공상供上 조선시대 지방의 토산물을 상급 관청이나 고관에게 바치는 것. 진공進供이라고도 함.

공상貢上 공물貢物로 물품을 바치는 것. 또는 공물을 바치는 것.

공상세工商稅 조선시대 수공업과 상업에 종사하는 사람들에게 국가가 부과한 세금.

공상위전供上位田 위전位田의 수입으로 써 특징 물건을 조달하여 바치게 하는 토지.

공상육사供上六司 조선시대 궁중에서 필요한 물자를 전담하여 공급하던 6개 왕실재정부서. 즉 사재감司宰監·내자시內資寺·내섬시內贍寺·사도시司導寺·의영고義盈庫·사포서司圃署를 말함.

공상차사貢上差使 조선시대 각종 공물貢物을 거두어들이기 위하여 지방에 내려보내던 관직.

공상청供上廳 조선시대 사옹원司饔院에 소속된 관청. 진상의 명목으로 거두어들인 채소·생선 등을 맡아서 관리함.

공선供膳 고려시대 이속吏屬의 하나. 잡류직雜類職으로서 입사직스仕職에 해당되며, 궁중에서 식찬食饌에 관한 일을 담당함.

공세곶창貢稅串倉 조선시대 조창漕倉의 하나. 충청남도 아신시 공세리에 있었음.

공수부정公須副正 고려시대 향직鄕職의 하나. 등급은 향직의 9등급 중 여섯 번째의 부병정副兵正·부창정副倉正과 같음.

공수사公須史 고려시대 향직鄕職의 하나. 등급은 향직의 9등급 중 여덟 번째의 병사兵史·창사倉史에 해당됨.

공수전公須田 지방관청의 경비를 위하여 주州·현縣·향鄕·부곡部曲·역驛·관관에 지급되던 토지.

공수정公須正 고려시대 향리의 하나. 병정兵正·창정倉正의 밑이며, 부병정·부창정의 위의 지위로, 호정戶正·식록정食祿正과 같은 위계였음.

공시당상貢市堂上 조선 말기 의정부 내의 공사색公事色에 설치되었던 관직. 공인貢人과 시인市人들에 관계된 사무를 담당하였음.

공신功臣 국가나 왕실을 위하여 공을 세운 사람에게 주던 칭호. 크게 배향공신配享功臣과 훈봉공신勳封功臣으로 분류되고, 훈봉공신은 다시 정공신正功臣과 원종공신原從功臣으로 분류됨.

공신녹권功臣錄券 고려·조선 시대 공신을 책봉하고 이를 등재하여 공신수봉자功臣受封者에게 나누어준 문권文券.

공신도감功臣都鑑 조선시대 국가나 왕실에 공을 세운 사람을 공신으로 책록하기 위하여 그 업적 등을 조사하던 임시관청.

공신전功臣田 고려·조선 시대 국가 또는 왕실에 특별한 공훈이 있는 공신에게 수여한 토지.

공신포身布 관아의 노비가 몸으로 치르는 노역 대신 바치는 베나 무명.

공신회맹제功臣會盟祭 조선시대 공신에 녹훈錄勳된 뒤 구리쟁반의 피를 마시며 충성을 맹세하던 의식.

공안供案 조선시대 죄인을 문초한 내용을 쓴 문안文案.

공안貢案 조선시대 중앙의 각 궁궁·사리가 지방의 여러 관부에 부과, 수납할 연간 공부貢賦의 품목과 수량을 기록한 책.

공안부恭安府 조선 초기에 설치된 관청. 1400년(정종 2) 정종이 태종에게 양위하고 상왕으로 은퇴하자 태종이 그를 위해 설치한 특별 관부임. 정종의 비서실과 같은 것으로 공사생활에 관계되는 모든 업무를 담당함.

공안상정청貢案詳定廳 조선시대 공물貢物의 부과·징수를 조정하기 위하여 필요에 따라 설치되었던 관청.

공야사治冶司 조선시대 공조에 소속된 관서. 중앙관서에서 소비되는 금은·주옥 등의 세공 및 동납철銅鑞鐵의 주조, 도자기·기와류·도량기度量器 등의 제작을 전담함.

공역서供驛署 고려시대 역마를 관장하던 관청.

공옹工翁 신라시대의 관직. 석씨본궁昔氏本宮을 관리하기 위하여 681년(신문왕 1)에 설치된 본피궁本彼宮에 두었는데, 그 지위는 우虞와 전옹典翁의 중간이었고, 정원은 2명임.

공음전功蔭田 고려시대 공신에게 지급되어 세습이 허용된 토지.

공음전시功蔭田柴 고려시대 공신에게 지급된 전지田地와 시지柴地. 자손에게 세습이 가능함.

공음전시과功蔭田柴科 고려시대 공신에게 토지와 임야를 나누어준 전제田制. 처음에는 공신功臣에게만 나누어주었으나, 문종 때에는 일반 관원에게도 품에 따라 차등을 두어 지급하였음. 공양왕 때의 토지개혁으로 공신전功臣田으로 바뀜. 공음전功蔭田이라고도 함.

공의功議 팔의八議에 들어 있는 의공議功과 의친議親의 합칭.

공이公移 관아 사이에 하는 조회문건照會文件. 회이回移·이문移文이라고도 함.

공인工人 ① 조선시대 음악의 연주 및 교습에 관련된 기관에 소속되어 음악을 전업으로 삼던 음악인. 일명 악공樂工이라고도 함. ② 귀신을 섬기면서 점을 치고 굿을 벌이는 무당을 도와서 굿판에서 악기연주로 반주를 하는 사람. 일명 무부巫夫·악공樂工 또는 재인才人·잽이로도 불림.

공인恭人 조선시대 외명부外命婦의 하나. 문·무관 정5품의 통덕랑通德郎·통선랑通善郎의 적처嫡妻와 종5품 봉직랑奉直郎·봉훈랑奉訓郎의 적처에게 내린 작호爵號.

공인貢人 조선 후기 중앙 각 궁·관부에 필요한 물자의 조달을 맡았던 공납청부업자. 공물주인貢物主人·공주인貢主人·공계인貢契人·각사주인各司主人·주인主人 등으로도 불림.

공인잉색公剩色 조선 후기에 설치된 선혜청宣惠廳의 한 부서. 선혜청의 잡비 조달과 지출을 담당함.

공작工作 조선시대 각 관청 소속 장인匠人들에게 주었던 종9품 잡직雜職 관직.

공작목公作木 일본과의 무역을 공무公務라 하고, 이 공무에 치르는 포목을 공목公木이라 하는데, 이 공목을 확보하기 위하여 전세田稅의 쌀을 공목으로 환산한 것.

공작미公作米 조선 후기 왜倭와의 공무역 때 사용되던 목면과 교환해 준 미곡. 공목작미公木作米의 약칭.

공장工匠 전근대사회에서 각종 수공업을 전업으로 한 장인.

공장公狀 수령·찰방이 감사監司·병사兵使·수사水使를 공식으로 만날 때 내는 관직명을 적은 편지.

공장부工匠府 신라시대의 관청. 사묘祠廟의 공사를 맡았던 관청으로 추측됨.

공장안工匠案 조선시대 중앙과 지방의 공장工匠을 기록한 장부. 공조와 그 소속 관아 및 도·읍에 보관됨.

공전公田 고려·조선 시대 수조권이 국고·왕실 혹은 기타 국가의 공적 기관에 귀속되었던 토지.

공정고供正庫 조선 초기 궁궐에서 소요되는 미곡과 장醬 등의 식료품 공급을 담당하던 관서.

공정책空頂幘 조선시대에 왕세자 또는 왕세손이 관례 전에 착용하던 관모官帽.

공정초空正草 과거를 볼 때 글을 지어 올리기 위하여 예비로 가지고 가는 시험지. 공명지空名紙라고도 함.

공제工製 조선시대 상의원尙衣院과 군기시軍器寺에 설치되었던 종7품 잡직 관직. 장인匠人 기능직으로서, 이 계통의 최고위직이었음.

상의원이 정원은 4명으로 능라장綾羅匠·야장冶匠·환도장環刀匠으로 충원하고, 군기시의 정원은 5명으로 궁인弓人·시인矢人·갑장甲匠·야장冶匠으로 충원하였음.

공조工造 조선시대 각 관청 소속 장인匠人들에게 주었던 종8품 잡직雜職 관직.

공조工曹 ① 고려시대 산택山澤·공장工匠·영조營造의 일을 관장하던 중앙기관. 공부工部의 후신으로, 1298년(충렬왕 24)에 설치되었으며, 1356년(공민왕 5) 다시 공부로 바뀜. 이후 1362년 공부로, 1372년 전공사로, 1389년(공양왕 1)에 공조로 다시 환원되어 조선시대까지 이어짐. ② 고려시대 서경西京에 두었던 관부. 1138년(인종 16)에 육조六曹를 두면서 그 중 하나로 성립됨. 속사로 잡재영조院 雜材營造院·도항사都航司가 있음. ③ 조선시대 중앙관서인 육조의 하나. 1392년(태조 1)에 설치되어, 산림山林·소택沼澤·공장工匠·건축·도요陶窯工·야금冶金 등에 관한 일을 관장함. 속사屬司로 영조사營造司·공야사攻冶司·산택사山澤司·상의원尙衣院·선공감繕工監·수성금화사修城禁火司·전연사典涓司·장원서掌苑署·조지서造紙署·와서瓦署 등이 있음. 1894년(고종 31) 공무아문工務衙門으로 개편되면서 폐지됨.

공조功曹 동예東濊 불내후국不耐侯國의 관직. 원래 중국의 관직명으로 주州·군郡의 속료屬僚로서 인재추천 및 공로의 기록을 담당하였음. 우리나라에는 중국의 군현이 설치되면서 나타나게 되는데, 중국 군현의 통치가 사라진 뒤에도 동예의 불내후국의 속료로 존재하였음.

공조供造 상의원尙衣院의 이칭.

공조서供造署 고려와 조선 초기 왕이 쓰는 여러 기물과 장식품의 제조를 감시하고 수지收支를 관장하였던 관서.

공조판서工曹判書 ① 고려 1362년(공민왕 11) 공부工部를 개칭한 전공사典工司의 우두머리 관직. 정3품직. ② 고려 1389년(공양왕 1) 전공사가 개편된 공조工曹의 우두머리 관직. 정3품직. ③ 조선시대 공조의 우두머리 관직. 정2품직.

공주公主 ① 고려시대 외명부外命婦의 정1품 위호. ② 조선시대 왕의 적실왕후가 낳은 딸의 호칭.

공직랑供職郎 조선시대 동반東班 잡직雜職階의 하나. 동반 잡직계 정6품 상계上階의 관계명官階名. 동반 잡직계의 초고위계.

공진소供進所 1907년 2월 궁내부宮內府안에 설치되어 임금에게 바치는 물건과 제사의 예전禮典에 관한 업무를 관장한 임시기관.

공진창貢津倉 조선시대 조창漕倉의 하나. 충청남도 아산시 공세리에 설치되었음.

공차公差 관청이나 궁가에서 파견한 벼슬아치나 심부름꾼을 가리켜 일컬음.

공찰公察 조선 말기 전국을 23부府로 나누었을 때의 공주부公州府 관찰사의 약칭.

공철제貢鐵制 조선 1392년(태조 1)에 이성계李成桂가 정권을 잡은 뒤 한양의 신도新都 건설과 무기제조를 위해 농민들로 하여금 매년 일정량의 공납貢納으로 내는 철을 선공감繕工監과 군기감軍器監에 바치도록 한 철물수취제도.

공청도公淸道 충청도의 옛 이름.

공초供招 죄인이 범죄 사실을 진술하는 말. 초사招辭라고도 함.

공초供草 조선시대 형사사건에서 죄인을 신문한 내용을 초록해놓은 기록문서.

공판公辦 공용公用으로 지급함.

공판도감供辦都監 고려시대 진헌해온 물품을 보관하거나 국가행사에 물품을 공변한 임시관청. 1373년(공민왕 22)에 설치되었으며, 1391년(공양왕 3)에 폐지됨.

공팔포空八包 조선 후기 북경에 가는 사행使行의 허용한도 외의 무역. 주로 수행하는 역관譯官들에 의해 행하여졌음. 1628년(인조 6)부터 사신 수행원들이 현지에서의 비용 및 무역자금으로 은銀 대신 각기 8포(八包:80근)의 인삼을 휴대할 수 있도록 허용한 데서 유래됨.

공포貢布 조선시대 외거外居 공노비가 신역身役 대신 노비공奴婢貢으로 매년 국가에 바치던 베.

공하인公下人 궁하인·관하인 및 향하인을 통틀어 일컫는 말.

공학控鶴 고려시대 숙위군宿衛軍의 하나. 공학拱鶴이라고도 함. 숙위는 물론 국왕의 의위儀衛와 노부鹵簿 및 왕태자의 노부에 시종함.

공해전公廨田 관청의 공비公費에 충당하기 위하여 지급된 토지.

공험진公嶮鎭 고려 예종 때 윤관尹瓘 등이 동복여진을 축출하고 새로 개척한 지역에 쌓은 9성 가운데 하나.

공형公兄 조선시대 각 고을의 호장戶長·이방吏房·수형리首刑吏의 세 관속官屬. 삼공형三公兄이라고도 함.

과거科擧 전근대시대 관리를 등용하기 위하여 보이는 국가시험의 총칭.

과궐寡闕 빈 벼슬자리. 관원의 정원에 빈 자리가 있는 것.

과기瓜期 한 벼슬자리에 정해진 기간.

과년瓜年 ① 벼슬아치의 임기가 찬 해. ② 여자의 혼기婚期가 찬 나이.

과대銙帶 포대布帶 또는 혁대 표면에 띠돈[銙板, 飾板]을 붙인 띠. 띠돈의 소재에 따라 옥대玉帶 또는 서대犀帶·금대金帶·은대銀帶·석대石帶·각대角帶 등으로 불림.

과렴科斂 예례에 따라 부과賦課하여 징수徵收하는 것.

과만瓜滿 조선시대 한 직책에서의 근무기간. 즉 임기를 말함. 과한瓜限·과기瓜期·과시瓜時·사만仕滿이라고도 함.

과문科文 ① 고려·조선 시대 문과文科에 부과된 고시과목의 문체. ② 율법律法의 조문條文.

과물課物 물품에 세금을 부과하는 것. 또는 그런 세금.

과방科榜 과거에 급제한 사람의 성명을 열서列書한 것. 방목榜目.

과방過房 아들이 없는 사람이 조카나 같은 일가의 소목(昭穆:사당에 조상의 신주를 모시는 차례. 왼편이 昭, 오른편이 穆)이 맞는 사람으로 양자養子를 삼는 것. 또는 그 양아들.

과부처녀추고별감寡婦處女推考別監 고려시대 원나라의 요청에 따라 공녀貢女를 선발하기 위하여 설치되었던 임시관청.

과선戈船 고려 전기의 군선軍船. 뱃전에 단창短槍 또는 단검을 빈틈없이 꽂아 적이 배에 기어오르는 것을 방지하는 기능을 가진 군선임.

과섭過攝 백성들의 선박船舶을 거두어 나라 일에 쓰는 것.

과시課試 정례定例로 보는 시험.

과액科額 과거 때 합격시키는 정원.

과옥科獄 과거 때 부정으로 일어나는 옥사獄事.

과원직果苑直 조선시대 장원서掌苑署의 하례下隷 가운데 하나. 과원지기.

과의果毅 고려시대에 설치된 군관직.

과의교위果毅校尉 조선시대 무산계武散階의 하나. 서반西班 정5품 상계上階의 관계명官階名.

과장過葬 계급 신분에 따라 각각 그 일정한 기일이 지나도록 치르지 않은 장사葬事.

과전科田 고려 말에 성립된 과전법科田法에 따라 중앙거주의 관인官人에게 지급된 수조지收租地.

과절過節 고구려시대 관계官階 중의 하나. 《신당서新唐書》〈고려전高麗傳〉에는 10등계로 되어 있으며, 《한원翰苑》에 인용된 〈고려기〉

와 《통전通典》에는 12등계로 되어 있음.

과차科次 과거에 급제한 사람의 순위.

과차科差 과장科場에서 일을 보게 하기 위하여 임시로 보내는 관원.

과체瓜遞 관원의 임기가 만료되어 갈림.

과피장裹皮匠 물건에 가죽을 씌우는 장인匠人.

과핍窠乏 관원의 자리가 차서 결원이 없는 것을 말함.

과한瓜限 임기任期.

과할過割 토지소유자의 명의를 변경하는 일.

과해량過海糧 우리나라에 왔다가 돌아가는 일본 사자使者 및 대마도 특송사特送使가 바다를 건너는 동안 먹을 수 있게 지급하는 식량.

과형剮刑 사형에 저한 후에 살을 긁어내는 형벌.

관款 글씨나 그림을 완성한 뒤 작품 안에 이름, 그린 장소, 제작 연월일 등의 내용을 적은 기록.

관관館 ① 성균관成均館・홍문관弘文館의 약칭. ② 공무여행자의 숙식과 빈객賓客을 접대하기 위하여 각 주州・현縣에 설치된 객사客舍.

관관關 ① 국경이나 국내 요지의 통로에 두어서 외적을 경비하며 그곳을 드나드는 사람이나 화물 등을 조사하는 곳. ② 관문서官文書 하나. 주로 각 성省 상호간의 질문조회 등에 사용되었음. 관문關文.

관가官家 ① 나라 일을 보는 마을. 특히 지방의 한 고을의 행정사무를 처리하는 마을. ② 시골 사람이 그 고을 수령守令을 일컫는 말.

관가觀稼 백성이 농사짓는 것을 임금이 관람하는 것.

관각館閣 경연청經筵廳・규장각奎章閣・홍문관弘文館・예문관藝文館・춘추관春秋館・승문원承文院・성균관成均館의 총칭.

관각당상館閣堂上 조선시대 홍문관・예문관・규장각의 당상관. 홍문관의 대제학・제학・부제학, 예문관의 대제학・제학・직제학, 규장각의 제학・직제학을 말함.

관각문학館閣文學 임금의 사명辭命이나 사대교린事大交隣의 표전표전表箋을 전담하는 홍문관・예문관 등 문학지관文學之館에서 이루어지는 일체의 문자행위.

관견도감絹監 고려 1274년(원종 15) 일본정벌 동정군東征軍의 군량미를 조달하기 위하여 세운 임시관청.

관고官誥 조선시대 4품 이상의 벼슬아치에게 주는 사령서.

관곽색棺槨色 조선시대 관곽의 제조・판매와 장례에 관한 사무를 관장하던 관청.

관교官敎 조선시대 관리를 임명할 때 대간의 서경署經을 거치지 않고 왕의 승인만으로 임명장을 내는 일. 처음에는 3품 이상의 관리들에게 해당하였으나 세조 이후로는 4품 이상의 관리에게도 해당시킴.

관구管句 ① 관리管理. ② 고려시대 국자감國子監・보문각寶文閣의 정3품 관직. 동제同提擧의 다음이며 겸직兼職이 통례임.

관군館軍 고려・조선 시대 각 관館 및 역참에 소속되어 신역身役을 부담하는 일반 백성.

관군대장군冠軍大將軍 고려시대 무산계武散階의 하나. 무산계 29계 가운데 제4계로서, 정3품의 관계명官階名.

관급關給 관官에서 직접 군인에게 병기 또는 기타의 필요한 물품을 지급하는 것.

관기官妓 관청에 예속되어 있는 기녀妓女.

관기官記 임관任官된 관리에게 주는 사령서.

관내도關內道 고려시대 지방행정구역인 10도道의 하나. 995년(성종 14) 10도제를 실시하면서 양주楊州・광주廣州・황주黃州・해주海州 등의 적기현赤畿縣을 둘러싼 29주州 82현縣으로 관내도가 만들어짐. 1106년(예종 1)에 하남도河南道・중원도中原道와 함께 양광충청주도楊廣忠淸州道로 되었으며, 1171년(명종 1)에 다시 양광주도와 충청주도로 나뉘었다가 1314년(충숙왕 1)에 양광도로 되었으며, 1356년(공민왕 5)에 충청도로 바뀜. 관내도의 일부는 서해도西

海道로 바뀜.

관아官奴 관아官衙의 사내종.

관노부灌奴部 고구려시대 오부五部 중의 하나. 《삼국사기》에는 관나부貫那部로 표기되었으며, 국가체제가 정비된 뒤에는 남부南部・전부前部・적부赤部로도 불림.

관노비館奴婢 성균관에 딸린 노비.

관노촌官奴村 서울과 지방의 관아에 소속된 관노비들이 모여 살던 마을.

관당官當 관리가 사죄私罪를 범했을 때 그 관직官職과 죄를 상쇄하여 관등官等을 낮추는 것.

관당상館堂上 조선시대 성균관의 당상관.

관대冠帶 '관디'의 원말. 관리들이 입는 공복公服.

관대館待 태평관太平館 또는 동평관東平館에서의 접대接待.

관두두官斗 관리에게 녹祿을 나누어줄 때 쓰는 관에서 제정한 말.

관둔전官屯田 고려・조선 시대 각 지방의 행정・군사・교통기관의 운영경비를 보조하기 위하여 국가에서 설정하였던 토지. 국가 직속지인 군둔전國屯田과는 대조적으로 각 해당기관의 공유지로 편성되었음.

관디冠帶 관리들이 입는 공복公服. 특히 단령團領을 일컬음.

관령管領 조선시대 한성부의 성안 오부五部의 각 방坊과 성 밖 10리 안의 각 리里의 행정책임자.

관례冠禮 전통사회의 남자들의 성인의식. 남자아이가 15세가 넘으면 어른이 된다 하여 상투를 틀어 갓을 씌우는 의식.

관록館錄 조선시대 홍문관의 부제학副提學 이하의 제원諸員이 회동하여 홍문관의 관원이 될 만한 자격이 있는 자를 그의 성명 위에 권점圈點하여 선택하는 것. 홍문록弘文錄・본관록本館錄.

관료전官僚田 통일신라시대 때 관료들에게 지급했던 토지.

관름官廩 지방관의 봉급. 늠료廩料・늠봉廩俸・늠황廩況・관황官況이라고도 함.

관리사管理使 조선 숙종 때 개성부開城府의 군무를 관장하기 위하여 설치된 관리영管理營의 우두머리 관직. 개성유수가 겸임하는 종2품직.

관리서管理署 1903년에 설치되어 전국의 산림・성보城堡・사찰을 관장하던 궁내부宮內府 소속 관청.

관리영管理營 조선시대 개성의 군무를 맡아보던 군영.

관리장管理長 조선 말기 탁지부 대신의 명령을 받아 중앙 및 지방의 금고金庫를 감독하던 관원.

관모답官謨畓 신라시대 각 촌락에 산재해있던 국가소유의 토지. 촌락의 농민들을 사역하여 경작하게 하였으며, 이들이 자신들의 보유지인 연수유답煙受有畓을 경작해 가면서 역역力役의 형식으로 국가의 직속지인 관모답전을 경작하여 그 수확물을 전부 국가에 바침.

관무재觀武才 조선시대 무과武科의 하나. 특별히 왕의 명령이 있을 때 실시하였으며, 초시初試와 복시覆試가 있었음. 초시는 2품 이상의 문관과 무관 각 1명씩 시험관이 되어 무예를 시험하였으며, 복시는 서울의 경우 춘당대에서 왕의 참석하에 2품 이상의 문관 1명과 무관 2명이 참시관이 되어 시험하였고 지방의 경우에는 의정부 관원 1명이 시험관이 되어 시험하였음.

관문關文 조선시대 관부문서官府文書의 하나. 관關 또는 관자關子라고도 함. 동등한 관부 상호간이나 상급관아에서 그 하급관아에 보내는 문서양식.

관반사館伴使 고려시대 외국사신을 접대하기 위하여 문장이 뛰어나고 견문이 풍부한 관원 중에서 임시로 임명하는 관직. 외국사신의 국적・등급에 따라 관반사의 임명도 달라졌으나 대체로 정3품 이상의 관원 중에서 임명됨.

관복색冠服色 조선시대 백관의 관복을 연구하고 제정하기 위하여 설치된 기관. 원래 태종이 건국 초기의 의례를 정비하기 위하여 예조 외에 1410(태종 10)에 의례상정소儀禮詳定所를 설치하여 백관의 관복을 관장하였으나, 그 중요성을 인식하여 1416년 1월에 관복색을 독립기구로 설치하였다가 그해 5월에 폐지함.

관비館婢 성균관 재실齋室에서 찻물 심부름을 하는 여자종.

관사管事 조선시대 동반東班 토관직土官職의 하나. 정8품직으로 도무사都務司의 최하위직.

관상감觀象監 조선시대 천문·지리·역수曆數·점산占算·측후測候·각루刻漏등에 관한 일을 담당했던 관청.

관상소觀象所 조선 말기 학부學部에 소속되어 관상觀象·측후測候·역서조제曆書調製 등의 사무를 관장하던 관청.

관선전군官船戰軍 고려시대 사수시司水寺에 두었던 관직. 처음에는 고려 이래 대선단을 거느리고 출몰하던 왜구에 대비하려는 목적으로 설치되었으나, 뒤에 조운漕運의 역에 동원되는 수군을 담당하는 역할로 변질되었음.

관섭管攝 겸임하여 관장하는 것. 겸장兼掌·겸관兼管이라고도 함.

관성장管城將 조선 후기 경리청經理廳의 정3품 무관직. 북한산성의 방어와 관리를 담당한 책임자.

관세사管稅司 1895년(고종 32) 을미개혁때 종래의 재정기구를 정리할 목적으로 징세서徵稅署와 함께 설치되었던 관청. 탁지부에 속하여 조세 및 기타 세입의 징수에 관계되는 사무를 담당함.

관수미官需米 각 지방 수령守令의 양식으로 거두는 쌀.

관수왜館守倭 조선시대 왜관倭館을 관리하던 왜인.

관습도감慣習都監 조선 초기 음악에 관한 행정사무를 관장하기 위하여 예조 밑에 두었던 관아. 1393년(태조 2)에 설치되어 1457년(세조 3) 악학樂學과 병합, 악학도감樂學都監으로 될 때까지 60여 년 동안 봉상시奉常寺·전악서典樂署·아악서雅樂署·악학 등 예조 산하의 음악기관과 함께 음악에 관한 업무를 나누어 맡았으며, 주로 습악習樂에 관한 임무를 관장하였음.

관승官升 관가에서 곡류를 되는 데에 쓴 양기물器. 보통 집에서 쓰는 식승食升과 달라 열닷 말을 한 섬으로 하고, 한 되는 오늘날의 서 홉 여섯 작과 같음.

관시館試 조선시대 성균관 유생들만 응시할 수 있었던 식년문과式年文科 초시初試.

관아官衙 ① 관원들이 정무를 보는 건물의 총칭. 관서官署·공해公廨라고도 하며, 또한 순수한 우리말로는 '마을'이라고도 하였음. ② 관청.

관안官案 조선 말기 궁내부宮內府 산하 각 관서의 관리 및 직원들의 이름을 기록한 책.

관역사館驛使 고려시대 지방의 관역館驛을 관장하던 외관직.

관유關由 관청에서 지령 또는 명령으로 내리는 공문서.

관인도官引道 신라시대의 관직. 내정內廷에서 의식儀式의 인도역引導役을 맡은 관청인 인도전引道典에 소속되었음. 정원은 4명.

관전館田 고려·조선 시대 관관의 비용을 충당하기 위하여 관에 지급된 토지.

관제이정소官制釐整所 1904년 10월 궁내부宮內府 및 정부 각 부, 중추원 관제 개정을 위하여 설치한 임시기구.

관죽전官竹田 조선시대 국가기관의 수용에 충당하기 위하여 금양禁養하는 특정한 대밭.

관차官差 관청에서 심부름으로 나온 아전. 즉 군뢰軍牢나 사령使令 등.

관찰도觀察道 1896년(고종 33) 8월에 개정, 정비된 행정구역. 관찰부觀察府가 있던 각 도道.

관찰부觀察府 관찰사가 직무를 보는 곳. 감영監營. 즉 선화당宣化堂

을 이름.

관찰사觀察使 ① 고려 1390년(공양왕 2)에 각 도에 둔 지방장관. 1392년에 없애고 안렴사按廉使로 바꿈. ② 조선시대 각 도에 파견된 지방장관. 감사監司·도백道伯·방백方伯·외헌外軒·도선생道先生·영문선생營門先生 등이라고도 함. 도의 민정·군정·재정·형정 등을 통할하며 관하의 수령守令을 지휘 감독함.

관찰출척사觀察黜陟使 고려 후기 각 도의 우두머리 지방관직. 1389년(창왕 1)에 각도의 우두머리 벼슬인 안렴사按廉使를 고친 것임. 1392년(공양왕 4) 다시 안렴사로 고치고, 1393년(태조 2) 다시 관찰출척사로 바꿈.

관첩官帖 고려시대 향직의 임명장.

관청색官廳色 조선시대 지방관아의 주방에 관한 사무를 담당하던 향리.

관푸주官庖廚 조선시대 수령守令에게 쇠고기를 마련해 바치는 일을 맡은 푸줏간.

관학館學 성균관과 사학四學의 총칭.

관향사館餉使 조선시대 군의 식량을 관리하던 관원. 1623년(인조 1) 군사의 식량을 확보하기 위해 처음 설치됨.

관현맹管絃盲 조선시대 음악기관에 소속되어 있으면서 궁중의 잔치 때 향악과 당악을 연주하던 소경악인.

관현방管絃房 고려시대 음악기관의 하나. 1076년(문종 30)에 궁중연향이나 의식에 사용하기 위해 세운 음악기관. 1391년(공양왕 3)에 폐지됨.

관황官況 조선시대 관리들의 녹봉. 관황官貺·관록官祿·관름官廩·늠봉廩俸·늠황廩況이라고도 함.

관후서觀候署 고려시대 천문·지리 등을 관측하던 관청. 1275년(충렬왕 1)에 사천감司天監이 바뀐 것임.

광국공신光國功臣 조선시대 종실의 계통을 바로잡는 데 공을 세운 사람에게 내린 훈호勳號. 조선 태조의 세계世系가 명나라《대명회전大明會典》에 이인임李仁任의 후손으로 잘못 기록되자 이를 정정하기 위하여 여러 차례 사절을 파견, 종계宗系의 개정에 성공하였음. 이에 1590년(선조 23) 그 공로가 뚜렷한 사람 19명을 선정, 이들을 다시 세 등급으로 구분하여 논공한 뒤 광국공신으로 책봉함.

광군光軍 고려시대 농민으로 편성된 예비 군사조직. 947년(정종 2) 거란의 침입을 막기 위해 설치된 지방호족의 지휘 아래 있던 농민예비군.

광군도감光軍都監 고려시대 광군光軍을 통제하던 관청. 947년(정종 2)에 개경에 설치 되었으며, 뒤에 광군도감光軍都監의 후신으로, 1011년(현종 2)에 다시 광군사로 바꿈.

광군사光軍司 고려시대 광군光軍을 통제하던 관청. 947년(정종 2)에 개경에 설치 되었으며, 뒤에 광군도감光軍都監으로 고쳐졌다가 1011년(현종 2)에 다시 광군사로 명칭이 바뀌었음.

광덕光德 고려 광종 때의 연호. 949년 광종이 즉위하면서 연호를 세워 광덕이라 하였음. 이후 광덕 4년까지 사용되었음.

광덕대부光德大夫 조선시대 의빈계儀賓階의 하나. 의빈 종1품 상계上階의 관계명官階名.《속대전》에서 정덕대부正德大夫로 개칭되었다가, 조선 후기에는 의빈들에게도 일반 문산계文散階를 적용, 이 위계명을 사용하지 않게 됨.

광록대부光祿大夫 고려시대 문산계文散階의 하나. 995년(성종 14)에 제정된 흥록대부興祿大夫가 1076년(문종 30)에 바뀐 것임. 계품은 종3품으로, 전체 29등급 가운데 제5계임. 1298년(충선왕 즉위년) 흥록대부로 다시 바뀌면서 정2품계가 되었다가, 1356년(공민왕 5)에 다시 광록대부로 환원, 종2품 상계上階가 되었으며, 1369년에 다시 정2품 상계로 승급됨.

광록승光祿丞 고려 초기 관계官階의 하나. 태조 초 태봉泰封의 제도에서 따온 것으로, 995년(성종 14)에 이르러 문무산계文武散階가 성립되면서 없어지게 됨.

광류廣留 광주유수廣州留守의 약칭.

광무光武 대한제국 때의 연호. 1897년에 제정됨. 조선개국 506년 8월 17일부터 광무 연호를 사용하기 시작하여 순종이 즉위하는 1907년 8월까지 10년간 사용됨.

광복군光復軍 1940년 9월 17일 중화민국의 임시수도 충칭[重慶]에서 창설된 대한민국임시정부의 군대. 공식명칭은 한국광복군.

광복군사령부光復軍司令部 1920년에 조직된 항일독립운동단체. 남만주南滿洲에 있는 독립운동단체인 대한의용군사의회大韓義勇軍事議會·한족회韓族會·대한독립단·청년단연합회 등의 지도자들이 각 단체를 통합하여 상해에 있는 대한민국임시정부 산하에 두기로 합의하고 조직한 통합군사 기관.

광복군총영光復軍總營 1920년에 조직된 독립운동단체. 그해 겨울 일본의 대규모 공격으로 기능이 거의 마비된 광복군사령부가 광복군총영으로 개칭됨.

광복단光復團 1920년 만주에서 조직된 무장독립운동단체. 대한제국 황실을 존중하였으며, 왕청현 춘명향汪淸縣春明鄕에 근거지를 두었음.

광성대부光成大夫 조선시대 종친계宗親階의 하나. 종친 종4품 하계下階의 관계명階名. 후기에 가서 종친들에게도 일반 문산계文散階가 적용되어 이 위계位階는 사용되지 않았음.

광작廣作 조선 후기 이앙법移秧法의 보급으로 농민들이 경작지를 확대시켜 많은 토지를 경영하려던 농업형태.

광정단匡正團 1922년 통일적인 독립운동의 전개를 위해 만주에서 조직된 독립운동단체. 장백현長白縣을 중심으로 활약하던 대한독립군비단·흥업단·태극단·광복단의 4개 단체가 통합운동의 필요성에 따라 연합하여 강정단을 조직함.

광정대부匡靖大夫 고려시대 문산계文散階의 하나. 종2품계인 금자광록대부金紫光祿大夫가 바뀐 것으로, 1275년(충렬왕 1)부터 처음 사용됨. 1308년에는 정2품, 1310년에는 종2품의 상계上階, 1356년(공민왕 5)에는 다시 금자광록대부로 명칭이 바뀌고 종1품의 상계가 되었다가, 1362년에는 다시 광정대부로 바뀌면서 정2품이 됨.

광정원光政院 고려시대 왕명의 출납과 궁중의 숙위宿衛·군기軍機를 맡아보던 관청. 991년(성종 10) 설치된 중추원中樞院이 1275년(충렬왕 1) 밀직사密直司로 바뀌었다가, 1298년에 다시 광정원으로 개칭됨. 그해 8월에 다시 밀직사로 되었다가 3개월 만에 폐지됨.

광정원부사光政院副使 고려시대 광정원光政院의 종2품 관직. 동지광정원사同知光政院事의 차서직.

광정원사光政院使 고려시대 광정원光政院의 우두머리 관직. 종1품직.

광제원廣濟院 1900년 6월 30일 서울에 설치되었던 내부內部 직할의 국립병원.

광제청년단光濟青年團 1919년 만주 관전현寬甸縣에서 조직된 항일 무장독립운동단체. 대한독립광제청년단·광제대한청년단·조선독립광제청년단이라고도 함.

광주廣州 발해의 지방행정구역. 62주 중의 하나. 철리부鐵利府에 속하나, 그 위치와 속현屬縣은 알 수 없음.

광주도廣州道 고려시대 22개 역도驛道중의 하나. 중심역은 광주廣州의 덕풍역德豊驛. 관할지역 범위는 한양—광주—이천—음죽—충주로 이어지는 역로와 한양—양재—용인—죽산—음성—괴산—연풍으로 이어지는 역로임.

광주부廣州府 조선시대 경기도 광주에 설치되었던 유수부留守府.

광치내匡治奈 태봉泰封의 최고중앙관부인 강평성廣評省의 우두머리

관직. 백관百官을 총괄함.

광평성廣評省 ① 태봉泰封의 최고중앙관부. 904년 궁예弓裔가 국호를 마진摩震으로 고치고 연호를 무태武泰라 하며 관제를 정비할 때 설치되어, 내정內政을 총괄하였음. 예하에 병부兵部·대룡부大龍部·수춘부壽春部·봉빈부奉賓部·의형대義刑臺·납화부納貨府·조위부調位部·내봉성內奉省·금서성禁書省·남상단南廂壇·수단水壇·원봉성元鳳省·비봉성飛鳳省·물장성物藏省 등이 있음. 장관은 광치내匡治奈. ② 고려 초기의 중앙관부. 태조가 태봉의 관제를 이어받아 그 장관을 시중侍中이라고 하고, 백관을 총괄하게 함.

광평시랑廣評侍郞 고려시대 광평성廣評省 소속의 관직. 시중侍中 다음 자리이며 낭중郎中의 윗자리임.

광학보廣學寶 불법佛法을 배우는 사람들을 위하여 설치한 장학재단. 고려시대에는 946년(정종 1)에 처음 설치되었고, 신라시대에도 존재하였음.

광한단光韓團 1920년 2월 만주 관전현 향로구寬甸縣香爐溝에서 조직된 독립운동 단체.

광혜원廣惠院 조선 1885년(고종 22)에 통리교섭아문統理交涉衙門의 아래에 둔 의료기관. 일반 백성의 병을 치료하기 위하여 지금의 서울 재동齋洞 부근에 설치, 미국인 선교사 호러스 앨런(Horace Allen)이 주관하였음. 뒤에 제중원濟衆院으로 바뀌었음.

광휘대부廣徽大夫 조선시대 종친계宗親階의 하나. 종친 정4품 하계下階의 관계명階名. 조선 후기에는 종친에게도 일반 문산계文散階가 적용되어 이 위계는 사용되지 않음.

광흥창廣興倉 ① 고려시대의 재정기관. 고려 문종 때 왕실과 정부의 재정을 위해 개경에 좌창左倉과 우창右倉을 설치, 운영하였다가, 1308년(충렬왕 34)에 좌창을 광흥창으로 고치고 백관의 녹봉을 관장하게 함. ② 조선시대 백관의 녹봉을 관장하던 관서 및 그 관할의 창고. 전국 각지의 조선漕船이 집결하는 서울의 서강 연안 와우산 기슭에 위치하였음.

괘서掛書 남을 비방하거나 민심을 선동하기 위하여 여러 사람이 보는 곳에 몰래 붙이는 게시물.

괴원槐院 조선시대 승문원承文院의 이칭.

괴원분관槐院分館 새로 문과文科에 급제한 사람을 승문원承文院에 배속시키는 것. '분관分館'이란 문과에 급제한 사람들을 승문원·성균관·교서관校書館의 세 곳에 배속시켜, 권지權知라는 이름으로 실무를 익히게 하는 것.

괴탁魁擢 과거에 장원壯元으로 뽑힘.

교감校勘 ① 고려시대 청연각淸燕閣과 비서성秘書省에 두었던 관직. 경서 강론에 참여함. ② 조선시대 승문원承文院의 종4품 관직. 1465년(세조 11)에 처음 설치되고, 정원은 1명, 타관他官이 겸임함. 직능은 교훈敎訓을 담당하였음.

교검校檢 조선시대 승문원承文院의 정6품 관직. 1465년(세조 11)에 처음 설치되고, 정원은 2명, 타관他官이 겸임함. 외교문서를 보관하거나 이문史文을 가르침.

교관敎官 ① 삼국시대부터 조선시대에 이르기까지의 각급 교육기관의 교수요원. ② 동몽교관童蒙敎官 및 내시교관內侍敎官의 약칭.

교관선交關船 신라시대 청해진대사 장보고張保皐의 무역선.

교궁校宮 향교의 이칭.

교도敎導 고려·조선 시대 각 지방의 교육기관에 파견된 교관敎官. 1127년(인종 5)처음으로 각 주의 향학에 2명씩 파견됨. 조선시대에는 도호부 이상의 부府·목牧의 향교에 교수관을, 군·현의 향교에는 훈도관을 파견하였으나, 문관들이 이를 기피하여, 진사·생원들 중 선임하여 보내는 경우가 많았는데, 이들을 교도라 칭함.

교련관敎鍊官 조선 후기 각 군영에 소속된 군관직. 주로 군대의 교련을 맡은 품이직.

교리敎理 조선시대 집현전·홍문관·승문원承文院·교서관校書館 등에 설치되었던 문한文翰 관직. 집현전과 홍문관의 교리는 정5품직, 승문원과 교서관의 교리는 종5품직임. 교서관에는 1명, 기타 기관에는 2명씩 정원을 둠. 집현전교리는 1399년(정종 1)에 처음 두었으나 유명무실하였고, 1420년(세종 2) 집현전을 재건, 강화하면서 다시 2명을 두었으나, 1456년(세조 2) 집현전이 혁파되면서 폐지됨. 1470년(성종 1) 홍문관이 설치되어 집현전을 계승하면서 2명의 교리직도 부활됨. 홍문관교리는 문한文翰의 일뿐만 아니라 경연관經筵官·사관史官·지제교知製敎를 당연직으로 겸하였고, 삼사三司의 일원으로 언론활동에도 참여함. 승문원교리는 1409년(태종 9)에 고려시대 이래의 문서응봉사文書應奉司를 개편, 강화하면서 처음 설치되었고, 이듬해 승문원으로 개칭되면서 2명의 정원을 둠. 외교문서의 작성과 검토에 관한 일을 맡았으나 중종 이후에 폐지됨. 교서관교리는 1401년(태종 1)교서감이 교서관으로 개편되면서 처음 설치되었으며, 서적의 간행, 향축香祝·인전印文의 필사에 관한 일을 담당함.

교명敎命 왕비·왕세자·왕세자빈·왕세제王世弟·왕세제빈·왕세손을 책봉할 때 내리는 훈유문서訓諭文書.

교방敎坊 고려시대 이후 기녀들을 중심으로 한 가무歌舞를 관장하던 기관.

교방사敎坊司 한말 고종 때 궁중예식에 따른 음악에 관한 업무를 관장하던 기관.

교부敎簿 조선시대 동반東班 토관직土官職의 하나. 동반 토관 정6품 선직랑宣職郎이 받는 관직.

교생校生 조선시대 지방 향교나 서원에 다니는 생도. 뒤에는 향교에서 심부름하는 사람을 교생이라 일컫기도 함.

교서敎書 국왕이 내리는 명령서·훈유서訓諭書·선포문宣布文의 성격을 가진 문서. 황제가 내릴 경우에는 조서詔書 또는 칙서勅書라고도 함.

교서감校書監 교서관校書館의 이칭.

교서관校書館 조선시대 경적經籍의 인쇄·반포, 향축香祝, 인전印篆의 일을 맡은 관청. 일명 교서감校書監·운각芸閣이라고도 함. 1392년(태조 1)에 처음 설치 되었고, 세조 때 전교서典校署로 개칭되었으며, 1484년(성종 15) 다시 환원되었다가, 1777년(정조 1) 규장각에 편입됨. 규장각을 내각內閣이라 하고, 속사屬司가 된 교서관을 외각外閣이라고 함.

교서랑校書郎 고려시대 비성성秘書省에 소속된 관직. 995년(성종 14)에 처음 설치 되었으며, 문종 때 비서성이 정비되면서 정원 2명의 정 9품직이 됨.

교수敎授 ① 조선시대 서울의 사학四學 및 도호부 이상 각 읍의 향교에 설치되었던 종6품 문관직. 초기에는 '교수관'이라 칭하였고, 유학교육을 담당하였음. ② 조선시대 호조·형조·관상감象監·전의감典醫監·혜민서惠民署·사역원司譯院 등에 설치된 종6품의 잡학기술관직. 산학교수 1명, 율학교수 1명, 천문학교수 1명, 지리학교수 1명, 의학교수 4명, 한학漢學교수 4명을 각각 임명함. 이들 모두 해당 분야 잡과출신들로 임명되었고, 잡학의 교육을 통해 기술관을 양성하는 임무를 맡았음.

교수관敎授官 교수敎授.

교안敎案 조선 후기 개화정책에 따라 서구 열강과의 외교관계가 맺어진 후 기독교교회와 정부, 교인과 비교인 사이에 빚어진 분쟁이 외교적 절충을 통해 해결된 사건 또는 그 기록.

교양관敎養官 조선 후기 향교교육이 유명무실해지고 교수·훈도 등

의 교관이 폐지된 뒤 지방의 유학교육 진흥을 위해 비정규적으로 설치되었던 교관직.

교어부交魚符 조선 초기 도성문을 열거나 닫을 때 사용하던 부험(符驗 : 확인표찰)의 일종. 1443년(세종 25) 6월 병조의 건의로 당나라의 부험제를 모방하여 처음으로 제작, 사용됨. 후에 보통 개문좌부開門左符 및 폐문좌부로 불림.

교위校尉 ① 고려시대 중앙군인 이군육위二軍六衛의 각 영領과 동북 양계兩界에 설치된 주진군州鎭軍에 배속된 무관직. 일명 오위伍尉 또는 위尉라고도 하는데, 오伍라는 단위부대의 지휘관임. ② 고려시대 각 도 주현군州縣軍의 일품군一品軍의 지휘관. 병정兵正·창정倉正등의 향리들이 담당함. ③ 조선 초기 고려관제를 이어받은 무관직. 1394년(태조 3)에 고려 군제가 폐지되고 중앙군제로서 십사제十司制가 마련되면서 대장隊長으로 개칭됨.

교장도감敎藏都監 고려시대 속장경續藏經의 판각을 담당하였던 기관. 1086년(선종 3)에 의천義天의 요청으로 설치됨.

교정도감敎定都監 고려 무신집권시대의 최고권력기관. 일명 교정소敎定所. 1209년(희종 5) 4월 최충헌崔忠獻 부자를 살해하기로 모의했던 청교역(靑郊驛:경기도 개풍군)의 역리와 승도 등을 수색, 처벌하기 위하여 영은관(迎恩館:개경 홍국사 남쪽)에 설치되었던 임시기구였으나, 그 뒤 최충헌의 반대세력 제거뿐만 아니라 서무庶務를 관장하고, 모든 지시와 명령을 내리는 등 무신정 권하에서 국정을 총괄하는 중심기관으로 존속됨.

교정별감敎定別監 고려시대 최충헌崔忠獻이 세운 교정도감敎定都監의 우두머리. 무인정권이 타도될 때까지 실권자에게 계승됨.

교정소敎定所 교정도감敎定都監의 이칭.

교정청敎正廳 ① 조선시대 서적편찬시 교정·보완을 위해 설치하였던 임시기구. ② 조선 말기 내정개혁을 위하여 잠시 설치하였던 임시기구. 1894년(고종 31) 6월 11일 동학도들의 폐정개혁 요구와 일본의 내정간섭 압력 속에서 그 타개책의 한 방편으로 응급 설치됨.

교제창交濟倉 조선 후기 함경도 원산·고원·함흥 세 곳에 설치된 환곡 창고.

교졸校卒 조선시대 서울의 궁중·관청·군영 및 지방관아에서 근무하던 군교軍校와 나졸羅卒의 총칭.

교종敎宗 불교 종파 중 하나. 좌선坐禪 보다 교리敎理를 더 중히 여겨, 이를 중심으로 하여 세운 종파.

교종선敎宗選 고려시대 및 조선 전기에 시행되었던 승과僧科 중 교종敎宗의 승려를 선발하던 과거제도.

교종시敎宗試 조선시대 세종 이후에 실시된 승과僧科의 하나. 교종敎宗 승려에게 전등傳燈·염송拈頌 등의 불경을 시험보여 30명을 뽑았음. 이 시험에서의 급제자를 교종대선敎宗大選이라 하였음.

교주강릉도交州江陵道 강원도의 옛 이름.

교지敎旨 국왕이 신하에게 관직·관작·자격·시호·토지·노비 등을 내릴 때 주는 문서. 관료에게 관작·관직을 내리는 교지는 고신(告身:사령장), 문과급제자에게 내리는 교지는 홍패紅牌, 생원·진사시에 합격한 자에게 내리는 교지는 백패白牌, 죽은 사람에게 관작을 높여주는 교지는 추증교지追贈敎旨, 토지와 노비를 내려주는 교지는 노비 토전사패奴婢土田賜牌, 향리에게 면역免役을 인정하는 교지는 향리면역사패라고하며, 죽은 신하에게 시호를 내려줄 때도 교지를 썼음.

교지기敎—— 고려·조선 시대 지방교육기관인 향교를 지키며, 거기에 따른 모든 잡무를 보살피던 사람.

교첩敎牒 조선시대 5품 이하의 문·무관원을 임명할 때 내리던 사령장(辭令狀:告身).

교형絞刑 교수형絞首刑.

구가狗加 부여의 관직명. 부여는 가축의 이름을 따서 관직명을 삼았는데, 이 관명을 가진 자는 부여연맹체의 지배세력들 가운데 대족장급이었음. '견가犬加라고도 하였으며, 사출도四出道를 관할하였음.

구간九干 고대 가락駕洛 초기의 9명의 우두머리. 즉 아도간我刀干·여도간汝刀干·피도간彼刀干·오도간五刀干·유수간留水干·유천간留天干·신천간神天干·오천간五天干·신귀간神鬼干 등 9명을 말함.

구결口訣 한문을 읽을 때 한문의 단어 또는 구절 사이에 들어가는 우리말. 토吐라고도 함.

구경九卿 조선시대 삼공(三公:三政丞)에 다음가는 9명의 고관직. 의정부의 좌·우참찬과 육조판서 그리고 한성판윤을 지칭함.

구관당상句管堂上 조선시대 비변사의 당상관직. 각 도에서 올라오는 장계狀啓·문보文報를 각각 도별道別로 관장함. 이조·호조·예조·병조·형조의 판서, 훈련도감·금위영 등 군문軍門의 대장, 개성·강화 유수留守, 대제학 등이 으레 겸임하는데, 4명은 유사당상有司堂上이 되고, 8명은 8도道 구관당상이 됨.

구급도감救急都監 고려 1258년(고종 45)에 임시로 설치된 관청. 사사使·부사副使·판관判官·녹사錄事 등의 관리가 있었고, 백성의 재난을 구휼하는 데 그 설치 목적이 있었던 것으로 보임.

구다국句茶國 고구려 초기에 인접하여 있던 나라.

구단具壇 고려시대 서경西京에 두었던 관직. 922년(태조 5) 서경에 아관衙官·병부兵部 및 내천부內泉府를 두고 그 이듬해 국천부國泉府를 두었는데, 거기에 각각 우두머리 관직으로 구단 1명씩을 두고 그 아래에 경卿·감監·대사大舍·사史 등을 두었음.

구당사勾當使 고려시대 지방에 파견된 외관직. 994년(성종 13) 처음으로 압록도鴨綠渡에 파견됨. 주로 압록강 등 외국을 내왕하는 큰 강의 나루에 파견되어 도강渡江을 관리하고 경비하는 일을 맡음. 뒤에는 탐라(耽羅:제주도)를 포함한 모든 나루터에 구당사를 둠.

구도성球陶省 태봉 때 왕실귀족들의 사치한 생활에 필요한 여러 가지 공예품과 그릇을 만드는 일을 맡은 관청.

구로국狗盧國 고대 마한 소국 가운데 한나라.

구방九房 조선시대 형조에 소속되어 형조의 소관 업무를 관장하던 9개의 실무부서. 형조 속사인 사형에 해당하는 죄의 복주(覆奏:다른 관아에서 보낸 공문을 검토하여 상주함.)를 관장하는 상복사詳覆司, 율령의 조사연구를 관장하는 고율사考律司, 형옥금령을 관장하는 장금사掌禁司, 노비와 포로를 관장하는 장례사掌隷司의 4사를 다시 일방一房과 이방으로 나눈 8방과 금제禁制 및 죄수를 관장하는 형방刑房을 합하여 9방이라고 함.

구복원勾覆院 고려시대의 특수관청. 직능은 알 수 없고, 문종 때 설치되어 1391년(공양왕 3)에 폐지됨.

구분전口分田 고려시대 군인의 유족 및 퇴역군인에게 지급되던 토지.

구사丘史 ① 고려시대 이속吏屬 중 잡류직. 관인官人에게 분급되어 호종(扈從:임금의 거가를 모시고 좇음)의 업무를 담당하였음. ② 조선시대 종친·공신·당상관 등에게 배당된 구종(驅從:벼슬아치를 모시고 따라다님.)의 하인배.

구사오단국白斯烏旦國 고대 마한 소국 가운데 한 나라.

구산도龜山道 고려시대 사학私學인 12도의 하나.

구서당九誓幢 통일신라시대 중앙에 배치된 수도 방어와 치안을 맡은 9개 부대. 583년(진평왕 5)에 서당誓幢으로 시작되어 693년(효소왕 2)까지 걸쳐 정비됨. 녹금서당綠衿誓幢·자금서당紫衿誓幢·백금서당白衿誓幢·비금서당緋衿誓幢·황금서당黃衿誓幢·흑금서당黑衿誓幢·벽금서당碧衿誓幢·적금서당赤衿誓幢·청금서당靑衿誓幢 등임.

구성九城 고려 1107년(예종 2) 윤관尹瓘이 별무반別武班을 편성하여 고려 동북쪽의 새외지역塞外地域에 흩어져 살고있던 여진족들을 축출하고, 그 지역에 쌓은 9개의 성. 함주咸州·영주英州·웅주雄州·길주吉州·복주福州·공험진公嶮鎭·진양진眞陽鎭·통태진通泰鎭·숭녕진崇寧鎭 등을 가리킴.

구소국拘素國 고대 마한 54국 가운데 한 나라.

구야국狗倻國 경상남도 김해지방에 있던 변한 소국 중의 한 나라.

구재九齋 ① 고려시대 최충崔冲이 설립한 사학. 일명 문헌공도文憲公徒·시중최공도侍中崔公徒·구재학당이라고도 함. 학과는 9경九經·3사三史와 제술을 주로하고, 매년 여름에는 일종의 하기강습회라 할 수 있는 하과夏課를 개설하였음. ② 조선시대 성균관 내에 둔 9개의 교육과정 또는 전문학과. 사서오경인《대학》《논어》《맹자》《중용》《예기》《춘추》《시경》《서경》《역경》등 9개의 강좌를 각기 재齋로 편성하여 9재라 함.

구제도감救濟都監 고려시대 질병 환자의 치료 및 병사자의 매장을 맡았던 임시관청. 1109년(예종 4)에 설치되어, 1348년(충목왕 4)에는 진제도감賑濟都監으로, 1381년(우왕 7)에는 진제색賑濟色으로 명칭이 바뀜.

구종驅從 벼슬아치를 따라다니며 심부름을 하던 사람.

구주九州 통일신라시대 지방을 9개의 주로 나눈 최고지방행정구획. 사벌주沙伐州·삽량주歃良州·청주菁州·한산주漢山州·수약주首若州·웅천주熊川州·하서주河西州·완산주完山州·무진주武珍州. 경덕왕 때 각기 상주尙州·양주良州·강주康州·한주漢州·삭주朔州·웅천주熊川州·명주溟州·전주全州·무주武州로 바뀜.

구주만보당주九州萬步幢主 신라시대의 무관직. 만보당주萬步幢主에 소속되었으며, 정원은 18명, 관등은 사지舍知에서 대나마大奈麻까지임.

구척鉤尺 신라시대의 관직. 고관가전古官家典에 소속된 관원으로, 농업용구의 관리를 맡았을 것으로 추측됨. 정원은 6명.

구칠당仇七幢 신라시대의 군대. 676년(문무왕 16)에 설치되었음. 금衿의 빛깔은 흰색.

구해국拘奚國 고대 마한 소국 중의 한 나라.

구화패救火牌 조선시대 한성부에 화재가 났을 때 소화에 임할 수 있도록 특정관원에게 지급된 증명패.

국공國公 고려시대 작위의 하나. 공公·후侯·백伯·자子·남男으로 구성된 오등작제도의 첫째 등급에 해당되는 작위. 품계는 정2품. 3,000호의 식읍食邑을 받음. 충렬왕 때 봉군제가 실시됨에 따라 폐지되었다가, 1356년9공민왕 5) 다시 공·후·백·자·남을 사용하여 정1품으로 함. 1362년 폐지되었다가, 1369년 회복, 1372년 다시 폐지됨.

국구國舅 왕의 장인. 곧 오아비의 아버지. 정1품계의 벼슬을 줌.

국대부인國大夫人 ① 고려시대 외명부外命婦의 하나. 제3품이 종친의 딸이나 처, 문·무관의 처에게 내린 봉작호封爵號. ② 조선 초기 왕의 외할머니, 왕비의 어머니에게 준 벼슬. 정1품. 뒤에 부부인府夫人으로 개칭됨.

국둔전國屯田 조선 초기 둔전屯田 본래의 군수軍需 용도 명목으로 경작된 토지.

국로國老 나이가 많아서 벼슬을 사직한 2품 이상의 벼슬아치를 일컬음.

국로연國老宴 고려시대 나이가 많은 노인을 위하여 베풀던 잔치.

국문鞫問 피의자被疑者에게서 자백을 받기 위해 형장刑杖을 가하여 죄과를 심문審問하는 것.

국별장局別將 조선시대 훈련도감에 소속된 정3품의 무관직.

국별장청局別將廳 조선 후기 훈련도감 예하의 소규모 특수무관청.

국사國師 신라·고려 시대 승려의 최고법계.

국상國相 고구려 초기의 최고관직. 166년(신대왕 2)에 좌·우보左右輔가 개편된 것으로, 제가회의諸加會議의 의장임. 왕의 옹립·폐위 문제, 대외적인 군사문제, 국가 전체에 관계되는 범죄처리문제, 국사를 맡을 인물의 선정 등 중요한 국사를 평의評議·의결決하는 기능을 가짐.

국새國璽 국권의 상징으로 국가문서에 사용되는 인장印章. 고려·조선 시대에는 국인國印·새보璽寶·어보御寶·대보大寶라 하여 왕의 인장이 국새로 간주되었음.

국선도國仙徒 화랑도의 이칭.

국의鞠衣 조선시대 왕비의 친잠복親蠶服.

국자감國子監 992년(성종 11)에 설치된 고려시대의 국립교육기관. 1275년(충렬왕 1)에는 국학國學이라 불렸고, 1356년(공민왕 5)에는 다시 국자감, 1362년(공민왕 11)부터 성균관成均館이라고 불러, 조선시대까지 이어지됨.

국자감시國子監試 고려시대 국자감에서 진사를 뽑던 시험.

국자박사國子博士 고려시대 교육을 담당한 국자감의 정7품 관직. 국자감의 명칭이 바뀜에 따라 국자박사의 명칭도 성균박사 등 여러 차례 바뀜.

국자분관國子分館 새로 문과에 급제한 사람 중 실무를 습득시키기 위해 권지權知라는 이름으로 성균관에 분속시키는 것.

국자조교國子助敎 고려시대 국자감에 소속된 교수요원. 국자박사의 차위직.

국자학생國子學生 고려시대 중앙 최고종합교육기관인 국자감의 학생.

국장도감國葬都監 고려·조선 시대 국왕이나 왕후의 상사가 있을 경우 그 장례행사를 주관하기 위하여 설치된 임시기구.

국장도감의궤國葬都監儀軌 조선시대 국장에 관한 제반 의식·절차를 기록한 책.

국청鞫廳 조선시대 왕명에 의하여 모반·대역 기타 국가적 중죄인을 심문, 재판하기 위하여 임시로 설치한 특별재판기관 또는 그 재판정.

국통國統 신라시대 중앙의 최고승관직. 일명 승통僧統·사주寺主라고도 함.

국학國學 ① 신라시대의 교육기관. 682년(신문왕 2)에 설치됨. 경덕왕 때 태학감太學監이라 하였고, 다시 혜공왕 때 국학으로 고쳐짐. 예부禮部에 속하였음. ② 고려 초기 중아에 있던 교육기관. 992년(성종 11) 국자감으로 개편되다가, 1275년(충렬왕 1) 국학으로 다시 바뀜. 1298년 다시 성균감成均監으로 개칭됨.

군君 고려·조선 시대 종실·외척·공신에게 주었던 작호爵號.

군郡 지방의 하부 행정단위의 하나. 계통상으로 도의 아래, 읍 또는 면의 위에 해당됨.

군공郡公 고려시대 일반 신하에게 준 작위의 하나. 문종 때의 작제爵制에서 국공國公의 다음 등급에 해당되는 작위로 정해졌으며, 품계는 종2품이고, 식읍食邑은 2,000호를 받았는데, 충렬왕 때 봉군제가 실시됨에 따라 폐지됨. 1356년(공민왕 5) 공민왕이 반원정책을 쓰면서 부활되어 정1품으로 되었다가, 1362년에 폐지되었으며, 1369년에 회복, 1372년에 다시 폐지됨.

군공청軍功廳 조선 중기 1592년(선조 25) 임진왜란이 일어나 관군이 무너지고 각처에서 의병이 일어나 군공을 세우자 이를 조사하기 위하여 설치된 임시관청.

군국기무처軍國機務處 한말 갑오개혁을 추진하였던 최고입법·정책 결정 기관. 1894년(고종 31) 7월 27일부터 같은해 12월 17일까지 존속하였음.

군군郡君 ① 고려시대 종실의 여자에게 주던 작호爵號의 하나. 외명부外命婦에 해당되는 것으로 정4품의 작호. ② 고려시대 문·무관의 적처嫡妻에게 주던 작호의 하나. 외명부에 해당되는 작호로서 4품 관원의 처에게 주어짐.

군기감軍器監 ① 고려시대 병기를 만들고 보관하는 일을 맡은 관청. ② 조선 1392년(태조 1)에 설치된 각종 병기와 기치, 의장기재를 만들고 보관하는 일을 맡은 관청. 1414년(태종 14) 군기시軍器寺로 바뀜.

군기서軍器署 조선시대 평양부·의주목·영변대도호부·강계도호부·함흥부·경성도호부·회령도호부·경원도호부·온성도호부·부령도호부·경흥도호부에 둔 토관직청土官職廳의 하나. 소속 관원으로 감監 종6품, 관사管事 정8품, 섭사攝事 종9품등의 토관직 벼슬아치들이 있음.

군기시軍器寺 ① 고려시대 병기·기치·의장기재 등의 제조를 관장하던 관청. 공민왕 때 군기감이 바뀐 것임. 뒤에 다시 군기감으로 바뀜. ② 조선시대 병기·기치·의장기재 등의 제조를 관장하던 관청. 국초의 군기감이 1466년(세조 12)에 개편된 것임. 1884년(고종 21)에 폐지되어 그 일을 기기국機器局에서 담당함.

군기조성도감軍器造成都監 고려 1275년(충렬왕 1)에 설치된 각종 무기를 만드는 일을 맡은 임시관청.

군기창軍器廠 1904년 7월에 설치된 군기의 제조와 수리 등을 관장하던 관서.

군대부인郡大夫人 고려시대 종실의 여자에게 주던 작호의 하나. 외명부에 해당되는 것으로, 정4품의 작호.

군둔전軍屯田 고려·조선 시대 변경지대나 주둔지에 군량조달 또는 군수운용을 목적으로 경작된 토지.

군무도독부軍務都督府 1919년 만주에서 결성된 무장 항일독립운동 단체. 도독부都督府·독군부督軍府라고도 함.

군무사軍務司 조선 말기 중앙과 지방의 군대를 통솔하기 위해 설치된 관청.

군무아문軍務衙門 조선 말기 갑오개혁 때 설치된 군사에 관한 일을 담당한 중앙행정부서.

군물사軍物司 조선 1880년(고종 17) 12월에 설치된 통리기무아문統理機務衙門에 소속된 관청의 하나. 각종 병기의 제작에 관한 업무를 맡아봄.

군미국軍彌國 고대 진한 소국 가운데 한 나라.

군보軍保 조선시대 군역 의무자로서 현역에 나가는 대신 정군正軍을 지원하기 위해 편성된 신역身役의 단위.

군부軍部 조선 말기 군사행정을 관장하던 행정부서. 1895년9고종 32) 4월의 관제개혁에 따라 병조의 소관업무를 인계받은 군무아문을 개칭하여 설치됨. 국방에 관한 사무와 군인감독 등의 직무를 관장함.

군부사軍簿司 고려 후기 중앙정무기관의 하나. 무관선임·군무軍務·의위儀衛·우역郵驛에 관한 일을 관장함.

군부인郡夫人 조선시대 외명부의 하나. 종친인 정1품의 현록대부顯祿大夫·흥록대부興祿大夫의 적처嫡妻와 종1품의 소덕대부昭德大夫·가덕대부嘉德大夫의 적처에게 준 작호.

군사軍師 ① 신라시대 지방민 중 가장 유력한 세력자에게 주어진 직명. ② 군사진영의 우두머리 장수에게 소속되어 각종 군사행정사무를 맡아보며 군사활동에 관한 일을 도와주는 사람을 일컬음.

군사감軍師監 신라시대의 무관직. 왕도王都를 비롯하여 육정六停·구서당九誓幢의 예하부에 각각 2명씩 배속되어 정원은 모두 32명. 군사당주軍師幢主를 보좌함.

군사당軍師幢 신라시대의 군대. 604년(진평왕 26)에 설치됨. 소속 군관으로 법당화척法幢火尺 30명을 둠.

군사당주軍師幢主 신라시대의 무관직. 왕도王都·육정六停·구서당九誓幢·삼무당三武幢의 예하부대에 각각 1명씩 배속됨. 정원은 모두 19명. 524년(법흥왕 11)에 설치됨.

군산창群山倉 조선 중기 이후 전라북도 군산시 경암동에 설치되었던 조창漕倉.

군선가미軍船價米 조선시대 군선을 신조新造 또는 보수하기 위하여 예축하여 둔 미곡.

군수郡守 조선시대 지방행정단위인 군의 행정을 맡아보던 장관. 외관직으로 동반東班 종4품직임. 고려시대에는 지군사知郡事라고 부르던 것을 1467년(세조 13)부터 군수라고 부르기 시작함.

군윤軍尹 ① 태봉 때 관계官階의 9등급 가운데 8등급에 해당하는 관계. ② 고려시대 향직鄕職의 9등급 가운데 마지막 등급.

군자감軍資監 조선시대 군사상 필요한 물자를 공급하는 관청. 정3품 아문. 1392년(태조 1)에 설치됨.

군자시軍資寺 고려시대 군수軍需에 필요한 양식을 비축하여 그 출납의 임무를 맡은 관청. 1390년(공양왕 2)에 소부시小府寺를 혁파하고 설치됨.

군자전軍資田 조선 전기 국가수조지國家收租地 가운데 군량軍糧의 용도로 수조된 토지. 고려 말 과전법科田法 성립 이후 설치됨. 군자시전軍資寺田 또는 군자위전軍資位田이라고도 함.

군자창軍資倉 조선시대 군자감에 소속되어 군자인 양곡糧穀을 저장하는 창고.

군장郡將 백제시대 지방제도 단위의 하나인 군의 행정 및 군사책임자.

군적軍籍 고려시대 병부兵部에 비치된 군반씨족軍班氏族의 장적帳籍. 군인의 주소·성명·세계世系 등이 기록되었음.

군전軍田 고려 말 조선 초 군인에게 지급 되었던 경기京畿 이외의 외방의 토지. 1391년(공양왕 3)에 이성계李成桂 일파가 추진한 과전법科田法의 시행과 더불어 설정되어 1466년(세조 12) 직전법職田法의 시행 때까지 실시됨.

군정軍丁 병적兵籍에 있는 장정. 또는 공역公役에 종사하는 장정.

군정軍政 조선시대 삼정三政의 하나. 군사에 관한 행정사무로, 주로 정남丁男으로부터 군포軍布를 받아들이고 이것을 다시 군사력에 필요한 물자를 구입하거나 군인을 고용하는 데 필요한 재원으로서 각 지방에 보내는 일.

군주軍主 신라시대 지방행정단위인 주의 장관. 505년(지증왕 6)에 처음 설치되어, 661년(문무왕 1)에 총관摠管으로 바뀌고, 785년(원성왕 1)에 도독都督으로 바뀜.

군주郡主 ① 신라 초기 67년(탈해이사금 110에 둔 지방단위의 하나인 군의 우두머리 벼슬. ② 조선시대 외명부의 하나. 왕세자의 적실녀嫡室女에게 봉작한 호칭으로 품계는 정2품.

군직청軍職廳 조선 후기 오위五衛에 예속된 군관 중에서 상호군上護軍 이하 사용司勇 이상의 무관이 있는 무관청武官廳.

군총軍摠 조선시대 군대의 정원규정에 의한 군사의 총수. 군액軍額과 비슷한 말로 쓰이기도 하며, 원역員役·무관武官을 제외한 각색군各色軍의 총수를 이름.

군통軍統 신라시대 각 군의 불교 교단을 지도, 감독하던 승관僧官.

군포軍布 조선시대의 군정軍丁으로 당번 입역하지 않는 대신에 부담했던 포布.

군포계軍布契 조선 후기에 군포의 납부를 목적으로 조직된 계.

군호軍戶 고려시대 군대편성상의 한 단위. 군복무자인 군인과 이를 경제적으로 뒷받침 하는 사람인 양호養戶로 구성되며, 군인 1명에 양호 2명이 배정되었음. 양호는 군대에 복무하는 대신 군인들에게 양곡을 보내어 부양하였음.

군후소軍候所 고려 말기 병학兵學을 관장하던 관청.

궁궐도감宮闕都監 고려 1066년(문종 20)과 1380년(우왕 6)에 설치된 왕궁의 건축과 수리에 관한 일을 맡은 임시관청.

궁내부宮內府 한말 1894년(고종 31)갑오개혁 때 설치되어 왕실에 관한 여러 업무를 총괄하던 관부. 속사屬司로 승선원承宣院·경연청經筵廳·규장각·통례원通禮院·장악원掌樂院·내수사內需司·내의원內醫院·사옹원司饔院·상의원尙衣院·태복시太僕寺·명부사命婦司·시강원侍講院·내시사內侍司·전각사殿閣司·회계사會計司·종정부宗正府·종백부宗伯府 등이 있음. 1910년까지 존속됨.

궁내부대신宮內府大臣 한말 궁내부宮內府의 으뜸 벼슬. 궁내부의 각 사를 통솔함.

궁내부협판宮內府協辦 한말 궁내부의 차관직.

궁녀宮女 왕족을 제외한 궁중의 모든 여인들의 총칭.

궁둔전宮屯田 각궁에 속한 둔전.

궁료宮僚 ① 시강원侍講院 보덕輔德이하의 벼슬아치의 총칭. ② 동궁東宮에 딸린 모든 관료.

궁문랑宮門郎 고려시대 동궁東宮에 배속된 종6품 관직. 1068년(문종 22)에 설치 되었으며, 1116년(예종 11)에 폐지됨.

궁방宮房 조선시대 왕실의 일부였던 궁실宮室과 왕실에서 분가, 독립한 궁가宮家의 통칭. 궁실은 왕과 선왕의 가족집안을 뜻하며, 궁가는 역대 여러 왕에게 분가한 왕자·공주들의 종가를 뜻함.

궁방전宮房田 조선시대 궁방이 소유 또는 수조하던 토지. 궁장토宮庄土·사궁장토司宮庄土라고도 함.

궁사전宮司田 고려 후기에서 조선 초기까지 왕실재정을 위해 지급된 토지.

궁옹宮翁 신라시대의 관직. 촌도전村徒典·고역전匳驛典·청연궁전青淵宮典·부천궁전夫泉宮典·차열음궁전且熱音宮典·좌산전坐山典·병촌궁전屛村宮典·예궁전穢宮典 등에 소속된 관원으로, 정원은 각각 1명.

궁원보宮院寶 고려시대 왕실의 각 궁에 설치되어 있던 보의 총칭.

궁원전宮院田 고려시대 왕족과 왕의 비빈妃嬪들이 거주하던 궁원에 소속된 여러 토지의 총칭. 일명 궁수전宮受田이라고도 하였으며, 고려 말에는 궁사전宮司田이라고도 하였음.

궁위령宮闈令 조선시대 내시부에 소속된 환관직. 종묘·영녕전·문소전 등의 제향에 차출된 제관.

궁위승宮闈丞 고려 말기 내시부에 소속된 환관직. 종7품직으로 정원은 1명. 1356년(공민왕 5)에 처음 설치되었다가 조선시대 들어와 내시부가 개편되면서 없어짐.

궁전촌宮田村 주민들이 주로 궁방전을 경작하였던 마을.

궁주宮主 ① 고려시대 왕의 후궁을 일컫던 칭호. 내명부의 위계상 원주院主의 상위이고, 귀비貴妃·숙비淑妃·덕비德妃·현비賢妃 등 여러 비의 하위에 있던 작호爵號. ② 고려시대 왕녀를 일컫던 칭호.

권관權管 조선시대 변경지방 진관鎭管의 최하단위인 진보鎭堡에 두었던 수장守將. 종9품직.

권농관勸農官 조선시대 권농勸農에 관계된 지방관직. 1395년(태조 4) 각 주·부·군·현의 한량품관閑良品官 중 청렴하고 재간 있는 자를 권농관으로 삼아 농경을 권장하는 일을 맡게 한 것이 시초임.

권농사勸農使 고려시대 농업을 권장하기 위하여 각 지방에 파견된 관원.

권당捲堂 성균관 유생들이 불평이 있을 때 일제히 관을 비우고 물러나가는 행위. 공관空館이라고도 함.

권도權道 목적을 위해 임기응변으로 취하는 방편.

권두權頭 조선시대 종친부宗親府·의정부 등 정1품 아문에만 배정되어 있던 하례下隷의 우두머리.

권마성權馬聲 귀인의 행차에 교군轎軍들이 가마를 메고 가며 높은 소리로 길게 부르는 소리.

권무과勸武科 조선시대 무과의 하나. 현종이 무예를 권장하기 위하여 권무청勸武廳의 신설과 아울러 실시한 시험. 국왕의 특명에 의하거나 국왕의 친림하에 실시함.

권무군관勸武軍官 조선 후기 훈련도감·금위영·어영청御營廳의 3군영에 두었던 군관직. 각각 50명씩 배정되었으며, 양반자제들을 위한 자리로서, 특히 지위와 문벌이 있고 신체가 좋은 자로 충원됨.

권무정權務政 고려시대 6월에 행하던 인사행정.

권무청勸武廳 조선 후기 양반자제들에게 무술을 장려하기 위하여 훈련도감과 어영청御營廳에 설치한 특수 병종의 하나.

권설직權設職 임시로 둔 관직.

권점圈點 조선시대 관원을 임명할 때 시행하는 예비선거제도. 추천권자들이 한자리에 모여 추천대상자들의 명단 위에 각기 권점(○로 표시함)을 하고, 그 수를 집계하여 소정의 점수에 이른 사람을 이조에 추천하여 임명하게 하는 제도.

권지權知 조선시대 과거합격자로서 성균관·승문원承文院·교서관校書館·훈련원訓鍊院·별시위 등에 분관되어 임용대기중인 견습관원.

권지국사權知國事 왕호를 인정받지 못하는 동안에 사용하는 왕의 칭호. '권'은 임시의 뜻이고, '지'는 맡는다는 뜻으로, 권지국사는 아직 왕호를 인정받지 못한 기간 동안에 임시로 나라일을 맡아 다스린다는 뜻의 칭호로, 권서국사權署國事라고도 함.

권초례捲草禮 조선시대 궁중의 출산의식. 비빈妃嬪이 출산할 징후가 보이면, 태의원제조太醫提調가 모든 집사관을 거느리고 산전방산殿房에 들어가 길한 방향에 산좌産座를 설치하고, 산전방의 사방에 순산을 비는 부적을 붙이며, 헌청軒廳에 방울을 달아 유사시에 의관을 부를 수 있게 함. 그 다음 현초顯草 문을 정하고 그 대들보에 못을 박아 붉은 끈을 드리워 두었다가 출산이 끝나면 그 못에 매달아 7일이 지난 청상廳上으로 옮겨놓음. 또한 조신 가운데 자식이 많고 가정에 재난이 없는 사람을 권초관捲草官으로 뽑아 은·쌀·비단·실 등을 갖추어 분향하여 명을 빌고, 그 고석藁席을 칠궤漆櫃에 넣어 붉은 보자기로 싸서 남자의 경우 내자시內資寺, 여자의 경우 내섬시內贍寺의 창고에 보관해둠.

궤개전机槪典 신라시대의 관청. 경덕왕 때 일시 궤반국机盤局으로 고친 적이 있음. 내성에 소속되어 궤반机盤 등의 생산을 담당하였음. 소속 관원으로 간干 1명, 사史 6명을 둠.

궤장几杖 통일신라시대 이래 여러 왕조에서 70세 이상의 연로한 대신들에게 하사한 안석案席과 지팡이.

귀간貴干 신라시대 지방의 세력가에게 준 관등. 외위外位 중 네 번째로 경위의 대나마大奈麻에 상당함. 삼국통일 무렵인 674년(문무왕 14) 지방 출신에게도 일률적으로 경위를 주게 됨에 따라 자연히 폐지됨.

귀당貴幢 신라시대 지방군단의 한 단위부대. 육정六停의 하나. 552년(진흥왕 13)에 설치되니 상주정上州停을 673년(문무왕 13)에 개칭한 것임.

귀덕군歸德軍 고려 성종 때 설치된 12절도사 중 상주절도사尙州節度使에 설치된 군대.

귀비貴妃 고려시대 내명부의 정1품직. 왕의 비·빈에게 봉작된 호칭.

귀인貴人 조선시대 내명부의 하나. 정1품으로 왕의 후궁에게 봉작된 호칭.

귀족원貴族院 한말에 귀족과 작품爵品에 관한 사무를 맡아보던 관청. 1895년(고종 32) 궁내부관제 개정시 부마에 관한 업무를 담당하던 의빈원儀賓院과 왕실의 외척과 종친에 관한 업무를 담당하던 돈녕원敦寧院이 통합되어 귀족사貴族司가 되고 장례원掌隸院에 소속

되었는데, 같은해 11월 귀족사가 장례원에서 분리되면서 귀족원으로 개칭됨. 1900년 돈녕원으로 개칭되어 폐지됨.

귀주歸州 발해의 지방행정구역. 62주중의 하나. 철리부利府에 속하나, 그 위치와 속현屬縣은 알 수가 없음.

귀향歸鄕 고려시대 형벌의 하나. 부하나 백성을 감독하는 위치에 있는 녹祿을 받는 관리가 스스로 공물을 훔쳤거나 뇌물을 받은 경우와 승려가 소속 사원의 미곡米穀을 훔친 경우에 죄가로 제명除名 및 직전職田을 몰수하고 관리로서의 지위와 특권을 박탈하여 자기의 본관으로 돌려보내는 형벌.

귀후서歸厚署 조선시대 관곽棺槨을 만들어 판매하고 예장禮葬에 필요한 물품을 공급해주는 일을 담당하던 관청.

규圭 왕이 면복冕服이나 원유관포遠遊冠袍를 입을 때 쥐는 서옥瑞玉.

규장각奎章閣 조선시대의 왕실도서관. 1776년(정조 즉위년) 3월 궐내에 설치되어 역대 왕들의 친필·서화·고명顧命·유교遺敎·선보璿譜 등을 관리함. 1894년(고종 31)에 궁내부에 소속되었다가, 이듬해에 규장원奎章院으로 개칭되었으며, 1897년에 다시 규장가궁로 환원됨.

규장원奎章院 한말의 왕실도서관. 1895년(고종 32)에 규장각이 개칭된 것임.

규정糾正 ① 고려시대 사헌부에 속하였던 관직. 1308년(충렬왕 34)에 충선왕이 감찰사監察司를 사헌부司憲府로 고치면서 종6품의 감찰어사監察御史를 규정이라 고쳤으며, 1356년(공민왕 5)에 다시 사헌부를 어사대御史臺로 고치면서 규정을 감찰어사라 하였다가, 1362년에 다시 어사대를 감찰사로 고치면서 감찰어사를 규정으로 고침. 임무는 대관臺官의 일원으로서 백관百官의 규찰糾察과 제사祭祀·조회朝會·전곡錢穀의 출납 등을 감찰함. ② 고려시대 내방고內房庫와 덕천고德泉庫 소속의 관직. 1355년(공민왕 4)에 별감別監으로 바뀜.

규표窺票 천체를 관측하는 기구. 중선中星을 관측하는 기구.

규형窺衡 땅의 원근遠近을 측량하는 기구.

균박법均泊法 조선으로 건너오는 일본의 선박을 삼포三浦에 고루 나누어서 정박하도록 규정한 법.

균역법均役法 조선 후기 영조 때 실시된 양역제도良役制度의 개선책. 종래 서민에게 많은 부담이 되었던 양역제도를 개선한 것으로, 1751년(영조 27)에 균역청均役廳을 설치하여 종래의 군포軍布를 2필에서 1필로 줄이는 대신 나머지를 어업세漁業稅·염세鹽稅·선박세船舶稅·은결隱結 등의 결전結錢으로 보충하게 한 법.

균역청均役廳 조선 후기 균역법시행을 위하여 설치된 관청. 1751년(영조 27)에 설치되어 1753년 선혜청宣惠廳에 합병됨.

균전사均田使 조선시대 농지사무를 전결專決하도록 하기 위하여 지방에 파견된 관리. 전답의 측량과 결복結卜·두락斗落의 사정査正, 전품田品의 결정 및 양안量案 기재 등 양전사무量田事務를 총괄하고, 특히 진황지陳荒地의 개간을 독려하기 위해 각 도에 파견됨.

극우克虞 백제시대 16관등의 하나. 품은 16품. 대帶는 백대白帶를 띠었음.

근斤 척근법尺斤法에 의한 무게의 계량단위. 1근을 16냥인 600g으로 계산하는 경우와 10냥인 375g으로 계산하는 경우가 있음.

근기국勤耆國 고대 진한 소국 가운데 하나라. 지금의 경상북도 포항으로 비정되고 있음.

근력부위勤力副尉 조선시대 서반西班 잡직계雜職階의 하나. 서반 잡직 종9품의 관계명官階名.

근사勤仕 조선시대 파진군破陣軍에 속한 잡직 무관직. 서반西班 잡직계雜職階의 종7품직으로 파진군 내의 최상위직임.

근수노根隨奴 조선시대 종친 또는 문·무관원의 출입 때 따라다니며 시중을 들던 하급노예.

근위대近衛隊 대한제국 때 황실의 호위를 위하여 설치된 군대. 근위 보병대와 근위기병대가 있음. 1907년 일제의 압력에 의하여 군대가 해산되면서 황제의 친위병으로 편제됨.

근임랑謹任郞 조선시대 동반東班 잡직계雜職階의 하나. 동반 잡직 종6품 상계上階의 관계명官階名.

근장近仗 고려시대 중앙군 중 이군二軍의 별칭. 왕의 친위군.

근장군사近仗軍士 조선 후기 병조에 설치된 국왕 경호담당 근위병.

근장대장군近仗大將軍 고려시대 중앙군중 이군, 즉 응양군鷹揚軍·용호군龍虎軍에 소속된 대장군.

근장상장군近仗上將軍 고려시대 중앙군중 이군, 즉 응양군鷹揚軍·용호군龍虎軍에 소속된 상장군.

근절랑謹節郞 조선시대 문산계文散階의 하나. 종친宗親 종5품 상계上階의 관계명官階名.

근화회槿花會 1928년 2월 12일 조국광복운동을 후원하기 위해 미국에서 결성된 여성단체.

금강고金剛庫 고려시대 병기를 보관하던 창고의 하나.

금곡포창金谷浦倉 조선 전기 황해도 연백군 금곡포에 설치되었던 조창漕倉.

금관경金官京 신라시대 오소경五少京의 하나. 지금의 경상남도 김해에 설치되었음. 경덕왕 때 김해경金海京으로 명칭을 바꿈.

금교도金郊道 조선시대 황해도 역도驛道의 이름. 중심역은 금천金川의 금교역金郊驛이며, 관할지역 범위는 개성-금천-평산-서흥-봉산-황주로 이어지는 역로임.

금군禁軍 고려·조선 시대 국왕의 친위군親衛軍.

금군별장禁軍別將 조선 후기 금군청禁軍廳 소속의 군관직. 1652년(효종 3) 겸사복兼司僕·내금위內禁衛·우림위羽林衛의 금군삼청禁軍三廳에 종2품직인 금군별장을 신설하고, 금군삼청의 금군 629명 중 1·2·3번은 좌별장左別將, 4·5·6·7번은 우별장右別將이 통할하도록 함. 그 뒤 1775년(영조 31) 금군청을 용호영龍虎營으로 개칭한 뒤에도 별장만은 금군별장이라하여 존속시킴.

금군삼청禁軍三廳 조선시대 금군인 내금위內禁衛·겸사복兼司僕·우림위羽林衛를 합쳐서 부르던 칭호. 내삼청內三廳이라고도 함.

금군장禁軍將 조선시내의 내금위內禁衛·겸사복兼司僕·우림위羽林衛 등 금군삼청을 지휘하던 장수.

금군청禁軍廳 ①조선시대 금군이 숙직하던 곳. ②조선시대 국왕을 직접 호위하던 친위군親衛軍營. 1666년(현종 7) 내삼청內三廳이 바뀐 것임. 1755년(영조 31) 용호영龍虎營으로 개칭됨.

금난전권禁難廛權 조선 후기 육의전六矣廛이나 시전市廛 상인이 난전亂廛을 금지할 수 있는 권리. 일종의 도고권都賈權. 국역國役을 부담하는 육의전을 비롯한 시전이 서울 도성 안과 성저십리城底十里 이내의 지역에서 난전의 활동을 규제하고, 특정상품에 대한 전매특권을 지킬 수 있도록 조정으로부터 부여받았던 상업상의 특권.

금내학관禁內學官 고려시대 궁궐 내에 설치된 학문기관인 비서성秘書省·사관史館·한림원翰林院·보문각寶文閣·어서원御書院·동문원同文院에 소속된 학관. 금내육관禁內六官이라고도 함.

금부金部 고려시대 호구戶口·공부貢賦·전량錢糧의 일을 관장하던 상서호부尙書戶部에 속하였던 관청. 995년(성종 14)에 민관을 상서호부로 개칭할 때 민관의 속관인 금조金曹가 상서금부로 바뀜. 문종 이전에 소멸된 듯함.

금부禁府 의금부義禁府의 약칭.

금살도감禁殺都監 고려 말기 우마의 도살을 방지하기 위해 설치되던 임시관청.

금서성禁書省 태봉泰封의 중앙관부. 904년(효공왕 8)에 궁예弓裔가 국호를 마진摩震, 연호를 무태武泰라 하고 신라의 제도를 참작하여 관제를 제정했는데, 국무를 총괄하는 중앙최고기관인 광평성廣評省을 두고, 그 아래 금서성·병부兵部 등 18개 관부를 설치할 때 설치됨. 주임무는 학문을 관장하는 관부로 추측됨.

금오대金吾臺 고려 초기 현종 때 시정時政을 논하고 풍속을 교정하며, 백관의 규찰·탄핵을 맡아보던 관청. 1014년(현종 5) 11월부터 이듬해 3월까지 존속됨.

금오위金吾衛 고려시대 경군京軍인 이군육위二軍六衛 중 육위의 하나, 경찰부대로서 개경의 치안유지가 주임무이고, 이외에 잡류 단속도 하였음.

금위대장禁衛大將 조선 후기 금위영禁衛營의 주장主將.

금위영禁衛營 조선 후기 중앙에 설치된 군영의 하나. 1682년(숙종 8)에 종전의 병조 소속의 갱번군更番軍이었던 정초군精抄軍과 훈련도감 소속의 갱번군이던 훈련별대 등을 합쳐 설치됨. 훈련도감·어영청御營廳과 더불어 국왕호위와 수도방어의 핵심군영임.

금유수有 고려 초기 지방의 조세를 징수하기 위하여 중앙에서 파견된 관리.

금자광록대부金紫光祿大夫 고려시대 문산계文散階의 하나. 금자흥록대부金紫興祿大夫의 후신으로, 1076년(문종 30)에 문산계 29계 가운데 제3계로 정하여졌음. 1275년(충렬왕 1) 광정대부匡靖大夫로 바뀌었으며, 1308년에 정2품으로 올랐으나, 이듬해 종2품 상계上階로 되고, 1356년(공민왕 5) 금자광록대부로 개칭되면서 종1품의 상계가 됨. 1361년에 정2품 광정대부로 바뀜.

금자숭록대부金紫崇祿大夫 고려시대 문산계文散階의 하나. 1356년(공민왕 5)에 문산계 제4계인 종1품 하계下階로 처음 설정되었음.

금자흥록대부金紫興祿大夫 고려시대 문산계文散階의 하나. 995년(성종 14)부터 사용되다가 1076년(문종 30)에 금자광록대부金紫光祿大夫로 명칭이 바뀌면서 종2품계가 되었음.

금전錦典 신라시대의 관청. 내성內省에 소속되어 비단과 같은 직물 생산을 담당하였음.

금정도金井道 조선시대 충청도 역도驛道의 하나. 중심역은 청양靑陽의 금정역金井驛. 관할지역 범위는 청양-대흥. 청양-결성-홍주-보령-해미-서산·태안으로 연결되는 역로임.

금조金曹 고려시대 호구戶口·공부貢賦·전량錢糧의 일을 관장하였던 호부戶部의 전신인 민관民官에 속한 관아. 995년(성종 14) 민관이 상서호부尙書戶部로 바뀔 때 금조는 상서금부尙書金部로 바뀜.

금주도金州道 고려시대 역도驛道의 하나. 중심역은 김해金海의 덕산역德山驛. 관할지역 범위는 김해-울산, 김해-대구. 김해-창원-칠원-영산-현풍으로 이어지는 역로임.

금하신衿荷臣 신라시대의 관직. 사천왕사성전四天王寺成典·봉성사성전奉聖寺成典·감은사성전感恩寺成典 등 왕실의 사원을 관리하는 관청의 장관직. 759년(경덕왕 18) 일시 감령監令 또는 검교사檢校使로 개칭되었다가, 776년(효공왕 12) 다시 금하신으로 환원되었으며, 805년(애장왕 6)에 영송으로 바뀜. 정원은 1명. 관등은 대아찬大阿湌이상 대각간大角干까지의 사람으로 임명됨.

금화도감禁火都監 조선 초기 방화防火업무를 관장하기 위하여 설치된 관청.

급가給假 조선시대 상喪·혼婚·병病등의 사고를 당한 관원에게 휴가를 주는 제도. 일명 급가·급유給由라고도 함.

급당急幢 신라시대의 군대. 605년(진평왕 27)에 설치되었으며, 금衿의 빛깔은 황록색임.

급량부及梁部 신라시대 경주 육부六部중의 하나. 양부梁部라고도 함. 육부 중 가장 우세하였으며, 남천南川 이남의 남산(南山,일명 양산楊山) 서북 일대를 포함했던 것으로 추측됨. 신라가 망한 뒤 고려가 940년(태조 23)에 중흥부中興部로 고침.

급벌찬級伐湌 신라시대 관등의 하나. 17관등 중 제9등 관계로서, 급찬級湌·급벌간級伐干이라고도 함.

급고보給保 조선시대 군역을 비롯한 여러 종류의 국역國役 이행자에게 그 의무기간 동안의 비용마련을 위하여 일정한 수의 보인保人을 배정하여주는 것.

급사給使 ① 고려시대의 이속吏屬. 액정국掖庭局에 3명이 배속되었으며, 주로 호종(扈從:임금의 거가를 모시고 좇음)을 담당함.

급사給事 ① 고려시대 문하부의 종6품직. ② 고려시대 내시부의 정9품직. ③ 고려시대 왕비부王妃府의 한 구실아치. ④ 조선시대 동반토관직土官職의 하나. 종8품 직무랑直務郎이 받는 관직.

급사랑給事郎 고려시대 문산계文散階의 하나. 1076년(문종 30)에 문산계 29계 중 제22계인 정8품의 상계上階로 설정됨. 이 명칭은 충렬왕 때까지 존속됨.

급사중給事中 고려시대 중서문하성의 종4품 관직. 문종 때 정원을 1명으로 정하였으며, 뒤에 중사中事로 바뀜. 1298년(충렬왕 24)에 다시 급사중으로 환원되었다가 1308년에 폐지됨. 간쟁諫諍과 봉박封駁의 임무를 수행하는 간관諫官임.

급장전給帳典 신라시대 궁중·귀족·사원등에 장막을 공급하던 관서. 구전□典이라고도 함. 소속 관원으로 전典 4명, 치(稚:치성稚省) 4명을 둠.

급전도감給田都監 고려시대 관리들에게 논밭을 나누어주기 위해 설치되니 임시관청. 문종 때 처음 설치되었으며, 1392년(공양왕 4)관제개혁 때 호조戶曹에 병합됨으로써 소멸됨.

급전사給田司 조선 초기 호조에 소속된 관서. 고려시대 급전도감給田都監과 같이 토지에 관한 업무를 관장함.

급찬級湌 급벌찬級伐湌의 이칭.

기거사인起居舍人 고려시대 중서문하성의 관직. 문종 때 설치된 것으로, 품계는 종5품, 정원은 1명. 1356년(공민왕 5)관제개혁 때 정5품으로 바뀜. 간쟁諫諍과 봉박封駁을 담당함.

기거주起居注 고려시대 중서문하성의 관직. 문종 때 설치된 것으로, 품계는 종5품, 정원은 1명. 1356년(공민왕 5)에 정5품으로 바뀜. 직능은 사관직史官職으로서의 임무였으나, 성관省官으로서 간쟁과 봉박의 임무를 지닌 간관諫官의 역할도 수행함.

기계사機械司 조선 1880년(고종 17) 12월에 설치된 통리기무아문統理機務衙門에 소속된 관청. 각종 기계의 제작과 관리를 관장함. 1881년에 폐지됨.

기공국紀功局 조선 말기 녹훈錄勳의 업무를 관장한 관청. 1894년(고종 31)에 7월 충훈부忠勳府를 개칭하여 기공국이라 하고 의정부 내에 설치하였으며, 관리의 규찰·상벌을 담당한 도찰원都察院이 관리하도록 함. 의정부관제 개편시 도찰원에서 독립하였고, 1899년에 표훈원表勳院으로 승격, 독립됨.

기관記官 ① 고려시대 서리지그이 하나. 문반계통의 입사직入仕職에 해당되며, 정직이 아니고 권무직權務職이었음. 기록 내지는 문부文簿를 관장하는 도필(刀筆:문서기록)의 임무를 담당하였으며, 거의 모든 관청에 소속되어 있었음. ② 조선시대 지방관청의 하례下隸.

기기창機器廠 조선 1883년(고종 20)에 무기제조관청으로 설치된 기기국機器局에 부속된 무기제조공장. 1894년 문을 닫음.

기로과耆老科 조선시대 과거의 일종으로 경과慶科의 하나. 국왕이나 왕비·대비·대왕대비 등의 나이가 60세 또는 70세가 되었을 때 이를 경축하기 위해 실시한 과거. 기로정시耆老庭試라고도 함.

기로소耆老所 조선시대 연로한 고위 문신들의 친목 및 예우를 위해 설치한 기구. 기소耆所 또는 기사耆社라고도 함. 처음에는 경로당과 같은 친목기구의 성격을 띠었으나, 1765년(영조 4)부터는 독립관서가 되었으며 여기에 왕도 참여하여 관부서열 1위로 법제화됨.

기로연耆老宴 조선시대 기로소에 등록된 나이 많은 문신들을 위해 국가에서 베풀어주는 잔치. 매년 상상(上巳:음력3월 상순의 사일巳日, 혹은 3월 3일)와 중양(重陽:9월9일)에 보제루普濟樓에서 큰 잔치를 베풀었음.

기로회耆老會 고려시대에 연로하여 벼슬에서 물러난 선비들이 만든 모임.

기무처機務處 군국기무처軍國機務處의 약칭.

기발騎撥 말을 타고 변방의 군사정보나 왕명을 전달하는 파발擺撥 수단의 하나. 마발馬撥이라고도 함.

기별奇別 고려·조선 시대 중앙정부에서 서울의 각 관아 및 지방관아에 발하는 일체의 통신문.

기복起復 상을 당해 휴직 중인 관리를 복상기간이 다하기 전에 불러서 직무를 보게하는 제도.

기사記事 고려시대 서리직의 하나. 문반계통의 입사직으로 권무직權務職에 해당됨. 기록 내지는 문부를 관장하는 도필(刀筆:문서기록)의 임무를 담당하였음.

기사耆社 기로소耆老所의 이칭.

기사騎士 조선 후기 금위영과 어영청에 편성되어 있던 특수 기병대의 하나.

기사騎射 말을 타고 달리면서 활을 쏘는 무예의 하나.

기사관記事官 조선시대 춘추관에 두었던 관직. 사관의 하나로 역사의 기록과 편찬을 담당함. 정6품에서 정9품까지로, 승정원·홍문관·예문관·사간원·시강원·승문원承文院·종부시宗簿寺 등의 해당 품계의 관원이 으레 겸임하였음. 그 중 예문관의 봉교奉敎 2명, 대교待敎 2명, 검열檢閱 4명이 춘추관의 기사관을 겸하여 날마다 일어나는 역사적 사실을 기록하였으므로, 주로 이들 8명의 기사관을 가리켜 사관이라 함.

기사본말체紀事本末體 역사편찬의 한 체재. 사건의 명칭을 제목으로 내걸고 그에 관련된 기사를 모두 모아 서술하여 사건의 시말을 기술하는 역사서술방식. 기전체와 편년체의 단점을 보완하기 위해 고안된 것으로 가장 나중에 생겼으며, 동양에서 가장 발달된 역사편찬체재임.

기사장騎士將 조선 후기 금위영과 어영청 소속의 정3품의 무관직.

기술관技術官 고려·조선 시대의 잡학이라고 불린 기술학에 종사하는 관직자들의 총칭. 잡업인雜業人 또는 잡색인雜色人이라고도 함.

기실記室 고려시대의 관직. 1308년(충렬왕 34) 관제개혁 때 설치됨. 개성부開城府·세자부世子府에 2명, 왕자부王子府에 1명을 두었는데, 모두 정7품직임. 각 부의 속관으로서 비서秘書나 서기書記의 일을 담당하였음.

기연사譏沿司 조선 1880년(고종 17) 12월에 설치된 통리기무아문統理機務衙門에 소속된 관청. 연안의 포구를 내왕하는 선박을 조회·검사하는 일을 관장하였음. 1881년에 폐지되었음.

기인其人 지방세력을 견제하기 위하여 토호세력의 자제를 인질로 서울에 머물러 있게한 제도. 기원은 신라의 상수리제上守吏制. 고려시대에는 태조가 후삼국을 통일한후 지방호족세력을 포섭하기 위한 조치로 실시하였으며, 조선시대까지 이어지다가 1609년(광해군 1)에 폐지됨.

기인문기其人文記 관부에 시탄柴炭을 납품하는 공인貢人으로서의 권리를 매매하는 문서.

기전척箕田尺 기자箕子가 평양성 밖에 정전제도井田制度를 실시할 때 사용한척도.

기전체紀傳體 역사편찬의 한 체재. 군주의 정치와 관련된 기사인 본 기本紀와 신하들의 개인 전기인 열전列傳이 실리므로 이를 따서 기 전체라 하고, 여기에 통치체제·문물·경제·자연현상 등을 내용 별로 분류하여 쓴 지志와 연표年表가 함께 실리는 역사 편찬체재.

기주紀州 발해의 지방행정구역. 62주중의 하나. 회원부懷遠府에 속 하나, 그 위치와 속현屬縣은 알 수 없음.

기주起主 조선시대 이미 경작되고 있는 토지인 기경전起耕田의 전주 田主. 이에 반해 경작되고 있지 않은 토지인 진전陳田의 전주를 진 주陳主라고 함.

기주관記注官 조선시대 춘추관에 두었던 관직. 사관으로서 역사의 기록과 편찬을 담당하였음. 1401년(태종 1) 예문춘추관을 예문관과 춘추관으로 분리할 때 춘추관에 설치됨. 정·종5품직으로서 의정 부·육조·홍문관·사헌부·사간원·승문원承文院 등의 해당 품 계의 관원이 겸임함.

기총旗摠 조선 후기 군사조직의 한 단위인 기旗의 장長. 잡직으로 정 8품직.

기패관旗牌官 조선 후기 여러 군영에 두었던 군관직. 훈련도감에 20 명, 금위영에 10명, 어영청에 11명, 총융청摠戎廳에 2명, 수어청守禦 廳에 19명, 강화도의 진무영鎭撫營에 71명을 두었으며, 시기에 따라 증감이 있었음.

길사吉士 신라시대의 관등. 17관등 중 제14관등으로, 계지稽知·길 차吉次·당幢이라고도 함. 4두품 이상의 신분이면 받을 수 있으며 공복公服의 빛깔은 황색.

길사吉師 백제시대 귀인貴人또는 대인大人을 가리키던 호칭.

길제吉祭 상례喪禮의 한 절차로, 담제禫祭를 지낸 다음달에 지내는 제사.

길차吉次 길사吉士의 이칭.

4

나두뢰두 신라 중대의 지방관직. 관등이 경위京位 제12관등인 대사大舍이기 때문에 4두품 이상의 왕경인王京人이 할 수 있던 지방관.

나례儺禮 음력 섣달 그믐날에 민가와 궁중에서 묵은 해의 잡귀를 몰아내기 위하여 벌이던 의식. 구나驅儺·대나大儺·나희儺戱 라고도 함.

나례도감儺禮都監 조선시대 나례儺禮를 행하기 위해 설치된 임시관청.

나마奈麻 신라시대의 관등. 17관등 중 제11관등으로, 나말奈末이라고도 함.

나성羅城 안팎의 이중으로 된 성곽의 바깥성벽, 나곽羅郭이라고도 함.

나인內人 궁중에서 왕족의 사생활에 종사하던 여관女官의 총칭. '내인內人'의 전음轉音이며, 궁인宮人·궁첩宮妾·잉첩媵妾 등의 별칭이 있음.

나장羅將 조선시대 병조 소속 경아전京衙前의 하나. 일명 나졸羅卒이라고도 함. 의금부·형조·사헌부·사간원·오위도총부·전옥서典獄署·평시서平市署 등 중앙의 사정司正·형사업무를 담당하는 관서에 배속되어 죄인을 문초할 때 매를 때리거나 귀양가는 죄인을 압송하는 일 등을 맡음.

낙랑군樂浪郡 중국 한漢나라 무제武帝가 서기전 108년에 위만조선을 멸하고 설치한 한사군漢四郡 중의 하나. 위치는 지금의 평안남도 일대와 황해도 북단이었을 것으로 추정됨. 후한의 환제桓帝·영제靈帝 시대에 공손탁公孫度이 해동지역에서 독립세력을 구축하면서 요동·현도군과 함께 낙랑군도 정복하여 이에 속하였으며, 공손씨 정권이 위魏에 멸망됨으로써 위나라에 속하게 되었고, 서진西晉쪽이 위나라를 멸망시킴으로써 서진에 속하였다가, 313년에 고구려에 의해 멸망됨.

낙점落點 조선시대 전안廛案에 등록되지 않은 신흥 상공업자의 상행위 또는 그러한 가게. 판매를 허가받지 않고 물건을 판매하는 행위나 그 시설을 말함.

난전亂廛 조선시대 전안廛案에 등록되지 않은 신흥 상공업자의 상행위 또는 그러한 가게. 판매를 허가받지 않고 물건을 판매하는 행위나 그 시설을 말함.

난후별대攔後別隊 조선 후기 훈련도감에 설치되었던 특수기병부대. 왕의 해차시에 어가御駕의 앞뒤에서 호위하는 임무를 맡음.

난후사攔後士 조선 1747년(영조 23)에 평안도에 설치되었던 특수군대. 평안도 안주安州와 인근 100리 이내의 장정 중에서 건장한 자들을 뽑아 편성됨. 규모는 2,000여명. 도내의 무술시험에서 우수한 자는 변방의 장수로 임용하기도 함.

남간南間 조선시대 의금부에 설치되어 있던 감옥 중의 하나.

남경南京 고려시대 삼경三京의 하나. 1067년(문종 21)에 처음 설치됨. 그 영역은 지금의 서울지역으로, 동으로는 낙산駱山, 서로는 안산鞍山, 북으로는 북악北岳, 남으로는 신용산新龍山의 남단에까지 이름.

남경개창도감南京開創都監 고려시대 남경(南京:지금의 서울지역)의 창건을 위하여 1101년(숙종 6)에 설치도니 임시관청.

남경남해부南京南海府 발해시대 오경五京 중의 하나. 유일하게 한반도 안에 두어, 경京에 들어 있으나 발해의 실제적인 수도가 된 적은 없고, 정확한 위치도 알 수 없음.

남대南臺 조선 후기 학식과 덕망으로 추천되어 사헌부의 지평持平·장령掌令·집의執義 등 대관臺官으로 임용된 관원. 주로 과거를 단념하고 초야에서 학문을 닦던 세칭 산림山林들에게 제수됨.

남도원궁南桃園宮 신라시대의 관청. 내성內省에 소속되었으며, 궁전과 원정園庭의 관리를 담당하였음. 소속 관원으로 옹翁 1명을 둠.

남반南班 고려시대 궁중의 숙직, 국왕의 시종·호종·경비, 왕명의 전달, 의장 등의 사무를 맡아보던 내료직內僚職. 동반東班이나 서반西班에 다음가는 자리로서 처음에는 4품직까지 두었으나, 문종 때 7품직으로 한정됨. 초기에는 양반 및 양민이나 가문에 결함이 있는 양반 자제들에게 관계 진출욕을 충족시키기 위해 만든 제도였으나, 후기에 갈수록 잡류雜類·잡로雜路로 취급되고, 말기에는 환잔宦子가 이 직을 맡아보게 되어 천시되었음.

남병영南兵營 조선시대 함경도 북청北靑에 설치되었던 병마절도사영兵馬節度使營.

남상단南廂壇 태봉의 중앙관부. 904년(효공왕 8) 관제제정 때 광평성廣評省 밑에 설치하였으며, 토목·영선 등을 관장하였음.

남성시南省試 고려시대 시행된 과거의 하나. 국자감에 입학할 자격을 주거나 하급관리로 등용하기 위한 시험으로, 국자감시·국자시·감시·성균시·사마시라고도 하였음. 국자감이 개성의 남쪽에 있었기 때문에 남성시라 불림.

남소영南小營 조선 후기 어영청御營廳의 분영分營 가운데 하나. 서울 남부 명철방明哲坊의 남소문 옆에 있었음.

남시전南市典 신라시대의 관청. 동시전·서시전과 함께 서울인 경주 안의 시장을 감독하는 기능을 맡음. 695년(효소왕 4)에 설치됨. 소속 관원으로 감監 2명, 대사(大舍, 일명 主事)2명, 서생書生 2명, 사史 4명을 둠.

남영南營 ①조선 후기에 설치되었던 훈련도감의 분영分營 가운데 하나. 별영別營이라고도 불림. 청사는 돈화문 밖에 있었음. ②조선 후기 금위영의 분영 가운데 하나. 청사는 경희궁의 개양문開陽門 뒤에 있었음. ③조선 말기 1887년(고종 24) 대구에 설치 되었던 친군영親軍營. 친군남영親軍南營이라고도 함. 1896년에 대구지방대大邱地方隊로 개칭됨.

남영사南營使 조선 1887년(고종 24)대구에 두었던 친군남영親軍南營의 장. 경상감사가 겸임함.

남원경南原京 신라시대 5소경五少京의 하나. 지금의 전라북도 남원에 설치됨.

남원도南原道 고려시대 22개 역도驛道 가운데 하나. 중심역은 은령역(銀嶺驛:남원). 관할지역 범위는 남원-전주, 남원-산청, 남원-광주, 남원-순천 등으로 이어지는 역로임.

남인南人 조선시대 동인東人의 분파로 성립된 당파로서 사색당파의 하나. 정철鄭澈의 건저의사건建儲議事件을 계기로 동인 내부에서 서인西人에 대한 강경파와 온건파의 대립이 주요 원이이 되어 남인과 북인으로 분파됨. 온건파인 우성전禹性傳·유성룡柳成龍을 추종하는 자들을 남인이라 하고, 강경파인 이발李潑·이산해李山海를 중심으로 하는 일파를 북인北人이라 함. 이 명칭의 유래는 우성전의 집이 서울 남산 밑에 있었고, 유성룡이 영남 출신이기 때문에 붙여졌다고 함.

남좌위南左衛 발해시대 중앙군사조직인 십위十衛의 하나. 대장군大將軍 1명과 장군將軍 1명이 배속되어 있음. 발해 멸망때까지 존속됨.

남창南倉 ①조선 후기 금위영 소속의 창고. 서울 묵동 남별영南別營 남쪽에 있었음. ②조선 후기 어영청御營廳 소속의 창고. 서울 남소동에 있었음. ③조선 후기 균역청 소속의 창고. 1750년(영조 26) 서울 북부 진장방鎭長坊의 옛 수어청守禦廳 자리에 설치됨. ④조선 후기 현종 때 충청도 안흥의 남쪽 해안에 잠시 있었던 조세창고. 안흥창이라고도 불림.

남천정南川停 신라시대 각 주州에 설치된 십정十停 군단의 하나. 지금의 경기도 이천군 읍내면에 설치되었음. 소속 군관으로 대대감隊大監 1명, 소감少監 2명, 대척大尺 2명, 삼천당주三千幢主 6명, 삼천감三千監 6명이 있었으며, 금衿의 빛깔은 황색.

남하소궁南下所宮 신라시대의 관청. 경덕왕 때 일시 잡공사雜工司로 개칭한 적이 있음. 내성內省에 소속되어 특정한 궁전관리를 담당함.

소속 관원으로 옹옹(翁翁) 1명, 조조(助助) 4명을 둠.

남한치영南漢緇營 경기도 광주군 남ᄒ나산성 안에 있었던 의승근위義軍의 군영.

남행南行 조선시대 과거를 거치지 않은 문음자제門蔭子弟나 은일지사隱逸之士를 관직에 임명하던 제도. 또는 그렇게 임명된 관리의 부류.

납공노비納貢奴婢 조선시대 신공身貢을 바치던 외거노비. 16세 이상 60세까지의 공노비 가운데 선상노비選上奴婢가 매년 일정기간 동안 소속 관서에 무상無償으로 노역에 종사하는 데 비해 납공노비는 매년 일정액의 신공을 바쳐야 했음. 신공은 시기마다 조금씩 달랐으나,《경국대전》에 노奴는 면포 1필과 저화 20장, 비婢는 면포 1필과 저화 10장을 매년 사섬시司贍寺에 바치도록 규정되었음.

납속책納粟策 조선시대 국가재정이나 구호대책을 보조하기 위해 행하였던 재정마련 책. 국가재정의 보충이나 흉년이 들었을 때 기민구제飢民救濟 등을 위한 재정확보를 목적으로 소정의 곡물이나 돈을 받는 것을 납속이라 하였는데, 납속책은 납속한 자에게 일정한 특전을 부여하는 정책이었음. 특전의 종류에 따라 노비의 신분을 해방시켜주는 납속면천納粟免賤, 양인에게 군역軍役의 의무를 면제해주는 납속면역納粟免役, 양인이상을 대상으로 품계나 특히 양반의 경우 실제의 관직까지 제수하는 납속수직納粟授職등이 있었음.

납채納采 전통혼인의 여섯 가지 의식절차인 육례六禮 중의 하나. 남자집에서 혼인을 하고자 예를 갖추어 청하면 여자집에서 이를 받아들이는 것을 말함.

납폐納幣 전통혼인의 여섯 가지 의식절차인 육례六禮 중의 하나. 납채納采 뒤 정혼定婚의 성립을 나타내기 위하여 신랑집에서 신부집으로 서신과 폐물을 보내는 의식.

납포장納布匠 조선시대 베[布]로써 세를 바치던 공장工匠.

납화부納貨府 태봉의 중앙관부. 904년 관제제정 때 국무를 총괄하는 중앙최고기관인 광평성廣評省 아래에 둔 관부. 고려의 대부시大府寺에 해당되는 것으로, 재화財貨·늠장(廩藏:관리 봉급의 저장)을 관장하였음.

낭郎 ① 신라시대 중앙의 최고관부인 집사성執事省 소속의 하급관원. 원래는 '사史'로 불렸다가 경덕왕 때 한화정책漢化政策에 따라 중국식으로 '낭'이라 개칭하였음. 취임할 수 있는 고나등은 12등 대사大舍에서 17등 조위造位까지임. 말단의 행정사무를 담당함. ②고려시대 비서성祕書省 소속의 관직. 995년(성종 14)에 처음 설치되었으며, 문종 때 종6품, 정원을 1명으로 정함. 1298년(충렬왕 24) 비서성이 비서감祕書監으로 바뀌면서 종7품으로 격하되었으며, 1308년에 비서감이 전교서典校署로 바뀌면서 정7품으로 격상됨. 그 후 전교서가 전교시典校寺로 바뀌었으나 품질은 그대로 둠. 1356년(공민왕 5)에 전교시가 다시 비서감으로 개칭되면서 정원이 2명으로 늘고, 품계도 종7품으로 낮추어짐. 1362년 비서감이 전교시로 바뀌면서 정7품으로 되고, 이후 변개를 반복함.

낭관郎官 ① 조선시대 육조에 설치된 각 사司의 실무책임을 맡은 정랑正郎과 좌랑佐郎의 통칭. 조랑曹郎이라고도 함. ② 조선시대 정5품 통덕랑通德郎 이하의 당하관堂下官의 통칭.

낭관廊官 고려시대 서경西京에 설치한 관청. 조설曹設이라고도 함. 922년(태조 5)에 설치되어, 995년(정종 14)의 관제개편시 유수관留守官으로 바뀔 때까지 존속됨. 서경의 행정을 총괄하던 최고관청이었을 것으로 추측됨.

낭당郎幢 신라시대 중앙군단의 하나. 625년(진평왕 47)에 설치되어, 677년(문무왕 17)에 자금서당紫衿誓幢으로 바뀜. 삼국 통일전쟁 때 대당大幢·상주정上州停·하주정下州停·서당誓幢과 함께 중앙군단의 핵심으로서 많은 활약을 함.

낭사郎舍 고려시대 중서문하성에 소속된 정3품 이하의 관원에 대한 총칭. 중서문하성의 명칭 변경에 따라 성종 때에는 내사문하성낭사史門下省郎舍, 문종 때에는 중서문하성낭사中書門下省郎舍, 1369년(공민왕 18) 이후에는 문하부낭사門下府郎舍로 불렸는데, 줄여서 낭사라고 함. 일명 성랑省郎·간관諫官이라고도 함. 어사대御史臺 관원과 합칭하여 대간臺諫이라고도 함. 간쟁諫爭·봉박封駁, 시정의 논집, 풍속의 교정, 배관의 규찰 및 탄핵, 서경권署經權 행사, 왕의 근신近臣으로서 시종의 직무를 담당함.

낭장郎將 고려시대의 무관직. 중앙군조직에서 중랑장中郎將 바로 아래 직위인 다섯 번째 계급임. 정6품관으로서 이군육위二軍六衛에 222명이 소속되어 있었으며, 응양군鷹揚軍을 제외한 각 영領에 5명씩 배속되어 200명으로 조직된 부대에서 지휘관 구실을 함.

낭중郎中 ① 신라시대 중앙의 최고관부인 집사성執事省 소속의 관원. 589년(진평왕 11)에 설치되었고, 설치 당시에는 대사大舍로 불리었다가, 759년(경덕왕 18)에 낭중으로 개칭됨. ② 신라 말 고려 초기 지방의 독자세력인 성주城主나 장군을 칭한 호족 아래에 소속된 직명의 하나. 983년(성종 2) 호정戶正으로 개칭됨. ③ 발해시대의 관직. 정당성政堂省 예하 육부六部의 지사支司의 책임관직. ④ 고려시대 상서성尙書省과 상서육부·고공사考功司·도관都官의 정5품 관직. 1275년(충렬왕 1) 정랑正郎으로 바뀌었다가, 1308년에 직랑直郎으로, 1356년(공민왕 5) 낭중으로, 1362년 다시 정랑으로, 1369년 직랑으로, 1372년 정랑으로 바뀜. ⑤ 조선시대 남도지방에서 남자무당을 가리키는 호칭.

낭청郎廳 ① 조선 후기 비변사·선혜청宣惠廳·준천사濬川司·오군영五軍營 등에 두었던 실무당상 관직. 품계는 보통 종6품으로 규정되어 있으나, 정3품 당하관부터 종9품에 이르기까지 폭넓게 임명되었음. 본래 낭관郎官과 같은 뜻으로 각 관서의 당하관을 지칭하였으나, 1555년(명종 10) 비변사가 상설기구로 되어 12명의 낭청을 두면서부터 관직명의 하나로 쓰임. ② 조선 후기 실록청·도감都監 등의 권설아문(權設衙門:임시기구)에 각 관서로부터 차출, 겸임시켰던 당하관 실무관직. 정3품부터 종9품에 이르기까지 임명될 수 있었음.

내각內閣 조선시대 규장각奎章閣의 이칭. 교서관校書館이 규장각에 소속되면서 교서관을 외각外閣이라고 한 데 반하여 규장각을 내각이라 함.

내간內簡 옛 부녀자들이 써서 주고받거나 부녀자들이 받아볼 수 있도록 순한글로 씌어진 편지. 내간內柬·내찰內札·안편지라고도 함.

내경부內京部 백제시대 중앙관서의 하나. 사비시대泗沘時代 내관內官 12부部의 하나로, 왕궁 내의 창고업무를 담당함. 내략內掠·내량內椋으로도 표기됨.

내고內庫 고려시대 왕궁에 직속되어 왕실 재정을 담당하던 창고관청.

내관內官 백제시대 궁중의 제반 업무를 관장한 관부의 총칭. 즉 전내부前內部·곡부穀部·육부肉部·내경부內京24部·외경부外?部·마부馬部·도부刀部·공덕부功德部·약부藥部·목부木部·법부法部·후궁부後宮部 등 12부를 총칭함.

내군內軍 고려 전기 의장儀仗에 관한 일과 병기류를 관장하던 관청. 960년(광종 11)에 장위부掌衛部로 바뀜.

내궁전고內宮箭庫 고려시대 궁중에서 소요되는 활과 화살을 제작, 보관하던 기관.

내금위內禁衛 조선시대 금군禁軍의 하나. 왕의 친위군. 1407년(태종 7)에 설치됨. 60~90명에 불과한 정예부대로서, 내금위절제사內禁衛節制使에 의하여 영솔됨. 이들은 교대로 근무하는 병종이 아닌 장번군長番軍으로, 엄격한 시험에 의하여 선발되고, 주로 양반자제로 편제되어, 다른 병종보다 후대받았음. 후기에 가서 겸사복兼司僕·우림위羽林衛와 함께 금군청禁軍廳에 속했다가, 1775년(영조 51)에는 용호영龍虎營에, 1892년(고종 29)에는 무위영武衛營에, 1894년에 통위영統衛營에 속하게 됨.

내급사內給事 ①고려시대 전중성殿中省의 종6품직. 정원은 1명. 전중성의 실무를 담당함. ②고려 1356년(공민왕 5) 7월에 설치된 환관직.

내노비內奴婢 조선시대 내수사內需司 및 각 궁 소속의 노비.

내두좌평內頭佐平 백제시대의 관직. 6좌평六佐平 중 하나. 1품직. 재정관계의 업무를 담당하였고, 공복의 빛깔은 자색紫色이고, 은화銀花로 관을 장식함.

내마柰麻 신라시대의 관등. 17관등 중 열한번째 관등. 내말柰末이라고도 함.

내명부內命婦 조선시대 궁중宮中에서 봉사하는 작위爵位를 가진 여관女官의 총칭. 외명부外命婦에 대칭되는 명칭. 위로는 국왕과 왕비를 모시고궁중 내의 일정한 직임을 맡아보며, 아래로 잡역궁인을 부림. 정1품 빈嬪부터 종4품 숙원淑媛까지는 왕의 후궁층으로 내관內官이라 하고, 정5품 상궁尙宮부터 종9품 주변궁奏變宮까지는 상궁층으로 궁관宮官이라고 함.《경국대전》에 명시된 내명부는 정1품 빈嬪, 종1품 귀인貴人, 정2품 소의昭儀, 종2품 숙의淑儀, 정3품 소용昭容, 종3품 숙용淑容, 정4품 소원昭媛, 종3품 숙원淑媛, 정5품 상궁尙宮ㆍ상의尙儀, 종5품 상복尙服ㆍ상식尙食, 정6품 상침尙寢ㆍ상공尙功, 종6품 상정尙正ㆍ상기尙記, 정7품 전빈典賓ㆍ전의典依ㆍ전선典膳, 종7품 전설典設ㆍ전제典製ㆍ전언典言, 정8품 전찬典贊ㆍ전식典飾ㆍ전약典藥, 종8품 전등典燈ㆍ전채典彩ㆍ전정典正, 정9품 주궁奏宮ㆍ주상奏商ㆍ주각奏角, 종9품 주변徵奏變ㆍ주치奏徵ㆍ주우奏羽ㆍ주변궁奏變宮이 있음. 세자궁世子宮에는 종2품 양원良娣, 종3품 양원良媛, 종4품 승휘承徽, 종5품 소훈昭訓, 종6품 수규守閨ㆍ수칙守則, 종7품 장찬掌饌ㆍ장정掌正, 종8품 장서掌書ㆍ장봉掌縫, 종9품 장장掌藏ㆍ장식掌食ㆍ장의掌醫가 있음. 이 중 종2품 양제부터 종5품 소훈까지는 내관이고, 종6품 수규이하는 궁관임.

내무부內務府 조선 1885년(고종 22) 5월 통리군국사무아문統理軍國事務衙門의 후신으로 설치된 관청. 군군사무와 궁내사무를 관장함. 관원으로는 총리ㆍ독판督辦ㆍ협판協辦ㆍ참의 등의 당상관과 주사ㆍ부주사 등이 있었으며, 속사로 직제국職制局ㆍ수문국修文局ㆍ지리국ㆍ농무국ㆍ군무국ㆍ사헌司憲국ㆍ공작국 등이 있음. 1894년 7월 폐지되고, 이조吏曹의 소고나사무를 흡수하여 내무아문內務衙門이 설치됨.

내무아문內務衙門 조선 1894년(고종 31) 갑오개혁 때 의정부에 설치된 중앙행정부서의 하나. 구제도에서의 내무부內務府와 이조吏曹ㆍ제중원濟衆院 등의 사무를 포함하여 지방행정을 총괄하는 부서로 설치됨. 1895년 4월 2차 내정개혁과정에서 의정부는 내각으로, 각 아문은 부部로 축소, 재편성되어 내부內部로 바뀜. 직제는 대신 1명, 협판協辦 1명을 두고, 그 아래 총무국ㆍ판적국版籍局ㆍ주현州縣局ㆍ지리국ㆍ사사국寺社局ㆍ회계국ㆍ위생국을 서치하고, 각 국에 참의 1명과 주사 2~6명씩을 두어 사무를 관장함.

내반원內班院 조선 1392년(태조 1)에 설치된 대궐 안 내시의 일을 맡아보던 관청.

내반종사內班從事 고려시대 내알사內謁司에 속한 종9품 관직. 남반직南班職의 하나로서, 1308년(충렬왕 34) 액정서掖庭署를 내알사로 고치고, 전전승지殿前承旨를 내반종사로 고친 것임. 정원 4명.

내방고內房庫 고려 후기의 재정기관. 1325년(충숙왕 12)에 의성창義成倉이 바뀐 것으로, 1330년에 의성창으로 다시 바뀌었으며, 1355년 공민왕 4)에 내방고로 황원됨. 주기능은 왕실의 재정을 관리하는 것이고, 태후궁과 공주궁의 물자공급도 전담함. 그밖에 물가조절과 빈민구제활동도 폈음.

내법좌평內法佐平 백제시대의 관직. 육좌평六佐平중의 하나. 1품직. 예의禮儀를 관장함. 공복의 빛깔은 자색紫色, 은화銀花로 관을 장식함.

내병조內兵曹 조선시대 각 궁궐 내에 설치 하였던 병조의 지부. 궁궐 내의 시위侍衛ㆍ의장儀仗 등 군사사무를 보기 위한 병조관리들의 출장소. 경복궁에는 근정문 밖에, 창덕궁에는 호위청 서쪽에, 경희궁에는 건명문 밖 동쪽편에 각각 설치됨.

내봉성內奉省 태봉의 중앙관부. 904년 궁예弓裔가 국호를 마진摩震, 연호를 무태武泰라 하고 신라의 제도를 참작하여 관제를 제정하였는데, 국무를 총괄하는 중앙최고 기관인 광평성廣評省 예하에 내봉성ㆍ병부兵部 등 18개 관부를 둘 때 설치됨. 고려의 상서도성尙書都省에 해당되는 기구로, 백관을 총령함.

내부內部 조선 말기 내무행정을 관장하던 관청. 내무아문內務衙門을 개칭한 것으로, 1895년 4월에 설치되어 1910년 국권상실때까지 존속됨. 관원으로는 대신 1명, 협판協辦 1명, 국장 5명, 참서관參書官 8명, 시찰관視察官ㆍ기사ㆍ기수技手 각 4명, 주사 40명이 소속되었으며, 예하에 주현국州縣局ㆍ토목국ㆍ판적국版籍局ㆍ위생국ㆍ회계국 등이 있음.

내부감內府監 고려시원 공기工技와 보장寶藏을 맡아보던 관청. 1298년(충렬왕 24) 소부감小府監이 개칭된 것으로, 1308년에 선공사繕工司로 병합되고, 1356년(공민왕 5)과 1369년에는 소부감으로, 1362년과 1372년에는 소부시小府寺로 개칭되었다가, 1390년(공양왕 2) 폐지되고 그 임무가 내부시內府寺에 귀속됨.

내부시內府寺 ①고려시대에 재화를 저장하고 공급하며 상세商稅를 징수하던 관청. ②조선 초기 왕실에서 소요되는 각종 물자를 관장하던 관청. 1392년(태조 1)에 설치되었으며, 1401년(태종 1) 내자시內資寺로 개칭됨.

내빙고內氷庫 조선시대 왕실 전용의 얼음을 관리하던 관청. 창덕궁昌德宮의 요금문曜金門 안에 있었음. 자문감紫門監에 속하여 있었음.

내사고內史庫 조선시대 서울에 설치되었던 실록보관 사고. 조선시대 내사고의 기능은 춘추관에서 겸임하여 춘추관사고가 곧 내사고임.

내사령內史令 고려 전기 왕명출납을 담당하던 내사성內史省의 장관.

내사문하성內史門下省 고려시대 최고중앙의정기관인 중서문하성의 전신. 고려 국초의 내의성內議省이 982년(성종 1)에 개칭된 것으로, 1061년(문종 15)에 다시 중서문하성으로 바뀜. 성종 때 당나라의 제도를 받아들여 삼성三省, 즉 내사성內史省ㆍ문하성門下省ㆍ상서성尙書省을 두었는데, 표면적으로 삼성은 각각 독립되어 있었으나 당나라의 삼성병립제와 달리 내사성과 문하성을 합하여 내사문하성이라 칭하여 한 성처럼 기능하였음.

내사복시內司僕寺 조선시대 왕의 말과 수레를 관리하던 관청.

내사사인內史舍人 ①고려시대의 관직. 930년(태조 13) 내의성內議省에 내의사인內議舍人을 두었는데, 982년(성종 1) 삼성三省을 설치하면서 내의성은 내사성內史省으로, 내의사인은 내사사인으로 명칭이 바뀜. 1061년(문종 15) 내사성이 중서성中書省으로 되면서 종4품의 중서사인中書舍人으로 바뀜. 그 뒤에도 중서성이 도첨의부都僉議府ㆍ문하부門下府 등으로 개칭되면서 명칭이 여러 번 바뀜. 봉박封駁과 간쟁諫爭을 담당함. ②조선 초기 문하부의 정4품 관직. 1401년(태종 1) 사간원이 설치될 때 내서사인內書舍人으로 바뀜. 주요 기능은 봉박封駁과 간쟁諫爭을 담당함.

내사성內史省 고려시대 삼성三省의 하나인 문하성門下省의 전신. 문하성ㆍ상서성尙書省과 함께 삼성제의 한 관부로 성립되었으나, 실제로는 문하성의 기능과 서로 밀접하여 단일정사기관, 즉 내사문하성으로 1성과 같은 성격을 지님. 1061년(문종 15)에 중서성中書省으로 개칭됨.

내사시랑평장사內史侍郞平章事 고려시대 내사성內史省의 정2품 관직. 성종 때 1명을 두었으며, 1061년(문종 15)에 중서시랑평장사中書侍郞平章事로 개칭됨.

내사정전內司正典 통일신라시대의 관청. 궁내 관원들의 풍기를 바로 잡는 일을 담당함. 746년(경덕왕 5)에 설치되었으며, 759년에 건평성建平省으로 개칭되었다가, 776년(혜공왕 12)에 내사정전으로 환원됨. 소속 관원으로 의결議決 1명, 정찰貞察 2명, 사史 4명을 둠.

내사주서內史注書 고려 전기 내사문하성內史門下省에 소속된 관직. 1061년(문종 15) 내사문하성이 중서문하성中書門下省으로 개편되면서 종7품, 정원 1명의 중서주서中書注書로 바뀜.

내삼청內三廳 조선시대 금군삼청禁軍三廳의 이칭. 즉 겸사복兼司僕·내금위內禁衛·우림위羽林衛의 합칭.

내상시內常侍 고려 말기에 설치된 고위 환관직의 하나. 1356년(공민왕 5) 환관직제를 개편하면서 설치되었으나, 뒤에 내시부內侍府가 설치되어 다른 관직명으로 개칭됨. 직무를 명확하지 않으나 왕 측근의 고위 내시 임무를 수행한 것으로 추측됨.

내서사인內書舍人 고려 공민왕 때 도첨의부都僉議府의 종4품 관직. 문종 때의 중서문하성中書門下省의 중서사인中書舍人이 1298년(충렬왕 24)에 도첨의사인都僉議舍人으로 개칭되었다가, 1356년(공민왕 5) 도첨의사사都僉議使司가 중서문하성으로 환원됨에 따라 다시 중서사인으로 되었으나, 1362년에 중서문하성이 도첨의부로 개편되면서 내서사인으로 바뀜. 1369년 도첨의부가 문하부門下府로 개편됨에 따라 다시 문하사인門下舍人으로 개칭됨.

내서성內書省 고려 초기 경적經籍과 축소祝疏에 관한 일을 관장하던 관청. 995년(성종 14)에 비서성秘書省으로 바뀜.

내섬시內贍寺 조선시대 각 궁과 각 전에 대한 공상供上과 2품 이상 관리에게 주는 술, 왜인과 야인에 대한 공궤(供饋:음식물을 주는 것), 직조織造 등을 관장하던 호조 소속의 관청. 공주를 낳은 왕비의 권초(捲草:왕비의 산실에 깔았던 자리)를 봉안하기도 함. 1392년(태조 1)에 설치된 덕천고德泉庫를 1403년(태종 3)에 개칭된 것임.

내성內省 신라시대의 관청 후대의 궁내부宮內府와 같은 성격의 관아로서, 전정殿廷의 일반 서정뿐만 아니라 왕실 고유의 지배영역까지를 담당하는 관청. 759년(경덕왕 18)에 전중성殿中省으로 고쳐졌다가, 776년(혜공왕 12)에 다시 내성으로 환원됨.

내수사內需司 조선시대 왕실재정의 관리를 맡은 관청. 이조吏曹 소속의 정5품아문으로, 왕실의 쌀·베·잡화 및 노비 등에 관한 사무를 관장함. 1466년(세조 12) 내수소內需所를 내수사라 개칭하면서 설치됨.

내수사전內需司田 조선시대 왕실재정을 담당한 내수사內需司에 소속된 토지.

내수소內需所 조선시대 왕실의 사유재산을 관리하기 위하여 설치되었던 관서. 내탕內帑이라고도 함. 1430년(세종 12) 종래궁중의 특수물품을 조달하던 내수별좌內需別坐를 정식관부로 개편하여 내수소라 함. 1466년(세조 12) 내수사內需司로 개칭됨.

내승內乘 ①고려시대 궁내에서 필요로 하는 마필馬匹을 관장하던 관청. ②조선시대 밀시密侍·배종陪從과 연격(輦轝:왕이 타는 수레) 및 어마御馬의 점검·조습調習 등의 임무를 담당하던 내사복시內司僕寺 소속 정3품에서 종9품에 이르는 관원.

내시內侍 ①고려시대 국왕을 측근에서 시종하는 문관. 성중관成衆官이라는 신분계층을 형성하는 관료의 하나. 고려 전기에는 과거급제자와 권문세가의 자제가 내시에 임용되는 것이 통례였으나, 고려 후기에 들면서 천민 출신신라나 군공로자, 심지어 환관들에게도 내시를 제수함으로써 성격이 변화됨. ②조선시대 궐내의 잡무를 맡아보던 내시부의 관직. 왕의 측근으로서 궐내에 상주하여야 하는 특수성 때문에 거세자만이 임명될 자격이 있었음. 환관으로도 통용됨.

내시교관內侍教官 조선시대 내시들을 교육하고 훈도하는 책임을 맡아보던 교관. 정원은 2명. 내시부內侍府에 속해 있지 않고 체아직遞兒職임.

내시백內侍伯 고려시대 액정국掖庭局 소속의 정7품 관직. 정원은 1명.

내시부內侍府 ①고려시대 환관직을 맡아 보던 관청. 1356년(공민왕 5) 환관의 관직을 고쳐 내첨사內詹事·내상시內常侍·내시감內侍監·내승직內承直·내급사內給事·궁위승宮 闈丞·해관령奚官令 등을 두었다가, 뒤에 이들 환관직을 맡아보는 내시부를 설치하고 관청의 격을 개성부開城府에 견주어 관원으로 판사(判事, 정2품) 1명, 검교(檢校, 종2품) 3명, 동판사(同判事, 종2품) 1명, 검교(정3품) 32명, 지사(知事, 정3품) 1명, 검교(종3품) 38명, 첨사(僉事, 종3품) 1명, 검교(정4품) 28명, 동지사(同知事, 정4품) 2명, 동첨사(同僉事, 종4품) 2명, 좌승직(左承直, 정5품) 2명, 우승직(右承直, 종5품) 2명, 좌부승직(左副承直, 정6품) 1명, 우부승직(右副承直, 종6품) 1명, 사알(司謁, 정7품) 1명, 알자(정7품) 1명, 궁위승(정8품) 1명, 해관령(종8품) 1명, 급사(給事, 정9품) 1명, 통사(通事, 종9품) 1명 등을 둠. 우왕 때 폐지되었다가 1389년(공양왕 1)에 부활됨. ②조선시대 내시의 관청. 조선 초 환관의 정치참여를 배제하기 위해 초기부터 내시세력을 적극 억제, 1392년(태조 1) 문·무 유품의 정직 외에 따로 내시부를 설치하였음. 정원은 140명으로, 상선尙膳 2명, 상온尙醞 1명, 상다尙茶 1명, 상약尙藥 2명, 상전尙傳 1명, 상책尙冊 3명, 상호尙弧 4명, 상탕尙帑 4명, 상세尙洗 4명, 상촉尙燭 4명, 상훤尙烜 4명, 상설尙設 6명, 상제尙除 6명, 상문尙門 5명, 상경尙更 6명, 상원尙苑 5명 등을 둠. 역할은 궐내 음식물 감독, 왕명의 전달, 궐문 수직, 청소 등 궐내의 모든 잡무를 담당함.

내시사內侍使 고려 1298년(충렬왕 24)에 감찰사監察司의 후신인 제헌提憲 소속의 종5품 관직. 감찰어사監察御史가 바뀐것임. 정원은 2명. 후에 시어사侍御史로 개칭됨.

내시원內侍院 고려시대 내시內侍들이 모여 일을 보는 곳.

내시위內侍衛 조선 초기 궁궐의 경비와 왕의 신변보호를 맡아보던 시위군. 1409년(태종 9)에 설치되었으며, 1424년(세종 6) 내금위內禁衛에 통합됨.

내시인內矢人 조선시대 군기시軍器寺에 소속되어 화살 만드는 일을 업으로 하는 사람.

내신좌평內臣佐平 백제시대의 관직. 육좌평六佐平 중의 하나로, 1품직. 수석좌평으로서 좌평회의의 의장이고, 왕명의 출납을 담당함. 공복의 빛깔은 자색紫色이고, 은화銀花로 관을 장식함. 주로 왕족이나 왕비족 출신의 인물이 임명됨.

내아문內衙門 통리내무아문統理內務衙門의 약칭.

내알사內謁司 고려시대 왕명의 전달과 왕이 사용하는 붓과 벼루의 공급, 궁궐문의 자물쇠와 열쇠의 관수管守, 궁궐 안팎의 포설鋪設 등에 관한 임무를 맡은 관청. 1308년(충렬왕 34)에 액정국掖庭局이 개칭된것임. 이듬해 다시 액정국으로 바뀜.

내알자감內謁者監 고려시대 액정국掖庭局 소속의 관직. 정6품직으로 액정국의 장관.

내약방內藥房 조선 초기 왕이 쓰는 약재를 관장하던 관서. 약방藥房이라고도 함.

내원서內園署 고려시대 원원(園苑:동산 또는 밭)을 관리하던 관서. 원포(苑圃:동산과 밭)와 원지(園池:동산과 연못)를 관장하여 제향에 쓸 소채와 과일을 공급함.

내의령內議令 고려 초기 내의성內議省의 우두머리 관직. 종1품직. 성종 때 내사령內史令으로 개칭됨.

내의사인內議舍人 고려 초기 내의성內議省의 종4품 관직. 982년(성종 1) 내사사인內史舍人으로 바뀜.

내의성內議省 고려 초기 중앙최고행정기관인 삼성三省의 하나. 조칙詔勅의 초안을 만들어 왕에게 상주하는 일을 맡아보았으며, 그 장관으로 내의령內議令을 두고, 그 아래 내의사인內議舍人을 둠. 982년(성종 1)에 내사문하성內史門下省으로 바뀌고, 1061년(문종 15) 다시 중서문하성으로 바뀜.

내의원內醫院 조선시대 왕의 약을 조제하던 관청. 1443년(세종 25)에 내약방內藥房이 바뀐 것으로, 1885년(고종 22)에 전의사典醫司, 1895년에 태의원太醫院, 일제강점기에는 이왕직전의국李王職典醫局으로 개칭됨.

내자시內資寺 조선시대 왕실에서 소용되는 각종 물자를 관장하던 호조 소속의 관청. 왕실에서 사용하는 쌀·국수·술·간장·기름·꿀·채소·과일 및 궁중연회·직조織造등을 관장하는 한편, 왕자를 낳은 왕비의 권초(捲草:왕비의 산실에 깔았던 자리)를 봉안하는 일을 맡아보았음. 국초의 내부시內府寺가 1401년(태종 1)에 내자시로 개편, 확대된 것임.

내장원內藏院 조선 1895년(고종 32)에 설치된 왕실의 보물·세전世傳·장원莊園 등의 재산을 관리하던 관청. 같은 해 내장사內藏司로 바뀌었다가, 1899년에 다시 내장원으로 환원됨.

내장전內莊田 고려시대 왕실이 소유하여 직접 경여하던 왕시르이 직속지.

내장택보內莊宅寶 고려시대 왕실의 재정을 보충하기 위하여 일정한 자금을 토대로하여 얻어지는 이자로 운영되던 재단.

내전숭반內殿崇班 고려시대 남반직南班職의 하나. 남반직의 우두머리 관직으로, 정원은 4명이며, 품계는 정7품.

내정사內廷司 대한제국시대의 관청. 내정內廷에 관한 모든 업무를 맡아보는 곳으로, 1905년에 설치되어 1910년에 폐지됨.

내지內旨 왕비의 명령서. 왕의 행재시行在時 내리는 왕비의 명령.

내지제고內知制誥 고려시대 조서詔書·교서敎書 등을 작성하는 일을 맡은 지제고知制誥 가운데 한림원·보문각의 관원이 겸대한 지제고.

내직內職 ① 지방의 벼슬자리를 외직이라하는 것에 반하여 서울 안의 각 관청에 딸린 벼슬을 이르는 말. ② 고려·조선 시대 부인들의 관직. 내명부內命婦와 외명부外命婦의 여러 벼슬자리를 일컬음.

내직랑內直郞 고려 시대 동궁東宮에 배속된 관직. 정원 1명, 종6품직. 1068년(문종 22)에 설치되어, 1116년(예종 11) 폐지됨.

내천부內泉府 고려시대 서경西京에 두었던 관청. 922년(태조 5)에 설치되고, 923년에 진각성珍閣省에 병합됨. 소속 관원으로 구단具壇 1명, 경卿 2명, 대사大舍2명, 사史 2명을 둠.

내취內吹 조선 후기 선전관청宣傳官廳에 소속된 악인. 국왕이 거둥할 때 또는 정전에 출좌할 때 시위하는 행렬의 일원으로, 지금의 군악대원에 해당됨.

내탕고內帑庫 조선시대 금·은·비단·포목등 왕실의 재물을 보관하던 어고御庫.

내평內評 고구려시대의 관직. 고구려 후기 관제정비시 외평外評과 함께 설치됨. 중앙관료들을 규찰하는 임무를 맡아보았던 것으로 추측됨.

노당弩幢 ① 신라시대의 관직. 병부兵部 소속의 최하위 관직으로서 정원은 1명. ② 신라시대 특수병기를 사용하던 부대. 사설당四設幢의 하나로 법당군단法幢軍團에 소속되었으며, 소뇌[弩]를 사용하는 특수부대.

노람국奴藍國 고대 마한 소국의 하나.

노론老論 조선시대 붕당朋黨의 하나. 숙종 때 서인西人에서 분파된 당파. 1680년(숙종 6) 남인南人 허적許積의 유악남용사건油幄濫用사건과 허적의 서자 허견堅의 역모옥사로 남인이 대거 숙청된 경신대출척庚大黜陟 뒤 정권을 잡은 서인 사이에 남인 숙청에 대한

의견의 대립으로 분파됨. 이때 남인에 대한 강경한 입장을 보인 송시열宋時烈 등 노장 중심의 서인 일파를 노론老論이라 하고, 한태동韓泰東 등 남인에 대해 온건한 입장을 편 소장 중심의 서인 일파를 소론少論이라 함.

노문路文 조선시대 고위관원이 왕명을 받거나 휴가를 받아 여행할 때 이의 편의를 위하여 발급하는 문서.

노반박사露盤博士 백제시대 불탑의 상륜부를 주조하는 기술자. 6세기 말 이후 일본에서 불탑을 건축하는 일에 참여함. 노반박사鑪盤博士·누반사鑪盤師라고도 함.

노방청奴房廳 조선시대 지방 각 관아의 관노官奴들이 대기하던 곳.

노부鹵簿 고려·조선 시대 왕실의 의장제도儀仗制度. 조회·연회 등의 궁정행사와 제향·능행陵行 등의 외부행차 때 위의威儀를 과시하기 위하여 동원된 각종 의장 물품과 그 편성 및 운용제도를 통칭함.

노부도감鹵簿都監 고려시대 노부鹵簿를 위해 설치된 임시관청.

노비문기奴婢文記 노비의 매매賣買·양여讓與·상환相換 등에 관한 문서.

노비변정도감奴婢辨正都監 조선 초기 노비소송을 처리하기 위해 임시로 설치된 관청.

노비색奴婢色 조선 초기 노비에 관한 업무를 담당한 임시관서 혹은 관원.

노비안奴婢案 고려·조선 시대 나라에서 만드는 노비의 호적. 고려시대에는 형부刑部에 상서도관尙書都官을 두어 해마다 노비의 호적을 맡아보게 하였으며, 고려 말에 왜구와 야인 포로들을 천인賤人의 호적에 편입시키기도 하였음. 조선시대에는 공천公賤은 중앙의 장례원掌隷院에서, 지방은 수령守令이 3년마다 속안續案을 작성하고, 20년마다 정안正案을 작성하여 형조·의정부議政府·장례원·사섬시司贍寺등에 보관함.

노비안검법奴婢按檢法 고려 956년(광종 7)에 광종이 호족세력을 누르고 왕권을 강화하기 위하여 본래 양인良人이었다가 노비가 된 사람을 조사하여 양인으로 하게 한 일종의 노비해방법.

노비종모법奴婢從母法 노비 소생의 자녀가 신분·역처役處·상전上典의 결정에 모계母系를 따르도록 하는 법.

노비종부법奴婢從父法 양인남자와 천인처賤人妻妾 사이의 자녀에게 부계父系를 따라 양인이 되게 하는 법.

노비추쇄도감奴婢推刷都監 조선시대 공노비公奴婢로서 도망자·은루자隱漏者 및 불법으로 양인良人이 된 자를 색출하기 위해 설치된 임시관청.

노비환천법奴婢還賤法 고려 성종 때 방량(放良:노비를 놓아 양인이 되게 하는 것)된 노비를 다시 종으로 만드는 법. 956년(광종 7) 노비안검법奴婢按檢法에 따라 사노비 가운데 억울하게 노비가 된 자를 풀어주었는데, 이들 가운데 옛 주인을 경멸하는 풍습이 생기자, 982년(성종 1) 최승로崔承老의 건의에 따라 987년 법을 제정하여 방량된 노비로서 옛 주인을 경멸하는 자를 환천, 사역하게 하였음.

노사弩師 신라시대 화살을 한꺼번에 여러개 쏠 수 있는 쇠뇌를 제작하는 기술자.

노사지弩舍知 신라시대의 관직. 병부兵部에 소속된 6등급 가운데 네 번째에 해당됨. 672년(문무왕 12)에 설치되었으며, 정원은 1명. 759년(경덕왕 18)에 사병司兵으로 고쳐졌다가 776년(혜공왕 12)에 다시 노사지로 환원됨.

노인路引 조선시대의 여행허가증.

노인직老人職 조선시대 유교적 경로사상에 입각하여 양인이나 천인을 막론하고 80세 이상된 노인에게 제수하던 산직散職. 매년 초 각 도 관찰사가 여러 읍의 호적에서 80세 이상 된 노인을 뽑아 이미 받은 노인직의 유무를 조사한 다음 이조에 보고하여 제수함.

노주盧州 발해의 지방행정구역. 62주州중 하나. 중경中京 현덕부顯德府에 속하며, 삼로군杉盧郡이라고도 함.

녹과전祿科田 고려 후기 녹봉祿俸을 보충할 목적으로 관리에게 나누어주었던 토지. 고려 초기의 전시과체제田柴科體制가 붕괴된 다음에 나타난 국가적 토지분급제도로서, 설치지역을 경기 8현에 한정하고, 문·무 관리를 28등급으로 나누어 지급함.

녹권錄券 고려·조선 시대 공신도감功臣都監이 왕명을 받아 각 공신에게 발급한 공신임을 입증하는 문서.

녹금서당緣衿誓幢 신라시대의 군대. 구서당九誓幢의 하나. 일명 녹금당緣衿幢. 본래의 신라 사람으로만 편성됨. 583년(진평왕 5)에 설치된 서당을 613년에 개칭한 것임. 금衿의 빛깔은 녹자색緣紫色.

녹사錄事 ① 신라시대 봉성사성전奉聖寺成典·감은사성전感恩寺成典·봉덕사성전奉德寺成典·영묘사성전靈廟寺成典의 관직. 경덕왕 때 청위靑位가 바뀐 것임. 관등은 나마奈麻부터 사지舍知까지임. ② 고려·조선 초기 중앙의 여러 관부에 설치된 하위관직. 고려시대 중앙의 여러 관부에 문하녹사門下錄事 등 정7품에서부터 병과권무丙科權務에 이르기까지 각급의 녹사직이 설치되었음. 조선 초기에도 8품에서 권무에 이르기까지 각급의 녹사직이 설치되어 있었음. 참하직參下職에 해당하는 각급의 녹사직이 1466년(세조 12) 관제개혁 때 사록司錄·봉사奉事·부봉사副奉事·부직장副直長 등으로 바뀌고 관직명으로서의 녹사는 없어짐. ③ 조선시대 중앙관부의 상급서리직. 의정부와 중추부에 배속되었으며, 대체로 2품 이상의 실권이 있고 업무가 많은 관부나 대신들에게 배정되었음. ④ 조선 초기의 토관직. 평안도·함길도의 평양·의주·강계 등 각 관청의 정9품·종9품 토관직으로 설치됨.

녹전봉상색祿轉捧上色 고려 말기 공민왕의 복주(福州:지금의 안동) 파천 때 관리에게 녹을 주는 일을 맡은 임시관청. '녹전받자빛'이라고도 함. 1362년(공민왕 11)에 설치됨.

녹패祿牌 조선시대 이조와 병조若 왕명을 받아 종친과 문·무관원에게 녹과祿科를 정하여 내려주는 녹과증서祿科證書.

농무도감農務都監 고려 후기 일본정벌을 위한 군량미 확보를 위해 설치되었던 임시관청. 1277년(충렬왕 3)에 설치됨.

농무별감農務別監 고려 후기 농우農牛와 농기農器를 징수하였던 임시관리. 몽고가 일본 정벌을 위한 군량미 확보를 위해 둔전경략사屯田經略司를 설치하고 여기에 소요되는 농우와 농기 및 종자種子의 확보를 고려에 요청하자, 이를 위해 1271년(원종 12)에 농무별감을 각 도에 파견함.

농상공부農商工部 조선 1895년(고종 32)에 설치된 7부七部의 하나. 갑오개혁 때 농상아문과 공무아문이 합쳐진 관아로, 농업·상업·공업 및 우체·전신·광산·선박·해원등에 관한 일을 관장함. 소속기관으로는 대신관방·농무국·통신국·상공국·광산국·회계국 등이 있었으며, 1910년에 폐지됨.

농상사農商司 조선 1882년(고종 19)에 설치된 통리군국사무아문統理軍國事務衙門의 산하 관청. 1884년 통리군국사무아문이 의정부에 합체되었을 때 폐지됨.

농상아문農商衙門 조선 말기 농업·상업·수산·종목種牧·지질·영업회사 등의 사무를 관장하던 의정부 산하의 중앙행정부서의 하나. 1894년(고종 31) 갑오개혁 때 설치되어, 산하에 총무국·농상국·공상국·산림국·수산국·지질국·장려국·회계국을 둠. 1895년 4월 공무아문工務衙門과 합쳐져 농상공부農商工部로 바뀜.

뇌영원雷英院 조선 연산군 때 설치된 가흥청(假興淸:예비 기생)의 임시처소. 1505년(연산군 11) 6월 제안대군齊安大君의 집을 징발하여 가흥청들을 거처하게 하고, 이를 뇌영원이라 함.

뇌자牢子 조선시대 각 군영에 소속되어 있던 특수군인. 죄인을 문초·구금하거나 형벌을 집행하는 일을 맡았고, 훈련도감의 뇌자들은 왕의 행차 때 경호에 참가하기도 함.

누각박사漏刻博士 신라시대 시간을 측정하던 기술자. 718년(성덕왕 17)에 누각전漏刻典을 설치하여 물시계의 관측을 맡아 보게 하였는데, 여기에 종사함. 정원은 6명.

누각전漏刻典 신라시대의 관청. 718년(성덕왕 17)에 설치되어 물시계를 관장하였으며, 박사博士 6명과 사史 1명이 있었음.

누반사鏤盤師 백제시대 불탑의 상륜부를 주조하는 기술자. 6세기 말 이후 일본에서 불탑을 건축하는 일에 참여함. 노반박사露盤博士·노반박사鑪盤博士라고도 함.

누선樓船 다락을 설치한 조선 후기 전선戰船.

누전漏田 조선시대 토지대장인 양안量案에서 누락된 토지. 또는 토지를 누락시키는 행위.

누정漏丁 조선시대 군적軍籍 편성시 정남丁男으로 군적에서 빠진 정호丁戶. 또는 군적에서 고의로 정호를 빠뜨리는 행위. 은정隱丁이라고도 함.

늑장勒葬 명당이라고 여겨지거나 소문난 남의 땅·마을·무덤 가까이에 강제로 묘를 쓰는 것. 명당을 골라서 선조나 부모의 시신을 매장하면 그 음택蔭澤이 후손에 파급되어 당대의 부귀영화는 물론 대대로 번영한다는 풍수지리설에서 비롯됨.

능옹廩翁 신라시대의 관직, 어룡성御龍省 산하의 늠전廩典에 소속된 관원으로, 지위는 사지보다는 낮고 종사지從舍知보다는 위로서 제4위였음. 정원은 4명. 관리들에 대한 녹봉祿俸 지급 혹은 궁 안에서의 제사에 소요되는 물자를 관리하는 관청이었을 것으로 추측됨.

늠전廩田 조선시대 지방관청의 경비를 조달하기 위하여 지급된 토지. 공수전公須田·아록전衙祿田·학위전學位田·역위전驛位田 등의 총칭.

늠전廩典 신라시대의 관청. 경덕왕 때 일시 천록사天祿司로 고친 적이 있음. 어룡성御龍省에 소속되어 관리의 녹봉祿俸에 대한 업무를 담당함. 소속 관원으로 대사大舍 2명, 사지舍知 2명, 사史 8명, 늠옹廩翁 4명, 종사지從舍 2명을 둠.

능陵 제왕帝王·후비后妃의 무덤.

능라점綾羅店 고려시대 서경西京에 두었던 관부. 1178년(명종 8)에 서경에 의조儀曹·병조兵曹·호조戶曹·창조倉曹·보조寶曹·공조工曹의 육조六曹를 둘 때 보조의 속사로 설치되었음. 능라를 만드는 장인을 확보하여 서경관원에게 필요한 능라를 제작하였던 기관으로 추정됨.

능마아能麼兒 조선시대 능마아청能麼兒廳에 소속된 벼슬아치들의 통칭.

능마아겸낭청能麼兒兼郎廳 조선시대 다른 관청의 관리로서 능마아청能麼兒廳의 낭청직郎廳職을 겸임한 관언. 능마아청의 낭청郎廳은 본래 4명인데, 그 가운데서 2명은 으레 훈련원訓鍊院의 습독관習讀官이 겸임함.

능마아청能麼兒廳 조선 후기 무관에게 병학兵學을 가르치고 시험을 쳐서 그 성적을 평가하는 일을 맡은 관청. 1629년(인조 7)에 설치되었으며, 1765년(영조 41) 훈련원訓鍊院에 합쳐짐.

능색전陵色典 신라시대의 관청. 내성內省에 소속되어 역대 왕릉王陵을 관리하고, 그 조영造營을 맡았던 관청. 소속 관원으로 대사大舍 1명과 사史 1명을 둠.

능원陵園 왕족의 무덤. 제왕帝王·후비后妃의 무덤인 '능'과 왕세자·왕세자비 및 사친私親의 무덤인 '원'의 합칭.

다

다라多羅 고대 가야연맹의 하나. 지금의 경상남도 합천에 있었음.

다벌국多伐國 고대 삼한 소국의 하나. 108년(파사이사금 29) 사로국에 정복되었음. 위치는 대구 혹은 경주지역으로 비정됨.

다시래기 부모상을 당한 상주와 유족들의 슬픔을 덜어주고 위로하기 위하여 친지와 동네 사람들이 출상出喪 전날 밤에 상가의 마당에서 밤늦도록 벌이는 장송행사.

단골 호남지역에서 혈통을 따라 세습되는 무당을 일컬음. '단골네'·'단골에미'·'당골네'·'당골에미' 등으로도 불림.

단규端揆 우의정의 이칭.

단도목單都目 조선 초기 1년에 한 번씩만 정기적으로 관리들의 고과를 평정하고 인사이동을 단행하던 일.

단련사團練使 ① 고려시대 10도道 12주州 절도사체제하의 지방관. 995년(성종 14) 지방세력의 통제와 국방력의 강화를 위하여 12주에 절도사를 두고, 이보다 작은 주에는 도단련사都團練使·단련사·자사刺使·방어사防禦使를 설치함 때 설치됨. 단련사가 설치된 지역은 관내도關內道 포주抱州·수주樹州·금주衿州 등 11개 주임. 1005년(목종 8) 관찰사·도단련사·자사가 혁파될 때 같이 혁파됨. ② 조선시대 사신使臣을 호송하고 영봉迎逢할 때 수행하였던 군사 책임자.

단련판관團練判官 조선 초기 각 도道 제진諸鎭의 장將. 1394년(태조 3) 정도전鄭道傳의 건의에 따라 각 도에 절제사·부절제사·검할사鈐轄使와 주州·군郡에 단련사團練使를 두고 그 아래 단련판관을 두었는데, 대개 5·6품의 수령이 이를 겸대하였음. 1466년(세조 12) 진관체제鎭管體制에 의하여 거진巨鎭을 중심으로 이루어진 지역단위 군사조직의 말단으로 각 군현에 제진이 설치될 때 병마절제도위兵馬節制都尉로 개칭됨.

단망單望 조선시대 관리 임명에 있어서 단1명의 후보자만 기입한 망단자(望單子:임용대상자 명단). 또는 그것으로써 왕의 낙점落點을 받아 관직을 제수하던 관리임용제도.

단보段步 토지의 넓이를 측정하는 단위. 1874년 4월 27일에 일본표준척도로 제정된 길이 30.303cm인 곱자曲尺를 기준으로 한 변의 길이가 6자가 되게 만들어진 정사각형 넓이의 300배 넓이를 1단보라 함. 따라서 1단보의 넓이는 991.74㎡에 해당함.

단시單市 조선시대 대청무역의 하나. 인조 이후 조선과 청나라의 공무역은 회령會寧과 경원慶源에서 각각 시작되어 북관개시北關開市 또는 북도개시北道開市라 하는데, 회령개시는 해마다 개시된 반면에, 경원개시는 격년으로 개시됨. 갑申·병丙·무戊·경庚·임壬의 다섯 해는 회령에서만 열리므로 이를 단시單市라 하고, 을乙·정丁·기己·신辛·계癸의 다섯해는 회령과 경원 두 곳에서 아울러 열리므로 쌍시雙市라 함. 회령개시는 인조 때부터 시작되었는데, 주로 영고탑寧古塔·오라烏喇 등지의 여진족들과 교역하였으며, 거래되는 물품은 대개 소·농기구·곡물·옷감·모피·소금 등임.

단인端人 조선시대 내명부內命婦의 하나. 문·무관 정8품 통사랑通仕郞의 적처嫡妻와 종8품 승사랑承仕郞의 적처에게 봉작하던 호칭.

단자單子 물품이나 어떠한 사실을 조목조목 적어 올리는 문서.

달솔達率 백제시대의 관등. 16관등의 한로, 품은 2품이고, 정원은 30명. 관은 은화銀花로 장식하고, 공복은 자색紫色임.

달주達州 발해의 지방행정구역. 62주州 중의 하나. 회원부懷遠府에 속하며, 그 수주首州이기도 함.

달화주達化主 조선시대 노비의 신공身貢을 수납하던 각 관아의 이속.

담제禫祭 3년의 상기喪期가 끝난 뒤 상주가 평상으로 되돌아감을 고하는 제례의식. 부모상일 경우 대상大祥 후 3개월째, 즉 상후 27개월이 되는 달의 정일丁日 또는 해일亥日에 지내고, 남편이 아내를 위하여 지내는 담제는 상 후 15개월 만에 지내는데, 즉 소상小祥 후 2개월째가 됨.

답험손실법踏驗損實法 고려 말과 조선 초에 시행되었던 수세법收稅法의 하나. 1391년(공양왕 3)의 전제개혁 때부터 1444년(세종 26) 공법貢法 시행 때까지 존속됨. 한 해의 농업 작황을 현지에 나가 조사하여 등급을 정하는 '답험법'과 조사한 작황등급에 따라 적당한 비율로 조세를 감면해주는 '손실법'을 합친 것임.

당幢 ① 고구려와 신라에서 군사조직의 기본을 이루고 있던 단위. 본래 기치旗幟를 뜻하는 말에서 유래한 듯하며, 신라에서는 이것이 연합하여 육정六停과 구서당九誓幢 및 십정十停을 비롯한 각급 부대를 구성하였음. 지휘관을 당주幢主라 함. ② 신라시대의 관직. 고관가전古官家典의 장관직. 정원은 4명. 또한 대일임전大日任典의 소속 관원으로 경덕왕 때 일시 소전사小典事로 고친 적이 있음. 정원은 6명. 조위造位 이상 대사大舍 이하의 관등을 가진 사람으로 임명됨.

당내친堂內親 고조부高祖父를 같이하는 후손들이 이룩한 친족집단. 횡으로 팔촌까지를 범위로 하는 친족집단.

당대등堂大等 고려시대 향직鄕職의 하나. 국초에는 신라와 태봉의 제도를 편의에 따라 취하였으나, 983년(성종 2) 정식으로 향직을 제정하여, 이때 호장戶長으로 개편됨. 향직의 위계상 최고위에 해당함.

당백전當百錢 조선 1866년(고종 3) 11월 이후 6개월여 동안 주조된 화폐. 흥선대원군의 세도정치하의 국가 재정의 악화를 극복하기 위해 발행됨. 또한 소전小錢의 불편을 덜기 위해 당백전 1푼이 엽전 100푼의 가치를 지니게 하였음. 결과적으로 화폐유통질서에 큰 혼란을 가져오고 물가의 폭등을 촉진시켜 1867년 4월 당백전의 주조가 중단되고, 1868년 10월에는 유통이 금지됨.

당보塘報 조선시대 군사훈련이나 전투에서 깃발로 신호를 전하던 일. 이때 사용되는 기를 당보기, 그것을 조작하던 신호병을 당보수塘報手라 함.

당상관堂上官 조선시대 관계官階 분류의 하나. 조의(朝議:조정의 평의)를 행할 때 당상堂上에 있는 교의(交椅:의자)에 앉을 수 있는 관원. 동반東班은 정3품의 통정대부通政大夫 이상, 서반西班은 절충장군折衝將軍 이상, 종친宗親은 봉순대부奉順大夫 이상의 품계를 가진 사람이 해당됨. 국정을 입안, 집행하는 최고급 관료집단으로서, 경외京外의 양반관료를 천거할 수 있는 인사권, 관리의 포폄권褒貶權, 군사지휘권 등의 중요권한을 독점하였음. 순자법循資法의 구애를 받지 않고 공덕과 능력에 따라 가자加資·가계加階 될 수 있었으며, 상피相避 적용을 받지 않는 특전을 받음. 퇴직 후에는 봉조하奉朝賀가 되어 녹봉祿俸을 받으며 중요 국정에 참여하여 자문하거나 각종 의식행사에 참여할 수 있었음. 따라서 이러한 특전이 많은 당상관이 되는 것은 쉽지 않음.

당오전當五錢 조선 1883년(고종 20) 2월부터 1894년 7월까지 주조된 화폐. 명목가치는 상평통보의 5배로 결정되었으나, 실제 가치는 상평통보의 2배에 지나지 않음. 세도정치 이후의 만성적인 재정난과 1876년 개항 이후의 극심한 재정난을 타개하기 위하여 주조되었으나, 이의 남발로 화폐제도에 커다란 혼란을 초래하여 물가 폭등 등 다시금 사회경제적 모순을 더욱 확대, 심화시킴.

당인堂引 고려시대 이속吏屬의 하나. 잡류직雜類職으로 입사직仕職에 해당되며, 궁성 내에서 사령使令의 임무를 담당함.

당종堂從 고려시대 이속吏屬의 하나. 잡류직雜類職으로 입사직仕職에 해당되며, 궁성 내에서 사령使令의 임무를 담당함.

당주幢主 신라시대의 지방관. 지방관이자 군단장으로서의 기능을 동시에 가짐. 군태수郡太守의 전신.

당직청堂直廳 조선시대 의금부 소속의 특수부서. 신문고申聞鼓의 관리와 그에 따른 소송사무를 담당함. 1402년(태종 2) 신문고가 설치된 뒤 1414년에 이를 관리하는 전담기구로 설치됨.

당하관堂下官 조선시대 관계官階 분류의 하나. 조의朝議를 행할 때 당상堂上의 교의交椅에 앉을 수 없는 관원으로, 동반東班은 정3품의 통훈대부通訓大夫 이하, 서반西班은 어모장군禦侮將軍 이하, 종친宗親은 창선대부彰善大夫 이하, 의빈儀賓은 정순대부正順大夫 이하의 품계를 가진 사람이 해당함. 이들은 순자법循資法의 적용을 받았으며, 의복착용이나 가마의 이용에 있어 당상관과 구별되었고, 상피相避의 적용을 받았으며, 포폄성적褒貶成績에 따라 가자加資·가계加階가 될 수 있었음.

당회堂會 조선시대 재야 유림들의 결사結社. 유회儒會 또는 유림공론儒林公論이라고도 함. 서원뿐만 아니라 향교에도 있었으나, 서원이 그 중심적인 거점이 되어 유림의 권익을 대변함.

당후관堂後官 고려시대 중추원中樞院의 관직. 문종 때 정7품으로 정하여 2명을 두었는데, 승선承宣 밑에서 왕명출납에 관한 실무를 맡아봄.

대가大加 부여와 고구려 사회의 부족장. 원래는 독립된 소국小國의 지배자였으나 맹주국에 통합됨에 따라 부족장의 신분으로 격하됨.

대가代加 조선시대 문·무의 현직 관원이 자궁(資窮:당하관의 품계가 더 올라갈 자리가 없게 되었다는 뜻으로, 당하관의 최고위계) 이상이 되면, 자신에게 별가別加된 산계를 아들·사위·아우·조카 등 친족 가운데 한 사람에게 대신 가하여주는 제도.

대각간大角干 신라시대의 관등. 17등 관계 위에 비상위非常位로 설정된 특수한 관등. 삼국통일을 성취하는 과정에서 특수한 공훈을 세운 사람이나 국가에 특별한 공이 있는 사람에게 최대의 예우를 하기 위해 관등과 별도로 비상위로 설치된 것으로 보임.

대간臺諫 감찰의 임무를 맡은 대관臺官과 국왕에 대한 간쟁諫爭의 임무를 맡은 간관諫官의 합칭. 고려시대에는 어사대御史臺와 중서문하성中書門下省의 낭사郎舍에, 조선시대에는 사헌부와 사간원에 소속되어 시정時政의 득실을 논하고, 군주·백관의 과실을 간쟁·탄핵하며, 관리의 인사에 서경권署經權을 행사하였음. 언관言官·이목관耳目官이라고도 함.

대감大監 ① 신라시대의 관직. 병부兵部·시위부侍衛府·패강진전浿江鎭典의 차관직. ② 조선시대 정2품 이상의 관계官階를 가진 현직자와 산직자散職者를 공경하여 부르던 칭호.

대개장大槪狀 조선 후기 지방수령이 각 감영에 보고하는 연례보고서. 각 지방 수령이 매년 추수 뒤에 관할 지역의 재해총액과 조세를 징수할 수 있는 실제의 결수를 조사하여 감영에 보고할 의무가 있었는데, 이것이 곧 대개장으로서 국가에서 각 도의 면세율을 책정하는 기본자료가 되었음.

대계臺啓 조선시대 사헌부와 사간원에서 왕에게 올리는 계본啓本 또는 계목啓目. 내용은 주로 정책의 비판과 관리들의 탄핵에 관한 것으로서, 언론활동의 중심적인 수단으로 쓰여짐.

대공大功 상례喪禮의 오복제도五服制度에 따른 상복의 하나. 대공친의 상사喪事에 9개월간 입는 복제服制. 대공복大功服이라고도 하며, 이러한 상복을 입어야 하는 범위의 친척을 대공친大功親이라고 함.

대과大科 과거의 문과文科와 무과武科. 특히 문과를 지칭할 때도 있음. 소과小科 곧 생원시·진사시에 대칭해서 쓰이는 말.

대관大官 조선시대 사헌부 또는 그 관원의 통칭. 대신臺臣·헌관憲官이라고도 함.

대관대감大官大監 신라시대의 무관직. 육정六停과 구서당九誓幢에 배속되어 장군을 보좌하였는데, 육정 가운데 대당大幢과 귀당貴幢에 각각 5명, 나머지 한산정漢山停·우수정牛首停·하서정河西停·완산정完山停에 각각 4명, 구서당의 예하부대에 각각 4명씩 모두 62명을 둠. 진골과 육두품 출신에 한해서 임용되었으며, 진골 출신은 아찬阿湌으로부터 사지舍知까지, 육두품 출신은 사중아찬四重阿湌으로부터 나마奈麻까지로 임명됨.

대관서大官署 고려시대 제사와 연회의 음식을 조달하던 관청. 1308년(충렬왕 34)에 선관서膳官署로 바뀌고 사선서司膳署의 속사로 되었으며, 그 후 다시 대관서, 선관서를 반복하다가 1373년(공민왕 22)에 선관서로 확정됨.

대광大匡 ① 고려 초기의 관계官階. 태광太匡으로도 표기됨. 국초 태봉의 관계를 이어받아 919년(태조 2)부터 사용되기 시작하였고, 문·무관에게 수여된 관계 중 실질적으로 최고위에 해당됨. 936년 후삼국 통일 뒤 관계 정비시 16관계 중 제3위에 해당되었으며, 품계는 종1품이 됨. ② 고려시대의 향직. 995년(성종 14) 고려 초의 관계가 중국식의 문산계文散階로 대체되자 종래의 관계는 향직으로 변하였는데, 이때 16위계 중제3위에 해당됨.

대광보국숭록대부大匡輔國崇祿大夫 조선시대 문산계文散階의 하나. 동반東班 정1품 상계上階의 관계명官階名. 1392년(태조 1) 관제정비 때 고려시대의 특진보국삼중대광特進輔國三重大匡을 계승, 개편하여 특진보국숭록대부特進輔國崇祿大夫라 하던 것을 뒤에 대광보국숭록대부로 개칭함. 1894년(고종 31) 갑오개혁 때 관질官秩을 개정, 11등급으로 나누었는데, 이때 정1품을 대광보국숭록대부라 하였으며, 의정부총리대신에 이에 해당됨.

대교待敎 ① 조선시대 예문관에 두었던 문관직. 정원 2명. 정8품직. 1401년(태종 1) 예문춘추관을 예문관과 춘추관으로 분관하면서 종래의 정8품 수찬修撰을 대교로 개칭하여 예문관에 속하게 함. 청요직의 하나로 왕의 측근에서 군신의 대화와 거동을 기록하고, 시정기時政記를 작성하며, 사고史庫의 서적을 관리함. 봉교奉敎·검열檢閱과 함께 '팔한림八翰林'으로 지칭되었고, 춘추관기사관을 겸하였음. ② 조선시대 규장각에 두었던 문관직. 정원 1명. 정7품에서 정 9품의 문관 중에서 선임됨. 1776년(정조 즉위년) 규장각을 창설하면서 설치되었고, 직각直閣과 함께 규장각의 핵심관원으로서 역대 국왕들의 친필문헌·서화 및 왕실도서를 관리하는 내각內閣의 실무담당 부책임자임. 규장각대교는 타관직으로 옮겨간 뒤에도 계속 겸직할 수 있었음.

대구代口 조선시대 노비로서 면천되어 양인이 되고자 하는 자가 자기 대신 다른 노비를 납부하는 것.

대국통大國統 신라시대 최고의 승관僧官. 고승을 우대하기 위하여 국통國統 위에 비상직非常職으로 설치됨. 모든 승니僧尼와 불사佛寺를 통괄함.

대군大君 ① 고려시대 종친宗親에게 주는 정1품직. ② 조선시대 왕자 중 정비正妃에게서 출생한 적실왕자嫡室王子.

대군사부大郡師傅 조선시대 대군大君의 교육을 담당한 관직. 권설직權設職으로 종9품직. 사과司果 이하의 체아록遞兒祿을 받았으며, 재직임기 900일이 만료되면 6품에 승급됨.

대나마大奈麻 신라시대의 관등. 17관등 중 제10관등. 일명 대나말大奈末·한나마韓奈麻라고도 함. 공복公服의 빛깔은 청색靑色이었음.

대내상大內相 발해시대의 관직. 정당성의 장관직에 해당함. 지위는 선조성의 장관인 좌상左相과 중대성의 장관인 우상右相의 위이며, 대내상 아래 좌사정左司政과 우사정右司政이 있음.

대농시大農寺 발해시대의 관청. 당나라 사농시司農寺를 본떠 만든 것으로, 장은 대농시경大農寺卿. 이록지급吏祿支給과 전조운반田租運搬을 담당함.

대당大幢 신라시대의 군대. 544년(진흥왕 5)에 설치된 신라 최초의 최대군단으로, 육정六停의 하나임. 금위衿의 빛깔은 자백紫白임.

대당장군大幢將軍 신라시대의 무관직. 육정六停의 하나인 대당大幢을 통솔하는 최고군관. 정원은 4명. 관등이 진골상당眞骨上堂에서 상신上臣에 있는 사람만이 될 수 있었음.

대대감隊大監 신라시대의 무관직. 육정六停·십정十停·구서당九誓幢에 배속되어 장군과 대대감大官大監을 보좌하기도 하고, 혹은 오주서五州誓와 계금당闞衿幢의 최고지휘관이기도 함. 6두품 출신이상에 한하여 보임되고, 관등은 아찬阿湌으로부터 나마奈麻까지임.

대대로大對盧 고구려시대의 관직. 일명 토졸吐捽이라고도 함. 고구려 제1위의 관등이며, 국정을 총괄하는 임무를 지닌 고구려의 수상직임. 부족장적 신분층에 속하는 대로對盧가 분화되어 고구려 중기에 생긴 것으로, 처음에는 임기가 3년으로 귀족회의에서 선거로 선출되었음.

대덕大德 고려·조선 시대 승려의 법계法階 중 하나. 본래는 부처님을 지칭하던 말이었으나 뒤에 지혜와 덕망이 높은 승려들에 대한 존칭으로 사용됨. 고려시대에는 승과僧科의 대선大選에 합격한 승려에게 대덕의 법계를 주고, 전답 40결結과 시(柴:땔나무 숲) 10결을 주었으며 지방에 있는 사원의 주지로 임명함. 조선시대에는 교종教宗의 승려에게만 주어졌던 품계로서, 대선을 통과하여 중덕中德이 된 자가 수행경력이 최소한 10년 이상 되면 대덕이 됨.

대덕對德 백제시대의 16관등의 하나. 품은 11품으로, 정원은 정해져 있지 않았음. 띠는 황대黃帶임.

대도사大都司 신라시대의 관직. 대일임전大日典의 장관직. 경덕왕 때 일시 대전의大典儀로 고쳐졌다가 후에 다시 대도사로 환원됨. 정원은 6명. 사지舍知 이상 나마奈麻 이하의 관등을 가진 자로 임명됨.

대도서大道署 신라시대 예부禮部 소속의 관청. 사전寺典 또는 내도감內道監이라고도 하였음. 624년(진평왕 46)에 설치됨.

대도호부大都護府 고려·조선 시대의 지방 행정관청. 1018년(현종 9) 처음으로 안남(安南:지금의 전주)·안서(安西:지금의 해주)·안북(安北:지금의 안주)·안동(安東:지금의 경주)의 4대도호부를 설치하였음. 그 뒤 경주는 동경유수관東京留守官으로 승격됨에 따라 지금의 안동으로 옮겨졌으며, 안남대도호부는 곧 폐지되고 그 대신 안변安邊이 대도호부가 됨. 조선은 건국 초부터 안동·강릉에 두었고, 1426년(세종 8) 함경도의 영흥永興, 1428년 평안도의 영변寧邊, 1670년(현종 11) 경상도의 창원에 각각 설치함으로써 조선 후기에는 5개가 있었음.

대도호부사大都護府使 고려·조선 시대 대도호부의 우두머리 관직. 정3품직.

대동관大同館 조선시대 평양에 있었던 객관客館. 객관은 외국사신이 머무르는 숙소.

대동도大同道 조선시대 평안도 역도驛道의 하나. 관로館路라고도 함. 중심역은 대동역(大同驛:평양). 관할지역 범위는 평양을 중심으로 중화中和·순안順安·숙천肅川·안주安州·가산嘉山·정주定州·곽산郭山·선천宣川·철산鐵山·용천龍川·의주義州에 이어지는 역로驛路임.

대동법大同法 조선 후기 각 지방에서 바치는 여러 가지 공물貢物을 쌀로 통일하여 내게 하는 조세법. 1결結에 백미白米 12말斗씩을 징수하고, 이를 중앙과 지방의 각 관청에 배분하여 각 관청으로 하여금 연간 소요물품 및 역력役力을 민간으로부터 매입, 사용하거나 고용, 사역하게 하였음. 1608년(광해군 즉위년) 경기도에 처음 실시한 이후 1623년에 강원도, 1651년(효종 2)에 충청도, 1658년에 전라도의 해읍海邑, 1662년(현종 3)에 전라도의 산군山郡, 1666년에 함경도, 1677년에 경상도, 1708년(숙종 34)에는 황해도까지 실시되었으며, 1894년(고종 31) 세제개혁 때 지세地稅로 통합되면서 폐지됨.

대동청大同廳 조선 후기 대동미大同米를 관장하던 관청. 선혜청宣惠廳의 별칭.

대두대두隊頭 신라시대 무관직. 왕궁을 지키는 시위부侍衛府에 배속되어 장군과 대감을 보좌하였음. 정원 15명. 관등은 사찬沙湌으로부터 사지舍知까지임.

대등大等 신라시대의 관직. 대중등大衆等이라고도 함. 일정한 관부에 소속되지 않으면서 신라 귀족회의의 구성원으로 중앙관의 중추적 역할을 담당함. 신라가 부족연맹체에서 중앙집권적 귀족국가로 형성되어가는 과정에서 종래의 족장층이 사회적으로 골품제나 부제部制로 편성되는 동시에 정치적으로 대등이라는 관직이 주어진 데서 생긴 관직임. 신라 말기까지 존재함.

대렴大斂 장사葬事를 치르기 위한 준비 단계로서 소렴小殮을 한 뒤에 시신을 입관하는 절차. 소렴을 한 다음날, 즉 죽은 지 3일만에 함.

대령大令 발해시대의 관직. 전중시殿中寺·종속시宗屬寺의 장관.

대례大禮 궁중에서 임금이 몸소 주관하는 모든 의식. 가례嘉禮와 제례祭禮가 있음.

대로對盧 고구려시대의 관직. 원래 부족장적 신분층에 속하였으나 고구려의 국가체제 정비과정에서 중앙의 관직이 됨. 4세기 이후 관제정비 과정에서 소멸되고, 그 대신 대대로大對盧·태대대로太大對盧와 같은 수상직으로 분화, 발전됨.

대룡부大龍部 후고구려시대의 관청. 궁예弓裔가 904년(무태 1) 국호를 마진摩震, 연호를 무태武泰라 하고 광평성廣評省 이하 중앙관제를 제정할 때 설치됨. 기능은 신라의 창부倉部와 마찬가지로 국가재정을 관장함.

대루원待漏院 조선시대 관원들이 입조하기 전에 궐문이 열리기를 기다리기 위하여 잠시 머무르던 장소. 경복궁의 경우 영추문迎秋門 밖에 있었고, 군사 2명이 배치되었음.

대리시大理寺 고려시대 죄수를 맡아보던 관청. 국초의 전옥서典獄署가 995년(성종 14)에 개칭된 것으로, 문종 때 전옥서로 다시 개칭되면서 폐지됨.

대막리지大莫離支 고구려 말기의 행정과 군사권을 장악한 최고관직. 태막리지太莫離支라고도 함. 대인大人 또는 대수장大首長의 EM를 지닌 막리지莫離支에서 분화, 발전된 관직임.

대명률大明律 조선시대 현행법·보통법으로 적용된 중국 명나라의 형법전刑法典. 당률唐律을 참고로 하여 엮은 것으로, 건국 초에 명명命과 더불어 공포하고 여러번 수정, 1397년(태조 6) 수정 공포된 것이 최후의 율律임. 명례율名例律·이율吏律·호율戶律·예율禮律·병률兵律·형률刑律·공률工律의 7편 30권 460조條로 되어 있음. 청률淸律과 조선의 법에 큰 영향을 주었음.

대모달大模達 고구려시대 최고의 무관직. 일명 막하라수지莫何邏繡支 또는 대당주大幢主라고도 함. 조의두대형卓衣頭大兄 이상의 관등을 가진 자로 임명됨.

대묘서大廟署 고려시대 종묘를 관장하던 관서. 문종 때 설치되어 종5품의 영令 1명과 정7품의 승丞 2명을 둠. 1308년(충렬왕 34) 침원서寢園署로 개칭되어 전의시典儀寺의 속사屬司로 편제되었다가, 공민왕 때 대묘서로 복칭되었으나 1372년(공민왕 21)에 다시 침원서로 개칭됨.

대방大房 조선시대 보부상 조직 임원 중의 하나. 보부상의 성인회원 회인 요중僚中의 산하단체인 동몽청(童蒙廳, 일명 비방청神房廳)의 최고책임자. 정원 1명, 임기 1년으로, 소임은 요중의 지배하에 대외적인 실력행사를 담당함.

대방군帶方郡 중국 한漢나라에서 설치한 군현郡縣. 위치는 지금의 한강 이북 경기도지방과 자비령慈悲嶺 이남의 황해도 지방이었을 것으로 추정됨. 본래 이 지방은 고조선에 복속된 진번국眞番國

의 땅이었는데, 고조선이 멸망된 뒤 한나라 무제武帝가 서기전 108년에 설치한 4군四郡가운데 하나인 진번군眞番郡을 이곳에 설치하였음. 진번군이 낙랑군樂浪郡에 통합되고, 낙랑군은 이곳에 남부도위南部都尉를 설치하였는데, 공손강公孫康이 건안연간(建安年間:196~220)에 낙랑군 소속 둔유현(屯有縣:지금의 황해도 청주) 이남의 땅을 떼어서 대방군을 설치하였음. 238년 공손씨 정권이 위魏나라에 멸망된 뒤로는 위나라에 속하게 되었으며, 265년 위나라가 진晉나라에 멸망된 뒤 진나라에 속하게 되었다가, 313년 고구려에게 멸망되어 고구려에 속하게 됨.

대보大輔 ① 고구려 초기의 관직. 국정을 총괄하는 재상의 기능을 수행함. 뒤에 좌보左輔·우보右輔로 분리되어 군국정사軍國政事를 맡았고, 다시 국상國相으로 명칭이 변화됨. ② 신라 초기의 최고관직. 국정을 총괄하는 재상의 기능을 수행함. 부족장 또는 부족회의의 주재자로서 여러 부족을 총괄하면서 군국軍國의 권력을 행사함. 이 명칭은 탈해이사금 이후에는 보이지 않고, 대신 이벌찬伊伐湌·이찬伊湌 등이 대보의 임무를 계승함.

대봉代捧 ① 조선 후기 환곡還穀의 상환에 있어서 대부한 곡식(보통은 쌀)이 흉작일 경우 다른 곡식으로 대신 상환할 수 있게 한제도. 풍년이 되면 다시 본색(本色:원래의 곡식)으로 바꾸어놓도록 함. 벼와 잡곡을 1:1로 교환하는 것과 같은 단대봉單代捧은 금하고 곡물의 종류에 따른 상대적인 상황비율을 정하여놓음. ② 조선 후기 서울에 상번(上番:소집근무)할 군사가 그 임무에서 빠지고자 할 때 대신 무는 값. 베[布]로 바쳤기 때문에 번포番布 혹은 대봉번포라고도 함.

대부大夫 고려·조선 시대 관리들의 관계官階 가운데 특히 문산계文散階에 붙여 부르던 명칭. 본래 중국의 하夏·은殷·주周 삼대三代에서 공公·경卿의 아래, 사士의 위에 위치하는 관리들을 가리키는 말이었으나, 수隋·당唐 이후부터는 문산관文散官의 명칭으로 쓰였음. 우리나라에서는 고려 광종 때 당제唐制를 모방한 문산계가 마련됨에 따라 처음으로 쓰이기 시작하였고, 성종과 문종 때 문산계가 정비되어가면서 종5품 이상의 품계에 사용되어 대부大夫로서 정6품 이하의 낭계郞階와 구분됨. 그 뒤 1308년(충렬왕 34) 5품이 낭계에 포함됨으로써 종4품 이상의 품계에 사용되었고, 이러한 원칙은 조선시대에도 그대로 유지되었음.

대부大府 ① 신라시대 공물貢物과 부역賦役 등 재무를 담당하던 관부. 경덕왕 때 조부調府를 개칭한 것으로, 혜공왕 때 다시 조부로 바뀜. ② 고려시대 영송고迎送庫·국신고國贐庫 등과 함께 국용國用의 재화를 저장하던 부고府庫의 하나.

대부隊副 조선시대 무반 잡직雜職의 하나. 오위五衛의 주요 병종인 대졸隊卒과 팽배彭排에게 주어졌던 종9품직.

대부감大府監 고려 후기 재화의 저장과 공급을 통할하고 상세商稅의 징수, 물가의 통제기능을 수행한 관청. 문종 때 대부시大府寺가 설치되어 이 기능을 담당하였으며, 1298년(충렬왕 24)에 대부시가 외부시外府寺로 고쳐졌다가, 충렬왕 복위기에 다시 대부시로 되었으며, 1308년에는 내부사內府司로 바뀌고, 곧이어 내부시內府寺로 승격됨. 1356년(공민왕 5)에 대부감으로 변경되었으며, 1362년에 다시 내부시로 바뀜.

대부시大府寺 고려시대 재화의 저장과 상세商稅의 징수를 맡던 관청. 문종 때 설치 되었으며, 1298년(충렬왕 24)에 외부시外府寺로 바뀌었다가 곧 내부시로 환원됨. 1308년에 내부시內府寺가 된 뒤 1356년(공민왕 5)에는 대부감大府監으로, 1362년에는 내부시로, 1369년 다시 대부시로 되었다가 1372년 또다시 내부시로 됨.

대부전大博典 신라시대의 관청. 국왕 혹은 동궁東宮의 훈도訓導·보도輔導를 담당함. 소속 관원으로 대사大舍 2명, 사史 2명, 종사지從舍知 2명을 둠.

대비과大比科 조선시대 실시된 과거제도의 하나. '대비'라는 말은《주례 周禮》에 "3년은 '대비'이므로 대비년에 덕행과 도예를 살펴서 현자와 능자를 뽑아 등용시킨다."라는 문구에서 나온 것임. 1603년(선조 36)에 창설되어 3년에 한 번씩 시험을 보였는데,《속대전》이후에는 자子·묘卯·오午·유酉년에 설행하는 것으로 하여 3년에 한번씩 보는 식년試年으로 바꿈.

대사大使 ① 부여시대의 관직. 부여연맹체의 지배세력들 가운데 대족장급이 차지한 관직으로 국사에 큰 영향력을 미치는 직임. 견사犬使라고 표기되기도 함. ② 신라시대 군진軍鎭의 하나로, 828년(흥덕왕 3)에 설치된 청해진淸海鎭의 장관직.

대사大舍 신라시대의 관등. 17등 관등 중제12등. 일명 한사韓舍라고도 함. 4두품 출신이 받을 수 있는 최고의 관등으로, 공복公服의 빛깔은 황색黃色임.

대사大師 고려시대 승려 법계法階 중의 하나. 국가에서 실시한 승과僧科의 대선大選에 합격하면 대덕大德을 거쳐 대사大師가 되고, 그 뒤 중대사重大師·삼중대사三重大師 등의 법계에 이름. 1566년(명종 21)에 승과가 폐지됨에 따라 이 법계는 없어지게 됨.

대사간大司諫 조선시대 국왕에 대한 간쟁諫爭을 맡은 사간원의 장관. 정3품 당상관직. 정원은 1명. 대간大諫 또는 간장諫長이라고도 함. 대사헌大司憲과 함께 언론과 규찰을 주도함.

대사공大司空 공조판서의 이칭.

대사구大司寇 형조판서의 이칭.

대사례大射禮 국가에 행사가 있을 때 임금과 신하가 한자리에 모여서 활쏘기를 하는 의례.

대사마大司馬 병조판서의 이칭.

대사성大司成 조선시대 성균관의 우두머리 벼슬. 정3품 당상관직. 사장師長이라고도 하며, 문과 출신의 학문이 뛰어난 자를 보임시킴. 1366년(공민왕 15)에 성균관을 다시 짓고 이색李穡을 겸대사성으로 임명한 것에서 비롯됨. 성균관의 실질적인 장으로서 유학의 진흥과 문묘의 관리를 맡음.

대사읍大司邑 신라시대의 관직. 경주의 행정을 맡아보던 전읍서典邑署의 고관으로, 장관인 경卿과 감監을 보좌함. 정원은 6명. 사지舍知 이상 나마奈麻 이하의 관등을 가진 사람으로 임명됨.

대사자大使者 ① 부여시대의 관직. 최고 족장급인 제가諸加 다음 급의 지위임. 견사犬使者라고도 표기됨. ② 고구려시대의 관직. 일명 대사大奢라고도 함. 고구려 후기의 14관등 중 제6위임. 태대사자太大使者·상위사자上位使者·소사자小使者 등과 함께 사자使者에서 파생됨.

대사헌大司憲 ① 고려시대 사헌부憲府의 우두머리 벼슬. 1298년(충렬왕 24) 충선왕이 즉위하여 관제를 개혁할 때 감찰사監察司를 사헌부로 고쳤으나, 곧 충렬왕이 복위함에 따라 감찰사로 환원됨. 1308년에 충선왕이 복위함에 따라 감찰사를 사헌부로 고치고 감찰대부監察大夫를 대사헌으로 고침. 처음에는 정2품이었다가 1311년에 정3품으로 내림. ② 조선시대 사헌부의 우두머리 벼슬. 도헌都憲이라고도 함. 종2품직. 정원은 1명.

대상大相 ① 고구려시대 관등. 고구려 후기의 제4위 관등인 태대사자太大使者의 이칭으로 추정됨. ② 후삼국시대 마진摩震의 9등 관계官階 중 제3위계의 관계명. ③ 고려 초기 16관계 중 제7위계의 관계명. ④ 고려 성종 이후 향직鄕職 16위계 중 제7위의 관계명. 품계는 제4품의 상계上階.

대상大祥 사망한 날로부터 만 2년이 되는 두 번째 기일忌日에 지내는 상례喪禮의 한 절차.

대상박사大常博士 고려시대 국가의 제사 업무를 관장한 대상시大常寺 소속의 관직. 목종 때 설치된 대상시가 1298년(충렬왕 24)에 봉상시봉상寺로 개칭되면서 종7품의 박사 1명을 둠. 1308년 전의시典儀寺로 바뀌면서 박사를 폐지하고 대신 주부注簿를 둠. 그 뒤 1356년(공민왕 5) 다시 대상시로 바뀌고 박사를 두었는데, 품계를 정6품으로 함. 1362년 전의시로 개칭되면서 품계를 정6품으로 함. 1362년 전의시로 개칭되면서 박사는 폐지하고 주부를 두었다가, 1369년 또 다시 대상시로 개칭되면서 주부가 박사로 바뀜.

대서성大書省 신라시대의 승관직僧官職. 550년(진흥왕 11)에 신라에서 가장 먼저 설치된 승관으로서, 설치 당시에는 정원이 1명이었으나 647년(진덕여왕 1)에 2명이 됨. 지위는 국통國統과 도유나都唯那의 밑임.

대석삭국大石索國 고대 마한 소국 중의 한 나라.

대선사大禪師 ① 고려시대 선종禪宗 승려의 법계法階 가운데 하나. 국가에서 실시한 선종의 대선大選에 합격한 자는 대덕大德 − 대사大師 − 중대사重大師 − 삼중대사三重大師 − 선사禪師의 품계를 거쳐 대선사가 되고, 왕사王師와 국사國師가 될 자격이 부여됨. ② 조선시대 선종禪宗 승려의 법계 가운데 하나. 선종선禪宗選에 합격한 승려가 중덕선사中德禪師를 거쳐 대선사에 이르게 되었으며, 나아가 도대선사都大禪師가 되면 선종 전체를 관장하였음. 1566년(명종 21) 양종兩宗과 승과僧科가 폐지됨으로써 이 법계는 없어지고, 일반적으로 선禪을 닦는 승려들 중에서 견성見性하여 오도悟道한 고승에게만 국한하여 대선사라 함.

대성대성臺省 ① 고려시대 어사대御史臺의 대관臺官과 중서문하성의 성랑省郎의 합칭. ② 조선시대 사헌부와 사간원의 합칭.

대성전大成殿 문묘文廟의 시설 가운데 공자孔子의 위판位版을 봉안한 전각.

대솔大率 백제시대 16관등 중 제2위의 관계官階. 달솔達率이라고도 함.

대수代囚 조선시대 죄수가 병 또는 사고로 복역을 못하거나 범인을 체포하지 못하였을 때 관계자 또는 근친을 대신 수금囚禁, 복역하게 하는 것.

대승大丞 ① 태봉의 관직의 하나. ② 고려 초기의 관계官階. 문·무관에게 수여된 16관계중 제5위의 관계명. 995년(성종 14) 흥록대부興祿大夫로 고쳐져 문관의 품계로만 사용됨. ③ 고려 성종 이후 향직鄕職 16관계중 제5위의 관계명. 품계는 3품.

대시臺試 춘당대시春塘臺試의 약칭.

대신大臣 ① 조선시대 재신宰臣의 별칭. ② 조선 말기 궁내부宮內府·의정부·군국기무처·내각과 내무아문 등 8아문八衙門과 내부內部 등 7부七部의 장관.

대신관방大臣官房 조선 말기의 관청. 1894년(고종 31) 갑오개혁으로 설치된 8아문八衙門에 소속되어 있던 총무국總務局을 이듬해 을미개혁 때 개칭한 것임. 각부에 소속되어 기밀 및 대신의 관인官印과 부인部印의 간수 그리고 공문서류와 성안문서의 접수·발송과 통계보고의 조사에 관한 사항을 관장함. 1910년에 폐지됨.

대심원大審院 1908년부터 1909년 10월까지 있었던 최고법원.

대아찬大阿湌 신라시대의 관등. 17등 관계官階 중 5등으로서, 일명 대아간大阿干이라고도 함. 진골만이 받을 수 있는 관등으로, 공복公服의 빛깔은 자색紫色임.

대악감大樂監 ① 신라시대 음악을 관장하던 관청. 경덕왕 때 음성서音聲署를 고친것임. ② 고려·조선 시대의 장악원掌樂院의 이칭.

대악서大樂署 고려시대 음악을 관장하던 관서. 일명 전악서典樂署·대악관현방大樂管絃坊이라고도 함. 처음에는 예부禮部에 속해 있다가 1308년(충렬왕 34) 전악서로 개칭되고 자운방慈雲坊으로 이속되었으며, 그 뒤 여러 번 명칭이 바뀌다가, 1372년(공민왕 21) 전악서로 확정되어 조선시대에도 그대로 이어짐.

대어부大馭府 고려시대 서경유수관西京留守官의 속관屬官 가운데 하나. 934년(태조 17)에 경卿 1명, 대사大舍 1명, 사史 1명을 둠. 마필馬匹을 관장하였던 기관으로 추정됨.

대언代言 고려시대 밀직사密直司에 소속된 관직. 1310년(충선왕 2)에 승지承旨가 바뀐 것으로, 1354년(공민왕 3)에는 우·좌대언右左代言과 우·좌부대언右左副代言의 4대언으로 발전되었으며, 1362년에는 모두 정3품으로 정해짐. 1369년에는 승선承宣으로 개칭되었으나 곧 대언으로 환원됨.

대언代言 승정원의 이칭.

대영서大盈署 고려시대의 관청. 문종 때 설치되어, 제향에 필요한 물품을 제공하는 구실을 담당함.

대오大烏 신라시대의 관등. 17관등 중 제 15등. 일명 대오지大烏知라고도 함. 4두품이상 받을 수 있는 관등으로, 공복公服의 빛깔은 황색黃色임.

대원군大院君 조선시대 왕이 형제나 자손 등 후사後嗣가 없이 죽어 종친 중에서 왕위를 계승하는 경우 신왕의 생부生父에 대한 호칭.

대위국大爲國 1135년(인종 13) 고려 왕실에 대해 반란을 일으킨 묘청妙淸 등이 서경西京을 도읍으로 하여 세운 나라.

대의창大義倉 고려시대의 창고. 좌창·우창·용문창·부용창 등과 함께 세곡稅穀을 보관하던 곳. 본래 개경의 서문西門 안에 있었는데, 화재로 소실되자 개경 서남쪽의 장패문長霸門 안쪽으로 옮겨지음.

대일임전大日任典 신라시대의 관청. 657년(태종무열왕 4)에 설치되었으며, 경덕왕때 경주의 도시행정을 맡아보던 전경부典京府에 합병됨. 소속 관원으로는 대도사大都司 6명, 소도사小都司 2명, 도사대사都事大舍 2명, 도사사지都事舍知 4명, 도알사지都謁舍知 8명, 도인사지都引舍知 1명, 당幢 6명, 도사계지都事稽知 6명, 도알계지都謁稽知 6명, 도인계지都引稽知 5명, 그리고 비벌수比伐首 10명을 둠.

대장大杖 고려시대의 이속吏屬 가운데 잡류직雜類職의 하나. 죄인의 치죄를 담당하는 형수刑手.

대장大將 ① 조선시대 문관직. 궁금宮禁이나 수도를 지키는 각 영營의 장수. 장신將臣이라고도 함. ② 대한제국 성립 이후의 최고 군계급.

대장隊長 조선 후기 군사편제에서 말단 소대급의 지휘자. 정9품의 무반 잡직.

대장군大將軍 고려시대 무관직. 중앙군에서 상장군上將軍 다음가는 직위로, 이군육위二軍六衛의 8개 단위부대에 각각 1명씩 배속되어 총 8명임. 종3품직이며, 각 군·위의 부지휘관 임무를 담당함.

대장대장大匠大監 신라시대의 무관직. 육정六停과 구서당九誓幢에 각각 1명씩을 두어 모두 15명, 대장척당주大匠尺幢主를 보좌함. 관등은 대나마大奈麻로부터 사지舍知까지임.

대장도감大藏都監 고려 1236년(고종 23)에 재조대장경再調大藏經의 판각업무를 위해 설치된 임시관청.

대장척당大匠尺幢 신라시대 중앙군단에 소속된 부대.

대장척당주大匠尺幢主 신라시대 문관직. 육정六停과 구서당九誓幢의 예하부대에 1명씩 배속되어, 정원은 모두 15명. 관등은 일길찬一吉湌으로부터 나마奈麻까지임.

대재상大宰相 태봉 관계官階의 하나. 9등계 중 최고위 관계.

대전론貸田論 조선 후기 농촌지식인들 및 일부 실학자들이 제기한 소작제개선안. 경작지를 가지지 못한 빈농들에게 지주들의 소작지를 균등 분배하고, 그것을 국가의 공권력으로 조정·관리하며, 나아가 소작료의 수취에도 일정한 비율을 적용하여 민생의 안정을 강구하자는 방안. 분경론分耕論·균작론均作論 또는 균병작均竝作이라고도 함.

대전별감大殿別監 조선시대 궁궐 안에서 심부름하는 벼슬아치의 하나.

대전사大典事 신라시대 대일임전大日任典의 관직. 경덕왕 때 도사대사都事大舍를 고친 것임. 관등은 나마奈麻로부터 사지舍知까지임.

대전승전大殿承傳 조선시대 내시부內侍府의 종4품 환관직. 대전승전색大殿承傳色·승전환관·승전내시라고도 함. 왕명의 전달을 담당한 내시임.

대전의大典儀 신라시대 대일임전大日任典 소속 관직. 경덕왕 때 대도사大都司를 고친 것임. 관등은 내마奈麻에서 사지舍知까지임.

대전장번大殿長番 신라시대 내시부內侍府의 환관으로서 대전에 고정 배치되어 항시 근무하는 내시. 대전과 세자궁에만 배치되어 있었음. 왕과 세자의 측근에서 시중을 들거나 명령을 전달하는 일을 맡음.

대전출입번大殿出入番 조선시대 내시부內侍府의 환관으로서 대전에 배치되어 번갈아가며 근무하는 내시. 왕의 측근에서 시중을 들거나 왕명을 전달하는 일을 맡음.

대정大正 신라시대 대도서大道署의 장관직. 624년(진평왕 46)에 설치되었는데, 경덕왕 때 일시 정正으로 고친 적이 있음. 정원은 1명. 급찬級湌 이상 아찬阿湌 이하의 관등을 가진 자로 임명됨.

대정大政 해마다 음력 12월에 행하는 도목정사都目政事. 즉 인사행정. 도목정사는 6월과 12월에 하는데, 12월에 하는 것이 6월의 것보다 규모가 커 대정이라 함.

대정隊正 ① 고려시대 중앙군인 이군육위二軍六衛의 최하위 지휘관. 종9품직. 이밖에도 도부외都府外·의장부儀仗府·견예부堅銳府·충용사위忠勇四衛에도 배속되어 있었음. ② 조선시대 부대 편제의 하부단위인 대隊의 장長. 잡직雜職 종9품직.

대제待制 ① 고려시대 보문각寶文閣의 정5품 관직. ② 고려시대 사림원詞林院의 정4품 관직. 한림원翰林院으로 개칭되면서 정5품으로 낮아짐. ③ 조선시대 규장각 대교待敎의 이칭.

대제학大提學 ① 고려시대 보문각寶文閣의 우두머리 관직. 종2품직. 1314년(충숙왕 1)에 대학사大學士를 고친 것임. ② 고려시대 우문관右文館의 정2품 관직. ③ 고려시대 진현관進賢館의 종2품 관직. ④ 고려 1362년(공민왕 11)에 한림원翰林院이 예문관藝文館으로 개칭되면서 종래의 대학사大學士가 바뀐 관직. ⑤ 조선 1420년(세종 2) 집현전集賢殿이 강화될 때 설치된 관직. 정원은 2명, 정2품직. 1456년(세조 2)에 폐지됨. ⑥ 조선시대 홍문관·예문관의 우두머리 관직. 정2품직. 정원은 각기 1명. 전임관이 아니고 타관이 겸대하였음. 문관만이 할 수 있었으며, 문형文衡을 관장함.

대조待詔 고려시대의 서리직. 중서문하성中書門下省과 한림원翰林院에 각각 2명씩 배속되어 조칙詔勅의 수발을 담당한 것으로 추측됨.

대졸隊卒 조선시대 오위五衛 가운데 용양위龍驤衛에 속하였던 중앙군의 한 병종.

대종백大宗伯 예조판서의 이칭.

대주부大主簿 고구려 초기의 관직. 초기부터 중국의 영향을 받아 설치된 주부主簿로부터 파생된 관직으로 보임.

대주첩代柱帖 조선시대 수령의 포폄(褒貶:포상과 처벌) 사항을 상세하게 기록하여 왕이 열람하도록 만든 첩자帖子.

대중정大中正 발해시대 중대성中臺省의 우두머리 관직.

대증광시大增廣試 조선시대 국가에 큰 경사가 있을 때 특별히 실시하던 과거. 본래 국가에 큰 경사가 있거나 여러 경사가 겹쳤을 때 특설하던 과거를 증광시增廣試라 하는데, 대증광시는 그 중에서도 경사가 가장 많을 경우 실시하는 과거임.

대차지大次知 조선 후기 각 궁방宮房의 재정관리 총책임자. 보통 줄

여서 차지라고 함. 주로 궁방전宮房田에서 징수되는 소작료 관리 및 회계, 물품조달 등의 사무를 총괄함.

대찬代撰 임금의 말씀이나 명령을 신하가 대신하여 지어 올리는 것. 제찬制撰이라고도 함.

대창大昌 신라 진흥왕 때의 연호. 568년(진흥왕 29)부터 571년까지 사용됨.

대창大倉 고려시대 서경西京의 속관屬官. 서해도西海道의 세량세稅粮을 운반, 저장하였다가 서경관西京官들의 녹봉을 지급하는 일을 맡음.

대창도大昌道 조선시대 강원도 역도驛道의 하나. 중심역은 대창역(大昌驛:강릉). 관할지역 범위는 대창·안인(安人:강릉)·진부(珍富:강릉)·구산(丘山:강릉)·횡계(橫溪:강릉)·대강(大康:고성)·등로(登路:통천)·인구(麟丘:양양)·청간(淸間:간성)·진덕(眞德:흡곡) 등 28개 지역임.

대창서大倉署 고려시대 창고를 관장하던 관청. 주요 기능은 좌창左倉과 우창右倉을 관할하는 것이었음.

대척大尺 신라시대 촌도전村徒典 소속관직. 정원은 1명.

대총재大冢宰 이조판서의 이칭.

대통관大通官 조선 후기 청나라 사행使行에 동행하는 통역관.

대학박사大學博士 고려시대 국자감에 설치된 관직. 국자감 내의 대학大學에서 교수직을 맡음. 정원은 2명. 품계는 종7품.

대학사大學士 ① 고려시대 보문각寶文閣·홍문관弘文館·수문관修文館·집현전集賢殿의 우두머리 관직. 종2품직. ② 조선시대 예문춘추관의 정2품 관직. 1401년(태종 1) 대제학大提學으로 바뀜.

대한제국大韓帝國 1897년 8월 12일부터 1910년 10월 22일까지 존속하였던 조선왕조의 국가.

대행大行 왕이나 왕비가 죽은 뒤에 아직 시호를 정하기 전에 높여 부르던 칭호. 대행왕大行王이라고도 함.

대행수大行首 조선시대 육의전六矣廛의 각 전廛의 대표자로서 도중都中의 사무를 총리하는 관직.

대형大兄 고구려시대의 관직. 초기관제에는 나타나지 않고, 3세기 말부터 나타나기 시작해서 후기의 관제에는 14관등 중 제7위를 점함. 태대형太大兄·조의두대형皂衣頭大兄·소형小兄·제형諸兄 등과 함께 '형兄'에서 파생된 관직. 형은 본래 연장자 또는 족장의 뜻을 지닌 말인데, 고구려가 중앙집권적인 국가로 전환되는 과정에서 관직체계 안에 편입되어 그 지위에 따라 다양하게 분화, 개편된 것으로 보임. 대형 이상의 관등을 가진 자만이 고구려의 단위부대장인 말객末客의 관직에 임명될 수 있었음.

대호군大護軍 조선시대 오위五衛에 속했던 종3품의 무관직. 고려의 대장군大將軍이 조선 초기에 도위첨사都尉僉事로 개칭되었다가 태종 초에 대호군으로 바뀜.

덕솔德率 백제시대 16관등 중 제4등 관계. 이 관등을 가진 자가 군의 장관인 군장郡將에 임명됨. 관관冠은 은화銀花로 장식하였고, 공복公服은 자복紫服을 입음.

덕안도독부德安都督府 백제 멸망 후 당나라에서 백제의 옛 땅을 통치하기 위하여 설치한 5개 도독부 중의 하나. 위치는 오늘날의 충청남도 은진 부근으로 추정됨. 실제는 유명무실하여져 곧 폐지됨.

덕천고德泉庫 고려 후기 왕실의 재정을 주관하던 기관. 계림鷄林·복주福州·경산京山 등의 소관 고을에서 공납한 능라·주포·마포 등과 소속의 위전田에서 수납한 미두米豆를 재원으로 함.

덕흥창德興倉 지금의 충청북도 충주에 설치되었던 고려대의 조창漕倉.

도가導駕 조선시대 임금의 거둥 때 미리 앞길을 정리하고 어가御駕를 인도하는 것.

도감都監 고려·조선 시대 국가의 중대사를 관장하게 할 목적으로 수시로 설립한 임시관청. 기구의 성격 자체가 비상설적인 것으로 존폐시기 및 기능이 일정하지 않음.

도감고都監考 ① 조선 초기 지방 수령의 행정보조원. ② 조선 후기 시장 또는 곡물 집산지의 싸전의 말감고斗監考의 우두머리.

도감관都監官 조선 후기 내수사內需司 및 궁방宮房의 지역단위 토지관리책임자.

도결都結 조선시대 삼정문란三政紊亂 가운데 전정田政 폐해의 하나. 서리胥吏가 관아의 공전公錢이나 군포軍布를 사용私用에 충당하고 이를 보충하는 미봉책으로 마을에 징세도록徵稅都錄을 발표, 배부할 때 전결田結 세율을 정액 이상으로 기입하여 징수하는 것.

도고都賈 상품을 매점매석하여 가격 상승과 매매조작을 노리던 조선 후기 상행위의 형태. 혹은 그러한 상행위를 하던 상인 또는 상인 조직. 도고都庫라고도 함.

도과道科 조선시대 각 지방에서 왕명에 의하여 특별히 실시된 부정기적인 과거. 주로 국왕의 순회수렵 때나 지방괴폐·전쟁 등으로 인한 해당지역의 민심을 수습하기 위해 실시됨. 실시방법은 중신을 파견하여 그 지방 인재를 모아 시험보고 그곳에서 합격자를 발표하는 경우와 어사를 보내어 시험답안지를 거두어와서 서울에서 대제학으로 하여금 고열考閱하게 하는 경우가 있음. 합격자는 전시殿試에 곧바로 응시할 수 있었으며, 초시初試는 시행하지 않았음.

도관都官 ① 신라시대의 관직. 궁중음악을 담당한 감전監典에 소속된 관원으로, 정원은 4명. ② 고려시대 노비의 부적簿籍과 결송決訟을 담당한 형부刑部의 속사屬司.

도관찰출척사都觀黜陟使 ① 고려 말기의 지방관직. 1388년(우왕 14)에 안찰사按察使가 격상, 개칭된 것임. 이때 종래의 6도 안렴사제按廉使制가 교주도와 강릉도가 합해짐으로써 5도 도관찰출척사제로 됨. 임기는 1년이고, 재추양부宰樞兩府의 대신들로써 임명됨. 1389년(공양왕 1)에는 구전□傳으로 임명되던 것을 별도로 임명하여 그 임무를 전담하게 하였으며, 1390년에는 도관찰출척사 밑에 사무기관으로 경력사經歷司를 설치하고 양계지방까지 파견시킴. 1392년(공양왕 4)에 혁파되어 안렴사로 바뀜. ② 조선 초기 지방관직. 1393년(태조 2)에 양광도·경상도·전라도·서해도·교주강릉도·경기좌우도의 7도 안렴사가 혁파되고 도관찰출척사가 설치됨. 1401년(태종 1) 다시 안렴사로 되었다가, 같은해 11월에 다시 도관찰출척사로 정비됨. 1417년에 평안도·함길도의 도순문사都巡問使가 도관찰출척사로 개칭되었으며, 1466년(세조 12)에 관찰사로 개칭됨.

도교서都校署 고려시대 공작工作을 맡아보던 관청. 문종 때 직제상으로 확립되었고, 1308년(충렬왕 34)에 잡작국作局으로 고쳐졌다가, 1310년(충선왕 2)에 다시 복구됨. 1391년 선공시繕工寺에 병합됨.

도기到記 조선시대 실시된 모임의 방명록 또는 유생儒生의 출석부. 시도時到 또는 시도기時到記라고도 함.

도기과到記科 조선시대 성균관 유생들을 대상으로 실시한 식년문과式年文科 초시初試에 해당되는 과거. 도기到記의 일정한 점수에 도달한 자만을 과거, 즉 관시館試에 응시하게 하여 도기과라고 함.

도단련사都團練使 고려시대 10도 12주州 절도사체제하의 지방관. 995년(성종 14) 지방세력의 통제강화와 국방력의 강화를 위하여 절도사체제를 실시할 때 보다 작은 주에 설치됨. 1005년(목종 8)에 혁파됨.

도당都堂 ① 고려 후기 최고의 정무기관. 정사를 의논하는 재추宰樞의 합의기관인 동시에 백관을 총령하고 서사庶事를 관장하는 최고 정무기관. ② 조선시대 의정부議政府의 이칭.

도당록都堂錄 조선시대 홍문관원의 후보자를 선발하는 홍문록弘文錄 작성의 선거기록 중의 하나. 홍문관에서 먼저 일반문신 중의 적임자와 문과급제자 중에서 그 후보자를 선발하여(이를 본관록本館錄이라 함.) 이조에 보고하고, 이조에서 이를 마감하여(이를 이조록吏曹錄이라 함.) 의정부에 보고하면, 의정부의 당상·관각館閣과 이조의 당상이 도당都堂에 모여 본관록 중 가감, 수정하여 홍문록을 완성하는데, 이때 도당에서의 선거 기록을 도당록이라 함.

도대사都大師 조선시대 승려의 법계法階 가운데 하나. 세종 때 선교양종禪敎兩宗으로 이전의 7개 종파를 통합한 뒤 교종敎宗의 최고 법계가 됨. 국가에서 주관한 교종선敎宗選에 합격한 자가 중덕中德 — 대덕大德 — 대사大師 — 도대사에 이르게 됨. 교종판사敎宗判事가 되어 교종을 총판總判하게 되며, 교종선도 관장함.

도대선사都大禪師 조선시대 승려의 법계法階 가운데 하나. 세종 때 선교양종禪敎兩宗으로 이전의 7개 종파를 통합한 뒤 선종禪宗의 최고 법계가 됨. 국가에서 주관한 선종선禪宗選에 합격한 자가 중덕선사中德禪師 — 대선사大禪師의 법계를 거쳐 도대선사에 이르게 됨. 이 법계에 오르면 선종판사禪宗判事가 되어 선종을 총판總判하며 선종선도 관장함.

도독都督 ① 통일신라시대 9주州의 장관. 785년(원성왕 1) 총관摠管을 고친 것임. 위계는 이찬伊湌으로부터 급찬級湌까지임. ② 발해시대의 지방관. 부府의 장관으로, 그 관할 주州를 통제함.

도독부都督府 신라와 당나라가 백제를 정벌한 뒤 그 고토를 지배하기 위해 설치한 지방 최고군사행정기구.

도량형度量衡 길이·부피·무게 및 이를 측정하는 자·되·저울의 총칭.

도력장都歷狀 조선시대 관리들의 근무성 적표.

도령都令 승정원 도승지의 이칭.

도류道流 조선시대 소격서昭格署에 배속되어 도교에 관한 업무를 관장한 관직. 정원은 15명. 잡직雜職으로 4품에서 그만두게 되며, 근무성적이 좋아 계속 근무하는 자는 서반西班 체아직遞兒職에 제수되기도 함.

도만호都萬戶 ① 고려 후기 몽고의 영향을 받아 설치되었던 만호부萬戶府의 관직. ② 조선 초기 각 도의 수군을 거느리는 종3품의 무관직.

도목장都目狀 지방에 거주하는 공노비의 총괄장부. 수공收貢·면공·입역·시정·봉족·도망·물고(物故:죽음)·생산 등 공노비 개개인에 대한 사정을 기록하였으며, 매년 그 변동사항을 관찰사에게 보고하였음.

도목정사都目政事 매년 두 번 혹은 네 번 이조·병조에서 행하는 인사행정. 도목 또는 도목정이라고 줄여서 일컫기도 함. 1년에 두 번 행하는 것을 양도목兩都目, 네 번 행하는 것을 4도목四都目이라고 함.

도무都務 조선시대 토관직土官職의 하나. 동반東班 정5품인 통의랑通義郞이 받는 관직.

도무사都務司 조선시대 평안도·함경도 등 특수지역에 설치된 토관土官의 최고관청. 부중府中의 여러 사무를 총괄하는 일을 맡음. 1407년(태종 7) 이후의 도부사都府司가 바뀐 것임.

도방都房 고려시대 무신정권의 사병집단 이자 숙위기관宿衛機關. 1179년(명종 9) 경대승慶大升이 신변보호를 위해 처음으로 설치하였으나 뒤에 최충헌崔忠獻이 계승하여 이를 강화, 이곳에서 정사政事도 처리하였음. 원종 때 무신정권이 끝나고 왕정이 복구될 때까지 계속됨.

도병마사都兵馬使 고려시대 변경의 군사 문제를 의논하던 회의기관. 도평의사사都評議使司의 전신. 현종 때 서북면과 동북면의 병마사

兵馬使를 통솔하며 군사문제를 처리하기 위하여 설치됨. 이외 양계兩界의 축성築城·둔전屯田, 장졸에 대한 상벌, 주진민州鎭民에 대한 진휼 등 변경·군사·대외문제의 회의기관 구실을 함. 구성원으로는 중서문하성中書門下省의 시중侍中·평장사平章事·참지정사參知政事·정당문학政堂文學·지문하성사知門下省事로 구성되는 판사判事와 중추원中樞院 3품 이상의 벼슬아치들로 구성되는 사使, 정4품 이상의 경卿·감監·시랑侍郞들로 구성되는 6명의 부사副使, 소경少卿 이하의 벼슬아치들로 구성되는 6명의 판관判官, 갑과권무甲科權務들로 구성되는 녹사錄事 8명, 이외에 기사記事·기관記官·서자書者·산사算士로 구성된 25명의 이속吏屬이 있음. 1279년(충렬왕 5) 도평의사사로 바뀜.

도부刀部 백제시대의 관청. 백제 22부중 궁중의 사무를 관장하는 내관內官 12부의 하나로서, 도검刀劍 등 무기의 제작과 관리를 담당함.

도부서都部署 고려시대 지방의 수군水軍을 지휘, 감독하던 관청.

도부외都府外 고려 말에서 조선 초에 걸쳐 순군만호부巡軍萬戶府에 소속되어 있던 경찰부대.

도사都事 ① 고려시대 상서성尙書省·문하성門下省·삼사三司·도평의사사都評議使司·삼군도총제부三軍都摠制府 등에 속한 5품 내지 7품 관직. ② 고려 후기 정동행성征東行省의 관직. 낭중郞中·원외랑員外郞과 함께 좌·우사左右司를 구성하며, 품질은 종7품, 정원은 2명. ③ 조선시대 충훈부·의빈부·충익부·의금부·개성부 소속의 관직. 각 관아의 제반 서무를 주관하는 종5품의 관원과 지방의 관찰사를 보좌하는 종5품의 관원과 지방의 관찰사를 보좌하는 종5품의 관원이 있음. 이 중 관찰사를 보좌하는 도사는 경력經歷과 함께 수령관首領官으로 통칭됨. 이들은 전국 각 도에 각각 1명씩 배치되었는데, 주요 임무는 관찰사를 보좌하여 감사와 함께 수령을 규찰하고 문부文簿를 처결하여 아사亞使라고도 불림. 관찰사의 유고시는 그 직임을 대행하여 아감사亞監司라고도 불림.

도사道使 ① 고구려시대 중앙으로부터 파견된 지방관. 지방의 큰 성에는 욕살褥薩이라는 지방장관이 파견되고, 그보다 작은 여러 성에는 도사가 파견되었으며, 그보다 더작은 소성에는 가라달可邏達과 누초婁肖를 둠. 일명 처려근지處閭近支라고도 하며, 도사의 치소治所를 비뢰라고 함. ② 백제시대 중앙으로부터 파견된 지방관. 말단의 지방관으로, 성주城主라고도 하였음. ③ 신라시대 중앙으로부터 파견된 지방관. 주州·군郡의 하위 행정단위인 촌村 또는 성에 파견되어 중앙정부의 지방통치 임무를 수행함. 통일기에 지방제도가 개편되면서 소수少守·현령縣令으로 바뀜.

도사계知都事稽知 신라시대의 관직. 대일임전大日任典의 관원으로, 정원은 6명.

도사대사都事大舍 신라시대의 관직. 대일임전大日任典의 관원으로, 경덕왕 때 일시 대전사大典事로 고친 일이 있음. 정원은 2명. 사지舍知 이상 나마奈麻 이하의 관등을 가진자로서 임명됨.

도사사지都事舍知 신라시대의 관직. 대일임전大日任典의 관원으로, 경덕왕 때 일시 중전사中典事로 고친 일이 있음. 정원은 4명. 사지舍知 이상 대사大舍 이하의 관등을 가진 자로서 임명됨.

도선導善 조선시대 종친의 교육을 담당하였던 교관敎官. 종학宗學에 소속된 정4품 관직.

도성축조도감都城築造都監 조선 건국 지후 도성을 쌓기 위하여 임시로 설치하였던 관청.

도숙법都宿法 조선시대 관리들의 전직·승진의 기준이 되는 근무일수를 산출해 내는 방법. 근무일수 계산방법에는 1년 단위의 차년법差年法, 달을 기준으로 하는 개월법箇月法, 날짜를 기준으로 하는 도숙법 등이 있음.

도순문사都巡問使 고려시대의 관직. 원래 군사임무를 띠고 재추宰樞들 중에 선임되어 지방에 파견되던 임시관직이었으나, 양계兩界에서는 공민왕 후년까지 그 지방의 지방관 임무를 맡고 있던 존무사存撫使의 민사 업무까지 흡수하여 군사·민사를 모두 관장하는 지방장관이 됨. 서북면西北面의 도순문사는 평양윤平壤尹을 겸하고, 동북면의 도순문사는 화령윤和寧尹을 겸함. 1389년(공양왕 1)에 도절제사都節制使로 바뀜.

도순변사都巡邊使 조선시대 군무를 총괄하기 위하여 중앙에서 파견되던 국왕의 특사.

도순찰사都巡察使 조선시대 재상으로서 왕명을 받들어 외방에 나간 관원. 순찰사는 그 지방감사가 겸임하는 것으로 되어 있으나 정2품 관원이 중앙에서 내려가는 경우 이 이름을 붙임.

도승渡丞 조선시대 한경변에 설치한 한성과 지방을 연결하는 진津·도渡의 관리 책임자.

도승선都承宣 조선 말기 승정원의 후신인 승선원承宣院의 최고관직. 정원은 1명. 왕명의 출납과 기사記事의 기주記注를 관장함. 약제藥提·상서정尙瑞正을 겸임함.

도승지都承旨 ① 고려 1298년(충렬왕 24)에 밀직사密直司를 고친 광정원光政院의 종5품 관직. ② 조선시대 왕명을 출납하던 승정원의 장관. 정3품직. 정원은 1명. 왕명 출납 이외에 겸직이 많았음. 왕의 측근에 시종하며 전선銓選에 깊숙이 관여하고, 예문관의 직제학直提學과 상서원尙瑞院의 정正을 겸임하였으며, 이밖에도 겸춘추兼春秋, 경연經筵의 참찬관參贊官, 상의원尙衣院의 부제조副提調 등을 겸임함.

도시都試 조선시대 무사武士 선발을 위한 특별시험. 1395년(태조 4)부터 실시됨. 선발인원은 33명. 시험과목은 목전木箭·철전鐵箭·편전片箭·기사騎射·관혁貫革·기창騎槍·격구擊毬·유엽전柳葉箭·조총鳥銃·편추鞭芻·강서講書등 11과목임.

도시부都市部 백제시대 중앙행정관서. 외관外官 10부중의 하나. 상업과 교역, 그리고 시장관계 업무를 담당함.

도안색都案色 조선시대 병조에 속하였던 관청. 일명 도안청都案廳이라고도 함. 별기병別騎兵의 보포保布를 관장함.

도알계지都謁稽知 신라시대의 관직. 대일임전大日任典의 관원으로, 정원은 6명.

도알사지都謁舍知 신라시대의 관직. 대일임전大日任典의 관원으로, 정원은 8명. 사지舍知 이상 대사大舍이하의 관등을 가진 사람으로 임명됨.

도약정都約正 조선시대 향약鄕約의 최고의 직임職任.

도염서都染署 고려·조선 시대 어용염료御用染料의 제조와 염색을 맡아보던 관청.

도염원都鹽院 고려시대 각염법榷鹽法이 실시되기 이전에 소금에 관한 업무를 관장하던기관.

도옥道獄 조선시대 각 도에 있던 감옥.

도원수都元帥 고려·조선 시대 전시에 군대를 통솔하던 임시무관직. 대개 문관의 초고관이 임명되어 임시로 군권을 부여받고 군대를 통솔함.

도인계지都引稽知 신라시대의 관직. 대일임전大日任典에 둔 하급관리로, 일명 도인당都引幢·소전인小典引이라고도 함. 정원은 5명.

도인사지都引舍知 신라시대의 관직. 대일임전大日任典의 관원으로, 정원은 1명. 사지舍知 이상 대사大舍 이하의 관등을 가진 사람으로서 임명됨.

도장導掌 조선 후기 궁방전宮房田을 관리하고 조세를 거두는 사무를 담당한 궁방의 청부인.

도재고都齋庫 고려시대 제사에 관한 일을 맡아보던 관청. 문종 때 설치되었으며, 산천·일월·성신 등에 제사하는 제물을 취급, 보관하던 특수 창고.

도전渡田 조선시대 서울 주변 큰 강의 요로에 설치된 도도渡·진津의 비용을 충당하기 위해 도·진에 지급된 토지.

도절제사都節制使 고려 말에 설치된 외직으로 양계兩界 지역의 장관. 1389년(공양왕 1)에 도순문사都巡問使가 개칭된 것임. 정원은 동북면과 서북면에 각각 1명씩. 군사·민사 모두를 관장함. 1390년부터는 양계에도 도관찰출척사都觀察黜陟使를 두고 도절제사를 겸임하게 하였으며, 1392년 4월 전국의 도관찰출척사가 혁파됨과 동시에 도순문사로 환원되면서 소멸됨.

도정都正 조선시대 종친부宗親府·돈녕부敦寧府·훈련원訓練院의 정3품 당상관 관직.

도정都定 조선 후기 소작료 산정 및 징수방법의 하나. 매년 작황을 조사하여 일정액의 소작료를 산정하던 방법으로, 주로 궁방전의 소작지에서 행해짐.

도정사都正司 고려시대 전곡의 출납을 담당한 관청. 1014년(현종 5)에서 1023년(현종 14)까지 존속하였음.

도제고都祭庫 고려시대 제사에 관한 일을 맡아보던 관청. 인종 때 설치되어 1391년(공양왕 31)에 혁파됨.

도제조都提調 조선시대 육조의 속아문이나 군영 등에 두었던 일종의 자문직. 조선 전기에 육조 속아문 가운데 왕권이나 국방·외교 등과 연관되어 중요하다고 생각되는 기관에 정1품직인 도제조를 두어 인사나 행정상 중요한 문제 등에 관하여 자문에 응하도록 함. 현직이나 퇴직한 의정議政이 겸하도록 하였으나 종부시宗簿寺 등 종친과 관계되는 기관은 왕의 종속친이 겸하게 함.

도지권賭地權 조선 후기 17세기경부터 성립된 소작지에서의 부분소유권. 도지권을 가진 소작농은 그 소작지를 영구히 경작할 수 있었고, 지주의 승낙이 없어도 도지권을 임의로 타인에게 매매, 양도, 저당, 상속할 수 있었음. 도지권이 성립된 토지의 소작료율은 수확물의 약 25~33%에 불과하였음. 따라서 도지권을 얻은 소작농은 소작지를 다른 소작에게 전대轉貸하여 주고 일반 소작료를 받아 지주에게 자신이 납부해야 할 소작료를 제외 한 다음 그 차액을 갖기도 하는데, 이를 중도지中賭地라고 함. 조선 후기에 전국 각지에서 성립되어 대한제국 때 크게 성행하였다가, 1920년대 일제의 식민정책으로 소멸됨.

도지법賭地法 조선시대 소작제도의 하나. 도조법賭租法 또는 도작법賭作法이라고도 함. 소작료를 미리 협정하고 매년의 수확량에 관계없이 일정한 소작료를 징수하는 방법. 풍흉에 의하여 소작료가 증감하지 않는 것이 특징임.

도진무都鎭撫 ① 고려 말 조선 초에 설치 되었던 군직. 소속된 장수의 막료로서 군기軍機에 참여하고 군령을 전달하며, 제반 군사업무를 총괄하여 장수를 보필함. 1389년(공양왕 1) 도순문사都巡問使가 도절제사都節制使로 개칭된 이후 도절제사 밑에 도진무가 설치됨. 1466년(세조 12) 병마우후兵馬虞候로 개칭됨. ② 조선 초기 1409년(태종 9) 8월에 설치된 삼군진무소三軍鎭撫所의 장관. 같은달에 삼군진무소가 의흥부義興府로 개칭되면서 판사判事로 바뀌었으나, 1412년 의흥부가 혁파되었다가 1414년을 전후하여 삼군진무소로 복설되면서 도진무의 직명이 다시 나타남. 1466년(세조 12) 도총관都摠管으로 개칭됨. 모두 3명으로 각기 일군一軍을 전담함.

도진무사都鎭撫司 고려시대 원나라 지배하에 설치된 정동행중서성征東中書省의 한 기구. 군사사무를 관장함.

도진사都津司 고려시대 해산물의 조달과 소금을 관장하며 대외의 물자를 공급하고 제사와 빈개그이 비용을 충당한 관청.

도찰원都察院 조선 말기 의정부 소속 관청. 1894년(고종 31)에 설치

되고, 임무는 내외백관의 선악과 공과를 규찰하여 의정부에 알리고, 상벌을 공종하게 행하는 것이었음. 1895년에 폐지됨.

도첨의령都僉議令 고려시대 중서령中書令의 후신. 1275년(충렬왕 1) 중서령을 폐지하였다가 1295년 도첨의령을 두고, 이어 원나라의 중서령을 피하여 판도첨의사사사版都僉議使司事로 고쳐짐.

도첨의부都僉議府 고려시대 최고 중앙의 정기관인 중서문하성中書門下省의 후신. 1275년(충렬왕 1) 중서문하성과 상서성尙書省을 병합하여 만든 첨의부僉議府가 1293년 도첨의사사都僉議使司로 되었다가, 1356년(공민왕 5) 다시 중서문하성과 상서성으로 환원되었으며, 1362년 또다시 도첨의부가 됨. 1369년 문하부로 바뀜.

도첨의사사都僉議使司 고려 후기 중앙행정의 최고기관. 백관百官의 서무를 관장하였음. 1275년(충렬왕 1) 중서문하성中書門下省과 상서성尙書省을 병합하여 첨의부僉議府를 설치하였는데, 1293년 첨의부가 도첨의사사로 바뀜. 1356년(공민왕 5)에 중서문하성과 상서성이 복구되고 도첨의사사는 폐지됨.

도첩度牒 새로 승려가 되었을 때 나라에서 주는 허가증. 입적入寂 또는 환속還俗을 하면 도로 반납함. 예조禮曹에서 발급함.

도청都廳 ① 조선 초기 궁궐과 도성의 개축공사를 위하여 선공감繕工監에 임시로 설치하였던 관청. ② 조선시대 실록편찬을 위하여 임시로 설치하였던 실록청의 한 부서. ③ 조선시대 가례도감嘉禮都監·책례도감冊禮都監·존호도감尊號都監 등 국가의 중요 의례행사를 위하여 임시로 설치하였던 관청. ④ 조선 후기 1760년(영조 36) 창설된 준천사濬川司의 정3품 당상관직. 준천사의 실무책임자.

도체찰사都體察使 조선시대 의정부議政府가 맡은 임시직. 왕명을 받아서 할당된 지역의 군정과 민정을 총괄함. 보통 1개 이상의 도道를 관할하였고, 종사관이 휘하에 있었음.

도총관都摠管 조선시대 오위도총부五衛都摠府의 최고책임자. 정2품직. 1466년(세조 12) 오위진무소五衛鎭撫所가 오위도총부로 바뀌면서 도진무都鎭撫가 도총관으로 바뀜. 정원은 5명으로, 문관文官·음관蔭官·무관武官이 겸하였으나 대개 종실 등이 겸하는 경우가 많음. 오위의 입직入直·행순行巡을 감독, 지휘하였으며, 임기는 1년. 후기에 오위제가 유명무실해지자 관명官名만 남아 있던 문·무관의 보직 없는 자가 이에 속하였음.

도총도감都摠都監 고려시대 병력 동원을 위하여 설치되었던 임시 관청.

도총섭都摠攝 조선 중기 이후의 승직僧職 가운데 최고 직위.

도평의사사都評議使司 고려 후기 최고정 무기관. 고려 전기 도병마사都兵馬使의 후신. 일명 도당都堂이라고도 함. 1279년(충렬왕 5) 도병마사가 도평의사사로 개칭되어 그 구성과 기능이 확대, 강화되었음. 도병마사는 변방의 군사문제만 논의하였으나, 도평의사사에서는 국정 전반에 걸친 대사를 논의, 결정하였음. 구성에 있어서도 재추宰樞 이외의 삼사三司의 요원뿐만 아니라 정식 직사자職事者는 아니지만 재상으로 국정에 참여하는 상의商議까지도 포함되어, 고려말에는 그 수가 70~80명에 이르게 됨. 조선 초기까지 이어지다가 1400년(정종 2) 도평의사사가 의정부로 개칭되고, 1401년(태종 1) 문하부를 통합하여 백규서무百揆庶務를 함으로써 소멸됨.

도필刀筆 ① 대나무에 문자를 새기던 칼. 또는 그 잘못된 곳을 긁어 고치는 데 쓰던 칼. ② 문서에 기록하는 일 또는 그 기록을 맡은 관원.

도할都轄 조선시대 동반東班 토관직土官職의 하나. 도할사都轄司의 장長. 동반 종6품 봉직랑奉直郎이 받는 관직.

도할사都轄司 조선시대 평안도·함경도 등 특수지방에 설치된 토관청土官廳. 세종 때의 5품아문인 도부사都府司가 1462년(세조 8) 정6품아문인 도감사都監司로 개편되고, 그 뒤 다시 종6품아문으로 격

하되면서 도할사로 개칭됨. 도할都轄 1명, 전사典事 1명씩을 둠.

도항사都航司 고려 초기에 설치된 관부. 수군을 관장하였음.

도형徒刑 오형五刑의 하나로 일정 기간 지정된 장소에서 노역에 종사하는 형벌. 이형에는 반드시 장형杖刑을 부과하였는데, 장杖 60을 치고 1년에 처하거나, 장 70에 도徒 1년, 장 80에 도 2년, 장 90에 도 2년반, 장 100에 도 3년 등 다섯 등급이 있음.

도호부都護府 ① 고려시대 지방에 둔 통치기구의 하나. 대도호부大都護府의 아랫며 군郡의 위임. 처음에는 전국에 5개의 도호부를 두었다가, 1018년(현종 9)에 4개의 도호부를 두었고, 1375년(우왕 1)에는 군대 통솔권까지 부여함. ② 조선시대 지방에 둔 통치기구의 하나. 주州의 다음이며 군郡의 위임. 종3품의 도호부사都護使를 둠. 1895년(고종 32)에 없어짐.

도호부사都護府使 ① 고려시대 도호부都護府의 우두머리 관직. 4품 이상의 관원 중에서 임명됨. ② 조선시대 도호부의 우두머리 관직. 종3품직.

도화서圖畫署 조선시대 그림을 그리고 보관하는 일을 관장한 관청. 1471년(성종 2) 도화원圖畫院이 도화서로 개칭되면서 종6품아문으로 격하됨.

도화원圖畫院 고려시대와 조선 초기에 그림을 그리고 보관하는 일을 관장한 관청.

도회시都會試 조선시대지방 유생의 학업장려를 위하여 실시된 시험. 고려시대에는 매년 여름에 시詩·부賦로 지방의 인재를 선발하는 도회都會가 있었는데, 조선초에 폐지되었음. 1407년(태종 7) 부활되어, 각 도 관찰사의 주관하에 매년 6월 계수관界首官에 도회소를 설치하고 도내의 교생校生을 제술製述과 강경講經으로 시험보게 함.

독권관讀卷官 고려 후기 과거를 담당한 고시관. 전시殿試 고시관의 하나로서 응시자가 제출한 답안지를 읽고 그 내용이 잘 되었는가를 왕 앞에서 설명하는 직책을 맡음.

독로국瀆盧國 고대 변한 12소국 중의 한나라. 정확한 위치는 알 수 없고 경상남도 거제군 혹은 부산 동래로 비정되기도 함.

독서당讀書堂 조선시대 국가의 중요한 인재를 길러내기 위하여 건립한 전문독서연구기구. 호당湖堂이라고도 함.

독서삼품과讀書三品科 신라시대의 관리등용 방법. 독서출신과讀書出身科라고도 함. 788년(원성왕 4)에 설치된 일종의 과거로서, 유교경전에 대한 시험을 본 뒤 합격헌자들을 관리로 선발하였음.

독주주獨奏州 발해의 지방행정구역. 이 주의 성격은 후대의 직례주直隸州와 같은 것으로, 부府에 속하지 않고 중앙의 직속으로 존재함. 따라서 위치도 상경용천부上京龍泉府의 주변으로서 교통상의 요충지에 분치分置되었을 것으로 추측됨.

독판督辦 조선 말기 통리기무아문統理機務衙門의 관직. 통리교섭통상사무아문統理交涉通商事務衙門과 통리군국사무아문統理軍國事務衙門의 우두머리 관직. 특히 통리군국사무아문의 경우에는 장관뿐만 아니라 예속된 육사六司의 우두머리도 독판이라 불림.

독향사督餉使 조선 1624년(인조 2) 이괄李适의 난이 일어났을 때 군량의 보급을 위해 지방에 파견된 임시관직.

돈녕부敦寧府 조선시대 종친부宗親府에 속하지 않은 종친과 외척을 위한 예우관청. 정1품아문. 1414년(태종 14)에 설치되어, 1894년(고종 31) 1차 내정개혁으로 의빈부와 통합하여 종정부宗正府가 되었다가, 1907년(순종 1)에 없어짐.

돈녕사敦寧司 조선 말기 1905년에 돈녕원敦寧院이 개칭된 관청. 1907년에 없어짐.

돈녕원敦寧院 대한제국 때 왕의 친척이나 외척에 대한 보첩譜牒을 관장하던 관청. 1900년 귀족원貴族院이 개칭된 것으로, 1905년 돈녕사敦寧司로 개칭됨.

돈신대부敦信大夫 조선시대 의빈계儀賓階의 하나. 의빈儀賓 종3품하계下階의 관계명칭階名. 의빈계의 최하위계로서, 왕세자의 서녀 庶女인 현주縣主에게 장가든 사람에게 처음 수여하는 위계.

돈용교위敦勇校尉 조선시대 무산계武散階의 하나. 서반西班 정8품상계上階의 관계명칭階名.

돈의도위敦義徒尉 조선시대 서반토관西班土官의 정7품 관계명官階名.

동경東京 고려시대 서경·남경과 함께 삼경三京의 하나. 지금의 경주지역. 935년(태조 18) 신라 경순왕이 고려에 항복하자 그 옛 도읍지를 경주라 하였다가, 940년 그 지위를 올려 대도독부大都督府로 삼았던 것을 987년(성종 6)에 동경이라 개칭하고 유수留守를 둠.

동경갑방東京甲坊 고려시대 동경(東京:지금의 경주)에 있었던 창고.

동경용원부東京龍原府 발해시대 오경五京 중의 하나. 제3대 문왕 대흠무大欽茂가 785년 무렵 이곳으로 천도한 이후 제5대 성왕 대화여大華璵가 다시 상경용천부上京龍泉府로 천도하는 794년까지 약 10년간 발해의 수도였음. 일명 책성부柵城府라고도 하며, 속주屬州로는 경慶·염鹽·목穆·하賀의 4주가 있음. 위치는 간도 훈춘(혼춘琿春) 지역.

동계東界 고려시대 북계北界와 함께 양계兩界를 구성하던 지방행정구역의 하나. 동북면東北面·동면東面·동로東路·동북로東北路·동북계東北界라고도 함. 대체로 공험진公嶮鎭 이남으로부터 삼척三陟 이북의 지역이 이에 해당됨.

동국東國 우리나라의 별칭. 중국의 동쪽에 있는 나라라는 뜻으로, 해동海東이라는 별칭에서 파생된 칭호. 동국이라는 명칭에서 동방東方 또는 東邦·대동大東이라는 명칭도 파생됨.

동궁東宮 왕세자가 거처하는 궁 또는 왕세자를 일컫는 칭호.

동궁무관부東宮武官府 1908년 황태자를 보필輔弼하기 위하여 설치된 기관. 1904년 9월 동궁배종무관부東宮陪從武官府가 설치되었는데, 1907년 8월 군대가 해산되면서 황태자궁 배종무관부로 개편되었으며, 다시 1908년 4월 동궁무관부로 개편됨. 주요임무는 황태자의 군무軍務와 위의威儀를 보필하고 제의祭儀·예전禮典·연례宴禮·알현 등 때 배종함.

동궁아東宮衙 신라시대 태자가 거처하는 궁을 관리하는 관서. 752년(경덕왕 11) 설치, 상대사 차대사 각 1명을 둠.

동녕부東寧府 고려 서경西京에 설치된 원나라 통치기관. 1270년(원종 11)에 자비령을 경계로 삼아 그 이북 지방은 모두 원나라의 소유로 한 뒤 서경에 동녕부를 설치하였음. 1370년(공민왕 19)에 폐지됨.

동맹東盟 고구려에서 10월에 행하던 제천의식. 동명東明이라고도 함.

동명도독부東明都督府 백제 멸망 후 당나라에서 백제의 옛 땅을 지배하기 위하여 설치한 5개 도독부 중의 하나. 위치는 불분명함.

동반東班 고려·조선 시대 문반文官의 반열班列. 국정을 주도하는 양반兩班 계층의 하나로, 문과 출신의 벼슬아치이거나 또는 대대로 문관 벼슬을 살아온 집안 출신의 관리들을 가리켜 이르는 말. 조회 시 국왕을 중심으로 동쪽에 품계순으로 정렬하였기 때문에 동반이라 하고, 문반文班이라고도 함.

동벽東壁 조선시대 좌석의 서열과 위치에 따른 관직 별칭. 본래 관리들이 회의나 연회에서 서열에 따라 앉는 지정된 좌석의 위치를 뜻하는 것으로, 최상위가 주벽(主壁:북쪽), 차상위가 동벽, 그 다음이 서벽, 기타가 남상南床이 되었으니, 뒤에는 그 위치에 따른 각 관청의 특정 관직을 지칭하게 됨. 보통 승정원과 홍문관의 동벽 관원들을 지칭함.

동별영東別營 조선 말기 훈련도감의 본영本營. 현재의 서울특별시 종로구 인의동에 있었음. 훈련도감의 본영은 1594년(선조 27) 서부여경방餘慶坊에 세워져 3백여년간 사용되었으나, 고종 초에 동별영으로 옮겨졌다가, 1882년(고종 19) 훈련도감이 혁파되면서 폐지됨.

동부대언同副代言 조선 1405년(태종 5)에 승정원에 둔 정3품 관직. 1433년(세종 15) 동부승지同副承旨로 바뀜.

동부승지同副承旨 조선시대 승정원의 여섯 승지의 하나. 정3품 통정대부通政大夫로 다른 승지들과 품계는 같으나, 서열상 맨 끝자리. 1433년(세종 15) 동부대언同副代言이 개칭된 것으로, 갑오개혁 때 승선원承宣院의 우부승선右副承宣으로 개칭됨. 왕명출납과 공조에 관계되는 일을 맡아봄.

동빙고東氷庫 조선시대 얼음의 채취·보존·출납을 맡아보던 예조 소속의 종5품 아문. 1396년(태조 5)에 설치됨.

동산별감東山別監 조선 후기 액정서掖庭署에 소속된 대전별감. 대전별감은 왕의 시중과 호위를 담당하던 하례下隸로서 42명이 지정되어 있었는데, 정조 때 그 중 2명이 창덕궁 내의 건양현建陽峴을 담당, 관리하게 하였음. 이들을 보통 동산별감이라 함.

동서학당東西學堂 고려 말 1261년(원종 2) 강도江都에 설치된 중등 정도의 관립교육기관. 유학의 진흥을 위하여 지방 향교를 대신하여 중앙의 동쪽과 서쪽에 설립됨.

동서활인원東西活人院 조선시대 빈민의 질병구료사업을 맡아보던 관청. 일명 동서활인서東西活人署라고도 함. 1401년(태종 1) 고려시대의 제도를 본받아 동서대비원東西大悲院이 설치되었다가, 1414년 동활인서와 서활인서로 개칭되고, 1466년(세조 12)에 활인서로 통합됨. 1709년(숙종 35) 혜민서惠民署에 이속되고, 1743년(영조 19) 완전히 혁파됨.

동시전東市典 신라시대 경주에 설치된 동시東市의 업무를 관장하던 관청. 509년(지증왕 10)에 설치됨. 시장개폐의 시각, 도량형의 사용, 상인간의 분쟁, 어용상품의 조달, 잉여생산물의 판매 등의 사무를 처리함.

동약洞約 조선 16세기 이후 동단위의 자치조직. 동계洞契 또는 동설東楔·동의洞議·동안洞案이라고도 함. 약원約員의 명부인 동안洞案과 운영규약, 그리고 공유재산인 동물洞物이 있었음.

동인東人 조선 중기 붕당朋黨의 하나. 선조 초에 당시 문명文名이 높았던 김효원金孝元과 명종비 인순왕후仁順王后의 아우로 권세가였던 심의겸沈義謙의 전랑직銓郞職을 둘러싼 대립이 동기가 되어 신진사류들은 김효원을, 기성사류들은 심의겸을 각각 지지함으로써 동서분당東西分黨이 일어났음. 당시 김효원의 집이 도성 동쪽 낙산駱山 건천동乾川洞에 있었기 때문에 그를 지지하는 일파를 동인, 심의겸의 집이 도성 서쪽 정동貞洞에 있었기 때문에 그를 지지하는 일파를 서인이라고 부르게 됨.

동적전東籍田 조선시대 수도 한양의 흥인문興仁門 밖에 설정되어 있던 적전. 경영은 처음에는 전농시典農寺 소속의 외거노비를 선발하여 경작하게 하다가, 세종 이후로는 부근의 농민을 동원하여 경작시킴.

동정직同正職 고려시대의 산직散職·품계만 있고 현재의 직무가 없거나 직함만 있고 실무가 없는 관직. 문반 정6품 이하와 무반 정5품 이하, 남반南班·이속吏屬·향리·승관僧官 등에 설정되어 있었음. 검교직檢校職과 상하관계를 이루면서 하나의 산직체계를 구성함. 특히 초입사직初入仕職으로 활용되어, 음서蔭敍를 통하여 입사한 사람은 모두 동정직부터 제수받았고, 과거급제자도 초직初職으로 동정직을 제수받은 것이 상례였음. 일정한 기간을 대기한 뒤 실직實職으로 진출하였는데, 주로 외직外職이거나 권무직權務職이었음. 직사職事가 없는 허직虛職이지만 관인과 동일하게 취급되었으며, 대우는 녹봉祿俸은 없이 전시과에 포함되어 토지만을 지급받았음.

동제거同提擧 고려시대의 관직. 문종 때 국자감에 2명을 두었는데, 모두 겸직임. 예종때 보문각寶文閣을 처음 설치할 때 두었으며, 대신大臣이 겸직하게 함. 임무는 보문각의 서무를 관장함.

동주銅州 발해의 지방행정구역. 62주州중의 하나. 상경上京의 직예주直隸州인 독주주獨奏州에 속하며, 일명 동산군銅山郡이라 함.

동지경연사同知經筵事 조선시대 경연청經筵廳에 속한 종2품의 관직. 고려 말 1390년(공양왕 2) 정월에 열린 경연에서 처음으로 동지경연사의 직함이 나타남. 이때는 정원이 2명. 그 뒤 조선 1418년(세종 즉위년)에 지사·시강관侍講官과 더불어 동지사도 1명 가설됨으로써 정원이 3명이 되었는데, 모두 타관이 겸임함.

동지공거同知貢擧 고려시대 예부시禮部試의 시관試官. 지공거의 보좌역으로, 정원 1명. 972년(광종 23)에 둔 적이 있으나 곧 폐지되었고, 1083년(순종 1)에 복치되어 이후 조선 초기까지 존속됨.

동지돈녕부사同知敦寧府事 조선시대 돈녕부敦寧府에 속한 종2품의 관직. 1414년(태종 14) 돈녕부가 설치되면서 1명의 정원을 둠. 왕의 친족이나 외척 중에서 품계가 해당되는 자로서 임명함. 1894년(고종 31) 돈녕부가 종정부宗正府에 합쳐졌다가 이듬해 귀족사宗族司로 개편되면서 폐지됨.

동지사冬至使 조선시대 동지에 명나라와 청나라에 보내던 사신. 정조사正朝使·성절사聖節使와 함께 삼절사三節使라 함.

동지사同知事 ① 고려시대 중추원·추밀원·밀직사의 종2품 관직. ② 고려시대 자정원資政院의 정2품 관직. ③ 고려시대 춘추관의 종2품 이상의 관직. ④ 조선시대 종2품 관직. 지사知事의 보좌역을 맡음. 돈녕부敦寧府에 1명, 의금부에 1~2명, 경연에 3명, 성균관에 2명, 춘추관에 2명, 중추부에 8명을 둠. 돈녕부 이외의 제아문의 동지사는 모두 타관이 겸임함.

동지삼군부사同知三軍府事 조선시대 삼군부에 속한 정2품 관직. 1400년(정종 2) 중추원이 의흥부義興府에 합속되면서 종래의 동지중추원사가 동지삼군부사가 됨. 이듬해 의흥삼군부가 승추부承樞府로 개편되고 군사기능과 출납기능이 통합된 고려 초이래의 중추원제도로 환원되면서 동지삼군부사는 없어짐. 1868년(고종 5) 삼군부 부활에 따라 다시 동지삼군부사로 설치되었다가, 1880년 삼군부가 폐지됨에 따라 동지삼군부사도 폐지됨.

동지성균관사同知成均館事 조선시대 성균관의 종2품 관직. 일명 동지성균同知成均이라고도 함. 1398년(태조 7)에 처음 나타나고, 정원은 2명으로, 다른 관직자가 겸임하였음.

동지의금부사同知義禁府事 조선시대 의금부에 설치된 종2품의 관직. 1466년(세조 12)에 의금부의 판사判事·지사知事 다음의 직임으로 설치됨.

동지절제사同知節制使 조선 초기 의흥친군위義興親軍衛와 의흥삼군부義興三軍府에 두었던 군직. 1392년(태조 1) 의흥친군위를 편성하면서 종2품 이상의 종실과 훈신을 절제사로 임명하여 지휘하도록 하였는데, 동지절제사는 이 절제사의 직급 가운데 하나임. 1393년 의흥삼군부 설치 때 이러한 체제가 계승되어 중군中軍과 좌군·우군에 각각 정1품의 도절제사 또는 종1품의 절제사 1명, 정2품의 지절제사 또는 종2품의 동지절제사 1명씩을 임명하여 의흥삼군부를 지휘하게 함.

동지중추부사同知中樞府 조선시대 중추부에 속한 종2품의 관직. 1466년(세조 12) 중추원中樞院이 중추부中樞府로 바뀌면서 동지원사가 동지중추부사로 바뀜.

동지춘추관사同知春秋館事 조선시대 춘추관의 종2품 관직. 타관이 겸직하였는데, 품계로는 가선대부嘉善大夫 이상, 직책으로는 참판급 이상이 겸하도록 하였음. 정원은 2명이었으나, 실록편찬시의 상황에 따라 그 이상이 임명되기도 함. 이들은 평소에는 특별한 임무가 없으나, 실록청이 개설되면 각방 당상堂上으로서 각방의 실록편찬을 지휘하는 주임격을 담당함.

동진사同進士 고려시대 문과 급제자의 등급 가운데 하나. 고려시대의 문과는 크게 국자감시國子監試와 예부시禮部試로 나뉘었고, 예부시에는 제술업製述業과 명경업明經業이 있었는데, 이 가운데 제술업에 급제한 사람을 갑과·을과·병과 및 동진사로 구분하였음. 조선시대에 와서는 전시殿試에서 급제자의 등급을 결정하면서, 이러한 구분을 그대로 사용되다가 1467년(세조 12)부터 갑·을·병과로 나누기 시작하면서 동진사는 없어짐.

동징洞徵 조선시대 삼정문란三政紊亂 가운데 군정軍政 폐해의 하나. 군역 도피자의 부담을 인근의 주민에게 공동분담시키는 것을 말함.

동첨절제사同僉節制使 조선시대 종4품의 외관직 무관. 육군에만 두어 각 도 모든 진鎭의 장將이 됨. 수군에는 두지 않음. 군수 등의 수령이 겸대함.

동평관東平館 조선시대 일본사신이 머물던 숙소. 왜관倭館이라고도 함. 위치는 남산 북쪽 기슭의 남부 낙선방(樂善坊:지금의 인사동)에 있었으며, 1407년(태종 7)에 설치됨.

동평부東平府 발해의 지방행정구역. 15부府의 하나로서, 불녈拂涅의 옛 땅에 설치됨.

동헌東軒 조선시대 지방관아의 정무가 행해지던 중심건물. 관찰사·병사·수사水使·수령들의 정청政廳으로서 지방의 일반 행정업무와 재판 등이 여기서 행하여짐. 지방관의 생활처소인 내아(內衙:서헌西軒이라고도 함.)와 구분되어 보통 그 동편에 위치하였기 때문에 동헌으로 불리게 됨.

두상대감頭上大監 통일신라시대의 관직. 782년(선덕왕 3) 황해도 평산에 패강진浿江鎭을 두어 예성강 이북, 대동강 이남지역을 군정軍政 방식으로 다스렸는데, 두상대감은 그 장관임. 정원은 1명, 급찬級湌 이상 사중아찬四重阿湌까지의 관등을 가진자로서 임명됨.

두상제감頭上弟監 통일신라시대의 관직. 782년(선덕왕 3) 황해도 평산에 패강진浿江鎭을 두어 예성강 이북, 대동강 이남지역을 군정軍政 방식으로 다스렸는데, 두상제감은 대감大監의 아래임. 정원 1명, 사지舍知 이상 대나마大奈麻까지의 관등을 가진 자로서 임명됨.

둔감屯監 조선 후기 영문營門과 아문衙門의 둔전屯田을 관리하던 사람.

둔전屯田 변경이나 군사요지에 설치되어 군량에 충당한 토지. 차경차전且耕且戰의 취지하에 부근의 한광지閑曠地를 개간, 경작하여 군량을 현지에서 조달케 함으로써 군량운반의 수고를 덜고 국방을 충실히 수행하기 위한 것이었음. 후대에는 관청의 경비를 보충하기 위하여 설치한 토지도 둔전이라 하였고, 조선 말기에는 둔토屯土라고도 하였음.

둔전경략사屯田經略司 고려시대 원나라의 간섭 아래 설치되었던 둔전屯田 관리기구. 1271년(원종 12)에 고려에 주둔하고 있던 원나라 군대의 식량을 조달하기 위하여 봉주鳳州에 처음 설치됨.

둔전병屯田兵 고려·조선 시대 평시에는 토지 경작과 군량을 공급하고, 전시에는 전투원으로 동원되는 병사.

둔전촌屯田村 둔전屯田을 경작하는 농민이 거주하는 마을. 둔촌이라고도 함.

등극사登極使 조선시대 중국 황제의 등극을 축하하기 위하여 파견되었던 임시사절.

등대국燈臺局 1908년 항로표지에 관한 사무를 관장하기 위하여 설치된 관청.

등문고登聞鼓 조선 초기에 설치된 신문고申聞鼓의 전신. 1401년(태종 1) 7월에 처음 설치됨. 그해 8월에 신문고로 개칭되고, 11월에 시설을 완성하여 활용되기 시작함.

등사랑登仕郎 고려시대 문산계文散階의 하나. 1076년(문종 30)에 정9품 하계下階의 관계명官階名으로 정하여져 전체의 29등급 가운데 제27계임. 1275년(충렬왕 1)에 폐지되었다가, 1356년(공민왕 5) 9품계로 정해짐. 1362년에 다시 폐지됨.

등영각登瀛閣 조선시대 삼사三司의 하나인 홍문관의 서고書庫.

등용부위騰勇副尉 조선시대 서반西班 잡직계雜職階 정7품의 관계명官階名. 서반 잡직계 부위계副尉階의 상한임.

등제等第 조선시대 관원의 근무성적을 조사하여 등급을 매기는 것. 포폄(褒貶:포상과 처벌)이나 고과考課와 같은 인사행정이 이루어지기 위한 1차 평가작업이었음.

등준시登俊試 조선 세조 때 현직관리·종실·부마 등을 대상으로 실시하였던 임시과거. 1466년(세조 12)과 1774년(영조 50)에 실시됨. 발영시拔英試와 함께 현직관리들이 학문에 힘쓰지 않아 문풍文風이 부진해지는 것을 막기 위한 시험이었음.

마

마가馬加 부여시대의 관직. 부여연맹체를 구성하는 중심세력의 족장으로, 부여 사출도四出道의 하나를 관장하였을 것으로 추측됨.

마공麻貢 고려시대 국가에 납부하던 잡공雜貢. 마전麻田 1결結에 생마生麻는 11냥两 8도刀를, 백마白麻는 5냥 2목目 4도를 바치게 되어 있음.

마리전麻履典 신라시대의 관청. 내성內省에 소속되어 짚신 등의 생산을 담당하였음.

마립간麻立干 신라의 왕호. 이사금尼師今 칭호에 이어 제17대 내물왕부터 사용하기 시작하여 제22대 지증왕 4년 중국식 왕호를 칭할 때까지 사용됨.

마별초馬別抄 고려시대 최씨무인정권의 기병부대. 최우崔瑀가 몽고의 영향을 받아 편성함.

마부馬部 백제시대의 관청. 백제 22부部 가운데 궁중의 사무를 관장하는 내관內官 12부 중의 하나로서 말의 사육과 관리를 담당함.

마산창馬山倉 조선시대 경상남도 마산시 합포동에 설치되었던 조창漕倉.

마상선馬尚船 조선시대 평안도와 함경도의 하천 등에서 군대의 이동, 곡물의 운반, 기타 잡용에 쓰인 배.

마색馬色 조선시대 병조에 속했던 관청. 정조 이전에는 승여사乘輿司로 불림. 국왕의 수레나 가마, 국왕 행차 때의 의장儀仗인 노부鹵簿, 양마養馬를 관장하고, 권원이 지방에 부임하거나 공무로 여행할 때 역마를 제공하는 입마立馬, 관원의 숙식편의를 위하여 공행의 일정표를 연도의 각 관청에 미리 보내는 노문路文과 초료草料 등을 담당함.

마전馬田 역마驛馬를 기르기 위하여 그 재원으로서 설치된 토지. 마위전馬位田·마분전馬分田이라고도 함.

마전麻典 신라시대의 관청. 경덕왕 때 일시 직방국織紡局으로 고쳐진 적이 있으며, 내성內省에 소속되어 국왕의 의복 제작을 담당함. 소속 관원으로 간干 1명, 사史 8명, 종사지從舍知 4명을 둠.

마전磨典 신라시대의 관청. 경덕왕 때 일시 자인방梓人房으로 고쳐지기도 하였음. 내성內省에 소속되어 토기의 제작, 생산을 담당함.

마패馬牌 ① 역마驛馬를 징발하는 표로서 나라에서 공무로 출장가는 관원에게 역마 사용을 위하여 주는 말을 새긴 패牌. ② 조선시대 각 전殿에서 사용하는 말의 수효를 규정하는 산유자나무로 만든 둥근 패.

마한도독부馬韓都督府 백제가 멸망한 뒤 당에서 설치한 5도독부 가운데 하나. 660년(의자왕 20)에 설치되었으며, 위치는 대략 오늘날의 익산지방으로 추정됨.

막리지莫離支 고구려시대 최고의 관직. 6세기 후반경에 국사를 총괄하는 관직으로 성립되었으나, 연개소문淵蓋蘇文의 집권 이후 고구려의 정치·군사 양권을 장악하고 국정을 전담하는 최고의 관직이 됨.

막사幕士 고려시대 잡류직雜職의 하나. 궁중에서 공어供御의 임무와 잡다한 업무를 수행하였음.

막힐부鄭頡府 발해의 지방행정구역. 5경京·15부府·62주州 중 15부의 하나. 부여부夫餘府와 더불어 부여의 옛 땅에 설치되었으며, 그 밑에는 막주鄭州와 고주高州의 2개 주를 두어 다스리도록 함.

만권당萬卷堂 고려 1314년(충숙왕 1)에 충선왕이 원나라의 연경(燕京:북경)에 있는 자신의 사제私第에 세운 서재書齋.

만동묘萬東廟 조선시대 임진왜란 때 조선을 도와준 명나라 신종神宗을 기리기 위하여 충청북도 괴산군 청천면 화양리에 세운 사당. 1703년(숙종 29) 송시열宋時烈의 유명을 받아 권상하權尚夏 등이 중심이 되어 창건하고 신종과 의종毅宗의 신위를 봉안하여 제사함. 1865년(고종 2) 대원군집정시 철폐되었다가, 1874년 왕명으로 다시 부활되었으며, 1907년 일본통감부에 의해 철폐됨.

만보당萬步幢 신라시대의 군대. 통일기 구주九州에 조직적으로 배치된 부대로, 주마다 각기 두 개씩 있었음.

만보당주萬步幢主 신라시대의 무관직. 경오종당주京五種幢主 15명, 절말당주節末幢主 4명, 구주만보당주九州萬步幢主 18명을 총칭하는 것으로, 정원은 모두 37명. 관등은 대나마大奈麻로부터 사지舍知까지임.

만인소萬人疏 조선시대 1만 명 내외의 유생儒生들이 연명連名하여 올린 집단적인 소疏.

만호萬戶 ① 고려시대 순군만호부巡軍萬戶府에 소속된 무관직. 도만호都萬戶, 상만호上萬戶, 만호, 부만호副萬戶 등의 구별이 있었음. ② 조선시대 각 도의 진鎭에서 군사를 통솔하는 종4품의 무관직.

말객末客 고구려시대의 무관직. 말약末若·군두군頭라고도 함. 대형大兄 이상의 관등을 가진 자로 임명되었으며, 1,000명의 병사를 지휘하는 무관으로서, 독립된 단위부대인 당幢을 지휘하는 당주幢主로 짐작됨.

망기望記 삼망三望을 기록한 단자單子. 망단望單·망단자望單子·망간望簡이라고도 함.

매금寐錦 신라 상대上代 왕호의 하나.

매지권買地券 돌이나 항아리에 새긴 묘지 매입문서.

맹건부위猛健副尉 조선시대 서반西班 잡직계雜職階 정8품의 관계명官階名.

면공랑勉功郎 조선시대 동반東班 잡직계雜職階 정8품의 관계명官階名.

면류관冕旒冠 고려 초에서 조선 말까지 국왕이 제례祭禮 때 착용한 관복.

면임面任 지방의 각 면面에서 호적戶籍 등의 공공사무를 맡아보는 사람.

면포전綿布廛 조선시대 육주비전六注比廛의 하나. 백목白木의 판매를 취급하였기 때문에 백목전白木廛이라고도 하였으며, 때로는 목면木綿과 은자銀子를 겸하여 매매하였기 때문에 은목전銀木廛이라고도 함.

명경과明經科 ① 고려시대 과거의 한 분과. 시험과목은 시詩·서書·역易·춘추春秋·예기禮記 등이며, 초시初試·회시會試·복시覆試의 세 차례에 걸쳐 시험을 봄. ② 조선시대 식년문과式年文科 초시初試의 한 분과. 오경五經과 사서四書 중 의疑 1편을 시험하였음.

명경박사明經博士 고려 말기 성균감成均監에 설치된 관직. 1298년(충선왕 즉위년) 국자감國子監이 성균감으로 개칭될 때 유교경전에 밝은 사람을 명경박사라 하여 교수관으로 삼음. 1356년(공민왕 5) 다시 성균감을 국자감으로 고칠 때 정8품으로 되었다가, 1362년 국자감이 성균관으로 개칭되면서 폐지됨.

명덕대부明德大夫 조선시대 종1품의 의빈문산계儀賓文散階의 관계명官階名. 조선 전기의 숭덕대부崇德大夫가 바뀐 것임. 후에 동반관계東班官階와 통합되어 숭정대부崇政大夫로 바뀜.

명률明律 조선시대 형조에 속한 율학律學의 관직 가운데 하나. 종7품 체아직遞兒職으로, 정원은 1명. 고율考律·형사재판·민사재판 등의 사무를 담당함.

명문明文 ① 법전·조약문 등 중요한 문헌에 기록된 증거가 될 글. ② 후일의 증거를 만들기 위해 명백하게 적어 놓은 문언文言. ③ 상관의 지시를 적어 둔 것.

명법업明法業 고려시대 과거에서 잡업雜業 가운데 하나. 형률刑律과 그 집행자를 선발하므로 전인적인 지배자가 아닌 특수기술자의 선발로 취급됨. 삼장제三場制이며, 출제과목은 율律과 영令임.

명부命婦 조선시대 국가로부터 작위를 받은 여인들에 대한 통칭. 봉작을 받은 부인은 내명부內命婦와 외명부外命婦로 구분됨. 내명부는 궁중 내에서 봉직하던 정1품 빈嬪부터 종4품 숙원淑媛까지의 내관内官인 후궁과 정5품 상궁尚宮부터 종9품 주변궁奏變宮까지의 궁인계층을 말함. 외명부는 왕의 유모, 왕비의 어머니, 종친의 부인, 문·무관의 부인 등 다양함.

명선대부明善大夫　조선시대 종친문산계宗親文散階의 하나. 종친 정3품 상계上階의 관계명階名.

명소命召　조선시대 국왕이 군국중사에 신속하게 대처하기 위하여 정의정政 이하의 중신을 은밀히 부르기 위하여 발급한 증명패證明牌.

명신대부明信大夫　조선시대 의빈문산계儀賓文散階의 하나. 의빈 종3품 상계上階의 관계명階名.

명위장군明威將軍　고려시대 무산계武散階의 하나. 29계 중에서 제9계로 종6품 하계下階의 관계명階名.

명정銘旌　장사지낼 때 죽은 사람의 신분을 밝히기 위해 품계·관직·성씨 등을 기재하여 상여 앞에서 길을 인도하고 하관下棺이 끝난 뒤에는 관 위에 씌워서 묻는 기旗. 명기銘旗라고도 함.

명주도溟州道　고려시대 22개 역도驛道 가운데 하나. 중심역은 대창역(大昌驛:명주)이고, 관할지역 범위는 강릉을 중심으로 북쪽으로는 양양까지, 남쪽으로는 삼척-울진-평해에 이어지는 역로와 서쪽으로는 대관령을 넘어 평창-횡성에 이어지는 역임.

모전毛典　신라시대의 관청. 경덕왕 때 일시 취취방聚毳房으로 고친 적이 있고, 내성内省 소속으로 모직물 생산을 담당함.

모주慕州　발해의 지방행정구역. 62주州중 하나. 안원부安遠府에 속함.

모지정毛只停　신라시대의 행정구역. 대성군大城郡에 속하였으며, 경덕왕 때 동기정東畿停으로 이름이 바뀜. 위치는 지금의 경주시 외동면 일대로 추정됨.

모화관慕華館　조선시대 명나라와 청나라의 사신을 영접하던 객관. 1407년(태종 7) 송도松都의 영빈관을 모방하여 서대문 밖에 건립하여 이름을 모화루慕華樓라고 하고, 모화루 앞에 영은문迎恩門을 세움. 1429년(세종 11) 규모를 확장, 개수하여 모화관이라 개칭함. 청일전쟁 이후 모화관이 폐지되고, 1896년(고종 33) 서재필徐載弼등이 독립협회를 세우고 그 모화관을 사무실로 쓰는 한편 영은문 자리에 독립문을 세우고 모화관을 독립관이라 함.

목牧　고려·조선 시대의 지방행정구역의 하나. 원래 고대 구주九州의 장관을 지칭하는 것이었으나, 뒤에 의미가 바뀌어 지방 장관을 뜻하는 용어가 됨. 고려 초기에 전국 12목에 외관을 파견함으로써 목이 비로소 지방행정구역의 명칭으로 사용되었으며, 조선시대에도 상급 지방행정구역으로서 20개의 목이 설치되었음.

목부木部　백제시대의 관청. 22부部 가운데 궁중의 사무를 관장하는 내관内官 12부 중의 하나로서, 토목·건축 관계의 업무를 담당함.

목사牧使　① 고려시대 지방의 주요 행정구역 인 목牧에 파견되었던 지방관. 983년(성종 2) 지방제도 정비과정에서 12목에 파견한 것이 시초. 1018년(현종 9)에는 8목제가 실시됨. ② 조선시대 관찰사 밑에서 지방의 행정 단위인 목을 통치한 정3품의 외관직. 주요 업무는 관할지역의 농업 장려, 호구戶口의 확보, 공부貢賦의 징수, 교육의 진흥, 군정의 수비, 사송(詞訟:민사의 소송)의 처결 등임.

목숙전苜蓿典　신라시대의 관청. 서울 근교에 있던 궁중 소속 우마牛馬 사육의 목초지 시설을 관리하던 기관. 내성内省 관하에 배천白川·한기漢祈·문천蚊川·본피本彼 등 네 곳의 목초지를 관리하던 관청이 각기 따로 설치되어 있었음. 소속 관원으로는 각 목숙전마다 대사大舎 1명과 사史 1명씩을 둠.

목척木尺　신라시대의 관직. 경주의 도시 행정을 맡던 전읍서典邑署의 말단 관리. 정원은 70명.

몽주蒙州　발해의 지방행정구역. 62주州 중 한. 동평부東平府에 속하고, 속현屬縣으로 자몽현紫蒙縣이 있음.

몽학훈도蒙學訓導　조선시대 사역원司譯院의 정9품 관직. 몽고어를 통역·번역하고 가르치기도 함.

묘廟　조상이나 훌륭한 성인聖人의 신주神主·위판位版·영정影幀·소상塑像등을 모신 사당. 묘당廟堂·사우祠宇라고도 하며, 민가에서는 가묘家廟라고도 함.

묘권墓券　무덤 속에 묻는 매지권買地券. 묘지매매증서 또는 묘지매매계약서.

묘당廟堂　① 조선시대 의정부의 이칭. ② 조선시대 비변사의 이칭.

무감武監　무예별감武藝別監의 약칭.

무계아문無階衙門　조선시대 품계가 없는 자들이 우두머리로 있는 관청. 대군이나 왕자군에게는 품계를 주지 않으므로 만약 그들이 종친부宗親府의 우두머리가 되면 종친부는 무계아문이 됨.

무공랑務功郎　조선시대 문산계文散階의 하나. 문관 정7품의 관계명官階名.

무과武科　조선시대 무관을 임용하기 위하여 실시된 과거. 고려시대에도 1109년(예종 4)부터 1133년(인종 11)까지 무과가 실시된 적이 있으나, 문관들의 반발로 없어졌음. 조선시대에 들어와 본격적으로 실시되어 1408년(태종 8)부터 3년에 한 번씩 정기적으로 실시되었는데, 이를 식년무과라 함. 초시初試·복시覆試·전시殿試의 세 단계가 있었음. 정기적인 무과 외에 임시로 실시하는 증광시增廣試·별시別試·알성시謁聖試·정시庭試·정시대시春塘臺試등이 있었음. 시험과목은 처음에는 목전木箭·철전鐵箭·편전片箭·기사騎射·기창旗槍·격구擊毬 등 6기技가 있었으나, 《속대전》이후에는 목전·철전·편전·기추騎芻·유엽전柳葉箭·조총鳥銃·편추鞭芻를 고시함. 선발인원은 식년무과의 경우 성적 순위에 따라 갑과 3명, 을과 5명, 병과 20명 등 모두 28명을 선발함. 그 외 비정기 무과의 선발인원은 일정치 않음.

무과중시武科重試　조선시대 무과에 급제하여 관직 생활을 하는 정3품 이하 당하관들에게 병년丙年에 해당하는 10년에 한 번 씩 보이던 과거.

무괴武魁　조선시대 무과武科에서 장원을 한 사람을 일컫는 말.

무녀안巫女案　조선시대 활인서活人署에 소속된 무녀들을 등록한 명부.

무독武督　백제시대 16관등의 하나. 관품은 13품. 관복의 대帶는 백대白帶를 띠었고 복색은 청색임. 문독文督과 더불어 최초로 문文·무武의 구별을 나타내 주는 관등

무록관無祿官　조선시대 실지의 직무는 있으나 그에 딸린 녹봉을 지급받지 못하던 관직.

무반武班　고려·조선 시대의 무신武臣의 반열班列을 가리키는 말. 문반文班과 더불어 양반兩班이라는 사회적 특권 신분층을 형성하였음. 조회시에 국왕을 중심으로 서쪽에 품계순으로 정렬하였기에 서반西班이라고도 하며, 또는 호반虎班이라고도 함.

무복친無服親　상례喪禮 때 상복을 입지 않아도 되는 친족.

무분전無分廛　조선시대의 시전市廛 중 중국국역부담의 의무가 없던 전廛. 주로 외장목전外長木廛·채소전·우전隅廛·혜정교잡전惠政橋雜廛등 소소한 전이 해당됨.

무비사武備司　조선시대 병조에 속한 관아. 군적軍籍과 병기 등 군정에 관한 사항을 담당함. 1405년(태종 5) 설치됨.

무산계武散階　① 고려시대 향리, 노병老兵, 탐라의 왕족, 여진의 추장, 공장工匠·악인樂人 등에게 수여된 관계官階. 995년(성종 14) 제정, 정비됨. 전체 29등계로, 제1등급은 종1품 모기대장군驍騎大將軍, 제2등급은 정2품 보국대장군輔國大將軍, 제3등급은 종2품 진

국대장군鎭國大將軍, 제4등급은 정3품 관군대장군冠軍大將軍, 제5등급은 종3품 운휘대장군雲麾大將軍, 제6등급은 정4품 상계上階 중무장군中武將軍, 제7등급은 정4품 하계下階 장무장군將武將軍, 제8등급은 종4품 상계 선위장군宣威將軍, 제9등급은 종4품 하계 명위장군明威將軍, 제10등급은 정5품 상계 정원장군定遠將軍, 제11등급은 정5품 하계 영원장군寧遠將軍, 제12등급은 종5품 상계 유기장군遊騎將軍, 제13등급 종5품 하계 유격장군遊擊將軍, 제14등급은 정6품 상계 요무장군(耀武將軍 혹은 耀武校尉), 제15등급 정6품 하계 요무부위耀武副尉, 제16등급은 종6품 상계 진위교위振威校尉, 제17등급은 종6품 하계 진위부위振威副尉, 제18등급은 정7품 상계 치과교위致果校尉, 제19등급은 정7품 하계 치과부위致果副尉, 제20등급은 종7품 상계 익휘교위(翊麾校尉, 혹은 翊威校尉), 제21등급은 종7품 하계 익위부위翊威副尉, 제22등급은 정8품 상계 선절교위宣折校尉, 제23등급은 정8품 하계 선절부위宣折副尉, 제24등급은 종8품 상계 어모교위禦侮校尉, 제25등급은 종8품 하계 어모부위禦侮副尉, 제26등급은 정9품 상계 인용교위仁勇校尉, 제27등급은 정9품 하계 인용부위仁勇副尉, 제28등급은 종9품 상계 배융교위陪戎校尉, 제29등급은 종9품 하계 배융부위陪戎副尉임. ② 조선시대 무신武臣들에게 수여된 관계官階. 1392년(태조 1)에 처음 제정되었으나, 1436년(세종 18)에 개정을 거쳐 《경국대전》에 법제화됨. 종2품 이상의 무산계는 없고, 무신이 2품 이상으로 올라갈 때는 문산계文散階를 받음. 정3품부터 종6품까지는 쌍계雙階로 되어 있고, 정7품부터 종9품까지는 단계單階로 되어 있음. 정3품 상계上階 절충장군折衝將軍·하계下階 어모장군禦侮將軍, 종3품 상계 건공장군建功將軍·하계 보공장군保功將軍, 정4품 상계 진위장군振威將軍·하계 소위장군昭威將軍, 종4품 상계 정략장군定略將軍·하계 선략장군宣略將軍, 정5품 상계 과의교위果毅校尉·하계 충의교위忠毅校尉, 종5품 상계 현신교위顯信校尉·하계 창신교위彰信校尉, 정6품 상계 돈용교위敦勇校尉·하계 진용교위進勇校尉, 종6품 상계 여절교위勵節校尉·하계 병절교위秉節校尉, 정7품 적순부위迪順副尉, 종7품 분순부위奮順副尉, 정8품 승의부위承義副尉, 종8품 수의부위修義副尉, 정9품 효력부위效力副尉, 종9품 전력부위展力副尉임.

무선武選 무관武官·군사軍士·무반잡직武班雜職의 임면任免 문제와 무과武科에 관한 일.

무선사武選司 조선시대 병조에 속한 관아. 무관武官·군사 및 잡직雜職의 제수와 고신告身·녹패祿牌, 공무상 과실의 기록을 뜻하는 부과附過와 급가給假 및 무과武科를 관장함. 조선 후기에 정색政色으로 바뀜.

무수리 궁중에서 청소의 일을 하는 여자종. 중국어로 수사水賜 또는 수사이水賜伊라고 하고, 이들이 거주하는 곳을 수사간水賜間이라 함.

무승지武承旨 조선시대 무과武科 출신의 승지承旨를 이르던 말.

무예도감武藝都監 고려 1384년(우왕 10)에 군사기술을 습득하기 위하여 설치된 임시 관청.

무예별감武藝別監 조선시대 왕을 호위하는 일을 맡아보던 무관청. 무예청武藝廳이라고도 함. 1630년(인조 8) 30명의 정원으로 설치되어 훈련도감에 예속되었음.

무위소武衛所 조선 말기 궁궐을 수호하기 위하여 설치된 관아. 1874년(고종 11) 창설 되었으며, 그 뒤 수도방위 업무까지 담당하다가 1881년(고종 18)에 무위영武衛營으로 개칭됨.

무위영武衛營 조선 말기의 군영軍營. 1881년(고종 18) 종래의 5군영을 무위영과 장어영壯禦營으로 개편하면서 5군영 가운데 훈련도감訓鍊都監·용호영龍虎營·호위청扈衛廳을 합하여 만든 군영.

문강계講講 조선시대 환관을 선발하던 방법. 각지에서 뽑혀오는 동환童宦을 궁중소환宮中小宦으로 하여금 일정한 교육을 시켜 내시로 선발하였음. 주로 사서四書와 《소학》《삼강행실》등의 과목을 시험 보이던가, 궁내의 각 대문의 이름을 외우게 하여 우수자를 선발, 등용하였음.

문과文科 조선시대 문관文官을 등용하기 위하여 실시한 과거. 3년에 한 번씩 정기적으로 실시하는데, 이를 식년문과式年文科라고 함. 초시初試·복시覆試·전시殿試의 단계가 있으며, 정기적인 과거시험 외에 부정기적인 별시문과別試文科, 알성문과謁聖文科 등이 있음. 식년문과인 경우 한 번에 33명의 합격자를 뽑고 성적의 순위에 따라 갑과甲科 3명, 을과乙科 7명, 병과丙科 23명으로 나누고, 갑과 합격자들에게는 6~7품, 을과 합격자들에게는 8품, 병과 합격자들에게는 정9품의 관직을 제수함. 시험방법은 제술製述, 강론講論, 대책對策 등이 있었음.

문과중시文科重試 조선시대 병년丙年에 해당하는 10년마다 문관의 당하관에게 보이는 문과文科.

문괴文魁 조선시대 문과文科에서 장원한 사람을 일컫는 말.

문독文督 백제시대 16관등의 하나. 관품은 12품이며, 정원은 일정하지가 않음. 관복의 대帶는 황대黃帶를 띠었고 복색은 청색임. 무독武督과 더불어 최초로 문·무文·武의 구별을 나타내 주는 관등.

문림랑文林郎 고려시대 문산계文散階의 하나. 1076년(문종 30)에 종9품 상계上階로 정해져 전체 29등급 중 제28계였으며, 충렬왕 때까지 존속됨.

문묘文廟 유교를 집대성한 공자를 받드는 묘우廟宇. 안자顔子·증자曾子·자사子思·맹자孟子를 배향하고 공문10철孔門十哲 및 송조6현宋朝六賢과 우리나라의 신라·고려·조선의 명현 18현十八賢을 종사從祀하여 태학생太學生들의 사표師表로 삼음. 중앙에는 성균관, 지방에는 각 향교에 건치建置됨.

문반文班 고려·조선 시대 문관文官 반열班列을 지칭하는 말. 국정을 주도하는 양반兩班 계층의 하나로, 조회시 국왕을 중심으로 동쪽에 품계순으로 정렬하였기 때문에 동반東班이라고도 함.

문보文譜 조선시대 문과 급제자들에 관한 인명록 또는 문사록文士錄.

문복文僕 고려시대 이속吏屬 중 잡류직雜類職. 중서문하성中書門下省의 말단 이속으로, 10명이 배속되어 있었음. 성문에 배치되어 성문의 열쇠를 관장하는 문지기로서의 수문직을 담당함.

문사文師 고려시대 유수관留守官이나 대도호부大都護府에 소속된 9품의 외관직.

문산계文散階 ① 고려시대 관인들의 지위와 신분을 나타내는 관계官階. 조선시대와 달리 고려시대에는 문·무 관원이 함께RP 문산계를 받음. 이러한 제도를 정식으로 채택한 것은 995년(성종 14)으로, 이 전에는 신라의 관계와 태봉의 관계를 참작하여 만든 관계를 사용하였음. 이후 크게 1076년(문종 30), 1308년(충렬왕 34), 1356년(공민왕 5), 1369년(공민왕 18)에 걸쳐 개정, 제정됨. 1076년에 제정된 문산계를 보면, 정1품은 없고, 종1품 개부의동삼사開府儀同三司, 정2품 특진特進, 종2품 금자광록대부金紫光祿大夫, 정3품 은청광록대부銀靑光祿大夫, 종3품 광록대부光祿大夫, 정4품 상계上階 정의대부正議大夫·하계下階 통의대부通議大夫, 종4품 상계 태중대부太中大夫·하계 중대부中大夫, 정5품 상계 중산대부中散大夫·하계 조의대부朝議大夫, 종5품 상계 조청대부朝請大夫·하계 조산대부朝散大夫, 정6품 상계 조의랑朝議郎·하계 승의랑承議郎, 종6품 상계 봉의랑奉議郎·하계 통직랑通直郎, 정7품 상계 조청랑朝請郎·하계 선덕랑宣德郎, 종7품 상계 선의랑宣議郎·하계 조산랑朝散郎, 정8품 상계 급사랑給事郎·하계 징사랑徵事郎, 종8품 상계 승봉랑承奉郎·하계 승무랑承務郎, 정9품 상계 유림랑儒林郎·하계 등사랑登仕郞, 종9품 상계 문림랑文林郞·하계 장사랑將仕郞임. 1369년에 제정된 문산계는 정1품에서 종4품까지는 쌍계雙階로 되어 있고, 정5품 이하부터는 단계單階로 되어 있음. 정1품 상계 특진보국삼중대광特進輔國三重大匡·하계 특진삼중대광特進三重大匡, 정1품 상계 삼중대광三重大匡·하계 중대광重大匡, 정2품 상계 광록대부光祿大夫·하계 숭록대부崇祿大夫, 종2품 상계 영록대부榮祿大夫·하계 자덕대부資德大夫 정3품 상계 정의대부正議大夫·하계 통의대부通議大夫, 종3품 상계 대중대부大中大夫·하계 중대부中大夫, 정4품 상계 중산대부中散大夫·하계 중의대부中議大夫, 종4품 상계 조산대부朝散大夫·하계 조열대부朝列大夫, 정5품 조의랑朝議郞, 종5품 조봉랑朝奉郞, 정6품 조청랑朝靑郞, 종6품 선덕랑宣德郞, 7품 수직랑修職郞, 8품 승사랑承事郞, 9품 등사랑登仕郞임. ② 조선시대 문신文臣들에게 수여된 관계官階임. 1392년(태조 1)에 처음 제정되었고, 세종 때 왕실의 근친인 종친宗親들과 왕실의 사위인 부마駙馬들에 대한 우대를 목적으로 문산계 안에 문신계文臣階와는 별도로 1443년(세종 25)에 종친계宗親階를, 1444년에 의빈계儀賓階를 신설함. 이것이《경국대전》에 수록되었는데, 문신에게 주던 문산계는 1품에서 정·종의 구분이 있어 모두 18품계임. 정1품에서 종6품까지는 쌍계로 되어있고, 정7품 이하부터는 단계로 되어 있음. 여기서 다시 당상관(堂上官:정3품 상계인 통정대부通政大夫 이상)과 당하관(堂下官:정3품 하계인 통훈대부通訓大夫 이하), 참상관(參上官:종6품 하계인 선무랑宣務郞 이상)과 참하관(參下官:정7품인 무공랑務功郞 이하)의 구분이 있음. 정1품 상계 대광보국숭록대부大匡輔國崇祿大夫·하계 복구숭록대부輔國崇祿大夫, 종1품 상계 숭록대부崇祿大夫·하계 숭정대부崇政大夫, 정2품 상계 정헌대부正憲大夫·하계 자헌대부資憲貸付, 종2품 상계 가정대부嘉靖大夫·하계 가선대부嘉善大夫, 정3품 상계 통정대부通政大夫·하계 통훈대부通訓大夫, 종3품 상계 중직대부中直大夫·하계 중훈대부中訓大夫, 정4품 상계 봉정대부奉正大夫·하계 봉렬대부奉列大夫, 종4품 상계 조산대부朝散大夫·하계 조봉대부朝奉大夫, 정5품 상계 통덕랑通德郞·하계 통선랑通善郞, 종5품 상계 봉직랑奉直郞·하계 봉훈랑奉訓郞, 정6품 상계 승의랑承議郞·하계 승훈랑承訓郞, 종6품 상계 선교랑宣敎郞·하계 선무랑宣務郞, 정7품 무공랑務功郞, 종7품 계공랑啓功郞, 정8품 통사랑通仕郞, 종8품 승사랑承仕郞, 정9품 종사랑從仕郞, 종9품 장사랑將仕郞임. 종친에게 주던 문산계는 정1품에서 종6품까지이며, 모두 쌍계로 되어 있음. 정1품 상계 현록대부顯祿大夫·하계 흥록대부興祿大夫, 종1품 상계 소덕대부昭德大夫·하계 가덕대부嘉德大夫, 정2품 상계 숭헌대부崇憲大夫·하계 승헌대부承憲大夫, 종2품 상계 중의대부中義大夫·하계 정의대부正義大夫, 정3품 상계 명선대부明善大夫·하계 창선대부彰善大夫, 종3품 상계 보신대부保信大夫·하계 자신대부資信大夫, 정4품 상계 선휘대부宣徽大夫·하계 광휘대부廣徽大夫, 종4품 상계 봉성대부奉成大夫·하계 광성대부光成大夫, 정5품 상계 通直郞·하계 병직랑秉直郞, 종5품 상계 근절랑謹節郞·하계 신절랑愼節郞, 정6품 상계 집순랑執順郞·하계 종순랑從順郞임. 의빈에게 주던 문산계는 정1품에서 종3품까지이며, 모두 쌍계로 되어 있음. 정1품 상계 수록대부綏祿大夫·하계 성록대부成祿大夫, 종1품 상계 광덕대부光德大夫·하계 숭덕대부崇德大夫, 정2품 상계 봉헌대부奉憲大夫·하계 통헌대부通憲大夫, 종2품 상계 자의대부資義大夫·하계 순의대부順義大夫, 정3품 상계 봉순대부奉順大夫·하계 정순대부正順大夫, 종3품 상계 명신대부明信大夫·하계 돈신대부敦信大夫임.

문생門生 고려시대 과거의 급제자가 고시관을 은문恩門이라고 부르는 데 대하여 그 급제자들을 이르는 말.

문서청文書廳 조선 후기에 설치된 선혜청宣惠廳의 각 지방담당 사무소. 선혜오청宣惠五廳이라고도 함. 각 도의 대동미에 관련된 재정사무를 처리하였음.

문선文選 종친·문관·문반잡직文班雜職의 제수 및 문과文科·생원·진사의 사패賜牌·임명 등에 관한 인사문제.

문선사文選司 조선시대 이조 소속의 관아. 1405년(태종 5)에 설치되어 1894년(고종 31)에 폐지됨. 종친·문관·잡직·승직僧職의 임명과 고신告身·녹패祿牌·문과文科·생원시·진사시의 합격에 대한 사패賜牌, 차정差定, 취재取才, 개명改名 및 장오패상인명록안贓汚敗常人名錄案등에 관한 일을 담당함.

문안사問安使 조선시대 문안을 목적으로 중국에 보내는 사신.

문원文苑 조선시대 홍문관弘文館 또는 예문관藝文館의 이칭.

문장文牒 조선시대 공형公兄·아전衙前 등이 관부官府에 올리는 문서 양식의 하나.

문적원文籍院 발해시대의 관청. 책과 문서 등을 관리하고, 비문·묘지·축문·제문 및 외교 문서 등을 작성하는 업무를 담당함.

문하녹사門下錄事 고려시대 중서문하성의 하급 관직. 목종 때 설치되었으며 문종 때 정원 1명, 종7품으로 정해짐. 1298년(충렬왕 24) 도첨의녹사都僉議錄事로 바뀌고 품질도 정7품으로 승격됨. 1356년(공민왕 5) 문하녹사로 환원되고 품질도 다시 종7품으로 내려갔다가, 1362년 다시 첨의녹사로, 1369년에 문하녹사로 환원됨.

문하부門下府 고려시대 최고정무기관인 중서문하성의 후신. 1275년(충렬왕 1) 중서문하성과 상서성尚書省이 합쳐져 첨의부僉議府로 일원화되었다가, 그뒤 도첨의사사都僉議使司·도첨의부都僉議府·중서문하성·도첨의부로 이름이 여러 번 바뀌었으며, 1369년(공민왕 18)에 문하부가 됨. 조선시대에도 그대로 계승되어 한동안 존속되다가 1401년(태종 1)에 혁파됨.

문하성門下省 고려시대 최고중앙의정기관인 삼성三省의 하나. 국초에는 내의성內議省을 두어 중앙정무를 관장하였는데, 성종 때 당나라의 제도를 받아들여 삼성, 즉 내사성內史省·문하성·상서성尚書省을 두고 그 기능을 대신함. 그러나 표면적으로는 삼성이 각각 독립되어 있었으나 당나라의 삼성병렬제와 달리 내사성과 문하성을 합하여 내사문하성이라 칭하면서 한 성처럼 기능하였음.

문하시랑평장사門下侍郞平章事 고려시대 중서문하성의 정2품 관직. 문하시랑 또는 문하평장사로 약칭되기도 함. 성종 때 처음 설치되었으며, 문종 때 정원 1명, 정2품직으로 정해짐. 같은 시랑평장사이지만 중서시랑평장사보다 상위직임. 1275년(충렬왕 1) 중서시랑평장사와 합쳐져 첨의찬성사僉議贊成事로 개칭되었다가, 1356년(공민왕 5) 문하시랑평장사로 환원되었으며, 1360년에 다시 평장정사平章政事로 바뀌다가 1362년에 첨의찬성사로 됨.

문하시중門下侍中 ① 고려시대의 수상직. 중서문하성中書門下省의 장관으로 종1품직. 정원은 1명. 982년(성종 1) 내의성內議省이 내사문하성內史門下省으로 개편되면서 처음으로 설치됨. 문종 때 종1품, 정원 1명으로 정함. 1275년(충렬왕 1) 중서문하성과 상서성尚書省이 병합되어 첨의부僉議府로 바뀌면서 첨의중찬僉議中贊으로 개칭되고, 정원도 좌·우 각 1명으로 늘어남. 1308년 도첨의정승都僉議政丞으로 바뀌고 정원도 1명으로 줄었으나 1330년(충숙왕 17) 다시 중찬으로 복구되었다가, 얼마 뒤 정승으로 고쳐지면서 정원도 좌·우 각 1명으로 늘어남. 1354년(공민왕 3) 도첨의시중으로 바뀌었다가 곧 도첨의정승으로 됨. 1356년에는 중서문하성이 부활되면서 다시 문하시중으로 환원됨. 이때 상우尚右의 원칙에 따라 차관직인 좌정승이 수문하시중守門下侍中으로 됨. 1362년 도첨의부를 다시 두게 되면서 첨의정승으로 되었다가, 다음해에 첨의시중, 1369년 도첨의부가 문하부門下府로 개편되면서 다시 문하시중이 됨. 이

때 정원이 좌·우 각 1명이던 것이 창왕 때 상좌尚左의 원칙에 따라 좌시중이 문하시중으로, 우시중이 수문하시중으로 됨. ② 조선 초기 문하부門下府의 우두머리 관직. 좌·우에 각 1명을 두었는데, 1394년(태조 3) 좌·우정승으로 고쳐졌으며, 품계는 정1품으로 됨.

문하우시중門下右侍中 ① 고려시대 문하부門下府의 관직. 1369년(공민왕 18) 첨의우시중僉議右侍中으로 바뀜. ② 조선초기 문하부의 우두머리 관직. 1394년(태조 3) 우정승으로 바뀜.

문하좌시중門下左侍中 ① 고려시대 문하부門下府의 관직. 1369년(공민왕 18) 첨의좌시중僉議左侍中이 바뀐 것임. 창왕 때 문하시중門下侍中으로 바뀜. ② 조선 초기 문하부의 우두머리 관직. 1394년(태조 3) 좌정승으로 바뀜.

문하주서門下注書 고려시대 문하부의 관직. 정원은 1명, 품계는 종7품. 중서주서中書注書의 후신. 국초의 내의성內議省이 내사문하성內史門下省, 중서문하성中書門下省, 도첨의부都僉議府, 문하부門下府로 개정될 때마다 내사주서內史注書, 중서주서中書注書, 도첨의주서都僉議注書, 문하주서로 여러 번 바뀌었음. 직임은 문하부의 문서 또는 기록을 관장함.

문하찬성사門下贊成事 ① 고려 말기 문하부門下府의 정2품 관직. 문하평장사門下平章事 및 중서평장사中書平章事의 후신. 1275년(충렬왕 1) 평장사가 찬성사로 바뀌었다가, 1356년(공민왕 5) 다시 평장사로 환원되었던 것이 1360년 평장정사平章政事로, 1362년에 찬성사로 각각 바뀐 뒤 1369년 도첨의부都僉議府가 문하부로 개편되면서 문하찬성사로 됨. ② 조선 초기 문하부의 종1품 관직. 1392년(태조 1)에 종1품, 정원 2명으로 정해졌으며, 1414년(태종 14) 문하부가 폐지되고 의정부議政府가 설치됨과 동시에 동판의정부사同判議政府事로 고쳐졌다가, 1437년(세종 19)에 의정부의 찬성 및 참찬參贊으로 고정됨.

문하평리門下評理 고려 말기 문하부門下府의 종2품 관직. 정원은 3명. 전기의 참지정사參知政事의 후신. 1275년(충렬왕 1) 참지정사가 첨의참리僉議參理로 바뀌었다가 1308년 충선왕에 의해 첨의평리僉議評理로 고쳐지고, 정원도 종래의 2명에서 3명으로 증원됨. 1330년(충숙왕 17) 다시 첨의참리로, 1356년(공민왕 5) 참지정사로, 1362년 또다시 첨의평리로 각각 바뀌었다가, 1369년에 도첨의부가 문하부로 개편되면서 참지문하부사參知門下府事를 거쳐 1372년 문하평리로 됨.

문하평장사門下平章事 고려시대 중서문하성의 종2품 관직. 정원은 1명. 문하시랑평장사門下侍郎平章事·중서시랑평장사·중서평장사와 더불어 평장사로 약칭되기도 함. 1275년(충렬왕 1)에 첨의찬성사僉議贊成事, 1308년에 첨의시랑찬성사僉議侍郎贊成事와 아울러 중호中護로 개정되었다가 곧 첨의찬성사로 환원됨. 1356년(공민왕 5) 문하평장사로, 1360년에 평장정사平章政事로, 1362년에는 다시 첨의찬성사로, 1369년에는 문하찬성사로 변화됨.

문한서文翰署 고려시대 사명(詞命:임금의 말 또는 명령)의 제찬制撰을 관장하던 관청. 태조 때의 원봉성元鳳省이 학사원學士院으로 개칭되었으며, 현종 때 한림원翰林院으로 되었다가, 1275년(충렬왕 1) 문한서로 고쳐짐. 1298년에 사림원詞林院으로 다시 개칭되었다가, 1308년 사관史館과 통합되어 예문춘추관藝文春秋館으로 개칭되고, 우문관右文館·진현관進賢館·서적점書籍店 등을 이에 배속시킴. 1325년(충숙왕 12) 예문춘추관이 예문관과 춘추관으로 각기 분립되었는데, 예문관은 1356년(공민왕 5)에 한림원으로, 1362년에 예문관으로, 1389년(공양왕 1) 다시 예문춘추관으로 병침됨.

문형文衡 조선시대 홍문관 대제학의 이칭.

문회文會 문중의 의결기관. 종회宗會라고도 함. 이 기구를 통해 문중의 중요한 안건들을 논의, 처리함.

물고物故 ① 사람이 죽음. ② 죄인이 죽음을 당하는 일.

물장성物藏省 태봉에서 고려 초기에 걸쳐 공기工技와 보장寶藏을 관리하던 관부. 904년(효공왕 8) 궁예弓裔가 관제정비시 광평성廣評省 아래 18개 관부를 두어 국무를 분장하였는데, 이 18개 관부 중의 하나. 960년(광종 11) 보천寶泉으로 바뀜.

물장전物藏典 신라시대의 관청. 내성內省에 소속되어 어용御用 무자의 창고관리를 담당하였음.

물품사物品司 조선 1895년(고종 32)에 설치되어, 왕실에 소용되는 각종 기물들을 사들이고 보관하는 일을 담당하던 관청. 1905년에 폐지됨.

미다부리정未多夫里停 통일신라시대 각 지방의 주州에 설치되었던 십정十停 군단 가운데 하나. 신라 구주九州 가운데서 옛 백제 영토에 설치되었던 무진주(武珍州:지금의 광주)의 미다부리현未多夫里縣에 두었던 군다.

미원薇院 조선시대 사간원의 이칭.

미주美州 발해의 지방행정구역. 62주州 중의 하나. 회원부懷遠府에 속함.

미주郿州 발해의 지방행정구역. 62주州 중의 하나. 안원부安遠府에 속함.

민관民官 고려 초기 호구戶口 및 재정을 담당하던 관청. 995년(성종 14) 상서호부尙書戶部로 고쳐져 호구·공부貢賦·전량錢糧에 관한 일을 관장함.

민며느리 장래 성인이 된 뒤에 아들과 결혼시켜 며느리로 삼기 위하여 민머리인 채로 장래의 시집에서 데려다가 기르는 여자아이. 한자로 예부豫婦라고 함.

민부民部 고려 후기의 중앙정무기관. 호구戶口·공부貢賦·전량錢糧에 관한 일을 관장함. 1308년(충렬왕 34) 민조民曹를 고친 것임. 이어 판도사版圖司로 바뀌었다가, 1356년(공민왕 5) 호부戶部로, 1362년 다시 판도사로, 1369년 민부로, 1372년에 다시 판도사로 고쳐졌으며, 1389년(공양왕 1)에는 호조戶曹로 바뀜.

민조民曹 고려 후기의 중앙 정무기관. 호구戶口·공부貢賦·전량錢糧에 관한 일을 관장함. 1298년(충렬왕 24)에 판도사版圖司를 고친 것임. 1308년에 민부民部로 바뀌었고, 1356년(공민왕 5) 다시 호부戶部로 고쳐짐.

밀직사密直司 고려시대 원간섭기에 왕명의 출납과 궁중의 숙위. 군기軍機의 정사를 관장하던 관청. 991년(성종 10)에 설치된 중추원이 1095년(헌종 1) 추밀원으로 바뀌었다가, 원간섭기인 1275년(충렬왕 1)에 밀직사로 바뀜. 1298년에 다시 광정원光政院으로 되었다가 또 다시 밀직사로 고쳐지고, 1356년(공민왕 5) 추밀원으로 바뀌었다가 1362년 다시 밀직사로 바뀜.

밀직사密直使 고려대 밀직사사密直司使의 약칭.

밀직사부사密直司副使 고려시대 밀직사의 우두머리 관직. 종1품직. 1275년(충렬왕 1)에 추밀원사樞密院使를 고친 것으로, 1356년(공민왕)에 다시 추밀원사로 바뀌었다가 1362년 또다시 밀직사사로 바뀜.

밀직제학密直提學 고려시대 밀직사의 정3품 관직. 1275년(충렬왕 1)에 추밀직학사樞密直學士를 고친 것으로, 1369년(공민왕 18)에 밀직학사密直學士로 다시 바뀜.

바

박사博士 ① 고구려시대 태학太學에 두었던 교육담당관. ② 백제시대 오경五經등 경학經學 및 의학·역학易學·역학曆學 등의 각종 전문 분야에 관한 지식을 전수하던 교육담당관. ③ 신라시대 국학國學에 두었던 유학 교육담당관. 이외 산학박사算學博士를 두어 산술교육을 하고, 누각전漏刻典에 누각박사漏刻博士 6명을 두어 물시계에 관한 학문연구와 교육을 실시하였으며, 의학박사를 두어 의학을, 천문박사(뒤에 사천박사로 고침.)를 두어 천문학을, 율령박사를 두어 율령律令을, 통문박사通文博士를 두어 문학을 교육함. ④ 고려시대 국자감國子監에 두었던 교육담당관. 국자감의 국자학國子學에는 국자박사, 대학大學에는 대학박사, 사문학四門學에는 사문박사를 두어 유학을 교육하였고, 율학律學에는 율학박사, 서학書學에는 서학박사, 산학算學에는 산학박사를 두어 기술학을 교육하였음. 후기에 국자감이 성균관成均館으로 바뀌고 명경학明經學이 설치되자 명경박사明經博士를 두어 유교교육을 담당하게 하고, 국자박사를 성균박사成均博士로 고치고 대학박사와 사문박사를 순유박사諄諭博士 또는 진덕박사進德博士로 이름을 고침. 이밖에 사천대司天臺에 복박사卜博士, 태의감太醫監에 의학박사와 주금박사呪噤博士를 두어 기술학을 교육하고, 태상시太常寺에 태상박사를 두어 의례에 관한 찬술과 시호의 제정 등을 맡게 함. ⑤ 조선시대 성균관·홍문관·승문원承文院·교서관校書館 등에 두었던 정7품 관직. 정원은 성균관에 3명, 홍문관에 1명, 승문원에 2명, 교서관에 2명임.

반궁伴宮 조선시대 성균관의 이칭.

반당伴倘 ① 조선시대 종친·공신·당상관들에게 그 특권을 보장하고 신변안전을 도모하기 위하여 지급한 호위병. ② 중국에 가는 사신使臣이 자비自費로 데리고 가는 종자從者.

반부班祔 제사를 받들 자식이 없는 자의 신주를 할아버지 항렬의 다른 신주에 붙여서 종위從位로서 합사合祀하는 제례.

반유泮儒 조선시대 성균관에서 공부하는 유생을 일컫는 말.

반장泮長 조선시대 성균관의 대사성大司成을 일컫는 말.

반전도감盤纏都監 고려 1328년(충숙왕 15) 12월에 충숙왕이 원나라에 들어갈 때 그 비용을 마련하기 위하여 임시로 설치한 관부. 각 품의 관원 및 오부방리五部坊里의 백성들로 하여금 백저포白紵布를 차등있게 내게 하고, 또 경기 8현의 민호에게 포布를 차등있게 거두어들여 비용을 마련하고자 이를 대행할 관부를 설치함.

발영시拔英試 조선 1466년(세조 12) 현직 중신과 문·무 관료를 대상으로 실시했던 임시시험.

발인發靷 장례를 치르기 위하여 상여가 집을 떠나는 상례의 절차. 영구를 상여에 옮기는 것에서부터 상여가 장지에 도착할 때까지의 과정임.

발주渤州 발해의 지방행정구역. 62주州중의 하나. 상경용천부上京龍泉府에 속함.

발해관渤海館 중국 당나라에 있었던 발해의 사신들이 머물던 여관. 당나라 등주부(登州府:지금의 산동성山東省 봉래현蓬萊縣)에 신라관新羅館과 함께 있음.

방坊 ① 고려·조선 시대의 수도의 행정구역 명칭. 원래 성내城內의 일정한 구획을 방이라고 한 데서 비롯되었는데, 고려시대에는 개경부, 조선시대에는 한성부에 설치됨. ② 조선시대 지방 행정구역 명칭. 황해도와 평안도, 전라도의 남원, 경상도의 성주에서 면面 대신 쓰인 행정구역 명칭.

방고감전별감房庫監傳別監 고려 1273년(원종 14)에 설치된 전지공안田地公案과 별고노비別庫奴婢의 적적천적賤籍을 담당하던 기관.

방납防納 조선시대 공납제貢納制에 있어서 공물貢物의 납부를 대행함으로써 중간이윤을 취하는 행위. 지방 각 관의 상납공물에 대하여 중앙 각 사의 서리 등이 여러 가지 구실을 붙여 사리를 취하는 행위.

방령方領 백제 지방행정조직의 하나인 방方의 행정 및 군사 최고책임자.

방백方伯 관찰사의 이칭.

방어사防禦使 ① 고려시대 10도道·12주州 절도사체제하의 지방관. 983년9성종 2) 12목牧을 개편하여 절도사를 두고 이보다 작은 주·군에 도단련사都團練使·단련사團練使·자사刺史·방어사를 설치하면서 처음 설치됨. ② 조선시대 군사요지에 파견되었던 관직. 정식 명칭은 병마방어사兵馬防禦使 혹은 수군방어사水軍防禦使이었으나 전원을 지방수령으로 겸임하게 하여 겸방어사兼防禦使라고도 했음.

방좌方佐 백제시대의 지방관. 백제 후기의 사비시대泗沘時代에 지방을 5방方으로 나누고 지방장관으로 둔 방령方領을 보좌하는 역할을 담당함.

방판幇辦 조선 말기의 관직. 1882년(고종 19)에 처음 설치되었으며, 기기국機器局·전환국典圜局의 총관總辦 아래와 새로 개항된 부산·인천·원산의 항구 감리서監理署의 감리監理 밑에 두었다가 갑오개혁 때 폐지됨.

배융교위陪戎校尉 고려시대 무산계武散階의 하나. 전체 29계 중 제28계로, 종9품 상계上階의 관계명官階名.

배융부위陪戎副尉 고려시대 무산계武散階의 하나. 전체 29계 중 제29계로, 종9품 하계下階의 관계명官階名.

배향공신配享功臣 고려·조선 시대에 국왕의 묘정(廟廷:종묘宗廟)에 배향된 공신.

백골양자白骨養子 아들의 항렬에 있는 사람 중에 양자로 삼을 수 있는 사람이 없을 때 이미 죽은 아들 항렬의 사람을 가양자假養子로 삼아 그 가양자의 아들, 즉 손자 항렬의 사람으로 하여금 실질적으로 대를 잇게 하는 것. 신주양자神主養子 혹은 신주출후神主出後라고도 함.

백골징포白骨徵布 조선시대 군정軍政 폐해 중 하나. 만 60세가 되면 군역軍役이 면제되나 서리배胥吏輩들이 농간하여 군역을 다 마친 자의 연령을 낮추어 놓고 강년채降年債라는 것을 징수하거나 혹은 사망한 자에 대해서도 체납을 구실삼아 이른바 물고채物故債라는 것을 징수하여 백골白骨에게도 징세하는 것.

백금무당白衿武幢 신라시대의 군대. 적금무당赤衿武幢·황금무당黃金武幢과 함께 이른바 삼무당三武幢의 하나. 675년(문무왕 15) 설치됨.

백금서당白衿誓幢 신라시대의 군대. 구서당九誓幢의 한 부대로, 672년(문무왕 2)에 백제사람으로만 편성됨.

백부柏府 사헌부憲府의 별칭.

백정白丁 ① 고려시대 군역軍役·기인역其人役·역역驛役 등의 특정한 직역職役을 부담하지 않고 주로 농업에 종사하던 농민층. ② 조선시대 도살업·고리제조업[유기제조업柳器製造業]·육류판매업 등을 주로 하며 생활하던 천민층.

백패白牌 조선시대 과거의 생원·진사과 복시覆試 합격자인 생원·진사에게 발급한 급제증서. 흰종이에 검은 글씨로 합격한 사람의 직위·성명·합격등급·성적 순위를 기입하고 연월일을 쓴 다음에 그 사이에 어보御寶를 찍음.

백호百戶 ① 고려 후기에 몽고의 영향을 받아 설치된 관직. 만호萬戶·천호千戶와 마찬가지로 본래는 관령하는 민호民戶의 수효로서 표시된 것이었으나 점차 민호수와는 관계없이 진장鎭將의 품계를 나타내게 됨. 1358년(공민왕 7) 서북면과 동북면에 만호부가 설치되면서 각 만호부의 천호千戶와 통주統州 사이에 설치되었으며, 1378년(우왕 4) 서북면의 익군체제翼軍體制가 전국에 확대되면서 각 도의 군익마다 5·6품의 군직으로 설치된 바 있으나 다음해에 동북면·서북면만 남기고 모두 폐지됨. ② 조선 1397년(태조 6) 동북면·서북면에 설치된 하급지휘관, 또한 수군水軍의 만호·천호 아래의 5품 관직. 1413년(태종 13) 수군직제가 개편되면서 수군의 백호는 폐지됨. 동북면·서북면도 1457년(세조 3) 전국의 군제가 진관체제鎭管體制로 전환되면서 소멸되어 대정隊正·여수旅帥 등의 관직으로 대체되고 소멸됨.

번예樊濊 고대 삼한 소국의 지배자 칭호. 불례不例라고 표기되기도 함. 삼만사회의 족장族長·수장首長·군장君長과 같은 지배자들은 각기 성읍국가의 규모와 세력에 따라 신지臣智·험측險側·살해殺亥·번예·읍차邑借 등으로 불림. 번예는 수장·군장을 뜻하는 한韓의 토착어로 추측됨.

법계法階 승과僧科에 합격한 승려에게 그 수행과 덕의 높고 낮음에 따라 국가에서 부여하였던 승계僧階.

법당法幢 신라시대의 군대. 6세기 초에 창설되어 7세기 중엽 신라 군제가 재편성될 때까지 유력한 군단으로 활약함. 예하에 삼십구여갑당三十九餘甲幢과 사설당四設幢의 부대와 기타부대를 거느렸음.

법당감法幢監 신라시대 무관직. 법당法幢 군단에 소속되어 있는 백관당百官幢·경여갑당京餘甲幢·외여갑당外餘甲幢·노당弩幢·운제당雲梯幢·충당衝幢·석투당石投幢에 배속되어 법당주法幢主를 보좌하였음. 정원은 모두 합하여 194명이며, 금衿은 없었음. 관등은 나마奈麻로부터 사지舍知까지임.

법당두상法幢頭上 신라시대 무관직. 법당法幢 군단에 소속되어 있는 여갑당餘甲幢에 45명, 외법당外法幢에 102명, 노당弩幢에 45명이 배속되어 정원은 모두 192명으로, 법당감法幢監을 보좌하였음.

법당벽주法幢辟主 신라시대 무관직. 법당法幢 군단에 소속되어 있는 여갑당餘甲幢에 45명, 외법당外法幢에 306명, 노당弩幢에 135명이 배속되어 정원은 모두 486명으로, 법당두상法幢頭上을 보좌하였음.

법당주法幢主 신라시대 무관직. 법당法幢 군단에 소속되어 있는 백관당百官幢·경여갑당京餘甲幢·소경여갑당小京餘甲幢·외여갑당外餘甲幢·노당弩幢·운제당雲梯幢·충당衝幢·석투당石投幢의 지휘관인 당주幢主를 총칭하는 것으로, 정원은 모두 합하여 158명.

법당화척法幢火尺 신라시대 무관직. 법당法幢 군단에 소속되어 있는 군사당軍師幢·사자금당師子衿幢·경여갑당京餘甲幢·외여갑당外餘甲幢·노당弩幢·운제당雲梯幢·충당衝幢·석투당石投幢에 배속되어 법당주法幢主 이하 법당감法幢監 등을 보좌하였음. 정원은 모두 합하여 259명.

법명法名 ① 승려가 되는 사람에게 종문에서 지어 주는 이름. 승명僧名이라고도 함. ② 불가에서 죽은 사람에게 붙여주는 이름. 계명戒名이라고도 함.

법무아문法務衙門 조선 말기 중앙행정부서. 1894년(고종 31)에 갑오개혁이 추진되면서 그해 6월 궁내부宮內府와 의정부로 나누고, 의정부 아래 내무·외무·탁지·법무·학무·공무·군무·농상 등 8아문을 둘 때 설치됨. 구제도 아래서의 형조와 전옥典獄·율학律學의 사무를 포함하여 사법행정·경찰·사유赦宥 및 고등법원 이하 각 지방재판소를 관장함. 1895년 4월 법부法部로 개칭됨.

법부法部 ① 백제시대 22관부 중 궁중의 사무를 관장하던 내관內官 12부의 하나. 법률관계의 직능을 담당함. ② 조선 1895년(고종 32) 법무행정을 관장하기 위하여 설치된 관청. 1894년에 설치된 법무아문法務衙門이 개칭된 것임. 산하에 대신관방大臣官房·민사국·형사국·검사국·회계국 등이 있고, 고등재판소와 법관양성소 등을 관할함.

법사法司 조선시대 사법 업무를 담당하던 관서. 형조·사헌부·한성부·의금부·장례원掌隷院등을 말함.

법사당상法司堂上 조선시대 사법 업무를 담당한 형조·사헌부·한성부·의금부 등의 당상관.

법연法筵 조선시대 예식을 갖추고 왕이 신하를 만나는 자리.

법조法曹 ① 법法을 맡은 관리라는 의미로 지칭한 형조刑曹의 이칭. ② 고려시대의 외관직. 개성부開城府·서경(西京:평양)·동경(東京:경주)·남경(南京:양주)과 도호부護府·목牧·방어진防禦鎭 등에 설치됨. 품질은 8품 이상, 정원은 각기 1명.

법호法號 승려의 아호雅號.

벽금서당碧衿誓幢 신라시대 구서당九誓幢의 하나. 686년(신문왕 6)에 보덕성(報德城:전라북도 익산 소재)의 고구려 유민들로써 편성한 부대.

벽비리국辟卑離國 고대 마한 소국 중 하나라. 지금의 전북 김제지역으로 비정됨.

벽사도碧沙道 조선시대 전라도 역도驛道의 하나. 중심역은 벽사역(碧沙驛:장흥). 관할지역 범위는 장흥─강진─해남─진도로 이어지는 역로임.

벽상삼한삼중대광壁上三韓三重大匡 고려시대 문산계文散階 정1품의 관계명官階名. 1308년(충렬왕 34)에 정하였다가 1310년(충선왕 2)에 없앴고, 1362년(공민왕 11)에 다시 정1품의 첫째 등급으로 정해졌다가 1369년에 또다시 없앰.

벽전壁典 신라시대의 관청. 내성內省에 소속되었는데, 기술계통의 관청으로 추측됨.

벽제辟除 왕이나 고관들이 행차할 때 선도하는 군졸들이 일반사람들의 통행을 금지시키기 위하여 앞서가며 고함치는 일.

벽제관碧蹄館 조선시대 경기도 고양군 벽제역에 설치된 객관客館.

벽파僻派 조선 후기 정조가 이른바 청류淸流를 앞세운 준론峻論 탕평정책을 통하여 기존의 노론老論 우위의 정국에 변화를 일으켜 왕권을 강화시키고자 하였을 때 이에 반대한 정파. 청류 가운데서도 노론의 우위를 고수하고자 한 부류.

변무사辨誣使 조선시대 왕실이나 국가의 중요 사실이 중국조정에 잘못 전해졌거나 오해의 소지가 있어 문제가 야기되었을 때 이를 해명하고 그 정정을 요구하기 위해서 중국에 파견된 특별 사신.

변정사邊政司 조선 1880년(고종 17)에 설치된 통리기무아문統理機務衙門에 소속된 관청. 변방에 관한 사무를 비롯하여 이웃 나라의 동정을 정탐하는 업무를 맡아보고 종전의 이웃 나라와의 일을 주관함.

변정원辨定院 조선 1467년(세조 12)에 설치된 노비문서와 노비에 관한 소송을 맡아보던 관청. 다음해에 장례원掌隷院으로 바뀜.

변지첨사邊地僉使 조선시대 외적의 침입을 막기 위하여 변방의 가장 중요한 요충지인 평안도의 동진·신도·신광·아이·만포·고산과 함경도의 혜산·고령·훈융·성진과 황해도의 백령도·철도·초도와 전라도의 청산도, 경상도의 부산·다대포 등에 둔 첨사.

별가別駕 ① 고려시대의 이속직吏屬職. 중추원에 10명이 배속되어 있었음. 중앙 및 지방에 관련되는 관리의 수행원 구실을 함. ② 조선시대 승정원에 소속된 이속직吏屬職.

별간역別看役 ① 조선시대 나라 안에 어떤 일이 있을 때 그것을 감독하기 위하여두던 임시 벼슬. 잡직을 지낸 벼슬아치로 시킴. ② 조선시대 규장각에 소속된 잡직 벼슬의 하나.

별감別監 ① 고려시대 중앙과 지방의 각 관아와 여러 도감都監에 소속된 관직. 나라에서 어떤 일을 조사하거나 감독하며 백성들에게서 각종 재물을 거두어들일 때 임시로 파견하던 벼슬. ② 고려·조선시대 외방출 사직의 하나. ③ 조선시대 장원서掌苑署 및 액정서掖庭署 소속의 관직. ④ 조선시대 유향소留鄕所에 소속된 직책. 좌수座首를 도와 지방풍속의 조정과 향리를 규찰하였으며, 조선 후기에는 지방관아가 맡는 각종 제수祭需·전곡·형옥刑獄·봉수烽燧·도로·교량 등을 담당하였음.

별검別檢 조선시대 전설사典設司·빙고氷庫·사포서司圃署에 소속된 정8품 또는 종8품 관직.

별고색別庫色 조선시대 호조에 소속된 관청의 하나. 각종 공물貢物을 받아 보관하는 일을 맡은 관청.

별공別貢 국가에서 필요한 지방의 특산물중 상공(常貢, 또는 원공元貢)의 부족분을 부정기적으로 징수하던 공물. 별복정공물別卜定貢物이라고도 함.

별구종別驅從 조선시대 고관들이 타고 다니는 교자를 메거나 또는 벼슬아치들을 따라 다니며 시중을 들던 사람.

별군別軍 조선왕조 개국에 공이 많은 함경도 출신 군사를 우대하기 위하여 1404년(태종 4)에 설치한 병종兵種.

별군관別軍官 조선시대 훈련도감·금위영·어영청御營廳·수어청守禦廳 등에 소속되어 궁성의 순라巡邏를 담당한 군사.

별군직別軍職 조선시대 별군직청別軍職廳에 소속되어 왕을 호위하며 부정을 적발하고 조사하는 일을 맡은 무관직.

별군직청別軍職廳 조선 1656년(효종 7)에 설치된 별군직別軍職의 집무청.

별급別給 전통사회에서 친·인척에게 전답田畓·노비奴婢 등을 특별히 증여하거나 또는 자손들에게 정해진 상속분 외의 것을 따로 더 주던 관행.

별기군別技軍 조선 1881년(고종 18)에 설치된 신식 군대의 일종.

별기대別騎隊 조선시대 훈련도감에 소속된 마병馬兵.

별기병別騎兵 조선시대 금위영에 소속된 군사를 가리켜 이르는 말.

별기위別騎衛 조선시대 금위영에 소속된 하사下士.

별례기은도감別例祈恩都監 고려 1178년(명종 8)과 1217년(고종 4)에 임시로 설치된 관청. 나라의 온갖 재난을 없애기 위한 기도를 드릴 때 거기에 드는 비용을 마련하기 위하여 설치한 관청. 20섬 이상의 녹봉을 받는 관리들에게서 열 섬마다 한 말의 쌀을 거두어들여 기도의 비용으로 쓰도록 하였음.

별례방別例房 조선시대 호조에 소속된 관청. 정조 때 경비사經費司를 고친 것임. 종묘·사직의 보소, 물품의 개비, 국왕의 거처 및 각 궁궐·묘廟·능陵·원園·묘墓들의 보수·신축 등의 자재와 왕의 행차 때의 의장문물儀仗文物의 조달, 일본과의 통신 및 중국사행의 정례적 구비물품 등을 관장하였음.

별마대別馬隊 조선시대 황해도의 군보軍保 및 무예에 출중한 양정良丁으로서 금위영禁衛營과 어영청御營廳에 번갈아 상번上番하던 기사騎士.

별무반別武班 고려 1104년(숙종 9)에 여진족을 정벌하기 위하여 기병을 위주로 특별히 편성한 군대.

별무사別武士 조선 후기 훈련도감의 마병과 금위영禁衛營·어영청御營廳의 기사들 가운데서 선발하여 편성한 군대.

별사別使 조선시대 특별한 일이 있을 때 파견하던 사신.

별사록別仕祿 조선시대 특별한 직임을 맡고 있는 관리들에게 주던 녹봉.

별사옹別司饔 조선시대 궁궐에서 음식 만드는 일을 주관하는 사옹원司饔院의 잡직雜職.

별선관別選官 조선시대 관상감觀象監에 소속된 하급 전문직 관원. 천문학 별선관이 24명, 지리학 별선관 6명, 명과학命課學 별선관이 4명 있었음.

별선군관別選軍官 조선시대 궁궐을 호위하기 위하여 힘이 센 사람을 따로 골라 뽑아서 둔 군관.

별순검別巡檢 대한제국시대 내부內部의 경무청警務廳 또는 경위원警衛院에 소속하여 비밀 정탐에 종사하던 관직.

별시別試 조선시대 정규 과거시험 외에 임시로 시행된 과거. 나라에 경사가 있을 때 또는 인재의 등용이 필요한 경우에 실시됨. 예를 들면 증광시增廣試·알성시謁聖試·춘당대시春塘臺試등을 총칭하는 말로 사용되기도 함.

별시위別侍衛 조선시대 오위五衛의 하나인 용양위龍驤衛에 소속된 중앙군의 한 병종. 내금위內禁衛에서 실시하는 취재取才에서 선발된 사람들과 무과 복시覆試에서 우수한 실력을 보인 사람들로 편성한 부대로서, 모두 1,500명이며, 다섯 차례로 나누어 상번하는데, 한 차례에 6개월씩 번을 섬.

별안군別案軍 조선시대 국왕이 거둥할 때 연輦을 호위하는 호련대扈輦隊 군병. 결원이 생길 때 특별히 선발됨.

별안색別鞍色 고려 1385년(우왕 11) 요동遼東 공격을 위하여 동원되었던 정벌군의 마필을 준비하기 위한 관부.

별영別營 조선 1884년(고종 21)에 설치된 친군영의 하나. 1888년에 총어영摠禦營으로 바뀜.

별영랑別營郎 조선시대 호조에 소속된 관청의 하나인 별영색의 낭관.

별영방別營房 별영색

별영색別營色 조선시대 호조에 소속된 관청. 훈련도감에 소속된 군사들에게 지불하는 녹미祿米에 관한 일을 맡아보던 관청.

별운검別雲劍 조선시대 운검雲劍을 차고 왕이 거둥할 때 왕의 좌우에 서서 호위하던 임시 관직. 큰 잔치나 회합에 임금이 거둥할 때 유능한 무장武將이나 믿는 사람을 골라 임명함. 약칭 운검雲劍.

별유사別有司 조선시대 서울의 각 방에서 호적과 그밖의 문서 일을 맡아보던 관리.

별장別將 ① 고려시대 2군 6위와 도부외都府外·의장부儀仗府·견예부堅銳府·충용위忠勇衛에 둔 정8품 무관직. ② 조선 초기 의흥친군의 10위에 둔 정7품 무관직. ③ 조선시대 용호영의 우두머리 무관직. 종2품직. ④ 조선시대 훈련도감·금위영·어영청御營廳·호위청·수어청守禦廳 등에 둔 정3품 무관직. ⑤ 조선시대 산성·나루·포구·작은 섬·보루 등을 지키는 일을 맡은 종9품의 무관직. ⑥ 조선시대 각 아문의 소요 재화를 충당하기 위한 팔포무역八包貿易에서 이를 대행하는 상인. 무역별장이라고도 함. ⑦ 조선시대 호조가 설점設店한 은점銀店을 관리하기 위하여 임시로 차송差送한 명목상의 관리자.

별제別提 조선시대 무록관無祿官의 하나. 호조·형조·교서관校書館·군기시軍器寺·상의원尙衣院·예빈시禮賓寺·전설사典設司·수성금화사修城禁火司·전연사典涓司·전함사典艦司·소격서昭格署·내수사內需司·빙고氷庫·장원서掌苑署·사포서司圃署·사축서司畜署·조지서造紙署·도화서圖畵署·활인서活人署·와서瓦署·귀후서歸厚署 등에 소속된 정6품 또는 종6품 관직. 비록 녹봉은 받지 못하였지만 동반실직東班實職에 속하였기 때문에 일정한 기간, 즉 360일을 근무하면 다른 관직으로 옮겨갈 수 있었음.

별좌別坐 조선시대 무록관無祿官의 하나. 교서관校書館·상의원尙衣院·군기시軍器寺·예빈시禮賓寺·수성금화사修城禁火司·전설사典設司·내수사內需司·전함사典艦司·전연사典涓司·빙고氷庫 등에 소속된 정5품 또는 종5품 관직.

별주색別酒色 고려 1385년(우왕 11) 군인들에게 술을 공급하기 위하여 설치된 관청.

별초別抄 고려시대 정규군 외에 조직된 특수군대. 1219년(고종 6)에 개경을 수비하며, 특히 야간 순찰을 시킬 목적으로 조직하였으나 뒤에는 점차 인원이 많아져 삼별초로 나뉘고 나중에는 정규군으로 편성됨.

별초군別抄軍 조선시대 임금의 거둥 때 어가御駕를 호위하기 위해 특별히 뽑은 군사. 별초изб抄라고도 함.

별파진別破陣 조선 후기에 설치된 특수병종의 하나. 1687년(숙종 13)에 제도화되었으며, 무관잡직武官雜職으로 편성됨. 각 아문에 소속되어 화포火砲를 주로 다루었고, 화기장방火器藏放과 화약고火藥庫의 입직入直을 맡음.

별효사別驍士 조선 1793년(정조 17) 총융청摠戎廳의 외영外營인 남양·파주·장단에 두었던 군병.

별효장別驍將 조선시대 총리영摠理營에 소속된 정3품의 무관직.

별후부천총別後部千摠 조선시대 어영청御營廳에 소속된 정3품의 무관직.

병과丙科 조선시대 과거에서 성적의 우열에 따라 나눈 등급의 하나. 세 번째 등급으로, 갑과, 을과의 다음이며, 합격자는 문과에서 23명, 무과에서 20명임.

병관兵官 고려 초기에 두었던 육관六官의 하나로 무선武選·군부·의위儀衛·우역郵驛를 담당하였던 관청. 995년(성종 14)에 상서병부尚書兵部로 바뀜.

병관좌평兵官佐平 백제시대의 관직. 육좌평六佐平의 하나로 1품직. 재외병마在外兵馬 관계의 일을 관장하였으며, 복색은 자색紫色이고, 은화銀花로 관식을 장식하였음.

병마단련부사兵馬團鍊副使 조선 초기 각도에 두었던 종4품의 무관직. 1467년(세조 12)에 병마동첨절제사兵馬同僉節制使로 바뀜.

병마단련사兵馬團鍊使 조선 초기 각 도에 두었던 정3품의 무관직. 1467년(세조 12)에 병마절제사兵馬節制使로 바뀜.

병마단련판관兵馬團鍊判官 조선 초기 각지방에 두었던 종6품의 무관직. 1467년(세조 12)에 병마절제도위兵馬節制都尉로 바뀜.

병마도사兵馬都事 조선 초기 각 지방에 두었던 정6품의 무관직. 1467년(세조 12)에 병마평사兵馬評事로 바뀜.

병마도절제사兵馬都節制使 조선 초기 각도에 두었던 종2품의 무관직. 1467년(세조 12)에 병마절도사兵馬節度使로 바뀜.

병마도절제사도진무兵馬都節制使都鎭撫 조선 초기 각 도에 두었던 종3품의 무관직. 1467년(세조 12)에 병마우후兵馬虞候로 바뀜.

병마동첨절제사兵馬同僉節制使 조선시대 각 도에 둔 종4품의 무관직. 각 진관鎭管 아래의 큰 고을들에 둠.

병마만호兵馬萬戶 조선시대 각 도에 둔 종4품의 무관직. 각 진관鎭管 아래의 여러 요충지에 둠.

병마사兵馬使 고려시대의 관직. 989년(성종 8)에 동북면과 서북면에 둔 3품의 무관직. 중앙군의 전투 동원을 위한 조직인 5군五軍 지휘관으로서의 각기 중·전·후·좌·후군 병마사와 임기臨機하여 출동하는 부대의 지휘관으로서의 행영行營 병마사와 사태에 따라 추가하여 파견되는 부대의 지휘관으로서의 가발加發 병마사 등이 있음.

병마수군절제사兵馬水軍節制使 조선시대 제주에 두었던 정3품의 무관직.

병마우후兵馬虞候 조선시대 각 도의 절도사節度使 밑에 두었던 정3품이 무관직.

병마절도사兵馬節度使 조선시대 각 지방에 두어 군사를 장악하게 하였던 종2품의 무관직. 도마다 한 명 또는 두 명을 두었는데, 그 중의 하나는 관찰사가 겸임하였음. 약칭 병사兵使.

병마절제도위兵馬節制都尉 조선시대 각 지방에 둔 종6품의 무관직. 각 진관鎭管 아래의 고을에 둠.

병마절제사兵馬節制使 조선시대 정3품 수령이 겸대한 군사직함.

병마첨절제사兵馬僉節制使 조선시대 각도에 둔 종3품의 무관직. 군사 전략상 중요한 고을에 두고 그곳을 거진巨鎭이라 함. 주로 해당 고을의 목사나 부사가 겸임함.

병마판관兵馬判官 고려시대 병마사兵馬使 밑에 둔 5품 또는 6품의 무관직.

병마평사兵馬評事 조선시대 병마절도사兵馬節度使 밑에 둔 정6품의 무관직. 처음에는 평안도와 함경도 두 곳에 두었다가 후에는 함경도의 북도에만 둠.

병방兵房 ① 조선시대 승정원의 병전兵典 담당부서. 무관의 인사·군사·호위·교통·통신·군수품 등에 관계된 사무의 출납을 담당하였음. ② 조선시대 지방관아에서 병전兵典 관계의 실무를 담당하던 부서 또는 그 일을 맡은 책임 향리.

병방승지兵房承旨 조선시대 승정원의 좌부승지의 별칭.

병부兵部 ① 신라 517년(법흥왕 4)에 설치된 군사 관계의 일을 맡은 관청. 영令·대감大監·제감弟監·노사弩舍知·사史·노당弩幢 등의 관리가 소속되어 있음. ② 고려시대 무선武選·군무·의위儀衛·우역郵驛의 일을 관장하던 관청. 918년(태조 1)에 설치됨.

병부령兵部令 신라시대 병부兵部의 우두머리 벼슬. 관등은 대아찬大阿湌으로부터 태대각간太大角干까지임.

병사兵史 고려시대의 향리직. 호장戶長 아래 두어진 사병司兵의 말단 관직. 983년(성종 2)에 처음 설치된 것으로, 이전에 호족들이 독자적으로 갖추고 있던 행정조직 가운데 하나인 병부兵部가 사병으로 개편되면서 병부에 속한 유내雜吏가 개칭된 것임.

병사兵使 병마절도사의 약칭.

병수사兵水使 조선시대 도 안의 육군과 수구늘 통솔하는 무관직인 병마절도사와 수군절도사의 합칭.

병영兵營 조선시대 각 도에 있던 병마절도사의 군영.

병영도兵營道 조선시대 병마절도사가 자기랍고 있는 고을을 일컬음.

병절교위秉節校尉 조선시대 무산계武散階의 하나. 무관 종6품 하계下階의 관계명관階名.

병정兵正 고려시대 향직의 하나. 983년(성종 2) 주·부·군·현의 이직吏職을 고칠때 처음으로 기록에 보이며, 부호장副戶長 다음의 상급 이직에 속하였음.

병조兵曹 ① 고려 1298년(충렬왕 24)에 전리사典理司·군부사軍簿司·판도사版圖司·전법사典法司를 고쳐 육조六曹를 만들 때 군사 관계의 일을 맡은 군부사가 개칭된 관청. 1308년 선부選部에 통합되었으며, 그 뒤 총부摠部·군부사 등으로 개칭되었다가, 1356년(공민왕 5) 병부兵部로, 1362년 군부사로, 1369년 총부로, 1372년 군부사로, 1389년(공양왕 1) 병조로 바뀜. ② 조선시대 육조의 하나. 군사에 관한 일과 무관의 선발 배치, 궁궐무의 수비, 우역, 봉수, 무기 및 군수기재 등에 관한 일을 맡음. 1392년(태조 1)에 설치되었으며, 속아 문으로 무선사武選司·승여사乘輿司·무비사武備司 등이 있음. 1894년(고종 31)갑오개혁 때 폐지됨.

병조참의兵曹參議 조선시대 병조의 정3품 당상관직.

병조참지兵曹參知 조선시대 병조의 정3품 당상관직.

병조참판兵曹參判 조선시대 병조의 정2품 관직.

병조판서兵曹判書 조선시대 병조의 우두머리 관직. 정2품직.

병직랑秉直郎 조선시대 문산계文散階의 하나. 종친 정5품 하계下階의 관계명官階名.

병촌궁전屏村宮典 신라시대의 관청. 내성內省 소속의 병촌궁을 관리하던 곳으로, 경덕왕 때 일시 현룡정玄龍亭으로 고친 적이 있음. 소속 관원으로는 대사大舍 2명, 사史 2명, 궁옹宮翁 1명을 둠.

보보保 조선시대 군역의 의무를 가진 자로서 현역에 나가는 대신 정군正軍을 지원하기 위해 편성된 신역身役이 단위. 1464년(세조 10)에 정한 보법保法에 따르면, 2정二丁이 1보一保가 되어 여러 가지 병종兵種에게 지급하는 기본단위가 됨.

보**寶** 고려시대 사원에서 전곡錢穀을 대여해 주고 그 이자를 취득하기 위하여 설치한 재단. 포포鋪라고도 함.

보간補諫 고려시대 중서문하성中書門下省의 정6품 관직. 정원은 좌·우 각 1명. 고려 초기의 보궐補闕이 예종 때 사간司諫으로 바뀌었다가, 뒤에 다시 개칭된 것임. 1298년(충렬왕 24) 관제 개편 때 사간으로 환원되어 없어짐.

보공장군保功將軍 조선시대 무산계武散階의 하나. 무관 종3품 하계下階의 관계명官階名.

보국대장군輔國大將軍 고려시대 무산계武散階의 하나. 전체 29계 중 제2계로 정2품의 관계명官階名.

보국숭록대부輔國崇祿大夫 조선시대 문산계文散階의 하나. 문관 정1품 하계下階의 관계명官階名. 1865년(고종 2)부터는 종친에게도 제수됨.

보군步軍 고려 초기의 보병부대.

보궐補闕 ① 고려시대 중서문하성의 정6품관직. 정원은 좌·우보궐 2명. 중서문하성의 좌·우산기상시左右散騎常寺 이하의 관직과 더불어 성랑省郎 또는 간관諫官이라 불리면서 간쟁諫爭·봉박封駁의 직능을 담당함. 1116년(예종 11)에 사간司諫으로 고쳐졌다가 뒤에 다시 보간補諫, 사간, 헌납獻納의 명칭 변개를 거듭함. ② 조선 초기 문하부의 관직. 1401년(태종 1)에 사간원을 따로 만들면서 헌납으로 바꿈.

보기保驥 조선시대 사복시司僕寺에 소속된 종9품의 잡직.

보기감步騎監 신라시대의 무관직. 왕도를 비롯하여 육정六停과 구서당九誓幢의 예하 부대에 몇 명씩 배속되었으며, 정원은 모두 63명임. 보기당주步騎幢主를 보좌하였으며, 관등은 나마奈麻로부터 사지舍知까지임.

보기당주步騎幢主 신라시대의 무관직. 왕도를 비롯하여 육정六停과 구서당九誓幢의 예하 부대에 약간명씩 배속되었으며, 정원은 모두 63명임. 관등은 사찬沙湌으로부터 나마奈麻까지임.

보덕輔德 ① 고려 1390년(공양왕 2)에 설치된 3품 관직. 좌·우 보덕이 있음. ② 조선시대 세자시강원世子侍講院에 설치된 관직. 1392년(태조 1)에 세자관속으로 좌·우 보덕 각 1명을 두었고, 세종 때는 집현전의 관원이 겸임하도록 함. 1456년(세조 2) 집현전이 혁파되면서 실직實職이 되었으나 좌·우의 구별이 없어지고 정원이 1명. 품계는 종3품이 됨.

보덕국報德國 신라가 고구려를 멸망시킨 다음에 금마저(金馬渚:지금의 전라북도 익산)에 설치하였던 고구려 유민遺民의 나라. 존속 기간은 670년(문무왕 10) ~684년(신문왕 4).

보라국保羅國 삼한시대의 소국 중의 한 나라. 위치는 지금의 전라남도 나주지역 혹은 섬진강 하구 밖에 위치한 문모라汶慕羅 섬으로 추정되기도 함.

보로국寶露國 신라 하대 한반도 동북방에서 활동한 여진족의 소국小國 위치는 지금의 함경남도 안변군 서곡면 부근으로 추정됨.

보문각寶文閣 고려 중기 예종 때 설치된 비각秘閣. 경연經筵과 장서藏書를 관장함. 궁궐 안에 청연각淸燕閣을 짓고 문신들을 불러들여 유교경전을 강론하다가 1116년(예종 11)에 궁궐 밖에 정의당精義堂을 두고 그 기능을 하게 하였는데, 이를 보문각으로 이름을 바꿈. 1275년(충렬왕 1)에는 보문서寶文署로 고쳤으며, 1298년에는 그것을 동문원同文院에 합쳤고, 1314년(충숙왕 1)에 다시 따로 내오면서 보문각이라고 하였음. 학사(學士, 종3품)·직학사(直學士, 종4품)·직각(直閣, 종6품)과 제거提擧·동제지同提擧·관구管句·동관구同管句 등의 겸직관들이 있음.

보물사寶物司 조선 1895년(고종 32)에 설치된 내장원內藏院의 한 부서. 왕실의 보물을 관리하는 일을 맡음.

보민사保民司 조선 1764년(영조 40)에 형조와 한성부에서 취급하는 죄인들 가운데서 속전贖錢에 관한 일을 관장하던 관청. 형조와 성부의 우두머리 관리들이 겸하는 2명의 제조提調와, 형조와 한성부의 관리들이 겸하는 낭청郎廳 2명이 있음. 1775년(영조 51)에 없어짐.

보반步班 고려시대 양계 지방에 둔 주진군州鎭軍 가운데 하나. 상비군이 아니고 위급한 일이 있을 때 동원되는 예비군적 성격임. 각 주·진에 거주하는 장정들로 이루어졌으며, 신분은 양반으로부터 백정 이상에 걸쳐 있었음.

보발步撥 조선시대 나라의 급한 공문을 걸어서 전달하는 일을 맡은 사람. 북쪽으로는 서울에서 경성까지, 남쪽으로는 서울에서 동래까지의 사이에 두었음.

보부상褓負商 봇짐장수와 등짐장수를 아울러 일컫는 말.

보부청褓負廳 조선시대 보부상 단체.

보빙사報聘使 조선 1883년(고종 20)에 최초로 미국에 파견된 사절단.

보사공신保社功臣 조선 1680년(숙종 6) 경신대출척庚申大黜陟에 공을 세운 신하에게 내린 공신칭호. 김석주金錫冑·김만기金萬基 등 서인西人들에게 주어졌음.

보승保勝 고려시대 경군京軍과 주현군州縣軍을 구성하는 단위부대. 경군에는 좌우위左右衛에 10령領, 신호위神虎衛에 5령이 각각 두어져, 모두 15령 1만 5,000명이 있었고, 주현군에는 8,601명이 배치됨.

보신대부保信大夫 조선시대 문산계文散階의 하나. 종친 종3품 상계上階의 관계명官階名.

보양관輔養官 조선시대 세자 혹은 세손의 교육을 담당한 보양청輔養廳의 관직. 세자 보양관은 대개3명으로 2품 이상의 고관이 임명되었음. 원자보양관은 종2품직 중에서, 원손보양관은 정3품직 중에서 임명되었음.

보양청輔養廳 조선시대 왕의 맏아들인 원자와 맏손자인 원손을 보호·양육하기 위하여 설치한 특별관청. 강학청講學廳이라고도 함. 세자시강원世子侍講院이나 세손강서원世孫講書院의 부설기구로 원자·원손의 출산과 동시에 설치됨.

보외補外 조선시대 중앙관청의 높은 관리가 일정한 잘못을 저질렀을 때 그것을 징계하기 위하여 시골의 원으로 내보내는 것.

보윤甫尹 ① 마진摩震의 관계명官階名. 904년에 궁예弓裔가 국호를 마진, 연호를 무태武泰라 하고 광평성廣評省과 병부兵部 등 각 관부와 품계를 설치하였는데, 이때 이루어진 문·무관의 9품계 가운데 하나. ② 고려 초기의 관계명官階名. 919년(태조 2)에 태봉의 관제를 이어받아 사용하다가, 936년 16관계 중 14위로 중국식 관품으로 정7품이 됨. 그 뒤 광종 때 중국식 문산계文散階가 들어와 같이 사용되다가, 995년(성종 14) 문산계의 개편에 따라 향직鄕職으로 존속되어, 향직 16계 가운데 8품이 됨.

보익공신保翼功臣 조선 1546년(명종 1)에 을사사화乙巳士禍의 결과 그 논공행상으로 녹공錄功한 공신. 을사사화 때 윤임尹任·유관柳灌·유인숙柳仁淑 등을 몰아내는 데 참가한 정순붕鄭順朋·이기李芑·임백령林百齡·허자許磁 등에게 준 공신의 칭호.

보인保人 조선시대 병역의 의무를 지니고 있는 사람으로서 상번하지 않고 베를 바치어 상번한 군사를 돕는 사람.

보좌관補佐官 조선시대 교서관校書館의 종9품 관직. 1750년(영조 26)에 사감司勘을 고친 것임.

보장報狀 어떤 사실을 하관이 상관에게 알리어 보고하는 공문. 오늘날의 보고서와 같음. 보고장報告狀·유장由狀이라고도 함.

보장정保章正 고려시대 태사국太史局의 종8품 관직.

보조寶曹 고려시대 서경西京의 관제. 1138년(인종 16) 의조儀曹·병조兵曹·호조戶曹·창조倉曹·공조工曹 등과 함께 설치되었으며,

영(令, 8품) 2명과 승(丞, 9품) 2명의 관원이 있음. 1178년(명종 8) 서경 관제개편시 영·승이 각 1명, 사史 2명, 기사記事 1명, 기관記官 3명, 산사算士 2명이 두어졌으며, 대부大府·소부小府·진설사陳設司·능라점綾羅店·도화원圖畵院 등이 소속됨.

보좌상輔佐相 궁예弓裔의 마진摩震 또는 태봉泰封에서 사용하였던 관계명官階名. 9관계 가운데 제4위에 해당함.

보창군保昌軍 고려시대 북계北界의 주진군州鎭軍 가운데 하나. 초군抄軍·좌군·우군과 함께 북계 주진군의 핵심을 이룸.

보충대補充隊 조선시대 오위五衛의 하나인 의흥위義興衛에 소속된 군대의 하나. 과거에 응시했다가 낙제한 사람들과 양반의 여종으로서 첩이 되어 낳은 자식들로서 보충된 군대. 1415년(태종 15) 설치 당시에는 보충군補充軍이라 불리었으나 1469년(예종 1) 보충대로 개칭됨.

보후補後 조선시대 내직의 벼슬자리에 들어가기 전에 임시로 지방의 벼슬아치로 임명되는 것.

보흥고寶興庫 고려 후기 1339년(충숙왕 복위 8) 충혜왕이 사적으로 설치한 재정기관. 1343년(충혜왕 복위 4) 유비창有備倉을 보흥고에 병합하여 그 기구를 확대하고, 모리와 수탈로써 많은 민전民田을 불법으로 귀속시킴. 충목왕이 즉위하여 약탈한 토지와 노비를 본래의 주민에게 돌려주고 보흥고도 혁파시킴.

복卜 ① 전지田地의 면적 단위. 부負라고도 함. 양전척量田尺으로 1척 평방을 1파把, 10파를 1속束, 10속을 1복卜 또는 1부負라고 함. ② 길흉화복을 판단하기 위하여 점치는 것. 또는 점을 치는 사람.

복僕 고려 1068년(문종 22)에 제정된 동궁東宮의 종5품 관직.

복결闋 혈연의 경중에 따라 복제의 기간이 끝나는 일. 결복闋服 또는 사복卸服이라고도 함.

복근랑服勤郞 조선시대 동반東班 잡직계雜職階의 하나. 문반 잡직 정9품의 관계명官階名.

복두점幞頭店 고려시대 개경에 두었던 관청. 1391년(공양왕 3)에 없어짐. 녹사錄事등의 관리가 있었음.

복박사卜博士 고려시대 사천대司天臺의 종9품 관직. 천문을 관측함.

복수군復讐軍 조선시대 임진왜란·병자호란 때 부모·형제 등 친지들을 잃은 유족들을 모집하여 편성한 의병의 하나.

복시覆試 ① 고려시대 시행된 과거. 고려시대의 과거는 예부시禮部試로 끝나는 것이 원칙이었으나 특별한 경우 복시를 실시하였음. 983년(성종 2)에 처음 실시되어 1120년(예종 15)까지 실시됨. 응시 대상은 원칙적으로 예부시의 합격자이어야 하며, 시험과목은 시詩·부賦만을 고시하는 것이 상례였음. ② 조선시대 예조에서 주고나하는 문과文科·생원진사시生員進士試와 병조·훈련원訓鍊院에서 주관하는 무과武科 및 각 기술아문技術衙門에서 주관하는 잡과雜科의 제2차시험. 회시會試라고도 함. 서울과 지방의 초시初試에서 뽑혀 올라온 제1차시험의 합격자들을 재시험하여 최종 합격자를 정하는 시험. 문과와 생원진사시의 복시는 초장初場·중장中場·종장終場의 시험이 있는데, 초장에서는 경학經學, 중장에서는 시부詩賦, 종장에서는 시무책時務策을 시험함. 무과에서는 강서講書와 무예를, 잡과에서는 전문분야에 따른 전문과목을 시험함. 정원은 문과 33명, 무과 28명, 생원·진사 각 100명임.

복야僕射 ① 고려시대 상서도성尙書都省의 정2품 관직. 좌·우복야가 있었음. ② 조선 초기 삼사三司의 정2품 관직.

복업卜業 고려시대 과거의 잡업雜業 중의 하나. 복卜은 일·월·성·신, 즉 천무의 운행을 관찰하는 것으로, 이를 관할하는 사천대司天臺의 복박사卜博士·복정卜正·일관日官 등을 선발하는 시험.

복위도감復位都監 조선 전기에 폐위된 단종의 왕위를 복위하기 위하여 1698년(숙종 24)에 임시로 설치한 의전기구. 정식명칭은 복위부묘도감復位祔廟都監.

복정卜正 고려시대 사천대司天臺의 종9품 관직.

복정卜定 조선시대 공물貢物 가운데서 정례定例적인 공물 이외의 별공別貢이 있을 때 이를 충당하기 위해서 감영監營등이 민호民戶를 임의로 정하여 부과하던 폐단의 하나.

복주福州 발해의 지방행정구역. 62주州중의 하나. 회원부懷遠府에 속함.

복호復戶 조선시대 국가가 호戶에 부과하는 요역徭役 부담을 감면하거나 면제하여 주던 제도. 복은 면제하여 준다는 뜻이고, 호는 호역을 의미함.

본각本閣 조선시대 교서관校書館을 외각外閣이라 하고 규장각奎章閣을 내각內閣이라 함에 반하여 홍문관을 가리켜 이르는 말.

본관本官 ① 자기 고을의 원을 가리키는 호칭. ② 조선시대 관찰사나 병마절도사가 자리잡고 있는 고을의 목사·판관 또는 부윤을 가리키는 호칭. ③ 어떤 벼슬아치가 여러 벼슬을 겸하고 있을 때 주가 되는 벼슬을 이르는 말.

본방本房 왕의 장인이 사는 집을 가리켜 이르는 말.

본병本兵 조선시대 병조판서의 이칭.

본피궁本彼宮 신라시대의 관청. 681년(신문왕 1)에 설치되었으며, 소속 관원으로 우虞 1명, 사모私母 1명, 공옹工翁 2명, 전옹典翁 1명, 사史 2명을 둠.

본피목숙전本彼苜蓿典 신라시대 소와 말의 사료를 관장하던 관청. 본피부本彼部에 속했으며, 소속 관원으로 대사大舍 1명과 사史 1명을 둠.

본피부本彼部 신라시대 경주 육부六部중의 하나. 급량부及梁部와 사량부沙梁部에 다음가는 우세한 존재로, 현재의 경주 인왕리 일대를 포함하였던 것으로 추측되며, 석씨昔氏 출신이 중심이 된 조직체. 신라가 멸망한 뒤 940년(태조 23)에 통선부通仙部로 바뀜.

봉거서奉車署 고려시대 궁중의 마구간을 관장하던 관부. 1310년9충선왕 2)에 왕이 타는 말과 수레를 관리하는 관청인 상승국上乘局을 고친 것임.

봉교奉敎 조선시대 예문관의 정7품 관직. 정원은 2명. 예문관의 대교待敎 2명, 검열檢閱 4명과 더불어 8한림八翰林이라고 하여 춘추관의 기사관記事官을 겸하는 사관史官임.

봉군封君 왕자의 아들·장인과 2품 이상의 왕의 친척, 문관 및 무관 그리고 공신들에게 군의 칭호를 주는 것.

봉덕사성전奉德寺成典 신라시대 봉덕사奉德寺의 관리를 맡은 관청. 759년(경덕왕 18)에 수영봉덕사사원修營奉德寺使院으로 고쳤다가, 776년(혜공왕 12)에 다시 본이름으로 바뀜.

봉도奉導 왕이 거동할 때 수레의 앞에서 별감이 소리지르며 경계시키는 일.

봉도별감奉導別監 왕이 거동할 때 봉도奉導를 맡은 벼슬아치.

봉렬대부奉列大夫 조선시대 문산계文散階의 하나. 문관 정4품 하계下階의 관계명官階名.

봉례奉禮 조선시대 통례원通禮院의 정4품 관직. 정원은 1명.

봉무랑奉務郞 조선시대 동반東班 잡직계雜職階의 하나. 동반 잡직 정7품의 관계명官階名.

봉미封彌 과거의 부정행위를 방지하기 위하여 마련된 제도. 호명법糊名法이라고도 함. 과거의 답안지 우측에 응시자의 성명·본관, 그리고 사조四祖의 이름을 적고, 이것을 접어 풀로 붙인 다음 채점이 끝나면 펴서 성적을 발표함.

봉미관封彌官 고려·조선 시대 과거 종사원의 하나. 응시자들의 답안지 서명란에 봉인을 붙이거나 떼는 일을 담당하였음.

봉박封駁 왕의 조지詔旨 내용이 합당하지 못할 경우 이를 봉함封緘하여 되돌려 공박하는 제도.

봉보부인奉保夫人 조선시대 외명부外命婦의 하나. 왕의 유모에게 봉작된 칭호로 품계는 종1품.

봉빈奉賓 조선시대 예빈시禮賓寺의 이칭.

봉빈부奉賓部 태봉 중앙관부의 하나. 광평성廣評省에 예속되었으며, 신라의 사성부司省府, 고려의 예빈성禮賓省과 같음. 빈객賓客·연향宴享을 관장함.

봉사奉祀 조상의 제사를 받드는 일. 봉제사奉祭祀라고도 함.

봉사奉事 조선시대 돈녕부敦寧府·봉상시奉常寺·사옹원司饔院·내의원內醫院·군기시軍器寺·군자감軍資監·관상감觀象監·전의감典醫監·사역원司譯院·선공감繕工監·풍저창·광흥창·사도시司導寺·사재감司宰監·전연사典涓司·종묘서宗廟署·경모궁景慕宮·제용감濟用監·평시서平市署·사온서司醞署·전생서典牲署·내자시內資寺·내섬시內贍寺·예빈시禮賓寺·의영고義盈庫·장흥고長興庫·장원서掌苑署·양현고養賢庫·혜민서惠民署·전옥서典獄署 등 여러 관청에 소속된 종8품 관직.

봉사封事 왕에게 밀봉密封하여 상주上奏하는 의견서. 봉주封奏 또는 봉장封章·봉소封疏라고도 함.

봉상대부奉常大夫 고려시대 문산계文散階의 하나. 1308년(충렬왕 34)에 제정한 정4품의 관계명階名. 1356년(공민왕 5)에 없앴다가, 1362년에 다시 설치되었고, 1369년에 다시 없앰.

봉상사奉常司 조선 말기 제례관리祭禮管理·악공樂工·제사祭祀·시의諡議를 관장하던 관청. 1895년(고종 32)에 봉상시奉常寺가 바뀐 것임.

봉상시奉常寺 ① 고려시대 국가에서 행하는 제례祭禮를 주관하고 시호諡號와 왕의 묘호廟號 등의 제정을 담당하던 관부. 1298년(충렬왕 24)에 충선왕이 태상부太常府를 개칭한 것임. 1308년에 다시 전의시典儀寺로 고쳐졌으며, 1362년(공민왕 11)과 1372년(공민왕 21)에 각각 봉상시로 복칭됨. ② 조선시대 국가의 제사 및 시호를 의론하여 정하는 일을 관장하던 관청. 1392년(태조 1)에 설치되었으며, 1895년(고종 32)에 봉상사奉常司로 바뀜.

봉선고奉先庫 고려 1093년(선종 10)에 설치된 왕실의 제사에 쓸 물건들을 맡아보던 관청. 1391년(공양왕 3)에 폐지됨.

봉선대부奉善大夫 고려시대 문산계文散階의 하나. 1308년(충렬왕 34)에 종4품의 품계로 제정된 이래 1356년(공민왕 5)에 폐지되었다가, 1362년에 복구되었고, 1369년에 다시 폐지됨.

봉성대부奉成大夫 조선시대 문산계文散階의 하나. 종친 종4품 상계上階의 관계명階名.

봉성사성전奉聖寺成典 신라시대 봉성사奉聖寺에 관한 일을 맡은 관청. 759년(경덕왕 18)에 수영봉성사사원修營奉聖寺使院으로 고쳐졌다가, 776년(혜공왕 12)에 다시 본이름으로 복구됨.

봉수烽燧 횃불[烽]과 연기[燧]로써 급한 소식을 전하는 통신제도. 주요한 산정에 봉화대를 설치하여 낮에는 토끼 똥을 태운 연기로, 밤에는 불로 신호함. 평상시에는 초저녁에 한 번, 적이 보이면 두 번, 적이 국경에 가까이 오면 세 번, 적이 국경을 침범하면 네 번, 접전하면 다섯 번을 올림.

봉수군烽燧軍 봉화대에서 봉화를 오리는 일을 맡은 군사.

봉순대부奉順大夫 ① 고려시대 문산계文散階의 하나. 1308년(충렬왕 34)에 정3품 하계下階로 설정됨. 1356년(공민왕 5)에 통의대부通議大夫로 바뀌었다가, 1362년에 다시 봉순대부로 되었으며, 1369년에 폐지됨. ② 조선 초기 왕의 사위인 의빈儀賓에게 주던 정3품 당상관의 관계명階名.

봉어奉御 고려시대 상승국上乘局·상식국尙食局·상약국尙藥局·상의국尙衣局 등에 둔 종6품 관직.

봉은사성전奉恩寺成典 신라시대 봉은사奉恩寺에 관한 일을 맡은 관청. 관원으로 금하신衿荷臣·부사副使·대사大舍·사史 등이 있음.

봉의랑奉議郞 ① 고려시대 문산계文散階의 하나. 1076년(문종 30)에 종6품의 상계上階로 정해졌으며, 1275년(충렬왕 1)에 폐지됨. ② 조선시대 동반東班 토관직土官職의 종5품 관계명官階名.

봉의서奉醫署 고려 후기 궁중에서 쓰는 약을 조제하는 일을 맡은 관청. 초기에는 상약국尙藥局이라고 부르던 것을 1310년(충선왕 2)에 장의서掌醫署로 고쳤다가 곧 봉의서로 바뀜. 1356년(공민왕 5)에 다시 상약국으로 바뀌고, 1362년에 봉의서로, 1369년에는 또다시 상약국으로, 1372년에는 봉의서로 개칭되었다가, 1391년(공양왕 3)에 전의시典儀寺에 합쳐짐.

봉익대부奉翊大夫 고려시대 문산계文散階의 하나. 1275년(충렬왕 1)에 은청광록대부銀靑光祿大夫가 바뀐 명칭으로, 종2품의 관계명階名.

봉임교위奉任校尉 조선시대 서반西班 잡직계雜職階의 정6품 상계上階 관계명官階名. 서반 잡직계에서 가장 높은 관계.

봉작封爵 왕자·외척 또는 공신들에게 군의 칭호를 주거나 궁녀들에게 내명부內命婦의 벼슬을 주거나 문·무관의 적처에게 그 남편의 벼슬 등급에 따라 외명부外命婦의 벼슬을 주는 일.

봉정대부奉正大夫 조선시대 문산계文散階의 하나. 문관 정4품 상계上階의 관계명階名. 초기에는 문관에게만 주었으나 후기에는 종친에게도 줌.

봉조청奉朝請 조선시대 치사致仕한 고위관원들을 명예롭게 대우하기 위한 은급제도. 즉 공신에 봉군된 자나 공신 적장자손 및 동반·서반 당상관 이상의 벼슬에 있던 관원이 70세를 넘어 벼슬에서 물러난 뒤에 주는 일종의 훈호勳號. 재직시의 품계에 따라 소정의 녹봉을 지급함.

봉조판奉朝判 후삼국시대에 궁예弓裔가 사용하였던 관계官階의 하나. 대재상大宰相·중부重副 이하 9관계 중 제7위에 해당함.

봉조하奉朝賀 조선시대 공신, 공신적장공신功臣嫡長, 동반·서반 당상관 등이 치사致仕한 뒤에 임명되는 벼슬. 전직 고급관료를 대우하던 일종의 훈호勳號. 직사職事는 없고 정조正朝·동지冬至·탄일誕日 등의 하례식에만 참석하고, 재직시의 품계에 따라 소정의 녹祿이 급여되는 은급제도.

봉족奉足 조선시대 군역軍役을 비롯한 국역國役 편성의 기본조직으로, 정정正丁 1명에게 조정助丁을 주어 그들로 하여금 재력財力을 내게 하여 정정을 돕게 하던 제도. 즉 국역에서 정정이 입역入役할 때 그 역을 직접 담당하지 않는 나머지 정丁으로 하여금 봉족을 삼아 입역을 위한 비용을 마련케 하는 것.

봉직랑奉直郞 조선시대 문산계文散階의 하나. 문관 종5품 상계上階의 관계명階名. 후에는 종친에게도 수여됨.

봉직랑奉職郞 조선시대 동반東班 토관계土官階의 하나. 동반 토관직 종6품의 관계명官階名.

봉진위奉進位 후삼국시대에 궁예弓裔가 사용하였던 관계官階의 하나. 대재상大宰相 이하 좌진사佐眞使까지 9개의 관계 가운데 제8위에 해당함.

봉헌대부奉憲大夫 조선시대 문산계文散階의 하나. 의빈儀賓 정2품 상계上階의 관계명官階名.

봉훈랑奉訓郞 조선시대 문산계文散階의 하나. 문관 종5품 하계下階의 관계명官階名. 후에 종친에게도 수여됨.

부府 고려·조선 시대의 지방행정구역 명칭. 고려 초기에 호족세력이 강한 지역에 부府가 설치되었으며, 조선시대에는 종2품 관인 부윤府尹이 파견되는 부府, 정3품 관인 대도호부사가 파견되는 대도호부大都護府, 종3품관인 도호부사가 파견되는 도호부都護府가 설치되었고, 전왕조의 수도인 개성에 특별히 개성유수부開城留守府가 설치됨.

부負 면적단위의 하나. 삼국시대에 농토의 면적을 표시하기 위해 제정, 통용되었던 단위제로서, 1파把 또는 한 줌을 기준면적으로 하여 10줌을 1속束 또는 한 단, 10속을 1부 또는 한 짐, 100부를 1결結 또는 1뭇으로 하였던 중간면적단위. 실질적인 면적은 154.3㎡. 고려 문종 때부터 1부의 면적이 3등급으로 나누어지게 되어, 각 등급에 따라 1부의 면적도 다르게 되었으며, 조선 1444년(세종 26) 양전법 개정 이후에는 1부는 각 등전척者田尺으로 사방 10척의 정사각형 면적이 됨. 1902년부터는 100㎡인 1a를 1부로 제정함.

부傅 ① 조선시대 세자시강원世子侍講院의 정1품 관직. 1392년(태조 1) 설치 당시에는 고려의 제도를 따라 좌사左師·우사右師 각 1명에 정2품직으로 두었으나, 그 뒤 좌·우사를 사師·부傅로 고침. 이에 따라 부는 좌의정이나 우의정이 겸직하게 함.

부경桴京 고려시대의 창고.

부곡部曲 신라시대부터 조선 초기까지 존속하였던 특수한 계층의 사람들이 거주하던 지역.

부공랑赴功郞 조선시대 동반東班 잡직계雜職階의 하나. 동반 잡직 종8품의 관계명官階名.

부교리副校理 ① 조선 초기 1401년(태종 1)에 교서관校書館에 두었던 종6품 관직. ② 조선시대 홍문관의 종5품 관직. 정원은 2명 경연시독관經筵侍讀官·춘추관기주관春秋館記注官·지제교知製敎를 겸직하였고, 때로는 세자시강원世子侍講院의 관직을 겸하기도 함. 교리校理와 함께 왕의 교서를 제찬, 검토하는 것이 주임무였으나, 왕의 측면에서 학문을 강론하고 역사를 기술하며, 또한 삼사三司의 일원으로서 언론활동에 참여하기도 함.

부교사副敎司 조선 1882년(고종 19) 외교업무를 관장한 통리교섭통상사무아문統理交涉通商事務衙門 산하에 설치되었던 관청.

부내승지副內承旨 고려시대 액정국의 남반 벼슬의 하나.

부대부인府大夫人 조선시대 왕의 어머니로서 비가 아닌 여자에게 주는 벼슬. 즉 대원군大院君의 부인에게 주던 작호.

부대언代言 ① 고려 후기 밀직사密直司의 정3품 관직. 정원은 좌·우 각 1명. 고려 전기의 부승선副承宣이 1276년(충렬왕 2) 부승지副承旨로 고쳐졌다가 1310년(충선왕 2)에 부대언으로 바뀜. 1356년(공민왕 5) 부승선으로 환원, 1362년에 밀직사의 설치와 함께 부활됨. 1369년 다시 부승선으로 바뀌었다가 뒤에 부대언으로 됨. ② 조선시대 1401년(태종 1)에 부승지를 고쳐 부른 이름. 1433년(세종 15) 좌부승지·우부승지·동부승지가 생기면서 혁파됨.

부령副令 ① 고려시대의 관직. 전교시典校寺·전의시典儀寺·종부시宗簿寺·내부사內府司·선공시繕工寺·사재시宰寺·사수시水寺의 차관에 해당됨. 품계는 정4품에서 종4품이며, 소감少監·소경少卿·소윤少尹이 고려 후기에 빈번하게 관제를 개정할 때 부령으로 고쳐짐. ② 고려시대 오부五部의 종6품직. 1287년(충렬왕 13)에 오부의 부사副使가 바뀐 것임. ③ 조선시대 종친부宗親府의 종5품 관직.

부료군관付料軍官 조선시대 용호영·총융청摠戎廳에 소속된 유급 군관.

부마駙馬 부마도위駙馬都尉의 약칭.

부마도위駙馬都尉 왕의 사위, 즉 공주나 옹주의 남편에게 주던 칭호. 적실嫡室의 공주에게 장가든 자는 종1품의 위階를, 서실庶室의 옹주에게 장가든 자는 종2품의 위를 초수初授하였으며, 왕세자녀의 적실군주嫡室郡主에게 장가든 자는 정3품의 부위副尉를, 서실현주庶室縣主에게 장가든 자는 종3품의 첨위僉尉를 초수하였음. 줄여서

도위都尉·부마駙馬·의빈儀賓이라고도 함.

부마부駙馬府 의빈부儀賓府의 이칭.

부병정副兵正 고려시대의 향리직鄕吏職. 신라 말 이후 각지의 호족들이 가지고 있던 독자적인 관부를 983년(성종 2)에 향리직으로 변경하면서 병부兵部의 연상筵上을 개칭한 것임. 사병司兵에 속하며 병정兵正의 아래, 병사兵史의 위에 위치하였음. 1051년(문종 5) 향리지그이 순차가 정해지면서는 부창정副倉正과 함께 제6위에 해당됨.

부봉사副奉事 조선시대 봉상시奉常寺·내의원內醫院·군기시軍器寺·군자감軍資監·관상감觀象監·전의감典醫監·사역원司譯院·선공감繕工監·관활창·종묘서宗廟署·제용감濟用監·전생서典牲署 등 여러 관청의 정9품의 관직.

부부인府夫人 조선시대 외명부外命婦의 하나. 왕비의 어머니와 왕의 적자인 대군의 적처에게 주던 작호로, 품계는 정1품.

부빈객副賓客 조선시대 세자시강원世子侍講院의 종2품 관직.

부사府使 ① 고려시대 개성부開城府와 지사부知事府의 수령. ② 조선시대 지방행정단위의 하나인 부府의 우두머리 관직. 대도호부사大都護府使 정3품과 도호부사都護府使 종3품을 통틀어 일컫는 칭호.

부사副使 ① 신라시대 봉성사성전奉聖寺成典·봉은사성전奉恩寺成典·감은사성전感恩寺成典·봉덕사성전奉德寺成典등 왕실의 사원을 관리하던 관청의 차관직. 759년(경덕왕 18)에 종전의 상당上堂을 부사로 고쳐 부르다가, 776년(혜공왕 12)에 종래대로 환원됨. ② 고려시대의 관직. 사使의 부직副職. 경직京職이나 외직外職을 막론하고 여러 관서에 설치되어 있었는데, 품계와 정원 그리고 연혁 등은 일정하지 않고 관서에 따라 다름. ③ 조선시대 권설직權設職의 하나. 주로 원정이나 토벌의 일로 야전군을 구성하여 지휘부를 구성할 때 부지휘관의 직명으로 사용됨. ④ 조선시대 외교 관계상 사신으로 파견된 삼사신三使臣의 하나. 정사正使를 보좌하는 사신. 정원은 1명.

부사공신扶社功臣 조선 1722년(경종 2)에 일어난 임인옥사壬寅獄事 때 옥사를 밝히고 관련자의 죄를 다스리는 데 공을 세운 이삼李森·신익하申翊夏·목호룡睦虎龍 등의 신하에게 내린 훈호勳號.

부사과副司果 조선시대 오위五衛의 종6품 무관직. 부장部將의 다음 자리. 현직이 없는 문관·무관 및 음관 관리들과 그 밖의 잡직의 관리로서 임명됨.

부사맹副司猛 조선시대 오위五衛의 종8품 무관직. 사맹司猛의 다음 자리. 현지깅 없는 문관 및 무관 및 음관 관리들과 그 밖의 잡직 관리로서 임명됨.

부사소副司掃 조선시대 액정서掖庭署의 종9품 잡직 관직. 궁중의 청소를 담당함.

부사안副司案 조선시대 액정서掖庭署의 종7품 잡직 관직. 궁궐 안의 필연筆硯을 맡아 관리함.

부사약副司鑰 조선시대 액정서掖庭署의 종6품 잡직 관직. 궁궐 내의 여러 문의 열쇠를 담당함.

부사옥정副司獄正 고려시대의 향리직. 위로는 사옥정司獄正, 아래로는 사옥사司獄史와 함께 수령의 피고 심문을 돕거나 감옥을 관리하고 죄수를 감독함. 정원은 주·부·군·현·진鎭의 인정人丁의 크기에 따라 1~2명였음. 지방의 유력한 토착 세력 중에서 임명됨.

부사용副司勇 조선시대 오위五衛의 종9품 무관직. 사용司勇의 다음 자리. 현직이 없는 문관이나 무관 및 음관 관리들과 그 밖의 잡직 관리로서 임명됨.

부사정副司正 조선시대 오위五衛의 종7품 관직. 사정司正의 다음자리. 현직이 없는 문관이나 무관 및 음관 관리들과 그 밖의 잡직 관리로서 임명됨.

부사직副司直 선시대 오위五衛의 종5품 관직. 사직司直의 다음자리. 현직이 없는 문관이나 무관 및 음관 관리들과 그 밖의 잡직 관리로서 임명됨.

부사포副司鋪 조선시대 액정서掖庭署의 종8품 잡직 관직. 의식 때 궁궐 내의 설비 관계를 맡아봄.

부수副守 조선시대 종친부宗親府의 종4품 관직.

부수찬副修撰 조선시대 홍문관의 종6품 관직. 정원은 2명. 경연검토관·춘추관기사관春秋館記事官·지제교知製敎를 겸하고, 또한 삼사三司의 일원으로서 언론활동에도 참여함. 왕의 측근에서 교서를 대필하고 역사를 기록하는 것이 주된 임무.

부승지副承旨 ① 고려시대 밀직사密直司의 정3품 관직. 정원은 좌·우 부승지 각1명. 1275년(충렬왕 1) 추밀원樞密院이 밀직사로 격하되고 다음해 승선承宣이 승지로 고쳐지면서 처음 설치됨. 1298년(충렬왕 24)에 밀직사가 광정원光政院으로 바뀌면서 종6품으로 되었다가, 곧바로 다시 광정원이 밀직사로 환원되면서 정3품으로 바뀜. 1310년(충선왕 2)에는 승지가 대언代言으로 되면서 부대언副代言으로 바뀜. ② 조선시대 승정원의 정3품 관직. 태종 때까지는 고려시대와 같이 중추원中樞院에 속해 있다가, 1405년(태종 5) 승정원이 분리, 독립되면서 승정원의 고유 관제로 정비됨. 그 뒤 세조 때도 승지·승지·부승지·동부승지로 개칭되었는데 승지와 부승지는 각기 좌·우 1명이었음. 좌부승지는 병방兵房, 우부승지는 형방刑房의 일을 관장함.

부시婦寺 궁궐 안에서 잡일을 하는 아낙네들과 환관들을 아울러 일컫는 말.

부신符信 조선시대 병조에서 발행한 여러 가지 신표信標. 대개 나무조각이나 두꺼운 종이 조각에 글자를 쓰고 증인證印을 찍은 뒤에 이것을 두 조각으로 쪼개어 한 조각은 상대자에게 주고 다른 조각은 발행한 쪽에서 보관하였다가 뒷날 사용할 때 서로 맞추어 증거로 삼음.

부신금慎禽 조선시대 장원서掌苑署의 종8품 잡직 관직. 궁중의 정원 내의 조류 사육과 정원을 관리함.

부신수慎獸 조선시대 장원서掌苑署의 종9품 잡직 관직. 궁중의 정원 내의 짐승 사육과 정원관리를 담당함.

부약점정副藥店正 고려시대 향리직鄕吏職. 위로는 약점정藥店正, 아래로는 약전사藥店史와 함께 지방의 의료상담이나 질병치료, 약재의 구입·보관·판매 등을 담당함.

부약정約正 조선시대 향약鄕約의 우두머리의 하나. 도약정都約正의 다음자리.

부여과勵果 조선시대 서반西班 토관직土官職의 종6품 관직.

부여맹勵猛 조선시대 서반西班 토관직土官職의 종8품 관직.

부여부扶餘府 발해의 지방행정구역. 15부府 중의 하나로서, 부여의 옛땅에 설치됨. 속주屬州로 부주扶州·선주仙州가 있음.

부여용勵勇 조선시대 서반西班 토관직土官職의 종9품 관직.

부여정勵正 조선시대 서반西班 토관직土官職의 종7품 관직.

부여직勵直 조선시대 서반西班 토관직土官職의 종5품 관직.

부원군府院君 조선시대 왕의 장인이나 정1품의 공신에게 주는 칭호.

부원대군府院大君 ① 고려시대 친왕자에게 봉한 작호爵號. ② 조선 초기에 친왕자에게 봉한 작호.

부위副尉 ① 조선시대 의빈부儀賓府의 정3품 당상관堂上官. 군주郡主, 즉 왕세자의 적실녀嫡室女에게 장가든 사람이 처음으로 받는 벼슬. ② 조선 갑오개혁 이후에 정한 무관 계급의 하나. 정위正尉 아래, 참위參尉의 위임. 1895년(고종 32)부터 시행되어 1907년까지 존속됨. 현재의 중위中尉 계급에 상당함.

부윤府尹 ① 고려시대 지방행정단위의 하나인 부府의 우두머리 관

직. 평양·한양·경주에 둠. ② 조선시대 지방행정단위의 하나인 부府의 우두머리 관직. 종2품의 문관이 임명됨. 전주·함흥·광주廣州·의주·평양·경주 등에 설치됨. 이 중 전주·평양·함흥 부윤은 관찰사가 겸임하고, 광주·경주·의주는 전임專任의 부윤이 파견됨.

부응교副應敎 조선시대 홍문관의 종4품 관직. 정원은 1명. 경연시강관經筵侍講官·춘추관편수관春秋館編修官·지제교知製敎를 당연직으로 겸직하였고, 때로는 예문관과 세자시강원世子侍講院의 관직을 겸임하기도 함. 왕의 교서 제찬이 주임무이고, 왕의 측근에서 학문을 강론하고, 역사를 기록하며, 삼사三司의 일원으로서 언론활동에 참여하기도 함.

부장部將 ① 조선시대 오위五衛의 종6품 무관직. 오위의 기능이 유명무실해진 이후부터는 내삼청內三廳에 소속됨. ② 조선시대 도포청의 한 관직. 좌·우 포도청에 각각 4명씩 있고, 이밖에 무료부장無料部長 26명과 가설부장加設部將 12명이 있음.

부장副將 조선 말기 장급將級 무관의 관등. 칙임관勅任官 2등으로 제2차 갑오개혁기에 개편된 신식군제에 의해 신설된 직제. 1894년(고종 31) 육군장관직제陸軍將官職制에 의하여 개편된 12계급 중 제2위에 해당하는 계급으로, 최고위인 대장大將과 하위직인 참장參將의 중간에 위치하며, 품계는 정2품. 1907년 군대해산령에 의해 폐지됨.

부전서副典書 조선시대 장악원掌樂院의 종9품 잡직 관직.

부전수副典需 조선시대 내수사內需司의 종6품 잡직 관직.

부전악副典樂 조선시대 장악원掌樂院의 종6품 잡직 관직.

부전율副典律 조선시대 장악원掌樂院의 종7품 잡직 관직.

부전음副典音 조선시대 장악원掌樂院의 종8품 잡직 관직.

부정副正 ① 고려시대 서운관書雲觀·사의서司醫署·사복시司僕寺·전농시典農寺·내알사內謁司의 정4품 관직. 정正의 부직副職. ② 조선시대 종친부宗親府·돈녕부敦寧府·봉상시奉常寺·사복시司僕寺·군자감軍資監·군기시軍器寺·관상감觀象監·선공감繕工監·사도시司導寺·제용감濟用監·내자시內資寺·내섬시內贍寺·예빈시禮賓寺 등의 종3품 관직.

부정자副正字 조선시대 승문원承文院·교서관校書館의 종9품 관직. 정원은 각각2명. 승문원의 부정자는 외교문서의 검토·교정을 담당함. 교서관의 부정자는 서적 교정과 각종 제향의 축문을 필사·검토하는 일을 담당함.

부제祔祭 졸곡卒哭을 지낸 다음날 소목(昭穆:사당에 조상의 신주를 모시는 차례. 왼편이 昭, 오른편이 穆)의 서열에 따라 죽은 자를 그의 할아버지에게 입묘시키기 위하여 행하는 제례.

부제거副提擧 고려 1313년(충선왕 5)에 설치된 연경궁제거사延慶宮提擧司 소속의 관직. 제거提擧의 부직副職.

부제조副提調 조선시대 중앙관아 가운데 잡무와 기술계통의 관아에서 겸직으로 각 관아를 통솔하던 관직. 통정대부通政大夫의 정3품 당상관 이상이 겸직함. 승문원承文院·사옹원司饔院·내의원內醫院·상의원尙衣院·전옥서典獄署 등에 설치함.

부제학副提學 조선시대 홍문관과 그 전신인 집현전에 두었던 정3품 당상관 관직. 정원은 집현전에 2명, 홍문관에 1명. 1420년(세종 2) 집현전을 설치할 때 처음 2명을 두었다가, 1456년(세조 2) 집현전에 혁파될때 같이 폐지됨. 1470년(성종 1) 예문관에 구 집현전의 관제와 기능을 부활시키면서 다시 부제학 1명을 두었는데, 1478년 예문관에서 홍문관이 분리, 독립할 때 이것이 그대로 홍문관에 직제화됨. 홍문관의 업무를 총괄하고, 경연참찬관經筵參贊官·춘추관수찬관春秋館修撰官·지제교知製敎를 당연직으로 겸하였으며, 삼사三司 장관의 일원으로 언론활동에도 중요한 역할을 담당하였다. 1894년(고종

31) 갑오개혁 때 부학사副學士로, 이듬해 다시 부시강副侍講으로 바뀌었다가, 1897년 대한제국의 성립과 함께 부학사로 이름이 바뀜.

부조묘不祧廟 불천위제사의 대상이 되는 신주를 둔 사당. 본래 4대가 넘는 조상의 신주는 사당에서 꺼내 묻어야 하지만 나라에 공훈이 있는 사람의 신위는 왕의 허락으로 옮기지 않아도 되는 불천지위不遷之位가 됨.

부주扶州 발해의 지방행정구역. 62주州중의 하나. 부여부扶餘府에 속하며, 또한 이 부의 수주首州이기도 함.

부주富州 발해의 지방행정구역. 62주州중의 하나. 회원부懷遠府에 속함.

부직장副直長 ① 고려시대 사설서司設署·사온서司醞署·사선서司膳署의 정8품 관직. ② 고려시대 전악서典樂署의 종9품 관직. ③ 조선시대 상서원尙瑞院의 정8품 관직.

부창정副倉正 고려시대의 향직鄕職. 향직 9계 가운데 제6위로 중급 향리층에 속함.

부천궁전夫泉宮典 신라시대의 관청. 부천궁夫泉宮을 관리하던 곳으로 추측됨. 소속관원으로 대사大舍 2명, 사史 2명, 궁옹宮翁 1명을 둠.

부첨사副詹事 조선 말기 및 대한제국기에 궁내부宮內府의 하부관서인 황태자궁·시강원 등의 주임관奏任官 관직. 주로 황태자의 명령을 출납하고 황태자를 배종하는 임무를 맡아 시강원의 책임자인 첨사詹事를 보좌하였음.

부총관副摠管 ① 조선시대 오위도총부의 종2품 관직. ② 대한제국 때 승녕부承寧府의 칙임관직. 정원은 1명이고, 칙임관 2등과 3등이 있음.

부총재副總裁 조선 말기 및 대한제국기 군국기무처軍國機務處·수륜원水輪院·수민원綏民院·평식원平式院·철도원鐵道院·표훈원表勳院·법규교정소·지계아문地契衙門 등에 소속된 관직. 칙임관奏任官이며, 차관급직. 총재總裁를 보좌하여 사무를 처리하고 총재에게 사고가 있을 때 사무를 대신 처리함.

부총제사副摠制使 고려시대 삼군도총제부三軍都摠制府의 관직. 1391년(공양왕 3)에 설치됨. 도총제사都摠制使, 삼군총제사三軍摠制使 다음 관직으로, 정2품 이상의 관리가 임명됨.

부판사副判事 대한제국 때 한성재판소의 재판관. 1897년 한성재판소의 관제 제정시 설치되었다가 1902년에 폐지됨.

부학사副學士 부제학副提學의 약칭.

부호군副護軍 조선시대 오위도총부의 종4품 무직. 태종 초에는 섭호군攝護軍이라 하였다가, 오위체제가 갖추어지면서 1467년(세조 13) 관제개혁 때 종4품 부호군으로 개칭되어 법제화됨.

부호장副戶長 고려시대의 향리직. 983년(성종 2) 주·부·군·현의 이직을 고칠 때 대등大等이 바뀐 명칭이며, 9단계로 구성된 향리직에서 호장戶長에 이어 제2위에 해당하는 상급 향리직.

부호정副戶正 고려시대 향리직. 983년(성종 2) 주·부·군·현의 이직을 고칠 때 원외랑員外郞이 바뀐 명칭으로, 9단계로 구성된 향리직에서 제5위에 해당됨.

북계北界 고려시대의 지방행정구역. 동계東界와 더불어 양계兩界를 이루었으며, 서북면西北面·서북로西北路·서북계西北界라고도 함. 대체로 오늘날의 평안도 지방에 해당됨.

북곤北閫 조선시대 함경도의 병마절도사·수군절도사의 이칭.

북관개시北關開市 조선 후기 함경도 회령·경원에서 청나라와 통상하던 국제무역시장. 주로 말·쌀·종이·호피·해삼 등을 수출하고, 피혁·녹각·구리·개를 수입하였음.

북도과北道科 조선시대 식년시式年試 이외에 함경도에서 실시되었던 외방별시外方別試의 일종.

북백北伯 조선시대 함경도 관찰사의 이칭.

북병사北兵使 조선시대 함경도 경성에 있는 북병영에 자리 잡은 병마절도사의 이칭.

북병영北兵營 조선시대 함경도 경성에 있던 병마절도사의 군영.

북상전北廂典 신라시대의 관청. 소속 관원으로는 대사大舍 2명과 사史 4명을 둠.

북영北營 ① 조선시대 함경도에 있던 관찰사영. ② 조선시대 창덕궁 북쪽에 자리잡고 있던 훈련도감의 본영. ③ 조선 1877년(고종 14)에 함경도 경성에 설치된 친군영. 1894년에 폐지됨.

북우위北右衛 발해시대 중아에 둔 군영인 십위十衛의 하나. 대장군大將軍 1명과 장군將軍 1명을 둠.

북원경北原京 신라시대 오소경五少京 가운데 하나. 지금의 강원도 원주에 설치된 행정구역. 678년(문무왕 18)에 원래 고구려의 평원군平原郡이었던 곳에 설치되었는데, 685년(신문왕 5) 주위에 1,031보步의 성을 쌓았고 경덕왕 때 북원경으로 이름을 바꿈.

북원궁北園宮 신라시대의 관청. 소속관원으로 옹翁 1명을 둠.

북이영北二營 조선 후기에 설치된 어영청御營廳 소속의 경희궁 경호부대. 경희궁의 북문인 무덕문武德門 밖 지금의 사직동에 있었음.

북인北人 조선시대 붕당朋黨의 하나. 정철鄭澈의 건저의사건建儲議事件을 계기로 동인東人 내부에서 서인西人에 대한 강경파와 온건파의 대립이 주요 원인이 되어 남인南人과 북인으로 분파됨. 우성전禹性傳·유성룡柳成龍을 추종하는 자들을 남인이라 하고, 이발李潑·이산해李山海를 중심으로 하는 일파를 북인이라 함. 이 명칭의 유래는 이발의 집이 서울 북안산 밑에 있었고, 이산해의 집이 한강 이북에 있었기 때문이라고 함.

북일영北一營 조선시대 훈련도감 소속 궁궐 호위부대의 하나. 경희궁 북문인 무덕문武德門 밖 지금의 사직동에 있었음.

북좌위北左衛 발해시대 중아군의 하나. 대장군大將軍 1명과 장군將軍 1명을 둠.

북진北鎭 신라시대 북방민을 방어하기 위하여 북쪽 변경에 설치행정구역.

북토지궁전北吐只宮典 신라시대 북토지궁北吐只宮의 관리를 맡은 관청. 관원으로 대사大舍 2명, 사슷 2명이 있음.

북평관北平館 조선시대 여진족 사신을 접대하기 위해 서울에 두었던 여관.

북평사北評事 조선시대 함경도의 북병사北兵使 밑에 두었던 정6품 관직. 병마절도사의 보좌관임.

북한관성장北漢管城將 조선시대 북한산성의 관리를 맡은 무관직.

북한치영北漢緇營 조선 후기 북한산에 있었던 의승군義僧軍의 병영.

분공조分工曹 조선시대 나라에 큰 일이 생겼을 때 공조가 맡은 일을 나누어 수행하는 임시 관청.

분교관分敎官 조선시대 개성부·강화부의 종9품 관직.

분무공신奮武功臣 조선 1728년(영조 4)에 일어난 이인좌李麟佐의 난을 평정하는데 공을 세운 사람에게 내린 훈호勳號.

분봉상시分奉常寺 고려 말과 조선 초의 사농시司農寺 혹은 전농시典農寺를 조선 세조 때 봉상시奉常寺에 병합시킨 뒤에 부르던 칭호. 적전籍田의 관리와 국가 제사에 소요되는 곡식 및 희생犧牲을 담당함.

분사국자감分司國子監 고려시대 서경西京에 설치되었던 교육기관.

분사어사대分司御史臺 고려시대 서경西京의 관부. 서경의 풍속을 바로잡고, 관리들을 규찰·탄핵하는 일을 담당함.

분사태사국分司太史局 고려시대 서경西京의 관부. 1116년(예종 11)에 각루원刻漏院을 개칭한 것. 서경의 천문·역수·측후·각루 등의 일을 관장함.

분사태의감分司太醫監 고려시대 서경西京의 관부. 1116년(예종 11) 의학원醫學院을 개편한 것. 서경의 의약·치료를 담당.

분선공감分繕工監 조선시대 선공감繕工監의 일을 나누어 맡아보던 임시관청. 공조에서 관장하는 선공감과 달리 의정대신들에 의해 통섭統攝되어 인신印信을 소유하고 전곡錢穀을 비축하고 군졸軍卒을 부렸기에 폐지가 논의되다가 1485년(성종 16) 선결도감繕缺都監으로 개칭됨.

분순부위奮順副尉 조선시대 무산계武散階의 하나. 서반西班 종7품의 관계명官階名. 조선 초의 진용부위進勇副尉가 1466년(세조 12)에 개칭된 것임.

분용도위奮勇徒尉 조선시대 서반西班 토관계土官階의 하나. 정8품 품계이나 문·무관 정직의 종8품에 해당함.

분원分院 조선시대 경기도 광주군 일대에 설치된 사용원司饔院의 관영사기제조장官營沙器場. 후에 분주원分廚院으로 바뀜.

분재기分財記 조선시대 재산의 상속과 분배에 관한 문서. 분깃문서[分衿文書]·분깃[分衿]·분급分給·깃득[衿得]·허여許與·허급許給·분파分派·분집分執·분급分襟·구별區別·결급決給·분호分戶·깃기[衿記]·장기掌記·분기分記·화회和會·화의和議라고도 함.

분주원分廚院 조선시대 사용원司饔院에서 쓰는 사기그릇을 만드는 일을 맡은 관청. 분원分院이 바뀐 것으로, 경기도 광주에 있었음.

분호조分戶曹 조선시대 나라에 큰 일이 생겼을 때 호조의 일을 나누어 보던 임시관청.

비妃 왕비. 왕의 정처正妻·적처嫡妻.

비각秘閣 고려시대 비서성秘書省의 문서와 서적을 보관하던 관청.

비국備局 조선시대 비변사의 이칭.

비국당상備局堂上 조선시대 비변사의 당상관. 즉 도제조都提調와 제조提調·부제조副提調들을 일컬음.

비국당상備局堂上 조선시대 의정부에 소속된 관청인 제언사堤堰司의 당상관. 즉 의정들이 겸하는 도제조都提調와 종2품 이상의 비변사 당상관들이 겸하는 제조提調를 일컬음.

비국랑備局郎 조선시대 비변사의 낭청. 종6품 관리로 모두 12명임. 비랑備郎·비변랑備邊郎이라고도 함.

비금감緋衿監 신라시대의 무관직. 비금서당緋衿誓幢에 소속된 자가 40명, 기병을 지휘하는 자가 8명 등 모두 48명을 둠.

비금당주緋衿幢主 신라시대의 무관직. 사벌주에 3명, 삽량주에 3명, 청주에 3명, 한산주에 2명, 우수주에 6명, 하서주에 6명, 웅천주에 5명, 완산주에 4명, 무진주에 8명으로 모두 40명임. 사찬沙湌으로부터 사지舍知까지의 관등을 가진 자로서 임명됨.

비금서당緋衿誓幢 신라시대 구서당九誓幢의 하나. 672년(문무왕 12)에 설치되었던 장창당長槍幢이 693년(효소왕 2)에 개칭된 것임.

비답批答 신하의 상소에 대한 국왕의 하답下答.

비도치祕闍赤 고려시대 정방政房에서 문서를 맡아보는 사람을 일컫는 말. 빗차지·필도치必闍赤라고도 함.

비랑備郎 비국랑備局郎의 약칭.

비룡성飛龍省 후고구려시대의 관청. 904년 후고구려의 궁예弓裔가 국호를 마진摩震, 연호를 무태武泰라고 정하면서 광평성廣評省 이하 모든 관제를 정비할 때 설치됨. 궁중의 승여乘輿·마필馬匹·목장牧場 등의 업무를 맡음.

비류나沸流那 고구려시대의 관직.

비벌수比伐首 신라시대의 관직. 대일임전大日任典의 말단 관원으로서 정원은 10명.

비변랑備邊郎 비국랑備局郎의 이칭.

비변사備邊司 조선시대 군사를 관장하던 관청. 1510년(중종 5) 삼포 왜란의 대책으로 임시로 설치된 이후 1517년에는 여진의 침입에 대비하여 축성사築城司를 설치. 곧이를 비변사로 개칭하였으며, 1520년 폐사군廢四郡 지역에 여진이 침입하자 다시 비변사를 설치하는 등 주로 외침을 당하여 정토군征討軍을 편성할 때 임시로 설치되었음. 1555년(명종 10) 상설기관으로 되고, 임진왜란·정유재란 이후로는 의정부를 대신하여 정치의 중추기관이 됨. 1865년(고종 2)에 의정부에 합속됨. 비국備局·주사籌司라고도 함.

비서감秘書監 ① 고려시대 비서성秘書省의 종3품 관직. ② 고려시대 1298년(충렬왕 24)에 비서성을 고쳐 부른 이름. 1308년 전교서典校署로 고쳐 예문춘추관에 예속시켰다가 1356년(공민왕 5) 다시 비서감으로 바뀜. 경적經籍과 축소祝疏에 관한 일을 관장함. ③ 조선 말기 왕명의 출납과 기록을 담당하였던 관청. 1895년(고종 32) 궁내부宮內府 관제 개정시 시종원侍從院 소속 관아로 설치됨. 같은해 11월에 시종원으로부터 독립되어 비서원秘書院이 됨.

비서랑秘書郎 ① 고려시대 비서성秘書省의 종6품 관직. 정원은 1명. ② 조선 말기와 대한제국 시기 궁내부宮內府 소속 비서감秘書監·비서원秘書院의 관직.

비서성秘書省 고려시대 경적經籍과 축소祝疏에 관한 일을 관장하던 관청. 고려초기의 내서성內書省이 995년(성종 14)에 바뀐 것임. 1298년(충렬왕 24)에 비서감秘書監으로 고치고, 1308년에는 다시 전교서典校署로 고쳐 예문관에 소속시킴.

비서승秘書丞 고려시대 비서성秘書省의 종5품 관직.

비서원秘書院 조선 말기 왕의 기밀사무를 맡아보는 관청. 1895년(고종 32)에 비서감秘書監이 바뀐 것임.

비용사備用司 고려시대 왕실이 소비하는 미곡을 맡아보던 관청. 1310년(충선왕 2)에 요물고料物庫로 개칭됨.

비원秘苑 1902년에 설치된 창덕궁 후원을 지키고 관리하는 관청.

비융사備戎司 조선 연산군 때 설치된 철갑옷·투구 등을 만드는 일을 맡아보던 관청.

비의備擬 조선시대 관리를 임명하기 위하여 이조 또는 병조에서 세 사람의 후보자를 선택하여 추천하는 일.

비장裨將 조선시대 감사·절도사 등 지방장관이 데리고 다니던 막료幕僚. 막비幕神·막객幕客·막빈幕賓·막중幕中·좌막佐幕이라고도 함.

비주比州 발해의 지방행정구역. 62주州중의 하나. 동평부東平府에 속함.

비주부妃主府 고려시대 왕의 처·딸들을 우대하기 위하여 설치된 관청. 문종 때 좌·우첨사左右詹事·소첨사小詹事·주부注簿·녹사錄事 등을 두었고, 충렬왕 때 승록·지유指諭·행수行首·견룡牽龍 등이 추가 설치되었으며, 공민왕 때 좌·우사윤(左右司尹, 정3품)·승(정7품)·주부(정7품)·사인(舍人, 정7품)·녹사(정9품)등을 두고 혹은 좌·우사금左右司禁을 두기도 함.

비천備薦 조선시대 의정이 관리를 추천하여 관직에 제수하는 것.

빈嬪 조선시대 내명부內命婦의 하나. 정1품의 품계. 왕의 후궁과 세자의 적처嫡妻에게 내린 작호號號.

빈객賓客 ① 고려시대 동궁東宮 관속. 1068년(문종 22)에 처음 설치되었으며, 품계는 정3품, 정원은 4명. 1116년(예종 11) 폐지되었다가, 1390년(공양왕 2) 동지서연同知書筵이 좌빈객과 우빈객으로 개칭됨. ② 조선시대 왕세자나 왕세손을 가르치는 일을 맡은 관직. 세자시강원世子侍講院 소속으로, 정2품의 좌·우빈객 각 1명이며, 겸관兼官임.

빈청賓廳 조선시대 의정들이나 비국당상備局堂上들이 궁궐 안에 모여서 사무를 보는 관청.

빙고氷庫 ① 신라시대 국가에서 사용하는 얼음을 보관하던 창고. ②

조선시대 궁중과 높은 관리들에게 소용되는 얼음을 저장하고 지급하는 일을 맡은 관청. 별좌(別坐, 종5품), 별제(別提, 정·종6품), 별검(別檢, 정·종8품) 등의 관리가 있음. 동빙고東氷庫와 서빙고西氷庫 두 곳이 있음. 동빙고는 국가의 제사 때 쓰는 얼음을 보관하고 서빙고는 왕실과 고관들이 쓸 얼음을 보관하였음.

빙고전氷庫典 신라시대 얼음을 저장하는 일을 맡은 관청. 내성內省에 소속되었음.

빙부氷夫 조선시대 동빙고東氷庫와 서빙고西氷庫에 소속되어 얼음을 채취하여 저장하는 사람.

사

사사史 ① 신라시대 집사성執事省·병부兵部·경성주작전京城周作典·봉덕사성전奉德寺成典·예부禮部·승부乘府·사정부司正府·예작부例作府·선부船府·영객부領客府·위화부位和府·좌이방부左理方府·우이방부右理方府·사천왕사성전四天王寺成典·감은사성전感恩寺成典·봉은사성전奉恩寺成典·영묘사성전靈廟寺成典·영흥사성전永興寺成典·대도서大道署·영창궁성전永昌宮成典·음성서音聲署·공장부工匠府 등 여러 관청에 두었던 관직. 중앙의 제1급 행정관청의 5등관으로 대사舍知 바로 아래에 있었음. 그 밖의 관청에서도 대개 말단의 행정 실무를 맡았으나, 아주 작은 관청인 경우 그 아래 종사지從舍知가 배치되는 경우도 있었음. ② 고려시대 침원서寢園署·제릉서諸陵署·사온서司醞署·공조서供造署·경시서京市署·선관서膳官署·장야서掌冶署·전악서典樂署·내원서內園署·공역서供驛署·전구서典廐署·장생서掌牲署·도염서都染署·잡직서雜織署·사의서司儀署·수궁서守宮署·대영서大盈署·내고內庫·소부시小府寺 등에 있던 서리직. ③ 고려시대의 향직. 983년(성종 2)에 집사執事를 고친 것임.

사사使 ① 고려시대 삼사三司·밀직사·자정원·통례원·풍저창·광흥창·의영고·요물고·장흥고·상만고·내고內庫·내방고·덕천고·보원해전고·연경궁제거사延慶宮提擧司 등의 우두머리 관직. 정5품으로부터 종6품까지임. ② 조선 초기 요물고·장흥고·풍저창·제용고·해전고 등의 우두머리 관직. ③ 조선시대 외관직. 대도호부·도호부·목牧 등에 각각 파견되었던 사신.

사사社 ① 고려·조선 시대 함경도 지역에 두었던 지방행정구역. 다른 지역의 리里에 해당함. ② 토지신 또는 토지신에게 제사하던 곳. 지역의 규모에 따라 태사太社·왕사王社·국사國社·후사候社·이사里社 등이 설치됨.

사사師 ① 고려 1277년(충렬왕 3)에 세자첨사부世子詹事府에 둔 관직. 세자사世子師. ② 고려 1390년(공양왕 2)에 지서연사書筵를 고친 것임. 좌·우사가 있음. 세자사世子師. ③ 조선시대 세자시강원世子侍講院에 소속된 정1품 관직. 영의정이 겸함. 세자사世子師. ④ 조선시대 세손강서원世孫講書院의 종1품 관직. 세자사世子師.

사가독서賜暇讀書 조선시대 국가의 유능한 인재를 양성하고 문운文運을 진작시키기 위해 젊은 문신들에게 휴가를 주어 독서에 전념할 수 있게 한 제도. 기간은 최단기인 경우 1개월에서 3개월이며, 최장기인 경우에는 달수를 표시하지 않고 '장가長暇'라고만 함.

사각史閣 조선시대 사고史庫에서 역대 실록을 보관하는 곳.

사간諫諱 ① 고려 1116년(예종 11)에 보궐補闕이 바뀐 관직. 뒤에 보간補諫이라 고쳐졌다가, 1298년(충렬왕 24)에 다시 사간이라 하였고, 1308년(충렬왕 34)에 헌납獻納으로 바뀜. ② 조선시대 사간원의 종3품 관직. 정원은 1명. 1466년(세조 12)에 지사간원사知司諫院事를 고친 것임. 언관言官의 일원으로 간쟁·탄핵·시정時政·인사언론·조계朝啓·상참常參·윤대輪對·경연經筵과 서연書筵의 시강侍講·호가扈駕·서경署經·법령집행·백관규찰·국문鞠問·결송決訟 참여 등의 광범한 활동을 함.

사간원諫院 조선시대 삼사三司의 하나. 간원諫院 또는 미원薇院이라고도 함. 간쟁諫爭·논박論駁·시정時政·인사언론의 직무를 담당함. 1401년(태종 1)에 설치되어 연산군 때 폐지되었다가 중종 때 다시 설치되었으며, 1894년(고종 31) 갑오개혁 때 없어짐. 대사간(大司諫, 정3품)·사간(司諫, 종3품)·헌납(獻納, 정5품)·정언(正言, 종6품) 등의 관리가 있음.

사감司勘 조선시대 교서관校書館의 종9품 잡직 관직. 교서관에 소장된 목판·활자·도서 등을 간수, 경비하는 일을 담당함.

사감舍監 조선시대 궁방宮房의 논밭을 관리하는 사람.

사경四京 고려시대 전국에 둔 네 곳의 서울. 즉 개경의 중경中京, 평양의 서경西京, 경주의 동경東京, 한양의 남경南京.

사경司經 ① 고려 1390년(공양왕 2)에 세자부世子府에 둔 6품 관직. ② 조선시대 세자시강원世子侍講院의 정6품 관직. ③ 조선시대 경연經筵의 정7품 관직.

사고司庫 신라시대의 관직. 공물貢物·부역賦役 등을 관장하던 조부調府의 네 번째 관직. 본이름은 사지舍知였는데, 759년(경덕왕 18)에 사고로 바뀌었다가, 776년(혜공왕 12)에 다시 사지로 바뀜. 정원은 1명. 관등은 대사大舍부터 사지까지임.

사고史庫 고려·조선 시대 역대의 실록을 보관하던 창고. 조선시대에는 강화도의 마리산, 무조의 적상산, 봉화의 태백산, 평창의 오대산 등 네 곳에 있었음.

사공司功 신라시대 왕경王京의 성곽 수리를 맡은 경성주작전京城周作典 소속의 관직. 경덕왕 때에 사지舍知를 고친 것임. 뒤에 다시 사지로 바뀜. 관등은 대사大舍부터 사지까지임.

사공司空 ① 고려시대 삼공三公의 하나. 정1품. 충렬왕 때에 폐지되었다가 1356년(공민왕 5)에 다시 설치되었고, 1362년에 또 다시 폐지됨. ② 조선시대 공조판서의 별칭.

사공부司空部 백제시대 중앙행정관서. 사비시대泗沘時代의 외관外官 10부部 가운데 하나. 토목·재정 관계의 업무를 담당함.

사과司果 조선시대 오위五衛의 정6품 무관직. 고려 말과 조선 초기에는 낭장(郞將, 정6품)이라 불리다가, 1394년(태조 3) 부사직副司直이라 개칭되고, 1466년(세조 12)사과로 개칭됨. 초기에는 정원이 15명이었으나, 후기에 오위의 기능이 유명무실하게 되면서 21명으로 늘어나고, 직무가 없는 무장에게 녹봉을 주기 위한 자리로 변질됨.

사관史官 역사 초고를 작성하던 관리. 넓은 의미로는 고려·조선 시대에 사초史草를 작성하고, 시정기時政記를 찬술하는 사관史館·예문춘추관 또는 춘추관에 소속된 수찬관修撰官 이하의 모든 관원을 말하여, 좁은 의미로는 사초의 작성과 시정기의 찬술에 전념하는 예문춘추관 또는 춘추관에 소속된 고려시대의 공봉供奉·수찬修撰·직관直館이나, 조선시대의 기사관記事官을 겸대한 예문관의 봉교奉敎·대교待敎·검열檢閱을 통칭함.

사관史館 고려시대 시정時政의 기록을 관장하던 관청. 1308년(충렬왕 34)에 문한서文翰署와 합쳐 예문춘추관이라 하였고, 1325년(충숙왕 12)에 예문관과 춘추관을 나누어 춘추관에서 역사 기록을 맡음. 시중이 겸임하는 감수국사監修國史, 2품 이상의 관리가 겸임하는 수국사修國史·동수국사同修國史, 한림원의 3품 이하 관리들이 겸임하는 수찬관修撰官, 그밖에 직사관直史館 등의 관리가 있음.

사관四館 조선시대 교육·문예를 담당하던 4개 관서. 즉 성균관·교서관校書館·승문원承文院·예문관을 말함.

사구司寇 조선시대 형조판서의 이칭.

사구부司寇部 백제 사비시대泗沘時代의 중앙행정관서. 외관外官 10부部 가운데 하나로, 형벌관계의 업무를 담당함.

사국史局 조선시대 사관史官이 사초史草를 작성하는 곳.

사군부司軍部 백제 사비시대泗沘時代의 중앙행정관서. 외관外官 10부部 가운데 하나로, 군사관계의 업무를 담당함.

사금장絲金匠 조선시대 경공장京工匠의 하나. 상의원尙衣院에 소속되어 금실을 만드는 일을 하는 장인.

사기장沙器匠 조선시대 경공장京工匠으로서 사옹원司饔院·내수사內需司 등에 소속되거나 외공장外工匠으로서 각 도에 소속되어 사기그릇 만드는 일을 업으로 삼던 장인.

사농시司農寺 ① 고려시대 국가의 제사에 필요한 제수祭需를 공급하던 관서. 1356년(공민왕 5)에 이전의 전농사典農司 또는 저적창儲積倉이 바뀐 것으로, 1362년에 전농시典農寺로 고쳐졌다가, 1369년에 다시 사농시, 1372년에 또다시 전농시로 바뀜. ② 조선 초기 적전籍

- 87 -

田의 곡식과 제사용 술·희생犧牲 등을 관리하던 관서. 1392년(태조 1)에 설치되고, 1401년(태종 1)에 전농시로 바뀌었다가, 뒤에 봉상시奉常寺에 합쳐지고 분봉상시奉常寺로 됨.

사당祠堂 사대부가를 비롯한 일반민가에서 조상의 신주를 모시고 제사지내는 집. 가묘家廟라고도 하며, 왕실의 것은 종묘宗廟라고 함.

사대史臺 태봉의 중앙관부. 광평성廣評省 아래의 18개 관부 중 하나. 역어譯語 학습을 관장함.

사대등使大等 신라시대의 지방관직.

사대부士大夫 고려·조선 시대 문관 관료의 총칭. 정1품으로부터 종4품까지의 관리를 대부大夫라 하며, 정5품 아래의 관리들을 흔히 사士라고 함. 뒷날에는 사는 흔히 양반 신분의 사나이, 대부는 높은 관리를 가리키는 뜻으로 쓰임.

사대사仕大舍 신라시대 지방의 특수한 행정구역인 오소경五少京에 파견된 지방관직. 관등은 대나마大奈麻부터 사지舍知까지임.

사도司徒 ① 법을 맡은 관리를 가리켜 이르는 말. ② 고려시대 삼공三公의 하나. 정1품. 충렬왕 때 폐지되었다가 1356년(공민왕 5)에 다시 설치되었고, 1362년에 또 다시 폐지됨. ③ 조선시대 호조판서의 이칭.

사도四都 조선시대 유수留守를 두었던 네 곳인 수원부·광주부·개성부·강화부를 말함.

사도목四都目 조선시대 1년에 네 번 도목정사都目政事를 행하는 일. 잡직·아전 같은 하급 벼슬아치에게 준용됨.

사도시司導寺 조선시대 궁궐 안에서 소비되는 쌀·간장과 그 밖의 조미료의 관리를 맡아보는 관청. 1392년(태조 1)에는 요물고料物庫를 두었고, 1401년(태종 1)에 공정고供正庫로 바뀌었다가, 뒤에 사도시로 바뀜. 1882년(고종 19)에 폐지됨.

사동관査同官 조선시대 과거 때 시험지를 조사 검열하기 위하여 임시로 임명하는 관리. 성균관의 관리를 가운데서 임명됨.

사량부沙梁部 신라시대 경주 육부六部중의 하나. 급량부及梁部와 더불어 육부중 가장 우세한 존재로, 남천南川 이북, 서천西川 이동, 북천北川 이남 일대를 포함 하였음. 940년(태조 23) 남산부南山部로 바뀜.

사력司曆 고려시대 태사국太史局의 종9품 관직.

사례司例 신라시대 국가의 영선營繕에 관계된 사무를 맡은 예작부例作府의 네 번째 관직. 관등은 대사大舍 이상 사지舍知까지임.

사례司禮 신라시대 교육과 외교 및 국가의 의례를 맡은 예부禮部 소속 관직. 경덕왕때 사지舍知가 개칭된 것으로, 뒤에 다시 사지로 바뀜. 관등은 대사大舍부터 사지까지임.

사례四禮 유교적 원리에 바탕을 둔 관례·혼례·상례·제례 등의 네 가지 의례의 통칭.

사록司錄 조선시대 의정부의 정8품 관직. 정원은 2명(뒤에 1명으로 감소). 사인(舍人, 정4품)·검상(檢詳, 정5품)과 함께 실무를 담당함.

사림원詞林院 고려 충선왕 때의 관청. 충선왕이 즉위한 1298년 초에 설치되었다가 그해 8월까지 존속됨. 기능은 왕명을 받아 문서를 작성하고, 인사행정에 관여하고, 왕명출납 및 정치 고문 역할을 담당함. 관원으로는 장長인 학사승지(學士承旨, 종2품)와 학사(學士, 정3품)·시독학사(侍讀學士, 종3품)·시강학사(侍講學士, 종3품)·대제(待制, 정4품) 등이 있음.

사마司馬 ① 병조판서의 이칭. ② 사마시司馬試의 약칭. ③ 장사長史의 이칭.

사마소司馬所 조선 중기 지방의 생원·진사들이 각 고을에 설립한 자체 협의기구. 16세기 초 훈구파勳舊派의 유향소留鄕所 장악에 대한 반발로 사마시司馬試 출신의 젊은 유림들이 향권을 주도하기 위해 설립함.

사마시司馬試 고려·조선 시대 과거 소과小科. 생원과 진사를 선발하기 위하여 치르는 과거로, 초시初試와 복시覆試가 있음.

사만仕滿 필요한 근무일수가 되어야 자품資品이 올라가는 조선시대의 관직제도. '사仕'란 일정한 관직에 근무하는 것을 말하며, 보통 1일 근무하는 것을 '사'1로 계산함.

사맹司猛 조선시대 오위五衛의 정8품 무관직.

사면도감四面都監 고려시대 개성을 중심으로 사면四面의 방위를 담당하였던 특수 관청.

사명詞命 ① 임금의 말 또는 명령. ② 사신이 명령을 받들어 외교 무대에서 응대應對하는 말.

사모장紗帽匠 조선시대 경공장京工匠의 하나. 공조·상의원尙衣院 등에 소속되어 사모 만드는 일을 업으로 하는 장인.

사목司牧 신라시대 궁중의 승여乘輿와 의위儀衛에 관한 임무를 맡은 승부乘府의 네 번째 관직. 경덕왕 때 사지舍知를 고친 것이며. 뒤에 다시 사지로 바뀜. 관등은 대사大舍이상 사지舍知까지임.

사문박사四門博士 고려시대 국자감에 설치된 관직. 정8품직. 992년(성종 11) 국자감 내에 사문학四門學의 박사로 설치되어, 문종 때 품계를 정8품으로 하였으며, 1362년(공민왕 11) 국자감이 성균관으로 개칭되면서 사문박사도 순유박사諄諭博士로 바뀜.

사문학四門學 고려 국자감에 편재된 경사육학京師六學의 하나. 교과 과정은《효경》《논어》《상서》《공양전》《곡량전》《주역》《모시毛詩》《주례》《의례》《예기》《좌전》을 정규과목으로 하고, 산수算數와 시무책도 연습하였으며,《국어》《삼창三倉》《이아爾雅》등도 겸하여 읽힘. 재학연한은 8년, 교수요원으로 정8품의 사문학박사四門學博士와 조교가 있음.

사백詞伯 고려시대 예문춘추관藝文春秋館의 정3품 관직.

사벌주沙伐州 신라시대 지방행정구역. 삼국통일 직후에 완성된 구주九州의 하나. 525년(법흥왕 12)에 처음 설치되었고, 557년(진흥왕 18)에 감문주甘文州로, 614년(진평왕 36)에 일선주一善州로 바뀌었다가. 687년(신문왕 7)에 사벌주로 최종 확정됨. 757년(경덕왕 16) 구주의 이름을 모두 고칠 때 상주尙州로 되었으나, 그 뒤에도 사벌주의 명칭은 계속 쓰임. 주 내에 군부대로서 음리화정音里火停과 만보당萬步幢을 두었으며, 장관으로 도독都督 1명, 차관으로 주조(州助, 일명 주보州輔) 1명, 그 밑에 장사(長史, 일명 사마司馬) 1명을 둠.

사범서司範署 신라시대 예부禮部에 소속된 관청. 소속 관원으로 대사大舍와 사史가 있음.

사범서師範署 조선시대 통례원通禮院의 이칭.

사변가주서事變假注書 조선시대 승정원의 정7품 관직. 정원 이외의 관리로서 비변사와 국청鞫廳에서 제기되는 이릉ㄹ 맡아봄. 준말은 주서假注書.

사병司兵 ① 신라시대 병부兵部 소속의 관직. 경덕왕 때에 노사지弩舍知를 고친것임. 뒤에 다시 노사지로 바뀜. 관등은 대사大舍 이상 사지舍知까지임. ② 고려시대 군사의 일을 맡아보던 향리의 관사官司.

사복시司僕寺 ① 고려시대 왕이 사용하는 가마와 말을 관리하는 일을 맡은 관청. 1308년(충렬왕 34)에 태복시太僕寺가 바뀐 것으로, 1356년(공민왕 5)에 다시 태복시로 불렸다가, 1362년에 사복시로, 1369년에 태복시, 1372년 다시 사복시로 바뀜. ② 조선시대 여마輿馬·구목廐牧 및 목장에 관한 일을 관장하던 관청. 1392년(태조 1)에 설치되어 1865년(고종 2)에 없어짐. 내사복시와 외사복시의 구별이 있음.

사본賜本 성씨의 본관을 임금이 하사한 것.

사부師傅 ① 고려시대 태자부太子府의 관직이 태사太師·태부太

傳·소사少師·소부少傅의 통칭. ②조선시대 세자시강원世子侍講院의 정1품 관직인 세자사世子師·세자부世子傅와 세손강서원世孫講書院의 종1품 관직인 세손사·세손부의 통칭.

사빈司賓 조선시대 예빈시禮賓寺의 이칭.

사빈부司賓府 신라시대 외국에서 오는 사신을 맡아보던 관청. 경덕왕 때에 영객전領客典이 바뀐 것으로, 뒤에 다시 영객전으로 환원됨.

사빈시司賓寺 발해시대 다른 나라에서 온 손님들을 접대하는 일을 맡은 관청.

사산감역군四山監役軍 조선시대 서울 주변의 산림과 자연환경을 유지하기 위하여 두었던 무관직. 1754년(영조 30)에 사산참군四山參軍으로 개칭됨.

사산참군四山參軍 조선시대 한성漢城 주위의 산을 분장分掌하여 성첩城堞·수목 등을 보호하던 무관직. 1754년(영조 30)에 사산감역군四山監役軍이 바뀐 것으로, 훈련도감과 금위영·어영청御營廳·총융용摠戎廳 등에 배속됨.

사서司書 조선시대 세자시강원世子侍講院의 정6품 관직. 정원은 1명.

사선司膳 사옹원司饔院의 이칭.

사선서司膳署 ①고려시대 왕에게 음식을 올리는 일을 담당했던 관서. 1308년(충렬왕 34)에 상식국尙食局을 고친 것임. ②조선초기 왕이 먹을 음식의 관리를 하던 관청. 뒤에 사옹원司饔院으로 바뀜.

사선시司膳寺 발해시대 궁중에서 쓰는 술과 음식의 관리를 하던 관청. 장관이 영令 1명과 차관인 승丞 1명이 있음.

사설당四設幢 신라시대의 군대. 노당弩幢·운제당雲梯幢·충당衝幢·석투당石投幢 등 특수한 병기·기계를 조작하던 네 개의 부대. 소속 군관은 법당주法幢主·법당감法幢監·법당두상法幢頭上·법당화척法幢火尺·법당벽주法幢辟主 등임.

사설서司設署 고려시대 나라의 연회 때 쓰이는 차일·방석 등을 맡아보던 관청. 1308년(충렬왕 34)에 상사국尙舍局을 고친 것임. 1356년(공민왕 5)에 상사서尙舍署로 고쳤다가, 1362년에 다시 상사국으로, 1369년에 또다시 상사서라 하였고, 1372년에 사설서로 됨.

사섬시司贍寺 조선시대 저화楮貨를 만들고 외거노비의 공포貢布에 관한 업무를 관장하던 관청. 1401년(태종 1)에 설치된 사섬서司贍署를 1460년(세조 6)에 개칭한 것임. 1705년(숙종 31)에 사섬색司贍色에 합쳐짐.

사성司成 ①고려 말기 성균관의 종3품 관직. 1369년(공민왕 18)에 좨주祭酒를 고친 것임. ②조선시대 성균관의 종3품 관직. 1401년(태종 1)에 좨주祭酒를 개칭한 것으로, 성균관의 유학교육을 담당함.

사소司掃 조선시대 액정서掖庭署의 정9품 잡직 관직. 궁궐 내의 청소 임무를 맡음.

사손使孫 자손이 없는 자의 유산을 계승할 수 있는 4촌 이내의 근친.

사손嗣孫 가계家系를 계승할 자손.

사송詞訟 민사의 소송.

사수감司水監 조선 초기 군선을 관장한 관청. 1392년(태조 1) 군선의 건조와 수리를 관장하고 조운漕運을 감독하기 위해 설치되었으며, 1403년(태종 3)에 사재감司宰監에 병합됨.

사수색司水色 조선시대 선박과 조선造船을 관장하던 관청. 초기의 선박 관리를 위하여 두었던 사수감司水監이 1403년(태종 3) 사재감司宰監에 병합되었다가 1432년(세종 14) 사수색으로 부활되었으며, 1436년에 다시 수성전선색修城典船色으로 개편되었다가, 1465년(세조 11)에 전함사典艦司로 개칭됨.

사수시司水寺 고려시대 병선과 수군에 대한 일을 맡은 관청. 충선왕 때 도부서都部署를 도진사都津司의 소속 밑에 두었는데, 1390년

(공양왕 2)에 도부서를 없애고 사수서司水署를 두었다가, 곧 사수시로 바꿈.

사신仕臣 신라시대 지방특별행정구역인 오소경五小京의 장관.

사신史辰 고려시대 태사국太史局의 정9품 관직.

사신私臣 신라시대의 관직. 내성內省의 장관. 622년(진평왕 44)에 설치됨. 759년(경덕왕 18) 내성을 전중성殿中省으로 고칠 때 사신도 전중령殿中令으로 개칭되었다가, 776년(혜공왕 12)에 다시 사신으로 환원됨. 정원은 1명. 금하衿荷 이상 태대각간太大角干의 관등을 가진 자로서 임명됨.

사심관事審官 고려시대 서울에 있으면서 지방에 연고가 있는 고관에게 자기의 고장을 다스리도록 임명한 특수관료. 기원은 935년(태조 18) 신라의 마지막 임금이던 김부(金傅:경순왕)를 경주의 사심관으로 삼고, 동시에 여러 공신을 각각 출신 주의 사심관으로 임명하여 부호장副戶長 이하의 향직鄕職을 다스리게 한 데서 비롯됨.

사악司樂 신라시대 음성서音聲署의 우두머리 관직.

사안司案 조선시대 액정서掖庭署의 정7품 잡직 관직. 가례嘉禮·빈례賓禮 등 궁궐 내의 의식에 설치되는 향안香案·표안表案 등에 관한 일을 맡음. 정원은 2명.

사알司謁 ①고려시대 내시부의 정7품 관직. ②조선시대 액정서掖庭署의 정6품 잡직 관직. 국왕의 시종과 알현을 담당함.

사약司鑰 ①고려시대 연경궁延慶宮의 정8품 관직. ②조선시대 액정서掖庭署의 정6품 잡직 관직. 궁궐 안 각 문의 열쇠를 관리함.

사어부司馭府 신라시대 왕이 타는 말과 수레를 맡아보던 관청. 경덕왕 때에 승부乘府가 개칭된 것으로, 뒤에 다시 승부로 바뀜.

사업司業 ①신라시대의 관직. 최고학부인 국학國學의 장관. ②고려시대 국자감의 종4품 관직. 1275년(충렬왕 1)에 사예司藝로 고쳐졌다가 1298년에 다시 사업으로 바꿈. ③조선시대 성균관의 정4품 관직. 성균관 유생들을 가르치는 임무를 맡음.

사역원司譯院 조선시대 외국어의 통역과 번역에 관한 일을 맡아보고 그와 관련된 인재를 양성하던 관청. 태조 때 설치되어 한학漢學·몽학蒙學·왜학倭學·여진학女眞學 등을 취급하였으며, 1894년(고종 31)에 폐지됨. 정(正, 정3품)·부정(副正, 종3품)·첨정(僉正, 종4품)·판관(判官, 종5품)·주부(主簿, 종6품)·한학교수(漢學敎授, 종6품)·직장(直長, 종7품)·봉사(奉事, 종8품)·부봉사(副奉事, 종9품)·한학훈도(漢學訓導, 정9품)·청학훈도(淸學訓導, 정9품)·몽학훈도(蒙學訓導, 정9품)·왜학훈도(倭學訓導, 정9품)·참봉(參奉, 종9품) 등의 관리가 있음.

사연司涓 고려시대 연경궁延慶宮의 정9품 관직.

사예司藝 ①고려 1275년(충렬왕 1)에 국학國學의 종4품직인 사업司業이 개칭된 관직. 1298년에 다시 사업으로 바뀌었으며, 1362년(공민왕 11)에 다시 사예로 바뀜. ②조선시대 성균관의 정4품 관직. 1401년(태종 1)에 악정樂正이 바뀐 것으로, 성균관 유생들에게 음악을 지도함.

사옥군司獄局 조선시대 평안도와 함경도에 두었던 토관청土官廳. 죄수를 관리하며 감옥을 보수하는 일을 맡음.

사옥사司獄史 고려시대 감옥의 일을 맡아 보던 향직鄕職.

사온서司醞署 ①고려시대 궁궐 안에서 쓰는 술을 만들고 보관하는 일을 맡은 관청. 초기의 양온서良醞署가 장례서掌醴署로 고쳐졌다가, 1098년(숙종 3)에 다시 양온서로 바뀌었으며, 1308년(충렬왕 34)에 사온서로 바뀜. 1356년(공민왕 5) 이후 양온서와 사온서의 반복을 거듭하다가 1372년에 사온서가 됨. ②조선시대 궁궐 안에서 쓰는 술을 만들고 보관하는 일을 맡은 관청. 1392년(태조 1)에 설치되어, 1744년(영조 20)에 없어짐.

사용司饔 조선시대 궁궐 안에서 음식 만드는 일을 맡은 사람.

사옹원司饔院 조선시대 임금의 식사와 대궐 안의 식사 공급에 관한 일을 맡은 관청. 1467년(세조 13) 사용방司饔房이 개편된 것임.

사용司勇 조선시대 오위五衛 소속의 정9품 무관직. 설치 초기에는 정원이 42명였으나, 후기에는 24명으로 줄어듦.

사우祠宇 선조 혹은 선현의 신주神主나 영정影幀을 모셔 두고 제향을 행하는 장소.

사위부司位府 신라시대 위계·인사에 관한 사무를 관장하던 관청. 759년(경덕왕 18)에 위화부位和府가 개칭된 것으로, 776년(혜공왕 12)에 다시 위화부로 바뀜.

사위시司衛寺 고려시대 궁중의 의장기물을 맡아보던 관청. 918년(태조 1)에 설치된 내군內軍이 960년(광종 11)에 장위부掌衛部로 고쳐졌다가 뒤에 사위시로 개칭됨. 995년(성종 14)에 위위시衛尉寺로 바뀜.

사유赦宥 조선시대 왕이 특사령을 내려 죄인을 특사하던 제도.

사유장師儒長 성균관의 우두머리 관직인 대사성의 이칭.

사윤司尹 고려시대 비주부妃主府의 정3품 관직.

사은사謝恩使 조선시대 명나라와 청나라가 조선에 대하여 은혜를 베풀었을 때 이에 보답하기 위해 파견되었던 사신. 수시로 보내던 임시 사절 가운데 하나.

사의司儀 ① 신라시대 영객부領客府 소속의 관직. 원래 이름은 사지舍知였으나 759년(경덕왕 18)에 사의로 고쳐졌다가, 혜공왕 때 다시 사지로 바뀜. 관등은 대사大舍 이상 사지까지임. ② 고려시대 대상부大常府 소속의 관직. 증시贈諡의 의례를 진행하는 일을 맡음.

사의대부司議大夫 고려시대 중서문하성의 정4품 관직. 1116년(예종 11)에 간의대부諫議大夫가 바뀐 것으로, 좌·우사의대부가 있었는데, 1298년(충렬왕 24)에 종4품으로 낮추면서 다시 간의대부로 바뀜. 뒤에 다시 사의대부라 하였으며, 1356년(공민왕 5)에 또다시 간의대부라 하고 종3품으로 올렸으며, 뒤에도 여러 번 명칭이 변개됨. 주요 직능은 성재省宰·성랑省郞의 구성원으로서 간관諫官의 임무를 담당함.

사의랑司議郞 고려 1022년(현종 13)과 1068년(문종 22)에 동궁東宮에 둔 정6품 관직. 1116년(예종 11)에 폐지됨.

사의서司儀署 고려시대 나라의 각종 의식의 진행 절차를 맡아보던 관청.

사의서司醫署 고려 후기 왕실의 질병과 의약을 맡아보던 관청. 1308년(충렬왕 34)에 태의감太醫監이 개칭된 것으로, 1356년(공민왕 5)에 다시 태의감으로 바뀌었다가 1362년에 전의시典醫寺로 바뀜.

사인舍人 ① 신라시대의 관직. 궁중에서 국왕 혹은 동궁東宮을 받드는 일종의 근시직近侍職. ② 발해시대 중대성 소속의 관직. ③ 고려시대의 관직. 중서문하성과 각문閣門·동궁관東宮官·제비주부諸妃主府에 설치되어 있었으며, 품계와 정원은 관부에 따라 다름. ④ 조선 초기 문하부의 정4품 관직. ⑤ 조선시대 의정부의 정4품 관직. 정원은 2명. 하위의 검상檢詳과 사록司錄을 지휘하면서 실무를 총괄함.

사자使者 ① 부여시대의 관직. ② 고구려시대의 관직. 10관등 중 제8위. 원래 족장층의 가신집단으로 수취收取를 담당하던 관리였으나, 고구려가 중앙집권적 귀족구가로 전환하는 과정에서 행정적 관료로 성장해감. 6세기 이후 그 지위의 고하에 따라 태대사자太大使者·대사자大使者·수위사자收位使者·상위사자上位使者·소사자小使者로 분화·개편됨.

사자관寫字官 조선시대 승문원承文院·규장각奎章閣 소속의 관직. 사대교린문서事大交隣文書와 자문咨文·어첩御牒·어제御製·어람御覽 등의 문서를 정서正書하던 관원. 정원은 규장각에 8명, 승문원에 40명.

사자당師子衿幢 신라시대의 군대. 삼국통일기에 왕도王都와 구주

九州에 각각 일개 부대씩 배치됨. 소속 군관은 사자금당당주師子衿幢主 30명, 사자금당당감師子衿幢監 30명.

사자금당감師子衿幢監 신라시대 사자금당師子衿幢 소속 군관직. 사자금당주師子衿幢主 아래에 있었으며, 왕도王都와 구주九州에 각각 3명씩 배치되어 정원은 모두 30명. 관등은 나마奈麻로부터 당(幢:길사吉士의 별칭)까지임.

사자금당주師子衿幢主 신라시대 사자금당師子衿幢 소속 군관직. 왕도王都와 구주九州에 각각 3명씩 배치되어 정원은 모두 30명. 관등은 일길찬一吉湌으로부터 사지舍知까지임.

사장시藏寺 발해시대 재물의 보관과 무역업무를 담당하던 관청. 장관인 영슈 1명과 차관인 승丞 1명을 둠.

사재감司宰監 ① 고려시대 어량魚梁·산택山澤에 관한 일을 맡아보던 관청. 문종때 정비되었으며, 1298년(충렬왕 24) 사진감司津監으로 개칭되었다가, 그해 다시 사재시司宰寺로 바뀜. 1308년 도진사都津司로 바뀌었다가, 다시 사재시로 바뀌었으며, 1356년(공민왕 5)에 사재감으로, 1362년에 사재시로, 1369년에 다시 사재감으로, 1372년에 사재시로 개칭됨. ② 조선시대 궁궐에서 쓰는 각종 어물·육류·식염·소목燒木·거화炬火 등을 관장하던 관청. 1392년(태조 1)에 설치되어 1882년(고종 19)에 폐지됨.

사재시司宰寺 고려시대 어량魚梁·산택山澤에 관한 일을 맡아보던 관청. 문종 때 정비된 사재감司宰監이 1298년(충렬왕 24)에 사진감司津監으로 개칭되었다가, 같은해에 사재시로 바뀜. 1308년에 도진사都津司로 바뀌었다가 곧 환원되었으며, 1356년(공민왕 5)에 사재감으로, 1362년에 사재시로, 1369년에 다시 사재감으로, 1372년에 사재시로 개칭됨.

사적사司績司 고려 초기 관리들의 잘한 일과 잘못한 일을 조사하고 그의 능력을 헤아리는 일을 맡은 관청. 995년(성종 14)에 상서고공尙書考功司로 바꾸었으며, 1298년(충렬왕 24)에 전조銓曹에 합쳐졌다가, 1356년(공민왕 5)에 다시 고공사考功司로 독립됨.

사전寺典 대도서大道署의 이칭.

사전私田 소유권이 사인私人에게 있는 토지. 또는 조租가 국가에서 지정된 사인에게 귀속되는 토지.

사전賜田 국가나 왕실에 대하여 훈공을 세운 신하들에게 왕이 수시, 임의로 특별히 하사하는 토지.

사정司正 조선시대 오위五衛 소속의 정7품 무관직. 국초의 별장別將이 1394년(태조 3)에 바뀐 것임. 정원은 5명.

사정부司正府 신라시대 백관百官을 감찰하는 업무를 관장한 관청. 659년(태종무열왕 6)에 설치되어 경덕왕 때 숙정대肅正臺로 고쳐졌다가, 뒤에 환원됨.

사주司舟 신라시대 선부船府 소속의 관직. 문무왕 때 처음 설치될 대는 사지舍知라 하던 것을 경덕왕 때에 사주로 바꿈. 혜공왕 때 다시 사지로 환원됨.

사주四柱 사람의 난 해[年]·달[月]·날[日]·시時를 간지로 계산하여 길흉화복을 점치는 법. 사람을 하나의 집으로 비유하고 생년·생월·생일·생시를 그 집의 네 기둥이라고 보아 붙여진 명칭.

사주邪州 발해의 지방행정구역. 62주州 중의 하나로, 회원부懷遠府에 속함.

사주인私主人 조선 전기 세종 때부터 선조때까지 약 2세기 동안 외방 공리外方貢吏 및 번상군인들에게 숙식을 제공하고 세공물稅貢物을 일시 보관하며, 그것을 매매하는 것을 맡아한 특수상인. 경주인京主人에 대칭하여 쓰던 용어.

사준司准 조선시대 교서관校書館의 종8품 잡직 관직. 교서관에서 소장한 각종 목판·활자·도서 및 제사용 향축 등을 간수하는 일을 담당함.

사지司紙 조선시대 조지서造紙署의 종6품 관직. 종이 제조에 관한 일을 맡아봄.

사지舍知 ① 신라시대의 관등. 17관계官階 중 열세 번째 등급. 일명 소사小舍. 사두품 출신이면 받을 수 있는 관등으로, 공복公服의 빛깔은 황색. ② 신라시대 집사성執事省 · 조부 · 경성주작전京城周作典 · 창부 · 예부禮部 등 여러 관청에 두었던 관직. 위계는 대사大舍로부터 사지舍知까지임.

사직司直 신라시대의 관직. 수도의 동 · 서 · 남쪽에 설치된 공영시장을 관리하던 동시전東市典 · 서시전西市典 · 남시전南市典 등 여러 관청에 각기 2명씩 둠. ② 고려시대 세자첨사부世子詹事府의 정7품 관직. ③ 조선시대 오위五衛의 정5품 무관직. 부호군副護軍의 하위이며 부사직副司直의 상위직으로, 모두 14명. 오원五員이라는 간부사관층의 상위를 이루면서 서울의 각문 가운데 일부의 파수 책임을 맡음.

사직서社稷署 조선시대 사직단社稷壇과 그 토담의 청소를 담당하던 관청.

사진司津 사재감司宰監의 이칭.

사진감司津監 고려 후기 해산물의 조달과 소금을 관장하던 관청. 1298년(충렬왕 24)에 사재시司宰寺가 바뀐 것으로, 뒤에 다시 본이름으로 환원됨.

사찬沙湌 신라시대의 관등. 17등 관계官階 중 제8등급. 일명 살찬薩湌 · 사돌간沙咄干 · 사간沙干이라고도 함. 공복公服의 빛깔은 비색緋色.

사창司倉 ① 신라시대 창부倉部 소속의 관직. 원래 이름은 조사지租舍知로서 699년(효소왕 8)에 처음 설치되었으며, 759년(경덕왕 18)에 사창으로 고쳐졌으며, 혜공왕 때 다시 원래대로 환원됨. 관등은 대사大舍로부터 사지舍知까지임. ② 고려시대 향리관청의 한 부서. 신라 말 고려 초의 창부倉部는 983년(성종 2) 사창으로 됨. 창정倉正 · 부창정副倉正 · 창사倉史의 관리가 있음. 주민으로부터 수취한 각종 물품을 창고에 보관, 출입시키는 것이 주임무.

사창社倉 조선시대 각 지방 군현의 촌락에 설치된 곡물 대여 기관.

사창서司倉署 조선시대 평양부와 함흥부등에 두었던 토관청土官廳 종6품 아문. 원래의 대창서大倉署 · 염점鹽店 등이 합쳐져 1434년(세종 16) 사창서로 개편됨. 창고를 간수하고 전곡을 출납하는 일을 관장함.

사천감司天監 고려시대 천문에 관한 일을 맡은 관청. 1116년(예종 11)에 사천대司天臺가 개칭된 것으로, 1275년(충렬왕 1)에 관후서觀候署로 바뀌었다가, 뒤에 다시 사천감으로 바꿈.

사천대司天臺 고려시대 천문에 관한 일을 맡은 관청. 1023년(현종 14)에 태복감太卜監이 바뀐 것으로, 1116년(예종 11)에는 사천감司天監으로, 1275년(충렬왕 1)에는 관후서觀候署라 하였다가 뒤에 다시 사천감으로 바꿈. 1308년에는 태사국太史局에 합쳐져 서운관書雲觀으로 바뀜.

사천왕사성전四天王寺成典 신라시대 사천왕사四天王寺에 관한 일을 맡은 관청. 759년(경덕왕 18)에 감사천왕사부監四天王寺府로 고쳐졌다가 뒤에 다시 본이름으로 바꿈.

사초史草 역사편찬의 첫 번째 자료로서 사관史官이 매일 기록한 원고.

사축司畜 조선시대 사축서司畜署의 종6품 관직.

사축서司畜署 조선시대 소와 말 이외의 여러 종류의 가축을 기르는 일을 맡은 관청. 국초의 전구서典廐署가 예빈시禮賓寺에 합쳐져 예빈시의 한 부서인 분예빈시分禮賓寺로 되었다가, 1406년(태종 6) 분예빈시와 사련소司臠所를 합속하여 사축소司畜所가 됨. 1466년(세조 12) 분예빈시가 사축서로개칭됨. 1637년(인조 15) 전생서典牲署에 합병되었다가 그 뒤 다시 설치됨. 1767년(영조 43) 혁파되고 호조에 합병됨. 그 뒤 구사축서舊司畜署로 불리다가, 1865년(고종 2) 다시 정비되어《대전회통》에 종6품아문으로 올랐으며, 1894년 갑오개혁 때 폐지됨.

사친私親 ① 종실宗室에서 들어가 대통大統을 이은 임금의 생가家의 어버이. ② 빈嬪 소생 임금의 친어머니. ③ 서자庶子의 친어머니.

사패賜牌 국왕이 왕족 또는 공신에게 토지와 노비를 내려주거나, 공이 있는 향리에게 향리의 역을 면제해줄 때 내리는 문서. 교지敎旨에 속하며, 사패교지라고도 함.

사평司評 조선시대 장례원掌隸院의 정6품 관직. 노예의 부적簿籍과 소송訴訟에 관한 업무를 담당함.

사평순위부司平巡衛府 고려 충렬왕 때 방도금간防盜禁奸을 목적으로 설치된 기관. 1369년(공민왕 18)에 순군만호부가 바뀐 것으로, 우왕 때 다시 순군만호부로 됨.

사포司圃 조선시대 사포서司圃署의 정6품 관직. 궁중의 원예 · 채소 재배에 관한 직무를 맡음. 정원은 1명.

사포司鋪 조선시대 액정서掖庭署의 정8품 잡직 관직. 궁궐 내의 포설鋪設의 임무를 맡음. 정원은 2명.

사포서司圃署 조선시대 왕실 소유의 원포園圃와 채소재배 등을 관장하던 관청. 1882년(고종 19)에 폐지됨.

사학司學 고려 1303년(충렬왕 29)에 수문전修文殿의 학사學士가 개칭된 명칭.

사학四學 ① 조선 1411년(태종 11)에 서울 안의 양반 관리들의 자식들을 가르치기 위하여 네 곳에 두었던 학당. 즉 중학中學 · 동학東學 · 서학西學 · 남학南學. 성균관의 전적典籍 이하의 관리들이 맡아서 운영함. 1894년(고종 31)에 폐지됨. ② 조선시대 사역원司譯院에서 가르치던 네가지의 외국말. 즉 한학漢學 · 청학淸學 · 왜학倭學 · 몽학蒙學.

사학고강四學考講 조선시대 서울의 사학四學에 소속된 사람들에게 실시하던 시험의 하나. 사서史書와 소학小學을 외우도록 하며, 여기에서 합격한 자들에게는 생원시의 복시覆試에 응시할 자격을 줌.

사학훈도四學訓導 조선시대 사역원司譯院의 정9품 관직인 한학훈도漢學訓導 · 몽학훈도蒙學訓導 · 왜학훈도倭學訓導 · 청학훈도淸學訓導의 통칭.

사헌대司憲臺 고려초기의 감찰기구. 995년(성종 14)에 어사대御史臺로 고쳐졌고, 1014년(현종 5) 금오대金吾臺로 개칭되었다가, 1016년 다시 사헌대가 됨. 1023년 다시 어사대로, 1275년(충렬왕 1)에는 감찰사監察司로 바뀌었으며, 1298년에는 사헌부司憲府, 1356년(공민왕 5)에는 어사대, 1362년에는 감찰사, 1369년에는 다시 사헌부가 됨.

사헌부司憲府 ① 고려시대의 감찰기구. 정치에 대한 언론활동, 풍속의 교정, 백관百官에 대한 규찰과 탄핵, 서경署經을 담당함. 1298년(충렬왕 24)과 1369년(공민왕 18)에 감찰사監察司를 개칭한 것임. ② 조선시대 삼사三司의 하나. 정치를 논평하고, 백관을 규찰하며, 풍기 · 풍속을 바로잡고, 원통하고 억울한 일을 펴주고, 외람되고 거짓된 행위를 금하는 임무를 수행함. 1392년(태조 1)에 설치되어 1894년(고종 31)에 폐지됨.

사헌시사司憲侍史 ① 고려시대 사헌부 소속 관직. 1369년(공민왕 18)에 감찰사監察司를 사헌부로 고치면서 장령掌令이 바뀐 것임. ②조선 초기 사헌부 소속의 관직. 1401년(태종 1)에 장령掌令으로 바뀜.

사헌지평司憲持平 ① 고려시대 사헌부 소속 관직. 정5품직. 1308년(충렬왕 34)에 전중시어사殿中侍御史를 고친 것임. ② 조선시대 사헌부 소속 관직. 정5품직. 정원은 2명. 1401년(태종 1)에 잡단雜端을 고친 것임.

사헌집의司憲執義 ①고려시대 사헌부 소속 관직. 정3품 또는 종3품직. 1308년(충렬왕 34)에 중승中丞을 고친 것임. ②조선시대 사헌부 소속 관직. 종3품직. 정원은 1명. 1401년(태종 1)에 중승中丞을 고친 것임.

사호司戶 고려시대 향리관청의 한 부서. 신라 말 고려 초에는 호부戶部라고 불렸으나, 983년(성종 2) 향리직을 고칠 때 사호로 개칭함. 토지와 인구를 파악하고, 그것에 기초하여 전세田稅·공물·부역 등을 부과하는 임무를 수행함.

사회司誨 조선시대 종친의 교육을 담당하던 교관敎官. 종학宗學의 정6품 관직.

산계散階 고려·조선 시대 이름만 있고 실지의 직무가 없는 관리의 품계.

산관散官 고려·조선 시대 품계만 있고 현재의 직무가 없는 관리. 또는 직함만 있고 실무가 없는 관리.

산기상시散騎常侍 고려시대 중서문하성의 정3품 관직. 좌·우 산기상시가 있음. 낭사郎舍의 우두머리로서 간쟁諫爭·봉박封駁의 임무를 수행함.

산랑散郎 고려시대의 관직. 1308년(충렬왕 34)에 선부選部·총부摠部·민부民部·언부讞部의 관직인 원외랑員外郞을 고친 것임. 충숙왕 때 좌랑佐郞으로 바뀌었으며, 1369년(공민왕 18)에 다시 산랑으로 개칭되었고, 이후 여러 번 명칭이 변개됨.

산림山林 조선 후기 산곡임하山谷林下에 은거해 있으면서 학덕을 겸비하여 국가로부터 징소徵召를 받은 인물. 산림지사山林之士·산림숙덕지사山林宿德之士·산림독서지사山林讀書之士의 약칭으로, 임하지인林下之人·암하독서인巖下讀書之人이라고도 함.

산반散班 산관散官의 반열.

산사散史 관직에 나가지 않고 항간에 있으면서 문필 활동에 종사하는 사람.

산사算士 ①고려시대의 서리직胥吏職. 호조 산학청算學廳의 미입사직未入仕職이며, 경리일을 담당함. 상서성尙書省·삼사三司·고공사考功司·호조·형조·도관都官·사헌부·종부시宗簿寺·예빈시禮賓寺·내부시內府寺·소부시小府寺·선공시繕工寺·사재시司宰寺·군기시軍器寺·사선서司膳署·봉의서奉醫署·공조서供造署·선관서膳官署·장야서掌冶署·내원서內園署·전구서典廐署·대영시大盈署 등에 소속됨. ②조선시대 호조에 소속된 산학산學의 종7품 관직. 정원은 1명. 궐내 각 부서의 회계업무를 총괄.

산실청産室廳 조선시대 왕비·세자빈이나 후궁들이 해산할 때 임시로 설치하는 관청.

산원散員 ①고려시대의 무관직. 경군京軍 조직의 하급지휘관. 정8품관으로서 이군육위二軍六衛에 223명, 그밖에 도부외都部外에 3명, 의장부儀仗府에 2명, 추용사위忠勇四衛에 20명이 배속됨. ②조선 초기 의흥친군義興親軍의 십위十衛에 소속된 정8품의 무관직.

산원算員 ①고려시대 국가의 회계업무에 종사한 전문직 하급관리. 산사算士·계사計史란 직명으로 여러 관서에 분산, 소속되어 있었음. ②조선시대 호조 소속 산학청算學廳에 소속되어 회계업무에 종사하는 전문직 하급관리.

산정散政 도목정사都目政事 이외에 임시로 관리를 임명하거나 교체하는 인사행정. 전동정轉動政이라고도 함.

산정도감刪定都監 고려 문종 때 율령 책정을 목적으로 설치되던 임시관청. 1391년(공양왕 3)에 폐지됨.

산직散職 고려·조선 시대 품계만 있고 현재의 직무가 없는 관직. 또는 직함만 있고 실무가 없는 관직. 즉 산관散官.

산천비보도감山川裨補都監 고려 1198년(신종 1)에 설치되었던 임시관청. 국내 산천의 쇠한 기운이 있는 곳에 산을 쌓거나 제방을 만들거나 사찰을 세워 불력佛力으로 비보하는 일을 맡아봄.

산택사山澤司 조선시대 공조 소속의 관청. 1392년(태조 1)에 설치되어 산림·소택·나루터·교량·궁궐의 정원·식목·목탄木炭·목재·석재·선박·차량·필묵·수철水鐵·칠기 등에 관한 사무를 관장함.

산학교수算學敎授 조선시대 호조 소속 산학청算學廳의 종6품 관직. 정원은 1명. 산학청의 최고책임자.

산학박사算學博士 ①신라시대 국학國學에서 산학算學 교육을 담당한 교수직. ②고려시대 국자감國子監의 종9품 관직. ③조선시대 관청에서 회계사무 등 기술직에 종사한 관직.

산학조교算學助敎 신라시대 국학國學에서 산학算學 교육을 담당한 교수직. 철경綴經·삼개三開·구장九章·육장六章등을 가르침.

산학청算學廳 조선시대 호조 소속의 관청. 주청籌廳이라고도 함.

산학훈도算學訓導 조선시대 호조 소속 산학청算學廳의 정9품 관직. 산학算學 교관. 정원은 1명.

실수殺手 조선 후기의 병종인 삼수군三手軍의 하나. 칼·창 등 단병기短兵器를 들고 싸우는 군사.

살찬薩湌 사찬沙湌의 이칭.

살해殺奚 삼한 소국의 군장의 칭호.

삼공三公 ①고려시대 정1품직인 태위太尉·사도司徒·사공司空의 총칭. 1362년(공민왕 11)에 폐지됨. ②조선시대 정1품직인 영의정·좌의정·우의정의 총칭.

삼관三館 조선시대 홍문관·예문관·교서관校書館의 합칭.

삼군도총제부三軍都摠制府 고려 말 조선초에 존재한 상급 군령기관. 1391년(공양왕 3)에 폐지됨. 고려시대의 전통적인 중·전·후·좌·우 5군제도에서 전·후 2군을 없애고, 중·좌·우의 3군으로 중앙군을 재편함과 동시에 두어진 것으로, 국내의 모든 군사조직이 그 통할을 받았음.

삼군문三軍門 조선시대 3개의 군사관계 관청인 훈련도감·금위영·어영청御營廳의 합칭.

삼군부三軍府 ①조선 전기 의흥삼군부의 약칭. ②조선 1865년(고종 2)에 설치된 군사기관. 군무를 통솔하고 숙위문제를 총찰摠察하는 동시에 변방에 관한 일체의 사항까지도 관장함. 1880년에 혁파됨.

삼군진무소三軍鎭撫所 조선 전기 군사상의 일을 맡아보던 관청. 1409년(태종 9)에 설치되었으며, 곧 의흥부義興府로 개칭되어 군령에 관한 사항을 관장함. 태종이 전위傳位할 무렵에 의흥부가 의건부義建府로 고쳐졌다가, 1419년(세종 1) 의건부를 삼군도총제부三軍都摠制府에 합속시키고 따로 삼군진무소를 둠. 1457년(세조 3)에 군사조직이 오위五衛로 변화됨에 따라 오위진무소五衛鎭撫所로 개편되었다가, 1466년(세조 12) 오위도총부가 편성되면서 폐지됨.

삼군총제사三軍摠制使 고려시대 삼군도총제부三軍都摠制府의 관직. 정원은 3명으로, 재상급의 관리들이 겸임함.

삼당三堂 삼당상三堂上의 약칭.

삼당상三堂上 ①조선시대 육조의 판서·참판·참의의 통칭. 삼당三堂이라고도 함. ②조선시대 나라에서 벌이는 잔치나 장례때에 임시관청인 도감都監을 설치하고 그 일을 주관하던 3명의 제조提調를 말함.

삼도육군통어사三道陸軍統禦使 조선 1888년(고종 25)에 충청도·전라도·경상도의 육군을 통솔하기 위하여 두었던 무관직. 충청도의 병마절도사가 겸임함. 1893년(고종 30)에 폐지됨.

삼도통어사三道統禦使 조선 1633년(인조 11)에 경기도·황해도·충청도의 수군을 통솔하기 위하여 두었던 무관직. 경기도의 수군절도사가 겸임함. 1893년(고종 30)에 폐지됨.

삼도통제사三道統制使 조선 1593년(선조 26)에 경상도·전라도·충청도의 수군을 통솔하기 위하여 두었던 무관직. 임진왜란 때 이순신李舜臣이 최초로 받음. 정식 명칭은 삼도수군통제사三道水軍統制使. 약칭 통제사統制使.

삼량화정參良火停 통일신라시대 지방의 각 주州에 배치되었던 십정十停 군단의 하나. 오늘날 대구지방에 두었던 군영.

삼례업三禮業 고려시대 잡과雜科의 하나. 시험방법은 첩경貼經과 독경讀經으로 치렀는데,《예기》를 대경大經으로,《주례》와《의례》를 소경小經으로 삼음.

삼로三老 옥저와 동예지역 읍락邑落의 우두머리들의 칭호.

삼망三望 ① 조선시대 관리를 새로 임명할 때 후보자를 3명 추천하는 일. 비삼망備三望·천망薦望이라고도 함. ② 조선시대 관리가 죽은 다음에 그에게 시호를 내려줄 때 세 가지의 안을 내는 일. 그 가운데서 하나를 뽑아 결정함.

삼무당三武幢 신라시대 세 개의 군영인 백금무당白衿武幢·적금무당赤衿武幢·황금무당黃衿武幢의 통칭.

삼무당주三武幢主 신라시대 삼무당三武幢을 통솔하던 무관직. 위계는 급찬級飡으로부터 사지舍知까지임.

삼반봉직三班奉職 고려시대 액정국掖庭局의 정9품 관직. 1116년(예종 11)에 전전승지殿前承旨를 고친 것임. 1308년(충렬왕 34) 액정국이 내알사内謁司로 개편될 때 폐지됨.

삼반차사三班差使 고려시대 액정국掖庭局에 소속된 남반南班의 초입사직初入仕職. 1116년(예종 11)에 상승내승지尙乘内承旨를 고친 것임.

삼반차직三班借職 고려시대 액정국掖庭局에 소속된 남반南班의 초입사직初入仕職. 1116년(예종 11)에 전전부승지殿前副承旨를 고친 것임.

삼반차차三班借差 고려시대 액정국掖庭局에 소속된 남반南班의 초입사직初入仕職 가운데 최하위직. 1116년(예종 11)에 부내승지副內承旨를 고친 것임.

삼별초三別抄 고려시대 경찰 및 전투의 임무를 수행하던 부대. 최씨崔氏정권의 사병私兵으로, 1219년(고종 6)에 개경을 수비하며 야간순찰을 목적으로 조직된 부대인 야별초夜別抄의 좌별초左別抄·우별초右別抄와 몽고 침략군을 물리치는 싸움 과정에서 활약한 신의군神義軍의 세 부대의 통칭.

삼사三司 ① 고려시대 돈·곡식 등 나라의 재물을 관리하고 그 출납과 회계를 맡아보던 관청. 1014년(현종 5)에 없애고 대신 도정사都正司를 두었다가, 1023년에 다시 환원됨. 1356년(공민왕 5)에 또다시 폐지되었다가 상서성尙書省으로 바뀌었으며, 1362년에 다시 부활됨. ② 조선 초기 국가의 재정에 관한 일을 맡아보던 관청. 1401년(태종 1)에 사평부司平府로 고쳐졌다가 1405년에는 호조에 합쳐짐. ③ 조선시대 언론을 담당한 사헌부司憲府·사간원司諫院·홍문관弘文館의 합칭. 언론삼사言論三司라고도 함.

삼사三使 조선시대 외국에 가는 사신 일행 가운데에서 세 벼슬아치를 이르는 말. 중국으로 가는 사신에는 상사上使·부사副使·서장관書狀官이 있고, 일본으로 가는 사신에는 통신사通信使·부사副使·종사관從事官이 있음.

삼사三師 고려시대 정1품직인 태사太師·태부太傅·태보太保의 합칭. 초기에 두었다가 1362년(공민왕 11)에 폐지됨.

삼사부사三司副使 고려시대 삼사三司의 종4품 관직. 사사 차위직. 1362년(공민왕 11)에 소윤少尹으로 바뀜.

삼사사三司使 고려시대 삼사三司의 정3품 관직. 판삼사사判三司事의 차위직. 1362년(공민왕 11)에 정2품으로 됨.

삼사소윤三司少尹 고려 1362년(공민왕 11)에 삼사부사三司副使가 개칭된 관직.

삼사우사三司右使 고려시대 삼사三司의 정3품 관직. 1362년(공민왕 11)에 정2품으로 됨.

삼사우윤三司右尹 고려 1362년(공민왕 11)에 둔 삼사三司의 종3품 관직.

삼사좌사三司左使 고려시대 삼사三司의 정3품 관직. 1362년(공민왕 11)에 정2품으로 됨.

삼사좌윤三司左尹 고려 1362년(공민왕 11)에 둔 삼사三司의 종3품 관직.

삼성三省 ① 발해의 중앙행정기관인 정당성·선조성·중대성의 합칭. ② 고려시대의 중앙행정기관인 중서성中書省·문하성門下省·상서성尙書省의 합칭. ③ 조선시대 의정부·사헌부·의금부의 합칭.

삼수미三手米 조선시대 훈련도감 소속하의 삼수병(三手兵 : 사수射手·살수殺手·포수砲手)을 양성할 재원에 충당하기 위하여 징수하던 세미稅米. 전세田稅의 일종으로 호조에서 주관하였으며, 1602년(선조 35)에는 함경·평안도를 제외한 경기·황해·강원·경상·충청·전라도 등 6도에서 전토 1결結당 전세미田稅米 외에 새로 쌀2두斗 2승升씩의 특별세를 부과하였음.

삼영三營 ① 조선시대 서울 안에 있던 세 군영인 훈련도감·금위영·어영청御營廳의 합칭. ② 조선시대 수어청守禦廳의 세 진영인 전·후·중의 영営.

삼원三元 ① 조선시대 과거인 향시鄕試·회시會試 및 전시殿試에서 첫째로 합격한 자를 일컬음. ② 조선시대 소과小科 진사시험에서 1, 2, 3등을 한 세 사람을 일컬음.

삼의사록관三醫司祿官 조선시대 내의원内醫院·전의감典醫監·혜민서惠民署 관리들의 통칭.

삼일유가三日遊街 조선시대 과거에 새로 급제한 사람이 사흘 동안 과거시험관과 선배 및 친척 들을 찾아다니며 인사하는 일.

삼일점고三日點考 조선시대 새로 부임된 고을원이 사흘째 되는 날 고을 안의 모든 구실아치들을 불러 들여 검열하는 일.

삼자함三字銜 조선시대 봉조하奉朝賀의 이칭.

삼장장원三場壯元 조선시대 과거의 초시初試·복시覆試·전시殿試에서 1등으로 합격한 사람. 삼원三元이라고도 함.

삼재三宰 조선시대 의정부 좌참찬左參贊의 별칭.

삼전三銓 조선시대 이조참의 별칭.

삼전업三傳業 고려시대 과거 가운데 잡업雜業의 하나. 시험과목은 춘추삼전春秋三傳이 출제되었으며,《좌전左傳》을 대경大經으로,《공양전公羊傳》《곡량전穀梁傳》을 소경小經으로 삼음.

삼정三政 조선시대 전정田政·군정軍政·환정還政의 통칭.

삼정승三政丞 조선시대 의정부의 영의정·좌의정·우의정의 합칭. 삼공三公이라고도 함.

삼조三曹 조선시대 호조戶曹·형조刑曹·공조工曹의 합칭.

삼중나마三重奈麻 신라시대의 관등. 나마奈麻의 다섯 번째 등급. 이중나마二重奈麻의 윗자리.

삼중대광三重大匡 ① 고려시대 문산계文散階의 하나. 1308년(충렬왕 34) 정1품의 품계로 신설됨. 1352년(공민왕 1) 폐지되었다가, 1362년 다시 설치되어 정1품의 하계下階로 정해졌으며, 1369년 종1품의 상계上階로 바뀜. ② 고려시대의 향직鄕職. 9품계 중 첫 번째 등급.

삼중대사三重大師 고려시대 승려 법계法階의 하나. 교종敎宗·선종禪宗 모두 설치됨. 국가에서 실시하는 승과僧科의 대선大選에 합격하면 대덕大德-대사大師-중대사重大師-삼중대사의 법계에 이름. 삼중대사 이상이 왕사王師·국사國師가 될 자격이 있음.

삼천감三千監 신라시대의 무관직. 십정十停의 예하부대에 각각 6명씩 배속. 모두 60명. 삼천당주三千幢主를 보좌함. 관등은 대나마大奈麻로부터 사지舍知까지임.

삼천당주三千幢主 신라시대의 무관직. 십정十停의 예하부대에 각각 6명씩 배속되어 정원은 모두 60명. 관등은 사찬沙湌으로부터 사지舍知까지임.

삼천졸三千卒 신라시대의 하급무관직. 십정十停에 배속되었으며, 정원은 모두 150명. 관등은 대나마大奈麻이하임.

삼태육경三台六卿 조선시대 삼공육경三公六卿과 같은 뜻으로 의정부의 세 의정과 육조 판서들의 통칭.

삼포三浦 조선 초기 일본인들의 왕래와 거주를 허가하였던 동남해안의 세 포구. 동래의 부산포(釜山浦 또는 富山浦), 웅천熊川의 제포(薺浦, 또는 내이포乃而浦), 울산의 염포鹽浦를 말함.

삼패三牌 조선시대 노비신분의 여자로서 노래와 춤을 부르고 추는 것을 직업으로 하는 사람을 가리켜 이르던 말. 시조나 가사를 읊고 노래하고 춤을 추며 악기를 다루는 등의 예능을 전문으로 함.

삼한공신三韓功臣 고려 태조 때 후삼국 통일에 공이 있는 사람에게 준 공신호. 이들에게는 직첩이 내려지고 그 후손은 문음門蔭의 특전을 받으며, 식읍食邑이나 녹읍祿邑 등을 받음.

상가相加 고려시대의 관등. 10관등 중 제1위의 관등.

상간上干 신라시대 지바의 세력가에게 준 관등. 외위外位 중 여섯 번째 등급으로 경위京位의 대사大舍에 해당됨.

상경尙更 조선시대 내시부의 정9품 관직. 왕 · 비妃 · 빈嬪 · 대비 · 왕세자 등의 시중을 드는 한편 궁궐 내에 있는 누각漏刻에 따르는 일을 맡음. 환관 가운데 임명되었으며, 정원은 8명.

상경용천부上京龍泉府 발해시대 오경五京 중의 하나. 지금의 흑룡강성 영안현寧安縣 동경성東京城에 위치함.

상공尙功 조선시대 내명부內命婦의 하나. 궁관宮官의 하나로, 품계는 정6품.

상공常貢 고려 · 조선 시대 지방관이 중앙 관부들에 납부하는 공물貢物 중 그 품목 · 수량 · 시기 등이 해마다 똑같게 정해져 있던 공물.

상궁尙宮 ① 고려시대 궁궐 안에서 일하는 여인들에게 주는 벼슬의 하나. ② 조선시대 내명부內命婦의 하나. 궁관층宮官層에 속하며 품계는 정5품. 궁내의 사무를 총괄함.

상기尙記 조선시대 내명부內命婦의 하나. 궁관宮官의 하나로 종6품 관직.

상다尙茶 조선시대 내시부의 정3품 관직. 왕 · 비빈妃嬪 · 대비 · 왕세자의 시중을 들며, 특히 다과茶菓를 준비하는 일을 맡음. 환관 가운데 임명되었으며, 정원은 1명.

상당上堂 ① 신라시대의 관직. 위화부位和府 · 사천왕사성전四天王寺成典 · 봉성사성전奉聖寺成典 · 감은사성전感恩寺成典 · 봉덕사성전奉德寺成典 · 봉은사성전奉恩寺成典 등 왕실의 사원을 관리하는 관청의 차관직. 위계는 아찬阿湌으로부터 나마奈麻까지임. ② 신라시대 영묘사성전靈廟寺成典 · 영창궁성전永昌宮成典의 우두머리 관직. 위계는 아찬阿湌으로부터 급찬級湌까지임.

상대霜臺 조선시대 사헌부의 이칭.

상대등上大等 신라시대의 최고관직. 일명 상신上臣이라고도 함. 531년(법흥왕 18)에 처음 설치되어 신라의 멸망 때까지 400여년간 존속됨.

상대사上大舍 신라시대 상대사전上大舍典과 동궁아東宮衙 소속의 관직.

상대사전上大舍典 신라시대의 관청. 전대사전典大舍典과 더불어 국왕 측근의 가신적家臣的 성격을 띠는 사인舍人 조직을 거느리던 곳으로 추측됨. 관원으로 상대사上大舍 1명, 상옹上翁 1명을 둠.

상도尙道 조선시대 소격서昭格署의 종8품 잡직 관직. 정원은 1명.

소격서의 초제醮祭 책임자로서 도교의 도사道士 출신 가운데서 임명됨.

상례相禮 ① 조선시대 통례원의 종3품 관직. 정원은 1명. ② 조선 말기 1895년(고종 32)에 통례원을 장례원掌禮院으로 고치고 둔 관직.

상만고常滿庫 고려 1308년 충선왕이 복위하여 이전의 대부하고大府下庫를 개편한 관서. 속관으로 사使 1명, 부사副使 1명, 직장直長 1명이 있음.

상만호上萬戶 고려 후기 순군만호부巡軍萬戶府 소속의 무관직. 도만호都萬戶의 차위직.

상문尙門 조선시대 내시부의 종8품 관직. 궁궐 문을 지키는 일을 맡음. 환관으로 임명되었으며, 정원은 5명.

상문사詳文師 신라시대 왕의 명령을 글로 성문화하는 일을 맡은 관리. 714년(경덕왕 13)에 통문박사通文博士로 고쳐 부르다가 경덕왕 때 한림翰林으로 고쳤고, 뒤에 다시 학사學士로 바뀜.

상방尙方 조선시대 상의원尙衣院의 이칭.

상방사尙方司 대한제국 말기의 관청. 1905년 궁내부宮內府 관제 개편시 상의사尙衣司가 개칭된 것으로, 어복御服 · 어물御物과 제실의 수용물품을 관장하며, 피복구매 · 직조織造를 담당함.

상보국숭록대부上輔國崇祿大夫 조선 1865년(고종 2)에 제정된 제1품 문산계文散階의 하나. 국구國舅 · 종친 · 의빈儀賓들에게만 주던 특수관계特殊官階.

상복尙服 조선시대 내명부內命婦의 하나. 궁관宮官의 하나로 궁중내의 복용服用 · 채장采章의 수요를 공급하는 일의 총책임을 맡은 종5품 관계官階.

상복사詳覆司 조선시대 형조 소속의 관청. 사형에 해당하는 중죄자에 대한 복심覆審을 담당한 부서.

상사上舍 ① 고려 922년(태조 5)에 서경 유수관에 둔 관직. ② 조선시대 생원이나 진사를 대접하여 이르던 말.

상사上使 외국으로 떠나는 사신 일행의 우두머리. 정사正使라고도 함.

상사국尙舍局 고려시대 궁궐 안에 차일을 치거나 방을 꾸미는 일을 맡은 관청. 1308년(충렬왕 34)에 사설서司設署로 바뀜.

상사서尙舍署 고려 1356년(공민왕 5)에 사설서司設署를 고쳐 부른 관청.

상사서賞賜署 신라시대의 관청. 공훈功勳 관계의 업무를 관장함. 경덕왕 때 사훈감司勳監으로 개칭되었다가 혜공왕 때 다시 상사서로 복구됨. 소속 관원으로 대정大正 1명, 좌佐 1명, 대사大舍 2명, 사史 6명이 있음.

상사인上舍人 신라시대의 관직. 왕의 근시직近侍職.

상상上 ① 신라시대 상대등의 이칭. ② 조선시대 영의정의 이칭.

상색장上色掌 조선시대 성균관이나 향교에 있던 직임.

상서尙書 고려시대 육부六部의 우두머리 관직. 995년(성종 14)에 어사御史가 개칭된 것으로, 정3품직. 1275년(충렬왕 1)에 판서判書로 바뀌었고, 1298년에 다시 상서로 환원되었으며, 1308년에 전서典書로 바뀜. 1372년(공민왕 21)에 다시 판서로 바뀜.

상서象胥 역관譯官.

상서고공사尙書考功司 고려시대 상서이부尙書吏部에 소속된 관청. 995년(성종 14)에 사적사司績司를 고친 것임. 관리들의 서적을 매겨서 포폄褒貶을 맡음.

상서고부尙書庫部 고려시대 상서병부尙書兵部 소속된 관청. 995년(성종 14)에 고조庫曹를 고친 것으로, 1011년(현종 2)에 폐지됨.

상서공부尙書工部 고려 995년(성종 14)에 설치된 육부六部의 하나. 이전의 공관工官을 고친 것임. 산택山澤 · 공장工匠 · 영조營造의 일을 맡아봄. 1275년(충렬왕 1)에 폐지되었다가, 1298년 환원되어 공조工曹라 하였으며, 1356년(공민왕 5)에 다시 공부工部로 고쳐졌다가, 1362년에 전공사典工司로, 1369년에 공부로, 1372년에 또다시 전공사로 되었다가, 1389년(공양왕 1)에 공조로 바뀜.

상서금부尙書金部 고려시대 상서호부尙書戶部에 소속된 관청. 995년(성종 14) 금조金曹로 바뀌고, 1011년(현종 2) 혁파됨.

상서도관尙書都官 고려시대 상서형부尙書刑部에 소속된 관청. 995년(성종 14)에 도관都官을 고친 것임. 각종 노비문서를 장악하고 그에 대한 소송사건을 맡아 처리함.

상서도성尙書都省 고려시대 중앙정치기구인 상서성尙書省의 상층 관서. 상서육부尙書六部를 관할하는 관청. 995년(성종 14)에 어사도성御事都省을 고친 것임. 1275년(충렬왕 1)에 첨의부僉議府에 병합되면서 폐지되었고, 1298년에 도첨의부都僉議府의 별청에 다시 설치되었다가 곧 폐지됨. 1356년(공민왕 5) 다시 설치되었다가 1362년에 폐지됨.

상서령尙書令 고려시대 상서도성尙書都省의 우두머리 관직. 정원은 1명, 종1품직.

상서병부尙書兵部 고려 995년(성종 14)에 설치된 육부六部의 하나. 이전의 병관兵官을 고친 것임. 궁궐과 성을 수비하며 무관 관리들의 등용 및 군사 관계의 일, 그리고 우역에 관한 일을 맡은 관청. 1275년(충렬왕 1)에 군부사軍簿司로 고쳐졌다가 1298년에 병조兵曹로, 1308년에는 선부選部에 합쳐졌으며, 뒤에 다시 총부摠部, 군부사 등으로 바뀜. 1356년(공민왕 5)에 다시 병부兵部로 바뀌고, 1362년에 군부사, 1369년에 총부, 1372년에 군부사, 1389년(공양왕 1)에 병조로 바뀜.

상서사尙書司 ① 고려시대 관리들의 인사 및 부인符印에 관한 일을 맡은 관청. 1388년(창왕 1)에 정방政房을 고친 것임. 지인방知印房이라고도 함. ② 조선 초기 국가의 인장과 관리들의 인사에 관한 일을 맡은 관청. 1405년(태종 5)에 관리들의 인사권은 이조와 병조에 넘기고 국새國璽와 각종 인장만을 맡아봄. 1467년(세조 12)에 상서원尙瑞院으로 바뀜.

상서사부尙書祠部 고려시대 상서예부尙書禮部에 소속된 관청. 995년(성종 14)에 사조祠曹를 고친 것임. 1011년(현종 2)에 혁파됨.

상서성尙書省 고려시대 삼성三省의 하나로 백관을 총령하던 기관. 초기에 광평성廣評省이라 하던 것을 982년(성종 1)에 어사도성御事都省으로 고쳤다가, 995년에 다시 상서도성尙書都省으로 고침. 1275년(충렬왕 1)에 중서문하성과 합쳐져 첨의부僉議府가 되었다가, 1356년(공민왕 5) 삼사三司를 폐지하면서 상서성이 환원되었고, 1362년에 다시 삼사가 부활되면서 상서성이 폐지됨.

상서수부尙書水部 고려시대 상서공부尙書工部에 소속된 관청. 995년(성종 14)에 수조水曹를 고친 것임. 1011년(현종 2)에 혁파됨.

상서예부尙書禮部 고려 995년(성종 14)에 설치된 육부六部의 하나. 이전의 예관禮官을 고친 것임. 각종 행사의 의례와 외교·교육·과거 등에 관한 일을 맡은 관청. 1275년(충렬왕 1)에 전리사典理司에 합쳐졌다가, 1298년에 다시 독립되어 의조儀曹로 개칭되었으며, 1308년에 다시 선부選部에 합쳐짐. 1356년(공민왕 5)에 다시 독립되어 예부禮部라 하였다가 1362년에 예의사禮儀司로, 1369년 다시 예부로, 1372년에 예의사라 하였다가 1389년(공양왕 1)에 예조禮曹로 바뀜.

상서우복야尙書右僕射 고려시대 상서도성尙書都省의 정2품 관직. 1275년(충렬왕 10)에 폐지되었다가 1298년에 첨의부僉議府에 다시 둠.

상서우부尙書虞部 고려시대 상서공부尙書工部에 소속된 관청. 995년(성종 14)에 우조虞曹를 고친 것임. 뒤에 곧 폐지됨.

상서우승尙書右丞 고려시대 상서도성尙書都省의 종3품 관직.

상서원尙瑞院 조선시대 국가의 옥새와 각종 인장·부신符信 등을 맡아보던 관청. 1392년(태조 1)에 상서사尙瑞司로 되었다가, 1467년(세조 12)에 상서원으로 바뀜. 정방政房·지인방知印房·차자방箚子房이라고도 함.

상서육부尙書六部 고려 995년(성종 14)에 설치된 중앙의 주요 국무를 관장하는 여섯 관부. 즉 상서이부尙書吏部·상서병부尙書兵部·상서호부尙書戶部·상서형부尙書刑部·상서예부尙書禮部·상서공부尙書工部.

상서이부尙書吏部 고려 995년(성종 14)에 설치한 육부六部의 하나. 이전의 선관選官을 고친 것임. 문관 관리들의 인사 및 각종 칭호의 수여 등에 관한 일을 맡은 관청. 1275년(충렬왕 1) 예부禮部와 합쳐져 전리사典理司가 되고, 1298년 다시 독립되어 전조銓曹라 하였으며, 1308년 또 병부兵部·예부와 합쳐서 선부選部가 됨. 뒤에 전리사로 개칭되었다가, 1356년(공민왕 5) 육부가 환원되면서 다시 이부가 됨. 1362년 또 다시 전리사로, 1369년 선부로, 1389년(공양왕 1) 이부로 바뀜.

상서좌복야尙書左僕射 고려시대 상서도성尙書都省의 정2품 관직. 1275년(충렬왕 1)에 폐지되었다가 1298년 첨의부僉議府에 다시 둠.

상서좌승尙書左丞 고려시대 상서도성尙書都省의 종3품 관직.

상서창부尙書倉部 고려시대 상서호부尙書戶部에 소속된 관청. 995년(성종 14)에 창조倉曹를 고친 것임. 뒤에 곧 폐지됨.

상서탁지尙書度支 고려시대 상서호부尙書戶部에 소속된 관청. 995년(성종 14)에 사탁司度을 고친 것임. 뒤에 곧 폐지됨.

상서형부尙書刑部 고려 995년(성종 14)에 설치된 육부六部의 하나. 이전의 형관刑官을 고친 것임. 법률과 각종 소송사건, 상소문의 처리 등에 관한 일을 맡은 관청. 1275년(충렬왕 1) 전법사典法司로 고쳐졌다가, 1298년 형조刑曹로, 1308년에는 다시 언부讞部로 바뀜. 1356년(공민왕 5) 또다시 형부刑部로 바뀌고, 1362년 전법사로, 1369년 이부吏部로, 1372년 다시 전법사로 고쳐졌다가, 1389년(공양왕 1) 형조로 바뀜.

상서호부尙書戶部 고려 995년(성종 14)에 설치된 육부六部의 하나. 이전의 민관民官을 고친 것임. 호구戶口·공납·부역·전량錢糧의 일을 맡은 관청. 1275년(충렬왕 1) 판도사版圖司로 고쳐졌다가, 1298년 민조民曹로, 1308년에 다시 민부民部로 바뀜. 1356년(공민왕 5) 호부戶部로 고쳐졌다가, 1362년 다시 판도사로, 1369년 민부로, 1372년 또다시 판도사로, 1389년(공양왕 1) 호조戶曹로 바뀜.

상선尙膳 조선시대 내시부의 종2품 관직. 궁중에서 식사에 관한 일을 맡음. 환관으로 임명되고, 정원은 2명.

상설尙設 조선시대 내시부의 종7품 관직. 궁궐 내의 휘장·돗자리의 설치 및 청소 등에 관한 일을 맡음. 환관으로 임명되고, 정원은 6명.

상세尙洗 조선시대 내시부의 정6품 관직. 대비전·왕비전·세지빈궁의 청소 및 주방의 심부름을 맡음. 환관으로 임명되고, 정원은 4명.

상수리上守吏 신라시대 볼모로 지방에서 왕경王京인 경주에 와 있게 한 향리.

상승국尙乘局 고려시대 궁중의 승여乘輿·승마乘馬를 맡아보던 관청. 1310년(충선왕 2) 봉거서奉車署로 고쳐졌다가, 1356년(공민왕 5) 다시 상승국으로 바뀜. 1372년 다시 봉거서라 하였다가, 1391년(공양왕 3) 중방重房에 합쳐짐.

상승내승지尙乘內承旨 고려시대 액정국掖庭局의 남반南班 초입사직初入仕職. 궁중의 근시近侍를 담당함.

상시常侍 ① 발해시대의 관직. 후궁의 일을 관장하는 항백국巷伯局의 장관직으로, 환관이 임명됨. ② 고려시대 중서문하성中書門下省

의 정3품 관직. 좌·우산기상시左右散騎常侍 및 좌·우상시左右常侍의 총칭. 중서문하성의 성랑省郎 가운데 가장 상위직으로서, 간쟁諫爭·봉박封駁 등의 임무를 맡음.

상식尚食 ① 고려시대 궁인宮人職의 하나. 궁중의 식사를 담당함. ② 조선시대 내명부內命婦의 하나. 궁관宮官의 하나로 반찬의 종류를 갖추어서 공급하는 일의 총책임을 맡은 종5품의 관직.

상식국尚食局 고려시대 임금의 수라상을 관장하던 관부. 1308년(충렬왕 34)에 사선서司膳署로 바꿈.

상식사尚食司 조선시대 사옹원司饔院의 이칭.

상신上申 웃어른이나 관청 등에 일에 대한 의견 혹은 사정 등을 말로 나 글로 여쭙는 것.

상신上臣 상대등의 이칭.

상신모전上新謀典 신라시대의 관청. 소속관원으로 대사大舍 1명과 사史 2명을 둠.

상아부象牙符 조선 전기 일본국왕사日本國王使가 올 때 사용하던 상아로 만든 통신부通信符.

상약尚藥 ① 조선시대 내의부의 종3품 관직. 궁중에서 왕비·왕녀·여관女官 등의 질병치료·의약관계에 종사함. ② 조선시대 내의원內醫院의 이칭.

상약국尚藥局 고려시대 왕에게 필요한 약을 조제하는 일을 맡은 관청. 1310년(충선왕 2)에 장의서掌醫署로 바꿈.

상언上言 조선시대 국왕에게 올리는 문서 양식의 하나. 위로는 관원으로부터 아래로는 공사천公私賤에 이르는 모든 사람이 쓸 수 있는 문서.

상언詳讞 중죄인에게 3심을 거쳐 확정된 사형을 집행하기 전에 신중을 기하여 한 번 더 심리하는 것.

상언별감上言別監 조선시대 액정서掖庭署 소속의 환관 출신 하례下隷. 왕에게 46명, 왕비에게 16명, 세자에게 18명, 세손에게 10명이 배정됨. 측근에게 신변을 호위하는 한편 하의상달의 임무를 담당함. 또한 왕이 거둥할 때 길거리에서 왕에게 보이려는 글이 있을 경우 그것을 받아들이는 일을 담당하기도 함.

상온尚醞 조선시대 내시부의 정3품 관직. 술 빚는 일을 관장함. 환관으로 임명되고, 정원은 1명.

상옹上翁 신라시대 상대사전上大舍典 소속의 관직. 상대사上大舍의 차위직. 정원은 1명.

상왕上王 선위한 왕. 태왕太王·태상왕太上王이라고도 함.

상원尚苑 조선시대 내시부의 종9품 관직. 궁궐 내의 정원에 관한 일을 맡아봄. 환관으로 임명되고, 정원은 5명.

상원象院 조선시대 사역원司譯院의 이칭.

상원수上元帥 고려시대의 무관직. 원수·부원수 등이 있음. 원수는 원래 상설관이 아니고 군대가 동원될 때 이를 지휘하기 위해서 동원된 통수직임. 그러나 고려 말 왜구가 창궐하자 전국적으로 군대를 상주시킬 필요가 있게 되면서 각지에 원수를 파견하여 거의 상설관화됨. 상원수는 이러한 원수 가운데 최고의 지휘권자임.

상위사자上位使者 고구려 후기 14관등 가운데 제9위 등급. 일명 계달사契達奢. 태대사자太大使者·대사자大使者·수위사자收位使者·소사자小使者와 함께 사자使者에서 파생된 것으로, 사자는 원래 족장 아래의 가신적 성격을 지닌 관료였으나, 고구려가 중앙집권적 귀족구가로 전환해 가는 과정에서 행정적 관료로 분화, 개편됨.

상의尚儀 조선시대 내명부內命婦의 하나. 궁관宮官의 하나로 품계는 정5품.

상의商議 고려 말기에 설치된 직제. 찬성사商議 등의 형태로 재추宰樞의 관직 뒤에 붙여 그 관직과 동등한 지위를 갖도록 함. 재추로서 도당都堂에 합좌하여 국정을 의논하였으며, 서열은 직

사관職事官보다 아래에 위치하였음.

상의국尚衣局 고려시대 왕의 의복을 공급하는 일을 관장하던 관청. 1310년(충선왕 2) 장복서掌服署로 고쳐졌다가 1356년(공민왕 5) 다시 환원됨.

상의국尚醫局 고려 말기 어약御藥의 조제를 관장하던 관서. 1356년(공민왕 5)에 봉의서奉醫署를 고친 것임.

상의부사商議府事 조선 초기 문하부의 정2품 관직.

상의사尚衣司 조선 말기 임금의 의복을 담당하던 관청. 1895년(고종 32)에 상의원尚衣院을 고친 것임.

상의원尚衣院 조선시대 왕의 의복을 공급하고 대궐 안의 각종 재물과 보물을 간수하던 관청. 태조 때 설치되어 1895년(고종 32)에 상의사尚衣司로 바꿈.

상의원사商議院事 조선 초기 중추원의 종2품 관직.

상인常人 동·서 양반東西兩班에 참여하지 못한 서민庶民. 상민常民이라고도 함.

상인도上引道 신라시대 인도전引道典 소속의 관직. 정원은 2명.

상장군上將軍 ① 신라시대 무관직. 대장군의 차위직. ② 고려시대 중앙군의 최고지휘관. 이군육위二軍六衛에 각 1명씩 소속되어 모두 8명이 있음. 무반 최고의 품계인 정3품직으로 공민왕 때 상호군上護軍으로 바꿈. ③ 조선시대 의흥친군義興親軍 십위十衛의 우두머리 관직. 뒤에 상호군上護軍으로 바꿈.

상적창常積倉 고려 1308년(충렬왕 34)에 설치된 왕실의 출납 창고.

상전尚傳 조선시대 내시부의 정4품 관직. 왕의 명령을 전달하는 일을 맡음. 환관으로 임명되고, 정원은 2명.

상정尚正 조선시대 내명부內命婦의 하나. 궁관宮官으로 품계는 종6품.

상제尚除 조선시대 내시부의 정8품 관직. 궁궐 안을 청소하는 일을 맡음. 환관으로 임명되고, 정원은 6명.

상좌평上佐平 백제시대 육좌평을 통솔하는 최고관직. 408년(전지왕 4)에 설치됨. 백제 최고귀족의체인 좌평회의의 의장. 군국 정사를 관장함.

상주常州 발해의 지방행정구역. 62주州중의 하나로, 안원부安遠府에 속함.

상주국上柱國 고려시대 국가에 공이 있는 사람에게 주는 훈직勳職의 하나. 고려시대의 훈직은 상주국과 주국柱國의 두 가지가 있음. 문종 때 상주국은 정2품으로, 주국은 종2품으로 정해졌는데, 충렬왕 이후 폐지됨.

상주정上州停 신라시대 육정六停의 하나. 552년(진흥왕 13)에 오늘의 상주지역에 둔 군영. 673년(문무왕 13)에 귀당貴幢에 합쳐짐.

상지관相地官 조선시대 관상감觀象監 소속의 풍수지리 전문직 관원. 정원은 7명, 서반체아직의 품계를 받음.

상진무上鎭撫 조선시대 의흥친군위·삼군진무소·오위진무소 등에 있던 무관직. 도진무都鎭撫의 차위직. 1467년(세조 12) 부총관副摠管으로 바꿈.

상참常參 고려·조선 시대에 매일 아침에 대신·중신 및 주요 아문의 참상관 이상 관인 등이 편전便殿에서 국왕을 배알하던 약식略式의 조회朝會. 또는 상참에 참여한 상참관의 약칭.

상책尚冊 조선시대 내시부의 종4품 관직. 서책에 관한 일을 관장함. 환관으로 임명되고, 정원은 3명.

상체제수相遞除授 조선시대 품계가 같은 자리에 있는 두 관리를 승급시키거나 강직시킴이 없이 서로 자리를 바꾸어 임명하는 것.

상촉尚燭 조선시대 내시부의 종6품 관직. 등촉燈燭에 관한 일을 관장함. 환관으로 임명되고, 정원은 4명.

상침尚寢 조선시대 내명부內命婦의 하나. 국왕의 연견燕見이나 진

어진御의 차서次序에 관한 일을 총괄하는 궁관宮官으로, 품계는 정6품.

상탕尙帑 조선시대 내시부의 종5품 관직. 궁궐 내의 재화를 관리하는 일을 맡아봄. 정원은 4명.

상평창常平倉 고려·조선 시대의 물가조절기관. 풍년에 곡물이 흔하면 값을 올려 사들이고 흉년에 곡물이 귀하면 값을 내려 팔아 물가를 조절함으로써 농민과 농민이 아닌 계층을 모두 보호하기 위해 설치됨. 고려 때는 993년(성종 12)에 처음으로 평양과 개경 그리고 12목牧에 설치됨. 후에 상평의창이라고도 부름. 조선시대에는 초기부터 두었다가, 1608년(선조 41)에 없애고 선혜청宣惠廳 신설시 이에 합속되.

상평청常平廳 조선시대 흉년의 기민구제飢民救濟를 위한 비축곡물 및 자금을 관리하던 관서. 평소에는 상평청이라 불렸으나 기근이 들어 구황이 시작되면 진휼청賑恤廳이라 불렸고, 상진청常賑廳으로 통칭되기도 함.

상피相避 조선시대 일정한 범위 내의 친족간에는 같은 관사나 또는 통속관계統屬關係에 있는 관사에 취임하지 못하도록 하거나 혹은 청송관聽訟官·시관試官 등이 될 수 없도록 하는 것.

상호尙弧 조선시대 내시부의 정5품 관직. 대전의 궁시류矢를 관리하는 직책. 환관으로 임명되고, 정원은 4명.

상호군上護軍 ① 고려 후기의 최고무관직. 공민왕 때 상장군上將軍이 바뀐 것임. 정3품. ② 조선시대 오위五衛의 정3품 무관직. 고려 때의 성장군이 조선 초기 도위사都尉使로 개칭되었다가, 태종 초에 상호군으로 바뀌었으며, 1467년(세조 12) 오위의 고급 지휘관이 됨. 초기에는 정원이 9명에 무장武將이 임명되었으나, 후기에 오위의 기능이 유명무실해지면서 1명이 감해지고 보직이 없는 문·무관 등이 임명됨.

상호도감上號都監 조선시대 존호尊號를 올리기 위하여 수시로 설치된 임시기구. 왕·왕후·대비 또는 선왕·선왕후 등에게 시호諡號·휘호徽號 등의 호를 높이기 위하여 임시로 설치된 의례담당기구. 존호도감尊號都監·존숭도감尊崇都監·가상존호도감加上尊號都監이라고도 함.

상회소商會所 한말 개항장에 설립된 상업회의소의 기능을 지닌 객주동업조합.

상훤常烜 조선시대 내시부에 소속된 정7품 관직. 궁중의 취화取火의 임무를 맡음. 환관으로 임명되고, 정원은 4명.

색리色吏 조선시대 감영이나 고을의 관청에서 해당 사무를 맡아보던 아전.

색장色掌 조선시대 성균관 재임 (齋任:학생 기숙사인 동·서재의 임원)의 하나. 동·서재에 각각 2명씩 둠. 상급자를 상색장, 하급자를 하색장이라 함. 성균관의 학생임원으로서 동·서재에 당직하면서 문묘文廟의 수호·관리 및 학생자치에 관한일을 담당함.

색전色典 고려시대 조창漕倉에 소속되어 있던 향리.

생원生員 조선시대 소과小科의 생원시에 합격한 사람. 조선 후기에 이르러 나이많은 선비에 대한 존칭으로 성씨에 붙여 사용되기도 함.

생원시生員試 조선시대 과거 소과小科의 한 종류. 고려시대 승보시陞補試를 계승한 것으로, 유교경전에 관한 지식을 오경의五經義와 사서의四書疑의 제목으로 시험하여 합격자에게 생원이라는 일종의 학위를 수여함. 초시初試와 복시覆試가 있음.

서경西京 고려시대 평양에 설치한 유수경留守京의 하나.

서경署經 ① 고려·조선 시대 관리의 임명이나 법령의 제정 등에 있어 대간臺諫의 서명의 거치는 제도. 관리의 임명에 관한 왕의 지시가 있으면 이조에서는 임명받은 자의 집안과 처가, 외가의 4대 조상에 대하여 써서 대간에 그 임명의 가부를 묻고, 대간에서는 조사하여 보고 부족한 점이 없다고 인정되면 관리들이 공동서명을 하여 동의를 표시함. 고려시대에는 1품에서 9품까지의 모든 관리들이 다 서경을 거치도록 하였음. ② 조선시대 고을 원으로 임명되어가는 관리가 의정들이나 육조의 판서들 또는 이조나 병조의 낭관들을 찾아가 인사를 하는 일.

서경압록부西京鴨綠府 발해시대 오경 五京중의 하나. 속주屬州로 신주神州·환주桓州·풍주豊州·정주正州가 있음.

서계書契 조선시대 일본과 왕래한 공식외교문서.

서계書啓 조선시대 암행어사와 같은 봉명관奉命官의 복명서復命書.

서기정西機停 신라시대 군영의 하나. 즉 두량미지정豆良彌知停.

서당誓幢 신라시대의 군대. 583년(진평왕5) 처음으로 조직되어 613년에 녹금서당綠衿誓幢으로 개칭됨. 기존의 중앙군 조직인 육정六停과 달리 귀족 출신의 무장이 개인적으로 군대를 모집한 소모병召募兵적 성격을 띤 군대. 삼국통일 직후 신문왕 때 대폭 증가되어 9개의 서당으로 완성됨.

서두봉공관西頭奉公官 고려시대 액정국의 종7품 관직.

서령사書令史 고려시대의 서리직원吏職. 주요 관청에서 문안文案·부목浮目등 문부文簿를 관장하였으며, 행정실무의 말단을 담당하는 도필지임(刀筆之任:문서기록).

서리胥吏 고려·조선 시대 중앙과 지방의 각 관아에 속하여 말단의 행정실무에 종사하던 하급관리. 이서吏胥·아전衙前등으로 불림.근무지에 따라 경아전京衙前·외아전外衙前으로 구분되는데, 서리는 서울의 경아전을 지칭하고, 지방의 외아전은 향리鄕吏로 통칭됨.

서리書吏 조선시대 서울의 각 관청에 두었던 하급 서리胥吏, 서책의 보관, 문서의 기록 및 수발의 임무를 맡음.

서반西班 고려·조선 시대 무관武官의 반열班列, 무과출신의 벼슬아치이거나 또는 대대로 무관 벼슬을 살아온 집안 출신의 관리들을 가르켜 이르는 말. 조회 때 서쪽에 줄을 지어 서므로 서반이라 하고, 무반武班이라고도 함.

서발한舒發翰 이벌찬伊伐湌의 이칭.

서발한舒發韓 고려 초기 관리들의 품계의 하나. 신라 때의 이벌찬伊伐湌에 해당함.

서방書房 고려 무신정권기에 설치된 숙위 기관. 1227년(고종 14) 최우崔瑀가 문객 가운데 문사文士로 하여금 3번番으로 나누어 교대로 숙위하게 하고 이를 서방이라 함.

서방색房色 조선시대 액정서掖庭署에 소속된 구실아치의 하나. 왕이 쓰는 붓·먹·벼루 등의 관리를 맡아봄.

서벽西壁 조선시대 관직의 서열과 좌석의 위치에 따른 관직 별칭의 하나. 각 관서의 차하위급(제3등급)에 해당하는 관직을 지칭함. 의정부의 좌·우참찬, 승정원의 우부승지·동부승지, 홍문관의 교리·부교리·수찬·부수찬, 사행使行에서의 서장관書狀官이 이에 속함. 관리들이 모여 앉을 때 이들은 반드시 서쪽에 앉게 되므로 이르는 말.

서불한舒弗邯 이벌찬伊伐湌의 이칭.

서비西飛 서비한림西飛翰林의 약칭.

서비한림西飛翰林 조선시대 문과에 급제한 자가 승문원承文院·성균관·교서관校書館에서 분관살이를 하지 않고 예문관의 검열이나 승정원의 주서로 된 자를 가리켜 이르는 말. 서비西飛라고도 함.

서빙고西氷庫 조선시대 빙고氷庫의 하나. 궁궐 안에서 쓰는 얼음과 높은 관리들에게 나누어 주는 얼음을 저장하는 일을 맡음. 지금의 서울 서빙고동 둔지산屯智山 기슭에 있었음.

서사書史 고려 태조 때부터 있던 실무 행정담당의 말단 이속吏屬. 국자감에 2명, 예빈성에 8명, 위위시衛尉寺와 사재시司宰寺에 각 6명, 태복시太僕寺에 4명, 대부시大府寺에 12명이 배속됨.

서사徐事 태봉의 중앙관부인 광평성廣評省에 속하는 관직. 고려의 시랑侍郞:정4품에 해당됨.

서서원瑞書院 ① 신라 하대 문한기구文翰機構. 경덕왕 때 설치된 한림대翰林臺의 후신. 태봉과 고려 초기에 원봉성元鳳省으로 이어짐. ②조선시대 홍문관弘文館의 이칭.

서수書手 고려시대 서리직의 하나. 문서 기록을 담당함.

서시전西市典 통일신라시대 서시西市의 업무를 관장하기 위하여 왕도에 설치된 관청. 695년(효소왕 4) 남시전南市典과 더불어 설치됨. 소속 관원으로 감監 · 대사大舍 · 서생書生 · 사史가 있음.

서연書筵 조선시대 왕세자를 위한 교육 제도. 차기 국왕으로서의 왕세자에게 경사經史를 강론하여 유교적인 소양을 쌓게하는 교육의 장. 이연离筵 · 주연冑筵 이라고도 함.

서연관書筵官 조선시대 왕세자의 교육을 담당하던 관리.

서영西營 ①조선시대 창덕궁의 서쪽에 있던 금위영의 분영. 창덕궁의 서쪽 외곽경비를 담당함. ②조선시대 경희궁의 서쪽에 있던 훈련도감의 별영 別營. 경희궁의 서쪽 외곽경비를 담당함. ③조선 말기 1884년(고종 21)에 평양에 두었던 친군영의 하나. 1894년에 폐지됨.

서예西藝 고려시대 중서문하성 · 춘추관 · 비서성秘書省 · 전교시 등에 소속된 서리직胥吏職.

서운관書雲觀 ①고려 1308년(충렬왕 34)에 사천감司天監 · 태사국太史局을 합쳐서 설치한 천문을 관측하고 절기와 날씨를 살피며 물시계를 관리하는 일을 맡은 관청. ②조선 1392년(태조 1)에 설치된 천문을 관측하고 각종 자연재해를 예고하며 절기와 날씨를 살피는 일을 맡은 관청. 1467년(세조 12)에 관상감觀象監으로 바꿈.

서원書院 조선시대 학문연구와 선현제향을 위하여 사림에 의해 설립된 사설교육기관인 동시에 향촌자치운영기구. 1542년(중종 37)에 풍기군수 주세붕周世鵬이 고려 때의 관리이며 유학자인 安珦이 살던 곳에 세운 서원인 백운동서원白雲洞書院이 그 시초임.

서윤庶尹 조선시대 평양부와 한성부에 둔 종4품 관직.

서인西人 조선 중기 붕당朋黨의 하나. 선조 초에 당시 문명文名이 높았던 김효원金孝元과 명종비 인순왕후仁順王后의 아우로 권세가였던 심의겸沈義謙의 전랑직銓郞職을 둘러싼 대립이 동기가 되어 신진사류들은 김효원을, 기성사류들은 심의겸을 각각 지지함으로써 동서분당東西分黨이 일어나게 됨. 당시 김효원의 집이 도성 동쪽 낙산駱山 건천동乾川洞에 있었기 때문에 그를 지지하는 일파를 동인東人, 심의겸의 집이 도성 서쪽 정동貞洞에 있었기 때문에 그를 지지하는 일파를 서인이라고 부르게 됨.

서자庶子 고려 1068년(문종 22)에 동궁에 둔 정4품 관직.

서장관書狀官 조선시대 다른 나라로 가는 사신들 가운데서 문서기록 및 그 처리에 관한 일을 맡은 관리. 정사正使와 부사副使의 차위직.

서적원書籍院 ①고려 1392년(공양왕 4)에 설치된 금속활자를 관리하고 책을 인쇄하는 일을 맡은 관청. ②조선 태조 때 설치된 옛날 책을 주해하고 새 책을 간행하는 일을 맡은 관청.

서적점書籍店 고려시대 책을 인쇄하는 일을 맡은 관청. 1308년(충렬왕 34)에 한림원에 합쳐졌다가 뒤에 다시 독립되었고, 1391년(공양왕 3)에는 폐지되었다가 다음해에 다시 부활됨.

서전西銓 조선시대 서반 소속 관리에 대한 전서銓叙를 담당한 兵曹의 별칭.

서총대과瑞蔥臺科 조선시대 무과武科의 하나. 왕이 직접 집행했던 시험으로서, 연산군 때 창덕궁 안에 있는 서총대라는 정자에서 무관관리들의 활쏘기 연습을 구경하면서 우수한 자들에게 상을 주던 데서 시작된 과거.

서추西追 조선시대 중추부의 이칭.

서학박사書學博士 고려시대 국자감國子監의 종9품 관직.

석전席典 신라시대의 관청. 경덕왕 때 일시 봉좌국奉坐局으로 고친 일이 있음. 내성內省에 소속되어 후대의 상사국尙舍局의 업무를 담당함. 소속 관원으로 간干 1명,사史 2명을 둠.

석전釋奠 전통사회에서 산천山川 · 묘사廟祀에 올리던 제사. 또는 학교에서 선성선사先聖先師를 추모하기 위하여 올리던 의식.

석투당石投幢 신라시대 돌파매질을 기본으로 하는 사람들로 조직된 부대. 사설당四設幢의 하나로, 소속 군관으로 법당주法幢主 12명, 법당감法幢監 12명, 법당화척法幢火尺 18명을 둠.

석투당법주石投幢法主 신라시대 무관직. 석투당石投幢을 거느리는 우두머리 관직. 위계는 급찬級湌으로부터 사지舍知까지임.

선간選干 신라시대의 외위外位 중 제5위. 지방의 세력가에게 준 관등. 찬간撰干이라고도 표기됨. 경위京位의 나마奈麻의 위계에 해당함.

선공감繕工監 ①고려시대 토목과 영선에 관한 일을 맡아보던 관청. 1298년(충렬왕 24)에 장작감將作監을 바꾼 것임. 1308년에 다시 선공사繕工司로 바꿈. ②조선시대 각종 토목공사와 건축에 관한 일을 맡은 관청. 1392년(태조 1)에 설치되어 1894년(고종 31)에 폐지됨.

선공사繕工司 고려시대 토목과 영선에 관한 일을 맡아보던 관청. 1308년(충렬왕 34)에 성공감繕工監을 고친 것임. 뒤에 다시 선공시繕工寺로 바꿈.

선과禪科 조선시대 예조禮曹에서 승려에게 승려허가증인 도첩度牒을 줄 때 보이는 과거.

선관選官 고려 초기에 두었던 육관六官의 하나. 문관 관리의 임명, 각종 칭호의 제정과 수여에 관한 일을 맡은 관청. 995년(성종 14)에 상서이부尙書吏部로 바뀜.

선관膳官 내자시內資寺의 이칭.

선관서膳官署 고려시대 제향과 연회의 음식을 담당하던 관청. 초기에 대관서大官署라 하던 것을 1308년(충렬왕 34)에 선관서로 고쳐 사선서司膳署에 소속시켰고 1356년(공민왕 5)에 다시 대관서로 고쳐졌다가, 1362년에 선관서로, 1369년에 대관서로, 1373년에 또다시 선관서로 고쳐 부름.

선교랑宣敎郞 조선시대 문산계文散階의 하나. 종6품 상계上階의 관계명官階名.

선군船軍 조선 초기 각 포(浦)에 배속되어 해안 방어를 담당하던 수군水軍.

선군選軍 고려시대 군인을 선발하던 제도 및 그 업무를 관장하던 관서. 1308년(충렬왕 34)에 폐지되었다가 1311년(충선왕 3)에 다시 설치됨.

선군별감選軍別監 고려시대 선군選軍에 소속된 관리. 군사를 선발하는 일을 맡음.

선덕랑宣德郞 고려시대 문산계散階의 하나. 1076년(문종 30)에 정7품 하계下階로 정해져, 전체 29등급 가운데 제19계임. 1310년(충선왕 2)에 종6품계로 승급된 이후 말기까지 존속됨.

선략장군宣略將軍 조선시대 무산계武散階의 하나. 종4품 하계下階의 관계명官階名이며, 장군계將軍階의 하한下限임.

선무공신先武功臣 조선시대 임진왜란 때 무공을 세웠거나 명나라에 병량주청사신兵糧奏請使臣으로 가서 성과를 거둔 문 · 무관 원에게 준 훈호勳號.

선무군選武軍 선무군관選武軍官의 약칭.

선무군관選武軍官 조선후기 경기 · 충청 · 전라 · 경상도의 지방 군관 중에서 무술시험을 거쳐 뽑은 군관. 1751년(영조 27)에 지방의 토호土豪 · 부민富民의 자제를 선발하여 평상시에는 집에서 무예를 연습하고 유사시에는 소집하여 군졸을 지휘하도록 함. 선무군選武軍이라고도 함.

선무랑宣務郞 조선시대 문산계文散階의 하나. 종6품 하계下階의 관계명官階名.

선무사宣撫使 조선시대 재해나 병란이 일어난 지역에 민심을 무마하고 주민을 진제眼濟하기 위해 국왕이 임시로 파견하던 관리. 소정의 임무를 마친 뒤에는 저절로 직함이 소멸됨.

선부船府 신라 678년(문무왕 18)에 설치 된 선박·항해 관계 업무를 관장하던 관청. 본래 병부兵部에 속해 있다가 독립되어 신설됨. 759년(경덕왕 18)에 이제부利濟府로 개칭되었다가 776년(혜공왕 12)에 다시 선부로 환원됨.

선부膳夫 조선시대 사옹원司饔院에 소속된 종7품의 잡직 관직. 식사담당관의 우두머리.

선부膳部 발해시대의 관부. 육부六部의 하나인 의부義部에 소속된 하위 관서. 각종 의례행사와 식품 조달을 관장함.

선부選部 고려시대 문신의 선임·공훈에 관한 일을 관장한 중앙관부의 하나. 1308년(충렬왕34)에 전조銓曹·병조兵曹 및 의조儀曹를 합쳐서 만들었던 관청. 뒤에 총부摠部를 따로 내고 전리사典理司라고 고쳐 부르다가, 1356년 (공민왕 5)에 다시 이부吏部와 예부禮部로 나누어짐.

선상選上 지방의 관노비官奴婢를 중앙으로 뽑아 올려 중앙 각사의 사환使喚·잡역雜役에 종사하게 하는 것. 중앙에 체류하는 기간에 따라 두 가지로 구분됨. 하나는 번상제番上制에 따라 윤번輪番으로 경중京中 각 관사에서 역을 치르는 경우이고, 다른 하나는 여기女妓·연화대蓮花臺와 같이 특별한 재예才藝를 갖추어 계속 중앙에 체류하는 경우임. 또한 여의女 醫는 재예를 성취하면 본읍本邑으로 돌려 보내져 의업醫業에 종사하게 함. 선상노비選上奴婢라고도 함.

선상노비選上奴婢 조선시대 선상選上 입번立番의 차례를 당하여 경중京中 각사各司 및 궐내闕內·외방外方 각관各官 등에 차출되어 역을 치르는 노비.

선상대장先廂大將 왕이 거둥할 때 앞서가는 전위군을 통솔하는 장수.

선용부위宣勇副尉 조선시대 무반잡직계武班雜織階의 하나. 서반 잡직 종7품의 관계명官階名.

선위사宣慰使 ①조선시대 제국사신諸國使臣이 입국하였을 때 그 노고를 위문하기 위하여 파견되는 관리. ②난리 또는 큰 재해 뒤에 임금의 명을 받고 백성의 질고疾苦를 위문하는 임시 벼슬.

선위장군宣威將軍 고려시대 무산계武散階의 하나. 전체 29계 가운데 제8계로 종4품 상계上階의 관계명官階名.

선유사宣諭使 전쟁이나 그밖의 난리가 일어났을 때 백성들을 회유하여 안정시킬 목적으로 나라에서 파견하던 임시 관리.

선의랑宣議郎 고려시대 문산계文散階의 하나. 1076년(문종 30)에 종7품 상계上階로 정해져, 전체 29등급 가운데 제20계. 충렬왕 때까지 존속됨.

선인先人 고구려시대의 관등. 일명 실원失元 또는 서인庶人. 고구려 후기의 14관등 중 제13위의 관등. 선인(仙人)으로도 표기됨.

선잠제先蠶祭 조선시대 양잠養蠶을 장려하기 위하여 행하던 제례.

선전관宣傳官 조선시대 형명形名·계라啓螺·시위侍衛·전명傳命 및 부신符信의 출납을 맡았던 무관직. 1457년(세조 3) 어가御駕 앞에서 훈도訓導하는 임무를 맡은 무관을 선전관이라고 일컬음으로써 처음 생김. 그 뒤 선전관청이 설치되면서 정직正職으로 되고, 정원도 20명 안팎이었으며, 이들 전임의 선전관 이외에 문관과 무관이 겸직하는 겸선전관이 50명 내외가 있었음. 근시近侍의 직임으로 서반승지西班承旨로 지목되어 청요직清要職으로 간주됨.

선전관宣箋官 조선시대 국왕을 위한 조하의식(朝賀儀式:하례식)에서 백관의 전문(箋文:축하장)을 읽어 바치는 집사관執事官. 예문관藝文館의 4품 이상 관원 중에서 차출됨.

선전관청宣傳官廳 조선시대 전명傳命을 맡은 선전관宣傳官이 소속되었던 관아. 형명形名·계라啓螺·시위侍衛·전명 및 부신符信의 출납을 장악함. 선전관이 정직正職이 되면서 설치되었으며, 1882년(고종 19)에 폐지됨.

선절교위宣折校尉 고려시대 무산계散階의 하나. 전체 29계 가운데 제22계로, 정8품 상계上階의 관계명官階名.

선절부위宣折副尉 고려시대 무산계散階의 하나. 전체 29계 가운데 제23계로 정8품 하계下階의 관계명官階名.

선조성宣詔省 발해시대의 중앙관부. 삼성三省의 하나. 왕의 명령을 하달하며 아래 관청들에서 올라오는 보고문을 왕에게 전달 하는 일을 맡은 관청.

선종禪宗 불교의 한 종파. 설교와 경문經文에 주력하지 않고 참선參禪에 의해 본성本性을 터득하려는 교파.

선종선禪宗選 선종禪宗의 승려를 선발하던 승과僧科의 하나.

선주仙州 발해의 지방행정구역. 62주州 중의 하나. 부여부扶餘府에 속함.

선주원膳廚院 조선시대 사옹원司饔院의 이칭.

선직랑宣職郎 조선시대 동반東班 토관직土官職 정6품의 관계명官階名.

선천宣薦 조선시대 무과武科에 합격한 자들 가운데서 선전관宣傳官이 될 만한 자들을 골라서 뽑던 일. 대체로 문벌이 높은 양반 지배계급 출신의 자식들만이 선천의 대상이 될 수 있었음.

선평궁전善坪宮典 신라시대의 관청. 내성內省에 소속되어 있던 선평궁善評宮을 관리함. 소속 관원으로 대사大舍 2명, 사史 2명을 둠.

선함사船艦司 조선 1880년(고종 17)에 설치된 통리기무아문統理機務衙門 소속의 관청. 경외京外의 각종 선박을 제조하고 이를 총괄하는 임무를 맡음. 1881년 통리기무아문의 기구개편과 더불어 폐지됨.

선혜오청宣惠五聽 조선시대 각 지방에 두었던 선혜청宣惠廳의 지점들. 즉 1608년(광해군 즉위년)에 설치된 경기청과 1624년(인조 1)에 설치된 강원청, 1652년(효종 3)에 설치된 호서청. 1657년에 설치된 호남청, 1677년(숙종 3)에 설치된 영남청.

선혜청宣惠廳 조선 1608년(광해군 즉위년)에 대동법大同法이 선혜법宣惠法의 이름으로 경기도에 처음 시행되면서 이의 관리를 위하여 설치된 관청. 뒤에 대동법이 강원도·충청도·전라도·함경도·경상도·황해도의 순으로 실시되면서 이들의 관리를 위하여 설치된 각 도 대동청大同廳이 그 산하에 흡수되고, 물가조절과 진휼모곡賑恤耗穀을 겸하던 상평청常平廳, 진구賑救를 전담하던 진휼청賑恤廳, 균역법均役法에 따른 군관포軍官布와 결작미結作米 및 어·염·선세魚鹽船稅등을 관리하였던 균역청均役廳이 순차로 속하게 되어, 호조를 능가하는 최대의 재정기관이 됨. 조선 말기까지 존속되다가 1894년(고종 31) 갑오개혁때 대동법의 폐지와 함께 혁파됨.

선화善畵 조선시대 도화서圖畵署의 종6품 잡직 관직. 정원은 1명. 화원직으로서 최고위직. 궁중에서 왕의 초상화를 비롯한 여러 가지 그림을 그리고 능묘·비석·인장·예복등의 문양이나 장식을 새기는 일에도 종사함.

선화당宣化堂 조선시대 관찰사가 사무 보던곳.

선회善繪 조선시대 도화서圖畵署의 종7품 잡직 관직. 정원은 1명. 선화善畵 다음으로 도화서의 차석직. 궁중에서 왕의 초상화를 비롯한 여러 가지 그림을 그리고, 능묘·비석·인장·예복등의 문양이나 장식을 새기는 일에도 종사함.

선휘대부宣徽大夫 조선시대 문산계(文散階)의 하나. 종친 정4품 상계上階의 관계명官階名.

선휘사宣徽使 고려초기 남반南班 관직. 품질은 4품.

설경說經 조선시대 경연經筵의 정8품 관직.

설리薛里 조선시대 내시부의 한 관직. 본래 몽고 궁중에서 쓰던 말로서 중국어로 '조(助)'의 뜻이 있어 각 궁·전殿에 배속되어 시중드는 일을 맡음.

설서說書 조선시대 세자시강원世子侍講院의 정7품 관직. 정원은 1명.

설원品院 조선시대 사역원司譯院의 이칭.

설호정挈壺正 고려시대 태사국太史局의 종8품 관직.

섬학전贍學錢 고려시대 안향安珦의 제의에 따라 국학생國學生들의 학비를 보조하기 위하여 관리들이 품위에 따라 낸 장학기금. 1304년(충렬왕30)에 실시되었으며, 문·무 관리 6품 이상은 은銀 1근씩, 7품 이하는 포布를 내게 함.

섭사攝事 조선시대 동반東班 제9품 토관직土官職.

섭사攝祀 남을 대신하여 제사를 지내는 일. 제사를 주관할 적장자嫡長子가 나이가 어리거나 질병을 앓고 있을 경우, 또는 집을 떠나 있어서 제사를 주관할수 없을 때, 또는 친자손이 없으면서 가계家系를 이을 양자를 미리 결정하지 못하였을 때 근친의 남자가 임시로 그 제사를 대신 주관하는 것.

섭통례攝通禮 조선시대 통례원에 임시로 두던 관리.

섭호장攝戶長 조선시대 관직. 각 군아郡衙에 소속된 향리로 호장戶長 직무를 겸임한 사람.

성균감城均監 고려후기 중앙에 있던 국립교육기관. 1298년(충렬왕24)에 국학國學이 바뀐 것으로, 1308년에 성균관으로 개칭됨.

성균관城均館 ① 고려시대 중앙에 있던 국립교육기관. 992년(성종11)에 설치된 국자감國子監이 1275년(충렬왕 1)에 국학國學으로 바뀌고, 1298년에 성균감城均監으로 다시 개칭 되었으며, 1308년에 성균관으로 개칭됨. 1356년(공민왕 5)에 국자감으로 바뀌었다가 1362년에 성균관으로 바뀜. 좨주(祭酒, 종3품)·악정(樂正, 종4품)·승(丞, 종5품)·성균박사(成均博士, 정7품)·순유박사(諄諭博士, 종7품)·진덕박사(進德博士, 종8품)·학정(學正, 정9품)·학록(學錄, 정9품)·직학(直學, 종9품)·학유(學諭, 종9품) 등의 관리가 있음. ② 조선시대 서울에 설치된 국립대학격의 유학교육기관. 태학太學·반궁(泮宮)·현관賢關·근궁芹宮·수선지지首善之地라고도 함. 1392년(태조 1)에 설치되어 1910년에 폐지됨. 지사(知事, 정2품)·동지사(同知事, 종2품)·대사성(大司成, 정3품)·좨주(祭酒, 정3품)·사성(司成, 종3품)·사예(司藝, 정4품)·사업(司業, 정4품)·직강(直講, 정5품)·전적(典籍, 정6품)·박사(博士, 정7품)·학정(學正, 정8품)·학록(學錄, 정9품)·학유(學諭, 종9품)등의 관리가 있음.

성균박사成均博士 ① 고려시대 성균감城均監·성균관成均館의 정7품 관직. 1298년(충렬왕 24) 국학(國學)이 성균감으로 바뀌면서 이전의 국자박사國子博士가 성균박사로 개칭됨. 1356년(공민왕 5) 성균감의 후신인 성균관이 국자감으로 개칭되면서 다시 국자박사가 되었다가, 1362년 국자감이 성균관으로 개칭되면서 국자박사가 성균박사로 바뀜. 정원은 2명. ② 조선시대 성균관成均館의 정7품 관직. 정원 3명.

성균시成均試 고려시대 국자감關子監에서 진사進士를 뽑던 시험. 국자감이 성균관으로 이름이 바뀜에 따라 성균시라 함.

성랑省郎 고려시대 중서문하성에 소속된 정3품 이하의 관원에 대한 총칭. 낭사郎舍의 이칭.

성록대부成祿大夫 조선시대 문산계文散階의 하나. 의빈儀賓 정1품 하계下階의 관계명품階名.

성상城上 조선시대 각 관서의 소장 기물을 맡아 간수하던 하례下隷.

성음서聲音署 조선시대 장악원掌樂院의 이칭.

성재省宰 고려시대 중서문하성中書門下省의 2품 이상 관원에 대한 총칭. 재신宰臣·재상宰相이라고도 함.

성정城丁 성년이 된 장정. 대개 20세를 상례로 함.

성주星主 신라시대부터 고려를 거쳐 조선초까지 제주지방의 대표적 토호土豪에게 준 작호爵號.

성주城主 ① 고대국가 지배통치체제에서 성城의 우두머리. ② 신라말 고려 초의 지방세력에 대한 호칭.

성중관成衆官 고려·조선시대 왕의 시종과 궁궐의 숙위를 담당하거나 각 관사官司에 속하여장관을 시종하던 관인층. 성중아막成衆阿幕이라고도 함.

세견선歲遣船 조선시대 일본 각지로부터 교역을 위하여 해마다 우리나라로 도항해온 선박.

세골장洗骨葬 시체를 일정기간 보존하여 육탈肉脫 시킨뒤 뼈만 추려서 항아리나 돌방石室에 안치하는 장례법.

세마洗馬 ① 고려시대 동궁東宮의 종5품 관직. 1068년(문종22) 처음 설치되었으며, 품계는 종5품. 정원은 1명. 1098년(숙종 3)에 폐지되었다가, 1390년(공양왕 2) 춘방원春坊院에 정7품, 정원 1명으로 다시 설치됨. ② 조선시대 세자익위사世子翊衛司의 정9품 관직. 좌·우세마 각 1명.

세손世孫 왕의손자로서 왕위를 물려받을 라로 지목되어 책봉을 받은 자. 곧 왕세손. 왕의맏손자로서 책봉을 받기 전에는 원손(元孫)이라고 함.

세손강서원世孫講書院 조선시대 왕세손의 교육을 담당하던 관청. 상설기관은 아니고 필요할 때에만 설치되었는데, 1448년(세종30)·1649년(인조 27)·1751년(영조 27)에 각각 설치됨. 1903년에 황태손강서원皇太孫講書院으로 바뀜.

세손부世孫傅 조선시대 세손강서원世孫講書院의 종1품 관직.

세손빈世孫嬪 조선시대 왕세손의 처.

세손사世孫師 조선시대 세손강서원世孫講書院의 종1품 관직.

세손위종사世孫衛從司 조선시대 왕세손을 호위하는 일을 맡은 관청. 1448년(세종30)에 설치되어 1894년(고종31)에 폐지됨.

세자世子 왕위를 물려받을 자로 지목되어 책봉을 받은 왕자.

세자궁世子宮 ① 세자가 거처하던 곳. 춘궁春宮·춘저春邸라고도 함. ② 왕세자의 존칭.

세자보世子保 고려 1277년(충렬왕 3)에 제정된 왕세자의 교육을 담당한 동궁관東宮官. 정원은 1명.

세자부世子府 고려 1308년(충렬왕 34)에 설치된 왕세자를 호위하며 세자궁에 관련된 사무를 맡아보던 관청.

세자부世子傅 ① 고려 1277년(충렬왕 3)에 제정된 왕세자의 교육을 담당한 동궁관東宮官. 정원은 1명. ② 조선시대 세자시강원世子侍講院의 정1품 관직. 의정이 겸임함.

세자빈世子嬪 왕세자의 처.

세자사世子師 ① 고려시대 1277년(충렬왕 3)에 제정한 왕세자의 교육을 담당한 동궁관東宮官. ② 조선시대 세자시강원世子侍講院의 정1품 관직. 영의정이 겸임함.

세자사친궁世子私親宮 왕세자의 생부·생모를 일컬음.

세자시강원世子侍講院 조선시대 왕세자의 교육을 담당하던 관청. 춘방春坊·시강원·계방桂坊이라고도 함. 태조 초에 설치되어 1895년(고종32)에 왕태자궁王太子宮으로 바뀌고, 이듬해 다시 시강원으로 개칭됨.

세자우문학世子右文學 고려 1390년(공양왕 2)에 제정된 동궁東宮의 5품 관직.

세자우보덕世子右輔德 고려 1390년(공양왕 2)에 제정된 동궁東宮의 3품 관직.

세자우빈객世子右賓客 ① 고려1390년(공양왕 2)에 제정된 동궁東宮 소속의 관직. ② 조선시대 세자시강원世子侍講院의 정2품 관직.

세자우사师子右師 고려 1390년(공양왕 2)에 제정된 동궁東宮 소속의 관직.

세자우사경世子右司經 고려 1390년(공양왕 2)에 제정된 동궁東宮의 6품 관직. 1391년에 징원당澄源堂을 설치하면서 징원당우사경으로 바뀜.

세자우서윤世子右庶尹 고려 1277년(충렬왕 3)에 제정된 세자첨사부世子詹事府 소속의 관직.

세자우찬덕世子右贊德 고려 1277년(충렬왕 3)에 제정된 세자첨사부世子詹事府 소속의 관직.

세자우필선世子右弼善 고려 1390년(공양왕 2)에 제정된 동궁東宮의 4품 관직.

세자이사世子貳師 ① 고려 1277년(충렬왕 3)에 제정된 세자첨사부世子詹事府의 관직. ② 조선시대 세자시강원世子侍講院의 종1품 관직. 의정부의 찬성이 겸임함.

세자이조世子貳調 고려 1277년(충렬왕 3)에 제정된 세자첨사부世子詹事府의 관직.

세자이호世子貳護 고려 1277년(충렬왕 3)에 제정된 세자첨사부世子詹事府의 관직.

세자익위사世子翊衛司 조선시대 왕세자를 호위하는 임무를 맡아보던 서반西班의 관청. 조선 초기에 설치되어 1895년(고종32)에 없어짐.

세자좌문학世子左文學 고려 1390년(공양왕 2)에 제정된 동궁東宮의 5품 관직.

세자좌보덕世子左輔德 고려 1390년(공양왕 2)에 제정된 동궁東官의 3품 관직.

세자좌빈객世子左賓客 ① 고려 1390년(공양왕 2)에 제정된 동궁東宮의 관식. ② 조선시대 세자시강원世子侍講院의 정2품 관직.

세자좌사世子左師 고려 1390년(공양왕 2)에 제정된 동궁東宮의 관직.

세자좌사경世子左司經 고려 1390년(공양왕 2)에 제정된 동궁東宮의 6품 관직. 1391년에 징원당澄源堂을 설치하면서 징원당좌사경으로 바뀜.

세자좌서윤世子左庶尹 고려 1277년(충렬왕 3)에 제정된 세자첨사부世子詹事府의 관직.

세자좌찬덕世子左贊德 고려 1277년(충렬왕 3)에 제정된 세자첨사부世子詹事府의 관직.

세자좌필선世子左弼善 고려 1390년(공양왕 2)에 제정된 동궁東宮의 4품 관직.

세자첨사부世子詹事府 고려 1276년(충렬왕 2)에 설치된 왕세자가 거처하는 동궁東宮의 사무를 맡아보던 관청.

세초洗草 조선시대 실록편찬이 완료된 뒤 여기에 사용된 사초史草나 초고들을 파기하는 것.

세초歲抄 ① 조선시대 해마다 6월과 12월에 이조와 병조에서 죄과가 있는관리들을 조사하고 그 죄행을 기록하여 왕에게 보고하여 관직에서 물러나게 하거나 다른자리로 옮겨놓는 것. ② 조선시대 해마다 6월과 12월에 모자라는 군사 인원수를 조사하여 보충하는 것.

세초군歲抄軍 조선시대 임진왜란 이후에 제정된 군사모집법인 세초歲抄에 의하여 징집된 군사. 해마다 6월과 12월에 군사 인원수를 조사하고 모자라는 인원수를 보충하기 위하여 뽑아들이던 군사.

세택洗宅 신라시대의 관청. 어룡성御龍省에 소속되어 있던 근시近侍 조직의 하나. 국왕의 시종·문필·비서업무를 담당함. 759년(경덕왕 18) 중사성中事省으로 바뀌었다가, 776년(혜공왕 12) 환원됨. 9세기 중엽에 다시 중사성으로 바뀜. 관원으로는 국왕 직속에 대사大舍 8명, 종사지從舍知 2명, 동궁직속에 대사 4명, 종사지 2명을 둠.

세폐사歲幣使 조선시대 청나라에 예물을 바치기 위해 보내던 정례사

행定例使行의 하나.

세폐색歲幣色 조선시대 호조에 소속된 경비사經費司의 한 분과. 명절을 계기로 외국에 파견되는 사신 일행이 가지고 가는 물건에 관한 일을 맡은 관청.

소所 고려시대 말단 행정구역의 하나. 향鄕·부곡部曲·장莊·처處와 함께 부곡제部曲制를 구성하며, 주로 왕실이나 관아에서 필요로 하는 수공업·광업·수산업 부문의 공물貢物을 생산함.

소감少監 ① 신라시대 육정六停·구서당九誓幢·십정十停·오주서五州誓의 각 군영에서 기병 또는 보병을 거느리던 무관직. 562년(진흥왕 23)에 처음 설치됨. 감사지監舍知의 차위직. 관등은 대사大舍 이하로서 모두 372명임. ② 신라시대 패강진전浿江鎭典에 소속된 관직. 관등은 대사大舍 이하임. ③ 발해시대 문적원文籍院의 관직. ④ 고려시대 군기감軍器監·비서성秘書省·사진감司津監·사천대司天臺·소부감小府監·장작감將作監·전중성殿中省·태의감太醫監에 소속된 관직. 감監의 차위직. 4품으로서 5품까지임. 조선초기 교서감校書監·선공감繕工監·사재감司宰監·군기감軍器監·사수감司水監·전의감典醫監에 소속된 종4품 관직. 1414년(태종 14)에 부정副正으로 명칭이 바뀜.

소격서昭格署 조선시대 도교의 재초齋醮를 거행하기 위하여 설치된 관서. 고려시대의 소격전格殿을 1466년(세조 12)에 소격서로 개칭하고 규모를 축소시킴. 1744년(영조 20)에 폐지됨.

소경少卿 ① 발해시대 종속시宗屬寺·대농시大農寺·태상시太常寺·사빈시司賓寺의 관직. ② 고려시대 태상시太常寺·전중성殿中省·위위시衛尉寺·태복시太僕寺·예빈시禮賓寺·대부시大府寺 등에 소속된 종4품 관직. 경卿의 차위직. ③ 조선초기 봉상시奉常寺·전중시殿中寺·사복시司僕寺·내부시內府寺·예빈시禮賓寺등에 소속된 4품 관직. 1414년(태종 14)에 소윤少尹으로 개칭하였으며, 1466년(세조 12) 첨정僉正으로 고쳐서 조선후기까지 사용됨. ④ 조선말기 장례원掌隸院과 태의원太醫院 소속의 관직.

소경여갑당小京餘甲幢 신라시대의 군대. 삼십구여갑당三十九餘甲幢의 한 부대. 소속 군관으로 법당주幢主 16명이 있음.

소경여갑당주小京餘甲幢主 신라시대의 무관직. 삼십구여갑당三十九餘甲幢의 한 부대인 소경여갑당小京餘甲幢의 지휘관. 정원은 16명.

소공小功 상례喪禮에서 규정한 오복제五服制의 하나. 소공에는 5개월간 사복을 입는데, 이때의 상복을 소공복이라 하고 소공복을 입는 친족의 범위를 소공친小功親이라고 함.

소과小科 조선시대 생원生員·진사進士를 뽑는 과거. 생원진사시生員進士試·사마시司馬試라고도 함.

소군小君 고려시대 왕비 소생이 아닌 궁인이나 폐첩嬖妾 소생의 아들.

소내학생所內學生 신라시대의 관직. 721년(성덕왕 20)에 설치되었으며, 왕실소속의 특수한 학생으로 추정됨.

소년감전少年監典 신라시대의 관청. 745년(경덕왕 4)에 설치되어, 759년 조천성釣天省으로 개칭되었다가, 776년(혜공왕 12)에 다시 환원됨. 소속 관원으로 대사大舍 2명, 사史 2명을둠.

소년서성少年書省 신라시대의 불교통제기관인 정관政官에 설치된 승직僧職. 소서성小書省이라고도 함.

소노부消奴部 고구려시대 오부五部 중의 하나. 계루부桂婁部 출신 왕족 이전의 왕족을 배출한 부部. 연노부消奴部·비류부沸流部로도 표기됨. 국가체제 성립 이후에는 서부西部 또는 우부右部로도 불림.

소대召對 ① 왕명으로 입대入對하여 정사에 관한 의견을 상주하는 것. ② 왕이 참찬관 이하의 관리를 불러들여 유교경전을 외우게 하는 것.

소덕대부昭德大夫 조선시대 문산계文散階의 하나. 종친 종1품 상계上階의 관계명官階名.

소도蘇塗 삼한시대 제의가 행해지던 신성지역.

소도사小都司 신라시대 대일임전大日任典의 차관직. 대도사大都司의 차위직. 경덕왕 때 소전의小典으로 고쳐졌다가 뒤에 다시 본이름으로 바꿈. 관등은 사지舍知로부터 대사大舍까지임. 정원은 2명.

소렴小斂 장례의 한 절차. 죽은뒤 습襲을 마치고 나서 뼈가 굳어 입관入棺하는데 지장이 생기지 않도록 손과발을 거두는 절차.

소령少令 발해시대 전중시殿中寺·종속시宗屬寺 소속의 차관직.

소론少論 조선시대 붕당朋黨의 하나. 숙종때 서인西人에서 분파된 당파. 1680년(숙종 6) 남인南人 허적許積의 유악남용사건油幄藍用事件과 허적의 서자 견堅의 역모옥사로 남인이 대거 숙청된 경신대출척庚申大黜陟 뒤 정권을 잡은 서인 사이에 남인 숙청에 대한 의견의 대립으로 분파됨. 이때 남인에 대한 강경한 입장을 보인 송시열宋時烈등 노장 중심의 서인 일파를 노론老論이라하고, 한태동韓泰東등 온건하고 소장 중심의 서인 일파를 소론이라 함.

소모관召募官 조선시대 병란이 발발했을 때 그 지역의 향병鄕兵을 모집하기 위하여 국왕이 임시로 임명하던 관리.

소목昭穆 사당에 조상의 신주를 모시는 차례. 왼편을 昭穆. 오른편을 穆穆이라 함. 천자天子는 1세를 가운데 모시고, 2·4·6세를 소에, 3·5·7세를 목에 모심.

소무공신昭武功臣 조선 1627년(인조 5)에 횡성에서 반란을 일으킨 이인거李仁居 의 난을 진압한 사람에게 내린 훈호勳號.

소방전紡芳典 신라시대의 관청. 내성內省에 소속되어 직물織物 생산·염색을 담당함. 소속 관원으로는 모母 6명을 둠.

소보少保 고려시대 태자부의 종2품 관직.

소부감小府監 고려시대 공기工技와 보장寶藏을 맡아보던 관청. 960년(광종 11년)에 물장物藏을 고쳐 불렀던 보천성寶泉省을 다시 고친 것 임. 1298년(충렬왕 24) 내부감內府監으로 바뀌고 1308년 선공사繕工司에 병합되었으며, 1331년(충혜왕 1)에 다시 독립되어 소부시小府寺가 됨. 1356년(공민왕 5) 소부감으로 개칭되고, 1362년 소부시로, 1369년 소부감으로 1372년 소부시로, 1390년(공양왕 2) 혁파되고 그 임무가 내부시內府寺로 이관됨.

소부시小府寺 고려시대 나라의 각종 보물과 공예품들을 맡아보던 관청. 초기에는 태봉 때의 이름을 그대로 써서 물장성物藏省 이라 했는데, 960년(광종11)에 보천성寶泉省으로 고쳤고, 1298년(충렬왕24)에 다시 내부감內府監으로 바뀌었다가, 1308년에 선공사繕工司에 합쳐졌으며, 1331년(충혜왕 1)에 다시 독립되어 소부시가 됨. 1356년(공민왕 5)에 다시 소부감小府監 으로 고쳤고, 1362년에 소부시로, 1369년에 소부감, 1372년에 소부시로, 1390년(공양왕 2) 에는 폐지되고 그 임무를 내부시內府寺에 귀속시킴.

소사小舍 사지舍知의 이칭.

소사小師 고려시대 태자부太子府의 종2품 관직.

소사小司邑 신라시대 전읍서典邑署의 관직. 중사읍中舍邑의 차위직. 관등은 대사大舍로부터 사지舍知까지임. 정원은 9명.

소사자小使者 고구려시대의 관직. 일명 을사乙奢라고도 함. 고구려 후기 14관등 중 제10위의 관등. 태대사자太大使者·대사자大使者·수위사자收位使者 등과 함께 사자使者에서 파생됨. 사자는 원래 족장층의 가신집단에 속한 관리였으나, 고구려가 중앙집권적 귀족국가로 전환되는 과정에서 각기 그 지위에 상응하는 여러 사자로 개편되어 나감.

소삼정召參停 신라시대 지방의 각 주州에 두었던 십정十停 군단의 하나. 신라의 구주九州 가운데 청주(菁州:뒤에康州로 개칭됨.)를 관할하였던 군단. 그 소재지는 지금의 경상남도 함안군 죽남면이었음.

소상小相 고구려 관등의 하나. 고구려 말기의 14관등 중 제10위에 해당함. 소사자小使者의 이칭.

소상小祥 사망한 날로부터 1년이 지난뒤에 지내는 상례喪禮의 한 절차. 초상初喪 때부터 계산하여 13개월 만에 지내는데 윤달은 계산하지 않음.

소수少守 신라시대의 지방관리. 모두 85명. 일명 제수制守라고도 함. 길사吉士 이상 대나마大奈麻까지의 관등을 가진자로서 임명됨.

소오小烏 신라시대의 관등. 17관등 중에서 열여섯 번째 관등. 일명 소오지小烏知 라고도함. 사두품四頭品 이상이면 받을수 있는 관등으로, 공복公服의 빛깔은 황색.

소오지小烏知 소오小烏.

소용昭容 조선시대 내명부內命婦의 하나. 왕의 후궁에게 내린 작호爵號로, 품계는 정3품.

소원昭媛 조선시대 내명부內命婦의 하나. 왕의 후궁에게 내린 작호爵號로, 품계는 정4품.

소위장군昭威將軍 조선시대 무산계武散階의 하나. 정4품 하계下階의 관계명官階名.

소유所由 ①고려시대 어사대御史臺에 소속된 이속吏屬. 형관刑官의 보조역. ②조선시대 사헌부에 소속된 이속史屬.

소윤少尹 ①신라시대 오경五京 소속의 관직. ②고려시대 각시寺에 두었던 관직. 문종때 又 또는 그 전신이 되는 관서에 종4품직의 소경少卿이 있었는데, 대체로 충선왕 때 소윤으로 명칭이 변경됨. 윤부尹의 차위직. 전중시殿中寺·위위시衛尉寺·예빈시禮賓寺·대부시大府寺·소부시小府寺·군자시軍資寺·사재시宰寺 등에 소속되어 있었음. ③고려시대 서경유수관·동경유수관·남경유수관의 관관判官을 고친 명칭. ④조선 초기 한성부·개성부·상서사商瑞司 등에두었던 정4품 관직. 1392년(태조 1) 설치되었으나, 한성부 외에는 곧 폐지됨. 한성소윤은 1469년(예종 1) 서윤(庶尹, 종4품)으로 개편되었다가, 1887년(고종 24) 복원됨. 1894년 갑오개혁으로 폐지되었다가 2년후 또다시 설치되어 1905년까지 존속됨. ⑤조선 1414년(태종 14) 종래의 봉상시本常寺·사복시司僕寺·종부시宗簿寺·예빈시 등의 소경少卿이 개칭된 명칭. 1466년(세조 12)에 첨정僉正으로 개칭되어 조선후기까지 존속됨. 해당관서의 부책임자에 해당하는 중견 문관직.

소의昭儀 조선시대 내명부內命婦의 하나. 왕의 후궁에게 주는 작호爵號로, 품계는 정2품.

소의대부昭義大夫 조선시대 문산계文散階의 하나. 종친 종2품 하계下階의 관계명官階名. 조선 전기의 정의대부正義大夫가 조선 후기에 소의대부로 고쳐졌다가, 뒤에 동반관계東班官階와 통합되어 가선대부嘉善大夫로 개칭됨.

소전疏典 신라시대의 관청. 궁중의 염색染色을 맡은 관청으로 추정됨. 소속 관원으로 모母 6명이 있음.

소전사小典事 신라시대 대일임전大日任典의 관직. 759년(경덕왕 18)에 원래 명칭인 당幢을 고친 것임. 776년(혜공왕 12)에 다시 당으로 됨. 관등은 조위造位 이상 대사大舍 까지임. 정원은 6명.

소전의小典儀 신라시대 대일임전大日任典의 관직. 경덕왕 때 소도사小都司를 개칭한 것임. 관등은 대사大舍로부터 사지舍知까지임.

소정小政 음력 6월에 행하는 인사행정인 도목정사都目政事. 권무정權務政이라고도 함. 12월에 행하는 도목정사를 대정大政이라고 함.

소정少正 발해시대의 관직. 중정대中正臺의차관직.

소지所志 관부官府에 올리는 소장訴狀·청원서·진정서등을 일컬음. 발괄白活이라고도 함.

소첨사小詹事 ①고려시대 동궁東宮내 첨사부詹事府에 소속된 종3품 관직. 정원은 1명. ②고려시대 제비주부諸妃主府에 소속된 관직.

소판蘇判 ① 잡찬迊湌의 이칭. ② 고려 태조때 신라의 제도를 본떠서 정한 관등의 네 번째 등급.

소형小兄 고구려시대의 관등. 후기의 14관등 가운데 제11위 관등. 일명 실지失支라고도 함. 태대형太大兄 · 조의두대형早衣頭大兄 · 대형大兄 · 제형諸兄 등과 함께 형兄에서 파생됨. 형은 본래 연장자의 뜻을 가지고 있는데, 족장적인 성격의 형이 고구려 중앙집권적인 귀족국가로 전환되는 과정에서 각기 그 지위에 따라 여러 형으로 분화된 것으로 추정됨.

소훈昭訓 조선시대 내명부內命婦의 하나. 세자궁의 후궁에게 내린 작호爵號로, 품계는 종5품.

속량贖良 조선시대 공사천公私賤이 대가代價를 바치고 노비의 신분을 면제받고 양인良人이 되는 것.

속오군束伍軍 조선 1592년(선조 25)에 실시된 속오법束伍法에 의하여 편성된 지방군대. 초기에는 병역을 지닌 양인이나 관직이 없는 15세 이상의 지방 선비들로 조직되었으나, 뒤에는 주로 공사천인公私賤人으로 조직된 천례군賤隷軍으로 전락됨. 평상시에는 군포를 바치며 지내다가 조련을 할때와 나라에 사변이 있을 때만 상번하였음.

속전續田 조선시대 농경지 가운데 경작하기도 하고 또는 묵히기도 하는 전지田地. 해마다 경작하는 것을 일컫는 정전正田과 대칭되는 뜻으로 쓰임.

속환사贖還使 조선시대 병자호란 직후인 1637년(인조 15) 청나라의 심양에 포로로 잡혀간 조선인들을 몸값을 치르고 데려오기 위하여 특별히 파견되었던 사신.

솔거노비率居奴婢 조선시대 주인과 같이 살거나 주인집 근처에 거주하면서 노동력을 제공하던 노비. 외거노비外居奴婢와 대칭됨.

솔정率丁 조선시대 한 가호에 속해있던 인정(人丁:16~60세의 성인 남자). 보통 관원 · 이서吏胥 · 잡직 · 군사 등 현역에 근무하는 자의 가호에 딸린 인정을 지칭함.

쇄권도감刷卷都監 고려 1353년(공민왕 2)에 설치된 임시관청. 관가의 돈을 쓰고 갚지 않는 자를 장악하고 그것을 받아내기 위하여 설치된 관청.

수守 ① 조선시대 관리의 등급. 즉 품계가 낮은 자가 높은 관직에 있을 경우에 관계官階와관직 사이에 넣어서 부르는말. ② 조선시대 전설사典設司 · 풍저창豊儲倉 · 광흥창廣興倉의 장관과 종친부宗親府의 정4품 관직.

수率 고려시대 동궁東宮에 소속된 관직. 동궁의 호위를 담당함.

수결手決 자기의 성명 또는 직함 아래에 도장 대신 자필로 쓰는 일정한 자형字形. 관직에 있는 신분만이 쓰는 독특한 부호符號임.

수교受敎 조선시대 각 관청이 국왕으로부터 받은 각종 행정명령서. 교教는 법法 · 율律 · 령令의 효력을 가지는 왕명을 의미하는 것인데, 이 왕명을 문자화한 것이 교서教書이고, 각 관청이 받은 교서를 수교라고 함.

수국사修國史 고려시대 사관史館의 관직. 시중侍中이 겸임한 감수국사監修國史의 차위직으로, 2품 이상의 다른 관청의 관리가 겸임함.

수군만호水軍萬戶 조선시대 각 도의 수군절도사영에 소속된 종4품의 무관직. 수군우후水軍虞候의 차위직.

수군우후水軍虞候 조선시대 충청도 · 경상도 · 전라도 · 황해도의 수군절도사영에 소속된 정4품의 무관직. 수군통제사영의 우후는 정3품 당상관임.

수군장水軍將 조선시대 수군절도사水軍節度使의 이칭.

수군절도사水軍節度使 조선시대 각 도의 수군을 지휘,감독하는 정3품 외관무관직. 수사水使라고도 함.

수군첨절제사水軍僉節制使 조선시대 서반西班 종3품 관직. 각 지방

에 설치된 수군거진巨鎭의 장將이며, 소속 수군 제진諸鎭을 통제함.

수군통제사水軍統制使 조선시대 경상우도에 두어 전라도 · 충청도 · 경상도의 수군을 통솔하게 하였던 종2품의 무관직. 1593년(선조 26)에 처음으로 설치됨. 통제사 · 삼도통제사 · 삼도수군통제사 또는 통곤統閫이라고도 함.

수궁대장守宮大將 조선시대 왕이 대궐밖으로 거둥하고 궁궐이 비었을 때 대궐문을 지켜 궁궐을 보위하는 일을 맡아보던 무관의 임시벼슬. 경관직으로서 정2품 이상의 관리가 임명됨.

수궁서守宮署 고려시대 궁궐과 각 관청에서 쓰는 장막을 공급하고 제향을 담당하던 관청.

수궁전藪宮典 신라시대의 관청. 소속 관원으로 대사大舍 · 사史 각 2명을 둠.

수규守閨 조선시대 내명부內命婦의 하나. 세자궁의 궁관宮官으로, 품계는 종6품.

수규首揆 조선시대 영의정의 별칭.

수단水壇 태봉의 중앙관부의 하나. 토목공사와 수공업에 관한 일을 맡은 관청.

수당상首堂上 조선시대 한 관청 안의 여러 당상관들 가운데서 제일 높은 지위에 있는 당상관을 일컬음.

수덕대부綏德大夫 조선시대 문산계文散階의 하나. 종친宗親 종1품 상계上階의 관계명官階名.

수렴청정垂簾聽政 왕대비王大妃나 대왕대비大王大妃가 어린 임금을 대신하여 정사를 보살필때 신하와 직면直面하는 것을 피하여 발을 드리우고 정사를 듣는 것.

수령守令 고려 · 조선 시대 주州 · 부府 · 군郡 · 현縣의 각 고을을 맡아 다스리던 지방관. 군수와 현령縣令의 준말로도 부르며, 속칭 원님이라고도 함.

수령首領 발해시대의 하급관리 및 지방에 있던 말갈족 마을의 우두머리. 발해 지방에 있던 토착 말갈족 마을의 우두머리로서, 중앙에서 파견된 지방관의 통제하에서 자기 마을의 군사 및 행정에 관한 책무를 맡음.

수령칠사守令七事 조선시대 수령이 지방을 통치함에 있어서 힘써야 할 일곱 가지 사항. 약칭 칠사七事라고도 함. 즉 농사를 장려하여 발전시키며, 인구를 늘리고, 교육을 장려하며, 군정軍政을 잘 다스리며, 부역賦役을 고르게 조절하고, 소송사건을 줄이며, 부정과 부패를 없애는 일.

수례修例 ① 신라시대 수례부修例府의 약칭. ② 조선시대 공조工曹의 이칭.

수례부修例府 신라시대 토목공사와 수공업에 관한일을 맡은 관청. 경덕왕 때 예작부例作府를 고친 것임. 수례修例라고도 함.

수록대부綏祿大夫 조선시대 문산계文散階의 하나. 의빈儀賓 정1품 상계上階의 관계명官階名.

수문장守門將 조선시대 수문장청守門將廳에 소속된 종6품으로부터 종9품까지의 무관직. 궁궐의 대문이나 성문을 지키는 일을 맡음.

수문장청守門將廳 조선시대 궁궐의 대문을 지키는 일을 맡은 수문장守門將들이 소속되었던 관청.

수문전修文殿 고려시대의 시종기관侍從機關. 1136년(인종 14)에 문덕전文德殿을 고친 것임. 1298년(충렬왕 24)에 수문관修文館으로 바꾸었다가 다시 수문전으로 고침. 그뒤 우문관右文館으로 바뀌었다가, 1308년 진현관進賢冠과 같이 문한서文翰署에 병합되었으며, 그후 다시 분리되어 우문관이 됨. 1356년(공민왕 5) 다시 수문전으로 바뀌고, 그 관원으로 대학사大學士와 직학사直學士를 둠. 1362년 다시 우문전으로 1369년 수문전, 1372년 우문전으로바뀜.

수문하시중守門下侍中 고려시대의 관직. 중서문하성의 종1품 재신

宰臣. 1356년(공민왕 5) 첨의부僉議府를 중서문하성과 상서성尙書省으로 분리 설치할 때 좌정승·우정승을 문하시중과 수문하시중으로 함. 1362년에 다시 첨의좌정승·첨의우정승으로 바뀜.

수민원綏民院 1902년 궁내부宮內府에 소속된 본국의 외국여행권을 관장하던 관청.

수배首陪 조선시대 지방의 관청에 소속된 사령들의 우두머리.

수복守僕 조선시대 각 묘廟·사社·능陵·원園 서원 등에서 청소하는 일을 맡은 사람.

수본手本 조선시대 공사公事에 관하여 상사上司 또는 관계 관서에 보고하는 문서.

수봉관守奉官 조선시대 왕세자·세자빈 또는 왕의 가까운 친척의 무덤인 원園을 관리하는 종9품 관직.

수부水部 발해시대의 관부. 육부六部의 하나인 신부信部에 소속된 하위 관서. 해운교통과 선박을 만들고 수리하는 일을 관장함.

수사水使 수군절도사水軍節度使의 약칭.

수서원修書院 고려 990년(성종 9)에 서경西京에 설치된 일종의 도서관.

수성금화사修城禁火司 조선시대 궁궐과 서울안의 성벽을 보수하며 궁궐과 관청. 일반사람들의 집에서 나는 화재를 막는 일을 맡은 정4품의 관청. 1426년(세종 8)에 성문도감城門都監과 금화도감禁火都監을 합쳐 수성금화도감修城禁火都監이라고 하였다가, 1460년(세조 6) 폐지됨. 1481년(성종 12) 다시 수성금화사로 부활됨.

수수水手 고려·조선시대 세곡稅穀을 운송하는 조선 漕船에 종사하던 선원.

수술관修述官 조선시대 관상감觀象監의 종9품 관직.

수시력授時曆 1281년에 원나라의 허형許衡·왕순王恂·곽수경郭守敬등에 의하여 편찬되어 시행된 역법. 명나라에서도 이름만 바꿔 대통력大統曆으로 시행되어 1644년까지 사용됨. 우리나라에서는 고려 충선왕 때 전래되어 그 일부만이 사용되었고, 조선 1442년(세종 24)에 수시력과 대통력이《칠정산내편 七政算內篇》으로 편찬되어서 1653년(효종 4) 시헌력時憲曆으로 바꾸어 쓸 때까지 사용됨.

수시중守侍中 고려시대 문하부門下府의 관직. 1356년(공민왕 5)에 우정승右政丞을 개칭한 것임. 1362년에 다시 우정승으로 고쳐졌다가, 다음해에는 우시중이라 하였으며, 1389년(창왕 1)에 또다시 수시중으로 바뀜.

수신帥臣 조선시대 군사관계의 일을 맡은 신하라는 뜻으로 병마절도사나 수군절도사를 일컬음.

수신사修信使 조선말기에 일본에 파견한 외교사절. 1876년(고종 13)에 통신사通信使를 고친 것임.

수신전守信田 과전법체제에 있어서 수조지收租地를 절수받은 관인官人이 죽은뒤 그 수절처守節妻가 망부亡夫의 수조지를 전수받아 수식收食하던 토지.

수어사守禦使 조선시대 남한산성을 개축하고 이를 수어하기 위하여 설치된 수어청守禦廳의 우두머리 관직. 종2품직으로 광주유수가 겸함.

수어청守禦廳 조선후기에 설치된 중앙군영의 하나. 1626년(인조 4)에 남한산성의 수축을 위하여 설치되었으며, 광주廣州등의 경기진관을 통제함.

수영水營 조선시대 각도에 있던 수군절도사의 군영.

수영궁궐도감修營宮闕都監 고려 961년(광종 12)에 설치된 왕궁의 건축 및 보수에 관한일을 맡은 임시관청.

수운판관水運判官 조선시대 전함사典艦司에 소속되어 각 지방에서 거두어들인 조세를 서울로 실어 들이는 일을 감독하는 일을 맡은 종5품 관직.

수원부水原府 조선시대 수원에 설치되었던 유수부留守府.

수의도위守義徒尉 조선시대 동반토관직東班土官職의 종7품 관계명官階名.

수의부위修義副尉 조선시대 무산계武散階의 하나. 서반西班 종8품의 관계명官階名.

수임교위修任校尉 조선시대 무반武班 잡직雜職 정6품의 관계명官階名. 각 도의 병마평사가 이에 해당됨.

수장守藏 조선시대 교서관校書館에 소속된 잡직 雜職 관직. 인쇄용 활자와 제사용 향축香祝을 간수하는 일을 맡음.

수조水曹 고려시대 공관工官에 소속된 관청. 995년(성종 14)에 공관을 상서공부尙書工部로 고칠 때 상서수부尙書水部로 바뀌었다가 뒤에 폐지됨.

수조 輸曹 공조의 이칭.

수주水主 신라시대의 관직. 고관가전古官家典·월지악전月池嶽典에 소속된 관원으로, 정원은 고관가전에 6명, 월지악전에 1명임.

수지국收支局 조선시대 평양부·함흥부·영흥부·영변대도호부·경성대도호부에 두었던 토관청. 관리들의 급료에 관한 일을 맡아봄.

수직守職 조선시대 품계는 낮고 관직이 높은경우의 관직.

수직壽職 조선시대 나이많은 노인들에게 명예직으로 준 벼슬. 노인직老人職이라고도 함.

수직관守直官 조선후기 기로소耆老所에 소속된 문신 참하관參下官, 특히 정7품의 겸직. 정원은 2명. 기로소 내의 영수각靈壽閣에 봉안된 태조·숙종·영조의 기로소 입소 때 쓴 어휘御諱 등 어첩御帖의 수직守直을 담당함.

수직랑修職郞 고려시대 문산계文散階의 하나. 1356년(공민왕 5)에 7품계로 처음 설치된 이후 종사랑從事郞과 번갈아가면서 말기까지 사용됨.

수찬修撰 ① 고려시대 예문관·춘추관에 배속된 관직. 1308년(충렬왕 34) 문한서文翰署와 사관史館을 병합하여 예문춘추관으로 개칭할 때 정7품의 수찬 2명을 둠. 1325년(충숙왕 12)예문춘추관이 다시 예문관과 춘추관으로 분립하면서 각각 1명을 두고, 정8품으로 됨. 1389년(공양왕 1) 다시 예문춘추관으로 병합되면서 이에 배속됨. 사관史官으로서 사초史草를 만듦. ② 조선시대 홍문관의 정5품 관직. 정원은 2명. 1463년(세조 9) 홍문관이 신설된 뒤에 증설됨. 문한편수文翰編修의 임무를 띠고 있었으며, 부제학 이하 부수찬까지의 관원과 더불어 지제교知製敎를 겸대함.

수찬관修撰官 ① 고려시대 사관史館의 관직. 한림원의 3품 이하의 관리가 겸임함. ② 조선초기 예문춘추관의 정8품 관직. ③ 조선시대 춘추관의 정3품 관직. 타관이 겸임함.

수찰水察 조선시대 경기도관찰사의 이칭.

수참水站 조선시대 진津·도渡에 설치된 역참驛站의 일종.

수척水尺 조선시대 무자리의 이두식 표기. 지방관청에 소속되어 물긷는 일을 맡은 심부름꾼.

수춘부壽春部 태봉의 중앙관부의 하나. 광평성廣評省 하위의 18개 관부 중 하나로, 예의禮儀·제향·조회朝會)·교빙交聘등을 관장하였음.

수칙守則 조선시대 내명부內命婦의 하나. 세자궁世子宮의 궁관宮官으로, 품계는 종6품.

수택본手澤本 소장자가 가까이 놓고 자주 이용하여 손때가 묻은 책.

수향首鄕 조선시대 향청鄕廳의 우두머리인 좌수座首를 일컬음.

수호군守護軍 조선시대 능묘陵墓의 수호관리를 담당하던 능지기.

숙부인淑夫人 조선시대 외명부外命婦의 하나. 문·무관 정3품 당상관의 적처嫡妻에게 내린 작호爵號. 1865년(고종 2)부터는 종친의 처에게도 줌.

숙비淑妃 고려시대 내명부內命婦의 정1품 품계명. 비妃 · 빈嬪에게 주던 칭호.

숙용淑容 조선시대 내명부內命婦의 하나. 왕의 후궁에게 내린 작호爵號로, 품계는 종3품.

숙원淑媛 조선시대 내명부內命婦의 하나. 왕의 후궁에게 내린 작호爵號로, 품계는 종4품.

숙위宿衛 궁궐에서 군주를 호위하며 지키는 제도 및 지키는 사람.

숙위학생宿衛學生 신라시대 중국 당나라의 국자감國子監에서 수학한 유학생. 도당유학생渡唐留學生 · 견당유학생遣唐留學生이라고도 함. 대개 당나라의 빈공과賓貢科에 합격한 문인들을 말함.

숙의淑儀 조선시대 내명부內命婦의 하나. 왕의 후궁에게 내린 작호爵號로, 품계는 종2품.

숙인淑人 조선시대 외명부外命婦의 하나. 문 · 무관 정3품 당하관 및 종3품 종친의 적처嫡妻에게 내린 작호爵號.

숙정대肅正臺 신라시대 백관百官을 감찰하는 업무를 관장한 관청. 659년(태종무열왕 6)에 설치된 사정부司正部가 경덕왕때 바뀐 것임.

순검巡檢 조선 말기의 경찰관직.

순검군巡檢軍 고려시대 순찰과 치안유지를 주업무로 하던 군대.

순군巡軍 ① 고려시대 순군만호부의 이칭. ② 조선시대 의금부의 이칭.

순군만호부巡軍萬戶府 ① 고려시대 도적을 잡고 난잡한 행위를 단속하는 일을 맡은 관청. 1369년(공민왕 18)에 사평순위부司平巡衛府로 고쳐졌다가 뒤에 다시 본이름으로 바뀜. ② 조선시대 죄인을 심문하고 처리하는 일을 맡은 관청. 1392년(태조 1)에 설치되고, 1402년(태종 2)에 순위부巡衛府로 고쳐졌다가 다음해에 의용순금사義勇巡禁司로 바뀌었으며, 1414년에 다시 의금부義禁府로 바뀜.

순군부巡軍府 순군만호부巡軍萬戶府의 약칭.

순군부徇軍部 고려 초기의 군사기구. 태봉때부터 있어왔다가, 960년(광종 11)에 기능이 축소, 약화되어 군부軍部로 개편됨. 호족豪族들의 군사력과 연결된 협의체적인 군사지휘권의 통수부로 기능함.

순노부順奴部 고구려시대의 오부五部의 하나. 환나부桓那部라고도 함. 국가체제가 정비되면서 동부東部 · 좌부左部 · 상부上部 · 청부靑部 등으로도 불림.

순라군巡邏軍 조선시대 도적을 막고 화재를 방지하기 위하여 서울 안을 두루 순행하는일을 맡은 군사. 밤에만 순행하는데 봄과 여름에는 저녁 8시경부터 새벽까지, 그리고 가을과 겨울에는 저녁 7시경부터 새벽까지 서울 안에 통행을 금지시키고 순라군이 순행함. 궁궐안은 오위장과 부장이 5명의 군사를 거느리고 돌며, 궁궐 밖은 훈련도감 · 금위영 및 어영청御營廳에서 군사를 내보내어 돌게 함.

순력巡歷 조선시대 감사監司가 도내의 각 고을을 순찰하던 제도. 순행이라고도 함.

순무사巡撫使 ① 고려시대의 관직. 1276년(충렬왕 2)에 안무사按撫使를 고친 것임. ② 조선시대 전쟁이나 지방에 반란이 일어났을 때 군무軍務를 맡기 위해 임시로 파견되던 관직.

순무어사巡撫御使 조선시대 전쟁이 일어나거나 난리가 났을 때 또는 자연재해가 일어났을 때 지방에 파견되던 임시관직.

순무영巡撫營 조선 1728년(영조 4)에 설치된 순무사巡撫司의 임시 군영. 전쟁이나 지방에서 반란이 일어났을 때 군무取務를 맡아보기 위하여 임시로 설치됨.

순문사巡問使 ① 고려 1389년(공양왕 1)에 원수元帥를 고친 것임. ② 조선초기 의흥친군위義興親軍衛에 소속된 군직. 왕명을 띠고 군무軍務를 순찰하는 특사.

순변사巡邊使 조선시대 변방의 군국기무軍國機務를 순심巡審하기 위해 왕명을 띠고 파견되던 특사.

순사도巡使道 관찰사의 이칭.

순영중군巡營中軍 조선시대 순찰사巡察使에게 딸린 정3품의 무관직.

순위관巡衛官 고려시대 사평순위부司平巡衛府의 관직. 참상관參上官의 차위직으로서. 정원은 6명.

순위부巡衛府 조선 1402년(태종 2)에 순군만호부巡軍萬戶府를 고쳐 부른 이름. 다음해에 의용순금사義勇巡禁司로 바뀜.

순유박사諄諭博士 ① 고려시대 성균관의 종7품 관직. 정원은 2명. 1362년(공민왕 11)사문박사四門博士로 바뀜. ② 조선초기 성균관의 종7품 관직.

순의군順義軍 고려시대 절도사節度使에 소속된 12군의 하나. 995년(성종 14) 12목牧을 12주州 절도사체제로 개편하고, 여기에 절도사를 장관으로 하는 12군을 설치함. 이때 강남도에 속하는 전주절도사에 순의군을 둠.

순의대부順義大夫 조선시대 문산계文散階의 하나. 의빈 儀賓 종2품 하계下階의 관계명階名.

순인順人 조선시대 외명부外命婦의 하나. 종친 정6품의 집순랑執順郞 · 종순랑從順郞의 적처嫡妻에게 내린 작호爵號.

순자법循資法 고려 · 조선시대 관리를 천전遷轉 시킬 때 그 자품資品에 따라 승진시키는 법. 즉 근무한 햇수에 따라 자품이 승진하면 이에 상응하는 관직을 제수하는 제도. 순자개월법循資箇月法 또는 순자격循資格이라고도 함.

순장巡將 조선시대 밤에 서울 안을 순찰하는 군사를 감독하는 임시관직. 순청巡廳에 소속되며, 정3품 당상관 이상 종2품 이하의 문 · 무관직자로 임명됨.

순장巡葬 한 집단의 지배층 계급에 속하는 인물이 사망하였을 때 종자從者를 그 사람의 뒤를 따라 강제적으로 혹은 자발적으로 죽게 하여 죽은 사람과 함께 묻는 장례葬禮. 이는 죽은 뒤에도 피장자被葬者의 평상시 생활이 재현된다는 믿음에서 나온 것으로, 황후 또는 귀족 등이 사망했을 경우에 첩妾 · 신하 · 종자 등을 함께 매장함.

순제旬製 ① 조선시대 성균관에서 공부하는 유생들에게 열흘에 한번씩 실시하던 시문에 관한 시험. ② 조선시대 승문원承文院의 관직들에게 열흘에 한 번씩 실시하던 이문吏文에 관한 시험.

순찰사巡察使 ① 조선시대 전쟁이나 난리가 났을 때 군무軍務를 통찰하기 위해 지방에 파견되던 임시관직. 정1품이 파견되면 도체찰사都體察使. 종1품이면 체찰사體察使, 정2품이면 도순찰사巡察使, 종2품이면 순찰사라 함. ② 조선시대 한도 안의 군사관계 일을 맡은 관직. 관찰사가 겸임함.

순청巡廳 조선시대 밤에 서울 안을 순찰하는 일을 맡은 관청. 좌순청과 우순청이 있음. 초기에 설치되어, 1894년(고종 31)에 폐지됨. 중추부의 지사 · 동지사 · 첨지사들이 경임하는 순장巡將과 선전관宣傳官, 병조 또는 도총부의 당하관들이 겸하는 감군監軍등의 관직이 있음.

순청감군巡廳監軍 조선시대 순청巡廳의 관직. 선전관과 낭관이 번갈아 맡아보던 임시관직. 순감巡監이라고도 함.

순청당상巡廳堂上 조선시대 순청巡廳의 우두머리 관직. 종1품으로부터 정3품 당상관에 이르기까지의 군직 관리들로 임명함.

술간述干 신라시대 지방의 세력가에게 준 관등명官等名. 외위外位 중 둘째 등급. 경위京位의 사찬沙飡의 위품에 해당함.

술자述者 조선시대 관상감觀象監 소속의 관직. 일식과 월식을 맡아봄.

술작랑述作郎 발해시대 문적원文籍院의 관직.

숭덕대부崇德大夫 조선시대 문산계文散階의 하나. 의빈儀賓 종1품 하계下階의 관계명階名.

숭록대부崇祿大夫 ① 고려시대 문산계文散階의 하나. 1298년(충렬왕 24)에 종1품계로 처음제정됨. 1308년에 폐지되었다가, 1369년(공민왕 18)에 정2품의 하계下階로 정해짐. ② 조선시대 문산계文散階의 하나. 동반東班 종1품 상계上階의 관계명階名. 1865년(고종 2)부터 종친·의빈儀賓 등에게도 줌.

숭문관崇文館 고려시대 임금의 시종기관. 초기에는 숭문관이라 칭하다가 995년(성종 14) 홍문관弘文館으로 개칭하고 문신 중에서 재주와 학식이 뛰어난 자를 뽑아 학사學士로 임명함.

숭문대崇文臺 신라시대의 관청. 어룡성御龍省에 소속되어 왕실의 경적도서經籍圖書를 관장하고 동궁東宮에 대한 교수를 담당함. 말기에 숭문관崇文館으로 개칭됨.

숭복도감崇福都監 고려시대에 설치된 임시관청. 공민왕 때 흥복도감興復都監·전보도감典寶都監과 함께 설치됨. 1380년(우왕 6)에 흥복도감·전보도감과 함께 혁파됨.

숭정대부崇政大夫 조선시대 문산계文散階의 하나. 문관 종1품 하계下階의 관계명階名. 1865년(고종 2)부터는 종친 및 의빈儀賓에게도 줌.

숭품崇品 조선시대 문·무관직 종1품의 품계를 가리켜 이르는 말.

숭헌대부崇憲大夫 조선시대 문산계文散階의 하나. 종친 정2품 상계上階의 관계명階名.

습襲 시신의 머리를 빗기고 목욕을 시킨 뒤에 옷을 갈아 입히는 절차.

습독관習讀官 조선시대 승문원承文院·사역원司譯院·관상감觀象監·전의감典醫監·훈련원訓練院 등에 두었던 관직. 각기 이문(吏文:외교문서에 사용되는 중국 행정 문제)·중국어·천문학·의학·군사학 관계의 지식을 강습시키기 위하여 선발한 관원. 대개 다른 관서의 하급 관원들로서 겸임시켰기 때문에 겸습독관이라고도 함.

습비부習比部 신라시대 경주 육부六部 중의 하나. 32년(유리이사금 9)에 종래의 육촌六村 중 하나이던 명활산고야촌明活山高耶村을 개명하여 습비부라 하고, 이 부에 설씨성薛氏姓을 배정함. 940년(태조 23)에 이를 임천부臨川部로 바꿈.

습유拾遺 ① 고려 전기 중서문하성의 종6품 관직. 정원은 좌·우 각 1명. 좌·우산기상시左右散騎常侍와 더불어 성랑省郎 또는 낭사郎舍라 불리면서, 간쟁諫爭·봉박封駁 등을 주요기능으로 하던 간관직諫官職. 1116년(예종 11)에 정언正言으로 고쳐짐. ② 조선 초기 문하부의 종6품 관직. 1401년(태종 11)에 사간원을 독립관부로 설치하면서 정언으로 개칭함.

승丞 ① 신라시대 사정부司正府의 관직. 737년(효성왕 1)에 좌佐로 고쳤고, 경덕왕 때 평사評事로 고쳐졌다가, 뒤에 다시 좌로 바꿈. 관등은 나마奈麻로부터 대나마大奈麻까지임. ② 고구려 초기의 관직. 10관등 중 제7위의 관등. 왕의 직속 관료로서의 성격을 가짐. ③ 발해시대 사장시司藏寺·사선시司膳寺의 차관직. ④ 고려시대의 관직. 3성·6부·중추원·한림원·춘추관등 주요 관청을 제외한 거의 모든 관청에 소속되어 있었음. 정5품에서 정9품까지임. ⑤ 조선 초기 사선서司膳署·상서사·공조서供造署·전중시殿中寺·봉상시奉常寺·시농시·예빈시禮賓寺·서운관·군자감軍資監·제용고·선공감繕工監·전의감典醫監·풍저창·의영창·가각고·재용고·평시서平市署·혜민고·사온서司醞署·전구서典廐署·전옥서典獄署·도염서都染署·사수감등 여러 관청에 두었던 관직. 종5품에서 종9품까지임. ⑥ 조선 말기 궁내부宮內府 소속의 비서감秘書監·비서원秘書院에 소속된 관직. 관등은 주임관奏任官과 칙임관勅任官.

승과僧科 고려·조선 시대 승려들에게 실시하던 과거. 교종선과 선종선의 구별이 있음.

승녕부丞寧府 ① 조선 태조가 정종에게 양위하고 태상왕太上王으로 있을 때 세운 부府. 태조에 대한 공봉供奉과 그 밖의 일체의 사무를 맡아봄. 1400년(정종 2) 왕세제 이방원李芳遠의 간청으로 태상궁을 세워 궁호를 덕수궁, 부호를 숭녕부라 하고 관제를 정함. 1408년(태종 8) 태상왕이 죽자 3년상을 치르고 다음해에 전농시典農寺에 합병됨. ② 대한제국 말기 1907년에 설치된 궁내부宮內府 소속 관청. 고종이 퇴위한 후 고종에 대한 공봉供奉과 그 밖의 일체의 사무를 맡아봄.

승록사僧錄司 고려시대 불교의 제반사무를 맡아보기 위하여 중앙에 둔 관부. 조선 초기에는 예조에 소속되었고, 1464년(세조 6)에 폐지됨.

승륙陞六 조선시대 7품 아래의 관리가 8품으로 오름을 이르는 말. 7품이하의 벼슬아치는 참하參下라 하고, 6품이상의 벼슬아치는 참상參上이라 하여 구별하고, 6품이상으로 오르는 것을 크게 여기므로 생겨난 말.

승무랑承務郎 ① 고려시대 문산계文散階의 하나. 1076년(문종 30) 종8품 하계下階로 정해짐. 전체 29등급 가운데 제25계로 충렬왕 때까지 존속됨. ② 조선시대 문반 잡직계雜職階의 제7품 관계명階名.

승문원承文院 조선시대 중국·일본등 다른 나라들과의 외교관계에 관한 문서를 맡은 관청. 이문史文 교육도 담당함. 일명 괴원槐院이라고도 함. 조선 초 문서응봉사文書應奉司가 1411년(태종 11)에 승문원으로 개칭됨.

승방전僧房典 신라시대 동궁관東宮官에 소속된 관청. 동궁안에 상주하면서 불교의식의 거행을 담당함. 소속 관원으로 대사大舍 2명과 종사지從舍知 2명을 둠.

승보시陞補試 ① 고려시대 과거의 하나. 1147년(의종 1)부터 시작된 것으로, 시험과목은 시부詩賦나 경의經義로 함. 생원으로 하여금 국자감에 나가게 하였던 것으로, 국자감의 연구생 채용시험 성격을 띤 일종의 예비고사. ② 조선시대 과거의 하나. 소과小科 초시初試의 하나로, 성균관 대사성이 해마다 음력 10월에 서울 안의 사학四學에서 공부하는 선비들에게 12일 동안 부賦와 시詩를 짓게 하여 여기에 합격하면 생원·진사 복시覆試에 응시할 수 있는 자격을 줌.

승봉承奉 대한제국 때 궁내부宮內府 소속 시종원侍從院의 관직. 정원은 2명. 주임관奏任官 벼슬이었고, 국왕을 시종하는 임무를 띰.

승봉랑承奉郎 고려시대 문산계文散階의 하나. 1076년(문종 30) 종8품 상계上階로 정해짐. 전체 29등급 가운데 24등급. 1308년에 충선왕이 복위하여 개정할 때 6품계로 승급된 뒤 1310년(충선왕 2)에 종6품으로 하였다가, 1356년(공민왕 5)에 없앴고, 1362년에 다시 종6품으로 환원되었다가 1369년에 폐지됨.

승부乘府 신라시대 왕이 타는 수레와 말을 맡아보던 관청. 584년(진평왕 6)에 설치되어, 759년(경덕왕 18)에 사어부司馭府로 고쳐졌다가, 776년(혜공왕 12) 다시 환원됨.

승사랑承仕郎 조선시대 문산계文散階의 하나. 문관 종8품의 관계명官階名.

승사랑承事郎 ① 고려시대 문산계文散階의 하나. 1356년(공민왕 5)에 8품계로 처음 설치된 이후 1362년에 폐지되었다가 1369년에 다시 둠. ② 고려시대 한림원에 소속된 이속吏屬.

승상丞相 고려 후기 정동행성征東行省의 최고 관직.

승선承宣 ① 고려시대 중추원의 정3품 관직. 왕명의 출납을 관장함. 좌·우승선, 좌·우부승선이 있음. 1275년(충렬왕 1)에 중추원이 밀직사로 바뀌면서 승지承旨로 개칭됨. ② 조선시대 승정원 승지의 이칭. ③ 조선말기 궁내부宮內府 소속 승선원承宣院의 관직. 도승선 · 좌승선 · 우승선 · 좌부승선 · 우부승선이 있음.

승선원承宣院 조선 말기 왕명의 출납 · 기주記注 · 기사記事 · 상서尙瑞 · 품질品秩 · 검사 檢査의 일을 관장하던 관청. 1894년(고종 31)에 승정원을 고친 것으로, 1895년에 비서감秘書監으로 바뀜.

승습군承襲君 고려 · 조선 시대 공신의 자손으로 부父 · 조祖의 봉군 호封君號를 이어받아 봉군된 자. 또는 종친작親爵을 법제에 의거하여 이어받은 자.

승여사乘輿司 조선시대 병조에 소속된 관청. 왕의 행차에 관한 의장 儀仗과 교통관계의 역정驛程에 관한 사항을 담당하던 부서.

승의교위承意校尉 조선초기 무산계散階의 하나. 서반西班 종6품 상계上階의 관계명官階名. 뒤에 여절교위勵節校尉로 바뀜.

승의랑承議郞 ① 고려시대 문산계文散階의 하나. 1076년(문종 30)이 정8품 하계下階로 정해져 전체 29등급 가운데 제15계. 충렬왕 때까지 존속됨. ② 조선시대 문산계文散階의 하나. 동반東班 정6품 상계上階의 관계명官階名. 1865년(고종 2)부터는 종친에게도 줌.

승의부위承議副尉 조선시대 무산계武散階의 하나. 서반西班 정8품의 관계명官階名.

승전내시承傳內侍 조선시대 승전색承傳色의 직임을 맡아보던 내시.

승전색承傳色 조선시대 왕과 왕비의 지시를 전달하는 일을 맡아보던 내시부內侍府의 관직.

승전선전관承傳宣傳官 조선시대 왕의 지시를 전달하는 일을 맡은 선전관청宣傳官廳의 무관직. 선전관 25명 가운데서 4명 또는 8명이 차례로 맡음.

승정원承政院 조선시대 왕명의 출납을 관장하던 관청. 정원政院 · 후원喉院 · 은대銀臺 · 대언사代言司라고도 함. 1400년(정종 2)에 중추원의 도승지를 비롯한 일부 관직들을 따로 떼어서 설치함. 1401년(태종 1)의흥삼군부義興三軍府가 승추부承樞府로 개편되면서 승정원의 기능도 여기에 귀속됨. 1405년 승추부가 병조에 흡수되면서 승정원이 독립된 기구로 부활되어, 1894년(고종 31)에 승선원承宣院으로 바뀔 때까지 존속됨.

승중承重 아버지와 할아버지를 모두 여읜 사람이 대신 제사를 받드는 일.

승지承旨 ① 고려시대 밀직사의 정3품 관직. 좌승지 · 우승지 · 좌부승지 · 우부승지등이 있음. ② 고려시대 광정원의 종6품 관직. ③ 고려시대 통례문 · 예빈시禮賓寺 · 봉거서 · 내고內庫에 소속된 구실아치의 하나. ④ 조선시대 승정원의 정3품 관직. 도승지 · 좌승지 · 우승지 · 좌부승지 · 우부승지 · 동부승지의 6승지가 있어 왕명을 출납함.

승지방承旨房 고려시대 왕명을 출납하던 관청. 1298년(충렬왕 24)에 폐지되었다가 후에 다시 두었고, 1308년에는 인신사印信司로 개칭됨.

승추부承樞府 조선 1401년(태종 1)에 의흥삼군부를 개칭한 관부. 1403년에 심군도총제부三軍都摠制府를 두면서 승추부도 따로 독립하였다가, 1405년에 병조에 합속되어 폐지됨.

승헌대부承憲大夫 조선시대 문산계文散階의 하나. 종친 정2품 하계下階의 관계명官階名.

승호陸戶 조선 1594년(선조 27)에 공사천公私賤으로 있던 포수砲手들 가운데서 정병正兵으로 쓰기 위하여 그의 신분을 양인으로 바꾸어 준 사람.

승호군陸戶軍 조선시대 각 도의 지방군사들 가운데서 포수砲手의 재능이 있는 사람들을 해마다 선발하여 훈련도감에 소속시킨 군사.

승훈랑承訓郞 조선시대 문산계文散階의 하나. 동반東班 정6품 하계下階의 관계명官階名. 1865년(고종 2)부터 종친에게도 줌.

승휘承徽 조선시대 내명부內命婦의 하나. 세자궁의 내관(內官:세자의 후궁)에게 내린 작호爵號로, 품계는 종4품.

시강관侍講官 조선시대 경연經筵의 정4품 관직. 홍문관의 직제학直提學 · 전한典翰 · 응교應敎 · 부응교副應敎가 겸임함.

시강원侍講院 세자시강원世子侍講院의 약칭.

시강학사侍講學士 ① 고려시대 한림원翰林院의 정4품 관직. ② 고려시대 태자궁의 종4품 관직.

시관試官 고려 · 조선시대 각종 과거의 책임을 맡았던 관원. 시원試員이라고도 함.

시덕施德 백제시대 16관등의 하나로 제8등급. 정원은 정해져 있지 않았고 의대衣帶는 조대皂帶를 띰.

시독관侍讀官 ① 조선시대 경연經筵의 정5품 관직. 홍문관의 교리校理 · 부교리 副校理가 겸임함. ② 조선 말기 궁내부內府 소속 황태자궁의 관리. 황태자에게 경서를 강의하던 직책.

시독사侍讀事 고려 1068년(문종 22)에 제정된 태자궁의 관직. 태자에게 경서를 강의하는 임무를 담당함.

시독학사侍讀學士 ① 고려시대 한림원의 정4품 관직. 왕에게 시강하는 서연書筵官의 역할을 담당함. ② 고려시대 태자궁의 종4품 관직. 태자에게 경서 강의를 담당함.

시랑侍郞 ① 신라시대 집사부執事部 · 병부兵部 · 창부倉部의 차관직. ② 고려 초기 광평성 · 내의성의 차관직. ③ 고려시대 상서육부의 정4품 관직.

시랑찬성사侍郞贊成事 조선 초기 문하부門下府의 종1품 관직.

시마緦麻 상례喪禮에서 규정한 오복제五服制의 하나. 3개월간 상복을 입는데, 이때의 상복을 시마복 이라고 함. 시마복을 입는 친족의 범위를 시마친이라고 함. 시마친의 범위는 위로 고조를 중심으로 한 후손, 아래로는 4대손, 즉 8촌까지를 망라함.

시묘侍墓 부모의 상을 당하여 성분成墳한 다음 그 서쪽에 여막廬幕을 짓고 상주喪主가 3년 동안 사는 일. 여묘廬墓 · 거려居廬라고도 함.

시바우치時波赤 원나라의 영향을 받은 몽고식 관직명. 고려시대 매를 기르는 응방鷹坊에속했던 4품 거렴관官.

시부市部 백제후기의 관부. 사비시대泗沘時代 내 · 외관內外官 22부문 중 외관에 속하는 관부로서, 도시 시장에 관한 업무를 주관하였음.

시사侍史 ① 고려시대 감찰사監察司의 시어사侍御史가 개칭된 관직. 종5품직. ② 조선 초기 사헌부의 정4품 관직.

시사랑試仕郞 조선시대 문반 토관계土官階의 하나. 동반東班 종9품의 관계명階名.

시서예試書藝 고려시대 문하부에 소속된 이속史屬.

시승侍丞 고려시대 감찰사監察司의 종4품 관직. 1275년(충렬왕 1)에 중승中丞을 고친 것임. 감찰시승監察侍丞이라고도 함.

시약청侍藥廳 조선시대 왕이 앓을 때 임시로 설치하던 관청. 내의원內醫院의 도제조를 우두머리로 하여 측근 관직들로 설치됨.

시어사侍御史 고려시대 어사대御史臺. 감찰사監察司의 종5품 관직.

시어사헌侍御司憲 고려시대 사헌대司憲臺의 관직.

시어의侍御醫 고려시대 상약국 · 상의국의 종6품 관직.

시위공자侍衛公子 고려시대 태자에게 시중드는 일을 시키기 위하여 선발한 소년들. 1054년(문종 8)에 제정되고, 3품 이상 되는 관원의 손자와 5품 이상 관원의 아들 중에서 20명을 선발함.

시위급사侍衛給使 고려시대 태자에게 시중드는 일을 시키기 위하여 선발한 소년들. 1054년(문종 8)에 제정되고, 5품 관직의 손자와 7품 이상 관직의 아들 중에서 10명을 선발함.

시위대侍衛隊 조선 말기 왕권호위 부대의 하나. 1895년(고종 32)에 설치되어, 1907년에 폐지됨.

시위부侍衛府 신라시대 왕궁을 지키는 군사들을 통솔하는 일을 맡은 관청.

시의侍醫 고려시대 상약국의 종6품 관직.

시일視日 ① 고려시대 서운관書雲觀의 정8품 관직. ② 조선초기 서운 관의 정8품 관직.

시임時任 현임現任. 현직現職의 관원.

시장諡狀 임금에게 시호諡號를 내리도록 건의할 때 생존시 행적을 적 은 글.

시전市典 신라시대 서울 안의 시장을 관할하는 일을 맡은 관청. 동시 전·서시전·남시전이 있음.

시전市廛 전통사회의 성읍城邑이나 도시에 있던 상설점포.

시정寺正 조선시대 정3품 아문의 우두머리 관직을 가리켜 이르는 말. 즉 봉상시정·사복시정등.

시정侍丁 조선시대 노부모를 봉양하기 위하여 군역軍役을 면제받은 장정.

시종원侍從院 조선 말기 1895년(고종 32)에 설치된 궁내부宮內府 소 속의 관청. 종래의 경연청經筵廳이 폐지되자, 여기에서 시강待講· 시종侍從을 담당함. 그후 경연원經筵院이 설치됨으로써 시강의 임 무는 경연원으로 이관됨. 주요 임무는 임금의 비서·어복御服·어 물御物·진후診候, 그밖에 의약·위생등에 관한 일을 담당함. 1910 년에 폐지됨.

시중侍中 ① 신라시대 집사성執事省의 우두머리 관직. 651년(진덕여 왕 5)에 설치된 중시中侍가 747년(경덕왕 6)에 개칭된 것임. 제5관등 인 대아찬大阿湌에서 제2관등인 이찬伊湌까지의 인물로 선발되어, 진골출신만이 임명 됨. ② 발해시대 선조성宣詔省의 관직. 우평장사 右平章事의 차위직. ③ 고려시대의 수문직. 중서문하성中書門下省 의 최고관직. 종1품. 판이부사判吏部事·감수국사監修國史·태자 태사太子太師등의 관직을 겸대함. 문종 때 정원 1명, 종1품 관직으 로 정비되었으며, 1275년(충렬왕 1) 중서문하성이 첨의부僉議府로 개편되면서 첨의중찬僉議中贊으로 바뀌고, 정원도 좌·우 각 1명으 로 늘어남. 1298년 도첨의시중都僉議侍中으로 바뀌었다가, 같은해 에 도첨의중찬으로 환원되었으며, 1308년 도첨의정승都僉議政丞으 로 바뀌면서 정원이 1명으로 감축됨. 1330년충혜왕 즉위년 다시 중 찬으로 되었다가 뒤에 정승으로 고쳐지면서 좌·우 각 1명으로 늘 어났고, 1354년(공민왕 3) 시중으로 바뀌었다가 곧다시 정승으로 환 원됨. 1356년 다시 중서문하성의 문하시중으로 부활되었는데, 이때 그 아래에 수문하시중(守門下侍中:守侍中)이 따로 두어짐. 1362년 중서문하성이 다시 도첨의부로 개편되어 도첨의정승으로 고쳐지 고, 좌·우 각 1명씩 두어졌다가, 다음해에 도첨의시중으로 됨. 1369 년 도첨의부가 문하부로 되면서 문하시중으로 환원되었으며, 이후 창왕 때 또다시 수시중을 두어 이전의 좌시중은 문하시중이라 하고, 우시중은 수시중으로 고침. ④ 고려초기에 설치된 서경西京 속관의 하나. 정원은 1명. 922년(태조 5)에 처음으로 낭관郎官의 관속으로 설치됨. ⑤ 조선 초기 문하부의 우두머리 관직. 좌·우 각 1명. 정1 품. 1401년(태종 1) 문하부가 의정부에 병합되면서 의정부의 좌·우 정승으로 되었다가, 1414년에 좌·우의정으로 이어짐.

시책諡冊 국왕이나 왕비가 죽은 뒤 시호諡號를 올릴 때 쓰는 책.

시취試取 조선시대 정식 과거 외에 인재를 뽑기 위하여 실시되던 특 별 채용 시험. 음자제 蔭子弟나 녹사錄事·서리書吏등 일정한 신분 을 가진 자에게 제한된 범위 내에서의 관직을 주기 위하여 보이던 시험. 취재取才라고도 함.

시파時派 조선 후기 정조가 이른바 청류淸流를 앞세운 준론탕평정책 峻論蕩平政策을 통하여 기존의 노론老論 우위의 정국에 변화를

일으켜 왕권을 강화시키고자 하였을 때 이에 대한 지지를 표명한 정 파. 시류時流에 편승하는 무리라는 뜻으로 시파로 지칭됨.

시학侍學 고려 1390년(공양왕 2)에 제정된 동궁의 관직. 3품부터 6품 까지 있음.

시헌력時憲曆 서양 신부 탕약망湯若望등이 편찬하여 청나라와 우리 나라등에서 사용된 역법曆法. 1645년부터 청나라에서 시행하여 청나라 중 에 두 번의 개편을 거쳐서 청나라 말기까지 사용되었으며, 우리나 라에서도 1653년(효종 4)부터 조선 말기까지 사용됨.

시혜청施惠廳 조선 1504년(연산군 10)에 후궁들의 집을 짓기 위하여 설치된 감역소監役所. 연산군 축출 후 폐지됨.

시호諡號 왕·왕비를 비롯하여 벼슬한 사람이나 학덕이 높은 선비들 이 죽은 뒤에 그의 행적에 의하여 국왕으로부터 받은 이름. 조선 초 기까지는 왕과 왕비, 왕의 종친, 실직에 있었던 정2품 이상의 문· 무관과 공신에게만 주어졌으나 후대로 내려오면서 그 대상이 완화· 확대됨. 그리하여 생전에 낮은 관직에 있었던 사람도 증직되어 시호 를 받는 일도 있는데, 이때 내리는 시호를 증시贈諡라 하고, 후대에 추증하여 시호를 내리면 추시追諡라고 함. 또한 처음 내렸던 시호를 뒷날 다른 시호로 고쳐서 내리는 것을 개시改諡라고 하고, 개시를 다시 고쳐 내리게 되면 이를 후개시後改諡라고 함.

식년式年 태세太歲에 자子·오午·묘卯·유酉가 드는 해. 이 해에 과거를 보이고, 호적 戶籍을 정기적으로 정리하였음.

식년시式年試 조선시대 3년마다 정기적으로 시행된 과거. 대비과大 比科라고도 함.

식록사食祿史 고려시대 각 고을에 소속된 9등 이직吏職의 하나. 부식 록정副食祿正의 차위직. 주州·부府·군郡·현縣의 경우 1,000정 丁 이상은 6명. 500정 이상은 4명, 300정이상 일경우에도 4명. 100정 이하는 3명을 둠. 지방관의 행정을 보좌하는 향리의 일원으로서, 주 로 경제적인 문제를 담당함.

식록정食祿正 고려시대 각 고을에 소속된 9등 이직吏職의 하나. 네 번째 등급인 호정戶正에 해당함.

식목도감式目都監 고려시대 법제회의기관法制會議機關. 대내적인 법제와 격식을 관장하였음. 중앙관제가 성립된 뒤인 성종 말과 현 종 초에 걸쳐 설치됨. 행정집행기구가 아니라 법제를 제정하는 회의 기관이기 때문에 그 관원은 타직으로 임명되는 회의원의 성격을 띰. 성재省宰로 임명된 사使 2명. 정3품이상의 부사副使 4명, 5품이상의 판관判官 6명의 모두 12명으로 구성되며, 그 밑에 사무직인 녹사錄 事 8명이 딸려 있음.

식읍食邑 국가에서 왕족·공신·봉작자 등에게 지급하던 일정한 지 역 또는 수조지收租地 내지 수조호收租戶. 삼국시대부터 조선 초기 까지 존속됨.

식의食醫 고려와 조선 초 궁중의 음식 조리를 관장하던 사선서司膳 署의 정9품 관직. 정원은 2명. 궁중에서 왕과 왕족에게 올려지는 음 식물을 조사, 감별, 통제하고 질병시에 식이업무食餌業務를 담당함. 후에 사옹원司饔院의 참봉參奉으로 개편됨.

식척전食尺典 신라시대의 관청. 궁중의 요리사를 통솔하던 곳으로, 소속 관원으로 대사大舍 6명, 사史 6명이 있음.

식화부食貨府 태봉의 중앙관부의 하나. 광평성廣評省 하위의 18개 관부 중의 하나로, 과일나무와 꽃나무를 심고 가꾸는 일을 맡은 관청.

신공身貢 공·사노비가 신역身役 대신에 그 소속관서 또는 상전에게 매년 바치던 공물貢物.

신과愼果 조선시대 장원서掌苑署의 종7품 잡직 관직. 궁중 원내의 과 일을 관리함.

신궁神宮 신라시대에 시조始祖를 제사하던 성소聖所.

신궁新宮 신라시대의 관청. 717년(성덕왕 16)에 설치되었으며, 759년(경덕왕 18)에 전설관典設官으로 고쳐졌다가, 776년(혜공왕 12)에 다시 환원됨. 소속 관원으로 장관인 감監 1명, 주서主書 2명, 사史 3명을 둠.

신금愼禽 조선시대 장원서掌苑署의 정8품 잡직 관직. 궁중 정원 내의 조류를 사육함.

신기군神騎軍 고려 숙종 때 여진족을 정벌하기 위하여 조직한 별무반別武班의 기병騎兵. 별무반의 핵심 군단. 구성원은 문·무양반·이서吏胥·상인·노예 및 양인良人으로 말을 가진 자는 모두 이에 편입됨.

신나례儺裸禮 종묘 제례와 문묘의 석전釋奠에서 제사 당일 새벽에 주재자인 왕이나 세자가 이르기 전에 준비를 점검하는 의식.

신도궁궐조성도감新都宮闕造成都監 조선시대 한양 천도를 추진하기 위한 공사업무를 관장한 임시관청. 1394년(태조 3) 9월 1일에 설치됨.

신도비神道碑 죽은 사람의 생평사적生平事蹟을 기록하여 묘 앞에 세운비.

신라관新羅館 중국 당나라 때 산둥반도의 등주도독부登州都督府에 설치된 신라인을 위한 숙박소.

신라방新羅坊 당대唐代에 중국 동해안 지역의 도시에 거주하던 신라인의 자치구역.

신라소新羅所 8세기 중엽 이후 당나라 연해지역 각지에서 집단적으로 거주하고 있던 신라인들을 통할하기 위하여 설치된 자치기관. 당의 지방관아의 통제 아래 신라인에 의하여 운영되던 일종의 자치기관으로, 본래 명칭은 구당신라소勾當新羅所. 장은 압아押衙이고, 그 아래에 인보제隣保制에 의한 한 보保의 장이거나 또는 촌락의 장인 촌보村保와 판두板頭가 있음.

신라역어新羅譯語 9세기 전반 일본이 설치한 신라어 통역관.

신라원新羅院 신라 사람이 당나라에 세운 사찰에 대한 통칭.

신록新錄 조선시대 홍문관의 교리나 수찬에 새로 뽑힌 사람을 이르는 말.

신모전新謀典 신라시대 궁중 내정內廷 사무를 담당하던 내성內省 소속의 관청. 상신모전上新謀典·하신모전下新謀典·좌신모전左新謀典·우신모전右新謨典의 넷으로 분파되어 있으며, 각기 대사大舍 1명, 사史 2명의 관원이 있음.

신문고申聞鼓 조선시대 시정時政의 득실得失을 살피고 억울한 일을 당한 자에게 소원소冤의 길을 열어주고, 반역과 국가의 혼란을 예방하며, 무시로 입궐하여 소를 거치지 않고 직접 아뢰는 폐단을 방지하기 위하여 대궐에 설치한 북. 1401년(태종 1) 7월에 등문고登聞鼓를 설치함으로써 시작되어, 그해 8월에 신문고로 명칭을 바꿈.

신문색申聞色 고려시대 왕명의 전달과 알현의 전달등을 맡은 액정국掖庭局의 별칭.

신보군神步軍 고려시대 별무반別武班에 소속된 보병兵. 문·무 양반과 이서吏胥·상인·노예·양인良人으로 말을 가지지 않은 자와 나이 20세 이상의 남자로 과거를 보지 않는 사람들로 편성됨.

신본申本 세자가 대리청정할 때 세자에게 올리는 문서의 하나. 달본達木이라고도 함.

신부信符 조선시대 궁궐출입증. 작은 목재 표찰로서 궐문을 출입할 때 패용함.

신부인愼夫人 조선시대 외명부外命婦의 하나. 종친 정3품 당상관인 명선대부明善大夫의 적처嫡妻에게 내린 작호爵號로, 품계는 정3품.

신삼천당新三千幢 신라시대 변경을 지키던 군대. 일명 외삼천당外三千幢이라고도 함. 문무왕 때 우수주牛首州·나토군奈吐郡·나생군奈生郡에 설치됨.

신수愼獸 조선시대 장원서苑署의 정9품 잡직 관직. 궁중원 내의 짐승을 기르는 일을 맡음.

신역身役 일정한 신분 계층의 사람들에게 세습적으로 부과된 역역役役. 부과대상은 16세부터 60세에 이르는 모든 인정人丁, 丁男임. 직역職役과 군역軍役으로 나누어짐. 직역은 문·무 양반으로부터 향호鄕戶·역호驛戶등에 이르기까지의 유직자有職者가 부담하는 것이고, 군역은 군호軍戶가 부담하는 것임.

신영新營 ① 조선시대 창덕궁 앞에 있던 금위영의 본영. ② 조선시대 인의동에 있던 어영청御營廳의 본영. ③ 조선시대 창의문 밖에 있던 총융청摠戎廳의 본영. ④ 조선시대 경희궁 앞에 있던 훈련도감의 분영.

신원전新園典 신라시대의 관청. 내성內省에 소속되어 궁중의 정원을 관리함. 소속관원으로 대사大舍 1명, 사史 1명을 둠.

신의군神義軍 고려 원종 때 조직된 삼별초三別抄의 하나. 처음에는 몽고와의 전쟁에서 몽고에 포로로 잡혀갔다가 도망하여 온자들로 편성됨. 야별초夜別抄의 좌·우대와 합쳐짐.

신인愼人 조선시대 외명부外命婦의 하나. 종친 정3품의 당하관인 창선대부彰善大夫의 적처嫡妻와 종3품 보신대부保身大夫·자신대부資信大夫의 적처에게 내린 작호爵號.

신절랑愼節郎 조선시대 문산계文散階의 하나. 종친 종5품 하계下階의 관계명官階名.

신주神主 죽은 사람의 위位를 베푸는 나무패.

신주神州 발해의 지방행정구역. 62주州 중의 하나. 서경압록부西京鴨淥府에 속함.

신주정新州停 신라시대의 군대. 553년(진흥왕 14)에 백제로부터 한강 하류지역을 빼앗은 직후 이곳에 신주新州를 두었는데, 그 예하의 군단이었음. 삼국통일 이전의 육정六停의 하나. 금衿의 빛깔은 황청색黃淸色.

신지臣智 삼한 소국의 지배자 칭호.

신청연궁新靑淵宮 신라시대의 관청. 내성內省에 소속되어 왕경王京의 이궁離宮인 신청연궁의 관리를 담당함. 소속 관원으로 옹솔 1명을 둠.

신평부信平部 조선 세조 때 평양부와 함흥부에 둔 토관청土官廳. 부府 내의 군사·행정 및 그밖의 사무를 맡아봄.

신포身布 조선시대 군역軍役 대신으로 바치던 베.

신호위神虎衛 ① 고려시대 육위六衛의 하나. 7개의 영을 거느림. ② 조선 초기 의흥친군義興親軍의 십위十衛의 하나. 5개의 영을 거느림. 1395년(태조 4)에 용기순위사龍騎巡衛司로 바꿈.

신화愼花 조선시대 장원서掌苑署의 종6품 잡직雜職 관직. 궁내 정원의 화초 재배를 맡음.

실록수호총섭實錄守護摠攝 조선 인조 때 봉화·무주·강화·강릉 네 곳에 보관한 역대실록을 잘 간수하기 위하여 그 곳의 승려들에게 준 벼슬.

실록청實錄廳 조선시대 실록을 편찬하기 위하여 임시로 설치된 관청. 한 왕대의 실록 편찬사업이 끝나면 곧 폐지됨.

실직實職 고려·조선시대 직사職事가 있는 문반·무반 종9품 이상의 관직. 일명 현직現職·정직正職·현관顯官·실관實官 또는 유품관流品官이라고도 함.

실직정悉直停 신라시대 육정六停의 하나. 639년(선덕여왕 8) 지금의 강원도 삼척인 실직주悉直州에 두었던 군영. 658년(태종무열왕 5)에 하슬라河瑟羅에 주州를 두게 됨에 따라 실직정을 없애고 대신 하서정何西停을 둠. 금衿의 빛깔은 녹백색綠白色.

실직주悉直州 신라시대 지방행정구역. 지금의 강원도 삼척에 위치함.

심률審律 조선시대 율학청律學廳의 종8품 관직. 법률·소송등의 심사를 맡음.

심약審藥 조선시대 궁중에 바치는 약재를 검사하기 위하여 각 도에 내보내던 종9품 관직. 전의감典醫監·혜민서惠民署의 의원들로 임명됨.

십정十停 통일신라시대 지방의 각 주州에 배치되었던 군부대. 일명 삼천당三千幢 이라고도 함. 즉 음리화정音里火停·고량부리정古良夫里停·거사물정居斯勿停·삼량화정參良火停·소삼정召參停·미다부리정未多夫里停·남천정南川停·골내근정骨乃斤停·벌력천정伐力川停·이화혜정伊火兮停.

쌍성총관부雙城摠管府 고려 후기 몽고가 고려의 화주(和州:영흥) 이북을 직접 통치하기 위하여 설치했던 관부. 화주에 치소治所가 있었으며, 등주(登州:안변)·정주(定州:정평)·장주(長州:장곡)·예주(預州:예원)·고주(高州:고원)·문주(文州:문천)·의주(宜州:덕원)와 선덕진宜德鎭·원흥진元興鎭·영인진寧仁鎭·요덕진耀德鎭·정변진靜邊鎭등을 관할함.

쌍시雙市 조선시대 대청무역의 하나. 인조 이후 조선과 청나라와의 공무역은 회령會寧과 경원慶源에서 각각 시작되어 북관개시北關開市 또는 북도개시北道開市라 하는데, 회령개시는 해마다 개시된 반면에, 경원개시는 격년으로 개시됨. 갑甲·병丙·무戊·경庚·임壬의 다섯 해는 회령에서만 열리므로 이를 단시單市라 하고, 을乙·정丁·기己·신辛·계癸의 다섯 해는 회령과 경원 두 곳에서 아울러 열리므로 쌍시라 함.

아

아경亞卿 조선시대 육조의 참판이나 한성부의 좌윤·우윤등의 통칭.

아관亞官 조선시대 좌수의 이칭.

아관衙官 고려 922년(태조 5)에 서경西京에 설치된 토관청. 관원으로 구단具壇 1명, 경卿 2 2명, 감監 1명, 찬粲 1명, 이결理決 1명, 평찰平察 1명, 사史 1명이 있음.

아니대도유나阿尼大都唯那 신라시대 진흥왕 때 제정된 승려에게 주던 관직.

아니전阿尼典 신라시대 내성內省에 소속되어 있던 관청. 소속 관원으로 모母 6명을 둠.

아당亞堂 조선시대 육조 참판의 통칭.

아록전衙祿田 조선시대 각 주州·현縣의 수령과 서울 부근 각 도渡·진津의 도승渡丞 및 좌·우 수참水站의 수운판관水運判官등의 녹봉에 상응하도록 지급되던 수조지收租地.

아방亞房 조선시대 각 고을의 관청에서 사령들이 거처하던 곳.

아병牙兵 조선 후기에 설치된 군병. 아牙는 대장기大將旗를 뜻하는 것으로 대장을 수행하는 임무를 맡음. 중앙의 오영五營과 각 도의 감영·병영 등에도 있었으나 대다수가 지방군대에 배속됨. 이들을 유지하기 위하여 아보(牙保, 또는 牙保)라는 군보軍保를 포미布米로 거둠.

아보牙保 조선 후기 아병牙兵의 군량을 보충하기 위하여 거두어 들인 군포미軍布米.

아악서雅樂署 ① 고려 1391년(공양왕 3)에 관현방管絃房을 폐지하고 종묘의 악가樂歌 중 아악雅樂을 익히기 위하여 설치된 음악기관. ② 조선 1392년(태조 1)에 설치된 아악의 교육과 연습을 맡은 음악기관. 1457년(세조 7)에 전악서典樂署와 합쳐져 장악서掌樂署로 바뀜.

아윤亞尹 조선시대 한성부의 좌윤과 우윤의 통칭.

아장亞將 조선시대 포도대장·용호별장·훈련도감의 중군中軍. 어영청御營廳의 중군. 금위영의 중군, 병조참판 등의 통칭.

아전亞銓 조선시대 이조참판의 이칭.

아전衙銓 조선시대 중앙과 지방의 각 관청에 근무하던 하급관리. 일명 이서吏胥라고도 함.

아찬阿飡 신라시대의 관등. 17등 관계官階 중 제6등 관계. 일명 아척간阿尺干·아찬阿粲이라고도 함.

아척阿尺 신라시대 지방의 세력가에게 준 관등. 외위外位 10등급 가운데 맨 끝 등급. 중앙관직의 선저지先沮知에 해당함.

아척간阿尺干 아찬阿飡의 이칭.

악간嶽干 신라시대 지방의 세력가에게 준 관등. 외위外位 10등급 가운데서 첫 번째 등급. 중앙관직의 일길찬一吉飡의 품계에 해당함.

악공樂工 삼국시대부터 조선시대까지 왕립음악기관에서 음악연주를 담당하였던 음악인.

악기도감樂器都監 조선시대 악기와 제복祭服제작에 관한 업무를 관장하기 위하여 임시로 세웠던 관청.

악기조성청樂器造成廳 조선 후기 악기제작에 관한 업무를 관장하기 위하여 임시로 세웠던 관청.

악사樂師 ①삼국시대 일본에 건너가 음악지도와 연주활동을 하던 우리나라 음악인의 한 부류. 일본궁중에 머무르면서 삼국의 악생樂生들을 가르침. ② 조선시대 아악서雅樂署·전악서典樂署·장악원掌樂院의 악공樂工이나 악생樂生 중에서 우두머리 구실을 하던 원로 음악인으로서의 잡직雄職 관리.

악생樂生 ①삼국시대 일본에 건너가 활동했던 우리나라 음악인의 한 부류. 악사樂師의 가르침을 받음. ② 조선시대 아악서雅樂署·전악서典樂署·장악원掌樂院에 소속되어 의식음악과 의식무용을 전문적으로 담당하였던 음악인.

악자樂子 신라시대 감전監典에 소속된 관직.

악전嶽典 신라시대의 관청. 소속 관원으로 대사大舍 2명, 사史 4명, 종사지從舍知 2명을 둠.

악정樂正 ① 고려시대 대악서大樂署의 관직. ② 고려시대 성균관의 정4품 또는 종4품 관직. 정원은 1명. 뒤에 사예승司藝丞으로 바뀜. ③조선초기 성균관의 정4품 관직. 정원은 2명. 1401년(태종 1)에 사예司藝 로 바뀜.

악학樂學 조선 초기 음악에 관한 일을 관장하던 기관. 1406년(태종 6)에 음악이론을 학문적으로 다루기 위해 10학(十學: 學·武學·史學의 하나로 설립된 이후 1457년(세조 3) 관습도감慣習都鑑과 통합. 악학도감樂學都監으로 개칭됨. 주된 기능은 음악에 관한 옛 문헌들을 고찰하여 악서樂署를 편찬하거나 연주되는 음악을 악보화하는 업무 및 음악이론과 역사, 악인들의 관복·의례등에 관한 고증, 이론에 맞는 악기

악학도감樂學都監 조선 초기 궁중음악을 관장하기 위하여 예조 아래 두었던 음악기관. 1457년(세조 3) 악학樂學과 관습도감慣習都監을 통합하여 세운 것으로, 1466년 장악서掌樂署에 흡수됨.

안기安驥 조선시대 사복시司僕寺의 종6품 잡직雜職 관직. 말의 조련, 마병馬病의 치료, 보양保養 등을 총괄함.

안기도安奇道 조선시대 경상도 역도驛道의 하나. 중심역은 안기역安奇驛(:안동安東). 관할지역 범위는 안동을 중심으로 의성-의흥-신령방면, 안동-청송-흥해방면, 안동-진보-영해방면으로 이어지는 역로임.

안동도호부安東都護府 고구려가 멸망 후 당나라가 고구려의 옛 땅에 설치한 최고군정기관. 668년 고구려가 멸망된 직후 평양에 설치되어 758년에 폐지됨.

안렴부사按廉副使 고려 충선왕 때 경상도·전라도·충청도의 안렴사按廉使 밑에 두었던 외직.

안렴사按廉使 ①고려시대의 지방관직. 1276년(충렬왕 2)에 안찰사按察使를 고친 것임. 충선왕 즉위 후에 체찰사體察使로 고쳐졌다가 충숙왕 때 다시 안렴사 바뀜. 1389년(창왕 1) 도관찰출척사都觀察黜陟使로 다시 바뀜. ② 조선 초기의 지방관직. 1393년(태조 2)에 도관찰출척사都觀察黜陟使로 바뀌었으며, 1401년(태종 1)에 다시 안렴사로 되었다가, 같은해 11월에 도관찰출척사로 바뀜.

안무고려군민총관부安撫高麗軍民總管府 원나라가 심양瀋陽 지방에 살고 있는 고려인들을 통치하기 위하여 설치한 특수행정기구. 여몽전쟁麗蒙戰爭 중 몽고에 투항하였거나 유망流亡한 고려인들을 심양과 요양遼陽에 거주시키고, 1234년(고종 21) 홍복원洪福源을 관령귀부고려군민장관管領歸附高麗軍民長官에 임명하여 다스리도록 하던 것을 1261년(원종 2)에 개편한 것임. 1296년(충렬왕 22) 심양등로안무고려군민총관부瀋陽等路安撫高麗軍民總管府와 함께 정동행성征東行省에 소속됨.

안무사按撫使 ① 고려시대 지방에 사변이 일어나거나 재난이 일어났을 때 그 정형을 알아보며 그곳 주민들을 안착시킬 목적으로 파견하던 임시관직. ② 조선시대 지방에 파견하던 특사의 일종. 전쟁이나 반란 직후 민심수습을 위하여 파견됨. 당하관일 경우에는 안무어사按撫御使로 불림.

안변부安邊府 발해의 지방행정구역. 15부府 가운데 하나 정리부와 더불어 읍루挹婁의 옛땅에 설치되었으며, 그 밑에 안주安州와 경주瓊州를 둠.

안원부安遠府 발해의 지방행정구역. 15부府 중의 하나. 월희말갈越喜靺鞨의 옛 땅에 설치되었으며, 그 밑에는 영주寧州·미주郿州·모주慕州·상주常州를 두어 다스리도록 함.

안인安人 조선시대 외명부外命婦의 하나. 문·무관 7품의 적처嫡妻

에게 주던 작호爵號.

안일호장安逸戶長 고려시대 나이가 70세가 넘어 실지 직무에서 물러나 녹봉만 받는 호장. 치사호장致仕戶長이라고도 함.

안주安州 발해의 지방행정구역. 62주州중의 하나. 안변부安邊府에 속하며, 이 부의 수주首州이기도 함.

안찰사按察使 고려시대 외관직外官職. 1012년(현종 3)에 절도사節度使를 없애고 설치됨. 1276년(충렬왕 2)에 안렴사按廉使로 고쳐짐. 이후 관찰사로 고쳐짐.

안핵사按覈使 조선 후기 지방에서 사건이 발생하였을 때 이의 처리를 위하여 파견되던 임시관직. 대개 민란발생시에 문제의 수습을 위한 긴급대책으로 파견되었는데, 목사牧使·군수郡守 등 인접지역의 수령이 주로 임명되었고, 때로는 경관京官이 파견되기도 함.

알사謁者 태대사자太大使者의 이칭.

알성시謁聖試 조선시대 실시되었던 비정규 문과·무과의 하나. 알성과謁聖科라고도 함. 국왕이 성균관으로 갈 때 그것을 계기로 특별히 실시하던 과거. 1414년(태종 14)에 처음으로 실시됨.

알자謁者 ① 고려시대 내알사內謁司의 종5품 관직. ② 고려시대 내시부內侍府의 종7품 관직.

알찬閼粲 고려 초기 신라제도를 본받은 18관등 가운데 제17등급.

알랑嚴郎 조선시대의 의정부의 별칭.

암행어사暗行御史 조선시대 방백方伯의 치적을 살피고 백성의 질고疾苦를 실지로 조사하기 위하여 왕명으로 비밀리에 파견되던 특사特使. 주로 당하관인 시종신들 가운데서 선발하여 내보냄.

압령차사원押領差使員 조선시대 각 지방에서 서울로 실어들이는 조세를 감독하고, 그 운반선 호송을 위하여 파견되던 임시 관직.

압물押物 외국으로 보내는 세폐歲幣를 비롯한 각종 방물邦物·예물을 운송, 관리, 수납하는 일. 혹은 그러한 일을 맡아 관리하던 사람. 압물관押物官의 약칭.

압물관押物官 조선시대 중국·일본과의 사행使行 왕래시에 수행하는 조공朝貢 물건과 교역물건 등을 관리하는 사람. 사역원司譯院의 역관譯官으로서 임명됨.

압아押衙 신라가 중국 산동성에 설치한 신라소新羅所의 관직.

액정국掖庭局 고려시대 왕명의 전달·공어供御·필연筆硯과 궁궐의 쇄약鎖鑰·포설鋪設·견집絹執 등에 관한 일을 맡아보던 관청. 995년(성종 14)에 액정원掖庭院을 고친 것임. 1308년에 내알사內謁司로 고쳐지고, 1309년(충선왕 1)에 다시 액정국으로 고쳐졌으며, 다음해에 항정국巷庭局으로 바뀜. 공민왕 때 다시 액정국으로 환원됨.

액정서掖庭署 조선시대 국왕의 명령을 전달하고 국왕이 쓰는 붓과 먹·벼루 등을 보관하여 대궐 안의 열쇠를 간수하고 대궐 뜰에 있는 여러 가지 설비들을 관리하는 일을 맡은 관청. 1392년(태조 1) 처음 설치됨. 소속관원으로 환관들을 임명함.

액정원掖庭院 고려 초기 국왕의 명령을 전달하고 국왕이 쓰는 붓과 먹·벼루 등을 보관하며 대궐 안의 열쇠를 간수하고 대궐 뜰에 있는 여러 가지 설비들을 관리하는 일을 맡은 관청. 995년(성종 14)에 액정국掖庭局으로 바뀌었다가, 1308년 충렬왕이 즉위하여 내알사內謁司로 고쳤고, 1309년(충선왕 1) 다시 액정국으로, 1310년 항정국巷庭局으로 바뀌었다가 뒤에 다시 액정국으로 바뀜.

액호도감額號都監 고려 1130년(인종 8)에 설치된 임시관청.

야별초夜別抄 고려 고종 때 최씨무신정권의 사병私兵으로서 밤에 도둑을 단속하기 위해 최우崔瑀가 설치한 군대. 처음에는 개성에서 야간에 순행하며 도둑과 포악을 단속하였으나, 뒤에는 활동범위가 전국적으로 확대되고, 그 기능도 점차 많아져 경찰·형옥刑獄·금폭禁暴·포도捕盜·국수鞠囚 등을 담당하고, 군사적으로도 수도경

찰·친위親衛·정찰 등을 담당함. 뒤에 그 수가 점점 늘어나 좌별초·우별초로 나누어짐.

약동藥童 고려시대 태의감太醫監과 상약국尙藥局 등에 속하였던 이속吏屬. 정원은 각각 2명.

약령시藥令市 각종 약재를 교환, 매매하는 시장. 영시令市라고도 함.

약부藥部 백제시대의 관청. 22부중 궁중의 사무를 관장하는 내관內官 12부 가운데 하나로서, 의약의 제조·시술·채약採藥 등을 담당함.

약장約長 조선시대 향약의 우두머리.

약장랑藥藏郎 고려시대 동궁東宮의 정6품 관직. 정원은 1명. 세자의 보건·보육에 종사함.

약장승藥藏丞 고려시대 동궁東宮의 정8품 관직. 정원은 4명. 세자의 보건·보육에 종사함.

약전藥典 신라시대 의약에 관한 일을 맡은 관청, 742년(경덕왕 1)에 보명사保命司로 고쳐졌다가, 765년(혜공왕 1) 다시 약전으로 개칭됨. 소속 관원으로 사지舍知 2명, 사史 8명, 종사지從舍知 2명을 둠.

약점사藥店史 고려시대 향리직鄕吏職. 의료상담이나 질병치료, 약재의 구입·보관·판매 등을 담당함.

약점정藥店正 고려시대 향리직鄕吏職. 9등향직 중 다섯 번째 등급인 부호정副戶正에 해당하는 관직. 의료상담이나 질병치료, 약재의 구입·보관·판매 등을 담당함.

약정約正 조선시대 향약의 임원.

양계兩界 고려 초기부터 조선 초기까지 설정되어 있었던 특수 지방행정구역인 동계東界와 서계西界의 합칭. 1018년(현종 9)에 처음 설치됨. 동계는 오늘날의 함경남·북도, 서계는 오늘날의 평안남·북도에 해당됨.

양관兩館 조선시대 홍문관과 예문관의 합칭.

양국兩局 조선시대 훈련도감과 어영청御營廳의 합칭.

양국대장兩局大將 조선시대 훈련도감과 어영청御營廳의 우두머리 관직.

양궁梁宮 신라시대 왕도 육부六部의 하나인 양부梁部에 둔 별궁. 국왕이 거처하는 왕궁인 대궁大宮, 사량부沙梁部에 둔 사량궁沙梁宮과 함께 3궁으로 불림.

양반兩班 고려·조선 시대 지배신분계층. 처음에는 관제상의 문반과 무반을 지칭하는 개념으로 사용됨. 조회朝會시 남향한 국왕에 대하여 동쪽에 사는 반열班列을 동반東班(:문반), 서쪽에서는 반열을 서반西班(:무반)이라 하고, 이 두 반열을 통칭하여 양반관료체제가 정비되어감에 따라 문·무반직을 가진 사람뿐만 아니라 그 가족, 가문까지도 양반으로 불리게 됨.

양반전兩班田 고려시대 문·무 양반에게 지급된 토지.

양부兩府 ① 고려시대에 문하부와 밀직사의 합칭. ② 조선시대 의정부와 중추부의 합칭.

양부梁部 급량부及梁部의 이칭.

양사兩司 조선시대 사헌부와 사간원의 합칭.

양수척楊水尺 후삼국부터 고려에 걸쳐 떠 돌아다니면서 천업賤業에 종사하던 무리. 일명 수척水尺·화척禾尺·무자리라고도 함. 주로 수초水草를 따라다니며 떠돌면서 사냥과 유기柳器(:고리)를 만들어 파는 것으로 업을 삼음.

양안良案 조선시대 조세 부과의 목적으로 전지田地를 측량하여 만든 토지대장. 자호字號(:5결을 1자로 한다는 원칙에 따라 양전의 단위를 천자문 순서로 나타낸 것), 지번地番(:각 자호 안에서의 필지의 순서를 나타낸 것), 양전 방향, 토지의 등급, 지형, 척수尺數, 결부수結負數, 사표四標(:전답의 인접지역을 동서남북으로 나누어 표시한 것), 진기陳起(:경작 여부), 소유주 등을 기재함.

양역良役 조선시대 16세부터 60세까지의 양인 장정이 지는 국역國役.

양역이정청良役釐正廳 조선 후기 양역쇄신을 위하여 설치한 기구. 1703년(숙종 29)에 설치되어, 1721년(경종 1) 양역청良役廳으로 개칭되어 영조 때까지 존속됨.

양온서良醞署 고려시대 술과 감주를 담당하던 관서. 문종 때 장례서掌醴署로 고쳐졌다가, 1098년(숙종 3)에 다시 양온서로 바뀜. 1308년 충선왕이 즉위하여 사온서司醞署라 하였다가, 1356년(공민왕 5)에 다시 양온서로 고쳤으며, 이후 양온서와 사온서의 명칭 변경이 잦았음.

양원良媛 조선시대 내명부內命婦의 하나. 세자궁世子宮의 내관內官(:세자의 후궁)으로 품계는 종3품.

양의사兩醫司 조선시대 혜민서惠民署와 활인서活人署의 합칭.

양전兩銓 조선시대 이조와 병조의 합칭.

양전量田 전근대사회에서 농지를 조사, 측량하여 실제 착황을 조사, 파악하던 제도.

양전楊典 신라시대의 관청. 경 왕 때 일시 사비국司篚局으로 고친 일이 있음. 내성內省에 소속되어 광주리 등의 생산을 담당함. 소속관원으로 간干 1명, 사史 6명을 둠.

양제良娣 조선시대 내명부內命婦의 하나. 세자궁世子宮에 내관內官(:세자의 후궁)으로, 품계는 종2품.

양지아문量地衙門 대한제국시대 1898년에 전국의 토지를 측량할 목적으로 설치된 관청. 1901년에 폐지됨.

양지척量地尺 전답田畓의 넓이를 측정하고 표시하는 데 쓰이는 척도尺度. 양전척量田尺이라고도 함.

양향청糧餉廳 조선후기 훈련도감에 소속된 재정 부서. 1593년(선조 26)에 설치되었는데, 군수품 조달과 급료 등의 재정을 관리, 운영함. 1894년(고종 31)에 폐지됨.

양현고養賢庫 ① 고려 1119년(예종 14)에 설치된 국학國學의 장학재단. ② 조선시대 성균관 유생들의 식량·물품 공급을 담당한 기관. 1392년(태조 1)에 설치되어, 1894년(고종 31)에 폐지됨.

어공원御供院 1904년 설치되어 왕실의 토지개간·종식種植·천택川澤·강해江海·제언堤堰·어렵漁獵 및 국왕에게 진상하는 사무 등을 관리하던 궁내부宮內府 소속 관청.

어룡성御龍省 신라시대의 관청. 내성內省에 소속되어 국왕의 근시近侍 조직을 통활하는 업무를 담당함. 752년(경덕왕 11)에 동궁 관제 제정시 정식으로 설치됨.

어륙於陸 백제시대 왕비의 호칭.

어모교위禦侮校尉 고려시대 무산계武散階의 하나. 무산계 29계 가운데 제24계로, 종8품 상계上階의 관계명官階名.

어모부위禦侮副尉 고려시대 무산계武散階의 하나. 무산계 29계 가운데 제25계로, 종8품 하계下階의 관계명官階名.

어모장군禦侮將軍 조선시대 무산계武散階의 하나. 무반 정3품 당하관의 관계명官階名.

어물전魚物廛 조선시대 육주비전六注比廛의 하나. 북어·관목貫目·꼴뚜기·민어·석어石魚·통대구·광어·문어·가오리·전복·해삼·가자미·곤포昆布·미역·김·파래·우뭇가사리 등 각종 수산물을 취급하던 상점.

어백랑御伯郎 신라시대 국왕의 비서 업무를 맡은 관청인 어룡성御龍省의 관직. 750년(경덕왕 9)에 봉어奉御로 고쳐지고, 781년(선덕왕 1)에 경卿으로 바뀌었다가, 뒤에 다시 감監으로 개칭됨. 정원은 2명.

어사御史 국왕의 명령에 의하여 특별한 임무를 지니고 지방에 파견되던 임시관직. 암행어사暗行御史나 감진어사監賑御史 등등.

어사御事 ① 고려 전기 육관六官의 우두머리 관직. 982년(성종 1)에 어사도성御事都省의 설치와 함께 선관選官·병관兵官·민관民官·형관刑官·예관禮官·공관工官 등 육관이 설치되면서 각 관의 장관직으로 처음 설치됨. 995년에 어사도성과 어사육관이 각각 상서도성尙書都省과 상서육부尙書六部로 개편됨과 동시에 각부의 정3품 장관인 상서尙書로 개칭됨. ② 고려 전기 서경西京의 관직. 990년(성종 9) 서경에 수서원修書院을 설치하면서 그 속관으로 처음 둠.

어사대御史臺 ① 고려시대 시정을 논하고 풍속을 교정하며, 백관을 규찰·탄핵하는 일을 맡아보던 관청. 995년(성종 14)에 사헌대司憲臺를 고친 것임. 1014년(현종 5)에는 금오대金吾臺로 바뀌었다가 그 이듬해 다시 어사대로 바뀜. 1369년(공민왕 18) 사헌부로 개칭됨. ② 조선시대 사헌부의 이칭.

어사대부御史大夫 고려시대 어사대御史臺의 우두머리 관직. 정3품.

어사도성御事都省 고려시대 삼성三省의 하나로 백관百官을 총령하던 관청. 982년(성종 1)에 광평성廣評省을 고친 것으로, 선관選官·병관兵官·민관民官·형관刑官·예관禮官·공관工官의 육관六官이 모두 여기에 소속되어 있었음. 995년에 다시 상서도성尙書都省으로 바뀜.

어사시중御事侍中 고려시대 어사도성御事都省의 우두머리 관직. 종1품.

어서원御書院 고려시대 비서성秘書省에 소속된 관청. 궁궐내의 도서를 관창함.

어영대장御營大將 조선시대 어영청御營廳의 우두머리 관직. 종2품.

어영사御營使 조선 1624년(인조 2)에 제정된 군직軍職. 화포수火砲手들을 양성하기 위하여 그 적임자를 선발하고 교련시키는 일을 맡음.

어영청御營廳 조선 후기 중앙에 설치된 오군영五軍營의 하나. 1623년(인조 1) 인조가 후금에 대한 친정親征 계획의 일환으로 개성유수 이귀李貴를 어융사御戎使로 임명하여 260여명의 화포수火砲兵을 골라 훈련하게 했는데, 이것이 어영군의 시초임. 1624년 이귀를 어영사御營使로 임명하여 이 군을 지휘하게 하고 국왕을 호위하도록 함. 이괄李适의 난을 계기로 증원되어 수도방어의 책임을 맡고 있던 훈련도감과 더불어 중앙군의 핵심이 됨. 정묘·병자호란을 거치면서 청廳으로서의 관부를 가지고, 어영대장御營大將을 정점으로 하는 군영 체제를 갖춤. 순조 이후 장어영壯禦營·총어영摠禦營으로 고쳐졌다가 1894년(고종 31) 폐지됨.

어용모사도감御容模寫都監 조선시대 어진御眞 제작시 그 업무를 원활히 수행하기 위하여 잠정적으로 구성된 관장기구. 어진도감御眞都監이라고도 함.

어제御製 ① 임금이 만듦. ② 임금이 지은 시문詩文.

어제본御製本 왕과 왕비가 직접 저술하거나 승정원의 승지, 예문관·집현전·홍문관원으로서 지제교知製敎를 겸한 문신들, 어제편차인御製編次人, 규장각의 각신閣臣들이 왕명을 받아 대신 편찬한 문서 또는 책. 성제聖製·성작聖作이라고도 함.

어학사語學司 조선 1880년(고종 17)에 설치된 통리기무아문統理機務衙門에 소속된 관청. 여러 나라의 문자와 언어를 해석, 번역하는 일을 담당함.

언문청諺文廳 조선 1443년(세종 25)에 훈민정음을 창제하기 위해 설치된 관청. 1506년(중종 1)에 폐지됨. 일명 정음청正音廳.

언부讞部 고려시대 법률과 형벌·사송詞訟(:민사의 소송)에 관한 일을 맡은 관청. 1308년(충렬왕 34)에 형조刑曹를 고친 것임. 뒤에 다시 전법사典法司로 바뀜.

여갑당餘甲幢 신라시대의 군대. 삼십구여갑당三十九餘甲幢의 한 부대인 경여갑당京餘甲幢의 이칭. 소속 군관으로 법당두상法幢頭上과 법당벽주法幢壁主를 각각 45인씩 둠.

여결餘結 조선 후기 토지대장에서 누락시킨 전답의 결수, 양전量田 때 전답의 결수를 실제보다 줄여서 토지대장에 기록해 놓고 그 나머지 부분에서 관리가 개별적으로 전세田稅를 징수하던 결수.

여과勵果 조선시대의 무반토관직武班土官職의 정6품 관직.

여력도위勵力徒尉 조선시대의 무반토관직武班土官職 정9품의 관계 명官階名.

여맹勵猛 조선시대의 무반토관직武班土官職의 정8품 관직.

여수旅帥 조선시대 오위五衛 부대조직의 하나인 여旅의 책임 무관.

여신대위勵信隊尉 조선시대의 무반토관직武班土官職 종6품의 관계 명官階名.

여용勵勇 조선시대 무반토관직武班土官職의 정9품 관직.

여절교위勵節校尉 조선시대 무산계武散階의 하나. 무반 종6품 상계上階의 관계명官階名.

여정勵正 조선시대의 무반토관직武班土官職의 정7품 관직.

여직勵直 조선시대의 무반토관직武班土官職의 정5품 관직.

여직랑勵職郎 조선시대 잡직계雜職階의 하나. 동반東班 정6품 하계下階의 관계명官階名.

여충대위勵忠隊尉 조선시대 무반토관직武班土官職 종5품의 관계명官階名.

여택재麗擇齋 고려 1109년(예종 4)에 국학國學에 두었던 7재齋의 하나. 주역周易을 전공하던 교육기관.

역과譯科 조선시대 통역관을 선발하던 잡과雜科의 하나. 한학漢學 · 몽학蒙學 · 여진학女眞學 · 왜학倭學 등의 4분야로 나누어져 있음. 다른 잡과와 마찬가지로 식년시와 증광시에만 설행되고, 초시初試와 복시覆試만 실시됨.

역관譯官 고려 · 조선 시대 통역 등 역학譯學에 관한 일을 맡았던 관리.

역노驛奴 역참에 소속되어 심부름을 하던 사내 종.

역리驛吏 역참에 소속되어 있던 이속吏屬.

역박사易博士 백제시대 음양도호陽道의 전문학자.

역박사曆博士 백제시대 역법曆法의 전문학자.

역법曆法 천체의 주기적 운행을 시간단위로 구분하여 정하는 방법.

역분전役分田 고려 940년(태조 23)에 실시된 토지분급제도. 통일을 이룩하는 과정에서 공로가 컸던 조신朝臣 · 군사에게 나누어준 토지. 전시과田柴科의 선구가 됨.

역사驛史 고려시대 문하부 소속의 이속吏屬.

역서易書 시관試官이 시험답안지에 쓴 응시자의 필체를 알아보고 사정私情이 개입될까 염려하여 다른 사람을 시켜 모든 답안지를 개서改書하게 하는 일. 이 역서한 답안지를 가지고 시관이 채점함.

역승驛丞 역참驛에서 말을 맡아보던 관원.

역전驛田 고려 · 조선 시대 역驛 운영경비의 재원으로 역에 지급된 토지.

역참驛站 국가의 명령과 공문서의 전달, 변경의 중요한 군사정보, 그리고 사신 왕래에 따른 영송迎送과 접대 등을 위하여 마련된 교통통신수단으로 설치된 역. 우역郵驛이라고도 함.

연가延嘉 고려시대의 연호.

연견燕見 한가한 때 불러 봄.

연경궁사延慶宮司 고려시대 연경궁제거사延慶宮提擧司의 우두머리 관직.

연경궁제거사延慶宮提擧司 고려시대 연경궁延慶宮에 관한 일을 맡은 관청. 1313년(충선왕 5)에 처음 설치됨.

연나부椽那部 고구려 오부五部의 하나. 2세기 후반에서 3세기에 걸쳐 연나부 출신 귀족이 계루부桂婁部 왕실과 대대로 혼인관계를 맺음.

연노부消奴部 고구려 오부五部의 하나. 소노부消奴部라고도 표기됨.

연등도감燃燈都監 고려시대 설치된 임시관청. 명칭으로 보아 연등회燃燈會와 관련이 있을 것으로 보임.

연례燕禮 조정에서 군신 상하간의 친목을 도모하면서 그 구분을 분명히 하는 잔치의식.

연사전煙舍典 신라시대의 관청. 소속 관원으로 간옹看翁 1명을 둠.

연상椽上 신라 말 고려 초 병부兵部 소속의 향리직. 983년(성종 2)에 부병정副兵正으로 바뀜.

연영전延英殿 고려 초기 시종기관. 1136년(인종 14) 집현전으로 고쳐졌고, 그뒤 집현관集賢館 · 진현관進賢館으로 바뀜.

연옹筵翁 신라시대 평진음전平珍音典의 관직.

연호年號 군주국가에서 군주가 자신의 치세연차治世年次에 붙이는 칭호. 다년호 또는 원호元號라고도 함.

열무서閱巫署 조선시대 무격巫覡들로 하여금 구병救病을 맡게 하였던 기관.

열수洌水 대동강의 고조선 때의 이름. 열수烈水라고도 함. 고구려 때는 패강浿江이라 하였고, 고려시대 중기 이후부터 대동강大同江이라고 칭하고, 대통강大通江이라고도 하였음.

열악원閱樂院 고려시대 서경西京의 관부. 열악閱樂, 즉 성률聲律의 교열校閱을 관장하였음. 1116년(예종 11)에 설치되었으며, 관원으로는 지원知院 1명과 판관判官 2명이 있음.

염간鹽干 조선시대 연해 주州 · 군郡의 염분鹽盆에서 직접 자염煮鹽에 종사한 신분계층. 염호鹽戶와 더불어 염노鹽奴 · 염부鹽夫라고도 함.

염교簾敎 왕비나 대왕대비가 어린 임금을 대신하여 정사를 보살필 때 신하들과 직면直面하는 것을 피하여 주렴珠簾을 드리우고 내리던 명령.

염궁染宮 신라시대의 관청. 내성內省에 소속되어 직물의 염색을 담당하였음. 소속관원으로 모母 11명이 있음.

염문부사廉問副使 고려 1391년(공양왕 3)에 경기좌 · 우도에 둔 외직. 염문사廉問使를 보좌하며, 3품 이하 4품 이상의 관리로 임명됨.

염문사廉問使 고려 1391년(공양왕 3)에 경기좌 · 우도에 둔 외직. 직임은 형명刑名 · 전곡錢穀 · 군정軍情, 관리들의 전최殿最에서 민간의 사송詞訟에 이르기까지 광범위하였음. 2품 이상의 관리로 임명됨.

염초청焰硝廳 조선시대 훈련도감에 소속된 관청. 화약을 만드는 일을 맡아봄.

영令 ① 신라시대의 관직. 병부兵部 · 조부調府 · 경성주작전京城周作典 · 사천왕사성전四天王寺成典 · 봉성사성전奉聖寺成典 · 감은사성전感恩寺成典 · 봉은사성전奉恩寺成典 · 창부倉部 · 예부禮部 · 승부乘府 · 사정부司正部 · 예작부例作府 · 선부船府 · 영객부領客府 · 위화부位和府 · 좌이방부左理方府 · 우이방부右理方府의 우두머리 관직. ② 발해시대 사선시司膳寺 · 사장시司藏寺의 우두머리 관직. ③ 고려시대 전교시典校寺 · 전의시典儀寺 · 종부시宗簿寺 · 사복시司僕寺 · 전객시典客寺 · 내부시內府寺 · 선공시繕工寺 등의 관직. 3품에서 9품까지임. ④ 조선시대 사온서司醞署 · 평시서平市署 · 사직서社稷署 · 종묘서宗廟署 · 소격서昭格署 · 의영고義盈庫 · 장흥고長興庫의 우두머리 관직. 종5품직.

영領 ① 신라시대 시위부侍衛府의 무관직. 모두 36명이며, 관등은 사지舍知로부터 대나마大奈麻까지임. ② 고려시대 이군二軍 육위六衛에 소속된 군사편제의 하나. 군사 1,000명을 거느리는 단위로, 장군將軍이 1명, 중랑장中郎將 2명, 낭장郎將 5명, 별장別將 5명, 산원散員 5명, 위尉 20명, 대정隊正 40명이 있음. ③ 조선초기 의흥친군義興親軍에 소속된 군사편제의 하나. 모두 10위衛로 이루어지고, 위마다 전령 · 후령 · 좌령 · 우령 · 중령의 다섯 영을 두었으며, 영마다 장군 1명, 중랑장 3명, 낭장 6명, 별장 6명, 산원 8명, 위 20명, 정 40명이 있음. ④조선시대 금군禁軍에 소속된 종9품 잡직 무관직.

영각瀛閣 조선시대 홍문관의 별칭.

영감令監 조선시대 종2품 · 정3품 당상관의 품계를 가진 관인을 높이 부르던 칭호. 영공令公이라고도 함.

영강永康 고구려시대의 연호.

영객領客 예빈시禮賓寺의 이칭.

영객부領客府 신라시대의 관청. 외국사신의 접대업무를 관장하였음. 본래 왜전倭典이라 하던 것을 621년(진평왕 43)에 영객전領客典으로 고치고, 경덕왕 때 사빈부司賓府로 고쳤다가, 혜공왕 때 다시 영객부라 함.

영객전領客典 신라시대 외국사신의 접대업무를 맡았던 관청. 621년(진평왕 43)에 왜전倭典을 고친 것임. 혜공왕 때 영객부領客府로 바뀜.

영건도감營建都監 조선시대 궁전 · 묘사廟社 · 성곽의 건축 공사가 있을 때 임시로 설치하여 그 일을 관장하던 관청.

영경연사領經筵事 조선시대 경연청의 정1품 관직. 경연관 중 가장 높은 관직. 3명으로 대개 영의정 · 좌의정 · 우의정이 겸임함.

영고迎鼓 부여의 제천의식. 공동체의 집단적인 농경의례의 하나로서의 수확제 · 추수감사제.

영관伶官 고려시대 음악을 관장하던 악관樂官. 국가 행사시 당악이나 향악의 연주를 지휘함.

영관상감사領觀象監事 조선시대 관상감觀象監의 정1품 관직. 정원은 1명으로, 영의정이 겸임함. 관상감의 모든 사무를 총리함.

영국공신寧國功臣 조선 인조 때 심기원沈器遠의 역모사건을 다스린 사람에게 내린 훈호勳號.

영규領揆 영의정의 별칭.

영대랑靈臺郎 고려시대 태사국太史局의 정8품 관직.

영덕永德 발해시대 정왕 대원유大元瑜때의 연호. 809년(정왕 1)부터 812년까지 사용됨.

영도첨의領都僉議 고려시대 중서령中書令의 후신. 종1품직. 1295년(충렬왕 21)에 중서령이 도첨의령都僉議令으로 바뀌었다가, 뒤에 판도첨의사사사版都僉議使司事로 개칭되었으며, 다시 도첨의령으로 바뀜. 1356년(공민왕 5)에 다시 중서령으로 바뀌었다가. 1362년에 영도첨의로, 1369년 영문하領門下로 고쳐졌다가 뒤에 판문하判門下로 바뀜.

영돈녕부사領敦寧府事 조선시대 돈녕부敦寧府의 우두머리 관직. 정1품직. 정원은 1명. 1414년(태종 14) 돈녕부가 신설될 때 영부사領府事로 처음 설치되었으며, 1430년(세종 12) 돈녕부가 서반西班으로 이관되면서 혁파되었다가, 1470년(성종 1) 영사領事로 명칭이 바뀌어 복설됨. 대체로 왕의 장인을 시킴.

영락永樂 고구려 광개토왕의 연호.

영렬대부榮烈大夫 고려시대 문산계文散階의 하나. 1298년(충렬왕 24)에 제정된 정4품의 관계명階名.

영록대부榮祿大夫 고려시대 문산계文散階의 하나. 1356년(공민왕 5)에 종2품 하계下階로 처음 설정되었고, 1369년에는 종2품 상계上階로 승급됨.

영묘사성전靈廟寺成典 신라시대 영묘사靈廟寺를 관리하던 관청. 759년(경덕왕 18) 수영영묘사사원修營靈廟寺使院으로 개칭되었다가, 776년(혜공왕 12)에 환원됨.

영문하領門下 고려 1396년(공민왕 18)에 개최된 영도첨의領都僉議의 후신. 종1품직. 우왕 때 판문하判門下로 바뀜.

영문하부사領門下府事 조선 초기 문하부의 우두머리 관직. 정1품직.

영백嶺伯 조선시대 경상도 관찰사의 이칭.

영복도감永福都監 고려 충목왕 때 설치된 금강산 유점사楡岾寺에 필요한 물품을 대주는 일을 맡은 관청.

영부사領府事 영중추부사領中樞府事의 약칭.

영비뿔神 조선시대 각 도의 관찰사가 거느리던 비장神將

영사令史 고려시대 각 관청에 소속된 서리직胥吏職. 주로 중앙의 주요 관청에 소속되어 문안文案 · 부목符目을 담당한 행정실무직으로서, 품관品官에는 속하지 못하는 하급관리.

영사領事 ①고려시대의 관직. 삼사三司 · 춘추관 · 경연 · 전의시典儀寺 · 사복시司僕寺 · 선공사繕工司 등의 으뜸관직. 1품직으로 재상이 겸임함. ②조선시대 중앙의 주요 관서에 설치된 정1품 관직. 의정부 · 중추부 · 돈녕부敦寧府 · 경연 · 홍문관 · 예문관 · 춘추관 · 관상감觀象監 등의 부서에 둠. 해당 부서의 서무를 총리하는 임무를 맡음. 정원은 경연에 3명, 기타 부서에는 각 1명. 대체로 재상이 겸임함.

영사공신寧社功臣 조선 인조 때 유효립柳孝立의 모반사건을 고변한 사람에게 내린 훈호勳號.

영삼사사領三司事 ①고려 우왕 때 삼사三司에 두었던 관직. 판삼사사判三司事의 위. ②조선 초기 삼사三司의 우두머리 관직. 1405년(태종 5)에 삼사를 호조에 합치면서 폐지됨.

영상領相 영의정의 별칭.

영서令書 왕세자가 내리는 훈유訓諭 · 명령서. 왕세자가 대리청정代理聽政할 때 내리는 문서이며, 왕의 교서敎書에 해당됨.

영선감관船監官 조선시대 조운선漕運船을 관리하던 관직.

영선공사사領繕工司事 고려 1308년(충렬왕 34)에 제정된 선공사繕工司의 우두머리 관직. 종2품직.

영선사營繕司 조선 1895년(고종 32)에 설치된 왕실 소유의 가종 건물을 건설하거나 보수하는 일을 맡은 관청.

영선점迎仙店 고려시대 서경西京의 관부. 초기부터 있었으며, 1178년(명종 8)에 서경관제 개정시 창조倉曹에 소속됨.

영송도감迎送都監 고려시대 국빈國賓의 대접을 담당한 임시관청. 1308년(충렬왕 34)에 상식국尙食局에 합쳐졌다가 뒤에 다시 독립관서로 됨.

영예문관사領藝文館事 조선시대 예문관의 우두머리 관직. 의정이 겸함.

영원장군寧遠將軍 고려시대 무산계武散階의 하나. 무산계 29계 가운데 제11계로, 정5품 하계下階의 관계명官階名.

영의정領議政 조선시대 최고의 중앙관직. 의정부의 우두머리 관직. 정1품직. 정원은 1명. 영상領相 · 영규領揆 · 수규首揆 · 상상上相 · 원보元輔라고도 함.

영인令人 조선시대 외명부外命婦의 하나. 문 · 무관 4품의 적처嫡妻에게 내린 작호爵號. 1865년(고종 2)부터는 종친의 적처에게도 줌.

영작서營作署 조선시대 영흥 · 함흥 · 평양 · 영변 · 경성鏡城의 각 부府에 둔 동반東班 토관土官廳, 고을 안의 관청에 대한 건축 · 보수를 담당하며 관청에서 쓰는 숯 · 장작 · 차일 · 장막 · 돗자리 · 방석 등을 마련하는 일을 맡은 관청.

영작원營作院 고려시대에 서경西京에 설치되었던 관부. 영조營造 · 유막柳幕 등의 일을 관장하였음. 1178년(명종 8) 공조工曹에 소속됨.

영저리營邸吏 조선시대 각 감영監營에 소속되어 있으면서 감영과 해당 고을과의 연락임무를 수행하던 이속吏屬. 영주인營主人이라고도 함.

영전사領殿事 영집현전사領集賢殿事의 약칭.

영전의시사領典儀寺事 고려 1308년(충렬왕 34)에 제정된 전의시典儀寺의 우두머리 관직.

영접도감迎接都監 조선시대 중국에서 오는 칙사勅使를 영접하기 위하여 설치된 임시기구.

영조국營造局 고려 후기 철공과 야금冶金에 관한 일을 맡아보던 관청. 1308년(충렬왕 34)에 장야서掌冶署를 없애고 설치했던 관청. 1310년(충선왕 2)에 다시 장야서로 바꿈.

영조사營造司 조선시대 공조에 소속된 관청. 궁궐의 건축과 보수, 성의 수축, 각종 관청 건물의 건축 및 수리, 그밖의 토목공사에 관한 일을 관장하고, 피혁·모전毛氈의 제조에 관한 일을 담당한 관청.

영조척營造尺 목공과 건축에 사용된 척도尺度. 목공척木工尺이라고도 함.

영종정경領宗正卿 조선 말기 종친부宗親府에 두었던 관직. 왕의 아들인 대군이나 왕자군에게 봉작과 함께 주어짐. 1869년(고종 6) 처음 설치되었으며, 정원의 제한도 없고, 품계도 없어 정1품을 초월한 숭품. 후에 대군이나 왕자군이 없을 때 종성宗姓(: 전주이씨全州李氏)의 의정을 이에 임명하기도 함. 종친부의 일을 총리하는 최고의 명예직으로서, 왕과 왕비의 의복을 마련하고 역대왕들의 어보御寶·어진御眞(:초상화)을 관리하며, 종친 제과를 통솔하는 책임을 맡음.

영주郢州 발해의 지방행정구역. 62주州 가운데 하나. 상경上京의 직례주直隸州인 독주주獨奏州에 속하였음.

영주榮州 발해의 지방행정구역. 62주州 가운데 하나. 중경현덕부中京顯德府에 속하였음.

영주寧州 발해의 지방행정구역. 62주州 중의 하나. 안원부安遠府에 속함.

영주인營主人 영저리營邸吏의 이칭.

영중추부사領中樞府事 조선시대 중추부의 우두머리 관직. 정1품직. 정원은 1명. 약칭 영중추領中樞·영부사領府事.

영지令旨 왕세자가 내리는 고신告身. 휘지徽旨라고도 함. 왕세자로서 대리청정代理聽政할 때 4품 이상에게 발급하는 고신이며, 왕의 교지教旨에 비견됨.

영직領職 조선시대 영령의 관직. 즉9종9품 관직의 통칭.

영직影職 조선시대 직함만 있고 실제 직무가 없었던 명목상의 산직散職. 동정직同正職·검교직檢校職·첨설직添設職 등 고려시대의 유급산직有給散職이 혁파된 세조부터 설치됨. 녹봉祿俸도 과전科田도 없었으며, 조회朝會에도 참여할 수 없었음. 일정한 시험을 거쳐 실직實職 또는 무록관無祿官으로 진출할 수 있었음.

영집현전사領集賢殿事 조선전기 집현전의 우두머리 관직. 정1품.

영창궁성전永昌宮成典 신라시대 영창궁에 관한 일을 맡아보던 관청. 677년(문무왕 17)에 설치됨.

영창전永昌典 신라시대의 관청. 내성內省에 소속되어 영창궁永昌宮의 관리를 담당함. 소속 관원으로 대사大舍 2명, 사史 2명을 둠.

영춘추관사領春秋館事 ① 고려 1325년(충숙왕 12)에 제정된 춘추관의 우두머리 관직. 정1품직. 재상이 겸임함. ② 조선시대 춘추관의 우두머리 관직. 정1품직. 영의정이 겸임함.

영친榮親 조선시대 지방의 선비로서 과거에 급제하였거나 서울에서 관직생활을 하게 된 자가 고향에 돌아가 잔치를 벌이던 일.

영합領閤 영의정의 별칭.

영홍문관사領弘文館事 조선시대 홍문관의 우두머리 관직. 정1품직. 정원은 1명. 영의정이 겸임함.

영화永和 고구려시대의 연호.

영흥사성전永興寺成典 신라 684년(신문왕 4)에 설치된 영흥사의 관리를 맡은 관청. 759년(경덕왕 18)에 감영흥사관監永興寺館으로 바꿈. 소속 관원으로 대나마大奈麻 1명, 사史 3명을 두었는데, 대나마는 경덕왕 때 감監으로 개칭됨.

예관禮官 고려 983년(성종 2)에 설치된 육관六官의 하나. 995년에 상

서예부尚書禮部로 바뀜. 예의禮儀·제향·조회朝會·교빙交聘·학교·과거에 관한 일을 관장함.

예궁전稊宮典 신라시대의 관청. 궁중에서 저장하고 있던 진물珍物을 관리한 것으로 추정됨. 745년(경덕왕 4)에 설치되어 759년 진각성珍閣省으로 개칭되었다가, 776년(혜공왕 12) 다시 예궁전으로 됨. 소속 관원으로 치성稚省 10명, 궁옹宮翁 1명, 조사助舍知 4명, 종사지從舍知 2명을 둠.

예기재禮記齋 조선시대 성균관에 둔 구재九齋의 하나. 예기禮記를 공부하던 곳.

예당禮堂 조선시대 예조의 당상관. 즉 판서·참판·참의의 통칭.

예랑禮郎 조선시대 예조의 정랑과 좌랑의 통칭.

예문관藝文館 ① 고려시대 국왕이 하달하는 지시문을 작성하는 일을 맡은 관청. 1308년(충렬왕 34)에 문한서文翰署와 사관史館을 합하여 예문춘추관이라 하였다가, 1325년(충숙왕 12)에 예문관과 춘추관을 따로 떼었으며, 1356년(공민왕 5)에 다시 한림원翰林院으로 고쳤다가, 1362년에 또 다시 예문관이라 하였고, 1389년(공양왕 1)에 다시 예문춘추관으로 바꿈. ② 조선시대 국왕이 하달하는 지시문을 작성하는 일을 맡은 관청. 1392년(태조 1)에 설치된 예문춘추관을 1401년(태종 1)에 예문관과 춘추관을 나누어 각각 두었고, 1894년(고종 31)에 경연청에 합쳐질 때까지 존속됨.

예문춘추관藝文春秋館 ①고려 1308년(충렬왕 34)에 국왕의 지시문을 작성하는 문한서文翰署와 시정時政의 기록과 역사의 편찬을 맡던 사관史館을 합쳐 만든 관청. 1325년(충숙왕 12)에 예문관과 춘추관으로 다시 나누어고, 1389년(공양왕 1)에 다시 예문춘추관으로 합침. ② 조선 초기 국왕의 지시문을 작성하며 나라의 역사를 편찬하는 일을 맡은 관청. 1392년(태조 1)에 설치되어 1401년(태종 1)에 예문관과 춘추관으로 나누어짐.

예방방禮房房 ① 조선시대 승정원의 육방六房의 하나. 우승지의 밑에서 예조관계의 일을 맡아봄. 주로 의례·외교·학교·과거·문한文翰 관계 사무의 출납을 맡음. ② 조선시대 지방관아에서 예전관계의 실무를 맡아보던 관서 또는 그 일에 종사하던 향리.

예방승지禮房承旨 조선시대 승정원 우승지의 이칭.

예부禮部 ① 신라시대 교육과 외교 및 의례에 관한 사무를 맡아보던 관청. 586년(진평왕 8)에 설치됨. ② 발해시대의 중앙 관청. 정당성政堂省의 우육사右六司의 하나. 법률을 제정하며 노비·재산에 대한 소송관계의 일을 맡은 관청. ③고려시대 상서육부尚書六部의 하나. 예의·제향·조회朝會·교빙·학교·과거 등을 담당함. 995년(성종 14)에 예관禮官을 고친 것임. 1275년(충렬왕 1)에 이부吏部와 합쳐져 전리사典理司라고 부르다가, 1298년에 다시 이부와 분리되어 의조儀曹라고 불렸으며, 1308년에 예부禮部와 이부·병부兵部를 합쳐 선부選部라고 부르다가, 뒤에 다시 전리사로 개칭됨. 1356년(공민왕 5)에 다시 육부를 두면서 예부라고 부름. 1362년에는 예의사禮儀司로 개칭되고, 1369년에 예부, 1372년에 예의사, 1389년(공양왕 1)에 예조禮曹로 바꿈.

예부시禮部試 고려시대 과거의 최종시험. 958년(광종 9)부터 실시되었으며, 조선시대의 대과大科와 연결됨. 예부禮部에서 주관하였으며, 예위禮闈·춘당시春塘試·춘위春闈·동당시東堂試라고도 함.

예빈성禮賓省 고려 초기 외국의 사신을 맞이하고 접대하는 일을 맡아보던 관청. 921년(태조 4)에 설치되어, 995년(성종 14)에 객성客省으로 바뀌었다가, 뒤에 다시 환원됨. 1298년(충렬왕 24)에는 전객시典客寺로 고쳐졌으며, 1356년(공민왕 5)에는 예빈시禮賓寺라고 불렸음. 1362년에 전객시, 1369년에 예빈시, 1372년에 또다시 전객시로 고쳐졌다가, 1390년(공양왕 2)에 예빈시로 바꿈.

예빈시禮賓寺 ① 고려시대 빈객賓客의 연향燕享을 담당한 관청.

1356년(공민왕 5)에 전객시典客寺를 고친 것임. ② 조선시대 왕세자 또는 왕세손을 가르치는 일을 맡은 관직들인 사師·부傅와 종친으로서 높은 관직에 있는 자들을 우대하여 그들의 식생활을 보장하며 나라의 손님으로 오는 외국사람들을 위한 연회를 준비하는 일을 맡은 관청. 1392년(태조 1)에 설치되었으며, 1894년(고종 31)에 폐지됨.

예성전禮成典 신라시대의 관청. 경덕왕 때 인도전道典을 고친 것임. 뒤에 다시 예성전으로 바뀜.

예속醫屬 고구려시대의 관등. 14관등官等 가운데 제12관등. 제형諸兄에 비정되기도 함.

예송논禮訟 조선 후기 현종·숙종대에 걸쳐 효종과 효종비에 대한 조대비趙大妃(:인조의 계비)의 복상기간服喪期間을 둘러싸고 일어난 서인西人과 남인南人간의 논쟁.

예식원禮式院 1900년에 설치된 대한제국의 관청. 외교문서, 궁내의 대외교섭, 예식친서, 국서國書 및 외국문서 등을 번역하는 일을 맡아봄. 1910년에 폐지됨.

예안부禮安府 조선시대 평양부와 함흥부에 두었던 토관청土官廳. 1429년(세종 8)에 설치되어 군사행정·재난구제 및 그밖의 사무를 맡아봄.

예의사禮儀司 고려시대 예부禮部의 후신. 예의禮儀·제향·조회朝會·교빙交聘·학교·과거에 관한 일을 관장함. 1362년(공민왕 11)에 예부를 고친 것으로, 1369년에 다시 예부로 바뀌고, 1372년에 예의사로 고쳐졌다가, 1389년(공양왕 1)에 예조禮曹로 바뀜.

예의상정소禮儀詳定所 고려 1113년(예종 8)에 설치된 관청. 신분에 따른 의복제도와 공문서 양식 및 예의 등을 새로 제정하기 위하여 설치된 관청.

예의추정도감禮儀推正都監 고려 1352년(공민왕 1)에 설치된 임시관청. 몽고풍속을 철폐하고 예교와 의식을 쇄신하기 위하여 설치한 것으로 추정됨.

예의판서禮儀判書 고려시대 예의사禮儀司의 우두머리 관직. 정3품직.

예작例作 공조工曹의 별칭.

예작전例作典 신라시대의 관청. 일명 예작부例作府라고도 함. 영선營繕에 관한 사무를 맡아보던 관청. 686년(신문왕 6)에 설치되어, 759년(경덕왕 18)에 수례부修例部로 고쳐졌다가 776년(혜공왕 12)에 다시 환원됨.

예조禮曹 ① 고려시대 육조六曹의 하나. 1389년(공양왕 1)에 예부禮部의 후신인 예의사禮儀司를 고친 것임. 의례·제향·조회朝會·교빙交聘·학교·과거 등을 관장함. ② 조선시대 육조六曹의 하나. 예악禮樂·제사·연향·조빙朝聘·학교·과거의 일을 맡아봄. 1392년(태조 1)에 설치되어 1894년(고종 31)에 폐지됨. 춘조春曹·남궁南宮·의조儀曹라고도 함.

예조참의禮曹參議 조선시대 예조의 정3품 당상관 관직.

예조참판禮曹參判 조선시대 예조의 종2품 당상관 관직.

예조판서禮曹判書SDF 조선시대 예조의 우두머리 관직. 정2품. 대종백大宗伯이라고도 하며, 줄여서 예판判曹.

오가작통五家作統 조선시대에 민호民戶 다섯 집을 한 통統으로 편성하던 인보조직隣保組織. 통에는 통주統主를 둠.

오경五京 발해 선왕 때 설치된 다섯 곳의 행정 중심지. 즉 상경용천부上京龍泉府·중경현덕부中京顯德府·동경용원부東京龍原府·서경압록부西京鴨淥府·남경남해부南京南海府.

오경박사五經博士 백제시대 《역경》《시경》《서경》《예기》《춘추》 등 경서에 능통한 사람에게 주던 관직.

오고五考 관원의 성적을 평가하는 다섯 번의 고사考査.

오군영五軍營 조선 후기 수도 및 그 외곽을 방어하기 위해 설치되었던 다섯 군영. 즉 훈련도감·금위영·어영청御營廳·수어청守禦廳·총융청摠戎廳. 임진왜란 이후 오위五衛를 개편하여 설치된 군영임.

오대烏臺 사헌부의 별칭.

오도五道 고려 1018년(현종 9)에 전국을 5도道 양계兩界로 나눌 때 설치된 다섯 개의 도. 즉 양광도·서해도·교주도·전라도·경상도.

오등봉작제五等封爵制 고려시대 주제周制와 당제唐制를 모방하여 정한 공公·후侯·백伯·자子·남 등 5등급의 봉작제. 정식명칭은 국공國公·군공郡公·현후縣侯·현백縣伯·개국자開國子·현남縣男으로서, 공은 국공·군공의 둘로 나누어 가장 높은 국공에만 국호國號를 붙이고 나머지는 모두 읍호邑號를 붙여서 제수하였으며, 각기 그에 따른 식읍食邑과 관품官品을 정하고 있음.

오부五部 ① 고구려 초기 연맹체 형성에 중심이 된 다섯 집단. 즉 소노부消奴部 혹은 연노부涓奴部·절노부絶奴部·순노부順奴部·관노부灌奴部·계루부桂婁部. ② 고구려시대 서울 안을 다섯으로 구분한 행정단위. 즉 내부內部·동부東部·서부西部·남부南部·북부北部, 또는 황부黃部·전부前部·후부後部·좌부左部·우부右部. ③ 백제시대 서울을 다섯으로 구분한 행정단위. 즉 상부上部·하부下部·전부前部·후부後部·중부中部. ④ 고려시대 서울인 개경을 다섯으로 구분한 행정단위. 즉 동부東部·서부西部·북부北部·남부南部·중부中部. ⑤ 조선시대 서울을 다섯으로 구분한 행정단위 또는 그 단위들을 관할하는 일을 맡은 관청. 중부中部·동부東部·서부西部·북부北部. 부마다 영令(종5품). 도사都事(종9품), 참봉參奉(종9품) 등의 관직이 있음.

오부방리군五部坊里軍 고려 말기 개경의 오부방리의 장정으로 구성된 군대.

오부학당五部學堂 고려 말 조선 초기 중앙의 각 부部에 두었던 관립 교육기관. 동부학당·서부학당·중부학당·남부학당·북부학당. 1261년(원종 2)에 설립된 동서학당東西學堂이 시초이며, 조선시대에도 이 제도가 이어지다가 1445년(세종 27)경에 폐지되어 사부학당四部學堂으로 남게됨.

오소경五小京 신라시대 중요한 지방에 두었던 5개의 특수행정구역. 즉 중원소경中原小京(:충주忠州)·북원소경北原小京(:원주原州)·금관소경金官小京(:김해金海)·서원소경西原小京(:청주淸州)·남원소경南原小京(:남원南原). 소경의 설치는 지증왕대로부터 시작되었으나, 주로 삼국통일을 전후한 시기에 설치되어 통일 후 9주九州·5소경과 군·현으로 정비됨.

오위五衛 조선시대 중앙 군사조직. 즉 의흥위義興衛(:중위中衛)·용양위龍驤衛(:좌위左衛)·호분위虎賁衛(:우위右衛)·충좌위忠佐衛(:전위前衛)·충무위忠武衛(:후위後衛). 1392년(태조 1)에 편성된 의흥친군위義興親軍衛의 10위十衛가 그후 여러 번 개편되었다가, 1457년(세조 3)에 오위제도로 개편되어 각각 중위·좌위·우위·전위·후위로 삼고, 위마다 5개의 부部를 두고, 부마다 4개의 통統을 두고, 통에는 각각 약간의 여旅를 두었으며, 여는 각각 다섯 대隊로, 대는 다시 다섯 오伍로, 오는 다시 다섯 졸卒로 편성되었음. 중위는 의흥위로서 경기도·황해도·강원도·충청도 지방의 군사가 소속되고, 좌위는 용양위로서 별시위別侍衛와 경상도 지방의 군사가 소속되고, 우위는 호분위로서 친족위親族衛·친군위親軍衛와 평안도 지방의 군사가 소속되며, 전위는 충좌위로서 충의위忠義衛·충찬위忠贊衛·파적위破敵衛와 전라도 지방의 군사가 소속되며, 후위는 충무위로서 충순위忠順衛·장용위壯勇衛와 함경도 지방의 군사가 소속됨. 각 위마다 오위장五衛將(처음은 종2품, 뒤에는 정3품), 상호군上護軍(정3품), 대호군大護軍(종3품), 호군護軍(정4품), 부호군副護軍(종4품), 사직司直(정5품), 부사직副司直(종5품), 사과司果(정6

품), 부장部將(종6품), 부사과副司果(종6품), 사정司正(정7품), 부사정副司正(종7품), 사맹司猛(정8품), 부사맹副司猛(종8품), 사용司勇(정9품), 부사용副司勇(종9품) 등의 관직이 있음.

오위伍尉 고려시대의 무관직. 경군京軍의 하급지휘관. 교위校尉·위위尉라고도 하며, 경군의 각 영領마다 20명씩 배치됨. 정 9품관으로 오오伍五라는 단위부대의 장.

오위도총부五衛都摠府 선시대 오위五衛를 총괄하던 최고군령기관. 1466년(세조 12)에 오위진무소五衛鎭撫所를 오위도총부로 고쳐 부르고 병조와 별개로 두었으며, 임진왜란 이후에는 실권을 훈련도감 등의 군영에 넘겨주고 명목만 남겨두었다가 1882년(고종 19)에 폐지됨.

오위장五衛將 조선시대 오위五衛의 우두머리 관직. 처음은 종2품이었고 뒤에 정3품으로 됨. 1882년(고종 19)에 폐지됨.

오위진무소五衛鎭撫所 조선시대에 오위五衛의 군사관계 일을 맡아보던 관청. 1451년(문종 1)에 삼군진무소三軍鎭撫所를 고쳐 오위진무소라 하였다가, 1466년(세조 12)에 다시 오위도총부로 바뀜.

오졸烏拙 고구려시대 12관등 가운데 제6위 등급.

오주서五州誓 신라시대 지방의 다섯 고을에 설치된 군대. 청주서菁州誓(:지금의 진주)·완산주서完山州誓(:지금의 전주)·한산주서漢山州誓(:지금의 광주廣州)·우수주서牛首州誓(:지금의 춘천)·하서주서河西州誓(:지금의 강릉)의 다섯 부대.

옥당玉堂 ① 조선시대 홍문관 별칭. ② 조선시대 홍문관의 부제학 이하 부수찬까지의 관직들을 일컬음.

옥당남상玉堂南床 조선시대 홍문관 정자正字의 별칭. 정자가 앉는 자리가 남쪽이라 하여 이르던 말.

옥당동벽玉堂東壁 조선시대 홍문관의 직제학·전한·응교·부응교의 별칭. 그들이 앉는 자리가 동쪽이라 하여 이르던 말.

옥당서벽玉堂西壁 조선시대 홍문관의 교리·부교리·수찬·부수찬의 별칭. 그들이 앉는 자리가 서쪽이라 하여 이르던 말.

옥당인원玉堂人員 조선시대 홍문관의 응교·교리·수찬의 별칭.

옥당장玉堂長 조선시대 홍문관 부제학의 별칭.

옥서玉署 조선시대 홍문관의 별칭.

옥주沃州 발해의 지방행정구역. 62주州 중의 하나. 남경남해부南京南海府에 속하며, 그 부의 수주首州임.

옥책玉册 국왕·왕비·대비·왕대비·대왕대비 등에게 존호를 올리는 문서.

온인溫人 조선시대 외명부外命婦의 하나. 정·종5품 종친의 적처嫡妻에게 봉작된 작호爵號.

옹翁 신라시대 왕궁에 설치된 관직.

옹주翁主 ① 고려시대 내명부內命婦나 외명부外命婦에게 내린 봉작 호봉爵號. 충선왕 때부터 사용되었으며, 왕의 후궁을 지칭하기도 함. 공양왕 때 왕의 딸을 궁주라 하고, 왕자의 정실부인, 왕의 동성자매·질녀, 종친들의 정실부인, 그리고 왕녀까지도 포함하여 옹주라 함. ② 조선시대 외명부外命婦의 하나. 왕의 후궁이 낳은 딸.

와기전瓦器典 신라시대의 관청. 경덕왕 때 일시 도등국陶登局으로 고친 일이 있음. 내성內省에 소속되어 도기류陶器類의 생산을 담당함. 소속 관원으로 간干 1명, 사史 6명을 둠.

와서瓦署 조선시대 공조 소속의 기와와 벽돌을 만드는 일을 맡은 관청. 1392년(태조 1)에 동요·서요를 두었다가 뒤에 합쳐 와서라 하였으며, 1882년(고종 19)에 폐지됨.

완문完文 조선시대 관부官府에서 향교·서원·결사結社·촌村·개인 등에게 발급하던 문서. 어떠한 사실의 확인 또는 권리나 특권의 인정을 위한 확인서·인정서의 성격을 가짐.

완백完伯 조선시대 전라도관찰사의 별칭. 완찰完察이라고도 함.

완산정完山停 신라시대의 지방군단인 육정六停의 하나. 555년(진흥왕 16) 비사벌比斯伐(: 지금의 창녕) 지방에 완산주完山州(혹은 하주下州)를 설치하고, 하주정下州停이라는 군단을 배치함. 565년에 완산주를 폐하고, 지금의 합천지방에 대야주大耶州를 설치하였으며, 삼국통일 후 신문왕 때 전국을 구주九州로 개편하면서, 지금의 전주지방에 완산주를 새로 설치하고, 685년(신문왕 5) 하주정을 폐하고 완산정(일명 비자벌정比自伐停)이라는 새로운 군단을 배치함. 금衿의 빛깔은 백자白紫로 하고, 장군 3명과 여러 하급 군관을 배치함.

완산주完山州 신라시대의 지방행정구역. 삼국통일 직후에 완성된 이른바 구주九州의 하나로, 지금의 전주지방에 설치됨.

완산주서完山州誓 신라시대의 지방 군대. 오주서五州誓의 하나. 672년(문무왕 12)에 완산주完山州(:지금의 전주)에 설치됨. 소속군 관으로 기병을 지휘하는 대대감隊大監 1명, 소감少監 12명, 기병을 지휘하는 대척大尺 2명과 착금기당주著衿騎幢主 6명이 있음. 금衿의 빛깔은 자록색紫綠色.

완의完議 종중宗中·가문家門·동중洞中·계禊 등에서 제사·묘위墓位·동중洞中事·계 등에 관하여 의논하고 그 합의된 내용을 적어 서로 지킬 것을 약속하는 문서. 입의立議라고도 함.

왕부王府 의금부의 별칭.

왕손교부王孫敎傅 조선 1756년(영조 32)에 설치된 권설직權設職의 하나. 왕손의 교육을 담당하며, 종9품직.

왕자부王子府 고려시대 왕자에 관한 일을 맡아보던 관청. 문종 때 성립되었던 제왕자부諸王府가 충선왕 때 없어지면서 대신 왕자부와 비부妃府 및 부마부駙馬府로 각각 분립됨.

왕자사부王子師傅 조선시대 왕자의 교육을 맡았던 관직. 권설직權設職으로 품계는 종9품.

왕후王后 왕의 적처嫡妻.

왜물고倭物庫 조선시대 왜인들이 가져온 물화物貨를 저장하던 창고. 지금의 대구광역시 달성군 화원에 있었음. 화원花園ару이라고도 함.

왜전倭典 신라시대의 관청. 일본인의 영접 등에 관한 일을 맡아보았음. 영객부領客府의 후신으로, 621년(진평왕 43)에 영객전領客典으로 개칭되고, 뒤에 또 따로 왜전이 설치됨.

왜학훈도倭學訓導 조선시대 사역원司譯院의 정9품 관직. 일본말을 가르치는 일을 맡음.

외각外閣 조선시대 교서관校書館의 별칭. 1782년(정조 6)에 교서관을 규장각에 소속시키고 규장각을 내각이라 부르는데 대해 교서관을 외각이라 부름.

외거노비外居奴婢 외방에 따로 독립된 호戶를 이루고 살던 노비. 외방에 있는 주인의 농장에서 경작에 종사하는 경우도 있었으나 주인의 농장에서 완전히 독립하여 따로 살면서 신공身貢만 바치는 경우도 있었음.

외경부?部 백제 중앙행정관서. 사비시대 내관內官 12부部의 하나. 왕국 소속의 궁의 창고업무를 담당함.

외공장外工匠 조선시대 지방관서에 소속되어 수요물품의 제작을 담당한 지방 기술자. 서울의 각 관청에 소속된 장인인 경공장京工匠의 대칭어.

외관外官 백제시대 일반서정을 관장한 관부의 총칭. 즉 사군부司軍部·사도부司徒部·사공부司空部·사구부司寇部·점구부點口部·객부客部·외사부外舍部·주부綢部·일관부日官部·도시부市部 등 10부를 총칭함.

외관직外官職 지방에 있었던 각 관아의 벼슬. 경관직京官職에 대비되는 개념으로, 외임外任 또는 외직外職이라고도 함.

외대外臺 조선시대 각 감영의 도사都事의 별칭.

외명부外命婦 조선시대 특수층의 여인과 봉작을 받은 일반 사대부여인의 통칭. 특수층의 여인은 왕실의 정1품인 빈嬪으로부터 종9품 주변궁奏嬪宮까지의 내명부內命婦를 제외한 왕의 유모, 왕비의 모母, 왕녀·왕세자녀를 지칭하며, 일반 사대부 여인은 종친의 처와 문·무백관의 처 등을 말함. 왕의 적처가 낳은 딸에게는 공주公主, 후궁이 낳은 딸에게는 옹주翁主를 주며, 왕세자의 적처가 낳은 딸에게는 군주郡主(정2품), 후궁이 낳은 딸에게는 현주縣主(정3품)를 줌. 왕의 적처가 낳은 아들의 처에게는 부부인(정1품). 왕의 후궁이 낳은 아들의 처에게는 군부인郡夫人(정1품)을 주며, 그밖에 종친의 처들에게는 군부인(종1품), 현부인縣夫人(정·종2품), 신부인愼夫人(정3품 당상관), 신인愼人(정·종3품), 혜인惠人(정·종4품), 온인溫人(정·종5품), 순인順人(정6품)을 줌. 또한 문·무관들의 처에게는 그 남편들의 관직 품계에 준하여 정경부인貞敬夫人(정·종1품), 정부인貞夫人(정·종2품), 숙부인淑夫人(정3품 당상관), 숙인淑人(정·종3품), 영인令人(정·종4품), 공인恭人(정·종5품), 의인宜人(정·종6품), 안인安人(정·종7품), 단인端人(정·종8품), 유인孺人(정·종9품)을 줌.

외무아문外務衙門 조선 말기 외국과의 교섭·통상에 관한 일체의 사무를 맡은 관아. 1894년(고종 31) 갑오개혁이 추진되면서 의정부 아래 내무·외무·탁지·법무·학무·공무·군무·농상 등 8아문을 설치할 때 설치됨. 1895년에 외부外部로 바뀜.

외방별과外方別科 조선시대 서울 이외의 지방에서 시행한 특별 별과. 외방별시라고도함. 평안도·함경도 등의 변방이나 왕의 행차가 잦은 온양·수원·강화 등지에서 많이 행해짐. 왕의 특지로 중신重臣이나 어사御史를 파견하여 제술製述 또는 무예武藝로써 시험하고, 합격한 자들은 전시殿試에 응시할 자격을 줌.

외법당外法幢 신라시대의 군대. 삼십구여갑당三十九餘甲幢의 한 부대인 외여갑당外餘甲幢의 이칭일 것으로 추정됨. 소속군관으로 법당두상法幢頭上 102명과 법당벽주法幢辟主 306명을 둠.

외병조外兵曹 조선시대 병조의 별칭.

외부外部 조선 말기 외무행정을 관장하던 관청. 1895년(고종 32)에 외무아문外務衙門을 개칭한 것으로, 소속 관청으로 대신관방大臣官房·교섭국·통상국 등을 설치하고, 공사관·영사관·감리서監理署 등을 부속기관으로 관할함. 1906년에 폐지되고, 그 사무를 의정부의 외사국外事局으로 옮김.

외부시外府寺 고려시대 재화의 저장과 공급을 통할하고 상세商稅의 징수, 물가의 통제기능을 수행하던 관청. 1298년(충렬왕 24)에 대부시大府寺를 고친 것으로, 1308년에 다시 대부사大府司로 바뀜.

외사복外司僕 조선시대 사복시司僕寺의 별칭.

외사부外司部 백제시대 중앙행정관서. 사비시대泗沘時代 외관外官 10부十部의 하나로, 관료의 인사관계 업무를 담당함.

외사정外司正 신라시대 지방관의 비행을 감찰하기 위해 673년(문무왕 13)에 제정된 외관직. 주州에 각 2명, 군郡에 각 1명씩 모두 133명.

외서外書 태봉의 중앙관부인 광평성廣評省에 소속한 관직. 고려의 원외랑員外郎에 해당됨.

외시外寺 조선시대 내사복시內司僕寺를 내시內侍라고 함에 반하여 사복시를 가리켜 이르던 말.

외아전外衙前 조선시대 지방관사에 근무하던 아전.

외여갑당外餘甲幢 신라시대의 군대. 삼십구여갑당三十九餘甲幢의 한 부대. 소속군관으로 법당주法幢主 52명, 법당감法幢監 68명, 법당화척法幢火尺 102명이 있음.

외여갑당주外餘甲幢主 신라시대의 군관軍官. 지방의 군郡·성城·촌村에 설치된 외여갑당外餘甲幢의 지휘관으로, 정원은 52명.

외위外位 신라시대 오경五京·구주九州 등 지방민에게 주어졌던 관등. 모두 11관등으로 구성되어 있는데, 악간嶽干·술간述干·고간高干·귀간貴干·찬간撰干·상간上干·간干·일벌一伐·일척一尺·피일彼日·아척阿尺의 순임. 외위 11관등은 간 이상의 간위관등干位官等과 일벌 이하의 비간위관등非干位官等으로 대별되는데, 간을 칭하는 간위관등은 종래의 대·소부족장들이 칭하던 간이 세분되어 순서가 정해진 것이고, 비간위관등은 종래 부족장들의 신료가 가졌던 관등임.

외제外制 외지제고外知制誥의 약칭.

외제外製 외지제교外知制教의 약칭.

외지제고外知制誥 고려시대 국왕이 하달하는 지시문인 조서 또는 교서를 작성하는 일을 맡은 관직. 한림원·보문각의 관리가 겸임하는 지제고를 내지제고內知制誥라 함에 반해 그 외 타관이 겸임하는 경우를 외지제고라 함. 약칭 외제外制.

외지제교外知制教 ① 고려시대 외지제고外知制誥를 고친 것임. ② 조선시대 국왕이 하달하는 지시문인 조서 또는 교서를 작성하는 일을 맡은 관직. 홍문관·규장각의 관리가 아닌 자들로서 정3품 이하 6품이상의 관리들로 선발하여 겸임하게 하는 지제교知製教. 줄여서 외제外製라고도 함.

외척外戚 모계母系의 친족.

외평外評 고구려시대의 관직. 고구려 후기에 관제가 정비되면서 내평內評과 함께 설치됨. 지방관료들을 규찰하던 관직으로 추측됨.

요무교위耀武校尉 고려시대 무산계武散階의 하나. 무산계 29계 가운데 제14계로, 정6품 상계上階의 관계명官階名.

요무부위耀武副尉 고려시대 무산계武散階의 하나. 무산계 29계 가운데 제15계로, 정6품 하계下階의 관계명官階名.

요물고料物庫 고려시대 왕실이 소비하는 곡물을 맡아보던 관청. 1310년(충선왕 2)에 비용사備用司를 고친 것임.

요역徭役 수취방법의 하나로 국가가 백성의 노동력을 무상으로 징발하던 제도. 요부徭賦·부역賦役·차역差役·역역力役·잡역雜役 등이라고도 함.

욕사褥奢 고구려시대의 관등. 12관등 중제10위 관등.

욕살褥薩 고구려시대의 지방관직. 욕살傉薩로도 표기됨. 지방통치조직을 대성大城·성성城城·소성小城의 3단계로 구획하고, 여기에 중앙관리를 파견하였는데, 이 중 대성의 장관을 욕살이라고 함. 임무는 대성의 행정과 군사를 관장하는 군정軍政의 책임을 짐.

용庸 조租·용·조調로 일컫는 공부貢賦의 하나. 장정壯丁이 공역公役에 일정한 기간 종사하지 않을 경우에 그 대신 현물로 내는 것.

용기순위사龍騎巡衛司 조선 1395년(태조 4)에 의흥친군위義興親軍 십위十衛의 하나인 신호위神號衛를 고친 것임. 1457년(세조 3)에 오위五衛를 두면서 폐지됨.

용두龍頭 고려시대 문과文科에서 장원을 한 사람을 일컬음.

용만관龍灣館 조선시대 대중국 사행로인 의주에 설치한 객사客舍. 1484년(성종 15)에 창건됨.

용무순위사龍武巡衛司 조선 1395년(태조 4)에 의흥친군義興親軍 십위十衛의 하나인 흥위위興威衛를 고친 것임. 1457년(세조 3)에 오위五衛를 두면서 폐지됨.

용양순위사龍驤巡衛司 조선 1395년(태조 4)에 의흥친군義興親軍 십위十衛의 하나인 좌우위左右衛를 고친 것임. 1457년(세조 3)에 오위五衛를 두면서 폐지됨.

용양위龍驤衛 조선시대 1457년(세조 3)에 설치된 오위五衛의 하나 좌위左衛로서, 중·좌·우·전·후의 다섯 부로 나누어져 경상도 각 진의 군사를 장악함. 1882년(고종 19)에 폐지됨.

용왕전龍王典 신라시대 동궁관東宮官에 소속된 관청. 용왕에게 제사지내는 모든 일을 관장함. 소속 관원으로 대사大舍 2명, 사史 2명을 둠.

용주龍州 발해의 지방행정구역. 62주州 가운데 하나. 오경五京 가운데 하나인 상경용천부上京龍泉府에 속하며, 또한 상경용천부의 수주首州이기도 함.

용천관龍泉館 조선시대 대중국 사행로에 설치된 객사客舍.

용호군龍虎軍 고려시대 경군京軍인 2군二軍의 하나. 견룡군牽龍軍이라고도 함. 두 개의 영으로 이루어짐.

용호영龍虎營 조선시대 국왕을 직접 호위하던 친위군영親衛軍營·내삼청內三廳·금군청禁軍廳 이라고도 함. 1755년(영조 31)에 금군청을 고친 것임. 1882년(고종 19)에 무위영武衛營에 합쳐졌다가 뒤에 다시 복설되었고, 1894년에 다시 통위영統衛營에 합쳐져 혁파됨.

우虞 신라시대 왕궁에 설치된 관직.

우가牛加 부여시대의 관직. 부여연맹체를 구성하는 중심세력의 족장으로, 부여의 정치운영에 크게 영향력을 행사함.

우간의대부右諫議大夫 ① 고려시대 중서문하성의 정4품 관직. 정원 1명. 목종 때 설치되었으며, 문종 때 정비됨. 1116년(예종 11)에 우사의대부右司議大夫로 바뀌고, 1298년(충렬왕 24) 다시 우간의대부로 바뀌고 종4품직으로 됨. 곧 우사의대부로 개칭되었다가, 1356년(공민왕 5)에 우간의대부로 버뀌고 종3품으로 올랐으며, 1362년에 다시 우사의대부로, 1369년에 우간의대부로, 1372년에 또다시 우사의대부로 바뀜. 중서문하성의 낭사郎舍로서 간쟁諫爭과 봉박封駁을 담당하던 간관직諫官職. ② 조선 초기 문하부의 종3품 관직. 정원 1명. 1392년(태조 1)에 설치되어, 1401년(태종 1)에 낭사가 사간원司諫院으로 독립하면서 우사간대부右司諫大夫로 개칭되고 정3품 당상관으로 승격됨. 1460년(세조 6) 사간司諫으로 개칭됨.

우곡정雨谷停 신라시대 육기정六畿停의 하나. 서형산군西兄山郡에 소속되었는데, 경덕왕 때 서형산군이 상성군商城郡으로 바뀌면서 북기정北畿停으로 명칭이 바뀜.

우권독右勸讀 조선시대 세손강서원世孫講書院의 종5품 관직. 정원은 1명. 세손의 교육을 담당함.

우규右揆 조선시대 우의정의 별칭.

우달치우달적于達赤 고려 후기 몽고의 영향을 받아 설치된 군사조직. 우달치[우달적迂達赤]라고도 표기됨. 문지기〔사문인司門人〕를 뜻하는 몽고어의 차자借字임. 국왕의 주위에서 근시近侍·숙위宿衛하는 업무를 담당하였으며, 홀치홀적忽赤·속고치[속고적束古赤]와 더불어 애마愛馬로 불림. 조선 초에 애마를 혁파할 때 폐지됨.

우대언右代言 ① 고려시대 밀직사의 정3품 관직. 1310년(충선왕 2)에 우승지右承旨를 고친 것임. 1356년(공민왕 5) 우승선右承宣으로 개명되고, 1362년 다시 우대언으로, 1369년 우승지로 개칭되었다가, 뒤에 다시 우대언으로 개칭됨. ② 조선시대 승정원의 정3품 관직. 1401년(태종 1)에 우승지右承旨를 고친 것임. 뒤에 다시 우승지로 바뀜.

우림위羽林衛 조선시대 중앙의 친위부대의 하나. 1492년(성종 23)에 서얼庶孽의 진출로를 열어 준다는 취지 아래 신설됨. 무재武才가 특이한 서얼 가운데 시취試取한 50명을 정원으로 함.

우림위장羽林衛將 조선시대 우림위羽林衛의 우두머리 관직. 처음에는 종2품 무관직으로 5명을 두었으나, 1652년(효종 3)에 금군청에 소속되면서 정3품 당상관으로 2명을 둠. 금군 200명을 거느림.

우맹분위右猛賁衛 발해시대 중앙에 두었던 십위十衛 군영의 하나. 대장군大將軍·장군將軍 등의 관직이 있음.

우문전右文殿 고려 말기의 시종기관. 초기에 문신 중에서 재질과 학식이 있는 자를 선발하여 시종하게 한 문덕전文德殿이 1136년(인종 14) 수문전修文殿으로 개칭되고, 1303년(충렬왕 29) 우문관右文館

으로 바뀜. 1308년 문한서文翰署에 합쳐졌다가, 다시 분리되어 우문관이 되었으며, 1356년(공민왕 5) 다시 수문전, 1362년 우문전, 1369년 수문전, 1372년 우문전으로 바뀜.

우병영右兵營 조선 1603년(선조 36)에 경상도의 진주에 설치됐던 병마절도사영의 별칭.

우보右輔 ① 고구려 초기의 관직. 우상右相이라고도 함. 서열상 좌보左輔의 차위직. 군국지사國之事와 병마지사兵馬之事를 관장함. 166년(신대왕 2)에 국상國相으로 바뀜. ② 백제초의 관직. 우상右相이라고도함. 서열상 좌보左輔의 차위직. 군국지사君國之事와 병마지사兵馬之事를 관장함.

우보간右補諫 고려시대 중서문하성의 정6품 관직. 우사간右司諫을 고친 것임. 1298년(충렬왕 24)에 다시 우사간으로 고치고, 1308년(충렬왕 34)에는 우헌납右獻納으로 바뀜.

우보궐右補闕 ① 고려 전기 내사문하성內史門下省의 정6품 관직. 정원은 1명. 간쟁諫爭·봉박封駁을 담당함. 성종 때 이미 좌보궐左補闕과 함께 설치되어 있었으며, 1061년(문종 15) 내사문하성이 중서문하성中書門下省으로 되자 그 속관으로 존속됨. 그 뒤 예종 때 우사간右司諫으로 고쳐지고, 뒤에 다시 우보간右補諫으로 고쳐졌으며, 1298년(충렬왕 24)에 또다시 우사간으로, 1308년에 우헌납右獻納으로 고쳐지고 정5품으로 올림. ② 조선 초기 문하부의 정5품 관직. 1392년(태조 1)에 설치되었다가, 1401년(태종 1)에 사간원이 독립되면서 우헌납右獻納으로 바뀜. 1460년(세조 6)에 폐지되었다가, 1463년 다시 헌납으로 개칭됨.

우복야右僕射 ① 고려시대 상서도성尙書都省의 정2품 관직. 정원은 1명. 상서우복야尙書右僕射라고도 함. 성종 때 상서도성과 함께 설치되었으며, 문종 때 품계와 정원이 정해짐. 1275년(충렬왕 1) 상서도성이 혁파됨과 동시에 폐지되었다가, 1298년에 첨의부僉議府에 다시 두어졌고, 그후 다시 없어졌으며, 1356년(공민왕 5)에 상서성尙書省의 복구와 더불어 환원되었다가 1362년 상서성이 삼사三司로 대치되면서 다시 폐지됨. ② 조선 초기 삼사三司의 정2품 관직. 정원 1명. 1392년(태조 1)에 제정되어, 1400년(정종 2)에 우사右使로 개칭되어, 1401년(태종 1) 삼사가 사평부司平府로 바뀌면서 1404년 참판사평부사參判司平府事로 개칭되었으나, 다음해에 폐지됨.

우부대언右副代言 ① 고려 후기 밀직사의 정3품 관직. 정원은 1명. 1310년(충선왕 2)에 우부승지를 고친 것임. 1356년(공민왕 5) 밀직사가 추밀원으로 복구되면서 우부승선右副承宣으로 개칭됨. 1362년 우부대언으로 바뀌고, 1369년 우부승선으로, 1372년 우부대언으로 바뀜. ② 조선 초기 승추부·승정원의 정3품 관직. 1401년(태종 1)에 승정원이 승추부로 바뀌면서 승정원의 우부승지가 바뀐 것임. 1405년 승추부가 폐지되고 승정원이 복설되면서 그대로 존속되다가, 1433년(세종 15) 우부승지로 바뀜.

우부빈객右副賓客 조선시대 세자시강원世子侍講院의 종2품 관직. 정원은 1명. 타관이 겸직함.

우부수右副率 조선시대 세자익위사世子翊衛司에 정7품 관직. 정원은 1명.

우부승선右副承宣 ① 고려시대 중추원의 정3품 관직. 정원은 1명. 1023년(현종 14) 처음 설치되었으며, 문종 때 정3품직으로 정비됨. 왕궁에서 직숙直宿하면서 왕명을 출납함. 좌부승선左副承宣보다 하위직. 1276년(충렬왕 2)에 우부승지로 개칭되었고, 1298년에는 종6품으로 내렸다가, 뒤에 다시 정3품으로 올렸으며, 1310년(충선왕 2)에 다시 우부대언으로 바뀜. 1356년(공민왕 5) 우부승선으로 환원되었고, 1362년 우부대언, 1369년 우부승선, 그후 다시 우부대언으로 바뀜. ② 조선 1894년(고종 31)에 승정원을 승선원으로 고치면서 두었던 관직. 정원은 1명.

우부승지右副承旨 ① 고려시대 밀직사의 정3품 관직. 정원은 1명. 국왕의 측근에서 왕명을 출납함. 1276년(충렬왕 2)에 우부승선右副承宣을 고친 것임. 1298년에 종6품의 부승지副承旨로 격하, 개칭되었으며, 같은 해 다시 부승지가 정3품의 좌·우부승지로 환원되면서 복구되었고, 1310년(충선왕 2) 좌부승지와 함께 부대언代言으로 개칭됨. ② 조선 초기 중추원의 정3품 관직. 1392년(태조 1) 관제 제정 시 중추원에 설치되었으며, 1400년(정종 2) 중추원이 의흥삼군부와 승정원으로 나누어지고 중추원의 왕명 출납 기능이 승정원으로 귀속되면서 승정원에 속하게 됨. ③ 조선시대 승정원의 정3품 관직. 1400년(정종 2) 중추원이 의흥삼군부와 승정원으로 나누어질 때 승정원으로 나누어질 때 승정원에 설치되었으며, 1401년(태종 1) 의흥삼군부와 승정원이 합해져 승추부로 바뀔 때 우부대언右副代言으로 개칭됨. 1405년 승추부가 폐지되고 우부승지로 바뀌어, 1433년(세종 15) 우부승선으로 개칭될 때까지 존속되다가, 1433년(세종 15) 우부승지로 바뀌어, 1894년(고종 31) 궁내부宮內府 승선원承宣院의 관직. 정원은 1명. 국왕의 측근에서 왕명을 출납하고 육조의 업무를 분장하였으며, 춘추관수찬관·경연참찬관·첨사원첨사詹事院詹事 및 예빈시禮賓寺와 경복궁의 부제조副提調 등을 겸직함.

우부승직右副承直 고려 1356년(공민왕 5)에 제정된 내시부의 종6품 관직. 정원은 1명.

우비위右羆衛 발해시대 중앙군 10위衛의 하나. 대장군·장군 등의 관직이 있음.

우빈객右賓客 조선시대 세자시강원世子侍講院의 정2품 관직. 정원은 1명으로 타관이 겸함.

우사右史 조선시대 춘추관의 관원 중에서 임금의 언행을 맡아 기록하던 사관.

우사右使 ① 고려시대 삼사三司의 정2품 관직. 고려 전기에는 삼사三司에서 사使 2명이었던 것이 충렬왕 때 좌사左使와 우사로 분리되면서 처음 설치됨. 1356년(공민왕 5) 삼사가 혁파되면서 폐지되었다가, 1362년 삼사의 부활과 함께 다시 설치되어 품계는 정2품. 정원은 1명으로 됨. ② 조선 초기 삼사三司의 정2품 관직. 1400년(정종 2)에 우복야右僕射를 고친 것임. 1401년(태종 1)에 삼사를 사평부司平府로 고친 후 1404년에 참판사평부사參判司平府事로 고쳐졌다가 다음해에 사평부를 없앨 때 폐지됨.

우사간右司諫 고려시대 중서문하성의 정6품 관직. 간쟁諫諍·봉박封駁을 담당함. 예종 때 우보궐右補闕을 고친 것임. 그후 우보간右補諫으로 개칭되었다가, 1298년(충렬왕 24) 다시 우사간으로, 1308년에 우헌납右獻納으로, 1356년(공민왕 5)에 또다시 우사간으로 되었는데, 이때의 품계는 종5품임. 1362년 우헌납으로 바뀌고 정5품으로 되었으며, 1369년에 우사간으로 개칭되었다가, 1372년에 우헌납으로 고쳐짐.

우사경右司經 고려 1390년(공양왕 2)에 제정된 동궁東宮의 6품 관직.

우사낭중右司郞中 고려시대 상서도성尙書都省의 5품 관직.

우사록관右司祿館 신라시대 관리의 녹봉과 녹읍祿邑에 관한 사무를 관장하던 관청. 681년(문무왕 21)에 설치됨. 소속 관원으로 감監 1명, 주서主書 2명, 사史 4명을 둠.

우사어右司禦 조선시대 세자익위사世子翊衛司의 종5품 무관직. 왕세자를 호위·시종하는 임무를 맡음. 1418년(태종 18)에 세자관속世子官屬에서 익위사가 분리, 설치되면서 우익위右翊衛로 개칭됨.

우사윤右司尹 고려시대 왕비부 王妃府의 종3품 관직.

우사의대부右司議大夫 고려시대 중서문하성의 정4품 관직. 예종 때 우간의대부右諫議大夫를 고친 것임.

우사정右司政 발해시대의 관직. 정당성政堂省의 차관직.

우산기상시右散騎常侍 ① 고려시대 중서문하성의 정3품 관직. 1362년(공민왕 11)에 우상시右常侍로 고쳤고, 1369년에 다시 우산기상시라 하였다가, 1372년에 또 우상시로 바꿈. ② 조선 초기 문하부의 정3품 관직. 1401년(태종 1)에 사간원을 분리, 독립시키면서 폐지됨.

우상右相 ① 발해시대 중대성中臺省의 우두머리 관직. ② 조선시대 우의정의 이칭.

우상시右常侍 우산기상시右散騎常侍의 약칭.

우서자右庶子 고려 1068년(문종 22)에 제정된 동궁東宮의 정4품 관직.

우세마右洗馬 조선시대 세자익위사世子翊衛司의 정9품 관직.

우수변牛首邊 신라시대의 군대. 한산변漢山邊·하서변河西邊과 함께 삼변수당三邊守幢이라고 함. 690년(신문왕 10)에 설치됨.

우수영右水營 조선시대 전라도와 경상도에 설치한 수군의 주진主鎭. 전라도우수영은 처음에 무안에 두었다가 1465년(세조 11) 이후 해남으로 옮기고, 경상도우수영은 처음에 거제에 두었다가 1604년(선조 37) 고성固城(:지금의 충무시)으로 옮김. 1907년 군대해산령에 의하여 폐지됨.

우수정牛首停 신라시대 지방군대인 육정六停의 하나. 673년(문무왕 13) 비열홀정 比列忽停을 없애고 지금의 춘천지방에 설치한 군영. 금衿의 빛깔은 녹백색綠白色.

우수정계당牛首停罽幢 신라시대의 군대. 한산주계당漢山州罽幢과 더불어 이계당二罽幢의 하나로, 672년(문무왕 12)에 우수주牛首州(지금의 춘천)에 설치됨.

우수주삼천당牛首州三千幢 신라시대의 군대. 신삼천당新三千幢 신라시대의 군대. 신삼천당新三千幢의 한 부대로, 672년(문무왕 12)에 우수牛首(지금의 춘천)에 설치됨.

우수주서牛首州誓 신라시대 오주서五州誓의 하나. 672년(문무왕 12)에 우수주牛首州(지금의 춘천)에 설치된 군영. 금衿의 빛깔은 녹자색綠紫色.

우습유右拾遺 ① 고려시대 중서문하성의 종6품 관직. 정원은 1명. 목종 때 이미 설치되어 있었으며, 1116년(예종 11)에 우정언右正言으로 바뀜. ② 조선 초기 문하부의 종6품 관직. 1401년(태종 1)에 사간원을 설치하면서 우정언右正言으로 바뀜.

우승右丞 ① 고려시대 상서도성尙書都省의 종3품 관직. 정원은 1명. 상서우승尙書右丞이라고도 함. 1275년(충렬왕 1) 상서성尙書省이 폐지될 때 함께 혁파되었으며, 1356년(공민왕 5) 다시 부활되었다가, 1362년 상서성이 또다시 폐지됨으로써 폐지됨. ② 조선 초기 삼사三司의 종3품 관직. 정원은 1명. 태종 초에 삼사가 사평부司評府로 개편되고, 이어 사평부가 호조에 병합되면서 혁파됨.

우승상右丞相 우의정議政의 이칭.

우승선右承宣 ① 고려시대 중추원의 정3품 관직. 정원은 1명. 왕명을 출납함. 1023년(현종 14) 중추원의 일직원日直員으로서 처음 두어졌으며, 문종 때 정3품 관직으로 정비됨. 1276년(충렬왕 2)에 우승지右承旨로 개칭되고, 1298년에 종6품으로 내렸다가 곧 다시 올렸으며, 1310년(충선왕 2)에 우대언右代言으로 바뀜. 1356년(공민왕 5) 다시 우승선으로, 1362년으로 우대언으로, 1369년 우승지로, 뒤에 다시 우대언으로 바뀜. ② 조선 1894년(고종 31)에 승정원을 개칭한 승선원承宣院의 관직. 정원은 1명.

우승지右承旨 ① 고려시대 밀직사의 정3품 관직. 정원은 1명. 성종 때의 우승선右承宣이 1276년(충렬왕 2)에 개칭된 것임. ② 조선 초기 중추부의 정3품 관직. ③ 조선시대 승정원의 정3품 관직. 예조와 그 부속 아문에 관련된 왕명의 출납出納을 맡아봄. 1401년(태종 1)에 우대언右代言으로 고쳐졌다가 뒤에 다시 우승지로 바뀜. 예방승지禮房承旨라고도 함.

우승직右承直 고려 1356년(공민왕 5)에 제정된 내시부의 종5품 관직.

우시금右侍禁 고려시대 액정국掖庭局의 정8품 관직. 남반南班 출신의 관리들로서 임명됨.

우시중右侍中 문하우시중門下右侍中의 약칭.

우시직右侍直 조선시대 세자익위사世子翊衛司의 정8품 무관직. 왕세자를 배종함.

우신모전右新謀典 신라시대의 관청. 소속관으로 대사大舍 1명과 사史 2명을 둠.

우어청偶語廳 조선시대 사역원司譯院내에 설치된 통역원 양성소. 중국어·몽고어·여진어·일본어의 4개 과정이 설치되어 있음.

우영右營 조선 1883년(고종 20)에 설치된 친군영의 하나. 1888년에 후영後營·해방영海防營과 합쳐 통위영統衛營으로 됨.

우웅위右熊衛 발해시대 중앙에 둔 군영의 하나. 십위十衛의 하나. 대장군·장군 등의 관직이 있음.

우위右衛 ① 조선 1392년(태조 1)에 설치된 의흥친군義興親軍衛의 하나. 1395년(태조 4)에 충좌시위사忠佐侍衛司로 개칭되었다가, 1457년(세조 3)에 오위五衛를 두면서 폐지됨. ② 조선시대 오위五衛의 하나. 즉 호분위虎賁衛·친족위親族衛·친군위親軍衛와 평안도 지방의 군사들을 통솔함.

우위수右衛率 ① 고려 1391년(공양왕 3)에 설치된 춘방원春坊院의 정5품 관직. 정원은 1명. 세자의 배위陪衛를 주임무로 함. ② 조선시대 세자익위사世子翊衛司의 종6품 관직. 정원은 1명. 세자를 배위陪衛를 주임무로 함.

우유덕右諭德 고려 1068년(문종 22)에 제정된 동궁東宮의 정4품 관직.

우유선右諭善 조선시대 세손강서원世孫講書院의 정3품 당하관 내지 종2품 관직. 정원은 1명.

우육사右六司 발해시대 정당성 소속 육부六部 가운데 지부智部·예부禮部·신부信部를 일컬음. 장은 우윤右尹.

우윤右允 발해시대 정당성政堂省 소속우육사右六司의 장관.

우윤右尹 ① 고려시대 삼사三司의 종3품 관직. ② 조선시대 한성부의 종2품 관직. 정원은 1명.

우의정右議政 조선시대 의정부의 정1품 관직. 정원은 1명. 우상右相·우규右揆·우정승右政丞·우합右閤이라고도 함. 1400년(정종 2) 도평의사사都評議使司가 의정부로 개편되면서 성립됨. 처음에는 도평의사적인 성격이 계속되어 문하우정승門下右政丞이라 하다가, 1401년(태종 1) 문하부를 혁파하면서 의정부우정승으로 고쳐짐. 1414년 의정부기능의 축소에 수반되어 의정부좌정승과 함께 정원 2명의 판부사判府事로 개칭되었고, 그해 6월 판부사가 좌·우의정으로 분리, 개칭되면서 정립되어, 1894년(고종 31) 영의정·우의정과 합하여 총리대신總理大臣으로 개칭될 때까지 존속됨. 영의정·좌의정과 함께 삼공三公이 되어 국왕을 보좌하면서 백관을 통솔하고 서정을 감독함.

우이방부右理方府 신라 667년(문무왕 7)에 설치된 나라의 법률관계의 사무를 맡아 보던 관청. 소속 관원으로 영令 2명, 경卿 2명, 대사大舍 2명, 사史 10명이 있음.

우익선右翊善 ① 고려시대의 정5품 관직. 1308년(충렬왕 34)에 세자부世子府와 왕자부王子府에 각각 1명을 둠. ② 조선시대 세손강서원世孫講書院의 종4품 관직. 정원은 1명. 타관이 겸임함.

우익위右翊衛 조선시대 세자익위사世子翊衛司의 최고 무관직. 정5품직. 1418년(태종 18) 우사어右司禦가 개칭된 것임. 왕세자를 위한 경강經講의 질의응답에 참가하여 세자를 보위함. 정조 이후 좌·우를 없애고 익위로만 불림.

우익찬右翊贊 조선시대 세자익위사世子翊衛司의 정6품 무관직. 1418년(태종 18) 우익위右翊衛가 개칭된 것임. 세자가 갑사甲士중

에서 임명하거나 또는 공신자제 및 재상자제로서 마땅한 자를 임용함. 주임무는 왕세자를 호위하는 것으로서 궁시弓矢를 패용함.

우자의右諮議 조선 초기 삼사三司의 정4품 관직. 정원은 1명. 1392년(태조 1)에 설치되었으며, 백관의 녹봉 지급, 국용의 회계에 관한 실무를 관장함.

우장사右長史 ① 조선 초기 삼사三司의 정5품 관직. ② 조선시대 세손위종사世孫從司의 종6품 무관직. 왕세손의 배종호위를 담당함. 1448년(세종 30) 세손위종사가 세손강서원世孫講書院에 따라 동반東班의 다른 관원이 겸직하였으며, 1894년(고종 31) 갑오개혁 때 폐지됨.

우정국郵政征局 조선 말기 우편사무를 맡아보던 관청. 우정국郵征局·우정총국郵政總局이라고도 함. 1884년(고종 21) 군국사무아문 산하에 우정총국으로 설치되어, 그해 11월 17일부터 우정사무를 시작함. 1884년 12월 4일 우정국의 개업을 알리는 축하연에서 갑신정변이 일어나 12월 19일 만에 폐지됨.

우정사郵程司 조선 말기 교통 및 체신 업무를 맡았던 관청. 1882년(고종 19) 통리교섭통상사무아문統理交涉通商事務衙門 소속4사司 중의 하나로 설치됨.

우정승右政丞 우의정右議政의 이칭.

우정언右正言 ① 고려시대 중서문하성의 6품 관직. 1116년(예종 11)에 우습유右拾遺를 고친 것임. ② 조선시대 사간원의 종6품 관직.

우정총국郵征總局 조선 말기 우체업무를 담당하던 관청. 1884년(고종 21) 3월 27일에 설치되어, 그해 10월 우체업무를 시작함.

우제虞祭 장사를 지낸 뒤 망자의 혼백을 평안하게 하기 위하여 지내는 제사. 제사 당일 지내는 초우初虞, 다음날 지내는 재우再虞, 그 다음날 지내는 삼우三虞가 있음.

우종사右從史 조선시대 세손위종사世孫從司의 종7품 무관직. 정원은 1명. 왕세손의 배종호위를 담당함. 1894년(고종 31) 갑오개혁 때 폐지됨.

우찬독右贊讀 조선시대 세손강서원世孫講書院의 종6품 관직. 정원은 1명. 타관이 겸임함.

우찬선대부右贊善大夫 고려 1068년(문종 22)에 제정된 동궁관東宮의 정5품 관직. 정원은 1명.

우찬성右贊成 조선시대 의정부의 종1품 관직. 정원은 1명. 좌찬성·좌참찬·우참찬과 함께 3의정을 보좌하고, 국정에 참여하였으며, 3의정 유고시에 그 임무를 대행함.

우참찬右參贊 조선시대 의정부의 정2품 관직. 정원은 1명. 좌찬성·우찬성·좌참찬과 함께 3의정을 보좌하고, 국정에 참여하였음.

우첨사右詹事 ① 고려시대 1131년(인종 9)에 설치된 동궁의 사무를 맡은 첨사부詹事府의 정3품 관직. 정원은 1명. ② 고려 문종 때 제정된 왕비부王妃府의 관직.

우체사郵遞司 조선 1895년(고종 32)에 설치된 근대적 우편업무를 관장하던 관청. 1905년에 폐지됨.

우태優台 고구려시대의 관직. 우태于台로도 표기됨. 원래 연장자·족장을 의미하는 말이었으나, 고구려가 족장세력들을 통합, 재편하여 지배체제를 마련할 때 고구려의 관직으로 수용된 것임. 후에 대형大兄·소형小兄 등의 '형兄'으로 한역漢譯되어 고구려의 관계 명관階名으로 사용되기도 함.

우통례右通禮 조선시대 통례원通禮院의 차관직. 정3품직. 정원은 1명. 각종 조의朝儀(:조정에서 행하는 모든 의식의식儀式)를 관장함.

우평장사右平章事 발해시대 정령政令을 마련하고 정책을 심의하던 기관인 중대성中臺省의 차관직. 우상右相의 차위직.

우포도대장右捕盜大將 조선시대 우포도청右捕盜廳의 우두머리 관직. 종2품의 무관직. 우포장右捕將이라고도 함.

우합右閤 우의정右議政의 이칭.

우헌납右獻納 고려시대 도첨의사사都僉議使司·도첨의부都僉議府·문하부門下府에 소속된 관직. 품계는 정5품. 정원은 1명. 1308년(충렬왕 34)에 우사간右司諫을 고친 것임. 1356년(공민왕 5)에 다시 우사간이라 하고 종5품으로 내렸다가, 1362년에 다시 우헌납으로 고치고 정5품으로 하였으며, 1369년에 또 우사간이라 하였다가, 1372년에 또다시 우헌납으로 바뀜. 간관諫官의 일원으로서 각종 언론활동을 함.

우후虞候 조선시대 각 도 절도사節度使 소속의 무관직. 절도사의 막료로서 주장을 보필하여 아장亞將이라고도 함. 남병사南兵使(:함경남도병마절도사)를 제외한 전임專任 절도사 밑에 두었으며, 병마절도사에 소속된 종3품의 병마우후兵馬虞候와 수군절도사에 소속된 정4품의 수군우후水軍虞候로 구분되고, 임기는 720일(2년)임.

운각芸閣 조선시대 교서관校書館의 별칭.

운감雲監 조선시대 관상감觀象監의 별칭.

운검雲劍 조선시대 2품 이상의 무반武班 두 사람이 큰칼〔운검雲劍〕을 차고 임금의 좌우에 서서 호위하던 임시벼슬. 나라에 큰 잔치나 회합이 있어 임금이 임어臨御할 때 유능한 무장武將 중에서 믿는 사람을 골라서 임명함. 정식명칭은 별운검別雲劍.

운제당雲梯幢 신라시대의 군대. 사설당四設幢의 하나. 운제, 즉 성을 공격할 때 구름사다리를 설치하는 일을 맡은 부대. 소속 군관으로 법당주法幢主 6명, 법당감法幢監 12명, 법당화척法幢火尺 11명을 둠.

운제당주雲梯幢主 신라시대 운제당雲梯幢의 우두머리 관직. 급찬級湌으로부터 사지舍知까지의 관직으로 시킴.

운향사運餉使 조선시대 군량을 운반하는 일을 주관하기 위하여 임시로 파견되던 관직. 흔히 의주부윤이 겸임하였음.

운휘대장군雲麾大將軍 고려시대 무산계武散階의 하나. 무산계 29계 가운데 제5계로, 종3품의 관계명官階名.

울절鬱折 고구려의 관직. 왕명의 출납과 국가의 행정을 담당하던 주부主簿와 같은 관직명으로 비정되기도 함. ≪신당서≫에는 2품직으로, ≪한원翰苑≫에는 3품직으로 나옴.

웅무시위사雄武侍衛司 조선 1395년(태조 4)에 의흥친군義興親軍의 십위十衛의 하나인 응양위鷹揚衛를 고친 것임. 1457년(세조 3)에 오위五衛를 두면서 폐지됨.

웅진도독부熊津都督府 백제 멸망 후 그 옛땅에 설치된 당나라의 통치기관. 660년 7월 나당연합군이 백제를 멸망시키고, 당나라가 백제의 옛땅을 통치하기 위하여 5개의 도독부를 두었는데, 그 가운데 가장 중심이 되는 지역. 지금의 부여인 사비泗泌城 지역에 설치됨. 677년(문무왕 17) 신라의 공격으로 폐지됨.

원院 공적인 임무를 띠고 지방에 파견되는 관리나 상인 등 공무여행자에게 숙식 편의를 제공하던 공공 여관. 흔히 각 원에는 원주院主를 두어 그 일을 맡아보게 하였음.

원園 왕세자·왕세자비 및 왕의 친척들의 무덤.

원곡양전源谷羊典 신라시대의 관청. 내성內省에 소속되어 있었음. 829년(흥덕왕 4)에 설치됨. 소속 관원으로 대사大舍 1명, 간옹看翁 1명을 둠.

원구단圜丘壇 천자天子가 하늘에 제사를 드리는 둥근 단으로 된 제천단祭天壇. 황단皇壇이라고도 함.

원납전願納錢 조선 말기 대원군이 경복궁 중수를 위하여 받아들인 기부금. 1865년(고종 2) 경복궁 중수 계획을 수립하고, 그 경비를 충당하기 위하여 각계각층에게 자진해서 돈을 기부하게 해서 받아들인 돈.

원당전願堂典 신라시대의 관청. 삼국통일 이후 왕실사원의 원당을

관리하기 위해 설치됨. 소속 관원으로 대사大舍 2명, 종사지從舍知 2명이 있음.

원보元甫 ① 고려 초기 태봉의 관제를 따른 관계官階. 919년(태조 2)부터 사용되어 936년 후삼국 통일을 전후하여 완성되었으며, 16관계 중 제8위로 정4품에 해당됨. ② 고려시대의 향직鄕職. 향직 16관계 중 제8위 등급.

원보元輔 ① 후고구려의 9관등 중 정광正匡 다음의 두 번째 관등. ② 조선시대 영의정의 이칭.

원봉성元鳳省 ① 태봉의 중앙관부. 광평성廣評省 산하의 18개 관부 중 하나. 고려의 한림원翰林院(:후의 예문관)에 해당되며, 사명詞命(:임금의 말 또는 명령)의 제찬制撰을 관장함. ② 고려 초기 사명詞命의 제찬制撰을 관장하던 관청. 뒤에 학사원學士院으로 고쳐졌다가 현종 때 한림원翰林院으로 바뀜.

원사元使 고려시대 중추원中樞院의 종2품 관직.

원상院相 고려시대 국왕이 병이 났거나 어린 왕이 즉위하였을 때 국정을 의논하기 위하여 현임·전임의 재상들로 하여금 승정원에 주재하게 한 임시관직. 처음에는 재상들이 원상이 되었으나, 뒤에는 현임 3정승三政丞을 원상으로 임명하는 것이 관례가 됨.

원손元孫 왕의 맏손자로서 아직 왕세손으로 책봉되지 않았을 때 일컫던 칭호.

원수부元帥府 대한제국 때 설치되었던 황제 직속의 최고 최고군통수기관. 1899년에 설치되어 1904년에 폐지됨.

원역員役 이서吏胥의 하나.

원외랑員外郎 ① 신라시대 집사성執事省의 관직. 759년(경덕왕 18)에 집사부執事部의 사지舍知를 고친 것임. 776년(혜공왕 12)에 다시 원외랑으로 바뀜. ② 발해시대의 관직. 육부六部 소속의 하위 관직. ③ 신라 말 고려 초 지방 향리직의 하나. 호부戶部에 소속된 관직으로 토지와 인구를 파악하고 전세田稅·공물·부역 등을 부과하는 임무를 수행함. 983년(성종 2) 향리직을 개편할 때 부호정副戶正으로 바뀜. ④ 고려시대 중앙행정관직. 초기에는 광평성廣評省과 내봉성內奉省에 설치되었으며, 성종 이후에는 상서육부尙書六部의 정6품 관직으로 설치됨. 1275년(충렬왕 1)에 좌랑佐郎으로 명칭이 바뀌었으며, 1298년에는 다시 원외랑으로, 1308년에는 산랑散郎으로, 1356년(공민왕 5)에는 원외랑으로, 1362년에는 좌랑으로, 1369년에는 산랑으로, 1372년에는 좌랑으로 바뀜.

원윤元尹 ① 태봉의 관계官階. 문·무관의 관계로 9품계 가운데 제4위에 해당함. ② 고려 초기의 관계官階. 태봉의 관계를 이어받아 919년(태조 2)부터 사용하여, 936년 후삼국 통일을 전후하여 완성되었으며, 전체 16관계 중 제10위로 정5품에 해당됨. ③ 고려시대 왕에게 수여된 품직品職의 하나). 1012년(현종 3) 종실제군宗室諸君을 공公·후侯로 봉하고 그 이하를 원윤·정윤正尹이라 함. 1298년(충렬왕 24) 원윤을 정2품으로 정함. ④ 고려시대 향직鄕職. 향직 16관계 중 제10위로 6품에 해당함. ⑤ 조선시대 대군이나 왕자군의 첩이 낳은 아들에게 주는 작호爵號.

원자元子 국왕의 맏아들로서, 아직 왕세자에 책봉되지 않았을 때 일컫는 칭호.

원자부元子府 조선 태종 때 원자元子의 교육을 위하여 특별히 설치되었던 기구.

원접사遠接使 조선시대 명나라와 청나라의 사신을 맞아들이던 관직. 2품관 중에서 문명과 덕망이 있는 자를 조정에서 선발하여 원접사로 삼고 의주까지 가서 중국 사신을 마중하여 잔치를 베풀게 함.

원종공신原從功臣 조선시대 국가나 왕실의 안정에 공훈이 있는 정공신正功臣 외에 수종유로자隨從有勞者에게 준 칭호.

원주院主 ① 고려시대 궁녀들에게 주던 관직. ② 조선시대 원院에

속되어 그것을 관리하는 사람. 원주인院住人이라고도 함.

원화源花 신라시대 화랑의 전신. 원화原花라고도 함.

월소越訴 조선시대 소정의 소원訴冤 절차를 거치지 않고 사헌부나 왕에게 호소하는 일.

월주越州 발해의 지방행정구역. 62주州 중의 하나. 회원부懷遠府에 속함.

월지악전月池嶽典 신라시대 동궁관東宮官에 소속된 관청. 소속 관원은 대사大舍 2명과 수주水主 1명이 있음. 태자가 기거하는 동궁인 월지궁月池宮 내 월지라는 연못의 조경을 담당한 부서로 추측됨.

월지전月池典 신라시대 동궁관東宮官에 소속된 관청. 태자가 기거하는 동궁인 월지궁月池宮 내 월지라는 연못을 관리하였던 부서로 추측됨.

위尉 ①고려시대 이군육위二軍六衛에 소속된 정9품 관직. ②조선 초기 의흥친군義興親軍의 십위十衛에 소속된 정9품의 무관직. ③조선시대 의빈부儀賓府의 작호爵號. 왕이나 왕세자의 사위인 부마駙馬들에게 주는 명예직으로 정1품에서 종2품까지 4종이 있음.

위사좌평衛士佐平 백제시대의 관직. 육좌평六佐平의 하나. 품은 1품. 궁궐을 지키며 군사관계의 일을 맡아봄.

위성공신衛聖功臣 조선 1613년(광해군 5)에 임진왜란 때 이천·전주로 광해군을 호종하였던 관원에게 내린 훈호勳號.

위수尉率 고려시대 동궁관東宮官인 춘방원春坊院의 정5품 관직. 좌·우 각 1명. 동궁의 신변을 보호함.

위수衛率 조선시대 세자익위사世子翊衛司에 소속된 종6품 무관직. 좌·우 각 1명. 왕세자를 배호陪扈함.

위어소葦魚所 조선시대 사옹원司饔院에 소속된 관청. 경기도 고양에 있었으며, 한강에서 나는 웅어[위어葦魚]를 잡아내는 일을 맡은 관청.

위위시衛尉寺 고려시대 의장儀仗에 쓰이는 예기禮器·병기兵器 등을 관장하던 관청. 918년(태조 1)에 설치된 내군경內軍卿이 내군內軍으로 되었다가, 960년(광종 11) 장위부掌衛部로 고쳐졌으며, 뒤에 사위시司衛寺로 개편된 뒤 995년(성종 14)에 위위시로 바뀜. 1308년(충렬왕 34)에는 이부吏部에 합쳐졌고, 1331년(충혜왕 1)에는 다시 설치되었다가, 1389년(공양왕 1)에 또다시 중방重房에 합쳐짐.

위유사慰諭使 지방에 자연재해가 일어났을 때 어명御命으로 백성을 위로하기 위하여 보내는 임시관직.

인도위位引道 신라시대의 관직. 인도전引道典에 소속되었으며, 정원은 3명.

위장衛將 ①조선시대 중앙군인 오위五衛에 소속된 종2품 무관직. 오위장五衛將이라고도 함. ②조선 후기 함경도에 설치되었던 오위五衛의 장. 주로 그 지방 수령이 겸임함.

위전位田 신라·고려·조선시대 역역役 지는 자에 대한 대가로서, 또는 관청의 경비나 관청에 소속된 사람들의 생활보장 등의 명목으로 지급된 토지.

위토位土 제사 또는 이와 관련된 사항들을 집행하는 데 드는 비용을 충당하기 위하여 마련된 토지.

위패位牌 죽은 사람의 이름과 죽은 날짜를 적은 나무패. 죽은 사람의 혼을 대신하는 것으로 여겨져 단檀·묘廟·원院·절에 모시며, 목주木主·영위靈位·위판位版·신주神主라고 부르기도 함.

위화부位和府 신라시대의 관청. 관리의 위계·인사에 관한 사무를 맡던 관청으로, 581년(진평왕 3)에 설치됨. 759년(경덕왕 18)에 사위부司位府로 고쳐졌다가 776년(혜공왕 12)에 다시 위화부로 바뀜.

위격장군遊擊將軍 고려시대 무산계武散階의 하나. 전체 29계 가운데 제13계로, 종5품 하계下階의 관계명官階名.

위기장군遊騎將軍 고려시대 무산계武散階의 하나. 전체 29계 가운데

제12계로, 종5품의 상계上階의 관계명官階名.

유내維乃 신라 말기에 존재하였던 호족관반豪族官班의 하나. 대호족들의 독자적인 통치기구인 병부兵部의 말단직. 중앙관제의 사史에 비견됨. 고려시대 들어가 향직鄉職으로 개편될 때 병사兵史로 바뀜.

유년칭원법踰年稱元法 왕정통치형태에서 역대 왕의 원년元年을 기산起算하는 방법 중 하나. 즉위 다음해로 원년을 삼아 죽은 해까지를 재위연수로 하는 방법.

유덕諭德 고려 1068년(문종 22)에 제정된 동궁東宮의 정4품 관직. 좌유덕과 우유덕이 있음.

유도당상留都堂上 조선시대 왕이 서울을 떠나 지방으로 행차할 때 서울에 머물러 있으면서 제기되는 일거리를 처리하는 당상관 관직.

유림랑儒林郎 고려시대 문산계文散階의 하나. 1076년(문종 30)에 문산계 29계 가운데 제26계인 정9품의 상계上階로 설치됨. 충렬왕 때까지 존속됨.

유방留防 조선시대 전략상 요충지에 군대를 배치해 불시의 변에 대비하게 한 제도.

유방군留防軍 조선시대 전략상 요충지에 상번常番하며 불시의 변에 대비하는 유방留防 군사.

유분전有分廛 조선시대 서울의 시전市廛 중에서 국역國役 부담의 의무를 가지고 있었던 전. 유분각전有分各廛이라고도 함.

유비고有備庫 조선 초기 군수물자의 보급을 담당하던 관청. 1397년(태조 6)에 설치됨.

유비창有備倉 고려 후기의 구휼기관. 충선왕 때 설치되었으며, 왕실 사고私庫로서의 성격이 강해 점차 구휼보다는 왕실의 토지점탈을 위한 기구로 변질되어, 1343년(충혜왕 복위 4) 충혜왕의 사고인 보흥고寶興庫에 병합되면서 폐지됨. 그후 다시 설치되어 공민왕 초까지 존속됨.

유사有司 어떠한 단체의 사무를 맡아보는 직무.

유사당상有司堂上 조선시대 종친부宗親府·충훈부·비변사와 기로소耆老所에서 실제 일을 담당한 우두머리 관직. 해당 관청의 당상관들 가운데서 시킴.

유서諭書 국왕이 군사권을 가진 관원에게 내리는 명령서.

유선諭善 조선 후기 세손강서원世孫講書院의 관직. 정3품 당하관 내지 종2품의 관리로 시키는데, 좌유선과 우유선이 있음. 왕세손의 교육을 담당함.

유수留守 고려·조선시대 수도 이외의 옛 도읍지나 국왕의 행궁이 있던 곳 및 수도경비에 필요한 곳에 두었던 특수행정직. 고려시대에는 옛 왕경인 삼경三京에 유수부를 설치하고 유수관을 둠. 조선시대에는 개성·강화·수원·광주廣州 등 서울을 지키는 데 유리한 네 곳에 설치됨.

유수관留守官 고려시대 서경西京인 평양과 남경南京인 양주에 두었던 외관직. 3품 이상의 관리로 임명함.

유수도留守都 조선시대 유수留守가 있는 곳인 개성부開城府·강화부江華府·수원부水原府·광주부廣州府을 일컬음.

유수부留守府 고려·조선시대 옛 도읍지나 행궁지 및 군사적인 요지에 설치되었던 행정기관. 즉 유수留守가 있는 지역.

유원위柔遠衛 조선시대 함경도의 종성도호부鐘城都護府·온성도호부穩城都護府·부령도호부富寧都護府·경흥도호부慶興都護府에 설치된 토관土官 서반西班의 위호衛號. 각각 여과勵果 1명을 포함하여 16명의 토관직을 둠.

유원장군柔遠將軍 고려시대 여진인에게 주던 관직.

유월칭원법踰月稱元法 왕정통치형태에서 역대 왕의 원년元年을 기산起算하는 방법 중 하나. 전왕이 죽은 다음달부터 신왕의 원년으로 하는 방법.

유음기광군有蔭奇光軍 고려시대의 특수군단. 1051년(문종 5) 문·무관 7품 이상의 아들과 경직京職의 대상大常 이상의 아들로서 충원되어 설치됨.

유인孺人 조선시대 외명부外命婦의 하나. 문·무관 정·종9품의 적처嫡妻에게 봉작된 작호爵號.

유지有旨 조선시대 승정원의 담당승지를 통하여 명령을 받는 이에게 전달되는 왕명서.

유청군有廳軍 조선 1749년(영조 25)에 보충대와 낙강군落講軍으로 조직된 군대. 충순위忠順衛·충찬위忠贊衛·충장위忠壯衛에 소속시키고 해마다 베 한 필씩 받아들였음.

유청색有廳色 조선시대 병조에 소속된 관청. 유청군有廳軍과 보충대 및 향교졸서원의 유생으로서 고시에 낙제한 자로 편성된 낙강군落講軍에 관한 일을 관장함. 일명 여정색餘丁色이라고도 함.

유토궁방전有土宮房田 조선 후기의 궁방전宮房田의 하나. 유토면세지有免稅地와 영작궁둔永作宮屯의 두 종류로 나누어지는데, 모두 면세의 특권이 주어짐.

유토면세전有土免稅田 조선 후기의 내수사전內需司田 등 왕실의 사유지와 대군·군·공주·옹주 등 왕족들의 사유지. 임진왜란 이후 주로 각 궁방이 입안절수立案折受의 형식으로 진황지를 불하받거나 혹은 민간의 농토를 사들여서 확대한 궁방의 사적 대토지의 집적으로, 해당 궁방이 절반 정도의 조租를 수취하는 대신, 국가에 대해서는 면세의 특권을 누리는 토지임.

유품流品 관리의 품계品階. 고려와 조선시대 정1품에서 종9품까지의 18품계를 통틀어 이르는 말. 본래 상류사회의 지위를 차지한 학문과 도덕이 있는 사람을 이르는 말로, 이 품계 안에 들어가는 것을 정류正流 또는 유내流內라고 하고, 들어가지 못한 것을 잡류雜流 또는 유외流外라고 함.

유품관流品官 유품流品에 들어가는 관원의 총칭.

유학幼學 조선시대 아직 벼슬하지 않은 백두白首의 유생儒生을 지칭하는 말. 유생과 혼용되어 사용했으나 과거를 응시할 때, 또는 호적에 기재할 때에도 사용했다. 조선 전기까지 학생學生은 경중사학京中四學의 학생들을, 교생校生은 지방향교의 교생들을 지칭하였고, 이들 학생과 교생이 사마시나 문과에 나갈 때는 유학으로 불림. 17세기에 들어서면서 유생이 살아 있을 동안은 유학으로, 유생이 죽으면 학생으로 불림.

유학제거사儒學提擧司 고려 후기에 원나라가 고려에 설치하였던 정동행성征東行省의 속관屬官. 1298년(충렬와 15)에 설치됨. 학교·제사·교양·전량錢糧·저술 등의 일을 관장하고, 원나라에서 실시하는 회시會試에 응시하기 위한 예비시험인 향시鄕試를 주관함.

유향留鄕 고을 원이 없을 때 그 고을 일을 맡아보던 좌수座首.

유향소留鄕所 조선 초기에 악질 향리鄕吏를 규찰하고 향풍鄕風을 바로잡기 위하여 지방의 품관品官으로 조직된 자치기구. 향사당鄕射堂·풍헌당風憲堂·집헌당執憲堂·유향청留鄕廳·향소청鄕所廳·향당鄕堂이라고도 함.

유형流刑 죄인을 먼 곳으로 송치하여 유주流住하게 하는 형벌. 유배流配라고도 함.

육경六卿 육조六曹 판서判書의 총칭.

육관六官 고려시대 국무國務를 관장하던 여섯 개의 중앙행정관아. 즉 선관選官·병관兵官·민관民官·형관刑官·예관禮官·공관工官. 995년(성종 14)에 상서육부尙書六部로 고치어 선관을 이부吏部, 병관을 병부兵部, 민관을 호부戶部, 형관을 형부刑部, 예관을 예부禮部, 공관을 공부工部로 바꿈.

육기정六畿停 신라시대 수도 경주와 왕궁을 수비하기 위하여 설치된 여섯 개의 군영軍營. 즉, 동기정東畿停·남기정南畿停·중기정中畿停·서기정西畿停·북기정北畿停·막야정莫耶停.

육두품六頭品 신라시대 신분계급의 하나. 세 번째 등급으로서 아찬阿飡까지의 위계에만 오를 수 있음. 성골聖骨과 진골眞骨 다음가는 높은 계급이며, 두품頭品 가운데서 가장 높은 계급으로 차지하기가 힘들다는 뜻에서 '득난得難'이라고도 함.

육례六禮 전통사회에서 행하던 혼인 절차상의 여섯 가지의 의식의식式. 즉 납채納采·문명問名·납길納吉·납징納徵(또는 납폐納幣)·청기請期·친영親迎을 말함.

육방六房 ① 조선시대 승정원의 조직편제. 즉 이방吏房·호방戶房·예방禮房·병방兵房·형방刑房·공방工房의 6방체제. ② 조선시대 지방관속인 이방吏房·호방戶房·예방禮房·병방兵房·형방刑房·공방工房의 총칭.

육방승지六房承旨 조선시대 승정원의 육방六房의 일을 나누어 맡은 여섯 명의 승지. 즉 이방吏房을 맡은 도승지, 호방戶房을 맡은 좌승지, 예방禮房을 맡은 우승지, 병방兵房을 맡은 좌부승지, 형방刑房을 맡은 우부승지, 공방工房을 맡은 동부승지.

육부六部 ① 신라시대 서울인 경주지역에 둔 여섯 개의 행정단위. 즉 급량부及梁部·사량부沙梁部·본피부本彼部·점량부漸梁部·한지부漢祇部·습비부習比部. ② 발해시대 중앙의 여섯 개의 관청. 즉 충부忠部·인부仁部·의부義部·지부智部·예부禮部·신부信部. ③ 고려시대 중앙의 여섯 개의 관청. 즉 이부吏部·병부兵部·호부戶部·형부刑部·예부禮部·공부工部. 995년(성종 14)에 육관六官을 고친 것임. 1275년(충렬왕 1)에 전리사典理司·군부사軍簿司·판도사版圖司·전법사典法司의 사사四司로 바뀌고, 1298년에 육조六曹로 고쳐졌으며, 1356년(공민왕 5)에 다시 육부로 환원됨. 1362년 전리사·군부사·판도사·전법사·예의사儀司·전공사典工司의 육사六司로 개편되고, 1369년 선부選部·총부摠部·민부民部·이부理部·예부禮部·공부工部로 개칭되었으며, 1372년 또 다시 육사로 바뀐 뒤 1389년(공양왕 1) 이·호·예·병·형·공조의 육조로 개편됨.

육부肉部 백제시대의 관청. 22부 중 궁중의 사무를 관장하는 내관內官 12부의 하나로서, 육미肉味 관계의 업무를 담당함.

육부소감전六部少監典 신라시대의 관청. 육부감전이라고도 함. 서울인 경주의 행정을 6부별로 나누어 맡던 관청으로, 오늘날의 구청에 해당함.

육위六衛 고려 전기의 중앙 군조직. 좌우위左右衛·신호위神虎衛·흥위위興威衛·금오위金吾衛·천우위千牛衛·감문위監門衛를 일컬음. 이군二軍과 함께 팔위八衛로 불리며 고려 경군京軍의 핵심을 이룸.

육의전六矣廛 육주비전六注比廛의 이칭.

육전六典 신라시대의 관청. 경덕왕 때 잠시 상선국尙膳局으로 고친 일이 있음. 내성內省에 소속되어 궁중의 요리를 맡음.

육정六停 신라시대 각 지방의 주州에 배치되었던 6개의 군단軍團. 대당大幢·상주정上州停·한산정漢山停·우수정牛首停·하서정河西停·완산정完山停을 말함.

육조六曹 ① 고려시대 국가의 정무를 나누어 보던 여섯 개의 관부. 1298년(충렬왕 24)에 전조銓曹·의조儀曹·병조兵曹·민조民曹·형조刑曹·공조工曹를 두었고, 그후 명칭이 여러 번 바뀌었다가 1389년(공양왕 1)에 이조吏曹·호조戶曹·예조禮曹·병조兵曹·형조刑曹·공조工曹로 됨. ② 조선시대 국가의 정무를 나누어 보던 여섯 개의 관부. 즉 이조吏曹·호조戶曹·예조禮曹·병조兵曹·형조刑曹·공조工曹. 1392년(태조 1)에 설치되어 1894년(고종 31)에 폐지됨.

육좌평六佐平 백제시대 나라의 정사를 나누어 맡은 중앙의 6명의 관직. 즉 내신좌평內臣佐平·내두좌평內頭佐平·내법좌평內法佐平·위사좌평衛士佐平·조정좌평朝廷佐平·병관좌평兵官佐平. 16관등 중 1등급.

육주비전六注比廛 조선시대 서울에 설치된 시전市廛으로 전매특권과 국역부담의 의무가 큰 여섯 종의 상전商廛. 육의전六矣廛·육부전六部廛·육분전六分廛·육장전六長廛·육조비전六調備廛·육주부전六主夫廛이라고도 함. 선전線廛·면포전綿布廛·면주전綿紬廛·지전紙廛·저포전苧布廛·내어물전內魚物廛 및 청포전靑布廛. 1794년(정조 18)에는 내어물전 및 청포전 대신에 포전布廛을 두어 여섯 주비注比로 만들었고, 1801년(순조 1)에는 포전 대신에 내어물전 및 외어물전外魚物廛을 한 주비로 하여 여섯 주비를 둠. 1894년(고종 31)에 폐지됨.

육진六鎭 조선 세종 때 동북방면의여진족에 대비하여 두만강 하류 남안에 설치된 여섯 개의 진鎭. 즉 부령富寧·회령會寧·종성鐘城·온성穩城·경흥慶興·경원慶源의 여섯 진.

윤발서리綸撥書吏 조선시대 규장각에 소속된 이속吏屬.

윤음綸音 국왕이 국민에게 내리는 훈유訓諭의 문서.

율과律科 조선시대 형조 소속의 율관律官을 뽑기 위하여 율학律學을 공부한 사람을 대상으로 보이던 잡과雜科의 하나. 식년시와 증광시에만 설행되었고, 초시初試와 복시覆試만 설치됨.

율관律官 조선시대 율과律科에 급제하여 임명된 벼슬아치.

율령박사律令博士 신라시대 율령에 관한 사무를 담당한 관리. 율령전律令典에 소속되었음. 758년(경덕왕 17)에 2명이 늘어나고, 뒤에는 6명을 두게 됨.

율령전律令典 신라시대의 관청. 율령격식律令格式을 교수하는 율령박사律令博士가 배치되어 하급 실무관리의 교육·양성을 담당함.

율원律員 조선시대 율학청律學廳에서 율령律令을 담당하던 관원.

율학律學 고려시대 국자감 소속 학제의 하나. 형률刑律을 교육함. 인종 때 경사육학京師六學의 하나로 제정되었으며, 종8품의 박사博士와 종9품의 조교助敎를 두어 8품 이하의 자제와 서인庶人들, 그리고 8품 이상의 자제 중에서 원하는 자를 입학시킴. 정원은 40명 내외.

율학교수律學敎授 조선시대 형조에 소속된 율학청律學廳의 종6품 관직. 정원은 1명, 법률에 관한 학문을 가르침.

율학박사律學博士 ① 신라시대 율령전律令典에 소속되어 율령을 교육하던 교수관. 정원은 6명. ② 고려시대 율령律令 사무를 담당한 종8품 관직. 정원은 1명. 992년(성종 11) 율학律學을 두고 율학박사로 하여금 율령을 가르치게 함.

율학청律學廳 조선시대 형조에 소속된 관청. 각종 법률과 형벌기구에 관한 일을 맡음.

율학훈도律學訓導 조선시대 형조 소속 율학청律學廳의 정9품 관직. 율학律學을 가르치는 일을 맡음.

융기隆基 발해 부흥국가인 대원국大元國(일명 대발해국大渤海國)의 연호. 1116년 한해 동안만 사용됨.

융기도감戎器都監 고려 1223년(고종 10)에 설치된 무기제조에 관한 일을 맡은 임시관청.

융기서戎器署 조선 초기 토관직土官職 동반관서東班官署. 군기軍器·융병戎兵·기계機械 등의 일을 맡음.

융부戎部 발해시대의 중앙관부. 군사행정을 총괄하던 지부智部에 속함. 소속 관원으로 낭중郎中 1명을 두고, 이외 원외랑員外郎 약간명을 둠.

융희隆熙 1907년부터 1910년까지 사용된 대한제국의 마지막 연호.

은결隱結 조선시대 전세田稅의 부과대상에서 부정·불법으로 누락시킨 토지.

은기성상銀器城上 조선시대 궁궐 안에서 왕이 이용하는 은그릇을 맡아보던 별감別監.

은대銀臺 조선시대 승정원承政院의 별칭.

은병銀瓶 고려시대의 은화銀貨. 성종 때 주조되었으나 오래 유통되지 못하고 중단됨.

은색銀色 조선시대 호조에 소속된 부서의 하나. 금·은에 관한 일을 맡아봄.

은솔恩率 백제시대의 관등. 16관등 중 제3관등. 관冠은 은화銀花로 장식하고, 공복公服은 자복紫服을 입음.

은청광록대부銀靑光祿大夫 고려시대 문산계散階의 하나. 국초부터 사용되다가 995년(성종 14)부터 은청흥록대부銀靑興祿大夫로 바뀌고, 1076년(문종 30)에 본래 명칭으로 되면서 정3품으로 전체 29계 가운데 제4계가 됨. 1275년(충렬왕 1)에 또다시 개칭되었다가, 1356년(공민왕 5)에 은청광록대부로 환원되면서 정2품의 상계上階로 됨.

은청영록대부銀靑榮祿大夫 고려시대 문산계散階의 하나. 1356년(공민왕 5)에 정2품 하계下階로 처음 설치되어 제6위에 해당됨.

은청흥록대부銀靑興祿大夫 고려시대 문산계散階의 하나. 995년(성종 14)에 은청광록대부銀靑光祿大夫가 바뀐 것임. 1076년(문종 30) 은청광록대부로 바뀌면서 정3품계가 됨.

을과乙科 조선시대 문과文科 전시殿試에서 성적에 따라 나눈 등급의 둘째 등급.

을길간乙吉干 일길찬一吉湌의 이칭.

음리화정音里火停 신라시대 십정十停의 하나. 소재지는 지금의 경상북도 상주시 청리면으로서, 544년(진흥왕 5)에 설치된 군영.

음서蔭敍 부조父祖의 음덕蔭德에 따라 그 자손을 관리로 서용하는 제도.

음성서音聲署 신라시대의 관청. 759년(경덕왕 18)에 대악감大樂監으로 개칭되었다가, 776년(혜공왕 12) 다시 음성서로 환원됨. 예부禮部에 소속되어 주로 궁중음악을 담당함.

음양과陰陽科 조선시대 관상감觀象監에서 천문·지리·역수曆數·점산占算·측후測候·각루刻漏 등의 일을 맡을 기술직원을 뽑기 위하여 천문학·지리학·명과학命課學을 공부한 사람을 대상으로 보이던 잡과雜科의 하나. 식년시와 증광시에만 설행되고, 초시初試와 복시覆試만 실시됨.

음자제蔭子弟 조상의 음덕으로 벼슬하는 사람.

음직蔭職 ① 과거에 응시하지 않고 조상의 덕으로 하게 되는 관직. ② 생원·진사 또는 유학幼學으로서 하게 되는 관직을 두루 일컫는 말. 남행南行·음관蔭官·음사蔭仕·백골남행白骨南行이라고도 함.

읍차邑借 삼한소국 지배자의 칭호. 당시 지배자들 중에 신지臣智보다 격이 낮은 하급지배자. 촌락단위의 공동체조직인 '두레'의 최고 책임자에 대한 칭호 혹은 소규모 군현의 촌장에 대한 칭호로 쓰임.

읍호邑號 조선시대 외명부外命婦와 군君을 봉작할 때 그 앞에 붙여주던 읍(고을)의 호칭.

응교應敎 ① 고려시대의 관직. 1308년(충선왕 34) 문한서文翰署와 사관史館을 병합하여 예문춘추관을 설치할 때 정5품직으로 2명을 둠. 예문춘추관이 둘로 분리되면서 응교도 폐지되었다가, 1362년(공민왕 11) 한림원을 다시 예문관으로 개칭할 때 환원되고, 1369년 보문각寶文閣에 정4품의 직각直閣 대신 정5품의 응교를 둠. ② 조선시대 홍문관·예문관의 정4품 관직. 정원은 각각 1명. 1420년(세종 2) 집현전이 설치되면서 정4품관으로 두어, 학문 연구와 교명 제찬이 주된 임무로 하고 경연관經筵官의 일원이 되기도 함. 1456년(세조 2) 집현전과 함께 폐지되었다가, 1470년(성종 1) 예문관에 옛 집현전 관제를 부활시키면서 다시 설치되어, 1478년 홍문관 직제로 정제화됨. 홍문관응교는 청화직淸華職의 하나로서 지제교知製教 · 사관史官 · 경연관을 당연직으로 겸임하고, 세자시강원世子侍講院의 강관講官과 예문관응교를 겸하기도 함. 예문관응교는 고려시대 이래 예문관 혹은 예문춘추관에 설치되어 조선 말기까지 존속하였으나 타관이 겸직하였음. 조선 초기까지는 왕명 제찬과 역사 편찬에 참여하였으나, 1478년 홍문관이 설치되면서 고유 업무가 없어짐.

응방鷹坊 ① 고려시대에 매[응鷹]의 사육과 사냥을 맡은 관청. 본래 몽고에서 들어온 제도로, 1275년(충렬왕 1)에 처음 설치됨. ② 조선시대 매의 사육과 사냥을 맡아보던 관서. 1395년(태조 4)에 처음 설치되어, 1715년(숙종 41)에 폐지됨.

응양군鷹揚軍 고려시대 중앙군사편제인 2군二軍의 하나. 일명 공학군控鶴軍이라고도 하며, 용호군龍虎軍과 함께 궁성을 시위하는 친위군으로서, 한 개의 영을 보유함.

응제應製 조선시대 왕의 명령에 의하여 임시로 특별히 진행하던 과거.

의결議決 신라시대의 관직. 궁내 관원을 규찰하는 관청인 내사정전內司正典에 소속됨. 정원은 1명.

의고議故 대명률大明律 팔의八議의 하나. 왕실과 오랜 친지親知로서 일찍이 임금을 모시고 뵙는 영광을 얻고 특별한 은대恩待를 받은 지 오래된 자로서 처벌을 받게 될 때 그 형의 경감을 의정議定하던 일.

의공議功 대명률大明律 팔의八議의 하나. 나라에 큰 공로가 있는 사람이나 그 자손으로서 처벌을 받게 될 때 그 형의 경감을 의정議定하던 일.

의과醫科 조선시대 전의감典醫監 · 내의원內醫院 · 혜민서惠民署 소속의 의관醫官을 채용하기 위하여 의학을 공부한 사람을 대상으로 보이던 잡과雜科의 하나. 식년시式年試 · 증광시增廣試에만 설행되고, 초시初試 · 복시覆試만 실시됨.

의관議官 조선 말기 중추원中樞院에 소속된 관직. 1895년(고종 32) 중추원에 의장 · 부의장 다음의 직으로 설치됨. 1 · 2 · 3등으로 구분되고, 정원은 50명. 칙임관勅任官 · 재직자 · 국가유공자 및 정치 · 법률 · 이재利財에 대한 학식이 풍부한 사람으로 임명됨. 1905년 찬의贊議로 개칭됨.

의궤儀軌 조선시대 왕실이나 국가에 큰 행사가 있을 때 후세에 참고하도록 하기 위하여 그 일의 전말 · 경과, 소요된 재용財用 · 인원, 의식절차, 행사 후의 논상論賞 등을 기록하여 놓은 책.

의귀議貴 대명률大明律 팔의八議의 하나. 작爵 1품인 자와 문 · 무관 3품 이상인 자 및 산관散官 2품 이상인 자가 죄를 범하여 처벌을 받게 될 때 그 형의 경감을 의정議定하던 일.

의근議勤 대명률大明律 팔의八議의 하나. 문관 또는 무관으로 각별히 성실하게 봉직하거나 사신으로 나가 노력하여 공로가 현저한 사람으로서 죄를 범하여 처벌을 받게 될 때 그 형의 경감을 의정議定하던 일.

의금부義禁府 조선시대 국왕의 명령에 따라 죄인을 심문하고 조정의 대옥大獄 및 중외의 어려운 일을 맡아 처리하던 특별사법 기관. 조옥詔獄 · 금부禁府 · 왕부王府 · 금오金吾라고도 함. 1414년(태종 14)에 의용순금사義勇巡禁司를 고친 것임. 1894년(고종 31)에 의금사義禁司로 고쳐졌다가, 1899년에 평리원評理院으로 개편됨.

의금사義禁司 조선 1894년(고종 31)에 의금부義禁府가 개칭된 관청.

의녀醫女 조선시대 내의원內醫院 · 혜민서惠民署에 소속되어 부인들의 질병을 구호, 진료하던 여자 의원.

의능議能 대명률大明律 팔의八議의 하나. 재지才智와 학업學業이 출중하여 군병軍兵을 정제整齊하며 정사를 잘 다스리고 왕을 보필하고 사람들의 사범師範이 될 만한 자가 죄를 범하여 처벌을 받게 될 때 그 형의 경감을 사전에 임금의 뜻을 받들어 의정議定하는 일.

의덕대부宜德大夫 조선시대 문산계文散階의 하나. 종친 종1품의 관계官階名. 조선 전기의 소덕대부昭德大夫가 수덕대부綏德大夫로 고쳐졌다가 의덕대부로 개칭됨. 뒤에 다시 동반관계東班官階와 통합.

의좌醫佐 고려시대 어약御藥을 조제하던 상약국尙藥局의 정9품 관직. 정원은 2명. 상약국尙藥局의 정 9품 관직. 정원은 2명. 상약국이 장의서掌醫署 · 봉의서奉醫署 · 상의서尙醫署 등으로 개칭되는 과정에서도 폐지되지 않고 존속하다가 1391년(공양왕 3)에 봉의서가 전의시典醫寺에 병합되면서 폐지됨.

의주懿州 발해의 지방행정구역. 62주州중의 하나로, 철리부鐵利府에 속함.

의창義倉 삼국 · 고려 · 조선 시대 평시에 곡식을 저장하여 두었다가 흉년이 들었을 때 기민飢民을 구호하거나 궁민窮民에게 대여하여 생업에 종사하게 하던 구호기관.

의친議親 대명률大明律 팔의八議의 하나. 임금의 단문[단면袒免] 이상친以上親, 왕대비 · 대왕대비의 시마總麻 이상친, 왕비의 소공小功 이상친, 세자빈의 대공大功 이상친인 사람으로서 죄를 범하여 처벌을 받게 될 때 그 형의 경면을 사전에 임금의 뜻을 받들어 의정議定하는 일.

의침사醫針史 고려시대 태의감太醫監 · 상약국尙藥局에 소속된 서리직吏職.

의학교수醫學教授 조선시대 전의감典醫監에 소속된 종6품 관직.

의학박사醫學博士 ① 신라시대 의학교육을 담당한 관직. 692년(효소왕 1)에 최초로 의학박사를 두고 의학을 교수하였음. 정원은 2명. ② 고려시대 의학교육을 담당한 관직. 987년에(성종 6)에 각 주 · 군 · 현에서 자제를 선발하여 서울로 보내어 학업을 계속하도록 한 학생 중에서 학문이 우수한 자를 뽑아 의학박사를 삼아 12목牧에 각각 1명씩 보내어 의학 교육을 담당하게 함. 목종 때 태의감太醫監에 박사를 둠. 문종 때는 의학박사를 2명으로 하고 종8품의 품계를 줌.

의학원醫學院 고려시대 서경西京에 의학교육을 위하여 설치하였던 교육기관. 930년(태조 13)에 설치되었으며, 1116년(예종 11)에 분사대의감分司大醫監으로 고쳐짐.

의학제거사醫學提擧司 고려 후기 정동행성征東行省의 속관屬官 중의 하나. 의학에 관한 교육 · 시험 · 저술 등의 일을 관장함.

의학훈도醫學訓導 조선시대 전의감醫監의 정9품 관직. 의학을 가르침.

의현議賢 대명률大明律 팔의八議의 하나. 큰 덕행이 있는 현인 군자로서, 말과 행실이 한 나라의 모범이 될 만한 자가 죄를 범하여 처벌을 받게 될 때 그 형의 경감을 사전에 임금의 뜻을 받들어 의정議定하는 일.

의형대義刑臺 ① 태봉의 중앙관부. 법률 · 형벌 등에 관한 일을 맡은 관청. ② 고려 초기 형벌을 담당하던 관청. 태봉관제의 답습으로 고려 초에 설치되었다가 뒤에 형관刑官으로 바뀜.

의후사意侯奢 고구려시대의 관등. 12관등 중 다섯 번째 관등.

의흥부義興府 조선시대 평양부와 함흥부에 두었던 토관청土官廳의 하나. 부府의 서쪽지역의 군사 · 행정 사무를 맡아봄.

의흥삼군부義興三軍府 조선 초기 군령軍令과 군정軍政을 총괄하던 군사기구. 약칭 삼군부. 고려 말 1391년(공양왕 3) 종래의 오군체제를 삼군체제로 바꾸어 삼군도총제부三軍都摠制府를 두었는데, 이를 1393년(태조 2) 개칭한 것임. 이로써 태조의 친위부대인 의흥친군위興親軍衛의 좌 · 우위와 고려시대 이래의 이군육위二軍六衛의 팔위를 합하여 삼군십위를 통솔함. 설치 당시 삼군부는 십위를 중 · 좌 · 우의 삼군으로 나누고, 각 군마다 종친 · 대신들을 절제사

節制使로 임명하여 이를 통할하게 했으며, 중앙군 이외에는 각 도의 상번군사로 편제된 시위패侍衛牌를 속하게 함. 1400년(정종 2) 중추원中樞院과 합쳐졌고, 1401년(태종 1) 승추부承樞府로 개편되어 군기와 왕명 출납을 맡은 중추원 기능으로 통합됨. 1403년 승추부承樞府에 삼군도총제부를 두어 분리되었다가, 1405년 병조에 합병됨. 1409년 다시 삼군진무소三軍鎭撫所를 두었으나 곧 의흥부義興府로 고쳐 군정은 병조가, 군령은 의흥부가 담당하게 됨. 1412년 의흥부가 혁파되고 군령·군정권이 병조로 넘어갔으나 1414년을 전후하여 진무소가 부설됨. 1418년 삼군진무소가 의군부진무소로 바뀌고 세자를 위하여 설치되었던 의용위義勇衛를 삼군진무소라 함. 곧 다시 의군부가 삼군도총제부로 개편됨. 1432년(세종 14) 다시 삼군도총제부가 혁파되고 다시 중추원이 부설되어 숙위와 경비 등을 맡게 함. 1453년(문종 1) 십이사十二司로 불어난 중앙군이 오사五司로 되자 삼군은 중군 밑에 삼사를, 좌·우군 밑에 각각 일사를 두게 되었으나, 1457년(세조 3) 오사가 오위五衛에 개편되면서 삼군이라는 편성이 없어져 오위진무소로 개칭됨. 1466년 오위진무소가 오위도총부五衛都摠府로 개편됨.

의흥시위사義興侍衛司 조선 1395년(태조 4)에 의흥친군義興親軍 십위十衛의 하나인 좌위左衛를 고친 것임. 1457년(세조 3)에 오위五衛를 두면서 폐지됨.

의흥위義興衛 조선시대 오위五衛의 하나. 중위中衛로서, 1457년(세조 3) 종래의 의흥사義興司가 개편된 것 임. 갑사甲士·보충대補充隊와 경기도·강원도·충청도·황해도의 군사들이 진관별로 의흥위에의 오부五部에 분속되었음. 1882년(고종 19)에 폐지됨.

의흥친군위義興親軍衛 조선 초기 1392년(태조 1)에 설치된 10개의 군영軍營. 즉 좌위左衛·우위右衛·응양위鷹揚衛·금오위金吾衛·좌우위左右衛·신호위神虎衛·흥위위興威衛·비순위備巡衛·천우위天牛衛·감문위監門衛. 1457년(세조 3)에 오위五衛로 군사편제가 개편되면서 폐지됨.

이가二價 조선시대 전세에 부가하여 징수한 잡부금의 일종. 세곡을 배에서 내려 창고에 쌓는데 드는 인건비 명목의 잡비. 전세 1석당 7홉5작씩 부가징수하였는데, 이를 이가미二價米라 함.

이결미決 고려 922년(태조 5)에 평양대도 호부에 둔 관직.

이계당二罽幢 신라시대의 군대. 일명 외계外罽라고도 함. 한산주계당漢山州罽幢과 우수주계당牛首州罽幢의 두 부대로 구성되어 있음. 670년대에 설치됨.

이과科 조선시대 상급서리上級書史인 성중관원成衆官員(: 뒤에는 녹사錄事라 하였음)을 뽑는 잡과雜科의 하나. 외교문서를 다루기 위하여 뽑는 이문과吏文科와는 다른 행정고시로서 1392년(태조 1)부터 실시됨. 시험과목은 《가례家禮》·율律·서書·산算·《원육전元六典》·《속육전續六典》·훈민정음訓民正音등이었음.

이관貳官 조선시대 세자시강원世子侍講院의 관직인 이사貳師의 이칭.

이군二軍 고려 전기의 중앙군. 서울인 개경에 있었던 두 군영인 응양군鷹揚軍과 용호군龍虎軍의 합칭. 육위六衛와 함께 팔위八衛로도 불리었으며, 고려 경군京軍의 핵심부대.

이군색二軍色 조선 말기 병조에 소속된 관청. 기병과 보병의 보포保布 및 대궐 내외의 고립雇立을 관장함.

이궁二弓 신라시대의 군대. 활쏘는 부대로, 일명 외궁外弓이라고도 함. 한산주궁척漢山州弓尺과 하서주궁척河西州弓尺의 두 부대로 되어 있었음.

이궁離宮 왕이 거동할 때 머무르던 별궁. 행궁行宮이라고도 함.

이기驥 조선시대 사복시司僕寺의 종8품 잡직 관직.

이내종인裏內從人 신라시대의 근시직近侍職. 애내종인哀內從人으로

도 표기됨. 왕의 처소에 근무하는 근시직.

이동궁전伊同宮典 신라시대의 관청. 내성內省 소속의 동궁을 관리하던 곳으로, 홍현궁弘峴宮·갈천궁葛川宮·선평궁善坪宮·평립궁平立宮과 더불어 고나궁古奈宮이라고도 함. 소속 관원으로는 대사大舍 2명, 사史 2명을 둠.

이두吏讀 한자의 음과 훈訓(:새김)을 빌려 우리말을 표기하던 차자표기법借字表記法. 이서吏書·이도吏道·이도吏刀·이두吏頭·이토吏吐·이문吏文·이찰吏札이라고도 함.

이마理馬 조선시대 사복시司僕寺에 소속된 정6품 관직. 한성부漢城府에 입번立番하여 장기간 머무르면서 사복시에서 기르는 말을 담당함.

이문吏文 ① 이두吏讀의 이칭. ② 중국과 주고받는 외교문서 및 우리나라의 관청 공문서 등에 사용되던 독특한 한문漢文의 문체文體. 한문의 골격에 중국의 속어俗語 또는 특수한 용어 등을 섞어 쓴 공문서식.

이문원摛文院 조선시대 창덕궁 안에 설치된 관서. 역대 임금의 어진御眞·선적璿籍·어필御筆·어제御製·금보金寶·옥인玉印·옥책玉冊·죽책竹冊·교명敎命·전장문적典章文籍 등을 보관하는 일을 맡음.

이문학관吏文學官 조선시대 이문학吏文學에 능통한 승문원承文院의 관직. 1524년(중종 19)에 설치되었고, 뒤에 한이학관漢吏學官으로 부르기도 함. 정원은 3명.

이방吏房 ① 조선시대 승정원承政院의 6방六房의 하나. 도승지의 밑에 있으면서 이조吏曹 관계의 일을 관장하여, 문관의 인사·서훈·고과考課 등의 일을 맡아봄. ② 조선시대 지방관아에서 인사관계의 실무를 맡아보던 부서 또는 그 일에 종사하던 책임 향리.

이방부理方府 신라시대의 관부. 법률·소송·형옥刑獄 등에 관한 사무를 맡아봄. 좌이방부와 우이방부로 되어 있는데, 좌이방부는 651년(진덕여왕 5)에, 우이방부는 667년(문무왕 7)에 각각 설치됨. 692년(효소왕 1) 의방부議方府로 개칭됨.

이방승지吏房承旨 조선시대 도승지의 별칭.

이벌간伊伐干 이벌찬伊伐湌의 이칭.

이벌찬伊伐湌 신라시대의 관등. 17관등 중 제1등 관등. 일명 이벌간伊罰干·우벌찬于伐湌·각간角干·각찬角粲·서발한舒發翰·서불한舒弗邯이라고도 함. 진골이 받을 수 있는 최고의 관등으로, 공복公服의 빛깔은 자색紫色임.

이부吏部 고려시대 상서육부尙書六部의 하나. 문관의 인사와 훈봉 등의 사무를 관장하는 기관. 995년(성종 14)에 선관選官을 고친 것 임. 1275년(충렬왕 1)에 예부禮部와 합쳐져 전리사典理司로 바뀌었다가, 1298년에 다시 예부가 독립되고 전조銓曹로 바뀜. 같은해 다시 전리사로 바뀌었다가, 1308년에 군부사軍簿司와 병합되어 선부選部로 개편됨. 뒤에 다시 전리사로 바뀌었다가, 1356년(공민왕 5)에 육부六部를 두면서 이부로 바뀜. 1362년에는 또다시 전리사로, 1369년에는 선부로, 1372년에 전리사로 고쳐졌다가, 1389년(공양왕 1)에 이조吏曹로 바뀜.

이부理部 고려 후기 중앙 정무기관의 하나. 법률·사송詞訟(:민사의 소송)·상언詳讞(:중죄인에게 3심을 거쳐 확정된 사형을 집행하기 전에 신중을 기하여 한번 더 심리하는 것)에 관한 업무를 관장함. 형부刑部의 후신으로, 1369년(공민왕 18)에 전법사典法司를 고친 것 임. 1372년에 다시 전법사로 고쳐졌다가, 1389년(공양왕 1) 형조刑曹로 바뀜.

이사貳師 조선시대 세자시강원世子侍講院의 종1품 관직. 정원은 1명. 세자에게 경서를 강독함. 의정부의 찬성이 겸함.

이사금尼師今 신라 초기의 왕호. 제3대 유리왕 때부터 사용되기 시작

하여, 제16대 흘해왕 때까지 사용됨.

이상貳相 조선시대 의정부의 종1품 관직인 좌찬성과 우찬성의 별칭.

이서吏胥 고려·조선 시대 중앙과 지방의 각 관아에서 근무하던 하급 관리층. 서리胥吏·아전衙前 등으로도 불림.

이연離筵 서연書筵의 이칭.

이용사理用司 조선 1880년(고종 17)에 설치된 통리기무아문統理機務衙門에 소속된 관청. 경리經理와 재용財用에 관계된 제반사항을 맡아봄.

이절말당二節末幢 신라시대의 군대. 소속군관으로 만보당주萬步幢主 4명을 둠. 금衿의 빛깔은 녹자綠紫와 자록紫綠.

이정里正 조선시대 지방행정조직의 최말단 단위인 이里의 책임자. 조선 후기에는 그 담당자들의 낮은 신분 출신으로 인해 동네의 심부름꾼과 다름없이 되었으므로 이정丁이라고도 하였음.

이정청釐整廳 조선시대 군정軍政 또는 삼정三政의 문란을 시정하기 위하여 설치되었던 기관. 1703년(숙종 29)에 처음 설치되었으며, 1862년(철종 13)에도 설치된 바 있음.

이제부利濟府 신라시대 선박 및 해상 운송에 관한 일을 맡은 관청. 경덕왕 때 선부船府를 고친 것임.

이조吏曹 ① 고려시대 육조六曹의 하나. 1389년(공양왕 1)에 전리사典理司를 고친 것임. 문관의 선발과 공훈·봉작 등에 관한 일을 맡음. 속사屬司로 고공사考功司가 있음. ② 조선시대 육조六曹의 하나. 문관의 선발 및 공훈·봉작·고과考課·포폄褒貶(:표상과 처벌) 등에 관한 일을 관장함. 1392년(태조 1)에 설치되어, 1894년(고종 31)에 내무아문內務衙門으로 개칭될 때까지 존속됨. 문선사文選司·고훈사考勳司·고공사考功司 등의 속사를 둠.

이조참의吏曹參議 조선시대 이조吏曹의 정3품 당상관 관직.

이조참판吏曹參判 조선시대 이조吏曹의 종2품 관직. 판서判書의 차위직.

이조판서吏曹判書 조선시대 이조吏曹의 우두머리 관직. 정2품직.

이주伊州 발해의 지방행정구역. 62주州중의 하나. 동평부東平府에 속함.

이찬伊湌 신라시대의 관등. 17간등 가운데 두 번째 관등. 이척찬伊尺湌·이간伊干·일척간一尺干·이찬夷粲이라고도 함. 진골만이 될 수 있는 관등으로, 상대등이나 집사부의 중시中侍, 그밖에 중앙의 제1급 관청의 장관직인 영슈에 보임되는 것이 일반적임.

이척찬伊尺湌 이찬伊湌의 이칭.

이학도감吏學都監 고려 1331년(충혜왕 1)에 설치된 임시관청. 판사·부사·판관·녹사 등의 소속 관원이 있음.

익군翼軍 ① 원나라 간섭기에 고려에서 지방의 농민을 징발, 편성하였던 후원부대. 고려 말기 농민으로 구성된 상비군. 1274년(충렬왕 1) 제1차 여몽연합군의 일본정벌 때 원의 익군체제를 도입하여 중군中軍·좌군左軍·우군右軍 등의 3군을 조직하였던 것이 익군조직의 시초. ② 조선 초기 평안도·함길도의 군면제를 군익도체제軍翼道體制로 편성할 때의 주력부대.

익대공신翊戴功臣 조선 1468년(세조 14)에 남이南怡의 옥사를 다스린 공으로 내린 훈호勳號. 유자광柳子光·신숙주申叔舟·한명회韓明澮·신운申雲·한계순韓繼純 등 40여 명에게 내림.

익례翊禮 조선시대 통례원通禮院의 종3품 관직. 정원은 1명. 국가의 의식儀式을 관장함.

익사공신翼社功臣 조선 1613년(광해군 5) 임해군臨海君의 역모를 제보한 자, 또는 국민을 담당하였던 여러 신하에게 내린 훈호勳號. 허성許筬·김이원金履元 등 48명에게 내림.

익선翊善 ① 고려 후기 1308년(충렬왕 34)에 제정된 세자부世子府와 제왕자부諸王子府의 정5품 관직. ② 조선시대 세손강서원世孫講

書院의 종4품 관직. 좌익선과 우익선이 있음. 1894년(고종 34)에는 좌·우익선을 없애고 익선만을 둠.

익위翊衛 조선시대 세자익위사世子翊衛司의 최고 무관직. 정5품으로 좌·우 각 1명을 둠. 1418년(태종 18)에 좌·우사어左右司禦를 고친 것임.

익위교위翊威校尉 고려시대 무산계武散階의 하나. 무산계 29계 가운데 제120계로, 종7품 상계上階의 관계명官階名.

익위사翊衛司 세자익위사世子翊衛司의 약칭.

익찬翊贊 조선시대 세자익위사世子翊衛司에 소속된 무관직. 정6품직으로 좌·우익찬 각 1명이 있음. 1418년(태종 18)에 좌·우익위右翊衛를 고친 것임. 주임무는 왕세자를 호위함.

익휘부위翊麾副尉 고려시대 무산계武散階의 하나. 무산계 29계 가운데 제21계로, 종7품 하계下階의 관계명官階名.

인각麟閣 조선시대 충훈부忠勳府의 별칭.

인도전引道典 신라시대의 관청. 궁정의식의 인도引導 구실을 맡았음. 경덕왕 때 예성전禮成典으로 고쳐졌다가 뒤에 인도전으로 환원됨.

인물추고도감人物推考都監 고려 후기 노비의 방량放良(:노비를 놓아 양인이 되게 하는 것)·면천免賤(:천인의 신분을 면하고 양인이 되게 하는 것)·쟁소爭訴(:소송) 등의 일을 처리하기 위하여 설치된 임시관청. 1281년(충렬왕 7)에는 회문사會問司로 개칭되었고, 1391년(공양왕 3)에는 인물추변도감人物推辨都監이라 하였다가 다음해에 폐지됨.

인물추변도감人物推辨都監 고려 1391년(공양왕 3)에 인물추고도감人物推考都監을 고친 것임. 다음해에 폐지됨.

인배引陪 조선시대 정3품 당상관 이상의 관리가 출입할 때 그 앞을 인도하던 심부름꾼. 주로 관노官奴가 맡아 함.

인보법隣保法 조선 초기 향촌통제와 호적작성을 위하여 실시된 편호 조직編戶組織. 인보정장지법隣保正長之法이라고도 함. 1407년(태종 7)에 제정되어, 그해부터 부분적으로 실시됨. 10호 또는 수호를 하나의 인보隣保로 하고, 그 가운데 항산恒産(:생활할 수 있는 일정한 재산 또는 생업)이 있고 신용이 있는 사람을 가려 정장正長으로 삼아서 인보 내의 인구·성명·나이 및 신분의 구별을 기재하도록 하고, 그리고 인보 내의 변동 사항을 관에 고하면, 관은 3년마다 호적을 작성하여 의정부에 보고하게 하는 제도.

인부仁部 발해시대의 중앙관청. 정당성政堂省의 좌사정左司政에 소속되었던 관청으로, 호구戶口·전토田土·부역賦役 등의 행정을 담당하였음. 경卿·소경少卿·낭중郎中·원외랑員外郎 등의 관직이 있음.

인부랑印符郎 고려시대 국왕의 도장을 맡아보던 관직. 본래 부보랑符寶郎이라 하던 것을 1298년(충렬왕 24)에 인부랑으로 고쳐 부르고 종6품의 관직 2명을 두었다가, 뒤에 폐지됨.

인산因山 태상왕·태상왕비·왕·왕비·왕세자·왕세자빈·왕세손·왕세손빈의 장례. 그 사무는 계제사稽制司에서 맡는데, 특별한 경우에는 국장도감國葬都監을 설치하여 장사를 지냄. 인봉因封이라고도 함.

인신관印信官 나라에서 인신印信, 즉 도장을 받은 관리라는 뜻으로 지방 고을의 원을 가리킴.

인신사印信司 고려 후기 왕명을 출납하던 관청. 1308년(충렬왕 34)에 승지방承旨房을 고친 것임.

인용교위仁勇校尉 고려시대 무산계武散階의 하나. 무산계 29계 가운데 제26계로, 정9품 상계上階의 관계명官階名.

인용부위仁勇副尉 고려시대 무산계武散階의 하나. 무산계 29계 가운데 제27계로, 정9품 하계下階의 관계명官階名.

인의引儀 조선시대 통례원通禮院의 종6품 관직. 조회朝會 및 기타 의례행사에 여창臚唱(:식순을 적은 홀기에 따라 구령을 외치는 일)을 맡음.

인일제人日製 고려시대 오순절五巡節의 하나인 음력 정월 초이렛날인 인일人日에 보던 과거. 오순절제五巡節製의 하나.

인정人定 조선시대 치안유지를 위하여 매일 밤 10시경에 28번의 종을 쳐서 성문을 닫고 통행금지를 알렸던 제도.

인직印直 고려시대 서경西京의 관직. 정원은 2명. 관인官印을 다룸. 1178년(명종 8)에 처음 설치되었음.

인진부사引進副使 ① 고려시대 각문閣門의 종5품 관직. 초기에는 남반관직南班官職으로 설치되었으며, 문종 때 문반관직으로 바뀌면서 각문에 소속됨. 1308년 각문이 중문中門으로 개편될 때 폐지됨. 1356년(공민왕 5) 각문이 복구될 때 다시 두었는데, 이때 품계가 정5품으로 됨. 이후 복설이 복구되다 1372년 통례문通禮門의 판관 관관判官으로 개칭됨. ② 조선초기 각문閣門의 정5품 관직. 1392년(태조 1)에 설치되어, 1409년(태종 9) 통례문通禮門의 판관判官으로 개칭되고, 1466년(세조 12) 통례원通禮院 소속의 찬의贊儀로 개칭됨.

인진사引進使 ① 고려시대 각문閣門의 정5품 관직. 정원은 2명. 초기에는 남반관직南班官職으로 설치되었으며, 문종 때 문반관직으로 바뀌면서 각문에 소속됨. 1356년(공민왕 5)에 정4품으로 올림. ② 조선 초기 각문閣門의 정4품 관직. 1392년(태조 1)에 설치되어, 1414년(태종 14)에 첨지사僉知事로 고쳐짐.

인징隣徵 조선 후기에 부당하게 부과, 징수되던 세금의 하나. 부족한 군포軍布의 보충책으로 수령이 이웃 양민에게 부족한 수량을 부과·징수하는 것과, 환곡을 분급받은 농민이 패망, 도산하면 그 환곡을 이웃 농민에게 부과·징수하던 폐단.

인척姻戚 혼인관계로 맺어진 척당. 외척外戚·처가妻家·사가査家를 종합한 인아척당姻婭戚黨의 준말로 자기와 성이 다른 모든 당내 간靑內間을 뜻함.

인평仁平 신라 선덕여왕 때의 연호. 634년(선덕왕 3)~647년(선덕왕 16)까지 사용됨.

일관日官 삼국시대에 천문관측과 점성을 담당한 관원.

일관부日官府 백제시대 천문·역서曆書·점술 등에 관한 일을 맡은 관청. 외관外官 10부部 중의 하나.

일군색一軍色 조선 후기 병조에 소속된 관청. 금군禁軍·호련대虎輦隊·내취內吹의 보포가 바치던 포布를 수납하여 장교를 비롯한 군병·원역員役의 봉급이나 급료를 조달하고 지급하는 일을 맡음.

일기청日記廳 조선시대 일기의 편찬을 위하여 설치된 임시관청. 고려시대 이래 한 임금이 죽으면 반드시 그 임금의 역사를 편찬하여 실록이라 하였는데, 조선시대 노산군魯山君(단종)·연산군·광해군 등 세 임금의 경우에는 왕위에서 폐위되었기 때문에 실록이라 하지 않고 일기라 하고, 이들의 역사를 편찬하기 위해 설치된 관청을 일기청이라 함.

일길찬一吉湌 신라시대 관등. 17관등 중 제7관등. 일명 일길간一吉干·을길간乙吉干이라고도 함. 공복公服의 빛깔은 비색緋色임.

일벌一伐 신라시대 지방의 세력가에게 준관등. 외위外位 가운데 여덟 번째로, 경위京位 가운데 열네 번째인 길사吉士에 해당함. 674년(문무왕 14)에 지방 출신에게도 일률적으로 경위를 주게 됨에 따라 폐지됨.

일산日傘 볕을 가리기 위한 큰 비단 양산. 의장儀仗의 하나로 산傘 또는 개蓋라고도 함.

일수日守 조선시대 서반외아전西班外衙前의 하나. 지방의 각 관아나 역에서 잡무에 종사하던 자로, 일수양반日守兩班이라고도 함.

일척一尺 신라시대 지방의 세력가에게 준관등. 외위外位 중 아홉 번째로서, 경위京位 중 열다섯 번째인 대오大烏에 해당됨. 674년(문무왕 14) 지방 출신에게도 일률적으로 경위를 주게 됨에 따라 폐지됨.

일품군一品軍 고려시대 주현군州縣軍에 소속된 노동부대. 외방역군外方役軍·추역군秋役軍이라고도 함.

임둔군臨屯郡 중국 한나라에서 한사군漢四郡의 하나. 서기전 108년에 한나라 무제武帝가 위만조선을 정벌하고 임둔의 옛 땅에 설치하였음. 서기전 82년에 현도군玄菟郡에 통합됨.

입거청入居廳 조선 초기 함경도 지방으로 사람들을 이주시키면서 그 사무를 맡아보기 위하여 설치했던 관청.

입본立本 조선 후기 환곡還穀 폐해의 하나. 삼정三政이 문란해졌을 때 지방관리가 환곡을 금전으로 분급하면서 봄과 가을의 쌀값의 차이를 이용하여 불법으로 사리를 취하는 것.

입사仕 벼슬에 나아감. 또는 벼슬하여 출근함.

입사장入絲匠 조선시대 경공장京工匠의 하나. 공조·상의원尙衣院 등에 소속되어 놋그릇이나 쇠그릇에 조각을 하고 은실로 무늬를 새기는 일을 하는 장인.

입안立案 관부官府에서 발급하는 문서의 하나. 개인의 청원에 따라 매매·양도·결송決訟·입후入後 등의 사실을 관에서 확인하고, 이를 인증해 주기 위하여 발급하는 문서.

입지立旨 개인이 청원한 사실에 대하여 관부에서 공증해주는 문서. 소지所志(:청원서)위에 데김[제음題音:관결문]을 쓰고 관인을 찍은 문서.

입직入直 조선시대 장수와 군사가 궁궐 안에 들어가 직숙直宿하는 제도. 출직出直의 반대 개념.

자

자字 주로 남자가 성인이 되었을 때 붙이는 이름의 일종. 실제의 이름이 아닌 부명副名이라 할 수 있음. 여자도 간혹 붙이기도 하나 매우 드묾.

자격장自擊匠 조선시대 경공장京工匠의 하나. 관상감觀象監에 소속되어 물시계, 즉 자격루를 제작하는 일을 하는 장인.

자궁資窮 조선시대 당하관의 품계가 더 올라갈 자리가 없게 되었다는 뜻으로, 당하관의 최고위계. 정3품 하계下階를 말하는데, 계궁階窮이라고도 함. 동반은 통훈대부通訓大夫. 서반은 어모장군禦侮將軍이 이에 해당됨.

자금서당紫衿誓幢 신라시대의 군대. 구서당九誓幢의 하나. 신라인으로만 편성됨. 625년(진평왕 47)에 설치된 낭당郎幢을 677년(문무왕 17)에 고친 것임. 금衿의 빛깔은 자록紫綠.

자덕대부資德大夫 고려시대 문산계文散階의 하나. 1369년(공민왕 18)에 제정된 종2품 하계下階의 관계명官階名.

자문咨文 조선시대 중국과의 사이에 외교적인 교섭이나 통보, 조회할 일이 있을 때 주고받던 공식적인 외교문서.

자문감紫門監 조선시대 선공감繕工監에 소속된 관청. 궁궐을 수리하며 궁궐 안에서 벌이는 토목공사에 관한 일을 맡음.

자벽自辟 장관長官이 자의로 관원을 추천 임명하는 일.

자벽과自辟窠 장관長官이 독단으로 추천하여 시킨 벼슬.

자사刺史 ① 발해시대의 지방관직. 주州의 장관. ② 고려 995년(성종 14)에 10도道와 12주州 절도사체제의 지방제도를 실시하였을 때 작은 주州에 설치된 외관外官. 1005년(목종 8)에 혁파됨.

자섬사資贍司 고려시대 화폐를 관장하던 관청. 1310년(충선왕 2)에 제용사濟用司로 고친 것임. 곧 혁파됨.

자섬저화고資贍楮貨庫 고려시대 저화楮貨(:지폐)의 인조업무를 담당한 관청. 1392년(공양왕 4)에 폐지됨.

자신대부資信大夫 조선시대 종친계宗親階의 하나. 종친 종3품 하계下階의 관계명官階名.

자운방慈雲坊 고려 1308년(충렬왕 34)에 설치되었던 음악관계의 일을 맡은 관청. 전악서典樂署의 소속된청으로 두었다가 곧 폐지됨.

자원전慈園殿 신라시대의 관청. 내성內省에 소속되어 궁중의 정원을 관리함. 소속관으로는 간옹看翁 1명, 하전下典 2명을 둠.

자위自位 고구려 말기의 관등. 14관등 가운데 최하위 관등.

자의諮議 ① 고려 후기 세자부世子府의 정3품 관직. 정원은 1명. 충렬왕 때 설치되었으며, 공양왕 때 춘방원春坊院에 소속됨. 동궁東宮의 행정사무를 담당함. ② 조선 후기 세자시강원世子侍講院의 정7품 관직. 1646년(인조 24)에 설치되어, 1894년(고종 31)까지 존속됨.

자의대부資義大夫 조선시대 의빈계儀賓階의 하나. 의빈 종2품 상계上階의 관계명官階名.

자자형刺字刑 죄인의 얼굴이나 팔에 죄명을 문신하는 형벌. 경면형黥面刑 · 삽면형鈒面刑 · 묵형墨刑이라고도 함.

자정원資政院 고려 1298년 충선왕이 즉위하여 설치한 중앙관서. 같은해 충렬왕이 복위하여 관제 개정시 폐지됨. 사使(종1품) · 동지원사同知院事(정2품) · 첨원사僉院事(종2품) · 동첨원사同僉院事(정3품) · 판관判官(정5품) · 계의관議官(정7품) · 계의참군計議參軍(종8품) 등의 소속 관원이 있음.

자제위子弟衛 고려 1372년(공민왕 21)에 왕권을 강화하고 실지失地 회복을 위한 인재를 양성할 목적으로 궁중에 설치된 관청.

자지慈旨 왕모王母나 왕비가 내린 전교傳敎. 내지內旨라고도 함.

자최齊衰 상례喪禮에서 규정한 오복제五服制의 하나. 올이 굵은 거친 베로 만든 상복. 모상母喪에는 3년, 조부모상祖父母喪에는 1년. 증조부모상曾祖父母喪에는 5개월. 고조부모상高祖父母喪에는 3개월간 입음. 자최복을 지을 때 그 해당하는 경우에 따라 상복의 각 부

분마다 배의 굵기가 다를 뿐만 아니라 시신을 매장하기 전과 후를 각각 다르게 지음.

자헌대부資憲大夫 조선시대 문산계文散階의 하나. 문관 정2품 하계下階의 관계명官階名.

작호爵號 ① 관작의 칭호. ② 작위의 칭호.

잠저潛邸 국왕이 즉위하기 전에 거주하던 사저私邸의 미칭. 때로는 왕이 즉위하기 이전의 신분을 지칭하기도 함.

집공雜貢 고려 · 조선시대 일반 농민에게 부과되던 부세賦稅. 삼세三稅의 하나인 포세布稅를 대신하여 각 지방의 토산물을 납부하던 현물세.

집과雜科 ① 고려시대 전문기술관을 선발하기 위한 과거. 잡업雜業이라 하여 명법업明法業 · 명산업明算業 · 명서업明書業 · 의업醫業 · 주금업呪噤業 · 복업卜業 · 지리업地理業 · 하론업何論業 · 삼례업三禮業 · 삼전업三傳業 · 정요업政要業 등이 있음. ② 조선시대 문과文科나 무과武科이외에 일정한 기술 및 기능이 있는 사람을 선발하기 위하여 실시한 과거. 역과譯科 · 의과醫科 · 음양과陰陽科 · 율과律科 등이 있음. 식년시式年試와 증광시增廣試에만 설행되었으며, 초시初試와 복시覆試만 실시하고 전시殿試는 없었음.

집단雜端 ① 고려시대 어사대御史臺의 종5품 관직. 정원은 1명. 1015년(현종 6) 금오대金吾臺를 혁파하고 사헌대司憲臺를 설치할 때 그 속관으로서 처음 두어졌으며, 1023년에 사헌대가 어사대로 개편됨에 따라 어사대의 속관이 됨. 1275년(충렬왕 1)에 어사대가 감찰사監察司로 개편됨에 따라 감찰사의 속관으로 되었다가, 1298년 감찰사가 사헌부司憲府로 개칭됨과 동시에 폐지되었음. 1369년(공민왕 18)에 사헌부의 속관으로 잠시 두어졌다가, 1372년에 지평持平으로 개칭됨. ② 조선 초기 사헌부의 정5품 관직. 1392년(태조 1)에 설치되어, 1401년(태종 1)에 지평持平으로 바뀜.

집류雜類 고려시대 각 관아의 말단 이속吏屬.

집색군雜色軍 ① 조선시대 각종 의식이나 행사 때 잡다한 일거리를 맡고 동원되는 심부름꾼. ② 조선시대 군대 편제의 하나. 향리 · 관노官奴 · 무역백성無役百姓 · 공사천구公私賤口와 각 관청에 소속된 이속吏屬들로 편성된 군대. 지휘권은 지방 수령의 전권 아래 비상시에 대처하게 함.

집세雜稅 고려 · 조선 시대 부세賦稅의 근간이었던 조租 · 용庸 · 조調의 삼세三稅를 제외한 잡다한 세목의 총칭. 산세山稅 · 선세船稅 · 어량세魚梁稅 · 공장세工匠稅 · 상세商稅 · 왜선세倭船稅 · 광산세礦山稅 · 관상세板商稅 · 삼세蔘稅 등이 있음.

집역雜役 고려 · 조선 시대 일반농민에게 부과되었던 요역徭役의 일종. 특정 신분층이 부담하던 신역身役과 국가가 제도적으로 규정한 소정의 역을 제외한 모든 잡다한 역의 총칭.

집작국雜作局 고려 후기 건축에 관한 모든 공역工役을 관장하기 위하여 설치되었던 관청. 1308년(충렬왕 34)에 도교서都校署를 없애면서 설치되었으며, 1310년(충선왕 2)에 다시 도교서로 환원되면서 없어짐.

집직雜職 조선시대 문 · 무정직文武正職 이외에 잡역雜役에 종사하던 관직에 대한 총칭. 문반 · 무반으로 나누어지는데, 모두 종6품에서 종9품까지의 품계를 가지며, 그 범위 안에서 각 직별로 한품서용이 적용됨. 잡직이 속하였던 관청은 문반품계직 계통으로 액정서掖庭署 · 공조工曹 · 교서관校書館 · 사섬시司贍寺 · 조지서造紙署 · 사용원司饔院 · 상의원尚衣院 · 사복시司僕寺 · 군기시軍器寺 · 선공감繕工監 · 장악원掌樂院 · 소격서昭格署 · 장원서掌苑署 · 도화서圖畵署가 있고, 무반품계직 계통으로는 파진군破陳軍 · 대졸隊卒 · 팽배彭排 · 금군禁軍 · 각 영營 · 기보병騎步兵 · 승문원承文院 · 교서관 · 도화서 등이 있음.

잡직계雜職階 조선시대 잡직雜職의 관계官階. 문·무산계文武散階와 별도로 설치됨. 1444년(세종 26)에 처음으로 설치되었는데, 이때는 서반西班 잡직계만 설치됨. 이후 《경국대전》에 가서 동반東班 잡직계가 추가됨으로써 동·서반 잡직계가 정비되고, 정6품을 최고 한품으로 해서 종9품까지 설정됨. 동반 잡직계로는 정6품 상계上階 공직랑供職郞·하계下階 여직랑勵職郞, 종6품 상계 근임랑謹任郞·하계 효임랑效任郞, 정7품 봉무랑奉務郞, 종7품 승무랑承務郞, 정8품 면공랑勉功郞, 종8품 부공랑赴功郞, 정9품 복근랑服勤郞, 종9품 전근랑展勤郞이 있고, 서반 잡직계로는 정6품 상계 봉임교위奉任校尉·하계 수임교위修任校尉, 종6품 상계 현공교위顯功校尉·하계 적공교위迪功校尉, 정7품 등용부위騰踊副尉, 종7품 선용부위宣勇副尉, 정8품 맹건부위猛健副尉, 종8품 장건부위壯健副尉, 정9품 치력부위致力副尉, 종9품 근력부위勤力副尉가 있음.

잡직서雜織署 고려시대 직조織造와 시침을 관장하던 관청. 소부감小府監의 속사屬司 중의 하나. 1308년(충렬왕 34)에 일시 잡직서와 도염서都染署를 직염국染局으로 통합시켰으나, 곧 회복되어 명칭과 기능이 조선으로 계승됨.

잡찬迊湌 신라시대의 관등. 일명 잡판迊判·소판蘇判이라고도 함. 17관등 중 제3관등. 진골만이 받을 수 있는 관등으로, 공복公服의 빛깔은 자색紫色이었음.

장長 ① 신라시대의 관직. 예부禮部에 속하며 음악을 담당하는 관서인 음성서音聲署의 최고 관직. 정원은 2명. 급찬級湌에서 아찬阿湌까지의 관등을 가진 자가 보임됨. 687년(신문왕 7)에 경卿으로 개칭되었다가, 경덕왕 때 사악司樂이라 하였으며, 혜공왕 때 다시 경이라 하였음. ② 발해시대의 관직. 귀족 자제의 유학교육을 담당하던 주자감胄子監의 차관직.

장將 조선시대 종2품 서반아문西班衙門인 오위五衛·내금위內禁衛·겸사복兼司僕과 정3품 서반아문인 우림위羽林尉의 우두머리 무관직.

장건부위壯健副尉 조선시대 서반 잡직계西班雜職階의 하나. 서반잡직 종8품의 관계명官階名.

장경도감藏經都監 고려시대에 대장경을 판각하기 위하여 설치된 임시관청. 고려 선종 때 의천義天이 속장경續藏經을 간행하기 위하여 만들었던 교장도감敎藏都監과 고려 고종 때 재조再彫 대장경의 완간을 위하여 설치된 대장도감大藏都監이 이에 속함.

장계狀啓 관찰사·병사·수사 등 왕명을 받고 외방에 나가 있는 신하가 자기 관하의 중요한 일을 왕에게 보고하거나 청하는 문서.

장고掌固 고려시대 춘방원春坊院에 소속된 이속吏屬.

장교將校 ① 고려시대 중앙 및 지방 관청에 소속되어 군사관계의 일을 맡아보던 군관. 호장층戶長層이 맡는 별장別將과 기관층記官層이 맡는 교위校尉·대정隊正이 이에 속함. ② 조선시대 각 군영에 소속된 권무군관勸武軍官·별군관別軍官·지구관知彀官·기패관旗牌官·별무사別武士·교련관敎鍊官·별기위別騎衛·마의馬醫·출신군관出身軍官·가전별초駕前別抄 등과 지방관청의 군에 종사하는 이속인 기관記官 등에 대한 총칭.

장교사掌交司 조선 말기의 관청. 1883년(고종 20)에 설치된 통리교섭통상사무아문統理交涉通商事務衙門 소속의 사사四司의 하나로, 외교통상관계 사무를 관장하던 부서. 1894년에 폐지됨. 주로 외국과의 교섭, 외교문서의 작성, 외교사절의 파견 및 접견 등을 관장함.

장군將軍 ① 신라시대의 무관직. 육정六停과 구서당九誓幢 및 왕궁 친위대인 시위부侍衛府에 배속된 최고지휘관. ② 발해시대의 무관직. 중앙군 십위十衛 소속의 무관직으로, 대장군大將軍의 차관직. ③ 고려시대의 이군육위二軍六衛와 충용위忠勇衛의 정4품 무관직. 중앙군에서 세 번째 서열에 해당되는 계급. 공민왕 때 호군護軍으로

개칭됨. ④ 조선 초기의 종4품 무관직. 초기 의흥친군義興親軍 십위十衛+위衛하의 5령領의 지휘관.

장군방將軍房 ① 고려시대 정4품 무반직인 장군의 회의기관. ② 조선 초기 장군이상의 무관직들이 모여 군사관계의 일을 상론하던 곳. 고려 때의 중방重房의 후신으로, 1400년(정종 2)에 폐지되었다가, 1406년(태종 6)에 다시 설치되고 이름을 호군방護軍房으로 바꿈.

장금사掌禁司 조선시대 형조에 소속되어 각종 형벌과 감옥관계의 일을 맡아보던 관청. 1405년(태종 5)에 설치됨.

장덕將德 백제시대 16관등의 하나. 품은 7품. 대帶는 자대紫帶를 띰.

장령掌令 ① 고려시대 사헌부司憲府의 종4품 관직. 1308년(충렬왕 34)에 시어사侍御史를 고친 것임. ② 조선시대 사헌부의 정4품 관직. 정원은 2명. 태조 때의 시사侍史가 1401년(태종 1)에 바뀐 것임.

장령부長嶺府 발해의 지방행정구역. 15부府 가운데 하나. 고구려의 옛땅에 설치되었으며, 예하에 하주瑕州와 하주河州를 다스림. 발해의 수도인 상경용천부上京龍泉府로부터 당나라의 동방전진기지였던 영주營州(: 지금의 요녕성遼寧省 조양朝陽)로 왕래하던 교통로의 중심에 놓여 있었음.

장례掌禮 한말 궁중의 제반의식을 담당한 관직. 1895년(고종 32)에 궁내부宮內府산하에 설치됨.

장례사掌隸司 조선시대 형조 소속의 노예부적奴隸簿籍과 포로에 관한 사무를 관장하던 관청. 1405년(태종 5)에 신설됨.

장례서掌醴署 고려시대 술과 감주를 담당하던 관서. 양온서良醞署의 후신으로, 문종 때 바뀐 것임. 1098년(숙종 3)에 다시 양온서로 바뀜. 1308년 충선왕이 즉위하여 사온서司醞署라 하였다가, 1356년(공민왕 5)에 다시 양온서로 고쳐졌으며, 이후 양온서와 사온서의 명칭 변경이 잦았음.

장례원掌隸院 조선시대 공·사노비 문서의 관리 및 노비소송을 담당하던 관청. 1467년(세조 13)에 변정원辨定院이 개편되어 설치되었으며, 1764년(영조 40)에 보민사保民司로 개칭되면서 폐지됨.

장례원掌禮院 조선 1895년(고종 32)에 설치된 통례원通禮院의 후신 관청. 궁중의식·조회의례뿐만 아니라 예조에서 장악하고 있던 제사와 모든 능·종실·귀족에 관한 사무를 관장함. 1910년에 폐지됨.

장루掌漏 고려시대 서운관書雲觀의 종7품 관직.

장무장군將武將軍 고려시대 무산계武散階의 하나. 무산계 29계中 제7계로, 정4품 하계下階의 관계명官階名.

장문場門 조선시대 지방에서 열렸던 장시場市. 향시鄕市라고도 함.

장번長番 ① 조선시대 궁중에서 장기간 입출번入出番의 교대 없이 유숙하며 계속 근무하던 제도. ② 조선시대 내시부의 한 관직.

장복서掌服署 고려시대 왕의 의복을 만드는 일을 맡은 관청. 본래 상의국尙衣局이라 하던 것을 1310년(충선왕 2)에 장복서로 고쳤고 1356년(공민왕 5)에 다시 상의국이라 하였다가, 1362년에 장복서 1369년에 상의국, 1372년에 다시 장복서로 불렸으며, 1391년(공양왕 3)에는 공조에 병합됨.

장봉掌縫 조선시대 내명부內命婦의 하나. 세자궁의 궁관宮官으로 품계는 종8품. 주임무는 바느질과 길쌈을 담당하였음.

장부掌簿 조선시대 문반토관직文班土官職의 종5품 관직. 전례서典禮署의 장.

장사長史 ① 고려시대의 관직. 막부幕府의 상층부를 구성하는 속료屬僚. ② 백제시대의 관직. 막부幕府의 상층부를 구성하는 속관屬官. ③ 신라시대의 지방관직. 일명 사마司馬라고도 함. 지방 최고행정단위의 주州에 소속되어 도독都督과 주조州助를 보좌하였음. 정원은 주마다 1명으로 모두 9명이었으며, 사지舍知 이상 대나마大奈麻의 관등을 가진 자로 보임됨. ④ 고려시대 춘방원春坊院의 종7품 관직. 정원은 1명. 동궁東宮의 사무를 관장함. ⑤ 고려시대 좌우위

左右衛·신호위神虎衛·홍위위興威衛·금오위金吾衛·천우위天牛衛·감문위監門衛의 6위六衛에 소속되어 제반사무를 맡아보았던 관직. 품계는 종6품으로, 정원은 각 위마다 1명. 공민왕이후 폐지됨. ⑥ 조선 초기 삼사三司에 설치되었던 정5품 관직. 정원은 2명으로 각기 좌·우장사로 칭하여짐. 삼사의 실무책임자로서 회계와 문서를 담당함. ⑦ 조선 후기 세손위종사世孫衛從司의 종6품 관직. 정원은 좌·우 각1명. 세손의 호위와 시종업무를 맡음.

장사掌事 조선시대 문반토관직文班土官職의 종7품 관직. 수지국收支局의 장.

장사랑將仕郎 ① 고려시대 문산계文散階의 하나. 종9품 하계下階의 관계명官階名. 문종 때 제정되었음. ②조선시대 문산계文散階의 하나. 문관 종9품의 관계명官階名.

장생고長生庫 고려시대 사원에 설치되었던 서민금융기관. '장생'이란 원래 재화를 대부해주고 그 이자를 받음으로써 자본을 축적한다는 의미로서, 장생고에 저장된 재화를 장생전長生錢·장생포長生布라 함.

장생서掌牲署 고려시대 제사 때 쓸 소·돼지·양 등 짐승의 사육을 맡아보던 관청.

장서掌書 조선시대 내명부內命婦의 하나. 세자궁의 궁관宮官으로, 품계는 종8품. 주임무는 서적을 관리하고, 세자궁 내의 교학敎學을 담당하며, 세자의 명령을 전달하는 일을 맡음.

장선부障繕府 태봉의 중앙관부. 광평성廣評省 예하의 18개 관부 중 하나로, 서울의 성곽을 수리하는 일을 맡음.

장설掌設 고려시대의 이속吏屬 중 잡류직雜類職. 궁중에서 진설陳設(:제물을 제사상 위에 벌여 놓는 일)의 업무를 담당함.

장수杖首 고려시대 이속吏屬 중 잡류직雜類職. 형부刑部에 26명이 배속되었으며, 죄수를 체포, 연행, 치죄하는 과정에서 잡역을 담당함. 죄인에게 태형笞刑을 가하는 일이 주임무.

장식掌食 조선시대 내명부內命婦의 하나. 세자궁 궁관宮官으로, 품계는 종7품. 제반 음식을 만들고, 등불과 촛불, 땔나무와 숯, 그릇 등을 관장하였음.

장악서掌樂署 조선시대 궁중음악을 관장하던 음악기관. 1457년(세조 3)에 아악서雅樂署와 전악서典樂署가 합쳐진 것임.

장악원掌樂院 조선시대 궁중에서 연주되는 음악 및 무용에 관한 일을 관장하던 관청. 1470년(성종 1) 장악서掌樂署와 악학도감樂學都監의 전통을 이어받아 설치되었으며, 연산군 말경 한때 연방원聯芳院이라 하였다가, 중종 때 다시 장악원으로 환원되었으며, 1895년(고종 32) 그 기능이 궁내부宮內府의 장례원掌隷院으로 옮겨졌다가, 1897년 교방사敎坊司로 바뀜. 정正(정3품)·첨정僉正(종4품)·주부主簿(종6품)·직장直長(종7품)의 관직들과 잡직 관직으로서 전악典樂(정6품)·부전악副典樂(종6품)·전율典律(정7품)·부전율副典律(종7품)·전음典音(정8품)·부전음副典音(종8품)·전성典聲(정9품)·부전성副典聲(종9품) 등이 있음.

장야서掌冶署 고려시대 야금冶金과 공작工作에 관한 일을 맡아보던 관서. 고려 초에 설치되어, 1308년(충렬왕 34) 영조국營造局으로 개편되었고, 1310년(충선왕 2) 다시 장야서로 환원되었고, 1391년(공양왕 3)에 공조에 병합되면서 폐지됨.

장어영壯禦營 조선 1881년(고종 18)에 설치된 군영. 기존 5군영 중 총융청摠戎廳·어영청御營廳·금위영禁衛營을 통합하여 설치됨. 수도방위부대의 친군적인 성격. 1882년에 폐지됨.

장용영壯勇營 조선 1793년(정조 17)에 왕권강화를 위하여 설치한 금위조직禁衛組織. 1785년에 설치된 국왕 호위의 전담부대인 장용위壯勇衛를 확대 발전시킨 군영軍營. 내영內營과 외영外營으로 나누어지는데, 내영은 도성을 중심으로 하였고, 외영은 수원 화성을 중심으로 이루어짐. 1802년(순조 2)에 혁파됨.

장용위壯勇衛 ① 조선시대 중앙군의 하나인 충무위忠武衛에 소속된 병종. 1459년(세조 5) 천인 가운데에서 활쏘기·달리기·힘쓰기 등을 시험하여 뽑은 노군奴軍의 병종을 장용대壯勇隊라는 이름으로 처음 설치함. 1475년(성종 6) 이것이 장용위로 개칭되면서 천인뿐 아니라 양인의 입속도 허락됨. 정원은 600명으로서, 5교대로 120명이 6개월씩 복무함. ② 조선 1785년(정조 9)에 설치되었던 국왕 호위를 전담한 금위군영. 1793년에 장용영壯勇營으로 확대 발전됨.

장원壯元 조선시대 문·무과 전시에서 갑과甲科 3명 가운데 수석으로 급제한 사람. 두 번째를 방안榜眼, 세 번째를 탐화探花라고 함.

장원掌苑 조선시대 장원서掌苑署의 정6품 관직. 1466년(세조 12) 상림원上林園을 장원서로 개편하면서 처음으로 둠. 장원서의 수석 관원으로서 궁중의 정원 관리와 과수·화초 등을 재배하는 일을 담당하였음.

장원서掌苑署 조선시대 궁궐 안의 정원에 꽃나무를 심고 과일나무를 가꾸는 일을 맡은 관청. 1466년(세조 12) 상림원上林園이 개칭된 것임. 1882년(고종 19)에 폐지됨.

장위부掌衛部 고려 초기 의물儀物·기계器械 등을 관장하던 관서. 960년(광종 11)에 내군內軍을 고친 것임. 뒤에 사위시司衛寺로 바뀌었다가 995년(성종 14) 위위시衛尉寺로 바뀜.

장위영壯衛營 조선 1888년(고종 25)에 설치된 삼영三營 중의 하나. 삼영 중 좌영으로서, 친군오영親軍五營을 통합, 계승한 것임. 1894년에 폐지됨.

장의掌醫 조선시대 내명부內命婦의 하나. 세자궁의 궁관宮官으로, 품계는 종9품. 세자궁의 약에 관한 제반임무를 담당하였음.

장의掌議 조선시대 성균관유생들의 자치기구인 재회齋會의 임원. 동재東齋와 서재西齋에 각 1명씩 둠. 재회를 소집하였으며, 재회에서의 역할과 권한이 거의 절대적임.

장의서掌醫署 고려 후기 궁중에서 쓰는 약을 조제하는 일을 맡은 관청. 초기의 상약국尙藥局이 1310년(충선왕 2)에 바뀐 것임. 곧 봉의서奉醫署로 바뀜. 1356년(공민왕 5)에 다시 상약국으로 바뀌고, 1362년에 봉의서로, 1369년에는 또다시 상의국으로, 1372년에는 봉의서로 개칭되었다가, 1391년(공양왕 3)에 전의시典儀寺에 합쳐짐.

장작감將作監 고려시대 토목공사와 궁실 및 관사의 영조와 수리를 담당하던 관청. 목종 때 설치되어 문종 때 정비되었고, 1298년(충렬왕 24) 선공감繕工監으로, 1308년에 선공사繕工司로 개편되었고, 뒤에 다시 선공시繕工寺로 바뀜.

장장掌藏 조선시대 내명부內命婦의 하나. 세자궁의 궁관宮官으로, 품계는 종9품. 세자궁의 재물과 비단옷감 등을 관리함.

장전長田 고려·조선 시대 각 역驛의 역장에게 지급된 토지.

장정掌正 조선시대 내명부內命婦의 하나. 세자궁의 궁관宮官으로 품계는 종7품. 문서의 출입과 자물쇠의 관리를 맡고, 세자궁내의 기강을 바로잡는 임무를 맡음.

장찬掌饌 조선시대 내명부內命婦의 하나. 세자궁의 궁관宮官으로, 품계는 종7품. 음식에 관한 제반 일을 관장함.

장형杖刑 5형刑 가운데 하나. 큰 형장荊杖으로 볼기를 치는 형벌.

장흥고長興庫 ① 고려시대 돗자리·유둔油芚(:종이나 목면포에 기름을 먹여 비옷 용구에 쓰는 것) 등을 관장하던 관서. 1308년(충렬왕 34) 대부상고大府上庫를 개칭한 것임. ② 조선시대 궁궐 안에서 쓰는 각종 돗자리·기름종이나 기름먹인 천으로 만든 우장 및 여러 가지 종이류들을 보관하는 일을 맡은 관청. 1392년(태조 1)에 설치되고, 1403년(태종 3)에 흥신문興信館과 합해졌으며, 풍저창豊儲倉을 여기에 합속시킴.

재부宰夫 조선시대 사용원司饔院의 종6품 잡직 관직. 대전·왕비전의 주방장의 임무를 맡음.

재상宰相 국왕을 보필하던 최고위 정치담당자를 부르던 칭호. 재보宰輔·재신宰臣·재추宰樞·대신大臣·상공相公이라고도 함.

재인才人 고려·조선 시대 천인賤人의 하나. 일명 재백정才白丁. 유기柳器·피물皮物의 제조와 도살·수렵·육류판매를 하거나 기무를 업으로 하는 최하층 신분. 조선 중기 이후에는 주로 창극唱劇 등의 기예技藝에 종사함.

재인청才人廳 한말 지방에서 활동하였던 직업적인 민간예능인의 연예활동을 관장하던 관청. 광대청廣大廳·장악청掌樂廳·신청神廳·풍류방風流房·공인청工人廳이라고도 함. 경기도·충청도·전라도의 각 군郡에 둠.

재임齋任 성균관·사학四學 등에 기숙하며 수업하는 유생儒生중의 임원任員.

재자관賫咨官 조선시대 중국의 육부六部에 공문서[자문咨文]를 전달하거나 기타의 공무로 파견되었던 연락관. 일종의 준사신準使臣에 해당되는 것으로, 보통 예부禮部에 파견됨.

재전滓典 신라시대의 관청. 소속 관원으로 간干 1명, 사史 4명을 둠.

재초도감齋醮都監 고려시대 성신星辰에 지내던 제사를 맡아보던 임시관청.

재행再行 혼례식이 끝난 뒤 신행新行이 있기 전 신랑이 신부의 집을 방문하는 의식.

재회齋會 조선시대 성균관 유생들의 자치기구. 장의掌議·색장色掌·조사曹司·당장堂長 등의 임원이 있음.

저가豬加 부여의 관직. 부여연맹체를 구성하는 중심세력의 족장族長으로서, 사출도四出道 중의 하나를 관할함.

저보邸報 경저京邸에서 본군本郡에 보고, 통지하는 문서. 서울에서 중앙과 지방의 연락기관으로서 전국 각 군현의 저사邸舍가 설치되어 있었는데, 이를 경저라고 함.

저작著作 조선시대 홍문관·교서관校書館·승문원承文院의 정8품 관직. 홍문관에 1명, 승문원에 2명, 교서관에 2명을 두고, 모두 문관으로 임용됨. 국사國史의 수찬修撰을 임무로 하고, 홍문관 저작은 경연經筵에 참석함.

저작랑著作郞 고려시대 비서감秘書監의 정7품 관직.

저적창儲積倉 고려시대 대제大祭에 쓸 제물을 맡아보던 관부. 충선왕 때 전농사典農寺를 고친 것임. 1356년(공민왕 5)에 사농시司農寺로 바뀜.

저화楮貨 고려 말에서 조선 초에 사용된 지폐. 1392년(공양왕 4)에 만들었는데, 고려가 멸망하자 통용되지 못하다가, 조선 1401년(태종 1)에 사섬서司贍署를 설치하고 이듬해에 저화를 발행하여 그 가치를 1장에 5승포五升布 1필, 쌀로는 두 말[두斗]로 책정하고 포화布貨 사용을 금함. 그 후 정부의 적극적인 사용정책에도 불구하고 민간의 기피로 인하여 통용되지 못하고 화폐가치가 하락되어, 조선 중기에 이르러서는 사실상 유통되지 않게 됨.

적개공신敵愾功臣 조선 1467년(세조 12)에 이시애李施愛의 난을 평정하는 데 공을 세운 사람에게 내린 훈호勳號.

적공교위迪功校尉 조선시대 서반 잡직계西班雜職階의 하나. 서반 잡직 종6품 하계下階의 관계명官階名.

적금무당赤衿武幢 신라시대의 군대. 삼무당三武幢의 하나로, 687년(신문왕 7)에 설치됨. 소속 군관으로 감사지監舍知 1명, 보병을 지휘하는 대척大尺 8명, 군사당주軍師幢主 1명, 보기당주步騎幢主 2명, 삼무당주三武幢主 16명을 둠.

적금서당赤衿誓幢 신라시대의 군대. 구서당九誓幢의 한 부대로, 686년(신문왕 6)에 벽금서당碧衿誓幢과 함께 보덕성報德城(: 지금의 전라북도 익산 소재)의 고구려 유민으로 편성하였음. 금衿의 빛깔은 적흑赤黑임.

적상狄相 고구려 말기의 관등. 14관등 중 제9위인 상위사자上位使者에 해당됨.

적순부위迪順副尉 조선시대 무산계武散階의 하나. 서반 정7품의 관계명官階名.

적위赤位 신라시대의 관직. 왕실의 사원을 관리하던 관청인 사천왕사성전四天王寺成典·봉성사성전奉聖寺成典·감은사성전感恩寺成典·봉덕사성전奉德寺成典 등에 소속되어 있던 3등관으로, 경덕왕 때 일시 판관判官 혹은 감監으로 개칭된 적이 있음. 정원은 각각 2명.

적전籍田 고려·조선시대 권농책으로 국왕이 농경의 시범을 보이기 위하여 의례용으로 설정한 토지.

전典 ① 신라시대의 관직. 사원과 관계된 특수행정기관인 봉성사성전奉聖寺成典·봉덕사성전奉德寺成典 등에 소속된 말단관직. 본래의 이름은 사史였으나, 759년(경덕왕 18)에 전으로 고쳐졌으며, 776년(혜공왕 12)에 다시 사로 바뀜. ② 신라시대 급장전給帳典의 책임자. 정원은 4명.

전강殿講 조선시대 경서經書의 강독을 장려하기 위하여 실시한 시험. 성종 때 경학經學의 발전을 위하여 식년式年마다 경서에 뛰어난 문신을 뽑아 전경문신專經文臣이라 하여 어전에서 경서를 강講하게 하였는데, 이것이 전강의 모태가 됨. 이후 역대 왕들이 수시로 성균관 유생을 대상으로 전강을 실시하여 우수한 자를 그 성적에 따라 성균관시·한성시·향시 등에 응시할 때 특전을 줌.

전객典客 고구려 말기의 관직. 소형小兄 이상의 관등 소유자가 임명되었는데, 소임은 영객領客, 즉 외빈 접대임.

전객사典客司 조선시대 예조에 소속된 관청. 1405년(태종 5) 설치되어, 1894년(고종 31)까지 존속됨. 사신영접·외방조공外方朝貢·연설燕設·사여賜與 등에 관한 일을 맡음.

전객시典客寺 고려시대에 빈객賓客을 대접하는 잔치를 맡던 관부. 1298년(충렬왕 24)에 예빈성禮賓省을 고친 것임. 뒤에 다시 예빈寺禮賓寺로 바뀜.

전경典經 조선시대 경연청의 정9품 관직. 정원은 2명.

전곡典穀 조선시대 내수사內需司의 종8품 관직.

전공사典工司 고려 후기 산택山澤·공장工匠·영조營造의 일을 관장하던 관청. 1362년(공민왕 11)에 공부工部를 고친 것임. 1369년에 다시 공부라 하였고, 1372년에 또다시 전공사라 하였다가, 1389년(공양왕 1)에 공조工曹로 바뀜.

전교서典校署 고려시대에 도서의 보관 및 인쇄에 관한 일을 맡은 관청. 1308년(충렬왕 34)에 비서감秘書監을 고친 것임. 뒤에 전교시典校寺로 바뀜.

전교시典校寺 고려시대에 도서의 보관 및 인쇄에 관한 일을 맡은 관청. 초기에 내서성內書省이라 하던 것을 995년(성종 14)에 비서성秘書省으로 고쳤고, 1298년(충렬왕 24)에 비서감秘書監으로 고쳤다가, 1308년에 전교서典校署로 고쳐 예문관에 소속시켰으며, 뒤에 전교시典校寺로 고치고 독립시킴. 1356년(공민왕 5)에 다시 비서감으로, 1362년에 전교시로, 1369년에 비서감으로, 1372년 다시 전교시로 됨.

전구관殿驅官 고려시대의 이속吏屬 중 잡류직雜類職. 궁성 내에서 사령使令을 담당함.

전구서典廐署 고려시대 가축의 사육과 제향祭享의 보좌 및 어선御膳(:임금에게 바치는 음식)·연향宴享 등에 축산물을 제공하는 일을 맡아보던 관서. 1308년(충렬왕 34)에 전의시典儀寺에 소속됨.

전근랑展勤郞 조선시대 동반 잡직계東班雜職階의 하나. 문반 잡직의 종9품 관계명官階名.

전내典內 고려시대 태자궁의 종5품 관직.

전내부前內部 백제시대의 관부. 사비시대泗沘時代의 궁중의 사무를 관장하는 내관內官 12부部 중의 하나로, 내관의 수석 관부. 내무일반에 관한 사무를 담당하였을 것으로 추정됨.

전농사典農司 고려시대에 제사 때 쓰는 곡식과 그밖의 제물들을 맡아보던 관청. 충선왕때 설치되고, 뒤에 저적창儲積倉으로 고쳐졌다가, 1356년(공민왕 5) 사농시司農寺로 바뀌고, 1362년 전농시典農寺로 바뀜.

전농시典農寺 ① 고려 말기 국가의 대제大祭에 쓸 곡식을 맡아보던 관청. 목종 때 사농경司農卿이 있었다가 뒤에 폐지되고, 충선왕 때 전농사典農司를 둔 이후 저적창儲積倉 · 사농시司農寺를 거쳐, 1362년(공민왕 11)에 개칭된 것임. 1369년 사농시로 고쳐지면서 폐지되었다가, 1371년 다시 두어져 고려 말기까지 존속됨. ② 조선 초기 적전籍田의 곡식과 제사용 술 · 희생犧牲 등을 관리하던 관서. 1392년(태조 1)에 설치된 사농시司農寺가 1401년(태종 1)에 바뀐 것임. 뒤에 봉상시奉常寺에 합쳐지고 분봉상시奉常寺로 됨.

전대등典大等 신라시대의 관직. 565년(진흥왕 26)에 집사부執事部의 전신 품주稟主의 장관직으로 설치되어, 651년(진덕여왕 5) 품주가 집사부로 확대 개편될 때 중시中侍 아래 차관직으로 됨. 747년(경덕왕 6)에 시랑侍郎으로 명칭이 바뀜. 정원은 2명. 관등은 아찬阿湌으로부터 나마奈麻까지임.

전대사전典大舍典 신라시대의 관청. 상대사전上大舍典과 더불어 국왕 측근의 가신적 성격을 띠는 사인舍人 조직을 거느리던 곳으로 추정됨. 소속 관원으로 전대사典大舍 1명, 전옹典翁 1명, 사史 4명을 둠.

전독典讀 한말 친왕부親王府에 소속된 관직. 1902년 설치됨. 친왕에 대하여 보익강학輔翼講學하고 호종護從의 일을 수행함. 관임관判任官 벼슬이며, 정원은 1명.

전등典燈 조선시대 내명부內命婦의 하나. 궁관宮官으로, 품계는 종8품. 정원은 1명. 궁중의 등불과 촛불을 맡음.

전랑銓郎 조선시대 문 · 무관의 인사행정을 담당하던 이조와 병조의 정5품관인 정랑正郎과 정6품관인 좌랑佐郎의 통칭.

전력부위展力副尉 조선시대 무산계武散階의 하나. 서반西班 종9품의 관계명官階名. 1436년(세종 18)에 처음으로 종9품의 산계散階로 진의부위進義副尉가 설치되었는데, 이것이 1466년(세조 12)에 전력부위로 개칭됨.

전령傳令 관부에서 관하管下의 관리 · 면임面任 · 민민民民 등에게 내리는 명령서.

전례국典禮局 조선시대 평양부 · 함흥부 · 영변대도호부 · 경성도호부 · 의주목 · 회령도호부 · 경원도호부 · 온성도호부 · 부령도호부 · 경흥도호부 · 강계도호부에 두었던 토관청土官廳. 예식과 음악관계의 일 또는 외국사신을 접대하는 일을 맡아봄.

전례방前例房 조선시대 호조에 소속된 관청. 종묘와 사직의 제물, 왕에게 올리는 진상물, 사행使行의 방물方物, 예장禮葬 용품 등에 관한 일을 맡아봄.

전례사典禮司 고려시대의 서경관제. 1116년(예종 11) 서경에 분사체제分司體制가 갖추어질 때 이전의 예의사禮儀司가 개칭된 것으로, 제향을 주관함. 뒤에 예의사로 환원된 뒤 1178년(명종 8) 의조儀曹에 속하게 됨.

전례서典禮署 조선 초기 토관직土官職 동반관서東班官署. 예악禮樂 · 사신접대 등의 일을 맡음.

전리電吏 고려시대 문하부와 평양유수관에 소속된 이속吏屬 중 잡류직雜類職. 제관청과의 연락관계의 신속한 일처리를 위한 사령직使令職.

전리사典理司 고려시대 문관의 선임 · 공훈 · 예의禮儀 · 제향 · 조회朝會 · 교빙交聘 · 학교 · 과거에 관한 일을 관장하던 중앙관부. 1275년(충렬왕 1)에 이부吏部와 예부禮部를 합쳐 만든 관청. 1298년(충렬왕 24)에 다시 의조儀曹와 전조銓曹로 나뉘었다가, 1308년 다시 전조 · 의조 · 병조를 통합하여 선부選部로 바뀜. 뒤이어 병조가 분리되고 총부摠部가 됨. 1356년(공민왕 5) 다시 이부와 예부로 나뉘어지고, 1362년이 중 이부를 다시 전리로 하였다가, 1369년 다시 선부로, 1372년 전리사로, 1389년(공양왕 1) 이조吏曹로 바뀜.

전목사典牧司 고려시대 목장을 관장하고 전마戰馬 · 역마驛馬 · 역우役牛 등을 조달하던 관청.

전문시箋文試 조선 세조 때 3품 이하의 문신을 대상으로 하여 전문箋文으로 실시하였던 임시과거.

전민변정도감田民辨整都監 고려 후기 권세가에게 점탈된 토지나 농민을 되찾기 위하여 설치한 임시관청. 1269년(원종 10)에 처음으로 설치되었고, 그뒤 1288년(충렬왕 14), 1301년, 1352년(공민왕 1), 1366년, 1381년(우왕 7), 1388년에 각각 설치됨.

전배前排 임금의 행차 때 임금의 수레 앞에 늘어서는 궁속宮屬.

전배前陪 벼슬아치의 행차 때나 상관에의 배견拜見 때 앞을 인도하는 관례官隸.

전법사典法司 고려시대 법률 · 사송詞訟(:민사의 소송) · 상언詳讞(:중죄인에게 3심을 거쳐 확정된 사형을 집행하기 전에 신중을 기하여 한번 더 심리하는 것)에 관한 일을 관장한 중앙 관부. 1275년(충렬왕 1)에 상서형부尙書刑部를 고친 것으로, 1298년에 다시 형조로 바뀜. 1308년에 언부讞部로 바뀌었다가, 뒤에 다시 전법사로 바뀜. 1356년(공민왕 5)에 형부刑部로, 1362년에 다시 전법사로, 1369년에 이부理部로, 1372년에 전법사로, 1389년(공양왕 1)에 형조로 바뀜.

전보도감典寶都監 고려 공민왕 때 설치되었던 임시관청. 1380년(우왕 6)에 폐지됨.

전보사電報司 조선 말기 1896년에 설치된 전기통신을 관장하던 농상공부 관할의 관청. 1905년 통신원通信院에 편입되었다가, 1906년 폐지됨.

전부典簿 조선시대 종친부宗親府의 정5품 관직. 정원은 1명. 1466년(세조 12) 부전첨副典籤을 고친 것임.

전빈典賓 조선시대 내명부內命婦의 하나. 궁관宮官의 하나로, 품계는 정7품. 빈객賓客 · 조현朝見 · 연회宴會 · 상사賞賜 등의 일을 맡음.

전빈서典賓署 조선 초기의 토관청土官廳. 사신들의 접대를 맡음.

전사典事 조선시대 문반토관직文班土官職의 정7품 관직. 전례서典禮署의 차장.

전사청典祀廳 통일신라시대 제사와 증시贈諡 등을 맡아보던 관청.

전생서典牲署 조선시대 궁중의 제향 · 빈례賓禮 · 사여賜與에 쓸 가축을 기르는 일을 맡았던 관청. 1460년(세조 6) 전구서典廐署를 개칭한 것으로, 서울의 남대문 밖 남산 남쪽 둔지방屯智坊에 설치하였음. 1894년(고종 2)에 폐지됨.

전서典書 ① 고려 1308년(충렬왕 34)에 육조六曹의 우두머리 관직인 상서尙書를 고친 것임. 뒤에 다시 상서로 부름. ② 조선 초기 육조六曹의 정3품 관직.

전선典膳 조선시대 내명부內命婦의 하나. 궁관宮官으로, 품계는 정7품. 제팽전화制烹煎和(:요리)에 관한 일을 맡음.

전선사典選司 조선 말기의 관청. 1880년(고종 17) 재지才智와 기예技藝를 가진 인재등용과 각 관사에 필요한 물자를 공급하는 일을 맡기 위하여 통리기무아문統理機務衙門에 소속된 12사의 하나로 설치되어, 1882년에 통리군국사무아문統理軍國事務衙門에 소속됨.

전선사典膳司 조선 말기 궁중 내의 음식 · 잔치와 그 기구를 보관하는 일을 맡은 관청. 1895년(고종 32)에 사옹원司饔院을 고친 것임.

전선색典船色 조선시대 군선과 조선漕船을 관장하던 관청.

전설典設 ① 고려시대의 이속吏屬 중 잡류직雜類職. 막사幕士와 같은 계통의 입사직仕職으로, 궁중의 진설陳設(: 제물을 제사상 위에 벌여놓는 일)을 담당하였음. ② 조선시대 내명부內命婦의 하나. 궁관宮官으로, 품계는 종7품. 위장幃帳(: 휘장) · 인석茵席(: 왕골이나 들로 만든 자리) · 쇄소灑掃(: 물을 뿌리고 비로 쓰는 일) · 장설張設(: 장막설치) 등의 일을 맡았음.

전설사典設司 조선시대 병조에 소속된 관청. 식전式典에 사용하는 장막帳幕의 공급을 관장하던 기관.

전성典聲 조선시대 장악원掌樂院에 소속되어 음악에 관한 업무를 맡았던 정9품 잡직 관직.

전수典需 조선시대 내수사內需司의 정5품 관직. 정원은 1명.

전시殿試 조선시대 문과 · 무과의 제3차의 시험. 국왕의 친림하에 복시覆試에서 선발된 문과 33명, 무과 28명의 합격자들을 재시험하여 등급을 결정하는 시험. 시험의 성적에 따라 문과는 갑과甲科 3명, 을과乙科 7명, 병과丙科 23명과 무과는 갑과 3명, 을과 5명, 병과 20명의 등급으로 나누어짐. 3년에 한 번씩 봄철에 실시함.

전시과田柴科 고려시대 현직 관리나 군인 · 공신 또는 각 관아에 그 관급官級에 따라 토지와 땔나무를 댈 임야를 나누어 주던 토지제도. 976년(경종 1)에 처음으로 제정된 뒤 여러 번의 개정을 거쳐 1076년(문종 30)에 완비됨. 원칙적으로 세습이 안 되나 공신에게 주는 공음전시功蔭田柴나 관청에 주는 공해전시公廨田柴는 세습이 가능하였음.

전식典食 고려시대의 이속吏屬 중 잡류직雜類職. 궁중에서 식찬食饌에 관한 일을 담당하였음.

전식典飾 조선시대 내명부內命婦의 하나. 궁관宮官으로, 품계는 정8품. 왕의 머리를 단장하는 일을 맡음.

전악典樂 조선시대 장악원掌樂院에서 음악에 관한 업무를 관장하던 정6품 잡직雜職관직. 체아직遞兒職 녹관祿官임.

전악서典樂署 ① 고려시대 음악관계의 일을 맡은 관청. 초기에 대악서大樂署라 하던 것을 1308년(충렬왕 34)에 전악서로 고침. 1356년(공민왕 5)에 다시 대악서로 바꿈. ② 조선 초기 궁중음악을 관장하기 위하여 설치되었던 예조 소속 관청. 1392년(태조 1)에 설치되어 아악서雅樂署와 별개로 두었다가, 1457년(세조 3) 아악서와 합쳐져 장악서掌樂署로 바뀜.

전약典藥 조선시대 내명부內命婦의 하나. 궁관宮官외 하나로, 품계는 정8품. 약을 달이고 올리는 일을 맡았음.

전언典言 조선시대 내명부內命婦의 하나. 궁관宮官의 하나로, 품계는 종7품. 왕의 명령을 전달하는 일과 왕에게 아뢰는 일을 맡았음.

전연사典涓司 조선시대 공조 소속 궁궐의 수리와 청소를 맡은 관청. 1394년(태조 3)에 둔 경복궁제거사京福宮提擧司를 1466년(세조 12)에 고친 것임. 1744년(영조 20)에 선공감繕工監에 합쳐짐.

전옥서典獄署 ① 고려시대 형옥刑獄에 관한 일을 맡아보던 관서. 995년(성종 14)에 대리시大理寺로 고쳐졌다가, 문종 때 다시 전옥서로 바뀜. 충선왕 때 폐지되었다가, 1362년(공민왕 11)에 다시 설치됨. ② 조선시대 죄수를 관장하던 관서. 태조 때 고려의 전옥서를 답습하여 설치되었으며, 1466년(세조 12) 6조아문으로 정착되어 조선 말기까지 계승됨.

전옹田翁 신라시대의 관직. 궁내宮內 전담부서인 전典을 관리하였음. 전대사典大舍 · 본피궁本彼宮 · 평진음전平珍音典에 1명 내지 2명이 배속됨.

전운사轉運使 ① 고려 초기 지방에서 징수한 조부租賦를 개경으로 운송하기 위하여 파견된 관리. 1029년(현종 20)에 폐지됨. ② 조선시대 세곡의 운반을 주관한 전운서轉運署의 관원. 조운사漕運使 · 전운어사轉運御史라고도 함.

전운서轉運署 조선 말기 충청도 · 전라도 · 경상도 등 남부 3도지방 연안부근의 세미稅米 운송업무를 관장하던 관청. 1883년(고종 20) 통리교섭통상사무아문統理交涉通商事務衙門의 산하기관으로 설치됨. 1886년 내무부 공작국工作局 산하로 이관되고, 명칭도 전운국戰運局으로 바뀜.

전위典衛 조선 1900년에 설치된 궁내부宮內府 산하 친왕부親王府 소속의 관직. 판임관判任官으로 임명되며, 정원은 2명.

전위前衛 조선시대 오위五衛의 하나. 즉 충좌위忠佐衛 · 충의위忠義衛 · 충찬위忠贊衛 · 파적위破敵衛가 이에 속하며, 중 · 좌 · 우 · 전 · 후의 다섯 부로 나누고, 전라도의 각 진鎭에 군대가 분속되어 있었음.

전율典律 조선시대 장악원掌樂院의 정7품 잡직 관직. 음악의 교육과 연습에 관한 책임을 맡음.

전음典音 조선시대 장악원掌樂院에 소속되어 음악업무를 맡았던 정8품 잡직 관직.

전읍서典邑署 신라시대의 관청. 수도인 경주의 도시행정의 사무를 맡음. 759년(경덕왕 18) 전경부典京府로 고쳐졌다가, 776년(혜공왕 12) 다시 전읍서로 환원됨. 이때 대일임전大日任典의 전경부에 수됨.

전의田衣 조선시대 내명부內命婦의 하나. 궁관宮官으로, 품계는 정7품. 의복과 수식首飾에 관한 일을 맡았음.

전의典儀 대한제국 때 왕의 질병과 황실의 의무醫務를 관장하던 의관직. 1894년(고종 31)에 제정됨. 정원은 2명.

전의감典醫監 조선시대 궁중에서 쓰는 의약의 공급과 임금이 하사하는 의약에 관한 일을 관장하던 관청. 의학교육과 의학취재醫學取才 등의 업무도 겸하였음.

전의사典醫司 한말 왕의 질병과 어약御藥을 관장하던 관청. 1895년(고종 32) 내의원內醫院을 고친 것임. 1897년 태의원太醫院으로 개칭됨.

전의시典儀寺 고려 후기 제사를 주관하고 왕의 묘호廟號와 시호諡號의 제정을 관장하던 관청. 문종 때 두었던 태상부太常府의 후신으로, 1298년(충렬왕 24) 봉상시奉常寺로 고쳐졌다가, 1308년 다시 전의시로 개칭됨. 1356년(공민왕 5) 태상시로 개칭되었다가, 1362년 다시 전의시로 환원되고, 1369년 다시 태상시로, 1372년 다시 전의시로 됨.

전의시典醫寺 고려 후기 궁중에서 쓰는 의약품과 질병 치료사업을 맡은 관청. 초기에 태의감太醫監이라 하던 것을 1308년(충렬왕 34) 사의서司醫署로 고쳐졌다가 뒤에 전의시로 바뀜. 1356년(공민왕 5)에 다시 태의감으로 고치고, 1362년에 전의시, 1369년에 태의감, 1372년에 또다시 전의시로 바뀜.

전자관篆字官 조선시대 도화서圖畵署 소속의 잡직 관직. 정원은 2명. 화원畵員의 일종으로 궁중이나 각 관청에서 전서篆書를 쓰는 일에 종사하였음.

전장銓長 조선시대 이조판서의 별칭.

전적典籍 조선시대 성균관의 정6품 관직. 정원은 13명. 1466년(세조 12) 주부主簿를 고친 것임. 도서의 수장과 출납 · 관리를 담당함. 종학宗學과 서학西學의 교관 · 양현고養賢庫의 주부注簿를 겸임함.

전절군全節軍 고려시대 절도사에 소속된 12군軍의 하나. 중원도中原道에 속하는 청주절도사에 배속됨.

전정田政 조선시대 토지에 부과되는 모든 조세를 수취하는 전결세田結稅 수취행정.

전정典正 조선시대 내명부內命婦의 하나. 궁관宮官의 하나로, 품계는 종8품. 계령戒令 · 규금糾禁 등의 일을 맡았음.

전제典製 조선시대 내명부內命婦의 하나. 궁관宮官의 하나로, 품계는 종7품. 의복의 재봉裁縫에 관한 일을 담당함.

전제상정소田制詳定所 조선 세종 때 공법貢法의 제정 및 실시를 위하여 설치된 관청. 1443년(세종 25) 갱정공법更定貢法의 구체적 절목을 제정하고 그 시행을 추진할 주관기구로서 설치됨.

전조銓曹 ① 고려 후기 중앙 정무기관인 육조六曹의 하나. 문관의 선임과 공훈功勳에 관한 일을 관장함. 1298년(충렬왕 24) 전리사典理司가 고쳐진 것임. 1308년에 전조와 의조儀曹 · 병조兵曹가 병합되어 선부選部로 바뀌었으며, 1356년(공민왕 5) 이부吏部로 됨. ② 조선시대 문 · 무관의 전형銓衡을 맡은 이조와 병조의 통칭.

전주典酒 고려시대 성균관의 종3품 관직. 1275년(충렬왕 1)에 좨주祭酒를 고친 것임. 1298년(충렬왕 24)에 다시 좨주로 바뀜.

전주銓注 전형銓衡하여 주의注擬함. 관리의 임명을 위하여 직임에 합당한 인물을 가려서 임금에게 천거하는 것.

전주국典酒局 조선 초기 토관직土官職 동반관서東班官署. 종8품 아문으로 술빚는 일, 술잔치 등의 일을 맡음.

전중감殿中監 고려시대 왕실의 족보를 맡아보던 관청. 뒤에 전중시殿中寺라 하였다가, 1298년(충렬왕 24) 종정시宗正寺로, 1310년(충선왕 2) 종부시宗簿寺로 바뀜.

전중내시사殿中內侍史 고려시대 사헌부의 정6품 관직. 1298년(충렬왕 24)에 전중시어사中侍御史를 고친 것임.

전중성殿中省 ① 신라시대 서울의 대궁大宮 · 양궁梁宮 · 사량沙梁宮의 세궁을 관장하던 관청. 759년(경덕왕 18)에 내성内省을 고친 것으로, 뒤에 다시 내성으로 바뀜. ② 고려 초기 왕의 공상供上 및 친족의 보첩譜牒에 관한 일을 총괄하던 관청. 문종 때 전중시殿中寺로 고쳐지고, 1298년(충렬왕 24) 종정시宗正寺로 바뀌었으며, 뒤에 정중감殿重監이라 하였다가, 1310년(충선왕 2) 종부시宗簿寺로 바뀜.

전중시殿中寺 ① 발해시대의 관청. 국왕의 복식 · 승여乘輿 · 식선食膳 등에 관한 일을 관장함. ② 고려시대 왕실의 공상供上 및 보첩譜牒을 관장하던 관청. 문종 때 전중성殿中省을 고친 것임. ③ 조선시대 왕실의 족보와 궁궐 안의 일을 맡아보던 관청. 1392년(태조 1)에 설치되었고, 뒤에 종부시宗簿寺로 바뀜.

전중시어사殿中侍御史 고려시대 어사대御史臺의 정6품 관직.

전찬典贊 조선시대 내명부內命婦의 하나. 궁관宮官의 하나로, 품계는 종8품. 정원은 1명. 조회에 손님을 돕고 안내하며, 연회에 필요한 준비를 주관하였음.

전채典彩 조선시대 내명부內命婦의 하나. 궁관宮官의 하나로, 품계는 종8품. 정원은 1명. 비단과 실 그리고 솜을 맡았음.

전첨典籤 조선시대 종친부宗親府의 정4품 관직. 정원은 1명. 1430년(세종 12)에 설치됨. 타관이 겸직함.

전최殿最 고려 · 조선시대 경외京外 관원의 근무상태를 여러 면에서 조사하여 성적을 매기는 고과考課. 고과에서 최하등급을 전殿이라 하고, 최상등급을 최最라고 함.

전한典翰 조선시대 홍문관의 종3품 관직. 정원은 1명. 문한文翰의 수장 · 관리의 임무를 맡음.

전함병량도감戰艦兵糧都監 고려 1272년(원종 13)에 전함의 건조와 군량미의 보급을 위하여 설치되었던 임시관청.

전함사典艦司 조선시대 선박관리 및 조선造船 · 운수運輸에 관한 일을 맡아보던 관청. 1392년(태조 1)에 사수감司水監을 두어 전함의 수리 및 운수에 관한 일을 감독하게 하였으나 1403년(태종 3) 사재감宰監에 병합되고, 1432년(세종 14) 사수색司水色으로 부활되었으며, 1436년 수성전선색修城典船色으로 개편되었다가 1465년(세조 11)에 전함사로 명칭이 고정됨.

전함조성도감鈿函造成都監 고려 1272년(원종 13)에 설치되었던 임시

관청. 원나라 도종度宗의 비妃의 요구에 따라 장경藏經을 담을 그릇을 구하기 위하여 설치됨.

전고典廒庫 고려시대의 관청. 1356년(공민왕 5)에 설치됨.

전향사典享司 조선시대 예조에 소속된 관청. 국가의 각종 잔치와 제사를 주관하고 그에 쓸 물건을 관리하며 왕실에서 소용되는 의약품을 보관하는 일을 맡은 관청. 1405년(태종 5)에 설치되었다가, 1894년(고종 31)에 폐지됨.

전호佃戶 고려 · 조선 시대에 양인良人으로서 전주田主의 토지를 경작하거나 대토지 소유자에게 투탁하고 조租를 전주에게 바치는 일종의 소작농. 전객佃客 · 장객莊客이라고도 함.

전화典貨 조선시대 내수사內需司의 종9품 관직. 정원은 2명. 내수사의 제반 재화의 출납임무를 맡음.

전환국典圜局 조선 1883년(고종 20)에 설치된 상설조폐기관.

전황錢荒 조선 후기, 특히 18세기 초부터 19세기 초에 이르는 시기에 일반유통계에 거의 만성적으로 나타났던 동전銅錢 유통량 부족현상.

전회典會 조선시대 내수사內需司의 종7품 관직. 정원은 1명. 내수사의 회계를 총괄함.

전훈典訓 조선시대 종친의 교육을 담당하였던 교관. 종학宗學에 소속된 정5품 관직.

절급도감折給都監 고려 1382년(우왕 8)에 설치된 임시관청. 재추宰樞 7, 8명으로 별좌別坐를 삼아 토지를 분급하여 전리田里를 균등하게 하기 위하여 설치됨. 1389년(창왕 1)에도 설치되었음.

절노부絶奴部 고구려시대 오부五部의 하나. 계루부桂婁部 · 소노부消奴部와 함께 연맹체제시대 고구려의 대세력을 이룸. 연나부椽那部 · 제나부提那部라고도 표기됨. 국가체제 성립 후에는 북부北部 · 후부後部 혹부黑部라고도 불림.

절도사節度使 ① 신라시대의 관직. ② 고려시대 10도道 · 12주州 절도사체제하의 지방장관. 983년(성종 2) 12목牧이 설치되었던 큰 주에 12절도사를 둠. 이 12주에는 절도사를 장관으로 하는 12군軍이 설치됨. 1012년(현종 3) 12절도사가 폐지되고 5도호부와 75안무사按撫使가 설치됨. ③ 조선시대 병마절도사兵馬節度使 · 수군절도사水軍節度使의 통칭.

절말당주節末幢主 신라시대의 군관직. 경오종당주京五種幢主 · 구주만보당주九州萬步幢主와 더불어 만보당주로 불렀는데, 정원은 4명. 사지舍知 이상 대나마大奈麻까지의 관등을 가진 자가 임명됨.

절제도위節制都尉 조선시대 각 도의 병마절도사 밑에 있던 종6품 무관직. 제진諸鎭의 장將으로서, 정식명칭은 병마절제도위兵馬節制都尉. 그러나 실제로는 동반의 현령 · 현감 등 수령이 겸대하였으며, 거읍巨邑은 종5품직 판관이 겸임하였음.

절제사節制使 ① 고려시대의 지방관직. 1389년(공양왕 1) 도순문사都巡問使를 도절제사都節制使로 고치고, 원수元帥를 절제사로 바꿈. 이때는 왜구의 침범 등으로 전국에 군사상의 업무가 많았기 때문에 1도에 절제사 3명을 두었으나, 차차 민폐가 커지자 1도에 1명씩 둠. ② 조선 초기 중앙으로 번상番上하는 시위군侍衛軍을 파악, 지휘하던 장수. 1457년(세조 3) 부대편성과 진법체제를 일치시켜 오위진무소五衛鎭撫所를 설치함에 따라 소멸됨. ③ 조선시대 지방에 파견되던 무관직. 정3품의 거진장任鎭將으로, 수령이 겸하는 병마절제사 · 병마수군절제사의 약칭.

절충장군折衝將軍 조선시대 무산계武散階의 하나. 서반西班 정3품 당상관의 관계명官階名.

점구부點口部 백제의 중앙행정관서. 사비시대泗沘時代 외관外官 10부部의 하나로, 호구파악 및 노동력 징발 관계업무를 담당하였음.

점량부漸梁部 신라시대 경주 육부六部 가운데 하나. 일명 모량부牟

梁部라고도 하고, 잠탁부쯕啄部라고도 표기됨. 940년(태조 23) 장복부長福部로 바뀜.

점우색點牛色 고려 1385년(우왕 11) 소의 진헌進獻을 위하여 설치한 관청.

점찰보占察寶 신라시대의 보寶. 점찰법회를 운영하기 위한 재원을 마련하기 위해 설치된 식리기관殖利機關.

정丁 삼국 및 통일신라와 고려·조선 시대에 각종의 조세와 국역을 부담하여 양인良人 남자의 통칭. 일명 정남丁男이라고도 하며, 정인丁人·정구丁口·정부丁夫·인정人丁 등으로도 표기됨.

정正 ① 신라시대 상사서賞賜署에 소속된 관직. 본래의 명칭은 대정大正으로, 624년(진평왕 46)에 배치되었는데, 경덕왕 때 정으로 고쳐짐. 뒤에 다시 대정으로 바뀜. 급찬級湌에서 아찬阿湌까지의 관등을 가진 자가 임명됨. ② 고려시대 사복시司僕寺·전농시典農寺·사의서司醫署·서운관書雲觀·내알사內謁司 소속의 관직. 1308년(충렬왕 34)에 처음 설치됨. 품계와 정원은 소속 관부에 따라 달라, 사복시에는 정3품에 정원 2명, 사의서와 서운관에는 종3품 1명, 내알사는 정4품 2명이 있었다. 1356년(공민왕 5) 관제개혁으로 종3품의 경卿 또는 감監으로 바뀌었다가, 1362년에 다시 정으로 복설됨. 1369년에 다시 경·감으로 바뀌었다가, 1372년에 다시 부활됨. ② 조선시대 각 시寺·원院·감監의 장관과 종친부宗親府·돈녕부敦寧府·훈련원訓鍊院의 정3품 당하관.

정停 신라시대의 지방지배조직인 주州에 배치된 군단.

정개政開 후삼국시대 태봉의 연호. 914년부터 918년까지 사용됨.

정거停車 조선시대 유생에게 응시자격을 일시적으로 발탁하던 제도. 과거제도의 운영과정에서 부정행위를 범한 유생에게 과하는 제재 수단의 하나.

정경부인貞敬夫人 조선시대 외명부外命婦의 하나. 정·종1품의 문·무관의 적처嫡妻에게 주는 작호爵號.

정관政官 신라시대의 관부. 일명 정법전政法典이라고도 함. 소속 관원으로 처음에 대사大舍 1명과 사史 2명을 두었는데, 785년(원성왕 1)에 승관僧官을 두어 승려 가운데서 재주와 덕행이 있는 자를 뽑아 충원함.

정광正匡 ① 마진국摩震國의 관계官階. 904년에 제정된 문·무관의 9품계 가운데 제1위에 해당됨. ② 고려 초기의 관계. 태조가 태봉의 관계를 이어받아 사용한 관계. 전체 16계 가운데 제4위에 해당됨. ③ 고려시대 문산계文散階의 하나. 1310년(충선왕 2)에 제정된 문산계로, 정2품 광덕대부匡德大夫가 상하로 나누어졌는데, 이때 정2품의 상위는 대광大匡, 하위는 정광이 됨. ④ 고려시대 향직鄕職의 하나. 16위계의 향직 가운데 제4위계로, 2품 하위품계에 해당됨.

정구품正九品 ① 고려시대 18품계의 하나. 제17등급에 해당함. 문산계文散階는 1076년(문종 30)에 제정된 상계上階 유림랑儒林郎·하계下階 등사랑登仕郎과 1308년(충렬왕 34)에 제정된 통사랑通仕郎, 1356년(공민왕 5)에 제정된 등사랑과 무산계武散階는 995년(성종 14)에 제정된 상계 인용교위仁勇校尉·하계 인용부위仁勇副尉가 이에 해당됨. ② 조선시대 18품계의 하나. 문산계文散階의 종사랑從仕郎, 무산계武散階의 효력부위效力副尉, 잡직계 雜職階의 문반 복근랑服勤郎·무반 치력부위致力副尉, 토관직계土官階의 무반 계사랑啓仕郎·무반 여력도위勵力徒尉 등이 이에 해당됨.

정국공신靖國功臣 조선시대 세조가 자기의 반대세력인 황보인皇甫仁·김종서金宗瑞 등 원로대신과 종친인 안평대군安平大君을 제거하는 데 공을 세운 사람에게 내려준 훈호勳號.

정남丁男 정년丁年의 남자. 즉 장정이 된 남자.

정년丁年 남자 나이 스무 살. 즉 장정이 된 나이.

정당문학政堂文學 ① 고려시대 중서문하성中書門下省의 종2품 관직. 정원은 1명. 문종 때 제정되었으며, 1275년(충렬왕 1)에 참문학사參文學事로 고쳐졌다가, 1288년에 다시 본이름으로 바뀜. 중서문하성의 재신으로서 국정을 논의함. ② 조선 초기 문하부의 정2품 관직. 1401년(태종 1) 문하부를 의정부로 개칭할 때 의정부문학으로 개칭됨.

정당성政堂省 발해시대의 중앙관부. 중대성中臺省·선조성宣詔省과 더불어 발해 삼성三省의 하나. 행정을 집행하는 관청. 장長은 선조성의 장관인 좌상左相과 중대성의 장관인 우상右相보다 상위인 대내상大內相, 하위에 충부忠部·인부仁部·의부義部·작부爵部·창부倉部·선부膳部의 좌육사左六司와 지부智部·예부禮部·신부信部·융부戎部·계부計部·수부水部의 우육사右六司가 있음.

정덕대부靖德大夫 조선시대 의빈계儀賓階의 하나. 의빈 종1품 상계上階의 관계명官階名. 조선 전기의 광덕대부光德大夫가 《속대전》에서 정덕대부로 개칭됨. 뒤에 동반관계東班官階에 통합되어 숭록대부崇祿大夫로 바뀜.

정동행성征東行省 고려시대 원나라에 의하여 설치된 일본 원정을 위한 전방사령기관. 정식명칭은 정동행중서성征東行中書省. '정동'은 일본정벌을 뜻하는 것이고, '행중서성'은 중앙정부의 중서성中書省의 지방파견기관을 뜻함. 1280년(충렬왕 6)에 처음 설치되었으며, 이 행성은 일본 원정이 실패하자 곧 폐지됨. 이후에도 여러 차례 설치와 폐지가 되풀이 됨. 시일이 경과되면서 초기의 일본 정벌이라는 목적은 사라지고 점차 고려의 내정간섭기구로 변화됨.

정랑正郎 ① 고려 후기의 정5품 관직. 1275년(충렬왕 1)에 전기의 상서육부尙書六部가 전리사典理司·군부사軍簿司·판도사版圖司·전법사典法司 등 사사四司로 개편되자, 이 4사의 그 속사屬司인 고공사考功司와 도관都官에 처음 설치된 것임. 1298년 4사가 전조銓曹·병조兵曹·민조民曹·형조刑曹·의조儀曹·공조工曹의 육조六曹로 개편될 때 낭중郎中으로 개칭되었으나, 같은해 4사가 복구됨으로써 다시 정랑이 됨. 1308년 4사가 선부選部·민부民部·언부讞部 등 3부로 개편되자 직랑直郎으로 개칭됨. 곧 4사가 복구되자 정랑으로 환원됨. 1356년(공민왕 5) 다시 낭중으로, 1362년 정랑으로 환원됨. ② 조선시대 육조六曹의 정5품 관직. 육조의 중견 실무 책임자.

정략장군定略將軍 조선시대 무산계武散階의 하나. 서반西班 종4품 상계上階의 관계명官階名.

정력正曆 발해 강왕 대숭린大嵩璘 때의 연호. 795년(강왕 1)부터 809년(강왕 15)까지 사용됨.

정령正領 조선 말기 영관급領官級 무관. 주임관奏任官 1등. 1894년(고종 31) 육군장관직제陸軍將官職制에 의하여 개편된 12계급 중 제4위에 해당하는 계급으로, 상위직인 참장參將과 하위직인 부령副領의 중간에 위치하며, 품계는 3품. 1907년 군대해산령에 의하여 폐지됨.

정로위定虜衛 조선 1512년(중종 7)에 서북지역의 방비를 강화하기 위하여 편성한 한량계층閑良階層 중심의 병종兵種. 한량천 명을 선발하여 조직하고 겸사복장의 관할하에 두었음. 광해군 무렵까지 존속하였음.

정리丁吏 고려시대 이속직吏屬職의 하나. 일명 정례丁隷라고도 하며, 관인들에게 분급되어 호종扈從의 일을 담당하거나 관리의 행차 시 앞에서 안내하였음.

정리부定理府 발해의 지방행정구역. 15부府중 하나로, 읍루挹婁의 옛땅에 설치되었으며, 그 밑에 정주定州와 반주潘州의 2개 주를 두어 다스리도록 함.

정리부사整理副使 한말 궁내부宮內府의 관직. 1903년에 신설되었으며, 1909년에 폐지됨. 평양 풍경궁豊慶宮 사무를 관리辦理함. 정원은 1명. 칙임관勅任官으로 임명되며, 평안도관찰사가 겸직함.

정리사整理使 ① 조선 후기에 설치된 정리소整理所의 정2품 관직. 정리소의 총책임자로서, 수원유수가 당연직으로 겸직함. ② 한말의 궁내부宮內府의 관직. 평양 풍경궁豊慶宮의 관리책임자. 1903년에 신설되어 1909년에 폐지됨. 정원은 1명. 칙임관勅任官으로 임명됨.

정문文 하급관청에서 상급관청에 보내는 공문서. 주로 동일한 계통의 관청 사이에 행하는데, 한 면面에 다섯 줄로 쓰는 것이 특징임. 상문詳文ㆍ신문申文이라고도 함.

정방政房 고려 1225년(고종 12)에 무신집권자인 최우崔瑀가 설치한 사설전주기관私設銓注機關. 최우의 사제私第에 설치된 이후로 계속하여 무신집권기의 전주銓注(:인사행정)를 담당하는 기능을 가졌는데, 무신정권이 무너진 뒤에도 국가기관으로 변하여 존속하였음. 1298년(충렬왕 24)에 폐지되었다가, 1320년에 다시 복설되었으며, 1352년(공민왕 1)에 다시 폐지되었으나, 복설을 거듭하다가 1388년(창왕 1)에는 정식으로 혁파되고 상서사尙書寺를 설치하여 그 기능을 담당하게 함.

정법正法 ① 정형正刑, 즉 사형死刑. ② 바른 법, 또는 법을 바르게 함.

정병正兵 ① 조선시대 군사제도의 기간을 이루었던 일반 양인 농민 출신의 병종兵種. 정군正軍이라고도 하는데, 보인保人에 상대하여 이르던 말. ② 조선 1460년(세조 5)에 시위군侍衛軍을 고친 것임. 기병과 보병이 있는데 각각 정기병正騎兵ㆍ정보병正步兵이라 하였으며, 뒤에는 진영군까지도 정병이라 하면서 종전의 시위군은 번상 정병番上正兵이라 하고, 진영군은 유방정병留防正兵이라 하였음.

정보正甫 일명 정보正輔. ① 고려 초기의 관계官階. 태봉의 관제를 이어받아 936년(태조 19) 후삼국 통일을 전후하여 완성되었으며, 총 16관계 중 9위로 종4품에 해당됨. 그 뒤 광종 때 중국식 문산계文散階가 들어오면서 이와 같이 쓰였는데, 주로 비관인층ㆍ지방호족들에게만 이 관계가 적용됨. ② 고려시대의 향직鄕職. 16위계의 향직 가운데 5품의 품계로, 제9위에 해당됨.

정봉대부正奉大夫 고려시대 문산계文散階의 하나. 1298년(충렬왕 24)에 제정된 종2품의 관계명官階名.

정부인貞夫人 조선시대 외명부外命婦의 하나. 정ㆍ종2품의 문ㆍ무관의 적처嫡妻에게 주던 작호爵號.

정사正使 조선에서 중국이나 일본으로 보내는 사행使行의 우두머리. 상사上使라고도 함.

정사呈辭 관원이 사정으로 말미암아 국왕에게 사직ㆍ휴직ㆍ휴가 등을 청하는 문서.

정사공신定社功臣 조선 1398년(태조 7)에 제1차 왕자의 난을 평정하는 데 공을 세운 사람에게 내린 훈호勳號.

정사공신靖社功臣 조선 1623년(인조 1)에 인조반정에 공을 세운 사람에게 내린 훈호勳號.

정사색淨事色 고려시대 초제醮祭를 주관하던 특수관부. 1258년(고종 45)에 도교에서 행하는 의식인 천지와 성신에 대한 초제를 주관하기 위해 설치됨. 충선왕 때 재초도감齋醮都監으로 개칭되었다가, 1391년(공양왕 3)에 폐지됨.

정사품正四品 ① 고려시대 18품계 중 하나. 제7등급에 해당됨. 995년(성종 14)에 제정된 무산계武散階의 중무장군中武將軍ㆍ장무장군將武將軍과 문종 때 제정된 문산계文散階의 정의대부正議大夫ㆍ통의대부通議大夫와 1275년(충렬왕 1)에 제정된 문산계의 영렬대부榮列大夫ㆍ중렬대부中列大夫 및 1298년에 제정된 문산계의 대중대부大中大夫, 1308년에 제정된 문산계의 봉상대부奉常大夫와 1356년(공민왕 5)에 제정된 문산계가 중산대부中散大夫와 1369년(공민왕 18)에 제정된 문산계의 중의대부中議大夫 등에 해당되는 품계. ② 조선시대 18품계 중 하나. 문산계文散階의 봉정대부奉正大夫ㆍ봉

렬대부奉列大夫와 무산계武散階의 진위장군振威將軍ㆍ소위장군昭威將軍과 종친계宗親階의 선휘대부宣徽大夫ㆍ광휘대부廣徽大夫 등에 해당하는 품계.

정삼품正三品 ① 고려시대 18품계 중 하나. 제5등급에 해당됨. 995년(성종 14)에 제정된 무산계武散階의 관군대장군冠軍大將軍과 문산계文散階의 금자홍록대부金紫興祿大夫와 문종 때 제정된 문산계의 은청광록대부銀靑光祿大夫와 1275년(충렬왕 1)에 제정된 문산계의 봉익대부奉翊大夫ㆍ중의대부中議大夫와 1298년에 제정된 문산계의 정의대부正議大夫, 1308년에 제정된 문산계의 정순대부正順大夫ㆍ봉순대부奉順大夫와 1356년(공민왕 5)에 제정된 문산계의 통의대부通議大夫등에 해당되는 품계. ② 조선시대 18품계 중 하나. 정3품 상계上階이상을 당상관이라 하였고, 하계下階이하를 당하관이라 함. 문산계文散階의 통정대부通政大夫ㆍ통훈대부通訓大夫와 무산계武散階의 절충장군折衝將軍ㆍ어모장군禦侮將軍과 종친계宗親階의 명선대부明善大夫ㆍ창선대부彰善大夫와 의빈계儀賓階의 봉순대부奉順大夫ㆍ정순대부正順大夫 등에 해당되는 품계.

정색政色 조선 후기 병조에 소속된 관청. 초기의 무선사武選司를 1785년(정조 9)에 고친 것임. 무관직들의 임명과 해임. 고신告身 발급, 녹패祿牌 수여, 서반 소속 잡직 제수를 관장하고 그밖에 부과附過라 하여 후일의 성적평가에 참고하기 위한 장병의 공무상의 과실을 관원명부에 기록하며, 휴가 및 무과武科와 취재取才도 담당함.

정색상서政色尙書 고려 최씨무신정권의 정방政房의 임원. 전정銓政(인사행정)에 있어서 왕에게 입주立奏하는 일을 맡은 사람을 정색승선政色承宣이라 하였는데, 그 품계가 3품인 경우 정색상서라 함.

정색서제政色書題 고려 최씨무신정권의 정방政房의 임원. 정색승선政色承宣 밑에서 관직들의 임명 및 해임에 관한 문서작성 일을 맡음.

정색소경政色少卿 고려 최씨무신정권의 정방政房의 임원. 전정銓政(인사행정)에 있어서 왕에게 입주立奏하는 일을 맡은 사람을 정색승선政色承宣이라 하였는데, 그 품계가 4품 이하를 정색소경이라 함.

정색승선政色承宣 고려 최씨무신정권의 정방政房의 임원. 관리의 임명 및 해임에 관한 일을 맡아보던 관직.

정설국正設局 조선 초기에 설치되었던 토관청土官廳의 하나. 제사ㆍ잔치 등을 준비하는 일을 맡아봄.

정설원正設院 고려시대 서경西京의 관청. 고려 전기에 설치되었으며, 1178년(명종 8)에 의조儀曹에 병합됨.

정순대부正順大夫 ① 고려시대 문산계文散階의 하나. 1308년(충렬왕 34)에 제정된 정3품 상계上階의 관계명官階名. ② 조선시대 의빈계儀賓階의 하나. 의빈 정3품 당하관의 관계명官階名.

정승政丞 ① 고려 후기 도첨의사사都僉議使司의 종1품 관직. 고려 전기의 수상인 문하시중門下侍中이 중찬中贊을 거쳐 1308년(충렬왕 34)에 개칭된 것임. 이때 정원은 1명. 1330년(충숙왕 17)에 중찬으로 바뀌었다가 얼마 뒤 정승으로 환원되었는데, 동시에 정원도 좌ㆍ우 각1명으로 늘어났으며, 이 가운데 우정승이 수상에 해당하였음. 1354년(공민왕 3) 다시 중찬으로 바뀌었다가 곧 정승으로 환원되었으며, 1356년에는 정원 1명의 문하시중으로 고쳐졌고, 1362년에 또 다시 우정승과 좌정승으로 됨. 1369년이 둘이 합쳐져 문하시중으로 바뀜. ② 조선시대 의정부 의정의 이칭.

정안政案 고려ㆍ조선 시대 관원의 인사관리를 위하여 특별히 작성된 기록문건. 일명 정적政籍이라고도 함. 현직관원은 물론 산관散官에 대하여서도 작성됨. 관원이 3년에 한번씩 자신의 세계世系와 경력을 기록하여 제출하는 자료를 토대로 이조와 병조가 이를 작성하고

수정하며 보관함. 여기에는 관원의 성명과 생년월일, 출사出仕의 과정, 관원으로서의 경력, 사조四祖 및 장인의 성명과 관직, 친가와 외가의 본향本鄕, 현재의 거주지는 물론이고 공적과 과실, 능력의 유무 등에 관한 사항이 기록됨.

정언正言 ① 고려시대 중서문하성의 종6품 관직. 1116년(예종 11)에 습유拾遺를 고친 것임. 정원은 좌·우 각1명. 1308년(충렬왕 34)에 사보思補로 고치고 정6품으로 올렸다가, 1356년(공민왕 5)에 다시 정언으로 바뀜. 낭관으로서 간쟁諫爭과 봉박封駁을 맡음. ② 조선시대 사간원의 정6품 관직. 정원은 2명. 1401년(태종 1) 문하부가 혁파되고 사간원이 독립될 때 문하부의 습유拾遺가 개칭된 것임. 낭관으로서 간쟁諫爭과 봉박封駁을 맡음.

정오품正五品 ① 고려시대 18품계 중 하나. 제9등급에 해당됨. 995년(성종 14)에 제정된 무산계武散階의 정원장군定遠將軍과 영원장군寧遠將軍, 문종 때 제정된 문산계文散階의 중산대부中散大夫·조의대부朝議大夫와 1308년(충렬왕 34)에 제정된 문산계의 통직랑通直郎과 1356년(공민왕 5)에 제정된 문산계의 조의랑朝議郎 등에 해당되는 품계. ② 조선시대 18품계 중 하나. 문산계文散階의 통덕랑通德郎·통선랑通善郎과 무산계武散階의 과의교위果毅校尉·충의교위忠毅校尉와 종친계宗親階의 통직랑通直郎·병직랑秉直郎과 토관직土官職 문산계의 통의랑通議郎과 무산계의 건충대위建忠隊尉 등에 해당되는 품계.

정운공신定運功臣 조선 1612년(광해군 4)에 소북과 유영경柳永慶 등을 제거하는 데 공을 세운 정인홍鄭仁弘·이이첨李爾瞻·이산해李山海 등의 신하들에게 내린 훈호動號.

정원定院 조선시대 승정원의 약칭.

정원장군定遠將軍 고려시대 무산계武散階의 하나. 전체 29계 중 제10계로, 정5품 상계上階의 관계명官階名.

정위正位 ① 태봉의 관제를 이어받아 사용한 고려 초기의 관계官階. 일명 정위正衛라고도 함. 936년(태조 19) 후삼국 통일을 전후하여 완성되었는데, 전체 6관계 중 제13위에 해당됨. ② 고려시대의 향직鄕職. 16위계의 향직 중 7품 하계下階의 품계로, 제13위에 해당됨.

정육품正六品 ① 고려시대 18품계 중 하나. 제11등급에 해당됨. 995년(성종 14)에 제정된 무산계武散階의 요무교위耀武校尉·요무부위耀武副尉와 1076년(문종 30)에 제정된 문산계文散階 조의랑朝議郎·승의랑承議郎과 충선왕 이후 시기의 문산계의 승봉랑承奉郎, 1356년(공민왕 5)에 제정된 문산계의 조청랑朝請郎 등에 해당되는 품계. ② 조선시대 18품계 중 하나. 문산계의 승의랑承議郎·승훈랑承訓郎과 무산계의 돈용교위敦勇校尉·진용교위進勇校尉, 종친계宗親階의 집순랑執順郎·종순랑從順郎, 토관직土官職 문산계의 선직랑宣職郎과 무산계의 건신대위建信隊尉, 잡직계雜職階 문반의 공직랑供職郎·여직랑勵職郎과 무반의 봉임교위奉任校尉·수임교위修任校尉 등에 해당되는 품계.

정윤正尹 고려시대 종친宗親과 훈신勳臣에게 내리던 봉작호封爵號. 충렬왕 이후부터 사용되었으며, 1298년 충선왕의 관제개혁 때 종2품으로 정해짐. 이성제군異姓諸君인 경우에는 정3품으로 함.

정음청正音廳 조선시대 훈민정음 창제후 궁중에 임시로 설치되어 훈민정음 관계사업을 수행하던 관청. 언문청諺文廳이라고도 함.

정의대부正義大夫 조선시대 종친계宗親階의 하나. 종2품 하계下階의 관계명官階名.

정의대부正議大夫 고려시대 문산계文散階의 하나. 1076년(무종 30)에 설정된 문산계 29계 중 제6계인 정4품의 상계上階로 설정되었음. 1298년(충렬왕 24) 관제개혁 때 정3품계가 되었고, 1308년 이후에는 정3품의 상계로서 고려 말까지 존속됨.

정이품正二品 ① 고려시대 18품계 중의 하나. 제2등급에 해당됨.

995년(성종 14)에 제정된 무산계武散階의 보국대장군輔國大將軍과 문종 때 제정된 문산계文散階의 특진特進과 1298년(충렬왕 24)에 제정된 흥록대부興祿大夫와 1308년에 제정된 문산계의 광정대부匡靖大夫와 1310년(충선왕 2)에 제정된 문산계의 대광大匡·광정광正匡과 1356년(공민왕 5)에 제정된 문산계의 은청광록대부銀靑光祿大夫·은청영록대부銀靑榮祿大夫와 1369년에 제정된 문산계의 광록대부光祿大夫·숭록대부崇祿大夫 등에 해당되는 품계. ② 조선시대 18품계 중의 하나. 문산계의 정헌대부正憲大夫·자헌대부資憲大夫와 종친계宗親階의 숭헌대부崇憲大夫·승헌대부承憲大夫와 의빈계儀賓階의 봉헌대부奉憲大夫·통헌대부通憲大夫에 해당되는 품계.

정일품正一品 ① 고려시대 18품계 중의 하나. 제1등급에 해당됨. 1308년(충렬왕 34)에 제정된 문산계文散階의 삼중대광三重大匡과 1356년(공민왕 5)에 제정된 문산계의 개부의동삼사開府儀同三司·의동삼사儀同三司와 1362년(공민왕 11)에 제정된 문산계의 벽상삼한삼중대광壁上三韓三重大匡, 1369년에 제정된 문산계의 특진보국삼중대광特進輔國三重大匡·특진삼중대광特進三重大匡 등에 해당되는 품계. ② 조선시대 18품계 중의 하나. 문산계文散階의 대광보국숭록대부大匡輔國崇祿大夫·보국숭록대부輔國崇祿大夫와 종친계宗親階의 현록대부顯祿大夫·흥록대부興祿大夫와 의빈계儀賓階의 수록대부綏祿大夫·성록대부成祿大夫에 해당되는 품계.

정자正字 ① 고려시대 전교시典校寺의 종9품 관직. ② 조선 초기 세자부世子府의 정8품 관직. ③ 조선시대 교서관校書館·홍문관·승문원承文院이 정9품 관직.

정전丁田 신라시대 토지제도의 하나. 722년(성덕왕 21)에 백성 가운데 정丁의 연령층에게 주어졌던 토지.

정전丁錢 ① 조선시대 병역의 의무를 지닌 사람이 직접 상번하지 않고 그 대신에 바치는 돈. ② 조선시대 승려가 되려는 자가 도첩度牒을 받을 때 군포軍布 대신에 바치는 돈. 베 30필로 하였음.

정전正田 조선시대 농경지 가운데 휴한 혹은 진황陳荒(:거칠어진 채 버려두고 매만지지 않는 것) 시키지 않고 해마다 경작하는 상경전常耕田. 경작하거나 진황시키는 농경지를 지칭하는 속전續田과 대칭됨.

정조正朝 ① 마진국摩震國의 관계官階. 904년에 제정된 문·무관의 9계 가운데 제6위의 관계. ② 고려 초기의 관계官階. 태봉의 관계를 이어받아 919년(태조 2)부터 사용되기 시작함. 936년 후삼국 통일을 전후하여 완성되었는데, 전체 16관계 중 제12위에 해당됨. ③ 고려시대의 향직鄕職. 16위계의 향직 가운데 7품 상위의 품계로. 제12위에 해당됨.

정조사正朝使 조선시대 원단元旦에 명나라나 청나라에 보내던 사신. 하정사賀正使·정단사正旦使라고도 하며, 동지사冬至使·성절사聖節使와 함께 삼절사三節使의 하나로, 정례사행이었음.

정주正州 발해의 지방행정구역. 일명 비류군沸流郡이라고도 함. 주州 중 하나로 서경압록부西京鴨淥府에 속함.

정주定州 발해의 지방행정구역. 일명 안정군安定郡이라고도 함. 62주州 중 하나로, 정리부定理府에 속하며, 이부의 수주首州이기도 함.

정주晴州 발해의 지방행정구역. 청주晴州라고도 표기됨. 62주州 중 하나로, 남경남해부南京南海府에 속함.

정찰貞察 신라시대의 관직. 백관의 풍기를 살피고 바로잡게 하는 임무를 띰. 748년(경덕왕 7)에 처음 내사정전內司正典 안에 설치되었으며, 정원은 2명.

정초旌招 조선시대 학문이 공부하고 행의行誼가 고매한 선비들을 나라에서 특별히 우대하여 기용하는 제도.

정초군精抄軍 조선 후기 중앙군영인 정초청精抄廳에 속하여 있던 군대. 본래 병조소관 수포收布 대상인 기병 중에서 정실精實한 사람을 골라 번상番上하여 정초군이라 하였는데, 1682년(숙종 8)에 설치된 금위영禁衛營에 합속됨.

정초청精抄廳 조선 후기에 설치되었던 군영軍營. 1636년(인조 14) 병자호란 이후 병조 소속의 기병騎兵·보병步兵을 정초精抄하여 이를 정초군이라 하고, 번상番上 숙위하도록 한 군영. 1682년(숙종 8) 금위영禁衛營에 합속됨.

정치도감整治都監 고려 1347년(충목왕 3)에 설치되었던 폐정개혁기관. 정치관整治官들이 안렴존무사按廉存撫使를 겸하게 하여 각 도에 보내 토지의 탈점과 겸병을 조사하고 여러 가지 폐단을 적발, 응징하도록 함. 1349년(충정왕 1)에 폐지됨.

정칠품正七品 ① 고려시대 18품계 중의 하나. 제13등급에 해당됨. 995년(성종 14)에 제정된 무산계武散階의 치과교위致果校尉·치과부위致果副尉와 문종 때 제정된 문산계文散階의 조청랑朝請郎·선덕랑宣德郎이나 1308년(충렬왕 34)에 제정된 문산계의 종사랑從事郎과 1356년(공민왕 5)에 제정된 문산계의 수직랑守職郎에 해당되는 품계. ② 조선시대 18품계 중의 하나. 문산계文散階의 통사랑通仕郎과 무산계武散階의 승의부위承義副尉, 토관직土官職 무산계 공무랑供務郎과 무산계의 분용도위奮勇徒尉, 잡직雜職 문산계의 면공랑勉功郎과 무산계의 맹건부위猛健副尉 등에 해당되는 품계.

정포도감征袍都監 고려 1084년(선종 즉위년)에 설치된 군사들의 의복을 관장하는 임시관청.

정해군定海軍 고려시대 절도사節度使에 소속된 12군軍의 하나. 983년(성종 2) 12목牧이 12주절도사로 개편되고, 여기에 절도사를 장관으로 하는 12군을 창설하였는데, 이때 산남도山南道에 속하는 진주절도사에 설치됨. 1012년(현종 3) 절도사가 혁파하고 5도호·75도안무사를 설치하여 군사적 감찰기관에서 행정적 지방관제로 전환됨에 따라 진주절도사는 혁파되고 대신 안무사가 설치되었으며, 정해군을 폐지되어 지방군 조직 속에 흡수됨.

정헌대부正憲大夫 조선시대 문산계文散階의 하나. 문관 정2품 상계上階의 관계명官階名.

정헌대부正獻大夫 고려시대 문산계文散階의 하나. 1298년(충렬왕 복위년) 처음 제정된 것으로, 종3품의 관계명官階名.

정형正刑 사형死刑.

제감提監 ① 신라시대 병부兵部·패강진전浿江鎭典에 소속된 관직. 병부에서는 대감大監 아래, 패강진전에서는 두상제감頭上弟監 아래에 위치하였음. 병부제감은 정원이 2명으로, 589년(진평왕 11)에 설치되었는데, 658년(태종무열왕 5)에 대사大舍로 개칭됨. 경덕왕 때 낭중郎中으로 고친 적이 있음. 패강진전제감은 정원이 1명으로, 길사吉士 이상 나마奈麻 이하의 관등을 가진 자로 임명됨. ② 신라시대의 무관직. 562년(진흥왕 23)에 설치되었으며, 육정六停과 구서당九誓幢에 배치되었음. 사지舍知 이상 대나마大奈麻 이하의 관등을 가진자로서 임명됨. ③ 신라 말 고려 초 각 지역의 소호족들이 자칭한 무관명의 하나. 987년(성종 6) 향직鄕職 개편이 이루어지면서 촌정村正으로 개명됨.

제거提擧 ① 고려시대 국자감國子監·보문각寶文閣·연경궁 제거사延慶宮提擧司 소속의 관직. ② 조선시대 사옹원饔院의 정3품 또는 종3품 관직. 무록관無祿官의 하나. 초기에는 내의원內醫院·상림원上林園·충호위忠虎衛·복흥고福興庫·주자소鑄字所·사옹원 등에 다수 설치되었으나, 1448년(세종 30) 이후에 대부분 폐지되고 사옹원에만 두게 됨.

제거사提擧司 ① 고려 1313년(충선왕 5)에 설치된 연경궁延慶宮에 관한 삼을 맡은 관청. 연경궁제서사延慶宮提擧司라고도 함. ② 조선시대 연경궁延慶宮에 관한 사무를 맡은 관청. 1392년(태조 1)에 설치

되어 1403년(태종 3)에 군자감軍資監에 합쳐짐.

제검提檢 조선시대 사옹원饔院·수성금화사修城禁火司·전함사典艦司·전연사典涓司·예빈시禮賓寺 등의 정4품 또는 종4품관.

제고制誥 고려시대 고위관원을 임명하면서 그 사실을 기록하던 문서 양식의 하나. 수장首章·중장中章·말장末章의 삼장으로 구성되는데, 수장에는 당해 관직의 주요성이 기술되고, 중장에는 해당 인물의 공덕과 능력을 치하하는 문구가 담겨 있으며, 말장에는 맡은 바 직분을 열심히 수행해달라는 당부의 말이 서술되어 있음. 제고문은 한림원翰林院과 보문각寶文閣의 학사 및 문재가 뛰어난 여타의 관원이 맡은 지제고知制誥에 의하여 작성됨.

제공提控 ① 고려 후기 순군만호부巡軍萬戶府의 최하위관직. ② 연경궁제거사延慶宮提擧司의 제7품 관직. 정원은 2명.

제관전諸館殿 고려시대에 왕을 시중하기 위하여 학자들로 구성된 기구. 홍문관弘文館·수문전修文殿·집현전集賢殿의 총칭. 초기에는 숭문관崇文館·문덕전文德殿·연영전延英殿이라 불렸는데, 뒤에 개칭됨.

제기도감祭器都監 고려시대 제사에 사용되는 기구에 관한 일을 맡아보던 임시관청. 문종 때 처음으로 관원을 정하였음.

제릉서諸陵署 고려시대 여러 왕릉을 돌보는 일과 제사를 맡아보던 관청. 태상시太常寺의 속사로, 1308년(충렬왕 34)에 태상부太常府가 전의시典儀寺로 개편되자 이에 속함.

제민창濟民倉 조선 1763년(영종 39)에 가뭄과 폭우 등으로 흉년을 맞게 되었을 때 기근에 허덕이는 빈민을 구제하기 위하여 설치되었던 창고 모두 네 곳으로 경상도의 사천, 전라도의 순천과 나주, 충청도의 비인에 설치됨.

제사題辭 백성이 제출한 소장訴狀 또는 원서願書의 어백에 쓰는 관부의 판결문判決文 또는 처결문. 제지題旨라고도 함. 뎨김[제음題音]은 수령에게 올린 민원서에 쓰는 처분處分이고, 제사는 관찰사에 올린 민원서이 의송議送의 하단 여백에 쓰는 처분임.

제생원濟生院 조선 초기 서민들의 질병치료를 관장하던 의료기관. 1397년(태조 6)에 설치됨. 1459년(세조 5) 혜민국惠民局에 합병됨.

제수除授 ① 관직의 임명절차를 제정된 대로 지키지 않고 왕이 직접 관리를 임명하는 것. ② 구관직舊官職을 없애고 신관직을 내려줌.

제술업製述業 ① 고려시대 과거의 하나. 경의經義·시詩·부賦·송頌·책策·논論 등의 문예로써 시취試取하였으며, 초시初試·복시覆試가 있음. 제술과製述科라고도 함. ② 조선시대 과거의 하나. 소과小科 초시初試의 한 분과로, 서울과 지방에서 실시됨. 부賦 1편과 고시古詩·명銘·잠箴 중의 1편을 짓게 하여 각 도의 정원에 따라 700명을 뽑음.

제언사堤堰司 조선시대 각지의 제방과 수리시설을 보수하는 일을 맡은 관청.

제업박사諸業博士 신라시대 국학國學에서 교육을 담당한 관직. 747년(경덕왕 6)에 설치됨.

제용감濟用監 조선시대 왕실에서 쓰는 각종 직물·인삼의 진상과 국왕이 사여하는 의복 및 사紗·나羅·능綾·단緞·포화布貨·채색입염彩色入染·직조 등에 관한 업무를 관장하는 관청. 1409년(태종 9) 제용고濟用庫를 개칭한 것으로, 1904년까지 존속됨.

제용고濟用庫 ① 고려시대의 관청. 공양왕 때 준비색準備色을 파하고 설치함. 각지에서 진헌進獻해온 저마포苧麻布·피물皮物·인삼 및 사여賜與하는 의복 등을 맡아봄. 1391년(공양왕 3)에 보원해전고寶源解典庫에 병합됨. ② 조선 초기 1392년(태조 1)에 설치되어, 왕실에서 쓰는 각종 직물·인삼의 진상과 국왕이 사여하는 의복 및 사紗·나羅·능綾·단緞·포화布貨·채색입염彩色入染

·직조 등에 관한 업무를 관장하던 관청. 1409년(태종 9) 제용감濟用監으로 바뀜.

제용사濟用司 ① 고려시대 물화物貨의 유통과 저화楮貨의 발행을 맡아보던 관청. 1308년(충렬왕 34) 설치되었으며, 1310년 자섬사資贍司로 개칭되고, 뒤에 폐지됨. 1392년(공양왕 4)에 다시 자섬저화고資贍楮貨庫로 부활되어 저화발행을 추진하다 고려가 멸망하자 폐지됨. ② 조선 말기의 관청. 1904년에 설치되어, 국내의 포사庖肆(: 푸주, 소나 돼지를 잡아 파는일) 및 특종산물을 관장하던 관청.

제위보濟危寶 고려 963년(광종 14)에 설치된 서민들의 구료기관. 제위포濟危舖라고도 함. 1391년(공양왕 3)에 폐지됨.

제전용전祭奠用田 조선시대 국가적인 사전祀典에 등재된 여러 신위神位의 제수용祭需用으로 지급된 토지.

제전典祭典 신라시대의 관청. 제사지내는 일을 맡아봄. 소속 관원으로 사지舍知 2명, 사史 6명이 있음.

제점提點 고려 후기의 관직. 1308년(충렬왕 34) 사온서四醞署에 3명, 서운관書雲觀·사선서司膳署·사설서司設署·자운방慈雲坊에 각 1명의 관원을 두었으나, 곧 혁파됨. 이중 서운관의 제점만이 정3품이고, 나머지는 정5품직. 모두 해당 관서의 최고위관원이었지만 타관이 겸임하는 겸관임.

제조提調 조선시대 중앙관직의 하나. 잡무와 기술계통, 즉 조달·영선·제작·창고·접대·어학·의학·천문·지리·음악 등 당상관 이상의 관원이 없는 관아에 겸직으로 배속되어 각 관아를 통솔하던 관직. 정1품의 의정이 맡으면 도제조都提調라 하고, 정2품 이상의 관리가 맡으면 제조라 하며, 정3품 당상관 이상의 관리가 맡으면 부제조副提調라고 함. 승문원承文院·봉상시奉常寺·종부시宗簿寺·사옹원司饔院·내의원內醫院·상의원尙衣院·사복시司僕寺·군기시軍器寺·사섬시司贍寺·군자감軍資監·장악원掌樂院·관상감觀象監·전의감典醫監·사역원司譯院·선공감繕工監·수성금화사修城禁火司·사도시司䆃寺·사재감司宰監·전함사典艦司·전연사典涓司·소격서昭格署·종묘서宗廟署·사직서社稷署·경모궁·제용감濟用監·평시서平市署·전생서典牲署·내자시內資寺·내섬시內贍寺·예빈시禮賓寺·전설사典設司·빙고氷庫·장원서掌苑署·사포서司圃署·사축서司畜署·조지서造紙署·혜민서惠民署·도화서圖畵署·활인서活人署·와서瓦署·귀후서歸厚署와 선혜청宣惠廳·준천사濬川司·주교사舟橋司·훈련도감·향향청餉廳·금위영·어영청御營廳·경리청經理廳 등에 둠.

제찬制撰 임금의 말씀이나 명령을 신하가 대신하여 지어 올리는 것. 대찬代撰이라고도 함.

제찰사提察使 고려 후기의 외관직. 안찰사按察使의 후신. 예종·인종 무렵 정비된 5도道의 안찰사가 1276년(충렬왕 2) 안렴사按廉使로 바뀌었다가, 1308년 충선왕이 즉위하여 제찰사로 개편한 것임. 각 도에 1명씩 파견되고, 품질은 4품에서 6품 사이이고, 임기는 6개월임. 주·현을 순찰하면서 지방관을 감찰하는 것이 주임무이며, 행정직 기능까지도 가짐. 충목왕이 즉위할 무렵 다시 안렴사로 개편됨.

제학提學 ① 고려시대 보문각寶文閣·우문관右文館·진현관進賢館·예문춘추관의 정3품 관직. ② 조선시대 예문관·집현전·홍문관·규장각 등에 설치된 종2품 관직. 다만 규장각에서는 종1품관이나 정1품관도 임명될 수 있었는데, 정1품관이 임명될 경우 대제학大提學이라고 함. 정원은 집현전·규장각에는 각각 2명, 예문관·홍문관에는 각 1명. 1401년(태종 1) 예문춘추관을 예문관과 춘추관으로 분리하면서 대학사大學士·학사의 직명을 대제학·제학으로 개칭하고 타서의 관원으로 겸직하게 함. 제학은 문형文衡(:대제학)

에 버금가는 문한직이었기 때문에 반드시 문과 출신으로 홍문록弘文綠에 오른 사람들 중에서 선임됨. 규장각의 제학은 각신閣臣이라고도 함.

제헌提憲 고려 1275년(충렬왕 1)에 감찰사監察司의 대부大夫를 고친 것임. 감찰제헌監察提憲의 준말.

제형諸兄 고구려 후기 14관등 중 제12위의 관등. 일명 예속翳屬·소이소伊紹 또는 하소환河紹環이라고도 함.

조租 조·용庸·조로 일컫는 공부貢賦의 하나. 토지를 대상으로 하는 것으로서, 나라에 전세田稅를 바치는 것.

조調 조租·용庸·조로 일컫는 공부貢賦의 하나. 호戶를 대상으로 하여 각 지방의 특산물을 나라에 바치는 것.

조고사인詔誥舍人 발해시대 중대성中臺省의 관직. 내사內史의 차위직. 조서詔書를 작성하고 왕의 언행을 기록하는 일을 수행하였음.

조공朝貢 전근대 동아시아 세계의 국제 관계에서, 중국 주변에 있는 나라들이 정기적으로 중국에 사절을 파견하여 예물을 헌상하는 행위. 중국에서는 이에 대한 답례로서 하사품을 보냄.

조교助敎 ① 신라시대의 관직. 최고 학부인 국학國學의 교수관으로 747년(경덕왕 6)에 설치되어 박사博士를 보좌함. ② 고려시대 종9품 관직. 성종 때 국자감國子監이 설치되면서 학관學官으로서 국자조교國子助敎·태학조교太學助敎·사문조교四門助敎 등이 처음 두어짐. 그 뒤 문종 때 국자감의 조교가 모두 혁파되고, 형부刑部에 1명, 태의감太醫監에 1명을 각각 둠. 1116년(예종 11) 서경西京의 분사국자감分司國子監에 정원 1명의 9품 관직으로 설치됨. 인종 때에는 국자감의 국학·태학·사문학에 다시 조교를 둠.

조기調驥 조선시대 사복시司僕寺의 종 7품 잡직雜職 관직. 정원은 명. 말의 조련을 맡았음.

조도어사調度御使 조선시대 특정 지방에서 제기되는 일을 처리하기 위하여 나라에서 파견하는 임시관직.

조라치[조나적詔羅赤] 고려시대 원나라의 영향을 설치된 몽고식 관직 명. 몽고어로 하복下僕·사환使喚을 뜻함. 숙위병宿衛兵의 일종임.

조련국操鍊局 사관학교 설립준비를 위하여 1884년(고종 21)에 설치된 임시 사관학교.

조례皁隷 조선시대 서울의 각 관아에 근무하던 서반 경아전京衙前의하나. 하급 군관에 해당되는 것으로, 경호·경비·사령 등 잡역에 종사함.

조봉대부朝奉大夫 조선시대 문산계文散階의 하나. 문관의 종4품 상계上階의 관계명官階名.

조봉랑朝奉郞 고려시대 문산계文散階의 하나. 1310년(충선왕 2)에 정된 종5품의 관계명官階名.

조부調夫 조선시대 사옹원司饔院에 소속된 종8품의 잡직雜職 관직. 음식물을 조리하는 일을 맡음.

조부調府 신라시대의 관부. 공물貢物과 부역賦役 등 재무를 담당하던 관부. 584년(진평왕 6)에 설치되어, 경덕왕 때 대부大府로 고쳐지다가, 혜공왕 때 다시 조부로 바뀜.

조사助舍知 신라시대의 관직. 궁중 소속 관청인 회궁전會宮典과 예궁전稼宮典에 각각 4명씩 배치되어 궁옹宮翁을 보좌함.

조사지租舍知 신라시대 창부倉部에 소속된 관직. 699년(효소왕 8)에 제정되어, 경덕왕 때 사창司倉으로 고쳐졌다가 뒤에 다시 조사지로 바뀜. 위계는 사지舍知로부터 대사大舍까지임.

조산대부朝散大夫 ① 고려시대 문산계文散階의 하나. 1076년(문종 30) 종5품 하계下階로 정하여져, 전체 29등급 중 제13위였음. 135년(공민왕 5) 종4품으로 승급됨. ② 조선시대 문산계文散階의 하나. 문관 종4품 상계上階의 관계명官階名.

조산랑朝散郞 고려시대 문산계文散階의 하나. 1076년(문종 30) 종7품의 하계下階로 정하여져, 전체 29계 중 제21계였음. 충렬왕 때까지 존속됨.

조서詔書 임금의 선지宣旨(:임금의 명을 널리 선포함.)를 일반에게 널리 알릴 목적으로 적은 문서. 제서制書·조명詔命·조칙詔勅이라고도 함.

조선상朝鮮相 고조선의 관직. 위만조선에 소속된 성읍국가의 지배자.

조설曹設 고려 922년(태조 5)에 서경西京에 설치된 토관청土官廳 낭관郎官의 이칭.

조열대부朝列大夫 고려시대 문산계文散階의 하나. 1369년(공민왕 18)에 제정된 종4품 하계下階의 관계명官階名.

조운漕運 현물로 수취한 각 지방의 조세를 선박으로 왕도王都까지 운반하던 제도. 조전漕轉·조만漕輓·해조海漕라고도 함.

조위造位 신라시대의 관등. 일명 선저지先沮知라고도 함. 17등 관등 중 제17위 관등. 사두품四頭品 이상이면 받을 수 있는 관등으로, 공복公服의 빛깔은 황색임.

조위부調位部 ① 태봉泰封의 중앙관부. 중앙최고기관인 광평성廣評省 아래의 18관부 중의 하나로, 전국의 전곡錢穀의 출납회계를 관장함. ② 고려 초기 국가의 양곡과 재물의 출납·회계에 관한 일을 맡은 관청. 뒤에 삼사三司로 바뀜.

조의皀衣 고구려시대의 관등. 10관등 중 제9위. 원래는 사자使者·선인先人과 함께 족장층의 가신집단家臣集團에 속한 관리였으나, 고구려가 중앙집권적 귀족국가로 전환되는 과정에서 관등체계 속에 편입된 것으로 보임.

조의朝儀 조정朝廷에서 행하는 모든 의식儀式.

조의대부朝議大夫 고려시대 문산계文散階의 하나. 1076년(문종 30)에 정5품 하계下階로 정하여져, 전체 29등급 중 제11계였음. 충렬왕 때까지 존속됨.

조의두대형皀衣頭大兄 고구려 후기 14관등 중 제5위 관등. 대대로代對盧·태대형太大兄·울절鬱折·태대사자太大使者와 함께 고구려 최고의 신분과 계급을 이루며, 이들과 함께 국가의 중대사를 맡고 정사를 의논하며, 병사를 징발하고 관작을 주는 일을 담당함.

조의랑朝議郎 고려시대 문산계文散階의 하나. 1076년(문종 30) 정6품 상계上階로 정하여져, 전체 29등급 중 제14계였음. 1356년(공민왕 5) 정5품계로 승급되어 통직랑通直郎과 번갈아가며 고려 말기까지 이어짐.

조장租藏 고려 초기 지방의 조세를 징수하기 위하여 중앙에서 파견된 관리. 983년(성종 2)에 폐지됨.

조전祖典 신라시대의 관청. 내성內省에 소속되어 궁중의 창고를 관리함. 소속 관원으로 대사大舍 1명과 사史 1명을 둠.

조정좌평朝廷佐平 백제시대 육좌평六佐平의 하나. 품은 1품. 법률 및 형벌에 관한 일을 맡음. 공복公服은 자색紫色이며, 은화銀花로 관冠을 장식함.

조졸漕卒 고려·조선 시대 조선漕船에 승선하여 조운활동에 종사하던 선원.

조지서造紙署 조선시대 종이 만드는 일을 관장하던 관청. 1415년(태종 15) 조지소造紙所가 설치되었고, 1446년(세조 12) 이것이 조지서로 개칭됨. 1882년(고종 19)에 폐지됨.

조참朝參 중앙에 있는 모든 문·무백관들이 정전正殿에 모여 왕에게 문안드리는 조회朝會. 서울에 있는 관원이 궁중으로 출근하는 것을 뜻하기도 함. 매월 4회(5·11·21·25일) 열림.

조창漕倉 조세미租稅米를 경창京倉으로 수송하기 위하여 수로 연변 또는 연해안 요충지에 설치된 창고. 해상 수송을 맡은 조창을 해운창海運倉·해창海倉이라 하고, 강상江上 수송을 맡은 조창을 수운창水運倉·수참水站이라고 함.

조천사朝天使 조선시대 명나라에 보내는 조선 사신의 총칭.

조청대부朝請大夫 고려시대 문산계文散階의 하나. 1076년(문종 3) 종5품 상계上階로 정하여져, 전체 29등급 중 제12계였음. 충렬왕 때까지 존속됨.

조청랑朝請郎 고려시대 문산계文散階의 하나. 1076년(문종 30) 정7품 상계上階로 정하여져, 전체 29등급 중 제18계였음. 1356년(공민왕 5)에 정6품계로 승급되어 승봉랑承奉郎과 번갈아가면서 고려 말기까지 존속됨.

조하방朝霞房 신라시대의 관청. 내성內省에 소속되어 비단 등 직물 생산을 담당함. 소속 관원으로 모母 23명을 둠.

조현대부朝顯大夫 고려시대 문산계文散階의 하나. 1298년(충렬왕 복위년)의 제정된 종4품의 관계명官階名.

조흘강照訖講 조선시대 과거제 운영에 있어서의 예비시험의 일종. 소과小科, 즉 생원·진사시의 경우 초시初試와 복시覆試, 그리고 문과文科의 경우 복시 실시 전에 응시자에게 각각 과하였던 예비시험. 각 시험의 내용은 지정된 책을 강講하는 것으로, 여기에서 발급하는 합격증은 다음 단계의 본 시험에 응시하기 위하여 녹명錄名의 절차를 밟을 때 반드시 제시하여야 하는 일종의 신분확인증의 구실을 함. 소과에 응시하려는 자는 먼저 《소학》을 배강背講하는 시험에서 합격하여야만 초시에 응시할 수가 있고, 초시 합격 후에는 다시 《소학》과 《가례》의 강 시험을 거쳐야만 복시에 나아갈 수가 있었음. 문과에서는 《경국대전》과 《가례》로 이루어져 있었음.

조흘첩照訖帖 조선시대 과거에 응시하기 전에 성균관에서 행하는 조흘강照訖講에 합격한 사람에게 주던 증서.

족당族黨 같은 성姓인 부계친족을 기간으로 모계친족인 모당母黨과 처계친족인 처당妻黨을 아울러 일컫는 말.

족정足丁 고려시대 전시과田柴科를 비롯한 각종 토지분급 규정에 정해진 액수대로 지급된 토지. 이에 반하여 규정 액수에 미달하는 토지를 반정半丁이라고 함.

족징族徵 조선 후기 부당하게 징수하던 병역세兵役稅의 하나. 군역 도피자의 미납분을 족징이라 하여 그 친족에게 대신 군포軍布를 납부하게 하던 것.

족친위族親衛 조선시대 중앙군인 오위五衛의 우위右衛인 호분위虎賁衛에 소속되었던 병종. 왕실과 혈연관계에 있는 자들이 속하여 체아직遞兒職을 받으면서 일정한 복무를 마쳐 거관居官되도록 한 일종의 우대기관.

존호尊號 ① 상대편을 높여서 부르는 칭호. ② 임금이나 왕비의 덕을 기린다는 의미에서 올리는 칭호.

졸卒 신라시대의 하급 무관. 왕궁을 지키는 시위부侍衛府에 배속되었으며, 정원은 117명. 관등은 대사大舍로부터 선저지先沮知(조위造位의 별칭)까지임.

졸곡卒哭 장사를 마치고 삼우제三虞祭를 지낸 뒤에 무시애곡無時哀哭을 끝내기 위하여 지내는 제사.

종계변무宗系辨誣 조선 건국 초기부터 선조 때까지 200여 년간 명나라에 잘못 기록된 태조 이성계李成桂의 세계世系를 시정해달라고 주청하였던 사건.

종구품從九品 ① 고려시대 18품계 중의 하나. 제18등급에 해당되는 최하우 품계. 995년(성종 14)에 제정된 무산계武散階의 배융교위陪戎校尉·배융부위陪戎副尉와 문종 때 제정된 문산계文散階의 문림랑文林郎·장사랑將仕郎에 해당되는 품계. ② 조선시대 18품계 중의 하나. 문산계文散階의 장사랑將仕郎과 무산계武散階의 진의부위進義副尉·전력부위展力副尉와 토관직土官職 문산계의 시사랑試仕郎과 무산계의 효력도위效力徒尉·탄력도위彈力徒尉, 잡직雜職 문산계의 전근랑展勤郎과 무산계의 근력부위勤力副尉에 해당되는 품계.

종대상從大相 고구려 말기의 관등. 14관등 가운데 제6위인 대사자大使者에 해당됨.

종묘宗廟 역대 임금과 비妃를 모시는 왕가의 사당. 궁묘宮廟·침묘寢廟·태묘太廟라고도 함.

종묘서宗廟署 조선시대 왕실 능원陵園의 정자각丁字閣과 종묘를 수호하기 위하여 설치된 관서.

종반宗班 왕의 근친으로 종친반열宗親班列에 오른 사람 또는 그 총칭. 왕의 처족이나 외족은 동성同姓이 아니기 때문에 종반에는 포함되지 않음. 종반은 왕을 중심으로 4대까지 적용됨. 즉 종친부宗親府에 입속되는 왕족은 8촌까지임. 왕족은 종학宗學에서 수학하고 성인이 되면 자동적으로 종친계宗親階가 초수初授되었으며, 그 능력과 활동에 따라 관품官品이 승계乘階됨.

종백宗伯 ① 조선시대 예조판서의 이칭. ② 조선 말기 종백부宗伯府의 관직.

종백부宗伯府 조선 말기의 관청. 1894년(고종 31) 궁내부宮內府 산하 기관으로 설치됨. 궁중의 의식儀式·제향·능침·종실·귀족에 관한 사무를 맡음. 1895년에 장례원掌禮院으로 바뀜.

종법宗法 당내堂內나 문종과 같은 친족 조직 및 제사의 계승과 종족宗族의 결합을 위한 친족제도의 기본이 되는 법.

종부사宗簿司 조선 말기 종실의 사무와 선원보첩璿源譜牒의 수정 등에 관한 업무를 담당하였던 관청. 1895년(고종 32) 궁내부宮內府 관제를 개정할 때 종정부宗正府를 폐지하고 장례원掌禮院 소속으로 종정사宗正司를 설치함. 그해 11월 종정사를 장례원에서 분리하여 종정원宗正院으로 하였다가, 1905년에 종부사로 개칭함. 1907년에 폐지됨.

종부시宗簿寺 ① 고려 후기 왕실·왕족의 족보를 편찬 정리하는 일을 맡은 관청. 고려 전기의 전중성殿中省을 뒤에 전중감殿中監으로 고쳤다가, 1298년(충렬왕 24)에 종정시宗正寺로 고쳤고, 1310년(충선왕 2)에 종부시로 개칭함. 1356년(공민왕 5)에 다시 종정시로, 1362년에 종부시로, 1369년에 종정시로, 1372년에 다시 종부시로 바뀜. ② 조선시대 왕실의 족보를 편찬 정리하고 종실의 잘못을 규탄하는 임무를 관장하던 관청. 1392년(태조 1)에 설치된 전중시殿中寺를 1401년(태종 1)에 고친 것임. 그 뒤 한때 재내제군부在內諸君府에 속하였다가, 1430년(세종 12)에 재내제군부가 종친부宗親府로 개칭되면서 다시 독립함. 1864년(고종 1)에 종친부에 합속됨.

종사從史 조선시대 세손위종사世孫衛從司의 종7품 관직. 정원은 좌·우 각 1명으로, 세손의 배위陪衛를 담당함.

종사從事 조선시대 파진군破陣軍 소속의 종8품 잡직雜職 관직. 정원은 7명. 화포火砲와 화약의 제조 및 운영에 관한 업무를 담당함.

종사관從事官 ① 조선시대 훈련도감 훈련도감訓鍊都監·금위영禁衛營·어영청御營廳 및 좌·우포도청·총리영摠理營·관리영管理營·진무영鎭撫營 등 각 군영軍營 등에 소속된 주장主將을 보좌하는 관직. 정원은 대개 1명. ② 조선시대 외교사절로서 정사正使와 부사副使를 수행하는 관직. 보통 문관5·6품의 직계로 임시로 홍문관 교리의 직함을 받았음. 직무는 사행 중 정사와 부사를 보좌하면서 생긴 일을 기록하였다가 귀국 후 국왕에게 상주하는 것.

종사랑從仕郞 조선시대 문산계文散階의 하나. 문관 정9품의 관계명官階名.

종사랑從事郞 고려시대 문산계文散階의 하나. 1308년(충렬왕 34)에 제정된 7품의 품계.

종사지從舍知 신라시대의 관직. 세택洗宅·숭문대崇文臺·악전嶽典·감전監典·늠전廩典·약전藥典·마전麻典·감부대전監夫大典·대부전大傅典·행군전行軍典·원당전願堂典·승방전僧房典

·포전疱典 등에 소속되었던 말단관직.

종사품從四品 ① 고려시대 18품계 중의 하나. 제8등급의 해당됨. 995년(성종 14)에 제정된 무산계散階의 선위장군宣威將·명위장군明威將軍과 문종 때 제정된 문산계文散階의 태중대부太中大夫·중대부中大夫와, 1310년(충선왕 2)에 제정된 문산계의 봉선대부奉善大夫와 1356년(공민왕 5)에 제정된 문산계의 조산대부朝散大夫, 1369년에 제정된 문산계의 조열대부朝列大夫에 해당되는 품계. ② 조선시대 18품계 중의 하나. 문산계文散階의 조산대부朝散大夫·조봉대부朝奉大夫와 무산계武散階의 정략장군定略將軍·선략장군宣略將軍과 종친계宗親階의 봉성대부奉成大夫·광성대부光成大夫에 해당되는 품계.

종삼품從三品 ① 고려시대 18품계 중의 하나. 제6등급에 해당됨. 995년(성종 14)에 제정된 무산계武散階의 운휘대장군雲麾大將軍과 문종 때 제정된 문산계文散階의 광록대부光祿大夫와, 1298년(충렬왕 24)에 제정된 문산계의 통의대부通議大夫, 1308년에 제정된 문산계의 중정대부中正大夫·중현대부中顯大夫와, 1356년(공민왕 5)에 제정된 문산계의 태중대부太中大夫·중대부中大夫 등에 해당되는 품계. ② 조선시대 18품계 중의 하나. 문산계文散階의 중직대부中直大夫·중훈대부中訓大夫, 무산계武散階의 건공장군建功將軍·보공장군保功將軍, 종친계宗親階의 보신대부保信大夫·자신대부資信大夫, 의빈계儀賓階의 명신대부明信大夫·돈신대부敦信大夫에 해당되는 품계.

종속시宗屬寺 발해시대 중앙관부. 왕실의 족보를 작성하며 왕족의 생활을 보장하는 일을 맡은 관청. 장은 대령大令이고, 소령小令의 관직이 있음.

종순랑從順郞 조선시대 종친계宗親階의 하나. 종친 정6품 하계下階의 관계명官階名.

종실宗室 종친宗親의 이칭.

종안宗案 부계 혈연 친족집단인 문중 또는 종중에 관련된 문서청. 문중문부門中文簿·종중문부宗中文簿라고도 함.

종약색種藥色 조선 초기에 약재의 재배를 관장하던 관서. 1411년(태종 11) 전의감典醫監에 합속되어 폐지됨.

종오품從五品 ① 고려시대 18품계 중의 하나. 제10등급에 해당됨. 995년(성종 14)에 제정된 무산계散階의 유기장군遊騎將軍·유격장군遊擊將軍과, 문종 때 제정된 문산계文散階의 조청대부朝請大夫·조산대부朝散大夫와, 1356년(공민왕 5)에 제정된 문산계의 조청랑朝請郞에 해당되는 품계. ② 조선시대 18품계 중의 하나. 문산계文散階의 봉직랑奉直郞·봉훈랑奉訓郞과, 무산계武散階의 현신교위顯信校尉·창신교위彰信校尉와, 종친계宗親階의 근절랑謹節郞·신절랑愼節郞, 토관직土官職 문산계의 봉의랑奉議郞과 무산계의 여충대위勵忠隊尉에 해당되는 품계.

종육품從六品 ① 고려시대 18품계 중의 하나. 제12등급에 해당됨. 995년(성종 14)에 제정된 무산계武散階의 진위교위振威校尉·진위부위振威副尉와, 문종 때 제정된 문산계文散階의 봉의랑奉議郞·통직랑通直郞과, 1310년(충선왕2)에 제정된 문산계의 선덕랑宣德郞 등에 해당되는 품계. ② 조선시대 18품계 중의 하나. 문산계文散階 선교랑宣敎郞·선무랑宣務郞과 무산계武散階의 여절교위勵節校尉·병절교위秉節校尉와, 토관직土官職 문산계의 봉직랑奉直郞과 무산계의 여신대위勵信隊尉와, 잡직雜職 문산계의 근임랑謹任郞·효임랑效任郞과 무산계의 현공교위顯功校尉·적공교위迪功校尉 등에 해당되는 품계.

종이품從二品 ① 고려시대 18품계 중의 하나. 제4등급에 해당됨. 995년(성종 14)에 제정된 무산계散階의 진국대장군鎭國大將軍과 문종 때 제정된 문산계文散階의 금자광록대부金紫光祿大夫와, 129

년(충렬왕 24)에 제정된 문산계의 정봉대부正奉大夫, 1308년에 제정된 문산계의 통헌대부通憲大夫와, 1310년(충선왕 2)에 제정된 문산계의 광정대부匡靖大夫·봉익대부奉翊大夫, 1356년(공민왕 5)에 제정된 문산계의 광록대부光祿大夫·영록대부榮祿大夫, 1369년에 제정된 문산계의 자덕대부資德大夫 등에 해당되는 품계. ② 조선시대 18품계 중의 하나. 문산계文散階의 가정대부嘉靖大夫·가의대부嘉義大夫·가선대부嘉善大夫와, 종친계宗親階의 중의대부中義大夫·정의대부正義大夫·소의대부昭義大夫와, 의빈계儀賓階의 자의대부資義大夫·순의대부順義大夫에 해당되는 품계.

종일품從一品 ① 고려시대 18품계 중의 하나. 제2등급에 해당됨. 995년(성종 14)에 제정된 무산계武散階의 표기대장군驃騎大將軍과, 문종 때 제정된 문산계文散階의 개부의동삼사開府儀同三司와, 1298년(충렬왕 24)에 제정된 문산계의 숭록대부崇祿大夫, 1308년에 제정된 문산계의 중대광重大匡과, 1356년(공민왕 5)에 제정된 문산계의 금자광록대부金紫光祿大夫·금자숭록대부金紫崇祿大夫와, 1369년에 제정된 문산계의 삼중대광三重大匡 등에 해당되는 품계. ② 조선시대 18품계 중의 하나. 문산계文散階(태조 1)의 숭록대부崇祿大夫·숭정대부崇政大夫와, 종친계宗親階의 소덕대부昭德大夫·수덕대부綏德大夫·의덕대부宜德大夫·가덕대부嘉德大夫와, 의빈계儀賓階의 광덕대부光德大夫·정덕대부靖德大夫·숭덕대부崇德大夫·명덕대부明德大夫 등에 해당되는 품계.

종정경宗正卿 ① 고려시대 종정시宗正寺의 종3품 관직. ② 조선 말기 종친부宗親府·종정부宗正府의 종2품 이상의 벼슬. 종친으로서 봉군封君된 모든 사람 및 종성宗姓(전주 이씨) 관원 가운데 종2품 이상인 사람에게 주어졌으며, 정원이 없음. 1865년(고종2) 제군諸君과 도정都正 사이에 4등급으로 신설됨. 영종정경領宗正卿은 대군·왕자군이 겸임하고, 판종정경判宗正卿은 정1품, 지종정경知宗正卿은 종1품, 종정경은 종2품에 이른 자가 임명됨. ③ 조선 말기 종정원宗正院의 칙임관리. 칙임관勅任官으로, 정원은 1명.

종정부宗正府 조선 1894년(고종 31)에 돈녕부敦寧府와 의빈부를 합쳐서 만든 관청. 다음해에 종정사宗正司·종정원宗正院으로 바꿈. 1905년에 종부사宗簿司로 고쳐졌다가, 1907년에 폐지됨.

종정사宗正司 조선 1895년(고종 32) 4월에 종정부宗正府를 고친 것임. 같은해 11월에 종정원宗正院으로 바꿈.

종정시宗正寺 고려시대 왕실의 보첩譜牒을 관장하기 위하여 설치된 관청. 1298년(충렬왕 24)에 전주성전大省을 고친 것임. 1310년(충선왕 2)에 종부시宗簿寺로 바뀌었다가, 1356년(공민왕 5) 다시 종정시로 되었으나, 1371년 다시 종부시로 바꿈.

종정원宗正院 조선 말기 왕실의 계보系譜에 관한 업무를 맡아보던 관청. 1895년(고종 32) 11월에 종정사宗正司를 고친 것임. 1905년 종부사宗簿司로 개칭됨.

종친宗親 ① 왕의 아버지 계통의 친족으로 촌수가 가까운 자. 조선시대에는 왕비가 낳은 자식은 4대손까지, 후궁이 낳은 자식은 3대손까지를 종친하여 하여 군君의 칭호를 주고 그에 따라 높은 대우를 받았음. 종실宗室이라고도 함. ② 부계父系의 친속親屬·친족. 종족宗族·본종本宗·본족本族·동종同宗이라고도 함.

종친계宗親階 조선시대 종친들에게 준 관계官階. 문산계文散階의 일부로서 1443년(세종 25) 처음으로 실시됨. 정1품 상계上階 현록대부顯祿大夫·하계下階 흥록대부興祿大夫, 종1품 상계 소덕대부昭德大夫·하계 가덕대부嘉德大夫, 정2품 상계 숭헌대부崇憲大夫·하계 승헌대부承憲大夫, 종2품 상계 중의대부中義大夫·하계 정의대부正義大夫, 정3품 상계 명선대부明善大夫·하계 창선대부彰善大夫, 종3품 상계 보신대부保信大夫·하계 자신대부資信大夫, 정4품 상계 선휘대부宣徽大夫·하계 광휘대부光徽大夫, 종4품 상계 봉성

대부奉成大夫·광성대부光成大夫, 정5품 상계 통직랑通直郎·하계 병직랑秉直郎, 종5품 상계 근절랑謹節郎·하계 신절랑愼節郎, 정6품 상계 집순랑執順郎·하계 종순랑從順郎.

종친과宗親科 조선 성종 때 실시된 특수과거. 조선 초기에는 종친도 모든 정규의 대과·소과에 응시할 수 있었으나, 1471년(성종 2)부터 종친의 과거응시를 허용하지 않았음. 그 뒤 1484년에 종친만을 대상으로 하는 과거를 따로 설치하였는데, 이는 관리의 임용에 목적을 둔 것이 아니라 종친의 학문권장을 위하여 특별히 실시한 것임. 식년시式年試 다음해에 시행되었으며, 정3품 명선대부明善大夫 이하의 종친에게만 응시자격을 주었고, 사서삼경을 시험, 1·2·3등을 뽑아서 성적에 따라 각각 3·2·1계의 품계를 올려줌. 문과의 경우에만 설치되었으며, 중종 이후에 폐지됨.

종친부宗親府 조선시대 종실제군宗室諸君의 일을 맡아보던 관청. 1430년(세종 12) 제내제군부在內諸君府를 고친 것임. 왕실의 족보를 작성, 보관하며 역대 국왕의 초상을 간직하고 종실들을 돌보는 일을 맡음. 왕의 자식들에게 주는 대군大君·군君과 그들이 겸임하는 영종정경領宗正卿과 판종정경判宗正卿(정1품)·지종정경知宗正卿(정2품부터 종1품까지)·종정경宗正卿(종2품)·도정都正(정3품)·정正(정3품)·부정副正(종3품)·수守(정4품) 등 종친에게 주는 벼슬과 전첨典籤(정4품)·부수副守(종4품)·영令(정5품)·전부典簿(정5품)·부령副令(종5품)·감監(정6품) 등의 관직이 있음. 갑오개혁 이후 종정부宗正府·종정사宗正司·종정원宗正院·종부시宗簿寺 등으로 명칭이 바뀜.

종칠품從七品 ① 고려시대 18품계 중의 하나. 제14등급에 해당됨. 995년(성종 14)에 제정된 무산계武散階의 익휘교위翊麾校尉·익휘부위翊麾副尉와, 문종 때 제정된 문산계文散階의 선의랑宣議郎·조산랑朝散郎에 해당되는 품계. ② 조선시대 18품계 중의 하나. 문산계의 계공랑啓功郎과 무산계武散階의 분순부위奮順副尉, 토관직土官職 문산계의 주공랑注功郎과 무산계의 수의도위守義徒尉, 잡직雜職 문산계의 승무랑承務郎과 무산계의 선용부위宣勇副尉에 해당되는 품계.

종팔품從八品 ① 고려시대 18품계 중의 하나. 제16등급에 해당됨. 995년(성종 14)에 제정된 무산계武散階의 어모교위禦侮校尉·어모부위禦侮副尉와, 문종 때 제정된 문산계文散階의 승봉랑承奉郎·승무랑承務郎에 해당되는 품계. ② 조선시대 18품계 중의 하나. 문산계文散階의 승사랑承仕郎과 무산계武散階의 수의부위修義副尉, 토관직土官職 문산계의 직무랑直務郎과 무산계의 효용도위效勇徒尉, 잡직雜職 문산계의 부공랑赴功郎과 무산계의 장건부위壯健副尉에 해당되는 품계.

종학宗學 조선시대 왕족의 교육을 담당하던 기관. 1428년(세종 10)에 설치됨. 소속 관원으로서 도선導善(정4품) 1명, 전훈典訓(정5품) 1명, 사회司誨(정6품) 2명이 있는데, 성균관의 사성司成 이하 전적典籍 이상이 겸임함. 1744년(영조 20) 이후 폐지됨.

좌佐 신라시대 사정부司正府 정부正府·좌이방부左理方府·우이방부右理方府의 관직. 경덕왕 때 평사評事로 고쳐졌다가, 뒤에 다시 좌로 바꿈. 위계는 나마奈麻로부터 대나마大奈麻까지임.

좌간의대부左諫議大夫 ① 고려시대 중서문하성의 정4품 관직. 정원은 1명. 성종 때 이미 간의대부가 존재하였고, 목종 때 좌·우의 구분이 있었고, 문종 때 정비됨. 1116년(예종 11)에 좌사의대부左司議大夫로 개칭되었으며, 1298년(충렬왕 24)에 다시 좌간의대부로 바뀌고 종4품으로 올랐다가, 곧 좌사의대부로 바뀜. 1356년(공민왕 5) 다시 좌간의대부로 바뀌고 종3품으로 올랐으며, 1362년에는 다시 좌사의대부로, 1369년 좌간의대부로, 1372년 좌사의대부로 개칭됨. 중서문하성의 낭사郎舍를 구성하는 간관으로 간쟁諫爭·봉박封駁

을 담당함. ② 조선 초기 문하부의 종3품 관직. 1392년(태조 1)에 설치되었으며, 1466년(세조 12) 우간의대부와 합쳐져 정3품 당상관으로서 사간원의 장관인 대사간으로 바뀜.

좌군佐軍 백제시대의 관등. 16관등의 하나로서 품은 14품. 대帶는 백대白帶를 두름.

좌권독左勸讀 조선시대 세손강서원世孫講書院의 종5품 관직. 정원은 1명.

좌대언左代言 ① 고려시대 밀직사의 정3품 관직. 정원은 1명. 1310년(충선왕 2)에 좌승지를 고친 것임. ② 조선시대 승추부承樞府의 정3품 관직. 1401년(태조 1)에 중추원의 좌승지가 바뀐 것임. 1433년(세종 15)다시 좌승지로 바뀜.

좌랑佐郎 ① 고려시대 육조六曹·육부六部에 소속된 정6품 관직. 육부·육조의 중견 행정 실무자. 상서육부 및 그 속사屬司인 고공사考功司·도관都官의 원외랑員外郎이 개칭된 것으로, 1275년(충렬왕 1)에 상서육부가 전리사典理司·군부사軍簿司·판도사版圖司·전법사典法司의 4사四司로 개편됨과 동시에 이 4사와 고공사·도관에 처음 설치됨. 1298년에 4사가 육조로 개편되면서 원외랑으로 다시 개칭되었으나, 같은해 육조가 혁파되고 4사가 복구됨으로써 다시 설치됨. 1308년 4사가 선부選部·민부民部·언부讞部의 3부로 개편되고, 도관이 언부에 병합됨과 동시에 산랑散郎으로 개칭되었다가, 뒤에 4사와 도관을 다시 두면서 복구됨. 1356년(공민왕 5)에 다시 원외랑으로, 1362년에 또다시 좌랑으로 복구되었으며, 1369년 6사六司가 6부로 개편됨에 따라 산랑으로, 1372년 6사가 복구되면서 좌랑으로 다시 설치됨. ② 조선시대 육조의 6품 관직. 1392년(태조 1)에 육조 및 도관에 설치됨. 행정실무를 총괄함.

좌리공신佐理功臣 조선 1471년(성종 2)에 왕을 잘 보필하고 정치를 잘한 공으로 신숙주申叔舟 등 75명의 신하에게 내린 훈호動號.

좌맹분위左猛賁衛 발해시대 중앙에 둔 군영. 십위十衛의 하나. 대장군·장군 등의 관직이 있음.

좌명공신佐命功臣 조선 1400년(정종 2)에 제2차 왕자의 난을 평정하는 데 공을 세운 이저李佇·하륜河崙 등 38명의 신하에게 내린 훈호動號.

좌반전직左班殿直 고려시대의 액정국掖庭局의 종8품 관직. 정원은 4명. 내료직內僚職으로서 액정국掖庭局에 소속되어 있는 남반관직南班官職. 내전內殿을 담당함.

좌병영左兵營 조선 1603년(선조 36)에 경상도의 울산에 설치되었던 병마절도사영.

좌보左輔 ① 고구려 초기의 최고관직. 대보大輔의 하위관직이며, 우보右輔의 상위관직. 166년(신대왕 2)에 국상國相으로 바꿈. ② 백제 초기의 최고관직. 우보右輔와 함께 병마 관계의 업무를 관장함.

좌보간左補諫 고려시대 중서문하성의 정6품 관직. 정원은 1명. 전기의 좌보궐左補闕이 예종 때 좌사간左司諫으로 고쳐졌다가, 뒤에 바뀐 것임. 1298년(충렬왕 24)에 다시 좌사간으로 바뀌고, 1308년에는 좌헌납左獻納으로 바뀜. 간관諫官으로서 간쟁諫爭과 봉박封駁을 담당함.

좌보궐左補闕 ① 고려시대 중서문하성의 정6품 관직. 정원은 1명. 예종 때 좌사간左司諫으로 고치고, 뒤에 다시 좌보간左補諫으로 고쳤으며, 1298년(충렬왕 24)에 또 다시 좌사간으로 고쳐졌다가, 1308년에 좌헌납左獻納으로 고치고 5품으로 올림. 이후 정5품의 좌헌납과 종5품의 좌사간으로의 변화를 거듭하다가 1372년(공민왕 21) 좌헌납으로 바뀜. 간관諫官으로서 간쟁諫爭과 봉박封駁을 담당함. ② 조선 초기 문하부의 정5품 관직. 1392년(태조 1)에 설치하였으며, 1401년(태종 1)에 좌·우의 구별을 없애고 2명의 헌납納納으로 바뀜.

좌복야左僕射 ① 고려시대 상서성尙書省의 정2품 관직. 상서좌복야尙書左僕射의 약칭. 정원은 1명. 995년(성종 14)에 처음 두어졌다가, 1275년(충렬왕 1)에 폐지됨. 1298년에 첨의부僉議府에 다시 두었고, 그후 다시 없었으며, 1356년(공민왕 5)에 또다시 복설되었다가, 1362년에 다시 폐지됨. ② 조선 초기 삼사三司의 정2품 관직. 1400년(정종 2)에 좌사左使로 고쳐지고, 1404년(태종 4)에 참판사평부사參判司平府事로 바뀌었다가 다음해에 사평부와 함께 폐지됨.

좌부대언左副代言 ① 고려시대 밀직사의 정3품 관직. 1310년(충선왕 2)에 좌부승선를 고친 것임. 1356년(공민왕 5) 다시 좌부승선으로 고쳐졌다가 1362년 좌부대언으로 개칭되고, 1369년 좌부승선으로 다시 개칭, 뒤에 다시 좌부대언으로 개칭됨. ② 조선시대 승정원의 정3품 관직. 1401년(태종 1)에 좌부승지를 고친 것임. 다시 좌부승선으로 바뀜.

좌부빈객左副賓客 조선시대 세자시강원世子侍講院의 종2품 관직. 정원은 1명. 타관이 겸직함.

좌부수左副率 조선시대 세자익위사世子翊衛司의 정7품 관직. 정원은 1명.

좌부승선左副承宣 ① 고려시대 중추원의 정3품 관직. 정원은 1명. 1023년(현종 14)에 처음 설치되었으며, 문종 때 정3품 관직으로 정비됨. 왕명을 출납하는 것이 주임무. 1276년(충렬왕 2)에 좌부대언副代言으로 개칭되었으며, 1310(충선왕 2)에 좌부대언副代言으로, 1356년(공민왕 5) 다시 좌부승선으로 1362년 좌부대언으로, 1369년 좌승지로 환원됨. 그 뒤 다시 좌부대언으로 바뀜. ② 조선 1894년(고종 31)에 설치된 승선원承宣院 소속의 관직. 정원은 1명. 군무아문軍務衙門·경무청警務廳 등을 감독함.

좌부승지左副承旨 ① 고려시대 밀직사의 정3품 관직. 정원은 1명. 1276년(충렬왕 2) 좌부승선을 개칭한 것임. 1298년 종6품의 부승지로 격하 개칭됨. 그해 다시 정3품의 좌부승지로 복구되고, 1310년(충선왕 2) 부대언代言이 됨. 왕명을 출납함. ② 조선 초기 중추부의 정3품 관직. ③ 조선시대 승정원의 정3품 관직. 1401(태종 1)에 좌부대언左副代言으로 고쳐졌다가, 1433년(세종 15) 좌부승지로 개칭되면서 정립됨. 1894년(고종 31) 궁내부宮內府 승선원承宣院 소속의 좌부승선으로 개칭되면서 없어짐. 왕명을 출납하고 육조사를 분장하였음.

좌부승직左副承直 고려 1356년(공민왕 5)에 제정된 내시부의 정6품 관직. 정원은 1명.

좌비위左羆衛 발해시대 중앙에 둔 군영. 십위十衛의 하나. 대장군·장군 등의 관직이 있음.

좌빈객左賓客 조선시대 세자시강원世子侍講院의 정2품 관직. 정원은 1명. 타관이 겸직함.

좌사左使 ① 고려시대 삼사三司의 정2품 관직. ② 조선 초기 삼사三司의 정2품 관직. 1400년(정종 2)에 좌복야左僕射를 고친 것임. 1401년(태종 1)에 삼사를 사평부司平府로 고친 다음, 1404년(태종 4)에 참판사평부사參判司平府事로 부르다가 다음해에 사평부를 없앨 때 폐지함.

좌사간左司諫 고려시대 중서문하성의 정6품 관직. 정원은 1명. 간쟁諫諍·봉박封駁을 주임무로 하는 간관諫官. 고려 초에 설치된 좌보궐左補闕이 예종 때 개칭된 것임. 뒤에 좌보간左補諫으로 개칭되었다가, 1298년(충렬왕 24) 다시 좌사간으로 복구되었고, 1308년에는 좌헌납左獻納으로 고쳐졌다가 1356년(공민왕 5) 다시 좌사간으로 환원되고, 품계도 종5품으로 올라감. 1361년 정6품의 좌헌납으로 개칭되었다가, 1369년 좌사간으로, 1372년 좌헌납으로 개칭됨.

좌사경左司經 고려 1390년(공양왕 2)에 제정된 동궁東宮의 6품 관직.

좌사낭중左司郎中 고려 시대 상서도성尙書都省의 정5품 관직.

좌사록관左司祿館 신라 677년(문무왕 17)에 설치된 관청. 관리의 녹봉과 녹읍에 관한 사무를 관장함.

좌사어左司禦 조선시대 세자익위사世子翊衛司의 종5품 관직. 왕세자를 호위·시종의 임무를 맡아봄.

좌사원외랑左司員外郞 고려시대 상서도성尙書都省의 정6품 관직.

좌사윤左司尹 고려시대 왕비부王妃府의 정3품 관직.

좌사의대부左司議大夫 고려시대 중서문하성의 정4품 관직. 예종 때 좌간의대부左諫議大夫를 고친 것임. 중서문하성의 낭사郞舍를 구성하는 간관諫官으로서 간쟁諫諍·봉박封駁을 담당함.

좌사정左司政 발해시대의 중앙관직. 모든 정령政令을 집행하는 최고의 행정서무기구인 정당성政堂省의 차관직.

좌산기상시左散騎常侍 ① 고려시대 중서문하성의 정3품 관직. 정원은 1명. 중서문하성의 간관諫官 가운데 최고위직으로, 간쟁諫諍·봉박封駁을 주된 임무로 함. 성종때 이미 설치되었으며, 문종 때 품계와 정원이 정하여짐. 뒤에 좌상시左常侍로 고쳐졌고, 1298년(충렬왕 24) 잠시 좌산기상시로 되었다가, 같은해 다시 좌상시로 개칭됨. 1356년(공민왕 5) 좌산기상시로, 1362년 좌상시로 1369년 좌산기상시로, 1372년 좌상시로 개칭을 거듭함. ② 조선 초기 문하부門下府의 정3품 관직. 1401년(태종 1)에 사간원이 독립되면서 폐지됨.

좌산전坐山典 신라시대의 관청. 내성內省 소속의 행궁行宮·이궁離宮을 관리하던 관청.

좌상左相 ① 발해시대 선조성宣詔省의 우두머리 관직. ② 조선시대 좌의정의 이칭.

좌상시左常侍 ① 발해시대 선조성宣詔省의 관직. 왕을 시종하며 자문에 응하고, 왕의 과실을 간언하는 역할을 담당함. ② 고려시대 중서문하성의 정3품 관직. 좌산기상시左散騎常侍의 후신. 정원은 1명. 간쟁諫諍·봉박封駁을 주된 임무로 함. 1298년(충렬왕 24) 잠시 좌산기상시로 되었다가, 같은해 다시 좌상시로 개칭됨. 1356년(공민왕 5) 좌산기상시로, 1362년 좌상시로, 1369년 좌산기상시로, 1372년 좌상시로 바뀜.

좌세마左洗馬 조선시대 세자익위사世子翊衛司의 정9품 관직.

좌좌수左座首 조선시대 각 고을에 있는 향청鄕廳의 우두머리, 지방 토호 세력의 우두머리로서 수령을 보좌함.

좌수영左水營 ① 조선 1476년(성종 10)에 전라도 순천에 두었던 수군절도사水軍節度使의 군영. ② 조선 효종 때 경상도 동래에 두었던 수군절도사의 군영.

좌습유左拾遺 ① 고려시대 중서문하성의 종6품 관직. 정원은 1명. 간관諫官으로 간쟁諫諍·봉박封駁을 담당함. 목종 때 이미 설치되어 있었으며, 1116년(예종 11)에 좌정언左正言으로 바뀌었다가, 1308년(충렬왕 34) 종6품의 좌사보左思補로 개칭된 후 1356년(공민왕 6) 좌정언으로 됨. ② 조선 초기 문하부門下府의 정6품 관직. 1392년(태조 1)에 설치되었으며, 1401년(태종 1)에 사간원을 설치하면서 좌정언左正言으로 바뀜.

좌승左丞 ① 고려시대 상서도성尙書都省의 종3품 관직. 정원은 1명. 995년(성종 14) 국초의 어사도성御史都省이 개칭된 것임. 1275년(충렬왕 1)에 혁파되었다가, 1356년(공민왕 5) 부활, 1362년 다시 혁파됨. 상서좌승尙書左丞의 약칭. ② 조선 초기 삼사三司의 종3품 관직. 태종 초 삼사가 사평부司平府로 바뀌고 이어 사평부가 호조에 병합되는 과정에서 혁파됨.

좌승左丞 ① 고려 초기의 관계官階. 태봉의 관제를 이어받아 정한 문·무관의 관계. 936년(태조 19) 후삼국 통일을 전후하여 완성되었으며, 16관계 중 제6위에 해당됨. ② 고려시대의 향직鄕職. 제 16위의 향직 가운데 3품에 제 6위.

좌승선左承宣 ① 고려시대 중추부의 정3품 관직. 정원은 1명. 1023년(현종 14)에 처음 설치되었으며, 문종 때 정비됨. 지주사知奏事·우승선·좌부승선·우부승선과 함께 승선방承宣房에서 집무하면서 교대로 왕궁에 직숙直宿하여 왕명을 출납함. 1276년(충렬왕 2)에 좌승지左承旨로 고쳐지고, 1298년(충렬왕 24)에 종6품으로 내렸다가 곧 다시 올렸으며, 1310년(충선왕 2)에 좌대언左代言으로 바뀜. 1356년(공민왕 5) 좌승선으로 복구되고, 1362년 좌대언, 1369년에도 좌승선, 그 뒤 다시 좌대언으로 됨. ② 조선 1894년(고종 31)에 승정원承政院을 개칭한 승선원承宣院의 관직. 정원은 1명. 탁지아문度支衙門·농상이문農商衙門·한성부를 감독함.

좌승지左承旨 ① 고려 후기 밀직사의 정3품 관직. 정원은 1명. 1275년(충렬왕 1)에 좌승선左承宣을 고친 것임. 승지방旨房에서 왕명을 출납함. 1298년 폐지되었다가, 곧 부활되었음. 1310년(충선왕 2) 좌대언左代言으로 개칭되었다가 곧 폐지됨. ② 조선 초기 중추부의 정3품 관직. ③ 조선시대 승정원의 정3품 관직. 1392년(태조 1) 중추원의 승지방承旨房에 소속되어 왕명을 출납함. 1400년(정종 2) 중추원이 의흥삼군부義興三軍府로 개편될 때 승지방이 승정원으로 독립됨에 따라 이에 속함. 1401년(태종 1) 문하부가 혁파되고 의흥삼군부가 승추부承樞府로 개편될 때 승정원이 대언사代言司로 바뀌고 좌승지도 좌대언左代言으로 명칭이 바뀜. 1433년(세종 15) 다시 좌승지로 바뀜. 왕명의 출납 외에 호조戶曹를 분장함.

좌승직左承直 고려 1356년(공민왕 5)에 제정된 내시부의 정5품 관직. 정원은 2명.

좌시금左侍禁 고려시대 액정국掖庭局의 정8품 관직. 정원은 4명. 남반南班 출신의 관직들이 맡음.

좌시중左侍中 고려·조선 시대 문하좌시중門下左侍中의 약칭.

좌시직左侍直 조선시대 세자익위사世子翊衛司의 정8품 무관직. 정원은 1명. 왕세자를 배호陪護함.

좌신모전左神謀典 신라시대의 관청. 내성內省에 소속됨. 소속 관원으로 대사大舍 1명, 사史 2명이 있음.

좌신책군左神策軍 고려시대 절도사節度使에 소속된 12군軍의 하나. 995년(성종 14)에 절도사체제의 지방제도를 실시하였을 때 12목牧을 12주 절도사로 개편하고, 여기에 절도사를 장관으로 하는 12군을 설치하였는데, 이 때 관내도關內道에 속하는 양주절도사에 설치됨. 1012년(현종 3) 절도사가 혁파되고 5도호, 75도 안무사按撫使로 대체될 때 양주절도사도 안무사로 개편되고, 좌신책군도 지방군 조직 속에 흡수됨.

좌우위左右衛 고려시대 경군京軍인 이군육위二軍六衛의 하나. 보승保勝 10영營과 정용精勇 3영 등 13영으로 1만 3,000명의 병력을 보유함으로써 이군육위 중 최대의 군단. 국왕의 행차 때 호가鳳駕(:임금의 수레를 호위함), 외국사신의 송영送迎, 출정과 방수防戍(:국경을 지킴), 역역力役의 의무를 짐.

좌웅위左熊衛 발해시대 중앙에 둔 군영. 십위十衛의 하나. 대장군·장군 등의 관직이 있음.

좌위左衛 ① 조선 1392년(태조 1)에 설치된 의흥친군위義興親軍衛의 하나.) 10위의 하나. 1457년(세조 3)에 오위五衛를 두면서 폐지됨. ② 조선시대 오위五衛의 하나. 즉 용양위龍驤衛. 별시위侍衛와 경상도 지방의 군사들을 통솔함.

좌위수左衛率 ① 고려 1391년(공양왕 3)에 설치된 춘방원春坊院의 정5품 관직. 정원은 1명. 세자를 배위함. ② 조선시대 세자익위사世子翊衛司의 종6품 관직.

좌유덕左諭德 고려 1068년(문종 22)에 제정된 동궁東宮의 정4품 관직.

좌유선左諭善 조선시대 세손강서원世孫講書院의 정3품 당하관 내지

종2품 관직. 정원은 1명.

좌육사左六司 발해시대 정당성政堂省의 하부 관부. 정당성 아래에는 육부六部가 있는데, 이 육부가 다시 두 부분으로 나누어져 충부忠部·인부仁部·의부義部의 3개 부로 좌육사를 구성함. 각 부 내에는 정사正司와 지사支司가 있는데, 충부에는 정사인 충부와 지사인 작부爵部가, 인부에는 정사인 인부와 지사인 창부倉部가, 의부에는 정사인 의부와 지사인 선부膳部가 있음. 이 3개의 부 내에 있던 6개의 관사를 총칭하여 좌육사라고 함.

좌윤左允 발해시대 정당성政堂省 소속의 관직. 정원은 1명.

좌윤左尹 ① 고려시대 삼사三司의 종3품 관직. ② 조선시대 한성부의 종2품 관직.

좌윤佐尹 ① 마진摩震의 관계官階. 9품계 가운데 제5위에 해당됨. ② 고려 초기의 관계官階. 국초에 태봉의 관계를 이어받아 919년(태조 2)부터 사용하였음. 936년 후삼국 통일을 전후하여 완성되었으며, 전체 16관계 중 제11위로 종5품에 해당됨. ③ 고려시대의 향직鄕職. 향직 16계 가운데 6품의 하위에 속하여 제11위임.

좌의정左議政 조선시대 의정부의 정1품 관직. 정원은 1명. 좌상左相·좌정승左政丞·좌규左揆·좌합左閤·좌대左臺라고도 함. 1400년(정종 2) 도평의사사都評議使司가 의정부로 개편되면서 설치되고, 처음에는 도평의사사적인 성격이 계속되어 문하좌정승門下左政丞이라 하다가, 1401년(태종 1) 문하부를 혁파하면서 의정부좌정승으로 고쳐짐. 1414년 의정부 기능의 축소에 수반되어 의정부우정승과 함께 정원 2명의 판부사判府事로 개칭되었고, 그 해 6월 판부사가 좌·우의정으로 분리, 개칭되면서 정립되어, 1894년(고종 31) 영의정·우의정과 합하여 총리대신總理大臣으로 개칭될 때까지 존속됨. 영의정·우의정과 함께 삼공三公이 되어 국왕을 보좌하면서 백관을 통솔하고 서정을 감독함.

좌이방부左理方府 신라 651년(진덕여왕 5)에 설치되어, 형률 관계의 업무를 맡아보던 관청. 692년(효소왕 1)에 의방부議方府로 바뀜.

좌익공신左翼功臣 조선 1456년(세조 1)에 세조가 단종의 왕위를 수선受禪하는 데 공을 세운 한확韓確·신숙주申叔舟 등 44명의 신하들에게 내린 훈호勳號.

좌익선左翊善 ① 고려시대 세자부世子府와 왕자부王子府에 소속된 정5품 관직. 세자와 왕자의 교육을 담당함. ② 조선시대 세손강서원世孫講書院의 종4품 관직. 정원은 1명. 세손의 교육을 담당함.

좌익위左翊衛 조선시대 세자익위사世子翊衛司의 정5품 무관직. 왕세자를 위한 강연講筵에 참석하고, 세자를 보위함.

좌익찬左翊贊 조선시대 세자익위사世子翊衛司의 종6품 무관직. 왕세자를 호위함.

좌자의左諮議 조선 초기 삼사三司의 정4품직 관직. 정원은 1명. 백관의 녹봉지급, 국용의 회계에 관한 실무를 담당함.

좌장左將 백제시대의 관직. 병마권兵馬權을 관장함.

좌장례左掌禮 대한제국 때 장례원掌禮院에 둔 관직. 관등은 주임관奏任官이며, 정원은 1명. 궁중의 제반의식·제사·능묘·종실·귀족들에 관한 사무를 맡음.

좌장사左長史 ① 조선 초기 삼사三司의 정5품正五品관직. ② 조선시대 세손위종사世孫衛從司의 종6품(從六品) 무관직. 왕세손의 배종호위陪從護衛를 담당함.

좌정승左政丞 좌의정左議政의 이칭.

좌정언左正言 ① 고려시대 중서문하성의 종6품 관직. 1116년(예종 11)에 좌습유左拾遺를 고친 것임. 간관諫官으로서 간쟁諫諍·봉박封駁을 담당함. ② 조선시대 사간원의 정6품 관직. 1401년(태종 1) 문하부가 혁파되고 사간원이 독립될 때 문하부의 좌습유左拾遺가 개칭된 것임. 간관諫官으로서 간쟁諫諍과 봉박封駁을 맡음.

좌주座主 고려시대 과거를 주관하는 지공거知貢擧·동지공거同知貢擧에 대한 지칭. 은문恩門이라고도 함.

좌진사佐眞使 태봉의 관계官階. 9등급 가운데 최하위인 제9위에 해당됨.

좌찬독左贊讀 조선시대 세손강서원世孫講書院의 종6품 관직. 정원은 1명.

좌찬선대부左贊善大夫 고려 1068년(문종 22)에 제정된 동궁의 정5품 관직. 정원은 1명.

좌찬성左贊成 조선시대 의정부의 종1품 관직. 정원은 1명. 우찬성·좌참찬·우참찬과 함께 3의정을 보좌하고, 국정에 참여하였으며, 3의정 유고시에 그 임무를 대행함.

좌참찬左參贊 조선시대 의정부의 정2품 관직. 정원은 1명. 좌찬성·우찬성·우참찬과 함께 3의정을 보좌하고, 국정에 참여하였음.

좌창左倉 고려시대 관리들의 녹봉을 관장하던 관청. 문종 때 설치되었으며, 1308년(충렬왕 34)에 광흥창廣興倉으로 바뀜.

좌첨사左詹事 ① 고려 1131년(인종 9)에 설치되어, 동궁東宮의 서무를 관장하는 첨사부詹事府의 정3품 관직. ② 고려 문종 때 제정된 왕비부王妃府의 관직.

좌통례左通禮 조선시대 통례원通禮院의 장관. 정3품 당하관으로 정원은 1명.

좌평佐平 백제시대 16관등의 하나. 품급은 1품. 복색服色은 자색紫色이고, 은화銀花로 관冠을 장식함. 260년(고이왕 27)에 설치되었으며, 정원은 사비시대 전기에는 5명이었다가, 후기에 가서 6명으로 됨. 귀족회의 의장. 왕족·왕비족 및 중앙의 유력한 귀족 출신 중에서 임명됨.

좌평장사左平章事 발해시대 선조성宣詔省의 차관직. 정원은 1명.

좌헌납左獻納 고려시대 도첨의사사都僉議使司·도첨의부都僉議府·문하부門下府에 소속되었던 정5품 관직. 정원은 1명. 1308년(충렬왕 34)에 좌사간左司諫을 고친 것임. 1356년(공민왕 5)에 다시 좌사간이 되고 종5품으로 내렸다가, 1362년에 좌헌납으로 바뀌고 5품으로 올림. 1369년 다시 좌사간에 종5품으로 강등되었다가, 1372년 좌헌납으로 환원되고 정5품으로 승격됨. 간관諫官의 일원임.

좨주祭酒 ① 고려시대 국자감國子監의 종3품 관직. 1275년(충렬왕 1)에 전주典酒로 고쳐졌다가, 1298년(충렬왕 24)에 다시 좨주로 바뀜. ② 조선시대 성균관의 정3품 관직. 주로 석전釋奠의 제향을 맡아봄. 정3품 이상의 학덕이 높은 사람으로 임명됨. 1401년(태종 1) 사성司成으로 바뀜.

주州 신라시대부터 조선시대까지 설치되었던 지방행정구획의 상부 단위.

주각奏角 조선시대 내명부內命婦의 하나. 궁관宮官으로, 품계는 정4품.

주공랑注功郎 조선시대 토관직土官職 문산계文散階의 하나. 동반東班 토관土官 종7품의 관계명官階名.

주교사舟橋司 조선 1789년(정조 13)에 선박·교량 및 호남·호서 지방의 조운漕運 등에 관한 사무를 관장하기 위하여 설치된 준천사濬川司의 부속관청. 1882년(고종 19)에 폐지됨.

주국柱國 고려시대 훈勳(훈계勳階) 중 하나. 훈은 관리에 대한 포상제도로서 고려 초에 상주국上柱國과 주국이 설치되어 있었으며, 관계官階나 관직의 높고 낮음과는 무관하게 수여됨. 성종 이후 문산계文散階가 정비됨에 따라 상주국과 주국은 왕족 및 재추宰樞, 3품 이상 관리들에게 수여되었으며, 문종 때 주국은 종2품으로 규정됨. 충선왕 때 훈제의 폐지와 더불어 혁파됨.

주궁奏宮 조선시대 내명부內命婦의 하나. 궁관宮官으로, 품계는 정4품.

주금공呪噤工 고려시대의 태의감太醫監 소속 유외流外(품외品外) 서리직胥吏職. 정원은 2명. 주술로써 악기惡氣를 퇴치하는 의료 종사 기술관.

주금박사呪噤博士 고려시대 태의감太醫監의 종9품 의료 담당 관직. 정원은 1명.

주금사呪噤師 고려시대 전의시典醫寺의 관직. 주문呪文을 외어 질병을 치료하는 역할을 담당함.

주금업呪噤業 고려시대 잡업雜業 과거의 하나. 의업의 보조적인 기능을 하는 분야로서,《맥경脈經》《명당경明堂經》《구경灸經》《본초경本草經》《유연자방劉涓子方》《창두론瘡頭論》등의 고시과목을 봄.

주도령州都令 신라시대의 관직.

주도성珠淘省 태봉의 중앙관부. 광평성廣評省의 하위관부로, 기물器物의 조성을 관장함.

주문사奏聞使 조선시대 중국과의 사이에 외교적으로 알려야 할 일이 있을 때 임시로 파견되던 비정기적인 사신.

주변궁注變宮 조선시대 내명부內命婦의 하나. 궁관宮官으로, 품계는 종9품.

주변치奏變徵 조선시대 내명부內命婦의 하나. 궁관宮官으로, 품계는 종9품.

주보注寶 고려시대 문하부에 소속된 이속직吏屬職. 정원은 3명. 어보御寶를 담당함.

주부主簿 ① 고대 불내예국不耐濊國의 관직. ② 고구려시대의 관직. 울절鬱折과 같은 관직. 국가의 문서와 장부를 담당하였으며, 왕명 출납을 맡은 행정실무관직. ③ 신라시대의 관직. 중앙의 여러 관부에 소속되었음. 원래 명칭은 대사大舍 · 청위靑位 등이었는데, 759년(경덕왕 18) 중국식 관제 개정 때 설치됨. 하위직으로 행정실무를 담당함. 776년(혜공왕 12)에 폐지됨. ④ 조선시대의 관직. 각 아문의 문서와 부적符籍을 주관하던 종6품 관직.

주부注簿 고려시대의 하급 동반東班 경관직京官職. 품계는 설치되어 있는 관부에 따라 정6품으로부터 종8품까지임.

주부綢部 백제시대의 관부. 사비시대의 외관外官 10부部 중 하나. 재무를 관장하거나 직물의 제조 · 공급을 담당했다고 추정됨.

주사主事 ① 고려시대 서리직胥吏職 중 수위직首位級. 각 관청에 소속되어 문안文案 · 부목符目 등에 관계된 도필지임刀筆之任(:문서 기록)을 담당하였음. ② 조선시대 함경도 · 평안도 지방에 두었던 향리의 일종.

주상尙商 조선시대 내명부內命婦의 하나. 궁관宮官으로, 품계는 정9품.

주서主書 신라시대의 관직. 대도서大道署 · 공장부工匠府 · 채전彩典 · 좌사록관左司祿官 · 우사록관右司祿官 · 신궁新宮 등에 각각 2명씩 소속됨. 경덕왕 때 주사主事로 개칭됨. 사지舍知 이상 나마奈麻 이하의 관등을 가진 자로서 임명됨.

주서注書 ① 고려시대의 관직. 목종 때는 내사주서內史注書라 하였고, 문종 때 종7품의 중서주서中書注書로 개칭되었으며, 정원은 1명. 1298년(충렬왕 24) 도첨의주서都僉議注書로 고치고 정7품으로 품계를 올림. 1356년(공민왕 5) 종7품 문하주서門下注書로 다시 내리고, 1362년에는 첨의주서로, 1369년에 다시 문하주서로 바뀜. ② 조선시대 기록을 담당함. 춘추관기사관을 겸임하여 사초의 기록이나 실록편찬에 참여함. 1506년(중종 1)에 폐지됨.

주서령注書令 ① 태봉의 관계官階. 9등급 가운데 제5위에 해당됨. ② 고려 초기의 관계. 태봉의 관제를 이어받아 사용됨.

주식酒食 고려시대의 잡류직雜類職 이속직吏屬職. 주식主食이라고도 함. 궁중에서 식찬食饌에 관한 일을 담당함.

주약注藥 고려시대의 유외流外(:품외品外) 서리직胥吏職. 목종 때 태

의감太醫監에 설치되었으며, 문종 때 정원이 2명으로 정해짐. 의료에 종사하는 기술관.

주우奏羽 조선시대 내명부內命婦의 하나. 궁관宮官의 하나로, 품계는 종9품.

주의注衣 고려시대의 잡류직雜類職 이속직履屬職. 상의국尙衣局의 말단 이속으로 왕의 의복을 재봉하는 일을 담당함.

주임관奏任官 한말 관료의 차위직계次位職階. 1894년(고종 31) 갑오개혁으로 종래의 관료제도가 대폭 개편되었는데, 이때 기존의 18품계가 1 · 2품에는 정 · 종을 두되, 3품에서 9품까지는 정 · 종을 폐지하여 11개의 품급으로 축소됨. 아울러 당상堂上 · 당하堂下 · 참상參上의 세 직계로 나누던 것을 폐지하고, 칙임勅任 · 주임奏任 · 판임判任으로 대별하였음. 이때 3품에서 6품까지의 관리를 주임관이라 함. 1895년 관료제도가 다시 개편되어 11품으로 나누던 관등을 칙임관 1~4등等, 주임관 1~6등, 판임관 1~8등으로 모두 18등급으로 개정됨.

주자감冑子監 발해시대의 교육기관. 장은 감監이고, 그 아래에 장長이 있음. 유학훈도儒學訓導와 국자國子 · 태학太學을 비롯한 율학律學 · 서書 · 산算에 이르기까지 전국 교육행정을 집행하는 관청.

주자소鑄字所 조선시대 활자를 주조하여 책을 직어낸 중앙관서의 한 부서. 1403년(태종 3)에 금속활자를 만드는 일을 시작으로 처음 설치됨. 처음에는 승정원에 소속되었다가, 1460년(세조 6)에 교서관校書館에 소속시켰으며, 1782년(정조 6)에 교서관이 규장각에 소속되면서 규장각 소속이 됨.

주작朱雀 발해 회왕 때의 연호. 813년(희왕 1)부터 817년까지 5년간 사용됨.

주전도감鑄錢都監 고려 1097년(숙종 2)에 설치된 화폐 주조기관.

주전사主殿司 한말 1895년(고종 32) 전각殿閣의 수호와 수선 등의 일을 맡아 보기 위하여 설치된 관청. 1894년에 설치된 전각사殿閣司가 개칭된 것임.

주전소鑄錢所 조선시대 동전을 주조하기 위하여 중앙에 혹은 지방의 감영 등에 임시로 설치된 관청.

주조州助 신라시대의 지방관직. 주보州輔라고도 함. 삼국 통일 후 주州의 차관직. 정원은 주마다 1명씩이며, 나마奈麻 이상 중아찬重阿湌까지의 관등을 가진 자로 임명됨.

주주州主 신라시대의 관직. 주州의 장관직.

주진主鎭 조선시대 각 도의 병마절도사와 수군절도사가 소재하는 진鎭.

주천奏薦 임금에게 상주하여 천거하는 것.

주청사奏請使 조선시대 중국에 보내던 사신의 하나. 정치적으로나 외교상으로 청할 일 또는 알려야 할 사항이 있을 때 중국에 임시로 파견됨.

주치奏徵 조선시대 내명부內命婦의 하나. 궁관宮官으로, 품계는 종9품.

준직准職 관직을 제수할 때 품계는 올리고 내림이 없이 그대로 두고 녹祿만 올려주거나 내려주는 것.

준천사濬川司 조선 1760년(영조 36)에 서울 안의 개천을 준설, 소통시키고 백악白岳 · 인왕仁旺 · 목멱木覓 · 낙산駱山 등 네 산의 나무보호를 위하여 설치된 관청. 1882년(고종 19)에 한성부에 소속시킴. 의정들이 겸하는 도제조都提調와 병조판서 · 한성판윤 · 훈련대장 · 금위대장 · 어영대장과 비변사의 당상관이 겸임하는 제조提調 · 도청都廳(정3품) · 낭청郎廳(정7품) 등의 관직이 있음.

준풍峻豐 고려 광종 때의 연호. 960년(광종 11)~963년(광종 14)까지 사용됨.

중감重監 고려시대 삼사三司에 소속된 서리직胥吏職. 2명이 배속됨.

중강개시中江開市 조선시대 의주의 대안對岸인 중강中江(:압록강의 난자도)에서 열렸던 중국과의 국제무역.

중강후시中江後市 조선시대 의주의 대안對岸인 중강中江(:압록강의 난자도)에서 열렸던 중국과의 사무역.

중경中京 고려시대 삼경三京 중 하나로 수도 개경을 일컫던 이름.

중경현덕부中京顯德府 발해시대 오경五京 중의 하나. 제3대 문왕 대흠무大欽茂가 747(문왕 11)~751년에 국초 이래 수도였던 돈화분지敦化盆地에서 이곳으로 천도하여 775년까지 발해의 정치·경제·문화의 중심지가 됨.

중군中軍 조선시대 훈련도감·금위영·어영청御營廳·총융청摠戎廳·총리영·수어청守禦廳·관리영·진무영 등의 5군영의 종2품 또는 정3품 관직. 각 영에서 대장 또는 사使를 보좌하면서 실질적인 모든 실무를 총괄함.

중단경中壇卿 고려 초기의 관직. 960년(광종 11) 관리들의 공복을 제정시 단삼丹衫을 입는 하한의 관직.

중당仲幢 신라시대의 군대. 671년(문무왕 11) 설치되었는데, 금衿의 빛깔은 흰색.

중대광重大匡 고려시대 문산계散階의 하나. 1308년(충렬왕 34)에 제정된 종1품 품계. 그 뒤 벽상삼한壁上三韓이 가호加號되어 벽상삼한중대광이라고 칭하기도 함. 이후 몇 차례 변개됨.

중대부中大夫 고려시대 문산계文散階의 하나. 1076년(문종 3)에 종4품 하계下階로 정하여져 전체 29등급 중 제9계가 됨. 1298년(충렬왕 24) 종4품계로 승급되고, 1356년(공민왕 5) 다시 종3품 하계로 되어 중현대부中顯大夫 대신 사용됨.

중대성中臺省 ① 발해시대의 중앙관부. 삼성三省의 하나. 왕이 하달하는 명령문을 작성하는 일을 맡음. 장관은 우상右相이며, 이외 우평장사右平章事·내사內史·조고詔誥·사인舍人 등의 관직이 있음. ② 고려 전기의 중앙관부. 1009년(현종 즉위년)에 중추원·은대銀臺 및 남·북 선휘원南北宣徽院 등을 합쳐 만든 것임. 다음해에 폐지되고 다시 중추원이 부활됨. 기능은 중추원의 숙위宿衛와 은대의 왕명출납, 선휘원의 의식儀式 관장 등 국왕 측근의 기무機務를 총괄함.

중도부처中途付處 오형五刑 중 유형流刑의 하나. 일명 부처付處라고도 함. 지정장소를 떠나지 못하도록 하는 것으로, 귀양·정배定配·안치安置 등과 같은 유형의 일종.

중랑장中郞將 ① 고려 진국辰國 때의 관직. ② 고려시대의 무관직. 중앙군에 있어서 장군 다음가는 계급으로 정5품관임. 이군육위二軍六衛에 90명, 도부외都府外에 1명, 충용위忠勇衛에 12명 등 103명이 편제되어 있음.

중리대형中裏大兄 고구려시대의 관등. 고구려 말기 14관등 중 제7등급에 해당되는 대형大兄의 관등에 있는 자로서 특정업무를 담당하던 자가 가졌던, 일종의 관직과 같은 성격을 지닌 관등명. 왕의 측근에 있으면서 왕명의 출납과 국가의 주요 업무를 관장함.

중리소형中裏小兄 고구려시대의 관등. 고구려 말기의 14관등 중 11등급에 해당되는 소형小兄의 관등에 있는 자로서, 특정업무를 맡았던 자가 가졌던 관등명. 왕의 측근에 있으면서 왕명의 출납과 국가의 주요 업무를 관장함.

중리위두대형中裏位頭大兄 고구려시대의 관등. 고구려 말기 14관등 중 5등급에 해당되는 위두대형位頭大兄의 관등에 있는 자로서 특정 업무를 맡았던 자가 가졌던 관등명. 왕의 측근에 있으면서 왕명의 출납과 국가의 주요 업무를 관장함.

중무장군中武將軍 고려시대 무산계武散階의 하나. 전체 29계 가운데 제6계로, 정4품 상계上階의 관계명官階名.

중문中門 고려 충선왕 때 조회와 의례를 담당한 관서. 1308년에 충선

왕이 즉위하여 각문閣門을 바꾼 것임. 뒤에 다시 통례문通禮門으로 바뀌었으며, 1356년(공민왕 5) 다시 각문으로 바뀜.

중방重房 고려시대 이군육위二軍六衛의 지휘관인 상장군·대장군으로 구성된 회의기관. 전체 구성원은 16명인데, 반주班主라고 불리는 응양군鷹揚軍의 상장군이 중방회의의 장을 담당하였으며, 궁궐·도성의 수비와 치안 등 이군육위의 임무와 관련된 주요 안건을 다루었음. 무신집권기에는 정기의 중심기관이 됨. 충선왕 때 일시 폐지되었다가 곧 부활된 뒤 1393년(태조 2)에 가서 완전히 폐지됨.

중봉대부中奉大夫 고려시대 문산계文散階의 하나. 정3품의 관계명官階名. 1275년(충렬왕 1) 은청광록대부銀靑光祿大夫를 고친 것임. 1298년에 폐지됨.

중부重副 ① 태봉泰封의 관계官階. 문·무관의 9관계 가운데 제2위의 관계. ② 고려초기의 관계. 태봉의 관계를 이어받아 사용된 관계.

중사中使 ① 신라시대의 관직. 중사란 본래 국왕 어용御用의 사인使人이라는 뜻인데, 기록에 따라 이를 사인舍人 혹은 내양자內養人이라고 함. ② 조선시대 왕의 명령을 전달하는 일을 맡은 내시의 이칭.

중사성中事省 신라시대의 관청. 759년(경덕왕 18) 세택洗宅을 고친 것임. 근시近侍 조직의 하나로 국왕의 시종·문필·비서 업무를 담당함. 776년(혜공왕 12) 세택으로 바뀌었다가, 9세기 중엽에 다시 중사성으로 바뀜. 752년 동궁東宮 관제 제정시 동궁중사성東宮中事省이 설치됨.

중사읍中司邑 신라시대의 관직. 왕경王京의 도시 행정을 맡은 전읍서典邑署에 소속되어 대사읍大司邑을 보좌함. 정원은 6명, 사지含知 이상 대사大舍의 관등을 가진 자가 임명됨.

중사인中舍人 고려시대 태자궁의 정5품 관직. 정원은 1명. 1068년(문종 22)에 설치되었으며, 태자책봉 때 태자가 책사冊使에게 책함冊函을 받으면 우서자右庶子와 함께 받아 대책攡册에게 전하는 등 일정한 의식상儀式上의 임무를 수행함.

중산대부中散大夫 고려시대 문산계文散階의 하나. 1076년(문종 30)에 제정된 정5품 상계上階의 관계명官階名. 1356년(공민왕 5)에 정4품으로 올랐고, 1369년에는 정4품의 상계로 됨.

중상서中尙暑 고려시대 궁궐에서 쓰는 각 그릇들과 공예품들을 만드는 일을 맡은 관청. 1310년(충선왕 2)에 공조서供造署로 바뀜.

중서령中書令 고려시대 중서문하성의 장관. 종1품직. 1061년(문종 15)에 내사성內史省이 중서성中書省으로 바뀜에 따라 내사성의 장관인 내사령內史令을 고친 것임. 1295년(충렬왕 21)에 도첨의령都僉議令으로 바뀌고, 뒤에 판도첨의사사사判都僉議使司事事로 개칭되었으며, 다시 도첨의령으로 바뀜. 1356년(공민왕 5)에 다시 중서령으로 바뀌었다가, 1362년에 영도첨領都僉으로, 1369년 영문하門下로 고쳐졌다가 뒤에 판문하判門下로 바뀜.

중서문하성中書門下省 고려시대 최고정무기관. 재부宰府라고도 함. 초기의 내의성内議省을 982년(성종 1)에 내사문하성内史門下省으로 고쳤고, 1061년(문종 15)에 중서문하성으로 바뀜. 1275년(충렬왕 1)에 상서성尙書省과 합치고 첨의부僉議府라 하였고, 1293년에 첨의사사都僉議使司라 하였으며, 1356년(공민왕 5)에 다시 사서성을 부활시키면서 중서문하성이라 하였고, 1362년(공민왕 11)에 다시 도첨의부都僉議府로 하였다가 1369년에 다시 문하부門下府로 바뀜.

중서사인中書舍人 고려시대 중서문하성의 종4품 관직. 간쟁諫諍과 봉박封駁의 책임이 있는 낭사郎舍로서 간관諫官의 구실을 함.

중서성中書省 고려시대 최고중앙의정기관인 삼성三省의 하나. 전기에 중서성·문하성門下省·상서성尙書省의 삼성이 설치되었는데, 중서성과 문하성은 하나의 기구로 통합되어 중서문하성이 되고, 하시중이 장관으로서 수상의 위치에 놓이게 됨. 중서문하성이 고

전기에는 문하성이라 부르기도 하고 중기 이후에는 중서성으로 약칭되기도 함.

중서시랑평장사中書侍郎平章事 고려시대 중서문하성의 정2품 관직. 정원은 1명. 성종 때 설치된 내사시랑평장사內史侍郎平章事가 문종 때 바뀐 것으로, 1275년(충렬왕 1) 첨의찬성사僉議贊成事로 바뀌고, 1298년 한때 폐지되었으나 곧 복구되었음. 1308년 중호中護로 개칭되고 정원은 3명으로 됨. 뒤에 다시 찬성사贊成事로 고쳐졌으며, 1356년(공민왕 5) 다시 중서시랑평장사로 환원되었고, 1360년 평장정사平章政事, 1362년 문하찬성사門下贊成事로 고쳐짐.

중서주서中書注書 고려시대 중서문하성의 종7품 관직. 정원은 1명. 내사문하성의 내사주서內史注書가 1061년(문종 15) 중서문하성이 두어지면서 개정된 것임. 1298년(충렬왕 24) 도첨의주서都僉議注書로 바뀌고, 품계도 정7품으로 승격됨. 1356년(공민왕 5) 문하주서門下注書로, 1362년 첨의주서僉議注書로, 1369년 문하주서로 개칭됨.

중서평장사中書平章事 고려시대 중서문하성의 정2품 관직. 정원은 1명. 1275년(충렬왕 1) 문하평장사와 합쳐져 첨의찬성사僉議贊成事로 개칭되고, 1356년(공민왕 5)에 환원되었으며, 1362년 첨의찬성사로 되돌아갔다가 1369년 문하찬성사로 됨.

중승中丞 ① 고려시대 어사대御史臺의 종4품 관직. 정원은 1명. 995년(성종 14) 어사대의 설치와 함께 처음 두어졌으며, 1275년(충렬왕 1) 어사대가 감찰사監察司로 개편되면서 시승侍丞으로 개칭되고, 1298년(충렬왕 24)에 감찰사가 사헌부로 바뀌면서 다시 중승이 되고 종3품으로 승격됨. 1308년 정3품, 정원 2명의 집의執義로 개칭되고, 1356년(공민왕 5) 어사대가 복치되면서 종3품, 정원 1명의 중승으로 복설되고, 1362년 어사대가 감찰사로 개편되면서 다시 집의로 바뀜. ② 조선 초기 사헌부의 종3품 관직. 1401년(태종 1)에 집의執義로 바뀜.

중시中侍 신라시대의 관직. 집사부執事部의 장관직. 651년(진덕여왕 5)에 설치되었으며, 747년(경덕왕 6)에 시중侍中으로 개칭됨. 제5관등인 대아찬大阿飡에서 제2관등인 이찬伊飡까지의 인물로 선발되어, 진골 출신만이 임명됨.

중시重試 조선시대 당하관 이하의 문·무관에게 10년마다 한 번씩 보인 과거. 중시에 합격하면 식년문과와 달리 을과 제1·2·3등으로 나누어 각각 몇 사람씩 뽑는데, 을과 제1등으로 장원급제에 해당되는 1명은 4계급, 차상·차하에 해당되는 자는 3계급, 을과 제2등은 2계급, 을과 제3등은 1계급씩 특진시켜 당상관까지 올려주었으며, 참외參外는 모두 6품으로 올려줌.

중아찬重阿飡 신라시대의 관등. 17등급 가운데 여섯 번째 등급인 아찬阿飡의 한 등급. 아찬 가운데는 중아찬으로부터 4중 아찬까지의 여러 등급이 있었음.

중외대부中畏大夫 고구려시대 관직. 왕의 측근에서 복무하던 직책으로 추정됨.

중원경中原京 신라시대 오소경五小京의 하나. 지금의 충청북도 충주에 설치됨. 557년(진흥왕 18)에 설치된 국원소경國原小京이 경덕왕 때 개칭된 것임.

중윤中尹 ① 태봉의 관계官階. 문·무관의 9관계 가운데 마지막인 제9위의 관계. ② 고려 초기의 관계. 태봉의 관계를 이어받아 919년(태조 2)로부터 사용됨. 936년 후삼국 통일을 전후하여 완성되었는데, 전체 16관계 중 제16위에 해당됨. ③ 고려시대 향직鄕職. 16위계의 향직 가운데 9품의 하위에 속하는 제16위에 해당함.

중윤中允 고려시대 태자궁의 정5품 관직.

중의대부中義大夫 조선 초기 종친계宗親階의 하나. 종친 정2품 상계上階의 관계명官階名.

중의대부中議大夫 고려시대 문산계文散階의 하나. 1369년(공민왕

18)에 정4품 하계下階로 설치된 관계명官階名.

중인中人 조선시대 양반兩班과 양인良人의 중간에 있었던 신분층. 역관譯官·의관醫官·산관算官·율관律官·음양관陰陽官·사자관寫字官·화원畵員·역관曆官 등의 기술관을 총칭하는 협의의 중인과 향리鄕吏·서리胥吏·서얼庶蘗·토관土官·장교將校·역리驛吏·우리郵吏·목자牧子 등 경외京外의 행정실무자들을 총칭하는 광의의 중인이 있음.

중전中殿 왕비를 높여 이르는 말. 곤전坤殿 또는 중궁中宮·중궁전中宮殿이라고도 함.

중정대中正臺 발해시대의 중앙관부. 형법刑法·전장典章에 관한 일과 모든 관료의 비위를 감찰하는 관부. 장관은 대중정大中正이고, 그 아래 소정少正 등의 관직이 있음.

중정대부中正大夫 고려시대 문산계文散階의 하나. 1308년(충렬왕 34)에 제정된 종3품 상계上階의 관계명官階名.

중직대부中直大夫 조선시대 문산계文散階의 하나. 문관 종3품 상계上階의 관계명官階名.

중찬中贊 고려 후기 첨의부僉議府 및 그 후신인 도첨의사사都僉議使司의 종1품 관직. 고려 후기의 수상에 해당됨. 1275년(충렬왕 1)에 문하시중門下侍中이 개칭된 것으로, 정원은 좌·우중찬 2명. 1298년 도첨의시중都僉議侍中으로 바뀌었다가, 같은해 곧 중찬으로 환원됨. 1308년 정승政丞으로 개칭되고 정원도 1명으로 줌. 1330년(충숙왕 17) 다시 중찬, 얼마 뒤에 다시 정승으로 바뀜.

중추부中樞府 조선시대 서반西班 종1품 관청. 특정한 관장사항이 없이 문·무의 당상관으로서 소임이 없는 자들을 소속시켜 대우하던 기관. 본래 나라의 군사관계 일을 맡은 관청이던 중추원中樞院을 1466년(세조 12)에 중추부로 고치면서 그 직무는 병조에 넘기고 소임이 없는 관직들을 우대하기 위한 관계로만 존속해오다가, 고종 때 다시 중추원으로 고쳐 의정부에 소속시킴.

중추원中樞院 ① 고려시대 군사기무軍事機務와 왕명출납王命出納·숙위宿衛를 담당하던 중앙관부. 991년(성종 10)에 설치되어, 1009년(현종 즉위년) 중대성中臺省으로 개칭됨. 1011년 다시 중추원으로 복설되었고, 1095년(헌종 1)에 추밀원樞密院으로 바뀌었고, 1275년(충렬왕 1)에 밀직사密直司로 바뀜. 1298년 광정원光政院으로 바뀌었다가, 그해 곧 밀직사로 부활됨. 1356년(공민왕 5) 추밀원으로, 1362년 밀직사로 바뀜. ② 조선 전기 궁궐을 수비하고 군사기밀을 전달하며 그 밖의 군사관계 일을 맡은 관청. 초기에 설치되어, 1466년(세조 12)에 중추부中樞府로 바뀌면서 그 직무는 병조에 넘김. 고종 때 다시 중추원으로 바뀌면서 의정부에 소속됨.

중현대부中顯大夫 고려시대 문산계文散階의 하나. 1308년(충렬왕 34)에 제정된 종3품 하계下階의 관계명官階名.

중호中護 고려 후기 도첨의사사都僉議使司의 정2품 관직. 정원은 3명. 1308년(충렬왕 34) 첨의시랑찬성사僉議侍郎贊成事와 첨의찬성사僉議贊成事를 합쳐 개칭한 것임. 뒤에 다시 찬성사로 환원됨.

중훈대부中訓大夫 조선시대 문산계文散階의 하나. 문관 종3품 하계下階의 관계명官階名.

중흥中興 발해 제5대 성왕 대화여大華璵 때의 연호 794년(성왕 1)부터 사용됨. 1년 만에 폐지됨.

중흥공신中興功臣 고려 말 1389년(공양왕 1)에 창왕을 폐위하고 공양왕을 옹립한 공으로 이성계李成桂 등 9명의 신하에게 책봉된 공신의 훈호勳號.

증광시增廣試 조선시대 과거의 일종. 나라에 경사가 있을 때 식년시 이외에 실시된 임시과거. 식년시와 마찬가지로 소과小科·문과·무과·잡과 등이 시행되고, 식년과 똑같이 운영됨.

증직贈職 공신·충신·효자 및 학덕이 높은 사람 등에게 죽은 뒤에

벼슬을 주거나 높여 주는 일. 또는 그 벼슬.

지경연사知經筵事 ① 고려 1390년(공양왕 2)에 설치된 경연청經筵廳의 관직. ② 조선시대 경연經筵의 정2품 관직.

지공거知貢擧 고려시대 과거의 고시관. 문관 중에서 학식과 덕망이 깊은 자가 임명됨.

지구관知彀官 조선 후기 훈련도감·총리영摠理營 및 각 도의 순영巡營과 병영에 소속된 군관직. 본래는 활을 사용하는 사수射手의 훈련을 담당한 특수기능의 군관이었으나 뒤에 각 군영의 최상급 군관으로서 하급 군사실무를 담당함.

지국사知局事 고려시대 태사국의 종3품 관직.

지군사知郡事 ① 고려시대 군郡 고을의 우두머리 관직. 전국에 129명의 지군사를 두었음. ② 조선시대 군郡 고을의 우두머리 관직. 1467년(세조 12)에 군수郡守로 바뀜. 전국에 77명의 군수를 두었음.

지도至道 조선시대 소격서昭格署에 소속된 종9품의 잡직 관직. 정원은 1명. 도류道類(:도사로 불리는 도교 승려 수행자) 출신의 전문직으로서, 삼청전三淸殿·태일전太一殿 등에서 초제醮祭를 담당함.

지도성사知都省事 고려시대 상서도성尙書都省의 종2품 관직. 정원은 1명.

지돈녕부사知敦寧府事 조선시대 돈녕부敦寧府의 정2품 관직. 정원은 1명.

지동관판知同官 조선시대 문과 시권試券(:답안지) 역서易書의 정확여부를 확인, 심사하던 과거 종사관. 성균관의 관직들 가운데서 임명됨.

지리업地理業 고려시대 잡업雜業 과거의 하나. 궁궐과 왕릉을 선정하는 지사를 뽑는 과거. 태사국太史局에서 실시함.

지만지만遲晚 죄인이 자복할 때 쓰는 문서. 지만은 '너무 늦어 미안하다', 즉 '너무 오래 속여서 미안하다'는 뜻이며, 자복을 의미함.

지문誌文 죽은 사람의 성명, 태어나고 죽은 연월일年月日, 행적行蹟, 무덤의 처소·좌향坐向 등을 적은 글.

지문하부사知門下府事 ① 고려시대 문하부의 종2품 관직. 정원은 1명. ② 조선초기 문하부의 정2품 관직.

지문하성사知門下省事 고려시대 중서문하성의 종2품 관직. 1275년(충렬왕 1)에 지첨의부사知僉議府事로 고치고, 1356년(공민왕 5)에 다시 지문하성사라고 하였다가, 1369년에 지문하부사知門下府事로 바뀜.

지밀직사사知密直司事 고려시대 밀직사의 종2품 관직.

지반知班 고려시대 어사대御史臺의 서리직胥吏職.

지방紙榜 신주를 모시고 있지 않는 집안에서 차례나 기제사 때 종이에 써서 모신 신위. 보통 신주의 크기와 같이 창호지를 오려서 신주의 분면粉面에 쓰여진 격식대로 적어 제사에 모셨다가, 제사가 끝나면 축문과 함께 태워버림.

지부地部 조선시대 호조의 이칭.

지부智部 발해시대 정당성政堂省 소속의 중앙관부. 정당성의 우육사右六司의 하나로, 무관직의 인사와 군사에 관한 일과 성곽의 수축, 왕궁의 호위 등에 관한 일을 맡음.

지부사知部事 고려시대 상서부·상서병부·상서호부·상서예부·상서형부·상서공부의 관직. 상서尙書의 차위직으로, 다른 관청의 관리가 겸임함.

지사知事 ① 고려시대의 관직. 여러 관부에 설치되어 있었으며, 소속 관부에 따라 지성사 知省事·지원사知院事·지부사知府事·지부사知部事·지사사知司事·지관사知館事 등으로 칭해지기도 함. 품계는 일정하지 않음. 정원은 대개 1명. ② 조선시대의 관직. 경연·성균관·춘추관·돈녕부敦寧府·의금부·훈련원訓鍊院·중추부의 정2품 관직. 정원은 경연에 3명, 춘추관에 2명, 나머지는 각

각 1명. ③ 조선 말기의 관직. 지사서知事署의 장으로, 관등은 주임관奏任官.

지사간원사知司諫院事 조선 초기 사간원에 소속된 종3품 관직. 정원은 1명.

지사사知司事 고려시대 삼사三司의 종4품 관직.

지사서知事署 조선 말기 개항장開港場에 설치되었던 지방관청. 외국인 관계 및 통상에 관한 사무를 관장함. 1896년에 설치되었으며, 책임자는 지사知事. 같은해 감리서監理署의 복설로 폐지됨.

지서연사知書筵 고려시대 세자부世子府의 관직. 1390년(공양왕 2)에 설치되고, 얼마 후 세자 좌우사左右師로 바뀜.

지성균관사知成均館事 조선시대 성균관의 정2품 관직. 대제학이 겸임함.

지성사知省事 고려시대 상서도성尙書都省의 종2품 관직.

지신사知申事 ① 고려 후기 밀직사의 정3품 관직. 정원은 1명. 1275년(충렬왕 1) 추밀원의 지주사知奏事가 개칭된 것임. ② 조선시대 승정원 도승지의 이칭.

지의금부사知義禁府事 조선시대 의금부의 정2품 관직. 의금부의 차관으로서, 형옥을 처리하는 추국推鞫 때 심판관이 되기도 함.

지인知印 조선시대 함경도와 평안도의 큰 고을에 둔 향리직의 일종. 그 지방의 토관土官들 밑에서 지방행정·군사에 관련된 일을 맡아봄.

지장誌狀 지문誌文과 행장行狀.

지제고知製誥 고려시대 조서詔書 또는 교서敎書를 작성하는 일을 맡은 관직. 한림원·보문각의 관리들이 겸임하였을 경우에는 내지제고內知制誥, 타관이 겸직하면 외지제고外知制誥라고 함. 조선시대에 지제교知製敎로 개칭됨.

지제교知製敎 조선시대 교서敎書를 작성하는 일을 맡은 관직. 다른 관청의 관직들이 겸하는데, 홍문관의 부제학 이하 부수찬까지의 관리가 겸임하면 내지제교內知製敎라 하고, 따로 6품 이상의 관리들을 선발하여 겸임시키면 외지제교外知製敎라고 함.

지종정경知宗正卿 조선 말기 종친부宗親府에 신설된 명예관직. 관계는 종1품에서 정2품까지임. 정원의 제한은 없음. 종친·제군諸君과 종성宗姓의 고관들에게 당연직으로 수여한 명예직. 1869년(고종 6)에 처음 설치됨.

지주芝州 발해의 지방행정구역. 62주州 중의 하나. 회원부懷遠府에 속함.

지주사知奏事 고려시대 중추원 소속 승지방承旨房의 정3품 관직. 뒤에 지신사知申事로 개칭됨.

지중추부사知中樞府事 조선시대 중추부의 정2품 관직.

지중추원사知中樞院事 고려시대 중추원의 종2품 관직.

지첨의부사知僉議府事 고려시대 첨의부의 종2품 관직.

지춘추관사知春秋館事 조선시대 춘추관의 정2품 관직.

지평持平 ① 고려 후기 사헌부의 정5품 관직. 1308년(충렬왕 34)에 감찰사監司가 사헌부로 개편되면서 처음 설치됨. 1356년(공민왕 5) 감찰사가 어사대御史臺로 개편될 때 폐지되고, 1362년 감찰사가 복구되면서 다시 부활되었고, 1369년 감찰사가 사헌부로 개편됨과 동시에 잡단雜端으로 개칭되었다가, 1372년 사헌부의 속관으로 다시 설치되어 고려 말까지 존속됨. ② 조선시대 사헌부의 정5품 관직. 정원은 2명. 1401년(태종 1) 국초의 잡단雜端을 고친 것임. 백관에 대한 탄핵감찰권과 일반범죄에 대한 검찰권을 행사하며, 서경권署經權을 행사함.

지후祗候 고려시대 각문閤門의 정7품 관직. 문종 때 정7품으로 정하였다가 1356년(공민왕 5)에 종6품으로 올림.

지훈련원사知訓鍊院事 조선시대 훈련원訓鍊院의 정품 관직. 타관에

겸임함.

직각直閣 ① 고려시대 보문각의 정4품 관직. 본래 청연각의 종6품 관직이던 것을 1356년(공민왕 5)에 올림. ② 조선시대 규장각의 관직. 정원은 1명. 정3품에서 종6품의 참상 문관 중에서 선임됨. 1776년(정조 즉위년) 규장각의 창설과 함께 처음 설치됨. 규장각의 실질적인 책임자로, 사관史官과 지제교知製敎를 겸임함.

직강直講 ① 고려 1308년(충렬왕 34)에 제정된 세자부世子府의 정6품 관직. ② 고려 1308년(충렬왕 34)에 제정된 왕자부王子府의 종6품 관직. ③ 고려시대 성균관의 종5품 관직. 정원은 1명. 성균관의 승조이 바뀐 것임. ④ 조선시대 성균관의 정5품 관직. 정원은 4명.

직관直館 ① 고려시대 사관史館의 8품 관직. 1356년(공민왕 5)에 정9품으로 내림. ② 조선 초기 예문춘추관의 정9품 관직.

직도전直徒典 신라시대의 관청. 수도의 성문城門 숙직군을 통솔함. 소속 관원으로 대사大舍 6명, 사지숨知 8명, 사史 26명이 있음.

직도첨의直都僉議 고려 1356년(공민왕 1)에 제정된 문하부門下府의 종3품 관직. 1356년에 직문하直門下로 바뀜.

직랑直郎 고려 1308년(충렬왕 34)에 낭중郎中이 개칭된 관직.

직률直律 조선 초기 왕립음악기관에서 음악에 관한 업무를 맡았던 잡직雜職 관직.

직무랑直務郎 조선시대 무반토관직武班土官職의 종8품 관계명官階名.

직문하直門下 ① 고려시대 중서문하성의 관직. 문종 때 처음 제정되어, 정원은 1명, 품계는 종3품. 1298년(충렬왕 24)에 폐지되었다가, 1352년(공민왕 1) 명칭이 직도첨의直都僉議로 부활되었으며, 1356년에 직문하로 개칭됨 1362년 다시 직도첨의로 되었다가 뒤에 다시 직문하로 개칭됨. 낭사郎舍에 속하는 관직으로서 간쟁諫爭과 봉박封駁을 담당함. ② 조선 초기 문하부門下府의 종3품 관직.

직문한直文翰 고려시대 문한서文翰署의 관직.

직부법直赴法 조선시대 과거제에서 생원·진사시와 문과의 경우 초시初試나 복시覆試를 면제하고 곧바로 복시 혹은 회시會試나 전시殿試에 응시할 수 있게 한 특전. 사제지규賜第之規라고도 함.

직사관直史館 고려시대 사관史館의 하급관직. 정원은 4명. 사초史草의 기록, 보관이나 사관의 직숙直宿 등을 담당함.

직사백直司伯 고려 1308년(충렬왕 34)에 제정된 예문춘추관의 정4품 관직. 정원은 2명. 1311년(충선왕 2) 직제학直提學으로 바뀜.

직성直省 고려시대 문하부·상서성尙書省에 소속된 이속직吏屬職.

직원直院 고려시대 한림원의 8품 관직.

직장直長 ① 고려시대 각 시寺·감監·서署·국局·고庫에 설치되었던 하급 관직. 품계와 정원은 설치시기 및 소속 관부에 따라 차이가 있으나, 대개 정7품이나 종7품으로서 1, 2명씩 둠. ② 조선시대 중앙의 각 관아에 두었던 종7품 관직. 1, 3명씩둠. 주로 궁궐 내의 재정·물품 담당관아에 많이 두어졌는데, 전곡·비품 등의 출납실무를 담당함.

직전법職田法 조선시대 현직관리들에게만 토지를 지급하기 위하여 제정된 토지제도. 1466년(세조 16) 과전법科田法을 개정한 것으로, 개국 후 공신전功臣田이 양적으로 늘고, 또한 과전科田의 세습화와 관원의 수가 많아져서 경기京畿의 과전이 부족하게 되자 이를 타개하기 위하여 과전을 현직자에 한하여 지급하도록 한 토지제도.

직제학直提學 ① 고려시대 보문각의 정4품 관직. 1356년(공민왕 5)에 직학사直學士로 바뀜. ② 고려시대 우문관右文館·진현관進賢館의 정4품 관직. ③ 조선시대 규장각의 종2품으로부터 정3품 당상관 직. ④ 조선시대 홍문관·예문관의 종3품 관직. 예문관의 직제학은 도승지가 겸임함.

직학直學 고려시대 국자감의 종9품 관직. 정원은 2명.

직학사直學士 ① 고려시대 보문각의 관직. 처음에는 종4품이었다가, 1356년(공민왕 5) 정4품으로 됨. ② 고려시대 청연각·홍문관·수문관修文館·집현전의 정4품 관직. ③ 고려시대 중추원·추밀원의 정3품 관직. ④ 조선 말기 규장각과 규장원奎章院의 주임관奏任官.

진津 고려·조선 시대 주요 강변의 요충지에 설치하였던 나루터. 일명 관진關津이라고도 함.

진鎭 신라 말과 고려·조선 시대 둔전병田兵의 군인이 주둔하던 군사행정구역.

진각성珍閣省 ① 신라시대의 관청. 궁중에서 저장하고 있던 진물珍物을 관리한 것으로 추정됨. 759년(경덕왕 18)에 예궁전穢宮典이 개칭된 것임. 776년(혜공왕 12) 다시 예궁전으로 됨. ② 고려 초기 평양 대도호부에 둔 관청. 922년(태조 5)에 설치되었으며, 재화의 보관및 관리를 담당함.

진강위鎭江衛 조선시대 평안도 의주목에 설치된 서반西班 토관직土官職 군관軍官의 둔소屯所.

진골眞骨 신라시대 신분계급의 하나. 혈연적 문벌관계를 나타내는 골품제도에서 두 번째 등급에 해당되는 높은 계층. 성골聖骨의 다음으로, 왕이나 왕족·고관 또는 다른 나라에서 귀화해온 왕족에게 주던 칭호. 성골의 소멸 이후 태종무열왕대부터는 왕이 된 계급임. 진골신분은 제5관등 대아찬大阿飡 이상의 최고관등으로 오를 수 있었으며, 6두품에 비하여 사용하는 기물이나 복색에 대한 제한도 적은 편이었음.

진국대장군鎭國大將軍 고려시대 무산계武散階의 하나. 29계 중 제3계로 종2품의 관계명官階名.

진단震檀 우리나라의 별칭. 진단震壇이라고도 표기됨. 진震은《주역》설괘설卦에 나오는데, 동방東方이라는 뜻이며, 진방震方은 동방을 뜻함. 진단震檀은 동방 단군檀君의 나라라는 뜻임.

진대법賑貸法 춘궁기에 국가에서 곡식을 대여하였다가 수확기에 갚게 하는 제도. 진賑은 흉년에 기아민에게 곡식을 나누어주고, 대貸는 봄에 미곡을 대여하였다가 가을에 추수가 끝난 뒤 회수한다는 뜻임.

진덕박사進德博士 고려 1308년(충렬왕 34)에 제정된 성균관의 종8품 관직. 정원은 2명. 뒤에 정8품으로 올림. 1356년(공민왕 5)에 폐지됨.

진무振武 백제시대의 관등. 16관등 중 열다섯 번째 등급. 정원은 정해져 있지 않고, 대帶는 백대白帶.

진무鎭撫 ① 고려시대 순군만호부의 관직. ② 고려 1369년(공민왕 18)에 제정된 각 도의 도총도통사都摠都統使에 소속된 종2품 또는 정3품의 무관직. ③ 조선 초기 여러 군영에 두었던 군사실무 담당 관원. 정3품 당하관으로부터 종6품 참상관參詳官에 이르는 중견 무관들 중에서 임명됨. 태조 때의 의흥친군위義興親軍衛와 태종 때의 삼군진무소三軍鎭撫所·오위진무소·의금부 등에 설치됨.

진무공신振武功臣 조선 1624년(인조 2) 이괄李适의 난을 평정하는 데 공을 세운 장만張晩·정충신鄭忠信·남이흥南以興 등에게 내린 훈호動號.

진무부위振武副尉 고려시대 무산계武散階의 하나. 전체 29등급 가운데 종6품 하계下階의 관계명官階名.

진무사鎭撫使 조선 후기에 설치된 강화도 진무영鎭撫營의 종2품 무관직. 정원은 1명이며, 강화부유수江華府留守가 당연직으로 겸임함.

진무영鎭撫營 조선 후기 군영의 하나. 강화도에 본영을 두고 바다를 지키는 일을 맡아봄. 1700년(숙종 26)에 설치됨.

진번군眞番郡 한사군漢四郡의 하나. 서기전 108년 중국 한漢나라 무제武帝가 위만조선을 멸망시키고 설치한 군현의 하나. 서기전 82년에 낙랑군樂浪郡에 합쳐짐.

진변만호부鎭邊萬戶府 고려 후기 원나라의 영향을 받아 설치된 군사 기구. 남해 연안지역에서 왜구의 침략을 방어할 목적으로 설치되었으며, 경상도지역의 김주등처진변만호부金州等處鎭邊萬戶府와 전라도지역의 전라도진변만호부 등 두곳에 두어짐.

진변위鎭邊衛 조선시대 영변대도호부에 두었던 서반西班 토관직土官職 군관軍官의 둔소屯所.

진봉위鎭封衛 조선시대 경성도호부에 둔 서반西班 토관직土官職 군관軍官의 둔소屯所.

진부전津夫田 조선시대 전국의 크고 작은 나루[진津]에 배속되어 국역을 부담하던 진부津夫에게 지급된 토지.

진북위鎭北衛 조선시대 영안도永安道(:함경도) 영흥부永興府(:함흥)에 설치된 서반西班 토관직土官職 군관軍官의 둔소屯所.

진사進士 ① 고려시대 과거의 하나인 동당감시東堂監試의 제술製述에서 합격한 자에게 주던 칭호. ② 조선시대 소과小科의 하나인 진사시進士試에 합격한 자에게 주던 칭호. 지방고을에서 초시初試에 합격한 자를 다음해 봄에 서울에 불러다가 복시覆試에 응시시키는데, 제술에서 합격한 자 100명을 선발하고 진사칭호와 함께 백패白牌라는 증서를 줌. 생원과 더불어 성균관에 들어갈 자격이 부여되어 문과文科에 응시할 자격이 생김.

진사시進士試 ① 고려시대 국자감國子監에서 실시하는 과거. ② 조선시대 문과文科 소과小科의 하나. 3년에 한 번씩 실시하는 소과의 제술시험. 초시初試와 복시覆試가 있음.

진서위鎭西衛 조선시대 평양부에 둔 서반西班 토관직土官職 군관軍官의 둔소屯所.

진선進善 조선시대 세자시강원世子侍講院의 정4품 관직. 세자의 교육을 담당하며, 재야юрゆ현在野儒賢 가운데서 선임됨.

진설陳設 고려시대 서경西京에 설치된 관청. 전기에 설치되었으며, 1178년(명종 7) 서경의 속관들을 직능별로 나누어 육조六曹에 병속시킬 때 보조寶曹에 속하게 됨.

진시陳試 초시初試에 합격한 자가 사정상 예조에 사유를 적은 진시장陳試狀을 제출하고 다음 기회에 회시會試를 보는 시험제도.

진영장鎭營將 조선 1627년(인조 5)에 각 도의 지방군대를 관할하기 위하여 설치된 진영鎭營의 장관將官. 영장營將·진장鎭將이라고도 함. 정3품 당상직으로 팔도에 46명과 강화부江華府의 진무영鎭撫營에 5명이 있음. 각 도의 감영監營·병영兵營에 소속되어 지방 군대를 통솔함. 모두 겸직兼職으로서 중앙은 관판判官이나 중군中軍 및 경기 일원의 부사·목사가 겸임하였고, 각 도는 수령이 겸하였음.

진용교위進勇校尉 조선시대 무산계武散階의 하나. 서반西班 종6품 하계下階의 관계명官階名.

진위교위振威校尉 고려시대 무산계武散階의 하나. 전체 29계 중 제16계로, 종6품 상계上階의 관계명官階名.

진위대鎭衛隊 조선 1895년(고종 32)에 지방의 질서유지와 변경의 수비를 목적으로 설치한 최초의 근대적 지방군대.

진위부위振威副尉 고려시대 무산계武散階의 하나. 전체 29계 중 17계로, 종6품 하계下階의 관계명官階名.

진위사陳慰使 조선시대 중국 황실에 상고喪故가 있을 때나 큰 재난이 있을 때 임시로 파견하던 조문사신弔問使臣.

진위장군振威將軍 조선시대 무산계武散階의 하나. 서반西班 정4품 상계上階의 관계명官階名. 1392년(태조 1)에 제정된 위용장군威勇將軍이 1466년(세조 12)에 바뀐 것임.

진위전津位田 진津·도渡의 운영재정을 충당하기 위하여 지급된 토지.

진전眞殿 왕의 초상화인 어진御眞을 봉안, 향사하는 처소.

진전陳田 토지대장에는 등록되어 있으나 실제로는 경작하지 않는 토지. 진탈전陳頉田·영진전永陳田이라고도 함.

진제도감濟都監 고려 1348년(충목왕 4)에 설치되었던 일반인의 질병을 치료하기 위하여 설치되었던 임시 관청.

진주사陳奏使 조선시대 중국과의 사이에 외교적으로 알려야 할 일이 발생하였을 경우 임시로 파견하던 비정기적인 사신使臣.

진척津尺 고려·조선 시대 진津에 배속되어 진도선津渡船을 부리던 사람. 진강정津江丁이라고도 함.

진포위鎭浦衛 조선시대 강계도호부에 둔 서반西班 토관직土官職 군관軍官의 둔소屯所.

진하사進賀使 조선시대 중국 황실에 경사가 있을 때 임시로 파견하던 축하 사신使臣. 대개 황제의 등극, 존호尊號·존시尊諡, 황태자·황후 책봉 및 외적에 대한 토평討平 등을 축하하기 위하여 파견됨.

진향사進香使 조선시대 중국에 국상이 났을 때 제문祭文과 제폐祭幣를 가지고 가 조의를 표하던 사행.

진향원趁香院 조선 연산군 말년에 가흥청假興淸(:예비 기생)들을 둔 환락장의 하나. 1506년(연산군 12) 종실 견성군甄城君의 집을 징발하여 가흥청과 악사들을 거주시키고 환락의 장소로 사용함.

진헌반전색進獻盤纏色 고려 1383년(우왕 9)에 외국에 파견되는 사신의 비용을 마련하기 위하여 임시로 설치되었던 관청.

진현관進賢館 고려시대의 학문기관인 제관전諸館殿의 하나. 1308년 충선왕이 즉위하여 예문춘추관에 병합시켰다가 곧 복설되어 종2품의 대제학, 정3품의 제학, 정4품의 직제학을 두고, 1356년(공민왕 5) 집현전集賢殿으로 고쳐 대학사·직학사를 둠. 1362년 다시 진현관으로, 1369년 집현전으로, 1372년 진현관으로 바뀌고, 뒤에 다시 집현전으로 바뀜.

진현시進賢試 조선 1482년(성종 13)에 현직 문·무관료를 대상으로 실시한 임시시험.

진휼청賑恤廳 조선시대 흉황을 극복하기 위하여 설치된 기구. 주로 기민구휼 기민구휼飢民救恤을 담당하였던 관청. 1525년(중종 20)에 설치된 뒤 1894년(고종 31) 갑오개혁으로 폐지될 때까지 존속됨.

질정관質正官 조선시대 중국에 보내던 사신의 일원 특정 사안에 대하여 중국 정부에 질의하거나 특수문제를 해명, 학습하는 일을 담당함.

집사執事 ① 고려시대의 향리직. 983년(성종 2) 사史로 바뀜. ② 조선시대 국왕과 왕실을 중심으로 한 각종 의식에서 주관자를 도와 의식을 진행시킨 의식관.

집사부執事部 신라시대의 최고행정관부. 651년(진덕여왕 5)에 품주稟主를 개편하여 설치됨. 위로는 왕명을 받들고, 아래로는 행정을 분장하는 여러 관부를 관할하였음. 장관인 중시中侍. 829년(흥덕왕 4)에 집사성執事省으로 개칭되어 신라 멸망시까지 존속되었음.

집사성執事省 신라시대의 최고행정관부. 829년(흥덕왕 4) 집사부事部를 고친것 임. 중시中侍·전대등典大等·대사大舍·사지舍知·사史 등의 관직이 있음.

집순랑執順郎 조선시대 종친계宗親階의 하나. 종친 정6품 상계上階의 관계명官階名.

집의執義 ① 고려시대 사헌부의 정3품 관직. 정원은 1명, 1308년(충렬왕 34)에 어사대御史臺의 중승中丞을 고친 것임. 대관으로서 정의 논집論執, 풍속의 교정, 규찰, 탄핵의 임무를 맡음. ② 조선시대 사헌부의 종3품 관직. 정원은 1명. 1401년(태종 1) 국초의 중승中丞이 개칭된 것임. 백관의 탄핵감찰권과 일반점죄에 대한 검찰권이나 서경권署經權을 행사함.

집주執奏 고려시대 승지방承旨房의 관직. 1196년(명종 26)에 설치됨.

집현전集賢殿 ① 고려시대 학문기관인 제관전諸館殿의 하나. 1136년

(인종 14)에 연영전延英殿을 개칭한 것임. 유교에 밝고 문장에 숙력된 자들을 뽑아서 유교를 연구하며 학문을 연구할 목적으로 설치됨. 대학사大學士 · 학사學士 등의 관직이 있음. 충렬왕 때 폐지되었다가, 1356년에 다시 폐지되었다가 1369년에 다시 설치되었으며, 1372년에 폐지됨. ② 조선 전기 궁중에 설치된 학문연구기관. 정종 때 설치되었으며, 얼마 뒤 보문각寶文閣으로 개칭되고, 이마저 유명무실해짐. 1420년(세종 2)에 다시 궁궐 내에 설치되었다가, 1456년(세조 2)에 폐지됨. 직제는 영전사領殿事(정1품) · 대제학大提學(정2품) · 제학提學(종2품) 각 2명, 부제학副提學(정3품) · 직제학直提學(종3품) · 직전直殿(정4품) · 응교應教(정4품) · 교리校理(정5품) · 부교리副校理(종5품) · 수찬修撰(정6품) · 부수찬副修撰(종6품) · 박사博士(정7품) · 저작著作(정8품) · 정자正字(정9품)이 있음. 이 중 제학 이상은 겸관으로서 명예직이고, 부제학 이하가 전임관이었음.

징사랑徵事郎 고려시대 문산계文散階의 하나. 1076년(문종 30)에 제정된 정8품 하계下階의 관계명官階名. 1356년(공민왕 5) 이후에는 승사랑承事郎과 번갈아가면서 고려 말기까지 존속됨.

징원당澄源堂 고려 1391년(공양왕 3)에 왕세자의 교육을 위해 설치된 관청.

차

차년법差年法 고려·조선 시대 관리의 체직과 승진 등에 요구되는 근무기간 파악방법의 하나로 연을 단위로 하는 방법.

차대大對 조선시대 매달 여섯 번에 걸쳐 의정·대간·옥당玉堂 등 중요 관청의 당상관들이 왕의 앞에 모여 주요 정무에 대하여 논의하는 일. 빈대賓對라고도 함.

차대사次大舍 신라시대의 관직. 752년(경덕왕 11)에 설치된 동궁아東宮衙에 배속되어, 상대사上大舍를 보좌함. 정원은 1명.

차모茶母 조선시대 궁중의 다방 소속이 아닌 일반 관사官司에서 차와 술 등을 대접하는 등 잡일을 맡아하던 관비官婢.

차비差備 특별한 사무를 맡기기 위하여 임시로 임명하는 일. 그 신분에 따라 차비관差備官·차비군差備軍·차비노差備奴 등이 있음.

차비군差備軍 조선시대 특정 임무를 분장하기 위하여 임시로 선발한 군졸.

차비노差備奴 조선시대 경중京中의 각 사司 또는 궁궐에서 잡역에 종사하던 종.

차사使 ① 조선시대 왕이 특별한 임무를 주어 임시로 파견하는 관직. ② 조선시대 지방 고을의 원의 명령을 받아 죄인을 잡으려고 파견되는 구실아치.

차열음궁전且熱音宮典 신라시대의 관청. 차열음궁을 관리하던 곳으로 추정됨. 소속관원으로 대사大舍 2명, 사史 4명, 궁옹宮翁 1명이 있음.

차자箚子 관리가 국왕에게 올리는 간단한 서식의 상소문.

차지방箚子房 고려시대 상서尙瑞司의 이칭.

차웅雄次大雄 신라 초기의 왕호. 자충慈充이라고도 함.

착고着庫 조선시대 형구刑具의 하나. 죄인의 발목에 채우는 형구로 차꼬·족가足枷·질곡桎梏이라고도 함.

착금감著衿監 신라시대의 무관직. 구서당九誓幢인 벽금당碧衿幢에 18명, 녹금당綠衿幢에 18명, 백금당白衿幢에 18명, 황금당黃衿幢에 18명, 흑금당黑衿幢에 18명, 자금당紫衿幢에 18명, 적금당赤衿幢에 18명, 청금당青衿幢에 18명을 비롯하여, 계금당罽衿幢에 6명, 그리고 오주서五州誓인 청주서菁州誓에 6명, 한산주서漢山州誓에 6명, 완산주서完山州誓에 6명, 하서주서河西州誓에 3명, 우수주서牛首州誓에 3명, 사천당四千幢에 3명이 배속되어, 정원은 모두 175명. 착금기당주著衿騎幢主를 보좌하며, 관등은 나마奈麻에서 당幢(:길사吉士의 별칭)까지임.

착금기당주著衿騎幢主 신라시대의 무관직. 구서당九誓幢인 벽금당碧衿幢에 18명, 녹금당綠衿幢에 18명, 백금당白衿幢에 18명, 황금당黃衿幢에 18명, 흑금당黑衿幢에 18명, 자금당紫衿幢에 18명, 적금당(赤衿幢)에 18명, 청금당青衿幢에 18명을 비롯하여 계금당罽衿幢에 6명, 그리고 오주서五州誓인 청주서菁州誓에 6명, 한산주서漢山州誓에 6명, 완산주서完山州誓에 6명, 하서주서河西州誓에 4명, 우수주서牛首州誓에 3명, 사천당四千幢에 3명이 배속되어, 정원은 모두 178명. 관등은 사찬沙湌으로부터 사지舍知까지임.

착응별감捉鷹別監 고려 후기 응방鷹坊에서 매를 잡기 위하여 각 지방에 파견한 별감.

찬간撰干 선간選干의 이칭.

찬덕贊德 고려 1277년(충렬왕 3)에 제정된 첨사부詹事府의 관직. 좌찬덕·우찬덕이 있음.

찬독贊讀 조선시대 세손강서원世孫講書院의 종6품 관직. 좌찬독·우찬독이 있는데, 우찬독은 타관이 겸임함. 왕세손의 교육을 담당함.

찬선贊善 조선시대 세자시강원世子侍講院의 정3품 관직. 시강원의 실질적인 책임자로, 재야유현在野儒賢들이 많이 등용됨.

찬선대부贊善大夫 고려 1068년(문종 22)에 제정된 동궁東宮의 정5품 관직. 좌찬선대부·우찬선대부가 있음.

찬성贊成 조선시대 의정부의 종1품 관직. 좌찬성·우찬성이 있음. 의정부의 차관직. 이상貳相·이재二宰라고도 함.

찬성사贊成事 고려시대 중서문하성의 정2품 관직. 본래의 내사시랑평장사內史侍郎平章事·문하시랑평장사門下侍郎平章事가 1275년(충렬왕 1)에 첨의시랑찬성사僉議侍郎贊成事로 고쳐졌다가, 1298년에 없앴고, 그해에 다시 복설되어 찬성사라 하였음. 1308년에 중호中護로 개칭되었으며, 1356년(공민왕 5)에 평장사로, 1360년에 평장정사平章政事로 고쳐졌다가, 1362년에 다시 첨의찬성사僉議贊成事라 하였고, 1369년에 문하찬성사門下贊成事로 바뀜.

찬염전攛染典 신라시대의 관청. 내성內省에 소속되어 직물織物 염색을 담당하였을 것으로 추정됨. 소속 관원으로 모母 6명을 둠.

찬위위攢位尉 조선 말기의 관직. 1902년 설치된 궁내부宮內府 산하의 시강侍講을 보좌하며 고종護의 사무를 맡은 친왕부親王府 소속의 관직으로, 주임관奏任官. 1910년에 폐지됨.

찬의贊儀 조선시대 통례원通禮院의 정5품 관직. 정원은 1명.

찬의贊議 조선 말기의 관직. 1902년 설치된 국내 고금의 서적·신문·잡지 등을 보관하기 위하여 설치된 기관인 박문원博文院소속의 관직으로, 칙임대우 2명으로 구성됨.

찬정贊政 대한제국 때 의정부의 관직. 1896년(고종 33)에 설치되어 1905년에 폐지됨.

찬집청撰集廳 조선시대 문헌자료의 찬집을 위하여 설치된 임시관청. 상설기관이 아니고 중요한 문헌을 찬집할 때만 설치되고 끝나면 폐지됨.

찰리변위도감拶理辨違都監 고려 1318년(충숙왕 5)에 불법으로 점유된 토지와 노비를 본주인에게 환원시키기 위하여 설치된 임시관청. 찰리변위도감拶理辨違都監이라고도 함. 권세가들의 반발로 곧 폐지되었다가, 1321년(충숙왕 8)에 다시 설치되었으나 곧 폐지됨.

찰리사察理使 조선시대 군무軍務로 지방에 출사하는 3품직의 재신宰臣에게 붙이는 칭호.

찰방察訪 조선시대 각 도의 역참驛站을 관리하던 종6품 외직.

찰방사察訪使 고려시대 압록강을 따라 순찰하면서 함부로 국경을 넘나드는 사람을 단속하는 일을 맡은 관직. 초기에 제정하고, 인종 때 폐지되었다가, 명종 때 다시 둠.

참站 고려·조선 시대 역로驛路에 마련되어 공문公文을 중계하여 전하고 공용 여행자에게 교통 편의를 제공하던 시설. 참에는 일정한 수의 군인과 역마를 준비해놓았음.

참교參校 ① 조선시대 승문원承文院의 종3품 관직. 정원은 2명. 문서교감文書校勘의 일을 담당함. ② 조선 말기의 하위 무관직. 1894년(고종 31)의 갑오개혁 이후 개편된 군제의 최하급 지휘관.

참군參軍 ① 조선시대 한성부·훈련원訓鍊院의 정7품 관직. ② 조선시대 서울 주변의 산과 성을 지키는 일을 맡은 종9품의 무관직. 사산참군四山參軍·사산감역관四山監役官 이라고도 함.

참령參領 조선 말기의 무관직. 관등은 주임관奏任官 3등. 제2차 갑오개혁 때 개편된 신식군제에 의하여 신설된 직제. 육군장관陸軍將官 12계급 중 제6위에 해당됨. 1907년 군대해산령에 의하여 폐지됨.

참리參理 고려 후기 첨의부僉議府의 종2품 관직. 정원은 2명. 전기의 중서문하성의 참지정사參知政事가 1275년(충렬왕 1)에 개칭된 것임. 1298년에 혁파되었다가, 곧 복치되었으며, 1308년에 평리評理로 개칭되었다가, 1330년(충숙왕 17)에 다시 참리로 복원됨. 1356년(공민왕 5) 참지정사로, 1362년에 평리로, 1369년에 참지문하부사參知門下府事로, 1372년에 문하평리門下評理로 개칭됨.

참리관參里官 조선 말기 궁내부宮內府소속의 문관직. 외국어의 통역·번역 사무를 맡음.

참모관參謀官 조선 1881년(고종 18)에 설치된 통리기무아문統理機務衙門의 관직. 국왕을 보좌하며 외교사무에 종사함.

참모부參謀部 1904년에 설치된 군령軍令·군정기관軍政機關·국방·용병에 관한 사무를 관장함.

참문학사參文學事 고려시대 문하부의 종2품 관직. 정원 1명. 1275년(충렬왕 1)에 정당문학政堂文學을 고친 것임. 1290년(충렬왕 16)에 다시 정당문학으로 바뀜.

참봉參奉 조선시대 종친부宗親府·돈령부敦寧府·봉상시奉常寺·사옹원司饔院·내의원內醫院·군기시軍器寺·군자감軍資監·관상감觀象監·전의감典醫監·사역원司譯院·선공감繕工監·사재감司宰監·전연사典涓司·소격서昭格署·사직서社稷署·제용감濟用監·전생서典牲署·오부五部·예빈시禮賓寺·혜민서惠民署·전옥서典獄署·활인서活人署와 각 전殿·능陵·원園의 종9품 관직.

참사參事 조선시대 토관직土官職 동반東班 정9품 관직.

참상參上 조선시대 6품 이상의 관원으로서 조회朝會에 참석할 수 있는 자를 지칭함.

참상관參上官 조선시대 문·무산계文武散階에서 종6품 선무랑宣務郎·병절교위秉節校尉 이상 관원의 통칭. 이 품계의 관원들이 조회朝會에 참가할 자격이 부여되어 있다는 의미에서 참상관이라 함.

참서관參書官 조선 말기 궁내부宮內府·중추원中樞院·표훈원表勳院 및 각부에 소속된 주임관奏任官. 1895년(고종 32)에 설치됨. 종래의 정5품인 정랑 및 좌랑에 해당되는 직급으로, 주로 과거와 고등문관시험 합격자로 충원됨. 총리대신의 명에 따라 조칙과 법률의 공포 및 그 조사를 업무로 함.

참시관參試官 조선시대 과거 시관試官의 하나. 과거를 주관하기 위하여 임시로 임명된 관직.

참알參謁 조선시대 새로 벼슬을 받은 중하급관원들이 상급관청을 방문하여 인사하는 의식. 당참塘參이라고도 함.

참외參外 조선시대 정7품인 무공랑務功郎으로부터 종9품인 장사랑將仕郎까지의 품계에 있는 관원의 통칭. 조회朝會에 참여하지 못하는 관직을 일컬음. 참하參下라고도 함.

참의參議 ① 조선 시대 육조六曹의 정3품 관직. 정원은 이·호·예·병·형·공조에 각 1명씩 총 6명. 각 조의 차차석 관원으로 참판과 함께 판서를 보좌하는 좌이관佐貳官임. 지금의 차관보에 해당함. ② 조선 말기 통리아문統理衙門·통리내무아문統理內務衙門겸 통리군국사무아문統理軍國事務衙門에 소속된 관직.

참정대신參政大臣 대한제국 때의 의정부의 관직. 의정대신 다음 서열임. 1896년 9월 신설 당시의 명칭은 참정參政이었고, 1905년 참정대신으로 바뀜.

참지參知 조선시대 병조의 정3품 관직. 정원은 1명.

참지문하부사參知門下府事 고려시대 문하부의 종2품 관직. 1369년(공민왕 18)에 첨의평리僉議評理를 고친 것임. 뒤에 문하평리門下評理로 고쳐짐. 준말 참지부사參知府事.

참지정사參知政事 고려시대 중서문하성의 종2품 관직. 목종 때 처음 두었으며, 문종 때 인원을 1명으로 하고 품계를 종2품으로 함. 1275년(충렬왕 1)에 첨의평리僉議評理로 고치고, 1308년에 평리評理로 고치었으며 인원도 3명으로 늘림. 1330년에 참리參理로, 1356년(공민왕 5) 참지정사로, 1362년 첨의평리로, 1369년 참지문하부사로, 1372년 문하평리로 바뀜.

참찬參贊 조선시대 의정부의 정2품 관직. 좌참찬·우참찬이 있음.

참찬관參贊官 조선시대 경연經筵의 정3품 관직. 모두 7명으로, 여섯 승지와 부제학이 겸임함.

참찬부사參贊府事 조선 초기 문하부의 정2품 관직.

참최斬衰 상례喪禮의 오복제도五服制度 가운데 하나. 상복 가운데 가장 중하게 여겨 3년을 입음. 이 상복을 입는 친족을 참최친斬衰親이라고 함.

참판參判 조선시대 육조六曹의 종2품 관직. 각 조에 1명씩 있음. 육조의 차관직으로, 아경亞卿이라고도 함.

참하參下 조선시대 7품 이하의 관원에게 붙이는 호칭. 조회朝會에 참석할 수 없다는 의미에서 붙여진 칭호. 참외參外라고도 함.

참하관參下官 조선시대 문·무산계文武散階에서 정7품 무공랑務功郎·적순부위迪順副尉 이하의 문·무잡관文武雜官의 통칭. 조회朝會에는 참여하지 않는다는 의미에서 참회관參會官이라고도 함.

참핵사參覈使 조선시대 중국에 보내는 특별사행使行의 하나. 중국어서 일어난 조선인들의 범죄를 중국 관원과 함께 조사하기 위한 임무를 맡음. 정3품 당상관 이상의 관원 중에서 선발되어 파견됨.

창부倉部 ① 신라시대의 재정에 관한 일을 관장하는 중앙 관청. 651년(진덕여왕 5)에 집사부執事部가 설치될 때 따로 설치된 관청. 호구·조세·공납 등에 대한 일을 맡아봄. ② 발해시대의 관부. 六部의 하나인 인부仁部 소속의 하위관서. 토지·호구·돈·곡식·조세 등을 관장함. ③ 고려시대 향리鄕吏의 직소職所. 983년(성종 2) 사창司倉으로 바뀜.

창사倉史 고려시대 사창司倉 소속의 향리. 수취한 각종 물품을 창고에 보관, 출입시키는 것이 주임무임.

창선대부彰善大夫 조선시대 문산계文散階의 하나. 종친 정3품 당하관의 관계명官階名.

창신교위彰信校尉 조선시대 무산계武散階의 하나. 무관 종5품 하계下階의 관계명官階名.

창의사倡義使 조선시대 외적이 쳐들어왔을 때 의병을 일으켜 싸우는 사람들에게 임시로 주던 관직.

창정倉正 고려시대 사창司倉에 소속된 향리직. 국초의 창부경倉部卿이 983년(성종 2)에 바뀐 것임.

창졸唱卒 조선시대 교서관校書館에 소속된 잡직雜職 관직. 글자를 읽어주는 일을 맡음.

창준唱準 조선시대 교서관校書館의 잡직雜職 관직. 글자를 소리내어 읽으면서 교정하는 일을 맡음.

창화군昌化軍 고려시대 절도사에 소속된 12군軍의 하나. 995년(성종 14) 10도道의 설치와 동시에 12목牧을 12주州 절도사로 개편하여 여기에 절도사를 장관으로 하는 12군을 설치하였는데, 이 때 중원도中原道에 속하는 충주절도사에 설치된 군대. 1012년(현종 3) 절도사가 혁파되고 5도호·75안무사按撫使가 설치될 때 충주절도사는 안무사로 개편되었으며, 12군에 배치되었던 군대는 지방군조직에서 수됨.

채방사採訪使 조선시대 금·은 광산 등 특산물 산지에 대한 탐사 임무를 띠고 중앙에서 파견된 임시관직. 공조工曹의 추천을 받아 왕으로 파견된 정부의 정식 관원임.

채약사採藥師 백제시대 의약업무를 담당하던 관직.

채전彩典 ① 신라시대의 관청. 채칠彩漆에 관한 사무를 맡던 관청으로 후대의 도화서圖畵署에 해당됨. 651년(진덕여왕 5) 처음 설치되었다가, 682년(신문왕 2) 확대 개편됨. 759년(경덕왕 18)에 전채서典彩署로 바뀌었다가, 776년(혜공왕 12) 채전으로 환원됨. ② 조선대 도화서圖畵署의 별칭.

채홍사採紅使 채홍준사採紅駿使의 약칭.

채홍준사採紅駿使 조선 연산군 때 미녀와 좋은 말을 구하기 위하여 지방에 파견된 관리. 일명 채홍사採紅使라고도 함.

책화責禍 고대 동예東穢의 풍속. 한 읍락이 다른 읍락의 경계를 침범하였을 때 침범자측은 생구生口와 우마牛馬로 이를 변상하는 법속.

처處 고려시대 지방의 통치단위의 하나. 각 궁가와 절·내장댁에 소속되어 조세와 부역글 제공하던 지역.

처간處干 고려시대 각 처處에 소속되어 궁가와 절·내장댁 등에 조세와 부역을 제공하는 주민. 신분적으로는 양인이나 사회적으로는 천대받는 사람들로서, 신량역천身良役賤의 농민들임. 곳한이라고도 함.

처려근지處閭近支 고구려시대의 지방관직. 일명 도사道使라고도 함. 대성大城·성城·소성小城의 3단계로 구분된 지방통치조직 중 성의 장관. 중앙귀족이 임명되어 현지에 파견되는데, 행정 이외에 성군대의 편성, 조직 동원에 관한 책임을 지는 군정적 책임자.

척간패擲奸牌 조선시대의 야간통행증. 궐내에서 입직하는 위장衛將·부장部將 등의 단속과 그밖의 범법자를 검거하기 위하여 병조와 도총부 관원에게 야간순찰시 항상 휴대하도록 한 목패.

척신戚臣 왕의 외척外戚 또는 왕비의 친척으로서 돈녕부敦寧府의 관원인 신하.

천개天開 고려 1135년(인종 13)에 묘청妙淸이 세운 연호.

천경天慶 발해부흥국가인 홍료국興遼國의 연호. 대조영大祚榮의 후예 대연림大延琳이 1029년에 동경東京에서 기병하여 왕위에 오르고, 국호를 홍료, 연호를 천경이라 함. 홍료국이 불과 1년 만에 망하여 천경의 사용도 중단됨.

천관天官 이조吏曹의 별칭.

천군天君 삼한의 소국小國 내에서 제사의식을 주관하던 제사장.

천릉도감遷陵都監 조선시대 왕실의 능침陵寢을 옮기는 일을 맡아보던 임시관청.

천무군天武軍 고려 태조 때 중앙군의 하나. 태조 친위군의 일부로, 나중에 국왕의 친위군인 응양鷹揚·용호龍虎의 이군二軍에 흡수됨.

천문박사天文博士 신라시대의 관직. 천문관계의 최고실무관리로서, 749년(경덕왕 8)에 설치됨. 그 뒤 사천박사司天博士로 개칭됨.

천문교수天文敎授 조선시대 관상감觀象監에서 천문학 생도의 교육을 담당한 종6품 관직. 정원은 1명. 1466년(세조 12)에 설치됨.

천문훈도天文訓導 조선시대 관상감觀象監에서 천문학 생도의 교육을 담당한 정9품 관직. 정원은 1명. 1466년(세조 12)에 설치됨.

천수天授 고려 태조 때의 연호. 918년(태조 1)~933년까지 사용됨.

천신薦新 새로 농사지은 과일이나 곡식을 먼저 사직社稷이나 조상에게 감사하는 뜻으로 드리는 의식.

천역賤役 천인賤人의 신역身役. 신분제도상 천인에 해당되는 노비의 신역으로 양인良人의 양역良役에 대비되는 개념.

우위牛衛 고려시대 중앙군인 경군京軍 중 육위六衛의 하나. 임무는 의위儀衛에서 왕을 시종하는 의장대.

천인賤人 양천제良賤制에서 양인良人에 속하지 않는 천한 신분. 즉 백정白丁·재인才人·노비 등을 말함.

천장각天章閣 고려시대 송제宋帝가 내린 친제조서親製詔書와 어필御筆·서화書畫 등을 보관하던 장서각藏書閣. 1117년(예종 12)에 설치됨.

총천摠千 조선 후기 각 군영에 소속된 정3품 무관직. 임진왜란 후 훈련도감訓鍊都監·금위영禁衛營·어영청御營廳·총융청摠戎廳·진무영鎭撫營 등 5군영이 생기면서 설치됨. 각 군영 대장의 중군中軍 밑에 속하여 있던 고급지휘관으로, 1영營 밑의 군사조직인 부部를 지휘, 통할함. 임기 1년.

추사秋使 조선 시대 중국 황태자의 생일을 축하하기 위하여 보내던 사신使臣. 정례사행.

천호千戶 ① 고려 후기 몽고의 영향을 받아 설치된 관직. 그 명칭은 만호萬戶·백호百戶와 더불어 관령管領하는 민호民戶의 수에 따라 붙여진 것임. 순군만호부巡軍萬戶府의 정원 1명의 관직으로 두어졌

고, 공민왕 말엽에 수군의 만호萬戶와 영선두목인領船頭目人 사이에 위치하여 각 도에 배치된 수군을 지휘하였음. 1378년(우왕 4) 전국에 익군翼軍이 조직될 때 각 익군을 통솔하는 지휘관으로서 전극에 배치됨. ② 조선시대의 무관직. 1398년(태조 7) 4품 이상의 서반직西班職으로 되었다가, 1413년(태종 13) 5품직으로 낮추어짐. 수군에서 조운선 호송의 실무를 담당함.

철령위鐵嶺衛 고려 말기 명나라가 안변安邊, 즉 철령 이북의 땅에 설치하고자 하였던 직할지.

철리부鐵利府 발해의 지방행정구역. 15부府 중의 하나. 철리의 옛땅에 설치되었으며, 예하에 광주廣州·분주汾州·포주蒲州·해주海州·의주義州·귀주歸州가 속해 있음.

철유전鐵鍮典 신라시대의 관서. 경덕왕 때 일시 축야방築冶房으로 고쳐졌다가 뒤에 다시 환원됨. 내성內省 소속으로 철기鐵器·유기鍮器 등의 생산을 담당함.

철주鐵州 발해의 지방행정구역. 62주州 중의 하나. 중경현덕부中京顯德府에 속하며, 철주라는 명칭은 수현首縣인 위성현位城縣이 철의 산지로 유명하기 때문에 붙여진 것임.

첨사詹事 ① 고려시대 동궁東宮의 서무를 관장하는 첨사부詹事府의 관직. 1068년(문종 22) 처음 설치되어, 정3품의 정원 1명으로 함. 1131년(인종 9) 정원이 2명으로 늘어나, 각각 좌첨사와 우첨사로 됨. 1276년(충렬왕 2)에 폐지됨. ② 한말 궁내부宮內府 왕태자궁王太子宮의 사무를 총괄하는 관리. 1895년(고종 32) 신설되었으며, 정원은 1명, 직급은 칙임관勅任官 3등 내지 4등. 같은해 궁내부宮內府 개편 시 직급은 주임관奏任官 6등으로 하향 조정되었으며, 1897년 왕태자궁이 왕태자궁시강원으로 개편되자, 이에 소속되고 직급도 칙임관 3등 내지 4등으로 됨.

첨사僉事 고려시대 내시부內侍府의 종3품 관직.

첨사僉使 조선시대 병마兵馬 또는 수군水軍 첨절제사僉節制使의 약칭. 서반西班 종3품 무관직으로, 각 지방 거진巨鎭의 진장鎭將임.

첨사부詹事府 고려시대 동궁東宮의 사무를 맡은 관청. 1131년(인종 9)에 설치되고, 1276년(충렬왕 2)에 세자첨사부世子詹事府라 하였다가, 1308년에 세자부로 바뀜. 좌첨사左詹事·우첨사右詹事·사직司直·주부注簿·녹사錄事·춘방통사인春坊通事舍人 등의 관직이 있음.

첨서밀직사사簽書密直司事 고려시대 밀직사의 종2품 또는 정3품 관직. 1275년(충렬왕 1) 추밀원이 밀직사로 바뀌면서 첨서추밀원사簽書密院事가 개칭된 것임. 1356년(공민왕 5) 다시 첨서추밀원사로 환원되었다가, 1362년 다시 첨서밀직사사로 바뀜.

첨서사사簽書司事 첨서밀직사사簽書密直司事의 약칭.

첨서원사簽書院事 ① 첨서중추원사簽書中樞院事의 약칭. ② 첨서추밀사簽書樞密院事의 약칭.

첨서중추원사簽書中樞院事 고려시대 중추원의 정3품 관직. 줄여서 첨서원사簽書院事라고도 함. 정원은 1명. 중추원 추신樞臣으로서 재추宰樞의 반열에 들음. 문종 때 처음 설치되었으며, 1095년(헌종 1) 중추원이 추밀원으로 바뀌면서 첨서추밀원사가 됨. 1275년(충렬왕 1) 추밀원이 밀직사로 바뀌면서 첨서사사簽書司事(첨서밀직사사簽書密直司事)로 바뀌고, 1356년(공민왕 5) 다시 첨서추밀원사로 환원되었다가, 1362년 다시 첨서밀직사사로 바뀜.

첨서추밀원사簽書密院事 고려시대 추밀원의 정3품 관직. 1095년(헌종 1)에 첨서중추원사簽書中樞院事가 바뀐 것임. 1275년(충렬왕 1) 첨서밀직사사簽書密直司事로, 1356년(공민왕 5) 다시 첨서추밀원사로, 1362년 다시 첨서밀직사사로 고쳐짐.

첨설직添設職 고려 말기 군공軍功을 포상하기 위하여 설치된 산직散職(:품계만 있고 현재의 직무가 없거나 직함만 있고 실무가 없는 관

직). 1354년(공민왕 3) 처음으로 설치됨. 처음에는 동반東班 3품 이하, 서반西班 5품 이하의 관직에 설치되었으나, 나중에는 그 수가 늘고 그 품계 이상에도 설치됨. 고려 말기 첨설직의 남용으로 신분질서의 동요와 국가재정의 파탄으로 개혁이 요구되었으며, 조선시대에 가서는 극히 제한됨.

첨위僉尉 조선시대 의빈부儀賓府의 종3품에서 정3품까지의 당하관직. 세자의 후실後室 딸에게 장가든 자에게 처음 제수하는 벼슬.

첨의부僉議府 고려 후기 최고중앙행정기관. 백관의 서무庶務를 관장함. 1275년(충렬왕 1)에 중서문하성과 상서성尚書省을 합쳐 만든 관청. 1298년에 도첨의사사都僉議使司로 바뀌었으며, 1356년(공민왕 5)에 다시 중서문하성과 상서성으로 복구됨.

첨의사인僉議舍人 고려시대 첨의부僉議府의 종4품 관직. 정원은 2명. 종래의 중서사인中書舍人을 고친 것임.

첨의시랑찬성사僉議侍郎贊成事 고려시대 첨의부僉議府의 정2품 관직. 1275년(충렬왕 1)에 문하시랑평장사門下侍郎平章事를 고친 것임. 충선왕 때 중호中護로 바뀌었으며, 뒤에 다시 찬성사贊成事로 개칭됨.

첨의우시중僉議右侍中 고려시대 도첨의부都僉議府의 종1품 관직. 충선왕 때 종래의 첨의우중찬僉議右中贊을 고친 것임. 충혜왕 때 첨의좌정승僉議左政丞으로 바꿈.

첨의우정승僉議右政丞 고려시대 도첨의부都僉議府의 종1품 관직. 충혜왕 때 종래의 첨의우시중僉議右侍中을 고친 것임. 공민왕 때 문하수시중門下守侍中으로 바꿈.

첨의우중찬僉議右中贊 고려시대 첨의부僉議府의 으뜸 관직. 종1품.

첨의좌시중僉議左侍中 고려시대 도첨의부都僉議府의 종1품 관직. 충선왕 때 종래의 첨의좌중찬僉議左中贊을 고친 것임. 충혜왕 때 첨의좌정승僉議左政丞으로 바꿈.

첨의좌정승僉議左政丞 고려시대 도첨의부都僉議府의 종1품 관직. 충혜왕 때 종래의 첨의좌시중僉議左侍中을 고친 것임. 공민왕 때 문하시중門下侍中으로 바꿈.

첨의좌중찬僉議左中贊 고려시대 첨의부僉議府의 으뜸 관직. 종1품.

첨의주서僉議注書 고려시대 도첨의부都僉議府의 정7품 관직. 1298년(충렬왕 24)에 종래의 종7품 중서주서中書注書를 정7품으로 올려 고친 것임. 공민왕 때 문하주서門下注書로 개칭됨.

첨의중찬僉議中贊 고려시대 첨의부僉議府의 종1품 관직. 1275년(충렬왕 1) 첨의부를 설치하면서 종래의 문하시중門下侍中을 고친 것임. 좌·우에 각 1명씩 첨의좌중찬·첨의우중찬을 둠. 충선왕 때 도첨의시중都僉議侍中으로 바뀌었다가, 후에 다시 첨의중찬으로 바뀜.

첨의찬성사僉議贊成事 고려시대 첨의부僉議府의 정2품 관직. 1275년(충렬왕 1)에 문하시랑평장사門下侍郎平章事를 고친 것임. 충선왕 때 중호中護로 바뀌었다가, 뒤에 찬성사贊成事로 개칭됨.

첨의참리僉議參理 고려시대 첨의부僉議府의 종2품 관직. 1275년(충렬왕 1)에 참지정사參知政事를 고친 것임.

첨의평리僉議評理 고려시대 첨의부僉議府의 종2품 관직. 1362년(공민왕 11)에 참지정사參知政事를 고친 것임.

첨절제사僉節制使 조선시대 병마절도사·수군절도사의 관할하에 있는 거진巨鎭의 방비를 맡은 종3품의 무관직. 큰 고을인 경우에는 그곳의 원인 목사牧使나 부사府使가 겸임하며, 국방상 요해지인 경우에는 따로 파견됨. 약칭 첨사僉使.

첨정僉正 조선시대 돈녕부敦寧府·봉상시奉常寺·종부시宗簿寺·사용원司饔院·내의원內醫院·상의원尚衣院·사복시司僕寺·군기시軍器寺·사섬시司贍寺·군자감軍資監·장악원·관상감觀象監·전의감典醫監·사역원司譯院·선공감繕工司

첨지僉知 첨지중추부사僉知中樞府事의 약칭.

첨지사僉知事 첨지중추부사僉知中樞府事의 약칭.

첨지중추부사僉知中樞府事 조선시대 중추부의 정3품 관직. 정원은 [ ]명. 약칭 첨지僉知·첨지사僉知事. 중추부가 관장하는 일이 없었기 때문에 문·무관 가운데 소임이 없는 자를 이에 소속시켜 우대함.

첩帖 관부에서 발급하던 문서의 하나. 품이 높은 아문에서 7품 이하의 관원에게, 또는 관부의 장長이 관속에서 내리는 문서.

첩정牒呈 관부에서 사용하던 문서의 하나. 하급관아에서 상급관아에 올리는 문서.

청관清官 조선시대 홍문관의 벼슬아치들을 일컬음. 문명文名과 청망淸望이 있는 청백리淸白吏라는 의미에서 나온 것임.

청구青丘 우리나라의 별칭. 청青은 동방을 가리키는 색으로, 청구는 '동방의 나라'라는 뜻.

청금서당青衿誓幢 통일신라시대 왕경王京을 지키는 핵심 군단인 구서당九誓幢의 한 부대. 687년(신문왕 7) 백제의 유민으로써 편성됨. 금衿의 빛깔은 청백색.

청난공신清難功臣 조선 1596년(선조 29)에 이몽학李夢鶴의 반란을 진압하는 데 세운 홍가신洪可臣·박명현朴名賢 등 5명의 신하에게 내린 훈호勳號.

청남清南 조선 후기 숙종 때 효종비 조대비趙大妃의 복상服喪 문제를 둘러싸고 일어난 기해예론己亥禮論 때 서인西人에 대한 처벌에 과격하였던 남인南人 내의 강경파. 허목許穆을 수령으로 하고 윤휴尹鑴·홍우원洪宇遠·권대운權大運·이봉징李鳳徵·이옥李沃·정위吳挺緯 등이 그 중심인물임.

청두聽頭 고려시대 이속吏屬職의 하나. 각문閣門과 비서성秘書省에 소속되었으며, 정원은 각 20명.

청백리清白吏 청렴한 관원. 의정부·육조·경조京兆(한성부漢城府의 별칭)의 2품 이상의 당상관과 사헌부·사간원의 장관이 추천하여 의정부에서 선정한 벼슬아치.

청연각清讌閣 고려 예종 때 설치된 비각秘閣. 문신과 더불어 육경六經을 강론하고 문예와 예악으로써 유학을 진흥시키고자 설치된 일종의 궁중 도서관. 1116년(예종 11) 8월에 궁궐 내에 설치되어, 이해 11월에 그 기능을 보문각寶文閣으로 이관, 그 기능을 상실함. 관원으로는 학사學士(종3품) 1명, 직학사直學士(종4품) 1명, 직각直[ ](종6품) 1명, 교감校勘 4명이 있음.

청연궁전青淵宮典 신라시대의 관청. 내성內省 소속의 청연궁을 관리하던 곳으로, 경덕왕 때 일시 조추정造秋亭으로 고쳐졌다가, 뒤에 다시 환원됨. 소속 관원으로는 대사大舍 2명, 사史 2명, 궁옹宮翁 [ ]명을 둠.

청위青位 신라시대의 관직. 왕실의 사원을 관리하던 관청인 사천왕사성전四天王寺成典·봉성사성전奉聖寺成典·감은사성전感恩寺成典·봉덕사성전奉德寺成典·영묘사성전靈廟寺成典 등에 소속되어 있던 4등관. 경덕왕 때 일시 녹사錄事로 개칭된 적이 있음. 정원은 1명 내지 2명.

청재감清齋監 고려·조선 초기 종묘宗廟·원구圜丘·사직社稷·격전昭格殿·문소전文昭殿 등 내외 신소神所와 제물의 청결과 재계齋戒·재숙齋宿 등의 일을 맡았던 관청. 조선 초기에 봉상시奉常寺로 그 기능이 넘어가면서 혁파됨.

청직清職 학식과 문벌이 높은 사람에게 임명하는 벼슬. 규장각·문관·선전관청 등의 벼슬을 두루 일컬음. 청환淸宦이라고도 함.

청학清學 중국 청나라시대에 쓴 만주계통의 어학.

체문帖文 ① 수령이 중앙의 관서 또는 감영으로부터 명령·지시를 고, 관아의 관계 면·동·향교·서원에 명령, 지시하는 문서. ② 공방貢房·계방契房에서 그 공방 또는 계방에 소속된 공인貢人임을 인정하는 문서.

체아직遞兒職 조선시대 일정한 녹봉祿俸 급여의 자리를 두고 그 자리 수보다 많은 인원이 돌아가면서 일정한 기간의 급여의 기회를 서로 나누는 것을 체아遞兒라 하고, 그 직職을 체아직이라 함. 정하여진 녹봉이 없이 1년에 네 차례 근무평정에 따라 교체되며, 복무기간 동안의 녹봉을 받는 관직. 동반체아東班遞兒·서반체아西班遞兒·잡직체아雜職遞兒 등이 있음. 조선시대의 관직에는 실직實職과 산직散職이 있고, 실직에는 녹관祿官과 무록관無祿官이 있으며, 녹관은 다시 정직正職과 체아직으로 구분됨.

체찰사體察使 고려 말기·조선시대 전쟁이 났을 때 군사 관계의 임무를 받고 지방에 파견되는 임시관직. 의정이 파견되면 체찰사 또는 도체찰사都體察使라 하며, 1품 이하의 관리가 파견되면 도순찰사都巡察使라 하고, 종2품의 관리가 파견되면 순찰사巡察使라 하며, 3품의 관리가 파견되면 찰리사察里使라고 함.

초계抄啓 조선시대 새로 임명할 관직의 후보자를 선출하여 왕에게 보고하는 일.

초계문신抄啓文臣 조선 정조 이후 규장각奎章閣에 소속되어 재교육 과정을 밟던 연소문신年少文臣. 37세 이하의 참상·참하의 당하관인 젊은 문신 중 재능 있는 문신들을 의정부에서 초선하여 규장각에 위탁교육을 시키고 40세가 되면 졸업시킴.

초관哨官 조선시대 각 군영에 소속된 종9품의 무관직. 100명 단위의 군사편제의 하나인 초哨를 거느리는 우두머리.

초기草記 각 관아에서 국왕에게 올리는 문서. 정무상 중대하지 않은 사항을 그 내용만 간단히 적어 올리는 서식.

초료草料 조선시대 공무로 출장가는 관원에게 연도의 각 역참驛站에서 제공하는 마초馬草와 음식물.

초료장草料狀 조선시대 공무여행자에게 병조에서 종인從人·마필馬匹·숙식宿食 등을 제공받을 수 있도록 발급한 증서.

초시初試 예조가 주관하는 문과·생원진사시. 그리고 병조·훈련원訓鍊院 등이 주관하는 무과 및 해당 관청에서 실시하는 잡과의 제1차 시험. 복시覆試에 참가할 자격을 주기 위하여 실시하는 시험으로, 복시를 진행하기 전 해에 각 고을에서 실시함.

초주椒州 발해의 지방행정구역. 62주州 중의 하나로, 남경남해부南京南海府에 속함. 초산椒山·초령貂嶺·시천澌泉·첨산尖山·암연嚴淵의 5개 속현이 있음.

초토사招討使 조선시대 전란 중에 임시로 지방에 파견되는 특별관원. 정3품 당상관 이상의 문·무관원 중에서 선임됨. 주로 특정지역의 의병을 규합, 적을 토벌하게 하는 특수임무를 수행하기 위하여 파견됨.

초행醮行 신랑이 혼례식을 거행하기 위하여 신부집에 가는 것.

촌도전村徒典 신라시대의 관청. 670년(문무왕 10)에 설치됨. 소속 관원으로는 간干 1명, 궁옹宮翁 1명, 대척大尺 1명, 사史 1명을 둠.

촌장村長 고려시대 촌락의 수장首長. 신라 말 고려 초의 촌의 대감大監이 987년(성종 6)에 개칭된 것임. 1년 농사의 작황에 대하여 수령에게 보고하고, 향병鄕兵의 책임을 지며, 소속 군현의 관館과 역驛에 내왕하는 관인의 뒷바라지를 담당함.

촌주村主 신라시대의 지방관직. 지방민들을 효율적으로 통제하기 위하여 재지在地의 유력자에게 주어진 관직으로, 신라 행정조직의 말단에 해당됨.

총관摠管 ① 신라시대의 관직 혹은 군지휘관. 초기에 주州의 장관을 군주軍主라고 부르다가, 661년(문무왕 1) 이를 총관으로 고쳤고, 785년(원성왕 1) 도독都督으로 개칭됨. 위계는 급찬級飡으로부터

이찬伊飡까지임. ② 고려 후기 쌍성총관부雙城摠管府·동녕부東寧府의 장관. ③ 조선시대 오위도총부五衛都摠府의 도총관都摠管과 부총관副摠管의 통칭. 직품은 정2품과 종2품임. ④ 조선 말기 궁내부宮內府 소속의 무관직. 호위대扈衛隊·경호원警護院의 책임자.

총랑摠郎 고려시대 전리사典理司·군부사軍簿司·판도사版圖司·전법사典法司의 정4품 관리. 1275년(충렬왕 1)에 시랑侍郎을 고친 것임. 1298년 다시 시랑, 곧 다시 총랑, 1308년 의랑議郎, 충숙왕 때 총랑, 1356년(공민왕 5) 총랑, 1369년 의랑, 1372년 총랑으로 바뀜.

총리대신總理大臣 조선 말기 최고위관직. 국정을 총괄하는 내각의 수반. 정원은 1명. 내각총리대신이라고도 함. 1880년(고종 17) 통리기무아문統理機務衙門의 장長으로 신설됨. 이때 정식 직명은 '총리'였으며, 영의정이 겸임함. 그 뒤 폐지되었다가 1894년 갑오경장 때 영의정 직제가 폐지되고 다시 설치됨. 칙임관인 정1품 대광보국숭록대부大匡輔國崇祿大夫로 보해짐.

총리사摠理使 조선시대 총리영摠理營의 우두머리 군영. 장용외영壯勇外營의 후신. 1793년(정조 17)에 수원부사를 유수留守로 올리고 장용영의 외사를 겸하게 하였다가, 1802년(순조 2)에 장용영을 없애면서 총리영으로 바뀜.

총부摠部 고려 후기 중앙정무기관의 하나. 무관武官의 선임·군무軍務·의위儀衛·우역郵驛에 관한 일을 관장. 충선왕 때 선부選部에서 병조兵曹가 분리, 개칭되어 설치됨. 1356년(공민왕 5) 병조兵部로 고쳐졌으며, 1362년에는 군부사軍簿司, 1369년에 또다시 총부로 고쳐졌으며, 1389년(공양왕 1) 병조로 바뀜.

총부랑摠部郎 조선시대 오위도총부五衛都摠府의 도사都事와 경력經歷의 통칭.

총섭摠攝 고려·조선 시대의 승직僧職의 하나. 넓은 의미에서 도총섭都摠攝까지 포함되나, 일반적으로 현재의 본사本寺 주지급에 해당되는 직책. 도총섭 밑에 있으면서 도총섭을 보좌함.

총세무사總稅務司 조선 말기 개항장의 해관海關을 지휘, 관리하던 관직. 1883년(고종 20) 11월에 관세關稅를 관장하기 위하여 해관이 설치되면서 각 개항장의 해관을 관리하는 관직으로서 세무사를 배치하고 이를 총괄하기 위하여 총세무사가 설치됨.

총어영摠禦營 조선 1888년(고종 25) 설치된 삼영三營의 하나. 삼영 가운데 우영右營으로, 친군오영親軍五營의 별영別營을 개칭한 것임. 1894년에 폐지됨.

총위영摠衛營 조선 1846년(헌종 12)에 총융청摠戎廳을 고친 것임. 1849년에 다시 본이름으로 바뀜.

총융사摠戎使 조선시대 총융청摠戎廳의 우두머리 무관직. 종2품직.

총융청摠戎廳 조선 후기에 설치된 중앙군영의 하나. 오군영五軍營의 하나로서, 1624년(인조 2)에 설치됨. 수원·남양·장단 등의 군사를 관할하며 수도 외곽 방비를 담당함. 1747년(영조 3)에 북한산성을 관할하던 군영인 경리청經理廳이 없어지면서 그 일을 맡았고, 1750년부터는 경기도 병마절도사의 관할 밑에 두어졌으며, 1760년에 다시 따로 독립됨. 1846년(헌종 12)에는 총위영摠衛營으로 개칭되었다가, 1849년에 다시 총융청으로 되었으며, 1882년(고종 19)에 폐지되었다가, 곧 복설되었고, 1884년에 폐지됨.

총재冢宰 이조판서의 이칭.

총제사摠制使 고려시대 삼군도총제부三軍都摠制府의 사령관. 중中·좌左·우右의삼군에 각각 1명이 있었으며, 성재省宰 이상으로 임명됨.

총판總辦 조선 말기 통신원通信院의 최고책임자. 칙임관勅任官으로 1900년에 신설되어 1906년에 폐지됨.

총호사摠護使 조선시대 국상國喪의 초종初終에 관한 모든 의식을 총

리總理하는 임시관직.

추관秋官 형조刑曹의 별칭.

추국推鞫 왕명에 의하여 의금부에서 중죄인을 심문하는 것 또는 그 절차. 추국推鞫이라고도 함.

추길관諏吉官 조선시대 길일吉日을 선택하는 일을 맡은 관상감觀象監의 관직. 일관日官이라고도 함.

추밀원樞密院 고려시대 왕명의 출납과 궁중의 숙위·군기軍機를 맡아보던 중추원中樞院의 후신. 1095년(헌종 1)에 중추원이 추밀원으로 바꾸면서 설치됨. 1275년(충렬왕 1)에 밀직사密直司로 바뀌었으며, 1298년 5월에는 광정원光政院으로 개칭되었다가 그해 8월에 다시 밀직사로 바뀜. 공민왕 때 반원개혁정치에 따라 1356년(공민왕 5) 밀직사를 폐지하고 다시 추밀원으로 부활시켰으며, 1362년에 다시 밀직사로 바뀜.

추봉追封 임금 또는 왕족이 죽은 뒤에 존호尊號를 올리던 제도.

추사趨事 조선시대 화포군火砲軍인 파진군破陣軍에 소속된 무반武班 잡직雜職의 종9품 관직.

추쇄색推刷色 고려 1352년(공민왕 1)에 설치된 기관. 인물의 추쇄를 전담한 전민변정도감田民辨正都監의 예하기관으로 추정됨.

추장追杖 고려시대 잡류직雜類職 이속吏屬. 장수杖首·대장大杖과 함께 형관刑官의 보조역.

추전鞦典 신라시대의 관청. 마소의 꼬리에 거는 끈의 생산을 담당하였을 것으로 추정됨.

추조秋曹 형조刑曹의 이칭.

추증追贈 조선시대 2품 이상의 실직을 가진 종친 및 문·무관의 부父·조祖·증조曾祖에게 사후에 관직을 주는 일. 추영追榮이라고도 함.

추징색追徵色 고려 말기 체납된 지방 세금을 추징하기 위하여 설치된 임시관청. 1384년(우왕 10)에 설치됨.

추탈追奪 죽은 뒤에 그 사람의 관직을 삭탈하는 것.

추판秋判 형조판서의 별칭.

축문祝文 제례나 상례 때 신에게 축원을 드리는 글.

축성사築城司 조선시대 변경 방어 등 군비책의 하나로 행성行城을 쌓거나 기존의 성을 수축하는 일을 맡았던 관청. 1504년(연산군 10)에 처음으로 설치됨.

춘관春官 예조禮曹의 별칭.

춘관정春官正 고려시대 사천대司天臺의 종5품 관직. 천문·역수曆數·측후 및 각루刻漏 등의 일을 담당함.

춘궁春宮 ① 황태자의 별칭. ② 왕세자의 별칭. ③ 태자궁太子宮의 별칭. ④ 세자궁世子宮의 별칭.

춘당대시春塘臺試 조선시대 식년시式年試 외에 비정규적으로 설행되던 문·무과文武科의 하나. 나라에 경사가 있을 때 실시된 경과慶科의 하나로, 국왕이 친히 창경궁 내 춘당대春塘臺에 나와서 과거를 보였기 때문에 춘당대시라 함.

춘방春坊 ① 고려시대 세자부世子府의 이칭. ② 조선시대 세자시강원世子侍講院의 이칭.

춘방원春坊院 고려 1390(공양왕 2)에 설치된 동궁東宮의 사무를 총괄하던 관청. 이전의 세자부世子府를 개편한 것임.

춘방통사사인春坊通事舍人 고려 1123년(인종 1)에 제정된 첨사부詹事府의 관직.

춘전春典 신라시대의 관청. 내성內省에 소속되어 궁중의 제사관계 일을 담당함. 소속 관원은 사지舍知 2명, 사史 8명을 둠.

춘조春曹 예조禮曹의 별칭.

춘추관春秋館 ① 고려시대 시정時政을 기록하고 역사편찬을 맡은 관청. 초기에 사관史館을 두었다가, 1308년(충렬왕 34)에 사관이 문한서文翰署와 합쳐져 예문춘추관藝文春秋館이 되었으며, 1325년(충숙왕 12)에 예문관과 춘추관이 따로 분리됨. 1356년(공민왕 5)에 사관으로 개칭되었고, 1362년에 다시 춘추관으로 바뀜. 1389년(공양왕 1) 다시 예문관과 춘추관을 합쳐서 예문춘추관이라 함. 관원으로는 재상들이 겸하는 영관사領館事·감관사監館事와 2품 이상의 관리가 겸하는 지관사知館事·동지관사同知館事, 3품 이상의 관리가 겸하는 충수찬관充修撰官·충편수관充編修官·겸편수관兼編修官과 수찬修撰·주부注簿·검열檢閱 등이 있음. ② 조선시대 시정時政을 기록하고 역사편찬을 맡은 관청. 국초에 예문춘추관이 설치되었으며, 1401년(태종 1)에 예문관과 춘추관이 분리되어 예문관 관원은 녹관祿官, 춘추관직은 겸관으로 됨. 관원으로는 영의정이 겸하는 영사領事(정1품)와 좌·우의정이 겸하는 감사監事(정1품)와 지사知事(정2품)·동지사同知事(종2품)·수찬관修撰官(정3품)·편수관編修官(정3품으로부터 종4품까지)·기주관記注官(정·종5품)·기사관記事官(정6품으로부터 정9품) 등이 있음.

출배도감出排都監 고려 1268년(원종 9)에 개경 환도의 준비를 위하여 개경에 설치하였던 임시기구.

출신出身 조선시대 문·무과나 잡과의 과거시험에 합격은 하였으나 관직에 임명되지는 못한 자를 일컬음.

출척黜陟 못된 사람을 내쫓고 착한 사람을 올리어 씀.

충군充軍 조선시대 형벌의 하나. 죄를 범한 자를 군역에 복무하도록 하는 제도.

충당衝幢 신라시대의 군대. 사설당四設幢의 하나로, 전투시에 돌격용 특수장비를 사용한 부대.

충당주衝幢主 신라시대의 군관직. 특수 병기를 다루는 부대인 충당衝幢의 지휘관. 정원은 12명.

충량과忠良科 조선 영조 때 실시된 특수 과거의 하나. 1764년(영조 40)에 처음 실행된 정시庭試의 일종으로, 병자호란 때 청나라에 항거하다가 순절한 이들의 충절을 기리고 그 후손들을 위로할 목적으로 처음 응시자격을 그 후손에게 한정하여 실시한 시험.

충무위忠武衛 조선시대 중앙군인 오위五衛의 하나. 즉 후위後衛. 충순위忠順衛와 장용위壯勇衛·정병正兵을 거느리며 함경도 지방의 군사를 통솔하는 군영. 1457년(세조 3)에 설치되고, 1882년(고종 19)에 폐지됨.

충부忠部 발해시대 육부六部의 하나. 정당성政堂省의 좌육사左六司에 소속된 부로, 문관직의 인사·작위수여·관리등용시험 등에 관한 일을 맡은 관청. 경卿·소경小卿·낭중郎中·원외랑員外郎 등의 관직이 있음.

충수찬관充修撰官 고려시대 춘추관의 관직. 1325년(충숙왕 12)에 예문춘추관이 다시 예문관과 춘추관으로 분리되었을 때 춘추관에 설치됨. 3품 이하의 관원으로 선임됨.

충순위忠順衛 조선시대 중앙군인 오위五衛의 충무위忠武衛에 소속되었던 병종兵種. 1445년(세종 27) 3품 이상의 고관들의 자손을 위하여 처음 설치되었으나, 1459년(세조 5)에 혁파됨. 그 뒤 1469년(예종 1) 동반東班 6품 이상, 서반西班 4품 이상, 문·무과출신, 생원·진사, 유음자손有蔭子孫 등으로 편제된 여정위勵精衛가 설치되었는데, 이것이 충순위로 바뀜. 이밖에 이성異姓의 왕족·왕비족 중 원친遠親 등이 입속되며, 정원은 없고 7교대로 2개월씩 근무함.

충실도감充實都監 고려 후기 몽고의 침입에 대항할 군인을 선발하기 위해 설치된 임시기관. 1252년(고종 39)에 설치되어 한인閑人과 백정白丁을 점검하여 각 영領의 군대를 보충하는 기능을 함.

충용위忠勇衛 고려 공민왕 때 궁성의 숙위宿衛를 강화하기 위하여 설치된 군대. 1356년(공민왕 5)에 설치되었으며, 좌·우·전·후의 위衛로 구성됨.

충의교위忠毅校尉 조선시대 무산계武散階의 하나. 서반西班 정5품 하계下階의 관계명官階名.

충의위忠義衛 조선시대 중앙군인 오위五衛의 충좌위忠佐衛에 소속된 병종兵種. 1418년(세종 즉위년)에 처음 설치되었으며, 공신의 자손들로 편성되었고, 근위近衛의 역할을 함.

충익부忠翊府 조선시대 원종공신原從功臣을 위하여 설치한 관청. 종2품아문. 1466년(세조 12)에 충익사忠翊司를 고친 것임. 1506년(연산군 12) 다시 충익부로 격상되었다가, 그 뒤 충훈부忠勳府에 병합되었음. 광해군 때 잠시 독립되었다가 곧 병조에 소속되었으며, 인조 때 충훈부에 병합됨. 이후 1676년(숙종 2) 병조, 1680년 충훈부, 1689년 다시 병조, 1699년 충훈부에 합쳐짐.

충익위忠翊衛 조선시대 원종공신原從功臣 및 그 자손들로 편성된 군대. 이들 스스로 군량을 갖추었으며, 12번을 나누어 숙위宿衛에 종사하고, 기타의 잡역을 면제받음. 1894년(고종 31)에 폐지됨.

충익위장忠翊衛將 조선시대 충익위忠翊衛를 통솔하는 정3품 관직.

충장위忠壯衛 조선 후기 군공자軍功者·납속자納粟者 및 전사자戰死者 자손 등으로 편제된 군대. 임진왜란 이후 설치되었으며, 1894년(고종 31) 갑오개혁으로 폐지됨.

충좌위忠佐衛 조선시대 중앙군인 오위五衛의 하나. 즉 전위前衛. 충의위忠義衛·충찬위忠贊衛·파적위破敵衛와 전라도 지방의 군사를 통솔함. 1457년(세조 3)에 설치되고, 1882년(고종 19)에 폐지됨.

충주사고忠州史庫 고려 말 조선 전기에 설치되었던 외사고外史庫의 하나. 충청북도 중원군 동량면 하천리의 정토사지淨土寺址에 설치됨.

충찬위忠贊衛 조선시대 중앙군인 오위五衛의 충좌위忠佐衛에 소속된 특수병종. 1456년(세조 2)에 처음 설치된 것으로, 원종공신原從功臣의 자손들을 편입한 군대. 5교대에 의하여 4개월씩 근무함.

충편수관充編修官 고려시대 춘추관의 관직. 3품 이하로 선임되는 사관史官. 역사편찬을 담당한 사관 중에서 중추적 구실을 함.

충훈부忠勳府 조선시대 공신에 관한 사무를 맡아보던 관청. 일명 맹부盟府·운대雲臺라고도 함. 본래 공신도감功臣都監·충훈사忠勳司로 불리던 것을 1466년(세조 12)에 사司를 부府로 승격시킨 것임. 1894년(고종 31) 기공국紀功局으로 개칭되어 의정부에 소속됨.

충훈사忠勳司 조선시대 제공신諸功臣을 우대하기 위하여 설치한 조회에 참여하지 않는 아문. 1434년(세종 16) 공신도감功臣都監을 계승, 개칭된 것으로, 1466년(세조 12)에 충훈부忠勳府로 바꿈.

취재取才 조선시대 정식 과거가 아니라, 소정의 특수한 직임에 대한 적임자나 음자제蔭子弟를 뽑기 위하여 약간의 해당 시험과 목을 선별하여 실시하던 시험제도. 수령守令·외교관 外教官·역승驛丞·도승渡丞·서제書題·음자제·녹사錄事·도류道流·서리書吏를 선발하는 이조吏曹취재吏曹取才와 의학醫學·한학漢學·몽학蒙學·왜학倭學·여진학女眞學·천문학·지리학·명과학命課學·율학律學·산학算學을 전공한 기술관技術官 및 화원畵員·도류道流·악생樂生·악공樂工을 선발하는 예조취재禮曹取才가 있음.

치계馳啓 급하게 상주上奏하는 것.

치과의위致果校尉 고려시대 무산계武散階의 하나. 전체 29계 중 제18계로, 정7품 상계上階의 관계명官階名.

치과부위致果副尉 고려시대 무산계武散階의 하나. 전체 29계 중 제19계로, 정7품 하계下階의 관계명官階名.

치력부위致力副尉 조선시대 잡직계雜職階의 하나. 서반西班 잡직 정9품의 관계명官階名.

치성제稚省 신라시대의 관직. 예궁전례宮典·어룡성御龍省과 동궁東宮의 어룡성 등에 소속된 관직. 정원은 예궁전에 10명, 어룡성에 14명, 동궁어룡성에 6명.

치영緇營 조선 후기 북한산성의 승병僧兵으로 조직된 군영. 총융청摠戎廳 소속으로, 산성 방어의 임무를 담당함.

치종청治腫廳 조선시대 1603년(선조 36)에 설치된 종기 등 외과外科의 질병을 치료하는 일을 맡은 의료관청. 뒤에 전의감典醫監에 합쳐짐.

치중대輜重隊 조선 말기에 설치되었던 중앙군대의 하나. 군물軍物 수송을 담당함. 1895년(고종 32) 신식군대인 훈련대가 조직되면서 이에 편입되지 못한 중앙의 나머지 구식군대를 중심으로 같은해 5월에 신설된新設隊가 12대隊로 조직되었는데, 이중 2개 대가 치중대로 편제됨.

칙고勅庫 조선시대 중국 칙사勅使를 대접할 물건을 비축해 두는 창고. 평안도의 큰 길가 고을들에 둠.

칙임관勅任官 한말 관료의 최고직계最高職階. 1894년(고종 31) 갑오개혁으로 종래의 관료제도가 대폭 개편되었는데, 이때 기존의 18품계가 1·2품에는 정·종을 두되, 3품에서 9품까지는 정·종을 폐지하여 11개의 품으로 축소됨. 아울러 당상堂上·당하堂下·참상參上의 세 직계로 나누던 것을 폐지하고, 칙임·주임奏任·판임判任으로 3대별 하였음. 이 때 정1품에서 종2품까지를 칙임관이라 함. 적왕손嫡王孫·총리대신·왕손·종친은 정1품, 각 아문대신과 의정부 좌·우찬성左右贊成은 종1품, 도찰원 도헌都院都憲과 궁내부宮內府 및 각 아문 협판協辦·경무사 등은 정2품 내지 종2품으로 각각 임보任補하였으며, 이들을 칙임관이라 함. 무관의 경우는 대장·부장部將·참장參將 등 장관급將官級이 칙임관임. 1895년 관료제도가 다시 개편되어 11품으로 나누던 관등을 칙임관 1~4등等, 주임관 1~6등, 판임관 1~8등으로 모두 18등급으로 개정됨.

친국親鞫 임금이 중죄인을 친히 국문鞫問하는 제도. 친국親鞠이라고도 함.

친군영親軍營 조선 말기의 군영. 청나라의 군제를 모방하여 친군 좌·우·전·후·별영을 설치함으로써 5영營의 체제를 갖춤.

친군위親軍衛 ① 조선시대 중앙군인 오위五衛의 호분위虎賁衛에 소속된 병종兵種. 태조 이성계李成桂의 출신도인 영안도永安道=(함경도) 출신 군사를 우대하기 위하여 태종 초에 설치되고, 세종대 이래로는 동북방면의 현지 근무로 바뀌었으나, 1468년(세조 14)에 재경시위在京侍衛의 병종으로서 확립됨. 1457년에 오위를 설치할 때 호분위에 소속됨. ② 조선 정조 때의 국왕 친위병親衛兵.

친기위親騎衛 조선 후기 함경도 지방에 설치되었던 기병부대騎兵部隊. 1684년(숙종 10) 국경 지대인 함경도의 변방을 지키기 위해 궁재弓才·마재馬才 및 용력勇力이 있는 자를 선발하여 설치함.

친영親迎 신랑이 신부집에 가서 예식을 올리고 신부를 맞아오는 예. 육례六禮의 하나.

친위대親衛隊 조선 말기에 설치된 왕궁 경비 담당 중앙군의 하나. 1895년(고종 32)에 설치되어, 1905년에 폐지됨.

친위부親衛府 1909년 7월 군인과 군속을 관장하고, 궁중에 배치된 근위보병대 및 근위기병대를 감독하기 위하여 설치된 기관.

칠반천역七般賤役 조선시대 천한 계급이 종사하는 일곱 가지 천역賤役. 즉 관아의 조례皂隷, 의금부의 나장羅將, 지방地方의 일수日守, 조운창漕運倉의 조군漕軍, 각 수영水營의 수군水軍, 봉화烽火 올리는 봉군烽軍, 역참驛站의 역졸驛卒 등을 일컬음.

칠사七事 조선시대 수령守令이 반드시 힘써야 할 일곱 가지 일. 수령칠사守令七事의 준말. 농사를 장려하여 발전시키며, 인구를 늘리며, 교육을 잘하며, 군정軍政을 잘 다스리며, 부역賦役을 고르게 조절하고, 소송사건을 줄이며, 부정과 부패를 없애는 일.

칠석제七夕製 조선시대 과거의 하나. 음력 7월 7일 칠석七夕에 행하는 과거. 오제梧製라고도 함.

칠재七齋 고려 1109년(예종 4)에 국학교육國學敎育의 진흥을 목적으로 국자감國子監 내에 설치된 전문교육강좌. 즉 주역周易을 전공하는 여택재麗澤齋, 상서尙書를 전공하는 대빙재待聘齋, 모시毛詩를 전공하는 경덕재經德齋, 주례周禮를 전공하는 구인재求仁齋, 대례戴禮를 전공하는 복응재服膺齋, 춘추春秋를 전공하는 양정재養正齋, 무예武藝를 전공하는 강예재講藝齋를 말함.

칠전漆典 신라시대의 관청. 경덕왕 때 일시 식기방飾器房으로 고쳐졌다가, 뒤에 다시 환원됨. 내성內省 소속으로 각종 기구器具의 칠漆을 담당함.

칠패七牌 조선시대 서울 시내에 있던 난전亂廛 시장의 하나. 지금의 서소문 밖에 있었음. 미곡·포목·어물 등을 비롯한 각종 물품이 판매됨. 그중에서 어물전魚物廛이 가장 규모가 크고 활발하였음.

침방針房 신라시대의 관청. 궁중의 의복 바느질을 맡은 기관.

침원서寢園署 고려시대 종묘宗廟를 수호하고 종묘제사의 뒷바라지를 맡은 관청.

타

타각打角 중국에 가는 사신使臣 일행의 모든 기구를 감수監守하는 사람.

타전打典 신라시대의 관청. 내성內省 소속으로, 궁중에서 필요로 하는 신발류의 생산을 담당함.

타주沱州 발해의 지방행정구역. 타주陀州라고도 표기됨. 62주州 중의 하나로, 동평부東平府에 속함.

탁남濁南 조선 숙종 때 효종비 조대비趙大妃의 복상服喪문제를 둘러싸고 일어난 기해예론己亥禮論 때 서인西人에 대한 처벌에 온건하였던 남인南人 내의 온건파, 허적許積을 영수로 하고 민암閔黯 · 민희閔熙 · 오시수吳始壽 · 목창명睦昌明 · 유명천柳命天 등이 그 중심인물임.

탁본拓本 금석이나 기타 물체에 조각된 문자나 문양 등을 종이에 모인摹印하는 일 또는 모인한 것.

탁영시擢英試 조선 1538년(중종 33)에 학문과 무술의 증진을 위하여 문 · 무 현직관리를 대상으로 실시하였던 임시 과거.

탁지부度支部 조선 말기의 관청. 1895년(고종 32) 8아문衙門을 7부部로 개편할 때 탁지아문度支衙門을 개칭한 것으로, 정부의 재무를 총괄하고 회계 · 출납 · 조세 · 국채 · 화폐 · 은행 등에 관한 일체의 사무를 관장하고, 각 지방의 재무를 감독하던 중앙관청.

탁지아문度支衙門 조선 말기 국가 재무를 총괄하는 중앙행정부서. 1894년(고종 31) 갑오개혁 때 설치된 의정부議政府 산하의 8아문衙門 중 하나. 구제의 호조 · 친군영 · 선혜청宣惠廳 · 광흥창 · 군자감軍資監 · 전운서轉運署의 업무를 포함, 전국의 예산 · 결산 · 조세출납 · 국채 · 화폐 등의 업무를 총괄하고, 각 지방의 재무를 감독함. 1895년에 탁지부度支部로 바뀜.

탄력도위彈力徒尉 조선시대 무반토관직武班土官職의 종9품 관계명官階名.

탐라총관부耽羅摠管府 고려 충렬왕 때 원나라가 탐라耽羅(:지금의 제주도)에 설치한 총관부. 탐라의 삼별초三別抄를 진압한 직후인 1273년(원종 14)에 두었던 탐라국초토사耽羅國招討司가 개편된 것임. 본래 이름은 탐라국군민도다루가치총관부[耽羅國軍民都達魯花赤摠管府]임. 뒤에 탐라만호부로 바뀜.

탐화探花 조선시대 문과文科의 갑과甲科에서 세 번째로 급제한 자를 가리켜 이르는 말. 탐화랑探花郎이라고도 함.

탕주湯州 발해의 지방행정구역. 62주州 중의 하나로, 중경현덕부中京顯德府에 속함. 속현屬縣으로는 영봉靈峰 · 상풍常豊 · 백석白石 · 균곡均谷 · 가리嘉利의 5개 현이 있으며, 영봉현이 수현首縣임.

탕평과蕩平科 조선 영조 때 실시한 특수과거의 하나. 부정기 시험의 하나인 정시庭試의 일종. 탕평책의 일환으로서 유생들에게 당론黨論을 금하게 할 목적으로 1772년(영조 48)에 처음으로 실시됨. 문 · 무과文武科만 실시하였고, 시험과목 · 절차 · 방법 · 합격자 수 등은 대체로 정시의 경우와 같았음.

탕평책蕩平策 조선 후기 영 · 정조대에 당쟁을 막기 위하여 당파간의 정치세력에 균형을 꾀한 불편부당不偏不黨의 정책.

태대각간太大角干 신라시대 관등의 하나. 대각간大角干보다 한 등위의 특별관등. 특별한 공로가 있는 관직에게 주던 최고의 품계. 태대서발한太大舒發翰이라고도 함.

태대대로太大對盧 고구려 말기의 관직. 귀족들에 의하여 선출되는 수상직으로서, 제1관등인 대대로大對盧를 한 등 올려서 정한 벼슬.

태대막리지太大莫離支 고구려 말기의 관직. 행정권과 군사권을 모두 장악한 최고위 관직. 본래는 대인大人 또는 대수장大首長의 뜻을 가진 막리지莫離支에서 대막리지大莫離支, 태대막리지로 분화, 발전되어 설치된 것임.

태대사자太大使者 고구려시대의 관등. 알사謁奢 · 대상大相이라고도 함. 3세기 이전 고구려 초기의 관계조직에서 보이는 사자使者로부터 발전되어 나온 것으로, 4세기 이후 정비되어 14관등 중 제4위의 관등으로 성립됨. 관직들의 열두 등급 가운데서 일곱 번째 등급.

태대서발한太大舒發翰 태대각간太大角干의 이칭.

태대형太大兄 고구려시대의 관등. 막하하라지莫何何羅支라고도 함. 4세기 이후의 14관등 중 제2위의 관등. 조의두대형早衣頭大兄 · 형大兄 등과 함께 연장자 또는 족장적인 성격을 지닌 '형兄'에서 생성되어 나온 것임.

태보太保 ① 고려시대에 왕자 · 부마駙馬 · 비부妃父 등의 종실과 공신 및 고위 관원에게 내렸던 벼슬. 대보大保라고도 표기됨. 태사太師 · 태부太傅와 함께 삼사三師라 불리는데, 이중 가장 낮은 벼슬. 정하여진 직사職事가 없는 허직虛職으로서, 정원은 1명. ② 고려 1068년(문종 2)에 제정된 동궁東宮의 종1품 관직. 즉 태자태보太子太保.

태복사太僕司 조선 말기의 관청. 1895년(고종 32) 종래의 태복시太僕寺를 개칭한 것으로, 임금의 거마車馬와 말의 조련 등을 맡아봄. 1907년 주마과司馬課로 개칭됨.

태복시太僕寺 고려시대 왕이 사용하는 가마와 말을 관리하는 일을 맡은 관청. 1308년(충렬왕 4)에 사복시司僕寺로 바뀜.

태부太傅 ① 고려시대 왕자 · 부마駙馬 · 비부妃父 등의 종실과 공신 및 고위 관원에게 내렸던 벼슬. 대부大傅로도 표기됨. 태사太師 · 태보太保와 함께 삼사三師라 불리는데, 태사 다음의 벼슬. 정하여진 직사職事가 없는 허직虛職으로서, 정1품이고, 정원은 1명. ② 고려 1068년(문종 22)에 제정된 동궁東宮의 종1품 관직. 즉 태자태부太子太傅.

태사太師 ① 고려시대 왕자 · 부마駙馬 · 비부妃父 등의 종실과 공신 및 고위 관원에게 내렸던 벼슬. 대사大師로도 표기됨. 태부太傅 · 태보太保와 함께 삼사三師라 불리는데, 이중 가장 높은 벼슬. 정하여진 직사職事가 없는 허직虛職으로서, 정1품이고, 정원은 1명. ② 고려 1068년(문종 22)에 제정된 동궁東宮의 종1품 관직. 곧 태자태사太子太師.

태사국太史局 고려시대 천문 · 역수曆數 · 측후測候 · 각루刻漏 등의 일을 관장하던 관청. 고려 초에 설치되었으며, 1308년(충렬왕 34) 사천감司天監과 합쳐져 서운관書雲觀으로 됨. 1356년(공민왕 5) 서운관이 혁파되고 사천감과 태사국이 복설됨. 1362년 다시 서운관으로 병합되었다가 1369년 서운관에 대신하여 사천감과 함께 복치, 1372년에 다시 서운관으로 개편되면서 폐지됨.

태사훈台司訓 ① 태봉의 관계官階. 9단계의 문산계文散階 중에서 번째 관계. ② 고려 초기 태봉의 관제를 이어받아 설치된 관계官階의 세 번째 위계. 중부重副의 다음자리.

태상부太常府 고려 문종 때 국가에서 행하는 제례祭禮를 주관하고 왕의 시호와 묘호 등의 제정을 담당하던 관부. 1298년(충렬왕 24)에 봉상시奉常寺로 고쳐졌다가, 1308년 전의시典儀寺로, 1356년(공민왕) 태상시太常寺로, 1362년 전의시로, 1369년에 태상시로, 1372년 의시로 각각 명칭이 바뀜.

태상시太常寺 ① 발해시대의 중앙관부. 예악禮樂 · 제사 등을 관장하던 관청으로, 장관인 경卿 1명과 소경少卿 등의 관직이 있음. ②려 초기 국가의 제례祭禮를 주관하고 왕의 시호와 묘호 등의 제정을 담당하던 관부. 문종 때 태상부太常府가 되었다가, 1298년(충렬왕 24)에 봉상시奉常寺로 고쳐졌으며, 1308년 충선왕의 복위로 다시 전의시典儀寺가 되었으며, 1356년(공민왕 5)에 태상시로, 1362년 전의로, 1369년 태상시로, 1372년에 전의시로 각각 명칭이 바뀜.

태상왕太上王 왕의 자리를 물려주고 들어 앉은 임금을 높여 이르는 칭호. 상왕上王이라고도 함. 준말 태왕太王.

태상황太上皇 자리를 물려주고 들어앉은 황제를 높여 이르는 칭호. 태황제太皇帝라고도 함. 준말 상황上皇.

태석台席 조선시대 의정의 별칭.

태수太守 ① 신라시대의 지방관. 일명 연솔連率이라고도 함. 큰 고을에 둔 우두머리 관직. 위계는 중아찬重阿飡부터 사지舍知까지임. ② 조선시대 지방 고을의 원의 이칭.

태시太始 발해 간왕 대명충大明忠 때의 연호. 818년부터 사용되었으나, 간왕이 재위 1년도 안 되어서 죽어 사용이 중단됨.

태의감太醫監 고려시대 왕실의 의약과 질병의 치료를 맡아보던 관서. 1308년(충렬왕 34) 사의서司醫署로 개칭되고, 뒤에 전의시典醫寺라 바뀌었다가, 1356년(공민왕 5)에 다시 태의감으로, 1362년에 또다시 전의시로 바뀜.

태의원太醫院 조선 말기 왕실의 의무醫務를 주관하던 관서. 1897년 전의사典醫司로 개칭한 것임. 1910년 이왕직전의국李王職典醫局으로 바뀜.

태자太子 왕조시대에 있어서 차기 왕위계승권자. 왕세자 또는 동궁東宮·저궁儲宮·춘궁春宮·이극貳極·정윤正胤이라고도 함.

태중대부太中大夫 고려시대 문산계文散階의 하나. 1076년(문종 30)에 종4품 상계上階로 정해져, 전체 29등급 중 제4계였음. 1298년(충렬왕 24)에 정4품계로 승급되고, 1356년(공민왕 5) 다시 종3품 상계로 올라간 뒤 중정대부中正大夫와 번갈아가면서 고려 말까지 존속됨.

태평관太平館 조선시대 명나라 사신을 접대하던 숙소의 하나. 숭례문 안 황화방皇華坊에 위치하였음.

태학太學 ① 고구려 372년(소수림왕 2)에 설치된 국립교육기관. 귀족 자제의 교육기관으로, 서울에 설치됨. 유교의 경전과 문학·무예 등을 교육함. ② 고려시대 국자감國子監에 설치된 경사육학京師六學의 하나. 5품 이상의 자손이 입학대상이 됨. 태학박사太學博士·태학조교太學助敎를 두고 유학을 교육함. 그밖에 산술과 시무책時務策 등을 익힘. ③ 조선시대 성균관의 별칭.

태학감太學監 신라시대의 교육기관. 경덕왕 때 국학國學을 개칭한 것임. 혜공왕 때 다시 국학으로 고침.

태학박사太學博士 고구려시대 교육을 담당하던 관직. 372년(소수림왕 2)에 설치된 국립교육기관인 태학太學의 교수였음. 소형小兄 이상의 관등을 가진 자가 임명됨.

태학사太學士 ① 조선시대 대제학大提學의 이칭. ② 조선 말기 궁내부宮內府 소속의 문한직文翰職. 1894년(고종 31) 갑오개혁으로 궁내부 산하에 종래의 홍문관과 예문관을 합하여 경연청經筵廳을 설치하였는데, 이의 장長. 다음해 경연청이 폐지되고, 그 기능을 시종원侍從院으로 넘겨, 태학사도 폐지됨. 같은 해 경연원經筵院이 신설되고 그 장을 경卿으로 함. 1897년 경연원을 홍문관으로 개편하고, 경을 태학사로 개칭함.

태학생太學生 조선시대 성균관에서 기거하며 공부하는 생원·진사의 통칭.

태형笞刑 오형五刑의 하나. 작은 형장刑杖으로 볼기를 치는 형벌. 편형鞭刑이라고도 함.

태화太和 신라 진덕여왕 때 사용한 연호. 647년(진덕여왕 1)부터 650년(진덕여왕 4)까지 사용됨.

태황제太皇帝 자리를 물려주고 들어앉은 황제를 높여 이르는 칭호. 태상황太上皇이라고도 함.

태황태후太皇太后 황제의 생존한 할머니.

태후太后 황제의 생존한 모후母后. 황태후皇太后의 약칭.

탱화幀畵 천이나 종이에 그림을 그려 족자나 액자를 만들어서 거는

불화佛畵의 한 유형.

토관직土官職 ① 고려시대 지방의 토호土豪를 우대하기 위하여 제정된 관직. 922년(태조 5) 서경西京에 낭관郎官·아관衙官 등의 토관청土官廳을 설치하고 그곳에 관리를 임명하는 것으로부터 시작됨. 1369년(공민왕 18)에 화주和州에도 토관청을 두고 토관직을 제정함. 구단具壇·경卿·감監·사史 등의 관직이 있음. ② 조선시대 함경도·평안도 지방의 토착인에게 주었던 특수관직. 두 지방의 유력층을 회유하는 한편 이 지역에 대한 효율적인 지방통치과 군사적 방어조직의 강화를 목적으로 설치됨. 동반同伴과 서반西班으로 나누어져, 각각 정5품을 상上限으로 하는 별도의 관계조직官階組織을 가지고 있음. 동반 문산계文散階로는 정5품 통의랑通義郎·종5품 봉의랑奉議郎·정6품 선직랑宣職郎·종6품 봉직랑奉職郎·정7품 회공랑熙功郎·종7품 주공랑注功郎·정8품 공무랑供務郎·종8품 직무랑直務郎·정9품 계사랑啓仕郎·종9품 시사랑試仕郎이 있으며, 서반 무산계武散階로는 정5품 건충대위建忠隊尉·종5품 여충대위勵忠隊尉·정6품 건신대위建信隊尉·종6품 여신대위勵信隊尉·정7품 돈의도위敦義徒尉·종7품 수의도위守義徒尉·정8품 분용도위奮勇徒尉·종8품 효용도위效勇徒尉·정9품 여력도위勵力徒尉·종9품 탄력도위彈力徒尉가 있음. 토관의 임용은 동반은 관찰사가, 서반은 절도사가 본도인으로 추천을 통하여 이루어지되 서경署經을 거쳐야 했음. 토관이 중앙관직을 받을 때는 1품을 낮추어 받음.

토관청土官廳 ① 고려시대 토관직土官職 관청. 서경西京에 소속된 관청으로 낭관郎官·아관衙官·진각성珍閣省·내천부內泉部·도항사都航司·대어부大馭府·수서원修書院 등을 둠. ② 조선시대 토관직土官職 관청. 평안도의 평양부平壤府·영변대도호부·의주목·강계도호부와 함경도의 영흥부永興府·함흥부·경성도호부·회령도호부·부령도호부·온성도호부·종성도호부·경원도호부·경흥도호부에 설치됨. 동반東班의 토관청으로는 도무사都務司·전례서典禮署·제학서諸學署·융기서戎器署·사창서司倉署·영작서營作署·도할사都轄司·수지국收支局·전주국典酒局·사옥국司獄局과 평양부와 함흥부에 둔 인흥仁興·예안禮安·의흥義興·지안智安의 4부四部가 있으며, 서반西班 토관청으로는 평양부에 진서위鎭西衛, 함흥부에 진북위鎭北衛, 영변대도호부에 진변위鎭邊衛, 의주부에 진강위鎭江衛, 경성도호부에 진봉위鎭封衛, 강계도호부에 진포위鎭浦衛, 회령도호부·경원도호부에 회원위懷遠衛, 온성도호부·종성도호부·부령도호부·경흥도호부에 유원위柔遠衛를 각각 둠.

토반土班 조선시대 토관직土官職의 품계와 관직을 가진 반열.

토역과討逆科 조선시대 실시된 특수 과거의 하나. 역변逆變의 토평討平을 기념하여 설치된 정시庭試의 일종. 1624년(인조 2) 이괄李适의 난을 평정한 뒤 처음으로 실시됨.

토총土塚 돌로 쌓아서 만든 매장시설 위를 흙으로 봉토한 무덤.

토포사討捕使 조선시대 각 지방의 도적을 수색, 체포하기 위하여 특정 수령이나 진영장鎭營將에게 겸임시킨 특수관직.

토호土豪 향촌에 토착화한 지배세력.

통개장筒介匠 조선시대 경공장京工匠의 하나. 공조 등에 소속되어 활과 화살을 넣는 기구인 통개를 만드는 일을 업으로 하는 장인匠人.

통덕랑通德郎 조선시대 문산계文散階의 하나. 문관 정5품 상계上階의 관계명官階名.

통독通讀 조선시대 성균관 및 사학四學의 유생들이 정기적으로 치르던 시험. 성균관의 대사성이 매해 서울과 지방의 유생들을 모아놓고 치르는 시험으로, 제술製述과 강서講書를 시험 보임. 제술에서는 부

賦 한편과 표表·전箋·논論 가운데 한편을 짓게 하고, 강서에서는 사서삼경 가운데서 일부를 외우게 하여, 우수한 자는 다음 번문과 복시覆試에 응시할 자격을 줌.

통례通禮 조선시대 통례원通禮院의 정3품 관직. 좌통례·우통례가 있음.

통례문通禮門 ① 고려시대 조회朝會와 의례儀禮를 맡아보던 관청. 1275년(충렬왕 1)에 각문閣門을 고친 것임. 1298년에 다시 각문이라 하였고, 1308년에는 중문中門이라 하였으며, 뒤에 다시 통례문으로 바뀜. 1356년(공민왕 5)에 또다시 각문으로 고치고, 1362년에 통례문, 1369년에 각문, 1372년에 또다시 통례문으로 바뀜. ② 조선 초기의 조회朝會와 의례儀禮를 맡아보던 관청. 태조에 설치된 각문閣門이 태종 때 통례문通禮門으로 바뀌고 예조에 소속하게 됨. 1466년(세조 12)에 통례원通禮院으로 개칭됨.

통례원通禮院 조선시대 조회朝會와 의례儀禮를 맡아보던 관청. 1466년(세조 12)에 통례문通禮門이 바뀐 것으로, 1895년(고종 32) 장례원掌禮院으로 개칭됨.

통리교섭통상사무아문統理交涉通商事務衙門 조선 말기 외교·통상 문제를 관장하던 관청. 1882년(고종 19) 11월에 청나라의 제도를 모방하여 설치된 통리아문統理衙門을 확충, 개편하여 그해 12월에 설치된 것으로, 군국기무 및 외교통상문제를 총령함. 예하기관으로 정각사征權司·장교사掌交司·부교사富教司·우정사郵程司가 있음. 1885년 4월 기능이 의정부로 이관됨.

통리군국사무아문統理軍國事務衙門 조선 1882년(고종 19)에 통리내무아문統理內務衙門을 고친 관청. 군국기무軍國機務 및 외교통상 문제를 총령함. 예하기관으로 이용사理用司·군무사軍務司·감공사監工司·전선사典選司·농상사農桑司·장내사掌內司·농상사農商司 등 7사를 둠. 1884년 10월 의정부에 합부됨.

통리기무아문統理機務衙門 조선 1880년(고종 17)에 설치된 국내외의 군국기무軍國機務를 총괄하는 정1품 관청. 군무사軍務司·변정사邊政司·통상사通商司·군물사軍物司·기계사機械司·선함사船艦司·기연사譏沿司·어학사語學司·전선사典選司·사대사事大司·교린사交鄰司·이용사理用司 등의 12사를 두고, 정치·군사 관계의 일을 장악함. 1881년 11월 12사를 동문同文·군무·통상·이용·전선·율례律例·감공監工 등의 7사로, 개편 통합하였으며, 1882년 6월에 폐지됨. 같은해 7월에 후신으로 기무처機務處가 설치되고, 11월에는 통리아문統理衙門이 설치되었으며, 같은해 12월에 통리교섭통상사무아문統理交涉通商事務衙門으로 개칭됨. 1894년 7월 통리교섭통상사무아문이 폐지되고 외무아문이 창설되어 총무·통상·교섭 이하 6국이 설치되어 교섭통상사무를 관장하고 주외공사·영사를 감독함. 1895년 외부外部로 개편되고, 1906년 외부의 사무가 의정부 외사국外事局으로 이관되어 폐지됨.

통리내무아문統理內務衙門 조선 1882년(고종 19)에 통리기무아문統理機務衙門을 없애고 설치된 관청. 1882년 11월 통리기무아문의 후신으로 통리아문統理衙門을 설치, 외교에 관한 일체의 사무를 맡아보게 하였으며, 통리내무아문을 설치하여 편민이국便民利國에 관한 일체의 사무를 맡아보게 함. 같은해 12월 통리아문을 통리교섭통상사무아문統理交涉通商事務衙門으로 하고, 통리내무아문을 통리군국사무아문統理軍國事務衙門으로 개칭함.

통문通文 조선시대 민간의 단체나 개인이 같은 종류의 기관, 관계가 있는 인사 등에게 공동의 관심사를 통지하던 문서. 서원·향교·향청鄕廳·문중門中·유생儒生·결사結社와 의병 또는 혁명이나 민관의 주모자들이 대체로 연명으로 작성하여 보냈으며, 그 내용은 통지·문의·선동·권유 등 다양함.

통문관通文館 고려시대 역어교육譯語教育과 통역에 관한 업무를 맡은 관청. 1276년(충렬왕 2)에 설치되었으며, 뒤에 사역원司譯院으로 고쳐짐.

통문박사通文博士 신라시대 문한文翰을 맡은 관직. 714년(성덕왕 13)에 종래 당나라에 대한 외교문서를 담당한 상문사詳文師를 개칭한 것으로, 759년(경덕왕 18)에 다시 한림翰林으로 고쳐졌고, 뒤에 학사學士를 두어 한림학사翰林學士라 칭함.

통방외通方外 조선시대 관학(성균관과 사학四學)의 유생만이 응시할 수 있었던 황감제黃柑製·반제泮製·절일제節日製·관학유생응제館學儒生應製의 특별과거를 일반인에게까지 개방한 제도.

통부통符 조선시대 야간통행증 또는 궁궐출입증.

통사通事 ① 고구려 말기의 관직. 소형小兄 이상 관등의 소유자가 임명됨. 외교업무를 맡음. ② 고려시대 내시부內侍府의 관직. 종9품으로, 1356년(공민왕 5) 정원을 1명으로 정함. ③ 조선시대 역관譯官의 하나. 사도목취재四都目取才에서 상등上等으로 합격한 역관. 혹은 외국에 가는 사행使行에 따라가는 통역관을 통칭하기도 함. 종류로는 상통사上通事·차상통사次上通事·소통사小通事 등이 있고, 주임무는 외국사행을 따라가 통역에 종사함. 이외 국용國用에 소용되는 서적·약재·악기 등을 무역하기도 함.

통사랑通仕郎 ① 고려시대 문산계文散階의 하나. 1308년(충렬왕 34) 9품계로 처음 설치된 뒤 등사랑登仕郎과 번갈아가면서 말기까지 존속됨. ② 조선시대 문산계文散階의 하나. 문관정8품 상계上階의 관계명官階名.

통사사인通事舍人 고려시대 통례문의 정7품 관직.

통상사通商司 조선 1880년(고종 17) 12월에 설치된 통리기무아문統理機務衙門에 소속된 부속관청. 중국을 비롯한 이웃나라들과의 통상업무에 관한 일을 맡아봄.

통선랑通善郎 조선시대 문산계文散階의 하나. 문관 정5품 하계下階의 관계명.

통신사通信司 조선 1896년에 설치된 전화·철도 등의 일을 관장하던 관청.

통신사通信使 조선시대 일본에 파견되던 국가의 공식적인 외교사절. 1876년(고종 13)에 수신사修信使로 바뀜.

통어사統禦使 ① 조선 후기의 종2품 무관직. 1633년(인조 11)에 경기·충청·황해도의 삼도수군을 통어하도록 설치됨. 통어영統禦營은 교동喬桐에 두었으며, 이후로 경기도수군절도사가 겸임하여 삼도의 해방海防 및 주사舟師를 총괄함. 한때 폐지되었다가 1789년(정조 13)에 다시 설치되어 교동부사가 경기도수군절도사 겸 삼도통어사를 겸하였으며, 1893년(고종 30)에 폐지됨. ② 조선 1888년(고종 25)에 충청도병마절도사를 고친 것임. 즉 육군통어사. 1893년에 폐지됨.

통역관通譯官 조선 말기 궁내부宮內府 소속 문관직. 칙임관官으로 통역·번역 업무를 담당함.

통위사統衛使 조선시대 통위영統衛營의 우두머리 벼슬.

통위영統衛營 조선 1888년(고종 25)에 친군영親軍營의 후영後營과 우영右營·해방영海防營을 합쳐 만든 군영.

통유通諭 상부에서 하부로 지시·명령할 때 쓰던 문서양식의 하나. 행정기관의 말단인 면장面長(:집강執綱)이 이장里長(:존위尊位·존통尊統)에게 지시·명령할 때 쓰던 문서.

통의대부通議大夫 고려시대 문산계文散階의 하나. 1076년(문종 30)에 정4품 하계下階로 정하여져 전체 29등급 중 제7계였음. 1298년(충렬왕 24)에 종3품계로 승급되었으며, 1356년(공민왕 5)에 정3품 하계下階로 된 뒤 봉순대부奉順大夫와 번갈아가면서 고려 말기까지 존속됨.

통의랑通義郎 조선시대 문반토관직文班土官職의 정5품의 관계명官

階名.

통인通引 ① 고려시대 중추원中樞院에 소속된 이속吏屬. 정원은 4명. ② 조선시대 지방관청에 소속된 이속. 수령守令의 신변에서 사환使喚 역할을 하던 이속. 통인은 경기도와 영동지역에서 불리던 칭호로, 경상도·전라도 등 하삼도에서는 공생貢生, 황해도·함경도 등지에서는 연직硯直이라 호칭됨.

통장桶匠 조선시대 경공장京工匠의 하나. 선공감繕工監에 소속되어 나무로 통을 만드는 일을 업으로 하는 장인匠人.

통정대부通政大夫 조선시대 문산계文散階의 하나. 문관 정3품 상계上階의 관계명관階名. 문산계에서 통정대부 이상을 당상관堂上官이라 함.

통제사統制使 조선 1593년(선조 26)에 제정된 경상도·전라도·충청도의 수군을 통솔하는 종2품 무관직. 삼도수군통제사三道水軍統制使의 약칭. 통제영統制營은 고성에 두고, 경상우도수군절도사가 겸임하며, 통수統帥·통곤統閫이라고도 함.

통제영統制營 조선시대 삼도수군통제사三道水軍統制使의 군영. 약칭 통영統營.

통직랑通直郎 ① 고려시대 문산계文散階의 하나. 1076년(문종 30)에 종6품 하계下階로 정하여져 전체 29등급 중 제17계가 됨. 1310년(충선왕 2)에 정5품으로 승급되어 조의랑朝議郎과 번갈아가면서 고려 말까지 존속됨. ② 조선시대 문산계文散階의 하나. 종친 정5품 상계上階의 관계명관階名.

통청通淸 조선시대 홍문관 관직의 후보자를 추 하고 비준하는 일. 홍문관의 관직을 청환淸宦이라 하여 그 관직에 임명될 후보자 3명을 추천하고 해당한 사람에게 권점圈點을 찍는 것을 말함.

통판通判 고려시대의 지방관직. 1116년(예종 11)에 대도호부大都護府와 목牧의 관관判官을 고친 것임.

통헌대부通憲大夫 ① 고려시대 문산계文散階의 하나. 1308년(충렬왕 34)에 제정된 종2품의 관계명관階名. ② 조선시대 문산계의 하나. 의빈儀賓 정2품 하계下階의 관계명관階名.

통훈대부通訓大夫 조선시대 문산계文散階의 하나. 문관 정3품의 관계명관階名. 통훈대부 이하를 당하관堂下官이라 하며, 기술관技術官이나 서얼庶孼의 한품限品임.

투순군投順軍 조선시대 임진왜란 때 우리나라에 투항한 일본인을 모아 조직한 군대.

투화전投化田 고려시대 내투來投 또는 귀화한 외국인에게 지급되었던 토지.

특진特進 고려시대 문산계文散階의 하나. 995년(성종 14)에 정광正匡을 고친 것임. 1076년(문종 30)에 정2품으로 정하여져 전체 29등급 중 제2계가 됨.

특진관特進官 ① 조선시대 경연經筵에 참석하여 왕의 고문에 응하던 관리. 1486년(성종 17) 처음 설치됨. 문·무관, 음관蔭官을 막론하고 2품 이상의 관리 가운데 의정부·육조·한성부의 관직을 역임한 자 중에서 홍문관의 장長이 초계抄啓하여 선임됨. ② 조선 말기 궁내부宮內府의 관직. 왕실의 전례典禮·의식儀式에 관한 일을 포함하여 왕실사무에 대한 왕의 자문에 응하는 임무를 담당함. 1895년(고종 32)에 신설되었으며, 칙임관勅任官으로 선임됨.

특진보국삼중대광特進輔國三重大匡 고려시대 문산계文散階의 하나. 1369년(공민왕 18) 정1품 상계上階로 처음 설치되었다가, 얼마 뒤 폐지됨.

특진삼중대광特進三重大匡 고려시대 문산계文散階의 하나. 1369년(공민왕 18) 정1품 하계下階로 처음 설치되었다가, 얼마 뒤 폐지됨.

파

파루罷漏 조선시대 도성 내의 통금의 해제를 알리기 위하여 새벽 4시에 종각鐘閣의 종을 33번 치던 일. 바루·바라·바래라고도 함.

파미간波彌干 파진찬波珍湌의 이칭.

파발擺撥 조선시대 변서邊書(:변방으로 가는 공문서)의 신속한 전달을 위하여 설치된 통신수단. 25리마다 참站을 두고 말을 타고 전송傳送하는 기발騎撥과 30리마다 참을 두고 사람의 속보로써 전달하는 보발步撥이 있음.

파시波市 바다 위에서 열리는 생선시장.

파자장把子匠 조선시대 경공장京工匠의 하나. 선공감繕工監에 소속되어 울타리 만드는 일을 업으로 하는 장인匠人.

파적위破敵衛 조선시대 중앙군인 오위五衛 중 충좌위忠佐衛에 소속되었던 병종兵種. 1459년(세조 5)에 설치되었으며, 경외京外의 한량인閑良人, 외방外의 정원, 그밖의 서원書員·일수日守·의율학醫律學, 하번下番의 경역인京役人 가운데서 목전木箭·편전片箭·말달리기·힘내기 등 네 가지를 시험 보아 그 중 두가지에 합격한 사람들로 조직됨. 모두 2,500명, 5교대로 4개월씩 복무함.

파지巴只 조선 초기 대전大殿과 동궁東宮의 천례천례賤隷로서 청소를 맡은 동남童男.

파진군破陣軍 조선시대 적의 진지에 돌격하여 격파할 수 있는 무술을 가진 자로 편성된 일종의 특공대.

파진군근사破陣軍勤事 조선시대 무반잡직武班雜織의 종7품 관직.

파진군종사破陣軍從事 조선시대 무반잡직武班雜織의 종8품 관직.

파진군추사破陣軍趨事 조선시대 무반잡직武班雜織의 종9품 관직.

파진찬波珍湌 신라시대의 관등. 17등 관계 중 제4등 관계로서, 일명 해간海干·파미간波彌干이라고도 함. 진골만이 받을 수 있는 관등으로, 공복公服의 빛깔은 자색紫色.

파진찬波珍湌 고려 초기에 사용된 다섯 번째 관계관階.

총파擔 조선시대 각 군영에 소속된 종4품 무관직.

판결사判決事 조선시대 장례원掌隷院의 우두머리 관직. 정3품 당상관. 노비송사에 대한 판결책임관.

판관判官 ① 신라시대의 관직. 봉성사성전奉聖寺成典·감은사성전感恩寺成典·봉덕사성전奉德寺成典에 속한 적위赤位와 영묘사성전靈廟寺成典에 속한 상당上堂을 759년(경덕왕 18)에 고친 것임. 776년(혜공왕 12)에 본래 명칭으로 복구됨. ② 고려시대의 중앙관직. 삼사三司·자정원資政院·개성부開城府·중문中門·오부五部·자운방紫雲坊·대청관大淸觀 등에 속하였으며, 품계는 각 아문에 따라 다르고, 대개 정5품에서 종9품까지임. 중문판관은 공민왕 때 인진부사引進副使라고도 하였음. ③ 고려시대의 지방관직. 목牧·도호부都護府·도독부都督府·방어진防禦鎭·주州·군都·유수영留守營 등 주요 지방관아에 두었던 속관. 유수관·대도호부·중도호부 이상에는 6품 이상을 두고, 방어진·주·군에는 7품의 판관을 둠. 예종 때 도호부의 판관을 일시 통판通判이라 개칭하기도 함. ④ 조선시대 상의원尙衣院·상서원尙瑞院·내의원內醫院·사복시司僕寺·군자감軍資監·관상감觀象監·전의감典醫監·사역원司譯院·선공감繕工監·제용감濟用監·내자시內資寺·내섬시內贍寺·예빈시禮賓寺와 한성부·수원부·광주부와 각 도의 감영, 주요 고을에 둔 종5품 관직. 소속관아의 행정실무를 지휘, 담당하거나, 지방관을 도와 행정·군정에 참여함.

교판校 조선시대 교서관校書館·승문원承文院의 정3품 관직. 정원은 각 1명. 승문원 교판은 외교문서를 총재하고, 교서관 판교는 경적經籍의 인쇄·반포 및 향축香祝의 업무를 담당함.

당판堂 ① 조선시대 한성부의 판윤判尹의 이칭. ② 조선시대 육조六曹의 판서判書의 이칭.

도사版圖司 고려 1275년(충렬왕)에 상서호부尙書戶部가 바뀐 중

앙정무기관. 호구戶口·공부貢賦·전량錢糧에 관한 일을 관장함. 1298년에 민조民曹로 고쳐졌으며, 1308년에 민부民部로 바뀌었다가 곧 다시 판도사로 복구됨. 1356년(공민왕 5) 호부戶部로, 1369년에 민부로, 1372년에 다시 판도사로, 1389년(공양왕 1)에 호조戶曹로 개칭됨.

판도첨의사사判都僉議使司事 고려시대 도첨의사사都僉議使司의 종1품의 우두머리 관직. 중서령中書令의 후신으로, 충렬왕 때 도첨의령都僉義令으로 바뀜.

판도평의사사判都評議使司事 고려시대 도평의사사都評議使司의 우두머리 관직. 타관이 겸임함. 1279년(충렬왕 5)에 판병마사判兵馬事가 고쳐진 것임.

판돈녕부사判敦寧府事 조선시대 돈녕부敦寧府의 종1품 관직. 주로 왕의 장인에게 제수됨.

판례부사判禮部事 판상서예부사判尙書禮部事의 약칭.

판리부사判吏部事 판상서이부사判尙書吏部事의 약칭

판문하判門下 고려 말기 문하부門下府의 우두머리 관직. 종1품. 정원은 1명. 초기의 내의령內議令이 성종 때 내사령內史令으로 바뀌었고, 문종 때 중서령中書令으로 되었다가, 1275년(충렬왕 1)에 폐지됨. 1296년에 도첨의령都僉議令으로 다시 제정되었고, 뒤에 판도첨의사사判都僉議使司事·영도첨領都僉議로 고쳐졌다가, 1356년(공민왕 5)에 중서령, 1362년에 영도첨으로 바뀜. 1369년에 문하부가 복설되면서 영문하領門下로 바뀌었다가, 우왕 때 판문하로 또 다시 바뀜.

판밀직사사判密直司事 고려시대 밀직사密直司의 으뜸 관직. 종2품. 1275년(충렬왕 1)에 판추밀원사判樞密院事가 고쳐진 것임. 준말 판사사判司事·판밀직判密直·판밀직사判密直事.

판별방版別房 조선 후기 호조에 신설된 특별부서의 하나. 중국이나 일본에 보내는 정기 사행使行 이외의 각종 특별 사행에 필요한 경비와 이때의 무역에 소요되는 제반물자의 조달과 지출을 담당하였음. 관원으로 계사計士(:회계사) 6명이 소속되어 있음.

판병마사判兵馬事 고려시대 도병마사都兵馬使의 으뜸 관직. 시중侍中·평장사平章事·참지정사參知政事·정당문학政堂文學이 겸임하는데, 1279년(충렬왕 5) 판도평의사사사判都評議使司事로 고쳐짐.

판병부사判兵部事 판상서병부사判尙書兵部事의 약칭.

판부사判府事 ① 고려시대 판중추부사判中樞府事의 약칭. ② 고려 1362년(공민왕 11)에 제정된 개성부開城府의 우두머리 관직. 종2품으로, 판부윤判府尹의 윗자리임.

판부윤判府尹 고려시대 개성부開城府의 우두머리 관직. 종2품. 정원 1명.

판사判事 ① 고려시대의 관직. 중추원·삼사三司를 비롯하여 시寺·감監에 이르기까지 대부분의 관부에 설치되어 있었으며, 품계는 관부에 따라 차이가 있으나, 해당 관부의 최고관직. 정원은 몇몇 도감都監을 제외하고는 모두 1명. 문종 관제 때 삼사·상서육부尙書六部·어사대·한림원·국자감에 재신宰臣의 겸직으로 1명, 비서성秘書省·각문閣門·전중성殿中省·예빈성禮賓省·위위시尉衛寺·태복시太僕寺·대부시大府寺·사재시司宰寺·사천대司天臺·태사국太史局에 정3품 1명, 소부감小府監·장작감將作監·군기감軍器監·태의감太醫監 등에 종3품 1명을 두었으며, 이 밖에 도병마사에는 시중 이하 모든 재신들의 겸직으로, 영송도감迎送都監에는 정원 3명의 관직으로, 전목사典牧司에는 재신의 겸직으로 각각 설치됨. ② 조선시대 돈녕부敦寧府·의금부·중추부의 종1품 관직. ③ 조선 말기 1894년(고종 31)에 설치된 법무아문法務衙門 소속 의금사義禁司의 책임자. 법무아문의 대신大臣이 겸임함. 이듬해 법무

아문이 법부法部로 바뀌고 의금사도 고등재판소高等裁判所로 바뀜에 따라 고등재판소에 법부의 칙임관勅任官이나 주임관奏任官이 겸하는 판사 2명을 둠. 같은 해 신설된 법부 소속의 한성재판소漢城裁判所와 각 지방재판소에도 판사를 둠. 1889년에 고등재판소가 평리원平理院으로 바뀜에 따라 평리원에 칙임관 또는 주임관의 판사 4명을 둠.

판사사判司事 ① 판밀직사사判密直司事의 약칭 ② 판삼사사判三司事의 약칭.

판삼사사判三司事 ① 고려시대 삼사三司의 종1품 관직. 재신宰臣이 겸임함. 약칭 판사사判司事. ② 조선 초기 삼사三司의 종1품 관직. 1401(태종 1) 판사평부사判司平府事로 바꿈.

판상서공부사判尙書工部事 고려 초기 상서공부尙書工部의 으뜸 관직. 재신宰臣이 겸임함. 약칭 판공부사判工部事.

판상서예부사判尙書禮部事 고려 초기 상서예부尙書禮部의 으뜸 관직. 재신宰臣이 겸임함. 약칭 판례부사判禮部事.

판상서이부사判尙書吏部事 고려 초기 상서이부尙書吏部의 으뜸 관직. 재신宰臣이 겸임함. 약칭 판리부사判吏部事.

판상서형부사判尙書刑部事 고려 초기 상서형부尙書刑部의 으뜸 관직. 재신宰臣이 겸임함. 약칭 판형부사判刑部事.

판상서호부사判尙書戶部事 고려 초기 상서호부尙書戶部의 으뜸 관직. 재신宰臣이 겸임함. 약칭 판호부사判戶部事.

판서判書 ① 고려 후기의 정3품 관직. 1275년(충렬왕 1)에 상서육부尙書六部가 전리사典理司·군부사軍簿司·판도사版圖司·전법사典法司의 사사四司로 개편되면서 종래의 상서尙書를 고친 것임. 정원은 각 사마다 1명. 재신宰臣들이 겸직하였으며, 각 사의 실질적인 장관. 1298년 사사가 전조銓曹·병조兵曹·민조民曹·형조刑曹·의조儀曹·공조工曹 등 육조六曹체제로 개편되면서 상서로 다시 개칭되었으나, 같은해 육조가 사사로 개편되면서 다시 설치됨. 1308년 사사가 선부選部·민부民部·언부讞部 등 삼부三部로 개편되면서 전서典書로 개칭되고, 정원도 각 부마다 2, 3명으로 됨. 1356년(공민왕 5) 고려 전기의 육부체제가 부활되면서 상서로 개칭됨. 1362년에 사사에 예의사禮儀司·전공사典工司를 합쳐 육사체제가 성립되면서 다시 판서로 부활됨. 1368년 육사가 선부選部·총부摠部·민부民部·이부理部·예부禮部·공부工部 등 육부로 개편되자 상서로 바뀌었다가, 1372년에 다시 육사체제로 환원됨과 동시에 판서로 복원됨. 1389년(공양왕 1) 육사가 이조史曹·병조兵曹·호조戶曹·형조刑曹·예조禮曹·공조工曹 등 육조로 개편되자 판서는 변하지 않고 존속됨. ② 조선시대 육조六曹의 장관. 정2품. 국초 각조의 장관이 정3품의 전서典書가 1405년(태종 5)에 육조의 권한 강화로 정2품으로 승격되면서 개칭됨. 주임무는 각 조를 총괄하고, 각 조에 소속된 속아문屬衙門을 당상관이나 제조提調로서 지휘함. 또한 문한文翰이 뛰어난 경우는 경연慶筵·성균관·춘추관의 지사知事, 홍문관·예문관의 대제학 및 세자시강원世子侍講院의 좌·우빈객을 겸대함. 1894년(고종 31) 갑오개혁 때 각 아문의 대신大臣으로 개칭되면서 폐지됨.

판원사判院事 ① 판추밀원사判樞密院事의 약칭. ② 판한림원사判翰林院事의 약칭. ③ 판중추원사判中樞院事의 약칭.

판윤判尹 조선시대 한성부漢城府의 우두머리 관직. 정2품. 1469년(예종 1) 판한성부사判漢城府事를 개칭한 것으로, 1894년(고종 31) 부윤府尹으로 개칭됨. 1895년 한성부가 한성군漢城郡으로 격하되면서 경기관찰사가 관할하는 11개 군 중의 하나로 되고, 이의 책임관을 참사관參事官으로함. 1896년 한성군이 한성부로 격상되고, 총책임자를 다시 판윤으로 됨. 1905년 통감부統監府가 설치되면서 한성부의 책임자도 윤尹으로 개칭. 품계를 칙임관勅任官으로 함. 1907년

윤尹이 부윤으로 개칭되고, 1910년에 폐지됨.

판의금부사判義禁府事 조선시대 의금부의 종1품 관직.

판임관判任官 한말 관료의 최하직계最下職階. 1894년(고종 31) 갑오개혁으로 종래의 관료제도가 대폭 개편되었는데, 이때 기존의 18품계가 1·2품에는 정·종을 두되, 3품에서 9품까지는 정·종을 폐하여 11개의 품급으로 축소됨. 아울러 당상當上·당하當下·참상參上의 세 직계로 나누던 것을 폐지하고, 칙임勅任·주임奏任·판임任으로 3대별하였음. 이 때 7품에서 9품까지를 판임관이라 함. 문관의 경우 각부아문各府衙門의 하급 주사 등이, 무관의 경우 부위副尉·참위參尉 등 위관급이 여기에 해당됨. 1895년 관료제도가 다시 개편되어 11품으로 나누던 관등을 칙임관 1~4등等, 주임관 1~6등, 판임관 1~8등으로 모두 18등급으로 개정됨.

판적사版籍司 조선시대 호조 소속의 관서. 회계사會計司·경비사經費司와 함께 호조의 3대 기간부서, 가호와 인구의 파악, 토지의 측량과 관리, 조세·부역·공물의 부과와 징수, 농업과 양잠의 장려, 조흥의 조사, 진휼과 환곡의 관리를 담당함.

판종부시사判宗簿寺事 고려·조선 초기 종부시宗簿寺의 장관. 정품 당상관 종부시정宗簿寺正의 후신. 선원보첩璿源譜牒을 편찬하고 종실의 허물과 잘못을 규찰하는 일을 총괄함.

판종정경判宗正卿 조선시대 종친부宗親府의 정1품 관직. 대개 승습承襲한 군君들이 겸임함. 국조어첩國朝御牒을 작성하고 선원보략璿源譜略을 찬수하는 일에 참여하는 것이 주임무.

판중추부사判中樞府事 조선시대 중추부中樞府의 종1품 관직. 정원은 2명. 중추부가 문·무관상관으로서 소임이 없는 사람들을 하는 기관이어서, 이곳의 판사도 고유 담당업무가 없음. 대신급의 고위관원이 체직될 때 잠시 임명되는 자리로 활용됨.

판중추원사判中樞院事 ① 고려시대 중추원中樞院의 으뜸 관직. 종품. 문종 때 설치되어, 1095년(헌종 1)에 판추밀원사判樞密院事로, 1275년(충렬왕 1) 판밀직사사判密直司事로, 1356년(공민왕 5) 다시 판추밀원사로, 1362년에 다시 판밀직사사로 고쳐짐. ② 조선 초기 중추원의 정2품 관직. 1466년(세조 12) 판중추부사判中樞府事로 바뀌고, 종1품으로 승급됨.

판추밀원사判樞密院事 고려시대 추밀원樞密院의 으뜸 관직. 종2품. 1095년(헌종 1)에 판중추원사判中樞院事를 고친 것임. 약칭 판원사判院事·판추밀判樞密.

판형부사判刑部事 판상서형부사判尙書刑部事의 약칭.

판호부사判戶部事 판상서호부사判尙書戶部事의 약칭.

팔관도감八關都監 고려 중기 서경西京의 팔관회八關會 행사를 담하던 임시관청.

팔관보八關寶 고려시대 팔관회八關會의 행사를 담당하던 관청. 과 서경西京에 각각 설치됨. 또한 이 팔관보에 국가나 왕실이 돈는 곡물을 시납施納하여 형성된 기금을 지칭하기도 함.

팔관회八關會 신라·고려 시대 우리 민족의 고유 신도神道의 의식불교가 결부되어 국가적 행사로 성행하였던 의식. 신라의 팔관회10월 11월에 개최됨. 고려의 팔관회는 서울인 개경에서는 11월일, 서경西京에서는 10월에 개최됨.

팔의八議 대명률大明律의 평의評議에 의해 형벌을 감면하는 8가지 조건. 즉 의친議親(:왕실의 일정한 친척), 의고議故(:왕실과 고구舊 관계로 여러 해 특별한 은덕을 입은 사람), 의공議功(:국가에 공훈을 세운 사람), 의현議賢(:큰 덕행이 있는 현인군자), 의능議能(:재능이 우월하여 왕업王業을 보좌하고 인류의 모범이 될 만한 람), 의근議勤(:문관 또는 무관으로 각별히 성실하게 봉직하거나 신으로 나가 노력하여 공로가 현저한 사람), 의귀議貴(:관작이 높인 자, 문·무관 3품 이상인 자, 산관散官 2품 이상인 자), 의빈議

(: 전대 군왕의 자손으로서 선대의 제사를 맡아 국빈國賓이 된 자)에 해당되는 자는 형벌을 감면받았음.

팔조법금八條法禁 고조선시대의 법률. 8조금법의 전문은 전하지 않고 《한서漢書》 지리지에 3개 조만이 전함. 즉, 첫째, 사람을 죽인 자는 사형에 처함. 둘째, 남에게 상해를 입힌 자는 곡물로써 배상함. 셋째, 남의 물건을 훔친 자는 노비로 삼으며, 속죄하고자 하는 자는 1명당 50만 전錢을 내야 함.

팔포八包 조선시대 중국에 파견된 사신이 여비旅費로 쓰기 위하여 가져가는 8개의 꾸러미. 사신이 중국에서 당화唐貨로 바꾸어 여비로 쓰기 위하여 인삼 10근씩 담은 꾸러미 8개, 즉 인삼 80근을 가져가도록 규정한 데에서 유래한 것으로, 흔히 팔포무역이라고 함.

패강진전浿江鎭典 통일신라시대 변경의 수비를 위하여 설치한 군진軍鎭인 패강진浿江鎭을 관리하던 관청. 관원으로는 최고책임자로 두상대감頭上大監을 두고, 그 밑에 대곡성두상大谷城頭上을 두었으며, 그밑에 대감大監·두상제감頭上弟監·제감弟監·보감步監·소감少監을 둠.

패두牌頭 ① 조선시대 형조에 소속되어 죄인의 볼기를 치는 일을 맡은 사령. ② 조선시대 장용위壯勇衛에 소속된 무관직. 군사 50명을 거느리는 부대의 우두머리.

패자沛者 고구려시대의 관직. 3세기 이전의 10관등 중 상가相加·대로對盧에 이은 제3위의 관등. 그러나 대로를 둘 때는 패자를 두지 않고, 패자를 둘 때는 대로를 두지 않아 대로와 패자는 같은 지위에 있었으며, 동일한 직능을 가졌던 것으로 추정됨. 대로는 지난날의 부족적 성격을 지닌 데 비하여, 패자는 행정적·관료적 성격을 보다 많이 지님.

패지牌旨 조선시대 시행되던 업무 위임문서. 패자牌子·배지背旨라고도 함. 오늘날의 위임장과 같음.

패초牌招 조선시대 긴급사태가 발생하였거나 야간에 긴급히 대면할 필요가 있을 때 또는 왕이 필요한 신하의 입시入侍를 명할 때 패를 사용하던 제도. 왕이 승지에게 부를 신하의 직위와 성명을 말하여 '명命'자를 쓴 목패에 쓰게 한 뒤 승정원의 액례掖隸를 시켜서 부르게 함.

팽배彭排 조선시대 오위五衛의 우위右衛인 호분위虎賁衛에 소속된 병종兵種. 방패를 무기로 쓰는 병종. 정원은 5,000명으로, 5교대로 4개월씩 복무함. 대장隊長(정9품)·대부隊副(종9품) 등의 무반 잡직 관직이 있음.

팽배대부彭排隊副 조선시대 무반武班 잡직雜職의 종9품 관직.

팽배대장彭排隊長 조선시대 무반武班 잡직雜職의 정9품 관직.

팽부烹夫 조선시대 사옹원司饔院의 종9품 잡직雜職 관직.

편년체編年體 역사편찬의 한 체재. 역사기록을 연·월·일 순으로 정리하는 역사서술 방식. 동양에서 가장 보편적이고 오래된 역사편찬체재.

편수관編修官 ① 고려 1356년(공민왕 5)에 제정된 사관史館의 정7품 관직. 사관史官의 하나로, 역사의 기록과 편찬을 담당함. ② 조선시대 춘추관의 관직. 사관史官의 하나로, 역사의 기록과 편찬을 담당함. 품계는 정3품 당하관에서 종4품까지로서, 의정부·홍문관·사헌부·사간원·승문원承文院·종부시宗簿寺 등의 해당 품계의 관원이 겸임함. 정조 때 규장각이 설치되면서 규장각의 정3품 당하관에서 종4품까지의 관원도 겸임함.

평기平氣 24절기의 각 기氣의 일시日時를 정하기 위하여 한 기와 다음 기 사이의 간격을 계산하는 데 1태양년의 길이를 24등분한 평균간격을 쓰는 역법曆法.

평난공신平難功臣 조선 1589년(선조 22)에 정여립鄭汝立의 반란을 평정하는 데 공을 세운 박충간朴忠侃·이축李軸·한응인韓應寅·

민인백閔仁伯·이수李綬 등 22명의 공신에게 내린 훈호勳號.

평두량도감平斗量都監 고려 1173년(명종 3)에 나라에서 쓰는 도량형기, 특히 되·말 등을 통일시키기 위하여 설치되었던 임시관청.

평리評理 고려시대 문하부門下府의 종2품 관직. 초기에 참지정사參知政事라 하던 것을 1275년(충렬왕 1)에 첨의참리僉議參理로 고쳤다가, 1308년에 평리로 바꿈. 1330년(충숙왕 17)에는 다시 참리參理로 바꾸었으며, 1356년(공민왕 5)에는 참지정사로, 1362년에는 또다시 첨의평리로, 1369년에는 참지문하부사參知門下府事로 고쳤다가, 1372년에 문하평리門下評理로 바꿈.

평리원平理院 조선 1899년(고종 36)부터 1907년까지 존치되었던 최고법원. 1899년 고등재판소가 개칭된 것으로, 1907년에 대심원大審院으로 바뀜.

평립궁전平立宮典 신라시대의 관청. 내성內省 소속의 평립궁平立宮을 관리하던 관청으로, 홍현율弘峴宮·갈천궁葛川宮·선평궁善坪宮·이동궁伊同宮과 더불어 고나궁古奈宮이라고도 함. 소속 관원은 대사大舍 2명, 사史 2명.

평문平問 조선시대 죄인에게 죄를 심문하던 방법의 하나. 서민이 아닌 관리나 양반 사족士族을 조사할 때 신장訊杖(:고문용의 형장) 같은 형구를 사용하지 않고 구두로 묻고 구두로 답변하는 심문방법.

평사評事 ① 신라시대의 관직. 감찰 및 형옥刑獄 관계의 특수직에 속함. 759년(경덕왕 18)에 사정부司正府와 좌·우이방부左右理方府의 세 번째 관직인 좌佐를 고친 것임. 776년(혜공왕 12) 다시 좌로 바꿈. 정원은 사정부·좌이방부·우이방부 각 2명. 나마奈麻 이상 대나마大奈麻의 관등을 가진 자로서 보임됨. ② 조선시대 각 도의 병마절도사영에 두었던 정6품의 문관 외관직. 영의 장수를 도와 군사 관계 일을 협의하도록 하기 위해 제정되었는데, 뒤에 다른 도의 평사들은 없애고, 경상도·평안도·함경도에만 둠. 평안도병마평사는 1463년(세조 8)에 제정되었다가 1622년(광해군 14)에 없앴고, 경상도병마평사는 1553년(명종 8)에 제정되었다가 바로 없앴으며, 함경도북병마평사는 1456년(세조 2)에 제정되고 1637년(인조 15)에 폐지되었다가 1664년(현종 5)에 다시 제정되어 말기까지 존속됨. 이를 흔히 북평사北評事라고도 함.

평시서平市署 조선시대 시전市廛과 도량형, 그리고 물가 등에 관한 일을 관장하던 관청. 1392년(태조 1)에 설치된 경시서京市署가 1466년(세조 12)에 바뀐 것임. 1894년(고종 31) 갑오개혁 때 폐지됨.

평식원平式院 조선 1902년에 도량형을 통일하기 위하여 설치된 궁내부宮內府 소속의 관청. 1904년 통상공부로 통폐합됨.

평장사平章事 고려시대 중서문하성의 정2품 관직. 중서문하성의 재신宰臣으로서 국정을 논의하는 데 참여함. 1275년(충렬왕 1)에 찬성사贊成事로 개칭되었다가, 1356년(공민왕 5) 다시 평장사로 환원되었고, 1362년 다시 찬성사로 되었다가, 1369년에 평장사로 고쳐짐.

평장정사平章政事 고려 후기 정동행성征東行省의 차관직. 종1품, 정원은 2명.

평진음전平珍音典 신라시대의 관청. 경덕왕 때 일시 소궁掃宮으로 고친 적이 있음. 소속 관원으로는 간옹看翁 1명, 연옹筵翁 1명, 전옹典翁 1명이 있음.

폐백幣帛 신부가 시댁에 와서 시부모를 비롯한 여러 시댁 어른들에게 드리는 인사. 예전의 혼례에서는 구고례舅姑禮라고 하였음. 신부가 혼례를 마치고 친정을 떠나 시댁으로 신행新行한 뒤에 행하여지는 의례. 신부는 미리 친정에서 준비하여온 대추·밤·술·안주·과일 등을 상 위에 올려놓고 시부모와 시댁의 어른들께 근친의 차례대로 큰절을 하고 술을 올리면, 며느리에게 절을 받은 시부모는 치마에 대추를 던져주며 부귀다남富貴多男하라고 당부함. 이때 신부는 시부모와 시댁식구들에게 줄 옷이나 버선 등 선물을 내놓음.

포浦 고려 초기 전국의 주요 해변과 강가에 위치하여 수로교통의 요충지로 이용되었던 촌락.

포교捕校 조선시대 서울의 좌·우포도청左右捕盜廳에 소속된 군관軍官. 경포교京捕校·경포京捕·경교京校라고도 함.

포도대장捕盜大將 조선시대 포도청捕盜廳의 우두머리 관직. 종2품. 좌포도청과 우포도청에 각각 1명씩 있음.

포도청捕盜廳 조선시대 죄인의 심문이나 포도捕盜·순라巡邏 등의 일을 맡았던 관청. 일명 포청捕廳. 좌포도청·우포도청이 있음. 각기 대장大將(종2품) 1명, 종사관從事官(종6품) 3명, 부장部將 4명, 무료부장無料部將 26명, 가설부장加設部將 12명, 서원書員 4명씩을 둠.

포병대砲兵隊 한말에 설치되었던 중앙군대의 하나. 1898년 7월에 시위연대에 설치. 배속되었으며, 1907년 군대해산으로 폐지됨.

포보砲保 조선 후기 훈련도감의 운영을 위하여 설정한 군보軍保. 즉 포군砲軍 네 사람 중 한 사람이 복무하면 세 사람이 그의 보인保人이 되는 것.

포삼별장包蔘別將 조선시대 의주義州에 있는 관세청管稅廳의 관원. 관삼관蔘을 중국 책문柵門에 내어다가 무역하는 일을 맡아봄.

포쇄曝曬 젖거나 습기찬 것을 바람에 쏘이고 햇볕에 말리는 것.

포쇄관曝曬官 조선시대 사고史庫의 서적들을 점검하고 햇빛과 바람에 쐬던 일을 맡은 사관史官.

포전布廛 조선시대 육주비전六注比廛의 하나. 포布, 즉 삼베를 주로 취급함.

포전庖典 신라시대의 동궁관東宮官에 소속된 관청 중의 하나. 동궁에서 사용하는 각종 육류를 조달하는 일을 관장함. 소속 관원으로는 대사大舍 2명과 사apple 2명, 종사從舍知 2명이 있음.

포졸捕卒 조선시대 포도청捕盜廳에 소속된 군졸.

포주蒲州 발해의 지방행정구역. 62주州 중의 하나. 철리부鐵利府에 속함.

포폄법褒貶法 조선시대 관리들의 근무 성적을 평가하여 포상과 처벌에 반영하던 인사행정 제도. 포폄의 '포'는 포상을 의미하고, '폄'은 폄하貶下를 의미함.

폭전曝典 신라시대의 관청. 내성內省에 소속되어 궁중에서 보관하고 있는 서책을 포쇄曝曬하는 임무를 담당함.

표기대장군驃騎大將軍 고려시대 무산계武散階의 하나. 전체 29계 중에서 제1계로 종1품의 관계명官階名.

표신標信 궁중에 급변急變을 전할 때나 궁궐문의 개폐 또는 궁궐문에 드나들 때 지니는 증표證票.

표전典漂典 신라시대의 관청. 내성內省에 소속되어 직물의 표백을 담당함. 소속 관원으로 모母 10명이 있음.

표통장表筒匠 조선시대 경공장京工匠의 하나. 공조工曹에 소속되어 외교문서를 넣는 통을 만드는 일을 하는 장인匠人.

표훈원表勳院 대한제국시대의 관리들에게 주는 연금과 훈장·포장 등에 관한 일을 맡은 관청. 1900년에 설치되었으며, 1905년에 표훈사表勳司로 고쳐져 의정부에 예속되었다가 그해 다시 표훈원으로 독립됨. 1910년에 폐지됨.

품계品階 봉건사회에서 관직들의 신분적 지위와 관직의 높고 낮음에 따라 나눈 등급. 위계位階·관계官階라고도 함. 중앙관청의 관직과 지방관청 또는 해당 지역의 토착 지배계층에게 주는 등급이 각각 다르며, 이속吏屬에 해당되는 등급과 구별됨. 중앙관직들에 대하여 고구려에서는 관직을 12등급으로 나누었고, 백제에서는 16등급, 신라에서는 17등급으로 나누었으며, 고려에서는 시대에 따라 차이가 있었으나 문관 및 무관 관리들을 29등급으로 나누었고, 조선에서는 30등급으로 나누었음. 지방 관직들에 대하여 신라 때는 11등급으로 나

누었고, 고려시대는 향직鄕職이라 하여 지방의 토착 이속들을 위한 16등급의 품계가 있었으며, 조선시대에는 토관직土官職과 잡직雜職에 각각 일정한 수의 품계가 있었음.

품고稟告 아전·색리色吏가 상관에게 보고하는 문서 종류의 하나.

품관品官 품계가 있는 관직을 가진 문·무관직의 통칭. 이전에 벼슬아치를 하다가 물러난 관리를 전함품관前銜品官이라 하고, 일부 양인良人 출신으로서 품계를 가진 벼슬아치를 한 사람을 한량품관閑良品官이라 하며, 각 지방의 향청鄕廳이나 그 지방의 벼슬아치를 지낸 사람을 유향품관留鄕品官이라고 함.

품대品帶 관인이 관품官品에 따라 착용하는 띠.

품등品燈 조선시대 벼슬아치가 야간 출입시 그 품계에 따라 사용하는 등.

품마品馬 고려시대 군마의 조달을 위하여 관리들의 말을 품계에 따라 각기 징발하던 제도.

품목稟目 서원·향교에서 그 지방의 수령에게 올리는 문서양식의 하나. 대개 서원이나 향교의 유사有司·재임齋任·유생儒生들이 그들 서원·향교의 권리·특전을 보장받기 위하여 수령에게 보고하거나 진정하는 문서로서, 수령의 처분題音을 받게 됨.

품미品米 고려시대 재정궁핍을 보충하기 위하여 품관品官으로부터 임시로 징수하던 쌀. 1288년(충렬왕 14)부터 관리들의 품계에 비례하여 3·4품의 관리는 3석, 5·6품은 2석, 7~9품은 1석의 품미를 징수하였음. 고려 말에는 국가재정상태가 극도로 악화되어 1376년(우왕 2)에는 공상민工商民과 천례賤隷에게서도 품미를 징수하고, 그 대가로 품미의 양에 따라 관직을 주기도 하였음.

품반品班 대궐 안 정전正殿 앞뜰에 백관百官이 늘어서는 차례.

품석品石 조선시대 백관百官이 그 품계品階에 따라 정렬하는 궁궐의 정전正殿 앞뜰에 품계를 새겨 나열한 돌. 품계석品階石이라고도 함.

품아문品衙門 일정한 등급을 가진 관청. 그 관청의 우두머리 관직의 품계에 따라 그 관청의 등급을 결정하였음.

품은品銀 고려 중기 이후 국가재정을 보충하기 위해 관리들에게서 품계에 따라 은을 징수하던 제도. 때로는 금을 징수하기도 함.

품주稟主 신라 초기의 관부. 일명 조주祖主(조주租主); 집사부執事部와 창부倉部의 전신으로, 565년(진흥왕 26)에 설치되어, 651년(진덕여왕 5)에 집사부로 고쳐짐. 장관은 전대등典大等 2명, 국왕의 가신적家臣的 기구에서 출발하여 처음에는 국가의 재정에 관한 일을 맡았으나, 584년에 이르러 공부貢賦에 관한 사무를 조부調府에 인계한 뒤로는 주로 재정의 지출에 관한 사무를 관장함. 그 뒤 왕권의 성장에 따라 점차 왕정의 기밀사무를 관장하는 최고 관청으로 발전함.

품포品布 고려 후기 몽고에 세공歲貢을 바치거나 국왕이 친조親朝할 때 또는 원나라의 요청으로 군대를 동원할 경우 그 비용을 위하여 징수하던 포목.

풍물장風物匠 조선시대 경공장京工匠의 하나. 상의원尙衣院·장악원掌樂院 등에 소속되어 각종 악기를 만드는 일을 업으로 하는 장인匠人.

풍장風葬 시체를 지상에 노출시켜 자연히 소멸시키는 장례법 또는 시체의 처리방법. 사체를 지상이나 나무 위, 암반 등과 같은 자연상태에 유기하여 비바람을 맞아 부패하게 하여 자연적으로 소멸시키는 사체처리 방법.

풍저창豐儲倉 ① 고려시대 궁궐에서 사용하는 곡식을 맡아보던 관청. 1308년(충렬왕 34)에 우창右倉을 고친 것임. ② 조선시대 호조戶曹의 관할 아래 미곡·콩·종이·자리 등 전국 각지로부터 수납된 물품을 맡아 보던 관청. 1392년(태조 1)에 설치되고, 뒤에 장흥고長興庫에 합쳐짐.

풍주豐州 발해의 지방행정구역. 일명 반안군盤安郡. 62주州 중의 하

나. 서경압록부西京鴨綠府에 속함.

풍헌風憲 조선시대 지방 행정단위 중의 하나인 면面의 행정을 맡은 자. 지방의 토착양반들 가운데서 선임됨.

피일彼日 신라시대 지방의 세력가에게 준관등. 외위外位 11위 중 열 번째 관등으로, 경위京位의 소오小烏에 해당됨. 삼국통일 무렵인 674년(문무왕 14)에 지방 출신에게도 일률적으로 경위를 주게 됨에 따라 폐지됨.

피전皮典 신라시대의 관청. 경덕왕 때 일시 포인방鞄人房으로 고친 일이 있음. 내성內省 소속으로 가죽제품 생산을 담당함.

피접避接 사람이 병이 들어 약을 써도 효험이 없거나 병의 원인이 분명하지 않을 때, 살던 집을 피하여 다른 곳으로 옮겨 요양하던 풍습.

피휘避諱 문장에 선왕先王의 이름자가 나타나는 경우 공경과 삼가는 뜻을 표시하기 위하여 획의 일부를 생략하거나 뜻이 통하는 다른 글자로 대치하는 것.

필도치필도적必闍赤 고려 최씨무신정권의 정방政房에 속하였던 문사文士에 대한 총칭. 몽고어로 문사文士에 대한 총칭. 몽고어로 문사를 뜻하는 말. 비도치[비도적秘闍赤]라고도 함.

필사본筆寫本 붓 등의 필사재료를 이용하여 깁 또는 종이에 서사한 책. 서사본書寫本 · 초본鈔本 · 녹본錄本이라고도 함.

필선弼善 조선시대 세자시강원世子侍講院의 관직. 정4품. 정원은 1명. 주임무는 세자의 강학講學에 참여하는 것임. 1392년(태조 1)에 세자관속世子官屬을 처음 정하면서 좌 · 우필선 각 1명을 두었고, 세종 때는 집현전 관원들이 이를 겸직하였음. 1456년(세조 2) 집현전이 폐지되면서 모두 실직實職이 됨. 1461년 좌필선은 필선 1명으로 직제에 남고, 우필선은 겸직이 되어 법제에서 빠지게 되어 좌 · 우라는 명칭이 없어짐. 1529년(중종 24) 정4품의 겸필선兼弼善 1명을 더 둠.

필장筆匠 조선시대 경공장京工匠의 하나. 공조工曹 등에 소속되어 붓을 매는 일을 업으로 하는 장인匠人.

하

하과夏課 고려시대 사학私學에서 실시한 여름철의 교육방법. 일명 하천도회夏天都會. 오늘날의 여름방학 특강과 같은 것임. 매년 음력 5월과 6월 사이의 50일 동안 조용한 사찰의 승방僧房을 빌려 문도門徒들을 합숙시키고, 자기 사학 출신의 과거급제자로서 능력이 뛰어나면서도 아직 벼슬하지 못한 자를 교도敎導(: 일명 선달先達이라고도 함.)로 삼아 후배들을 지도하게 한 사학의 과거 준비교육의 하나.

하관夏官 병조兵曹의 별칭.

하관정夏官正 고려시대 사천대司天臺의 종5품 관직. 천문·역수曆數·측후測候 및 각루刻漏 등의 일을 담당함.

하대부下大夫 조선시대 당하관堂下官인 대부大夫. 즉 정3품 통훈대부通訓大夫 이하로 종4품 조봉대부朝奉大夫까지의 품계를 가진 사람을 일컬음.

하도감下都監 조선시대 서울에 있던 훈련도감訓鍊都監의 한 분영.

하론업何論業 고려시대 잡업雜業 가운데 하나. 기초 교양으로써 이속吏屬을 선발하는 시험. 국자감시國子監試에서 실시함.

하마비下馬碑 조선시대 말을 타고 이곳을 지나는 사람은 누구든지 말에서 내려야 한다는 글이 적혀 있는 종묘 및 궐문 앞에 세워놓은 석비石碑.

하번下番 ① 번차가 바뀌어 교대로 근무를 마치고 나오는 사람. ② 순번이 아래인 사람.

하사인下舍人 신라시대의 관직. 사인이란 궁중에 소속된 근시직近侍職으로, 그 직급에 따라 상사인上舍人·중사인中舍人·하사인의 구별이 있음.

하서변河西邊 신라시대의 군대. 한산변漢山邊·우수변牛首邊과 더불어 삼변수당三邊守幢의 하나. 690년(신문왕 10)에 설치됨.

하서정河西停 신라시대 육정六停의 하나. 지금의 강원도 삼척지방에 배치됨. 505년(지증왕 6) 삼척에 실직주悉直州를 설치하고, 진흥왕 때 육정의 하나인 실직정悉直停을 배치하였다가, 658년(태종무열왕 5)에 실직정을 폐하고 지금의 강릉지방으로 옮겨 하서정을 설치함. 금衿의 빛깔은 녹백색綠白色. 장군將軍 2명이 배치됨.

하서주河西州 신라시대 지방통치구역. 구주九州의 하나. 주치州治는 현재 강릉지역.

하서주궁척河西州弓尺 신라시대의 군부대. 활 쏘는 부대로, 한산주궁척漢山州弓尺과 더불어 이궁二弓의 하나. 598년(진평왕 20)에 하서주河西州에 설치됨.

하서주서河西州誓 신라시대의 군부대. 오주서五州誓의 하나. 672년(문무왕 12) 하서주河西州(:지금의 강릉지역)에 설치됨. 소속 군관으로 착금기당주著衿騎幢主 4명이 있음. 금衿의 빛깔은 녹자색綠紫色.

하선장下膳狀 국왕이 신하에게 어물魚物 등의 반찬[선膳]을 내려줄 때 발급하는 문서.

하슬라소경河瑟羅小京 신라 소경小京의 하나. 지금의 강릉지역에 둠. 639년(선덕여왕 8)에 설치되었다가, 658년(태종무열왕 5)에 폐지되고 주州로 변함.

하신모전下新謀典 신라시대의 관청. 소속 관원으로 대사大舍 1명과 사史 2명이 있음.

하장군下將軍 신라시대 무관직. 상장군上將軍의 차위직.

하전下典 ① 신라시대의 관직. 궁중 직속의 벽전壁典·자원전笜園典의 하급관직으로, 간옹看翁을 보좌함. 정원은 벽전에 4명, 자원전에 2명. ② 조선시대 각 관청에 소속된 구실아치들을 일컬음.

하주下州 신라시대의 지방행정 구역. 555년(진흥왕 16)에 비사벌比斯伐(:지금의 창녕)에 처음 설치됨. 565년에 치소治所를 대야大耶(:지금의 합천)로 옮겼고, 다시 642년(선덕여왕 11)에는 압량押梁(:지금의 경산)으로 옮김. 661년(태종무열왕 8)에 치소를 다시 대야로 옮

겼고, 685년(신문왕 5)에 완산주完山州와 청주淸州가 신설됨으로써 폐지됨.

하주河州 발해의 지방행정구역. 62주州중의 하나로, 장령부長嶺府에 속함.

하주賀州 발해의 지방행정구역. 62주州 중의 하나로, 동경용원부東京龍原府에 속함. 일명 길리군吉里郡.

하주瑕州 발해의 지방행정구역. 62주州중의 하나로, 장령부長嶺府에 속하며, 이부의 수주首州.

하주정下州停 신라시대의 군부대. 육정六停의 하나. 555년(진흥왕 16) 비사벌比斯伐(:지금의 창녕)에 주州를 설치할 때 창설됨. 그 뒤 주의 이동에 따라 565년 대야大耶, 642년(선덕여왕 11) 압량押梁, 661년(태종무열왕 8) 다시 대야로 옮겼다가, 685년(신문왕 5)에 대야주를 없애고 대신 완산주完山州를 둘 때 없어짐. 금衿의 빛깔은 백자색白紫色.

하호下戶 전근대시기에 촌락을 구성하고 있던 농민층을 지칭하는 용어.

학관學官 ① 조선시대 지방에서 양반 관리 자제들을 가르치는 일을 맡은 관직인 교수敎授·훈도訓導 등의 통칭. ② 이문학관吏文學官의 약칭. 즉 승문원承文院의 관직.

학궁學宮 성균관成均館의 별칭.

학례강學禮講 조선시대 진사·생원시 복시覆試를 진행할 때 응시자들에게 《소학》과 《가례》를 가지고 실시하던 예비시험.

학록學錄 ① 고려시대 국자감國子監의 종9품 관직. 정원은 2명. 국자감 학생의 훈육과 학습활동의 독려가 주된 임무. ② 조선시대 성균관成均館에 정9품 관직. 정원은 3명. 1392년(태조 1)에 설치됨. 주로 교관을 보좌함.

학무아문學務衙門 조선 말기 중앙행정부서의 하나. 1894년(고종 31)에 제정된 의정부 산하의 8아문 중 하나. 기존의 예조禮曹업무 일부와 관상감觀象監·육영공원育英公院·사역원司譯院의 업무를 포함하여 국내의 교육과 학무행정을 관리함. 1895년 학부學部로 개칭됨.

학보學寶 고려 초기 교육을 장려하기 위하여 설치된 일종의 장학재단인 보寶. 930년(태조 13)에 태조가 서경西京에 처음 설치함.

학부學部 조선 말기 학무행정을 관장하던 관청. 1895년(고종 32) 예조禮曹의 소관업무를 계승하였던 학무아문學務衙門을 개칭한 것으로, 오늘날의 교육부에 해당됨. 소속관청으로는 대신관방大臣官房·학무국學務局·편집국編輯局 등이 있고, 부속기관은 관상소觀象所·성균관成均館·사범학교·중학교 등이 있음. 1910년까지 존속되었음.

학사學士 ① 신라시대 문필과 학술을 맡은 관직. 신라 말기에 한림대翰林臺를 서서원瑞書院으로 개편하면서 한림랑翰林郞을 고친 것임. 이외 숭문관崇文館에도 학사가 설치됨. 대개 겸직이었으며, 당대의 문병文柄을 장악하는 최고의 명예직이기도 함. ② 고려시대 청연각·보문각·홍문관·수문전·집현전 등에 설치된 정4품 관직. 뒤에 사학司學 또는 제학提學으로 고쳐지기도 함. ③ 조선 초기 중추원에 두었던 종2품 무관직. 중추학사라고도 함. 정원은 1명. ④ 조선 말기 갑오개혁 이후 경연청經筵廳·규장각·홍문관의 칙임관勅任官 관직.

학사승지學士承旨 고려시대 한림원翰林院의 정3품 관직. 정원은 1명. 재상이 겸임하는 판한림원사判翰林院事 바로 아래에 있어 실질적인 상임장관이었으며, 한림학사와 더불어 중서문하성의 재상이 될 수 있는 근시직近侍職. 1298년(충렬왕 24)에 종2품으로 올렸다가, 1356년(공민왕 5)에 다시 정3품으로 강등됨.

학사원學士院 고려 초기 사명詞命(:임금의 말 또는 명령)의 제찬制撰

을 맡았던 관청. 초기의 원봉성元鳳省을 고친 것임. 현종 때 한림원翰林院으로 바뀜.

학유學諭 ① 고려시대 국자감國子監의 종9품 관직. 정원은 2명. 학교 사무를 담당함. ② 조선시대 성균관의 종9품 관직. 정원은 3명. 각종 과거응시자와 성균관입학시험의 예비심사를 담당함.

학장學長 조선시대 향교에서 교육을 담당한 교원.

학전學田 고려·조선 시대 각 교육기관의 경비를 충당하기 위하여 지급된 토지. 학교전學校田이라고도 함.

학정學正 ① 고려시대 국자감國子監의 정9품 관직. 정원은 2명. 학교 사무를 담당함. ② 조선시대 성균관의 정8품 관직. 학교사무를 관장하고 각종 과거응시자와 성균관입학시험의 예비심사를 담당함.

학제學製 조선시대 과거의 하나. 성균관 대사성成均館大司成이 매년 4계절에 사학四學의 유생에게 보이는 시험. 제술製述과 강서講書를 시험하여 그 성적이 우수한 자에게는 바로 생원·진사시의 복시覆試에 응시할 자격을 줌. 일명 사학합제四學合製.

한량閑良 조선시대 양인良人 이상의 특수 신분층의 하나. 조선 초기에는 본래 관직을 가졌다가 그만두고 향촌에서 특별한 직업이 없이 사는 사람을 가리키는 말로 쓰임. 그러나 뒤에는 벼슬도 하지 못하고 학교에도 적籍을 두지 못하여 아무런 속처屬處가 없는 사람을 가리키는 말로도 쓰임. 조선 후기에는 무관 집안 출신으로서 아직 무과武科에 응시하지 않았거나 무과에서 낙제하여 관직에 오르지 못한 자를 가리켜 이르는 말로도 사용됨. 공통적으로 부유하면서 직업과 속처가 없는 유한층遊閑層을 지칭함.

한림翰林 ① 고려시대 한림원翰林院·문한서文翰署에 소속된 관직들의 통칭. ② 조선시대 예문관의 정8품 관직인 대교待敎, 정9품 관직인 검열檢閱의 별칭.

한림대翰林臺 신라시대의 관청. 외교문서 작성을 맡아보던 관청. 뒤에 서서원瑞書院으로 바뀜.

한림원翰林院 고려시대 국왕이 하달하는 지시문을 작성하는 일을 맡은 관청. 국초의 원봉성元鳳省을 뒤에 학사원學士院으로 고쳤다가, 현종 때 한림원으로 바뀜. 1275년(충렬왕 1)에 문한서文翰署로 바뀌고, 1298년에 다시 사림원詞林院으로 되었다가 곧 내림문한서로 개칭됨. 1308년(충선왕 34)에 사관史館과 합쳐져 예문춘추관이 됨. 1325년(충숙왕 12) 예문관으로 독립되었다가, 1356년(공민왕 5) 다시 한림원으로 개칭됨. 1362년 다시 예문관으로 개칭되었고, 1389년(공양왕 1) 다시 합쳐져 예문춘추관이 됨. 재상이 겸하는 관원사判院事와 학사승지學士承旨(정3품), 학사學士(정4품), 시독학사侍讀學士(정4품), 시강학사侍講學士(정4품) 등의 관직이 있음. 사명詞命(:임금의 말 또는 명령)의 제찬制撰외에 과거의 고시관·서연관書筵官·시종관侍從官의 역할을 하며, 그밖에 서적 편찬사업을 담당함. 왕을 가까이 모시면서 교섭이 긴밀하여으므로 옥당玉堂·신선神仙之職·선국仙局·청절지사淸節之司라고도 함.

한림학사翰林學士 고려시대 한림원翰林院에 소속된 관직. 정4품. 정원은 2명. 왕명을 받들어 외교문서를 작성하며, 과거를 관장하고, 서적을 편찬하였으며, 서연관書筵官으로서 왕에게 강의하고, 시종관侍從官의 역할도 수행함. 1298년(충렬왕 24) 한림원이 사림원詞林院으로 개편되면서 정3품으로 승급되었으며, 사림원이 문한서文翰署로 개칭될 때 학사가 사학司學으로 바뀜.

한문도감漢文都監 고려 후기 한어 및 한문교육을 관장하던 관청. 1391년(공양왕 3)에 한어도감漢語都監을 개칭한 것임. 교수관教授官 등의 관직을 둠.

한부符漢符 조선시대 궁궐 출입증의 하나. 작은 목재 표찰로서 여자들이 사용하는 것임. 주로 하급 궁녀·관비官婢들이 궐문을 출입할 때 패용함.

한사韓舍 대사大舍의 이칭.

한사군漢四郡 고조선시대 한漢나라가 우리나라의 서북부지역에 설치한 낙랑樂浪·임둔臨屯·진번眞番·현도玄菟의 4군都.

한산閑散 조선시대 한량閑良과 산관散官의 통칭.

한산당상관閑堂上官 조선시대 실지 직무는 없고 명색만 있는 당상관의 품계에 있는 관리를 일컬음.

한산변漢山邊 신라시대의 군부대. 우수변牛首邊·하서변河西邊과 더불어 삼변수당三邊守幢이라고 함. 690년(신문왕 10)에 설치됨.

한산정漢山停 신라시대 육정六停의 하나. 지금의 경기도 광주지방에 배치하였던 군단. 553년(진흥왕 14)에 한강 이 유역에 신주新州를 설치하고 신주정新州停을 배치하였는데, 568년 신주정을 폐하고 지금의 경기도 이천지방에 남천주南川州를 설치하고 남천정南川停을 창설함. 604년(진평왕 26)에 이 남천정을 폐하고 지금의 광주지방에 한산정을 설치함. 금衿의 빛깔은 황청색黃靑色. 장군 3인이 배속됨.

한산주漢山州 신라시대 지방통치구역. 구주九州 중의 하나. 553년(진흥왕 14) 백제로부터 한강유역을 빼앗아 신주新州를 설치하였는데, 이것이 557년에 북한산주北漢山州로, 다시 568년에는 남천주南川州로, 604년(진평왕 26)에는 북한산주로 고쳐졌다가 한산주로 최종 확정됨. 757년(경덕왕 16) 한주漢州로 바뀜. 소속 관원으로 장관인 도독都督, 차관인 주조州助(일명 주보州輔), 그 밑에 장사長史(일명 사마司馬)를 각각 1명씩 둠.

한산주계당漢山州罽幢 신라시대의 군부대. 이계당二罽幢의 하나로, 한산주漢山州(:지금의 경기도 광주)에 설치됨. 금衿의 빛깔은 계罽.

한산주궁척漢山州弓尺 신라시대의 군부대. 활 쏘는 부대로, 하서주궁척河西州弓尺과 더불어 이궁二弓의 하나. 652년(진덕여왕 6)에 한산주에 설치됨.

한산주서漢山州誓 신라시대의 군부대. 오주서五州誓의 하나로, 672년(문무왕 12)에 한산주漢山州(:지금의 경기도 광주)에 설치됨. 금衿의 빛깔은 자록색紫綠色.

한성부漢城府 ① 조선시대 왕도王都에 설치된 특정행정구역. ② 조선시대 서울의 인구·주택·토지·도로·교량·산천을 관리하며 범죄를 단속, 조사하고 순찰을 맡아보던 관청. 판윤判尹(정2품), 좌윤左尹(종2품), 우윤右尹(종2품), 서윤庶尹(종4품), 판관判官(종5품), 참군參軍(정7품) 등의 관직이 있음.

한성시漢城試 조선시대 과거 중 한성부漢城府에서 실시한 식년생원式年生員·진사초시進士初試와 식년문과초시式年文科初試. 문과초시는 40명, 생원·진사초시는 200명씩 선발됨.

한솔扞率 백제시대의 관등. 16관등 중 제5등급. 관冠은 은화銀花로 장식하고 자복은 자색紫色을 입음.

한원翰苑 예문관藝文館의 별칭.

한인전閑人田 고려시대 한인閑人에게 지급한 토지. 1076년(문종 30)의 전시과田柴科 지급기준에 의하면 17결結 임.

한주注漢注 조선시대 예문관의 검열檢閱과 승정원의 주서注書의 통칭.

한지목숙전漢祗苜蓿典 신라시대의 관청. 내성內省에 속한 목숙전苜蓿典은 신라 왕경王京에 배천목숙전白川苜蓿典·한지목숙전漢祗苜蓿典·문천목숙전蚊川苜蓿典·본피목숙전本彼苜蓿典 등 4가 있었는데, 한지목숙전은 이 중의 하나로 한지부漢祗部에 있는 서. 소속 관원은 대사大舍 1명, 사史 1명을 둠.

한지부漢祗部 신라시대 경주 육부六部 중의 하나. 한기부漢岐部라고도 함. 북천北川 북쪽의 소금강산小金剛山 일대를 포함하였던 것으로 추측됨. 신라가 망한 뒤 고려 940년(태조 23)에 이를 가덕부加德部로 고침.

한찬韓粲 고려 초기의 관계官階. 태조 때 신라의 관제를 본떠서 만든 문·무文武 9품 관등의 여섯째 등급에 해당됨.

한치장汗致匠 조선시대 경공장京工匠의 하나. 공조工曹에 소속되어 여름철에 입는 옷의 한 가지인 댓가지나 버들가지로 엮은 옷을 만드는 일을 업으로 하는 장인匠人.

한품서용限品敍用 고려·조선시대에 신분과 직종에 따라 품계品階를 제한하여 관리를 서용하는 제도.

한학관漢學官 고려시대 통문관通文館에 소속되어 관직들에게 한학漢學, 즉 중국어를 가르치는 일을 맡은 관직.

한학교수漢學教授 조선시대 사역원司譯院에서 한학漢學 생도를 가르치는 일을 맡은 종6품 관직. 정원은 4명.

한학상통사漢學上通事 조선시대 사역원司譯院에 소속된 관직. 정원은 1명. 사행 역관직譯官職으로, 사행시에 예단禮單을 간수하고 상의원尙衣院의 어공御供 무역을 관장하던 체아직遞兒職. 역과譯科 출신자로서 임명됨.

한학훈도漢學訓導 조선시대 사역원司譯院의 정9품 관직. 중국어를 가르치는 일을 맡음.

함사緘辭 관общ로부터 신문을 받을 사람이 관아에 직접 출두하지 않고 서면으로 올리는 진술서[초사招辭]. 함답緘答이라고도 함.

함화咸和 발해 제11대 왕 대이진大彝震 때의 연호. 831년부터 857년까지 사용됨.

함화점咸和店 고려시대 서경西京의 관부. 1178년(명종 8) 서경관제를 다시 정할 때 처음 보이며, 병조兵曹의 속사임.

합문閤門 각문閣門의 이명.

합문사閤門使 고려시대 합문閤門(각문閣門)의 정5품 관직. 각문사閣門使라고도 함.

합문지후閤門祗候 고려시대 합문閤門(각문閣門)의 정7품 관직. 각문지후閣門祗候라고도 함.

합장合葬 시신 매장형태의 하나. 한 개의 봉분 속에 하나 이상의 시신을 한 묘혈墓穴에 나란히 매장하는 것. 부장附葬 또는 합폄合窆이라고도 함. 그러나 한 묘혈에 나란히 매장하지 않고 그 묘혈의 풍수지리적 해석에 따라 묘혈을 달리하며, 얼마간의 간격을 두고 매장하기도 하는데, 이때는 봉분을 두 개로 만들기도 함.

합제合製 학제學製의 이칭.

항巷 신라시대 말단 지역단위. 통일신라시대 왕경王京에서는 방리제坊里制가 시행되었지만, 이와 별도로 민간에서는 여閭·항 등의 호칭이 사용됨.

항項 신라시대의 무관. 왕궁을 지키는 시위부侍衛府에 배속되어 대두隊頭를 보좌함. 정원은 모두 36명. 관등은 대나마大奈麻로부터 사지舍知까지임.

항렬行列 친족집단 내에서 계보상의 종적縱的인 세대관계. 즉, 혈족 간의 서열관계임. 형제관계에 있을 때는 같은 항렬이라는 의미에서 동항同行이라 하고, 위로 아버지와 같은 세대에 있을 때는 숙항叔行, 조부와 같은 세대에 있을 때는 조항祖行, 아래로 아들과 같은 세대에 있을 때는 질항姪行, 손자와 같은 세대에 있을 때는 손항孫行이라고 함.

항마군降魔軍 고려 1104년(숙종 9) 윤관尹瓘이 여진정벌에 대처하기 위하여 승려들로 편성한 별무반別武班의 하나.

항백국巷伯局 발해시대의 중앙관부. 왕실 후궁의 명령전달, 호위, 일상생활의 시중 등의 업무를 관장함. 장관인 감監 1명과 차관인 장長 1명을 둠.

항정국巷庭局 고려 후기 왕명의 전달과 왕이 사용하는 필연筆硯의 공급 등에 관한 일을 맡은 관청. 1310년(충선왕 2)에 액정국掖庭局이 고쳐진 것임. 말기에 다시 액정국으로 고쳐짐.

해간海干 파진찬波珍湌의 이칭.

해관海關 조선 말기 개항 후에 창설된 관세행정기구. 오늘날의 세관에 해당됨. 1883년(고종 20) 개항 이후 일본과 체결된 불평등조약에 의거한 무관세무역無關稅貿易을 시정하고 관세의 자주권을 회복하기 위하여 창설됨. 1907년 세관稅關으로 개칭됨.

해관세무사海關稅務司 조선 말기 해관海關의 제반사무를 관장하였던 관리.

해동중보海東重寶 고려시대의 화폐. 우리나라에서 최초로 만들어진 주전鑄錢의 하나로, 1102년(숙종 7) 이후 주조된 것으로 추측됨. 모양은 엽전형태로 둥근 바탕에 가운데 정사각형의 구멍이 뚫려 있고, 상·하·좌·우로 '해海·동東·중重·보寶'라는 4글자가 새겨져 있음.

해동통보海東通寶 고려시대의 화폐. 1102년(숙종 7)에 주조, 유통된 동전銅錢.

해령海領 ① 고려시대 이군육위二軍六衛의 하나인 천우위天牛衛에 소속된 군대. 바다 연안을 방비하는 일을 맡은 군사로서 1개의 영임. ② 조선시대 수군에게 주던 관직.

해방사海防使 조선시대 해방영海防營의 우두머리 관직. 경기도·황해도 및 충청도의 수군을 통솔함.

해방아문海防衙門 조선 말기에 설치되었던 경기·황해·충청의 수군을 통할하던 군영. 일명 해방영海防營.

해방영海防營 조선 1884년(고종 21)에 금위영禁衛營·어영청御營廳을 없애면서 둔 친군영의 하나. 경기도 연해와 황해도·충청도 연해의 수군을 통솔하는 군영.

해백海伯 조선시대 황해도관찰사의 이칭.

해아도감孩兒都監 고려 1347년(충목왕 3)에 임시로 설치되었던 관청.

해영海營 조선시대 황해도관찰사영의 이칭.

해운판관海運判官 조선시대 충청도·전라도의 조운 업무를 담당한 전함사典艦司 소속의 관원. 종5품관으로, 조운시 각 조창漕倉을 순회하며 세곡의 선적을 감독하고 각 읍의 수령·색리 등의 압령관押領官을 독려하여 조선漕船을 경창京倉에까지 무사히 도착하도록 하는 임무를 수행함. 초기에는 전함사에 소속시켰고, 1697년(숙종 23)에 충청도와 전라도의 도사都事들이 겸하게 하였으며, 이후 폐지됨.

해유解由 조선시대에 관원이 교체될 때 후임자에게 그 사무와 소관 물건을 인계하고 재직중의 회계會計와 물품 관리에 대한 책임을 면하는 법률적 절차. 재정·현물·군기軍器에 관계되는 것이므로 호조·병조의 소관사항이었으며, 해유를 받지 못하면 전직轉職·승진·녹봉에 제약을 받음.

해전고解典庫 ① 고려 말기 직물·피혁을 맡아보던 창고. 1369년(공민왕 18)에 보원해전고寶源解典庫를 설치하면서 부속으로 설치됨. ② 조선 초기 전당典當의 사무를 담당한 관서. 1392년(태조 1)에 설치되었다가 뒤에 폐지됨.

해좌解座 서울 각 마을의 이서吏胥·하례下隸가 새로 임명되어 들어오면 전부터 있던 사람들에게 한턱을 내는 일.

해찬海湌 파진찬波珍湌의 이칭.

행관行關 동등한 또는 그 이하의 관사官司에 보내는 공문公文.

행군전行軍典 신라시대의 관청. 내성內省에 소속되어 열병행사閱兵行事에 관계되는 업무를 담당함. 소속 관원으로는 대사大舍 2명, 사史 4명, 종사지從舍知 2명이 있음.

행궁行宮 임금이 거둥할 때 임시로 머무는 별궁別宮. 이궁離宮이라고도 함.

행대어사行臺御史 조선 초기 지방에 분견分遣되어 백성의 생활상을 살피고 지방관을 규찰하며 각종의 범죄 사건을 조사하던 사헌부 감찰. 행대行臺 또는 행대감찰이라고도 함. 태종 때부터 성종 때까지 파견됨.

행랑도감行廊都監 고려시대에 설치된 임시 관청. 문종 때 인원과 품계를 정하였다. 인원으로는 사해 1명, 부사副使 1명이 있었으며, 품계는 각각 3품과 5품임. 이후 1208년(희종 4) 재추宰樞로서 별감別監을 삼고 사·부사·녹사錄事를 둠.

행수行首 ① 여럿이 모인 집단에서 우두머리를 가리켜 이르는 말. ② 고려시대 비주부妃主府의 관직.

행수법行守法 고려·조선시대 품계와 관직이 일치하지 않은 관원에게 '행행' 또는 '수守'자를 붙여 칭하던 제도. 관직이 품계보다 낮은 경우를 '행행', 관직이 품계보다 높은 경우를 '수守'라 하여, 직함을 쓸 때 '행행' 또는 '수守'를 품계 뒤 관사명 앞에 씀.

행영行營 ① 고려시대 서북면과 동북면에 둔 행영병마사行營兵馬使의 군영. 또는 안찰사按察使가 임시로 주둔한 군영. ② 조선 초기 도절제사都節制使가 임시로 주둔한 군영.

행영병마사行營兵馬使 고려시대의 외직外職. 1047년(문종 1)에 대번병마大番兵馬가 개칭된 것으로, 변방에 일이 발생하면 양부兩府(:재부宰府와 추부樞府)의 재신宰臣들에게 군사권을 부여하여 이를 수습하게 하였는데, 이때 이 임무를 받은 재신을 행영병마사라 함.

행성行城 외지에 출정한 군사가 머무르는 주둔지 일대에 구축한 성. 차단성 또는 행성이라고도 함.

행장行狀 ① 사람이 죽은 뒤에 그 평생에 지낸 이력과 업적을 기록한 글. ② 조선시대 통교무역자通交貿易者의 입국증명서.

행재소行在所 왕이 상주하는 궁궐을 떠나 멀리 거둥할 때 임시로 머무는 별궁別宮. 행궁行宮 또는 이궁離宮이라고도 함.

행종도감行從都監 고려 1264년(원종 5)에 설치된 왕의 원나라 행차시에 제반사무를 담당한 임시관청.

행하行下 경사가 있을 때 주인이 하인에게 금품을 내려주는 것. 또는 새로 관직에 임명될 때 인사·부임과 관계있는 중앙의 여러 관부의 서리書吏·하례下隷 등에게 음식을 내려주는 것.

향鄕 신라시대부터 조선 초기까지 존속하였던 특수한 지방하급 행정구역의 하나. 향인鄕人은 소所·부곡部曲 주민과 같이 일반적인 양민과 달라서 그 신분이 노비·천민에 유사한 특수한 열등계급의 지위에 있었음. 부곡과 더불어 농업생산에 종사하였으며, 공과公課·공역公役을 부담하고, 호장戶長 등 토착관리에 의하여 통제받음.

향공鄕貢 고려시대 계수관시界首官試에 합격한 사람에 대한 호칭.

향관餉官 한말 육군 각 부대에 배치되어 급여출납·예산결산·식량관리 등 경리 전반을 관장한 회계관. 영관 내지 위관급임.

향교鄕校 고려·조선시대 지방에서 유학을 교육하기 위하여 설립된 관학교육기관. 고을의 크기에 따라 향교의 재적수가 제정되어 목牧에는 90명, 도호부護府에는 70명, 군都에는 50명, 현縣에는 30명을 수용하도록 되었고, 교수敎授·훈도訓導 등의 관직을 두어 교육하게 함. 교궁校宮이라고도 함.

향규鄕規 조선시대 유향소鄕所(:향청鄕廳)나 향안鄕案에 오른 향원鄕員들의 비리 규제를 위한 규식規式.

향리鄕吏 고려·조선 시대 지방관 아래에서 행정실무를 담당하였던 계층. 지방관청에 속하여 지방사정에 다소 생소한 중앙에서 파견된 관리를 보좌하며 실무를 처리하였던 토착적이고 세습적인 하급관리. 고려시대에는 장리長吏·외리外吏라고도 불림. 또한 행정단리에 따라 주리州吏·부리府吏·군리郡吏·현리縣吏·역리驛吏·부곡리部曲吏라고도 불림. 조선시대에 와서는 신분의 고정화가 이루어지면서 아전衙前이라 불림.

향소鄕所 조선시대 각 고을 수령守令의 자문기관으로서 수령을 보좌하고 풍속을 바로 잡고 향리鄕吏의 부정을 규찰하며, 국가의 정령政令을 민간에 전달하고 민정民情을 대표하는 자치기구. 임원으로 향정鄕正 또는 좌수座首 1명과 별감別監 약간이 있음. 유향소留鄕所라고도 함.

향시鄕試 조선시대 각 도에서 실시하던 문과文科·무과武科·생원진사시의 제1차 시험. 여기서 합격하면 다음해 봄에 회시會試에 참가할 자격이 주어짐. 관찰사가 지명한 고을 수령守令 2명과 도사都事 또는 평사評事와 서울에서 파견되어온 시험관이 향시를 주관함.

향안鄕案 조선 초기 지방자치기구인 유향소留鄕所를 운영하던 향중 사류鄕士類들의 명부. 일종의 향신록鄕紳錄으로, 향적목鄕座目·향적鄕籍·향록유안鄕錄儒案·향목鄕目. 청금록 靑襟錄·사적士籍이라고도 함.

향약鄕約 향촌鄕村의 자치규약.

향임鄕任 조선시대 지방수령을 자문하고 보좌하기 위하여 향반班들이 조직한 향청鄕廳(유향소留鄕所라고도 함.)의 임원.

향장鄕長 조선시대 향소鄕所의 우두머리인 좌수座首의 이칭.

향정鄕正 조선시대 지방의 향청鄕廳이나 향교 등에서 실무를 맡았던 향임鄕任의 하나.

향직鄕職 고려시대 문산계文散階·무산계武散階와 더불어 사용된 관계官階의 하나. 향리鄕吏를 비롯한 노인, 군인, 서리胥吏, 여진추장, 일부 문·무반 등에게 주어졌으며, 구조는 9품 16계로 이루어짐. 1품은 삼중대광三重大匡과 중대광重大匡, 2품은 대광大匡과 정광正匡, 3품은 대승大丞과 좌승佐丞, 4품은 대상大相과 원보元甫, 5품은 정보正甫, 6품은 원윤元尹과 좌윤佐尹, 7품은 정조正朝와 정위正位, 8품은 보윤甫尹, 9품은 군윤軍尹과 중윤中尹임.

향청鄕廳 조선시대 지방의 수령을 자문, 보좌하던 자치기구. 조선 초기에 설치된 유향소留鄕所가 임진왜란 이후 대개 향청이라고 불림. 향소所라고도 함.

향통사鄕通事 조선시대 지방에 있었던 통역관. 중앙의 경통사京通事와 대비됨. 지방역학원에서 배출된 통역인.

향품鄕品 고려시대 향직鄕職에게 주는 품계. 모두 9품으로서 16등급임. 1품은 삼중대광三重大匡과 중대광重大匡, 2품은 대광大匡과 정광正匡, 3품은 대승大丞과 좌승佐丞, 4품은 대상大相과 원보元甫, 5품은 정보正甫, 6품은 원윤元尹과 좌윤佐尹, 7품은 정조正朝와 정위正位, 8품은 보윤甫尹, 9품은 군윤軍尹과 중윤中尹임.

향회鄕會 조선시대 각 지방의 향소鄕所단위로 그 고을의 일을 논의하기 위한 고을의 모임.

허결虛結 조선시대 삼정三政 가운데 전정田政 폐단의 하나. 근거되심을 만한 전결田結이 전혀 없는데도 불구하고 허위로 문서로만 작성하여 농민에게 징세하고 횡령, 착복하는 것.

허류虛留 조선 말기 삼정三政의 문란 중 환정還政 폐단의 하나. 전우의 관리나 아전이 결탁하여 창고에 있는 재고양곡을 횡령, 착복하고도 장부나 문서상으로는 실제實한 것처럼 허위로 기록하여 실제에는 양곡이 하나도 없는 것을 말함.

허복虛卜 조선시대 추천한 후보자 가운데서 의정議政을 가려 뽑아 임명하는 것.

허부許副 조선시대 의정議政의 사임辭任을 허락하는 것.

허참례許參禮 조선시대 성균관·예문관·승문원承文院·교서관校書館 등에 새로 임명되어온 벼슬아치가 전부터 있던 벼슬아치들을 위하여 음식을 차려 대접하는 일. 이로부터 상종相從을 허락한다는 뜻이고, 신관원의 오만傲慢을 없앤다는 풍습이며, 다시 10여 일 뒤에 면신례免新禮를 행하여야 비로소 구관원과 자리를 같이 할 수 있었음.

헌관獻官 조선시대 나라에서 제사를 지낼 때 제주祭酒를 올리는 일을 맡은 제관祭官. 술잔을 올리는 순서에 따라 초헌관初獻官·아헌관亞獻官·종헌관終獻官으로 나뉘어짐.

헌납獻納 ① 고려 후기 도첨의사사都僉議使司의 정5품 관직. 정원

좌·우헌납 각 1명. 고려 전기 보궐補闕의 후신으로, 보궐이 사간司諫·보간補諫 등으로 바뀐 뒤, 1308년(충렬왕 34)에 헌납으로 개칭됨. 1356년(공민왕 5)에 다시 종5품의 사간으로 바뀌었다가, 1362년 다시 정5품의 헌납으로 고쳤으며, 1369년 또 사간으로 고쳤고, 1372년 다시 헌납으로 바뀜. ② 조선시대 사간원司諫院의 정5품 관직. 정원은 1명. 1392년(태조 1) 문하부門下府의 관속으로 정5품의 보궐補闕이 좌·우 각 1명씩 설치되었다가, 1401년(태종 1) 문하부의 간쟁기능과 이를 담당한 관원을 분리하여 사간원으로 독립하면서 문하부의 좌·우보궐을 헌납으로 통합, 개칭함. 1894년(고종 31) 폐지됨. 간관諫官으로서 각종 언론활동을 전개함.

헌대憲臺 사헌부司憲府의 별칭.

헌병사령부憲兵司令部 대한제국 때 설치되었던 헌병대를 총괄하던 기관.

헌식獻食 제사를 지내고 난 뒤의 제물이나 대중이 식사할 때에 생반을 조금씩 떼어내어 아귀餓鬼에게 음식을 베푸는 일.

험측險側 고대 진한과 변한의 정치 지배자의 호칭.

현縣 삼국·고려·조선 시대의 지방행정단위. 주州·부府·군郡·현의 지방행정구획 중에서 최하의 단위.

현감縣監 조선시대 최하위 지방행정구역 단위였던 현縣에 파견된 종6품의 지방관. 고려시대 감무監務의 후신으로, 1413년(태종 13)에 군현제 개편에 따라 설치됨. 지방수령 중 가장 낮은 직급이나 전국적으로 140명이 파견됨. 임기제한이 1,800일이며, 절제도위節制都尉의 군직軍職을 겸임함.

현공교위顯功校尉 조선시대 서반西班 잡직계雜職階의 하나. 서반 잡직 종6품 상계上階의 관계명官階名.

현군縣君 고려시대 외명부外命婦의 하나. 5품 또는 6품의 문·무관의 적처嫡妻에게 주는 5품·6품의 외명부 봉작호封爵號.

현남縣男 고려시대 오작호五爵號의 하나. 마지막 등급의 작위로서 개국자開國子 다음의 서열로, 품계는 종5품이고, 식읍食邑 300호를 받음.

현도군玄菟郡 한사군漢四郡의 하나. 전한前漢의 무제武帝가 서기전 108년에 위만조선을 멸망시키고 그 옛 땅을 중심으로 낙랑군樂浪郡·진번군眞番郡·임둔군臨屯郡을 설치하고, 그 이듬해에 현도군을 설치함. 서기전 82년에 임둔군·진번군이 폐지될 때 진번군의 일부를 흡수함. 315년에 고구려로부터 공략을 받아 멸망됨.

현량과賢良科 조선 중종 때 조광조趙光祖의 건의에 따라 학문과 덕행이 뛰어난 인재를 천거하여 대책對策만으로 시험보게 한 뒤 관리로 임용한 과거의 일종. 1519년(중종 14)에 실시됨. 서울에서는 사관四館이 유생과 조사朝士를 막론하고 후보자를 성균관에 천보薦報하면, 성균관은 이를 예조에 전보轉報하여 인재를 천거함. 또한 중추부·육조·한성부·홍문관·사헌부·사간원 등에서도 예조에 후보자를 천거할 수 있었으며, 지방에서는 유향소留鄕所에서 수령에게 천거하면 수령은 관찰사에게, 관찰사는 예조에 전보하여 인재를 천거함. 예조에서는 천거된 자들의 성품·기국器局·재능·학식·행실과 행적·지조·생활태도와 현실대응의식 등 일곱 가지 항목을 종합하여 의정부에 보고한 뒤, 그들을 전정殿庭에 모아 왕이 참석하는 자리에서 대책으로 시험하여 인재를 선발하였음.

현령縣令 ① 신라시대 지방행정의 한 단위 인 현縣의 우두머리 관직. 선저지先沮知(일명 조위造位) 이상 사찬沙湌까지의 관등을 가진 자로 보임됨. ② 고려시대 지방행정의 한 단위인 현縣 가운데서 비교적 큰 현의 우두머리 관직. 1353년(공민왕 2)에 제정되어 7품 이하의 관리로 임명되었으며, 뒤에 안집별감安集別監으로 개칭되고 5품 또는 6품의 관리로 임명됨. 우왕 때 다시 현령으로 바뀌고 5품 또는 6품의 관리로 임명된 ③ 조선시대 비교적 큰 현의 우두머리 관직.

종5품.

현록대부顯祿大夫 조선시대 문산계文散階의 하나. 종친 정1품 상계上階의 관계명官階名.

현방懸房 조선시대 성균관 노비들이 경영하던 쇠고기 판매점. 도사屠肆 또는 다림방이라고도 함.

현백縣伯 고려시대 오작호五爵號의 하나. 세 번째 등급의 작위로서 현후縣侯 다음의 서열이었음. 품계는 정5품이었으며, 식읍食邑 700호를 받음.

현부인縣夫人 조선시대 외명부外命婦의 하나. 정2품과 종2품의 종친 적처嫡妻에게 주는 봉 작호封爵號.

현비賢妃 고려시대 내명부內命婦의 하나. 왕의 후궁인 내관內官의 하나로, 문종 때 정하여졌으며, 품계는 정1품.

현수絃首 ① 조선시대 무당을 따라다니며 악기를 다루거나 노래를 부르는 사람을 이르는 말. ② 조선시대 지방관청에 소속된 기생들의 우두머리를 가르켜 이르는 말.

현신교위顯信校尉 조선시대 무산계武散階의 하나. 무관 종5품 상계上階의 관계명官階名.

현주縣主 조선시대 외명부外命婦의 하나. 왕세자의 서녀庶女에게 봉작된 호칭. 품계는 정3품.

현주顯州 발해의 지방행정구역. 62주州 중의 하나로, 중경현덕부中京顯德府에 속함.

현후縣侯 고려시대 오작호五爵號의 하나. 둘째 등급의 작위로서 국공國公·군공郡公 다음의 서열로, 품계는 정5품이며, 식읍食邑 1,000호를 받음.

협련군挾輦軍 조선 후기 훈련도감에 소속된 군사. 국왕이 거둥할 때 연輦을 호위함.

협률랑協律郞 ① 고려시대 제향祭享이나 가례嘉禮 의식에서 음악의 진행을 맡았던 관리. ② 조선시대 나라에서 벌이는 제사나 잔치 때 주악에 관한 일을 맡아보던 관리. 1392년(태조 1) 봉상시奉常寺에 설치되었으며, 정7품으로 정원은 2명.

형관刑官 고려 초기 형벌을 담당하던 관청. 태조 때 태봉의 제도를 이어받아 의형대義刑臺를 설치하였으나, 곧 형관으로 바뀜. 장관으로 어사御事를 두고, 그 아래 시랑侍郞·낭중郞中·원외랑員外郞을 둠. 995년(성종 14)에 상서형부尙書刑部로 고쳐짐. 법률·사송詞訟(:민사의 소송)·상언詳讞(:중죄인에게 3심을 거쳐 확정된 사형을 집행하기 전에 신중을 기하여 한번 더 심리하는 것.)에 관한 일을 관장함.

형권형권衡圈 조선시대 대제학大提學을 뽑을 때 전임 대제학이 찍는 권점圈點. 전임자가 후임자의 물망에 오른 3명 중 적임자 한 사람을 골라 권점을 찍어 관할부처인 이조吏曹에 보내 처리하게 한 제도.

형난공신亨難功臣 조선 1612년(광해군 4) 김직재金直哉의 옥을 다스리는 데 공이 있던 신율申慄·이이첨李爾瞻·이산해李山海 등에게 내렸던 훈호勳號.

형명形名 기旗와 북으로써 군대의 여러 가지 행동을 호령號令하는 신호법.

형방刑房 ① 조선시대 승정원의 형전刑典 담당부서. 법률·형옥·소송·행형노비에 관계된 사무의 출납을 맡음. 담당 승지는 우부승지. ② 조선시대 지방관아에서 형전刑典 관계의 실무를 담당하던 부서. 또는 그 일을 맡은 책임 향리.

형방승지刑房承旨 조선시대 승정원의 우부승지右副承旨의 이칭.

형부刑部 고려시대 육부六部의 하나. 법률·사송詞訟(:민사의 소송)·상언詳讞(:중죄인에게 3심을 거쳐 확정된 사형을 집행하기 전에 신중을 기하여 한번 더 심리하는 것.)에 관한 업무를 관창함. 태조 때 태봉의 관제를 본받아 설치된 의형대義刑臺를 형관刑官으로 고치고, 995년(성종 14) 상서형부尙書刑部로 고친 것임. 이후 1275년(충렬왕 1) 전법사典法司, 1298년 형조刑曹, 1308년 언부讞部, 1356년(공민왕 5) 형부, 1362년 전법사, 1369년 이부理部, 1372년 전법사로 바뀌었다가, 1389년(공양왕 1) 다시 형조로 고쳐짐.

형인추정도감刑人推正都監 고려 1365년(공민왕 14)에 백성들의 소청訴請을 담당하기 위해 설치된 임시관청. 주로 가뭄으로 인한 재해를 구제하기 위하여 설치됨.

형조刑曹 ① 고려시대 법률과 형벌·사송詞訟(:민사의 소송)에 관한 일을 맡은 관청. 초기에는 의형대刑臺라 하였다가 뒤에 형관刑官으로 고쳤고, 995년(성종 14)에 상서형부尙書刑部로, 1275년(충렬왕 1)에는 전법사典法司로, 1298년에 다시 형조로 바뀜. 1308년 언부讞部로, 뒤에 다시 전법사라 하였다가, 1356년(공민왕 5) 형부刑部, 1362년 전법사, 1369년 이부理部, 1372년 전법사, 1389년(공양왕 1)에 다시 형조로 고쳐짐. ② 조선시대 육조六曹의 하나. 각종 법률과 형률·사송詞訟(:민사의 소송)·노비에 관한 일을 맡은 관청. 상복사詳覆司·고율사考律司·장금사掌禁司·장례사掌隷司 등의 소속관서가 있음. 장관인 판서判書(정2품) 1명, 참판參判(종2품) 1명, 참의參議(정3품) 1명, 정랑正郎(정5품) 4명, 좌랑佐郎(정6품) 4명, 율학교수律學敎授(종6품) 1명, 겸교수兼敎授(종6품) 1명, 별제別提(종6품) 2명, 명률明律(종7품) 1명, 심률審律(종8품) 2명, 율학훈도律學訓導(정9품) 12명, 검률檢律(종9품) 2명 등의 관직이 있음.

형조도관刑曹都官 조선 초기 노비의부적奴婢簿籍과 송사訟事를 담당하였던 관청. 1392년(태조 1)에 설치되어, 1468년(세조 14)에 장례원掌隷院으로 고쳐짐.

형조참의刑曹參議 조선시대 형조刑曹의 정3품 당상관 관직.

형조참판刑曹參判 조선시대 형조刑曹의 종2품 관직.

형조판서刑曹判書 조선시대 형조刑曹의 우두머리 관직. 정2품.

형지안形止案 조선시대 각사 소속의 노비대장. 초안草案·속안續案·정안正案으로 구분되는데, 초안은 매년 작성하는 것으로 1년 동안 노비의 생산과 물고物故(죽음) 등 변동사항을 기록하였고, 속안은 3년마다 그 동안의 변동사항, 즉 초안 3년분을 합친 것이며, 정안은 매20년마다 초안과 속안을 토대로 작성한 노비대장임.

혜민국惠民局 ① 고려시대 백성의 질병을 고치던 관서. 1112년(예종 7)에 설치되어, 충선왕 때 사의서司醫署에 소속되었으며, 1391년(공양왕 3)에 혜민전약국惠民典藥局으로 개칭됨. ② 조선시대 일반 백성의 질병을 고치던 관서. 1392년(태조 1)에 설치되고, 1466년(세조 12)에 혜민서惠民署로 바뀜.

혜민서惠民署 조선시대 의약과 서민 구료救療를 관장하던 관서. 초기의 혜민국惠民局이 1466년(세조 12)에 바뀐 것으로, 1882년(고종 19)에 폐지됨. 소속 관원으로 주부注簿(종6품), 의학교수醫學敎授(종6품), 직장直長(종7품), 봉사奉事(종8품), 의학훈도醫學訓導(정9품), 참봉參奉(종9품) 등이 있음.

혜민원惠民院 1901년에 설치된 구휼기관救恤機關. 왕명에 의하여 흉년에는 기근에 빠진 사람을 돕고, 평상시에는 홀아비·과부·고아와 자식이 없는 늙은이 등 무의탁자를 구호하기 위하여 설치됨. 1903년에 혁파됨.

혜민전약국惠民典藥局 고려 1391년(공양왕 3)에 혜민국惠民局을 고친 것임.

혜인惠人 조선시대 외명부外命婦의 하나. 정·종4품 종친의 적처嫡妻에게 주던 작호爵號.

혜제고惠濟庫 고려시대 빈민구호를 위하여 설치된 기관. 1362년(공민왕 12)에 설치되었으며, 1391년(공양왕 3) 그 기능이 강화되어 의제고義濟庫를 병합함.

호號 본이름이나 자字 외에 허물없이 부를 수 있도록 지은 이름. 스스로 짓기도 하고, 부모나 스승·친구가 지어주기도 함.

호구단자戶口單子 고려·조선 시대 관에서 호구장적戶口帳籍을 만들 때 호주가 자기 호구(:집)의 상황을 적어서 관에 제출한 문서.

호군護軍 ① 고려 공민왕 때 이군육위二軍六衛의 정4품 관직인 장군將軍을 고친 것임. ② 조선시대 오위五衛의 정4품 무관직. 1392년(태조 1)에 12명의 정원을 두었다가, 명종 때 8명을 감함. 대호군大護軍의 차직. 상호군上護軍·대호군과 함께 대궐 내에 설치된 호군청護軍廳에서 직숙直宿하며, 궁성 4대문 밖의 직숙과 광화문의 수호책임 및 도성 내외의 순관巡官이 됨. 후기에 가서는 문·무관, 음직蔭職에서 임명되어 녹봉만 지급되고 실제의 직무가 없는 산직散職으로 변함.

호군방護軍房 조선시대 오위五衛의 상호군上護軍·대호군大護軍·호군護軍 등이 모여 군사軍事를 의논하던 기관. 고려시대 중방重房의 후신으로, 1406년(태종 6) 장군방將軍房을 개칭한 것임. 호군청護軍廳이라고도 함.

호당湖堂 조선시대 독서당讀書堂의 이칭.

호련대扈輦隊 조선시대 왕이 거둥할 때 그 수레를 호위하던 군대. 주로 서울에 거주하는 한정閒丁을 선발하여 충당함.

호막豪幕 고려 922년(태조 5)에 서경西京에 설치된 토관청土官廳 하나인 아관衙官의 이칭.

호반虎班 무반武班의 이칭.

호방戶房 ① 조선시대 승정원의 호전戶典 담당부서. 호구戶口·공부貢賦·전세田稅·유통관계 사무의 출납을 담당함. 담당승지는 우승지右承旨. ② 조선시대 지방관서에서 호전戶典 관계의 실무를 맡아보던 부서. 또는 그 일에 종사하던 책임 향리. 지방의 호구관리, 전결田結의 조사, 부세賦稅의 부과와 징수에 관계된 실무를 맡음.

호방승지戶房承旨 조선시대 승정원 좌승지의 이칭.

호부戶部 고려시대 육부六部의 하나. 호구戶口·공부貢賦·전량錢糧을 관장하던 관부. 국초의 민관民官이 995년(성종 14)에 상서호부尙書戶部로 개칭되었으며, 1275년(충렬왕 1) 판도사版圖司로, 1298년에 민조民曹로 바뀌었으며, 1308년 다시 민부民部로 바뀌었던 것이 1356년(공민왕 5)에 호부로 바뀜. 1362년에 다시 판도사로 고쳐졌고, 1369년에는 민부로 환원되었으며, 1372년 다시 판도사로 바뀌었다가, 1389년(공양왕 1) 호조戶曹로 바뀜.

호분순위사虎賁巡衛司 조선 1395년(태조 4)에 의흥친군義興親軍위十衛의 하나인 비순위備巡衛를 고친 것임. 1457년(세조 3)에 오위五衛를 두면서 폐지됨.

호분위虎賁衛 ① 고려 충선왕 때 이군二軍의 하나인 용호군龍虎軍을 고친 것임. 후에 친어군親御軍으로 고쳐졌다가 다시 호분위로 바뀜. ② 조선시대 중앙군사조직인 오위五衛의 하나. 즉 우위右衛. 무정수無定數의 친족親族衛와 40명의 친군위親軍衛 및 5,000명의 팽배彭排가 소속되었으며, 경성의 서부西部와 평안도 지방의 군사들을 통솔함. 1457년(세조 3)에 설치되고, 1882년(고종 19)에 폐지됨.

호산청護産廳 조선시대 비妃·빈嬪 또는 그밖의 내명부內命婦가 산할 때 임시로 설치하는 관청.

호상護喪 상례喪禮를 거행할 때 처음부터 끝까지 모든 절차를 제대로 갖추어 잘 치를 수 있도록 하기 위하여 상가 안팎의 일을 지휘하고 관장하는 책임을 맡은 사람.

호석護石 무덤의 외부를 보호하기 위하여 돌을 이용하여 만든 시설물. 열석列石이라고도 함.

호성공신扈聖功臣 조선 1604년(선조 37) 임진왜란 때 선조를 모시고 의주까지 호종하는 데 공이 큰 이항복李恒福·정곤수鄭崑壽 등 86명의 신하에게 내린 훈호勳號.

호수戶首 조선시대 호적상의 호주戶主.

호용순위사虎勇巡衛司 조선 1395년(태조 4)에 의흥친군義興親軍 십위十衛의 하나인 감문위監門衛를 고친 것임. 1457년(세조 3)에 오위五衛를 두면서 폐지됨.

호위대扈衛隊 대한제국시대의 국왕 호위군대. 1897년에 창설됨.

호위대장扈衛大將 조선시대 호위청扈衛廳의 우두머리 관직. 정1품으로 의정議政 또는 왕의 장인이 겸임함.

호위청扈衛廳 조선 후기 궁중을 호위하기 위하여 설치된 군영아문. 1623년(인조 1)에 왕궁의 호위를 강화할 목적으로 각 군영에서 무예에 능한 군사들과 함경도지방에서 선발해온 군사들로 부대를 편성하고 그것을 주관하기 위하여 설치되었던 관청. 의정議政이나 왕의 장인이 겸임하는 대장大將(정1품)과 별장別將(정3품), 군관軍官 등의 관직이 있음.

호익순위사虎翼巡衛司 조선 1395년(태조 4)에 의흥친군義興親軍의 십위十衛의 하나인 천우위千牛衛를 고친 것임. 1457년(세조 3)에 오위五衛를 두면서 폐지됨.

호익위虎翼衛 조선 세조 때 한량閑良을 위하여 설치되었던 군대. 1459년(세조 5)에 설치되었다가, 그해 8월에 평로위平虜衛로 개칭됨.

호장戶長 ① 고려시대 향리직鄕史職의 우두머리. 983년(성종 2)에 이전의 지방 관반官班의 최고직인 당대등堂大等을 고친 것임. 정원은 주州·부府·군郡·현縣의 경우는 1,000정丁 이상에 8명, 500정 이상은 7명, 300정 이상은 5명, 100정 이하는 4명이고, 동서제방어사東西諸防禦使·진장鎭將 지역의 경우는 1,000정 이상에 6명, 100정 이상은 4명, 100정 이하는 2명임. 1051년(문종 5)에 제정된 9관계官階의 향직 서열 중 최고위직이 됨. 지방 수령을 보좌하여 호구장적戶口帳籍의 관리 및 전조田租·공부貢賦의 징수·상납, 역역力役을 동원의 임무를 띰. ② 조선시대 향리직鄕史職의 우두머리. 지방관의 제반업무를 보좌함.

호정戶正 고려 983년(성종 2)에 제정된 향직鄕職의 하나. 이전의 낭중郞中을 고친 것임. 9등 향직 중 네 번째 등급.

호조戶曹 ① 고려시대 인구와 각종 조세. 공납과 재정에 관한 일을 맡은 관청. 초기의 민관民官을 995년(성종 14)에 상서호부尙書戶部라 고치고, 1275년(충렬왕 1)에 판도사版圖司로 고쳤으며, 1298년 민조民曹로 고침. 1308년에 다시 민부民部라 하고, 뒤에 다시 판도사로 고쳤다가, 1356년(공민왕 5)에 호부戶部로 바뀜. 1362년 판도사로, 1369년 민부로, 1372년 판도사라 하다가, 1389년(공양왕 1)에 호조로 바뀜. ② 조선시대 육조六曹의 하나. 호구戶口·공부貢賦·전량錢糧·식화金貨에 관한 일을 관장한 중앙관부. 속사屬司로 판적사版籍司·회계사會計司·경비사經費司·전례방前例房·판별방版別房·별영색別營色·별고색別庫色·세폐색歲幣色·응판색應辦色·은색銀色 등이 있음.

호조護照 조선 말기 개항 이후로 여행하고자 하는 외국인들에게 발급해주던 일종의 여행증명서. 행장行狀이라고도 함.

호조참의戶曹參議 조선시대 호조戶曹의 정3품 당상관 관직.

호조참판戶曹參判 조선시대 호조戶曹의 종2품 관직.

호조판서戶曹判書 조선시대 호조戶曹의 우두머리 관직. 정2품.

호족豪族 신라 말 고려 초에 사회변동을 주도하였던 지방세력. 출신 성분에 따라 크게 진골이나 육두골 등 중앙의 귀족들이 정권다툼에서 패배하여 지방으로 내려와 정착한 부류와 지방의 토착세력이던 촌주村主들이 점차 성장하여 호족으로 성장한 경우와 청해진淸海鎭의 장보고張保皐나 강주康州(:지금의 진주晉州)의 왕봉규王逢規로 대표되는 해상세력, 견훤甄萱과 같은 지방세력, 그리고 초적草賊·군도群盜를 세력기반으로 하는 부류로 나누어짐.

호주湖州 발해의 지방행정구역. 62주州 중의 하나로, 상경용천부上京龍泉府에 속함.

호중呼中 고려·조선 시대 승보시陞補試의 합격생을 모아놓고 성균관 대사성이 음식을 권하고 대화를 나누는 일.

호패號牌 조선시대 16세 이상의 남자에게 발급한 패. 오늘날의 주민등록증과 같음. 전면에는 주소·성명·직업·연령·본관·신장 등을 기입하고, 후면에는 당해 발급관아의 낙인烙印을 찍음.

호포戶布 호戶를 단위로 베布를 징수하던 세稅.

홍문관弘文館 ① 고려시대 문관 중 문한文翰의 재주가 있는 자들을 선발하여 궁궐에 두고 정사 및 왕의 자문에 응하는 일을 맡아보던 관청. 995년(성종 14)에 숭문관崇文館을 개칭하여 홍문관으로 하고, 학사學士를 둠. 1298년(충렬왕 24)에 학사 외에 직학사直學士를 둠. 뒤에 곧 폐지됨. ② 조선시대 궁중의 경서經書·사적史籍의 관리와 문한文翰의 처리 및 왕의 각종 자문에 응하는 일을 맡아보던 관청. 사헌부·사간원과 더불어 삼사三司를 이룸. 옥당玉堂·옥서玉署·영각瀛閣·서서원瑞書院·청연각淸燕閣이라고도 함. 1463년(세조 9) 장서각藏書閣을 홍문관이라 개칭한 바 있으며, 1478년(성종 9)에 종래의 집현전 직제가 기능을 예문관藝文館에서 분리하여 당시 유명무실한 기관이었던 홍문관에 이양시킴으로써 명실상부한 학술·언론 기관으로서 정식으로 성립됨. 1504년(연산군 10)에 진독청進讀廳으로 개칭되어 전임관을 없애고 예문관의 관원으로 겸하게 하였으나, 1506년(중종 1) 복구됨. 1894년(고종 31) 갑오개혁으로 홍문관과 예문관이 합쳐져 경연청經筵廳으로 바뀜. 이듬해 폐지되고 시종원侍從院에 속하게 되었으나, 그해 다시 독립되어 경연원經筵院이 되었다가 1896년에 다시 홍문관으로 개칭됨. 청요직淸要職으로서 관원이 되려면 지제교知製敎가 될만한 문장과 경연관經筵官이 될 만한 학문과 인격이 있어야 함은 물론 가문에 허물이 없어야 하였으며, 홍문록弘文錄에 선발되어야 하였음.

홍문록弘文錄 조선시대 홍문관弘文館 관원의 후보자로 간선된 사람 또는 홍문관원의 후보자를 선발하는 일.

홍복도감弘福都監 고려 후기 공민왕 때 노국공주魯國公主의 장사葬事를 주관하고 그의 명복을 빌기 위해 설치된 임시관청.

홍분방紅粉榜 나이 어린 권문權門의 자제子弟가 과거에 급제한 것을 일컬음. 분홍방粉紅榜이라고도 함.

홍전紅典 신라시대의 관청. 내성內省 소속으로, 직물織物의 생산 또는 염색을 담당하였음. 소속 관원으로 모母 6명을 둠.

홍제鴻濟 신라시대의 연호. 572년(진흥왕 33)에 제정되어 583년(진평왕 5)까지 사용됨.

홍추鴻樞 중추부中樞府의 별칭.

홍충도洪忠道 충청도의 별칭.

홍패紅牌 국가에서 과거에 급제한 자에게 발급한 급제증서. 홍색의 종이에 성명과 갑과·을과·병과의 구분을 기입하고, 연·월·일의 연 밑에 어보를 찍음.

홍현궁전弘峴宮典 신라시대의 관청. 내성內省 소속의 홍현궁弘峴宮을 관리함. 소속 관원으로 대사大舍 2명, 사史 2명이 있음.

화기도감火器都監 조선시대 총포를 제작하기 위하여 설치된 병조 소속의 임시 기구.

화랑도花郎徒 신라시대 청소년 수련단체. 문벌과 학식이 있고 용모가 단정하고 덕행이 있는 소년들로 조직됨. 도덕수련·정서함양·명산대천名山大川 순례·신체단련을 주로 하는 단체정신이 매우 강한 청소년 집단으로서, 교육적·군사적·사교단체적 기능을 지님.

화백和白 신라시대의 합좌제合坐制의 회의제도. 국정을 논의하는 귀족들의 모임으로, 진골 이상의 관리들만 참가할 수 있으며, 기능은 중요한 국정인 왕위계승문제, 개전開戰의 가부, 인사문제, 기타

중대한 정책 등을 심의·결정·집행하는 통치기능을 지님. 안건의 결의형식은 만장일치제에 의함.

화사畵史 조선시대 도화서圖畵署의 종8품 잡직 관직. 정원은 1명. 화원 전문직. 궁중에서 왕의 초상화를 비롯한 여러 가지 그림을 그렸고, 능묘·비석·인장·예복 등의 장식이나 문양을 새기는 일에도 종사함.

화압花押 문서의 수수授受나 권리 관계의 이동을 표시할 때 본인이라는 것을 믿게 하기 위하여 붓으로 직접 서명한 것.

화약감조청火藥監造廳 조선 1417년(태종 17) 군기감軍器監 안에 화약의 연구 및 제조 전문기관으로 설립된 관청.

화원畵員 조선시대 도화서圖畵署와 그밖의 관청에 소속되어 그림 그리는 일에 종사한 잡직雜職.

화장靴匠 조선시대 경공장京工匠의 하나. 공조工曹·상의원尙衣院에 소속되어 신발을 만드는 일을 업으로 하는 장인匠人.

화전靴典 신라시대의 관청. 궁중에서 사용하던 신발 만드는 일을 담당함.

화주禾主 신라시대의 관직. 고관가전古官家典에 소속된 관원으로, 화곡禾穀의 관리를 맡음. 정원은 15명.

화주花主 신라시대 화랑단체를 주관하던 관직. 화랑단체를 보호·지도·육성하기 위해 설치됨.

화주華州 발해의 지방행정구역. 62주州중의 하나로, 솔빈부率賓府에 속함. 이 부의 수주首州임.

화척火尺 신라시대의 군관. 육정六停·십정·오주서五州誓 등에 고루 배치되어 기병과 보병을 지휘하였는데, 정원은 모두 342명. 대사大舍 이하의 관등을 가진 자로 보임됨.

화척禾尺 고려·조선 시대 도살업 등의 천한 직업에 종사하던 무리의 하나. 일명 수척水尺·무자리라고도 함. 유목민족인 달단韃靼鞋의 후예로서, 신라 말 고려 초의 양수척楊水尺이 고려 후기에 화척으로 개칭되었다가, 조선 초에는 다시 백정白丁으로 바뀌어 불림.

화통도감火都監 고려 1377년(우왕 3)에 화약·화기의 제조를 위해 설치된 관청. 1389년(창왕 1)에 없애고 그 일을 군기시軍器寺에서 맡음.

환곡還穀 국가가 춘궁기春窮期에 농민에게 대여하였다가 추수 후에 일정한 이자를 회수하던 국가 비축의 곡물, 혹은 그 제도 환자환상還上라고도 함.

환관宦官 거세된 남자로 궁정에서 사역하는 내관內官·내시內侍·환자宦者·환시宦寺·환수宦竪·화자火者·엄인閹人·혼관閽官이라고도 함.

환나부桓那部 고구려 초기에 있었던 부족.

환모還耗 환곡還穀을 수납할 때 원곡元穀 외에 쥐·새 등에 의한 손실을 채우는 것. 한 섬에 대한 말씩 더 받음.

환자還上환상 춘궁기에 백성에게 대여한 곡식을 추수 후에 일정한 이자를 붙여 회수하는 것. 환곡還穀이라고도 함.

환정還政 조선시대 환곡還穀을 분배하고 징수하는 수취행정.

환주桓州 발해의 지방행정구역. 62주州 중의 하나로, 서경압록부西京鴨綠府에 속함. 속현屬縣으로 환도桓都·신향神鄕·기수淇水의 3개 현이 있음.

활구闊口 고려시대 화폐로 쓰이던 은병銀甁의 속칭.

활인서活人署 조선시대 도성 내에 거주하는 병든 사람의 치료를 관장하던 관청. 본래의 동·서대비원東西大悲院을 1414년(태종 14)에 동·서활인원東西活人院으로 고치고, 1466년(세조 12)에 활인서로 바꿈. 임진왜란 중에 폐지되었다가 1612년(광해군 4)에 다시 설치되었고, 1709년(숙종 35)에는 혜민서惠民署에 소속되었다가, 1882년(고종 19)에 폐지됨.

활인원活人院 조선시대 도성 내에 거주하는 병든 사람의 치료를 관장하던 관청. 1414년(태종 14)에 동·서대비원東西大悲院을 고친 것임. 1466년(세조 12)에 활인서活人署로 고쳐짐.

황각黃閣 조선시대 의정부議政府의 별칭.

황감제黃柑劑 조선시대 관학館學(: 성균관과 사학四學) 유생의 사기를 높이고 학문을 권장하기 위하여 그들만을 대상으로 실시한 과거. 1564년(명종 19) 처음 시행되었으며, 매년 제주도의 특산물인 감귤이 진상되어올 때, 성균관의 명륜당明倫堂에 관학유생들을 모아놓고 감귤을 나누어준 뒤 실시한 과거.

황구첨정黃口簽丁 조선 말기 삼정三政 문란 중 군정軍政 폐단의 하나. 현역이 아닌 장정에게 부과되는 병역세인 보포保布에서 장정이 되지 않은 황구黃口(:부리가 누런 새 새끼. 즉 어린아이)를 군적에 올려 세금을 부과하는 것.

황금무당黃衿武幢 신라시대의 군대. 백금무당白衿武幢·적금무당赤衿武幢과 함께 삼무당三武幢의 하나. 689년(신문왕 9)에 설치되었는데, 소속 군관으로 감사지監舍知 1명, 보병을 지휘하는 화척禾尺 8명, 군사당주軍師幢主 1명, 삼무당주三武幢主 16명이 있음.

황금서당黃衿誓幢 신라시대의 군대. 구서당九誓幢의 하나로, 683년(신문왕 3)에 고구려 사람으로 편성됨. 금衿의 빛깔은 황적색黃赤色.

황태자궁시강원皇太子宮侍講院 대한제국 때 황태자의 강학講學과 시종侍從을 담당하던 기관. 1905년에 시강원侍講院을 고친 것으로 1907년 동궁 동궁東宮으로 개칭됨.

황태자비궁皇太子妃宮 대한제국 때 궁내부宮內府에 둔 황태자비의 궁사를 관장하던 관청. 1895년(고종 32)에 설치된 왕태자비궁을 1897년에 고친 것임.

황태후皇太后 황제의 생존한 모후母后. 약칭 태후太后.

황후皇后 황제皇帝의 정비正妃.

황후궁皇后宮 대한제국 때 궁내부宮內府 소속의 황후의 궁사와 내정內廷의 일을 관장하던 관청. 1907년에 설치됨.

회강會講 조선시대 왕세자가 월 2회 사부師傅 이하 여러 관원을 모아 놓고 경서 경사經史와 그밖의 서적을 강론講論하는 일.

회계사會計司 ① 조선시대 호조戶曹에 소속된 관청. 서울과 지방의 각 관청에 비축된 미곡·포布·전錢 등의 연도별 회계와 해유解由를 관장하였음. ② 조선 1894년(고종 31)에 설치된 왕실의 재정을 맡아보던 관청. 다음해에 회계원會計院으로 바뀌었음.

회계원會計院 조선 1895년(고종 32) 회계사會計司를 개칭한 관청. 궁내부宮內府에 소속되어 왕실경비의 예산·결산 등의 재부財簿를 담당하였음. 1905년 내장원內藏院으로 개칭됨.

회군공신回軍功臣 고려 1390년(공양왕 2)에 위화도회군威化島回軍에 공을 세운 이성계李成桂·심덕부沈德符·배극렴裵克廉·장철張哲 등의 공신에게 내린 훈호勳號.

회궁전會宮典 신라시대의 관청. 경덕왕 때 일시 북사설北司設로 고친 적이 있음. 궁중에서 유장帷帳(:휘장)·인석茵席(:돗자리) 등의 업무를 담당한 것으로 추정됨. 소속 관원으로는 궁옹宮翁 1명, 조사지助舍知 4명이 있음.

회권會圈 조선시대 예문관·홍문관·규장각 등 학문 기관에 종사하는 관원을 선발할 때 각 해당관직의 전임자가 모여서 후임자의 성명 위에 권점圈點을 찍어 권원을 선발하는 제도.

회례사回禮使 왜倭나 거란 등 교린관계交隣關係에 있는 나라에서 사신을 보내왔을 때 그 답례로 보내는 사신使臣.

회문사會問司 고려 1281년(충렬왕 7)에 노비의 방량放良(:노비를 놓아 양인이 되게 하는 것)·면천免賤(:천인의 신분을 면하고 양인이 되게 하는 것)·쟁소爭訴(:소송) 등을 관장하던 관청. 인물추고도감

人物推考都監을 개칭한 것임. 1391년(공양왕 3) 인물추변도감人物推辨都監으로 개칭되었다가 이듬해 혁파되고 그 사무가 도관都官으로 이관됨.

회사會士 조선시대 호조戶曹 소속의 종9품 관직. 정원은 2명. 1466년(세조 12)에 처음 제정됨. 궐내외 여러 곳의 계산을 맡아봄.

회사繪史 조선시대 도화서圖畵署의 종9품 잡직雜職 관직. 정원은 2명. 도화서의 최하급관직. 궁중에서 왕의 초상화를 비롯한 여러 가지 그림을 그리는 일에 종사함.

회시會試 조선시대 중앙과 지방에서 초시初試에 합격한 사람을 서울로 모아 제2차로 보이는 시험. 복시覆試라고도 함. 소과小科에서는 회시가 마지막 시험이며, 대과大科에서는 회시에서 합격하면 전시殿試에 응시할 자격을 줌.

회역사廻易使 신라 말 장보고張保皐가 일본에 보낸 무역사절단.

회원부懷遠府 발해의 지방행정구역. 15부府 중의 하나로, 월희越喜의 옛땅에 설치됨. 그 밑에 달주達州·월주越州·회주懷州·기주紀州·부주富州·미주美州·복주福州·사주邪州·지주芝州의 9개 주를 다스림.

회원위懷遠衛 조선시대 영안도永安道(:함경도)의 회령도호부會寧都護府와 경원도호부慶源都護府에 설치된 서반西班 토관土官의 둔소屯所.

회의도감會議都監 고려시대 문종 때 설치된 임시관청.

회자回刺 승문원承文院의 신임 관원이 밤에 귀복鬼服을 입고, 선배들을 찾아다니며 사진仕進의 허락을 얻는 일.

회주懷州 발해의 지방행정구역. 62주州 중의 하나로, 회원부懷遠府에 속함. 위치와 속현屬縣은 미상임.

회통回通 조선시대 아전衙前들 사이에 사용되던 문서의 하나. 아전에게 통지, 통고하는 문서로는 사통私通·치통馳通 등이 있는데, 회통은 사통·치통 등에 대한 회답문서. 내용은 대개 지방의 상하 아문 사이의 조세·공물·환곡·진상 등 재정관계 실무상의 연락·통지가 주임.

회판會辦 조선 말기 통신원通信院의 칙임관勅任官급 관직.

횡간橫看 조선시대 국가 재정의 세출예산표. 세출예산표를 가로[횡橫]로 기재하여 가로·세로로 대조해보는 서식書式에서 생긴 명칭.

효력부위効力副尉 조선시대 무산계武散階의 하나. 서반西班 정9품의 관계명官階名.

효수梟首 참형斬刑이나 능지처참凌遲處斬을 한 뒤 그 머리를 장대에 매다는 극형.

효용도위効勇徒尉 조선시대 무반토관계武班土官階 종8품의 관계명官階名.

효위尉尉 조선시대 영흥부永興府와 평양부에 둔 서반西班 토관직土官職.

효임랑効任郞 조선시대 문반 잡직雜職의 종6품 하계下階의 관계명官階名.

효주爻周 사실 조사에서 이상이 없음을 나타내는 "×"의 표시를 이르는 말. 재고품의 조사에서 장부상의 품목을 별지에 기록하여 현품과 일일이 대조하고 이상이 없는 것은 'X'표로 표시하여 장부와 재고품이 상위相違없음을 확인하는 일. 효爻는 ×표를, 주周는 전체를 뜻함.

후군後軍 ① 임금이 거둥할 때 후부後部를 호위하는 군대. 후상後廂이라고도 함. ② 고려시대 오군五軍의 하나. 1391년(공양왕 3)에 폐지됨.

후궁부後宮部 백제시대의 관청. 22부중 궁중의 사무를 관장하는 내관內官 12부 중의 하나. 왕의 후궁관계 업무를 관장함.

후영後營 조선 말기 친군영親軍營의 하나. 1884년(고종 21)에 설치

되어, 1888년에 우영右營·해방영海防營과 합쳐져 통위영統衛營으로 됨.

후원喉院 조선시대 승정원承政院의 이칭.

후위後衛 충무위忠武衛의 이칭.

훈국訓局 훈련도감訓鍊都監의 약칭.

훈도訓導 ① 조선시대 서울의 사학四學과 지방의 향교에서 교육을 담당한 교관敎官. 본래 훈도관이라 칭하던 것을 1466년(세조 12) 훈도라 개칭함. 사학의 훈도는 성균관의 관원들이 겸임하도록 하여, 성균관 관원 중 6품 2명을 사학의 교수敎授로 하고, 7품 이하 5명을 훈도로 겸임 발령함. 지방은 종9품의 외관직임. ② 조선시대 관상감觀象監·전의감典醫監·사역원司譯院 등의 정9품 관직. 해당 분야의 기술과 지식을 가르치는 일을 맡음.

훈련관訓鍊觀 조선 초기 군사의 시재試才, 무예武藝의 연습, 병서兵書의 강습을 담당하던 관청. 1392년(태조 1)에 설치되어 1466년(세조 12)에 훈련원訓鍊院으로 바뀜.

훈련대장訓鍊大將 조선시대 훈련도감訓鍊都監의 우두머리 장수로, 종2품의 무관직.

훈련도감訓鍊都監 조선 후기 중앙군영의 하나. 줄여서 훈국訓局이라고 함. 1593년(선조 26)에 임시기구로 설치되었으나 점차 상설기구로 변모됨. 주임무인 군사훈련 이외에도 수도방위와 국왕호위의 임무를 맡아 종래 오위五衛가 담당하던 기능을 대신함. 오군영五軍營 체제가 갖추어지면서 어영청御營廳·금위영禁衛營과 함께 삼군문三軍門으로 불림. 포수砲手·살수殺手·사수射手가 구분되어 삼수군으로 조직되었으며, 다른 군영의 군사와 달리 도감군은 매월 쌀 4~9말 정도를 맡은 장번급료병이어서 대부분 서울과 그 인근에 사는 사람들로 채워짐. 1881년(고종 18)에 별기군別技軍이 설치되어 신식군대 조직이 이루어지자 그 이듬해 폐지됨.

훈련원訓鍊院 조선시대 군사의 시재試才·무예武藝의 훈련 및 병서兵書의 강 습독을 맡아보던 관청. 1466년(세조 12)에 국초의 훈련관訓鍊觀이 바뀐 것임. 1907년에 폐지됨.

훈상訓上 조선시대 사역원司譯院 소속의 한·청·몽·왜학漢淸蒙倭學의 사학四學 담당 역관譯官.

훈신勳臣 ① 조선시대 공신록功臣錄에 등록된 충훈부忠勳府의 관원. ② 훈공勳功이 있는 신하.

훈척勳戚 훈신勳臣과 척신戚臣.

훈호勳號 나라에 공훈功勳이 있는 자에게 주는 칭호. 개국공신開國功臣이나 정사공신定社功臣 등.

홍년칭원법薨年稱元法 왕정통치형태에서 역대 왕의 원년元年을 기산起算하는 방법 중 하나. 즉위 초년을 원년으로 하여 죽은 해까지를 재위연수로 하는 방법.

홍월칭원법薨月稱元法 왕정통치형태에서 역대 왕의 원년元年을 기산起算하는 방법 중 하나. 전왕의 죽은 월月 내에 신왕의 원년을 칭하는 방법.

휘지徽旨 ① 조선시대 왕이 출타 중일 때 왕세자가 궁궐의 출입을 통제하기 위하여 내리는 문감門鑑(:문표門標). 휘지표신徽旨標信이라고도 함. ② 조선시대 왕이 궁궐에 부재중이거나 신병으로 직접 정무를 처리하지 못하여 왕세자에게 대리청정代理聽政을 위임하였을 때 왕세자가 내리는 명령.

휘호徽號 후비后妃가 승하한 뒤에 시호諡號와 함께 올리는 존호尊號.

홀양전恤養田 조선시대 과전법科田法 체제에서 과전을 지급받은 관인官人의 부처夫妻가 다 죽고 그 자손이 어린 경우 이를 홀양하기 위해 그 아버지의 절수지를 전수傳受하게 한 토지.

흑개감黑鎧監 신라시대의 관청. 왕궁의 경위警衛를 맡음. 경덕왕 때

일시 위무감衛武監으로 고쳐졌다가 뒤에 다시 흑개감으로 바뀜. 소속 관원으로는 대사大舍 1명, 사史 4명을 둠.

흑금서당黑衿誓幢 신라시대의 군대. 구서당九誓幢의 하나로, 683년 (신문왕 3) 말갈사람으로써 편성되어 설치됨. 금衿의 빛깔은 흑적색黑赤色.

흑의장창말보당주黑衣長槍末步幢主 신라시대의 무관직. 육정六停과 구서당九誓幢에 약간씩 배속되었으며, 정원은 모두 264명. 관등은 급찬級飡으로부터 사지舍知까지임.

흑주黑州 발해의 지방행정구역. 62주州 중의 하나로, 동평부東平府에 속함.

흑창黑倉 고려 초기의 진휼기관. 궁민窮民에게 곡식을 빌려주었다가 추수기에 상환하는 일을 관장한 기록으로, 태조 때 설치됨. 986년 (성종 5) 의창義倉으로 바뀜.

흥록대부興祿大夫 ① 고려시대 문산계文散階의 하나. 정2품의 관계명官階名. 995년(성종 14)에 대승大丞을 고친 것으로, 계속 사용되다가 1076년(문종 30)에 광록대부光祿大夫로 바뀌면서 종3품계가 됨. 1298년(충렬왕 24)에 정2품계로 올랐고, 명칭도 다시 흥록대부로 바뀜. ② 조선시대 문산계의 하나. 종친 정1품 하계下階의 관계명.

흥복도감興福都監 고려 말기에 설치된 임시관청. 노국공주魯國公主의 장사葬事를 주관하고 그의 명복을 빌기 위해 설치된 관청으로 추측됨. 1380년(우왕 6)에 폐지됨. 판관判官(종5품)·녹사錄事 등의 소속 관원이 있음.

흥왕도감興王都監 고려시대에 설치된 임시관청. 기능에 대해서는 알 수 없음.

흥위위興威衛 ① 고려시대 중앙군인 이군육위二軍六衛 중 세 번째 군단. 좌우위左右衛·신호위神虎衛와 함께 삼위三衛로 불림. 995년 (성종 14)에 정비됨. 상장군上將軍 1명을 최고사령관으로 하여 대장군大將軍 1명, 별장別將 20명, 대정隊正 480명으로 편제되어 있어 좌우위 다음가는 대군단. ② 조선 초기 의흥친군義興親軍의 하나. 뒤에 용무순위사龍武巡衛司로 개편되었다가, 오위五衛가 설치되면서 폐지됨.

희공랑熙功郎 조선시대 문반토관직文班土官職의 정7품 관계명官階名.

부록

고대에서 현재까지 지명 변천 일람표(地名 變遷 一覽表)

도명道名	연혁	현대	조선	고려	통일신라	삼국	비고
서울특별시	1948년 특별시로 승격	서울특별시	한성군 漢城郡	양주 楊州	한양군 漢陽郡	북한성 남평양성	조선 및 현 수도
경기도 京畿道	**삼국시대三國時代** 경기도 일원은 본래 마한의 영토로서 뒤에 백제의 영토가 됨 서기 497년 고구려 장수왕이 한강 유역을 점거하자 고구려에 소속, 뒤에 신라 진흥왕이 임진강 이남을 확보하면서 신라의 영토가 됨 후삼국 때 궁예가 철원에 도읍하자 그 중심지역이 되었다 **고려高麗** 왕건의 건국으로 고려의 영토가 되었고 서기 995년(성종 14) 관제 제정으로 전국이 10도로 분할될 때 현 황해도를 포함하여 관내도로 호칭함 뒤에 양광도楊廣道에 소속되었으나 이후 부府, 목牧 중심의 통치형식에 따라 명확한 도道 구분이 없이 이 지역 일대에 대한 통칭이었음. 공양왕 때 좌·우도로 분할 **조선朝鮮** 태조 초에 경이도京異道라 호칭하고 좌우도로 분할 태조 때 다시 양도를 병합하여 경기도로 호칭 1896년(건양) 한성부가 그 관할로부터 독립 경기를 경절京折로도 표기했음	양주시 楊州市	양주군 楊州郡	견주 見州	내소현 來蘇縣	매성군 買省郡 (창화昌化)	고려 현종 때 견주라 개칭하고 양주에 편입
		파주시 적성면	적성군 積城郡	적성현 積城縣	중성현 重城縣	칠중현 七重縣 난은별 難隱別	현 파주시 속면
		광주시 廣州市	광주군郡 광주부府 광주목牧	광주 廣州	한주황 漢州黃	한산군 漢山郡	백제의 수도首都 (남한산성)
		이천시 利川市	이천군, 현	이천군 利川郡	무현 武縣	남천현 南川縣 남매南買	현 이천시 전역(천녕 포함)
		용인시 龍仁市	용인군, 현	용구현 龍駒縣	거서현 巨黍縣	구성현 駒城縣 멸조滅鳥	현 용인시 전역
		교하읍	교오라군 交汚羅郡	교하군 交河郡	교하군 交河郡	천정구현 泉井口縣 굴화군 屈火郡 어을매곶 於乙買串	현 파주시 속읍
		파주시 坡州市	파주군 坡州郡 (원평부 原平府)	서원군 瑞原郡	봉파현 峰坡縣		현 파주시 일부
		파평면 坡平面	파주에 속함	파평현 坡平縣	파평현 坡平縣	파해해 坡害害 평사현 平史縣 (액달額達)	현 파주시 속면
		고양시 高陽市	고양경, 군 高陽經, 郡	고봉현 高烽縣	고봉高烽 고봉현縣	달을성현 達乙省縣	현 고양시 일부
		행주 幸州		행주幸州 덕양군 德陽郡	우왕遇王 왕봉현 王逢縣	개백현 皆伯縣	현 고양시 속지
		포천시 抱川市	포천현縣 포천군郡	포천군	견성군 堅城郡	마홀군 馬忽郡 (명지命旨)	
		영평 永平	영평현縣 영평군郡	동음현 洞陰縣	동음현 洞陰縣	양골현 梁骨縣	현 포천시 속지
		부평富平	부평군郡	수주樹州 부평부府	장제군 長堤郡	주부토군 主夫吐郡	인천시 속지
		김포시 金浦市	김포현縣 김포군郡	김포金浦 금양현 金陽縣	금진현 金津縣	유포현 黝浦縣	일부 서울시에 편입

도명道名	연혁	현대	조선	고려	통일신라	삼국	비고
경기도 京畿道		통진通津	통진현縣 통진군郡	통진현 通津縣	분진현 分津縣	평유압현 平淮押縣 북사성 北史城 별사파아 別史坡兒	김포시 속면
		과천시 果川市	과천현縣 과천군郡	과천果川	율진군 栗津郡	율진군 석사혜 夕斯肹	서울시에 일부 편입
		시흥시 始興市		금주衿州	곡양현	내벌로현	현 김포시 속면
		양천陽川	양천현縣 양천군郡	공암현 孔巖縣	공암현	제차거의현	백제 때 이양홀
		인천시 仁川市	인천부府 인천군郡	인주仁州	소성군 邵城郡	매소홀현	
		남양南陽	남양현縣	당성군 唐城郡	당은현 唐恩縣	당성군 唐城郡	현 평택시 속면
		진위振威	진위군郡	진위라 振威羅	진위현縣	부산라 釜山羅 (금산金山)	
		수원시 水原市	수원부府	수주水州	수성군 水城郡	매홀군 買忽郡 (성수城水)	
				광덕현 廣德縣			조선 때 수원에 소속
		안산시 安山市	안군산 安郡山	안산현縣	장구군 獐口郡	장항구현 獐項口縣 사야홀차 斯也忽次	현 시흥시 속지
		강화군 江華郡	강화부府 강화군郡	강화현縣	혈구군 穴口郡 감비고 차해도		
		교동喬桐	교동현縣 교동군郡	교동현	교동현	고목근현 高木根縣 대운도 戴雲島 고림高林 달을신 達乙新	현 강화군 속면
		개성시 開城市	개성부府	송악군 松嶽郡	개성부	부산갑 扶山甲	고려 수도
		풍덕豊德	풍덕부府 풍덕군郡	정주貞州		정주貞州	현 개풍군 속지
		장단군 長湍郡	장단현縣 장단군郡 장임長臨 임단臨湍	단주 湍州	장단현縣	장천성현 長淺城縣 야아야耶耶 야아夜牙	
				임진현 臨津縣	임진현	진임성현 津臨城縣 도아홀 島阿忽	

도명道名	연혁	현대	조선	고려	통일신라	삼국	비고
경기도 京畿道		여주시 驪州市	여주부, 군 여흥부 驪興府	황효黃驍 황리黃利 영의永義	황효현 黃驍縣	골단근현 骨丹斤縣	
		죽(결) 竹缺	양근군 楊根郡	양(결)근	빈양현 濱陽縣	양근군 楊根郡 항양恒陽 사참斯斬	현 양평군 속면
		근산根山	죽산현, 군 竹山縣, 郡	죽주군 竹州郡	개산군 介山郡	개차산군 皆次山郡	현 안성시 속면
		안성군 安城郡	안성현縣 안성군郡	안성군	백성군 白城郡	내혜홀 奈兮忽	
		음죽陰竹	음죽현縣 음죽군郡	음죽현	음죽현	노음죽현 奴陰竹縣	현 이천시 속면
		양성陽城		양성현縣	적성현 赤城縣	사복현 沙伏縣	현 안성시 속면
		연천군 連川郡	연천현縣 연천군郡	장주현 漳(獐)州縣	공성현 功城縣	공목달현 功木達縣 웅섬산 熊閃山 공목달 工木達	
		삭녕朔寧	삭녕군 朔寧郡	삭녕현 朔寧縣	삭읍현 朔邑縣	소읍두현 所邑豆縣	현 연천군 속면
		지평砥平	지평현縣 지평군郡	지평현	지평현	지현현 砥峴縣	현 양평군 속면
		가평군 加平郡	가평현縣 가평군郡	가평군, 현 嘉平郡, 縣 加平郡, 縣	근평현 斤平縣	근평현 斤平縣 (병평並平)	
		마전麻田	마전현縣 마전군郡	마전현	임단현 臨湍縣	마전천현 麻田淺縣 니사파홀 泥沙彼忽	현 연천군 속면
		평택시 平澤市	평택현縣 평택군郡	평택현		하팔현 河八縣	본래 충청도 소속

도명道名	연혁	현대	조선	고려	통일신라	삼국	비고
충청도忠淸道	**삼국시대三國時代** 고대 마한의 영토로서 뒤에 백제의 영토가 됨 75년 백제의 수도가 웅자(충남공주 근처)으로 천도하자 그 중심지가 됨 **고려高麗** 왕건의 건국으로 고려의 영토가 되었고 995년(성조 14) 관제 제정으로 전국이 10도로 분할될 때 충청도忠淸道, 하남도河南道로 분할됨 1106년(목종 9) 양광도楊廣道, 충청도忠淸道 뒤에 또 다시 양광도라 했으나 부府, 목牧 중심의 통합 형식에 따라 명확한 도道 구분이 없이 이 지역 일대에 대한 통칭이었음 **조선朝鮮** 태조 초에 충청도라 호칭하다가 좌左, 우右도로 분할 인조 때 공청도公淸道로, 이어서 공홍도公洪道, 충청도忠淸道로 각각 개칭, 후에 충청도로 복칭復稱함 1777(정조 1) 공청도公淸道로 하다가 1825년(순조 25) 공청도公淸道로 개칭改稱 1834년 충청도로 복칭 1896년(건양 1) 다시 좌우도로 분할했다가 남북도로 분도分道	공주시 公州市	공주군郡	공주公州	웅주熊州	웅주	한때 백제의 수도
		노성魯城	노성군郡	니산현 尼山縣	니산현	열야산현 熱也山縣	현 논산시 속면
		회덕懷德	회덕현縣 회덕군郡	회덕현	비풍군 比豊郡	우술현 雨述縣 (후천朽淺)	현 대전시 대덕구 소속
		부여군 扶餘郡	부여현縣 부여군郡	부여군	부여군	소부리군 所扶里郡 (사비泗沘)	한때 백제의 수도
		석성石城	석성현縣 석성군郡	석성현	석성현	진악산군 珍樂山郡	현 논산시 속면
		정산定山	정산현縣 정산군郡	정산현	열성현 悅城縣	열기현 悅己縣	현 청양군 속면
		연산連山	연산현縣 연산군郡	연산군	황산군 黃山郡	황등야산군 黃等也山郡	현 논산시 속면 황산 전투지
		홍성洪城	홍주군 洪州郡	홍주洪州 (연주連州)			현 홍성군
		면천沔川	면천군 沔川郡	혜성군 槥成郡	혜성군	혜성槥成	현 당진시 속면
		당진시 唐津市	당진군郡	당진현縣	당진현	복수지현 伏首只縣 (부지夫只)	
		서천군 舒川郡	서천군	서림군 舒林郡	서림군	설림군 舌林郡	
		남포南浦	남포현縣 남포군郡	남포현	남포현	사포현 寺浦縣	현 보령시 속면
		비인庇仁	비인현縣 비인군郡	비인현	비인현	비중현 比衆縣	현 서천군 속면
		서산시 瑞山市	서산군郡	부성현 富城縣	부성군郡	기부基部	
		진잠鎭岑	진잠현縣 진잠군郡	진잠현	진잠현	진현현 眞峴縣	현 대덕구
		청원군 淸原郡	청주군 淸州郡	청주淸州	서원경 西原京	상당현 上黨縣 낭비성 娘臂城 낭자곡 娘子谷	현 청주시
		청주시 淸州市	청주군 淸州郡				
		문의文義	문의현縣 문의군郡	연산군 燕山郡	연산군	일모산현 一牟山縣	현 청주시 소속
		연기군 燕岐郡	연기군	연기현縣	연기현	두내지현 豆仍只縣	현 세종시
		회인 懷仁	회인현 懷仁縣	회인현	미곡현 昧谷縣	미곡현 未谷縣	현 보은군 속면
			결성현 結城縣	결성현	결성현	결기현 結己縣	현 홍성군 속면

도명道名	연혁	현대	조선	고려	통일신라	삼국	비고
		보령시 保寧市	결성현 結城縣	보령현 保寧縣	신읍현 新邑縣	신촌현 新村縣	
		덕산德山	덕산현縣 덕산군郡	이산현 伊山縣	이산현	마시산군 馬尸山郡	현 예산군 속면
		해미海美	해미현縣 해미군郡	정해현 貞海縣			현 예산군 속면
		대흥大興	대흥현縣 대흥군郡	대흥군	임성군 任城郡	임존성 任存城 (금주今州)	
		청양군 清陽郡	청양현縣 청양군郡	청양현	청정현 青正縣	고양부리현 古良夫里縣	
		예산군 禮山郡	예산현縣 예산군郡	예산현	고산현 孤山縣	조산현 鳥山縣	
		임천林川	임천현縣 임천군郡	가림현 嘉林縣	가림군 嘉林郡	가림군 加林郡	현 부여군 속면
		한산韓山	한산군郡	한산현縣	마산현 馬山縣	마산현	현 서천 속면
		홍산鴻山	홍산현縣 홍산군郡	홍산현	한산현 翰山縣	대산현 大山縣	현 부여군
		목천木川	목천현縣 목천군郡	목주군 木州郡	대록군 大麓郡	대목악군 大木岳郡	현 천원군 속면
충청도 忠清道		전의全義	전의현縣 전의군郡	전의현	금지金地 금지현 金池縣	구지현 仇知縣	현 더덕군 속면
		천안시 天安市	선안군 宣安郡	천안부 天安府			
		천원군 天原郡	천안군 天安郡				
		남양濫陽	남수군 濫水郡	도수군 渡水郡	탕정군 湯井郡	탕정군	현 아산시 속면
		아산시 牙山市	아산군郡	아주현縣	음봉陰峰 음잠陰岑	아술현 我述縣	
		평택시 平澤市	평택현縣 평택군郡	평택현		하팔현 河八縣	현 경기도 로 편입
		태안泰安	태안군郡	소태현 蘇泰縣	성태현 省泰縣	성대호현 省大號縣 성대기 省大肌	현 서산시 속면
		은안恩安	은진현, 군 恩津縣, 郡	덕은군 德恩郡	덕은군 德殷郡	덕근군 德近郡	
		충원군 忠原郡 충주시 忠州市	충주군 忠州郡	충주忠州 중원경 中原京	탁장성 託長城	국원國原 (성말을성 城末乙省)	현 논산시 속면
		괴산군 槐山郡	괴산현縣 괴산군郡	괴주군 槐州郡	괴양군 槐壤郡	내근내군 乃斤內郡	
		연풍延豊	연풍현縣 연풍군郡	장연현 長延縣		상모현 上芼縣	현 괴산군 속면

도명道名	연혁	현대	조선	고려	통일신라	삼국	비고
충청도 忠淸道		진천군 鎭川郡	진천군	진주鎭州	흑양黑壤 (황양黃壤)	금물노군 今勿奴郡 (만노萬弩)	
		음성군 陰城郡	음성현縣 음성군郡	음성현	음성현	내홀현 仍忽縣	
		직산稷山	직산현縣 직산군郡	직산현	사산현 蛇山縣	부산현 芙山縣	현 천원군
		제천시 堤川市	제산현, 군 堤山縣, 郡	제주군 堤州郡	내제군 奈堤郡	내규군 奈吅郡 (대제大堤)	
		단양군 丹陽郡	단양현縣 단양군郡	단양현	적산현 赤山縣	적산(성)현 赤山(城)縣	
		청풍淸風	청풍현縣 청풍군郡	청풍군	청풍현	사열이현 沙熱伊縣	현 제천시 속면
		보은군 報恩郡	보은현縣	보령현 保齡縣	삼년군 三年郡	삼년산군 三年山郡	
		청산靑山	청산현縣 청산군郡	청산현	기산현 耆山縣	굴산현 屈山縣	현 옥천군 속면
		영동군 永同郡	영동군	영동현縣	연동군	길동군 吉同郡	
		황간黃澗	황간군郡	황간현	황간현	소라현 召羅縣	현 영동군 속면
		옥천군 沃川郡	옥천군	관성군 管城郡	관성군	고호산 古戶山	
		영춘永春	영춘군郡	영춘군	사춘현 士春縣	을아단현 乙阿旦縣	현 단양군 속면
				안읍현 安邑縣	안정현 安貞縣	아다호현 阿多號縣 아동기 阿冬肌	현 옥천군 속면
		금산군 錦山郡	금산군	계례현 繼禮縣	진례군 進禮郡	진내군 進乃郡	전라도 소 속이었음
				이산현 利山縣	이산현	소리산현 所利山縣	현 옥천군 소속
				시진현 市津縣	시진현	가지내현 加知奈縣 가을내 加乙乃	현 논산시 소속
				지곡현 地谷縣	지육현 地育縣	지육현 知六縣	현 서산군 소속

도명道名	연혁	현대	조선	고려	통일신라	삼국	비고
전라도 全羅道	**삼국시대三國時代** 변한弁韓의 중심지로서 뒤에 백제百濟의 영토가 되었으며, 660년(의자왕 20) 백제의 멸망으로 한때 웅진도독부熊津都督府가 설치되어 당唐의 속령이 되었고, 676년(문무왕 16)에 당唐을 축출逐出한 신라新羅의 영토가 됨 **후삼국시대後三國時代** 891년(진성왕 5) 견훤의 건국으로 후백제의 영토가 됨 당시 궁예의 장수로 있던 왕건의 활약으로 서남해안과 현 신라 영광 일원이 태봉泰封의 관할이 됨 뒤에 왕건王建이 건국하자 고려의 영토가 되었고 995년(성종 14) 관재 재정으로 건국이 10도로 분할되어 강남도江南道, 해양도海陽道로 분할 그 뒤에 전라도全羅道라 했으나 부府, 목牧 중심의 통치형식에 따라 명확한 도道 구분이 없이 지역 일대에 대한 통칭이 었음 **조선朝鮮** 태조太祖 초初에 전라도라 칭하고 좌·우도로 분할 인조仁祖 때 금라도金羅道라 개칭 되었다가 다시 전라도로 복칭復稱 그 후 한때 광남도光南道 개칭 改稱 1728년(영조 4) 전광도全光道로 개칭 1738년(영조 14) 전라도로 복칭되고, 1896년(고종 33, 건양 1) 다시 좌우도로 좌합座合된 뒤 남북도南北道로 분할 됨	전주全州	전주부府 전주군郡	전주	전주	완산주 完山州	후백제의 수도
		익산군 益山郡	익산현縣 익산군郡	금마군 金馬郡	금마군	금마저군 金馬渚郡	
		여산礪山	여산현縣 여산군郡	여량(양)현 礪良縣	여량(양)현 礪良(陽)縣	지량초현 只良肖縣	현 익산시 속면
		남원시 南原市	남원부府 남원군郡	남원부 대방군 帶方郡	남원소경 南原小京	대방군 고룡군 古龍郡	
		임실군 任實郡	임실현縣 임실군郡	임실현	임실군	임실군	
		순창군 淳昌郡	순창현縣 순창군郡	순창군	순화군 淳化郡	도실군 道實郡	
		장수군 長水郡	장수현縣 장수군郡	장수현	우평현 雨坪縣		
		진안군 鎭安郡	진안현縣 진안군郡	진안현	진안현	탄진아현 灘珍阿縣 (월량 月良)	
		고안古安	고부현, 군 古阜縣, 郡	구부군	고부군	고사부리군 古沙夫里郡	현 정읍시 속면
		부안군 扶安郡	부안현縣 부안군郡	부령현 扶寧縣	부령현	개화현 皆火縣	
		흥덕興德	흥덕현縣 흥덕군郡	상질현 尙質縣	상질현	상미현 上未縣	현 정읍시 속면
		태인泰仁	태인현縣 태인군郡	태산군 泰山郡	대(태)산군 大(泰)山郡	상호산군 上戶山郡	현 정읍시 속면
		정읍시 井邑市	정읍군郡	정읍현縣	정읍현	정촌현 井村縣	
		임피臨陂	임피현縣 임피군郡	임피현	임피군	시산군 屎山郡 소조실조 출피산 所鳥失鳥 出陂山	현 군산시 소속
		옥구沃溝	옥구현縣 옥구군郡	옥구현	옥구현	마서량현 馬西良縣	
		함열咸悅		함열현縣	함열현	감물아현 甘勿阿縣	익산시 속면
		용안龍安	용안현縣 용안군郡	용안현			현 익산시 속면
		김제시 金堤市	김제군郡	김제군	김제군	벽골군 碧骨郡	
		만경萬頃	만경군郡	만경현縣	만경현	두내산현 豆乃山縣	김제시 속면
		금산군 錦山郡	금산군	진례현 進禮縣	진례군郡	진내군 進乃郡	현 충남에 편입
		용담龍潭	용담현縣	청거현 淸渠縣	청성현 淸城縣	물거현 勿渠(居)縣	현 진안군 속면

도명道名	연혁	현대	조선	고려	통일신라	삼국	비고
		무주군 茂州郡	무주현縣	무계현 茂溪縣	단천현 丹川縣	적천현 赤川縣	
		광주시 光州市	무진군, 목 武珍郡, 牧 광주군 光州郡	해양현 海陽縣	무주武州	무진주 武珍州	
		광산군 光山郡	광주군 光州郡	해양현 海陽縣			
		남평南平	남평현縣 남평군郡	영평永平 남평군	현웅현 玄雄玄	미다부리현 未多夫里縣	현 나주시 속면
		창평昌平	창평현縣 창평군郡	창평현	기양현 祈陽縣	굴지현 屈支縣	현 삼양군 속면
		나주군 羅州郡	나주군郡 나주목牧	나주羅州	금성군 錦城郡	발라군 發羅郡 (통의通義)	
				흑산현 黑山縣			현 무안군 속면 흑산도
				반남현 潘南縣			
전라도 全羅道		담양군 潭陽郡	담양부府 (군郡)	담양군	추성군 秋城郡	추자혜군 秋子兮郡	현 나주시 속면
		옥과玉果	옥과현縣 옥과군郡	옥과현	옥과현	과지현 菓支縣	현 곡성군 속면
		영광군 靈光郡	영광군	영광군 (정주靜州)	무령군 武靈郡	무호이군 武戶伊郡	
		무장茂長	무장현縣 무장군郡	장사현 長沙縣	장사현	상노현 上老縣	현 고창군 속면
		고창군 高敞郡	고창현縣 고창군郡	고창현	고창현	모량부리현 毛良夫里縣	
		무안군 務安郡	무안현縣 무안군郡	무안현	무안군	물내혜군 勿奈兮郡 (수입水入)	
		함평군 咸平郡	함평현縣 함평군郡	함풍현 咸豊縣	함풍현	굴내현 屈乃縣	
		진도군 珍島郡	진도군	이도현 里島縣	진도군	인진도군 因珍島郡	
		장성군 長城郡	장성군	장성군	갑군岬郡	고호이현 古戶伊縣	
		영암군 靈巖郡	영암해 靈巖海	영암군	영암군	월내현 月柰縣	
		해남현 海南縣	해남현	해남군郡	침군浸郡 기연현 技演縣	새금현 塞琴縣	
		강진군 康津郡	강진군	강진현縣	탐진현 耽津縣	다음현 多音縣	
		보성군 寶城郡	보성군	보성군	보성군	복물군 伏勿郡	
		장흥군 長興郡	장흥현縣 장흥군郡	장흥부府 장흥군郡	조아현 烏兒縣	조차현 烏次縣	

도명道名	연혁	현대	조선	고려	통일신라	삼국	비고
		능주綾州	능성현, 군 綾城縣, 郡	능성현	능성군	현릉부리군 縣綾夫里郡 인부리 仁夫里	현 화순군 속면
		화순군 和順郡	화순군	화순현縣	여위汝渭 해연어연현 海演汝演縣	내리아현 仍利阿縣	
		업안業安	낙안군 樂安郡	낙안군	분령군 分嶺郡	분차군 分嵯郡	현 승주군 소속
		곡성군 谷城郡	곡성군	곡성군	곡성군	욕내군 欲乃郡	
		동복同福	동복현縣 동복군郡	동복현	동례현 同禮縣	두부현 豆夫縣	현 화순군 속면
		영예군 永禮郡			수례현 水禮縣	구차지현 仇次知縣 구차례현 仇次禮縣	
		순천시 順天市	순천부府 순천군郡	순천부府	승평군 昇平郡	감평군 欿平郡 사평沙平	
전라도 全羅道		승주군 昇州郡	순천부, 군 順天府, 郡	순천부	승평현 昇平縣		
		여수시 麗水市	여수군郡	여수현縣	해읍현縣	원촌현 援村縣 원평援平	
		돌산突山	돌산현縣 돌산군郡	돌산현	노산현 盧山縣	돌산현	현 여수시 속면
		광양군 光陽郡	광양군	광양현縣	희양현 晞陽縣	마로현 馬老縣	
		제주濟州	제주목 濟州牧	탐라현 耽羅縣	탐라국 耽羅國	탐라국	1945년 도 道로 승격 현 북제주 속면
		대정大靜	대정현縣 대정군郡				
		진산珍山	진산군郡	진동현 珍洞縣	진동현 珍同縣		현 남원시 소속
		운봉雲峰	운봉군郡	운봉현縣	모산현 母山縣 아영성현 阿英城縣		현 남원시 속면
		정의旌義	정의군郡				현 고창군 소속
		흥양興陽	흥양현縣	고흥현 高興縣			현 완주군 속면
		고산高山	고산군郡	고산현縣	고산현	종산현 宗山縣	
		완주군 完州郡	전주군 全州郡				전주시 참조
				거령현 居寧縣	거사물현 居斯勿縣		조선조 남원군 속면
				마령현 馬靈縣	마령현	마돌현 馬突縣 마진馬珍 마등량 馬等良	현 진안군 소속
				적성현 赤城縣	적성현	역평현 礫平縣	현 순창군 속면

도명道名	연혁	현대	조선	고려	통일신라	삼국	비고
경상도 慶尙道	**삼국시대三國時代** 부족국가 형태의 상대신라가 경주 일대를 중심으로 웅거함 서남쪽 낙동강에서 이산異山에 이르는 지역은 가야제국이 할거하다가 뒤에 신라의 영토領土로 병합 **고려高麗** 왕건王建의 건국으로 고려의 영토가 되었고 995년(성종 14) 관제개정으로 전국이 10도로 분할할 때 영남도嶺南道(상주를 중심한 경상북도와 충북 일부), 영동도嶺東道(경주를 중심한 경상남도 동남부 일대), 산남도山南道(진주를 중심한 낙동강 이서 일대)로 분할 뒤에 경남진주도慶南晉州道, 진창주도晉悵州道, 경상慶尙, 진안晉安, 상진尙晉, 안도安道 등으로 불렸으나 명확한 도 구분 없이 이 지역 일대에 대한 통칭이었음 1332년(충숙왕 1) 경상도慶尙道라 호칭함 **조선朝鮮** 조선 태조 초에 경상도로 호칭되고 좌·우도로 분할 1519년(중종 14) 다시 좌·우도로 분할(낙동강 동쪽을 우右, 좌左로 되었으나 다시 폐합廢合) 1592년(선조 25) 임진왜란으로 도로道路가 불통不通하자 좌·우도를 분할, 이듬해에 속합됨 1896년(건양 1) 좌·우도가 복설復設되었다가 남북도南北道도 분할分割 됨	경주시 慶州市	경주부府 경주군郡	경주慶州 동경東京 계림鷄林	서라벌 徐耶伐	서라벌 徐耶伐 徐羅伐	신라의 수도
		월성군 月城郡	경주군 慶州郡				
				촌계현 村溪縣	기계현 杞溪縣	모혜현 芼兮縣 (화계化溪)	
		양산시 梁山市	양산군郡	양주梁州	양주良州	삽라군 歃羅郡 삽량주 歃良州	
		흥해興海	흥해군郡	흥해군	의창군 義昌郡	퇴화군 退火郡	현 포항시 소속
		영일군 迎日郡	연일현縣 연일군郡	연일군. 현	임정현 臨汀縣	근조지현 斤烏支縣 조량우 烏良友	
		포항시 浦項市	연일군 延日郡	장산군 章山郡	장산군	압양국 押梁國	
		경산시 慶山市	경산현縣 경산군郡	장기현 長鬐縣	기립군 鬐立郡	지답현 只沓縣	영일군 속면
		장기長鬐	장기현縣 장기군郡	자인현 慈仁縣	자인현	노기화현 奴斯火縣	현 경산시 속면
		자인慈仁	자인현縣 자인군郡				
		영천시 永川市	영천군郡	영천永川	임부군 臨皐郡	공야화군 功也火郡	
		신령新寧	신령현縣 신령군郡	신령현	신령 화산花山	사정화현 史丁火縣	현 영천시 속면
		울산시 蔚山市	울산군郡	울주蔚州	하곡河曲 하서河西	굴아화현 屈阿火縣	
		동래東萊	동래부府 동래군郡 동래현縣	동래현	동래군	거칠산군 居漆山郡 장산국 萇山國 내산국 萊山國	
		기장機張	기장현縣 기장군郡	기장현	기장현	갑화량곡현 甲火良谷縣	
		김해시 金海市	김해군郡	금주장 金州獐	김해소경 金海小京	금관국 金官國	
		웅천熊川	웅천군郡	웅신현 熊神縣	웅신울 熊神蔚	웅지현 熊只縣	현 창원시 속면
		진해鎭海	진해현縣 진해군郡	진해현			
		창원시 昌原市	창원군郡	의안군 義安郡	의안군 義安郡	굴자군 屈自郡	
				의창현 義昌縣			

도명道名	연혁	현대	조선	고려	통일신라	삼국	비고
경상도 慶尙道		칠원漆原	칠원현縣 칠원군郡	칠원현	칠원현	칠토현 漆吐縣	현 창녕군 속면
		밀양시 密陽市	밀양군郡	밀성군 密城郡	밀성군	추화군 推火郡	
		영산靈山	영산현縣 영산군郡	영산현	상약현 尙藥縣	서화현 西火縣	현 창녕군 속면
		청도군 淸道郡	청남군 淸南郡	청도군 淸道郡	조악현 鳥嶽縣 추량실현 推良失縣 삼량화 三良火	조야현 鳥也縣 구도仇道 조례산 鳥禮山 조도산성 鳥刀山城	
		창녕군 昌寧郡	창녕현縣 창녕군郡	창녕군	화왕군 火王郡	비자화군 比自火郡 비사벌 比斯伐	
		현풍玄風	현풍군郡	현풍현縣	현효현 玄曉縣	추량화현 推良火縣 삼량화 三良火	
		대구시 大邱市	대구부府 대구군郡	대구현縣	대구현	달구화현 達句花縣 달불성 達弗城	
		칠곡군 漆谷郡	칠곡현縣 칠곡군郡	팔거현 八莒縣	팔리현 八里縣	팔거리현 八居里縣	
		거제시 巨濟市	거제군郡	거제현縣	거제군	상군해도 裳郡海島	현 통영시
		통영統營	거제군 巨濟郡				
		상주시 尙州市	상주군郡		상주尙州	사벌국 沙伐國 상주上州 상락上洛 사벌주 沙伐州	
		개령開寧	개령현縣 개령군郡		개령군	감문국 甘文國 청주靑州	현 김천시 속면
		금릉金陵	금산군 金山郡	금산현縣	금산현		
		지례知禮	지례	지례현縣	지례현	지품천현 知品川縣	
		선산군 善山郡	선산군	일선현 一善縣	일선군郡	일선군	
		군위군 軍威郡	군위軍威	군위현縣	군위칠 軍威七	노동멱혜현 奴同覓兮縣	
		함창咸昌	함창현縣 함창군郡	함창현	고령군 古寧郡		

도명道名	연혁	현대	조선	고려	통일신라	삼국	비고
경상도 慶尙道		문경시 聞慶市	문경군郡	문경聞慶 문희군 聞喜郡	관산군 冠山郡	고동람군 古冬攬郡 고령가현국 古寧伽縣國 관문현 冠文縣 관현고사 갈이성 冠縣高思 葛伊城	
		용궁龍宮	용궁현縣 용궁군郡	용군군	능산稜山 원산園山		현 예천군 속면
		안동시 安東市	안동부府 안동현縣 안동군郡	안동부	고창군 古昌郡	고타야군 古陀耶郡	
		예천군 醴泉郡	예천부府 예천현縣 예천군郡	기양현 基陽縣	예천군	수주현 水酒縣	
		풍기豊基	풍기현縣 풍기군郡	기양현 基陽縣	기본진 基本鎭		
		함안군 咸安郡	함안군	함안군	함안군	아시량국 阿尸良國	
		의성군 義城郡	의성군	의성군	개소군 開韶郡	소문국 召文國	
		비안比安	비안현縣 비안군郡	비옥현 比屋縣	비옥현	음화옥현 陰火屋縣	현 의성군 속면
		의흥義興	의흥현縣 의흥군郡	의흥현			현 군위군 속면
		진주시 晋州市	진주군郡	진주晋州	강주康州	거열주 居烈州 (거타居陀)	
		진양군 晋陽郡	진주군 晋州郡	함양현 含陽縣	천령군 大嶺郡	속함현 涑含縣 (함성含城)	
		함양군 咸陽郡	함양군	사천泗川	사수현 泗水縣	사물현 史勿縣	
		사천시 泗川市	사천현縣 사천군郡				
		삼천포시 三千浦市	삼가현, 군 三嘉縣, 郡	가수현 嘉壽縣	가수현	가주화현 加主火縣	
		삼가三嘉					합천군 속면
		하동군 河東郡	하동현縣 하동군郡	하동군	하동군	한다사군 韓多沙郡	
				악양현 嶽陽縣	악양현	다소사현 多小沙縣	현 사천시 속면
		곤양昆陽	곤양 곤남군 昆南郡	곤명현 昆明縣			

도명道名	연혁	현대	조선	고려	통일신라	삼국	비고
경상도慶尙道		합천군陜川郡	합천군	합천	강진군江鎭郡	대량주군大良州郡 대야주大耶(野)州	
		초계草溪	초계군郡	초계현縣	팔계현八谿縣	초팔혜거草八兮居	현 합천군 속면
		거창군居昌郡	거창군	거창군	거창군	거열군居烈郡	
		의령군宜寧郡	의령현縣 의령군郡	의령군	의령군	장함군獐含郡	
		고성군固城郡	고성현縣 고성군郡	고성군	고성군	고자군古自郡	
		안의安義	안의安義 안음현安陰縣	의안군義安郡	의안현	마리현馬利縣	현 함양군 속면
		고령군高靈郡	고령현縣 고령군郡	고령군	고령군	대가야국大伽倻國	
		성주군星州郡	성주군	경산부京山府	신안군新安郡 벽진군碧珍郡	본피현本彼縣	
		인동仁同	인동현縣 인동군郡		수동현壽同縣	기동화현其同火縣	현 칠곡군 속면
		하양河陽	하양현縣 하양군郡	하양군			현 경산시 속면
		남해군南海郡	남해군	남해현縣	남해군	전야산군轉也山郡	
		순흥順興	순흥군郡	흥주興州	급산군岌山郡	급벌산及伐山	현 영주시 속면
		영주시營州市	영천營川	순안현順安縣	내령군奈靈郡	내사군奈巳郡	
		예안禮安	예안현縣 예안군郡	예안군	선곡현善谷縣	매곡현買谷縣	현 안동군 속면
		봉화군奉化郡	봉화현縣 봉화군郡	봉화현	옥마현玉馬縣	고사마현古斯馬縣	
		영덕군盈德郡	영덕현縣 영덕군郡	영덕현	야성군野城郡	야시홀군也尸忽郡	
		청송군靑松郡	청송군	청송현縣	적선군積善郡	청기현靑己縣	
		진보眞寶	진보현縣	보성부甫城府	진보현	칠파화현漆巴火縣	현 청송군 속면
		영해寧海	영해군郡	예주禮州	유린군有麟郡	우시군于尸郡	현 영덕군 속면
		영양군英陽郡	영양군	영양英陽 연양延陽 익양군益陽郡			
		청하淸河	청하군郡	청하현縣	해하현海河縣	아혜현阿兮縣	

도명道名	연혁	현대	조선	고려	통일신라	삼국	비고
강원도 江原道	**삼국시대三國時代** 본래 예국, 맥국의 본거지로 고구려와 신라에 각각 딸렸음 뒤에 각지에서 초적草賊들이 일어나 신라의 국력이 미치지 못함 **고려高麗** 왕건의 건국으로 고려에 복속됨 995년(성종 14) 관제 개혁 육로 전국이 10도로 분할될 때 삭방도朔方道로 호칭됨 이듬해에 명주도溟州道로 개칭 후에 춘주도春州道, 동주도東州道, 교주도交州道, 강릉도江陵道, 교주강릉도交州江陵道 등으로 불렀으나 명확한 도道 구분없이 이 일대에 대한 통칭이었음 **조선朝鮮** 태조 초에 강원도江原道로 호칭	명주溟州	강릉군 江陵郡	명주	명주	하서량 河西良 하슬라 河瑟羅	
		강릉시 江陵市	강릉군郡				
		정선군 旌善郡	정선군	정선군	정선군	내치(원)현 仍置(員)縣	
		삼척시 三陟市	삼척부府 삼척군郡	삼척군	삼척군	실직군 悉直郡	
		울진군 蔚珍郡	울진현縣 울진군郡	울진현	울진군	우진야현 于珍也縣	현 경상북도 소속
		고성군 高城郡	고성현縣 고성군郡	고성현	고성군	달홀達忽	
		간성杆城	간성현縣 간성군郡	간성군	수성군 守城郡	가성군 加城郡 가라홀 加羅忽	
		양양군 襄陽郡	양양부府 양양군郡	익령군 翼嶺郡	익령현縣	익령현 (이문伊文)	
		통천군 通川郡	통천현縣 통천군郡	금양현 金壤縣	금양군郡	금양군 휴양군 休壤郡 금뇌金惱	
		흡곡歙谷	흡곡현縣 흡곡군郡	흡곡현	습계현 習谿縣	습비곡현 習比谷縣	현 통천군 속면
		영월군 寧越郡	영월부府 영월군郡	영월군	내성군 奈城郡	내생군 奈生郡	
		평창군 平昌郡	평창군	평창현縣	백조현 白烏縣	욱조현 郁烏縣	
		평해平海	평해군郡	평해군		근을어 斤乙於	현 울진군 속읍
		횡성군 橫城郡	횡성현縣 횡성군郡	횡성현	횡천현 橫川縣	횡천현	어사매 於斯買
		화천군 華川郡	화천현縣 화천군郡	양천현 良川縣	양천군郡	생생군 狌生郡 야시매 也尸買	
		양구군 楊口郡	양구현縣 양구군郡	양구현 楊構縣	양록군 楊麓郡	양구군 楊口郡 요은홀차 要隱忽次	
		인제군 麟蹄郡	인제현縣 인제군郡	인제현	희제현 稀蹄郡	저족현 猪足縣	
		회양군 淮陽郡	회양부府 회양군郡	교주交州	연성군 連城郡	각연성군 各連城郡	
		철원군 鐵原郡	철원부府 철원군郡	동주東州	철성군 鐵城郡	철원군 모을동비 毛乙冬非	태봉국의 수도
		안협安峽	안협현縣 안협군郡	안협현	안협현	아진압현 阿珍押縣	현 이천군

도명道名	연혁	현대	조선	고려	통일신라	삼국	비고
강원도 江原道		이천군 伊川郡	이천부府 이천군郡	이천현縣	이천현	이진매현 伊珍買縣	
		김화군 金化郡	김화현縣 김화군郡	김화현	부평군 富平郡	부여군 夫如郡	
		평강군 平康郡	평강현縣 평강군郡	평강현	광평현 廣平縣	부양현 斧壤縣	
		춘성군 春城郡	춘천부, 군 春川府, 郡	춘주春州	삭주朔州	어사내 於斯内	
		춘천시 春川市	춘천부府 춘천군郡	춘주春州	삭주朔州	벌력천현 伐力川縣	
		홍천군 洪川郡	홍천현縣 홍천군郡	홍천현	녹효현 綠驍縣	단성현 丹城縣 야차홀 也次忽	
		금성金城	금성현縣 금성군郡	금성군	익성군 益城郡		
		원주시 原州市	원주현縣 원주군郡	원주原州	북원北原 소경小京	평원군 平原郡 북원北原	
황해도 黃海道	**삼국시대三國時代** 고대 마한馬韓의 영토로서 확보되고 후삼국시대에 고구려의 영토가 됨 한때 고구려를 정벌한 당唐의 속령으로 되었다가 신라의 영토이었으며, 후삼국시대에는 태봉泰封의 대요지가 됨 **고려高麗** 왕건의 건국으로 고려의 영토가 되고 995년(성종 14) 관제 개혁으로 전국이 10도로 분할될 때 개성부開城府 일대를 제외한 경기도와 통합되어 개내도開內道라 호칭됨 뒤에 해서도海西道로 불렀으나 명확한 도 구분 없이 이 지역에 대한 통칭이었음 **조선朝鮮** 태조 초 풍해도豊海道로 불렀다가 태종 때 곤제를 제정을 하게 되자 황해도黃海道라 호칭됨 광해군 때 황연도黃延道라 했다가 다시 황해도黃海道라 개칭됨	황주군 黃州郡	황주군	황주黃州	취성군 取城郡	동홀冬忽 우동어홀 于冬於忽	
		신계군 新溪郡	신계군	신은현 新恩縣			
		곡산군 谷山郡	곡산군	곡천谷川	진서현 鎭瑞縣	십곡성현 十谷城縣 덕둔홀현 德頓忽縣 고곡군 古谷郡	
		평산군 平山郡	평산부府 평산군郡	평주平州	영풍군 永豊郡	대곡군 大谷郡	
		수안군 遂安郡	서흥군 瑞興郡	동주洞州	오관군 五關郡	오곡군 五谷郡 공화궁火 우차탄홀 于次呑忽	
		서흥군 瑞興郡	금천군, 현 金川郡, 縣	강음현 江陰縣	강음현	강서江西	
		금천군 金川郡	수안부, 군 遂安府, 郡	수안현縣	장새獐塞	장새현 獐塞縣	
		토산兎山	토산군郡 토산현縣	토산현	토산군	조사사달현 鳥斯舍達縣	
		해주군 海州郡	해주현縣 해주군郡	해주海州	폭지군 瀑池郡	내미홀군 內未忽郡 지성장지 池城長池	
		해주시 海州市	해주군郡				

도명道名	연혁	현대	조선	고려	통일신라	삼국	비고
황해도 黃海道		재령군 載寧郡	재령현縣 재령군郡	안주安州	중반군 重盤郡	식성홀 息城忽 한성漢城 한홀漢忽 내홀乃忽	
		연백군 延白郡	연안부, 군 延安府, 郡	남주濫州	해고군 海皐郡	동의홀 冬意忽 동삼군 冬三郡	
		백천白川	백천군郡	백주현 白州縣	택현澤縣	도○현 刀○縣	
		봉산군 鳳山郡	봉산군	봉주鳳州	루군樓郡		
		장연군 長淵郡	장연부府 장연군郡	장연현縣	장연長淵 장담長潭		
		장연長連	장연현縣 장연군郡	장명현 長命縣			
		안악군 安岳郡	안악군	안악현縣		양악楊岳	현 은률군 속면
		은률군 殷栗郡	은률현縣 은률군郡	은률현		율구栗口 율천栗川	
		문화文化	문화현縣 문화군郡	유주군 儒州郡		궐구현 闕口縣	현 신천군 속면
		신천군 信川郡	신천현縣 신천군郡	신천현		승산군 升山郡	
		송화군 松禾郡	송화현縣 송화군郡	청송현 靑松縣		마경리 麻耕伊	
		옹진군 甕津郡	옹진현縣 옹진군郡	옹진현		옹천甕遷	
		백령도 白翎島		백령진 白翎鎭		곡조鵠鳥	

도명道名	연혁	현대	조선	고려	통일신라	삼국	비고
평안도 平安道	**삼국시대三國時代** 본래 단군이 평양성에 도읍을 정하고 고조선을 건국한 옛터로서 위씨 조선이 차지하였다가 뒤에 한서군이 되어 한漢의 속령이 됨 313년 고구려의 영토가 되고 이후 그 중심지로서 등장함 그 뒤 나당羅唐연합군에 의해 고구려가 망하자 한때 당唐의 속령으로 되었다가 신라에 의해 수복되었으나 평안북도平安北道는 대부분 야인野人들이 점거함 후삼국시대에는 태봉泰封의 영토가 됨 **고려高麗** 왕건의 건국으로 고려의 영토領土가 되었으나 평안북도의 대부분을 잃었다 995년(성종14) 관제 제정시 패서浿西로 호칭됨 말기에 점차 잃었던 땅을 수복함 **조선朝鮮** 태종 때 평안도平安道로 호칭 건양 1년에 남·북도로 분할	평양시 平壤市	평양부府 평양시市	평양부		평양성平壤城 (고구려수도)	고조시대: 왕검성 王儉城
		강동군 江東郡	강동군	강동현縣			
		강서군 江西郡	강서군郡 강서현縣	강서현			
		증산甑山	진산군 鎭山郡	향화현 響和縣			
		대동군 大同郡	평양부 平壤府	향화현 響和縣			현 평원군 속면
		순안順安	순안현縣 순안군郡				
		삼화三和	삼화현縣 삼화군郡	이화현 二和縣			현 용강군 속면
		삼등三登	삼등현縣 삼등군郡	이등현 二登縣			현 강동군 속면
		안주군 安州郡	안주목牧 안주군郡	안북부 安北府			
		성천군 成川郡	성천부府 성천군郡	강덕진 剛德鎭			현 평원군 속면
		숙군肅郡	숙천부府 숙천군郡	통덕진 通德鎭			현 향천군 속면
		자산군 慈山郡	자산부府 자산군郡	태안주 太安州			
		개천군 价川郡	개천군	안수진 安水鎭			
		양덕군 陽德郡	양덕현縣 양덕군郡	양암진 陽岩鎭			
		선천군 宣川郡	선천부府 선천군郡	선주宣州			
			운산군 雲山郡	위화진 威化鎭			
		가산嘉山	가산군郡	가주嘉州			현 박주군 속면
		순천군 順川郡	순천군	향주響州			현 향천군 소속
		은산殷山	은산군郡	은주殷州			
		맹산군 孟山郡	맹산현縣	맹주孟州			
		덕천군 德川郡	덕천군	덕주德州			
		용천군 龍川郡	용천부府 용천군郡	용주龍州			
		삭주군 朔州郡	삭주부府 삭주군郡	삭주朔州			
		진산군 鎭山郡	진산부府 진산군郡	철주鐵州			

도명道名	연혁	현대	조선	고려	통일신라	삼국	비고
평안도 平安道		영원군 寧遠郡	영원현縣 영원군郡	영원주 寧遠州			
		창성군 昌城郡	창성군	창주昌州			
		희천군 熙川郡	희천군	청새진 淸塞鎭			
		정주군 定州郡	정주부府 정주군郡	수주隨州			
		영변군 寧邊郡	영변부府 영변군郡	위주渭州			
		영유永柔	영유현縣 영유군郡	영청현 永淸縣			
		함종咸從	함종현縣 함종군郡	함종현			
		여강군 麗岡郡	용강현, 군 龍岡縣, 郡	용강현			
		의주군 義州郡	의주목牧 의주군郡	의주義州			
		강계군 江界郡	강계부府 강계군郡	강계부			
		자성군 慈城郡	자성군				
		벽동군 碧潼郡	벽동부府 벽동군郡	음동陰潼			
		초산군 楚山郡	초산군				
		위원군 渭原郡	위원군				
		상원祥原	상원군郡	토산현 土山縣	토산현	식달현 息達縣	현 중화군 속면
		중화군 中和郡	중화군	중화현縣	당악현 唐岳縣	가화압 加火押	

도명道名	연혁	현대	조선	고려	통일신라	삼국	비고
함경도 咸鏡道	**삼국시대三國時代** 고대 동부여東夫餘의 요지要地로서 후에 고구려의 영토가 됨 **고려高麗** 1107년(예종 2) 윤관이 여진토벌로 6성六城이 설치되고 야인을 추방한 뒤 성城을 찾아오면서 말기末期까지 원元의 쌍성총관부가 설치되어 그 속령이 됨 공민왕恭愍王 때 온전히 수복됨 **조선朝鮮** 1413년(태종 13) 영길도永吉道로 호칭하다가 1416년(태종 16) 함길도咸吉道, 1470년(성종 1) 영안도永安道로 개칭 1509년(중종 4) 함경도咸鏡道가 되고 고종高宗 때 남·북도로 분할 확정됨 군사상 두만강 일대 등 북방 경계의 방비를 전담하는 북도병마절도사北道兵馬節度使, 그 이남의 관할구역을 맡은 남도병마절도사南道兵馬節度使가 있었으나 행정상 구획과는 무관하였음	안변군 安邊郡	안변부府 안변군郡	등주登州	삭정군 朔庭郡	비열군 比列郡 한성군 漢城郡	
		덕원군 德源郡	덕원부府 덕원군郡	의주宜州	정천군 井川郡	천정군 泉井郡 어을매 於乙買	
		고원군 高原郡	고원군	고주高州			
		영흥군 永興郡	영흥부府 영흥군郡	화주和州		장령진 長嶺鎭	
		문천군 文川郡	문천군	문주文州			
		함흥시 咸興市	함주咸州				
		함주군 咸州郡	함주咸州	함주			
		단천군 端川郡	단천부府 단천군郡	복주福州			
		길주군 吉州郡	길주현縣 길주군郡	길주吉州			
		북청군 北靑郡	북청군	북청주州			
		이원군 利原郡	이원군	이성현 利城縣			
		갑산군 甲山郡	갑산부府 갑산군郡	갑주甲州			
		삼수군 三水郡	이수부, 군 二水府, 郡				
		홍원군 洪原郡	홍원부府	홍원현縣			
		장진군 長津郡	장진부府 장진군郡				
		경원군 慶源郡	경원군	경원군			
			경흥부, 군 慶興府, 郡	경흥군			
		경성군 鏡城郡	경성부, 군 慶城府, 郡	경성군			
		회령군 會寧郡	회령부府 회령군郡				
		종성군 鐘城郡	종성부府 종성군郡	종성군			
		무산군 茂山郡	무산군	무산군			
		성진군 城津郡	성진부府 성진군郡				

도명道名	연혁	현대	조선	고려	통일신라	삼국	비고
함경도 咸鏡道		부령군 富寧郡	부령군	부령군			
		신흥군 新興郡	신흥군				
		풍산군 豊山郡	풍산군				

주註
1. 증보문헌비고 여지고를 중심으로 함(삼국사기三國史記, 고려사高麗史, 신증동국여지승람新增東國輿地勝覽 자료를 종합 정리 하였음)
2. 별칭으로 사용된 명칭은 괄호로 처리하였음
3. 현대에 신설된 도시都市는 넣은 것과 넣지 않은 것도 있음

지명해설(地名解說)

가라홀(加羅忽) : 강원도 고성군 간성현의 삼국시대 지명.

가림(嘉林) : 충청도 임천군(현재 충청남도 부여군 일대)의 통일신라시대 지명.

가산(嘉山) : 경상북도 칠곡군의 옛 별호.

가산(嘉山) : 평안도 가산의 옛 지명.(조선시대 현재와 동일)

가산(家山) : 황해도 황주 곡산의 옛 지명.

가수현(嘉壽縣) : 경상남도 합천군 삼가면의 고려시대 지명.

가은(加恩) : 경상북도 문경의 옛 지명. (현재 경상북도 문경시 가은읍 일대)

가주(嘉州) : 평안도 가산의 고려시대 지명.

가주화(加主火) : 경상남도 합천군 삼가의 옛 지명.

가천(嘉天) : 황해도 송화(松禾)의 옛 지명.

가평(嘉平) : 경기도 가평(加平)의 옛 지명.

가평군(加平郡) : 경기도 가평군(고려·조선시대 현재와 동일)

가혜아(加兮牙) : 강원도 회양(淮陽)의 옛 지명.

가화(加火) : 평안도 중화(中和)의 옛 지명.

각련성(各連城) : 강원도 회양(淮陽)의 옛 지명.

간성(杆城) : 강원도 고성군 간성읍(고려·조선시대는 간성군이라 하였음)

갈내(巨乃) : 충청남도 논산시 부창동·우암동 일대의 백제시대 이름

갈내(巨乃) : 전라북도 금구(金溝)의 옛 지명.

갈이성(葛伊城) : 경상북도 문경(聞慶)의 옛 지명.

감매(甘買) : 충청남도 천안(天安)의 옛 지명.

감문(甘文) : 경상북도 개령(開寧)의 옛 지명.(지금의 경북 김천시 아포읍 일대)

감물아(甘勿阿) : 전라도 함열(咸悅)의 백제시대 이름(지금의 전북 익산시 일대)

감주(監州) : 황해도 연백군의 고려시대 지명.

감천(甘川) : 경상북도 개령(開寧)의 옛 지명.(지금의 경북 김천시 개령면 일대)

감천(甘泉) : 경상북도 안동(安東)의 옛 지명.

감평(欲平) : 전라남도 순천(順天)의 옛 지명.

갑비(甲比) : 경기도 강화의 옛 지명.

갑산(甲山) : 함경남도 갑산(조선시대는 갑산부)

갑성(岬城) : 전라남도 장성군의 통일신라시대 지명.

갑주(甲州) : 함경남도 갑산군의 고려시대 지명.

갑화양곡(甲火良谷) : 경상남도 기장(機張)의 옛 지명.

강계군(江界郡) : 평안도 강계군(고려·조선시대는 강계부라 하였음)

강녕(江寧) : 경기도 남양(南陽)의 옛 지명.

강덕진(剛德鎭) : 평안남도 성천군의 고려시대 지명.

강동군(江東郡) : 평안도 강동군(고려시대는 강동현, 조선시대는 현재와 동일)

강려(江驪) : 경기도 여주(驪州)의 옛 지명.

강릉군(江陵郡) : 강원도 강릉시 명주동의 조선시대 지명.

강릉시(江陵市) : 강원도 강릉시(조선시대는 강릉군)

강서(江西) : 황해도 금천(金川)의 옛 지명.

강서군(江西郡) : 평안도 강서군(고려시대는 강서현, 조선시대는 현재와 동일)

강성(江城) : 충청북도 단양(丹陽)의 옛 지명.

강성(江城) : 경상도 단성(丹城)의 옛 지명.

강양(江陽) : 경상남도 합천(陜川)의 옛 지명.

강양(江襄) : 평안도 강서의 옛 지명.

강온홀차(姜隱忽次) : 강원도 양구(楊口)의 옛 지명.

강음현(江陰縣) : 황해도 금천군의 고려시대 지명.

강주(康州) : 경상남도 진주(晉州)의 옛 지명.

강진군(康津郡) : 전라남도 강진군(조선시대는 현재와 동일)

강춘(江春) : 강원도의 옛 지명.

강화군(江華郡) : 경기도 강화군(고려시대는 강화현, 조선시대는 강화부)

개백(皆伯) : 경기도 고양(高陽)의 옛 지명.

개산(介山) : 경기도 죽산(竹山)의 옛 지명.

개성시(開城市) : 경기도 개성(고려·조선시대는 개성부)

개주(開州) : 경기도 개성(開城)의 옛 지명.

개주(价州) : 평안도 개천(价川)의 옛 지명.

개차산(皆次山) : 경기도 죽산(竹山)의 옛 지명.

개천군(价川郡) : 평안도 개천군(조선시대는 현재와 동일)

개화(皆火) : 전라도 봉화의 옛 지명.

객련성(客連城) : 강원도 회양(淮陽)의 옛 지명.

거령(居寧) : 전라북도 완주(完州)·전주(全州)의 옛 지명.

거로(巨老)(居老) : 경상남도 거제(巨濟)의 옛 지명.

거사물(居斯勿) : 전라북도 완주(完州)·전주(全州)의 옛 지명.

거산(巨山) : 충청도 청산(靑山)의 옛 지명.

거서(巨黍) : 경기도 용인(龍仁)의 옛 지명.

거열(居烈) : 경상남도 거제(巨濟)의 옛 지명.

거열주(居烈州) : 경상남도 진주(晉州)의 옛 지명.

거자(居自) : 경상남도 창원(昌原)의 옛 지명.

거제(巨濟) : 경상남도 거제시(고려시대는 거제현, 조선시대는 거제군)

거지화(居知火) : 울산광역시 언양(彦陽)의 옛 지명.

거창군(居昌郡) : 경상남도 거창군(고려·조선시대 현재와 동일)

거칠산(居漆山) : 부산광역시 동래(東萊)의 옛 지명.

거타(巨陀)(居陀) : 경상남도 거제(巨濟)의 옛 지명.

거타(巨陀)(居陀) : 경상남도 진주(晉州)의 옛 지명.

검과(黔果) : 경기도 시흥(始興)의 옛 지명.

검주(黔州) : 경기도 시흥(始興)의 옛 지명.

검천(黔川) : 경기도 시흥(始興)의 옛 지명.

검포(黔浦) : 경기도 김포(金浦)의 옛 지명.

견성(堅城) : 경기도 포천(抱川)의 옛 지명.

견주(見州) : 경기도 양주군의 고려시대 지명.

결기(結己) : 결성현(지금의 충청남도 홍성군 일대)의 백제시대 지명.

결성(結城) : 충청남도 홍성군 결성면(고려·조선시대는 결성현)

결성(潔城) : 충청남도 결성(結城)의 옛 지명.

결주(結州) : 충청남도 결성(結城)의 옛 지명.

경산군(慶山郡) : 경상북도 경산시(조선시대는 경산현)

경산부(京山府) : 경상북도 성주군의 고려시대 지명.

경성군(鏡城郡) : 함경북도 경성군(고려시대는 현재와 동일, 조선시대

는 경성부)

경양(慶陽) : 충청남도 직산(稷山)의 옛 지명.

경원(慶源) : 경기도 인천(仁川)의 옛 지명.

경원군(慶源郡) : 인천광역시의 고려시대 지명.

경원군(慶源郡) : 함경북도 경원군(고려 · 조선시대 현재와 동일)

경주시(慶州市) : 경상북도 경주시(조선시대는 경주부)

경흥군(慶興郡) : 함경북도 경흥군(고려시대는 현재와 동일, 조선시대
는 경흥부)

계림(鷄林) : 경상북도 경주시의 고려시대 지명.

계발(戒發) : 충청남도 부여(扶餘)의 옛 지명.

계산(稽山) : 충청북도 영동군의 옛 지명.

계주(稽州) : 충청북도 영동(永同)의 고려시대 지명.

계양(桂陽) : 경기도 부평(富平)의 옛 지명.

고곡(古谷) : 황해도 황주 곡산(谷山)의 옛 지명.

고동람(古冬攬) : 지금의 경북 상주시 함창 · 공검 · 이안면 일대의 신
라시대 지명.

고량부리(古良夫里) : 충청남도 청양(靑陽)의 옛 지명.

고령(古寧) :경상북도 안동시의 옛 별호.

고령(古寧) : 경상북도 함창(咸昌)의 옛 지명.

고령(古寧) : 함경도 후창(厚昌)의 옛 지명.

고령가야(古寧伽倻) : 경상북도 함창(咸昌)의 옛 지명.

고령군(高靈郡) : 경상북도 고령군(고려 · 조선시대는 고령현)

고룡(古龍) : 전라남도 낙안의 옛 지명.

고릉(古陵) : 경상북도 함창(咸昌)의 옛 지명.

고리병(古梨柄) : 함경도 고원(高原)의 옛 지명.

고림(古林) : 경기도 교동(喬桐)의 옛 지명.

고미(古彌) : 전라남도 영암(靈巖)의 옛 지명.

고본근(高本根) : 경기도 교동(喬桐)의 옛 지명.

고봉(高峰)(高烽) : 경기도 고양(高陽)의 옛 지명.

고봉현(高烽縣) : 경기도 고양시의 고려시대 지명.

고부(古阜) : 전라북도 정읍시 고부면(고려 · 조선시대는 고부군)

고사(高思) : 경상북도 문경(聞慶)의 옛 지명.

고사갈이성(古思葛爾城) : 경상북도 문경(聞慶)의 옛 지명.

고사마(古斯馬) : 경상북도 봉화의 옛 지명.

고사부리(古沙夫里) : 고부군(高阜郡)(전라북도 정읍시와 부안군의 일
대)의 백제시대 지명.

고사야(古蛇耶) : 경상북도 안동(安東)의 옛 지명.

고산(高山) : 전라북도 완주군 고산읍(고려 · 조선시대는 고산현)

고산(孤山) : 충청남도 예산(禮山)의 옛 지명.

고성군(高城郡) : 강원도 고성군(고려 · 조선시대는 고성현)

고성군(古城郡) : 경상남도 고성군(고려 · 조선시대는 고성현)

고수성(古洙城) : 함경도 문천(文川)의 옛 지명.

고시산(古尸山) : 충청북도 옥천(沃川)의 옛 지명.

고시이(古尸伊) : 전라남도 장성(長城)의 옛 지명.

고실직국(古悉直國) : 강원도 삼척의 옛 지명.

고양군(高陽郡) : 경기도 고양시(조선시대는 고양현)

고염성(鼓鹽城) : 황해도 연안(延安)의 옛 지명.

고원군(高原郡) : 함경도 고원군(조선시대는 현재와 동일)

고은(古隱) : 경상북도 영양(英陽)의 옛 지명.

고이(高伊) : 전라북도 흥덕(興德)의 옛 지명.

고주(固州) : 경상남도 고성군(固城郡)의 고려시대 지명.

고주(高州) 함경남도 고원군의 고려시대 이름.

고차해(高次海) : 경기도 강화의 옛 지명.

고창(古昌) : 경상북도 안동(安東)의 옛 지명.

고창군(高敞郡) : 전라북도 고창군(고려 · 조선시대는 고창현)

고창녕국(古昌寧國) : 경상북도 안동(安東)의 옛 지명.

고촌(高村) : 경기도 교동(喬桐)의 옛 지명.

고택(高澤) : 전라북도 장수(長水)의 옛 지명.

고허주(古虛州) : 함경도 갑산(甲山)의 옛 지명.

고혜이(古兮伊) : 경상북도 울진(蔚珍)의 옛 지명.

고홍긍(古洪肯) : 함경도 홍원(洪原)의 옛 지명.

고흥현(高興縣) : 전라남도 고흥군 흥양읍의 고려시대 지명.

곡군(谷郡) : 황해도 황주 곡산(谷山)의 옛 지명.

곡도(鵠島) : 황해도 백령도의 옛 지명.

곡산군(谷山郡) : 황해도 곡산군(조선시대는 현재와 동일)

곡성(曲城) : 경기도 파주(坡州)의 옛 지명.

곡성(谷城) : 황해도 황주 곡산(谷山)의 옛 지명.

곡성군(谷城郡) : 전라남도 곡성군(고려 · 조선시대 현재와 동일)

곡양(穀襄) : 경기도 시흥(始興)의 옛 지명.

곡주(谷州) : 황해도 황주 곡산(谷山)의 옛 지명.

곡천(谷川) : 황해도 곡산군(谷山)의 고려시대 지명.

곤남군(昆南郡) : 경상남도 사천시 곤양(昆陽)면의 조선시대 지명.

곤명현(昆明縣) : 경상남도 사천시 곤양(昆陽)의 고려시대 지명.

곤미(昆彌) : 전라도 영암(靈巖)의 옛 지명.

곤양(昆陽) : 경상남도 사천시 곤양면(조선시대는 곤양군)

골내편(骨乃斤) : 경기도 여주(驪州)의 옛 지명.

골포(骨浦) : 경상남도 창원(昌原)의 옛 지명.

공목(功木) : 경기도 연천(漣川)의 옛 지명.

공목달(工木達)(功木達) : 경기도 연천(漣川)의 옛 지명.

공성(功成)(功城) : 경기도 연천(漣川)의 옛 지명.

공성(公城) : 함경도 경흥(慶興)의 옛 지명.

공암현(孔巖縣) : 경기도 양천의 고려시대 지명.

공주(公州) : 충청남도 공주시(고려 · 조선시대 현재와 동일)

공주(孔州) : 함경도 경원(慶源)의 옛 지명.

과림(果林) : 경기도 과천의 옛 지명.

과주(果州) : 경기도 과천시의 고려시대 지명.

과지(果支) : 전라남도 곡성군 옥과면의 백제시대 지명.

과진(果津) : 경기도 과천의 옛 지명.

과천(果川) : 경기도 과천시(조선시대는 과천현)

곽주(郭州) : 평안도 곽산(郭山)의 옛 지명.

관문(冠文) : 경상북도 문경(聞慶)의 옛 지명.

관산(冠山) : 경상북도 문경(聞慶)의 옛 지명.

관산(冠山) : 전라남도 장흥(長興)의 옛 지명.

관성(管城) : 충청북도 옥천(沃川)의 옛 지명.

관성(觀城) : 함경도 이원(利原)의 옛 지명.

관성군(管城郡) : 충청북도 옥천군의 고려시대 지명.

관현(冠縣) : 경상북도 문경(聞慶)의 옛 지명.

광산구(光山區) : 광주광역시 광산구의 옛 지명.

광양군(光陽郡) : 전라남도 광양시(고려시대는 광양현, 조선시대는 광
양군)

광주(匡州) : 함경도 경원(慶源)의 옛 지명.

광주군(廣州郡) : 경기도 광주군(고려시대는 광주, 조선시대는 광주부

광주군(光州郡) : 광주광역시 광산구의 조선시대 지명.

광주시(光州市) : 광주광역시

광평(廣平) : 경상북도 성주(星州)의 옛 지명.

광평(廣平) : 강원도 평강(平康)의 옛 지명.

광화(光化) : 평안도 태천(泰川)의 옛 지명.

과포(戈浦) : 경기도 남양(南陽)의 옛 지명.

괴산군(槐山郡) : 충청북도 괴산군(조선시대는 괴산현)

괴양(槐壤) : 충청북도 괴산(槐山)의 옛 지명.

괴주군(槐州郡) : 충청북도 괴산군의 고려시대 지명.

교동(喬桐) : 인천광역시 강화군 교동면(고려·조선시대는 교동현)

교주(交州) : 강원도 회양군의 고려시대 지명.

교하(交河) : 경기도 파주시 교하면(고려시대는 교하군, 조선시대는 교하현)

구도(仇道) : 경상북도 청도(淸道)의 옛 지명.

구례군(求禮郡) : 전라남도 구례군(고려시대는 구례현, 조선시대는 현재와 동일)

구례차(仇禮次) : 전라남도 구례(求禮)의 옛 지명.

구비사(仇非社) : 함경도 장진(長津)의 옛 지명.

구산(龜山) : 경상남도 칠원(漆原)의 옛 지명.

구산(龜山) : 의흥현(지금의 경상북도 군위군 일부)의 별칭

구성(駒城) : 경기도 용인(龍仁)의 옛 지명.

구성(龜城) : 경상북도 김천 지례(知禮)의 옛 지명.

구정(龜井) : 평안도 구성(龜城)의 옛 지명.

구주(龜州) : 평안도 구성(龜城)의 옛 지명.

구지산(仇只山)(仇智山) : 전라북도 금구(金溝)의 옛 지명.

구차지(仇次知) : 전라남도 구례(求禮)의 옛 지명.

구택(雛澤) : 황해도 배천(白川)의 옛 지명.

국도(國都) : 충청남도 공주(公州)의 옛 지명.

국원(國原) : 충청북도 충주(忠州)의 옛 지명.

국원성(國原城) : 충청북도 충주(忠州)의 옛 지명.

군산(群山) : 경상북도 경산(慶山)의 옛 지명.

군산(群山) : 전라북도 군산시(옛 옥구현과 옛 임피현이 합해 이루어진 곳)

군악(軍岳) : 평안도 용강(龍岡)의 옛 지명.

군위군(軍威郡) : 경상북도 군위군(고려·조선시대는 군위현)

굴내(屈乃) : 전라남도 함평(咸平)의 옛 지명.

굴병(屈井) : 경기도 교하(交河)의 옛 지명.

굴산(屈山) : 충청도 청산(靑山)의 옛 지명.

굴아화(屈阿火) : 경상남도 울산(蔚山)의 옛 지명.

굴압(屈押) : 황해도 금천(金川)의 옛 지명.

굴자(屈自) : 경상남도 창원(昌原)의 옛 지명.

굴지(屈支) : 전라남도 창평(昌平)의 옛 지명.

굴직(屈直) : 황해도 신천(信川)의 옛 지명.

굴천(屈遷) : 황해도 풍천(豊川)의 옛 지명.

굴화(屈火) : 경기도 교하(交河)의 옛 지명.

궁악(窮嶽) : 강원도 안협(安峽)의 옛 지명.

궁한촌(弓漢村) : 함경도 길주(吉州)의 옛 지명.

궁화(弓火) : 황해도 서흥(瑞興)의 옛 지명.

궐구(闕口) : 황해도 문화(文化)의 옛 지명.

궐성(闕城) : 충청북도 단양(丹陽)의 옛 지명.

궐성군(闕城郡) : 경상남도 산청군 일대.(단성현의 통일신라시대 이름)

궐지(闕支) : 충청북도 단양(丹陽)의 옛 지명.

궐지(闕支) : 경상남도 산청군 일대.(단성현의 신라시대 이름)

규부토(圭夫吐) : 경기도 부평(富平)의 옛 지명.

근량우(斤良于) : 경상북도 연일(延日)의 옛 지명.

근마지(斤馬支) : 경상북도 연일(延日)의 옛 지명.

근오지(斤烏支) : 경상북도 연일(延日)의 옛 지명.

근을어(斤乙於) : 강원도 평해(平海)의 옛 지명.

근평(斤平) : 경기도 가평(加平)의 옛 지명.

금계(錦溪) : 전라북도 금구(金溝)의 옛 지명.

금관국(金官國) : 경상남도 김해(金海)의 옛 지명.

금기(金岐) : 충청남도 전의(全義)의 옛 지명.

금뇌(金惱) : 강원도 통천(通川)의 옛 지명.

금당(金堂) : 평안도 삼화의 옛 지명.

금릉(金陵) : 경상도 김산(金山)의 옛 지명. 현 경상북도 김천시

금릉(金陵) : 황해도 금천(金川)의 옛 지명.

금릉(金陵) : 경기도 김포시의 옛 별호.

금마군(金馬郡) : 전라북도 익산(益山)의 통일신라시대, 고려시대 지명.

금마저군(金馬渚郡) : 전라북도 익산시의 백제시대 지명.

금무(今武) : 충청남도 덕산의 옛 지명.

금물(今勿) : 충청남도 덕산의 옛 지명.

금물노(今勿奴) : 충청북도 진천(鎭川)의 옛 지명.

금산(錦山) : 전라남도 나주의 옛 지명.

금산(金山) : 경기도 진위(振威)의 옛 지명.

금산군(錦山郡) : 전라북도 김제시 금산면(조선시대는 금산군)

금산군(金山郡) : 경상북도 김천시 금산동의 조선시대 지명.

금산군(錦山郡) : 충청남도 금산군(조선시대는 현재와 동일)

금산현(金山縣) : 경상북도 김천시 금산동의 고려시대 지명.

금성(金城) : 강원도 금성(고려시대는 금성군, 조선시대는 금성현)

금양(金陽) : 경기도 김포시의 고려시대 지명.

금양(衿陽) : 경기도 시흥(始興)의 옛 지명.

금양현(金壤縣) : 강원도 통천(通川)군의 고려시대 지명.

금오(金鰲) : 경상북도 경주(慶州)의 옛 지명.

금주(衿州) : 경기도 시흥시의 고려시대 지명.

금주(金州) : 경상남도 김해시의 고려시대 지명.

금주(錦州) : 전라남도 무안(務安)의 옛 지명.

금주(今州) : 충청남도 대흥(大興)의 옛 지명.

금지(金地)(金池) : 충청남도 전의(全義)의 옛 지명.

금천(衿川) : 경기도 시흥(始興)의 옛 지명.

금천군(金川郡) : 황해도 금천군(조선시대는 현재와 동일)

금화군(金化郡) : 강원도 금화군(고려·조선시대는 금화현)

급벌산(及伐山) : 경상북도 순흥(順興)의 옛 지명.

급산(伋山) : 경상북도 순흥(順興)의 옛 지명.

기계(杞溪) : 경상북도 경주(慶州)의 옛 지명.

기구(髻丘) : 경상북도 장기(長鬐)의 옛 지명.(지금의 경북 포항시 남구 일대)

기군(基郡) : 충청남도 서산의 옛 지명.

기량(祈梁) : 황해도 신천(信川)의 옛 지명.

기립(鬐立) : 장기(長鬐)현(지금의 경북 포항시 남구 일대)의 신라시대 지명.

기목(基木) : 경상북도 풍기(豊基)의 옛 지명.

기본(基本) : 경상북도 풍기(豊基)의 옛 지명.

기산(岐山) : 경상남도 삼가(三嘉)의 옛 지명.

기산(耆山) : 충청북도 청산(靑山)의 옛 지명.

기성(箕城) : 강원도 평해(平海)의 옛 지명.

기성(箕城) : 경상북도 울진군 평해읍·온정면·기성면 일대의 옛 별호.

기성(箕城) : 전라남도 영광군의 옛 별호.

기성(箕城) : 전라남도 함평군의 옛 별호.

기성(箕城) : 평안남도 평양(平壤)의 옛 지명.

기성(岐城) : 경상남도 거제(巨濟)의 옛 지명.

기양(祈陽) : 전라남도 창평(昌平)의 옛 지명.

기양현(基陽縣) : 경상북도 예천(醴泉)시의 고려시대 지명.

기장(機長) : 부산광역시 기장군(고려·조선시대는 기장현)

기주현(基州縣) : 경상북도 영주시 풍기읍의 고려시대 지명.

기천(基川) : 경상북도 풍기(豊基)의 옛 지명.

기화(其火) : 경상북도 자인(慈仁)의 옛 지명.

길동(吉同)(吉東) : 충청북도 영동(永同)의 옛 지명.

길시산(吉尸山) : 충청북도 옥천(沃川)의 옛 지명.

길주군(吉州郡) : 함경도 길주군(고려시대는 길주, 조선시대는 길주현)

김릉(金陵) : 경기도 김포(金浦)의 옛 지명.

김양(金陽) : 경기도 김포(金浦)의 옛 지명.

김제군(金堤郡) : 전라북도 김제시(고려·조선시대 현재와 동일)

김포(金浦) : 경기도 김포시(고려·조선시대는 김포현)

김해군(金海郡) : 경상남도 김해시(조선시대는 김해군)

김해소경(金海小京) : 경상남도 김해(金海)의 옛 지명.

ㄴ

나주군(羅州郡) : 진라남도 나주시(고려·조선시대 현재와 동일)

낙주(洛州) : 전라남도 곡성(谷城)의 옛 지명.

낙주(洛州) : 전라남도 낙안의 옛 지명.

난등량현(難等良縣) : 고산현(지금의 전북 완주군 일부)의 백제시대 지명.

난진아(難珍阿) : 전라북도 진안(鎭安)의 옛 지명.

날사(捺巳) : 경상북도 영천(榮川) 또는 영주(榮州)의 옛 지명.

남매(南買) : 강원도 이천(伊川)의 옛 지명.

남양(南陽) : 경기도 남양주시(조선시대는 남양현)

남양(南陽) : 충청남도 서천(舒川)의 옛 지명.

남원군(南原郡) : 전라북도 남원시(조선시대는 남원군)

남주(藍州) : 충청남도 남포(藍浦)의 옛 지명.

남천(南川) : 경기도 이천(利川)의 옛 지명.

남평(南平) : 전라남도 나주시 남평읍(조선시대는 남평현)

남평양성(南平壤城) : 지금 서울의 옛 지명.

남해군(南海郡) : 경상남도 남해군(고려시대는 남해현, 조선시대는 현재와 동일)

낭비(娘臂) : 충청북도 청주(淸州)의 옛 지명.

낭성(琅城) : 충청북도 청주(淸州)의 옛 지명.

낭자곡(娘子谷) : 충청북도 청주(淸州)의 옛 지명.

낭주(朗州) : 전라도 영암(靈巖)의 옛 지명.

내미홀(乃米忽) : 황해도 해주(海州)의 옛 지명.

내미홀(內米忽) : 황해도 해주(海州)의 옛 지명.

내별(乃別) : 경기도 적성(積城)의 옛 지명.

내사(奈巳) : 경상북도 영천(榮川) 또는 영주(榮州)의 옛 지명.

내산(萊山) : 부산광역시 동래(東萊)의 옛 지명.

내산국(萊山國) : 부산광역시 동래(東萊)의 옛 지명.

내생(奈生) : 강원도 영월(寧越)의 옛 지명.

내성(奈城) : 강원도 영월(寧越)의 옛 지명.

내소(來蘇) : 경기도 양주(楊州)의 옛 지명.

내제(奈堤) : 충청북도 제천(提川)의 옛 지명.

내청(來淸) : 평안남도 영원(寧遠)의 옛 지명.

내토(奈吐) : 충청북도 제천(提川)의 옛 지명.

내혜홀(奈兮忽) : 경기도 안성(安城)의 옛 지명.

내호홀(奈號忽) : 경기도 안성(安城)의 옛 지명.

내홀(乃忽) : 황해도 재령(載寧)의 옛 지명.

노동멱혜(奴同覓兮) : 경상북도 군위(軍威)의 옛 지명.

노사화(奴斯火) : 경상북도 자인(慈仁)의 옛 지명.

노산(盧山) : 전라남도 여수(麗水)의 옛 지명.

노산(魯山) : 충청남도 노성(魯城)의 옛 지명.

노산(魯山) : 강원도 평창(平昌)의 옛 지명.

노산(魯山) : 지금의 전북 익산시 함열읍·함라면·황등면·웅포면·성당면 일대.(함열현 지역에 백제 멸망 뒤 당나라가 설치한 행정구역)

노성(魯城) : 충청남도 논산시 노성면(조선시대 동일 지명 사용)

노음죽(奴音竹) : 경기도 음죽(陰竹)의 옛 지명.

노지(奴只) : 전라남도 광주(光州)의 옛 지명.

녹효(綠驍) : 강원도 홍천(洪川)의 옛 지명.

농서(隴西) : 황해도 서흥(瑞興)의 옛 지명.

능성(綾城) : 전라남도 능주(綾州)의 옛 지명.

능성(能城) : 평안도 삼등(三登)의 옛 지명.

능성현(陵城縣) : 전라남도 화순군 능주면의 고려시대 지명.

능성현(綾城縣) : 전라남도 화순군 능주면의 조선시대 지명.

능주(綾州) : 전라남도 화순군 능주면

니산현(尼山縣) : 충청남도 논산시 노성면의 고려시대 지명.

ㄷ

다비홀(多比忽) : 경기도 개성(開城)의 옛 지명.

다소사(多少沙) : 경상남도 하동(河東)의 옛 지명.

다온평(多溫平) : 함경도 온성(穩城)의 옛 지명.

다의홀(多意忽) : 황해도 연안(延安)의 옛 지명.

다지홀(多知忽) : 황해도 평산(平山)의 옛 지명.

다홀(多忽) : 황해도 황주(黃州)의 옛 지명.

단계(丹溪) : 경상남도 단성(丹城)의 옛 지명.

단계(檀溪) : 황해도 신계(新溪)의 옛 지명.

단곡(端谷) : 함경도 정평(定平)의 옛 지명.

단림(椴林) : 함경도 정평(定平)의 옛 지명.

단산현(丹山縣) : 충청북도 단양군의 고려시대 지명.

단성(丹城) : 강원도 금성(金城)의 옛 지명.

단성(丹城) : 경상남도 진주(晉州) 관내 현의 지명.

단양군(丹陽郡) : 충청북도 단양군(조선시대는 단양현)

단읍(丹邑) : 경상남도 단성(丹城)의 옛 지명.

단주(湍州) : 경기도 평택시 장단동의 고려시대 지명.

단주(湍州) : 경기도 장단(長湍)의 옛 지명.

단천(湍川) : 경기도 장단(長湍)의 옛 지명.

단천(丹川) : 전라북도 무주(茂朱)의 옛 지명.

단천군(端川郡) : 함경도 단천군(조선시대는 단천부)

달구화(達句火) : 대구(大邱)광역시의 옛 지명.

달불성(達弗城) : 대구(大邱)광역시의 옛 지명.

달성(達城) : 대구(大邱)광역시의 옛 지명.

달을성(達乙省) : 경기도 고양(高陽)의 옛 지명.

달을신(達乙新) : 경기도 교동(喬桐)의 옛 지명.

달현(達縣) : 경기도 연천(漣川)의 옛 지명.

달홀(達忽) : 강원도 고성(高城)의 옛 지명.

담양군(潭陽郡) : 전라남도 담양군(고려・조선시대 동일 지명 사용)

담천(湛川) : 경기도 장단(長湍)의 옛 지명.

당도(棠道) : 충청남도 공주(公州)의 옛 지명.

당령(幢嶺) : 경기도 삭녕(朔寧)의 옛 지명.

당문(唐文)(堂文) : 함경도 영흥(永興)의 옛 지명.

당산(唐山) : 평안도 중화(中和)의 옛 지명.

당성군(唐城郡) : 경기도 남양주시의 고려시대 지명.

당악(唐嶽) : 평안도 중화(中和)의 옛 지명.

당은(唐恩) : 경기도 남양(南陽)의 옛 지명.

당진군(唐津郡) : 충청남도 당진군(고려시대는 당진현, 조선시대는 현재와 동일)

대곡(大谷) : 황해도 평산(平山)의 옛 지명.

대구시(大邱市) : 대구광역시(고려시대는 대구현, 조선시대는 대구부)

대동군(大同郡) : 평안도 대동군

대량주(大良州) : 경상남도 합천(陜川)의 옛 지명.

대록(大麓) : 충청남도 목천(木川)의 옛 지명.

대목악(大木岳) : 충청남도 목천(木川)의 옛 지명.

대방군(帶方郡) : 전라북도 남원시의 고려시대 지명.

대산(大山) : 충청남도 홍산(鴻山)의 옛 지명.

대산(大山) : 전라북도 태인(泰仁)의 옛 지명.

대시산(大尸山) : 충청남도 태안(泰安)의 옛 지명.

대야주(大耶州)(大野州) : 경상남도 합천(陜川)의 옛 지명.

대양(大陽) : 충청북도 제천(提川)의 옛 지명.

대운조(戴雲鳥) : 경기도 교동(喬桐)의 옛 지명.

대원(大原) : 충청북도 충주(忠州)의 옛 지명.

대정(大靜) : 제주도 남제주군 대정읍(조선시대는 대정현)

대제(大提) : 충청북도 제천(提川)의 옛 지명.

대흥(大興) : 충청남도 예산군 대흥면(고려시대는 대흥군, 조선시대는 대흥현)

덕계(德谿) : 평안도 가산(嘉山)의 옛 지명.

덕근(德近) : 충청남도 은진(恩津)의 옛 지명.

덕돈홀(德頓忽) : 황해도 황주 곡산(谷山)의 옛 지명.

덕산(德山) : 충청남도 덕산(조선시대는 덕산현)

덕성(德城) : 청하현(지금의 경북 포항시 청하면・죽장면・송라면)의 옛 지명.

덕수진(德守鎭) : 함경도 고원(高原)의 옛 지명.

덕양(德陽) : 경기도 고양시 덕양구 행주동의 고려시대 지명.

덕원군(德原郡) : 함경도 덕원군(조선시대는 덕원부)

덕은군(德恩郡) : 충청남도 논산시 은진면의 고려시대 지명.

덕전(德殿) : 충청남도 은진(恩津)의 옛 지명.

덕주(德州) : 평안도 덕천군의 고려시대 지명.

덕창(德昌) : 평안도 박천(博川)의 옛 지명.

덕천군(德川郡) : 평안도 덕천군(조선시대는 현재와 동일)

덕풍(德豊) : 충청남도 예산군 봉산면 일대에 있었던 옛 고을.(충청도 덕산군)

도랍(刀臘) : 황해도 배천(白川)의 옛 지명.

도서(道西)(都西) : 충청도 청안(淸安)의 옛 지명.

도성(道成) : 강원도 금성(金城)의 옛 지명.

도실(道實) : 전라남도 순창(淳昌)의 옛 지명.

도안(道安) : 충청북도 괴산군 청안(淸安)의 옛 지명.

도원(桃源) : 강원도 정선(旌善)의 옛 지명.

돌산(突山) : 전라남도 여수시 돌산읍(고려・조선시대는 돌산현)

돌산(突山) : 충청북도 청산(靑山)의 옛 지명.

동경(東京) : 경상북도 경주시의 고려시대 지명.

동래군(東萊郡) : 부산광역시 동래구(고려・조선시대는 동래현)

동래부(東來府) : 부산광역시의 조선시대 지명.

동복(同福) : 전라남도 화순군 동복면(고려・조선시대는 동복현)

동비홀(多比忽) : 경기도 개성(開城)의 옛 지명.

동사림(多斯臨) : 경기도 과천의 옛 지명.

동사혜(多斯肹) : 경기도 과천의 옛 지명.

동산(銅山) : 평안도 철산(鐵山)의 옛 지명.

동삼(多杉) : 황해도 연안(延安)의 옛 지명.

동수홀(多須忽) : 황해도 연안(延安)의 옛 지명.

동양(東陽) : 평안도 양덕(陽德)의 옛 지명.

동음(冬音) : 황해도 연안(延安)의 옛 지명.

동음현(洞陰縣) : 경기도 영평군의 고려시대 지명.

동잉음(東仍音) : 경상북도 경주(慶州)의 옛 지명.

동주(東州) : 강원도 철원군의 고려시대 지명.

동주(洞州) : 황해도 서흥군의 고려시대 지명.

동창(同昌) : 황해도 은산(殷山)의 옛 지명.

동평(東平) : 경상남도 양산(梁山)의 옛 지명.

동홀(東忽) : 경기도 수원의 옛 지명.

동홀(冬忽) : 황해도 황주(黃州)의 옛 지명.

두내산(豆乃山) : 전라도 만경(萬頃)의 옛 지명.

두목(豆木) : 평안도 초산(楚山)의 옛 지명.

두부지현(豆夫只縣) : 동복현(전남 화순군 일대)의 백제시대 지명.

두산(杜山) : 전라북도 만경(萬頃)의 옛 지명.

두율(兜率) : 충청남도 천안(天安)의 옛 지명.

두잉지(豆仍只) : 충청남도 연기(燕岐)의 옛 지명.

등성(登城) : 평안도 삼등(三登)의 옛 지명.

등주(登州) : 함경도 안변군의 고려시대 지명.

람포(藍浦) : 충청남도 보령시 남포면(고려 · 조선시대는 남포현)
림단군(臨湍郡) : 경기도 평택시 장단동의 조선시대 지명.

마경이(麻耕伊) : 황해도 송화(松禾)의 옛 지명.
마교(麻校) : 경상남도 합천 삼가(三嘉)의 옛 지명.
마돌(馬突) : 전라북도 완주(完州) · 전주(全州)의 옛 지명.
마등량(馬等良) : 전라북도 완주(完州) · 전주(全州)의 옛 지명.
마령(馬靈) : 전라북도 완주(完州) · 전주(全州)의 옛 지명.
마로(馬老) : 전라남도 광양(光陽)의 옛 지명.
마리(馬利) : 경상남도 함안군 안의(安義)의 옛 지명.
마산(馬山) : 충청남도 한산(韓山)의 옛 지명.
마산(馬山) : 충청남도 면천(沔川)의 옛 지명.(지금의 충남 당진군 일
    대)
마산(馬山) : 충청남도 남포(藍浦)의 옛 지명.(지금의 보령시 일대)
마산시(馬山市) : 경상남도 마산시
마서량(馬西良) : 전라북도 옥구(沃溝)의 옛 지명.
마읍(馬邑) : 충청도 한산(韓山)의 옛 지명.(충남 서천군 일대)
마전(麻田) : 인천광역시 서구 마전동(고려 · 조선시대는 마전현)
마진(馬珍) : 전라북도 완주(完州) · 전주(全州)의 옛 지명.
마천(麻淺) : 경기도 마전(麻田) 옛 지명.
마홀(馬忽) : 경기도 포천(抱川)의 옛 지명.
만경(萬頃) : 전라북도 김제시 만경읍(고려시대는 만경현, 조선시대는
    만경군)
만나(萬拏) : 충청북도 진천(鎭川)의 옛 지명.
만년(萬年) : 평안도 구성(龜城)의 옛 지명.
말동부리(珠冬夫里) : 전라남도 나주 남평의 옛 지명.
말을성(珠省) : 충청북도 충주(忠州)의 옛 지명.
매곡(買谷) : 경상북도 안동 예안(禮安)의 옛 지명.
매곡(昧谷) : 충청북도 회인(懷仁)의 옛 지명.
매성(買省) : 경기도 양주(楊州)의 옛 지명.
매소홀(買召忽) : 경기도 인천(仁川)의 옛 지명.
매차홀(買且忽) : 황해도 신계(新溪)의 옛 지명.
매홀(買忽) : 경기도 수원의 옛 지명.
맹산군(孟山郡) : 평안도 맹산군(조선시대는 맹산현)
맹주(孟州) : 평안도 맹산군의 고려시대 지명.
면주(沔州) : 충청남도 면천(沔川)의 옛 지명.
면천(沔川) : 충청남도 당진군 면천면(조선시대는 현재와 동일)
멸오(滅烏) : 경기도 용인(龍仁)의 옛 지명.
명원(明原) : 함경도 명천(明川) 옛 지명.

명주(溟州) : 강원도 강릉의 옛 지명.
명주군(溟州郡) : 강원도 강릉시 명주동(고려시대는 명주)
명지(命旨) : 경기도 포천(抱川)의 옛 지명.
모량부리(毛良夫里) : 전라북도 고창(高敞)의 옛 지명.
모산(母山) : 전라북도 남원 운봉(雲峰)의 옛 지명.
모양(牟陽) : 전라북도 고창(高敞)의 옛 지명.(고창현의 별호)
모양(牟陽) : 전라남도 함평(咸平)의 옛 지명.(모평현의 별호)
목곡(木谷) : 충청북도 회인(懷仁)의 옛 지명.
목주군(木州郡) : 충청남도 천안시 목천면의 고려시대 지명.
목천(木川) : 충청남도 천안시 목천면(조선시대는 목천현)
몰동비(潰冬非) : 강원도 철원(鐵原)의 옛 지명.
무령(撫靈) : 평안도 가산(嘉山)의 옛 지명.
무령(武靈) : 전라남도 영광(靈光)의 옛 지명.
무산(茂山) : 전라북도 무주(茂朱)의 옛 지명.
무산군(茂山郡) : 함경도 무산군(고려 · 조선시대 현재와 동일)
무시이(武尸伊) : 전라남도 영광(靈光)의 옛 지명.
무안군(務安郡) : 전라남도 무안군(고려 · 조선시대는 무안현)
무장(茂長) : 전라북도 고창군 무장면(조선시대는 무장현)
무주(武州) : 광주(光州)광역시의 옛 지명.
무주(撫州) : 평안도 영변(寧邊)의 옛 지명.
무주군(茂朱郡) : 전라북도 무주군(조선시대는 무주현)
무진군(武珍郡) : 광주광역시의 조선시대 지명.
무진주(武珍州) : 광주(光州)광역시의 옛 지명.
무창(茂昌) : 함경도 · 평안도 후창(厚昌)의 옛 지명. 여연부 상무로리
    (閭延府上無路里)
무평(武平) : 전라남도 순천(順天)의 옛 지명.
무풍(茂豊) : 전라북도 무주(茂朱)의 옛 지명.
무학(舞鶴) : 평안도 강서의 옛 지명.
문경군(聞慶郡) : 경상북도 문경시(조선시대는 문경군)
문소(聞韶) : 경상북도 의성(義城)의 옛 지명.
문의(文義) : 충청북도 청원군 문의면(조선시대 현재와 동일)
문주(文州) : 함경도 문천군의 고려시대 지명.
문천군(文川郡) : 함경도 문천군(조선시대는 현재와 동일)
문화(文化) : 황해도 문화(조선시대는 문화현)
문희군(聞喜郡) : 경상북도 문경시의 고려시대 지명.
물거(勿居/勿渠) : 전라북도 진안 용담(龍潭)의 옛 지명.
물내혜(勿奈兮) : 전라남도 무안(務安)의 옛 지명.
물소혜(勿所兮) : 전라남도 무안(務安)의 옛 지명.
미곡(未谷) : 충청북도 회인(懷仁)의 옛 지명.
미산(眉山) : 경기도 마전(麻田) 옛 지명.
미원(迷原) : 경기도 양근(楊根)의 옛 지명.
미추홀(彌鄒忽) : 경기도 인천(仁川)의 옛 지명.
밀산(密山) : 평안도 원군(渭原)의 옛 지명.
밀성군(密城郡) : 경상남도 밀양시의 고려시대 지명.
밀양군(密陽郡) : 경상남도 밀양시(조선시대는 밀양군)
밀주(密州) : 경상남도 밀양(密陽)의 옛 지명.

박릉(博陵) : 평안도 박천(博川)의 옛 지명.

박문(博文) : 함경도 영흥(永興)의 옛 지명.

반남(潘南) : 전라남도 나주의 옛 지명.

반월(半月) : 충청남도 부여(扶餘)의 옛 지명.

발라(發羅) : 전라남도 나주의 옛 지명.

배주(白州) : 황해도 배천의 고려시대 지명.

배천(白川) : 황해도 배천(조선시대는 배천군)

백령도(白翎島) : 황해도 백령(고려시대는 백령진)

백성(白城) : 경기도 안성(安城)의 옛 지명.

백오(白鳥) : 강원도 평창(平昌)의 옛 지명.

벌력천(伐力川) : 강원도 홍천(洪川)의 옛 지명.

벌수지(伐首只) : 충청남도 당진(唐津)의 옛 지명.

벽골(碧骨) : 전라북도 김제(金堤)의 옛 지명.

벽동군(碧潼郡) : 평안도 벽동군(조선시대는 벽동부)

벽진(碧珍) : 경상북도 성주(星州)의 옛 지명.

별사파아(別史波兒) : 경기도 통진(通津)의 옛 지명.

병산(屏山) : 경상북도 비안(比安)의 옛 지명.(지금의 경북 의성군 비안면 일대)

병산(屏山) : 경상남도 웅천(熊川)의 옛 지명.(지금의 경남 진해시 웅천동 일대)

병옥(屏屋) : 경상북도 의성 비안(比安)의 옛 지명.

병정(井井) : 경상북도 선산(善山)의 옛 지명.

병평(竝平) : 경기도 가평(加平)의 옛 지명.

보령군(保寧郡) : 충청남도 보령시(고려·조선시대는 보령현)

보령현(保寧縣) : 충청북도 보은군의 고려시대 지명.

보성(寶城) : 경상북도 안동 예안(禮安)의 옛 지명.

보성군(寶城郡) : 전라남도 보성군(고려·조선시대는 현재와 동일)

보성부(甫城府) : 경상북도 청송군 진보면의 고려시대 지명.

보은군(報恩郡) : 충청북도 보은군(조선시대는 보은현)

복사매(伏斯買) : 경기도 가평(加平)의 옛 지명.

복주(福州) : 함경도 단천군의 고려시대 지명.

복홀(伏忽) : 전라남도 보성(寶城)의 옛 지명.

본피(本彼) : 경상북도 성주(星州)의 옛 지명.

봉래(蓬萊) : 부산광역시 동래(東萊)의 옛 지명.

봉산(鳳山) : 강원도 춘천시의 옛 지명.

봉산(鳳山) : 고산현의 옛 지명.(지금의 전북 완주군 일대)

봉산(逢山) : 장기현의 옛 지명.(지금의 경북 포항시 남구 구룡포읍 일대)

봉산(鳳山) : 전라북도 금구(金溝)의 옛 지명.

봉산군(鳳山郡) : 황해도 봉산(조선시대는 봉산군)

봉산(鳳山) : 동산현의 옛 읍호(지금의 강원 고성군 현내면 일대)

봉성(鳳城) : 경상북도 봉화의 옛 지명.

봉성(鳳城) : 전라남도 구례(求禮)의 옛 지명.

봉성(鳳城) : 삼가현의 옛 별호(지금의 경남 합천군 삼가면 일대)

봉성(峰城) : 경기도 파주(坡州)의 옛 지명.

봉주(鳳州) : 황해도 봉산의 고려시대 지명.

봉화군(奉化郡) : 경상북도 봉화군(고려·조선시대는 봉화현)

부거(富居) : 함경도 부령(富寧)의 옛 지명.

부계(缶溪) : 경상북도 의흥(義興)의 옛 지명.

부녀(富女) : 경기도 과천의 옛 지명.

부녕군(扶寧郡) : 전라북도 부안군의 고려시대 지명.

부녕군(富寧郡) : 함경도 부녕군(고려·조선시대 현재와 동일)

부령(扶寧) : 전라북도 부안의 옛 지명.

부림(富林) : 경기도 과천의 옛 지명.

부림(缶林) : 경상북도 의흥(義興)의 옛 지명.

부부리(夫夫里) : 전라북도 옥구(沃溝)의 옛 지명.

부산(釜山) : 경기도 진위(振威)의 옛 지명.

부산직할시 : 현재는 부산광역시로 변경

부산포(富山浦) : 부산광역시의 고려시대 지명.

부산포(釜山浦) : 부산광역시 동래(東萊)의 옛 지명.

부성현(富城縣) : 충청남도 서산군의 고려시대 지명.

부소(扶蘇) : 경기도 개성(開城)의 옛 지명.

부안군(扶安郡) : 전라북도 부안군(조선시대는 부안현)

부양(斧壤) : 강원도 평강(平康)의 옛 지명.

부여(夫如) : 강원도 김화(金化)의 옛 지명.

부여군(扶餘郡) : 충청남도 부여군(고려·조선시대 현재와 동일)

부지(夫只) : 충청남도 당진(唐津)의 옛 지명.

부진(付珍) : 황해도 강령(康翎)의 옛 지명.

부평(富平) : 인천광역시 부평구(조선시대는 부평군)

부평(富平) : 강원도 김화(金化)의 옛 지명.

북사성(北史城) : 경기도 통진(通津)의 옛 지명.

북원소경(北原小京) : 강원도 원주(原州)의 옛 지명.

북청군(北靑郡) : 함경도 북청군(고려시대는 북청주, 조선시대는 북청부)

북치장리(北恥長里) : 경상북도 칠곡(漆谷)의 옛 지명.

북한성(北漢城) : 지금 서울의 옛 지명.

분령(分嶺) : 전라남도 낙안의 옛 지명.

분사(分沙) : 전라남도 낙안의 옛 지명.

분성(分城) : 경기도 통진(通津)의 옛 지명.

분성(盆城) : 경상남도 김해(金海)의 옛 지명.

분진(汾津) : 경기도 통진(通津)의 옛 지명.

분차(分嵯) : 전라남도 낙안의 옛 지명.

분화(盆和) : 경기도 양근(楊根)의 옛 지명.

비사벌(比斯伐) : 경상남도 창녕(昌寧)의 옛 지명.

비사벌(比斯伐) : 전라북도 전주시 완주군의 백제시대 지명.

비상(比象) : 경상북도 의성 비안(比安)의 옛 지명.

비안(比安) : 경상북도 의성군 비안면(조선시대는 비안현)

비열(比列) : 함경도 안변(安邊)의 옛 지명.

비옥현(比屋縣) : 경상북도 의성군 비안(比安)면의 고려시대 지명.

비인(庇仁) : 충청남도 서천군 비인면(고려·조선시대는 비인현)

비자화군(比自火郡) : 경상남도 창녕군의 신라시대 지명.

비자화(比自火) : 전라북도 전주시·완주군의 백제시대 지명.

비중(比衆) : 충청남도 서천 비인(庇仁)의 옛 지명.

비천(庇泉)(比泉) : 충청남도 서천 비인(庇仁)의 옛 지명.

비풍(豐) : 충청남도 대덕군 회덕(懷德)의 옛 지명.

빈양(嬪陽)(濱陽) : 경기도 양근(楊根)의 옛 지명.

사동화(斯同火) : 경상도 인동(仁同)의 옛 지명.
사물(史勿) : 경상남도 사천(泗川)의 옛 지명.
사벌국(沙伐國) : 경상북도 상주의 옛 지명.
사벌주(沙伐州) : 경상북도 상주의 옛 지명.
사복(沙伏) : 경기도 양성(陽城)의 옛 지명.
사복홀(沙伏忽) : 경기도 양성(陽城)의 옛 지명.
사비(泗沘) : 충청남도 부여(扶餘)의 옛 지명.
사산(蛇山) : 충청남도 천안 직산(稷山)의 옛 지명.
사성(祀城) : 충청남도 진잠(鎭岑)의 옛 지명.
사수(泗水) : 경상남도 사천(泗川)의 옛 지명.
사야홀차(斯也忽次) : 경기도 안산(安山)의 옛 지명.
사열이(沙熱伊) : 충청북도 청풍(淸風)의 옛 지명.
사정화현(史丁火縣) : 신령현(지금의 경북 영천시)의 신라시대 지명.
사주(泗州) : 경상남도 사천(泗川)시의 고려시대 지명.
사천군(泗川郡) : 경상남도 삼천포의 고려시대 지명.(조선시대는 사천현)
사춘(士春) : 충청북도 단양 영춘(永春)의 옛 지명.
사평(沙平) : 전라남도 순천(順天)의 옛 지명.
사포(寺浦) : 충청남도 남포(藍浦)의 옛 지명.
사현(斯軒) : 경기도 양근(楊根)의 옛 지명.
삭녕(朔寧) : 경기도 삭녕(고려시대는 삭녕현, 조선시대는 삭녕군)
삭읍(朔邑) : 경기도 삭녕(朔寧)의 옛 지명.
삭정(朔庭) : 함경도 안변(安邊)의 옛 지명.
삭주(朔州) : 강원도 춘천(春川)의 옛 지명.
삭주군(朔州郡) : 평안도 삭주군(고려시대는 삭주, 조선시대는 삭주부)
산곡성(山谷城) : 황해도 신계(新溪)의 옛 지명.
산양(山陽) : 경상남도 산청(山淸)의 옛 지명.
산양(山陽) : 전라남도 보성(寶城)의 옛 지명.
산양(山陽) : 전라남도 화순군의 옛 지명.
산음(山陰) : 경상남도 산청(山淸)의 옛 지명.
살매(薩買) : 충청북도 청주(淸州)의 옛 지명.
삼가(三嘉) : 경상남도 합천군 삼가면(조선시대는 삼가현)
삼강(三江) : 함경도 삼수(三水)의 옛 지명.
삼기(三岐) : 경상남도 합천 삼가(三嘉)의 옛 지명.
삼년(三年) : 충청북도 보은의 옛 지명.
삼등(三登) : 평안도 삼등(고려 · 조선시대는 삼등현)
삼량화(三良火) : 경상북도 현풍(玄風)의 옛 지명.
삼봉(三峯) : 경기도 고양(高陽)의 옛 지명.
삼산(三山) : 충청북도 보은군의 옛 지명.
삼산(三山) : 함경북도 무산(茂山)의 옛 지명.
삼수군(三水郡) : 함경도 삼수군(조선시대는 삼수부)
삼지(三支) : 황해도 재령(載寧)의 옛 지명.
삼척군(三陟郡) : 강원도 삼척군(고려 · 조선시대 현재와 동일)
삼화(三和) : 평안도 삼화(조선시대는 삼화현)
삽량주(揷梁州) : 경상남도 양산(梁山)의 옛 지명.
상군해도(裳郡海島) : 경상남도 거제(巨濟)의 옛 지명.

상당(上黨) : 충청북도 청주(淸州)의 옛 지명.
상락(上洛) : 경상북도 상주의 옛 지명.
상로(上路) : 경상북도 상주의 옛 지명.
상로(上老) : 전라북도 무장(茂長)의 옛 지명.
상모(上芼) : 충청북도 괴산 연풍(延豊)의 옛 지명.
상산(商山) : 경상북도 상주의 옛 지명.
상산(常山) : 충청북도 진천(鎭川)의 옛 지명.
상약(嘗藥) : 영산(靈山)현(지금의 경남 창녕군 영산면 일대)의 통일신라시대 지명.
상원(祥原) : 평안도 상원(조선시대는 현재와 동일)
상주(尙州) : 함경도 고원(高原)의 옛 지명.
상주군(尙州郡) : 경상북도 상주시(고려 · 조선시대는 상주군)
상질현(尙質縣) : 전라북도 고창군 흥덕면의 고려시대 지명.
상칠(上漆) : 전라북도 흥덕(興德)의 옛 지명.
상홀(上忽) : 경기도 수원의 옛 지명.
새금(塞琴) : 전라남도 해남(海南)의 옛 지명.
생천(牲川) : 강원도 낭천(狼川)의 옛 지명.
서경(西京) : 평안도 평양(平壤)의 옛 지명.
서라벌(徐羅伐) : 경상북도 경주(慶州)의 옛 지명.
서령(瑞寧) : 충청남도 서산의 옛 지명.
서림군(西林郡) : 충청남도 서천군의 고려시대 지명.
서산군(瑞山郡) : 충청남도 서산(조선시대는 현재와 동일)
서암(栖岩) : 황해도 봉산(鳳山)의 옛 지명.
서야벌(徐耶伐) : 경상북도 경주(慶州)의 옛 지명.
서원경(西原京) : 충청북도 청주(淸州)의 옛 지명.
서원현(瑞原縣) : 경기도 파주시의 고려시대 지명.
서주(瑞州)(西川) : 충청남도 서천(舒川)의 옛 지명.
서천(瑞川) : 충청남도 서산의 옛 지명.
서천군(舒川郡) : 충청남도 서천군(조선시대는 현재와 동일)
서하(西河) : 황해남도 과일군에 있던 옛 고을인 풍천(豊川)도호부의 별호.
서하(西河) : 평안도 남포직할시 강서구역에 있던 옛 고을인 증산(甑山)현의 별호.
서화(西火) : 경상남도 영산(靈山)의 옛 지명.
서흥(西興) : 강원도 원주(原州)의 옛 지명.
서흥군(瑞興郡) : 황해도 서흥군(조선시대는 서흥부)
석산(石山) : 충청남도 부여 석성(石城)의 옛 지명.
석성(石城) : 충청남도 부여군 석성면(고려 · 조선시대는 석성현)
석주(石州) : 평안도 강계(江界)의 옛 지명.
선곡(善谷) : 경상북도 안동 예안(禮安)의 옛 지명.
선녕군(宣寧郡) : 경상남도 합천군(고려 · 조선시대는 선영현)
선산군(善山郡) : 경상북도 구미시 선산읍(조선시대는 선산군)
선성(宣城) : 경기도 파주 교하(交河)의 옛 지명.
선성(宣城) : 경상북도 예안(禮安)의 옛 지명.(지금의 경북 안동시 예안면 일대)
선주(宣州) : 평안도 선천군의 고려시대 지명.
선주(宣州) : 함경도 덕원군의 고려시대 지명.
선주(善州) : 경상북도 선산(善山)의 옛 지명.
선천군(宣川郡) : 평안도 선천군(조선시대는 선천부)
설림(舌林) : 충청남도 서천(舒川)의 옛 지명.
설산(雪山) : 전라남도 곡성군 옥과(玉果)의 옛 지명.

설성(雪城) : 경기도 양지(陽智)의 옛 지명.

설성(雪城) : 경기도 음죽(陰竹)의 옛 지명.(지금의 경기 이천시 장호원읍 일대)

설성(雪城) : 충청북도 음성(陰城)의 옛 지명.

설성(雪城) : 평안북도 벽동군의 옛 지명.

설수(雪水) : 전라북도 임실(任實)의 옛 지명.

성대혜(省大兮) : 충청남도 태안(泰安)의 옛 지명.

성대호(省大號) : 충청남도 태안(泰安)의 옛 지명.

성법(省法) : 경상북도 칠원(漆原)의 옛 지명.

성산(星山) : 경상북도 성주(星州)의 옛 지명.

성양(成陽) : 경상남도 함양(咸陽)의 옛 지명.

성주군(星州郡) : 경상북도 성주군(조선시대는 현재와 동일)

성진군(城津郡) : 함경도 성진군(조선시대는 성진부)

성천군(成川郡) : 평안도 성천군(조선시대는 성천부)

성현(星縣) : 경상북도 의성군 비안(比安)의 옛 지명.

소라(召羅) : 충청북도 황간(黃澗)의 옛 지명.

소리산(所利山) : 이산현(지금의 충북 옥천군 이원면 일대)의 신라시대 이름.

소리산(所利山) : 전라북도 금구(金溝)의 옛 지명.

소문국(召文國) : 경상북도 의성(義城)의 옛 지명.

소부리(所夫里) : 충청남도 부여(扶餘)의 옛 지명.

소성(邵城) : 경기도 인천(仁川)의 옛 지명.

소오(所烏) : 전라북도 임피(臨陂)의 옛 지명.

소읍두(所邑豆) : 경기도 삭녕(朔寧)의 옛 지명.

소천(泝川) : 경기도 여주(驪州)의 옛 지명.

소태군(蘇泰郡) : 충청남도 태안군의 고려시대 지명.

속함현(速含縣) : 경상남도 함양(咸陽)의 옛 지명.

송생(松生) : 경상북도 청송(青松)의 옛 지명.

송악(松嶽) : 경기도 개성(開城)의 옛 지명.

송양(松壤) : 평안도 강동(江東)의 옛 지명.

송양(松壤) : 평안남도 성천군(成川郡)의 옛 지명.

송촌활달(松村活達) : 경기도 진위(振威)의 옛 지명.

송화군(松禾郡) : 황해도 송화군(조선시대는 송화현)

수니홀(首泥忽) : 경기도 파주(坡州)의 옛 지명.

수덕(樹德) : 평안도 양덕(陽德)의 옛 지명.

수동(壽同) : 경상도 인동(仁同)의 옛 지명.

수성(水城·隨城) : 경기도 수원의 옛 지명.

수성(水城) : 간성현의 옛 별호(지금의 강원도 고성군 일대)

수성(守城) : 강원도 간성(杆城)의 옛 지명.

수안군(遂安郡) : 황해도 수안군(고려시대는 수안현. 조선시대는 수안부)

수양(首陽) : 황해도 해주(海州)의 옛 지명.

수원시(水原市) : 경기도 수원시(조선시대는 수원부)

수입(水入) : 전라북도 무안(務安)의 옛 지명.

수주(水州) : 경기도 수원시의 고려시대 지명.

수주(樹州) : 인천광역시 부평구의 고려시대 지명.

수주(隨州) : 평안도 정주군의 고려시대 지명.

수주(水酒) : 경상북도 예천(醴泉)의 옛 지명.

수주(愁州) : 함경도 종성(鍾城)의 옛 지명.

수주(遂州) : 황해도 수안(遂安)의 옛 지명.

수차약(首次若) : 강원도 춘천(春川)의 옛 지명.

수춘(壽春) : 강원도 춘천(春川)의 옛 지명.

숙천(肅川) : 평안도 숙천(조선시대는 숙천부)

순성(蓴城) : 충청남도 태안(泰安)의 옛 지명.

순안(順安) : 평안도 순안(조선시대는 순안현)

순안(順安) : 경상북도 영천(榮川)의 옛 지명.

순안현(順安縣) : 경상북도 영주시의 고려시대 지명.

순주(順州) : 평안도 순천군의 고려시대 지명.

순창군(淳昌郡) : 전라북도 순창군(고려·조선시대 현재와 동일)

순천군(順川郡) : 평안도 순천군(조선시대는 현재와 동일)

순천부(順天府) : 전라남도 순천시 승주읍의 고려, 조선시대 지명.

순치(馴雉) : 충청남도 천안(天安)의 옛 지명.

순화(淳化) : 전라도 순창(淳昌)의 옛 지명.

순화현(順和縣) : 평안도 순안(順安)의 고려시대 지명.

순흥(順興) : 경상북도 영주시 순흥면(조선시대는 순흥군)

술이홀(述爾忽) : 경기도 파주(坡州)의 옛 지명.

술천(述川) : 경기도 여주(驪州)의 옛 지명.

술현(述縣) : 충청남도 아산(牙山)의 옛 지명.

숭선(嵩善) : 경상북도 선산(善山)의 옛 지명.

습계(習谿) : 강원도 흡곡(歙谷)의 옛 지명.

습비곡(習比谷) : 강원도 흡곡(歙谷)의 옛 지명.

승삭(僧朔) : 경기도 삭녕(朔寧)의 옛 지명.

승산(升山) : 황해도 신천(信川)의 옛 지명.

승주군(昇州郡) : 전라남도 순천시 승주읍

승평(昇平) : 전라남도 순천(順天)의 옛 지명.

시산(屍山) : 전라북도 임피(臨陂)의 옛 지명.

시안(始安) : 충청북도 괴산(槐山)의 옛 지명.

시오출(矢烏出) : 전라북도 임피(臨陂)의 옛 지명.

시진(市津) : 충청도 은진(恩津)의 옛 지명.(지금의 충청남도 논산시 일대)

시진(市津) : 전라북도 금구(金溝)의 옛 지명.

시흥군(始興郡) : 경기도 시흥시(조선시대는 시흥현)

식달(息達) : 평안도 상원(祥原)의 옛 지명.

식성(息城) : 황해도 재령(載寧)의 옛 지명.

신계군(新溪郡) : 황해도 신계군(조선시대는 현재와 동일 지명 사용)

신도(新都) : 평안도 가산(嘉山)의 옛 지명.

신시(新市) : 충청남도 은진(恩津)의 옛 지명.

신안(新安) : 충청남도 보령의 옛 지명.

신안(新安) : 경상북도 성주(星州)의 옛 지명.

신안(新安) : 평안북도 정주군의 옛 별호.

신안(信安) : 황해남도 신천군의 옛 별호.

신양(新陽) : 전라남도 담양 창평(昌平)의 옛 지명.

신은(新恩) : 황해도 신계(新溪)의 옛 지명.

신은현(新恩縣) : 황해도 신계군의 고려시대 지명.

신읍(新邑) : 충청남도 보령의 옛 지명.

신정(新定) : 충청남도 목천(木川)의 옛 지명.

신주(信州) : 황해도 문화(文化)의 옛 지명.

신주군(信州郡) : 황해도 신천군의 고려시대 지명.

신지(新知) : 충청북도 진천(鎮川)의 옛 지명.

신천군(信川郡) : 황해도 신천군(조선시대는 신천현)

신촌(新村) : 충청남도 보령의 옛 지명.

신흥군(新興郡) : 함경도 신흥군(조선시대는 현재와 동일 지명 사용)

실어산(實於山) : 전라남도 남평의 옛 지명.
실직(悉直) : 강원도 삼척의 옛 지명.
심천(深川) : 경기도 가평(加平)의 옛 지명.
십곡성(十谷城) : 황해도 황주 곡산(谷山)의 옛 지명.

아나가야(阿那伽倻) : 경상남도 함안(咸安)의 옛 지명.
아동혜(阿多兮) : 충청북도 단양 영춘(永春)의 옛 지명.
아동혜(阿多兮) : 충청북도 옥천(沃川)의 옛 지명.
아동호(阿多號) : 충청북도 단양 영춘(永春)의 옛 지명.
아동호(阿多號) : 충청북도 옥천(沃川)의 옛 지명.
아림(鵝林) : 경상북도 경주(慶州)의 옛 지명.
아막성(阿莫城) : 전라북도 남원 운봉(雲峰)의 옛 지명.
아산군(牙山郡) : 충청남도 아산시(조선시대는 현재와 동일 지명 사용)
아서량(阿西良) : 강원도 강릉의 옛 지명.
아선(牙善) : 평안도 함종(咸從)의 옛 지명.
아선성(牙善城) : 평안도 함종(咸從)의 옛 지명.
아술(牙述) : 충청남도 아산(牙山)의 옛 지명.
아시량국(阿尸良國) : 경상남도 함안(咸安)의 옛 지명.
아영성(阿英城) : 전라북도 남원 운봉(雲峰)의 옛 지명.
아장성(芽長城) : 충청북도 충주(忠州)의 옛 지명.
아주현(牙州縣) : 충청남도 아산시의 고려시대 지명.
아진압(阿珍押) : 강원도 안협(安峽)의 옛 지명.
아혜현(阿兮縣) : 청하(淸河)현(지금의 경북 포항시 북구 청하면 일대)
   의 신라시대 지명.
아화옥현(阿火屋縣) : 비안(比安)현(지금의 경북 의성군 비안면 일대)
   의 신라시대 지명.
악양(嶽陽) : 경상남도 하동(河東)의 옛 지명.
안동군(安東郡) : 경상북도 안동시(고려·조선시대는 안동부)
안릉(安陵) : 황해도 재령(載寧)의 옛 지명.
안릉(安陵) : 평안남도 안주(安州)의 옛 지명.
안변군(安邊郡) : 함경도 안변군(조선시대는 안변부)
안북부(安北府) : 평안도 안주군의 고려시대 지명.
안삭군(安朔郡) : 조선 초기에 삭녕군(지금의 경기 연천군)과 안협현
   (지금의 강원도 철원군·이천군 일대)을 합해 만들었던 행정구역.
안삭군(安朔郡) : 평안북도 영변군의 옛 지명.
안산(安山) : 경기도 안산시(고려시대는 안산현, 조선시대는 안산군)
안성군(安城郡) : 경기도 안성시(고려시대는 현재와 동일, 조선시대는
   안성현)
안수진(安水鎭) : 평안도 개천군의 고려시대 지명.
안악군(安岳郡) : 황해도 안악(고려·조선시대는 안악군)
안융진(安戎鎭) : 평안도 안주(安州)의 옛 지명.
안음현(安陰縣) : 경상남도 함양군 안의(安義)면의 조선시대 지명.
안읍(安邑) : 충청북도 단양 영춘(永春)의 옛 지명.
안읍(安邑) : 충청북도 옥천(沃川)의 옛 지명.

안의(安義) : 경상남도 함양군 안의면
안인진(安仁鎭) : 평안도 안주(安州)의 옛 지명.
안절(安節) : 충청남도 공주(公州)의 옛 지명.
안정(安貞) : 충청북도 영춘(永春)의 옛 지명.
안정(安貞) : 충청북도 옥천(沃川)의 옛 지명.
안주(安州) : 황해도 재령(載寧)의 옛 지명.
안주군(安州郡) : 평안도 안주군
안평(安平) : 충청남도 홍성군의 옛 지명.
안협(安峽) : 강원도 이천군 안협(고려·조선시대는 안협현)
안화(安化) : 평안도 선천(宣川)의 옛 지명.
안흥(安興) : 평안도 용천(龍川)의 옛 지명.
알목하(斡木河) : 함경도 회령(會寧)의 옛 지명.
압량(押梁) : 경상북도 경산(慶山)의 옛 지명.
압성(押城) : 전라남도 장성(長城)의 옛 지명.
애수(隘守) : 함경도 고원(高原)의 옛 지명.
액달(額達) : 경기도 파주(坡州)의 옛 지명.
야구매(也口買) : 강원도 낭천(狼川)의 옛 지명.
야성(野城) : 경상북도 영덕(盈德)의 옛 지명.
야시매(也尸買) : 강원도 낭천(狼川)의 옛 지명.
야시홀(也尸忽) : 경상북도 영덕(盈德)의 옛 지명.
야아(夜牙)(耶耶) : 경기도 장단(長湍)의 옛 지명.
야차홀(也次忽) : 강원도 금성(金城)의 옛 지명.
야천(耶川) : 경기도 장단(長湍)의 옛 지명.
악산(藥山) : 평안도 영변(寧邊)의 옛 지명.
양골(梁骨) : 경기도 영평(永平)의 옛 지명.
양구현(楊口縣) : 강원도 양구군의 조선시대 지명.
양구현(楊溝縣) : 강원도 양구군의 고려시대 지명.
양근(楊根) : 경기도 양근(고려시대는 양근현, 조선시대는 양근군)
양덕군(陽德郡) : 평안도 양덕군(조선시대는 양덕현)
양량(陽良) : 경기도 음죽(陰竹)의 옛 지명.
양록(楊麓) : 강원도 양구(楊口)의 옛 지명.
양산(襄山) : 강원도 양양(襄陽)의 옛 지명.
양산(陽山) : 양지현의 별호.(지금의 경기도 용인시 양지면, 안성시 ○
   삼면 일대)
양산(襄山) : 강원도 회양(淮陽)의 옛 지명.
양산(陽山) : 충청북도 옥천(沃川)의 옛 지명.
양산(楊山) : 황해남도 안악군의 옛 지명.
양산군(梁山郡) : 경상남도 양산시(조선시대는 양산군)
양성(陽城) : 경기도 안성시 양성면(고려·조선시대 현재와 동일)
양악(陽岳) : 황해도 안악(安岳)의 옛 지명.
양암(陽岩) : 평안도 양덕(陽德)의 옛 지명.
양암진(陽巖鎭) : 평안도 양덕군의 고려시대 지명.
양양군(襄陽郡) : 강원도 양양군(조선시대는 양양부)
양주(梁州) : 경상남도 양산시의 고려시대 지명.
양주(楊州) : 서울특별시의 고려시대 지명.
양주군(楊州郡) : 경기도 양주군(조선시대 동일)
양천(陽川) : 경기도 양천(조선시대는 양천현)
양천현(良川縣) : 강원도 화천군의 고려시대 지명.
양평(楊平) : 경기도 양근(楊根)의 옛 지명.
양평(陽平) : 경기도 양천(陽川)의 옛 지명.
어사내(於斯乃) : 강원도 평강(平康)의 옛 지명.

사매(於斯買) : 강원도 횡성(橫城)의 옛 지명.

상천(於上川) : 충청북도 영춘(永春)의 옛 지명.

매(筌買) : 경기도 파주 교하(交河)의 옛 지명.

매(筌買) : 함경도 덕원(德源)의 옛 지명.

두멱(如豆覓) : 경상북도 군위(軍威)의 옛 지명.

량현(礪良縣) : 전라북도 익산시 여산면의 고려시대 지명.

미현(汝湄縣) : 전라남도 화순(和順)의 통일신라시대 지명.

미(餘美) : 충청남도 당진 해미(海美)의 옛 지명.

빈(汝濱) : 전라남도 화순(和順)의 옛 지명.

사(餘沙) : 경상북도 경산시 자인(慈仁)의 옛 지명.

산(礪山) : 전라북도 익산시 여산면(조선시대는 여산군)

성(驪城) : 경기도 여주(驪州)의 옛 지명.

수시(麗水市) : 전라남도 여수시(고려시대는 여수현, 조선시대는 여수군)

양(礪陽) : 전라북도 익산시 여산(礪山)의 옛 지명.

연부상무로리(閭延府上無路里) : 함경도 · 평안도 후창(厚昌)의 옛 지명.

연부자산리(閭延府慈山里) : 평안도 자성(慈城)의 옛 지명.

읍(餘邑) : 충청남도 당진 해미(海美)의 옛 지명.

주(餘州) : 충청남도 부여(扶餘)의 옛 지명.

주군(驪州郡) : 경기도 여주군(조선시대는 여주부)

촌(汝村) : 충청남도 보령의 옛 지명.

촌(餘村) : 충청남도 당진 해미(海美)의 옛 지명.

흥부(驪興府) : 경기도 여주군의 조선시대 지명.

양(歷陽) : 함경도 영흥(永興)의 옛 지명.

평(礫坪) : 전라북도 완주(完州) · 전주(全州)의 옛 지명.

강(漣江) : 전라북도 옥구(沃溝)의 옛 지명.

기군(燕岐郡) : 충청남도 연기군(고려시대는 연기현, 조선시대는 현재와 같음)

달(淵達) : 경기도 진위(振威)의 옛 지명.

백군(延白郡) : 황해도 연백군

삭(連朔) : 평안도 태천(泰川)의 옛 지명.

산(連山) : 충청남도 논산시 연산면(고려 · 조선시대 현재와 동일)

산군(燕山郡) : 충청남도 청원군 문의면 일대의 통일신라시대, 고려시대 지명.

성(連城) : 강원도 회양(淮陽)의 옛 지명.

성(蓮城) : 경기도 안산(安山)의 옛 지명.

안부(延安府) : 황해도 연백군의 조선시대 지명.

양(延陽) : 경상북도 영양(英陽)의 옛 지명.

일군(延日郡) : 경상북도 포항시 남구 연일면의 조선시대 지명.

주(漣州) : 경기도 연천(漣川)의 옛 지명.

창(延昌) : 경기도 죽산(竹山)의 옛 지명.

천군(漣川郡) : 경기도 연천군(조선시대는 연천현)

풍(延豊) : 충청북도 괴산군 연풍면(조선시대는 연풍현)

풍(連豊) : 황해도 장련(長連)의 옛 지명.

기(悅己) : 충청남도 청양군 정산(定山)면 일대에 있었던 옛 지명.

성(悅城) : 충청남도 청양군 정산(定山)면 일대에 있었던 옛 지명.

야산(熱也山) : 충청남도 논산시 노성(魯城)의 옛 지명.

주(烈州) : 경상남도 진주(晉州)의 옛 지명.

주(鹽州) : 황해도 연안(延安)의 옛 지명.

가(永嘉) : 경상북도 안동(安東)의 옛 지명.

영강(永康) : 황해도 강령(康翎)의 옛 지명.

영광군(靈光郡) : 전라남도 영광군(고려 · 조선시대 현재와 동일)

영덕군(盈德郡) : 경상북도 영덕군(고려시대는 영덕현, 조선시대는 현재와 동일)

영동군(永同郡) : 충청북도 영동군(고려시대는 영동현, 조선시대는 현재와 동일)

영변군(寧邊郡) : 평안도 영변군(조선시대는 영병부)

영삭(寧朔) : 평안도 태천(泰川)의 옛 지명.

영산(靈山) : 경상남도 창녕시 영산면(고려 · 조선시대는 영산현)

영산(永山) : 충청도 영동(永同)의 옛 지명.

영산(靈山) : 충청남도 천안(天安)의 옛 지명.

영성(寧城) : 강원도 영월(寧越)의 옛 지명.

영성(榮城) : 충청북도 옥천(沃川)의 옛 지명.

영암군(靈巖郡) : 전라남도 영암군(고려 · 조선시대 현재와 동일)

영양(永陽) : 경상북도 영천(永川)의 옛 지명.

영양(英陽) : 경상북도 예천(醴泉)의 옛 지명.

영양군(英陽郡) : 경상북도 영양군(고려 · 조선시대 현재와 동일)

영원군(寧遠郡) : 평안도 영원군(조선시대는 영원현)

영월군(寧越郡) : 강원도 영월군(고려시대는 현재와 동일, 조선시대는 영월부)

영유(永柔) : 평안도 영유(조선시대는 영유현)

영의현(永義縣) : 경기도 여주군의 고려시대 지명.

영인(寧仁) : 충청남도 아산(牙山)의 옛 지명.

영일군(迎日郡) : 경상북도 포항시 남구 연일면(고려시대는 영일현)

영제(寧提) : 경기도 남양(南陽)의 옛 지명.

영주(永州) : 경상북도 영천시의 고려시대 지명.

영주(榮州)(永州) : 경상북도 영천(榮川)의 옛 지명.

영주(瀛州) : 전라북도 고부(高阜)의 옛 지명.

영주군(榮州郡) : 경상북도 영주시

영천(榮川) : 경상북도 영주시의 조선시대 지명.

영천(靈川) : 경상북도 고령(高靈)군의 옛 지명.

영천(榮川) : 경상북도 영주(榮州)의 옛 지명.

영천(靈川) : 충청남도 천안(天安)의 옛 지명.

영천군(永川郡) : 경상북도 영천시(조선시대는 현재와 동일)

영청현(永淸縣) : 평안도 영유의 고려시대 지명.

영춘(永春) : 충청북도 단양군 영춘면(고려시대는 영춘현)

영평(永平) : 경기도 포천군 영중면 영평리(조선시대는 영평현)

영평(鈴平) : 경기도 파주(坡州)의 옛 지명.

영평(永平) : 전라남도 남평의 옛 지명.

영평군(永平郡) : 광주광역시 광산구의 고려시대 지명.

영평군(永平郡) : 전라남도 나주시 남평읍의 고려시대 지명.

영풍(永豊) : 황해도 평산(平山)의 옛 지명.

영해(寧海) : 경상북도 영덕군 영해면(조선시대는 영해군)

영화(永化) : 경기도 양근(楊根)의 옛 지명.

영흥(永興) : 경기도 영평(永平)의 옛 지명.

영흥군(永興郡) : 함경도 영흥군(조선시대는 영흥부)

예래(猊來) : 전라도 대정(大靜)의 옛 지명.

예산군(禮山郡) : 충청남도 예산군(고려시대는 예산현. 조선시대는 현재와 동일)

예안(禮安) : 경상북도 안동시 예안면(고려 · 조선시대는 안동군)

예주(禮州) : 경상북도 영덕군 영해면의 고려시대 지명.

예주(禮州) : 함경도 경흥(慶興)의 옛 지명.

예주(豫州) : 함경남도 정평군 화동리 일대에 있던 옛 고을인 예원군의 고려시대 이름.

예천군(醴泉郡) : 경상북도 예천시(조선시대는 예천현)

오곡(五谷) : 황해도 서흥(瑞興)의 옛 지명.

오관부(五關部) : 황해도 서흥(瑞興)의 옛 지명.

오도산성(烏島山城) : 경상북도 청도(淸道)의 옛 지명.

오례산(烏禮山) : 경상북도 청도(淸道)의 옛 지명.

오사함달(烏斯含達)(烏斯蛤達) : 황해도 토산(兎山)의 옛 지명.

오사회(烏斯回) : 강원도 인제(麟蹄)의 옛 지명.

오산(鰲山) : 경상북도 청도(淸道)의 옛 지명.

오산(鰲山) : 전라남도 장성(長城)의 옛 지명.

오산(鰲山) : 함경북도 회령(會寧)의 옛 지명.

오산(烏山) : 충청남도 예산(禮山)의 옛 지명.

오산(烏山) : 평안도 용강(龍岡)의 옛 지명.

오삽내(烏歃乃) : 강원도 춘천(春川)의 옛 지명.

오아홀(烏阿忽) : 경기도 장단(長湍)의 옛 지명.

오악(烏嶽) : 경상북도 청도(淸道)의 옛 지명.

오야산(烏也山) : 경상북도 청도(淸道)의 옛 지명.

오음회(吾音會) : 함경도 회령(會寧)의 옛 지명.

오차(烏次) : 전라남도 장흥(長興)의 옛 지명.

옥계(玉溪) : 충청남도 금산군 진산면 일대의 옛 지명.

옥과(玉果) : 전라남도 곡성군 옥과면(고려 · 조선시대는 옥과현)

옥구군(沃溝郡) : 전라북도 군산시 옥구읍(고려 · 조선시대는 옥구현)

옥마(玉馬) : 경상북도 봉화의 옛 지명.

옥산(玉山) : 경상북도 인동(仁同)의 옛 지명.(지금의 경북 구미시 칠곡군 일대)

옥산(玉山) : 전라북도 군산의 옛 지명.

옥산(玉山) : 경상북도 경산시의 옛 지명.

옥주(玉州) : 전라남도 순창(淳昌)의 옛 지명.

옥주(沃州) : 충청북도 옥천(沃川)의 옛 지명.

옥천(玉川) : 전라북도 진안군 용담(龍潭)면 일대의 옛 지명.

옥천(沃川) : 전라남도 진도(珍島)의 옛 지명.

옥천군(沃川郡) : 충청북도 옥천군(조선시대는 현재와 동일 지명 사용)

온산(溫山) : 충청남도 아산 신창(新昌)의 옛 시명.

온수군(溫水郡) : 충청남도 아산시의 고려 · 조선시대 지명.

온양(溫陽) : 충청남도 아산시

온정(溫井) : 충청남도 온양(溫陽)의 옛 지명.

온창(溫昌) : 충청남도 온양(溫陽)의 옛 지명.

온창(溫昌) : 황해도 신천(信川)의 옛 지명.

온천(溫泉) : 충청남도 온양(溫陽)의 옛 지명.

옹성(瓮城) : 전라남도 순천(順天)부 동북(同輻)의 옛 지명.

옹진군(甕津郡) : 황해도 옹진(고려 · 조선시대는 옹진현)

옹천(甕遷) : 황해도 옹진(甕津)의 옛 지명.

완도군(莞島郡) : 전라남도 완도군(조선시대는 현재와 동일)

완산(完山) : 전라북도 전주의 옛 지명.

완산(玩山) : 전라도 진산(珍山)의 옛 지명.

완산(梡山) : 충청도 청산(靑山)의 옛 지명.

완주군(完州郡) : 전라북도 전주시(조선시대는 전주군)

완포현(莞浦縣) : 경상남도 창원시 웅남동 일대에 있던 옛 지명.(웅천현熊川縣)

왕검성(王儉城) : 평안도 평양(平壤)의 옛 지명.

왕봉(王逢) : 경기도 고양(高陽)의 옛 지명.

요원(遼原) : 평안남도 덕천(德川)의 옛 지명.

요원(遼原) : 평안도 영원군(寧遠郡)의 옛 지명.

욕내(欲乃) : 전라남도 곡성(谷城)의 옛 지명.

용강군(龍岡郡) : 평안도 용강군(고려 · 조선시대는 용강현)

용거(龍渠) : 전라북도 진안군 용담(龍潭)의 옛 지명.

용구현(龍駒縣) : 경기도 용인(龍仁)시의 고려시대 지명.

용궁(龍宮) : 경상북도 예천시 용궁면(고려 · 조선시대는 용궁군)

용담현(龍潭縣) : 전라북도 진안군 용담면(조선시대는 용담현)

용만(龍灣) : 평안도 의주(義州)의 옛 지명.

용성(龍城) : 전라남도 낙안의 옛 지명.

용안(龍安) : 전라북도 익산시 용안면(고려 · 조선시대는 용안현)

용인군(龍仁郡) : 경기도 용인시(조선시대는 용인현)

용주(龍州) : 평안도 용천군의 고려시대 지명.

용주(龍州) : 지금의 경북 예천군 용궁면 · 개포면 · 지보면 · 풍양면 대의 고려시대 이름.

용주(湧州) : 덕원도호부(지금의 강원도 (북한) 원산시 일대)의 고려 기 이름

용천군(龍川郡) : 평안도 용천군(조선시대는 용천부)

우동어홀(于冬於忽) : 황해도 황주(黃州)의 옛 지명.

우산(牛山) : 경상남도 진해(鎭海)의 옛 지명.

우산(牛山) : 평안남도 삼화의 옛 지명.(지금의 남포 용강군 삼화리 대)

우심(遇三) : 경기도 고양(高陽)의 옛 지명.

우수주(牛首州) : 강원도 춘천(春川)의 옛 지명.

우술(雨述) : 충청남도 대덕군 회덕(懷德)의 옛 지명.

우시(于尸) : 경상북도 영덕군 영해(寧海)의 옛 지명.

우오(于烏) : 강원도 평창(平昌)의 옛 지명.

우왕(遇王) : 경기도 고양(高陽)의 옛 지명.

우이(于伊) : 강원도 울진(蔚珍)의 옛 지명.

우주(雨州) : 경상북도 예천(醴泉)의 옛 지명.

우진야(于珍也) : 강원도 울진(蔚珍)의 옛 지명.

우차탄홀(于次呑忽) : 황해도 서흥(瑞興)의 옛 지명.

우평(雨坪) : 전라북도 장수군(長水郡)의 삼국시대 지명.

욱오(郁烏) : 강원도 평창(平昌)의 옛 지명.

운남(雲南) : 평안도 영변(寧邊)의 옛 지명.

운봉(雲峰) : 전라북도 남원시 운봉읍(고려시대는 운봉현, 조선시대 운봉군)

운산군(雲山郡) : 평안도 운산군(조선시대는 현재와 동일)

운성(雲城) : 전라북도 남원시 운봉(雲峰)의 옛 지명.

운제(雲梯) : 전라북도 완주군 일대의 옛 지명.(고산현高山縣)

운주(運州) : 충청북도 홍성군의 고려시대 지명.

운주(雲州) : 평안도 운산(雲山)의 옛 지명.

운주군(運州郡) : 충청남도 홍성군의 고려시대 지명.

운중(雲中) : 평안도 운산(雲山)의 옛 지명.

울산군(蔚山郡) : 울산광역시(조선시대는 울산군)

울주(蔚州) : 울산광역시의 고려시대 지명.

울진군(蔚珍郡) : 강원도 울진(고려시대는 울진현, 조선시대는 현재 동일)

웅섬(熊閃) : 경기도 연천(漣川)의 옛 지명.

웅섬산(熊閃山) : 경기도 연천(漣川)의 옛 지명.

웅신현(熊神縣) : 경상남도 창원시 일대의 통일신라시대 지명.(웅천현 熊川縣)

웅주(熊州) : 충청남도 공주(公州)의 옛 지명.

웅지(熊只) : 경상남도 창원시 일대의 옛 지명.

웅진(熊津) : 충청남도 공주(公州)의 옛 지명.

웅천(熊川) : 경상남도 창원시 일대의 옛 지명.(조선시대는 웅천군)

웅천(熊川) : 충청남도 공주(公州)의 옛 지명.

원갑(原甲) : 경기도 파주(坡州)의 옛 지명.

원병(原幷) : 경기도 교하(交河)의 옛 지명.

원산(園山) : 용궁현(龍宮縣)(지금의 경북 예천군 용궁면 일대)의 삼국시대 지명.

원성(原城) : 강원도 원주(原州)의 옛 지명.

원성군(原城郡) : 강원도 원주시의 옛 지명.

원주현(原州縣) : 강원도 원주시의 옛 지명.(조선시대 강원도 원성)

원촌(猿村) : 전라남도 여수(麗水)의 옛 지명.

원평(原平) : 경기도 파주(坡州)의 옛 지명.

원평(猿平) : 전라남도 여수(麗水)의 옛 지명.

원평부(原平府) : 경기도 파주시의 조선시대 지명.

월내(月奈) : 전라남도 영암(靈巖)의 옛 지명.

월랑(越浪) : 전라북도 진안(鎭安)의 옛 지명.

월량(月良) : 전라북도 진안(鎭安)의 옛 지명.

월성(月城) : 황해도 토산(兎山)의 옛 지명.

월성군(月城郡) : 대구광역시 달성구 월성동(조선시대는 경주군)

위달사(違達斯) : 경기도 교동(喬桐)의 옛 지명.

위례성(慰禮城) : 충청남도 천안시 직산(稷山)의 옛 지명.

위성(威城) : 평안도 희천(熙川)의 옛 지명.

위원군(渭原郡) : 평안도 위원군(조선시대는 현재와 동일)

위주(渭州) : 평안도 영변(寧邊)군의 고려시대 지명.

위화진(威化鎭) : 평안도 운산(雲山)군의 고려시대 지명.

유린(有隣) : 경상북도 영덕군 영해(寧海)의 옛 지명.

유새(猶塞) : 황해도 수안(遂安)의 옛 지명.

유주현(儒州縣) : 황해도 문화(文化)의 고려시대 지명.

율구(栗口) : 황해도 은율(殷栗)의 옛 지명.

율목(栗木) : 경기도 과천의 옛 지명.

율진(栗津) : 경기도 과천의 옛 지명.

율천(栗川) : 황해도 은율(殷栗)의 옛 지명.

율율군(栗栗郡) : 황해도 은율군(고려·조선시대는 은율현)

은산(殷山) : 평안도 운산(조선시대는 운산군)

은주(殷州) : 평안도 운산의 고려시대 지명.

은주(殷州) : 황해도 은산(殷山)의 옛 지명.

은진(恩津) : 충청남도 논산시 은진면(조선시대는 은진현)

은천(銀川) : 황해도 백천(白川)의 옛 지명.

을아조(乙阿朝) : 충청북도 단양 영춘(永春)의 옛 지명.

을아차(乙阿旦) : 충청북도 단양 영춘(永春)의 옛 지명.

음동(陰潼) : 평안도 벽동군의 고려시대 지명.

음동(陰潼) : 평안도 벽동(碧潼)의 옛 지명.

음봉(陰峰) : 충청남도 아산(牙山)의 옛 지명.

음성군(陰城郡) : 충청북도 음성군(고려·조선시대는 음성현)

음잠(陰岑) : 충청남도 아산(牙山)의 옛 지명.

음죽(陰竹) : 경기도 음죽(고려·조선시대 현재와 동일)

음평(陰平) : 경기도 죽산(竹山)의 옛 지명.

의령(義寧) : 충청북도 진천(鎭川)의 옛 지명.

의성군(義城郡) : 경상북도 의성군(고려시대는 의성현, 조선시대는 현재와 동일)

의안(義安) : 경상남도 창원의 옛 지명.

의안군(義安郡) : 경상남도 창원(昌原)시의 고려시대 지명.

의원(義原) : 충청북도 제천(提川)의 옛 지명.

의주(義州) : 충청북도 제천(提川)의 옛 지명.

의주(宜州) : 함경도 덕원(德源)의 옛 지명.

의주군(義州郡) : 평안도 의주군(고려시대는 의주, 조선시대는 의주목)

의창군(義昌郡) : 경상남도 창원군(지금의 경남 창원시)의 1980~90년 당시 행정구역명.

의창(義昌) : 경상북도 흥해(興海)의 통일신라시대 지명.(지금의 경북 포항시 흥해읍 일대)

의창(衣昌) : 경기도 이천(利川)의 옛 지명.

의창현(義昌縣) : 경상남도 창원시의 고려시대 지명.

의춘(宜春) : 경상남도 의령(宜寧)의 옛 지명.

의흥(義興) : 경상북도 군위군 의흥면(고려·조선시대는 의흥현)

이문(伊文) : 강원도 양양(襄陽)의 옛 지명.

이사파홀(泥沙波忽) : 경기도 마전(麻田)의 옛 지명.

이산(尼山) : 충청남도 논산시 노성(魯城)의 옛 지명.

이산(利山) : 충청북도 옥천(沃川)의 옛 지명.

이산(利山) : 전라북도 금구(金溝)의 옛 지명.

이산(理山) : 평안북도 초산(楚山)의 옛 지명.

이산현(伊山縣) : 충청남도 덕산의 고려시대 지명.

이성(尼城) : 충청남도 논산시 노성(魯城)의 옛 지명.

이성현(利城縣) : 함경도 이원(利原)군의 고려시대 지명.

이안현(利安縣) : 경상남도 함양군 안의(安義)면의 고려시대 지명.

이원군(利原郡) : 함경도 이원군(조선시대는 현재와 동일)

이을현(伊乙峴) : 황해도 풍천(豊川)의 옛 지명.

이주(理州) : 평안도 초산(楚山)의 옛 지명.

이진매(珍買) : 강원도 이천(伊川)의 옛 지명.

이천(狸川) : 강원도 낭천(狼川)의 옛 지명.

이천군(伊川郡) : 강원도 이천군(고려시대는 이천현, 조선시대는 이천부)

이천군(利川郡) : 경기도 이천시(고려시대는 이천군, 조선시대는 이천현)

익령군(翼嶺郡) : 강원도 양양(襄陽)군의 고려시대 지명.

익산군(益山郡) : 전라북도 익산군(조선시대는 현재와 동일)

익성(益城) : 강원도 금성(金城)의 옛 지명.

익영(益陽) : 경상북도 영양(英陽)의 옛 지명.

익주(益州) : 경기도 남양(南陽)의 옛 지명.

익현(翼峴) : 강원도 양양(襄陽)의 옛 지명.

인동(仁同) : 경상도 인동(조선시대는 인동현)

인제(獜蹄) : 강원도 인제(麟蹄)의 옛 지명.

인제군(麟蹄郡) : 강원도 인제군(고려·조선시대 인제현)

인주(仁州) : 인천광역시의 고려시대 지명.

인주(仁州) : 충청남도 아산시의 고려시대 지명.

인진도(因珍島) : 전라남도 진도(珍島)의 옛 지명.

인천시(仁川市) : 인천광역시(조선시대는 인천부)

일모(一牟) : 충청북도 문의(文義)의 옛 지명.

일선현(一善縣) : 경상북도 구미시 선산(善山)읍의 고려시대 지명.
임고(臨皐) : 경상북도 영천(永川)의 옛 지명.
임단(臨湍) : 경기도 장단(長湍)의 옛 지명.(개성 남쪽)
임단(臨湍) : 경기도 마전(麻田)의 옛 지명.(지금의 경기도 연천 일대)
임둔(臨屯) : 강원도 강릉의 옛 지명.
임성군(任城郡) : 충남 예산군 대흥면 일대에 있었던 옛 지명. 대흥현의 통일신라시대 지명.
임실군(任實郡) : 전라북도 임실군(고려 · 조선시대는 임실현)
임정(臨汀) : 경상북도 연일(延日)의 옛 지명.
임존(任存) : 충청남도 예산군 대흥(大興)의 옛 지명.
임진(臨津) : 경기도 장단(長湍)의 옛 지명.
임천(林川) : 충청남도 부여군 임천면(고려 · 조선시대는 임천현)
임피(臨陂) : 전라북도 군산시 임피면(고려 · 조선시대는 임피현)
임환(任歡) : 충청남도 천안(天安)의 옛 지명.
입산(笠山) : 경상북도 예천군 용궁(龍宮)의 옛 지명.
입석(立石) : 평안도 강계(江界)의 옛 지명.
잉근내(仍斤內) : 충청북도 괴산(槐山)의 옛 지명.
잉리아(仍利阿) : 전라남도 화순(和順)의 옛 지명.
잉벌노(仍伐奴) : 경기도 시흥(始興)의 옛 지명.
잉치(仍置) : 강원도 정선(旌善)의 옛 지명.
잉홀(仍忽) : 충청북도 음성(陰城)의 옛 지명.

자산(慈山) : 평안도 자산(조선시대는 자산부)
자성군(慈城郡) : 평안도 자성군(조선시대는 현재와 동일)
자인(慈仁) : 경상북도 경산시 자인면(고려 · 조선시대는 자인현)
자주(慈州) : 평안도 자산(慈山)의 옛 지명.
자춘(子春) : 충청북도 단양군 영춘(永春)의 옛 지명.
장구(獐口) : 경기도 안산(安山)의 옛 시명.
장기(長鬐) : 대구광역시 달서구 장기동(고려 · 조선시대는 장기현)
장단군(長湍郡) : 경기도 평택시 장단동(조선시대는 장단현)
장담(長潭) : 황해도 장연(長淵)의 옛 지명.
장덕진(長德鎭) : 평안도 덕천(德川)의 옛 지명.
장련(長連) : 황해도 장연(조선시대는 장련현)
장리(長利) : 평안도 곽산(郭山)의 옛 지명.
장림군(長臨郡) : 경기도 평택시 장단(長湍)동의 조선시대 지명.
장명현(長命縣) : 황해도 장련(長連)의 고려시대 지명.
장사현(長沙縣) : 전라북도 고창군 무장(茂長)면의 고려시대 지명.
장산(章山) : 경상북도 경산(慶山)의 옛 지명.
장산국(萇山國) : 부산광역시 동래(東萊)의 옛 지명.
장산군(長山郡) : 경상북도 경산시의 고려시대 지명.
장새(獐塞) : 황해도 수안(遂安)의 옛 지명.
장성(長城) : 황해도 해주(海州)의 옛 지명.
장성군(長城郡) : 전라남도 장성군(고려 · 조선시대 현재와 동일)
장수군(長水郡) : 전라북도 장수군(고려 · 조선시대는 장수현)

장연군(長淵郡) : 황해도 장연(고려시대는 장연현, 조선시대는 장연부)
장연현(長延縣) : 충청북도 괴산군 연풍면의 고려시대 지명.
장제(長堤) : 경기도 부평(富平)의 옛 지명.
장주(長州) : 전라북도 장수(長水)의 옛 지명.
장주(長州) : 함경도 정평(定平)의 옛 지명.
장곡현(지금의 함남 정평군 사수리 일대의 고려시대 이름.
장주현(獐州郡) : 경기도 연천군의 고려시대 지명.
장지(長地) : 황해도 해주(海州)의 옛 지명.
장진군(長津郡) : 함경도 장진군(조선시대는 함경부)
장천성(長淺城) : 경기도 장단(長湍)의 옛 지명.
장포(獐浦) : 경기도 연천(漣川)의 옛 지명.
장풍(長豊) : 충청북도 괴산군 연풍(延豊)의 옛 지명.
장함(獐含) : 경상남도 의령(宜寧)의 옛 지명.
장항구(獐項口) : 경기도 안산(安山)의 옛 지명.
장흥군(長興郡) : 전라남도 장흥군(고려시대는 장흥부, 조선시대는 장흥현)
저족(猪足) : 강원도 인제(麟蹄)의 옛 지명.
적라(赤羅) : 경상북도 군위(軍威)의 옛 지명.
적산(赤山) : 충청북도 단양(丹陽)의 옛 지명.
적선(積善) : 경상북도 청송(靑松)의 옛 지명.
적성(積城) : 경기도 파주시 적성면(고려시대는 적성현, 조선시대는 적성군)
적성(赤城) : 경기도 양성(陽城)의 옛 지명.
적성(赤城) : 충청북도 단양(丹陽)의 옛 지명.
적성(赤城) : 전라북도 완주(完州), 전주(全州)의 옛 지명.
적천(赤川) : 전라북도 무주(茂朱)의 옛 지명.
적촌(赤村) : 경상남도 산청군 단성(丹城)의 옛 지명.
전계(全溪) : 충청남도 연기군 전의(全義)의 옛 지명.
전기(全岐) : 충청남도 연기군 전의(全義)의 옛 지명.
전성(氈城) : 함경도 온성(穩城)의 옛 지명.
전의(全義) : 충청남도 연기군 전의면(고려 · 조선시대는 전의현)
전절(全節) : 충청북도 청주(淸州)의 옛 지명.
전주시(全州市) : 전라북도 전주시(고려시대는 전주, 조선시대는 전주부)
절야화(切也火) : 경상북도 영천(永川)의 옛 지명.
정산(定山) : 충청남도 청양군 정산면(고려 · 조선시대는 정산현)
정선군(旌善郡) : 강원도 정선군(고려 · 조선시대 현재와 동일)
정양(定襄) : 평안도 곽산(郭山)의 옛 지명.
정원(定原) : 평안도 정주(定州)의 옛 지명.
정융(靜戎) : 평안도 순천(順川)의 옛 지명.
정의(旌義) : 제주도 남제주군 정의읍(조선시대는 정의군)
정주(靜州) : 전라남도 영광(靈光)군의 고려시대 지명.
정주(定州) : 함경도 정평(定平)군의 고려시대 지명.
정주(貞州) : 경기도 풍덕(豊德)의 고려시대 지명.
정주군(定州郡) : 평안도 정주군(조선시대는 정주부)
정주읍(井州邑) : 전라북도 정주(고려시대는 정읍현, 조선시대는 정읍군)
정천(井泉) : 함경도 덕원(德源)의 옛 지명.
정촌(井村) : 전라북도 정읍(井邑)의 옛 지명.
정평군(定平郡) : 함경도 정평(조선시대는 정평현)
정해현(貞海縣) : 충청남도 서산시 해미(海美)면의 고려시대 지명.

정현(貞峴) : 대전광역시 유성구의 옛 지명.

정화(淳化) : 전라남도 순창(淳昌)의 옛 지명.

제안(濟安) : 황해도 황주(黃州)의 옛 지명.

제양(齊陽) : 경기도 양천(陽川)의 옛 지명.

제주(濟州) : 제주도 제주시(조선시대는 제주목)

제주군(堤州郡) : 충청북도 제천(堤川)시의 고려시대 지명.

제차파의(齊次巴衣) : 경기도 양천(陽川)의 옛 지명.

제천군(堤川郡) : 충청북도 제천시(조선시대는 제천현)

조람현(助攬縣) : 경상북도 영덕군 달산면 일대(진안현의 삼국시대 지명)

조량지(鳥良支) : 경상북도 연일(延日)의 옛 지명.

조비천(助比川) : 충청북도 옥천(沃川)의 옛 지명.

조산(鳥山) : 충청남도 예산(禮山)의 옛 지명.

조아(鳥兒) : 전라남도 장흥(長興)의 옛 지명.

조양(朝陽) : 평안도 개천(价川)의 옛 지명.

조종(朝宗) : 경기도 가평(加平)의 옛 지명.

조출(鳥出) : 전라북도 임피(臨陂)의 옛 지명.

조의파의(祖衣巴衣) : 황해도 봉산(鳳山)의 옛 지명.

종성군(鍾城郡) : 함경도 종성군(고려 · 조선시대 현재와 동일)

주계현(朱溪縣) : 전라북도 무주(茂朱)군의 고려시대 지명.

죽산(竹山) : 경기도 안성시 죽산면(조선시대는 죽산현)

죽수부리(竹樹夫里) : 전라남도 화순군 능주(綾州)의 옛 지명.

죽주군(竹州郡) : 경기도 안성시 죽산(竹山)면의 고려시대 지명.

준수(浚水) : 경기도 가평(加平)의 옛 지명.

준천(浚川) : 경기도 가평(加平)의 옛 지명.

중반(重盤) : 황해도 재령(載寧)의 옛 지명.

중원경(中原京) : 충청북도 충주(忠州)의 옛 지명.

중화군(中和郡) : 평안도 중화군(고려 · 조선시대 현재와 동일)

중화양곡(中火梁谷) : 부산광역시 기장(機張)의 옛 지명.

증산(甑山) : 평안도 증산(조선시대는 증산군)

지답(只沓) : 경상북도 포항시 장기(長鬐)의 옛 지명.

지도(知道) : 경상북도 안동 예안(禮安)의 옛 지명.

지도(智島) : 전라남도 무안(務安)의 옛 지명.

지량초(只良肖) : 전라북도 익산시 여산(礪山)의 옛 지명.

지례(知禮) : 경상북도 김천시 지례면(고려 · 조선시대는 지례현)

지벌아(只伐阿) : 전라북도 완주 고산(高山)의 옛 지명.

지성(池城) : 황해도 해주(海州)의 옛 지명.

지육현(地育縣) : 충청남도 서산시 지곡면 일대(지곡현의 통일신라시대 지명)

지제(砥堤) : 경기도 지평(砥平)의 옛 지명.

지평(砥平) : 경기도 양주군 지제면 지평리(고려 · 조선시대는 지평현)

지품천(知品川) : 경상남도 산청(山淸)의 옛 지명.

지품천(知品川) : 경상북도 김천시 지례(知禮)의 옛 지명.

지현(砥峴砥縣) : 경기도 지평(砥平)의 옛 지명.

직산(稷山) : 충청북도 천안시 직산면(고려 · 조선시대는 직산현)

진내군(進乃郡) : 충청남도 금산군의 백제시대 지명.

진도(珍島) : 전라남도 영암(靈巖)의 옛 지명.

진도군(珍島郡) : 전라남도 진도군(고려시대는 진도현, 조선시대는 현재와 동일)

진동현(珍同縣) : 충청남도 금산군 진산(珍山)의 옛 지명.

진령(鎭嶺) : 대전광역시 유성구의 옛 지명.

진례현(進禮縣) : 전라북도 김제시 금산면의 고려시대 지명.(현 충청남도 금산)

진보(眞寶) : 경상북도 청송군 진보면(조선시대는 진보현)

진산(珍山) : 충청남도 금산군 진산(珍山)의 옛 지명.

진산(晉山) : 경상남도 진주(晉州)의 옛 지명.

진서(鎭西) : 황해도 황주 곡산(谷山)의 옛 지명.

진성(珍城) : 경상남도 단성(丹城)의 옛 지명.

진악(珍惡) : 충청남도 부여군 석성(石城)의 옛 지명.

진안(眞安) : 경상북도 청송군 진보(眞寶)의 옛 지명.

진안군(鎭安郡) : 전라북도 진안군(고려 · 조선시대는 진안현)

진양군(晉陽郡) : 경상남도 진주(晉州)의 옛 지명.

진위(振威) : 경기도 평택시 진위면(고려시대는 진위현, 조선시대는 진위군)

진잠(鎭岑) : 대전광역시 대덕구(고려 · 조선시대는 진잠현)

진주(鎭州) : 충청북도 진천(鎭川)군의 고려시대 지명.

진주시(晉州市) : 경상남도 진주시(조선시대는 진주군)

진천군(鎭川郡) : 충청북도 진천군(조선시대는 현재와 동일)

진해(鎭海) : 경상남도 진해시(고려 · 조선시대는 진해현)

진현(眞峴) : 대전광역시 유성구(진잠鎭岑)의 옛 지명.

차성(車城) : 부산광역시 기장(機張)의 옛 지명.

창녕군(昌寧郡) : 경상남도 창녕시(고려 · 조선시대는 창녕현)

창래(昌羅) : 충청북도 황간(黃澗)의 옛 지명.

창산(昌山) : 경상남도 창녕(昌寧)의 옛 지명.

창성군(昌城郡) : 평안도 창성군(조선시대는 현재와 동일)

창원군(昌原郡) : 경상남도 창원시(조선시대는 창원군)

창의(彰義) : 충청북도 진천(鎭川)의 옛 지명.

창주(昌州) : 평안도 창성(昌城)군의 고려시대 지명.

창평(昌平) : 전라남도 목포시 창평동(고려 · 조선시대는 창평현)

창화(昌化) : 경기도 양주(楊州)의 옛 지명.

척주(陟州) : 강원도 삼척의 옛 지명.

천녕(川寧) : 경기도 여주(驪州)의 옛 지명.

천령(天嶺) : 경상남도 함양(咸陽)의 옛 지명.

천성(淺城) : 함경도 안변(安邊)의 옛 지명.

천안시(天安市) : 충청남도 천안시(고려시대는 천안부, 조선시대는 천안군)

천원군(天原郡) : 충청남도 천안시의 옛 지명.

천정(泉井) : 함경도 덕원(德源)의 옛 지명.

천정구(泉井口) : 경기도 교하(交河)의 옛 지명.

철산군(鐵山郡) : 평안도 철산군(조선시대는 철산부)

철성(鐵城) : 강원도 철원(鐵原)의 옛 지명.

철야(鐵冶) : 전라남도 나주시 남평의 옛 지명.

철옹(鐵瓮) : 평안도 맹산(孟山)의 옛 지명.

철원군(鐵原郡) : 강원도 철원군(조선시대는 철원부)

철주(鐵州) : 평안도 철산군의 고려시대 지명.
철주(鐵州) : 평안도 철산(鐵山)의 옛 지명.
철화(鐵和) : 황해도 황주(黃州)의 옛 지명.
청거현(淸渠縣) : 전라북도 진안군 용담(龍潭)면의 고려시대 지명.
청기(靑己) : 경상북도 청송(靑松)의 옛 지명.
청당(靑塘) : 충청북도 괴산군 청안(淸安)의 옛 지명.
청도군(淸道郡) : 경상남도 밀양시 청도면(고려 · 조선시대는 청도군)
청무(靑武) : 충청남도 청양(靑陽)의 옛 지명.
청부현(淸鳧縣) : 경상북도 청송(靑松)군의 고려시대 지명.
청산(靑山) : 충청북도 옥천군 청산면(고려 · 조선시대는 청산현)
청산(靑山) : 평안도 영변(寧邊)의 옛 지명.
청새(淸塞) : 평안도 희천(熙川)의 옛 지명.
청색진(淸塞鎭) : 평안도 희천군의 고려시대 지명.
청송군(靑松郡) : 경상북도 청송군(조선시대는 현재와 동일)
청송현(靑松縣) : 황해도 송화(松禾)군의 고려시대 지명.
청안(淸安) : 충청남도 청안(淸安)의 옛 지명.
청양군(靑陽郡) : 충청남도 청양군(고려시대는 청양현, 조선시대는 현재와 동일)
청연(淸淵) : 충청남도 청안(淸安)의 옛 지명.
청웅(靑雄) : 전라북도 완주(完州) · 전주(全州)의 옛 지명.
청원(淸原) : 충청북도 청주(淸州)의 옛 지명.
청원군(淸原郡) : 충청북도 청원군.
청정(靑正) : 충청남도 청양(靑陽)의 옛 지명.
청주(靑州) : 충청북도 청주(淸州)의 옛 지명.
청주(靑州) : 경상북도 김천시 개령(開寧)의 옛 지명.
청주(靑州) : 함경남도 북청(北靑)의 옛 지명.
청주군(淸州郡) : 충청북도 청원군의 고려 · 조선시대 지명.
청풍(淸風) : 충청북도 제천시 청풍면(고려 · 조선시대는 청풍군)
청하(淸河) : 경상북도 포항시 북구 청하면(고려시대는 청하현, 조선시대는 청하군)
청화(淸化)(淸和) : 경기도 포천(抱川)의 옛 지명.
초계(草溪)(草谿) : 경상남도 합천군 초계면(고려시대는 초계현, 조선시대는 초계군)
초산군(楚山郡) : 평안도 초산군(조선시대는 현재와 동일)
초팔혜(草八兮) : 경상남도 합천군 초계(草溪)의 옛 지명.
추계(秋溪) : 경기도 양지(陽智)의 옛 지명.
추량화(推良火) : 경상북도 현풍(玄風)의 옛 지명.
추삼화(推三火) : 경상북도 현풍(玄風)의 옛 지명.
추성(秋城)(秋成) : 전라남도 담양(潭陽)의 옛 지명.
추자혜(秋子兮) : 전라남도 담양(潭陽)의 옛 지명.
추화(推火) : 경상남도 밀양(密陽)의 옛 지명.
축산(竺山) : 경상북도 예천군 용궁(龍宮)의 옛 지명.
춘성군(春城郡) : 강원도 춘천시.
춘주(春州) : 강원도 춘천(春川)시의 고려시대 지명.
춘천부(春川府) : 강원도 춘천시의 조선시대 지명.
춘천시(春川市) : 강원도 춘천시(조선시대는 춘천부)
충원(忠原) : 충청북도 충주(忠州)의 옛 지명.
충원군(忠元郡) : 충청북도 충주시(고려시대는 현재와 동일, 조선시대는 충주군)
취산(鷲山) : 전라북도 군산시 임피(臨陂)의 옛 지명.
취성(鷲城) : 경상남도 창녕군 영산(靈山)의 옛 지명.

취성(取城) : 황해도 황주(黃州)의 옛 지명.
치성(雉城) : 함경도 경성(鏡城)의 옛 지명.
치악산(雉岳山) : 황해도 배천(白川)의 옛 지명.
칠곡군(柒谷郡) : 경상북도 칠곡군(조선시대는 현재와 동일)
칠성(七城) : 전라북도 익산시 용안(龍安)의 옛 지명.
칠원(漆原) : 경상남도 함안군 칠원면(고려 · 조선시대는 칠원현)
칠제(漆隄) : 경상남도 함안군 칠원(漆原)의 옛 지명.
칠중(七重) : 경기도 적성(積城)의 옛 지명.
칠중성(七重城) : 경기도 적성(積城)의 옛 지명.
칠토(漆吐) : 경상남도 함안군 칠원(漆原)의 옛 지명.
칠파화(漆巴火) : 경상북도 청송군 진보(眞寶)의 옛 지명.
침명(浸溟) : 전라남도 해남(海南)의 옛 지명.
침산(琛山) : 충청북도 옥천군 청산(靑山)의 옛 지명.

타아(陀阿) : 경상북도 상주의 옛 지명.
탁장성(託長城) : 충청북도 충주(忠州)의 옛 지명.
탄은별(灘隱別) : 경기도 적성(積城)의 옛 지명.
탐라현(耽羅縣) : 제주도 제주(濟州)시의 고려시대 지명.
탐진현(耽津縣) : 전라남도 강진(康津)군의 고려시대 지명.
탕정(湯井) : 충청남도 온양(溫陽)의 옛 지명.
태산(太山)(泰山) : 전라북도 정읍시 태인(泰仁)의 옛 지명.
태산군(泰山郡) : 전라북도 정읍시 태인면의 고려시대 지명.
태안(泰安) : 충청남도 태안군(조선시대는 현재와 동일)
태안주(太安州) : 평안도 자산군(慈山)의 고려시대 지명.
태원(太原) : 충청북도 충주(忠州)의 옛 지명.
태인(泰仁) : 전라북도 정읍시 태인면(조선시대는 태인현)
태주(泰州) : 평안도 태천(泰川)의 옛 지명.
토산(兎山) : 황해도 토산(고려 · 조선시대는 토산현)
토산현(土山縣) : 평양도 상원군의 통일신라 · 고려시대 지명.
토성(土城) : 전라북도 익산시 용안(龍安)의 옛 지명.
통덕진(通德鎭) : 평안도 숙천(肅川)의 고려시대 지명.
통영군(統營郡) : 경상남도 통영시(조선시대는 거제군)
통의(通義) : 전라남도 나주의 옛 지명.
통주(通州) : 강원도 통천(通川)의 옛 지명.
통주(通州) : 평안북도 선천군(宣川郡)의 고려시대 지명.
통진(通津) : 경기도 김포시 통진면(고려 · 조선시대는 통진현)
통천군(通川郡) : 강원도 통천군(조선시대는 통천현)
통해(通海) : 평안도 영유(永柔)의 옛 지명.
퇴화(退火) : 경상북도 포항시 흥해(興海)의 옛 지명.
투명(投溟) : 전라남도 해남(海南)의 옛 지명.

ㅍ

파릉(巴陵) : 경기도 양천(陽川)의 옛 지명.

파징(波澄) : 경상북도 선산(善山)의 옛 지명.

파평(坡平) : 경기도 파주시(고려시대는 파평현, 조선시대는 파주)

파해평사(坡害平史) : 경기도 파주(坡州)의 옛 지명.

팔거(八莒) : 경상북도 칠곡(漆谷)의 옛 지명.

팔거리(八居里) : 경상북도 칠곡(漆谷)의 옛 지명.

팔거현(八莒縣) : 경상북도 칠곡군의 고려시대 지명.

팔계(八溪)(八谿) : 경상남도 합천군 초계(草溪)의 옛 지명.

팔리(八里) : 경상북도 칠곡(漆谷)의 옛 지명.

팽원(彭原) : 평안도 안주(安州)의 옛 지명.

평강군(平康郡) : 강원도 평강군(고려ㆍ조선시대는 평강현)

평교(平郊) : 평안도 순안(順安)의 옛 지명.

평로(平虜) : 평안도 영유(永柔) 의 옛 지명.

평산군(平山郡) : 황해도 평산군(조선시대는 평해부)

평양부(平壤府) : 평안도 대동군의 조선시대 지명.

평양서촌(平壤西村) : 평안도 강서 및 순안(順安)의 옛 지명.

평양시(平壤市) : 평안도 평양시(고려ㆍ조선시대는 평양부)

평원(平原) : 강원도 원주(原州)의 삼국시대 지명.

평원(平原) : 평안남도 숙천(肅川)의 옛 지명.

평주(平州) : 황해도 평산(平山)군의 고려시대 지명.

평창군(平昌郡) : 강원도 평창군(고려ㆍ조선시대 현재와 동일)

평택군(平澤郡) : 경기도 평택시(고려ㆍ조선시대는 평택현)

평해(平海) : 강원도 평해(고려ㆍ조선시대는 평해군)

평회압(平淮押) : 경기도 통진(通津)의 옛 지명.

포산(苞山) : 경상북도 현풍(玄風)의 옛 지명.

포주(抱州) : 경기도 포천(抱川)의 옛 지명.

포천군(抱川郡) : 경기도 포천군(고려시대는 현재와 동일, 조선시대는 포천현)

포항(浦項) : 경상북도 포항시(조선시대는 연일(延日)군)

폭지(瀑池) : 황해도 해주(海州)의 옛 지명.

풍기(豊基) : 경상북도 영주시 풍기읍(조선시대는 풍기군)

풍덕(豊德) : 경기도 풍덕(조선시대는 풍덕부)

풍산군(豊山郡) : 함경도 풍산군(조선시대는 현재와 동일)

풍세(豊歲) : 충청남도 천안(天安)의 옛 지명.

풍암(豊岩) : 강원도 고성(高城)의 옛 지명.

풍주(豊州) : 황해도 풍천(豊川)의 옛 지명.

피산(陂山) : 전라북도 군산시 임피(臨陂)의 옛 지명.

ㅎ

하곡(河曲) : 울산광역시의 옛 지명.

하남(河南) : 경상남도 하동(河東)의 옛 지명.

하동군(河東郡) : 경상남도 하동군(고려ㆍ조선시대 현재와 동일)

하서(河西) : 울산광역시의 옛 지명.

하서량(阿西良) : 강원도 강릉의 옛 지명.

하양(河陽) : 경상북도 경산시 하양읍(조선시대는 하양현)

하인(河人) : 경기도 평택(平澤)의 옛 지명.

하주(河州) : 경상북도 하양(河陽)의 옛 지명.

하팔(河八) : 경기도 평택(平澤)의 옛 지명.

학림(鶴林) : 강원도 흡곡(歙谷)의 옛 지명.

한다사(韓多沙) : 경상남도 하동(河東)의 옛 지명.

한산(韓山) : 충청남도 서천군 한산면(고려시대는 한산현, 조선시대는 한산군)

한산(漢山) : 경기도 광주(廣州)의 옛 지명.

한산(翰山) : 충청남도 부여군 홍산(鴻山)의 옛 지명.

한산군(韓山郡) : 충청남도 서천군 일대의 옛 지명.

한성(漢城) : 조선시대 한양의 다른 이름(서울의 옛 지명)

한성(漢城) : 황해도 재령(載寧)의 삼국시대 지명.

한성부(漢城府) : 서울시의 조선시대 지명.

한양(漢陽) : 지금 서울의 옛 지명.

한주(漢州) : 경기도 광주(廣州)의 옛 지명.

한천(韓川) : 충청남도 서천군 한산(韓山)의 옛 지명.

한홀(漢忽) : 황해도 재령(載寧)의 옛 지명.

함녕(咸寧) : 경상북도 함창(咸昌)의 옛 지명.

함라(咸羅) : 전라북도 익산시 함열(咸悅)의 옛 지명.

함성(含城) : 경상남도 함양(咸陽)의 옛 지명.

함안군(咸安郡) : 경상남도 함안군(고려ㆍ조선시대 현재와 동일)

함양(含陽) : 경상남도 함양(咸陽)의 옛 지명.

함양군(咸陽郡) : 경상남도 함양군(조선시대는 현재와 동일)

함양현(含陽縣) : 경상남도 함양군의 고려시대 지명.

함열(咸悅) : 전라북도 익산시 함열읍(고려ㆍ조선시대는 함열현)

함종(咸從) : 평안도 함종면(고려ㆍ조선시대는 함종현)

함주(咸州) : 경상남도 함안군(咸安郡)의 고려시대 지명.

함주(咸州) : 함경남도 함흥(咸興)의 조선시대 지명.

함주군(咸州郡) : 함경도 함주군(고려시대는 함주, 조선시대는 현재와 동일)

함창(咸昌) : 경상북도 상주시 함창읍(고려ㆍ조선시대는 함창군)

함평군(咸平郡) : 전라남도 함평군(조선시대는 함평현)

함풍현(咸豊縣) : 전라남도 함평(咸平)군의 고려시대 지명.

함흥시(咸興市) : 황해도 함흥시

합주(陜州) : 경상남도 합천(陜川)시의 고려시대 지명.

합천군(陜川郡) : 경상남도 합천시(조선시대는 합천군)

합포(合浦) : 경상남도 창원(昌原)의 옛 지명.

합포(合浦) : 평안북도 창성(昌城)의 옛 지명.

항양(恒陽) : 경기도 양근(楊根)의 옛 지명.

항주(降州) : 충청북도 진천(鎭川)의 옛 지명.

해고(海臯) : 황해도 연안(延安)의 옛 지명.

해구(海口) : 경기도 강화의 옛 지명.

해남군(海南郡) : 전라남도 해남군(고려시대는 해남현, 조선시대는 현재와 동일)

해미(海美) : 충청남도 서산시 해미면(조선시대는 해미현)

해빈(海濱) : 전라남도 화순(和順)의 옛 지명.

해아(海阿) : 경상북도 포항시 청하(淸河)의 옛 지명.

해안(海安) : 황해도 장연(長淵)의 옛 지명.

해양(海陽) : 경상남도 남해(南海)의 옛 지명.

해양(海洋) : 함경도 길주(吉州)의 옛 지명.

해양현(海陽縣) : 전라남도 광주시의 고려시대 지명.

해읍(海邑) : 전라남도 여수(麗水)의 옛 지명.

해종(海宗) : 충청남도 당진군 면천(沔川)의 옛 지명.

해주군(海州郡) : 황해도 해주군(고려시대는 해주, 조선시대는 해주군. 해주현)

해진(海珍) : 전라남도 해남(海南)의 옛 지명.

해평(海平) : 경상북도 선산(善山)의 옛 지명.

해풍(海豊) : 충청남도 홍성군의 옛 지명.

해흥(海興) : 충청남도 홍성군의 옛 지명.

행주(幸州) : 경기도 고양(高陽)시 덕양구 행주동.

헌양(獻陽) : 울산광역시 언양(彦陽)의 옛 지명.

현웅(玄雄) : 전라남도 나주시 남평의 옛 지명.

현주(見州) : 경기도 양주(楊州)의 옛 지명.

현풍현(玄豊縣) : 대구광역시 달성군 현풍읍의 고려시대 지명.

현효(玄曉) : 경상북도 현풍(玄風)의 옛 지명.

혈구(穴口) : 경기도 강화의 옛 지명.

협계(峽溪) : 황해도 신계(新溪)의 옛 지명.

혜군(槥郡) : 충청남도 당진군 면천(沔川)의 옛 지명.

혜성군(槥城郡) : 충청남도 당진군 면천(沔川)면의 고려시대 지명.

호산(壺山) : 전라북도 익산시 여산(礪山)의 옛 지명.

호산(呼山) : 평안도 삼화의 조선시대 지명.

홍산(鴻山) : 충청남도 부여군 홍산면(고려 · 조선시대는 홍산현)

홍성(洪城) : 충청남도 홍성군.

홍양(洪陽) : 충청남도 홍성군의 옛 지명.

홍원군(洪原郡) : 함경도 홍원군(조선시대는 현재와 동일)

홍주군(洪州郡) : 충청남도 홍성군의 고려 · 조선시대 지명.

홍천군(洪川郡) : 강원도 홍천군(고려 · 조선시대는 홍천현)

홍헌현(洪獻縣) : 함경도 홍원군의 고려시대 지명.

화계(化溪) : 경상북도 경주(慶州)의 옛 지명.

화산(花山) : 경상북도 신녕(新寧)의 옛 지명.(지금의 경북 영천시 일대)

화산(花山) : 강원도 이천(伊川)의 옛 지명.

화순군(和順郡) : 전라남도 화순군(고려시대는 화순현, 조선시대는 현재와 동일)

화왕(火王) : 경상남도 창녕(昌寧)의 옛 지명.

화의(和義) : 평안도 의주(義州)의 옛 지명.

화주(和州) : 함경도 영흥(永興)군의 고려시대 지명.

화증(火甑) : 경상남도 양산(梁山)의 옛 지명.

화천(華川) : 강원도 낭천(狼川)의 옛 지명.

화천군(華川郡) : 강원도 화천군(조선시대는 화천현)

환주(驩州) : 충청남도 천안(天安)의 옛 지명.

활옥(滑屋) : 전라북도 옥구(沃溝)의 옛 지명.

황간(黃澗) : 충청북도 영동군 황간면(고려시대는 황간현, 조선시대는 황간군)

황계(黃溪) : 충청북도 황간(黃澗)의 옛 지명.

황등야산(黃等也山) : 충청남도 논산시 연산(連山)의 옛 지명.

황려현(黃驪縣) : 경기도 여주(驪州)군의 고려시대 지명.

황룡성(黃龍城) : 평안도 용강(龍岡)의 옛 지명.

황리현(黃利縣) : 경기도 여주(驪州)군의 고려시대 지명.

횡무(黃武) : 경기도 이천(利川)의 옛 지명.

횡무(黃武) : 강원도 이천(伊川)의 옛 지명.

황산(黃山) : 충청남도 논산시 연산(連山)의 옛 지명.

황성(荒城) : 충청북도 충주(忠州)의 옛 지명.

황양(黃壤) : 충청북도 진천(鎭川)의 옛 지명.

황주군(黃州郡) : 황해도 황주군(고려시대는 황주, 조선시대는 현재와 동일)

황천(潢川) : 강원도 횡성(橫城)의 옛 지명.

황청(黃靑) : 충청북도 황간(黃澗)의 옛 지명.

황효(黃驍) : 경기도 여주(驪州)의 옛 지명.

회강(回江) : 경상북도 포항시 흥해(興海)의 옛 지명.

회녕군(會寧郡) : 함경도 회녕군(조선시대는 회녕부)

회덕(懷德) : 대전광역시 회덕(고려 · 조선시대는 회덕현)

회양군(淮陽郡) : 강원도 회양군(조선시대는 회양부)

회인(懷仁) : 충청북도 보은군(고려 · 조선시대는 회인현)

횡성군(橫城郡) : 강원도 횡성군(고려 · 조선시대는 횡성현)

횡천(橫川) : 강원도 횡성(橫城)의 옛 지명.

후천(朽淺) : 충청남도 대덕군 회덕(懷德)의 옛 지명.

휴류성(鵂鶹城) : 황해도 봉산(鳳山)의 옛 지명.

휴암(鵂嵒) : 황해도 봉산(鳳山)의 옛 지명.

휴양(休壤) : 강원도 통천(通川)의 옛 지명.

흑양(黑壤) : 충청북도 진천(鎭川)의 옛 지명.

흔산(忻山) : 전라북도 군산시 임피(臨陂)의 옛 지명.

흡곡(歙谷) : 강원도 통천군 흡곡(고려 · 조선시대는 흡곡현)

흥덕(興德) : 전라북도 고창군 흥덕면(조선시대는 흥덕현)

흥성(興城) : 전라북도 고창군 흥덕(興德)의 옛 지명.

흥양(興陽) : 전라남도 고흥군 흥양읍(조선시대는 흥양현)

흥주(興州) : 경상북도 영주시 순흥(順興)면의 고려시대 지명.

흥해(興海) : 경상북도 포항시 북구 흥해읍(고려 · 조선시대는 흥해군)

희양(晞陽) : 전라남도 광양(光陽)의 옛 지명.

희제(狶蹄) : 강원도 인제(麟蹄)의 옛 지명.

희천군(熙川郡) : 평안도 희천군(조선시대는 현재와 동일)

우리나라 성씨姓氏의 유래

◎ 우리나라 성씨姓氏의 유래

현재 사용하고 있는 우리의 성姓은 한자로 쓰여지고 있어 한자문화와 그 시작을 함께 한 것으로 보이지만, 일치하지 않는 경우도 있다. 『삼국사기(三國史記)』나 『삼국유사(三國遺事)』에 고구려는 시조 주몽이 건국하여 나라 이름을 고구려라 하여 고씨高氏라 하였고, 고주몽은 신하인 재사再思에게 극씨克氏, 무골武骨에게 중실씨仲室氏, 묵거默居에게 소실씨小室氏라고 사성賜姓했다고 한다. 백제는 시조 온조가 부여계扶餘系에서 왔으므로 부여씨扶餘氏 또는 여씨餘氏라 하였다. 신라는 왕의 성으로 박혁거세의 박씨朴氏 · 석탈해의 석씨昔氏 · 김알지의 김씨金氏가 있으며 유리왕 때 육부六部에 성을 내려 양부梁部 알천 양산촌에 이씨李氏, 사량부沙梁部 돌산 고허촌에 최씨崔氏라 하였는데 삼국유사에는 정씨鄭氏라 하였다. 점량부漸梁部 무산 대수촌에는 손씨孫氏, 본피부本彼部 자산 진지촌에는 정씨鄭氏라 하였는데 삼국유사에는 최씨崔氏라고 하였다. 한지부漢祇部 금산 가리촌에는 배씨裵氏, 습비부 習比部 명활산 고양촌에는 설씨薛氏라고 사성賜姓했다고 되어 있다. 금관가야의 수로왕은 황금 알에서 나왔다고 하여 김씨金氏라고 전한다.

이는 전설이며 적어도 신라 진흥왕대(540~576)에 세운 창령 · 북한산 · 황초령 · 마운령 순수비와 진지왕 때(578)로 추정되는 무술오작비나 진평왕 때(579~632)의 경주 남산신성비에도 성은 보이지 않는다. 다만 이름 앞에 촌이름을 쓴 것은 발견되는데 한 예로 진흥왕 29년 건립된 마운령비에 '탁부啄部 거칠부지居柒夫智 이간伊干'이라 하고 있어 탁부는 양부로 알천 양산촌이고, 거칠부라는 이름 다음의 '지智'는 존칭이며 '이간伊干'은 경위京位로 중앙 관위官位이다. 이로보아 유리왕 때 6부에 사성賜姓을 하였다고 사서史書에 기록되었는데 탁부라면 이씨로 하였음직 한데 없는 것으로 보면 진평왕 이전의 일상생활에는 성을 사용하지 아니하고 다만 본격本格인 어디 누구라고 한 것으로 보인다.

중국의 한서漢書 이래의 기록에는 고구려후高句麗侯 추씨[주몽왕朱蒙王]가 기록되었고, 후한서後漢書 고구려전에 추씨 · 궁宮[태조왕太祖王] · 수성遂成[차대왕次大王] · 백고伯固[신대왕新大王]가 기록되어 있다. 진서에도 조쇠[고국원왕故國原王] · 안安[광개토왕廣開土王]이 기록되었는데 모두 성이 없다가 남북조南北朝의 송나라 때에 장수왕을 고련高璉으로 기록하고 사신使臣도 고익高翼 · 마루馬婁 · 손수孫漱로 기록하였다. 백제도 근초고왕 때부터 여씨餘氏 성을 위덕왕까지 쓰고 무왕 때부터 부여씨扶餘氏로 쓴 것이 당서唐書에 보인다. 신라는 북제서北齊書에 진흥왕을 김진흥金眞興으로 기록하였다.

이를 요약하면 중국 정사正史에서 고구려는 장수왕(419~491), 백제는 근초고왕(346~376), 신라는 진흥왕(540~576) 때에 성이 보이는 것은 참으로 기이하다. 시대적으로 차이도 나고 국내와 국외의 기록 차이도 고려해 볼 때 보편화되지는 않았던 것으로 보인다. 백제가 마한馬韓 50여 국을 통일하고 동진東晋에 사신을 파견한 것이 근초고왕 27년(372)이고, 신라도 내물왕 때부터 진한辰韓 12국을 통일하고 국력을 키워 진흥왕 때에 한강유역으로 진출하면서 564년 북제北齊에 사신을 보낸 것이 처음인데 이때 중국사서에 성을 기록한 것을 처음으로 보는 시각은 마땅치 않다. 더구나 고구려는 기원전에 한사군漢四

郡 위치로 중국과 접촉하고 전한前漢말기부터 후한後漢 · 위魏 · 진晋과 교통하였고, 소수림왕 2년(372)에 전진前秦에서 불교가 전래되고 대학大學이 설치되었다고 하니 장수왕 전에 상당한 문화발전이 이룩된 상태였고, 위서 고구려전에도 주몽의 전설과 성을 고씨라고 기록하였다. 대무신왕 때 좌보左輔 을두지乙豆支 · 우보右輔 송옥구松屋句, 태조왕 때 좌우보右輔 목도루穆度婁 · 고복장高福章, 신대왕 때 국상國相 명임답부明臨答夫, 산상왕 때 국상 을파소乙巴素, 동천왕 때 국상 고우루高優婁 · 명임어수,明臨於漱, 봉상왕 때 북부소형北部小兄 고노자高奴子는 모두 장수왕 이전의 인물이다. 우리가 한자성漢字姓을 발견한 것은 중국사서이고 사신왕래 때 사신의 성명을 통해서이다. 그러므로 고구려는 국서國書에 고씨高氏를 쓰고, 백제는 근초고왕 때 여씨餘氏로 쓰다가 무왕 때 부여씨扶餘氏로 썼고, 신라는 진흥왕 때부터 김씨金氏로 썼다. 성은 왕실에서 시작해서 귀족이나 관원官員이 사용하였다.

고구려는 고씨 이외에 을乙 · 예禮 · 송松 · 목穆 · 우于 · 주周 · 마馬 · 손孫 · 동董 · 예芮 · 연淵 · 명임明臨 · 을지乙支와 같은 성이 있고, 백제는 부여씨 이외에 사沙 · 연燕 · 해解 · 진眞 · 국國 · 목木 · 묘苗 · 왕王 · 장張 · 사마司馬 · 수미首彌 · 고미古彌 · 혹치黑齒가 있고, 신라는 박씨 · 석씨 · 김씨 이외에 이李 · 최崔 · 정鄭 · 손孫 · 배裵 · 설薛 · 장張 · 요姚가 있었을 뿐이다. 성을 쓴 사람은 중국에 사신으로 간 김인문金仁問 · 김정종金貞宗 · 박우朴祐 · 김지량金志良 · 김의충金義忠이 보이고, 당나라 유학생인 최치원崔致遠 · 최이정崔利貞 · 박계업朴季業 · 김숙정金叔貞이 있고, 청해진 대사大使인 장보고張保皐가 제해권制海權을 갖고 당나라와 일본에 무역을 하면서 국제 활동을 하면서 성을 쓴 것을 보면 신라말까지 성은 일반화되지 않았던 것으로 추측된다.

신라 말기에 각지에서 군웅群雄이 일어나 상주의 원종元宗 · 애노哀奴, 죽산의 기훤箕萱, 북원의 양길梁吉, 궁예의 부하 중에 홍언弘彦 · 명귀明貴, 견훤의 부하 중에 관흔官昕 · 상귀相貴 · 상달尚達 · 능환能奐, 왕건王建의 부하에 홍술弘述 · 백옥白玉 · 삼능산三能山 · 복사귀卜沙貴가 모두 이름뿐이다. 왕건이 고려를 개국한 후 홍술은 개국공신이 되어 부계缶溪 홍씨洪氏 시조가 되어 홍유洪儒라 하였고, 백옥은 경주慶州 배씨裵氏 시조가 되어 배현경裵玄慶이라 하였고, 삼능산은 평산平山 신씨申氏 시조가 되어 신숭겸申崇謙이라 하였고 복사귀는 면천沔川 복씨卜氏 시조가 되어 복지겸卜智謙이라 하였다.

왕건은 고려개국 후에 사성賜姓한 기록이 많다. 강릉의 순식順式이 귀순하자 자기의 성과 같은 왕씨王氏로 사성하고 발해의 태자太子가 귀순해 왔을 때도 왕씨 성을 하사하였다. 신라의 김행金幸이 공을 세우니 권씨權氏로 사성하고 이후 김행은 권행權幸이 되어 안동安東 권씨權氏의 시조가 되었다. 『동국여지승람東國輿地勝覽』에도 특이한 예가 보인다. 왕건이 고려개국 후 목천木川에서 반란이 수차 일어나자 이들에게 우牛 · 마馬 · 상象 · 돈豚 · 장獐으로 사성하였는데 이들은 뒤에 우于 · 상尙 · 돈頓 · 장張으로 고쳤다고 한다. 그러나 성씨를 모두 사용하지는 않았다. 고려 문종 9년(1055) 과거에 응시할 때 성씨를 쓰지 않으면 실격되어 법령으로 성씨 사용을 의무화 시킨 일이 있다. 이때 성씨에 관한 법령을 내린 것은 우리나라 성씨의 역사에 획기적인 일이다. 이때부터 성이 많이 보급된 것을 알 수 있지만 노비

奴婢나 천인賤人은 성이 없이 조선시대까지 내려온 것을 알 수 있다.

◎ 우리 성姓의 특성

우리의 성姓과 명名인 성명姓名은 한자로 표기되지만 그 구성과 개념은 중국과 다르다. 우리의 성명을 살펴보면 성에는 반드시 본관本貫을 내포한다. 같은 김씨라도 본관이 다르며, 본관은 가문家門을 구체적으로 나타내게 되고, 이름은 가문의 대수代數를 의미하는 항렬자行列字를 넣고 한 개인을 나타내는 이름 자字가 합해져서 성姓 + 항렬자行列字 + 개인자個人字 = 성명姓名이 되어 개인 구별과 한 가문과 대수까지 알 수 있어 세계에서 특이한 예로 꼽히고 있다.

성은 혈족의 칭호요 가계家系의 칭호이다. 그리고 이 성은 가정 또는 가족 상황이 변해도 변하지 않는다. 예로 혼인 관계로 호적戶籍이 변경되어도 성은 변하지 않는다. 호주戶主가 김씨인데 어머니는 홍씨이고 처妻는 윤씨이고 며느리는 임씨이다. 이러한 경우는 출가出嫁한 후에도 그 혈통과 가문은 그 부족父族 또는 부족夫族에 속하지 아니함을 알 수 있다. 이는 단순한 혈족이나 가문을 표시하는 이상의 가족제도나 사회제도의 그 조직의 기조상基調上 사상·문화·관습과 도덕의 근본이 있다고 보아야 될 것이다. 성은 사성賜姓일 경우 유공有功·유덕有德을 기리는 영전榮典이 될 수 있고, 명예롭게 행세할 수도 있으며 또한 왕조王朝에서는 대우를 받는 경우도 있고, 성 자체에 존비尊卑 계급성도 있던 시대가 있었다. 이처럼 우리의 성은 특수한 기원과 사용상의 특성을 갖고 있는 것이다.

◎ 귀화歸化 성씨의 고찰

우리 성씨 중에는 귀화 성시로 분류되는 성씨가 있다. 즉 우리를 단일민족이라고 하지만 이중에는 크게 나누어 중국계·몽고계·여진계·위글계·아랍계·베트남계·일본계로 분류할 수 있다. 이를 성씨별로 보면 다음과 같다.

■ 중국계中國系

강릉江陵 유씨劉氏·평해平海 황씨黃氏·연안延安 이씨李氏·함양咸陽 여씨呂氏·결성結城 장씨張氏·광주廣州 안씨安氏·안강安康 소씨邵氏·함양咸陽 오씨吳氏·진주晋州 강씨姜氏·거창居昌 장씨章氏·풍천豊川 임씨任氏·신안新安 송씨宋氏·달성達城 하씨夏氏·아산牙山 호씨胡氏·공촌公村 섭씨葉氏·해주海州 오씨吳氏·제주濟州 좌씨左氏·평양平壤 조씨趙氏·임천林川 조씨趙氏·백천白川 조씨趙氏·밀양密陽 당씨唐氏·태안泰安 가씨賈氏·소주蘇州 가씨賈氏·수안遂安 계씨桂氏·광주廣州 동씨董氏·성주星州 초씨楚氏·김해金海 해씨海氏·성주星州 시씨施氏·임구臨昫 풍씨馮氏·용강龍岡 팽씨彭氏·수원水原 백씨白氏·문경聞慶 전씨錢氏·청주淸州 갈씨葛氏·남양南陽 제갈씨諸葛氏·강화江華 만씨萬氏·나주羅州 정씨丁氏·용궁龍宮 곡씨曲氏·통천通川 태씨太氏·영산靈山 신씨辛氏·현풍玄風 곽씨郭氏·광주光州 노씨盧氏·교하交河 노씨盧氏·안강安康 노씨盧氏·장연長淵 노씨盧氏·연안延安 노씨盧氏·곡산谷山 노씨盧氏·평양平壤 노씨盧氏·풍천豊川 노씨盧氏·안동安東 노씨盧氏·회양淮陽 후씨后氏·휘주徽州 요씨姚氏·충주忠州 매씨梅氏·서산瑞山 정씨鄭氏·진주晋州 사씨謝氏·연안

延安 송씨宋氏·진천鎭川 송씨宋氏·은진恩津 송씨宋氏·여산礪山 송宋씨씨·서산瑞山 송씨宋氏·안산安山 여씨汝氏·합천陜川 마씨麻氏·풍덕豊德 포씨包氏·창원昌原 공씨孔氏·상주尙州 주씨周氏·양주楊州 낭씨浪氏·복산福山 연씨連氏·태원太原 이씨伊氏·함열咸悅 남궁씨南宮氏·고성固城 이씨李氏·요동遼東 묵씨墨氏·대구大邱 빈씨彬氏·거창居昌 신씨愼氏·아산牙山 장씨蔣氏·한산韓山 정씨程氏·충주忠州 지씨池氏·흥덕興德 진씨陳氏·수령遂寧 위씨魏氏·면천沔川 복씨卜氏·원주原州 변씨邊氏·온양溫陽 방씨方氏·상주尙州 방씨方氏·영양英陽 남씨南氏·진주晋州 소씨蘇氏·보성寶城 선씨宣氏·청주淸州 양씨楊氏·제주濟州 원씨原氏·곡산谷山 연씨延氏·안음安陰 서문씨西門氏가 중국계로 분류된다.

■ 몽고계蒙古系

연안延安 인씨印氏·창원昌原 황씨黃氏·연안延安 나씨羅氏가 있다.

■ 여진계女眞系

청해靑海 이씨李氏·길주吉州 이씨李氏·갑산甲山 이씨李氏·부령富寧 이씨李氏가 있다.

■ 위글계[회골계回鶻系]

경주慶州 설씨偰氏가 있다.

■ 아랍계[회회계回回系]

덕수德水 장씨張氏가 있다.

■ 베트남계[월남계越南系]

화산花山 이씨李氏가 있다.

■ 일본계日本系

우록友鹿 김씨金氏가 있는데 이는 사성賜姓 김해金海 김씨金氏이다. 괴산槐山 점씨占氏도 일본계이다.

이상의 귀화족은 문헌상으로는 삼국시대 초부터 수나라와 당나라 사람이 있고, 송나라계는 고려 때 귀화하였다. 또한 여진·거란·안남安南·몽고·위글·아랍계도 고려시대에 귀화하였고, 조선시대에는 명나라·일본에서 주로 귀화하였다. 귀화동기는 대체로 정치적 망명을 비롯하여 표류·종교·투항·상사商事·전란·피란·범법도피·결혼·기타 등이었다. 특기할 것은 이 귀화족은 대체로 조정으로부터 환대를 받고 정착하였다는 사실이다. 이들 기록은 삼국사기三國史記·고려사高麗史·고려사절요高麗史節要·조선왕조실록朝鮮王朝實錄·증보문헌비고增補文獻備考·조선씨족통보朝鮮氏族譜·동국명신록東國名臣錄·전고대방典故大方·동국여지승람東國輿地勝覽·세종실록지리지世宗實錄地理志와 각 성시의 세보世譜인 문헌에 의한 것이다.

관향(貫鄕) 별 현(現) 행정구역(行政區域) 및 성씨일람(姓氏一覽)

우리나라 성씨(姓氏)에는 각 성(姓)마다 본관이 붙는다. 아래 표는 본관(本貫) 별 성씨를 구분해 정리한 것이다.
《본관本貫=관향貫鄕=본본》

관향	현 지명(現 地名)	성씨(姓氏)
가리(加利)	경북 성주군	이(李)
가산(嘉山)	평북 박천군 가산면	이(李) 장(張) (가산=가주)
가은(加恩)	경북 문경시 가은읍	변(邊)
가평(加平)	경기도 가평군	간(簡) 이(李)
가흥(嘉興)	전남 진도군	조(曺)
간성(杆城)	강원도 고성군 간성면	최(崔)
감천(甘泉)	경북 예천군 감천면	전(全) 문(文)
강동(江東)	평남 성천군 문헌면	김(金) 이(李)
강령(康翎)	인천광역시 옹진군 백령면	강(康)
강릉(江陵)	강원도 강릉시	김(金) 최(崔) 유(劉) 박(朴) 왕(王) 함(咸) 어(魚)
강서(江西)	황해도 금천	김(金) 조(趙)
강양(江陽)	경남 합천군	이(李)
강음(江陰)	황해도 금천	송(宋) 단(段)
강주(剛州)	경북 영주시	우(禹)
강진(康津)	전남 강진군	김(金) 안(安) 유(兪) 장(張) 조(趙)
강화(江華)	인천광역시 강화군	김(金) 노(魯) 최(崔) 하(河) 황(黃) 위(韋) 골(骨) 박(朴) 만(萬)
개령(開寧)	경북 김천시 개령면	김(金) 문(文) 홍(洪) 임(林) 심(尋)
개성(開城)	경기도 개성시	왕(王) 최(崔) 홍(洪) 김(金) 설(卨) 혁(革) 노(路) 이(李) 방(龐) 자(自) 내(乃)
거제(巨濟)	경남 거제시	심(潘)
거창(居昌)	경남 거창군	이(李) 유(劉) 신(愼) 장(章) 사(史)
견주(見州)	경기도 남양주시	김(金)
결성(結城)	충남 홍성군 결성면	장(張)
경산(京山)	경북 성주군	김(金) 이(李) 박(朴) 배(裵)
경주(傾注)	경북 경주시	김(金) 이(李) 박(朴) 최(最) 정(鄭) 배(裵) 노(盧) 손(孫) 윤(尹) 홍(洪) 설(薛) 전(全) 설(偰) 온(溫) 풍(馮) 빙(冰)
계림(鷄林)	경북 경주시	최(崔)
계양(桂陽)	경기도 김포시	금(琴)
고령(高靈)	경북 고령군	김(金) 이(李) 박(朴) 신(申) 신(辛) 유(兪)
고봉(高峰)	경기도 고양시	고(高)
고부(古阜)	전북 정읍시 고부면	최(崔) 이(李)
고성(高城)	강원도 고성군	박(朴)
고성(固城)	경남 고성군	김(金) 이(李) 박(朴) 정(鄭) 남(南) 도(道)
고주(高州)	함남 고원	장(張)

관향	현 지명(現 地名)	성씨(姓氏)
고죽(孤竹)	황해도 해주	최(崔)
고창(高敞)	전북 고창군 고창면	오(吳) 윤(尹)
고흥(高興)	전남 고흥군	류(柳)
곡부(谷阜)	중국 산동성	공(孔)
곡산(谷山)	황해도 곡산	신(申) 임(任) 빙(冰)
곤양(昆陽)	경남 사천시 곤양면	배(裵) 정(鄭)
공산(公山)	충남 공주시	안(安)
공촌(公村)	경기도 수원시	엽(葉)
과천(果川)	경기도 과천시 과천동	임(任)
관성(管城)	충북 옥천군	육(陸) 황(黃)
광동(廣東)	중국 광동성	진(陳)
광령(光寧)	중국 양주성	묵(墨)
광릉(廣陵)	중국 광릉	석(石) 독고(獨孤)
광산(光山)	광주광역시	김(金) 탁(卓)
광양(廣陽)	전남 광양시	김(金) 이(李) 최(崔)
광주(廣州)	경기도 광주시	김(金) 용(龍) 이(李) 방(邦) 석(石) 안(安) 정(鄭) 최(崔)
광주(光州)	광주광역시	강(姜) 노(盧) 이(李) 번(藩) 선(宣) 승(承) 정(鄭) 채(蔡) 탁(卓)
광천(廣川)	중국 광천	동(董) 모(毛)
광평(廣平)	경북 성주군	이(李)
괴산(槐山)	충북 괴산군	방(邦) 점(占) 종(宗) 최(崔)
괴주(槐州)	충북 괴산군	지(智)
교동(喬桐)	인천광역시 강화군 교동면	인(印) 뢰(雷) 합(合)
교하(交河)	경기도 파주시 교하면	김(金) 노(盧)
구례(求禮)	전남 구례군	손(孫) 장(張)
구산(龜山)	경북 군위군	박(朴)
구진(丘珍)	전남 장성군	박(朴)
군위(軍威)	경북 군위군	나(羅) 박(朴) 방(方) 서(徐) 오(吳)
금구(金溝)	전북 김제시 금구면	이(李) 온(溫) 장(張)
금산(金山)	경북 김천시	김(金)
금산(錦山)	충남 금산군	김(金)
금성(錦城)	전남 나주시	나(羅) 범(范) 정(鄭)
금천(衿川)	경기도 시흥시	강(姜) 장(莊)
금천(金川)	황해도 금천군	박(朴)
기계(杞溪)	경북 영일군 기계면	이(李) 유(兪) 윤(尹)
기장(機張)	경남 양산군 기장면	이(李) 전(全)
길안(吉安)	경북 안동시 길안면	임(林)
김녕(金寧)	경남 김해시	김(金)
김제(金堤)	전북 김제시	김(金) 조(趙)

관향	현 지명(現 地名)	성씨(姓氏)
김포(金浦)	경기도 김포시	공(公) 이(李) 옹(翁) 장(葬) 정(鄭) 김(金)
김해(金海)	경남 김해시	김(金) 동(董) 배(裵) 송(宋) 장(張) 해(海) 허(許)
김화(金化)	강원도 김화군	고(高) 김(金)
나주(羅州)	전남 나주시	김(金) 나(奈) 나(羅) 양(梁) 이(李) 임(林) 방(邦) 손(孫) 송(宋) 오(吳) 전(全) 정(丁) 정(鄭) 주(朱) 진(陳) 최(崔) 호(扈)
낙안(樂安)	전남 순천시 낙안면	김(金) 이(李) 오(吳)
남양(南陽)	경기도 화성시 남양면	김(金) 방(房) 서(徐) 소(邵) 송(宋) 우(祐) 홍(洪) 제갈(諸葛)
남천(南川)	황해도 평산군 남천읍	박(朴)
남평(南平)	전남 나주시 남평면	문(文) 반(潘) 서(徐) 조(曺)
남포(藍浦)	충남 보령시 남포면	김(金) 백(白)
낭산(郎山)	전북 익산시 낭산면	오(吳)
낭야(瑯琊)	중국 낭야	정(鄭)
낭주(朗州)	전남 영암군	최(崔)
노성(魯城)	충남 논산시 노성면	박(朴)
노안(老安)	전남 나주시 노안면	김(金)
능성(綾城)	전남 화순군	구(具) 문(文) 조(曺) 주(朱)
능주(綾州)	전남 화순군 능주면	김(金)
이산(尼山)	충남 논산시	이(李) 박(朴) 안(安)
단성(丹城)	강원도 김화군	이(李) 독(獨) 문(文)
단양(丹陽)	충북 단양군	이(李) 우(禹) 장(張) 피(皮)
담양(潭陽)	전남 담양군	김(金) 전(田)
당성(唐城)	경기도 화성시 남양면	서(徐)
당악(唐岳)	평남 중화군	김(金)
당인(唐寅)	중국	후(后)
당진(唐津)	충남 당진군	박(朴)
대구(大丘)	대구광역시	갈(葛) 배(裵) 서(徐) 하(夏) 호(好) 김(金) 빈(彬)
대동(大同)	평남 대동군	류(柳) 배(裵)
대령(大寧)	황해도 해주	최(崔)
대산(大山)	경남 김해시 대산면	대(大)
대흥(大興)	충남 예산군 대흥면	자(自) 필(弼) 필(畢)
덕산(德山)	충남 예산군 덕산면	이(李) 송(宋) 윤(尹) 황(黃)
덕수(德水)	경기도 풍덕군	김(金) 이(李) 장(張)
덕원(德源)	경북 영덕군 영해면	박(朴)
덕은(德恩)	충남 논산시 은진면	이(李)
덕진(德津)	대전광역시	박(朴)
덕창(德昌)	평북 박천군	진(陳)
덕풍(德豊)	충남 예산군	윤(尹)
도강(道康)	전남 강진군	김(金) 이(李)
도안(道安)	충북 괴산군 도안면	이(李)

관향	현 지명(現 地名)	성씨(姓氏)
도천(道川)	경북 청도군	최(崔)
동래(東萊)	부산광역시	김(金) 정(鄭) 판(判)
동복(同福)	전남 화순군 동북면	강(姜) 선(宣) 오(吳) 화(和)
동성(童城)	경기도 김포시 통진면	노(盧)
동주(東州)	강원도 철원군	최(崔)
동주(洞州)	황해도 서흥	안(安)
동창(東昌)	중국	왕(王)
두릉(杜陵)	전북 김제시 만경면	두(杜)
두산(杜山)	전북 김제시 만경면	두(杜)
두원(荳原)	전남 고흥군 두원면	오(吳)
등주(登州)	함북 안변	동(董) 종(鐘) 최(崔)
만경(萬頃)	전북 김제시 만경면	노(盧) 종(宗)
면천(沔川)	충남 당진군 면천면	박(朴) 복(卜) 황(黃)
명곡(榆谷)	경북 성주군	은(殷)
목천(木川)	충남 천안시 목천읍	돈(頓) 마(馬) 상(尙) 상(象) 간(干) 우(牛) 우(禹) 장(張)
무령(武靈)	전남 영광군	정(丁)
무송(茂松)	전북 고창군	윤(尹) 유(分)
무안(務安)	전남 무안군	박(朴) 방(邦) 유(兪)
무장(茂長)	전북 고창군 무장면	김(金)
문경(聞慶)	경북 문경시	백(白) 송(宋) 전(錢)
문의(文義)	충북 청원군 문의면	박(朴)
문주(文州)	함남 문천군	박(朴)
문화(文化)	황해도 신천군 문화면	류(柳)
밀양(密陽)	경남 밀양시	김(金) 당(唐) 대(大) 박(朴) 변(卞) 손(孫) 이(異) 조(趙)
벽진(碧珍)	경북 성주군 벽진면	이(李)
보령(保寧)	충남 보령시	문(文) 정(鄭)
보성(保城)	전남 보성군	이(李)
보성(寶城)	전남 보성군	선(宣) 오(吳) 전(全)
보안(保安)	전북 부안군 보안면	임(林) 호(扈)
보은(報恩)	충북 보은군	김(金) 이(李)
보주(甫州)	경북 예천시	임(林)
복주(福州)	경북 안동시	진(陳)
복흥(福興)	전북 순창군 복흥면	서(徐) 송(宋)
봉산(鳳山)	전북 전주시	곽(郭) 이(李) 박(朴)
봉성(鳳城)	전북 전주시	장(張)
봉주(鳳州)	황해도 봉산	지(智)
봉화(奉化)	경북 봉화군	금(琴) 몽(蒙) 정(鄭)
부계(缶溪)	경북 군위군 부계면	예(芮) 홍(洪)

관 향	현 지명(現 地名)	성씨(姓氏)
부령(扶寧)	전북 부안군	김(金) 손(孫)
부령(富寧)	함북 부령군	동(童)
부안(扶安)	전북 부안군	김(金) 임(林) 장(張) 조(趙) 황(黃)
부여(扶餘)	충남 부여군	이(李) 서(徐) 전(全)
부유(富有)	전남 순천시	심(沈)
부윤(富潤)	전북 김제시	조(趙)
부평(富平)	인천광역시 북구	류(柳) 이(李)
부흥(復興)	황해도 배천	오(伍)
북청(北靑)	함남 북청군	로(路)
비안(比安)	경북 의성군 비안면	김(金) 나(羅) 박(朴)
비인(庇仁)	충남 서천군 비인면	임(林)
사천(泗川)	경남 사천시	김(金) 이(李) 목(睦) 박(朴)
삭녕(朔寧)	경기도 연천군	신(申) 최(崔)
삼가(三嘉)	경남 합천군 삼가면	삼(森) 오(吳)
삼계(森溪)	전남 영광군	주(周)
삼기(三岐)	경남 합천군	황(黃)
삼척(三陟)	강원도 동해시	김(金) 이(李) 박(朴) 심(沈) 진(秦)
삼화(三和)	평남 용강	박(朴)
상당(上黨)	충북 청주시	고(高)
상산(商山)	경북 상주시	김(金) 이(李) 박(朴)
상원(祥原)	평남 중화군 상원면	이(李) 최(崔)
상주(商州)	경북 상주시	김(金) 노(盧) 박(朴) 방(方) 엄(嚴) 주(周) 황(黃)
상질(尙質)	전북 고창군 흥덕면	장(張)
쌍부(雙阜)	경기도 수원시	송(宋)
서경(西京)	평남 평양군	정(鄭)
서림(西林)	충남 서천군	이(李)
서산(西山)	충남 부여군	진(眞)
서산(西山)	충남 서산시	송(宋) 류(柳) 정(鄭)
서원(西原)	충북 청주시	갈(葛)
서원(瑞原)	경기도 파주시	염(廉)
서천(舒川)	충남 서천군	이(李)
서촉(西蜀)	중국	명(明)
선산(善山)	경북 선산군	곽(郭) 김(金) 류(柳) 임(林) 문(文) 박(朴) 백(白)
선성(宣城)	경북 예안면	이(李)
선의(旋義)	제주도 제주시	종(鐘)
설성(雪城)	경기 이천 · 충북 음성	김(金) 동(董)
성산(星山)	경북 성주군	이(李) 전(全)
성주(星州)	경북 성주군	김(金) 도(都) 여(呂) 이(李) 배(裵) 시(施) 전(全) 초(楚) 현(玄)

관향	현 지명(現 地名)	성씨(姓氏)
성천(成川)	평남 성천군	김(金)
소주(蔬州)	중국 강소성	가(賈)
송화(松禾)	황해도 송화군	장(張)
수령(遂寧)	전남 장흥군	위(魏)
수성(壽城)	대구 광역시	나(羅) 빈(賓) 장(張) 조(曹)
수안(遂安)	황해도 수안	계(桂) 김(金) 이(李)
수원(水原)	경기도 수원시	공(貢) 김(金) 동(董) 이(李) 방(房) 백(白) 요(姚) 최(崔)
수주(樹州)	인천광역시 부평구	김(金) 최(崔)
순창(淳昌)	전북 순창군	봉(奉) 이(李) 임(林) 박(朴) 설(薛) 옹(邕) 조(趙)
순천(順天)	전남 순천시	김(金) 이(李) 박(朴) 장(張) 최(崔)
순흥(順興)	경북 영주시 순흥면	안(安)
신광(神光)	경북 경주시	진(陳)
신령(神寧)	경북 영천시 신령면	윤(尹)
신안(新安)	중국	주(朱)
신창(新昌)	충남 아산시 신창면	노(盧) 맹(孟) 방(方) 표(表)
신천(信川)	황해도 신천군	강(姜) 김(金) 이(李) 신(申)
신평(新平)	충남 당진군 신평면	이(李) 임(林) 송(宋)
신풍(新豊)	춘남 공주시 신풍면	최(崔)
아산(牙山)	충남 아산시	김(金) 이(李) 신(申) 장(葬) 조(趙) 최(崔) 호(胡) 홍(洪)
아선(牙善)	평남 함종	임(任)
아주(鵝州)	경남 거제시 아주동	신(申)
안강(安康)	경북 경주시 안강읍	김(金) 노(盧) 소(邵) 안(安)
안동(安東)	경북 안동시	강(姜) 고(高) 권(權) 김(金) 동(董) 노(盧) 이(李) 임(林) 문(文) 장(張) 전(全) 조(曹) 최(崔)
안로(安老)	전남 영암군	김(金)
안산(安山)	경기도 시흥시	김(金) 이(李) 임(林) 송(宋) 안(安)
안성(安城)	경기도 안성시	김(金) 이(李)
안악(安岳)	황해도 안악군	이(李) 양(楊)
안음(安陰)	경남 함양군 안의면	임(林) 하(河) 서문(西門)
안의(安義)	경남 함양군 안의면	임(林) 주(周)
안정(安定)	경북 의성군 비안면	김(金) 나(羅)
안주(安州)	평남 안주군	범(凡)
안협(安峽)	강원도 이천군	손(孫)
압해(押海)	전남 무안군	강(江) 박(朴) 정(丁) 주(朱) 홍(洪)
야로(冶爐)	경남 합천군	송(宋)
야성(野城)	경북 영덕군	김(金) 박(朴) 윤(尹) 정(鄭)
약목(若木)	경북 칠곡군 약목면	류(柳)
양근(楊根)	경기도 양평군 양근리	김(金) 용(龍) 함(咸)

관향	현 지명(現 地名)	성씨(姓氏)
양산(梁山)	경남 양산시	김(金) 이(李) 진(陳)
양성(陽城)	경기도 안성시	이(李)
양주(楊州)	경기도 양주시	김(金) 양(梁) 노(魯) 이(李) 소(召) 송(宋) 승(承) 윤(尹) 조(趙) 진(陳) 최(崔)
양주(楊州)	중국	낭(浪)
양천(陽川)	서울특별시 양천구	승(承) 윤(尹) 최(崔) 허(許)
언양(彦陽)	경남 울산시 언양면	김(金) 박(朴)
여미(余美)	충남 당진군	곽(郭)
여산(礪山)	전북 익산시 여산면	송(宋)
여수(麗水)	전남 여수시	박(朴)
여양(驪陽)	충남 홍성군	진(陳)
여주(驪州)	경기도 여주시	견(堅) 김(金) 이(李) 윤(尹)
여흥(驪興)	경기도 여주시	민(閔) 박(朴) 장(張) 조(趙)
연산(燕山)	충북 청원군	박(朴)
연산(連山)	충북 논산시 연산면	서(徐)
연안(延安)	황해도 배천군	고(高) 김(金) 단(單) 류(柳) 유(劉) 이(李) 은(殷) 이(李) 송(宋) 인(印) 전(田) 차(車)
연일(延日)	경북 영일군	노(盧) 승(承) 오(吳) 정(鄭)
연주(延州)	평북 영변	현(玄)
연풍(延豊)	충북 괴산군 연풍면	이(李) 애(艾) 이(伊) 최(崔)
염주(鹽州)	황해도 연백군	서(徐) 홍(洪)
영가(永嘉)	경북 안동시	장(張)
영광(靈光)	전남 영광군	김(金) 노(盧) 류(柳) 전(田) 정(丁)
영덕(盈德)	경북 영덕군	김(金) 이(李) 정(鄭)
영동(永同)	충북 영동군	김(金) 장(張)
영산(靈山)	경남 창녕군 영산면	김(金) 문(文) 신(辛) 안(安)
영순(永順)	경북 문경시 영순면	태(太)
영암(靈岩)	전남 영암군	김(金) 박(朴) 조(曺) 종(種) 최(崔)
영양(英陽)	경북 영양군	김(金) 남(南)
영양(潁陽)	중국	동(董) 천(千)
영원(寧遠)	평남 영원군	오(吳)
영월(寧越)	강원도 영월군	신(辛) 엄(嚴)
영정(永定)	경북 영주시 풍기읍	정(鄭)
영주(瀛州)	전북 정읍시	이(李)
영주(榮州)	경북 영주시	동(董) 민(閔) 애(艾) 우(禹)
영천(寧川)	전북 임실군	이(李)
영춘(永春)	충북 단양군 영춘면	진(秦)
영평(永平)	전남 나주시 남평면	마(麻)
영해(寧海)	경북 영덕군 영해읍	동(董) 이(李) 박(朴) 신(申)
영흥(永興)	함남 고원군	김(金) 이(李) 방(邦) 조(趙) 최(崔)

관 향	현 지명(現 地名)	성씨(姓氏)
예산(禮山)	충남 예산군	연(連) 장(張)
예안(禮安)	경북 안동시 예안면	김(金) 이(李) 우(禹)
예천(醴泉)	경북 예천시	권(權) 임(林) 방(邦) 윤(尹) 정(鄭) 흔(昕)
오천(烏川)	경북 영일군 오천읍	정(鄭)
옥구(沃溝)	전북 옥구읍	고(高) 임(林) 송(宋) 장(張)
옥야(沃野)	전북 익산시	임(林)
옥주(玉州)	전남 영광군	조(曹)
옥천(玉川)	전북 순창군	조(趙)
온양(溫陽)	충남 아산시	방(方) 방(龐) 정(鄭)
옹진(甕津)	인천광역시 옹진군	이(李) 정(鄭)
완산(完山)	전북 전주시	이(李) 전(全)
요동(遼東)	중국	묵(墨)
요양(遼陽)	중국 요령성	자(慈)
용강(龍岡)	평남 용강군	팽(彭)
용궁(龍宮)	경북 예천군 용궁면	곡(曲) 김(金) 이(李) 서(徐) 전(全) 최(崔)
용담(龍潭)	전북 진안군 용담면	고(高) 광(廣) 김(金)
용성(龍城)	경기도 수원시	김(金) 노(盧) 차(車)
용안(龍安)	전북 익산시	이(李)
용주(龍州)	평북 용천군	최(崔)
용천(龍川)	평북 용천군	이(李) 장(張)
우계(羽溪)	강원도 강릉시	이(李)
우봉(牛峰)	황해도 금천	김(金) 이(李) 박(朴) 최(崔)
우주(紆州)	전북 전주시	황(黃)
운남(雲南)	평남 덕천	강(康)
운봉(雲峰)	전북 남원시 운봉면	김(金) 박(朴)
울산(蔚山)	운산광역시	김(金) 이(李) 박(朴) 오(吳)
울진(蔚珍)	경북 울진군	임(林) 장(張)
웅천(熊川)	경남 창원시	김(金) 주(朱)
원주(原州)	강원도 원주시	김(金) 동(董) 동(童) 이(李) 변(邊) 원(元) 최(崔)
원천(原川)	강원도 원주시	이(李)
원평(原平)	경기도 파주시	야(夜)
월성(月城)	경북 경주시	김(金) 박(朴) 석(昔) 이(李)
유곡(楡谷)	경북 성주군	은(殷)
유주(儒州)	황해도 신천군 문화면	김(金)
육창(陸昌)	전남 영광군	류(柳)
은산(殷山)	경북 영주시	박(朴)
은진(恩津)	충남 논산시 은진면	임(林) 송(宋)
은풍(恩豊)	경북 영주시 풍기읍	박(朴) 신(申) 오(吳)
음성(陰城)	충북 음성군	박(朴) 채(蔡)

관향	현 지명(現 地名)	성씨(姓氏)
음죽(陰竹)	경기도 이천시	이(李)
의령(宜寧)	경남 의령군	고(高) 구(仇) 남(南) 동(董) 서(徐) 심(沈) 여(余) 옥(玉)
의성(義城)	경북 의성군	김(金) 송(宋) 오(吳) 정(丁) 홍(洪)
의안(義安)	경남 창원시	정(鄭)
의창(義昌)	경북 영일군 흥해읍	박(朴)
의흥(義興)	경북 군위군 의흥면	김(金) 박(朴) 예(芮)
이안(利安)	경남 함양군	임(林)
이천(利川)	경기도 이천시	서(徐) 선(宣) 신(申)
익산(益山)	전북 익산시	이(李) 임(林)
익흥(益興)	강원도 원주시	이(李)
인동(仁同)	경북 칠곡군 약목면	김(金) 류(柳) 유(劉) 유(兪) 장(張)
인산(仁山)	경북 경산시 자인면	조(曺)
인제(麟蹄)	강원도 인제군	박(朴)
일직(一直)	경북 안동시 일직면	손(孫)
임구(臨昫)	중국 산동성	풍(馮)
임실(任實)	전북 임실군	강(康)
임진(臨津)	경기도 장단군	김(金)
임천(林川)	충남 부여군 임천면	양(梁) 이(李) 조(趙) 백(白) 적(籍)
임피(臨陂)	전북 군산 임피면	이(李) 임(林) 진(陳)
임하(臨河)	경북 안동시 임하면	임(林)
자산(慈山)	평남 순천군 자산면	궁(宮)
장기(長鬐)	경북 영일군 장기면	오(吳) 정(鄭)
장단(長端)	경기도 장단군	풍(馮)
장사(長沙)	전북 고창군	유(兪)
장성(長城)	전남 장성군	김(金) 이(李) 서(徐) 전(全)
장수(長水)	전북 장수군	이(李) 황(黃)
장연(長淵)	황해도 장연군	김(金) 노(盧) 문(文) 변(邊)
장흥(長興)	전남 장흥군	고(高) 이(李) 임(林) 마(馬) 오(吳) 위(魏) 임(任) 정(鄭) 조(曺) 주(周)
재령(載寧)	황해도 재령군	강(康) 이(李)
적성(赤城)	전북 순창군	백(白)
적성(積城)	경기도 연천군	김(金)
전의(全義)	충남 연기군 전의면	이(李)
전주(全州)	전북 전주시	김(金) 도(都) 동(董) 연(連) 류(柳) 유(劉) 이(李) 마(馬) 변(邊) 선(宣) 심(沈) 애(艾) 오(吳) 장(長) 전(全) 정(鄭) 주(朱) 최(崔)
절강(浙江)	중국 절강성	장(張) 팽(彭) 편(片)
정산(定山)	충남 청양군 정산면	나(羅) 정(鄭)
정선(旌善)	강원도 정선군	이(李) 문(文) 박(朴) 전(全)
정주(貞州)	경기도 개풍군	김(金) 류(柳) 이(李) 박(朴) 정(鄭)

관향	현 지명(現 地名)	성씨(姓氏)
제남(濟南)	중국 산동성	왕(王)
제안(濟安)	황해도 황주군	황(黃)
제주(濟州)	제주도 제주시	고(高) 부(夫) 양(梁) 좌(左) 진(秦) 초(肖)
제천(堤川)	충북 제천시	김(金) 박(朴) 예(芮)
조양(兆陽)	전남 보성군	임(林)
조종(朝宗)	경기도 가평군	이(李) 신(申)
주천(酒泉)	강원도 원주시	안(安) 윤(尹) 조(趙)
죽산(竹山)	경기도 안성시	박(朴) 송(宋) 안(安) 윤(尹) 음(陰) 전(全)
죽주(竹州)	경기도 죽산면	최(崔)
중화(中和)	평남 중화군	김(金) 이(李) 양(楊)
지례(知禮)	경북 김천시 지례면	장(張)
지평(砥平)	경기도 양평군	이(李)
직산(稷山)	충남 천안시 직산읍	백(白) 조(趙) 최(崔)
진도(珍圖)	전남 진도군	김(金)
진보(眞寶)	경북 청송군 진보면	이(李) 조(趙)
진산(珍山)	충남 금산군 진산면	김(金) 최(崔)
진산(晋山)	경남 진주시	강(姜)
진안(鎭安)	전북 진안군 진안읍	이(李) 배(裵)
진양(晋陽)	경남 진주시	하(河)
진원(珍原)	전남 장성군	박(朴) 오(吳)
진위(振威)	경기도 평택시 진위면	김(金) 이(李)
진주(晋州)	경남 진주시	강(姜) 강(康) 김(金) 동(董) 류(柳) 이(李) 모(牟) 박(朴) 사(謝) 소(蘇) 임(任) 장(張) 정(鄭) 하(河) 형(邢)
진천(鎭川)	충북 진천군	김(金) 임(任) 송(宋) 장(張)
창녕(昌寧)	경남 창녕군	성(成) 장(張) 조(曺)
창원(昌原)	경남 창원시	감(甘) 공(孔) 구(具) 동(董) 임(林) 유(兪) 정(丁) 정(鄭) 현(玄) 황(黃)
창주(昌州)	평북 창성	신(申)
창평(昌平)	전남 담양군 창평면	이(李) 승(昇) 조(曺)
채운(彩雲)	충남 논산시 채운면	양(梁)
천녕(川寧)	경기도 여주시	견(堅) 이(李) 유(兪) 장(張) 최(崔) 현(玄)
천안(天安)	충남 천안시	신(申) 전(全) 종(鐘)
철원(鐵原)	강원도 철원군	문(文) 주(周)
청도(靑道)	경북 청도군	김(金) 노(盧) 백(白) 조(曺)
청부(靑鳧)	경북 청송군	장(葬)
청산(靑山)	충북 옥천군 청산면	김(金) 정(鄭)
청송(靑松)	경북 청송군	김(金) 이(李) 박(朴) 심(沈) 장(張) 최(崔)
청안(淸安)	충북 괴산군 청안면	이(李)
청주(淸州)	충북 청주시	경(慶) 곽(郭) 근(斤) 김(金) 동(董) 동(童) 양(梁) 용(龍) 이(李) 손(孫) 송(宋) 양(楊) 온(溫) 옥(玉) 정(鄭) 초(楚) 한(韓)

관향	현 지명(現 地名)	성씨(姓氏)
청풍(淸風)	충북 제천시 청풍면	김(金)
청하(淸河)	경북 영일군 청하면	동(董)
청해(靑海)	한남 북청	동(董) 이(李)
초계(草溪)	경남 합천군 초계면	변(卞) 정(鄭) 주(周) 최(崔)
추계(秋溪)	경기도 용인시	최(崔) 추(秋)
축산(竺山)	경북 예천군 용궁면	김(金)
춘양(春陽)	경북 봉화군 춘양면	김(金)
춘천(春川)	강원도 춘천시	박(朴)
충주(忠州)	충북 충주시	강(康) 김(金) 동(董) 동(童) 양(梁) 노(盧) 로(路) 용(龍) 유(劉) 이(李) 매(梅) 박(朴) 석(石) 승(承) 안(安) 어(魚) 이(伊) 지(池) 최(崔) 평(平)
칠원(漆原)	경남 함안군 칠원면	윤(尹) 제(諸)
탐진(耽津)	전남 강진군	안(安) 최(崔)
태산(泰山)	전북 정읍시 신태인읍	박(朴) 전(田)
태안(泰安)	충남 태안군	가(賈) 이(李) 박(朴) 송(宋)
태원(太原)	중국 산서성	김(金) 로(路) 이(李) 용(龍) 이(伊) 조(趙) 장(張) 선우(鮮于)
태인(泰仁)	전북 정읍시	경(景) 박(朴) 백(白) 송(宋) 시(柴) 은(殷) 종(宗) 최(崔) 허(許)
토산(兎山)	황해도 금천군 토산면	고(高) 궁(弓) 김(金) 몽(蒙) 전(錢)
통주(通州)	강원도 통천군	김(金) 양(楊)
통진(通津)	경기도 김포시 통진면	이(李) 전(全) 종(宗)
통천(通川)	강원도 통천군	최(崔) 태(太)
파릉(巴陵)	중국 호남	호(胡)
파주(坡州)	경기도 파주시	염(廉) 방(邦)
파평(坡平)	경기도 파주시 파평면	김(金) 윤(尹)
팔거(八莒)	경북 칠곡군	전(全)
팔계(八谿)	경남 합천군 초계면	정(鄭)
평강(平康)	강원도 평강군	전(全) 채(蔡)
평당(平當)	경기도 파주시	서(徐)
평산(平山)	황해도 평산군	이(李) 박(朴) 소(邵) 신(申) 유(兪) 윤(尹) 조(趙) 차(車)
평양(平壤)	평남 평양	김(金) 노(盧) 이(李) 박(朴) 조(趙)
평주(平州)	황해도 평산군	박(朴)
평창(平昌)	강원도 평창군	이(李)
평택(平澤)	경기도 평택시	임(林) 박(朴)
평해(平海)	경북 울진군 평해면	구(丘) 손(孫) 오(吳) 정(鄭) 황(黃)
풍기(豊基)	경북 영주시 풍기읍	김(金) 방(邦) 주(周) 강(姜)
풍덕(豊德)	경기도 개풍군	종(鐘) 포(包) 황(黃)
풍산(豊山)	경북 안동시 풍산읍	김(金) 류(柳) 심(沈) 홍(洪)
풍양(豊壤)	경기도 남양주시	도(陶) 조(趙)
풍천(豊川)	황해도 송화	김(金) 노(盧) 임(任) 최(崔) 홍(洪)
하남(河南)	중국 낙양	정(程)

관 향	현 지명(現 地名)	성씨(姓氏)
하동(河東)	경남 하동군	동(董) 정(鄭) 조(趙)
하빈(河濱)	대구광역시 달성군 하빈면	이(李)
하양(河陽)	경북 경산시 하양읍	문(文) 허(許)
하음(河陰)	인천광역시 강화군	김(金) 이(李) 진(秦) 종(鐘) 최(崔)
학성(鶴城)	강원도 영월군 주천면	정(鄭)
한남(漢南)	경기도 수원시	김(金) 최(崔)
한산(韓山)	충남 서천군 한산면	단(端) 이(李) 사(謝) 정(程) 조(趙)
한양(漢陽)	서울특별시	애(艾) 조(趙)
함안(咸安)	경남 함안군	이(李) 윤(尹) 조(趙) 주(周)
함양(咸陽)	경남 함양군	여(呂) 이(李) 박(朴) 오(吳)
함열(咸悅)	전북 익산시 함열읍	남궁(南宮)
함종(咸從)	평남 강서군 함종면	어(魚)
함창(咸昌)	경북 상주시 함창읍	김(金) 전(全) 허(許) 홍(洪)
함평(咸平)	전남 함평군	노(魯) 이(李) 모(牟) 오(吳) 정(鄭)
함풍(咸豊)	전남 함평군	임(任) 정(鄭)
함흥(咸興)	함남 함흥	배(裵) 오(吳)
합천(陝川)	경남 합천군	이(李) 마(麻)
합포(合浦)	경남 창원시	감(甘)
항주(杭州)	중국 절강	황(黃)
해남(海南)	전남 해남군	김(金) 이(李) 윤(尹) 정(鄭)
해미(海美)	충남 서산시 해미면	강(姜) 곽(郭) 백(白)
해안(解顔)	대구광역시 달성군	백(白)
해주(海州)	황해도 해주	김(金) 노(盧) 박(朴) 방(邦) 오(吳) 왕(王) 윤(尹) 정(鄭) 최(崔)
해평(海平)	경북 선산군 해평면	김(金) 노(盧) 윤(尹)
해풍(海豊)	경기도 개풍	김(金)
행주(幸州)	경기도 고양시	기(奇) 김(金) 은(殷) 형(邢)
현풍(玄風)	대구광역시 달성군 현풍면	곽(郭) 윤(尹)
협계(峽溪)	황해도 신계군 협계면	배(裵) 태(太)
혜성(憓城)	충남 당진군 면천면	박(朴)
홍산(鴻山)	충남 부여군	용(龍) 순(筍)
홍양(洪陽)	충남 홍성군	조(趙)
홍주(洪州)	충남 홍성군	김(金) 용(龍) 이(李) 송(宋) 홍(洪)
홍천(洪川)	강원도 홍천군	용(龍) 피(皮)
화개(花開)	경남 하동군 화개면	김(金)
화산(花山)	인천광역시 옹진군	이(李)
화순(和順)	전남 화순군	김(金) 배(裵) 오(吳) 최(崔)
화원(花園)	대구광역시 달성군 화원면	석(石)
황간(黃澗)	충북 영동군 황간면	전(全) 견(甄)

관 향	현 지명(現 地名)	성씨(姓氏)
황려(黃驪)	경기도 여주시	민(閔)
황리(黃利)	경기도 여주시	김(金)
황산(黃山)	충남 논산시 연산면	서(徐)
황원(黃原)	전남 해남군 황산면	종(宗)
황주(黃州)	황해도 황주	동(董) 변(邊) 황(黃) 최(崔) 황보(皇甫)
회덕(懷德)	대전광역시 동구 회덕	이(李) 임(任) 황(黃)
회령(會寧)	전남 보성군 회천면	고(高)
회산(檜山)	경남 창원시	감(甘) 황(黃)
회성(檜城)	함북 회령	임(林)
회양(淮陽)	강원도 회양군	이(李) 후(后)
회인(懷仁)	충북 보은군	홍(洪)
회진(會珍)	전남 나주시	임(任)
횡성(橫城)	강원도 횡성군	고(高) 조(趙)
효령(孝靈)	경북 군위군 효령면	사(司) 공(空)
휘주(徽州)	중군 안휘	요(姚)
흥덕(興德)	전북 고창군 흥덕면	장(張) 진(陳)
흥양(興陽)	전북 고창군	류(柳) 이(李) 장(張) 조(趙)
흥해(興海)	경북 영일군 흥해읍	배(裵) 장(張) 최(崔)
희천(熙川)	평북 희천군	김(金)

족보(族譜)란

웬만한 집안에는 족보가 있고, 그것은 그 집안의 뿌리로서 중요한 의의를 갖는다. 그러나 요즘의 신세대들은 그것을 케케묵은 유물쯤으로 치부해 버리고 관심조차 갖지 않는 경향이 있어 매우 안타까운 실정이다. 그나마 다행스러운 것은 최근 들어 뿌리 찾기에 대한 관심이 높아지고 있고, 족보를 쉽게 풀어서 한자를 모르고 영상매체에만 익숙한 젊은 세대들도 쉽게 접할 수 있게끔 하려는 바람이 일부 가문들로부터 불고 있으며 비디오 족보, 컴퓨터 족보, 전화 족보 등의 개발로 그 필요성과 관심을 고조 시키는 변화를 추구하고 있다.

이에 즈음하여 옛 선조의 생활과 족적을 알 수 있는 족보란 과연 무엇인지, 그 것은 어떠한 기준으로 무슨 내용들을 싣고 있는지를 알아보는 것은 의미있는 작업 일뿐 아니라 전통문화계승발전이라는 대의 명분(大義名分)이 될 것이다.

제2장 족보의 유래와 일반상식

1. 족보(族譜)의 유래와 기원

족보란 한 종족의 혈연 관계를 부계(父系)를 중심으로 기록한 계보(系譜)와 문벌 기록(門閥記錄)과 선조의 가장(家狀), 행적(行蹟), 묘비명(墓碑銘) 등을 모아 정리한 이를 테면 한 씨족의 역사책이라 하겠다.

한 나라에는 그 나라 국민들이 전개한 정치, 군사, 경제, 문화 등의 활동을 기록한 국사(國史)가 있다. 이와 마찬가지로 혈연을 중심으로 하는 씨족 집단에서는 그 씨족의 구성원들이 대를 이어 내려오면서 국가와 민족과 사회를 위하여 활동한 자취를 기록한 족보가 있는 것이다. 각 씨족의 구성원들을 합친 것이 국민이라 한다면, 그들의 활동 기록인 족보를 합친 것이 국사의 한 부분이 된다고 해도 과언이 아닐 것이다.

흔히들 족보는 동양에만 있는 것으로 알고 있지만 세계 각국에도 문화민족에게는 족보가 있다. 다만 그 규모의 방대함이나 내용의 정밀함에서는 외국의 족보는 우리 나라의 족보와는 비교도 되지 않는 어설픈 것이다. 즉, 우리 나라의 족보는 동성동본에 속하는 동족의 전부를 체계적으로 기록하고 있는 데 반해 외국의 족보는 왕실계통이나 일부 귀족의 것을 제외하고는 대개 자기 집안의 가계를 간략하게 기록한 가첩(家牒)에 지나지 않는 것이다.

서양에서 족보가 발달한 나라로는 미국, 영국, 프랑스, 독일, 스웨덴, 네덜란드, 오스트리아, 이탈리아 등을 꼽을 수 있다. 나라마다 족보학회가 있어 정기적으로 족보학 학술 회의를 열기도 한다. 그 중에서도 미국의 족보학회는 1895년 창립되어 미국 내에 수백 개소의 지회를 갖고 활발한 활동을 하고 있다.

동양에서의 족보는 중국에서 시작되었다. 후한(後漢) 이후부터 고관을 배출하던 씨족들이 늘어나게 되니 문벌과 가풍(家風)을 중하게 여기는 경향이 생기게 되었고, 이는 벼슬에 오르거나 승진(陞進), 혼인(婚姻) 등에까지 영향을 미치게 되었다. 이에 각 종족이 자기 가문의 문벌과 계통을 기록할 필요성을 느끼게 되어 족보를 만들게 된 것이다.

위(魏)나라 때는 더욱 발달되어 구품중정법(九品中正法 ; 위나라의 조조가 실시한 제도로 각 주, 군, 현에 기방장관과는 별도로 중정을 두어 그 중정이 지방의 인사를 덕행, 재능에 따라 9등급으로 분류하여 중앙의 이부에 추천하는 제도)을 제정하여 관리를 등용하였고 남북조(南北朝) 시대에 이르러서는 하나의 학문으로서 보학(譜學)을 연구하기에 이르렀다.

남조(南朝)의 제(劑)나라 사람인 가희경(賈希鏡)을 보학 연구의 선구자라고 하는데 3대가 모두 보학에 밝았다고 한다. 그의 조부 가필지(賈弼之)는 각 성씨의 족보를 모아 기초를 닦았으며, 아버지 가비지(賈匪之)도 이를 계속 연구하였다. 그러다가 가희경에 이르러 중국 전토 각 사족(士族)의 족보를 총망라하여 1백질 7백권에 달하는 방대한 저서를 만들어냈다. 이것이 사인 족보의 시초로 가장 정확한 계보라 전한다.

이렇듯 족보는 처음에는 관리를 뽑기 위한 목적으로 사용되었으나 차차 그 목적은 사라지고 종족을 규합하는 성격으로 바꾸어지게 되었다.

우리 나라에서도 이러한 중국의 영향을 받아 족보를 만들게 되었다.

우리 나라에서의 족보는 고려 때 왕실의 계통을 기록한 데서부터 시작되었다. 이는 고려 중엽 이후로서 김관의(金寬毅)의 〈왕대실록(王代實錄)〉, 임경숙(任景肅)의 〈선원록(璿源錄)〉이 그 효시라 할 이다. 여기에는 왕실의 친척인 종자(宗子 ; 종가의 아들)와 종녀(宗女)까지 기재하는 등 족보의 형태를 처음으로 갖추었다.

고려시대에는 동족간에 족보를 만들었다는 기록은 없으나 〈고려사(高麗史)〉'열전(列傳)'에 부자 관계가 밝혀져 있는데 이것이 후대에 나온 각 씨족들이 족보를 만드는 근원이 된 경우가 많았다. 또한 이 책을 관청에 보관하여 관리를 선발하거나 과거에 응시 하는 사람의 신분을 확인하였다. 또 결혼하는 데에도 이용하였다. 즉 문벌이 낮거나 귀족이 아닌 종족은 과거를 보거나 관리로 뽑히는 데에 많은 차별을 받거나 되었으며, 문벌에 차이가 있는 가문과는 혼인도 하지 않았던 것이다. 그 기록문서는 종부시(宗簿寺)라는 관청에서 관리하였다.

조선조에 들어와서 〈상신록(相臣錄)〉, 〈공신록(公臣錄)〉 등이 것 비되어 그 들의 시조나 부자 관계를 일부분이나마 알게 되었다.

2. 보학(譜學)이란 무엇인가

보학은 간단히 말하면 족보를 연구하는 학문이다. 옛날에는 벼슬 아치나 선비들의 교양 학문이었으며, 오늘날에 있어서도 사학(史學) 은 물론 사회학, 정치학, 행정학, 민법학, 민속학 등의 보조학문으로서 중요한 비중을 차지하고 있다. 즉 정치 권력의 이동 이라든가 사회계 층의 변화 연구는 물론 인사제도, 가족제도와 가족법, 자연부락의 조 직 및 생태 등을 연구하는 데에도 족보가 기초 자료로 활용되고 있는 것이다.

보학은 모든 성씨의 관별(貫別) 또는 같은 뿌리를 가진 시조(始祖) 의 혈통을 이어받아 전해오는 동족의 씨족사적인 족보를 비롯하여 조 기, 행장(行狀), 문집(文集)등의 기록문을 연구하는 학문이다.

이는 중국에서부터 발달하였으며〈통지략(通志略)〉등의 사서를 보면 보첩류(譜牒類)라 하여 황족의 총보(總譜)를 비롯하여 운보(韻譜) 군보(郡譜), 가보(家譜)등으로 나누고 사가들은 보학을 정사의 일부로 연구하였다는 기록이 있다.

우리 나라에서는 고려시대에 종부시(宗簿寺)를 중앙 부서에 두고 왕실의 보첩류를 맡아보게 하여 왕대 연표(王代年表)와 왕자들에 대한 전기 등을 수록하여 왔으며, 그후 조선조로 이어오면서 관제상 변함없이 종부시를 두어 왕실이나 왕족들의 계보(系譜)인〈선원보첩(璿原譜牒)〉을 편찬하여,〈조선국보(朝鮮國譜)〉를 만들었으며 또한〈국조보첩(國祖譜牒)〉이라하여 태조 이래의 세계(世系)를 편찬한 것으로 왕과 왕비의 존호(尊號), 탄생, 승하(昇遐), 능침(陵寢), 자녀 등에 관하여 기재하였다. 물론 종친(宗親)간의 배위(配位), 혼인관계, 생몰 연일 등도 상세히 알 수 있도록 되어 있다.

이는 타의추종을 불허하는 독창적인 기술로서 부계(父系) 중심의 계성(繼姓)을 위주로 하여 개인적으로 국가나 사회에 끼친 행적은 물론 그 배위에 관하여 성씨와 더불어 부(父), 조(祖), 증조(曾祖), 외조(外祖)까지를 밝히고 있으며 출가한 딸 또한 사위의 성, 본관, 이름은 물론 그의 아들인 외손까지 등재하여 가히 삼족(三族)을 한눈으로 간할 수 있도록 상세히 수록함으로써 그 당시의 친인척 관계를 배경으로 사회적 활동 상가지를 읽을 수 있도록 되어 있기 때문이다.

중국에서는 이상과 같은 보학이 주(周)나라 때부터 발달하여 왕실의 계통을 기록하여 왔다고 한다. 그러나 일반적인 보학은 한(漢)나라부터 시작되었다고 봄이 옳을 것이다. 이 역시〈사기(史記)〉가 나온 뒤로써 왕후제족(王侯諸族)이나 귀족권문(貴族權門), 또는 지방호관 등은 물론 일반 서민에게도 차츰 가계의 보첩 등을 소중히 여겨 동족(同族) 일문(一門)이 가첩 등을 만들기 시작하였기 때문이다.

그후 남북조시대에 이르러서는 하나의 학문으로 보학을 연구하였으며 더욱이 관리에 대한 추천법인 현량과(賢良科)가 생기면서부터 더욱 발달하여 역사학의 보조학문으로 커다란 역할을 하여 왔다.

〈당지(唐誌)〉에 의하면 육경헌(陸景獻)이 지은〈육종계력(陸京系록)〉은 종계보(宗系譜)로서 자기 가문의 내력을 기록한 것으로 명문거인 가문에서는 덕을 쌓는 것을 자손들이 계승하여 아버지, 할아버지의 명성을 나타냈던 것이다. 이러한 개인 또는 사가(私家)의 내력을 기록한 것 등이 역사학자들에게는 귀중한 자료가 되었던 것이다.

한(漢)의 유향(劉向)이〈세본(世本)〉을 만들어 씨성(氏姓)의 출처를 밝힌 이후로 보학은 날로 발달하여 위(魏)나라 때에는 구품중정법(九品中正法)이 생겨 품수(品數)에 따라 각자 성씨의 내력과 그들의 인물을 평하여 조정에서 등용하는 제도까지 두었다.

중국의 보학 사상 보학을 체계 있게 연구한 사람은 남북조시대 제(齊)나라의 가희경이라 알려져 있음은 앞에서 설명한 바 있다. 이보다 앞서 송(宋) 나라의 소순(蘇洵), 소식(蘇軾), 소철(蘇撤)등도 보학에 연하여 계보 등을 편찬하였다고 하나 가희경의 조부 가필지가 각 성씨의 족보를 모아 전문적으로 연구하여 기초를 닦아 놓았으며 그의 아들(가희경의 아버지) 가비지는 이를 계속 연구하여 주서(注書)를 덧붙여 놓았다. 이를 가희경이 중국 사족(士族)의 족보를 한데 모아 1백묘 책권이나 되는 방대한 책으로 집대성하였던 것이다. 이것이 사족의 보로서 체계를 갖춘 최초의 족보라 할 수 있다.

위에서 살펴본 바와 같이 우리 나라에서는 중국의 영향을 받아 고려 의종(毅宗) 때에 김관의가 지은〈왕대종록(王代宗錄)〉이 족보문화의 효시라 할 수 있으며 조선 성종 7(1476)년에 간행된 안동 권씨의〈성화보(成化譜)〉가 출간됨으로써 보학이 체계화되었다고 할 수 있다.

이에 따라 권문세가는 물론 명문거족에서 일반 서민에 이르기까지 족보에 대한 소중함을 깨닫게 되었으며 그후 족보 간행이 활발히 전개

되었다.

조선시대에 특히 족보 발간이 활발해진 것은 애친경장(愛親敬長)의 조상을 숭배하는 정신을 인륜의 바른 길이라 하여 교화하는 유교가 조선의 국교였기 때문이다.

3. 우리 나라 최초의 족보

우리 나라에서 동성 동본의 혈족 전부를 체계적으로 망라한 세보가 등장하기는 1400년대 들어서였다. 그러한 본격적인 족보의 효시로는 규장각(奎章閣)에 보관되어 있는〈안동 권씨 성화보(安東權氏 成化譜)〉와 문화 유씨(文化柳氏)의〈가정보(嘉靖譜)〉를 꼽는다.

성화보는 조선 성종 7년(1476)에 간행된 족보인데 명(明)나라 헌종(憲宗)의 연호인 성화(成化) 12년에 간행되었다 하여 '성화보'라 부르게 된 것이다. 이 족보는 원본은 전해지지 않고 중간본만 전해진다.

〈연려실기술(燃藜室記述)〉에는 우리 나라에서 처음 간행된 족보는 문화 유씨의 가정보란 기록이 있다. 가정(嘉靖)은 명나라 세종(世宗)의 연호로 이때 간행되었다 하여 '가정보'라 부르는 것이다. 그러나 가정보는 성화보보다 86년 늦은 1562년에야 간행되었으니〈연려실기술〉의 기록은 잘못된 것이다. 한편 가정보 서문에는 가정보가 발간되기 140년 전인 명나라 영락(永樂) 연간, 즉 조선 세종 때에 이미 문화 유씨의 족보가 있었던 것으로 기록되어 있으나 영락보나〈가정보〉가 남아 있지 않아 확인할 길은 없다.

문화 유씨의 가정보는 완벽한 체계를 갖추었을 뿐 아니라 외손까지도 상세히 기록되어 있어 그후에 여러 족보를 만드는데 좋은 모델이 되었다.

안동 권씨의〈성화보〉에는 서거정(徐居正)이 서문을 지었는데 "우리 나라에는 종법(宗法)과 보첩(譜牒)이 없고, 거가대족(巨家大族)은 있으나 가승(家承)이 없다."고 기록 되어 있어 조선시대 성종조 이전에는 체계를 갖춘 족보가 없었던 것으로 추측할 수 있게 해준다.

앞서 든 안동 권씨와 문화 유씨 이외에 파평윤씨(坡平尹氏)도 족보를 간행하게 되었는데 안동 권씨의〈성화보〉보다 63년 뒤이고, 문화 유씨의〈가정보〉보다는 23년이 앞선 조선 중종 34년 기해(己亥), 즉 1539년이었다. '기해대보(己亥大譜)'라 하는데 이 족보는 당대의 대제학 소세양(蘇世讓)이 서문을 썼다.

몇몇 유력한 씨족만이 지녔던 족보가 더욱 일반화되기는 선조(1567~1608)를 고비로 하여 당쟁이 차츰 가열되고 그것이 또 점차 문벌간의 대결이라는 양상을 띠게 되면서 각기 일족의 유대를 공고히 해야 할 필요성이 생긴 후부터라고 할 수 있다. 따라서 문벌의 결속을 꾀하는 방편의 하나로 족보가 발달하게 된 것은 당연한 추세라고 할 수 있다.

그 외에 임진왜란과 병자호란 등 두 차례의 격심한 전란을 겪는 과정에서 종래의 엄격했던 신분제도가 붕괴된 것이 족보의 발달을 촉진한 요인이 되기도 하였다. 신분제도가 해이해짐에 따라 양반이라 일컫는 사람들이 늘어나고 심지어는 자기와 아무런 상관없는 사람이 혈족(血族)인양 행세하게 되자 동족의 명부라고 할 족보를 만들어 다른 혈족이 혈통을 사칭하는 것을 막으려는 의도였을 것으로 보여진다.

그런 과정에서 족보를 둘러싸고 갖가지 폐단이 생기게 되었지만 족보의 본래의 뜻은 어디까지나 자기네의 혈통을 존중하고 동족끼리의 유대를 돈독히 하자는 데 있는 것이다.

4. 족보의 종류

(1) 족보 또는 보첩(譜牒)

관향을 단위로 한 씨족의 세계와 사적을 기록한 역사책으로 여러 종류의 보책을 흔히 부르는 말이다.

(2) 대동보(大同譜) 또는 대보(大譜)

시조가 같으면서도 본이 갈라져 본을 달리 쓰거나 성을 달리 쓰는 경우가 있는데, 이러한 모든 종파를 총망라하여 편찬한 족보를 말한다.

즉, 본관은 다르지만 시조가 같은 여러 종족이 함께 통합해서 만든 책이다.

(3) 세보(世譜)

두개 파 이상의 종파가 서로 합해서 편찬한 보첩을 말한다.

(4) 파보(派譜)

시조로부터 시작하여 한 계파의 혈연집단만을 중심으로 수록하여 편찬한 보첩을 일컫는다.

(5) 가승보(家乘譜)

본인을 중심으로 편찬하되, 시조로부터 시작하여 자기의 직계 존속(尊屬 : 자기 윗대)과 비속(卑屬 : 자기 아랫대)을 망라하여 이름자와 사적(事蹟)을 기록한 것으로 보첩 편찬의기본이 되는 문헌이다.

(6) 계보(系譜)

가계보, 또는 세계보라고도 하며, 한 가문의 혈통 관계를 표시하기 위하여 이름자만을 계통적으로 나타내는 도표이다. 한 씨족 전체가 수록되거나 어느 한 부분만 수록되기도 한다.

(7) 가보(家譜)와 가첩(家牒)

편찬된 형태나 내용을 표현하는 말이 아니라 집안에 소장되어 있는 모든 보첩을 말한다.

(8) 만성보(萬姓譜)

만성대동보(萬姓大同譜)라고도 하며, 모든 성씨의 족보에서 큰 줄기를 추려내어 집성(集成)한 책으로 족보의 사전(辭典)이라 할 만한 책이다.

5. 보첩의 형태

각 족보마다 그 형태를 달리 하고 있어 어떤 것이 옳다고 내세우기는 어려우나 보첩을 편찬하는 대표적인 양식으로는 종보(縱譜)와 횡간보(橫間譜)의 두 종류를 들 수 있다.

종보는 보통 줄보라고도 하는데, 가승 등에 사용하고 있으나 일반적인 보첩에는 쓰이지 않고, 횡간보가 주로 사용되고있다.

횡간보는 다섯 세대(世代)를 한 첩으로 하는 것이 일반적인 방법이고, 한 쪽(페이지)을 여섯 칸씩 나누어 꾸미는 양식이다. 그러나 최근에는 인쇄매체의 발달과 후손의 증가와 지면을 절약하기 위해 한 쪽을 일곱 내지 여덟 칸으로 나누는 족보도 흔히 볼 수 있다.

족보는 과거에는 순한문으로 편찬되었으나 최근에는 국한문 혼용. 또는 한자를 모르는 젊은이들을 위하여 한글을 병서하는 등으로 변하였으며, 더 나아가 각 세포에 인물사진을 넣는족보도 볼 수 있게 되었다.

책을 꾸미는 방법도 현대화하여 호화 양장본으로 꾸민 족보도 많이 나오게 되었다.

6.족보의 간행과정

족보(族譜)를 간행(刊行)하고자 계획을 세우려면 먼저 종친회나 화수회 등의 문중에서 족보편찬위원회를 구성하여 동보(同譜)를 할 수 있는 분포현황을 먼저 파악한 후 족보간행위원회의 명의(名義)로 통문(通文)을 발송하여 전체동문(全體同門)의 호응(呼應)을 받아야 한다. 그리고 간행위원회에서는 먼저 다음과 같은 보규(譜規)를 제정하여 시행에 있어 차질이 없도록 하여야 한다.

1. 족보의 명칭(名稱)은 무엇으로 할 것인가? (~~세보, ~ 파보 등)
2. 편집체제에 대하여 책의 규격과 양식은 어떻게 할 것인가? (양장, 한장 등)
3. 자손록(子孫錄)의 행수(行數)와 단수(段數)는 어떻게 할 것인가? (길이는 몇 자 고(稿)로 하고 폭(幅)은 몇 행(行)으로)
   보통 줄보라 하는 종간보(縱間譜)와 일반적인 횡간보(橫間譜)가 있는데 줄보는 촌수(寸數)를 구별하기 어려운 단점이 있으며, 횡간보는 5대(代)를 1첩(疊) 즉, 1항(項)으로 하는 방법으로 지면(紙面)은 6간(間)씩으로 하는 것이 대부분이다.
4. 명(名), 휘자(諱字 : 이름) 및 방주란(旁註欄)에 한글표기를 할 것인지
5. 연호(年號)는 왕조연호 (王朝年號 : 세종 3년 등) 또는 단기(檀紀), 서기 (西紀) 중 어떻게 쓸것인지
6. 여서(女婿)의 관성명(貫姓名)과 글자크기는 어떻게 할 것인지?
7. 출가녀(出嫁女), 외손(外孫)의 기록은 어떻게 할 것인지?
8. 항렬자(行列字)는 어떻게 사용 할 것인가?
9. 서문(序文), 행장(行狀), 비문(碑文) 등은 번역문을 병행할 것인지?
10. 단금(單金 : 명하전)은 관(冠 : 세대주), 동(童 : 미혼남) 각각 얼마로 할 것인지?

이상과 같이 보규(譜規)가 정하여지면 지방유사(地方有司 : 수단책임자)를 각 지파별(各支派別)로 정하여 일단 소집하고 교육을 시킨 후 수단(收單) 작업에 착수한다. 이것을 보소(譜所)에서는 원고용지에 정서(正書)하여 각파 대표자에게 종람(縱覽)시키고 종람자의 확인을 받는다. 원고가 완성되면 출판사(出版社)를 선정하여 간행작업에

...가는데 이때 중요한 것은 교정(校正)을 보는 일이다. 교정을 정확히 해야 오자(誤字), 탈자(脫字), 누기(漏記)등을 바로 잡을 수 있기 때문이다. 마지막 인출(印出)하여 제본(製本)이 끝나면 곧바로 분질(分帙: 책을 나누어줌) 하게 됨으로서 보사(譜事 :족보간행사업)가 끝나게 된다.

7. 족보의 용어와 일반상식

(1) 족보에 사용되는 용어

① 시조(始祖), 비조(鼻祖), 중조(中祖)

시조(始祖)란 득성(得姓:성자를 처음 갖게됨) 또는 개관(改貫:관향을 고쳐서 새로 정함)의 초대(初代), 즉 시초의 선조(先祖)를 말한다.

비조(鼻祖)라 함은 시조 이전의 선계조상(先系祖上:개관이전의 선조조상)을 말하며 또는 시조나 중시조(中始祖) 등을 높여서 비조라 부르기도 한다.

중조(中祖)는 시조이하 계대(系代)에서 가문을 중흥(中興)시킨 선조를 종중(宗中)의 공론에 의하여 추존(追尊)하여 부르는 선조이다.

② 선계(先系)와 세계(世系)

선계(先系)란 시조 이전 또는 중시조 이전의 선대조상을 일컫는 말이며 세계(世系)란 시조나 파조(派祖)로부터 대대로 이어 내려가는 계통(系統)의 차례를 말한다.

③ 세(世)와 대(代)

시조를 1세로 하여 차례로 내려가는 경우를 세(世)라고 하며 기신(己身)인 자기로부터 부조(父祖)의 순으로 올라가는 것을 대(代)라고 한다.

부자(父子)의 사이가 세(世)로는 2세이지만 대(代)로는 1대가 되며 각기의 파조(派祖)를 몇대조(代祖)라 하고 자신은 파조로부터 몇세손(世孫)이라 한다.

④ 항렬(行列)과 항렬자(行列字)

항렬이란 같은 동족간(同族間)의 차서(次序) 즉, 세대(世代)의 차별(差別)을 구분(區分)하는 것이며 항렬자(行列字)란 항렬 세대 차서에 따라 붙여진 이름자를 말하며 이름이 갑동(甲童)이라면 항렬에 따라 갑(甲)이나 동(童)이 항렬자가 된다. 물론 동족이라면 횡적(橫的)으로 같은 대수(代數)에 해당 된 자는 동항(同行)이라고 하여 항렬자를 같은 자 (갑이나 동)로 통일하여 쓰는데 이를 돌림자라고도 한다. 각 씨별 또는 각 문중 종친회에서는 선대 (先代)보규(譜規)에 따라 항렬자를 미리 정하여 차후에 이를 따르도록 하였다. 항렬자를 정하는 방법으로는 대략 다음과 같은 방법으로 차서를 정한다.

십간(十干)순으로 정하는 경우에는 갑(甲), 을(乙), 병(丙), 정(丁)의 변을 쓰며 십이지(十二支)로는 자(子), 축(丑), 인(寅), 묘(卯)의 순에 따라 이름자에 붙여 쓴다. 숫자를 포함시키는 경우는 일(一), 이(二), 삼(三), 사(四) 등으로 사용하며 오행상생법으로는 금수목화토

(金水木火土)의 변을 사용하여 순서에 따라 사용한다. 항렬은 장손(長孫)계통일수록 낮고 지손계통일 수록 높다. 이는 장손은 먼저 출생하여 자손을 보기 때문에 항렬은 낮아지며 지손은 늦게 태어나기 때문에 역시 늦게 자손을 보게 됨으로 어쩔 수 없는 철칙이다. 현재 본인보다 나이가 더많은 조카나 손자가 있는가 하면 나이는 본인보다 적으나 숙(叔)또는 조(祖)가 되는 경우가 실증(實證)하여 준다 하겠다.

◎ 항렬자 사용 예시 → 오행상생법(金水木火土)일 경우

금(金)자 사용예 : 석(錫), 종(鍾), 호(鎬), 용(鎔), 진(鎭) 등
수(水)자 사용예 : 영(泳), 원(源), 여(汝), 수(洙), 자(滋) 등
목(木)자 사용예 : 림(林), 상(相), 병(秉), 수(秀), 래(來) 등
화(火)자 사용예 : 검(儉), 용(容), 섭(燮), 현(顯), 희(熙) 등
토(土)자 사용예 : 희(喜), 장(庄), 재(在), 기(基), 규(奎) 등

⑤ 본관(本貫)과 관적(貫籍)

본관이란 시조 또는 중시조(中始祖)의 출신지와 씨족(氏族)의 세거지(世居地)를 근거로 정하는것으로서 시조나 씨족의 고향을 일컫는 말이다.

명(明)나라 말기에 장자열(張自烈)이 지은 「정자통(正字通)」에는 이를 향적(鄕籍)이라고 하였으며 관향(貫鄕)이라고도 하여 동성(同姓)이라 할지라도 동족(同族)여부를 가리는데 매우 중요한 것이 본관이다.

관적은 본적지라는 말이기 때문에 이는 본관의 적지(籍地)란 뜻으로서 본관 대신에 관적 이라고도 한다.

⑥ 분적(分籍)과 분관(分貫)

국가에 대한 공훈(功勳)으로 봉군(封君)되었거나 혹은 후손 중에서 어느 한 파가 다른지방에 분거(分居)해서 오래 살게되면 그 지방을 근거로 관적(貫籍)을 새로이 창설하게 되어 자동적으로 분적(分籍)이 이루어 지는데 이를 분적 또는 분관(分貫)이라 하며 이로 말미암아 새로이 분관되는 시조를 시관조(始貫組) 혹은 득관조(得貫祖)라 일컫는다.

⑦ 사관(賜貫), 사성(賜姓), 사명(賜名)

옛날에는 나라에 공을 세워 공신(功臣)에 녹훈된 사람이나 다른 나라에서 귀화(歸化)해온 사람에게 포상의 표시로서 국왕(國王)이 본관이나 성씨, 또는 이름을 하사(下賜)하는 일이 있었는데 이를 사관(賜貫), 사성(賜姓), 또는 사명(賜名)이라고 하였다.

이는 삼국시대 초기부터 있었으며 특히, 고려조(高麗朝)에 들어와서 가장 성행 하였다.

현행성씨(現行姓氏)	시조 (始祖)	본성 (本姓)	사성한 왕	비 고
철원궁씨(鐵原弓氏)	총	경주김씨(慶州金)	고려 태조	
안동권씨(安東權氏)	행(幸)	경주김씨(慶州金)	고려 태조	
예천권씨(醴泉權氏)	섬(暹)	흔씨(昕氏)	고려 충목왕	왕의 휘자(諱字)와 같아서
김해김씨(金海金氏)	충선(忠善)	본명 사야가(沙也可)	조선 선조	임진왜란 때 귀화
영양남씨(英陽南氏)	민(敏)	김충(金忠)	신라 경덕왕	당(唐)나라 이부상서
노씨(盧氏)	영(英)	본명 식독아(式篤兒)	고려 충렬왕	노씨(盧氏)의 일파
감천문씨(甘泉文氏)	세광(世光)	경주김씨(慶州金氏)	송조(宋朝)	
정선문씨(旌善文氏)	임간(林幹)	전씨(全氏)	송조(宋朝)	
경주배씨(慶州裵氏)	현경(玄慶)	본명 백옥삼(白玉杉)	고려 태조	고려 개국공신
면천복씨(丙川卜氏)	지겸(智謙)	본명 복사귀(卜沙貴)	고려 태조	고려 개국공신
일직손씨(一直孫氏)	응(凝)	순씨(筍氏)	고려 현종	왕의 휘자(諱字)와 같아서
평산신씨(平山申氏)	숭겸(崇謙)	본명 삼능산(三能山)	고려 태조	고려 개국공신
안씨(安氏)	원(瑗)	이씨(李氏)	신라 애장왕	당(唐)나라 사람
죽산안씨(竹山安氏)	방준(邦俊)	이원(李瑗)의 아들	신라 경문왕	
광주안씨(廣州安氏)	방걸(邦傑)	이원(李瑗)의 아들	신라 경문왕	
충주어씨(忠州魚氏)	중익(重翼)	지씨(池氏)	고려 태조	
강릉왕씨(江陵王氏)	의( )	강릉김씨(江陵金代)	고려 태조	
해주왕씨(海州王氏)	유(儒)	박씨(朴氏)	고려 태조	
광주이씨(光州李氏)	순백(珣白)	경주김씨(慶州金氏)	고려 충숙왕	
인천이씨(仁川李氏)	허겸(許謙)	태인허씨(泰仁許氏)	당조(唐朝)	
청해이씨(靑海李氏)	지란(之蘭)	본명 퉁두란(豆蘭)	조선 태조	조선 개국공신
연안인씨(延安印氏)	후(候)	본명 홀자대(忽剌)	조선 충렬왕	
덕수장씨(德水張氏)	순용(舜龍)	본명 삼가(三哥)	고려 충렬왕	
정씨(鄭氏)	공(公)	본명 오십팔(五十八)	고려 충렬왕	정씨(鄭氏)의 일파
풍양조씨(豊壤趙氏)	맹(孟)	본명 바위( )	고려 태조	고려 개국공신
연안차씨(延安車氏)	효전(孝全)	문화류씨(文化柳氏)	고려 태조	류차달(柳車撻)의 장자
차씨(車氏)	신(信)	차홀태(車忽觸)	고려 충렬왕	차씨(車氏)의 일파
수성최씨(隨城崔氏)	영규(永奎)	안동김씨(安東金氏)	고려 충렬왕	
의성홍씨(義城洪氏)	유(儒)	본명 홍술(弘述)	고려 태조	고려 개국공신

⑧ 명(名)과 휘(諱)

현재 우리 나라에서는 이름이 호적명으로 통용되고 있으나 예전의 인명록을 살펴보면 본명외에 어려서부터 부르던 아명(兒名:초명)이 있는가하면 자(字)라고 하여 일반적으로 쓰는 이름과 또는 호(號)라 하여 별도로 쓰는 경우가 있다.

아명은 초명이라고도 하며 이는 특별한 뜻이 없이 먼저 출생한 장남(長男)이면 큰놈(大者), 두 번째는 두재(斗才)등으로 부르다가 5, 6

세로 성장하면 본명(本名) 즉 항렬자에 기준하여 항명(行名)을 짓다. 그리고 20세가 되면 관례(冠禮:머리를 틀어 올려 상투를 매고 을 썼음)라 하여 의식(儀式)을 갖추는데 이때에 주례자(主禮者)는 리 자(字:이름)를 정하여 두었다가 정중히 백지(白紙)에 써서 본인 게 내려준다. 이때 주례자는 서당의 훈장(訓長:선생)이나 가문(家의 덕망있는 어른으로 정한다. 호(號)란 일반화 되어 있지 않으며 생(書生)으로서 덕망있는 사부(師父:선생)를 정한 후 어떠한 학문文)을 연구하여 한계를 깨우치고 본인이 이를 터득하였을 때 그를 중(認證)한다는 뜻으로 그의 성격(性格)등을 고려하여 그의 스승인 사부가 호(號)를 내려 주는데 사부에게서 호를 받음을 대단한 영광으로 알았으며 이를 동문(同門)들은 부러워 했다. 또는 동문(同門)의 벗(友)끼리 서로 호를 지어 불러 주기도 하며 타문(他門:다른 학당)일지라도 심기(心氣)가 맞는 시우(詩友)나 문우(文友)끼리 호를 지어 주어 서로 존경하는 옛 풍습이 있었다. 이외에 자호(自號:본인이 지은 호)도 많이 볼 수 있다.

일반적으로 다른 사람을 높여서 존대할 경우에 아무 씨(氏), 아무 선생(先生), 무슨 옹(翁)등의 존칭어를 쓰는데 이는 경우에 따라 쓰이는 곳이 다음과 같이 각각 다르다.

－ 씨(氏):성명(姓名) 또는 이름자나 성자 밑에만 붙인다.
－ 선생(先生):성명 또는 아호(雅號) 밑에 붙인다.
－ 공(公):남자(男子)의 성(姓), 아호(雅號), 시호(諡號) 또는 관작(官爵) 밑에 붙여쓴다.
－ 옹(翁):남자 노인(老人)의 성 또는 성명 밑에 붙인다.
－ 장(丈):남자의 직함(職銜)이나 아호 밑에 붙여서 어른이라는 뜻을 나타낸다.

⑨ 사손(嗣孫)과 양자(養子)

사손(嗣孫)이라 함은 한 집안의 종사(宗嗣) 즉 계대의 정통(正統)을 받아 잇는 자손을 말한다. 또한, 사손(祀孫)이라는 말이 있는데 이는 봉사손(奉祀孫:조상의 제사를 모시는 자손)을 말한다. 그리고 사자(嗣子)라는 것이 있는 데 이것은 부몰(父沒:아버지가 고인이 됨)후 장자(長子)를 일컫는 말이며 봉사손이라 함은 아버지가 할아버지보다 먼저 고인이 되었을 경우 계대(繼代)를 할아버지에게 직접 받게 되어 장손(長孫)으로서 할아버지의 제사를 직접 모시는것을 말하며 승중손(承重孫)과 같이 쓰이는 말이다. 후사(後嗣)란 계대(繼代)를 잇는 자손을 말하며 계대를 이을 후손이 없을 경우에는 무후(无后)라 하며 양자(養子)를 입양(入養) 시켰을 때에는 이를 계자(繼子)라 한다. 형이나 아우가 아들이 없을 경우에는 아들을 형이나 아우에게 출계(出系)시켜 양자로 보내는데 물론 여러 아들을 두었을 경우이고 본인도 독자(獨子)면 문제가 된다. 옛 풍습에는 독자일지라도 종사(宗嗣)를 잇기 위하여 형대에는 출계하여 양자로 보냈으며 양자로 가는 본명하(木名下:본인의 이름 아래)에 출계모후(出繼某后:출계 백부후)라 하여 본인의 자출(自出:출생)을 밝힌다. 서자(庶子:첩의 아들)로서 뒤를 잇게 하면 이를 승적(承嫡)이라 하여 서자가 적자로 입적하였음을 밝혀 둔다. 그리고 후사(後嗣)가 확실치 않아 확인할 수 없을 경우에는 후부전(后不傳), 단불입(單不入:명단이 보소에 들어오지 않음)등으로 사유(事由)를 보첩(譜牒)의 명하(名下:해당자의 이름아래)에 표시한다.

우리 나라의 양자법(養子法:제도)을 살펴보면 예조(禮曹)에 입양(入養)하게 되는 사유(事由)를 알리고 이를 청원(請願)하여야 하며 청할 때는 양부(養父)나 양모(養母)가 될 사람이 생존하여 있을때에 한(限)하며 양부모(養父母)될 사람이 구몰(俱沒:모두 죽고 없음)했을 경우에는 그 가문(家門)의 문장(門長:종친회장)이 이를 청원하게 된다. 양자에는 다음과 같이 4가지 종류가 있다.

◀ 수양자(收養子):3세 이전에 입양(入養)하는 양자(養子).
◀ 시양자(侍養子):3세 이후에 입양하는 양자.

◀ 사후양자(死後養子):양부모(養父母)가 구몰(俱沒)한 후에 입후(入后)하는 양자.
◀ 백골양자(白骨養子):양자(養子) 자신이 죽은 후에 입후하는 양자.

⑩ 방조(傍祖)와 족조(族祖)

방조(傍祖)란 6대조(代祖) 이상의 할아버지 형제(兄弟)를 일컫는 말이다. 족조(族祖)란 방계(傍系)인 무복지조(무복지조:복을 입지않은 먼대의 조)를 말한다.

⑪ 종손(宗孫)과 장손(長孫)

종손(宗孫)이란 종가(宗家)의 맏손자를 일컫는 말이며 장손(長孫)이란 종가가 아닌 차자(次子) 계통 집의 맏손자를 말하고 대종손(大宗孫)은 대종가(大宗家)의 맏손자를 일컫는 말이다.

⑫ 서출(庶出)과 승적(承嫡)

서출(庶出)이란 첩(妾)의 소생을 말하며 서자(庶子) 또는 그 자손들을 가리켜 서얼(庶孼)이라고 하여 조선시대 측출(側出)이라고도 한다. 또한 자손에게는 일정한 사회적 제한이 있어서 과거(科擧)에도 문과(文科) 응시가 금지 되었고 무과(武科)나 잡과(雜科:역과, 의과, 율과)에 한하여 응시할 수 있었다. 승적(承嫡)이란 서자가 적자(嫡子)로 되는 것을 말한다.

⑬ 배위(配位)

배위(配位)란 배우자(配偶者)를 말하는 것으로 비필(妃匹)이라고도 하며 보첩(譜牒)에는 배(配)자만 기록하고 본관 및 성씨와 4조(四祖:부, 조, 증조, 외조)등을 표시한다.

⑭ 종파(宗派)와 파속(派屬)

종파(宗派)란 지파(支派)에 대한 종가(宗家)의 계통을 말하며 종파(宗派)로부터 자기가 갈리어 나온 계통을 파속(派屬)이라 한다. 대체로 가문을 중흥시킨 중시조(中始祖)를 중심으로 파(派)를 설정하며 직함(職銜), 시호(諡號), 아호(雅號), 세거지명(世居地名), 봉군지명(封君地名)등의 뒤에다 공(公)자를 붙여서 아래와 같이 파속을 결정하는 것이 통례이다.

▶ 직함(職銜)인 경우:좌의정공파, 판서공파, 정랑공파
▶ 시호(諡號)인 경우:문정공파, 충정공파, 충무공파
▶ 아호(雅號)인 경우:청계공파, 휴은공파
▶ 세거지명(世居地名)인 경우:개성파, 경주파
▶ 봉군지명(封君地名)인경우:계림군파, 김년군파, 김해군파

⑮ 경파(京派)와 향파(鄕派)

종파(宗派)의 파속 외에 혈연적(血緣的)인 신분을 밝히는 말로 경파

또는 향파라는 용어를 쓰는 경우가 있는데 이는 문중에 따라 종파를 초월하여 크게 두 계통으로 구분하는 경우이다. 경파(京派)라 함은 서울지역에 살면서 대대로 벼슬을 지낸 집안을 포괄적으로 일컫는 말이며 향파(鄕派)란 시골에서 세거(世居)해 온 일족을 가리키는 말이다.

(2) 일반상식

① 분묘 (墳墓)

분묘(墳墓)라 함은 땅을 파고 시신(屍身:시체)을 토광(土壙)에 안치(安置)한 후 평장(平葬: 흙을 덮고 묻음)을 한 다음 봉분(封墳:흙을 쌓아 줌)함을 말한다. 분(墳)에는 토분(土墳 : 흙을 쌓아 봉을 지어 줌)과 석분(石墳:돌을 쌓아 봉을 지음)이 있으며 묘(墓)란 시신(屍身)을 안장(安葬:시체를 편하게 모심)하여 모셔둔 곳을 말한다. 시신을 매장(埋葬 : 시체를 묻음)하는 방법(方法)은 시대(時代)와 지방(地方)에 따라 각기 다르겠으나 대체로 지석묘(支石墓:시체를 묻고 큰 돌이나 바위 등으로 고여 둠)·석관묘(石棺墓:관석이나 괴석 등으로 시체의 주위를 쌓고 관을 막아 묻음)·적석총(積石塚:잔돌을 쌓아 올려 봉분을 크게 이루어 놓은 돌무덤)·토광묘(土壙墓:땅속을 파고 시신을 묻음)·옹관묘(甕棺墓: 두 개의 항아리를 맞붙여 관을 만들어 땅속에 묻음) 등이 있으며 조선조(朝鮮朝)에 들어 와서 풍수지리설(風水地理說)과 더불어 매장(埋葬), 치분(治墳)하는 방법도 발달하여 현재(現在)와 같이 땅을 파고 시신을 광장(壙葬)한 다음 흙을 쌓아 봉분을 이루고 산소(山所)의 주위를 잡목(雜木)이나 잡초(雜草) 따위가 침범(侵犯)할 수 없도록 하여 잔디를 심고 석물(石物:비석·상석·망주 등)을 세워 세도가(勢道家)의 명문(名門:이름있는 가문 집안)임을 은연중에 과시(誇示)하여 왔다. 우리민족(民族)은 이미 선사(先史) 석기시대(石器時代)부터 시체를 매장하는 풍습(風習)이 있어 분묘(墳墓)의 형태(形態)가 나타났으며 중국에서는 주(周) 나라 때부터 비롯된 것 같다. 아주 오랜 옛부터 이어 내려온 장법(葬法)을 살펴보면 대체적으로 오장법(五葬法)이라하여 다섯가지의 법을 따라 온 것 같다. 즉 토장(土葬:땅을 파고 묻음)·화장(火葬:불에 태워 뼈의 가루를 날려 보냄)·풍장(風葬:·시체를 나무에 매어 달아 바람에 썻기워 자연히 없어지게 함)·수장(水葬:물속에 잠기게 하여 눈에 보이지 않게 함)·조장(鳥葬:이는 풍장과 비슷하며 시체를 산기슭에 버려 두어 새들로 하여금 쪼아서 없애게 함)등이 있었다.

분묘(墳墓)의 형태(形態) 또한 시대(時代)와 지방(地方) 또는 계층에 따라 그 양상(樣相)을달리하는데 산소를 정하여 묘(墓)를 씀에 있어 일반적으로 산을 뒤로 업고 남쪽을 향하여 산의 줄기는 좌(左) 로 청룡(靑龍) 우(右) 로는 백호(白虎)의 등(嶝)을 이루고 앞에는 물이 흐르는 약간 높은 곳에 봉분을 지어 성분(成墳)하고 이삼층의 단(壇)을 지어 무덤앞에 상석(床石)을 놓고 약간 옆으로 묘비(墓碑:묘표)를 세우며 양 옆으로 문관석(文官石:사람의 형상)을 세우고 그 맨 앞줄에 망주(望柱:돌기둥)를 양쪽에 각각 세운다. 이는 사대부가(士大夫家)의 통례(通例)이며 일반서민(一般庶民)들은 겨우 봉분(封墳)으로 그치고 말았으며 더러는 상석과 망주 정도에 불과 했었다.

고려시대(高麗時代)에는 불교(佛敎)의 영향으로 화장법(火葬法)이 성행(盛行)하였으나 조선시대(朝鮮時代)에는 유교(儒敎)로 말미암아 절의 승려(僧侶:중·스님)를 제외(除外)하고는 일반서민이 거의가 토장을 하여 치분(治墳)함이 발달하였다.

중국에서는 부부(夫婦)를 합장(合葬) 하였으며 처녀도 약혼을 했을 경우 약혼자의 무덤에 그리고 약혼을 하지 않은 미혼처녀 일지라도 총각과 명혼(冥婚:저승에서 하는 결혼 - 불가에서 말함)을 시켜 합장하였는데 우리나라에서도 이러한 중국의 영향을 많이 받아 왔다. 특히 우리나라에서는 풍수지리설(風水地理說)을 신봉(信奉)하는 습관(習慣)에 의하여 이장법(移葬法:묘를 다른 곳으로 옮김)이 크게 유행하여 발달하였으며 이로 인하여 폐가망신(廢家亡身)하는 폐단(弊端)또한 적지 않았다.

풍수설(風水說)에 의하면 선대조상의 묘소를 선산(先山) 또는 선영(先塋)이라 하며 기존선영(旣存先塋)인 세장산(世葬山:대대로 묻힌 세장지)에 후손(後孫)의 시체(屍體:상여나 관 등)가 들어갈 수 없다 하였으며 시체를 매장하면 선산(先山)의 주(主)되는 선조 이하의 모든 자손들에게 재앙(災殃:불행한 사건)이 따른다 하여 반드시 일단은 다른곳에 매장하였다가 탈육(脫肉:살은 썩어 없어지고 뼈만 남음)이 된후 시신의 습골(拾骨 : 뼈를 걷어 깨끗이 닦아냄)을 하여 선산으로 옮겨 묘를 쓰는 데 이를 이장(移葬) 또는 천장(遷葬)이라 하였다. 또한 기존분묘에 수염(水炎)이라 하여 물이 묘에 스며들어 시신을 물에 잠기게 한다든가 물이 고여 들면 시신이 탈육이 안되며 길운이 흉하게 된다 함) 반대로 화염(火炎)이라 하여 묘에 불이 들어(땅속이 메말라) 지세로 인하여 뼈가 삭아버리는 것 등을 막기 위하여 명당(明堂)을 찾아 이장하는 것을 면례(緬禮)라 하여 자손(子孫)으로서는 효행(孝行) 이전에 당연한 처사라 여겨왔다. 이외에 목염(木炎) 즉 나무뿌리가 묘속에 들어가 시신을 침범하여 뼈를 휘감는다든가 충염(蟲炎)이라 하여 벌레 등 짐승이 묘속을 뚫고 들어가 시신을 괴롭히는 것 또는 천재(天災)라 하여 폭우(暴雨), 폭풍(暴風) 등으로 봉분 또는 묘 주변 이 크게 갈라진다든가 산사태 등으로 묘가 흙으로 덮어버리는 것 등으로 묘자체가 안전하지 못할때는 당해(當該) 자손은 경제상(經濟上) 성세유무에 따라 무리해가면서 즉시 구산(求山:길지의 안전한 묘소를 찾음)을 하여 분묘를 이장하여 왔다. 자손(子孫)으로서 부조(父祖:아버지나 할아버지)의 묘를 명당(明堂:길한 땅) 또는 선산(先山) 등에 이장을 못하면 자손의 도리(道理)를 못다한 불효(不孝)로서 크게 수치스럽게 생각하며 가문(家門)의 명예(明譽)를 걸고 명당을 찾아 거액(巨額)을 들여 이장하고 치분하는 것을 자손의 도리와 의무(義務)로 생각하여 왔다. 때문에 폐단 역시 적지 않아서 문중(門中)에서 선산으로 인하여 서로 쟁론(爭論), 송사(訟事)도 자주 일어났으며 타문(他門:동족이면서 산소와는 관계없는 방계), 타성(他姓:성씨가 다른 사람 또는 다른 문중)과 송사하는 것은 예사로 여겨왔다. 산소의 묘리가 좋다 하면 자기조상의 시신을 걷어 남의 산소일지라도 남몰래 봉분도 없이 평장(平葬)으로 밤중에 모시는 것을 밀장(密葬) 또는 투장(偸葬)이라 하며 이러한 밀장 등으로 송사가 자주 일어나 가산(家産:재산)을 탕진(蕩盡)하는 경우가 있었다. 이 역시 자기 선조를 좋은 명당자리에 모시고 싶은 자손으로서의 행위는 효행(孝行)의 발로(發露)라 하겠으나 남에게 해를 끼치는 행위는 생각해 볼 일이다. 그러나 다행히도 요즈음은 그토록 무리(無理)한 행동은 찾아볼 수 없게 되었으며 이에 수반(隨伴)하여 선조를 대함이 후손으로서 너무 소홀(疎忽)해지는 경향(傾向)도 없지 않다. 좋은 명당을 찾아 자주 옮겨 모시다가 더러는 실묘(失墓:묘를 잃어 버림)하는 경우가 있는데 실묘를 하면 행세(行勢) 하던 집안도 남의 웃음거리를 면치 못하며 품위(品位)가 떨어져 고개를 들고 다니지를 못하였다. 물론 현재도 자손으로서 산소를 소홀히 하여 묘를 잃어 버렸대서야 어찌 떳떳한 자손이라졌는가? 그토록 자기의 재산은 물론 생명을 바치면서 까지 남의 좋은 산소에 묘를 쓰려했던 우리들의 선조의 행동이 과연 어리석은 행위였는지 한번쯤 재고해 볼 일이다.

② 묘소 (墓所)

묘소(墓所)란 시신(屍身)을 안장(安葬) 한 묘(墓) 의 소재지(所在地)를 말하며 이를 선산(先山)·선영(先塋) 또는 선조(先兆) 라고도 부른다.

보첩(譜牒)을 보면 방주란 (房註欄) 에 묘의 위치(位置) 등을 기록하는데 묘(墓) 라고 한자만을 표기한다.

여기에는 묘의 위치(位置) 와 좌향(坐向:방위)까지 상세히 기재(記載) 하는데 합장(合葬:부부를 같이 한 봉분안에 매장 함) 했을 경우 합폄(合窆) 등으로 표기하며 좌향도 자좌(子坐:정북을 나타내며 북을 등졌다는 뜻이므로 정남을 가리키는 것이다). 유좌(酉坐:정서이며 정동을 가리킴) 등으로 표기하며 석물(石物) 등의 유무(有無)까지 명기(明記) 하여 둔다.

▶「묘소(墓所) 좌향(坐向)

묘소(墓所) 위치(位置) 의 배면(背面:등 뒤)을 좌(坐) 라 하고 전면(前面)을 향이라 한다.

좌(坐)	향(向)
자좌 (子坐) : 정 북 (正 北)	오향 (午向) : 정 남 (正 南)
계좌 (癸坐) :	정향 (丁向) :
축좌 (丑坐) :	미향 (未向) :
간좌 (艮坐) : 북 동 (北 東)	곤향 (坤向) : 남 서 (南 西)
인좌 (寅坐) :	신향 (申向) :
갑좌 (甲坐) :	경향 (庚向) :
묘좌 (卯坐) : 정 동 (正 東)	유향 (酉向) : 정 서 (正 西)
을좌 (乙坐) :	신향 (辛向) :
진좌 (辰坐) :	술향 (戌向) :
손좌 (巽坐) : 남 동 (南 東)	건향 (乾向) : 북 서 (北 西)
사좌 (巳座) :	해향 (亥向) :
병좌 (丙坐) :	임향 (壬向) :
오좌 (午坐) :	자향 (子向) : 정 북 (正 北)
정좌 (丁坐) :	계향 (癸向) :
미좌 (未坐) :	축향 (丑向) :
곤좌 (坤坐) : 남 서 (南 西)	간향 (艮向) : 북 동 (北 東)
신좌 (申坐) :	인향 (寅向) :
경좌 (庚坐) :	갑향 (甲向) :
유좌 (酉坐) : 정 서 (正 西)	묘향 (卯向) : 정 동 (正 東)
신좌 (辛坐) :	을향 (乙向) :
술좌 (戌坐) :	진향 (辰向) :
건좌 (乾坐) : 북 서 (北 西)	손향 (巽向) : 남 동 (南 東)
해좌 (亥坐) :	사향 (巳向) :
임좌 (壬坐) :	병향 (丙向) :

③ 묘계 (墓界)

묘계(墓界)는 무덤의 구역(區域) 으로 조선조(朝鮮朝) 에서는 품계(品階) 에 따라 무덤을 중심으로 1품은 사방(四方) 100보(步:걸어가는 걸음), 2품은 90보, 3품은 80보, 4품은 70보 , 5품은 50보, 생원(生員)·진사(進士) 는 40보 그리고 서민은 사방 10보로 제한하였다.

④ 묘표 (墓表)

표석(表石)이라고도 하며 망자(亡者:죽은 사람)의 품계(品階) 와 관직(官職)·명호(名號)를 앞면에 새겨 세우며 뒷면에는 자(字), 호(號), 휘(諱), 행적(行蹟), 생졸년월일(生卒年月日) :생년과 죽은 년월일), 비석(碑石:표석)을 세운 년월일, 비문(碑文)을 찬(撰:작문함) 한 사람, 글씨를 쓴 사람 등을 명기(明記) 하여 무덤앞에 세우는 비석 등을 말한다.

예(例):통정대부 이조 참판 광산 김공 지묘 (通政大夫吏曹參判光山金公之墓)
예(例):백운 한양 조공 지묘 (白雲漢陽趙公之墓)
관작(官爵)이 없으면 호(號) 만을 쓴다.
호(號)가 없을 경우에는 일반적으로 학생(學生:벼슬길에 나가지 않았다는 뜻) 모공지묘(某公之墓) 라 쓴다.

⑤ 묘지 (墓誌)

지석(誌石)이라고도 하며 천재지변(天災之變):폭풍우·산사태 등)으로 묘를 잃어 버릴것에 대비하여 돌(石) 등에 망인(죽은 사람) 의 관·성·명(貫姓名) 생졸년월일(生卒年月日)·묘의 위치·자손의 이름 등을 간략하게 새겨 무덤 앞에 묻는 것을 말한다.

⑥ 묘비 (墓碑) 와 비명 (碑銘)

묘비(墓碑)란 무덤 앞에 세우는 비석의 총칭(總稱) 이며, 비명(碑銘) 이란 비석(碑石)에 비문(碑文)을 새긴 것을 말하는데, 고인(故人:죽은 사람)의 관·성·명·(貫姓名)은 물론 그 경력이나 사적(事蹟) 등을 서술(叙述) 함을 말한다.

⑦ 묘갈 (墓碣)

묘비(墓碑)와 비슷하나 3품(三品) 이하 관리(官吏) 들의 무덤 앞에 세우는 것으로 머리 부분에 별도의 관석(冠石:머릿돌)이 없이 비신(비석을 새긴 비석의 주장되는 돌) 만 머리 부분을 동그스름 하게 만든 것으로 묘비(墓碑) 에 비해 그 체제와 규모(規模) 가 작은 편이다. 중국에서는 진(晉) 나라에서 비롯되었으며 당(唐) 나라에서는 5품(五品) 이하의 관리들에게 세우도록 했다 한다.

⑧ 신도비 (神道碑)

임금이나 고관(高官) 의 무덤 앞이나 또는 연고지(緣故地) 의 길목에 세워 고인(故人)의 사적(事績)을 기리는 비석(碑石)을 말하며 대개는 무덤 동남(東南) 쪽에 위치(位置)한다. 신도(神道)라는 말은 망인(亡人)의 묘로(墓路) 즉 신령(神靈)의 길(道)이라는 뜻이다.

원래 중국 한(漢)나라에서 종이품(從二品) 이상의 관리들에게 한하여 세우도록 했으며 우리나라에서는 고려시대(高麗時代)에 삼품(三品) 이상의 관직자(官職者) 무덤 앞에 세운 것으로 보이나 현존(現存)하는 것은 없으며 조선시대(朝鮮時代)에 와서는 이품(二品) 이상의 관리들에게 세우는 것을 제도화(制度化)하였다. 왕(王)의 신도비로서는 건원릉(建元陵)의 태조(太祖) 신도비와 홍릉(洪陵)의 고종황제(高宗皇帝)신도비가 있으며 한편 공신(功臣)이나 석학(碩學) 등에 대하여는 왕명(王命)으로 신도비를 세우게 하였다.

⑨ 분묘(墳墓)의 치산(治山)에 대한 물명(物名)

귀부(龜趺):거북모양의 비석을 받치고 있는 돌.
호석(護石):능묘(陵墓)의 주위를 둘러 쌓은 짐승(양·호랑이 등)모양의 돌.
묘(墓):시신(屍身)의 무덤.
곡장(曲墻):무덤 뒤에 눌러 쌓은 담장.
혼유석(魂遊石):제상(祭床)에 제수(祭需:음식)을 차려놓았을 때 혼(魂)이 앉는 좌석(座席).
상석(床石):무덤 앞에 제물(祭物)을 차려놓는 돌상.
향로석(香爐石):제상(祭床) 앞에 향로(香爐)를 올려 놓는 돌.
북석:상석(床石)을 받쳐 놓은 둥근 돌.
묘갈(墓碣):고인(故人)의 약력(略歷) 등을 돌에 새겨 묘 앞에 세운 비석(碑石).
망주(望柱):무덤 앞에 세워 놓은 두 개의 돌기둥.
문석(文石):무덤 앞에 세워 놓은 문관(文官) 형상(形像)의 돌.
무석(武石):무덤 앞에 세워 놓은 무관(武官) 형상(形像)의 돌.
비신(碑身):비문(碑文)을 새긴 비석의 돌.
두전(頭篆):비신(碑身)의 위에 전자체(篆字體)로 새겨놓은 글.
가첨석(加檐石):빗돌 위에 지붕 모양으로 덮는 돌.
농대(籠臺):비신(碑身)을 받쳐 놓은 돌.
이수(螭首):비(碑)의 머리에 용이 서린 모양을 새긴 형상.
규액(圭額):비신의 위(머리부분)에 새겨놓은 문양(紋樣).

⑩ 비각(碑閣)과 정려(旌閭)

비석(碑石)을 보호(保護)하기 위하여 또는 기념(記念)하기 위하여 세운 건물(建物)로 노변(路邊:행길가)에 세우거나 사찰(寺刹:절)·능묘(陵墓) 등에 건립(建立)한다. 건축양식(建築樣式)은 정면(正面:앞면) 삼간(三間), 측면(側面:옆면) 삼간(三間)의 정방형(正方形)으로 평면(平面)의 모임지붕 건물(建物)로 바닥에 전(磚:흙으로 구어낸 현재의 보도블럭과 같은 모양)을 깔고 중앙(中央)에 비석(碑石) 또는 철비(鐵碑:무쇠로 종각이나 절에 있는 종처럼 지어서 만든 비) 등을 세우는 것이 일반적이다. 그러나 건물모양과 크기는 일정하지 않다.

정려(旌閭)란 정려각(旌閭閣)이라고도 하며 특별(特別)한 행실(行實)에 대하여 당사자(當事者)인 개인(個人)에게 내려주는 표창(表彰)인데 이는 정방형(正方形) 모임지붕으로 된 비각(碑閣)과 비슷한 건물(建物)로서 충신(忠臣)·효자(孝子)·열녀(烈女) 등을 표창(表彰)하고 후세(後世)에 길이 귀감(龜鑑)이 되게 하기 위하여 그들이 살던 고을에 세웠다. 붉은 색으로 단장하며 편액에는 충·효·열과 직함·성명 등을 새겼다. 조정에서는 매년 연초에 이와 같은 사람들을 조사하여 쌀과 의복 등을 주었다.

⑩ 사당(祠堂)

조상(祖上)의 신주(神主)를 모시는 곳으로 가묘(家廟)라고도 한다.

고려말엽(高麗末葉) 정몽주(鄭夢周), 조 준(趙浚)등이 시행(施行)할 것을 역설하였으나 불교(佛敎)가 성행하던 때라 실천(實踐)하지 못하였으며 조선조(朝鮮朝)에 들어와서 유교(儒敎)를 숭상(崇尙)하게 되면서부터 주자가례(朱子家禮)에 의하여 시행하게 되었다. 조선초기(朝鮮初期)에는 일부 사대부(士大夫) 가문에서 시행 하였으나 선조(先祖) 이후부터 일반화되어 서민들까지 사당을 지어 조상의 신주를 모시게 되었다. 사당에는 3년상을 마친 신주(神主)를 모시는데 옛날에는 종가(宗家)에서 집을 지으려면 반드시 사당을 본건물 뒤에 동편으로 먼저 지어야 했다. 사당은 삼간(三間)으로 세우되 사당으로 들어서려면 조계(阼階:동쪽계단)와 서계(西階:서쪽계단)의 양편으로 삼단 계썩을 만들었다. 사당안으로 4감(四龕:신주를 모셔놓는 장)을 설치하여 4대조고비위(四代祖考妣位)를 봉안(奉安)하며 감밖에는 장(帳)을 드리우고 위패마다 제상(祭床)을 놓고 그위에 촛대를 한 쌍씩 각각 놓으며 고조고(高祖考) 위전(位前)에는 향상(香床)을 놓는다. 4대조란 이(禰:사당에 모시는 아버지), 조고(祖考:할아버지), 증조고(曾祖考:증조 할아버지), 고조고(高祖考:고조 할아버지)의 4대를 말하며 고비(考妣)란 어머니, 조고비(祖妣)는 할머니를 말한다. 사당의 차례(茶禮: 일반 기일제사와는 달리 명절을 맞아 낮에 조상에게 지내는 제사)는 신정(新正:정월 초하루), 추석(秋夕:팔월보름), 등 연중대명절(年中大名節)은 물론 집안의 크고 작은 행사와 사건 등 집안의 길흉사를 막론하고 고유제(告由祭:당시 사건을 조상에게 알림)를 반드시 모시는 것을 원칙으로 하여 왔다.

⑫ 영당(影堂)

한 종파(宗派)의 조사(祖師:한 종파를 세우고 그 종지를 열어 준 사람) 한 절의 개조(開祖:절을 처음 지은 사람) 또는 한 가문의 시조(始祖)나 중시조, 파조 등 한 가문을 일으킨 조상의 진영(眞影:화상이나 사진)을 모신 곳을 말하며 이곳에도 춘추(春秋:봄, 가을)로 날을 정하여 두고 해당손(該當孫) 또는 제자(弟子)들이 모여서 제사를 모신다.

자字 일람표

ㄱ

자字	성 명	자字	성 명	자字	성 명
		가행可行	정필달鄭必達	경래景來	사성師誠
		가헌可軒	정면규鄭冕奎	경량景亮	허잠許潛
		가헌可獻	안호安瑚	경렬景烈	이덕회李德恢
		가화可化	문덕교文德敎	경로景老	박수춘朴壽春
		가회可晦	심익현沈益顯	경로景老	이수곤李壽崑
		가회可晦	윤방尹昉	경로景老	정대년鄭大年
가겸可謙	위정훈魏廷勳	가회可晦	조광익曺光益	경로景魯	기삼연奇參衍
가구可久	기대항奇大恒	각로覺老	지인之印	경로景魯	이기호李起鎬
가구可久	김덕승金德承	간보幹甫	김연지金連枝	경뢰景賚	박필부朴弼傅
가구可久	서경덕徐敬德	간부艮夫	김낙행金樂行	경룡景龍	박운수朴雲壽
가구可久	이이근李頤根	간유幹儒	최균崔均	경룡景龍	유상량柳相亮
가구可久	정효상鄭孝常	간중幹仲	이수정李守貞	경룡景龍	이담李潭
가구可久	최덕지崔德之	간지幹之	김말金末	경림景林	윤정기尹廷琦
가권可權	심상규沈象奎	간지幹之	이원각李元幹	경림景霖	남응룡南應龍
가기可器	권연하權璉夏	강다絳茶	이조묵李祖黙	경림景霖	윤주尹澍
가길嘉吉	이영윤李英胤	강백剛伯	김이건金履健	경립敬立	이신흠李信欽
가도可度	안견安堅	강이剛而	이정李禎	경립景立	민여신閔汝信
가립可立	구문신具文信	강재康哉	윤해尹諧	경립景立	신륜辛崙
가백嘉佰	민응형閔應亨	강중剛中	서거정徐居正	경명景明	김창집金昌緝
가부家父	이선제李先齊	강중剛中	윤정립尹貞立	경명景命	이용휴李用休
가봉可封	남순민南舜民	강중剛中	이철李鐵	경명景明	김덕진金德鎭
가상可象	신이의愼爾儀	강중剛中	홍지성洪至誠	경명景明	민광숙閔光燽
가서可舒	한권韓卷	강중剛仲	남궁침南宮鍖	경명景明	송량宋亮
가성可成	이예李芮	강지絳之	유강兪絳	경명景明	신명순申命淳
가성可誠	주비朱㚖	개백介伯	김괴金塊	경명景明	이해利害
가수可守	윤홍립尹弘立	개백介伯	변영청邊永淸	경명景明	최희량崔希亮
가순可純	변중일邊中一	개석介錫	정윤복丁胤福	경명景銘	황섬黃暹
가술家述	이만손李晩孫	개숙愷叔	염제신廉悌臣	경문景文	박이양朴彝陽
가심可心	최중식崔重湜	개오皆五	권해權瑎	경문景文	심낙수沈樂洙
가안可安	김질金礩	개옹介翁	유의신柳義臣	경문景文	이상정李象靖
가언嘉言	최사추崔思諏	개지介之	최세절崔世節	경미景美	황정욱黃廷彧
가연可衍	이형원李亨元	개지漑之	신용개申用漑	경박景博	황진黃璡
가온可韞	인흥군仁興君	거경居敬	채무일蔡無逸	경백敬伯	이광문李光文
가운嘉運	최경창崔慶昌	경념景念	서상조徐相祖	경백敬伯	윤덕희尹德熙
가원可遠	권근權近	경념景念	임영상林永相	경백敬伯	홍계흠洪啓欽
가원可遠	백세홍白世興	경능景能	김만증金萬增	경번景樊	허난설헌許蘭雪軒
가원可遠	이치李致	경능景能	김홍집金弘集	경번景蕃	박세무朴世茂
가의可依	이기李墍	경달景達	유필영柳必永	경범景範	조병준趙秉駿
가일可一	김노경金魯敬	경달景達	조형도趙亨道	경범景范	조희문趙希文
가정可亭	김간金簡	경대景大	김상태金尙台	경보敬寶	조병구趙秉龜
가정可貞	이종윤李從允	경대景大	조재호趙載浩	경보敬甫	김예몽金禮蒙
가조可祖	법종法宗	경덕敬德	이완용李完用	경보敬甫	성식成軾
가중可中	함헌咸軒	경덕敬德	황거중黃居中	경보敬甫	손순효孫舜孝
가중可仲	송질宋軼	경덕景德	이명우李明宇	경보敬甫	양예수楊禮壽
가중嘉中	정옥형丁玉亨	경도景度	李憲永	경보敬甫	양헌수梁憲洙
가중嘉仲	이수형李守亨	경도景道	기홍연奇弘衍	경보敬甫	엄성嚴惺
가중嘉仲	이형남李亨男	경도景道	김학성金學性	경보敬甫	오전吳㙉
가진可鎭	최수성崔壽峨	경도景道	윤자학尹滋學	경보敬甫	이선원李善源
가칙可則	홍달손洪達孫	경도景道	윤제홍尹濟弘	경보敬甫	한익모韓翼謨
가택可宅	정극인丁克仁	경두敬斗	이교재李敎載	경보敬甫	한호성韓好誠
가행可行	양희지楊熙止	경득敬得	황인검黃仁儉	경보敬甫	황효공黃孝恭
가행可行	정충신鄭忠信	경락景洛	김구현金九鉉	경보磐甫	한철우韓喆愚

자字	성 명	자字	성 명	자字	성 명
경보磬甫	이현李俔	경수景樹	김덕령金德齡	경여景興	임희재任熙載
경복景服	이휘정李輝正	경수景樹	이민실李敏實	경여景餘	배신裵紳
경부慶夫	오선기吳善基	경수景綏	조응록趙應祿	경연景淵	이길李洁
경부慶夫	이종선李種善	경숙敬叔	곽시징郭始徵	경열景說	민기閔箕
경부慶夫	최선문崔善門	경숙敬叔	권성제權聖躋	경열景說	유희림柳希霖
경부敬夫	권공權恭	경숙敬叔	김상채金尙彩	경열景說	윤광계尹光啓
경부敬夫	김우굉金宇宏	경숙敬叔	김흠조金欽祖	경오儆吾	강시경姜時儆
경부敬夫	박신朴信	경숙敬叔	송병목宋炳穆	경오敬悟	최시형崔時亨
경부敬夫	박흥생朴興生	경숙敬叔	신흠申欽	경오景五	민영규閔泳奎
경부敬夫	안식安栻	경숙敬叔	오대관吳大觀	경오曝晤	유사란柳思瑗
경부敬夫	오겸吳謙	경숙敬叔	유사흠柳思欽	경옥景玉	박필리朴弼理
경부敬夫	유관柳寬	경숙敬叔	이명은李命殷	경옥景玉	홍재현洪在鉉
경부敬夫	윤긍尹兢	경숙敬叔	이식李栻	경온景溫	조속趙涑
경부敬夫	윤기尹愭	경숙敬叔	정식鄭栻	경온景蘊	김종발金宗發
경부敬夫	이보흠李甫欽	경숙敬淑	송사이宋師頤	경온景蘊	한광수韓光洙
경부敬夫	임희지林熙之	경숙敬淑	이날치李捺致	경용景容	이약우李若愚
경부敬夫	정수충鄭守忠	경숙敬淑	이회정李會正	경용景容	이약해李若海
경부敬夫	조계생趙啓生	경숙敬肅	최옹崔顒	경용景容	정관검鄭觀儉
경부敬夫	조승숙趙承肅	경숙敬磬	성현成俔	경용景用	김병국金炳國
경부敬夫	홍우경洪友敬	경숙經叔	장응일張應一	경우景愚	정운룡鄭雲龍
경부景傅	이용림李用霖	경숙磬叔	정탁鄭鐸	경우景祐	송호지宋好智
경부經夫	손윤구孫綸九	경순景淳	권숙權潚	경우景愚	강희안姜希顔
경부警夫	조명趙銘	경순景淳	박호양朴顥陽	경우景愚	권응창權應昌
경빈景贇	정사웅鄭士雄	경순景醇	강희맹姜希孟	경우景雨	어유룡魚有龍
경삼景三	이성신李省身	경순景醇	정만양鄭萬陽	경운景運	강희언姜熙彦
경서景瑞	구봉창具鳳昌	경승敬承	박호양朴顥陽	경운景運	박필건朴弼健
경서景瑞	박인상朴仁祥	경승景升	이조李晁	경운景雲	박세응朴世菥
경서景瑞	조경趙璥	경승景承	박수서朴守緒	경운景雲	정기룡鄭起龍
경서景緖	한찬남韓纘男	경시景時	구사맹具思孟	경운景雲	조석룡趙錫龍
경서景舒	정현鄭礥	경시景時	김성발金聲發	경원敬源	장예충張禮忠
경석景錫	정윤희丁胤禧	경시景時	유극柳口	경원景元	이원일李源逸
경선卿宣	최경선崔景善	경식敬植	송은헌宋殷憲	경원景園	민규호閔奎鎬
경선景先	김유근金逌根	경식敬植	제경욱諸景彧	경원景瑗	박광옥朴光玉
경선景先	윤형각尹衡覺	경신信信	권예權輗	경원景遠	심일운沈日運
경선景先	이유승李裕承	경실敬實	이학순李學純	경원景源	양진영梁進永
경선景善	우성전禹性傳	경실景實	금산군錦山君	경위景摀	이극증李克增
경선景善	장재모張載模	경실景實	김변광金汴光	경유敬裕	이정작李庭綽
경설景卨	이명익李明翊	경실景實	이성윤李誠胤	경유景綏	양덕록楊德祿
경성景性	김각金覺	경심景深	이시원李始源	경유景孺	윤급尹汲
경세景世	서영보徐榮輔	경안京安	윤영기尹泳淇	경유景游	주세붕周世鵬
경소景召	김석진金奭鎭	경안景安	윤정선尹定善	경유景獻	강사필姜士弼
경소景召	민병석閔丙奭	경안景安	이억상李億祥	경유景猷	장승업張承業
경소景昭	임한호林漢浩	경안景顔	김계우金季愚	경유景由	권철權轍
경소景昭	허진許晉	경안景顔	이해우李海愚	경유景由	김로金鏴
경소景素	남수문南秀文	경안景顔	정수동鄭壽銅	경유景由	정찬휘鄭纘輝
경소景韶	김유성金裕成	경앙景仰	권두문權斗文	경유景裕	김인경金仁慶
경소景韶	송정화宋廷和	경앙景仰	최산두崔山斗	경유景裕	이정작李庭綽
경수敬叟	정시수鄭時修	경약景若	임상옥林尙沃	경유慶游	어운해魚雲海
경수景修	문희성文希聖	경양景襄	서찬규徐贊奎	경윤慶胤	박중손朴仲孫
경수景修	윤자신尹自新	경양景襄	이일찬李日贊	경윤景尹	홍임제洪任濟
경수洪敬謨	홍경모洪敬謨	경양景陽	조육趙昱	경윤景潤	황찬黃璨
경수景受	김한종金漢鍾	경양景養	민치상閔致庠	경윤景胤	장말손張末孫
경수景受	김원록金元祿	경언景言	김복흥金復興	경은敬殷	서상렬徐相烈
경수景受	송석경宋錫慶	경업經業	정인보鄭寅普	경은景聞	이제민李齊閔
경수景受	이억기李億祺	경여慶餘	임선백任善伯	경은景隱	김좌근金左根
경수景受	장응기張應箕	경여敬輿	신단申檀	경응景應	민유부閔有孚

자字	성 명	자字	성 명	자字	성 명
경응景應	안명세安名世	경지敬之	황흠黃欽	경현景賢	박사제朴思齊
경의景義	김응하金應河	경현景緝	권집權緝	경현景顯	이중광李重光
경의景誼	이명응李明應	경지敬止	엄집嚴緝	경협景協	박인석朴寅碩
경이敬以	이존중李存中	경지敬止	이계전李季專	경형景衡	유신환兪莘煥
경이敬而	이덕일李德一	경지敬止	조사기趙嗣基	경호景浩	안황安滉
경익慶翼	임한백任翰伯	경지景至	조수륜趙守倫	경호景浩	이황李滉
경익景益	김덕겸金德謙	경지經之	송광정宋光井	경호景浩	이의경李毅敬
경익景翼	임한백任翰伯	경지鏡之	윤인경尹仁鏡	경호絅好	권상신權常愼
경인敬人	이정하李正夏	경직景直	이정회李庭檜	경혼景混	심장원沈長源
경인景仁	김사원金士元	경직景直	현종顯宗	경혼景混	이조원李肇源
경인景仁	김흥국金興國	경진景眞	정창연鄭昌衍	경혼景混	조덕원趙德源
경인景仁	윤강원尹剛元	경진景進	김신국金藎國	경홍景弘	한진韓縝
경인景仁	이제李濟	경진景進	박점朴漸	경홍景泓	유진柳縝
경인景仁	이대유李大有	경진景進	이지연李止淵	경홍景洪	한호韓濩
경일景一	김상로金尙魯	경진景進	홍익진洪翼鎭	경화京化	박도경朴道京
경일景一	김수현金壽鉉	경진景鑌	안음安崟	경화敬和	신균辛昀
경일景日	김관주金觀柱	경질景質	남수문南秀文	경화敬化	한기욱韓基昱
경임景任	유몽정柳夢鼎	경질景質	이희검李希儉	경화景和	김덕함金德諴
경임景任	윤형성尹衡聖	경집敬執	박찬朴璨	경화景和	이담李湛
경임景任	이보李輔	경집景緝	오재희吳載熙	경화景和	최순영崔淳永
경임景任	정경세鄭經世	경집景楫	소제蘇濟	경화景和	한경리韓敬履
경잠景潛	문덕구文德龜	경집景楫	손여제孫汝濟	경화景晏	박효관朴孝寬
경장景張	한효중韓孝仲	경집景集	이조연李祖淵	경회慶會	정괄鄭适
경장景章	강숙경姜叔卿	경징景徵	김시국金蓍國	경회景懷	홍희근洪義瑾
경장景章	민병한閔炳漢	경징景徵	손기양孫起陽	경회景晦	강문규姜文奎
경장景章	조이병趙爾炳	경천敬天	이한응李漢應	경회景晦	고현高晛
경장曘長	이규일李圭日	경천景川	이지용李址鎔	경회景晦	김은휘金殷輝
경재景哉	이원근李源根	경첨景瞻	이남식李南軾	경회景晦	성세창成世昌
경정景正	유규柳規	경초景初	민순閔純	경회景晦	송명휘宋明輝
경제景濟	최홍도崔弘渡	경초景初	박상현朴尙玄	경회景晦	이병희李炳憙
경조景祖	이지승李祉承	경초景初	황계희黃啓熙	경회景晦	허흔許昕
경존敬存	최병심崔秉心	경춘京春	이유원李裕元	경회景會	한기동韓耆東
경준景俊	권호윤權豪胤	경춘景春	한회선韓晦善	경효景孝	권삼현權參鉉
경중慶中	박응복朴應福	경취景翠	조준영趙準永	경훈景勛	정광적鄭光績
경중敬中	김빙金憑	경칙景則	이신의李愼儀	경휘景翬	조이숙趙爾翿
경중敬仲	권극례權克禮	경칙敬則	장사식張師拭	경휘景輝	구봉서具鳳瑞
경중敬仲	윤동도尹東度	경탁景卓	신활申活	경휘景輝	조규승曺逵承
경중敬仲	조소앙趙素昂	경탁景濯	신활申活	경휴景休	김규오金奎五
경중敬仲	채선수蔡先修	경태景泰	송치헌宋致憲	경휴景休	유대정兪大楨
경중敬仲	표빙表憑	경택景擇	김상용金尙容	경휴景休	유인길柳寅吉
경중敬仲	한상경韓尙敬	경택景澤	홍집洪집	경휴景休	이무강李無彊
경중敬仲	윤치화尹致和	경패景佩	이초李岧	경휴景休	조극승曺克承
경중敬中	이윤용李允用	경함景涵	민태호閔台鎬	경희敬熙	홍승목洪承穆
경중景仲	김태원金泰源	경항敬恒	윤심형尹心衡	경희景義	권돈인權敦仁
경중景仲	권성權성	경평景平	조강하趙康夏	계경啓卿	권적權迪
경중景曾	조병기趙炳夔	경필敬必	정동식鄭東植	계경季耕	전조생田祖生
경지慶之	최유경崔有慶	경하擎廈	강운姜橒	계경溪卿	김응근金鷹根
경지敬之	권중집權中緝	경하景賀	권적權적	계근季謹	김이도金履度
경지敬之	김구용金九容	경함景涵	이발李潑	계긍季肯	박세당朴世堂
경지敬之	남재南在	경항敬恒	이석용李錫庸	계긍季肯	서당보徐堂輔
경지敬之	심순문沈順門	경해景楷	신정모申正模	계능季能	한사득韓師得
경지敬之	양여공梁汝恭	경행景行	제홍록諸弘祿	계달季達	김창직金昌直
경지敬之	엄치욱嚴致郁	경행景行	조준도趙遵道	계화季華	조제화趙濟華
경지敬之	이용숙李容肅	경허景虛	오여벌吳汝橃	계덕季德	한상덕韓尙德
경지敬之	조문간趙文簡	경헌景憲	조장하趙章夏	계도啓道	이승희李承熙
경지敬之	허관許寬	경현景見	이운룡李雲龍	계량季良	신최申最

자字	성 명	자字	성 명	자字	성 명
계래季來	이면승李勉昇	계심季深	임숙任潚	계통季通	이세태李世泰
계량季良	남취명南就明	계언啓彦	유옥柳沃	계통季通	정민교鄭敏僑
계량季良	이채李采	계언季彦	조빈趙贇	계통季通	조시형趙時亨
계량季良	조광좌趙廣佐	계연季淵	성원묵成原黙	계통季通	홍명형洪命亨
계린季麟	이지수李趾秀	계영繼榮	임형업林亨業	계팽季彭	이몽가李蒙哥
계립季立	박명벽朴命璧	계 季沃	유여림兪汝霖	계평季平	김교준金教準
계맹繼孟	김흥락金興洛	계온季昷	김종직金宗直	계평季平	양사형楊士衡
계맹繼孟	송정렴宋挺濂	계용季容	김상휴金相休	계하季夏	이해창李海昌
계명啓明	김익경金益炅	계용季容	서문유徐文裕	계하季賀	전경창全慶昌
계명啓明	최몽량崔夢亮	계우啓宇	박주대朴周大	계함季涵	정철鄭澈
계명啓明	김지남金指南	계우季愚	윤정현尹定鉉	계항季恒	유기상柳基常
계명啓明	신여철申汝哲	계우季愚	이연상李淵祥	계행季行	이경재李景在
계명啓明	이시방李時昉	계우季羽	이익李翊	계헌季憲	남언기南彦紀
계명啓明	이환李煥	계운季雲	김일손金馹孫	계헌季獻	남근南瑾
계무季武	조유헌趙有憲	계위係危	탁신卓愼	계헌季獻	박선朴瑄
계문季文	권상유權尙游	계유季悠	박승원朴承源	계헌季獻	이우李瑀
계문季文	김시위金始煒	季裕季裕	유종개柳宗介	계현啓賢	안승우安承禹
계문季文	성중엄成重淹	계윤季潤	김상숙金相肅	계형季亨	이의풍李義豊
계문季文	오정창吳挺昌	계윤季潤	이덕응李德應	계형季亨	이태동李泰東
계방季方	유의양柳義養	계응季凝	권보權補	계형季亨	한용구韓用龜
계방季方	임의백任義伯	계응季應	김난상金鸞祥	계형季馨	이덕영李德英
계방季芳	이상집李尙집	계응季膺	남추南趎	계호季皓	이상재李商在
계방季邦	윤진尹軫	계응季膺	김익복金益福	계홍季弘	안자유安自裕
계보季寶	조위趙瑋	계응季膺	이선李選	계홍季鴻	정유점鄭維漸
계보谿甫	김수자金守雌	계응季鷹	송한필宋翰弼	계화季華	유진柳袗
계빈季彬	나위소羅緯素	계의季依	구인기具仁墍	계회季晦	정황丁熿
계빈季賓	심정관沈廷觀	계의季毅	유명홍兪命弘	계훈季薰	이순형李純馨
계사季思	민회현閔懷賢	계이啓以	이광하李光夏	계휘季輝	성환成瓛
계삼季三	김하락金河洛	계임季任	신여정申汝楨	계휘季輝	오달제吳達濟
계상啓商	이현조李玄祚	계임季任	조사수趙士秀	계휘繼輝	윤사분尹士昐
계상季常	권시경權是經	계장季璋	이세환李世瑍	계휴季休	유봉서柳鳳瑞
계상季祥	민홍도閔興道	계장季章	김시형金始炯	계흥季興	이한풍李漢豊
계선季善	박성양朴性陽	계장季章	윤봉오尹鳳五	계흥季興	이한풍李漢豊
계선繼善	홍대연洪大淵	계장季章	이인엽李寅燁	고경顧卿	권순명權純命
계섭季涉	신요申橈	계장季長	이홍직李興稷	고경高卿	김교金嶠
계성季成	백은배白殷培	계장季長	이홍직李弘稷	고부固夫	이정간李貞幹
계성季成	윤성시尹聖時	계조繼祖	권찬權纘	고송孤松	임한영林漢永
셰소啓昭	엄혼嚴昕	세주季周	이난하李端夏	고수孤秀	자수子秀
계수季受	이석인李錫仁	계중季中	조익趙釴	고운古雲	이암李嵒
계수季受	이익운李益運	계중戒仲	유희柳僖	고운孤雲	최치원崔致遠
계수季綏	김제金梯	계중繼仲	서명선徐命善	고저高樗	찬영璨英
계수季受	곽재우郭再祐	계중繼仲	안창후安昌後	고청孤青	이송李淞
계수季脩	신설申渫	계지季芝	김기수金綺秀	곡명穀明	변영만卞榮晚
계숙啓叔	강여호姜汝昊	계지季芝	유언술兪彦述	곤보崑甫	정옥량鄭玉良
계숙啓叔	김개金闓	계지繼之	이종생李從生	공가公可	곽세건郭世楗
계숙繼叔	이서李緖	계지繼之	박필간朴弼幹	공가公可	염신약廉信若
계순季純	김복일金復一	계직季直	이후백李後白	공간公幹	박여량朴汝樑
계순季純	이수일李守一	계진季眞	손린孫遴	공간公幹	이정李楨
계순季順	박안제朴安悌	계진季進	심헌영沈獻永	공간公幹	이중량李仲樑
계술季述	이요헌李堯憲	계징季徵	유봉휘劉鳳輝	공간公幹	임태영任泰瑛
계습季習	홍학연洪學淵	계창季昌	이선보李善溥	공거公擧	곽현郭鉉
계승季昇	강정환姜鼎煥	계천季泉	선종宣宗	공거公擧	이간李柬
계승季昇	최현崔晛	계천繼天	이두악李斗岳	공거公擧	이량李樑
계실季實	이성립李誠立	계첨季瞻	강원姜源	공거公擧	조사석趙師錫
계심季心	박필정朴弼正	계청季淸	윤안성尹安性	공계公啓	김건金鍵
계심季心	이언강李彦綱	계초季初	안숭효安崇孝	공공空空	경조景照

자字	성 명	자字	성 명	자字	성 명
공권公權	정공권鄭公權	공습公習	이용희李容熙	공헌公獻	신완申琓
공근公瑾	김세우金世瑀	공습公習	조병학趙秉學	공헌公獻	최광벽崔光璧
공근公瑾	배상유裵尙瑜	공식公識	노인魯認	공형公兄	한돈원韓敦源
공근公瑾	이숙기李淑琦	공신公信	강첨姜籤	공호公浩	이양중李養中
공기公器	김병교金炳喬	공신公愼	노흠盧欽	공화公華	정실鄭實
공기公紀	조적趙績	공신公愼	정수鄭修	공회公晦	김익문金益文
공달公達	유덕삼柳德三	공신公愼	허욱許頊	공회公晦	남태저南泰著
공래公來	이종태李鍾泰	공실公實	성여신成汝信	공회公晦	유휘문柳徽文
공려公勵	이원익李元翼	공실公實	윤영신尹榮信	공회孔懷	성하연成夏衍
공려公麗	정류鄭鎏	공실公實	정재경鄭在褧	공후公厚	김이재金履載
공륙公六	최남선崔南善	공언功彦	허성許筬	공후公厚	이돈상李敦相
공리公履	이원긍李源兢	공언恭彦	김제남金悌男	공훈公訓	조병식趙秉式
공리公履	이행상李行祥	공우公佑	한계원韓啓源	공휴公休	구강具康
공리公理	정언섭鄭彦燮	공우公右	이대직李大稙	공회公喜	이무로李茂魯
공립公立	권명희權命熙	공우公祐	이상좌李上佐	과우寡尤	송언신宋言愼
공립公立	김건수金建銖	공원公遠	송응형宋應洞	과지顆之	이과李顆
공립公立	안중식安中植	공윤公允	민형식閔衡植	과회寡悔	노수신盧守愼
공망公望	강여재姜與載	공윤公允	이석균李錫均	관경觀卿	정병조鄭丙朝
공망公望	신치운申致雲	공윤公潤	윤우식尹雨植	관경觀卿	김국광金國光
공망公望	심대沈岱	공윤公胤	지석영池錫永	관보寬甫	원유남元裕男
공망公望	이희손李希孫	공익公益	이붕해李鵬海	관보寬甫	이민성李民成
공면公勉	정로鄭魯	공익公翼	김세균金世均	관보寬甫	이방일李邦一
공목公穆	김희주金熙周	공작公綽	정유鄭裕	관보寬甫	임전任銓
공무公茂	박성원朴盛源	공저公著	권엄權嚴	관보觀甫	남태제南泰齊
공문公文	반석평潘碩枰	공저公著	민이현閔彛顯	관보觀甫	조한빈曺漢賓
공미公美	신확申㬎	공저公著	이성중李誠中	관보貫甫	한종일韓宗一
공보公寶	순조純祖	공저共著	조신준曺臣俊	관부貫夫	안종도安宗道
공보公甫	한계미韓繼美	공저公著	이정운李鼎運	관여寬汝	정용기鄭鏞基
공보公輔	이세응李世應	공제公濟	김개국金蓋國	관여觀汝	김희화金熙華
공보公輔	임상원任相元	공제公濟	남벌南橃	관옥冠玉	김류金瑬
공보共甫	이공李珙	공제公濟	이궤李軌	관지灌之	유관柳灌
공보功輔	신민일申敏一	공조公造	이기설李基卨	관지觀止	이자덕李資德
공복公復	전내적田乃績	공좌公佐	유상기兪相基	관지貫之	김종일金宗一
공부公夫	이인형李仁亨	공준公俊	장세호張世豪	관지貫之	오도일吳道一
공부公溥	송응개宋應漑	공준公準	김위金墇	관지貫之	유문통柳文通
공삼公三	이규채李圭彩	공직公直	강응정姜應貞	관지貫之	이도일李道一
공서公恕	김치인金致仁	공직公直	김의정金義貞	관필觀必	이만도李晚燾
공서公敍	강세규姜世揆	공직公直	심충겸沈忠謙	광국光國	홍성洪晟
공서公敍	홍석洪錫	공직公直	유정柳頲	광기廣器	창원군昌原君
공서公瑞	노필盧瑋	공직公直	이경중李敬中	광보光甫	조지겸趙持謙
공서公瑞	민시중閔蓍重	공직公直	임회林檜	광보光甫	조희유曺喜有
공서公瑞	박봉령朴鳳齡	공직公直	정광경鄭廣敬	광부廣夫	서호徐峼
공서公瑞	서장보徐長輔	공직公直	조정견趙庭堅	광서光瑞	김두룡金斗龍
공서公瑞	최세진崔世珍	공진公振	박기종朴淇鍾	광서光瑞	조돈金斗龍
공서公瑞	한세환韓世桓	공진公振	남중유南重維	광수廣叟	장한종張漢宗
공서公緒	김기찬金基纘	공칙公則	한준韓準	광숙光叔	영조英祖
공서公舒	홍명호洪明浩	공칠公七	이두황李斗璜	광오光五	박승휘朴承輝
공석公碩	김세필金世弼	공택公宅	이인행李仁行	광원光元	김근배金根培
공선工宣	남이목南履穆	공택公擇	권용權容	광원光遠	정종定宗
공선公先	송시영宋時榮	공택公擇	심우신沈友信	광윤光潤	이명규李命珪
공선公善	이성화李性和	共필共弼	김보현金輔鉉	광종光宗	경보慶甫
공섭公燮	양응정楊應鼎	공필公弼	서좌보徐左輔	광중光仲	강욱姜昱
공세公世	김이교金履喬	공필公弼	유석柳碩	광중光仲	김익金熤
공세公世	윤상연尹相衍	공필公必	송득용宋得用	광중光仲	이돈李燉
공수公授	한경원韓敬源	공필肇弼	송기식宋基植	광지光之	강세황姜世晃
공숙公叔	김돈희金敦熙	공헌公獻	강유姜瑜	광지光之	익현군翼峴君

자字	성 명	자字	성 명	자字	성 명
굉보宏父	한위韓偉	국빈國賓	이관징李觀徵	군보君保	이후석李後奭
굉중宏仲	이덕홍李德弘	국서國瑞	권규權珪	군보君輔	봉석주奉石柱
굉지硡之	허굉許硡	국서國瑞	김규서金奎瑞	군보君輔	서경충徐敬忠
교백喬佰	이의필李義弼	국서國瑞	민상안閔祥安	군보君輔	신익량申翊亮
교백喬佰	박태한朴泰漢	국언國彦	이태좌李台佐	군보君輔	이세필李世弼
교수喬叟	박대년朴大年	국원國元	김진우金鎭右	군사君四	유명악兪命岳
구경久卿	김약항金若恒	국육國育	명랑明朗	군산君山	김숭겸金崇謙
구부懼夫	송천희宋千喜	국이國耳	박광우朴光佑	군서君瑞	권덕린權德麟
구부懼夫	윤변尹忭	국이國耳	이창신李昌臣	군서君瑞	김성응金聖應
구부懼夫	황희黃喜	국이國耳	정언충鄭彦忠	군서君瑞	김응해金應海
구수久叔	유녹숭分祿崇	국익國益	서문상徐文尙	군서君瑞	신명규申命圭
구숙久叔	안처함安處諴	국인國仁	임충任忠恕	군서君瑞	오정위吳挺緯
구언九言	홍수주洪受疇	국전國銓	도형都衡	군서君瑞	유복립柳復立
구여九如	김정집金鼎集	국정國禎	박지서朴旨瑞	군서君瑞	윤응선尹膺善
구여九如	유재소劉在韶	국준國俊	유정수柳廷秀	군서君瑞	이경운李卿雲
구옥久玉	심구沈玖	국진國俊	유정수安璿	군서君瑞	이기룡李起龍
구원久源	김담金湛	국첨國俊	유정수鄭重佋	군서君瑞	이응시李應蓍
구을丘乙	혼구混丘	국필國弼	김정국金正國	군서君瑞	홍이상洪履祥
구이久而	유여항柳汝恒	국필國弼	이기익李箕翊	군서안君瑞顔	등린等麟
구이久而	이익수李益壽	국필國弼	허득량許得良	군석君奭	신익성申翊聖
구이懼而	신율申慄	국현國賢	송소용宋炤用	군석君錫	강명길康命吉
구이懼而	양희梁喜	국현國賢	조승기趙承基	군석君錫	박종우朴宗祐
구중衢仲	윤풍형尹豊亨	국형國馨	정난종鄭蘭宗	군석君錫	조경명趙景命
구지久之	강재항姜再恒	국화國華	김광수金光粹	군선君善	천수경千壽慶
구지久之	김수항金壽恒	국화國華	변양걸邊良傑	군섭君涉	고부천高傅川
구지久之	이영배李永培	국화國華	최숙정崔淑精	군섭君涉	심벌沈橃
구화九和	김시현金始顯	국휴國休	노계정盧啓禎	군섭君燮	정사진鄭四震
국간國幹	김충렬金忠烈	군간君幹	임경한林景翰	군수君叟	윤동로尹東老
국간國幹	정충량鄭忠樑	군거君擧	김익金釴	군수君受	서명응徐命膺
국간菊磵	윤현尹鉉	군거君擧	박수량朴遂良	군수君受	서익徐益
국견國見	조세환曺世煥	군거君擧	한치상韓致相	군수君受	송정조宋廷祚
국경國卿	김안국金安國	군거君擧	홍현보洪鉉輔	군수君受	신경진申景禛
국경國卿	김종서金宗瑞	군경君慶	조영국趙榮國	군수君受	이노익李魯益
국경國卿	이익신李翊臣	군경君敬	권지權持	군수君壽	유팽로柳彭老
국경國卿	이정신李廷藎	군경君敬	정작鄭碏	군수君秀	반부潘阜
국경國卿	이중균李中均	군계君啓	조인옥趙仁沃	군수君秀	장득만張得萬
국경國卿	조안국趙安國	군극君極	박세중朴世重	군수君粹	김여옥金汝鈺
국경國卿	홍주국洪柱國	군길君吉	정척鄭惕	군수君粹	한온韓蘊
국균國鈞	강자평姜子平	군량君亮	노우명盧友明	군수君遂	박수량朴守良
국기國紀	김충렬金忠烈	군량君諒	김심金諶	군술君述	정윤헌鄭胤獻
국로國老	조세보趙世輔	군망君望	서종태徐宗泰	군시君始	원만춘元萬春
국로國老	최홍사崔弘嗣	군망君望	신응시辛應時	군신君愼	김수인金守認
국미國美	고시언高時彦	군망君望	이재항李載恒	군신君臣	강홍립姜弘立
국미國美	위세보魏世寶	군명君明	허감許礛	군신君臣	박정번朴廷璠
국미國美	이동언李東彦	군목君睦	이휘령李彙寧	군실君宲	박광영朴光榮
국보國寶	김재찬金載瓚	군미君美	신구申球	군실君實	김영순金英淳
국보國寶	남한기南漢紀	군미君美	이경휘李慶徽	군실君實	박종겸朴宗謙
국보國寶	민영찬閔泳瓚	군미君美	이기언李箕彦	군실君實	박지화朴枝華
국보國寶	서종벽徐宗璧	군미君美	이성언李誠彦	군실君實	양원梁榌
국보國寶	제안대군齊安大君	군미君美	이직언李直彦	군실君實	이세화李世華
국보國寶	홍석구洪錫龜	군방君芳	정수영鄭遂榮	군실君實	이수李穟
국보國甫	조관빈趙觀彬	군방君邦	순종純宗	군실君實	이여발李汝發
국보國輔	이세응李世應	군백君伯	이규석李奎奭	군실君實	홍위洪葳
국보國輔	황사우黃士祐	군범君範	이기진李箕鎭	군안君安	권전權碩
국빈國賓	신헌申櫶	군범君範	조해趙楷	군언君彦	박홍미朴弘美
국빈國賓	안중관安重觀	군범君範	채지홍蔡之洪	군언君彦	이주국李柱國

자字	성 명	자字	성 명	자字	성 명
군열君悅	윤용尹瑢	군필君弼	한선국韓善國	기공旂公	서상수徐常修
군옥君沃	박계현朴啓賢	군필君必	조동만趙東萬	기도幾道	손처눌孫處訥
군옥君沃	이상계李商啓	군한君翰	양주익梁周翊	기백器伯	정재원丁載遠
군옥君瑛	민열閔瑛	군헌君獻	김진태金振泰	기백畿伯	박안현朴顔賢
군옥君玉	송영중宋塋中	군헌君獻	조형趙珩	기백耆伯	서영순徐英淳
군옥君玉	원만석元萬石	군현君賢	민치완閔致完	기백起伯	조진趙振
군옥君玉	윤지尹墀	군현君顯	이언영李彦英	기범箕範	김개남金開男
군옥君玉	장진張瑱	군호君浩	이원李源	기보基甫	김치金峙
군옥君玉	조하위曹夏瑋	군회君晦	이우휘李遇輝	기복基福	김여부金汝孚
군군群玉	한남군韓南君	군회君晦	정영丁焆	기복基福	김지우金之祐
군군群玉	홍천경洪千璟	군흡君洽	정립鄭雴	기부起夫	상진尙震
군요君饒	권경유權景裕	귀농歸農	정약용丁若鏞	기부起夫	임진하任震夏
군우君遇	강익문姜翼文	귀후歸厚	김순金恂	기삼箕三	조영하趙寧夏
군우君遇	임열任說	규복圭復	유용근柳庸謹	기상其相	이옥李鈺
군원君元	김동건金東健	규중圭仲	최기필崔琦弼	기서岐瑞	정내성鄭來成
군응君應	이경기李慶祺	극경克卿	오재소吳載紹	기서龜敍	조구하趙龜夏
군익君翊	정시한丁時翰	극기克己	유호인兪好仁	기서箕瑞	남구명南九明
군익君翼	김석신金碩臣	극례克禮	이인복李仁復	기선箕先	김개남金開南
군임君任	이진李軫	극무克懋	박광선朴光先	기수期叟	조팽년趙彭年
군장君章	송기면宋基冕	극세克世	성덕구成德求	기수耆叟	민수천閔壽千
군절君節	김소金訴	극수克修	강린姜繗	기수耆叟	송구수宋龜壽
군절君節	김혼金訢	극수克修	최탁崔濯	기수耆叟	정미수鄭眉壽
군정君正	이노춘李魯春	극양克讓	김윤겸金允謙	기숙器叔	이만성李晩成
군정君貞	이충작李忠綽	극오極五	채기중蔡基中	기숙耆叔	심수현沈壽賢
군조君祚	정윤영鄭胤永	극원克遠	조홍립曺弘立	기숙驥叔	박기준朴基駿
군좌君佐	이수보李秀輔	극일克一	손여성孫汝誠	기영祈永	이인명李寅命
군좌君佐	장후완蔣後琓	극임克任	유감柳堪	기오箕五	김녕한金甯漢
군중君重	김정윤金廷潤	극정克精	조방趙坊	기옥奇玉	민영린閔泳璘
군중君重	김현우金鉉宇	극지克之	나덕명羅德明	기옥奇玉	송치규宋穉圭
군중君重	이성임李聖任	극첨極瞻	박정래朴廷來	기옥奇玉	전기田琦
군직君直	이만李㭑	극화克和	민호閔護	기옹耆翁	박억년朴億年
군진君晋	태조太祖	극후克厚	유전柳㙉	기완起完	오상렬吳相烈
군집君執	장몽열張夢說	극휴克休	이광윤李光胤	기원基元	이규태李圭泰
군집君集	송성명宋成明	극흠克欽	이득윤李得胤	기원起元	김붕준金朋濬
군징君徵	홍우원洪宇遠	근보勤父	김사우金師禹	기장耆章	권헌權憲
군철君哲	김경유金景游	근보根甫	이성효李性孝	기중基仲	이당규李堂揆
군칙君則	홍중성洪重聖	근보謹甫	성삼문成三問	기중期中	강로姜㳣
군칙君則	이동표李東標	근보謹甫	오저吳著	기중期中	윤동로尹東老
군칙君則	이이장李彝章	근보謹甫	이성효李性孝	기중記中	김진金搢
군칙君則	정세규鄭世規	근부謹夫	정언각鄭彦慤	기지器之	구치용具致用
군택君擇	장린張遴	근부近夫	유성오柳誠吾	기지器之	이식李埴
군택君澤	김지金漬	근숙根叔	이탁남李擢男	기지耆之	임춘林椿
군택君澤	신유申濡	근술近述	송근수宋近洙	기지耆之	채수蔡壽
군택君澤	홍수헌洪受瀗	근임謹任	이경하李擎廈	기지起之	김수홍金壽興
군팔君八	민영휘閔泳徽	근중勤仲	신수근愼守勤	기지起之	민백홍閔百興
군평君平	목천성睦天成	근지謹之	남치근南致勤	기천祈天	정창순鄭昌順
군평君平	윤구尹坵	근지謹之	유영근柳永謹	기현岐峴	서상봉徐相鳳
군평君平	정두경鄭斗卿	근초謹初	조말생趙末生	길래吉來	신응태申應泰
군평君平	홍명한洪名漢	근회根晦	이봉춘李逢春	길로吉老	윤동철尹東喆
군필君弼	김상석金相奭	근휴謹休	이만각李晩慤	길보吉甫	노극복盧克復
군필君弼	박후웅朴後雄	금유錦蕤	신광현申光絢	길보吉甫	박소영朴紹榮
군필君弼	배상열裵相說	급지汲之	이척李滌	길보吉甫	안일리安日履
군필君弼	서상훈徐相勛	긍세肯世	한구韓構	길보吉甫	오자경吳子慶
군필君弼	신익륭申翊隆	긍첨兢瞻	백종걸白宗杰	길보吉甫	윤선거尹宣擧
군필君弼	안시상安時相	기경器卿	김만식金晩植	길보吉甫	윤헌주尹憲柱
군필君弼	이교헌李教獻	기경起卿	김흥근金興根	길보吉甫	이경절李景節

자字	성 명
길보吉甫	임수적任守迪
길보吉甫	정유악鄭維嶽
길보吉甫	홍경손洪敬孫
길원吉元	정유길鄭惟吉
길원吉元	채겸길蔡謙吉
길원吉遠	신희남愼喜男
길재吉哉	남유상南有常
길재吉哉	황윤길黃允吉
길재吉載	권상權常
길중吉仲	양한묵梁漢黙
길지吉之	오희길吳希吉
길초吉初	장창복張昌復
길포吉浦	오방언吳邦彦

ㄴ

자字	성 명
낙보樂甫	이래李來
낙보樂甫	이하조李賀朝
낙보樂甫	이훤李藼
낙보樂甫	조도빈趙道彬
낙부樂夫	홍명원洪命元
낙서洛瑞	이서구李書九
낙선樂善	경취慶冣
낙수樂叟	이지명李知命
낙수洛叟	남태기南泰耆
낙언樂彦	정시해鄭時海
낙옹樂翁	신변申抃
낙옹樂翁	임진부林眞怤
낙유樂裕	이최선李最善
낙이樂而	권유權楡
낙이樂而	진식陳寔
낙인樂寅	이강년李康秊
낙전樂全	민적閔頔
낙천樂天	남흔南忻
낙천樂天	방덕룡方德龍
낙천樂天	신변申抃
낙천樂天	유명립柳命立
낙천樂天	윤순지尹順之
낙천樂天	이거이李居易
낙천樂天	중종中宗
난고蘭皐	김병연金炳淵
난사鸞斯	박도상朴道翔
남거南擧	신명익愼溟翊
남로南老	유수원柳壽垣
남익南翼	김붕해金鵬海
남일南一	심수택沈守澤
남중南仲	심기일沈紀一
남중南仲	정기화鄭琦和
남중南仲	허자許磁
낭옹浪翁	이원李黿
내경乃卿	정찬鄭瓚
내경來卿	임종칠林宗七
내길來吉	구정래具鼎來

자字	성 명
내백來白	안정대安鼎大
내백來伯	백봉래白鳳來
내보來甫	도경유都慶兪
내봉來鳳	유치구柳致球
내서乃恕	민백충閔百忠
내수乃受	필성뢰弼聖賚
내수內壽	박주현朴周鉉
내숙來叔	강민저姜敏著
내숙來叔	안후태安後泰
내심乃心	최계옹崔啓翁
내옥來玉	이규서李珪緒
내융內融	최항崔沆
내중來仲	정도복丁道復
내지來之	목내선睦來善
내초來初	이인복李仁復
내향來鄉	이태순李泰淳
내협내협	김규하金圭夏
내형乃亨	강영지姜永墀
내화乃和	김시후金時煦
노경魯卿	황맹헌黃孟獻
노백魯伯	이곽李漷
노부魯夫	김문근金汶根
노언魯言	정은조鄭誾朝
노옹魯翁	이희증李希曾
노직魯直	박로朴로
노직魯直	윤순거尹舜擧
노직魯直	조렴趙廉
노천老泉	김식金湜
노천老泉	방윤명方允明
노천老泉	이정李淀
노천老泉	이집李㙫
노첨魯瞻	한태동韓泰東
노초怒初	민충원閔忠元
노택魯澤	유수柳洙
노팽老彭	윤지술尹志述
뇌중賚仲	민언량閔彦良

ㄷ

자字	성 명
단례端禮	이지남李至男
단보端甫	허균許筠
단부端甫	이정녕李正寧
단숙丹叔	박창수朴昌壽
달가達可	정몽주鄭夢周
달가達可	홍천민洪天民
달경達卿	성만징成萬徵
달경達卿	이덕부李德孚
달민達民	김도화金道和
달보達甫	김진규金鎭圭
달보達甫	채달주蔡達周
달보達父	이계양李繼陽
달부達夫	고홍달高弘達
달부達夫	김민선金敏善

자字	성 명
달부達夫	목겸선睦兼善
달부達夫	안겸제安兼濟
달부達夫	유현시柳顯時
달부達夫	이공승李公升
달부達夫	정민하鄭敏河
달부達夫	정언겸鄭彦兼
달원達遠	김해金垓
달주達周	강대주姜大周
달중達仲	정시연鄭時衍
달천達天	임성원林聲遠
담수淡叟	신아申雅
담수淡叟	윤자영尹子濚
담약湛若	조충趙冲
담연湛然	유자량庾資諒
당지當之	안축安軸
대가待可	서기徐起
대거大擧	정양한鄭良翰
대건大建	박호朴箎
대견大見	구용징具龍徵
대경大卿	정만조鄭萬朝
대경大卿	정우주鄭宇柱
대경大卿	황경원黃景源
대관大觀	김광국金光國
대관大觀	노석빈盧碩賓
대관大觀	박정朴炡
대권大眷	김지남金地南
대규大圭	박간순朴奎淳
대균大均	박개朴漑
대기大器	김중기金重器
대기大紀	홍창한洪昌漢
대년大年	나무춘羅茂春
대년大年	오억령吳億齡
대년大年	이구징李耉徵
대년大年	이영李永
대래大來	조태억趙泰億
대래大來	노이형盧以亨
대림大臨	정태호鄭泰好
대림大臨	강응태姜應台
대립大立	이면긍李勉兢
대명大命	이홍간李弘幹
대명大鳴	고종高宗
대발大發	정구鄭球
대방大方	손중돈孫仲暾
대백大伯	정세구鄭世垢
대백大伯	김기풍金基豊
대봉大鵬	우여무禹汝楙
대빙待聘	이도남李圖南
대성大成	김우신金友臣
대수大受	이문량李文樑
대수大受	구용具容
대수大受	민정중閔鼎重
대수大受	정존겸鄭存謙
대수大手	정편鄭遍
대수大樹	권벽權擘
대수大殊	임억령林億齡
	박문일朴文一

자字	성 명	자字	성 명	자字	성 명
대수待售	옥고玉沽	대재大哉	노원섭盧元燮	덕보德甫	안팽명安彭命
대숙大叔	김성하金聲夏	대재大哉	유우기兪宇基	덕보德甫	오덕명吳德明
대숙大叔	김지웅金志雄	대재大哉	이정로李正魯	덕보德甫	왕의성王義成
대숙大叔	목천임睦天任	대재大哉	임시척任時倜	덕보德甫	유석柳碩
대숙大叔	서선徐選	대중大中	기정진奇正鎭	덕보德甫	이희득李希得
대숙大叔	유집일兪集一	대중大中	김건종金建鍾	덕보德輔	강문형姜文馨
대숙大叔	윤담尹譚	대중大中	이개립李介立	덕보德輔	민세량閔世良
대시大始	변원규卞元圭	대중大仲	이유홍李惟弘	덕보德輔	임주헌任周憲
대시大始	이건하李乾夏	대중大仲	이해수李海壽	덕보德輔	조인득趙仁得
대시大始	정기일鄭基一	대중大仲	임방任埅	덕부德夫	김재현金在顯
대양對揚	명종明宗	대지待之	안공安玒	덕부德夫	신후재申厚載
대언代言	한몽필韓夢弼	대직大直	박홍수朴弘壽	덕부德夫	여유길呂裕吉
대여代餘	윤천뢰尹天賚	대천代天	박인량朴寅亮	덕부德夫	유형원柳馨遠
대여大汝	김하종金夏鐘	대천大遷	정윤교鄭允喬	덕부德父	우선언禹善言
대여大汝	심상현沈商賢	대춘大椿	양팽손梁彭孫	덕삼德三	김용언金龍彦
대여大汝	이종우李鍾愚	대허大虛	임경식林景軾	덕선德先	이상형李尙馨
대연大淵	한치윤韓致奫	대형大亨	조창원趙昌遠	덕소德昭	한원진韓元震
대오大吾	신득홍申得洪	대화大化	박문오朴文五	덕소德紹	황사영黃嗣永
대오大悟	탄문坦文	대화大和	최시윤崔時允	덕수德受	이승복李承福
대옥大玉	김필진金必振	대화大和	최웅崔雍	덕수德叟	강봉수姜鳳壽
대옥大玉	이구李球	대화大華	강종康宗	덕수德叟	김매순金邁淳
대옥大玉	홍중현洪重鉉	대훈大勳	안위安衛	덕수德叟	김영작金永爵
대용大容	최유해崔有海	대흔大昕	신무왕神武王	덕수德叟	김윤신金潤身
대용大用	신상申鏛	덕경德卿	박신윤朴身潤	덕수德叟	김한기金漢耆
대용大用	이숙량李叔樑	덕경德卿	조득림趙得林	덕수德叟	안명로安命老
대우大友	엄석정嚴錫鼎	덕경德卿	조병호趙秉鎬	덕수德叟	이계조李啓朝
대원大源	유도柳濤	덕고德古	전극항全克恒	덕수德叟	조태구趙泰耈
대원大源	윤동수尹東洙	덕공德公	홍경신洪慶臣	덕수德庾	이지억李之億
대원大源	정준鄭浚	덕공德恭	조완기趙完基	덕수德秀	김응생金應生
대원大遠	이익엽李益燁	덕구德久	성수익成壽益	덕수德秀	정인인鄭麟仁
대유大圉	홍낙인洪樂仁	덕구德久	전극항全克恒	덕수德鍾	김진형金鎭衡
대유大有	경연慶延	덕구德求	송상현宋象賢	덕숙德叔	이종휘李種徽
대유大有	김세기金世基	덕구德耉	오백령吳百齡	덕순德純	유영길柳永吉
대유大有	김창업金昌業	덕기德器	심이沈履	덕승德升	윤동섬尹東暹
대유大有	이용구李容九	덕기德基	서원리徐元履	덕승德承	김경장金慶長
대유大有	이원풍李元豊	덕기德基	정유성鄭維城	덕언德彦	김도혁金道赫
대유大柔	김구金絿	덕로德老	김만수金萬壽	덕여德汝	김재창金在昌
대유大猷	김굉필金宏弼	덕로德老	박인수朴仁壽	덕여德汝	박순수朴崙壽
대유大猷	우하영禹夏永	덕로德老	박희수朴希壽	덕여德汝	유병주兪秉柱
대유大裕	백광홍白光弘	덕로德老	백시구白時耉	덕여德汝	이병문李秉文
대윤大潤	임창택林昌澤	덕로德老	정유인鄭維仁	덕여德汝	조득영趙得永
대이大而	민백창閔百昌	덕로德老	홍국영洪國榮	덕여德興	심단沈檀
대이大而	오혁吳焃	덕로德魯	정광정程廣	덕여德興	이극감李克堪
대이大而	유준柳俊昌	덕린德隣	이충범李忠範	덕여德興	이석기李碩基
대이大而	유중림柳重臨	덕명德明	김덕명金德明	덕여德興	이휘재李彙載
대이大而	이유석李惟碩	덕명德明	박사희朴士熹	덕여德餘	정백창鄭百昌
대이大而	조탁曺倬	덕명德明	임민비林民庇	덕오德五	홍순학洪淳學
대이大而	조형도趙亨道	덕무德懋	이형욱李馨郁	덕용德翁	김상련金象鍊
대이大而	하응림河應臨	덕민德民	현석운玄昔運	덕용德翁	박인로朴仁老
대이大而	홍경보洪景輔	덕병德柄	문극겸文克謙	덕요德堯	채필훈蔡必勳
대이大而	홍명하洪命夏	덕보德保	홍대용洪大容	덕요德曜	윤황尹煌
대이待而	김진흥金振興	덕보德普	전현룡田見龍	덕용德勇	조임도趙任道
대이待而	안숙安璹	덕보德步	안기영安驥泳	덕용德容	김기대金器大
대일大一	박용기朴鏞慶	덕보德甫	권산해權山海	덕용德用	최상룡崔象龍
대재大哉	김성기金聖基	덕보德甫	성준구成俊耈	덕용德用	심명세沈命世
대재大哉	김유기金裕器	덕보德甫	송일宋馹	덕용德用	정석구鄭錫耉

자字	성 명	자字	성 명	자字	성 명
덕우德優	신영희辛永禧	덕후德後	정백형鄭百亨	도창道昌	이광익李光翼
덕우德雨	김용택金龍澤	덕훈德薰	이여빈李汝馪	도충道冲	고종후高從厚
덕우德雨	박황朴潢	덕훈德勳	이정형李廷馨	도홍道弘	설진영薛鎭永
덕우德雨	안후열安後說	덕휘德輝	김중남金重南	돈미敦美	김휘金徽
덕원德元	김호金虎	덕휘德輝	유한지兪漢芝	돈부敦夫	이무李茂
덕원德園	정시鄭蓍	덕휘德輝	윤득화尹得和	돈서敦敍	김부륜金富倫
덕원德源	오연吳演	덕휘德輝	이광정李光庭	돈시敦詩	이시백李時白
덕원德遠	정인홍鄭仁弘	덕휘德輝	정인함鄭仁涵	돈오惇五	성이호成彝鎬
덕유德有	함대영咸對榮	덕휘德輝	허돈許墩	돈중敦中	손서륜孫敍倫
덕유德裕	김유경金有慶	덕휴德休	김성구金聲久	돈칠敦七	한정교韓正敎
덕유德裕	손영제孫英濟	덕휴德休	유대일兪大逸	동同	이동李同
덕유德裕	이유민李裕民	도가道可	정구鄭逑	동국東國	정봉현鄭鳳鉉
덕응德凝	박성朴惺	도경道卿	공학원孔學愿	동랑冬郞	한치원韓致元
덕응德應	임우林祐	도경道卿	김두량金斗樑	동리東利	박삼길朴三吉
덕이德以	강윤姜潤	도경道卿	김성익金盛益	동망東望	정태제鄭泰齊
덕이德而	서매수徐邁修	도광道光	찬유璨幽	동보同甫	박종갑朴宗甲
덕이德而	오시수吳始壽	도보道甫	권준權濬	동보同甫	신응현申應顯
덕이德而	이숭호李崇祜	도보道甫	이광사李匡師	동보同甫	이희조李喜朝
덕이德而	정광운鄭廣運	도상道常	김우형金宇亨	동수東秀	김일두金一斗
덕인德寅	익종翼宗	도성道盛	김륭金隆	동야東野	이경李坰
덕일德一	박길응朴吉應	도성道盛	이세장李世璋	동언東彦	권창진權昌震
덕일德一	이재순李載純	도숙度叔	우여도禹汝度	동오東五	송병규宋柄奎
덕일德一	조희순趙羲純	도숙道叔	유신일兪信一	동옥東玉	김우근金宇根
덕장德璋	공규公珪	도승道升	철종哲宗	동장東章	이태화李泰和
덕장德璋	현석규玄錫圭	도심道心	김항金恒	동첨東瞻	김광악金光岳
덕장德章	권감權瑊	도심道深	송광연宋光淵	동현同玄	윤관尹瓘
덕장德章	권규權珪	도언道彦	김종덕金宗德	동현東峴	법함法咸
덕장德章	변헌邊憲	도언道彦	임적任適	두경斗卿	이승칠李承七
덕장德章	임홍망任弘望	도여道汝	정현철鄭顯哲	두남斗南	오정일吳挺一
덕재德哉	남유용南有容	도옹賭翁	이훈李塤	두삼斗三	손한기孫漢機
덕재德哉	이성길李成吉	도옹道翁	정중기鄭重器	두칠斗七	김예진金禮鎭
덕재德哉	이의현李宜顯	도원道源	김세렴金世濂	득보得甫	이덕성李德成
덕재德哉	하진보河晋寶	도원道源	김용金涌	득수得守	안견安堅
덕재德載	서후徐厚	도원道源	송규렴宋奎濂	득여得汝	임로任魯
덕재德載	이축李軸	도원道源	신학申澩	득여得輿	이이첨李爾瞻
덕재德載	홍처후洪處厚	도원道源	주의식朱義植	득원得原	오희도吳希道
덕전德全	오세재吳世才	도원道源	홍서주洪敍疇	득정得正	권적權迹
덕조德操	이벽李檗	도원道遠	이세장李世長	득지得之	김대덕金大德
덕조德祚	명완벽明完璧	도유道唯	이종홍李鍾弘	득지得之	심덕부沈德符
덕중德仲	서명민徐命敏	도윤道潤	서문중徐文重	득지得之	이려李勵
덕중德仲	이유신李裕身	도이道以	권도權導	득지得之	신상申商
덕첨德瞻	백인국白仁國	도이道以	원경순元景淳		
덕초德初	유재건劉在建	도이道以	정대용鄭大容		
덕초德初	이봉희李鳳羲	도이道以	현덕윤玄德潤		
덕취德聚	안집安집	도이道而	김달순金達淳	**ㅁ**	
덕함德涵	임영林泳	도이道而	원경순元景淳		
덕행德荇	조중묵趙重默	도일道一	권심규權心揆		
덕현德賢	신경희申景熙	도일道一	권중경權重經	마힐摩詰	허련許鍊
덕현德顯	고윤식高允植	도일道一	박인호朴寅浩	만고萬古	김주우金柱宇
덕현德顯	심광세沈光世	도일道一	양만고楊萬古	만기萬基	박세성朴世城
덕형德泂	김청金淸	도장道章	이소한李昭漢	만리萬里	백대붕白大鵬
덕홍德弘	신확申濩	도장道長	오태주吳泰周	만리萬里	송도남宋圖南
덕화德化	장진성張進聖	도장道長	홍세태洪世泰	만리萬里	이명익李溟翼
덕화德和	조즙趙湒	도준道峻	유치덕柳致德	만리萬里	장운익張雲翼
덕회德晦	장현광張顯光	도중道中	권기환權麒煥	만리萬里	정일鼎馹
덕후德厚	이성린李聖麟	도중道中	정간鄭幹	만부萬夫	이지웅李志雄

자字	성 명	자字	성 명	자字	성 명
만석曼碩	정총鄭摠	명보明甫	김성동金誠童	명원明遠	신방申昉
만여萬汝	이필희李弼熙	명보明甫	김여량金汝亮	명원明遠	신지남申智男
만여萬汝	현일玄鎰	명보明甫	박공량朴公亮	명원明遠	안욱安旭
만용萬容	권대림權大臨	명보明甫	박진朴晉	명원明遠	이광李光
만위晚瑋	이정렬李定烈	명보明甫	손재형孫在馨	명원明遠	이목李穆
만종萬從	어효첨魚孝瞻	명보明甫	송준길宋浚吉	명원明遠	이수李晬
만청曼倩	유한준兪漢雋	명보明甫	엄황嚴愰	명원鳴遠	곽종석郭鍾錫
만초萬初	유명일兪命一	명보明甫	이덕형李德馨	명유明裕	신희문申喜文
만초萬初	이상룡李相龍	명보明甫	장윤張潤	명윤明允	신경申暻
만초萬初	홍명일洪命一	명보明甫	채선견蔡先見	명익鳴翼	윤수겸尹守謙
만취萬聚	조전주曹殿周	명보明甫	황진黃進	명조明照	예종睿宗
만희晚羲	고기승高基升	명보明輔	장문익蔣文益	명준明峻	정혁신鄭赫臣
망구望久	신홍망申弘望	명부明夫	고종高宗	명중明仲	강섬姜暹
망기望紀	이지활李智活	명서命瑞	강웅환姜膺煥	명중明仲	노병희魯炳熹
망여望如	소두산蘇斗山	명서明敍	신사철申思喆	명중明仲	송인宋寅
망이望以	태두남太斗南	명서明瑞	남노성南老星	명중明仲	신익황申益愰
망지望之	손여두孫汝斗	명서明瑞	배용길裵龍吉	명중明仲	심정주沈廷冑
망지望之	윤자운尹子雲	명서明瑞	이세진李世璡	명중明仲	오이정吳以井
맹견孟堅	연비燕㔻	명서明瑞	조엄趙曮	명중明仲	유량柳亮
맹견孟堅	임계任垍	명서鳴瑞	이봉징李鳳徵	명중明仲	유형兪泂
맹경孟耕	전녹생田祿生	명세命世	권응생權應生	명중明仲	윤탁尹倬
맹명孟明	이휘李輝	명세明世	남극표南極杓	명중明仲	이문성李文誠
맹명孟明	허성許誠	명세明世	장영張영	명중明仲	이우李堣
맹문孟文	정규한鄭奎漢	명수冥叟	오응吳凝	명중明仲	조준趙浚
맹빈孟賓	조관국趙觀國	명수命叟	김언수金彦壽	명중明仲	홍춘경洪春卿
맹사孟思	박제현朴齊賢	명숙明叔	김원량金元亮	명지明之	강복성姜復誠
맹언孟彦	이세좌李世佐	명숙明叔	남탁南晫	명지明之	이경현李景賢
맹연孟然	안호연安浩淵	명숙明叔	변혼卞渾	명지明之	정척鄭陟
맹용孟容	심연원沈連源	명숙明叔	이성립李誠立	명진明進	문취광文就光
맹운孟雲	한수韓脩	명숙明叔	이익정李益炡	명통明通	김근사金謹思
맹윤孟潤	이세택李世澤	명숙明叔	장지현張智賢	명현明賢	정관원鄭官源
맹의孟義	유창劉敞	명숙明叔	정문형鄭文炯	명화命和	박은春朴殷春
맹충孟忠	황치신黃致身	명숙明淑	이달移達	명휴命休	김천석金天錫
맹휴孟休	이현정李顯靖	명숙明淑	전봉준全琫準	모지慕之	이교李嶠
맹회孟希	이윤성李潤聖	명숙明淑	채광묵蔡光黙	목경穆卿	박주운朴周雲
면경勉卿	강신姜紳	명숙鳴叔	윤봉조尹鳳朝	목여穆卿	정윤목鄭允穆
면경勉卿	유구柳頔	명술明述	박진경朴晉慶	몽경夢卿	안중필安重弼
면경勉卿	조원기趙遠期	명신命新	정환주鄭煥周	몽득夢得	곽여郭輿
면부勉夫	박전朴全	명언明彦	기대승奇大升	몽뢰夢賚	나만갑羅萬甲
면숙勉叔	한효순韓孝純	명언明彦	이해李瀣	몽뢰夢賚	정양필鄭良弼
면숙勉叔	홍무적洪茂績	명여命汝	김이양金履陽	몽사夢思	유관柳寬
면오勉吾	김시민金時敏	명여命汝	윤동교尹東郊	몽서夢瑞	김규金虬
면재勉哉	강대수姜大遂	명여命汝	정석삼鄭錫三	몽서夢瑞	이헌경李獻慶
면지勉之	이구인李求仁	명여明汝	김좌진金佐鎭	몽서夢瑞	홍주익洪柱翼
명거冥擧	김홍운金鴻運	명여明汝	민명혁閔命爀	몽석夢錫	이사필李士弼
명경明卿	박계봉朴桂鳳	명여明汝	선형宣炯	몽수夢叟	이헌길李獻吉
명고明考	이방운李昉運	명여明汝	오강표吳剛杓	몽수夢叟	최운崔雲
명구明九	윤현진尹顯振	명오明五	한기악韓基岳	몽여夢與	안응로安應魯
명길鳴吉	한백겸韓百謙	명옥明玉	정춘수鄭春洙	몽여夢與	이영보李英輔
명간鳴幹	유치구柳致球	명옥明玉	김도현金道鉉	몽흥夢興	정사호鄭賜湖
명녕明寍	유치구柳致球	명옥鳴玉	김성진金聲振	몽여蒙予	장후상張后相
명로明老	임헌회任憲晦	명원明源	나익羅瀷	몽응夢應	이제신李濟臣
명로明老	한철호韓哲浩	명원明遠	강제姜霽	몽저蒙且	천책天頙
명보明寶	김총金璁	명원明遠	구천군龜川君	몽정夢禎	김희수金希壽
명보明普	숙종肅宗	명원明遠	노응환盧應晥	몽휴夢休	김시구金蓍耈
명보明甫	강응철姜應哲	명원明遠	신감申鑑	묘부畝夫	정종鄭種

자字	성 명	자字	성 명	자字	성 명
무경武卿	이재면李載冕	문극文極	김상효金相孝	문옥文玉	강진구姜鎭求
무경茂卿	연최적延最績	문극文極	이준형李濬衡	문옹文翁	이성령李星齡
무경茂卿	이희무李喜茂	문극文極	한상렬韓相烈	문병文炳	이병李炳
무관務觀	송유원宋有源	문길文吉	김첨경金添慶	문우文雨	이인문李寅文
무관懋官	이덕무李德懋	문길文吉	최종주崔宗周	문욱文郁	최환崔煥
무구無咎	백분화白賁華	문도文道	김제환金濟煥	문원文源	금난수琴蘭秀
무구無垢	형주泂珠	문량文良	김수온金守溫	문원閩遠	김시성金是聲
무구舞九	최우순崔宇淳	문명文命	함우치咸禹治	문원閩遠	이익필李益馝
무기無己	김륜金倫	문명文明	송일중宋日中	문원閩遠	현덕승玄德升
무당無黨	홍관洪灌	문명文明	왕륭王隆	문원閩遠	조숙기曹淑沂
무등無等	태흘泰屹	문백文伯	경구慶絢	문위文偉	헌종憲宗
무민無閔	채홍철蔡洪哲	문백文伯	김예직金禮直	문응文應	윤태홍尹泰鴻
무백武伯	임호신任虎臣	문백文伯	김학기金學起	문익文翊	한호운韓浩運
무백武伯	조숭문趙崇文	문백文伯	노숙盧璹	문익文翼	남상목南相穆
무백茂伯	이송李淞	문백文伯	손엽孫曄	문일文一	봉규奉圭
무백茂伯	이윤우李潤雨	문백文伯	이목李楘	문일文一	홍승헌洪承憲
무백茂白	이회李薈	문백文伯	이인환李寅煥	문재文哉	박주양朴周陽
무부武夫	장필무張弼武	문백文伯	송순례宋純禮	문재文哉	장차주張次周
무선武先	송복흥宋復興	문병文炳	송몽인宋夢因	문재開哉	박제소朴齊韶
무선茂先	송시영宋時榮	문병文炳	허반許磐	문재開載	김희수金喜洙
무숙懋叔	김익훈金益勳	문보文甫	남주헌南周獻	문좌文佐	김창숙金昌淑
무숙武叔	유광柳洸	문보文甫	신규申奎	문중文仲	권회학權喜學
무숙武叔	이환李桓	문보文甫	이주진李周鎭	문중文仲	오응정吳應鼎
무숙茂叔	경세창慶世昌	문보文甫	조연창趙然昌	문중文仲	유비柳棐
무숙茂叔	권세숙權世橚	문보文甫	허목許穆	문중文仲	이기李芑
무숙茂叔	임숙영任叔英	문보文父	이정란李廷鸞	문중文仲	이근원李根元
무업茂業	박대하朴大夏	문상文祥	이회보李回寶	문중文仲	임규任奎
무외無畏	선영善影	문서文瑞	권성익權聖翊	문지文之	김취문金就文
무이無二	유일有一	문서文瑞	김번金璠	문지文之	밀성군密城君
무작無作	혼수混修	文書文瑞	여응구呂應龜	문지文之	조재도趙載道
무장武章	장헌문蔣憲文	문서文瑞	이규령李奎齡	문징文徵	곽성구郭聖龜
무중武仲	유계兪棨	문서文瑞	홍봉상洪鳳祥	문징文徵	심동구沈東龜
무진無盡	혜장惠藏	문석文錫	이중언李中彦	문찬文贊	양한규梁漢奎
무평務平	이제마李濟馬	문성文星	송광벽宋光璧	문첨文詹	신석рим辛碩休
무회无悔	김지복金知復	문소文素	김질金質	문초文初	신광하申光河
무회无悔	박돈복朴敦復	문수文叟	채헌징蔡獻徵	문통文通	김회연金會淵
무회無悔	권이복權以復	문수文安	권주욱權周郁	문행文行	왕유王儒
무회無悔	노극신盧克愼	문숙文叔	금성규琴聖奎	문협文協	구연해具然海
무회無懷	조관慥冠	문숙文叔	김홍욱金弘郁	문호文好	정민병鄭民秉
묵계黙契	인오印悟	문숙文叔	심재沈梓	미경米卿	조정구趙鼎九
문가文可	현찬봉玄燦鳳	문숙文叔	연령군延齡君	미경美京	박호수朴鎬壽
문거文擧	김병욱金炳昱	문숙文叔	유병연柳炳然	미경美卿	이휘李徽
문거文擧	이상재李尙載	문숙文叔	이헌李櫶	미경美卿	이휘지李徽之
문거文擧	장봉한張鳳翰	문숙文淑	최규서崔奎瑞	미경美瓊	윤진尹璡
문견文見	유문룡柳汶龍	문숙文淑	김우생金佑生	미백美伯	김경구金景球
문경文卿	김영철金永哲	문숙文淑	변응정邊應井	미백美伯	최방언崔邦彦
문경文卿	박제빈朴齊斌	문숙聞叔	홍재학洪在鶴	미수眉叟	곽기수郭期壽
문경文卿	오재순吳載純	문식文式	성헌징成獻徵	미수眉叟	김수동金壽童
문경文卿	유예신柳禮臣	문야文野	홍빈洪彬	미수眉叟	김응기金應箕
문경文卿	이을규李乙奎	문약文若	민영환閔泳煥	미수眉叟	송인수宋麟壽
문경文卿	이종장李宗張	문약文若	양덕호楊德壕	미수眉叟	이인로李仁老
문경文卿	임백경任百經	문약文若	이옥李沃	미숙眉叔	구수영具壽永
문경文卿	전한全翰	문약文若	이의익李宜翼	미숙美叔	배정휘裵正徽
문경文卿	조창기趙昌期	문언文彦	이홍李泓	미숙美叔	유빈柳贇
문경文卿	한배주韓配周	문오文五	이봉령李鳳齡	미숙美叔	이수언李秀彦
문계文階	이승연李升淵	문오文吾	김질간金質幹	미숙美叔	허봉許篈

자字	성 명	자字	성 명	자字	성 명
미용美庸	정약용丁若鏞	백고伯固	유명견柳命堅	백순伯純	정현덕鄭顯德
미재美哉	유최진柳最鎭	백고伯顧	기효간奇孝諫	백순伯純	현태순玄泰純
미중美仲	김순金洵	백고伯高	김종후金鍾厚	백순伯順	남세건南世健
미중美仲	박지원朴趾源	백고伯高	심건영沈健永	백순伯淳	이희맹李希孟
미중美仲	윤경尹絅	백고伯高	이개李塏	백순百順	서효원徐孝源
미중美仲	정하언鄭夏彦	백고伯高	이기李岐	백순百順	안정복安鼎福
미중美仲	홍중휴洪重休	백고伯高	조언수趙彦秀	백순百順	이복로李福老
미지微之	조중휘趙仲輝	백공伯公	허주許周	백술伯述	김조근金祖根
미지尾之	이구령李龜齡	백공伯恭	공부孔俯	백술伯述	신광업辛光業
미호尾皓	박기수朴綺壽	백공伯恭	김세민金世敏	백술伯述	이계남李繼男
민망民望	염정수廉廷秀	백공伯恭	남효온南孝溫	백승伯升	홍익한洪翼漢
민망民望	한회韓懷	백공伯鞏	서고徐固	백승伯承	조석명趙錫命
민보敏甫	조문형趙門衡	백교伯教	오언주吳彦冑	백승伯承	조윤석趙胤錫
민장民章	문관文冠	백구伯懼	심희수沈喜壽	백승伯承	조찬趙纘
민장民章	문관文瓘	백규伯圭	유방兪場	백승伯承	홍광일洪光一
민첨民瞻	이정규李廷圭	백규伯揆	이규경李圭景	백승伯昇	윤현尹晛
민칙民則	유방헌柳邦憲	백규伯規	채제공蔡濟恭	백시伯時	정명세鄭名世
		백규白圭	이괄李适	백실伯實	강극성姜克誠
ㅂ		백기伯起	김양진金楊震	백실伯實	유세화柳世華
		백기伯起	배흥립裵興立	백심伯深	김사목金思穆
		백기伯起	이진휴李震休	백심伯深	임준任濬
박여璠汝	유시연柳時淵	백기伯起	허진동許震童	백심柏心	이연송李連松
박초博楚	변옥희卞玉希	백길伯吉	박경선朴慶先	백안伯安	김이소金履素
방로邦老	김억추金億秋	백길伯吉	이사명李師命	백야白也	정석鄭晳
방로邦老	정훈鄭勳	백농伯農	조종운趙從耘	백양伯陽	조성趙晟
방무邦武	정이주鄭以周	백눌伯訥	이민보李敏輔	백흥伯興	유헌柳軒
방보邦寶	김개金鎧	백능百能	조사남曹士男	백연伯淵	이심원李深源
방서邦瑞	윤덕준尹德駿	백달伯達	이숭효李崇孝	백열伯說	윤기尹祁
방서邦瑞	이봉명李鳳鳴	백도伯道	권홍權弘	백열伯說	이우신李友信
방수厖叟	이익연李翼延	백도伯道	신경행辛景行	백영伯榮	
방숙方叔	권구權榘	백동伯東	신정申晸		김부인金富仁
방숙方叔	심의겸沈義謙	백량伯良	공은孔嶷	백영伯泳	홍철주洪澈周
방숙方叔	유철兪㯙	백련白蓮	의연意演	백오伯吾	서상수徐常修
방숙方叔	이의길李義吉	백령伯靈	김병지金炳地	백오伯吾	김시진金始振
방숙方叔	이의연李義淵	백림伯臨	홍직필洪直弼	백옥伯玉	김이음金爾音
방숙芳叔	강난형姜蘭馨	백미伯微	정사현鄭思顯	백옥伯玉	문관文瓘
방숙芳叔	이세분李世芬	백미伯美	홍지해洪趾海	백옥伯玉	오원吳瑗
방언邦彦	서국정徐國楨	백방伯方	허주許周	백옥伯玉	우석규禹錫圭
방언邦彦	성하구成夏耉	백보靈父	강회백姜淮伯	백옥伯玉	이석형李石亨
방언邦彦	이정신李正臣	백부伯扶	이명신李明晨	백옥伯玉	이순인李純仁
방언邦彦	정영국鄭榮國	백부伯符	조지서造紙署	백옥伯玉	조원趙瑗
방옹放翁	이륙李陸	백분伯奮	윤원거尹元擧	백옥伯玉	최산휘崔山輝
방형邦衡	이극균李克均	백빈伯彬	박이문朴而文	백옥伯玉	한원韓瑗
배가倍價	이시보李時寶	백상伯尙	강위빙姜渭聘	백온伯溫	김옥균金玉均
배언拜言	이해창李海昌	백상伯常	권세경權世經	백온伯溫	김정호金正浩
백가伯嘉	노도형盧道亨	백상伯常	윤시동尹蓍東	백온伯溫	김진옥金鎭玉
백강伯剛	김종정金鍾正	백상伯祥	이의봉李義鳳	백온伯溫	남기만南基萬
백거伯擧	신천익愼天翊	백상伯祥	이징명李徵明	백온伯溫	안경安卿
백거伯據	조덕승曺惠承	백생伯生	이순인李純仁	백온伯溫	위세옥魏世鈺
백겸伯謙	이광현李光鉉	백생伯生	이집李集	백온伯溫	이위李暐
백경伯卿	양진국梁晉國	백선伯善	박진원朴震元	백온伯溫	정환직鄭煥直
백경伯卿	최치운崔致雲	백수伯修	심염조沈念祖	백옹伯翁	박재형朴在馨
백경伯敬	남일우南一祐	백수伯修	최윤덕崔潤德	백우伯愚	김상묵金尙黙
백경伯敬	오언주吳彦冑	백수伯綏	김경복金慶福	백우伯牛	박경朴耕
		백숙伯叔	윤유尹游	백우伯雨	김동연金東淵
		백순伯純	이맹전李孟專	백우伯雨	김춘택金春澤

자字	성 명	자字	성 명	자字	성 명
백우百愚	명안明安	백춘伯春	이양원李陽元	복고復古	이언적李彦迪
백욱伯勗	유윤창柳允昌	백충伯忠	박안신朴安臣	복시復時	최계방崔繼芳
백욱伯勗	정여창鄭汝昌	백함伯涵	권양성權養性	복야福也	김인관金仁寬
백원伯元	김정호金正浩	백함伯涵	김천택金天澤	복여福汝	김영수金永壽
백원伯元	이인홍李仁弘	백함百函	최양崔瀁	복여福汝	송이창宋爾昌
백원百源	강준흠姜浚欽	백향伯襷	민응기閔應祺	복여福汝	원용팔元容八
백원百源	박효성朴孝誠	백허伯虛	안처겸安處謙	복원復元	유정柳貞
백원百源	성윤신成允信	백헌伯憲	홍만식洪萬植	복원復元	차천로車天輅
백원百源	신재효申在孝	백현伯賢	유중악柳重岳	복이復而	강석기姜碩期
백원百源	이총李摠	백형伯亨	김경수金景壽	복초復初	박내오朴來吾
백원百源	조행립曺行立	백형伯亨	윤담휴尹覃休	복초復初	윤광안尹光顔
백원百源	최흥효崔興孝	백형伯亨	허수겸許守謙	복초復初	이성원李性源
백원百源	홍여하洪汝河	백형伯衡	구성임具聖任	복초復初	최흥원崔興源
백유伯綏	송이석宋履錫	백형伯衡	이현직李顯稷	복형復亨	조근趙根
백유伯兪	유하원柳河源	백회伯晦	심극명沈克明	본연本然	김방경金方慶
백유伯兪	전명룡全命龍	백효伯孝	홍낙순洪樂純	본초本初	조성한趙晟漢
백유伯柔	심강沈鋼	백후伯厚	김육金堉	봉거逢渠	학일學一
백유伯猷	김교헌金敎獻	백후伯後	김선여金善餘	봉거鳳舉	김익중金翼中
백유伯瑜	곽순郭珣	백훈伯勳	정세필鄭世弼	봉거鳳舉	안서우安瑞羽
백유伯由	조종도趙宗道	백휴伯休	강상국姜祥國	봉경奉卿	박신규朴信圭
백윤伯潤	홍전洪瑑	백흠伯欽	이준李埈	봉래鳳來	박기수朴岐壽
백윤伯胤	박원종朴元宗	백희百熙	한용韓雍	봉소鳳所	이동녕李東寧
백윤伯胤	이홍주李弘冑	번중蕃仲	성세창成世昌	봉수鳳曳	정기원鄭岐源
백응伯凝	구수복具壽福	번중蕃仲	이봉李封	봉언奉彦	이선李瑄
백응伯應	하철河澈	범오範五	박기양朴箕陽	봉여鳳汝	심상운沈翔雲
백응伯應	홍직필洪直弼	범오泛翁	신숙주申叔舟	봉원鳳原	이안도李安道
백이伯而	이석李晳	범위範圍	소현邵顯	봉일鳳一	황재현黃載顯
백익伯益	신우상申禹相	범일範一	김병식金炳湜	봉조鳳朝	이건창李建昌
백익伯益	이희보李希輔	범초範初	김병식金炳湜	봉조鳳藻	이건창李建昌
백익伯益	정후겸鄭厚謙	범초範華	김병식金炳湜	봉휘鳳輝	정도응鄭道應
백익伯益	조희보趙希輔	법세法世	정범조丁範祖	부민富民	김향金珦
백인伯仁	마군후馬君厚	법신法信	윤다尤多	분충奮忠	민발閔發
백일伯一	성효원成孝元	법장法藏	청안淸眼	불고不孤	신덕린申德隣
백저伯雎	정인지鄭麟趾	병보屛甫	이계전李季甸	불기不器	권척權愉
백정伯靜	조인수趙仁壽	병숙炳淑	정동호鄭東虎	불기不器	김태현金台鉉
백종伯宗	선약해宣若海	병여炳如	김석문金錫文	불기不欺	정침鄭忱
백종伯宗	오계종吳繼宗	병여炳如	성호징成虎徵	불린不磷	이예견李禮堅
백종伯宗	이제화李齊華	병연炳然	이진병李震炳	불민不敏	김세우金世愚
백종白宗	이동명李東溟	보경保卿	오명준吳命峻	불붕不崩	정수강丁壽崗
백준伯俊	신잠申磼	보경保敬	김철희金喆熙	불비不非	연사종延嗣宗
백중伯仲	이문화李文和	보경寶卿	심상찬沈相瓚	불피不陂	희종熙宗
백중伯曾	이기李沂	보경輔卿	김철희金喆熙	불휴不虧	정수곤丁壽崑
백지伯之	김정호金正浩	보경輔卿	이범직李範稷	붕거鵬舉	계오戒悟
백진伯珍	안위安瑋	보덕輔德	한필교韓弼教	붕거鵬舉	성운한成雲翰
백진白鎭	김효순金孝舜	보숙保叔	설순揳循	붕거鵬舉	이령李翎
백진伯進	최유원崔有源	보숙輔叔	이철보李喆輔	붕만鵬萬	기준격奇俊格
백진白珍	김남중金南重	보신寶臣	김이익金履翼	붕약鵬若	오익환吳翼煥
백창伯昌	채유후蔡裕後	보여葆汝	최응현崔應賢	붕여鵬如	심익운沈翼雲
백첨伯瞻	김광우金光遇	보여葆汝	이안진李安眞	붕지朋之	정석백鄭錫百
백첨伯瞻	유공진柳拱辰	보전保全	정석보鄭錫保	비경飛卿	조익趙翼
백첨伯瞻	이교악李喬岳	보지保之	김열보金閱甫	비남芾男	임희수任希壽
백초伯初	이행원李行遠	보지輔之	곽연성郭連城	비세庇世	서종하徐宗廈
백춘伯春	김원행金元行	보천補天	민여익閔汝翼	비승丕承	김후진金後進
백춘伯春	민인백閔仁伯	보형寶衡	안연석安鍊石	비승丕承	나세찬羅世纘
백춘伯春	이만원李萬元	복경復卿	김성규金星圭	비승丕承	이창후李昌後
백춘伯春	이목연李穆淵	복경復卿	민승호閔升鎬	비언棐彦	이이순李頤淳

자字	성 명	자字	성 명	자字	성 명
비연棐然	서기수徐淇修	사교士交	윤정구尹定求	사복士復	이희지李喜之
비연棐然	장계문張季文	사구士求	조비趙備	사보士孚	장언침張彦忱
비용조容	심원해沈源海	사규士赳	진무성陳武晟	사빈士賓	홍종서洪鍾序
비중棐仲	이현보李賢輔	사균士均	임추任樞	사상士尙	민성휘閔聖徽
비중棐仲	조익趙翼	사극士克	조성복趙聖復	사상士常	심풍지沈豊之
빈경賓卿	윤사국尹師國	사극士極	김종남金宗南	사상士常	오명항吳命恒
빈빈彬彬	혜문惠文	사극士極	유규柳규	사상士常	이경항李慶恒
빈연彬然	백문절白文節	사긍士兢	권업權업	사상士常	이언경李彦經
빈옥賓玉	유응규分應圭	사길士吉	신호인申顥仁	사서士敍	이경륜李敬倫
빈우賓羽	오빈吳翻	사길士吉	홍만적洪萬迪	사서士瑞	정휘량鄭翬良
빈중賓仲	오이규吳以奎	사눌士訥	변시민卞時敏	사서士舒	김양택金陽澤
빈지贇之	조방언趙邦彦	사눌士訥	심종민沈宗敏	사선嗣先	김종윤金宗胤
빙보憑甫	정식鄭軾	사능士能	김상집金尙集	사선士善	이용술李弘述
		사능士能	김홍도金弘道	사성士誠	심종침沈宗忱
		사능士能	윤용식尹容植	사성師聖	우배선禹拜善
人		사능士能	윤치정尹致定	사성師聲	이맹현李孟賢
		사능士能	홍치중洪致中	사성思省	권협權悏
		사달士達	김상진金相進	사성思誠	권시權諰
		사달士達	김정金정	사수士修	김민재金敏材
사가士可	길회吉誨	사달士達	노홍기盧弘器	사수士修	김시민金時敏
사가思可	목첨睦詹	사달士達	신경연辛慶衍	사수士修	황선리黃善身
사강士剛	김집金集	사달士達	윤동수尹東洙	사수士受	기대정奇大鼎
사강士剛	박의장朴毅長	사달士達	조봉원趙逢源	사수士受	오수채吳遂采
사강士剛	임의중任毅中	사달士達	한지원韓智源	사수士受	이정보李鼎輔
사강士強	송대립宋大立	사담士聃	김상구金尙耉	사수士受	조정진趙鼎鎭
사강士強	이시술李時術	사도師道	나학천羅學川	사수士洙	박성원朴聖源
사거士擧	선세강宣世綱	사량士良	정덕필鄭德弼	사수士秀	김여물金汝岉
사건士建	최진립崔震立	사렴士廉	권염權廉	사수士秀	남영南嶸
사걸士傑	홍흥洪興	사렴士廉	김극검金克儉	사수士秀	남이준南以俊
사결士潔	정렴鄭磏	사례士禮	원계검元繼儉	사수士綏	신석희申錫禧
사겸四兼	황보인皇甫仁	사로師魯	이덕수李德洙	사수士邃	임형수任亨秀
사겸士謙	변득양邊得讓	사룡士龍	박양한朴亮漢	사숙思叔	유엄柳儼
사겸士謙	유하익兪夏益	사룡士龍	전운상田雲祥	사숙思叔	윤엄尹儼
사겸士謙	이익보李益輔	사린士藺	조영진趙英鎭	사숙思叔	황신黃愼
사겸사겸	이행진李行進	사립士立	권기權紀	사순士純	김성일金誠一
사겸士謙	최익남崔益男	사립士立	이호신李好信	사순士順	김상적金尙迪
사겸思謙	정오鄭顒	사립斯立	이의천李倚天	사순思純	김중일金重一
사경士京	유언호兪彦鎬	사명士明	정호민丁好敏	사술士術	박광후朴光後
사경士徑	임덕제林德躋	사명士鳴	이희겸李喜謙	사술士術	윤동로尹東魯
사경士敬	심종직沈宗直	사무士武	이광李洸	사술士術	채홍리蔡弘履
사경士敬	오희상吳熙常	사묵士黙	안용安容	사식士式	홍중해洪重楷
사경士敬	조목趙穆	사묵士黙	오연상吳淵常	사신士伸	성락成洛
사경士經	김도희金道喜	사문士文	이교익李敎翼	사신士信	송빈宋賓
사경士經	임권任權	사물思勿	고상안高尙顔	사신士信	홍여순洪汝諄
사경思卿	강필신姜必愼	사미士美	김명언金明彦	사신士愼	윤희평尹熙平
사경思敬	이언충李彦忠	사미士美	남포南褒	사신思愼	선거이宣居怡
사고士固	오천근吳千根	사미士美	이수언李粹彦	사실士實	이선李穜
사고士高	이극돈李克墩	사미士美	이휘李徽	사심士心	박태항朴泰恒
사고士高	이기李嶬	사미士美	함응수咸應秀	사심士心	윤지尹志
사고師古	강주姜籒	사백士伯	목임일睦林一	사심士深	이홍재李洪載
사고師古	정극영鄭克永	사백斯伯	유효원柳孝源	사심士深	이후원李厚源
사고師古	정복주鄭復周	사백斯百	김석주金錫冑	사아士牙	허강許橿
사고師古	한종유韓宗愈	사범士範	김인항金仁恒	사아士雅	구문유具文游
사고師古	홍준洪遵	사범士範	송유식宋儒式	사아士雅	목임유睦林儒
사공士恭	김요립金堯立	사범士範	이홍李泓	사아士雅	성경온成景溫
사관士寬	김담金墰	사보士保	김상철金尙喆	사안士安	권질權礩

자字	성 명	자字	성 명	자字	성 명
사안士安	권희인權希仁	사원士原	이맹균李孟畇	사중士重	박만정朴萬鼎
사안士安	김인겸金仁謙	사원士源	김조순金祖淳	사중士重	이홍남李洪男
사안士安	박태유朴泰維	사원士源	박민효朴敏孝	사중士重	임현任鉉
사안士安	송문재宋文載	사원士源	손덕심孫德沈	사중士重	정기원鄭期遠
사안士安	이극인李克仁	사원士源	이집李㙫	사중士重	황순모黃珣模
사안士安	이기지李器之	사원詞源	김반金泮	사중思仲	안구安覯
사안士安	주이周怡	사위士偉	백인걸白仁傑	사지士止	최안崔安
사앙士仰	박두세朴斗世	사위士緯	이명오李明五	사직士直	기의헌寄義獻
사앙士仰	이태우李泰宇	사위士衛	민익수閔翼洙	사직士直	김유金楺
사앙士仰	정제두鄭齊斗	사윤士允	송심宋諶	사직士直	신여주申汝柱
사앙士仰	정종로鄭宗魯	사윤士允	심민겸沈敏謙	사직士直	이경무李敬懋
사앙士仰	최유태崔裕泰	사윤士潤	이유신李維新	사직士直	이재영李在永
사앙士仰	한두韓岉	사응士應	안종화安鍾和	사진士振	임탁任鐸
사앙士昂	민태중閔泰重	사의士猗	김난순金蘭淳	사진士晉	김섬金銛
사앙士昂	한교韓嶠	사의士儀	이범세李範世	사진士珍	이진유李眞儒
사언士彦	안방준安邦俊	사의士宜	이호의李好義	사진士眞	백규白규
사언思彦	이상급李尙伋	사의士毅	서형수徐逈修	사진士眞	양대박梁大撲
사역士役	송제민宋齊民	사의士義	조인희趙寅熙	사진士縉	윤신尹紳
사연士淵	민통수閔通洙	사이士以	이행건李行健	사진士進	심우승沈友勝
사연士淵	윤종의尹宗儀	사이士邇	박치화朴致和	사질士質	이문원李文源
사연士淵	이회李瀅	사익士益	김수철金秀哲	사집士執	성대중成大中
사열士說	현재덕玄在德	사익士翼	유상필柳相弼	사집士集	성호成浩
사열士悅	성람成灠	사인士仁	유세린柳世麟	사집士集	최성대崔成大
사열思悅	권희權憘	사인士仁	최인崔認	사징士徵	이원정李元禎
사영士榮	이시현李時顯	사인士寅	유협기柳協基	사징士澄	이응거李膺擧
사영士泳	어몽렴魚夢濂	사일士一	신재수申在壽	사창士昌	김상규金尙奎
사영士瑩	윤이경尹履慶	사일士一	이규철李圭徹	사척士惕	조경趙儆
사영士瑩	이영李覮	사일士逸	김반金槃	社靑士淸	안종원安宗元
사영士英	윤세호尹世豪	사임士任	권극량權克亮	사초士初	구선복具善復
사영思永	유대수兪大脩	사임士任	금보琴輔	사추士推	윤인서尹仁恕
사영思瑩	권황權愰	사임士任	박홍장朴弘長	사추士秋	이만성李晩成
사옥士玉	강일순姜一淳	사임士任	윤동형尹東衡	사측士則	임병任柄
사옥士玉	이석李錫	사장士章	윤만헌尹晩憲	사치士致	노직盧稙
사온士溫	유형柳珩	사장士長	이휴복李休復	사치士致	이행원李行遠
사온士蘊	안향安珦	사적士迪	김한철金漢喆	사탁士卓	김원립金元立
사옹士雍	이윤문李允文	사정士亭	김대섭金大涉	사탁士卓	전동흘全東屹
사외士畏	김정후金靜厚	사정士正	윤동원尹東源	사평思平	차원부車原頫
사용士容	심통원沈通源	사정士正	이격李格	사표士標	박건중朴建中
사우士優	정호선丁好善	사정士精	김려金鑢	사필士弼	김상익金尙翼
사우士友	조호익曺好益	사정士精	김상성金尙星	사필士弼	조익명趙翼命
사우士祐	이상길李尙吉	사정士精	김치金緻	사한士閑	한순韓楯
사우士虞	유진兪鎭	사정士精	최탁崔琢	사함士涵	서종해徐宗海
사우士遇	권응정權應挺	사정士貞	구윤명具允明	사함士涵	성영成泳
사욱士郁	노한문盧漢文	사정士靖	기자헌奇自獻	사행士行	김간金侃
사욱士郁	양정빈楊廷彬	사정士靖	정존중鄭存中	사행士行	김여지金汝知
사웅士雄	왕희걸王希傑	사정士靜	조수익趙壽益	사행士行	박태상朴泰尙
사원四源	유창순兪昌淳	사정士靜	정종명鄭宗溟	사헌士憲	목시경睦時敬
사원士元	김화준金華俊	사조士朝	노홍기盧弘器	사현士賢	신현국申鉉國
사원士元	민우수閔遇洙	사주士周	이한응李漢膺	사현士賢	유한겸劉漢㒿
사원士元	박광일朴光一	사준士俊	신경락申景洛	사현士鉉	유태좌柳台佐
사원士元	박태보朴泰輔	사중士中	홍만선洪萬選	사협士協	홍종응洪鍾應
사원士元	여규형呂圭亨	사중士中	권상임權尙任	사협士夾	김찬규金燦奎
사원士元	유명천柳命天	사중士重	권화權鑵	사형士炯	심언광沈彦光
사원士元	임최수林最洙	사중士重	김기후金基厚	사형士亨	양천운梁千運
사원士元	정세미鄭世美	사중士重	김천일金千鎰	사형士亨	조운규趙雲逵
사원士元	조윤대曹允大	사중士重	김치후金致垕	사형士衡	김언평金彦平

자字	성 명	자字	성 명	자字	성 명
사형士衡	김진호金鎭祜	상경常卿	윤은보尹殷輔	석경碩卿	이우李俁
사형士衡	윤우정尹遇丁	상경尙褧	이명중李明中	석경碩經	민영위閔泳緯
사형士衡	이의병李義秉	상경象卿	최후윤崔後胤	석담石潭	김응섭金應燮
사형士衡	이철균李鐵鈞	상고尙古	이경직李耕稙	석로錫老	유정양柳鼎養
사형士馨	노직盧稷	상년尙年	김수황金壽璜	석류錫類	이영서李永瑞
사형士馨	오직吳稷	상로商老	윤은필尹殷弼	석보錫甫	이성규李聖圭
사호士浩	강혼姜渾	상백常伯	정지경鄭之經	석여錫汝	한지韓祉
사호士浩	장순손張順孫	상보商輔	조림曹霖	석여錫汝	강필리姜必履
사호士浩	홍선양洪善養	상보尙甫	박필주朴弼周	석여錫餘	이시만李時萬
사호士豪	남이흥南以興	상보尙甫	서창재徐昌載	석오錫五	홍중징洪重徵
사호士豪	박민웅朴敏雄	상보尙甫	신로申輅	석윤錫胤	조영복趙榮福
사호士鎬	유언집兪彦鏶	상보尙甫	조위수趙渭叟	석이錫而	박흥남朴興男
사홍士弘	박필성朴弼成	상보尙輔	이경석李景奭	석지釋之	이경억李慶億
사홍士弘	윤병정尹秉鼎	상보尙輔	이광좌李光佐	선갑先甲	이무방李茂芳
사홍士弘	이유경李儒敬	상부尙孚	여우길呂祐吉	선건善建	곽예郭預
사홍士弘	정진한鄭鎭漢	상수祥叟	정봉수鄭鳳壽	선겸善兼	고인후高因厚
사화士和	김응정金應鼎	상오相五	한세량韓世良	선경善卿	김조金照
사화士和	심현沈誢	상요相堯	노병대盧炳大	선경善卿	김중원金重元
사화士和	이덕온李德溫	상원庠元	윤세복尹世復	선경善鳴卿	안윤덕安潤德
사화士華	남곤南袞	상원象元	유심춘柳尋春	선경善慶	이형원李亨元
사화士華	박대덕朴大德	상중尙中	윤탁연尹卓然	선경善慶	강필경姜必慶
사회士晦	김해金澥	상중尙中	이흘李忔	선계善繼	김흥우金興宇
사회士晦	신광하申光夏	상중常中	구항具恒	선계善繼	안여경安餘慶
사회士晦	이광희李光熹	상지尙之	강사상姜士尙	선기善紀	조존세趙存世
사회士晦	이명환李明煥	상지尙之	민선閔善	선길善吉	윤헌尹瀗
사회士會	민창도閔昌道	상지尙之	박서朴遾	선명善鳴	권득경權得慶
사회思晦	김광찬金光燦	상지尙之	유우잠柳友潛	선명善鳴	백진남白振南
사효士孝	김제민金齊閔	상지尙之	이덕현李德玄	선명宣明	이탁李鐸
사훈士勛	정광필鄭光弼	상지祥之	봉천상奉天祥	선백善伯	권종해權鍾海
사훈士勳	정희적鄭熙績	상지祥之	오상吳祥	선보善甫	유경창柳慶昌
사훈士訓	최계崔誡	상지祥之	윤백상尹百祥	선보善甫	모달겸牟達兼
사휘士輝	문근文瑾	상지象之	조정위趙正緯	선보善甫	신우상申禹相
사휘士輝	오환吳煥	상화尙和	박숭원朴崇元	선보善甫	이수량李邃良
사휘士輝	유광익柳光翼	생선生善	한경생韓慶生	선세善世	이세선李世選
사휘士輝	이명환李明煥	서가恕可	송세충宋世忠	선숙善叔	이휴징李休徵
사휘士輝	조명익趙明翼	서경恕卿	한충韓忠	선숙善叔	유윤덕柳潤德
사휴士休	신준미申遵美	서구敍九	서광범徐光範	선숙善叔	이술원李述原
사휴士休	안치묵安致默	서구敍九	송주석宋疇錫	선술善述	정경흠鄭慶欽
사휴士休	윤득부尹得孚	서규瑞圭	이현섭李鉉燮	선술善述	효령대군孝寧大君
사흠士欽	조용숙趙鏞肅	서명瑞明	신의화申儀華	선술善述	김효건金孝建
사흥士興	김방걸金邦杰	서문瑞文	백현룡白見龍	선승善承	조경남趙慶男
사흥士興	김시걸金時傑	서백瑞伯	고광순高光洵	선승善承	조찬한趙纘韓
사흥士興	이기양李基讓	서백瑞伯	김응상金應祥	선양善養	고인계高仁繼
사흥士興	정창주鄭昌冑	서보恕甫	신충일申忠一	선여善汝	이윤서李胤緒
사희士希	유명헌柳命憲	서숙恕甫	성륜成倫	선여善汝	황자후黃子厚
산룡山龍	김봉金對	서암棲巖	조경환曺京煥	선여善餘	유영하柳榮河
산립山立	이흘李忔	서여恕余	권성구權聖矩	선여善餘	조상본趙常本
산수山叟	이사인李士仁	서오敍五	이돈하李敦夏	선여善餘	민경기閔慶基
삼낙三諾	지안志安	서오敍五	박이서朴彝敍	선여善餘	오경원吳慶元
삼여三如	윤우倫佑	서원瑞元	송응서宋應瑞	선여善餘	유영경柳永慶
삼탄三灘	이회李薈	서응瑞膺	윤봉구尹鳳九	선영善永	정경연鄭慶演
상검常儉	설공검薛公儉	서장瑞章	오정위吳挺緯	선오善五	채종길蔡宗吉
상경常卿	김희열金希說	서조瑞操	권절權節	선우善遇	유숙劉淑
상경常卿	안몽윤安夢尹	서중瑞仲	이봉남李鳳男	선원善源	김양근金養根
상경常卿	어사상魚史商	서칠瑞七	이이두李以斗		최경회崔慶會
상경常卿	윤상로尹湯老	서한瑞漢	배정지裵廷芝		김맹성金孟性

자字	성 명	자字	성 명	자字	성 명
선원善源	나숙羅淑	성내聖鼐	최현달崔鉉達	성보誠甫	민효열閔孝悅
선응善應	김경징金慶徵	성눌聖訥	홍낙민洪樂敏	성보誠甫	변치명邊致明
선응善應	안방경安方慶	성능聖能	성수영成遂永	성보誠甫	송시도宋時燾
선응善應	이사상李士祥	성능聖能	임징하任徵夏	성보誠甫	오극성吳克成
선응善應	이의만李宜晚	성능聖能	정치화鄭致和	성보誠甫	원종元悰
선익善益	김양언金良彦	성도聖道	조동필趙東弼	성보誠甫	이경진李景震
선일善一	유상대柳相大	성득聖得	김희로金希魯	성보誠甫	이순지李純之
선장善長	박창원朴昌元	성락聖洛	하우식河祐植	성부聖夫	김인섭金麟燮
선장善長	심득원沈得元	성래聖來	김우진金宇鎭	성부誠夫	박상충朴尙衷
선장善長	심원준沈元俊	성래聖來	유인식柳寅植	성빈聖彬	한식韓栻
선장善長	이원희李元熙	성량聖良	이득신李得臣	성빈聖斌	이규헌李圭憲
선지善之	김충선金忠善	성로聖老	이존수李存秀	성빈聖賓	송인명宋寅明
선지善之	김희金熹	성로聖老	김수익金壽翼	성빈聖賓	이인수李仁秀
선지善之	송양전宋養銓	성로聖老	김호구金浩龜	성사聖思	김희주金熙周
선지善之	이성원李性源	성뢰聖賚	한범석韓範錫	성사聖思	성근묵成近黙
선지善之	정원용鄭元容	성뢰聖賴	이광덕李匡德	성삼聖三	이덕현李德鉉
선지瑄之	어계선魚季瑄	성륜聖倫	강이천姜彝天	성삼聖三	이범진李範晉
선천先天	마하수馬河秀	성률聖律	이종림李鍾林	성서星瑞	이곤수李崑秀
선초善初	박호원朴好元	성린聖鄰	이정신李鼎臣	성서聖瑞	서재승徐在承
선초善初	이숙李俶	성망聖望	이사상李師尙	성서聖瑞	유복기柳復起
선택宣澤	김개金漑	성목聖穆	유교희柳敎熙	성서聖瑞	이경우李景宇
선행善行	고용후高用厚	성무聖武	안민영安玟英	성서聖瑞	이백린李伯麟
설악雪嶽	이두황李斗璜	성무聖武	유길준兪吉濬	성서聖瑞	조정규趙廷奎
성가聖可	심권沈權	성묵性黙	최제우崔濟愚	성서聖緖	곽휘승郭徽承
성가聖歌	박난수朴蘭壽	성묵聖黙	서침徐沈	성석聖錫	우성규禹成圭
성건聖健	조병익趙秉翊	성문性文	민응식閔應植	성소聖召	송상도宋相燾
성겸聖兼	김덕오金德五	성민聖民	김병수金炳秀	성소聖韶	하규일河圭一
성경成卿	조성기趙聖期	성민聖民	정동일鄭東逸	성수聖受	조명교趙命敎
성경成卿	조정철趙貞喆	성박聖博	윤광보尹光普	성수聖晬	권유權裕
성경盛卿	이만영李萬榮	성방聖方	이창의李昌誼	성수聖醒	이학규李學逵
성경聖敬	진종眞宗	성방聖方	임정任珽	성숙性叔	이학로李學魯
성공聖功	정사신丁思愼	성방聖訪	홍범식洪範植	성숙盛叔	유봉柳峯
성공聖功	정양순鄭養淳	성백成伯	신만申晚	성순聖淳	강이오姜彝五
성관聖觀	김진화金鎭華	성백成伯	윤집尹集	성순聖淳	어재순魚在淳
성관聖觀	안헌징安獻徵	성백成伯	최상익崔商翼	성시聖時	남하행南夏行
성교聖交	조용화趙容和	성백成伯	홍석주洪奭周	성식聖式	이용규李容珪
성교聖郊	유동야尹東野	성백星伯	박영보朴永輔	성안性安	이수인李樹仁
성구聖久	이성항李性恒	성백聖伯	김우규金友奎	성안性安	최호문崔虎文
성구聖九	김용진金容鎭	성백誠伯	송기후宋基厚	성안聖安	장태수張泰秀
성구聖九	정기세鄭基世	성백誠伯	신사헌愼思獻	성야聖野	민기세閔箕世
성구聖求	송상인宋象仁	성백誠伯	유치명柳致明	성언聲彦	최학승崔鶴昇
성권聖權	하경락河經洛	성백誠伯	유효걸柳孝傑	성여城予	이동기李東基
성규聖圭	오횡묵吳宖黙	성백誠伯	이효원李孝元	성여性汝	정의鄭漪
성규聖圭	이면상李冕相	성번盛繁	민창식閔昌植	성여成汝	김기성金箕性
성규聖圭	황환黃瓛	성범聖範	오근태吳根泰	성여成汝	윤치희尹致羲
성규聖逵	유홍기劉鴻基	성보城輔	김종선金宗善	성여成汝	이면우李勉愚
성극聖極	김기석金箕錫	성보城圃	임수창林壽昌	성여成汝	조재응趙在應
성근成根	권득수權得洙	성보成甫	박문수朴文秀	성여成汝	홍우길洪祐吉
성급聖及	성도묵成道黙	성보成甫	신성하申聖夏	성여聖如	신석우申錫愚
성기聖器	박용대朴容大	성보盛甫	정만석鄭晩錫	성여聖汝	강시환姜時煥
성기聖器	최복崔北	성보聖甫	박태창朴泰昌	성여聖與	민점閔點
성기聖基	민택수閔宅洙	성보聖甫	김경서金景瑞	성여聖與	신절申晢
성기聖氣	박영원朴永元	성보聖甫	윤행임尹行恁	성여聖與	신점申點
성길成吉	권익경權益慶	성보聖甫	이좌국李佐國	성여聖與	이영도李詠道
성난聖煖	송수만宋秀萬	성보聖甫	민응수閔應洙	성연聖淵	김성은金性溵
성남聖南	홍계훈洪啓薰	성보誠甫	남언순南彦純	성연聖淵	신광수申光洙

자字	성 명	자字	성 명	자字	성 명
성연聖淵	이흥종李興宗	성재聖哉	안경수安駉壽	성집聖執	이재윤李載允
성오性五	구명규具命奎	성재聖哉	주재성周宰成	성집聖執	최세윤崔世允
성오性五	구택규具宅奎	성재聖哉	한덕문韓德文	성집聖集	구윤옥具允鈺
성오星五	이규원李奎遠	성재聖在	박선朴璿	성집聖集	송상억宋廷億
성오省吾	권일신權日身	성재聖在	황선黃璿	성징聖徵	이정구李廷龜
성오省吾	유대경兪大儆	성재聖載	김화진金華鎭	성징聖徵	황구하黃龜河
성오省吾	이척연李惕然	성재聖載	이광려李匡呂	성채聖彩	김찬순金燦純
성오聖五	노응규盧應奎	성적聖績	박필재朴弼載	성천聖千	박하징朴河澄
성오聖五	송병서宋秉瑞	성제聖際	남태회南泰會	성천聖天	김학진金鶴鎭
성오聖五	정기회鄭基會	성조聖祚	최찬崔燦	성천聖天	이우규李祐珪
성옹聖翁	이시영李始榮	성조聖肇	정원하鄭元夏	성첨聖瞻	김노진金魯鎭
성옹聖雍	이도간李度衎	성존聖存	김병기金炳冀	성초聖初	김병시金炳始
성우性于	어재연魚在淵	성종聖從	김문제金文濟	성초聖初	서병건徐丙建
성우聖虞	박사석朴師錫	성종聖從	홍만수洪萬遂	성초聖初	한훈韓焄
성우聖遇	여대로呂大老	성중成仲	김광수金光遂	성최聖最	우해찬禹海纘
성욱聖郁	심사주沈師周	성중成仲	엄경수嚴慶遂	성측聖則	하석홍河錫洪
성원性元	이인중李仁中	성중成仲	이만수李晚秀	성측聖則	어유구魚有龜
성원性源	김명희金命喜	성중盛仲	이지번李之蕃	성칠聖七	박은식朴殷植
성원聖元	서주순徐胄淳	성중聖中	방의용方義鏞	성필聖弼	고제량高濟亮
성원聖元	이우면李愚冕	성중聖中	이재학李在學	성필聖必	조병필趙秉弼
성원聖源	김창도金昌道	성중聖仲	조원길趙元吉	성학聖學	송찬식宋贊植
성원聖源	남명학南溟學	성중聖仲	강인식姜寅植	성행聖行	박사형朴師亨
성원聖源	정수鄭洙	성중聖仲	임시철林蓍喆	성향聖享	김천수金天洙
성원聖源	정연鄭沇	성중趙佑	조우趙佑	성허聖許	최효건崔孝騫
성원聖源	홍중효洪重孝	성중誠仲	남궁침南宮枕	성화聖和	민성호閔成鎬
성원聖源	황락黃洛	성중誠仲	목낙선穆樂善	성회聖晦	이동명李東明
성원聲遠	김대명金大鳴	성중誠仲	박효생朴孝生	성효聖孝	이인식李寅植
성원聲遠	김영金瑛	성지性之	김근金近	성훈性薰	조종덕趙鍾惪
성원聲遠	윤탁尹鐸	성지性之	목성선睦性善	성휴聖休	남정순南廷順
성원聲遠	이보혁李普赫	성지性之	안윤행安允行	성휴聖休	문덕린文德麟
성유聖兪	이시직李時稷	성지性之	전이성全以性	성흠聖欽	이시익李時益
성유聖兪	이창운李昌運	성지性之	조충손趙衷孫	성희聖羲	마성린馬聖麟
성유聖惟	조성교趙性教	성지成之	김극성金克成	세경世卿	이유상李有相
성유聖攸	유덕장柳德章	성지成之	김자점金自點	세귀世貴	정복경鄭復卿
성유聖遊	이기李沂	성지成之	김취성金就成	세민世民	예종睿宗
성유聖猷)	민진원閔鎭遠	성지成之	신면주申冕周	세번世蕃	김계창金季昌
성유聖由	정덕징鄭德徵	성지成之	이구李構	세숙世叔	홍현주洪顯周
성윤聖尹	이창임李昌任	성지成之	이성록李成祿	세순世順	노세후盧世厚
성윤聖潤	심유沈濡	성지成之	정지성丁志成	세원世元	민치도閔致道
성응聖凝	심상정沈尙鼎	성지成之	한승정韓承貞	세응世應	강명규姜明奎
성응聖應	박서朴瑞	성지聖之	권순창權順昌	세이洗耳	유영柳穎
성응聖應	이근오李覲吾	성지聖之	민여임閔汝任	세종世宗	쌍식雙式
성의聖儀	정환익鄭煥翼	성지聖之	박안행朴安行	세창世昌	박상朴祥
성의聖宜	이명재李命宰	성지聖之	경명군景明君	소공小公	방신우方臣祐
성익聖翊	백경해白慶楷	성지誠之	변삼근卞三近	소문少文	박병朴炳
성인聖寅	민수閔粹	성지誠之	송순宋純	소성昭聖	정경운鄭景雲
성인聖寅	민수언閔洙彦	성지誠之	안처성安處誠	소운少雲	민제호閔濟鎬
성일聖一	김병덕金炳德	성지誠之	이사성李思聖	소유小游	표연말表沿沫
성일聖一	이도재李道宰	성지誠之	이사철李思哲	소자小字	이중언李中彦
성일聖一	최영년崔永年	성지誠之	조정순趙正純	손보遜甫	안경공安景恭
성일聖日	임덕제林德躋	성지誠之	한사철韓思喆	손지損之	김변金抃
성임聖臨	고종高宗	성진聖眞	임성任珹	송곡松谷	이회李薈
성임聖任	정전鄭篆	성집成執	최세윤崔世允	송산松山	최욱영崔旭永
성장成章	김수문金秀文	성집聖執	박제성朴齊晟	송수松叟	박기년朴耆年
성장聖章	이봉환李鳳煥	성집聖執	성수묵成遂黙	수가粹可	정이오鄭以吾
성장聖章	이희경李熙絅	성집聖執	어윤중魚允中	수강壽康	허재許載

자字	성 명	자字	성 명	자字	성 명
수겸守謙	김경문金慶門	수원秀源	유위柳湋	숙린叔麟	윤지완尹趾完
수경受卿	이용직李容直	수원秀遠	정재륜鄭載崙	숙명叔明	고응척高應陟
수경壽卿	이장영李長榮	수이修爾	조덕윤趙德潤	숙명淑明	김희락金熙洛
수경壽卿	조기영趙冀永	수이壽而	이희령李希齡	숙무叔武	김몽호金夢虎
수경壽敬	김창희金昌熙	수이守而	조한영曺漢英	숙무叔茂	임식林植
수경授卿	이용직李容直	수이秀爾	이정걸李廷傑	숙문叔文	유도원柳道源
수경樹卿	김영덕金永悳	수이秀而	김광악金光岳	숙미叔微	백광현白光鉉
수경秀卿	김팔원金八元	수이秀而	이정악李挺岳	숙발叔發	이천봉李天封
수경粹卿	이승순李承純	수익受益	윤상계尹商季	숙범叔範	홍득우洪得禹
수경繡卿	이조헌李祖憲	수익受益	이유겸李有謙	숙보叔保	송시철宋時喆
수기修其	박제가朴齊家	수자守雌	교웅教雄	숙보叔保	윤호尹壕
수길秀吉	이경윤李慶胤	수중綏仲	김득복金得福	숙부淑夫	남궁숙南宮淑
수눌守訥	약탄若坦	수지修之	이귀령李貴齡	숙부叔夫	김우옹金宇顒
수덕樹德	이자滋	수지受之	지여해池汝海	숙빈叔彬	박이장朴而章
수덕樹德	최자崔滋	수지受之	최부崔府	숙빈叔賓	이사관李思觀
수문秀文	고예진高禮鎭	수지守之	권태일權泰一	숙헌叔先	심민각沈民覺
수민秀民	김후金후	수지粹之	세조世祖	숙야叔夜	박엽朴燁
수백壽伯	남연년南延年	수지綏之	서지徐祉	숙양叔讓	임유겸任由謙
수백壽伯	정광성鄭廣成	수지綏之	이복원李福源	숙예叔藝	김광준金光準
수백壽伯	허장생許長生	수지綏之	이수록李綏祿	숙옥叔玉	성수종成守琮
수백守伯	김이원金履元	수지綏之	이수李綏	숙옥叔玉	이구李球
수백守伯	박대립朴大立	수지邃之	심기원沈器遠	숙온叔蘊	조박趙璞
수백壽伯	윤정준尹廷俊	수천受天	강주호姜周祜	숙용叔容	홍덕연洪德演
수보壽甫	원계채元繼蔡	수천粹天	윤선각尹先覺	숙우叔羽	윤지교尹智教
수보壽甫	이종인李鍾仁	수초守初	김지복金知復	숙우叔羽	이상李翔
수보壽甫	정전鄭佺	수초守初	조존성趙存性	숙우肅羽	오숙吳翻
수보守甫	김진구金鎭龜	수초遂初	배명순拜命純	숙응叔膺	이린李遴
수보秀甫	유동수柳東秀	수초遂初	송순宋純	숙일叔一	엄계흥嚴啓興
수보秀甫	조흥진趙興鎭	수초遂初	안유신安由愼	숙장叔章	권두기權斗紀
수보粹甫	유사온柳思溫	수초遂初	진복창陳復昌	숙장叔章	조문명趙文命
수부睡夫	하윤河潤	수회壽會	최홍전崔弘甸	숙장叔章	차좌일車佐一
수부秀夫	김준룡金俊龍	수효守孝	황수신黃守身	숙재叔裁	문익성文益成
수부秀夫	나무송羅茂松	숙가叔嘉	안응형安應亨	숙재叔載	이전李堏
수부秀夫	유규柳규	숙가叔嘉	전유형全有亨	숙전叔典	유황兪榥
수부秀夫	유시정柳時定	숙간叔幹	홍계정洪係貞	숙정叔正	윤지교尹智教
수부秀夫	이송제李松齊	숙강叔强	권건權健	숙정叔精	박충간朴忠侃
수부秀夫	정광한鄭光漢	숙개叔玠	왕규王珪	숙지叔止	신식申湜
수서壽瑞	남노명南老明	숙개叔開	신계화申啓華	숙진叔珍	김찬金瓚
수성壽聖	유진항柳鎭恒	숙거叔擧	정국성鄭國成	숙진叔珍	석지형石之珩
수언壽彦	김석일金錫一	숙거叔擧	조강趙綱	숙진叔鎭	홍주세洪柱世
수여受汝	박중회朴重繪	숙경叔京	박기호朴基鎬	숙청叔清	조방직趙邦直
수오受吾	노대하盧大河	숙경叔京	홍호洪鎬	숙춘叔春	유진동柳辰仝
수오受吾	지덕해池德海	숙경叔敬	한상경韓尙敬	숙평叔平	김탄행金坦行
수오守吾	김존경金存敬	숙경叔經	김길통金吉通	숙평叔平	이준李埈
수옥壽玉	배숙裵璹	숙공叔貢	황효헌黃孝獻	숙평叔平	홍만형洪萬衡
수옹壽翁	김인령金引齡	숙구叔久	강백년姜栢年	숙필叔弼	신익상申翼相
수옹壽翁	원보륜元甫崙	숙기叔起	김홍경金興慶	숙하叔夏	강석창姜碩昌
수옹壽翁	이세구李世龜	숙기叔起	한이원韓以原	숙하叔夏	정시형鄭時亨
수옹壽翁	이이송李爾松	숙달叔達	권민수權敏手	숙한叔翰	이번李蕃
수옹壽翁	최해崔瀣	숙도叔度	김상헌金尙憲	숙함叔咸	송덕상宋德相
수옹壽翁	허교許喬	숙도叔度	이칙李則	숙함叔涵	장선충張善冲
수옹守翁	홍윤성洪允成	숙도叔道	민기문閔起文	숙행叔行	유계문柳季聞
수옹粹翁	한계순韓繼純	숙도叔道	홍낙임洪樂任	숙향叔向	이갱생李更生
수용垂鏞	전기홍全基泓	숙도淑道	박제근朴齊近	숙향叔向	정규양鄭葵陽
수우守愚	김윤명金允明	숙량叔良	권첨權瞻	숙헌叔獻	신경원申景瑗
수원壽元	이형령李亨齡	숙로叔老	전팽령全彭齡	숙헌叔獻	이이李珥

자字	성 명	자字	성 명	자字	성 명
숙현叔玄	이규준李奎晙	순오舜五	서유신徐有臣	시백施伯	서경우徐景雨
숙형叔亨	하겸진河謙鎭	순오舜五	이상설李相卨	시백時伯	남하정南夏正
숙화叔華	안석경安錫儆	순우舜佑	한규설韓圭卨	시백時伯	이하응李昰應
숙회叔晦	성언근成彦根	순원舜元	송민용宋民用	시보施普	김택룡金澤龍
숙흠叔欽	기효근奇孝謹	순위舜爲	오취선吳取善	시보施甫	심택沈澤
숙희叔喜	이중경李重慶	순일舜一	정원화鄭元和	시보時保	조수익趙守翼
순가舜可	박종훈朴宗薰	순자舜咨	김상악金相岳	시보時甫	남언경南彦經
순가舜歌	심상훈沈相薰	순재舜在	성기운成璣運	시성時聖	정경문鄭景雯
순가舜歌	허훈許薰	순좌舜佐	송준필宋浚弼	시숙時叔	박사정朴師正
순거舜擧	김팔원金八元	순좌舜佐	한규직韓圭稷	시숙時叔	안우安遇
순견舜見	안국정安國禎	순중純仲	김자수金自粹	시숙時叔	이대성李大成
순겸順兼	유의건柳宜健	순중純仲	유순선柳順善	시옹時翁	김미金亹
순경洵卿	김육식金堉植	순중舜重	안효제安孝濟	시우時遇	김석지金錫之
순경舜卿	목서흠睦敍欽	순중舜重	함화진咸和鎭	시윤時潤	성덕우成德雨
순경舜卿	박여룡朴汝龍	순지淳之	신복순申復淳	시응時應	박동명朴東命
순경舜卿	신돌석申乭石	순지詢之	유영순柳永詢	시재時哉	변헌卞獻
순경舜卿	유준근柳濬根	순지醇之	김백순金伯醇	시재時哉	전득우田得雨
순경舜卿	이효독李孝篤	순지順之	고유高裕	시정時靜	곽월郭越
순경舜卿	조치우曹致虞	순지順之	송민고宋民古	시좌時佐	성준成俊
순경舜卿敬	이주영李胄榮	순지順之	안처순安處順	시주時周	신면申冕
순경順京	박봉래朴鳳來	순지順之	오익승吳益升	시중施中	맹만택孟萬澤
순경順卿	김제신金悌臣	순지順之	익양군益陽君	시중時中	최운우崔雲遇
순경順卿	이존오李存吾	순지順之	정역鄭易	시중時仲	구변具忭
순구舜九	이근명李根命	순초舜初	김제갑金悌甲	시중時仲	김상전金尙銓
순기舜起	조희백趙熙百	순칙順則	이만계李晚烓	시지始之	정조鄭造
순년舜年	정수기鄭壽期	순칠舜七	이재완李載完	시지是之	황시黃是
순명舜命	이설李偰	순칠舜七	이준李儁	시해時諧	정형익鄭亨益
순명舜明	윤달영尹達榮	순팔舜八	이재원李載元	시회時晦	신광한申光漢
순명舜鳴	장석신張錫藎	순평順平	고약해高若海	시회時晦	윤흔尹昕
순민舜民	신경준申景濬	순필舜弼	김용행金龍行	시회時晦	이엽李爆
순백淳伯	유정원張錫藎	순필舜弼	이동직李東稷	시회時晦	정엽鄭曄
순백純伯	김도명金道明	순필舜弼	정여직鄭汝稷	시회時會	권대운權大運
순백純伯	박수일朴遂一	순해舜諧	문영개文英凱	식형式馨	이지란李之蘭
순보舜甫	홍계희洪啓禧	순형舜衡	신영균申永均	신경信卿	권일형權一衡
순보舜甫	김설金卨	술선述先	나계종羅繼從	신경信卿	오명서吳命瑞
순보舜甫	이정걸李廷傑	술조述祖	이운거李云秬	신경信卿	한형윤韓亨允
순보順甫	조석문曹錫文	술지述之	임효달任孝達	신경藎卿	안홍국安弘國
순부順夫	신지제申之悌	술초述初	정효성鄭孝成	신로新老	이재수李在秀
순부淳夫	정희량鄭希良	숭보崇甫	이점李坫	신백信伯	윤계尹棨
순부純夫	문위文緯	숭지崇之	오승吳陞	신백信伯	황덕부黃德符
순부純夫	양성지梁誠之	습지習之	안민학安敏學	신백愼伯	송극인宋克認
순부純夫	유숙柳淑	습지習之	이관李灌	신백藎伯	유충걸柳忠傑
순부純夫	최성지崔誠之	습지習之	이중열李中悅	신보愼甫	안상휘安相徽
순부純夫	홍숙洪淑	승건承乾	혜종惠宗	신보新甫	유대진兪大進
순부醇夫	박종유朴宗儒	승경昇卿	이원진李元鎭	신부信夫	심조沈潮
순서舜瑞	강우姜虞	승백承伯	이종열李鍾烈	신수愼守	처능處能
순서舜瑞	문영개文英凱	승수承叟	유도발柳道發	신숙信叔	심대부沈大孚
순서舜瑞	어유봉魚有鳳	승혜繩兮	이의승李宜繩	신숙愼叔	구회具喜
순소舜韶	장지연張志淵	시가時可	기만헌奇晩獻	신숙愼叔	박심문朴審問
순소舜韶	조성하趙成夏	시가時可	이유중李有中	신여信汝	김순식金洵植
순수淳叟	윤선좌尹宣佐	시가時可	홍성민洪聖民	신여信汝	현기玄錡
순수醇叟	이맹휴李孟休	시견時見	김정룡金廷龍	신여愼汝	김민순金敏淳
순악舜若	민영소閔泳韶	시국時國	정운유鄭運維	신여愼汝	조준명趙駿命
순여順汝	소휘면蘇輝冕	시립時立	이홍업李弘業	신중信仲	송희립宋希立
순여順汝	여대표呂大驃	시망時望	나대용羅大用	신중愼仲	노긍盧兢
순여順汝	채동건蔡東健	시망時望	황집중黃執中		

자字	성 명	자字	성 명	자字	성 명
신지信之	송징宋徵	약여約汝	김수증金守曾	양필良弼	노선경盧善卿
신지信之	유응부兪應孚	약여約汝	홍시제洪時濟	양휘陽輝	유복명柳復明
신지愼之	권경權擎	약우若愚	이눌李訥	언결彦潔	정담鄭湛
신지愼之	설신薛愼	약이瀹而	유약柳瀹	언겸彦謙	소세양蘇世讓
신지新之	이명덕李明德	약이約而	윤선도尹善道	언겸彦謙	손창孫昌
신지新之	정완鄭浣	약중若中	정지선鄭趾善	언겸彦謙	정대익鄭大益
신지申之	권경우權慶祐	약지約之	주박周博	언겸彦謙	홍준형洪浚亨
신지身之	정이환鄭履煥	약천若天	이상진李象辰	언경彦卿	장세량張世良
신칙神則	지종智宗	약천若天	태조太祖	언경彦卿	최보한崔輔漢
실보實甫	소상진蘇尙鎭	약초約初	임수정任守正	언구彦久	윤춘년尹春年
실부實夫	신명연申命衍	약충若冲	이자연李子淵	언국彦國	윤명렬尹命烈
실부實夫	윤상尹祥	약헌若軒	백이정白頤正	언급彦及	황헌黃憲
실이實而	이자화李自華	양가量可	배극렴裵克廉	언급彦及	이경창李慶昌
실재實哉	박진영朴震英	양경亮卿	김세익金世翊	언룡彦龍	고운高雲
실지實之	이춘영李春英	양경亮卿	홍중인洪重寅	언림彦霖	이주李澍
실혜實兮	임화세任華世	양경良卿	박필몽朴弼夢	언명彦明	김광원金光遠
심보心甫	이만웅李萬雄	양경楊卿	조현기趙顯期	언명彦明	유공량柳公亮
심보深父	이휘준李彙濬	양경謙卿	심사손沈思遜	언명彦明	최황崔滉
심부審夫	이정리李正履	양구養久	이시발李時發	언명彦明	현상벽玄尙璧
심원心源	조희연趙羲淵	양대養大	임선미林先昧	언명보彦明父	최해崔瀣
심원深源	김해수金海壽	양래陽來	정형복鄭亨復	언박彦博	유보柳溥
심원深源	양응락梁應洛	양백良伯	이최응李最應	언박彦博	조효연曺孝淵
심원深源	윤양尹瀁	양백陽伯	윤종섭尹鍾燮	언보彦寶	안당安瑭
심원深源	이광李洸	양백養伯	이서李舒	언부彦夫	서선徐選
심원深遠	이유수李惟秀	양백養伯	박수검朴守儉	언선彦善	손홍적孫弘積
심중心仲	경세인慶世仁	양보良甫	이배원李培元	언성彦成	임운林云
심한心垾	유한有閑	양보良甫	유최기兪最基	언성彦聖	윤영현尹英賢
쌍숙雙叔	홍군상洪君祥	양보陽甫	정광한鄭光漢	언성彦誠	이권李勸
		양숙養叔	황섭黃聶	언성彦誠	채무택蔡無擇
		양숙養叔	김하재金夏材	언숙彦叔	지계최池繼淮
		양숙養叔	신희복愼希復	언순彦順	김혜손金惠孫
		양숙養叔	유시발柳時發	언승彦承	박춘장朴春長
ㅇ		양숙養叔	윤인함尹仁涵	언시彦施	신준申浚
		양승養勝	이이명李頤命	언시彦時	변이중邊以中
		양신良臣	정곡鄭谷	언신彦信	양지梁誌
		양언良彦	홍석보洪錫輔	언신彦信	이감李戡
		양여養汝	황재필黃在弼	언신彦愼	권율權慄
아동亞東	정충엽鄭忠燁	양오養吾	맹지대孟至大	언실彦實	임희무林希茂
아중雅仲	조하망曺夏望	양오養吾	김시회金時晦	언실彦實	박춘수朴春秀
안빈安貧	요세了世	양오養吾	문기호文基浩	언심彦深	강징姜澂
안석安石	유방의劉邦儀	양원養源	이지완李志完	언심彦深	어영준魚泳濬
안석安石	조박趙璞	양이養而	이경함李慶涵	언여彦汝	신기선申箕善
안세安世	유시정柳時定	양이養而	박정길朴鼎吉	언온彦蘊	송여종宋汝悰
안세安世	정기안鄭基安	양일養一	이지렴李之濂	언우彦優	안회희安會熹
안세安世	현종顯宗	양정養靜	윤경교尹敬教	언우彦遇	유중영柳仲郢
안숙安淑	정양鄭瀁	양중養仲	곽준郭越	언원彦源	신호申浩
안식安植	이기손李起巽	양중養仲	이언호李彦浩	언유彦游	신정申瀞
안여顔汝	송수면宋修勉	양중養重	홍의호洪義浩	언유彦裕	박수홍朴守弘
안중安中	조정趙靖	양지洤之	이진택李鎭宅	언이彦而	박영준朴永俊
안지安之	최정안崔井安	양지良之	신량申湸	언장彦章	김상옥金相玉
앙지仰之	박은朴訔	양지讓之	화의군和義君	언장彦章	문결文傑
앙지仰止	금원군錦原君	양직養直	홍자洪滋	언정彦精	김연광金練光
애부崖夫	곽은郭垠	양직養直	강호박姜浩溥	언주彦冑	박소朴紹
야군野君	유숙劉淑	양직養直	지겸至謙	언중彦仲	박종주朴宗冑
야수野叟	이인李仁	양청養清	유우柳藕	언지彦之	심광언沈光彦
야조冶祖	황철黃鐵			언진彦珍	계림군桂林君
약기躍起	박유연朴由淵				
약능若能	상득용尙得容				
약수若水	황보항皇甫抗				

자字	성 명	자字	성 명	자字	성 명
언침彦忱	권순權恂	여량汝量	이확李廓	여수汝受	이산해李山海
언침彦忱	최전崔澱	여로汝老	이수만李壽曼	여수汝垂	강유후姜裕後
언평彦平	윤원형尹元衡	여로汝魯	한용탁韓用鐸	여수汝壽	박상덕朴相德
언평彦平	정지산鄭之産	여뢰汝雷	이진상李震相	여수汝壽	이하악李河岳
언평彦平	황형黃衡	여룡汝龍	장천용張天用	여수汝壽	임석령任碩齡
언필彦弼	이현량李玄亮	여림如林	노긍盧兢	여수汝秀	김상준金尙寯
언홍彦弘	조보趙溥	여림汝林	이상일李尙逸	여수汝秀	정립鄭岦
언홍彦洪	김연金演	여림汝霖	손주孫澍	여수汝粹	박이현朴而絢
언화彦華	백인영白仁英	여립汝立	이대건李大建	여수汝綏	김한록金漢祿
언확彦確	우상禹錦	여만汝萬	신익전申翊全	여숙余淑	정대丁大水
언회彦晦	경혼慶渾	여망汝望	윤문거尹文擧	여숙汝淑	이덕수李德洙
언회彦晦	권춘란權春蘭	여명汝明	권협權韐	여숙與叔	윤동절尹東哲
언휘彦暉	민이승閔以升	여명汝明	남궁경南宮檠	여숙與叔	조희진趙希進
여가汝嘉	강윤형姜允亨	여명汝明	민장도閔章道	여숙與叔	최기남崔起南
여간汝榦	이익모李翊模	여명汝明	범세동范世東	여순汝詢	이순악李舜岳
여강汝剛	주도복周道復	여명汝明	유정현柳廷顯	여순汝順	백홍제白弘悌
여견汝堅	최강崔堈	여명汝明	이륜李倫	여순汝順	최석진崔錫晋
여견汝見	김성립金誠立	여명汝明	차예량車禮亮	여술汝述	박환朴煥
여견汝見	유중룡柳仲龍	여명汝明	최석진崔錫晋	여습汝習	김호金灝
여경女敬	한양리韓良履	여무汝懋	이후경李厚慶	여습汝習	성이성成以性
여경汝敬	성지행成至行	여문汝文	강언룡姜彦龍	여승汝升	박치륭朴致隆
여경汝景	한춘립韓春立	여문汝聞	홍순형洪淳馨	여승汝昇	박명부朴明榑
여경餘慶	김헌성金玄成	여백汝伯	김석연金錫衍	여승汝昇	윤돈尹暾
여경餘경	홍유손洪裕孫	여범汝範	이구령李龜齡	여승與乘	박세교朴世橋
여고汝固	이식李植	여보廬甫	권우權遇	여시汝施	이화보李和甫
여고汝皐	이재협李在協	여보汝寶	김태허金太虛	여시汝時	김상직金相稷
여공汝恭	김문기金文起	여보汝寶	우정규禹禎圭	여시汝時	조중립趙中立
여관汝寬	고성후高成厚	여복汝復	이경용李景容	여시汝時	최석정崔錫鼎
여광汝匡	홍정하洪正夏	여빈汝彬	백수회白受繪	여시汝時	홍보洪寶
여괴汝魁	정탁鄭㯉	여사汝思	이경헌李景憲	여식汝式	신몽헌申夢憲
여구汝久	권세항權世恒	여삼汝三	김덕성金德成	여식汝式	정해鄭楷
여구汝久	이우항李宇恒	여삼汝三	조진석趙晉錫	여식汝式	조헌趙憲
여구汝久	채이항蔡以恒	여상汝常	남궁옥南宮鈺	여신汝信	구헌具憲
여구汝久	최석항崔錫恒	여상汝常	유항柳恒	여신汝信	유정柳綎
여구汝九	이기홍李箕洪	여상汝祥	장시규張是奎	여신汝愼	최명창崔命昌
여규汝揆	심택현沈宅賢	여서汝恕	박서생朴瑞生	여신汝臣	박종보朴宗輔
여근汝根	신회申晦	여서汝鋤	차충량車忠亮	여실汝實	이경무李景茂
여근汝近	이형李逈	여선汝先	권채權採	여실汝實	이언화李彦華
여기汝器	김위金偉	여선汝先	구원일具元一	여심汝心	서응순徐應淳
여기汝器	백광호白光瑚	여섭汝涉	이원경李元卿	여악汝岳	최부항崔裒抗
여기汝起	정영진鄭榮振	여성汝成	신집申楫	여안汝安	권사공權士恭
여길汝吉	문몽헌文夢軒	여성汝成	김창집金昌集	여안汝安	이영인李榮仁
여길汝吉	박태손朴泰遜	여성汝成	노수盧邃	여앙汝昂	남두첨南斗瞻
여길汝吉	서상리徐祥履	여성汝成	신만申晩	여약汝約	홍요검洪堯儉
여길汝吉	이석경李碩慶	여성汝省	유한준兪漢雋	여오汝五	박종악朴宗岳
여길汝吉	조가석趙嘉錫	여성汝省	한만유韓晩裕	여오汝五	서상수徐常修
여남汝南	김익겸金益兼	여성汝省	송우宋愚	여오汝悟	이병상李秉常
여능汝能	장치세張致世	여성汝省	유무증兪懋曾	여옥汝沃	안영남安潁男
여달汝達	이원배李元培	여성汝省	이경증李景曾	여옥汝沃	윤개尹漑
여담汝聃	이재간李在簡	여성汝聖	유인석柳麟錫	여옥汝玉	하윤구河潤九
여대汝大	박문욱朴文郁	여성汝誠	윤각尹慤	여옥汝玉	유한인兪漢人
여도汝道	박세모朴世模	여수汝修	김준업金峻業	여온汝溫	윤겸尹㻩
여량汝亮	강시영姜時永	여수汝受	박종덕朴宗德	여온汝溫	유림柳琳
여량汝亮	어한명魚漢明	여수汝受	박종희朴宗喜	여완汝完	한사직韓師直
여량汝亮	이명연李明淵	여수汝受	송석복宋錫福	여용汝容	오준吳竣
여량汝兩	김석익金錫翼	여수汝受	윤숙尹塾	여용汝容	배치규裵致奎

자字	성 명	자字	성 명	자字	성 명
여용汝容	정괄鄭适	여정汝靜	조연趙涓	여화汝和	최윤덕崔潤德
여우汝偶	조명曹明昺	여제汝濟	신방집辛邦楫	여화汝華	문희순文希舜
여우汝友	배삼익裵三益	여주汝冑	안세갑安世甲	여확汝廓	이홍조李弘祚
여우汝愚	서종급徐宗伋	여중勵仲	유순익柳舜翼	여확汝廓	정언굉鄭彦宏
여우汝愚	이경안李景顔	여중汝中	강덕룡姜德龍	여확汝擴	오단吳端
여우汝愚	김광두金光斗	여중汝中	문홍도文弘道	여회如晦	성세명成世明
여우汝雨	곽지운郭之雲	여중汝中	서용보徐龍輔	여회汝晦	윤선지尹先智
여욱汝旭	이휘李暉	여중汝中	이성시李聖時	여회汝晦	박종경朴宗慶
여욱汝頊	정근鄭謹	여중汝中	주용규朱庸奎	여회汝會	윤명운尹明運
여원汝元	권두기權斗紀	여중汝仲	김낙철金洛喆	여회汝會	이경하李景夏
여원汝元	장응인張應仁	여중汝重	유진삼柳晉三	여후汝厚	박태순朴泰淳
여원汝元	정기춘鄭基春	여중汝重	이광정李光鼎	여후汝厚	최상중崔尙重
여원汝原	김효대金孝大	여읍汝楫	윤이제尹以濟	여훈汝薰	이동형李東馨
여원汝源	서효수徐孝修	여증汝曾	민종도閔宗道	여휘汝輝	남태혁南泰赫
여원汝源	이민도李敏道	여지汝知	김녕金寧	여휘汝輝	이지익李之翼
여원汝遠	유홍원柳弘源	여직汝直	임사경任思敬	여휴汝休	경선행慶善行
여유汝儒	송진명宋眞明	여직汝直	조정립趙正立	여휴汝休	이징구李徵龜
여유汝唯	이로李魯	여진如進	윤섬尹暹	역락亦樂	조통趙通
여유汝有	박기풍朴廷豊	여진汝珍	허백기許伯琦	역안亦顔	정사물鄭四勿
여유汝柔	권구權綠	여진汝進	유취장柳就章	연길年吉	박세화朴世和
여윤汝允	최명룡崔命龍	여진汝鎭	강수곤姜秀昆	연길延吉	홍종록洪宗祿
여윤汝尹	한성우韓聖佑	여진汝震	이국李國	연량淵亮	하연河演
여윤汝潤	권덕형權德亨	여징汝徵	문홍헌文弘獻	연부鍊夫	남연南硬
여윤汝潤	김언金琂	여징汝澄	민심閔심	연부鍊夫	이철견李鐵堅
여읍汝揖	조영진趙榮進	여차汝車	허적許積	연부淵夫	정언지鄭彦智
여읍汝揖	조우신趙又新	여초汝初	김규하金圭夏	연상連上	김구金九
여의汝毅	문홍원文弘遠	여충汝忠	황우한黃佑漢	연숙淵叔	유축柳㴋
여이汝以	최천건崔天健	여치汝癡	정시술丁時述	연여淵如	윤긍주尹兢周
여익汝益	오윤겸吳允謙	여칠汝七	정태현鄭泰鉉	연연淵淵	최부崔溥
여익汝益	조우인曺友仁	여택汝擇	박세장朴世樟	연연淵淵	하대연河大淵
여익汝翼	김진상金鎭商	여통汝通	이형록李亨祿	연지延之	김수증金壽增
여익汝翼	이익한李翊漢	여평汝平	맹세형孟世衡	연지演之	최연崔演
여인汝人	이상수李象秀	여평汝平	최균崔均	연지衍之	정지연鄭芝衍
여인汝仁	김근순金近淳	여평汝平	홍치洪治	열경烈卿	이언李彦烈
여인汝仁	박선장朴善長	여필汝弼	박정설朴廷薛	열경說卿	이은상李殷相
여인汝仁	정곤수鄭崑壽	여하汝夏	이경화李景華	열경悅卿	김시습金時習
여인汝寅	기협奇協	여함汝涵	이영李泳	열경悅卿	신태식申泰植
여인汝寅	박창우朴昌宇	여함汝涵	이성李渻	열경悅卿	이기상李箕相
여일汝一	감경인甘景仁	여해汝諧	이근필李根弼	열경悅卿	이협李浹
여일汝一	김수남金秀南	여해汝諧	이순신李舜臣	열보悅甫	이완李莞
여일汝一	김정오金定五	여행汝行	권중도權重道	열심悅心	김이金怡
여일汝一	유도삼柳道三	여행汝行	김경선金景善	열지說之	박동열朴東說
여일汝逸	정상기鄭尙驥	여헌汝憲	유사규柳思規	열지說之	박열朴說
여임汝任	이광진李光軫	여헌汝獻	남궁찬南宮璨	열지悅之	정초庭招
여장汝張	성한成僩	여헌汝獻	장유張猷	염윤廉允	서희徐熙
여장汝章	권필權韠	여헌汝獻	조유趙猷	염조念祖	정경원鄭敬源
여장汝章	이정소李廷熽	여현汝賢	김성립金成立	염화拈花	청고靑杲
여장汝障	박지병朴之屛	여현汝賢	김재일金載一	영경永卿	이부영李富永
여재汝材	이인재李寅梓	여현汝顯	이명달李命達	영국榮國	양응록梁應祿
여적汝迪	윤혜교尹惠敎	여호汝浩	최흥원崔興遠	영길英吉	신계영辛啓榮
여정汝定	김왕金迋	여호汝豪	조정趙挺	영로靈老	송남수宋柟壽
여정汝晶	박성석朴星錫	여홍汝弘	이재의李載毅	영문英文	황병학黃炳學
여정汝正	허필許佖	여홍汝洪	최기대崔基大	영백永伯	오광운吳光運
여정汝貞	임세장任世章	여화汝和	김상연金尙淵	영백英伯	문석환文奭煥
여정汝精	김득연金得研	여화汝和	오윤해吳允諧	영백英白	임경업林慶業
여정汝精	김옥金鋈	여화汝和	최석정崔錫鼎	영백榮伯	이영세李榮世

자字	성 명	자字	성 명	자字	성 명
영보榮甫	안광석安光碩	예숙豫叔	박소립朴素立	용여用汝	유집柳楫
영보榮甫	오비吳玭	오겸五兼	최중복崔仲福	용여用汝	임수간任守幹
영보永甫	이현록李顯祿	오원吾元	변연수卞延壽	용연龍涎	민지閔漬
영보英甫	송시열宋時烈	옥경沃卿	한언韓堰	용이容耳	신항申沆
영석永瑞	김성후金聖垕	옥산玉山	장지완張之琬	용장用章	양원준梁元俊
영석永錫	오시만吳始萬	옥여沃汝	허계許啓	용장用章	황상黃裳
영수永叟	서기환徐基煥	옥여沃汝	정계순鄭啓淳	용재龍在	김수담金壽聃
영수永叟	황윤석黃胤錫	옥여玉汝	김령金靈	용제用濟	유도柳棹
영수永受	김응환金應煥	옥여玉汝	박성옥朴成玉	용종龍從	민여운閔汝雲
영수永受	김이련金利鍊	옥여玉汝	방귀온房貴溫	용지容之	이용李溶
영수英叟	심능숙沈能淑	옥여玉汝	송상기宋相琦	용칠容七	이헌경李軒卿
영숙寧叔	유득일柳得一	옥여玉汝	오순吳珣	용합用涵	인평대군麟坪大君
영숙榮叔	민안부閔安富	옥여玉汝	이경동李瓊仝	용협用協	김극일金克一
영숙榮叔	유대춘柳帶春	옥여玉汝	이귀李貴	용회用晦	김훤金晅
영숙永叔	박윤원朴胤源	옥여玉汝	한옥韓玉	용회用晦	성희成熺
영숙永叔	손비장孫比長	옥여玉汝	홍숙洪淑	용회用晦	신경申炅
영숙永叔	송방조宋邦祚	옥여玉汝	이염李琰	용회用晦	신현록申顯祿
영숙永叔	김만기金萬基	옥오玉吾	김석옥金錫沃	용회用晦	유언명兪彦明
영숙穎叔	이색李穡	옥이沃而	김당金璫	용회用晦	정환丁煥
영숙英叔	최기남崔奇男	옥이玉耳	양관梁灌	용휴用休	강구손姜龜孫
영숙英叔	황기연黃耆淵	옥지沃之	조영규趙英圭	우경右卿	유진필兪鎭弼
영언永言	한영韓詠	옥첨玉瞻	박선수朴瑄壽	우경右卿	이건필李建弼
영언英彦	오정방吳定邦	온경溫卿	성종成宗	우경禹卿	목장흠睦長欽
영언英彦	이정호李挺豪	온고溫古	이진李瑱	우경虞卿	김순고金舜皐
영여令如	최홍재崔弘宰	온궤溫匱	허공許珙	우경虞卿	서명구徐命九
영연瑩然	구영具瑩	온숙溫叔	서종옥徐宗玉	우경虞卿	송여해宋汝諧
영오英五	정재규鄭載圭	온중溫仲	조련趙璉	우고友古	김상金尙
영유令裕	박경인朴景仁	온지溫之	윤번尹璠	우고友古	정동만鄭東晚
영을永乙	혜심慧諶	온진蘊珍	홍한洪瀚	우군友君	신효중申孝仲
영이詠而	곽시郭詩	완보完甫	변상벽卞相璧	우렴友濂	여동식呂東植
영이詠而	심약기沈若沂	요경堯卿	목수흠睦守欽	우린于麟	목지경睦趾敬
영이詠而	이지시李之詩	요공耀空	신돈辛旽	우림于霖	김택영金澤榮
영이詠而	채득기蔡得沂	요부堯夫	허경許熲	우문又文	이명하李命夏
영조永朝	김종표金宗杓	요서堯瑞	이명李蓂	우문又文	이희발李羲發
영중榮仲	신명인申命仁	요장堯章	강위姜瑋	우백遇伯	조시형趙時亨
영중榮仲	이광영李光英	요좌堯佐	정흠지鄭欽之	우복于復	유자광柳子光
영중瑩中	김관金瓘	용경龍卿	유희량柳希亮	우봉虞鳳	최치숭崔致崇
영중瑩仲	김진金璡	용경龍卿	홍양한洪亮漢	우삼友三	오익영吳益泳
영중英仲	최신남崔藎楠	용경用卿	권만두權萬斗	우삼友三	이춘영李春永
영지寧之	이유령李幼寧	용구用九	김기하金器夏	우상虞裳	이언진李彦瑱
영지永之	임영수林永洙	용구用九	채성구蔡聖龜	우서于敍	오이익吳以翼
영지英之	고맹영高孟英	용만用萬	김서일金瑞一	우서禹敍	최전구崔銓九
영지英之	김영金瑛	용보勇甫	이의형李義亨	우서禹書	정범조鄭範朝
영지英之	채세영蔡世英	용부容夫	권중화權仲和	우서禹瑞	조구석趙龜錫
영집泳執	신경수申敬守	용부庸夫	권극화權克和	우서虞瑞	홍봉조洪鳳祚
영초詠初	윤효전尹孝全	용빈用賓	유관현柳觀鉉	우석禹錫	하겸락河兼洛
영형永逈	승형承逈	용삼容三	김규진金圭鎭	우수友叟	신초辛礎
영화英華	이대극李大克	용석用錫	신경진辛慶晉	우약愚若	송호완宋鎬完
영훈泳薰	나중소羅仲昭	용선容先	이수민李壽民	우약雨若	김규식金奎植
예경禮卿	권양權讓	용수溶叟	이상언李尙彦	우옹愚翁	성희안成希顔
예경禮卿	정지화鄭知和	용숙容叔	임규직任圭直	우옹愚翁	이희안李希顔
예경禮卿	최우형崔遇亨	용수龍賖	원몽린元蒙麟	우용又龍	홍사구洪思九
예근禮謹	김극기金克己	용여龍汝	성해응成海應	우이禹爾	이우빈李佑贇
예백禮伯	이교문李敎文	용여用汝	김려金礪	우인友仁	강문회姜文會
예보禮甫	장경주張敬周	용여用汝	성언집成彦楫	우재優哉	자우自優
예숙禮叔	도한기都漢基	용여用汝	오명열吳命說	우정虞庭	이직李稷

자字	성 명	자字	성 명	자字	성 명
우천于天	나성두羅星斗	원길原吉	이준경李浚慶	원복元復	송상래宋祥來
우팔禹八	남석인南錫仁	원덕元德	민치록閔致祿	원부元敷	김문현金文鉉
우팔禹八	홍정현洪政鉉	원덕元德	서유린徐有隣	원빈元賓	박인섭朴寅燮
우해宇海	홍만종洪萬宗	원득元得	박종여朴宗輿	원빈元賓	조한국趙漢國
우홍遇鴻	민영익閔泳翊	원량元亮	신잠申潛	원서元瑞	신명규申命圭
욱재昱哉	한명욱韓明勗	원량元亮	이양신李亮臣	원서元瑞	안영安瑛
욱재郁哉	정문계鄭文啓	원량元良	덕종德宗	원서元瑞	이규갑李奎甲
운거雲擧	민치홍閔致鴻	원령元靈	이인상李麟祥	원섭元涉	계덕해桂德海
운거雲擧	장낙현張洛賢	원례元禮	김이안金履安	원숙元叔	강유선康惟善
운거雲擧	장붕익張鵬翼	원례元禮	박지朴贄	원숙元叔	윤인석尹仁錫
운거雲車	이상李翔	원례元禮	서유방徐有防	원숙元叔	황재중黃載重
운경雲卿	권진權縉	원례元禮	윤복尹復	원숙元淑	양회갑梁會甲
운경雲卿	남용익南龍翼	원례元禮	이하원李夏源	원숙元淑	장윤덕張胤德
운경雲卿	정사룡鄭士龍	원례元禮	홍이간洪履簡	원숙元淑	허항許沆
운경雲卿	조희제趙熙濟	원례元禮	홍이상洪履祥	원숙源叔	유활柳活
운경雲卿	최해운崔海雲	원로元老	곽상郭尙	원숙源叔	이광회李光漢
운경雲卿	황현黃玹	원로元老	송석충宋碩忠	원순元順	박익동朴翼東
운로芸老	최한기崔漢綺	원로元老	유희령柳希齡	원실元實	고응관高應觀
운로雲老	조경망趙景望	원로元老	이공수李公遂	원약元若	김유연金有淵
운로雲路	남구만南九萬	원로元老	이조년李兆年	원양元讓	최효일崔孝一
운몽雲夢	이택李澤	원로元老	이지충李之忠	원여元汝	이희갑李羲甲
운보雲甫	김덕룡金德龍	원로元老	이홍망李弘望	원여遠汝	장준량張駿良
운보雲甫	유사원柳思瑗	원로元老	홍명구洪命耉	원예元藝	서승보徐承輔
운봉雲峰	임정林淨	원룡元龍	이동로李東老	원오元五	김복한金福漢
운부雲夫	홍간洪侃	원로元老	정희등鄭希登	원오元五	이규홍李圭弘
운서雲瑞	고용진高龍鎭	원로元老	하응도河應圖	원옥元玉	조종현趙宗鉉
운서雲西	김득추金得秋	원리元履	민치복閔致福	원용元用	유의정柳宜貞
운성雲聲	홍종헌洪鍾軒	원립元立	이지신李之信	원우元佑	곽한일郭漢一
운여雲汝	유장환兪章煥	원명元明	김자지金自知	원우元佑	소세량蘇世良
운원運元	이석표李錫杓	원명元明	남병철南秉哲	원유元裕	구성具成
운익雲翼	안지호安智鎬	원명元明	서공순徐公淳	원유元裕	송갑조宋甲祚
운일雲一	심상한沈相漢	원명元明	김희철金希哲	원이遠而	한필원韓必遠
운장雲章	홍상한洪象漢	원명原明	덕종德宗	원익元益	김노겸金魯謙
운장雲長	송익필宋翼弼	원명原明	신호인申顥仁	원인原仁	이잠李潛
운장雲長	이정李程	원명原明	유언철兪彦哲	원일元一	김수현金壽鉉
운정雲程	정붕鄭鵬	원명原明	유인숙柳仁淑	원일元一	봉원효奉元孝
운중雲仲	윤경룡尹敬龍	원명原明	이의철李宜哲	원일元一	장혼張混
운중雲仲	주몽룡朱夢龍	원발元發	송상렴宋祥濂	원장元章	박수문朴守紋
운지澐之	최운崔澐	원방元方	이현기李玄紀	원장元長	안정선安廷善
운지耘之	조지운趙之耘	원방元方	한기韓記	원장元長	왕자지王字之
운지雲之	홍자번洪子藩	원백元白	송은성宋殷成	원정元正	세종世宗
운파雲坡	청안淸眼	원백元伯	신필정申弼貞	원정元靜	곽간郭趄
원강元綱	이재관李在寬	원백元伯	정기선鄭基善	원중元仲	박응인朴應寅
원거元秬	오경석吳慶錫	원백元伯	정선鄭歚	원중元仲	서정순徐正淳
원경元卿	김수현金壽鉉	원백元伯	홍인호洪仁浩	원지元之	신승선愼承善
원경元卿	송정규宋廷圭	원백源伯	이내수李來修	원지元之	유숭兪崇
원경元卿	조종영趙鍾永	원백遠伯	이덕형李德泂	원지元之	유자미柳自湄
원경遠卿	강서姜緖	원백遠伯	이삼李森	원지元之	이세인李世仁
원경遠卿	민영목閔泳穆	원백遠伯	이홍적李弘迪	원지元之	한인급韓仁及
원경遠卿	정광의鄭光毅	원백遠伯	홍종운洪鍾韻	원지元之	한효원韓效元
원공原功	우현보禹玄寶	원백遠伯	홍중보洪重普	원지原之	김소金遡
원구元九	홍석기洪錫箕	원보元甫	김수인金壽仁	원지貝之	안보安輔
원구元龜	김개물金開物	원보元甫	이인석李仁石	원지源之	심지원沈之源
원길元吉	이영전李榮全	원보元甫	이충원李忠元	원지源之	이구李久源
원길元吉	이춘원李春元	원보元輔	이홍제李弘濟	원지遠之	천만리千萬里
원길元吉	한복윤韓復胤	원복元復	김용규金容圭	원직元直	김경지金敬之

자字	성 명	자字	성 명	자字	성 명
원직元直	송응규宋應圭	유도有道	권상유權尙游	유종維宗	이직보李直輔
원직元直	송익보宋翼輔	유량孺良	원재명元在明	유중愉仲	허협許悏
원직元直	심로沈魯	유량幼亮	조태채趙泰采	유중柔仲	박응남朴應男
원진元鎭	남태제南泰齊	유량幼亮	홍성보洪聖輔	유지有之	조경진趙景禛
원질元質	임박林樸	유량幼良	정한조鄭漢朝	유지有之	심유진沈有鎭
원징元徵	오두인吳斗寅	유린有隣	노한盧閈	유지柔之	이유길李有吉
원초元初	김시연金始淵	유명惟明	박융朴融	유지幼之	박강생朴剛生
원춘元春	김정희金正喜	유명惟明	최이崔迤	유직幼直	윤양후尹養厚
원춘元春	이만운李萬運	유문孺文	민진주閔鎭周	유직幼直	홍억洪檍
원충元冲	김정金淨	유문孺文	범경문范慶文	유첨維瞻	조정융曺挺融
원칙元則	양종해楊宗楷	유문孺文	엄숙嚴璹	유청幼清	서형수徐瀅修
원칠元七	조두순趙斗淳	유문孺文	조병덕趙秉悳	유초有初	김수성金遂性
원택元擇	심우정沈友正	유문幼文	윤동승尹東昇	유초有初	이단석李端錫
원택元澤	최유崔濡	유문幼文	이동욱李東郁	유추有秋	이여李畬
원팔元八	방의용方義鏞	유문有文	임익빈林益彬	유춘閨春	정태화鄭太和
원팔元八	이남규李南珪	유문維文	구준원具駿遠	유칙維則	김지묵金持默
원평元平	남공철南公轍	유백裕伯	한극창韓克昌	유평幼平	조병준趙秉準
원포圓圃	이충원李忠元	유보幼輔	김한신金漢藎	유한維翰	노개방盧盖邦
원표元表	김동신金東臣	유보裕甫	이홍로李弘老	유한維翰	독고성獨孤成
원회元會	김양순金陽淳	유사有司	이극복李克福	유한維翰	심능악沈能岳
원회元會	김징金澄	유선幼善	황인하黃仁夏	유행攸行	성봉조成奉祖
원회元會	이경민李慶民	유선幼選	목만중睦萬中	유형有炯	봉기奉琪
원회元會	이경일李敬一	유선有先	조동희趙同熙	유호攸好	정석오鄭錫五
원회源會	김기례金箕禮	유선由善	김경여金慶餘	유화幼和	민항렬閔恒烈
원후元厚	서대순徐戴淳	유성幼成	김약련金若鍊	유환惟幻	도오道悟
월수月叟	오형吳詗	유성幼盛	홍찬해洪纘海	유후裕後	김지경金之慶
월여月如	장지항張志恒	유성有聲	홍우창洪祐昌	유후裕後	백우자百愚子
위경撝卿	김겸광金謙光	유성由盛	김용구金容球	윤경允卿	유승현柳升鉉
위경衛卿	곽유번郭維藩	유숙裕叔	정이주鄭以周	윤경潤卿	신택申澤
위경衛卿	김작金碏	유술有述	조진관趙鎭寬	윤경潤卿	이수광李睟光
위경衛卿	이정李靖	유승柔勝	반복해潘福海	윤경潤卿	정내교鄭來僑
위경衛卿	한용간韓用幹	유신幼新	김약온金若溫	윤경潤卿	홍경림洪景霖
위공瑋公	전기全琦	유신維新	장환張喚	윤경胤卿	조만영趙萬永
위도衛道	정문익鄭文翼	유악幼岳	조석주趙錫周	윤공允恭	이돈우李敦宇
위망渭望	강석구姜碩耉	유안幼安	허교許喬	윤관允寬	장조莊祖
위백偉伯	안사웅安士雄	유안幼安	신응조申應朝	윤교允敎	김학수金學洙
위보渭甫	심상황沈相璜	유안幼安	이수인李壽仁	윤래允來	이면주李冕宙
위보衛甫	정의번鄭宜藩	유야悠也	이종李倧	윤린允璘	신무왕神武王
위부偉夫	홍위洪瑋	유언幼言	이후천李後天	윤명允明	송도순宋道淳
위사渭師	강석빈姜碩賓	유연悠然	신치근申致謹	윤명允明	신범화申範華
위사渭師	김상현金尙鉉	유영有永	이흥발李興浡	윤문允文	조병헌趙秉憲
위수渭叟	강홍업姜興業	유옥孺玉	정지년鄭知年	윤물潤物	함부림咸傅霖
위수渭叟	김공망金公望	유용幼用	박임상朴琳相	윤백倫伯	이서李序
위수渭叟	여대로呂大老	유용有用	김기선金驥善	윤백潤伯	이덕연李德演
위수渭叟	정언황丁彦璜	유원惟遠	최북崔北	윤보潤甫	김문金汶
위양威穰	이경직李耕植	유원惟遠	강수姜燧	윤보潤甫	신영申瑛
위옥韋玉	강위姜瑋	유원裕遠	의통義通	윤보潤甫	심연沈淵
위원偉元	박춘호朴春豪	유인幼仁	오익창吳益昌	윤보潤甫	이덕남李德男
위혼魏昕	김양金陽	유인惟仁	정사제鄭思悌	윤보潤甫	이서우李瑞雨
유경有慶	윤효손尹孝孫	유일唯一	박융朴融	윤보潤甫	이축李蓄
유경酉敬	한진서韓鎭書	유일幼一	김노응金魯應	윤보潤甫	임상덕林象德
유공幼公	이영익李令翊	유장孺長	윤지경尹知敬	윤보潤甫	이승소李承召
유구悠久	유상운柳尙運	유재幼材	최연崔葕	윤보胤保	김홍석金弘錫
유능幼能	이단상李端相	유재有哉	이재李栽	윤보胤甫	유명윤兪命胤
유대有大	민정식閔正植	유제有諸	홍호인洪好人	윤보胤甫	민형남閔馨男
유덕遺德	태종太宗		조극선趙克善	윤부潤夫	심선沈璿

자字	성 명	자字	성 명	자字	성 명
윤부潤夫	한덕전韓德全	응길應吉	홍인우洪仁祐	의백毅伯	송희원宋希遠
윤부胤夫	편운자片雲子	응덕應德	김재순金載順	의백毅伯	정수홍鄭守弘
윤빈允賓	이가우李嘉愚	응룡應龍	옹몽진邕夢辰	의백毅伯	정홍상鄭弘祥
윤서倫敍	진구주陳九疇	응림應霖	김주金澍	의백毅伯	한덕원韓德遠
윤성允成	서상집徐相集	응림應霖	유주柳澍	의백義伯	정개청鄭介淸
윤숙允叔	고영석高永錫	응명應明	민천부閔天符	의보儀甫	윤면동尹冕東
윤숙允叔	양윤숙楊允淑	응명應明	이몽량李夢亮	의보儀甫	이기옥李璣玉
윤약允若	이돈우李敦宇	응문應文	유몽인柳夢寅	의보毅甫	윤홍규尹弘圭
윤여允汝	홍익필洪翼弼	응문應文	조헌영趙憲泳	의보毅甫	이제원李濟遠
윤열潤悅	길선주吉善宙	응문應文	지책旨冊	의부儀夫	신대우申大羽
윤옥允玉	허유許玧	응물應物	교웅教雄	의상宜祥	부설浮雪
윤원允遠	이삼만李三晩	응빙應聘	양사언楊士彦	의선義善	김창하金昌河
윤익允益	민겸호閔謙鎬	응삼應三	김중원金重元	의소儀韶	이봉상李鳳祥
윤익允翼	엄세영嚴世永	응삼應三	조석진趙錫晉	의숙猗叔	이당李簹
윤일潤一	신해영申海永	응서應瑞	황징黃徵	의숙儀叔	이봉상李鳳祥
윤장潤章	서문택徐文澤	응서應瑞	나해봉羅海鳳	의숙儀叔	이수봉李壽鳳
윤장胤章	최규헌崔奎憲	응선應善	이영부李英符	의숙의叔	안의安義
윤재潤哉	권덕수權德秀	응소應邵	권길權吉	의숙의叔	이천보李天輔
윤적允迪	이합李柙	응소應韶	박홍구朴弘耈	의주儀周	안기安岐
윤조允朝	민종식閔宗植	응숙應淑	민덕봉閔德鳳	의중儀仲	김정일金鼎一
윤중倫中	이서李序	응순應順	나해륜羅海崙	의중宜中	이의건李義健
윤중允中	박재화朴載華	응순應順	김명원金命元	의중宜中	이의전李義傳
윤중允中	이상권李尙權	응시應時	조광정趙光庭	의중毅仲	김홍윤金弘胤
윤중允中	회정懷淨	응시應時	유조생柳肇生	의중毅仲	정응순鄭應淳
윤지允之	이적李迪	응실應實	홍인걸洪仁傑	의중毅仲	조유수趙裕壽
윤지允之	정문승鄭文升	응우應遇	고경허高景虛	의지儀之	신호주申鴻周
윤지允之	황승원黃昇源	응인應仁	양사기楊士奇	의지宜之	송호의宋好義
윤지胤之	강세윤姜世胤	응일應一	이영신李榮臣	의지宜之	안극가安克家
윤지胤之	이윤영李胤永	응정應貞	목태림睦台林	의지義之	한공의韓公義
윤지胤之	조석윤趙錫胤	응조應祖	권대항權大恒	의지義之	김인찬金仁贊
윤집閏集	권상중權相中	응중應中	유승겸兪承兼	의지義之	심의沈義
율보栗甫	송처관宋處寬	응지膺之	이숭일李嵩逸	의희儀義	이관의李寬義
율보栗甫	안진安縝	응지凝之	정응鄭膺	의지誼之	계원군桂原君
율옹栗翁	윤관尹寬	응지凝之	김정金鼎	의지誼之	유의柳誼
율이栗耳	신거관愼居寬	응지凝之	홍응洪應	의천宜天	한치의韓致義
은경殷卿	김여석金礪石	응천應千	박하담朴河淡	의충宜忠	유덕중柳德中
은경殷卿	서상우徐相雨	응칠應七	정시표鄭時杓	의효宜孝	왕감王鑑
은경殷卿	임상준任商準	응칠應七	정두흠鄭斗欽	이간而簡	충숙왕忠肅王
윤규殷圭	김우창金禹昌	응현應玄	나백白	이강而剛	정희렴鄭希濂
은로殷老	유형진柳衡鎭	응호應鎬	서종채徐鍾採	이강而强	홍원섭洪遠燮
은보殷甫	고득뢰高得賚	응회應晦	이병희李炳憙	이건以建	이중李中
은상殷相	조종필趙鐘弼	응회應會	안기종安起宗	이견而見	정복시鄭復始
은수殷受	유신로柳莘老	응휴應休	박경업朴慶業	이견而見	김용경金龍慶
은좌殷佐	윤세림尹世霖	응휴應休	박승업朴承業	이견而見	유성룡柳成龍
은지隱之	김이괴金怡	의경儀卿	곽기락郭基洛	이경而敬	전기田琦
은필殷弼	윤상익尹相翊	의경儀卿	조봉진曺鳳振	이경而經	김정목金庭睦
응거應擧	양사준楊士俊	의경義卿	조의양趙宜陽	이극爾極	박권朴權
응건應乾	김성일金成一	의경宜卿	권용정權用正	이길頤吉	박영석朴永錫
응견應見	유운룡柳雲龍	의경宜卿	윤길구尹吉求	이길而吉	민유경閔有慶
응경應卿	김서성金瑞星	의경毅卿	김홍근金弘根	이길耳吉	민여경閔汝慶
응경應卿	성몽정成夢井	의공義恭	순종順宗	이눌而訥	황덕길黃德吉
응구應久	최철견崔鐵堅	의덕懿德	정문鄭文	이능爾能	현변懸辯
응구應九	박연백朴淵伯	의망嶷望	조세환趙世煥	이달而達	유세명柳世鳴
응기應祈	옹몽진邕夢辰	의백宜伯	김의원金義元	이령耳齡	안극효安克孝
응길應吉	유희경劉希慶	의백宜伯	이명의李明誼	이로以老	정순붕鄭順朋
응길應吉	이몽서李夢瑞	의백宜伯	이의배李義培		허전許傳

자字	성 명	자字	성 명	자字	성 명
이로耳老	신후담慎後聃	이원而遠	권징權徵	이환離幻	유정惟政
이로耳老	이담명李聃命	이원而遠	김응명金應鳴	이환而煥	박문건朴文健
이립而立	이상신李尚信	이원而遠	손필대孫必大	이화而晦	김광엽金光曄
이립而立	이안유李安柔	이원而遠	신근申近	이화而晦	김중명金重明
이립而立	전신全信	이원而遠	윤명은尹鳴殷	이화而晦	김황金榥
이민而敏	김약로金若魯	이원而遠	윤형尹泂	이화而晦	박세희朴世熹
이보彛甫	조명교曹命教	이원而遠	이상의李尚毅	이화而晦	이명민李命敏
이빈而賓	이필영李必榮	이원而遠	이필행李必行	이화而晦	정경달丁景達
이서鯉瑞	이황주李璜周	이원貽遠	고경조高敬祖	이후而厚	이여온李汝溫
이서彛敍	윤규범尹奎範	이율而栗	구치관具致寬	이흡而洽	김상리金相离
이석頤奭	이상경李尚敬	이응而凝	서상정徐相鼎	익문翼文	이휘일李徽逸
이선而善	경준慶俊	이의而毅	임사홍任士洪	익보益甫	김겸金謙
이선而善	이사경李士慶	이인而仁	송제민宋齊民	익보益甫	최사량崔思諒
이성而晟	조석회趙錫晦	이장而壯	이민환李民寏	익보益輔	곽재겸郭再謙
이성而省	방원진房元震	이정以定	김우명金佑明	익보翼甫	권한성權翰誠
이성而省	유석증兪昔曾	이정而正	김경직金敬直	익부益夫	정윤겸鄭允謙
이수頤叟	김수령金壽寧	이정而正	김은金檃	익성翼成	이윤룡李潤龍
이수而壽	홍인모洪仁謨	이정而淨	방원정房元井	익세翼世	윤민헌尹民獻
이수耳叟	성담수成聃壽	이정而精	민응회閔應恢	익승翼承	오장吳長
이숙彛叔	권극상權克常	이정而靜	김윤안金允安	익승翼昇	이현일李玄逸
이숙頤叔	김안로金安老	이정而靜	이홍연李弘淵	익여翼汝	홍익필洪翼弼
이숙頤叔	심사정沈師正	이준而準	이거원李巨源	익여翼如	임한수林翰洙
이숙履叔	김천택金天澤	이준而準	이거원李巨源	익여翼汝	홍봉한洪鳳漢
이숙怡叔	권변權忭	이중彛仲	윤필병尹弼秉	익장益章	조중회趙重晦
이숙怡叔	조희일趙希逸	이중彛仲	신광현申光絢	익재益哉	배상익裵尙益
이숙而肅	허계許棨	이중彛仲	이민서李敏敍	익재益哉	신득구申得求
이숙邇叔	채홍원蔡弘遠	이중而中	김권金權	익재翼哉	조여충曺汝忠
이순而純	박제경朴齊絅	이중而中	홍의모洪義謨	익중翼仲	신심申鐔
이순而順	고경명高敬命	이중而仲	서이수徐理修	익지益之	안목安牧
이순而順	조선도趙善道	이지履	민백상閔百祥	익지益之	윤계겸尹繼謙
이술李述	윤계선尹繼善	이지理之	조원기趙元紀	익지益之	이달移達
이술而述	금윤선琴胤先	이지伊之	윤신걸尹莘傑	익지益之	이명욱李明郁
이술而述	성윤조成允祖	이지弛之	장일張鎰	익지益之	이우신李友信
이술而述	성하종成夏宗	이지怡之	이언이李彦怡	익지益之	임수겸林守謙
이술而述	이항로李恒老	이직以直	이서李서	익지益之	한준겸韓浚謙
이습而習	김학순金學淳	이직而直	황후간黃後幹	익핵翊翮	조익趙翊
이습而習	안민학安敏學	이직而直	황치경黃致敬	익지翼之	구익具廙
이승以承	김시온金是榲	이진爾珍	조상진趙尙鎭	익지翼之	김홍익金弘翼
이식而式	김동준金東準	이진而晉	유진증兪晉曾	익지翼之	어진익魚震翼
이식耳食	최눌崔訥	이질而質	이문주李文株	익지翼之	정홍익鄭弘翼
이신爾信	이의양李義養	이집而執	이정병李鼎秉	익지翼之	조정익趙廷翼
이신而信	김경근金景謹	이척而惕	고경리高敬履	익지翼之	홍서익洪瑞翼
이신而信	정성근鄭誠謹	이천伊天	유언민兪彦民	익취翼就	황일호黃一皓
이신而愼	김시묵金時默	이천而天	심성희沈聖希	익휘翼輝	유겸명柳謙明
이신而愼	윤유구尹惟謇	이천而川	박재원朴在源	인가仁可	유진정柳震楨
이실而實	박문수朴文秀	이칙彛則	이병모李秉模	인감人鑑	김일경金一鏡
이실而實	이지화李之華	이필而弼	문석봉文錫鳳	인경隣卿	신광필申光弼
이안而安	정홍진丁鴻進	이행而行	유사눌柳思訥	인경仁卿	강인姜絪
이앙而仰	최제태崔濟泰	이헌而獻	김선金璇	인경仁卿	남치원南致元
이옥而玉	허수겸許守謙	이헌而獻	백대형白大珩	인경仁卿	양응춘楊應春
이온而溫	양의직楊懿直	이현利見	우재룡禹在龍	인경仁卿	조보양趙普陽
이응頤翁	성팽년成彭年	이현而顯	김우화金遇華	인경仁敬	장희춘張希春
이우離隅	즉원卽圓	이호彛好	임상덕林象德	인길仁吉	박자흥朴自興
이운而運	김정묵金正黙	이화而和	김중청金中清	인길仁吉	정종영鄭宗榮
이원而元	조익정趙益貞	이화而和	주열朱悅	인길仁吉	조기서曺麒瑞
이원而原	권돈權惇	이화而華	백시원白時源	인로仁老	김천령金千齡

자字	성 명	자字	성 명	자字	성 명
인로仁老	이덕수李德壽	일삼日三	안성安省	입지立之	최립崔岦
인로仁老	이미수李眉壽	일소逸少	남계우南啓宇	입지立支	서시립徐時立
인로寅老	김윤충金允忠	일소逸少	오핵吳翮		
인백仁伯	김효원金孝元	일승日升	의종毅宗		
인백仁伯	임제민林濟民	일신日新	문익점文益漸		**ㅈ**
인백仁伯	정여립鄭汝立	일신日新	원종元宗		
인백仁伯	홍낙안洪樂安	일언一彦	안택환安宅煥		
인백寅伯	노협盧協	일여一如	박기정朴基正	자간子幹	민정閔貞
인보仁甫	구굉具宏	일여日如	김조金照	자강子剛	이동표李東標
인보仁甫	권굉權宏	일오一吾	이함일李涵一	자강子剛	장옥張玉
인보仁甫	노경린盧慶麟	일우一宇	이혼李混	자강子剛	홍상洪常
인보仁甫	임옥산林玉山	일운一運	정만화鄭萬和	자강子岡	이봉수李鳳秀
인보仁甫	정만종鄭萬鍾	일원一元	구만리具萬里	자강子强	성건成健
인보仁甫	조정호趙廷虎	일원一原	김대근金大根	자강子强	오건吳健
인보仁輔	박영신朴榮臣	일원一源	이병연李秉淵	자거子居	한안인韓安仁
인보仁父	남세주南世周	일장日章	손소孫昭	자건子健	정석견鄭錫堅
인보寅甫	민응협閔應協	일장日章	이경광李絅光	자건子建	박홍중朴弘中
인보引甫	손조서孫肇瑞	일장日章	정충엽鄭忠燁	자건子建	원두표元斗杓
인부仁夫	이최중李最中	일장日章	조경趙絅	자걸子傑	이계남李季男
인서仁瑞	안덕린安德麟	일장日章	최문병崔文炳	자격子格	신개申槩
인서仁瑞	염인서廉仁瑞	일정一正	김좌명金佐明	자견子堅	배수의裵守義
인서仁瑞	염재보廉在輔	일지一之	서지수徐志修	자견子見	정호인鄭好仁
인서仁瑞	이인기李麟奇	일지一之	윤치경尹致敬	자겸子謙	서유대徐有大
인서寅瑞	박춘성朴春成	일지一之	조존도趙存道	자겸子謙	최명길崔鳴吉
인성仁聲	이문탁李文鐸	일지一之	홍주일洪柱一	자경子慶	민기현閔耆顯
인수仁叟	강수남姜壽男	일지一之	황근중黃謹中	자경子慶	서변徐忭
인수仁叟	김영로金榮老	일지一志	심정진沈廷鎭	자경子慶	유치선兪致善
인수仁叟	남기제南紀濟	일지逸之	최일崔逸	자경子慶	최한정崔漢禎
인수仁叟	박팽년朴彭年	일초一初	박근원朴謹元	자경子擎	성천주成天柱
인수仁叟	성담년成聃年	일초一初	이시항李時沆	자경子敬	강헌지姜獻之
인수仁叟	송영구宋英耈	일초日招	신문왕神文王	자경子敬	기준奇遵
인수仁叟	이수장李壽長	일화日華	광종光宗	자경子敬	성념조成念祖
인수仁叟	조태로趙泰老	일휴日休	홍일동洪逸童	자경子敬	어세공魚世恭
인수仁叟	허임극許任克	임보任甫	강홍중姜弘重	자경子敬	유성柳惺
인수仁壽	김인문金仁問	임보任父	김홍민金弘敏	자경子敬	윤진尹搢
인숙仁叔	이서李曙	임세任世	서경보徐畊輔	자경子敬	조서강趙瑞康
인순仁順	임백령林百齡	임종林宗	윤종지尹宗之	자경子敬	최신崔愼
인언仁彦	김도규金道珪	임종林宗	정언유鄭彦儒	자경子敬	하성河惺
인언仁彦	이종인李宗仁	임중任重	윤거형尹居衡	자경子景	조상치曺尙治
인중麟仲	김득상金得祥	임중任重	이대기李大期	자경子耕	이계린李季瞵
인중仁仲	유희춘柳希春	임지任之	윤임尹任	자계子啓	박건朴楗
인중仁仲	정갑손鄭甲孫	입보立甫	박근제朴根悌	자계子繼	신승선愼承善
인지訒之	윤인尹訒	입부立夫	고언신高彦信	자계子繼	유방선柳方善
인지鱗之	어석정魚錫定	입부立夫	기재奇宰	자고子固	김뉴金紐
인지麟之	정응린鄭應麟	입부立夫	김성휘金成輝	자고子固	김석견金石堅
인지仁之	박지계朴知誡	입부立夫	노사예盧士豫	자고子固	심지택沈之澤
인지引之	이계손李繼孫	입부立夫	이순신李純信	자고子固	유덕장柳德章
인지引之	이승손李承孫	입부立夫	정언신鄭彦信	자고子固	윤근수尹根壽
인지認之	유조인柳祖認	입부笠父	신윤복申潤福	자고子固	이세완李世完
인표仁表	인종仁宗	입여立汝	이형천李亨天	자고子固	이자견李自堅
일경一卿	박태만朴泰萬	입지立之	김부식金富軾	자고子固	이종성李宗城
일경一卿	이수민李壽民	입지立之	박근효朴根孝	자고子固	정발鄭撥
일경一卿	이정기李廷夔	입지立之	송립宋岦	자고子固	정식鄭植
일관一貫	조응문趙應文	입지立之	신립申砬	자고子固	최관崔關
일민一敏	변효문卞孝文	입지立之	유영립柳永立	자고子固	허완許完
일보一甫	권만權萬	입지立之	이언충李彦沖		

자字	성 명	자字	성 명	자字	성 명
자고子皐	김학우金鶴羽	자문子文	강경서姜景敍	자삼子三	민태혁閔台爀
자고子高	권령權坽	자문子文	김준金埈	자삼子三	이무李堥
자고子高	여대익呂大翊	자문子文	윤빈尹彬	자삼子三	이여李畬
자고子高	이후산李後山	자문子文	이동욱李東郁	자삼子三	이태중李台重
자고子高	정재숭鄭載嵩	자문子文	이상질李尙質	자상字上	윤박尹博
자곡子穀	이풍익李豊瀷	자문子文	이예장李禮長	자상子尙	정지검鄭志儉
자공子公	김득신金得臣	자문子文	이윤검李允儉	자상子常	유질柳秩
자공子恭	유숙기兪肅基	자문子文	이중명李重明	자상子常	이한철李漢喆
자관子寬	신경유申景裕	자문子聞	이지온李之榅	자상子常	이항복李恒福
자교子喬	성칙成稷	자미子美	강선姜璿	자상子常	조상趙錦
자교子喬	이준구李俊耈	자미子美	김휴金烋	자상子相	민영익閔泳翊
자구子久	강학년姜鶴年	자미子美	박승휴朴承休	자상子相	최정길崔廷吉
자구子久	곽홍지郭弘址	자미子美	월산대군月山大君	자상子裳	남병길南秉吉
자구子久	박세징朴世徵	자미子美	유거柳椐	자서子舒	강진휘姜晉暉
자구子久	신사영申思永	자미子美	윤초창尹草窓	자서子西	이화진李華鎭
자구子久	여이징呂爾徵	자미子美	이거李琚	자서滋野	전벽田闢
자구子具	김완金完	자미子美	이휘조李徽祚	자선子先	어변갑魚變甲
자구子具	김첨金瞻	자미子美	홍언필洪彦弼	자선子先	유백증兪伯曾
자구子耈	한수원韓壽遠	자민子敏	기양연奇陽衍	자선子善	금시양琴是養
자구子搆	김구金構	자민子敏	이안눌李安訥	자선子善	민기閔機
자기子幾	탁신卓愼	자박子璞	안재건安載健	자선子善	이기조李基祚
자눌子訥	덕성군德城君	자반子반	노사신盧思愼	자선子善	한술韓述
자대子大	최내길崔來吉	자반子盤	김태암金泰巖	자성子渻	신징申澄
자도子韜	강중진姜仲珍	자발子發	이문건李文楗	자성子成	석희박石希璞
자도子道	오효원吳孝元	자방子房	임득의林得義	자성子成	우경석禹敬錫
자도子道	임득명林得明	자방子房	장언량張彦良	자성子成	우석문禹錫文
자도子道	하우선河禹善	자방子房	장한보張漢輔	자성子成	정옥鄭玉
자동子東	송환기宋煥箕	자방子方	김이구金履矩	자성子盛	권경희權景禧
자동子東	이해조李海朝	자방子方	신응구申應榘	자성子盛	유기창柳起昌
자룡子龍	권반權攀	자방子方	신의립辛義立	자성子省	이성李渻
자룡子龍	김덕보金德普	자방子方	이경의李景義	자성子省	최개국崔蓋國
자룡子龍	박동량朴東亮	자방子方	이회李襘	자성子誠	권수權燧
자룡子龍	유정량柳廷亮	자방子方	정호의鄭好義	자성子誠	권정침權正忱
자륜子倫	이돈서李惇敍	자방子芳	이손李蓀	자성子誠	김극핍金克愊
자릉子陵	이경엄李景嚴	자배子培	김숙자金叔滋	자성子誠	안극함安克諴
자릉子陵	이부李阜	자백子伯	이윤李胤	자수子修	김필金珌
자림子臨	정항鄭沆	자범子汎	권경유權景裕	자수子修	박홍도朴弘道
자명子明	강석덕姜碩德	자범子範	왕덕구王德九	자수子修	유성증兪省曾
자명子明	구진주具震柱	자범子範	이시해李時楷	자수子修	이시선李時善
자명子明	권우權堣	자범子范	홍득기洪得箕	자수子修	이정영李正英
자명子明	김한철金漢哲	자변子變	심지엄沈之淹	자수子修	이준민李俊民
자명子明	남병철南秉哲	자보子寶	한몽삼韓夢參	자수子受	구정훈具鼎勳
자명子明	박율朴繘	자복子復	김양경金良鏡	자수子守	권성오權省吾
자명子明	배시량裵時亮	자복子服	민안인閔安仁	자수子粹	박동선朴東善
자명子明	이인소李寅熽	자봉子封	조석형趙錫馨	자수子綬	권경우權景祐
자명子明	이장오李章吾	자부子傅	김만채金萬埰	자수子綬	전익희全益禧
자명子明	전우田愚	자부子孚	고득종高得宗	자수子脩	이진길李震吉
자명子明	정사성鄭士誠	자부子溥	정사신鄭士信	자수子脩	이희李熹
자명子明	주명상朱明相	자비子斐	최중홍崔重洪	자수子隨	박소朴紹
자명子明	최동량崔東亮	자빈子賓	김익정金益精	자수字綏	이지하李祉遐
자명子明	최만리崔萬理	자빈子賓	이관명李觀命	자수自守	이영진李榮鎭
자명自明	맹사성孟思誠	자산子山	정수민鄭秀民	자수自修	성석린成石璘
자목子木	박회수朴晦壽	자산子山	기수발奇秀發	자수自受	성우成佑吉
자목子沐	성낙훈成樂熏	자삼子三	김상일金相日	자숙子淑	박중선朴仲善
자무子懋	우창적禹昌績	자삼子三	강태수姜台壽	자순子淳	강박姜樸
자무子武	강효문康孝文	자삼子三	김종태金宗台	자순子淳	조유선趙有善

자字	성 명	자字	성 명	자字	성 명
자순子純	박영효朴泳孝	자야子野	강호문康好文	자원子遠	유대원柳大源
자순子純	정재희鄭載禧	자야子野	김굉金垙	자원子遠	이문재李文載
자순子純	한숙韓淑	자약子約	유수증兪守曾	자원子遠	정전鄭筌
자순子舜	어득강魚得江	자약子約	조검趙儉	자유子유	정분鄭苯
자순子醇	권희맹權希孟	자양子讓	강숙돌姜叔突	자유子有	김흥경金興慶
자순子醇	박희현朴希賢	자양子讓	김백겸金伯謙	자유子有	유색柳穡
자순子順	김동건金東健	자여自汝	남경조南景祖	자유子有	최유지崔攸之
자순子順	박효남朴孝男	자여子輿	권주權輳	자유子柔	김시유金是瑜
자순子順	서경주徐景霌	자여子輿	김광재金光載	자유子柔	안구安絿
자순子順	심집審諿	자여子輿	심경택沈敬澤	자유子柔	한확韓確
자순子順	원효연元孝然	자여子餘	김홍경金洪慶	자유子游	어유소魚有沼
자순子順	이종적李宗迪	자여子餘	변경윤邊慶胤	자유子由	김광철金光轍
자순子順	임제林悌	자여子餘	이면구李勉求	자유子由	김부의金富儀
자순子順	장가순張可順	자연子淵	유홍柳泓	자유子由	김사철金思轍
자순子順	한계희韓繼禧	자연子淵	이광보李光溥	자유子由	소동도蘇東道
자순子順	홍낙명洪樂命	자연子淵	이명李溟	자유子由	윤이도尹以道
자술子述	윤승훈尹承勳	자연子淵	이진수眞洙	자유子由	이기중李箕重
자술子述	이승효李承孝	자연子淵	이해李瀣	자유子由	홍진도洪振道
자술子述	이승훈李承薰	자연子淵	홍형洪泂	자유子由	황호黃㦿
자승子升	나급羅級	자연子衍	이흥상李興商	자유子唯	김노선金魯善
자승子承	안절安節	자열子悅	홍희남洪喜男	자유子維	유헌장柳憲章
자승子昇	양시진楊時晉	자영子英	오정남吳挺男	자유子維	김연金緣
자시子始	김위남金偉男	자영子榮	유인귀柳仁貴	자유子裕	김영행金令行
자시子始	이조李肇	자영子永	황효원黃孝源	자유子裕	장이유張以兪
자시子始	한광조韓光肇	자예子藝	도응都膺	자유子裕	한시각韓時覺
자시子時	이민구李敏求	자예子藝	한사문韓斯文	자유自有	남이신南以信
자시子時	임희성任希聖	자옥子玉	이지용李志容	자유自由	성석인成石因
자시子時	홍대유洪大猷	자옥自玉	성석탑成石㻳	자윤子允	우유일禹惟一
자신子信	문려文勵	자온子韞	강백진姜伯珍	자윤子潤	이영李瑛
자신子慎	송상민宋尙敏	자온子蘊	윤옥尹玉	자윤子胤	김직손金直孫
자신子慎	유업柳업	자완子完	이완李梡	자웅子膺	노진盧禛
自新子慎	이정기李廷機	자용子容	박이관朴以寬	자의子儀	정진鄭縉
자신子慎	임서林㥠	자용子容	심달원沈達源	자의字宜	의침義砧
자신子慎	조종경趙宗敬	자용子容	우선언禹善言	자의字宜	의소義沼
자신子新	이연덕李延德	자용子容	위대기魏大器	자이子彛	이덕중李德重
자신子新	이익李瀷	자용子容	이언괄李彦适	자이子異	이성구李成九
자실子實	박영朴英	자용子容	정홍명鄭弘溟	자이子以	박승건朴承健
자실子實	소광진蘇光震	자용子用	윤현尹鉉	자이自邇	안초安迢
자실子實	이세영李世永	자우子羽	심지명沈之溟	자익子益	김창흡金昌翕
자실子實	조문수曹文秀	자우子羽	정휘량鄭翬良	자익子益	어세겸魚世謙
자실子實	조세영趙世英	자우子雨	이성룡李聖龍	자익子益	이겸李兼
자심子尋	김영金詠	자우子雨	이유怡愉	자익子翼	김양신金良臣
자심子深	임원준任元濬	자우子雨	정시윤丁時潤	자익子翼	김익동金翊東
자안子安	남이공南以恭	자우子雨	조위봉趙威鳳	자익子翼	조수삼趙秀三
자안子安	이극기李克基	자우子遇	여성거呂聖擧	자익子翼	최동보崔東輔
자안子安	이숭인李崇仁	자운子雲	이봉李逢	자인子仁	박희중朴熙中
자안子安	이충건李忠健	자운子雲	홍간洪侃	자인子仁	윤증尹拯
자안子安	장효근張孝根	자원子元	변종인卞宗仁	자인子仁	이수경李壽慶
자안子安	홍낙성洪樂性	자원子元	서거정徐居正	자인子仁	이수남李壽男
자앙子仰	윤두수尹斗壽	자원子元	신대구申大龜	자인子仁	정세호鄭世虎
자앙子仰	이산두李山斗	자원子元	이세춘李世春	자일子一	윤리尹理
자앙子昂	김두명金斗明	자원子圓	홍여방洪汝方	자일子一	윤승길尹承吉
자앙子昂	김수金晬	자원子源	이말동李末仝	자임子任	김광진金光軫
자앙子昂	민업閔業	자원子源	정사효鄭思孝	지임子任	윤석보尹碩輔
자앙子昂	최유림崔有臨	자원子源	홍연洪演	자임子任	이축李軸
자야子埜	이기수李驥秀	자원子遠	안세징安世徵	자장子張	배대유裵大維

자字	성 명	자字	성 명	자字	성 명
자장子章	강맹경姜孟卿	자중子中	정택하鄭宅河	자허子虛	이인실李仁實
자장子章	권혁權爀	자중子仲	김시양金時讓	자허子虛	정문부鄭文孚
자장子章	배상룡裵尙龍	자중子重	김세정金世鼎	자허子許	성후설成後卨
자장子章	심지한沈之漢	자중子重	이후李厚	자헌子獻	김감金勘
자장子章	유의양柳義養	자직子直	김동필金東弼	자현子賢	이능화李能和
자장子章	이현李俔	자직子直	이시원李是遠	자협子協	노순盧錞
자장子章	조상경趙尙絅	자직子直	조상우趙相愚	자형子亨	김하명金夏明
자장子長	김덕원金德遠	자직子直	황자黃梓	자형子衡	김신망金莘望
자장子長	남계하南啓夏	자진子珍	안침安琛	자형子馨	권흠權歆
자장子長	윤승해尹承解	자진子眞	박동망朴東望	자호子湖	김성기金聖基
자장子長	이구李龜	자진子眞	이순李淳	자호子豪	김성기金聖基
자장子長	이원손李元孫	자진子眞	이중약李仲若	자홍子洪	김우현金禹鉉
자장子長	조계원趙啓遠	자진子眞	최숙생崔淑生	자홍子弘	이채李宷
자장自章	조견소趙見素	자진子眞	함수咸修	자화子和	강선姜銑
자적子迪	김만길金萬吉	자진子眞	함순咸淳	자화子和	구의강具義剛
자적子迪	김연金緣	자진子進	김맹金孟	자화子和	김조金銚
자적子迪	최혜길崔惠吉	자진子鎭	강찬姜酇	자화子和	소승규蘇昇奎
자전子典	이돈오李惇五	자집子楫	신말주申末舟	자화子和	송정명宋正明
자절子節	한치례韓致禮	자징子澂	임류任瀏	자화子和	이승학李承學
자점子漸	백경한白慶翰	자징子徵	김시헌金時獻	자화子和	이시매李時楳
자점子漸	안홍安鴻	자징子徵	우석간遇錫簡	자화子和	이유李愉
자정子定	권이진權以鎭	자징子徵	홍득구洪得龜	자화子和	정예남鄭禮男
자정子定	김지남金止男	자징子澄	박록朴漉	자화子和	최함崔諴
자정子政	이정립李廷立	자징子澄	양숙梁淑	자화子和	황택후黃宅厚
자정子楨	정숙주鄭叔周	자천子千	박승중朴昇中	자화子華	박충좌朴忠佐
자정子正	권이중權履中	자천自天	이익배李益培	자화子華	송병하宋炳夏
자정子正	낙진落塵	자천自天	홍명주洪命周	자화子華	위백규魏伯珪
자정子正	담진曇眞	자첨子瞻	김첨金瞻	자화子華	정병하鄭秉夏
자정子正	원천석元天錫	자첨子瞻	박미朴楣	자활子活	장순손張順孫
자정子正	이정민李貞敏	자첨子瞻	박준朴峻	자회子懷	김홍복金洪福
자정子正	정길鄭佶	자첨子瞻	봉성군鳳城君	자회子晦	나열羅烈
자정子淨	이찬李澯	자청子淸	구성군龜城君	자회子晦	이시양李時養
자정子瀞	임광任絖	자청子淸	유빈薁賓	자회子晦	이원형李遠馨
자정子精	강현姜鋧	자청子靑	강백姜栢	자회子晦	이진李珍
자정子精	신경인申景禋	자초子初	권복權復	자회子晦	홍처량洪處亮
자정子精	윤상도尹尙度	자초子初	안복준安復駿	자후子厚	박종부朴宗阜
자정子精	정탁鄭琢	자촌子初	최선복崔善復	자후子厚	여이재呂爾載
자정子貞	권상길權尙吉	자춘子春	환조桓祖	자후子厚	오중주吳重周
자정子貞	박재朴梓	자친子七	송내희宋來熙	자후子厚	이진순李眞淳
자정子靜	김양행金亮行	자패子佩	이미李薇	자후子厚	이후李厚
자정子靜	김진양金震陽	자평子平	권필칭權必稱	자후子厚	한백륜韓伯倫
자정子靜	원인손元仁孫	자평子平	김수장金壽長	자후子後	채무蔡楙
자정子靜	이곤李坤	자평子平	노준盧峻	자휘子翬	정우량鄭羽良
자정子靜	이인李仁	자평子平	신양申懹	자휘子輝	황위黃暐
자정子靜	정심鄭沁	자평子平	어사형魚史衡	자흥子興	안경창安景昌
자정子靜	홍대연洪大淵	자평子平	이병성李秉成	잠부潛夫	어무적魚無迹
자준子俊	이계동李季仝	자피子皮	정지호鄭之虎	장경長卿	김하정金廈挺
자준子俊	이수일李秀逸	자하子夏	이만형李萬亨	장경長卿	노형하盧亨夏
자준子儁	이박李璞	자하子賀	이장길李長吉	장경長卿	문서구文瑞龜
자준子峻	김령金坽	자하子賀	허적許䙗	장경長卿	양만용梁曼容
자준子濬	한명회韓明澮	자한子翰	정희번姬藩	장경長卿	유만柳曼
자준子駿	윤강尹絳	자함子涵	이징李澄	장경長卿	유원지柳元之
자중子中	김효건金孝建	자행子行	안지安止	장경長卿	윤홍국尹弘國
자중子中	원두추元斗樞	자허子虛	박의중朴宜中	장경長卿	이긍익李肯翊
자중子中	임환林懽	자허子虛	박초朴礎	장경長卿	조형기趙亨期
자중·子中	정유일鄭惟一	자허子虛	원호圓弧	장길長吉	이연경李延慶

자字	성 명	자字	성 명	자字	성 명
장문長文	강규환姜奎煥	정경正卿	권균權鈞	정숙正叔	민세정閔世貞
장민長民	경종景宗	정경正卿	권람權擥	정숙正叔	민이閔頤
장보張甫	남언기南彦紀	정경正卿	김확金獲	정숙正叔	민취도閔就道
장보障父	한보韓堡	정경正卿	남세준南世準	정숙正叔	이시격李時格
장숙章叔	구인문具人文	정경靜卿	이간남李艮男	정숙正叔	이진은李震殷
장여章汝	이주면李周冕	정경鼎卿	박규수朴珪壽	정숙正叔	정광제鄭匡濟
장오章五	민주면閔周冕	정경鼎卿	임중任重	정숙正淑	경녕군敬寧君
장우章宇	남천한南天漢	정경鼎卿	홍주삼洪柱三	정숙靖叔	마응방馬應房
장원長源	김도金燾	정고貞固	김맹金猛	정숙靖叔	한정국韓定國
장원長源	윤결尹潔	정구定九	김익정金益鼎	정숙靜叔	고형산高莉山
장원長源	이경류李慶流	정규正圭	세환世煥	정숙靜叔	윤전尹烇
장원長源	정천鄭洊	정길正吉	박자웅朴自凝	정숙靜叔	이기남李箕男
장원長孺	민암閔黯	정로廷老	최광필崔光弼	정숙靜叔	이태연李泰淵
장이長而	이위경李偉卿	정방廷芳	민전閔荃	정숙鼎叔	이필중李必重
장중章仲	권호문權好文	정백井白	진재해秦再奚	정숙鼎叔	임중任重
장중藏中	의창군義昌君	정백正伯	윤의제尹義濟	정순靜純	민진후閔鎭厚
장지章之	문영박文永樸	정백正伯	홍헌洪憲	정양廷揚	김시창金始昌
장지藏之	유경柳璥	정백靜伯	이홍연李弘淵	정언廷彦	도성유都聖兪
재가載可	유후조柳厚祚	정보定甫	권우權宇	정여定汝	홍인한洪麟漢
재대載大	이하곤李夏坤	정보定甫	이근우李根友	정여正汝	송주면宋宙勉
재방在邦	이승달李承達	정보楨父	양희지楊熙止	정연挺然	안정安挺
재백才伯	이천상李天相	정보正甫	구종직丘從直	정연靜淵	효종孝宗
재보再父	길재吉再	정보正甫	김방행金方行	정오正吾	강영姜怜
재선在先	박제가朴齊家	정보正甫	박필균朴弼均	정오正吾	송치중宋致中
재수再叟	황익재黃翼再	정보正甫	신정하申靖夏	정오靜吾	권첩權怗
재수在修	박효정朴孝正	정보正甫	원충元忠	정오靜吾	신득연申得淵
재숙載叔	이희보李熙輔	정보正甫	조광진曹匡振	정오靜吾	이지정李志定
재심在心	이의병李義秉	정보正甫	최기우崔奇遇	정옥廷玉	민정閔珽
재원載元	이천기李天基	정보精甫	김언건金彦健	정우正字	신정백申正栢
재이載而	김덕기金德基	정보精甫	성안의成安義	정원定元	정태성鄭泰成
재이載邇	서필원徐必遠	정보精甫	어석정魚錫定	정원正源	나식羅湜
재인在人	김문순金文淳	정보精甫	곽진郭瑨	정원定源	최문식崔文湜
재전在田	임응준任應準	정보精甫	권도權濤	정원淨遠	전식全湜
재중在中	신작申綽	정보精甫	윤의尹顗	정원靜源	윤홍尹泓
재중在中	허금許錦	정보鼎甫	김응삼金應三	정응定應	이시만李蓍晩
재지宰之	최재崔宰	정보鼎甫	김하구金夏久	정이定而	조정만趙正萬
재지載之	배맹후裵孟厚	정부井夫	이맥李陌	정이正而	노준명盧峻命
재청載淸	김익金瀷	정부定夫	김종수金鍾秀	정이斑而	이명웅李命雄
재화在化	노춘근魯春根	정부挺夫	곽천호郭千豪	정이靜而	이상안李尙安
저숙儲叔	이오수李五秀	정부正夫	남자南磁	정이靜而	정명호鄭明湖
적만敵萬	남이웅南以雄	정부正夫	유격柳格	정이靜而	정지운鄭之雲
적만敵萬	손만웅孫萬雄	정부正夫	유담후柳譚厚	정이靜而	주택정朱宅正
적여績汝	김낙풍金樂豊	정부貞夫	송세량宋世良	정이靜而	홍우정洪宇定
적옹積翁	김영수金永銖	정부貞父	최항崔恒	정조廷藻	이가환李家煥
적이積而	강선여姜善餘	정부靜夫	안처근安處謹	정중正中	이정은李貞恩
적중適中	김준金晙	정사正士	김상덕金商悳	정중正中	홍용규洪龍圭
전보展甫	유척기兪拓基	정서呈瑞	김인손金麟孫	정중正仲	성세평成世平
전여展汝	황인기黃仁紀	정서定瑞	고지연高趾淵	정중靜仲	이암李嚴
전한傳翰	황계옥黃啓沃	정서廷瑞	이원록李元祿	정지定之	박태정朴泰定
절조節照	충감沖鑑	정서廷瑞	이응기李應麒	정지挺之	구수복具壽福
절지節之	금의琴儀	정수廷叟	김수현金壽賢	정지挺之	박숙진朴叔秦
정견庭堅	유직柳稷	정숙丁叔	정두원鄭斗源	정지正之	권극중權克仲
정경定卿	박진규朴鎭圭	정숙定叔	안정安矴	정지汀之	최회정崔希汀
정경定卿	윤안국尹安國	정숙定叔	이후정李后定	정지淨之	장선징張善澂
정경整卿	함녕군諴寧君	정숙正叔	권격權格	정지貞之	심정沈貞
정경正卿	강연姜綖	정숙正叔	김사정金士貞	정춘靜春	윤휘尹暉

자字	성 명	자字	성 명	자字	성 명
정칙正則	최동식崔東式	종지宗之	서해조徐海朝	준재俊在	송정기宋廷耆
정칙正則	홍의영洪儀泳	종지宗之	정도전鄭道傳	준지俊之	이보李溥
정평正平	권칭權稱	종지宗之	정필동鄭必東	준평準平	서유구徐有榘
정평正平	김만균金萬均	종지宗之	허실許寀	중가仲可	강필로姜必魯
정평正平	신명준申命準	종지宗之	허종許琮	중가仲嘉	박숭질朴崇質
정평正平	유공권柳公權	종지宗之	홍만조洪萬朝	중간仲幹	변사정邊士貞
정효正孝	신덕균申德均	종지琮之	이총李灇	중강仲剛	이건명李健命
제겸濟謙	이우세李禹世	종현鍾賢	김택술金澤述	중강仲綱	윤세기尹世紀
제경帝卿	정명열丁鳴說	종효宗孝	유숭조柳崇祖	중거仲擧	김시번金始蕃
제경濟卿	박세증朴世拯	좌경佐卿	이승재李承宰	중거仲擧	신해익愼海翊
제경濟卿	이집李楫	좌경左卿	김병익金炳翊	중거仲擧	원만리元萬里
제경霽卿	이장렴李章濂	좌보左甫	이익회李翊會	중거仲擧	이강李綱
제대濟大	김용겸金用謙	좌인左人	신좌모申佐模	중거仲擧	이번李蕃
제만齊滿	권보權溥	좌현佐顯	이세영李世永	중거仲擧	이산보李山甫
제미濟美	김광세金光世	주견疇見	김범주金範柱	중거仲擧	임붕林鵬
제박濟博	조태만趙泰萬	주경主卿	이문회李文會	중거仲擧	황준량黃俊良
제백濟伯	나홍좌羅弘佐	주경周卿	김영면金永冕	중거仲車	권대재權大載
제백濟伯	신벌申橃	주경周卿	손석좌孫碩佐	중거仲車	유백승柳百乘
제백濟伯	이재李梓	주경周卿	송면조宋冕載	중결仲潔	태조太祖
제부濟夫	권장權橘	주경周卿	심의면沈宜冕	중겸仲謙	백유양白惟讓
제부濟夫	신장申檣	주경周卿	예승석芮承錫	중겸仲謙	유정휘柳挺輝
제부濟夫	조혜趙惠	주경周卿	이세주李世胄	중겸仲謙	조린趙璘
제세際世	목창명睦昌明	주경周卿	최후상崔後尙	중경仲卿	임형任泂
제옹濟翁	심한沈澣	주경柱卿	이석구李石求	중경仲卿	신담申湛
제옹濟翁	정주신鄭舟臣	주경澍卿	오태운吳泰雲	중경仲庚	이세백李世白
제옹濟翁	홍경주洪景舟	주경疇卿	조명채曹命采	중경仲耕	윤자임尹自任
제원濟元	안규홍安圭洪	주국柱國	안여석安如石	중경仲經	홍제유洪濟猷
제이濟而	신로申櫓	주극柱極	최응립崔應立	중경重卿	구일具鎰
제중濟仲	김우항金宇杭	주도周道	김행金行	중경重卿	성임成任
제중濟仲	이세회李世會	주도周道	이행李行	중경重卿	심액沈詻
제중霽仲	권엽權曄	주도周道	최경행崔敬行	중경重卿	이사균李思鈞
제홍濟鴻	박문규朴文逵	주백冑伯	안광직安光直	중경重卿	이일李鎰
조경朝卿	안종해安宗海	주백周伯	신유한申維翰	중경重卿	이현영李顯英
조경祖卿	김종한金宗漢	주백周伯	안광직安光直	중경重卿	정대임鄭大任
조경藻卿	조면호趙冕鎬	주백周伯	유창환兪昌煥	중경重卿	조정준趙廷俊
조경調卿	김상원金相元	주보周甫	권보權補	중경重卿	조중려趙重呂
조언祖彦	민종혁閔宗爀	주빈周賓	윤용구尹用求	중경重卿	허후許厚
조원調元	권섭權燮	주서周瑞	권석장權錫璋	중계重啓	심건沈鍵
조원調元	임내신任鼐臣	주성周聖	서응윤徐應潤	중고仲固	박세견朴世堅
조윤祚胤	신인손辛引孫	주숙周叔	이면영李冕榮	중공仲恭	박거겸朴居謙
존보尊甫	김신겸金信謙	주언周彦	이운정李運楨	중관仲寬	이중언李中彦
존오存吾	이지안李志安	주옥周玉	이상황李相璜	중구仲裘	서기순徐箕淳
존중存中	윤경립尹敬立	주옹主翁	조려趙旅	중구仲久	박장원朴長遠
존중存中	이성부李聖符	주인州人	유염柳琰	중구仲久	유구징柳龜徵
존중存中	이윤李潤	주지胄之	이주李胄	중구仲久	이경항李慶恒
종경宗卿	허종許琮	주팔周八	이일우李佾愚	중구仲久	이항권李恒權
종도宗道	강삼姜參	주현周玄	윤회구尹喜求	중구仲久	허항許恒
종례宗禮	민여검閔汝儉	주현周賢	이원조李源祚	중국重國	조완벽趙完璧
종룡從龍	고운高雲	주현周顯	유병헌劉秉憲	중균仲鈞	이종준李宗準
종룡從龍	유운柳雲	죽해竹海	서미徐湄	중극重克	오긍선吳兢善
종백宗伯	김해일金海一	준경俊卿	최익수崔益秀	중근仲謹	조긍섭曹兢燮
종백宗伯	남한조南漢朝	준계俊季	이광준李光俊	중기仲耆	채팽윤蔡彭胤
종보宗甫	조영석趙榮祏	준백準伯	유창환兪昌煥	중길仲吉	김이상金履祥
종성宗聖	조계상曹繼商	준부俊夫	방응현房應賢	중길仲吉	박경신朴慶新
종여宗余	곽희태郭希泰	준성遵聖	조계은曹繼殷	중길仲吉	성천희成天禧
종주從周	정욱鄭郁	준여準汝	이희평李羲平	중길仲吉	윤석래尹錫來

자字	성 명	자字	성 명	자字	성 명
중길仲吉	이선행李善行	중보重寶	강세구姜世龜	중심仲深	이행李涬
중길重吉	김정현金鼎鉉	중보重甫	박승임朴承任	중심仲深	정연鄭淵
중길重吉	이윤경李潤慶	중부中孚	의순意恂	중안仲安	권제權踶
중당仲棠	이욱李稶	중부仲孚	이언침李彦忱	중안仲安	한여직韓汝溭
중덕仲德	윤조영尹祖榮	중부仲孚	정포鄭誧	중안仲安	홍세공洪世恭
중덕仲德	윤택尹澤	중부仲孚	채침蔡忱	중안仲岸	임성고任聖皐
중랑仲郎	임광필林光弼	중부仲孚	한언침韓彦沈	중앙仲昂	충선왕忠宣王
중량仲良	박필명朴弼明	중부仲父	여칭呂稱	중약仲約	이진검李眞儉
중려仲慮	권우權遇	중부重夫	이후여李厚輿	중업仲業	강종경姜宗慶
중련仲連	박의朴漪	중사仲思	박제인朴齊仁	중여重如	유경천柳擎天
중례仲禮	김재로金在魯	중사仲思	이제현李齊賢	중여重汝	오명후吳命厚
중례仲禮	박이문朴履文	중사仲思	이충급李忠伋	중연仲淵	박미朴瀰
중례仲禮	윤방尹坊	중사仲思	임성주任聖周	중연仲衍	신석번申碩藩
중례仲禮	조명리趙明履	중삼仲三	신만하申萬夏	중열仲說	박은朴誾
중로重老	박정현朴鼎賢	중상仲尙	이거李簴	중열仲說	백유함白惟咸
중륜仲倫	김전金詮	中傷仲常	정구鄭矩	중열仲悅	혜능慧能
중률仲律	문기방文紀房	중서仲舒	이만부李滿敷	중염仲炎	청학상인靑鶴上人
중린仲隣	조신희趙臣熙	중서仲西	원명웅元命雄	중영仲英	원호元豪
중린仲麟	윤지선尹趾善	중서重瑞	박중룡朴重龍	중영仲英	유명웅兪命雄
중립中立	송정순宋庭筍	중선仲善	남상문南尙文	중예仲豫	이태李迨
중립中立	오천민吳天民	중선仲善	홍술해洪述海	중오仲五	박세상朴世相
중립中立	이시李蒔	중섭仲燮	이정李霆	중오仲五	이수득李秀得
중립中立	정대민鄭大民	중성仲城	홍이평洪以平	중오仲悟	권형權詗
중립仲立	송시길宋時吉	중성仲成	임훈林薰	중오仲悟	심경沈憬
중립仲立	신재식申在植	중성仲成	차병혁車炳爀	중오重吾	유지柳楷
중립仲立	윤찬尹儹	중성仲星	권응심權應心	중옥中玉	임병찬林炳瓚
중립仲立	황정연黃正淵	중소仲素	박숭질朴崇質	중옥仲玉	김유성金有聲
중망仲望	곽제화郭齊華	중소仲素	윤이지尹履之	중옥仲玉	남도진南道振
중망仲望	이림李霖	중소仲素	정상리鄭象履	중옥仲玉	박원충朴忠源
중명仲命	유지선柳智善	중수仲受	김상복金相福	중옥仲玉	성수침成守琛
중명仲命	이의준李義駿	중수仲樹	윤자덕尹滋悳	중옥仲玉	심온沈溫
중명仲明	권반權盼	중수仲綬	김이만金履萬	중옥仲玉	유백온兪伯溫
중명仲明	민진형閔震炯	중수仲綬	박응상朴應祥	중옥仲玉	이형상李衡祥
중명仲明	이찬李燦	중수仲綬	이계록李繼祿	중옥仲玉	허정許珽
중명仲明	한두유韓斗愈	중수重綬	소영복蘇永福	종온仲韞	황기黃琦
중명仲明	한여철韓汝哲	중숙中叔	이첨李詹	종온仲溫	김언기金彦機
중명仲銘	오세창吳世昌	중숙中叔	김응남金應南	종온仲溫	박린朴璘
중모仲模	이한응李漢膺	중숙重叔	심세정沈世鼎	종온仲溫	박세후朴世煦
중무仲武	강위姜瑋	중숙重叔	엄정구嚴鼎耉	종온仲溫	장신張璶
중무仲武	남무성南武星	중숙重淑	김만중金萬重	종온仲蘊	권영權瑩
중무仲武	유극량劉克良	중순仲淳	정호鄭澔	중용仲容	신한申澣
중무仲茂	윤자승尹滋承	중순仲順	강필효姜必孝	중용仲容	홍언박洪彦博
중문仲文	김익희金益熙	중순仲順	이홍효李興孝	중우仲又	윤신지尹新之
중문仲文	윤호尹虎	중순仲順	장제원張悌元	중우仲愚	구사안具思顔
중문仲文	이종학李鍾學	중술仲述	오찬조吳纘祖	중우仲祐	김상익金相翊
중문仲文	황응규黃應奎	중습仲習	이관李慣	중우仲羽	이숙李翿
중미仲美	박지원朴趾源	중시仲施	김보택金普澤	중우仲羽	이형규李亨逵
중미仲美	심유沈攸	중식仲植	박회무朴檜茂	중욱仲旭	정희보鄭熙普
중백重伯	유진한柳振漢	중식仲植	이희건李希建	중욱仲郁	문익주文益周
중백重伯	이우정李宇鼎	중신仲申	변경복卞景福	중운仲雲	이한진李漢鎭
중번仲蕃	이창정李昌庭	중실仲實	조유성趙惟誠	중웅仲熊	홍우서洪禹瑞
중보中甫	노숭盧嵩	중실仲實	홍세영洪世英	중원中元	신정희申正熙
중보仲保	박용朴墉	중심仲心	기학경奇學敬	중원中源	민준閔濬
중보仲輔	강익姜翼	중심仲心	이만운李萬運	중원仲元	권복흥權復興
중보仲輔	나석좌羅碩佐	중심仲深	민준閔濬	중원仲遠	김성근金聲根
중보仲父	이곡李穀	중심仲深	성문준成文濬	중원仲遠	이성연李聖淵

자字	성 명	자字	성 명	자字	성 명
중원仲遠	정원鄭源	중평中平	송시일宋時一	지숙智叔	남지南智
중원重遠	김구명金九鳴	중평仲平	권응수權應銖	지숙止叔	김기金圻
중원重遠	김홍도金弘度	중평仲平	이수공李守恭	지숙止叔	유홍兪泓
중원重遠	하홍도河弘度	중필仲弼	김보근金輔根	지숙至叔	권상구權尙矩
중원重遠	허경許坰	중필仲弼	김선필金善弼	지언止彦	유자신柳自新
중유仲儒	이삼로李三老	중한仲閑	배설裵楔	지옹智翁	유순정柳順汀
중유仲柔	남효의南孝義	중함仲涵	박사해朴師海	지원志遠	김주金輳
중육仲育	홍영식洪英植	중함重涵	오계수吳繼洙	지원志遠	어유봉魚有鵬
중윤仲潤	선우협鮮于浹	중항仲恒	이붕수李鵬壽	持原持原	심준沈濬
중윤仲潤	송질宋瓆	중행仲行	김운택金雲澤	지원止源	이약수李若水
중윤仲胤	김기종金起宗	중허仲虛	권벌權橃	지원止源	조직趙溭
중윤仲胤	이인손李仁孫	중허仲虛	김감金鑑	지원芝園	조수삼趙秀三
중은仲殷	남경희南景羲	중헌仲憲	박원도朴元度	지윤志尹	이민각李民覺
중의仲義	권제權踶	중헌仲憲	심헌영沈獻永	지인智仁	이이명李頤命
중익仲益	김희겸金喜謙	중현仲賢	오국헌吳國獻	지일之一	유천우兪千遇
중익仲益	이우직李友直	중현仲賢	김제안金齊顔	지임之任	김우윤金友尹
중익仲翼	박광석朴光錫	중현仲顯	이세연李世演	지임之任	홍처윤洪處尹
중인仲仁	이숭원李崇元	중현仲顯	이정제李廷濟	지임志任	윤중삼尹重三
중인仲仁	이정원李挺元	중협仲協	이한일李漢一	지정持正	이존비李尊庇
중일仲一	성가헌成揆憲	중협仲協	김성적金盛迪	지정持正	홍식洪湜
중일仲一	이도영李道榮	중혜仲惠	문선교文善教	지족知足	손관孫冠
중일仲一	홍처대洪處大	중화仲化	김창협金昌協	지중止中	김니金柅
중임仲任	김만균金萬鈞	중화仲和	오경리吳慶履	지중止中	윤의립尹毅立
중임仲任	임중량林仲樑	중화仲和	원숙강元叔康	지중止中	이달충李達衷
중임重任	성로成輅	중화仲和	윤순尹淳	지지至之	이도자李道孜
중임重任	신여량申汝樑	중화仲和	이시정李時程	지첩智捷	고자高慈
중잠仲潛	이지강李之剛	중회仲懷	송선宋瑄	지해志海	김면金沔
중장仲章	권환權瑍	중회仲晦	민제閔霽	지혼志渾	김수렴金守廉
중장仲章	하위지河緯地	중회仲晦	성세장成世章	지화至和	김원섭金元燮
중재仲材	금의琴椅	중회仲晦	윤형尹炯	지화至華	신종神宗
중재仲載	구인후具仁垕	중회重晦	김계휘金繼輝	지회之會	정운희丁運熙
중적仲積	마희경馬羲慶	중후仲厚	김식金埴	직경直卿	김간金榦
중전仲全	이지완李志完	중훈仲薰	이정암李廷馣	직경直卿	송계간宋啓幹
중정中正	민시중閔時中	중휘仲徽	장희원張熙遠	직경直頃	홍언충洪彦忠
중정中正	이유림李裕岦	중휘仲徽	정언황丁彦璜	직교直敎	조성가趙性家
중정仲正	황유중黃有中	중휘仲徽	김총金璁	직보直甫	유당柳戇
중정仲淨	박사朴潣	중휘仲輝	남이성南二星	직보直甫	이의립李義立
중정仲靜	김상복金尙宓	중휘仲輝	이집두李集斗	직부直夫	김질충金質忠
중준仲峻	신급申碟	중휘仲輝	성진선成晉善	직부直夫	민충남閔忠男
중준仲遵	남몽뢰南夢賚	칙행則行	남종삼南鍾三	직부直夫	신자승申自繩
중지仲止	안숭선安崇善	증오曾五	권주權柱	직부直夫	이경여李敬輿
중지仲之	권득기權得己	지경支卿	의천義天	직심直心	이덕주李德胄
중지重之	종린宗璘	지경智鏡	박원형朴元亨	직이直而	정사온鄭思溫
중진仲珍	안현安玹	지구之衢	이만유李萬維	직재直哉	박홍미朴弘美
중질仲質	한상질韓尙質	지국持國	장유長孺	직재直哉	이유청崔惟清
중집仲集	성대훈成大勳	지국持國	정운유鄭運維	직재直哉	최유청崔惟清
중집仲集	이경전李慶全	지국持國	명종明宗	직제直制	정사검鄭思儉
중징仲澄	한은韓穩	지단之旦	이만李曼	직지直之	김구金鉤
중창仲昌	염흥방廉興邦	지만志曼	이당李塘	직지直之	황경중黃敬中
중청仲清	홍식洪湜	지방止方	보덕普德	직청直清	이위李瑋
중초仲初	박충원朴忠元	지법智法	이희수李喜秀	직초直初	임몽정任蒙正
중초仲初	오시복吳始復	지삼芝三	조위한趙緯韓	진경晉卿	심진沈搢
중초仲初	조복양趙復陽	지세持世	이상혁李尙爀	진경晋卿	허휘許彙
중칙仲則	정칙鄭伏	지수志叟	민유중閔維重	진경眞卿	박안도朴安道
중통仲通	이용진李用晋	지숙持叔	이세재李世載	진경鎭卿	조철산趙哲山
중통仲通	허조許稠	지숙智叔	곽시징郭始徵	진경震卿	권동보權東輔

자字	성 명	자字	성 명	자字	성 명
진경震卿	김안정金安鼎		ㅊ	천상天常	숙종肅宗
진경震卿	민진동閔鎭東			천상天祥	성기인成起寅
진백振伯	김성탁金聖鐸			천상天祥	이광정李光庭
진백晋伯	하진河溍			천서天敍	홍중하洪重夏
진백震伯	장석룡張錫龍			천서天瑞	김광익金光翼
진백震伯	정뇌경鄭雷卿			천석天錫	심구령沈龜齡
진보振甫	유종흥柳宗興	차공次公	이숙함李淑瑊	천석天錫	홍중우洪重禹
진보振甫	한흥일韓興一	차산次山	구음具崟	천수天授	전백록全百祿
진보晉甫	송준宋駿	차산次山	김구金坵	천약天若	김세흠金世欽
진보晋甫	신열도申悅道	차산次山	김태수金泰壽	천약天若	한문건韓文健
진삼晉三	김일진金日晉	차산次山	이원李原	천여天如	김명국金明國
진숙晉叔	이양연李亮淵	차소次韶	신종호申從濩	천여天輿	김부일金富佾
진숙晉叔	최천익崔天翼	차수次修	박제가朴齊家	천용天用	김용찬金龍燦
진숙晉叔	송강석宋康錫	차야次野	윤훤尹暄	천용天用	김치룡金致龍
진여晉如	이일삼李日三	차야次野	이자李秄	천우天佑	설미수偰眉壽
진여晉汝	엄도嚴燾	차옥次玉	권감權瑊	천우天佑	김대유金大有
진여眞如	안인安忍	차옹次翁	이성동李成童	천우天祐	조진희趙鎭禧
진여進汝	강진姜溍	차천次川	이혜李嵇	천유天游	고종高宗
진여進汝	이동급李東汲	찬겸贊謙	최익현崔益鉉	천유天遊	홍붕洪鵬
진여震汝	장기석張基奭	찬구燦九	강우규姜宇奎	천윤天胤	전령展翎
진오晉五	강진규姜晉奎	찬부纘夫	봉사손奉嗣宗	천은天隱	인종仁宗
진오晉玉	김광진金光瑨	찬수贊粹	권상익權相翊	천응天應	왕충王冲
진옹鎭翁	곽수강郭壽岡	찬옥贊玉	최찬식崔瓚植	천의天義	이주천李柱天
진원振遠	심탁沈鐸	찬지贊之	신석조辛碩祖	천일千一	정종定宗
진정眞精	전원균田元均	창경彰卿	백광훈白光勳	천장天章	심청沈淸
진정眞靖	이자현李資玄	창기昌期	이명준李命俊	천장天章	권두경權斗經
진지珍之	평원대군平原大君	창방昌邦	박우朴祐	천장天章	남두민南斗旻
진지鑛之	서엄徐崦	창객昌伯	이형손李亨孫	천장天章	송희규宋希奎
진지鑛之	이광악李光岳	창백昌伯	정충필鄭忠弼	천장天章	우탁禹倬
진지鑛之	이중로李重老	창세昌世	유시번柳時蕃	천장天章	유성춘柳成春
진표震表	조동립趙東立	창원昌遠	김홍미金弘微	천장天章	이명한李明漢
진화進和	임취정任就正	창윤蒼潤	이용우李用雨	천장天章	정두형鄭斗亨
질보質甫	서명빈徐命彬	창진昌辰	정운鄭運	천전天全	하위지河緯地
질보質甫	이문흥李文興	채영采英	이유립李裕岦	천종天縱	정약전丁若銓
질보質甫	홍진문洪振文	처인處仁	이식李軾	천지千之	윤유尹揄
질부質夫	성이문成以文	처화處化	박중빈朴重彬	천지天之	하인수河仁壽
질부質夫	송징은宋徵殷	처후處厚	김인존金仁存	천지天支	여희림呂希臨
질부質夫	이승장李承章	천각天覺	이달존李達尊	천택天宅	박한주朴漢柱
질부質夫	이욱李郁	천개天開	김여건金汝健	천필天必	안광우安光宇
질부質父	안성빈安聖彬	천경天鏡	해원海源	천향天香	정우묵鄭佑黙
집경集卿	이윤성李潤成	천경天擎	송정황宋廷篁	천휴天休	매창梅窓
집중執中	목취선睦取善	천계天啓	원항元沆	천휴天休	김수창金壽昌
집중執中	홍우전洪禹傳	천구天衢	이통李通	천휴天休	김학배金學培
집중執仲	조심태趙心泰	천기天紀	나익남羅翼南	천휴天休	박신경朴申慶
집중集中	유성운柳成運	천년天年	유경柳璥	철언哲彦	신후명申厚命
징보澄甫	유심柳淰	천득天得	이상진李尙眞	청경淸卿	권무충權武中
징언澄彦	김준金浚	천로天老	구수담具壽聃	청경淸卿	윤회尹淮
징원澄圓	각성覺性	천로天老	심령沈呤	청로淸老	이담지李湛之
징원澄源	이구징李久澄	천로天老	심홍모沈弘模	청보淸甫	강은姜㶏
징원澄源	이유징李幼澄	천로天老	이격李格	청보淸甫	심회沈澮
징지徵之	이서李漵	천로天老	채송년蔡松年	청보淸甫	이개李塏
징지澄之	박징朴澄	천뢰天賚	전형필全鎣弼	청부淸夫	허원許源
징지澄之	이완李浣	천리千里	김양기金良驥	청부淸夫	김직순金直淳
		천민天民	김황원金黃元	청숙淸叔	정의鄭漪
		천민天民	설장수偰長壽	청우淸友	홍수량洪受湸
		천백遷伯	양거안梁居安	청우淸友	김영목金永穆

자字	성 명	자字	성 명	자字	성 명
청원淸源	박홍朴泓	치가稚可	이시수李時秀	치수穉秀	서준보徐俊輔
청원淸源	최기崔沂	치강稚剛	이승보李承輔	치수穉綏	한장석韓章錫
청원淸源	허준許浚	치강致剛	이승보李承輔	치숙治叔	송찬宋贊
청중淸仲	허항許沆	치경稚經	송희정宋熙正	치순穉順	안재건安載健
청중淸仲	홍석洪석	치경穉敬	이승우李勝宇	치순穉順	이유명李惟命
청지淸之	노광두盧光斗	치경治經	조석여曺錫輿	치승稚繩	윤광소尹光紹
청지淸之	서식徐湜	치경治經	이상두李相斗	치승致承	송진봉宋鎭鳳
청지淸之	신필청申必淸	치경致卿	조원명趙遠命	치실穉實	박시원朴時源
청지淸之	안평대군安平大君	치고稚高	김진수金進洙	치양穉養	이이순李頤淳
청지淸之	이식李拭	치공穉恭	임정주任靖周	치억稚億	이만교李萬敎
청하淸河	추수경秋水鏡	치관致寬	함재운咸在韻	치영致永	권동수權東壽
체공體空	혜철慧哲	치교稚敎	박장설朴長卨	치오穉五	김상정金相定
체원軆元	윤이건尹以健	치교穉敎	민주현閔冑顯	치옥穉玉	박승진朴勝振
촉유燭幽	문종文宗	치교穉敎	심상규沈象奎	치온致溫	김식金埴
총선總仙	이종승李鍾承	치교致敎	박제관朴齊寬	치용穉用	조석우曺錫雨
총지聰智	설총薛聰	치구稚久	민진장閔鎭長	치용穉用	이관직李觀稙
추경樞卿	정응두丁應斗	치구穉九	이용순李容純	치운致雲	민몽룡閔夢龍
추백秋伯	김태일金兌一	치구穉構	임긍수林肯洙	치운致雲	유흥룡柳興龍
추보樞甫	이응성李應星	치군致君	장팔국蔣八國	치운致雲	조희룡趙熙龍
추찬秋餐	이희영李喜英	치규稚圭	김기서金箕書	치원致遠	권덕여權德輿
축은築隱	정탁鄭擢	치규稚圭	한경기韓景琦	치원致遠	나응운羅應雲
춘경春卿	김원식金元植	치규穉圭	조근趙瑾	치원致遠	성운成雲
춘경春卿	박태무朴泰茂	치규致規	김준영金準榮	치원致遠	송덕일宋德馹
춘경春卿	서일원徐一元	치극稚克	조시영曺始永	치원致遠	윤의중尹毅中
춘경春卿	유탁柳濯	치남痴南	양기훈楊基薰	치유穉由	한장석韓章錫
춘경春卿	윤택尹澤	치덕穉德	어윤적魚允迪	치은稚殷	심이택沈履澤
춘경春卿	이규보李奎報	치도稚道	윤성진尹成鎭	치응稚膺	김이희金履禧
춘경春卿	임경화林景和	치도穉度	김헌기金憲基	치이稚而	이교영李敎榮
춘경春卿	정화鄭和	치도致度	서종헌徐宗憲	치일致一	이수경李壽卿
춘경春卿	한응인韓應寅	치도致道	권상하權尙夏	치장稚章	서헌순徐憲淳
춘경春卿	홍림洪霖	치량致良	박종필朴鍾弼	치장穉章	김평묵金平黙
춘경春卿	홍주진洪柱震	치량稚亮	박제인朴齊寅	치장致章	황귀성黃貴成
춘경春卿	황보인皇甫仁	치량稚良	신선온申善溫	치전稚田	조병철趙秉轍
춘곡春谷	강기덕康基德	치량穉良	서능보徐能輔	치정穉程	유중교柳重敎
춘백春伯	김태원金泰元	치만稚萬	이용직李容稙	치종稚宗	정해륜鄭海崙
춘보春甫	이약동李約東	치만稚萬	홍승억洪承億	치중致中	김민택金民澤
춘세春世	이건방李建芳	치만致萬	남궁억南宮檍	치중致中	박정양朴定陽
춘장春長	이만영李晩榮	치명稚命	윤태준尹泰駿	치중致中	정건조鄭健朝
춘화春化	소휘천蘇輝千	치명穉明	김시찬金時粲	치평稚平	서형순徐衡淳
충가忠可	변안열邊安烈	치명穉明	이원명李源命	치항稚恒	윤구동尹久東
충거冲擧	윤비경尹飛卿	치명穉明	이익진李翼晉	치행稚行	이민채李敏采
충공忠恭	임의任懿	치명穉明	최경흠崔景欽	치행穉行	조윤형曺允亨
충백忠伯	이호준李鎬俊	치문稚文	조병직趙秉稷	치행致行	하백원河百源
충서忠瑞	임용상林龍相	치문穉文	심규택沈奎澤	치행致行	이종건李鍾建
충선充善	황정철黃廷喆	치문致文	한익상韓益相	치현稚賢	이하영李夏榮
췌수萃叟	황덕일黃德壹	치백致伯	이명윤李命允	치현稚顯	김세호金世鎬
취고就古	진언震言	치보治甫	이여李畬	치현穉顯	목인재睦仁裁
취사取斯	김계행金係行	치보稚寶	이헌위李憲瑋	치형穉亨	조병세趙秉世
취사取斯	김취로金取魯	치상稚常	김중하金重夏	치호稚浩	신홍원申弘遠
취숙聚叔	조종저趙宗著	치상穉祥	남정철南廷哲	치홍致弘	이은李溵
취월醉月	명찰明詧	치서稚瑞	이헌구李憲球	치홍致洪	유운홍劉運弘
취이就而	이수대李邃大	치선穉善	최효술崔孝述	치화稚和	이병구李炳九
취지取之	권찬權攢	치성穉聲	이교하李敎夏	치화稚和	남태온南泰溫
측생則生	성계선成啓善	치성穉誠	김명진金明鎭	치화稚和	서기순徐夔淳
측천則天	손명대孫命大	치성穉成	이석규李錫奎	치화稚和	이치중李致中
치가稚可	강필로姜必魯	치수致修	이호우李浩祐	치화稚和	홍정간洪鼎簡

자字	성 명	자字	성 명	자字	성 명
치화穉華	김순흠金舜欽	태숙泰叔	황염黃恬	택지擇之	이수李隨
치화穉華	심순택沈舜澤	태순太純	성세순成世純	택지擇之	이행李荇
치회稚晦	명광계明光啓	태순太醇	이화보李和甫	택지擇之	남선南銑
치회稚晦	조현명趙顯命	태승泰升	민계閔垍	택지擇之	송국택宋國澤
치회穉晦	서희순徐熹淳	태승泰升	윤계尹垍	택지擇之	이택李澤
치흠穉欽	이익한李翊漢	태시太始	박익朴翊	통지通之	권달수權達手
치희穉希	고성겸高聖謙	태시泰始	이도장李道長	통지通之	심결沈決
칙우則優	성호선成好善	태시泰始	조만원趙萬元	통지通之	이규李逵
칠서漆瑞	송희옥宋喜玉	태언台彦	이위국李緯國	통지通之	한치형韓致亨
칠이七而	조의운趙義耘	태연胎然	이탁李鐸	퇴보退甫	권유權愈
칠칠七七	최북崔北	태영泰英	이응춘李應春	퇴보退甫	성이민成以敏
		태용太容	김약묵金若默	퇴보退甫	윤사진尹思進
		태원太源	오운吳澐	퇴부退夫	경섬慶暹
		태융太融	대통大通	퇴지退之	송희진宋希進
ㅌ		태역太易	하수일河受一	퇴지退之	홍섬洪暹
		태이泰而	한형길韓亨吉		
		태정泰靜	곽율郭𧀈		
		태제泰齊	안여악安如岳		
		태조胎兆	윤인첨尹鱗瞻		
		태중兌仲	김택金澤		
		태중台仲	권상일權相一	**ㅍ**	
탁경卓卿	최형한崔亨漢	태지泰之	이유태李惟泰		
탁보卓甫	우탁禹倬	태징台徵	이수준李壽俊		
탁보卓甫	허쟁許崢	태초太初	강순康純	평보平甫	김사형金士衡
탁부卓夫	남급南礏	태초太初	강항姜沆	평보平甫	서명균徐命均
탁부卓夫	우탁禹倬	태초太初	구한具澣	평보平甫	예종睿宗
탁연卓然	독고립獨孤立	태초太初	김희순金羲淳	평보平甫	조비형趙備衡
탁영卓榮	윤익경尹益慶	태초太初	박정최朴挺㝡	평숙平叔	김약金䈞
탁이卓爾	김태암金泰巖	태초太初	원혼元混	평숙平叔	박준원朴準源
탁이卓爾	임흘任屹	태초太初	유성원柳誠源	평숙平叔	이준李準
탁이卓爾	최동립崔東立	태초太初	이승연李升淵	평여平如	김승규金昇圭
탁지琢之	변박卞璞	태초太初	이혼李混	평여平汝	이희준李羲準
탄금彈琴	이지천李志賤	태홍원太	최홍원崔興遠	평운平沄	대운大雲
탄부坦夫	민사평閔思平	태허太虛	조위曺偉	평중平仲	권준權準
탄부坦夫	박연朴堧	태허太虛	홍담洪曇	평중平仲	권창식權昌植
탕경湯卿	목대흠睦大欽	태호太浩	유경심柳景深	평중平仲	송국준宋國準
탕좌湯佐	윤필상尹弼商	태혼太昏	수초守初	평중平仲	이중광李重光
태泰	김흔金昕	태화太和	방유령方有寧	평중平仲	이진형李鎭衡
태경鮐卿	임국로任國老	태화太和	이화보李和甫	평중平仲	이파李坡
태경台卿	이삼현李參鉉	태화泰和	권목權穆	평중平仲	조말생趙末生
태경台卿	이육사李陸史	태휘太輝	허엽許曄	포문布文	정웅鄭熊
태고太古	기홍수奇洪壽	택경澤卿	윤이림尹爾霖	포옹浦翁	유서柳漵
태고太古	홍적洪迪	택방澤芳	홍영洪霙	표민表民	서유망徐有望
태관泰觀	이도장李道章	택보宅甫	권환權寏	표여約如	조병빈趙炳彬
태래泰來	장경우張慶遇	택부擇夫	양득중梁得中	표직杓直	신자건愼自健
태로台老	유성삼柳星三	택부擇夫	김영유金永濡	풍후風后	이중호李仲虎
태로台老	최수명崔壽溟	택우宅于	나이준羅以俊	필경弼卿	이익상李翊相
태보台甫	최한공崔漢公	택원澤遠	윤선尹銑	필경弼卿	최충성崔忠成
태서泰瑞	한몽린韓夢麟	택인宅仁	조덕린趙德鄰	필문弼文	응신應信
태소太素	이종백李宗白	택중擇中	윤명선尹明善	필보弼甫	오익吳翼
태소太素	이진백李震白	택중擇中	이만선李萬選	필보弼甫	윤계겸尹繼謙
태수鮐叟	임국로任國老	택중擇中	이준도李遵道	필보弼甫	윤사혼尹士昕
태수鮐叟	황기로黃耆老	택중擇中	권극지權克智	필보弼甫	이성국李誠國
태수台叟	김담수金聃壽	택중擇中	유종선柳從善	필옥弼玉	황학수黃學秀
태수台叟	김정균金鼎均	택지宅之	김선金銑	필중弼甫仲	임보신任輔臣
태수台叟	민여로閔汝老	택지擇之	이선李選	필형必亨	김제겸金濟謙
태수台叟	송기수宋麒壽			필휴匹休	이견기李堅基
태수台叟	송인수宋麟壽				
태수台叟	조부우趙府隅				
태수太綏	이불해李不害				

자字	성 명	자字	성 명	자字	성 명
		항수恒水	이지억李之億	현복賢復	백삼규白三圭
		항적亢迪	문공유文公裕	현부顯夫	조덕순趙德純
		항지恒之	이항李恒	현세顯世	윤민일尹民逸
	ㅎ	해보諧甫	도응유都應兪	현숙顯叔	정습인鄭習仁
		해봉海鳳	나응서羅應瑞	현승顯承	손명래孫命來
		해산海山	이용구李容九	현응玄應	휴정休靜
		해수海叟	이해룡李海龍	현재顯哉	박광전朴光前
		해심海心	양회일梁會一	현주玄珠	청학淸學
하경夏卿	김우석金禹錫	해운海雲	최치원崔致遠	현지玄之	이조원李祖源
하경夏卿	박창하朴昌夏	행가行可	봉효원奉元孝	현지顯之	강현姜顯
하경夏卿	이기하李基夏	행보行甫	서사원徐思遠	현지顯之	계양군桂陽君
하경夏卿	이하진李夏鎭	행옥行玉	서명형徐命珩	현지顯之	성주덕成周悳
하경夏卿	한배하韓配夏	행원行源	김효성金孝誠	현지顯之	안순安純
하경夏卿	한우신韓禹臣	행원行源	박효영朴孝英	현충玄忠	이시담李時聃
하경夏卿	김주신金柱臣	행원行源	유효립柳孝立	현통玄通	윤심尹深
하서夏瑞	이현석李玄錫	행원行源	유효통兪孝通	현허玄虛	공화후恭化侯
하숙夏叔	이인하李仁夏	행원行源	장효흥張興孝	협지協之	권오기權五紀
하승夏承	송동윤宋東胤	행원行源	조효창曹孝昌	협지夾之	금응협琴應夾
하언夏言	황기원黃起源	행원行源	박민朴敏	형길亨吉	김창일金昌一
하현夏玄	이현규李鉉圭	행지行之	목행선睦行善	형백亨伯	이천계李天啓
학고學古	한훈韓訓	행지行之	정준鄭遵	형백亨伯	이형태李亨泰
학광學光	김저金磧	향보享父	조수趙須	형백亨佰	유희분柳希奮
학기學器	양황梁榥	향지鄕之	권오복權五福	형백亨栢	최병하崔炳夏
학기學起	박동현朴東賢	허중盧中	안우기安于器	형백馨伯	이지함李之菡
학로學魯	박일성朴日省	헌문憲文	홍일순洪一純	형백馨伯	이지번李之蕃
학범學範	백낙주白樂疇	헌보獻甫	기윤헌奇允獻	형보亨甫	박경지朴敬祉
학보學甫	이종수李宗洙	헌서軒瑞	정상두鄭祥斗	형보亨甫	신달도申達道
학수學秀	박치도朴致道	헌숙憲叔	윤소종尹紹宗	형보亨甫	이돈李惇
학수鶴叟	서유문徐有聞	헌숙獻叔	송세형宋世珩	형보亨甫	한회일韓會一
학안學顔	강대수姜大遂	헌중獻仲	송세림宋世琳	형보荊寶	안민영安玟英
학여學汝	권응선權膺善	헌지憲之	나덕헌羅德憲	형보衡甫	김익휴金翊休
학여學餘	이호민李好閔	헌지憲之	임영대군臨瀛大君	형보馨甫	이강李茳
학원學源	유사柳泗	헌지憲之	정가신鄭可臣	형부炯夫	박유명朴惟明
학원學源	이가순李家淳	헌지憲之	허침許琛	형선衡善	조정기趙廷機
학이學而	심열沈悅	헌지憲之	황여헌黃汝獻	형성衡聖	박권朴權
학이學而	안숙安塾	헌지憲之	황필黃瑾	형수亨叟	유윤겸柳允謙
학이學而	이열李悅	혁지赫之	윤응첨尹應瞻	형숙亨叔	권응시權應時
학조學祖	채동술蔡東述	혁지革之	박항朴恒	형숙亨叔	권태시權泰時
학중學仲	강대적姜大適	현경玄卿	민종묵閔種默	형숙亨叔	김태기金泰基
한경漢卿	송창宋昌	현경見卿	기정룡奇挺龍	형숙亨叔	유팽로柳彭老
한경漢卿	이건석李建奭	현경顯卿	김귀영金貴榮	형숙亨叔	전극태全克泰
한경漢卿	최후량崔後亮	현경顯卿	홍세섭洪世燮	형숙泂叔	조징趙澄
한경漢卿	하해관河海寬	현구玄久	박대근朴大根	형언亨彦	김태정金泰廷
한경漢鏡	조휘림趙徽林	현규玄圭	우공禹貢	형여泂如	이익李瀷
한명漢明	변수邊燧	현기玄紀	서성徐渻	형오亨五	홍이일洪履一
한사漢四	박봉빈朴鳳彬	현길見吉	우복룡禹伏龍	형옥泂玉	박찬영朴燦瑛
한사漢師	홍양호洪良浩	현도玄道	임천상任天常	형운亨運	정조正祖
한서漢瑞	박응수朴應秀	현도顯道	나양좌羅良佐	형원亨遠	강진원姜振遠
한수漢叟	신위申緯	현도顯道	이문좌李文佐	형원亨遠	박철朴撤
한영漢永	정호鼎鎬	현로玄老	정항령鄭恒齡	형원洞源	김연金演
한우翰于	김병종金秉宗	현로玄老	조석원曺錫元	형재馨哉	이희량李希良
한유韓有	이한구李韓久	현보賢甫	김승경金升卿	형제亨諸	홍득일洪得一
한지漢之	신광한申光漢	현보賢輔	김득신金得臣	형중亨仲	신사운申思運
한지翰之	김한동金翰東	현보顯甫	이장용李藏用	형중亨仲	윤광익尹光益
함경咸卿	이국휴李國休	현보顯甫	조덕순趙德純	형중亨仲	윤구尹衢
함경咸卿	이일상李一相	현보顯父	이영李英	형중衡仲	조평趙平

자字	성 명	자字	성 명	자字	성 명
형중衡重	권만전權萬銓	홍도弘道	금선자金蟬子	화중和仲	성간成侃
형중馨仲	이지함李之菡	홍보弘甫	권익관權益寬	화중和仲	성윤해成允諧
형지詗之	강형姜詗	홍보弘甫	임계영任啓英	화중和仲	원숙강元叔康
형지亨之	변형량卞亨良	홍보弘輔	김종섭金宗燮	화중和仲	유식柳軾
형지亨之	정도형鄭道亨	홍부洪夫	이우李玶	화중和仲	이령李翎
형지亨之	조석록趙錫祿	홍우鴻羽	장공수張公脩	화중和仲	이중협李重協
형지亨之	조언형趙彦亨	홍원弘遠	민승룡閔升龍	화중花仲	조학년趙鶴年
형지馨之	박훈朴薰	홍원弘遠	정사위鄭士偉	화중華仲	손화중孫華仲
형지馨之	이문형李文馨	홍재弘載	이로李輅	화중華仲	신임申銋
형지馨之	이의무李宜茂	홍조弘祖	안윤손安潤孫	화중華仲	정순조鄭順朝
형천亨天	함유일咸有一	홍중弘仲	노경임盧景任	확이廓而	진우陣宇
혜길惠吉	김영적金永迪	홍지弘之	김현도金玄度	환경瓛卿	박규수朴珪壽
혜길惠吉	이상적李尙迪	화경化景	정학교丁學教	환경桓卿	박규수朴珪壽
혜민惠民	권정하權靖夏	화경和卿	정안鄭晏	환여幻如	각안覺岸
혜백惠伯	이주철李周喆	화경花鏡	정학교丁學教	환지煥之	광평대군廣平大君
혜백惠伯	홍계적洪啓迪	화국華國	정동윤鄭東潤	환호煥乎	유문有文
혜보徯甫	한치응韓致應	화극和克	이능호李能灝	황중黃中	안찬安瓚
혜보惠甫	유득공柳得恭	화길和吉	김충金沖	황중黃中	이원곤李源坤
혜보惠甫	윤지화尹志和	화명和明	장지연張志淵	회가晦可	송명흠宋明欽
혜숙惠叔	엄돈영嚴敦永	화백和伯	이훈李塤	회경晦卿	김광혁金光爀
혜약慧約	덕소德素	화백和伯	인조仁祖	회경晦卿	김병조金炳朝
혜일慧日	결응決凝	화백和伯	정협鄭協	회경晦卿	유세장柳世章
혜중惠仲	김희채金熙采	화백和伯	홍희洪喜	회경會卿	이가상李嘉相
혜중惠仲	이민적李敏迪	화백華伯	원경하元景夏	회경會卿	홍택주洪宅疇
혜풍惠風	유득공柳得恭	화보和甫	이동영李東英	회경會慶	조경호趙慶鎬
호건浩乾	손정도孫貞道	화보和甫	봉여해奉汝諧	회백晦伯	김명윤金明胤
호경皡卿	심희순沈熙淳	화보和甫	이광우李光友	회백晦伯	김재현金載顯
호경虎卿	김위金墇	화보和甫	이흡李洽	회백晦伯	민제장閔濟章
호고胡考	장만張晩	화보和甫	임진원任鎭元	회백晦伯	오숙吳熽
호문浩文	장유순張裕淳	화보和甫	최경지崔敬止	회백晦伯	유헌兪櫶
호보浩甫	최운해崔雲海	화보和甫	허목許穆	회백會魄	원휘圓輝
호부浩夫	박령朴齡	화보和父	김이례金履禮	회보懷甫	조공근趙公瑾
호여皞如	이순민李舜民	화봉華封	이성李垶	회보晦甫	김호金旲
호여皞如	민희閔熙	和夫和夫	백문보白文寶	회보晦甫	박명원朴明源
호여皞如	신숙申潚	화삼花三	이화삼李化三	회보晦甫	박문빈朴文彬
호연浩然	권성원權聖源	화세和世	서춘보徐春輔	회보晦甫	배응경裵應褧
호연浩然	박호朴浩	화숙和叔	낭원군朗原君	회보晦甫	유찬柳燦
호연浩然	유선양柳善養	화숙和叔	박세채朴世采	회보晦甫	윤광원尹光遠
호연浩然	이대원李大源	화숙和叔	박순朴淳	회보晦甫	조광원曺光遠
호연浩然	이양원李養源	화숙和叔	송영宋鍈	회보會甫	황뉴黃紐
호연浩然	이의활李宜活	화숙和叔	이간李侃	회부晦夫	김수근金洙根
호연浩然	이집李集	화숙和叔	이즙李諿	회부晦夫	유근柳根
호연浩然	정희맹丁希孟	화숙和叔	정세아鄭世雅	회부晦敷	이중무李重茂
호연浩然	조변趙汴	화숙和叔	조명정趙明鼎	회수晦叟	민욱閔昱
호연浩然	최충崔冲	화숙和叔	심규로沈奎魯	회수晦叟	이일로李逸老
호원浩原	성혼成渾	화오華五	박도경朴道京	회숙晦叔	김계金啓
호원灝元	권문해權文海	화옥化玉	송병선宋秉璿	회숙晦叔	문윤명文允明
호이浩而	장석張錫	화옥華玉	조대중曺大中	회숙晦叔	박선朴銑
호이浩而	정운호鄭雲湖	화우和宇	정운경鄭雲慶	회숙晦叔	이시명李時明
호중浩仲	신속申洬	화유和有	배유화裵幼華	회숙晦叔	정양순鄭養淳
호호浩浩	정언호鄭彦浩	화은華隱	서재겸徐再謙	회숙晦叔	한명윤韓明胤
혼미混迷	새봉璽封	화익和益	김규홍金奎弘	회숙會叔	우하형禹夏亨
혼원混源	채락蔡洛	화일華一	손화중孫華仲	회숙會叔	이형태李亨泰
혼원渾元	홍혼洪渾	화중化中	변협邊協	회숙會叔	정민시鄭民始
혼중渾仲	박응천朴應川	화중和中	손화중孫華仲	회여晦汝	김광현金光炫
홍기洪基	우행禹行	화중和仲	노숙동盧叔仝	회여晦汝	조위명趙威明

자字	성 명	자字	성 명	자字	성 명
회연晦然	일연一然	효재孝哉	남해준南海準	흥지興之	김진흥金振興
회원晦元	나윤명羅允明	효중孝中	최병호崔炳浩	희강希剛	이장곤李長坤
회원會元	김응순金應淳	효중孝仲	김영조金榮祖	희경希慶	조현曺顯
회원會元	양산숙梁山璹	효중孝仲	정창손鄭昌孫	희경希敬	이번李𤲟
회원會元	황여일黃汝一	효중孝仲	채소권蔡紹權	희경希卿	이재李縡
회은晦隱	성규聖奎	효직孝直	조광조趙光祖	희경熙卿	한숙창韓叔昌
회이晦爾	유혁연柳赫然	효징孝徵	김응조金應祖	희경禧卿	유영선柳永善
회이晦爾	윤혼尹焜	효천孝天	백성기白性基	희경義卿	조인영趙寅永
회이晦而	김광욱金光煜	후경厚卿	이덕재李德載	희고希古	홍진洪進
회이晦而	김시혁金始爀	후경厚卿	이중하李重夏	희량希亮	노공필盧公弼
회이晦而	임창任敞	후경厚卿	정동후鄭東後	희로希魯	이승증李承曾
회이晦而	조엽曺熀	후백厚伯	양녕대군讓寧大君	희명希明	유순柳洵
회이晦而	한필명韓必明	후선後仙	정채화鄭采和	희묵希黙	윤석尹晳
회이晦而	한현모韓顯謨	후성後聖	유지화柳志和	희문希文	계지문桂之文
회일會一	기우만奇宇萬	후옥厚玉	이후李珝	희문希文	송시범宋時范
회일會一	김만수金萬秀	후윤厚允	정재규鄭載圭	희문希聞	이순李純
회일會一	김치만金致萬	후이厚而	이민곤李敏坤	희문希聞	박용화朴鏞和
회중晦仲	박증휘朴證輝	후재厚哉	김이곤金履坤	희민義民	최문도崔文度
회지晦之	권단權旦	후지厚之	김인후金麟厚	희보姬保	김석준金奭準
회지晦之	이신회李身晦	훈경勳卿	김정견金廷堅	희보熙甫	한중희韓重熙
회지晦之	정해鄭瑎	훈연薰然	남치훈南致薰	희삼希參	민효증閔孝曾
회지晦之	황혁黃赫	훈중薰中	남익훈南益薰	희삼希參	이효백李孝伯
효관孝盥	김종직金宗直	훈지勳之	박세훈朴世勳	희상希尙	신응망辛應望
효백孝伯	권맹손權孟孫	훈지壎之	금응훈琴應壎	희서希瑞	김귀희金貴希
효백孝伯	김봉조金奉祖	휘경輝卿	변시환卞時煥	희서義瑞	홍용조洪龍祚
효백孝伯	박경전朴慶傳	휘고輝古	이광적李光迪	희석希錫	김연조金延祖
효백孝伯	박승종朴承宗	휘도輝道	박시묵朴時默	희성希聖	공서린孔瑞麟
효백孝伯	성달생成達生	휘서輝瑞	경종景宗	희성希聖	심광수沈光洙
효백孝伯	어석윤魚錫胤	휘세輝世	홍서봉洪瑞鳳	희성希聖	이영현李英賢
효백孝伯	유용석柳弘錫	휘숙輝叔	최온崔蘊	희세熙世	홍순목洪淳穆
효백孝伯	이승원李承源	휘원輝元	심환지沈煥之	희숙熙叔	김여기金礪器
효백孝伯	임유후任有後	휘원輝遠	정온鄭蘊	희숙禧叔	남태용南泰庸
효백孝伯	장계선張繼先	휘조輝祖	이중환李重煥	희순希醇	이계맹李繼孟
효백孝伯	조계선趙繼先	휘조輝祖	정위鄭煒	희신希信	이윤성李允成
효백孝伯	최창대崔昌大	휘지輝之	최사유崔士柔	희안希安	심수경沈守慶
효부孝孚	성봉조成奉祖	휘지輝徵	허휘許徽	희안希顔	권종權悰
효부孝孚	채침蔡忱	휘지輝之	문종文宗	희안希顔	이수연李守淵
효석孝錫	이충양李忠養	휴경休卿	박경후朴慶後	희언希彦	서성구徐渻耈
효선孝善	김진종金振宗	휴길休吉	이기경李基慶	희여希舉	유원중柳遠重
효숙孝叔	서종제徐宗悌	휴길休吉	정택뢰鄭澤雷	희열希說	이기축李起築
효숙孝叔	유의손柳義孫	휴문休文	이광정李光靖	희옥希玉	김륵金玏
효숙孝叔	이우민李友閔	휴백休伯	김시빈金始鑌	희온希溫	조속趙涑
효숙孝叔	이충양李忠養	휴숙休叔	도신징都愼徵	희용希容	심봉원沈逢源
효숙孝叔	정숭조鄭崇祖	휴징休徵	이승휴李承休	희원希元	김장생金長生
효승孝承	조영순趙榮順	흠로欽魯	곽지흠郭之欽	희원希元	김륵金玏
효신孝伸	목종穆宗	흠약欽若	유경시柳敬時	희원希愿	이중연李重延
효언孝彦	윤두서尹斗緒	흠재欽哉	이헌국李憲國	희원熙遠	이계李烓
효언孝彦	이호민李好閔	흠중欽仲	이신성李愼誠	희율希栗	정호관丁好寬
효옹孝翁	이희민李希閔	흠중欽仲	홍봉세洪奉世	희인希仁	신공제申公濟
효우孝于	정효준鄭孝俊	흠지欽之	문경동文敬仝	희인希仁	임복林復
효원孝元	권순장權順長	흠지欽之	송흠宋欽	희재喜哉	홍기섭洪起燮
효원孝元	안건영安健榮	흡여潝如	조흡趙潝	희적希迪	황윤후黃胤後
효원孝元	최영경崔永慶	흥도興道	홍가신洪可臣	희정希正	박민헌朴民獻
효은孝恩	신상申恦	흥숙興叔	안응창安應昌	희정希程	이이李頤
효이孝移	박유충朴由忠	흥숙興叔	오정빈吳廷賓	희중希仲	민제인閔齊仁
효익孝翼	정극후鄭克後			희중希仲	윤휴尹鑴

자字	성 명	자字	성 명	자字	성 명
희중希仲	한효우韓孝友				
희지希之	김대현金大賢				
희지禧之	김숭조金崇祖				
희진希進	이유선李有善				
희천希天	여성제呂聖齊				
희초熹初	이약빙李若氷				
희태希泰	김대래金大來				

호號 일람표

ㄱ

호號	성 명	호號	성 명	호號	성 명
가농笊濃	김준현金俊鉉	간이당簡易堂	한숙韓淑	강촌綱村	송명휘宋明輝
가당稼堂	엄석정嚴錫鼎	간이재簡易齋	한확韓確	강파江波	권상임權尙任
가람嘉藍	이병기李秉岐	간재簡齋	변중일邊中一	강포江浦	유홍원柳弘源
가산笳山	유덕장柳德章	간재簡齋	심홍모沈弘模	강호객江湖客	김성기金聖基
가산可山	이효석李孝石	간재艮齋	유몽인柳夢寅	강호거사江湖居士	허강許橿
가석可石	송득용宋得用	간재艮齋	이덕홍李德弘	강호산인江湖散人	김숙자金叔滋
가소당可笑堂	백광호白光瑚	간재艮齋	전우田愚	강호산인江湖散人	최만리崔萬理
가실可室	주명상朱明相	간재艮齋	조종저趙宗著	개곡開谷	이이송李爾松
가악佳岳齋	이축李軸	간재艮齋	최규서崔奎瑞	개산皆山	유석柳碩
가은嘉隱	심대부沈大孚	간재艮齋	최연崔演	개석헌介石軒	이홍직李弘稷
가은歌隱	정민하鄭敏河	간정侃亭	이능화李能和	개석헌介石軒	이흥직李興稷
가은稼隱	성언근成彦根	간정艮庭	이유홍李惟弘	개암介庵	강익姜翼
가은稼隱	조정견趙庭堅	간죽看竹	조진석趙晉錫	개암開岩	김우굉金宇宏
가인可人	홍명희洪命憙	간호艮湖	최유지崔攸之	개옹疥翁	장봉한張鳳翰
가인街人	김병로金炳魯	갈계葛溪	우정禹鼎	거기재居基齋	최북崔北
가재佳齋	전동흘全東屹	갈곡葛谷	임수겸林守謙	거연당居然堂	서호徐峼
가재稼齋	김창업金昌業	갈물	이철경李喆卿	거정居正	이언화李彦華
가정柯亭	강윤형姜允亨	갈봉葛峯	김득연金得研	거천巨川	채원개蔡元凱
가정柯亭	김희열金希說	갈수헌葛睡軒	김위金埠	거평居平	김양택金陽澤
가정柯汀	조진관趙鎭寬	갈암葛庵	이현일李玄逸	건암健庵	김양순金陽淳
가정稼亭	신석형申碩亨	갈천葛川	김희주金熙周	건옹健翁	김천일金千鎰
가정稼亭	이곡李穀	갈천葛川	임훈林薰	건재健齋	박수일朴遂一
가주可洲	안중관安重觀	감고당感顧堂	권희학權喜學	건재健齋	정인승鄭寅承
가주家洲	이상질李尙質	감곡鑑谷	이여빈李汝馪	건천巾川	정광程廣
가촌佳邨	이신회李身晦	감모재感慕齋	노광두盧光斗	검간黔澗	조정趙靖
가포稼圃	임상옥林尙沃	감수재感樹齋	박여량朴汝樑	검남劍南	안후열安後說
가휴可畦	조익趙翊	감은재感恩齋	주도복周道復	검돌	이규영李圭榮
각당覺堂	나익진羅翼鎭	감재憨齋	최경흠崔景欽	검암儉巖	범경문范慶文
각리角里	이진겸李眞儉	감지당坎止堂	김징金澄	검암黔庵	박치도朴致道
각엄존자覺儼尊子	복구復丘	감호鑑湖	양만고楊萬古	검여劍如	유희강柳熙綱
각재角齋	권삼현權參鉉	감호鑑湖	여대로呂大老	검와檢窩	정진한鄭鎭漢
각천覺泉	최두선崔斗善	감호鑑湖	이도장李道章	검재儉齋	김유金楺
간동澗東	송병목宋炳穆	갑봉甲峰	김우항金宇杭	검추劍秋	박영회朴寧熙
간보艮輔	윤기尹祁	강고江皐	임창任敞	격암格巖	박희성朴希聖
간산幹山	조병필趙秉弼	강고江皐	유심춘柳尋春	격암格庵	남사고南師古
간송澗松	전형필全鎣弼	강고江皐	이시격李時格	격재格齋	손조서孫肇瑞
간송당澗松堂	조임도趙任道	강산薑山	이서구李書九	격헌格軒	양전백梁甸伯
간암艮庵	나윤명羅允明	강석江石	한규설韓圭卨	견산見山	정기원鄭期遠
간암艮庵	위세옥魏世鈺	강설降雪	남병철南秉哲	견암甄菴	강세황姜世晃
간암艮菴	심의겸沈義謙	강수江叟	박훈朴薰	견지見志	서원리徐元履
간옹澗翁	김이건金履健	강암剛庵	이용직李容稙	결재潔齋	이덕중李德重
간옹澗翁	임희성任希聖	강암剛菴	홍정현洪政鉉	결청재潔淸齋	유담후柳譚厚
간옹艮翁	이익李瀷	강암剛岩	한덕원韓德遠	겸곡謙谷	박은식朴殷植
간옹艮翁	이헌경李獻慶	강와剛窩	송은헌宋殷憲	겸산兼山	구윤명具允明
간우艮宇	이인중李仁中	강우江右	김이재金履載	겸산兼山	유숙기兪肅基
간이簡易	최립崔岦	강은江隱	이팔룡李八龍	겸산兼山	유재건劉在建
		강재剛齋	송치규宋穉圭	겸암謙菴	유운룡柳雲龍
		강재剛齋	신숙申肅	겸와謙窩	김진형金鎭衡
		강재剛齋	이승희李承熙	겸와謙窩	함재운咸在韻
		강재强齋	이병욱李丙旭	겸재謙齋	기학경奇學敬
		강좌江左	권만權萬	겸재謙齋	박성원朴聖源
		강초江樵	구연해具然海		

호號	성 명	호號	성 명	호號	성 명
겸재謙齋	안목安牧	경암敬菴	오여벌吳汝橃	곡운谷雲	김수증金壽增
겸재謙齋	안처겸安處謙	경암敬菴	이한응李漢膺	곤강崑崗	윤곤강尹崑崗
겸재謙齋	어진익魚震翼	경암絅庵	신완申玩	곤륙재困六齋	김의원金義元
겸재謙齋	유종선柳從善	경암警庵	김병종金秉宗	곤륜昆侖	최창대崔昌大
겸재謙齋	임제林悌	경암鏡巖	관식慣拭	곤봉昆峯	정사물鄭四勿
겸재謙齋	정선鄭敾	경암鏡巖	김익주金翊胄	곤암困菴	소세량蘇世良
겸재謙齋	정완鄭浣	경암鏡巖	응윤應允	곤재困齋	정개청鄭介淸
겸재謙齋	조태억趙泰億	경연당景硯堂	이현조李玄祚	곤학재困學齋	신만하申萬夏
겸재謙齋	하홍도河弘度	경옹警翁	김효건金孝建	공공자空空子	장혼杖魂
겸초兼艸	정선鄭敾	경와敬窩	김휴金烋	공북정拱北亭	유세장柳世章
겸헌謙軒	박창화朴昌和	경와敬窩	이헌영李憲永	공산公山	송혜환宋慧煥
겸현謙玄	우상하禹相夏	경운擎雲	원기元奇	공산公山	최준문崔竣文
경건敬建	김종민金宗敏	경원景源	김희순金羲淳	공산恭山	송준필宋浚弼
경금자絅錦子	이옥李鈺	경원經畹	조수삼趙秀三	공재恭齋	윤두서尹斗緒
경농經農	권중현權重顯	경월鏡月	영오寧遨	공초空超	오상순吳相淳
경당敬堂	장흥효張興孝	경은經隱	서종해徐宗海	공타원空陀圓	조전권曺專權
경당敬堂	조여충曺汝忠	경은耕隱	이맹전李孟專	과암果菴	송덕상宋德相
경당絅堂	서응순徐應淳	경은耕隱	전조생田祖生	과옹果翁	윤사로尹師路
경당鏡塘	박주운朴周雲	경은耕隱	조서강趙瑞康	과재果齋	성근묵成近默
경대經臺	김상현金尙鉉	경은耕隱	조희유曺喜有	과재果齋	윤섬尹暹
경도景陶	우성규禹成圭	경음慶陰	정곤수鄭崑壽	과재果齋	이세환李世瑍
경도암景陶庵	유우기兪宇基	경재敬齋	경세인慶世仁	과재果齋	이중열李中悅
경독재耕讀齋	김용찬金龍燦	경은耕隱	계지문桂之文	과재果齋	장석신張錫藎
경락卿輅	이상은李相殷	경은耕隱	김상효金相孝	과재果齋	정만석鄭晩錫
경렴정景濂亭	탁광무卓光茂	경재敬齋	김중남金重南	과재過齋	김정묵金正默
경림敬林	윤치경尹致敬	경재敬齋	남수문南秀文	과정瓜亭	정서鄭敍
경림景林	진희창秦熙昌	경재敬齋	정윤희丁胤禧	과지초당노인瓜地草堂老人	권돈인權敦仁
경림당景林堂	권덕형權德亨	고암顧巖	이응로李應魯	과치果癡	송상렴宋祥濂
경묵도인耕墨道人	안중식安中植	고암顧菴	정립鄭霑	관가정觀稼亭	이광정李光鼎
경묵용자耕墨傭者	안중식安中植	고양취곤高陽醉髡	각훈覺訓	관곡寬谷	신양申懹
경봉鏡峰	정석靖錫	고옥古玉	정작鄭碏	관곡寬谷	이수李隨
경부畊夫	신백우申伯雨	고우古友	최린崔麟	관란觀瀾	원호元昊
경부耕夫	안중식安中植	고우古愚	김옥균金玉均	관란觀瀾	이승증李承曾
경붕景鵬	익운益運	고운당古芸堂	유득공柳得恭	관란정觀瀾亭	이우侶
경산京山	이한진李漢鎮	고월古月	이장희李章熙	관류당觀流堂	노숙盧璹
경산庚山	이규채李圭彩	고은孤隱	송세림宋世琳	관물재觀物齋	민기閔箕
경산慶山	윤익경尹益慶	고은孤隱	이지활李智活	관복암觀復庵	김숭겸金崇謙
경산慶山	조송광曺頌廣	고은皋隱	안지安止	관복재觀復齋	김구構
경산擎山	경식敬植	고은당高隱堂	김치만金致萬	관산觀山	박문빈朴文彬
경산經山	정원용鄭元容	고재顧齋	이만李槾	관생와觀生窩	민이현閔彝顯
경산耕山	오익환吳翼煥	고접孤蝶	최병화崔秉和	관송觀松	이상계李商啓
경성敬聖	일선一禪	고정古亭	김치인金致仁	관송觀松	이이첨李爾瞻
경세생耕世生	김진초金鎭初	고주孤周	정운희丁運熙	관수거사觀水居士	안종원安鍾元
경수당警修堂	신위神位	고주孤舟	이광수李光洙	관수정觀水亭	송흠宋欽
경신재敬愼齋	박태정朴泰定	고죽孤竹	최경창崔慶昌	관술재觀術齋	감경인甘景仁
경안耿岸	서항석徐恒錫	고청초로孤靑樵老	서기徐起	관아재觀我齋	조영석趙榮祏
경암敬庵	강현姜鋧	고하下	송진우宋鎭禹	관양冠陽	이광덕李匡德
경암敬庵	백규白規	고헌固軒	박상진朴尙鎭	관어재觀魚齋	김중원金重元
경암敬庵	서상렬徐相烈	고헌顧軒	김덕련金悳鍊	관와寬窩	조병빈趙炳彬
경암敬庵	손호孫澔	고환당古懽堂	강위姜瑋	관원灌園	남응운南應雲
경암敬庵	유도삼柳道三	곡교인曲橋人	최남선崔南善	관원灌園	박계현朴啓賢
경암敬庵	윤동수尹東洙	곡구谷口	정백창鄭百昌	관원灌園	정영국鄭榮國
경암敬菴	김회金淮	곡구谷口	정수기鄭壽期	관일당貫一堂	박문건朴文健
경암敬菴	노경임盧景任	곡구谷口	정유점鄭維漸	관재貫齋	이도영李道榮
경암敬菴	문홍헌文弘獻	곡명曲明	변영만卞榮晩	관재觀齋	박재화朴載華
경암敬菴	박제근朴齊近	곡봉鵠峰	송복흥宋復興		

호號	성 명	호號	성 명	호號	성 명
관천冠泉	최창현崔昌顯	구룡산인九龍山人	김용진金容鎭	구졸암九拙菴	양희梁喜
관천자觀泉子	신희복愼希復	구룡재九龍齋	백봉래白鳳來	구주구州	강대적姜大適
관포灌圃	박홍미朴弘美	구배헌灸背軒	安方慶安方慶	구천龜川	어효첨魚孝瞻
관포당灌圃堂	어득강魚得江	구보丘甫	박태원朴泰遠	구천龜川	이세필李世弼
관해觀海	이민구李敏求	구보仇甫	박태원朴泰遠	구천龜川	조철산趙哲山
관해觀海	임회林檜	구봉九峯	김수인金守訒	구촌九村	임인수林仁洙
관헌管軒	도한기都漢基	구봉九峯	김지남金地南	구촌龜村	유경심柳景深
관헌觀軒	서상수徐常修	구봉九峯	나무춘羅茂春	구촌龜村	이덕온李德溫
관호觀湖	엄치욱嚴致郁	구봉九峯	유항柳恒	구촌龜村	이명李溟
관후암觀後庵	김뉴金紐	구봉九峯	조엽曺燁	구파鷗波	백정기白貞基
괄허括虛	취여取如	구봉九峯	조원기趙遠期	구포九苞	이봉명李鳳鳴
광남光南	김익훈金益勳	구봉龜峯	서일원徐一元	구포瞿圃	이명연李明淵
광록廣麓	김연조金延祖	구봉九峯	송익필宋翼弼	구포鷗浦	나만갑羅萬甲
광뢰廣瀨	이야순李野淳	구봉鳳峰	권덕린權德麟	구포鷗浦	안헌징安獻徵
광성廣聖	일선一禪	구봉龜峰	신명인申命仁	구포鷗浦	최홍도崔弘渡
광암曠庵	이벽李檗	구봉龜峰	주박周博	구하九河	천보天輔
광조廣照	만항萬恒	구사龜沙	권엽權曄	구학臞鶴	이집두李集斗
광천廣川	김지남金指南	구사龜沙	오정일吳挺一	구헌龜軒	이호민李好閔
괴담槐潭	배상열裵相說	구사당九思堂	김낙행金樂行	구호龜湖	이수일李秀逸
괴당槐堂	김윤신金潤身	구산九山	수련秀蓮	구화九華	나무춘羅茂春
괴당槐堂	이천계李天啓	구산臼山	전우田愚	국간菊幹	이헌구李憲球
괴마槐馬	임백령林百齡	구산龜山	윤탁尹鐸	국권國權	신기준申基俊
괴암槐巖	이동기李東基	구소鳩巢	권성구權聖矩	국담菊潭	박수춘朴壽春
괴애乖崖	유지柳摯	구송정九松亭	심청沈清	국담菊潭	주재성周宰成
괴애乖崖	김극검金克儉	구심求心	조용하趙鏞夏	국당菊堂	정태제鄭泰齊
괴애乖崖	김수온金守溫	구암久庵	복한卜僩	국당菊塘	박흥생朴興生
괴원槐園	이준李埈	구암久菴	김취문金就文	국동菊東	조병준趙秉準
괴은乖隱	정구鄭球	구암久菴	윤봉구尹鳳九	국산菊山	엄계흥嚴啓興
괴은槐隱	이춘영李春永	구암久菴	한백겸韓百謙	국암菊菴	나익남羅翼南
괴정槐亭	권담權湛	구암懼庵	우복룡禹伏龍	국오菊塢	강희맹姜希孟
괴정槐亭	유문통柳文通	구암懼菴	이수인李樹仁	국오菊塢	성현成俔
괴정槐庭	김영제金甯濟	구암苟菴	신응조申應朝	국오菊塢	정홍래鄭弘來
괴천槐泉	박창우朴昌宇	구암苟菴	최황崔璜	국원菊園	김정견金廷堅
괴천槐泉	유문룡柳汶龍	구암龜巖	고경조高敬祖	국은菊隱	민준閔濬
괴헌槐軒	곽재겸郭再謙	구암龜巖	김경장金慶長	국은菊隱	이열李悅
교각喬覺	지장地藏	구암龜巖	박홍남朴興男	국은菊隱	이한응李漢應
교봉郊峯	신광필申光弼	구암龜巖	심민각沈民覺	국일재菊逸齋	노공필盧公弼
교산蛟山	허균許筠	구암龜巖	이원배李元培	국재菊齋	권보權溥
교은郊隱	정이오鄭以吾	구암龜巖	이정李楨	국재菊齋	이희검李希儉
교헌僑軒	채무적蔡無敵	구암龜菴	김연국金演局	국창菊窓	남응운南應雲
구계癯溪	권상유權尙游	구애乖崖	조극승曺克承	국초菊初	이인직李人稙
구계癯溪	정유악鄭維嶽	구연龜淵	채광묵蔡光黙	국파菊坡	민백충閔百忠
구계龜溪	서침徐沈	구옹龜翁	이후李厚	국파菊坡	전원발全元發
구계龜溪	신광업辛光業	구옹龜翁	이지번李之蕃	국포菊圃	강박姜樸
구고헌九皐軒	남경조南景祖	구옹龜翁	정언충鄭彦忠	국포菊圃	권유權裕
구곡鳩谷	권적權迪	구와龜窩	김굉金㙆	국포菊圃	손한기孫漢機
구곡龜谷	각운覺雲	구와龜窩	한응성韓應聖	국헌菊軒	윤자덕尹滋悳
구곡龜谷	최기남崔奇男	구원九畹	이춘원李春元	국헌菊軒	이수형李守亨
구곡각운龜谷覺雲	임진부林眞怤	구원정九元亭	이형천李亨天	국헌菊軒	임옥산林玉山
구구재九九齋	서해조徐海朝	구음龜陰	양시진楊時晋	군산群山	구굉具宏
구당久堂	조경호趙慶鎬	구재懼齋	김득추金得秋	군심君心	최도환崔道煥
구당矩堂	유길준兪吉濬	구재鳩齋	김계광金啓光	궁오窮悟	임천상任天常
구당鷗堂	남병철南秉哲	구전苟全	김중청金中淸	궁촌窮村	정찬휘鄭纘輝
구당鷗堂	조경호趙慶鎬	구정龜亭	남재南在	권옹倦翁	유빈柳贇
구당鷗堂	서기徐起	구정龜亭	유사온柳思溫	궤은几隱	이기룡李起龍
구로주인鷗鷺主人	이총李摠	구졸九拙	이덕온李德溫	귀계歸溪	김좌명金左明

호號	성 명	호號	성 명	호號	성 명
긍재競齋	정지선鄭趾善	기지耆之	나무춘羅茂春	낙계駱溪	이무李堥
긍재肯齋	조명익趙明翼	기천岐川	윤경尹絅	낙곡駱谷	김덕룡金德龍
긍파재肯播齋	권한성權翰成	기천岐川	채홍리蔡弘履	낙남洛南	최산휘崔山輝
긍허競虛	최명식崔明植	기천杞泉	나기학羅紀學	낙도재樂道齋	조정익趙廷翼
기계奇溪	김노선金魯善	기천沂川	윤효전尹孝全	낙만樂晚	정효준鄭孝俊
기기옹棄棄翁	이희겸李喜謙	기초재祈招齋	유상기兪相基	낙보洛甫	유원우柳元佑
기기재頎頎齋	심풍지沈豊之	기촌企村	송순松荀	낙봉樂峰	강섬姜暹
기기재棄棄齋	김상연金尙埏	기하岐下	주명신周命新	낙봉駱峯	유헌柳軒
기기재棄棄齋	윤형성尹衡聖	기허幾許	영규靈圭	낙봉駱峯	신광한申光漢
기려자騎驢子	송상도宋相燾	기헌杞軒	유진필兪鎭弼	낙빈洛濱	이충작李忠綽
기로箕老	이방운李昉運	기헌杞軒	이성룡李聖龍	낙산도사洛山道士	이선평李仙枰
기루기樓	조경진趙景禛	길고자吉皐子	김노겸金魯謙	낙서洛西	김자점金自點
기봉岐峯	백광홍白光弘	길운吉雲	변원규卞元圭	낙서洛西	장만張晚
기봉岐峯	유복기柳復起			낙서駱西	윤거희尹居熙
기봉碁峰	남정중南正重			낙선樂善	김두룡金斗龍
기봉騎峯	장선莊善			낙암洛巖	의눌義訥
기산企山	이인중李仁中			낙암樂菴	기정룡奇挺龍
기산岐山	박헌봉朴憲鳳			낙애洛厓	성기인成起寅
기산岐山	조중현趙重顯			낙애洛厓	안일리安日履
기산箕山	김준근金俊根	나계羅溪	윤순尹淳	낙양洛陽	주요한朱耀翰
기서沂墅	김기선金驥善	나계羅溪	조사석趙師錫	낙와樂窩	박응사朴應祥
기서箕墅	김수규金壽奎	나림那林	이병주李炳注	낙와樂窩	장석張錫
기수畸叟	정사신丁思愼	나산羅山	서문상徐文尙	낙운樂耘	신사운申思運
기암企菴	정만양鄭萬陽	나산蘿山	조유선趙有善	낙원樂園	안숙安璹
기암奇巖	법견法堅	나산螺山	박안기朴安期	낙음洛陰	도경유都慶兪
기암寄菴	서성구徐聖耈	나산경수蘿山耕叟	박강생朴剛生	낙의재樂義齋	이눌李訥
기암寄菴	이홍적李弘迪	나손羅孫	김동욱金東旭	낙전당樂全堂	신익성申翊聖
기암棄庵	윤강원尹剛元	나암懶庵	보우普雨	낙전당樂全堂	정두형鄭斗亨
기암畸庵	정홍명鄭弘溟	나암懶庵	승제勝濟	낙정洛汀	박증휘朴增輝
기암箕庵	최북崔北	나암懶庵	정언신鄭彦信	낙정재樂靜齋	조석윤趙錫胤
기암起菴	김우창金禹昌	나암羅巖	박주대朴周大	낙주洛洲	구봉서具鳳瑞
기야箕野	이방운李昉運	나암羅菴	이문홍李文興	낙천洛川	배신裵紳
기오당寄傲堂	김우형金宇亨	나옹懦翁	박황朴潢	낙천재樂天齋	이경기李慶祺
기오헌寄傲軒	권엽權曄	나옹懶翁	서지徐祉	낙촌洛村	이도장李道長
기옹寄翁	남한기南漢紀	나옹懶翁	유성춘柳成春	낙촌洛村	한계석韓桂錫
기와奇窩	조경망趙景望	나옹懶翁	이정정李廷楨	낙촌駱村	박충원朴忠元
기와奇窩	이우李瑀	나옹裸翁	성세영成世英	낙촌駱村	윤의중尹毅中
기와棄窩	박철朴撤	나와懶窩	기언정奇彦鼎	낙촌駱村	이경윤李慶胤
기우자騎牛子	이행李行	나와懶窩	이정李楨	낙치洛癡	최방흠崔邦欽
기원杞園	어유봉魚有鳳	나은懶隱	이동표李東標	낙파洛坡	유후조柳厚祚
기원杞園	조희연趙義淵	나은懶隱	이의봉李義鳳		인성印性
기원淇園	이용희李容熙	나은懶隱	이현량李玄亮	낙파駱坡	이경윤李慶胤
기원綺園	유한지兪漢芝	나은蘿隱	여성거呂聖擧	낙포樂圃	유여대劉如大
기은杞隱	이이순李頤淳	나재懶齋	송유식宋儒式	낙포洛圃	김사형金士衡
기은機隱	정지경鄭之經	나재懶齋	신열도申悅道	낙하洛下	이학규李學逵
기은耆隱	박문수朴文秀	나재懶齋	이정정李廷楨	낙하생洛下生	이학규李學逵
기은棄隱	기의헌奇義獻	나재懶齋	채수蔡壽	낙한재樂閑齋	윤자운尹子雲
기재企齋	신광한申光漢	나절로	우승규禹昇圭	난계蘭契	김득배金得培
기재奇齋	권용權容	나졸재懶拙齋	이산두李山斗	난계蘭契	박연朴堧
기재寄齋	박동량朴東亮	나진懶眞	이호신李好信	난계蘭契	함부림咸傅霖
기재幾齋	안처순安處順	나헌懦軒	박황朴潢	난고蘭皐	이형욱李馨郁
기재棄齋	유언민兪彦民	나헌懶軒	김전金詮	난고蘭皐	장선충張善冲
기재耆齋	강여호姜汝㦿	나헌懶軒	신준申浚	난곡蘭谷	강서姜緖
기주棋洲	정치화鄭致和	나헌懶軒	윤상로尹瀁老	난곡蘭谷	김시걸金時傑
기주碁洲	나성두羅星斗	낙건정樂健亭	김동필金東弼	난곡蘭谷	김응섭金應燮
기주箕疇	정민병鄭民秉	낙계樂溪	김덕진金德鎭	난곡蘭谷	소승규蘇昇奎

호號	성 명	호號	성 명	호號	성 명
난곡蘭谷	송민고宋民古	남곽南郭	박동열朴東說	남촌南村	이공수李公遂
난곡蘭谷	이건방李建芳	남곽南郭	이호민李好閔	남파南坡	김천택金天澤
난곡蘭谷	정길鄭佶	남궁외사南宮外史	이식李植	남파南坡	박찬익朴贊翊
난곡蘭谷	정선鄭歚	남농南農	허건許楗	남파南坡	설진영薛鎭永
난도인蘭道人	김응섭金應燮	남당南堂	이준경李浚慶	남파南坡	심열沈悅
난생蘭生	방의용方義鏞	남당南塘	권상구權尙矩	남파南坡	안유신安由愼
난석蘭石	방의용方義鏞	남당南塘	한원진韓元震	남파南坡	오문환吳文煥
난석蘭石	박은혜朴恩惠	남록南麓	권규權珪	남파南坡	이남식李南軾
난석蘭石	박창수朴昌壽	남록南麓	유희서柳熙緖	남파南坡	정광적鄭光績
난설헌蘭雪軒	허난설헌許蘭雪軒	남록南麓	이석표李錫杓	남하南霞	이면구李勉求
난실蘭室	유장환兪章煥	남리南里	김두량金斗樑	남호南湖	변협邊協
난와難窩	오계수吳繼洙	남명南冥	조식曺植	남호南湖	영기永奇
난재蘭齋	김보현金輔鉉	남봉南峯	김질충金質忠	남호南湖	정지상鄭知常
난재蘭齋	남응운南應雲	남봉南峯	김홍도金弘道	낭간琅玕	유성원柳誠源
난재蘭齋	조명채曹命采	남봉南峰	김치金緻	낭간浪玕	죽향竹香
난파蘭坡	이거인李居仁	남봉南峰	정지연鄭芝衍	낭간거사琅玕居士	김기서金箕書
난포蘭圃	강문형姜文馨	남봉南鳳	김남중金南中	낭간거사琅玕居士	안평대군安平大君
남간南磵	나응서羅應瑞	남산南山	정찬鄭瓚	낭곡浪谷	김양기金良驥
남간南磵	나해봉羅海鳳	남석南石	변지순卞持淳	낭곡浪谷	최석환崔奭煥
남간南磵	목행선睦行善	남석南石	안수길安壽吉	낭산郎山	김준연金俊淵
남강南岡	김첨金瞻	남악南岳	권희權憘	낭선浪仙	어무적魚無迹
남강南岡	윤지화尹志和	남악南岳	오여벌吳汝橃	낭암郎巖	시연示演
남강南岡	이승훈李昇薰	남악南岳	윤승길尹承吉	낭옹浪翁	김성기金聖基
남강南岡	최응崔顒	남악南岳	조종저趙宗著	낭청浪淸	박재규朴在奎
남강南岡	한준韓準	남악南岳	최개국崔蓋國	낭환蜋丸	신광현申光絢
남강南岡	현찬봉玄燦鳳	남악南岳	태우泰宇	내남乃南	박희범朴喜範
남강南崗	신정백申正栢	남악南嶽	김복일金復一	내봉萊峯	김홍도金弘度
남계柟溪	이중무李重茂	남악주인南岳主人	최남선崔南善	내산奈山	이현규李鉉圭
남계濫溪	임희무林希茂	남애南厓	권이중權履中	내숙迺叔	손영각孫永珏
남계南溪	강응철姜應哲	남애南厓	권적權適	내암來菴	정인홍鄭仁弘
남계南溪	노석빈盧碩賓	남애南厓	성언집成彦檝	내암耐菴	정사웅鄭士雄
남계南溪	박세채朴世采	남애南厓	윤동도尹東度	내욱거사耐辱居士	정현鄭礥
남계南溪	이길李洁	남애南厓	성락成洛	내원萊原	김교준金敎準
남계南溪	이보李輔	남애南厓	심집沈諿	내재耐齋	박사수朴師洙
남계南溪	이형원李亨元	남애南厓	정휘량鄭翬良	내촌耐村	강홍립姜弘立
남계南溪	조정호趙廷虎	남애南崖	안춘근安春根	내헌耐軒	박사수朴師洙
남계藍溪	박이문朴而文	남양南陽	백분화白賁華	내헌耐軒	이재영李在永
남계藍溪	표연말表沿沫	남옥藍玉	표경조表景祚	냉천冷泉	박종여朴宗輿
남고南皐	김련상金象鍊	남운南雲	이홍직李弘稙	노가재老歌齋	김수장金壽長
남고南皐	양정빈楊廷彬	남은南隱	여중룡呂中龍	노가재老稼齋	김창업金昌業
남고南皐	윤규범尹圭範	남음濫陰	강린姜繗	노강蘆江	조명리趙明履
남고南皐	이지용李志容	남일南逸	박응남朴應男	노계蘆溪	박인로朴仁老
남고南皐	정병하鄭秉夏	남저南樗	이우식李祐植	노계蘆溪	안우安遇
남고南皐	주세붕周世鵬	남전藍田	왕득인王得仁	노곡老谷	유동수柳東秀
남곡南谷	권상길權尙吉	남정南亭	이견기李堅基	노곡蘆谷	정윤목鄭允穆
남곡南谷	권해權瑎	남정南庭	주석균	노곡魯谷	김귀희金貴希
남곡南谷	송근수宋近洙	남정南庭	한광조韓光肇	노과老果	김정희金正喜
남곡蘭谷	이시해李時楷	남정嵐亭	김시창金始昌	노당蘆堂	심덕부沈德符
남곡蘭谷	이정李程	남주南洲	조승기趙承基	노당露堂	추적秋適
남곡蘭谷	이진형李鎭衡	남창南倉	손진태孫晉泰	노동蘆洞	임운林云
남곡蘭谷	이후李垕	남창南窓	김현성金玄成	노백헌老柏軒	정재규鄭載圭
남곡蘭谷	임한백任翰伯	남천南川	권두문權斗文	노봉老峯	민정중閔鼎重
남곡蘭谷	정지화鄭知和	남천南川	석희박石希璞	노봉老峰	김극기金克己
남곡蘭谷	주의식朱義植	남촌南村	박린朴璘	노봉蘆峯	김정金淨
남곡嵐谷	이정은李貞恩	남촌南村	송이석宋履錫	노봉蘆峰	신기선申箕善
남곡둔옹南谷遯翁	권상길權尙吉	남촌南村	이거李蘧	노사魯沙	기정진奇正鎭

호號	성 명	호號	성 명	호號	성 명
노산魯山	유원동劉元東	녹촌籠邨	안기安岐	눌재訥齋	이충건李忠楗
노산魯山	이영서李永瑞	농계聾溪	이수언李秀彦	눌재訥齋	이태연李泰淵
노산鷺山	이은상李殷相	농고農臯	최세윤崔世允	눌재訥齋	장항張沆
노서魯西	윤선거尹宣擧	농산農山	신득구申得求	눌헌訥軒	서성구徐聖耈
노송정老松亭	정지년鄭知年	농수聾叟	김상일金相日	눌헌訥軒	이사균李思鈞
노암魯庵	김연金演	농수農叟	최천익崔天翼	늘봄	전영택田榮澤
노암魯庵	김종일金宗一	농암籠巖	김주金澍	능고能臯	박신경朴申慶
노애蘆厓	유도원柳道源	농암聾巖	심지명沈之溟	능천綾泉	여대익呂大翊
노연魯淵	심광수沈光洙	농암聾巖	유의손柳義孫	능허凌虛	박민朴敏
노와魯窩	강필로姜必魯	농암聾巖	이현보李賢輔	능허凌虛	의눌義訥
노우魯宇	정충필鄭忠弼	농암聾菴	유수원柳壽垣	능호菱湖	강상국姜祥國
노은老耘	윤동절尹東哲	농옹聾翁	김창협金昌協	능호관凌壺觀	이인상李麟祥
노운헌老雲軒	성천주成天柱	농와聾窩	이해李瀣	늦봄	문익환文益煥
노은老隱	김경유金景游	농운農雲	이언순李彦淳		
노은老隱	임적任適	농은農隱	민치홍閔致鴻		
노작露雀	홍사용洪思容	농은農隱	민안부閔安富		
노잠魯岑	손여두孫汝斗	농은農隱	이엽李爆	**ㄷ**	
노저鷺渚	이양원李陽元	농은農隱	이의만李宜晩		
노정蘆汀	김재철金在喆	농은農隱	조원길趙元吉		
노정蘆汀	손동욱孫東頊	농장인農丈人	김정희金正喜	다각茶角	정극인丁克仁
노주老洲	오희상吳熙常	농재聾齋	오빈吳翻	다사茶史	서당보徐堂輔
노주老洲	김태일金兌一	농재聾齋	이언괄李彦适	다산茶山	목대흠睦大欽
노주鷺洲	박사익朴師益	농재農齋	이익李翊	다산茶山	정약용丁若鏞
노주鷺洲	이곽李漍	농중자籠中子	최산두崔山斗	다석多夕	유영모柳永模
노죽露竹	강세황姜世晃	농포農圃	정문부鄭文孚	다옥茶玉	한규직韓圭稷
노천老泉	방윤명方允明	농포農圃	정상기鄭尙驥	다의당多義堂	채귀하蔡貴河
노초老樵	이송李淞	농포자農圃子	임익빈林益彬	다포茶圃	이지화李之華
노촌老村	이약동李約東	농헌農軒	남도진南道振	다헌茶軒	정극인丁克仁
노촌老村	임상덕林象德	농환재弄丸齋	유호인兪好仁	다형茶兄	김현승金顯承
노치老痴	허련許鍊	뇌계㵢溪	손여제孫汝濟	단계丹溪	김영면金永冕
노파盧坡	이흘李忔	뇌고磊臯	안극가安克家	단계丹溪	하위지河緯地
노포老圃	김정오金定五	뇌묵雷黙	처영處英	단계端磎	김인섭金麟燮
노포老圃	박광석朴光錫	뇌봉雷峯	지덕해池德海	단고丹皐	조중헌趙重憲
노포老圃	백시원白時源	뇌서磊棲	김병욱金炳昱	단곡丹谷	곽진郭瑨
노포老圃	이인소李寅熽	뇌연雷淵	남유용南有容	단곡檀谷	김해일金海一
노포老圃	이휘지李徽之	뇌진자懶眞子	이준李準	단구丹邱	김홍도金弘道
노포老圃	정면규鄭冕奎	뇌진재懶進齋	이집李㙫	단로丹老	조희룡趙熙龍
노포老圃	조명정趙明鼎	뇌천雷川	김부식金富軾	단릉丹陵	이윤영李胤永
노포老圃	홍호인洪好人	뇌허雷虛	김동화金東華	단릉산인丹陵散人	이윤영李胤永
노포蘆浦	안준安俊	뇌헌磊軒	장헌문蔣憲文	단사檀史	최해崔海
노포당老圃堂	유순柳洵	누실陋室	유상운柳尚運	단생丹生	신채호申采浩
노헌蘆軒	김윤충金允忠	누실陋室	이중연李重延	단암丹巖	민진원閔鎮遠
노헌魯軒	권응생權應生	누암陋菴	심지택沈之澤	단암丹巖	우탁禹倬
노헌魯軒	김상현金尚鉉	눈솔	정인섭鄭寅燮	단암丹庵	이태화李泰和
녹균綠筠	이문량李文樑	눌암訥庵	박지서朴旨瑞	단암檀菴	이용태李容兌
녹담거사鹿潭居士	장한철張漢喆	눌암訥庵	송세림宋世琳	단애丹崖	남두민南斗旻
녹리角里	고성겸高聖謙	눌암訥菴	김찬金瓚	단애丹崖	이경중李敬中
녹문鹿門	임성주任聖周	눌와訥窩	이약렬李若烈	단애丹崖	박세견朴世堅
녹문鹿門	조위봉趙威鳳	눌은訥隱	이광정李光庭	단애端厓	강용구姜鎔求
녹소籠巢	이희보李熙輔	눌인訥人	김환태金煥泰	단야檀野	정용기鄭鏞基
녹암鹿庵	권철신權哲身	눌인訥人	조광진曺匡振	단오丹吾	엄호嚴浩
녹야鹿野	김윤덕金允德	눌재訥齋	박상朴祥	단운檀雲	김홍도金弘道
녹옹鹿翁	조현명趙顯命	눌재訥齋	박세후朴世煦	단원檀園	김홍도金弘道
녹천鹿川	고광수高光洙	눌재訥齋	박증영朴增榮	단은檀隱	윤영시尹榮始
녹천鹿川	이유李濡	눌재訥齋	송석충宋碩忠	단재丹齋	신채호申采浩
녹촌鹿村	최후윤崔後胤	눌재訥齋	양성지梁誠之	단주旦洲	유림柳林
				단파檀波	사문師文

호號	성 명	호號	성 명	호號	성 명
단포丹圃	조희진趙希進	대원大圓	장경호張敬浩	도암道庵	인정印定
단하산인檀下山人	이유립李裕岦	대은大隱	낭오郞旿	도암道岩	김원만金元萬
단학동인檀鶴洞人	이유립李裕岦	대은大隱	변안열邊安烈	도암陶庵	유한이兪漢人
달산達山	장보지張補之	대은大隱	이봉수李鳳秀	도암陶庵	이경광李絅光
달서재達西齋	채선수蔡先修	대은大隱	홍택주洪宅疇	도암陶菴	이재李縡
달천達川	윤선각尹先覺	대응大應	탄종坦鍾	도애陶厓	홍석모洪錫謨
담산澹山	안규홍安圭洪	대재大齋	유언집兪彦鏶	도연道衍	원정元禎
담산澹山	하우식河祐植	대전大田	이보흠李甫欽	도연陶淵	김시온金是榲
담암淡巖	백문절白文節	대종사大宗師	박중빈朴重彬	도오陶塢	박충원朴忠源
담암淡庵	백문보白文寶	대천大川	조경환曺京煥	도와陶窩	박선朴璿
담연湛然	최종건崔鍾建	대치大癡	유홍기劉鴻基	도와陶窩	박선朴璿
담옹澹翁	박창원朴昌元	대치大致	유홍기劉鴻基	도와陶雲	이진망李眞望
담운澹雲	조명교曺命教	대탄자大灘子	정백창鄭百昌	도원桃園	유형兪炯
담원薝園	정인보鄭寅普	대하재大瑕齋	김경근金景謹	도원桃源	이말동李末仝
담은당湛恩堂	능원대군陵原大君	대향大鄕	이중섭李仲燮	도원道園	김홍집金弘集
담인淡人	최정희崔貞熙	대호大瓠	박로朴로	도원陶原	조헌趙憲
담인澹人	신좌모申佐模	대혼자大昏子	김대희金大熙	도원재道源齋	박세희朴世熹
담재湛齋	김인후金麟厚	대혼자大昏子	무기無己	도은道隱	송양전宋養銓
담재澹齋	임응준任應準	덕계德溪	오건吳健	도은陶隱	이숭인李崇仁
담정薝庭	김려金鑢	덕곡德谷	조승숙趙承肅	도재陶齋	윤흔尹昕
담정澹亭	남태제南泰齊	덕봉德峯	이진택李鎭宅	도천道川	박이장朴而章
담졸澹拙	강희언姜熙彦	덕숭德崇	이덕진李德珍	도천道川	조명리趙明履
담졸당擔拙堂	김웅환金應煥	덕암德巖	이석경李碩慶	도천道川	한필원韓必遠
담해湛海	덕기德基	덕암德巖	이웅거李膺擧	도천陶泉	도상봉都相鳳
담헌淡軒	이성우李盛雨	덕옹德翁	상득용尙得容	도촌島村	박노갑朴魯甲
담헌澹軒	이하곤李夏坤	덕은德隱	박운수朴雲壽	도촌桃村	이교李嶠
담헌澹軒	하우선河禹善	덕은德隱	여대표呂大驃	도촌道村	강홍중姜弘重
담화재澹華齋	이윤영李胤永	덕재德齋	강기덕康基德	도촌道村	김인항金仁恒
당계棠溪	김광우金光遇	덕재德齋	신천申蒇	도촌道村	이훤李蕙
당계棠溪	김화준金華俊	덕천悳泉	성기운成璣運	도촌陶村	민유경閔有慶
당남塘南	최팔용崔八鏞	덕촌德村	양득중梁得中	도촌陶村	정유성鄭維城
당림棠林	윤동로尹東老	덕촌德村	최회정崔希汀	도탄桃灘	변사정邊士貞
당사棠沙	민여경閔汝慶	덕포德浦	윤진尹搢	도풍稻風	서진달徐鎭達
당산唐山	이민실李敏實	덕홍德泓	심수택沈守澤	도헌道憲	지선智詵
당암戇菴	강익문姜翼文	도계道溪	권세숙權世橚	도헌道軒	이대직李大稙
당옹戇翁	이서李舒	도계道溪	유심柳淰	도헌陶軒	유우잠柳友潛
당헌戇軒	서매수徐邁修	도계陶溪	김상성金尙星	도화유수관주인	이옥李鈺
당헌棠軒	김붕준金朋濬	도계陶溪	원홍규元弘圭	桃花流水館主人	
대계大溪	이승희李承熙	도계陶溪	이양원李養源		
대곡大谷	성운成運	도곡道谷	양응춘梁應春	독곡獨谷	성석린成石璘
대관재大觀齋	심의沈義	도곡道谷	조완기趙完基	독곡獨谷	정명세鄭名世
대련大蓮	일형日馨	도곡道谷	조주趙注	독송獨松	신잠申碟
대명거사大明居士	이희량李希良	도곡陶谷	박종우朴宗祐	독송獨松	유석증兪昔曾
대몽大夢	남선南銑	도곡陶谷	이의현李宜顯	독송정獨松亭	김개金鎧
대몽大夢	최남선崔南善	도곡陶谷	이필중李必重	독수와獨樹窩	진권삼
대봉大峰	양희지楊熙止	도곡陶谷	한술韓術	독암獨庵	조종경趙宗敬
대산大山	이상정李象靖	도남道南	조윤제趙潤濟	독재獨齋	신거관愼居寬
대산對山	강진姜溍	도봉道峯	송양전宋養銓	독좌와獨坐窩	김광악金光岳
대산臺山	김매순金邁淳	도봉道峰	공학원孔學源	독헌獨軒	권집權緝
대산臺山	이합李柙	도산島山	신태식申泰植	돈봉遯峯	김녕金寧
대소헌大笑軒	조종도趙宗道	도산島山	안창호安昌浩	돈암敦巖	박종경朴宗慶
대암大菴	박성휘朴性惲	도산島山	이동안安東安	돈암遯庵	남하행南夏行
대연垈淵	이면백李勉伯	도산韜山	안재건安載健	돈암遯庵	서한정徐翰廷
대용재大勇齋	철종哲宗	도수陶叟	이황李滉	돈암遯庵	이직보李直輔
대운大雲	우평宇平	도암韜庵	오회길吳希吉	돈암遯菴	민신閔伸
대원大圓	무외無外	도암桃巖	오수영吳守盈	돈암遯菴	선우협鮮于浹
				돈암遯菴	윤사석尹師晳

호號	성 명	호號	성 명	호號	성 명
돈와遯窩	신후담慎後聃	동곽산인東郭散人	김수흥金壽興	동소桐巢	남하정南夏正
돈와遯窩	양종해楊宗楷	동곽자東郭子	박찬朴璨	동아東啞	이규채李圭彩
돈와遯窩	이만손李晩孫	동교東喬	민태식閔泰植	동악東岳	노선경盧善卿
돈와遯窩	임수간任守幹	동구東邱	이준형李濬衡	동악東岳	이안눌李安訥
돈우당遯愚堂	박정설朴廷薛	동기東騎	이경순李敬純	동안거거사動安居士	이승휴李承休
돈재敦齋	유상대柳相大	동농東濃	이해조李海朝	동암東岩	차이석車利錫
돈재遯齋	성세창成世昌	동농東農	김가진金嘉鎭	동암東巖	권성오權省吾
돈재遯齋	오연吳演	동담東潭	한교韓嶠	동암東巖	오단吳端
돈재遯齋	조상본趙常本	동대東臺	최선문崔善門	동암東巖	이발李潑
돈촌遯村	김만중金萬重	동둔東芚	이유상李有相	동암東巖	이영도李詠道
돈학遯壑	송경원宋慶元	동락東洛	홍호洪鎬	동암東巖	정환직鄭煥直
돈헌遯軒	이홍유李弘有	동랑冬郞	한치원韓致元	동암東庵	함제건咸悌健
돈헌遯軒	임병찬林秉瓚	동랑東朗	유치진柳致眞	동암東庵	이진李瑱
돈호遯湖	양만고楊萬古	동량東梁	최계옹崔啓翁	동암東菴	서상일徐相日
돈후재敦厚齋	조원기趙元紀	동량東梁	최항崔恒	동암東菴	장효근張孝根
동각東閣	이정형李廷馨	동련東蓮	이헌영李憲永	동암桐巖	심희순沈熙淳
동강東岡	김우옹金宇顒	동리東蘿	김윤안金允安	동애東厓	이시만李蓍晚
동강東岡	김첨金瞻	동리東里	김조金照	동애東厓	이협李浹
동강東岡	김첨경金添慶	동리東里	윤옥尹玉	동야東埜	김양근金養根
동강東岡	남언경南彦經	동리東里	이달李達	동헌申櫶	신헌申櫶
동강東岡	조상우趙相愚	동리東里	이오수李五秀	동양東陽	임최수林最洙
동강東江	김영한金英漢	동리東里	이은상李殷相	동양桐陽	이상황李相璜
동강東江	신익전申翊全	동리東里	정세규鄭世規	동어桐漁	김득복金得福
동강東江	여이징呂爾徵	동리東里	정수민鄭秀民	동업東广	안태국安泰國
동강東江	이석규李錫奎	동리桐里	신재효申在孝	동오東吾	김득상金得祥
동강桐崗	고광훈高光薰	동리산인東蘿散人	김정후金靜厚	동오東塢	유형진柳衡鎭
동강桐岡	이의경李毅敬	동림東林	김광혁金光爀	동와東窩	정세미鄭世美
동강桐江	엄성嚴惺	동림東林	최윤식崔允植	동우東愚	이탁李鐸
동계東溪	권도權濤	동명東溟	김세렴金世濂	동우東禹	이탁李鐸
동계東溪	김준업金峻業	동명東溟	김을한金乙漢	동운東芸	이중화李重華
동계東溪	박만정朴萬鼎	동명東溟	정두경鄭斗卿	동운東雲	최규남崔奎南
동계東溪	박은춘朴殷春	동무東武	이제마李濟馬	동원東園	김귀영金貴榮
동계東溪	박춘장朴春長	동방일사東方一士	송영선宋秉璿	동원東園	김홍복金洪福
동계東溪	박태순朴泰淳	동방일사東方一士	이덕무李德懋	동원東園	김홍배金興培
동계東溪	우복룡禹伏龍	동백東栢	천병규千炳圭	동원東園	이일李一
동계東溪	이영보李英輔	동범東凡	신해영申海永	동원東園	정호선丁好善
동계東溪	이운룡李雲龍	동병東屛	이세태李世泰	동원桐源	서명선徐命善
동계東溪	이지화李之華	동봉東峯	욱일旭日	동은峒隱	이의건李義健
동계東溪	정희렴鄭希濂	동봉東峰	김시습金時習	동은東隱	김용완金容完
동계東溪	조형도趙亨道	동비야인東鄙野人	이기룡李起龍	동은東隱	유승겸兪承兼
동계東溪	최응립崔應立	동빈東濱	권호윤權豪胤	동은東隱	이중언李中彦
동계桐溪	권달수權達手	동빈東濱	김상기金庠基	동이同異	이척연李惕然
동계桐溪	정온鄭蘊	동사東沙	오정위吳挺緯	동재東齋	박기년朴耆年
동고東皐	강신姜紳	동사東沙	이성구李聖求	동전잠사東田潛士	이중균李中均
동고東皐	권중화權仲和	동산東山	권극량權克亮	동정東亭	염흥방廉興邦
동고東皐	박이서朴彝敍	동산東山	유인식柳寅植	동정東庭	박세림朴世霖
동고東皐	이명李蓂	동산東山	윤지완尹趾完	동정東亭	윤소종尹紹宗
동고東皐	이수록李綏祿	동산東山	이종건李鍾乾	동주東洲	배정현裵廷鉉
동고東皐	이준경李浚慶	동산東山	조성한趙晟漢	동주東洲	이민구李敏求
동고東皐	이후여李厚輿	동산東山	최전崔顓	동진東津	이로李輅
동고東皐	이희검李希儉	동산東山	혜일慧日	동창東倉	원충희元忠喜
동고東皐	최립崔岦	동산수東山叟	최자滋	동창東滄	원충희元忠喜
동곡東谷	권우權堣	동상東湘	허전동許震童	동천東川	신팔균申八均
동곡東谷	김홍운金鴻運	동선東宣	정의淨義	동천東川	이상길李尚吉
동곡東谷	이경기李慶祺	동성東惺	한세진韓世鎭	동천東川	이충범李忠範
동곡桐谷	이조李晁	동소桐巢	김중하金重夏	동천東泉	김식金湜

호號	성 명	호號	성 명	호號	성 명
동천桐泉	이계조李啓朝	둔옹屯翁	유공량柳公亮	만암滿庵	민영기閔泳綺
동초東樵	이우익李愚益	둔재鈍齋	김광철金光轍	만오晩悟	김관식金冠植
동초東樵	최찬식崔瓚植	둔재鈍齋	김창회金昌熙	만오晩悟	박경후朴慶後
동초東超	김연수金演洙	屯政鈍靜	윤석래尹錫來	만오晩悟	방원진房元震
동촌東村	김시국金蓍國	둔촌屯村	민유중閔維重	만오晩悟	신달도申達道
동촌東村	유대춘柳帶春	둔촌遁村	이집李集	만오晩悟	오명후吳命厚
동촌東村	정유악鄭維嶽	둔촌遁村	조문형趙門衡	만오晩悟	이강李堈
동춘당東春堂	송준길宋浚吉	득양자得陽子	한무외韓無畏	만오晩悟	이격李格
동토童土	윤순거尹舜擧	득통得通	기화己和	만오晩悟	정장鄭樟
동포東圃	김시민金時敏	등곡燈谷	학조學祖	만오晩悟	정태성鄭泰星
동포東圃	이유명李惟命	등암藤庵	배상룡裵尙龍	만오晩悟	한용구韓用龜
동포東圃	이척연李惕然			만오晩悟	홍진洪震
동포東浦	조윤대曺允大			만옹慢翁	신감申鑑
동호東湖	문덕교文德教			만옹晩翁	최기남崔起南
동호東湖	변영청邊永清			만옹漫翁	윤순尹淳
동호東湖	윤일선尹日善			만옹漫翁	이정기李廷機
동호東湖	윤자학尹滋學			만와晩窩	이이순李頤淳
동호東湖	이소李서		ㅁ	만우卍雨	만우萬雨
동회거사東淮居士	신익성申翊聖	마애磨崖	권예權輗	만우晩愚	조홍제趙洪濟
두계斗溪	이병도李丙燾	마재磨齋	이총李灇	만우晩牛	박영준朴榮濬
두계杜桂	이병도李丙燾	만각재晩覺齋	이동급李東汲	만우晩雨	송창근宋昌根
두계荳溪	박종훈朴宗薰	만곡晩谷	최기남崔起南	만운晩雲	오윤해吳允諧
두곡杜谷	고응척高應陟	만공滿空	월면月面	만운晩雲	정충신鄭忠信
두곡杜谷	이경용李景容	만구와晩求窩	김진구金鎭龜	만은晩隱	김진호金鎭祜
두곡杜谷	이권李勸	만기晩歸	조수륜趙守倫	만은晩隱	김휘金徽
두곡杜谷	장선징張善澂	만롱晩聾	유협기柳協基	만은晩隱	이관李灌
두곡杜谷	조계생趙啓生	만륙晩六	최양崔瀁	만은漫隱	한은韓㺬
두곡豆谷	최선복崔善復	만명헌晩命軒	박성옥朴成玉	만이천봉주인	김규진金圭鎭
두기杜機	최성대崔成大	만모晩慕	정기안鄭基安	萬二千峰主人	
두당杜堂	전기田琦	만묵당晩黙堂	이경무李景茂	만재晩齋	김세균金世均
두륜頭輪	청성清性	만문재晩聞齋	이인행李仁行	만전晩全	기자헌奇自獻
두륜산인구계	각안覺岸	만보당晩保堂	김수동金壽童	만절당晩節堂	박원형朴元亨
頭輪山人九階		만보정晩葆亭	박명원朴明源	만정晩汀	김소희金素姬
두봉斗峯	이병성李炳星	만봉晩峰	박종유朴宗儒	만정晩靜	서종태徐宗泰
두봉斗峯	이지완李志完	만사晩沙	서경우徐景雨	만주晩洲	권이복權以復
두봉斗峰	조원환曺元煥	만사晩沙	심우승沈友勝	만주晩洲	정창주鄭昌胄
두산斗山	이동명李東明	만사晩沙	심지원沈之源	만죽萬竹	서익徐益
두실斗室	심상규沈象奎	만사晩沙	이경의李景義	만죽헌萬竹軒	서익徐益
두암蠹庵	모달겸牟達兼	만사晩沙	이경함李慶涵	만죽헌萬竹軒	정현鄭礥
두암斗巖	김응남金應南	만사晩沙	이급李伋	만천蔓川	이승훈李承薰
두암斗巖	조방趙坊	만사晩沙	이돈서李惇敍	만촌晩村	박종희朴宗喜
두암斗庵	김약련金若鍊	만사晩沙	정창주鄭昌胄	만촌晩村	유복명柳復明
두암杜菴	심민겸沈敏謙	만성晩醒	이경증李景曾	만취晩翠	김위金偉
두암竇庵	이기옥李璣玉	만성정晩醒亭	정태성鄭泰成	만취晩翠	나무송羅茂松
두암豆菴	이돈화李敦化	만세晩歲	노흠盧欽	만취晩翠	방한상方漢相
두일당逗日堂	목첨睦詹	만송晩松	유병헌劉秉憲	만취晩翠	성하식成夏植
두천斗川	이위李暐	만송晩松	이기봉李起鵬	만취晩翠	오억령吳億齡
두포杜浦	윤지선尹趾善	만송강萬松岡	강희맹姜希孟	만취晩翠	조수趙須
두항거사斗巷居士	이수인李樹仁	만송당萬松堂	이인경李寅卿	만취당晩翠堂	권율權慄
두호斗湖	정시윤丁時潤	만수晩修	유겸명柳謙明	만취당晩翠堂	김개국金蓋國
둔곡遁谷	김수현金壽賢	만수晩穗	김정준金正俊	만취당晩翠堂	김맹권金孟權
둔곡遁谷	이진병李震炳	만수晩叟	양응락梁應洛	만취당晩翠堂	김사원金士元
둔암鈍菴	송병규宋柄奎	만안당晩安堂	이후정李后定	만취당晩翠堂	박영석朴永錫
둔암屯庵	신방申昉	만암晩庵	이상진李尙眞	만치당萬痴堂	김수남金秀南
둔암屯庵	심광언沈光彦	만암晩菴	유봉휘柳鳳輝	만퇴헌晩退軒	김중청金中清
둔오屯塢	임종칠林宗七	만암曼庵	종헌宗憲	만퇴헌晩退軒	신응구申應榘

호號	성 명	호號	성 명	호號	성 명
만포晩圃	박근효朴根孝	매곡梅谷	성지행成至行	면곡綿谷	어변갑魚變甲
만포晩圃	심환지沈煥之	매곡梅谷	조지운趙之耘	면소芇巢	이도영李道榮
만하晩霞	김상로金尙魯	매변梅邊	성직成稷	면암勉菴	최익현崔益鉉
만하晩霞	윤유尹游	매사梅史	이옥李鈺	면앙정俛仰亭	송순宋純
만학晩學	김용배金龍培	매사梅士	안건영安健榮	면와眠窩	소동도蘇東道
만학당晩學堂	배상유裵尙瑜	매산梅山	김양선金良善	면우俛宇	곽종석郭鍾錫
만한晩閑	조수익趙壽益	매산梅山	유후조柳厚祚	면재勉齋	손조서孫兆瑞
만해卍海	한용운韓龍雲	매산梅山	이하진李夏鎭	면재勉齋	정을보鄭乙輔
만해萬海	한용운韓龍雲	매산梅山	정중기鄭重器	면진재勉進齋	금응훈琴應壎
만향晩香	김두명金斗明	매산梅山	홍직필洪直弼	면호眠湖	김시번金始蕃
만향晩香	정홍래鄭弘來	매서梅墅	강종경姜宗慶	명경明鏡	박수일朴秀一
만허滿虛	경화慶華	매수梅叟	조희룡趙熙龍	명계明溪	정호의鄭호義
만헌晩軒	정염丁焰	매암梅巖	이숙량李叔樑	명고鳴皐	서형수徐瀅修
만호晩湖	홍진洪震	매암梅庵	이성국李誠國	명고鳴皐	이계李烓
만화萬化	관준寬俊	매암梅庵	이옥李鈺	명고鳴皐	임전任錪
만화萬化	원오圓悟	매옹梅翁	박양한朴亮漢	명고鳴皐	정간鄭幹
만화당晩華堂	유진한柳振漢	매와梅窩	노순盧錞	명고鳴皐	민응협閔應協
만회晩悔	권득기權得己	매운당梅雲堂	이조년李兆年	명곡明谷	구음具崟
만회晩悔	김건수金建銖	매원梅園	서기순徐基淳	명곡明谷	오희도吳希道
만회晩悔	엄집嚴緝	매월당梅月堂	김시습金時習	명곡明谷	최석정崔錫鼎
만회晩悔	우여도禹汝度	매월송풍梅月松風	김민순金敏淳	명곡鳴谷	이산보李山甫
만회晩悔	이유겸李有謙	매은梅隱	조지운趙之耘	명발와明發窩	신이의愼爾儀
만회晩悔	조사석趙師錫	매은당梅隱堂	박동명朴東命	명산明山	김응생金應生
만회晩晦	윤석래尹錫來	매죽당梅竹堂	김종金宗	명성당明誠堂	광평대군廣平大君
만회晩晦	이필영李必榮	매죽당梅竹堂	정승훈鄭承勳	명신당明新堂	이보李溥
만회晩晦	장경우張慶遇	매죽헌梅竹軒	성삼문成三問	명암明巖	이중李中
만회당晩悔堂	신학申㴐	매죽헌梅竹軒	안평대군安平大君	명암銘巖	서식徐湜
만회당萬悔堂	이대직李大稙	매죽헌梅竹軒	이완李浣	명암鳴巖	이해조李海朝
만휴晩休	조사석趙師錫	매창梅牎	이성윤李誠胤	명암鳴巖	조영출趙靈出
만휴萬休	임유후任有後	매창梅窓	금산군錦山君	명재命齋	이탁李鐸
만휴萬休	자흔自欣	매창梅窓	매창梅窓	명재明齋	윤증尹拯
만휴당晩休堂	김수창金壽昌	매창梅窓	정사신鄭士信	명적明寂	도의道義
만휴당晩休堂	김약로金若魯	매창梅窓	조지운趙之耘	명진冥眞	수일守一
만휴당萬休堂	박태상朴泰尙	매창梅窓	최세절崔細節	명진明眞	유상근兪尙根
만휴정晩休亭	유명웅兪命雄	매천梅川	신희복愼希復	명촌明村	나양좌羅良佐
만회晩羲	양진영梁進永	매촌梅村	문홍운文弘運	명탄明灘	성규헌成揆憲
망기당忘機堂	조한보曺漢輔	매촌梅村	윤박尹博	모거재慕遽齋	이만선李萬選
망기정忘機亭	유봉柳峯	매하梅下	김근배金根培	모계慕溪	조강趙綱
망암望庵	김수증金守曾	매하산인梅下山人	최영년崔永年	모계茅溪	문위文緯
망암望庵	변이중邊以中	매헌梅軒	곽수강郭壽岡	모기재慕箕齋	김필金珌
망양초望洋草	김명순金明淳	매헌梅軒	권우權遇	모남慕南	이상오李相旿
망와忘窩	김영조金榮祖	매헌梅軒	금보琴輔	모당慕堂	손처눌孫處訥
망우당忘憂堂	곽재우郭再祐	매헌梅軒	나이준羅以俊	모두헌慕杜軒	문홍운文弘運
망우당忘憂堂	임우林祐	매헌梅軒	박응수朴應秀	모산茅山	유명견柳命堅
망일당望日堂	전익회全益禧	매헌梅軒	윤봉길尹奉吉	모산茅山	최기필崔琦弼
망일재望日齋	박근원朴謹元	매헌梅軒	윤정립尹貞立	모산재茅山齋	강민저姜敏著
망천忘川	이고李皐	매헌梅軒	이성李㙮	모석慕石	이극복李克福
망헌忘軒	이주李胄	매헌梅軒	이유석李惟碩	모성당慕醒堂	임세장任世章
매간梅磵	이익상李翊相	매헌梅軒	이인형李仁亨	모악暮嶽	권율權慄
매계梅溪	강호문康好文	매헌梅軒	정기룡鄭起龍	모암慕庵	김극일金克一
매계梅溪	목서흠睦敍欽	매헌梅軒	홍준형洪浚亨	모암慕庵	명광계明光啓
매계梅溪	박사제朴思齊	매호梅湖	조우인曺友仁	모암慕庵	이좌국李佐國
매계梅溪	조위曺偉	매호梅湖	화진陳澕	모암慕菴	오명항吳命恒
매곡梅谷	김시혁金始爀	매화외사梅花外史	이옥李鈺	모암慕菴	최안崔安
매곡梅谷	배숙襄璹	맹암孟巖	김낙용金洛用	모암茅菴	장진張瑱
매곡梅谷	선세강宣世綱	맹암孟巖	김영렬金英烈	모운暮雲	진언震言

호號	성 명	호號	성 명	호號	성 명
모은暮隱	장언침張彥忱	묘응妙應	교웅教雄	무호無號	이한복李漢福
모의당慕義堂	이극복李克福	무경無竟	자수子秀	무호암無號庵	윤필병尹弼秉
모재慕齋	김안국金安國	무곡無谷	윤강尹絳	무화자無化子	보택寶澤
모정慕亭	배대유裵大維	무구옹無求翁	이창정李昌庭	무환無患	박대립朴大立
모정茅亭	구항具恒	무극无極	양주익梁周翊	묵계墨溪	유복립柳復立
모하당慕夏堂	김충선金忠善	무기당无期堂	방유령方有寧	묵계黙溪	김상연金尙延
모헌慕軒	강필신姜必愼	무기옹无己翁	김규진金圭鎭	묵곡墨谷	이계맹李繼孟
모헌慕軒	손덕심孫德沈	무능거사無能居士	이능화李能和	묵공옹黙拱翁	정언황丁彥璜
목계木溪	강혼姜渾	무능수無能叟	복구復丘	묵관黙觀	현익철玄益哲
목곡牧谷	이기진李箕鎭	무돌	김선기金善琪	묵농黙農	이유원李裕元
목남木南	이한직李漢稷	무등산처사無等山處士	은원충殷元忠	묵로墨鷺	이용우李用雨
목불木佛	장운상張雲祥			묵사黙史	유주현
목수木叟	이충건李忠楗	무량無量	이상화李相和	묵산黙山	남기만南基萬
목암木菴	찬영粲英	무량無量	주세붕周世鵬	묵선墨禪	심사정沈師正
목암睦庵	일연一然	무릉도인武陵道人	남연南碩	묵소墨沼	조석명趙錫命
목양牧羊	영안靈眼	무망재无妄齋	권섭權燮	묵소黙所	장유張維
목양牧羊	홍병선洪秉璇	무명옹無命翁	윤기尹愭	묵수黙守	유성운柳成運
목오木塢	유진증兪晉曾	무명자無名子	강백진康伯珍	묵수당黙守當	최유해崔有海
목옹木翁	송선宋瑄	무명재無名齋	조응문趙應文	묵암墨巖	이계맹李繼孟
목우牧牛	백기만白基萬	무민無悶	남자南磁	묵암黙庵	성혼成渾
목우자牧牛子	지눌知訥	무민당无悶堂	남자南磁	묵암黙庵	최눌最訥
목운牧雲	함윤수咸允洙	무민재无憫齋	문취광文就光	묵암黙然	탄연坦然
목은牧隱	이색李穡	무민재无憫齋	이시양李時養	묵암黙菴	권응정權應挺
목천牧川	이종백李宗白	무비無非	조신준曹臣俊	묵암黙菴	목천임睦天任
목춘자牧春子	최치옹崔致翁	무송헌撫松軒	김담金淡	묵암黙菴	신용구申鏞九
몽로夢露	왕학수王學洙	무수옹無愁翁	유최기兪最基	묵암黙菴	이종일李鍾一
몽암夢庵	최규헌崔奎憲	무애无涯	양주동梁柱東	묵암黙菴	정린丁麟
몽암夢菴	유희령柳希齡	무언수無言叟	복구復丘	묵암墨巖	김동필金東弼
몽암夢菴	이숙함李淑瑊	무용無用	수연秀演	묵오黙吾	이명우李明宇
몽암蒙菴	신덕균申德均	무웅無雄	노태준盧泰俊	묵와黙窩	김구명金九鳴
몽암蒙菴	이혼李混	무원茂園	김교헌金敎獻	묵재墨齋	노필盧㻻
몽암거사夢巖居士	권단權㫌	무위無爲	안인安忍	묵재黙齋	김관金瓘
몽암노인夢巖老人	야운野雲	무위당無爲堂	김태기金太基	묵재黙齋	김홍익金弘翼
몽양夢陽	여운형呂運亨	무위당無違堂	박대립朴大立	묵재黙齋	박사회朴士熹
몽어정夢漁亭	서문중徐文重	무위옹無爲翁	이영진李榮鎭	묵재黙齋	박종손朴仲孫
몽오夢梧	김종수金鍾秀	무위자无爲子	곽세건郭世楗	묵재黙齋	신명규申命圭
몽오재夢梧齋	심상정沈尙鼎	무은霧隱	박계봉朴桂鳳	묵재黙齋	오백령吳百齡
몽옹夢翁	이자李耔	무은霧隱	박세증朴世重	묵재黙齋	오익吳翊
몽와夢窩	김창집金昌集	무은霧隱	정지호鄭之虎	묵재黙齋	유엽柳琰
몽월夢月	영홍泳泓	무은재無隱齋	안치택安致宅	묵재黙齋	이귀李貴
몽은夢隱	최철견崔鐵堅	무이재無貳齋	오강표吳剛杓	묵재黙齋	이문건李文楗
몽인夢人	정학교丁學敎	무적옹無適翁	정종로鄭宗魯	묵재黙齋	이심원李深源
몽재蒙齋	이번李燔	무정茂亭	정만조鄭萬朝	묵재黙齋	이화진李華鎭
몽재蒙齋	이안도李安道	무주無住	무염無染	묵재黙齋	정광의鄭光毅
몽중몽인夢中夢人	정학교丁學敎	무주無住	홍호洪鎬	묵재黙齋	이화진李華鎭
몽촌夢村	김수金晬	무준無準	기화己和	묵졸재黙拙齋	김석준金奭準
몽촌夢村	이활李活	무지와無知窩	장사식張師栻	묵지도인墨指道人	김기례金箕澧
몽탄夢灘	이만웅李萬雄	무진無盡	권반權攀	묵천黙泉	김윤겸金允謙
몽학夢鶴	이명하李命夏	무척와無慼窩	노이형盧以亨	묵초黙樵	변치명邊致明
몽학선관주인夢鶴仙館主人	유희강柳熙綱	무첨无忝	정도웅鄭道應	묵포墨逋	김재일金載一
몽향夢鄉	최석채崔錫采	무치생無恥生	박은식朴殷植	묵헌黙軒	민지閔漬
묘각妙覺	수미守眉	무하옹無何翁	박인로朴仁老	묵헌黙軒	봉여해奉汝諧
묘법妙法	보도부인保刀夫人	무하옹無何翁	이원손李元孫	묵헌黙軒	이만운李萬運
묘법妙法	사도부인思道夫人	무학無學	자초自超	묵헌黙軒	정창주鄭昌冑
묘옹卯翁	서경보徐畊輔	무한경루無限景樓	강세황姜世晃	묵헌黙軒	최기남崔奇男
		무항霧巷	원호元昊	묵호墨豪	전충효全忠孝

호號	성 명	호號	성 명	호號	성 명
묵호黙好	이경휘李慶徽	미재美齋	남구만南九萬	방회재放晦齋	최충崔冲
묵호黙好	홍헌洪憲	미천薇川	유경창柳慶昌	배박와坏璞窩	이근원李根元
묵호자黙好子	유몽인柳夢寅	미촌藘村	김원량金元亮	배와坏窩	김상숙金相肅
문곡文谷	김수항金壽恒	미촌美村	윤선거尹宣擧	백각白閣	강현姜鋧
문곡文谷	김평식金平植	미헌眉軒	송상도宋相燾	백강白岡	조경한趙擎韓
문곡文谷	서상천徐相天	미호渼湖	김원행金元行	백강白江	이경여李敬輿
문담文潭	원장元長	미호眉湖	신보균申輔均	백거白蘧	유만주兪萬柱
문도재聞道齋	송기후宋基厚	민세民世	안재홍安在鴻	백곡栢谷	김득신金得臣
문두文斗	성담수成聃壽	민재敏齋	박임상朴琳相	백곡栢谷	정곤수鄭崑壽
문무자文無子	이옥李鈺	민정敏廷	배상명裵祥明	백곡栢谷	정탁鄭琢
문봉文峰	정유일鄭惟一	민촌民村	이기영李箕永	백곡白谷	처능處能
문산文山	이재의李載毅	밀암密庵	이재李栽	백남白南	강병주姜炳周
문서루聞犀樓	손재형孫在馨			백남白南	김시빈金始鑌
문성文城	유증림柳重臨			백담栢潭	구봉령具鳳齡
문송聞松	이대방李大邦			백담白潭	조우신趙又新
문수산인文岫山人	장승업張承業	**ㅂ**		백당栢堂	문정창文定昌
문암文庵	김이련金利鍊			백당白堂	현채玄采
문암文菴	이의철李宜哲			백도伯道	김우규金友奎
문암文巖	손후익孫厚翼	박암樸菴	강세황姜世晃	백두산인白頭山人	이돈화李敦化
문암文巖	정지성丁志成	박연정博淵亭	김태허金太虛	백람白嵐	이재유李在囿
문암聞巖	신초辛礎	박옹泊翁	이명오李明五	백련白蓮	도연燾演
문암聞庵	영유永愈	박직와樸直窩	이의천李倚天	백련白蓮	지운영池雲英
문옹汶翁	김석견金石堅	박천博泉	이옥李鈺	백련거사白蓮居士	송영구宋英耈
문옹汶翁	유여항柳汝恒	반계확계磻溪	유형원柳馨遠	백련당白蓮堂	문익주文益周
문원文原	이우신李友信	반고盤皐	김시진金始振	백록白麓	신응시辛應時
문월당問月堂	오극성吳克成	반곡盤谷	송세형宋歲珩	백률당栢栗堂	금보琴輔
문탄聞灘	손린孫遴	반곡盤谷	유도柳棹	백릉白菱	채만식蔡萬植
문헌文軒	김정환金貞桓	반곡盤谷	이덕성李德成	백무일재百無一齋	이상백李相佰
문헌文軒	이도영李道榮	반곡盤谷	정경달丁景達	백묵당白黙堂	이익수李益壽
문혜文惠	임수창林壽昌	반구당伴鷗堂	유지화柳志和	백민白民	진의종陳懿鍾
물기재勿欺齋	강응환姜膺煥	반구재反求齋	권성제權聖躋	백민白民	한정동韓晶東
물암勿巖	김륭金隆	반구재反求齋	신재수申在壽	백민거사白旻居士	변영만卞榮晩
물암勿菴	임회재任熙載	반구정伴鷗亭	조방趙坊	백범白凡	김구金九
물염정勿染亭	나무송羅茂松	반금伴琴	이경류李慶流	백봉栢峯	이홍제李弘濟
물염정勿染亭	송정순宋庭荀	반봉盤峯	신로申輅	백봉白峯	김기추金基秋
물재勿齋	손순효孫舜孝	반아槃阿	석진형石鎭衡	백봉白蓬	윤종지尹宗之
물재勿齋	안의安義	반주盤州	정시형鄭時亨	백분당白賁堂	조인수趙仁壽
물헌勿軒	이명익李明翊	반초당反招堂	이명익李溟翼	백불암百弗庵	최흥원崔興遠
미강眉江	이경중李景曾	반포암伴圃庵	김광익金光翼	백사白史	이윤영李允榮
미능재未能齋	최상중崔尙重	반학伴鶴	송일宋馹	백사白史	전광용全光鏞
미당美堂	정문승鄭文升	반항당盤恒堂	홍천경洪千璟	백사白沙	윤훤尹暄
미락재彌樂齋	서사원徐思遠	반호盤湖	윤광안尹光顔	백사白沙	이항복李恒福
미사薇史	김용원金鏞元	방곡芳谷	노석빈盧碩賓	백산白山	안희제安熙濟
미산嵋珊	오상락吳相洛	방산方山	이운정李運楨	백산白山	우재룡禹在龍
미산嵋山	최경석崔景錫	방산舫山	윤정기尹廷琦	백산白山	지청천池靑天
미산眉山	마성린馬聖麟	방옹放翁	신흠申欽	백상百想	장기영張基榮
미산眉山	박초월朴初月	방월傍月	의연義演	백서白棲	강인수姜寅秀
미산眉山	한장석韓章錫	방은放隱	성낙훈成樂薰	백서헌栢西軒	홍중효洪重孝
미산薇山	김여옥金汝鈺	방은方隱	조광보趙光輔	백석白奭	기양연奇陽衍
미산薇山	정환주鄭煥周	방재方齋	이도李櫂	백석白石	백석白石
미산거사嵋山居士	이진병李震炳	방편자方便子	유희柳僖	백석白石	강제姜霽
미석渼石	이재윤李載允	방한方閒	윤시동尹蓍東	백석白石	박태유朴泰維
미소微笑	이정호李定鎬	방한정放鷴亭	손재형孫在馨	백석白石	백석白石
미소산인薇蘇山人	정인보鄭寅普	방헌厖軒	유자영有子濚	백석白石	유집柳楫
미수眉叟	허목許穆	방호方壺	조준도趙遵道	백송白松	김재덕金在德
미암眉巖	유희춘柳希春	방호자方壺子	장시흥張始興	백송白松	전풍진田豊鎭

호號	성 명	호號	성 명	호號	성 명
백송白松	지창한池昌翰	백천白川	이천봉李天封	벽계蘗溪	이덕수李德壽
백수白首	김성진金晟鎮	백천白泉	주시경周時經	벽곡碧谷	김난순金蘭淳
백악하白嶽下	이병연李秉淵	백천당百千堂	오핵吳翮	벽담碧潭	도문道文
백암伯庵	성총性聰	백촌栢村	이구징李久澄	벽당碧堂	함대영咸大榮
백암栢巖	김륵金玏	백촌白村	김문기金文起	벽도碧濤	양제안梁濟安
백암栢巖	안응창安應昌	백취白醉	현천묵玄天黙	벽량碧梁	유응부兪應孚
백암栢巖	정의번鄭宜藩	백취옹百趣翁	권섭權燮	벽련碧蓮	인성仁性
백암白岩	한홍근韓興根	백치白痴	이후천李後天	벽로碧路	조종현趙宗玄
백암白巖	김대명金大命	백파栢坡	이정걸李廷傑	벽로재碧蘆齋	김진수金進洙
백암白巖	김종철金鍾哲	백파白坡	긍선亘璇	벽사碧史	한영숙韓英淑
백암白巖	남탁南晫	백파白坡	이응서李應瑞	벽사碧沙	남효온南孝溫
백암白巖	박은식朴殷植	백파白波	김학기金學夔	벽산碧山	김도현金道鉉
백암白巖	오단吳端	백포栢浦	채무蔡楙	벽산碧山	임제林悌
백암白菴	윤세용尹世茸	백포白圃	서일徐一	벽산청은碧山淸隱	김시습金時習
백암百巖	전원배田元培	백하白下	송은성宋殷成	벽서碧棲	유준근柳濬根
백암거사白巖居士	이행李行	백하白下	윤순尹淳	벽서碧棲	이승우李勝宇
백애白崖	이형진李衡鎮	백하白河	박세영朴世永	벽암碧巖	각성覺性
백야栢冶	장필무張弼武	백향白香	이창언李昌彦	벽암蘗庵	서호西灝
백야白冶	김좌진金佐鎮	백헌栢軒	전신全信	벽오碧梧	유총侑聰
백야白夜	이상춘李常春	백헌白軒	이경석李景奭	벽오碧梧	이문량李文樑
백야白野	조석주趙錫周	백호白湖	윤휴尹鑴	벽오碧梧	이시발李時發
백양白洋	정태희鄭泰熙	백호白湖	임제林悌	벽오碧梧	김창숙金昌淑
백연白囦	계화桂和	백화헌百花軒	이조년李兆年	벽옹躄翁	정종명鄭宗溟
백연白淵	김두봉金枓奉	번계樊溪	이선李瑄	벽은蘗隱	진재해秦再奚
백영白影	정병욱鄭炳昱	번상촌장樊上村庄	권돈인權敦仁	벽은僻隱	심청沈淸
백옥헌白玉軒	이개李塏	번암樊巖	채제공蔡濟恭	벽절碧節	심정沈貞
백우伯友	정시鄭蓍	번옹樊翁	채제공蔡濟恭	벽초碧初	홍명희洪命憙
백우白于	이장녕李章寧	번천樊川	오언주吳彦冑	벽초碧超	경선鏡禪
백우白愚	김상태金尙台	벌꽃	주요한朱耀翰	벽파碧坡	거관巨寬
백우白牛	홍사용洪思容	법공梵公	유창렬柳昌烈	벽파碧坡	김정수金晶壽
백운白雲	우탁禹倬	법산凡山	김송金松	벽파碧坡	이창배李昌培
백운白雲	이명은李命殷	법산梵山	김법린金法麟	벽파碧坡	찬영贊英
백운白雲	정발鄭撥	법석凡石	원응상元應常	벽하碧霞	대우大愚
백운거사白雲居士	이규보李奎報	범암梵菴	박내원朴內源	벽해碧海	양세봉梁世奉
백운산인白雲山人	이병헌李炳憲	범애泛愛	유조인柳祖認	벽허자碧虛子	이도영李道榮
백운재白雲齋	권응수權應銖	범이凡以	윤희순尹喜淳	별동別洞	윤상尹祥
백운재白雲齋	이정신李廷藎	범재凡齋	엄세영嚴世永	별유別有	노직盧稙
백운향도白雲香徒	최남선崔南善	범재泛齋	심대부沈大孚	병계屛溪	윤봉구尹鳳九
백운헌白雲軒	김운택金雲澤	범정梵亭	장형張炯	병고丙古	고익진高翊晉
백웅白熊	백기만白基萬	범해梵海	각안覺岸	병곡屛谷	권구權榘
백원白園	이용화李容華	범허재泛虛齋	상진尙震	병담屛潭	심구령沈龜齡
백원白源	신석번申碩蕃	범허정泛虛亭	송광연宋光淵	병산甁山	한치응韓致應
백월거사白月居士	허균許筠	법공法空	법흥왕法興王	병산鉼山	김난상金鸞祥
백음栢陰	변경복卞景福	법류法流	보도부인保刀夫人	병산屛山	이관명李觀命
백의당百宜堂	조의순趙義耘	법명法明	이정렬李定烈	병산甁山	목성선睦性善
백인百忍	권준峻	법운法雲	대륜大輪	병암屛巖	소세량蘇世良
백인당百忍堂	유하익兪夏益	법운法雲	법흥왕法興王	병암屛菴	구수복具壽福
백인당百忍堂	인성군仁城君	법운法雲	이종익李鍾益	병암屛菴	김응기金應箕
백재栢齋	이헌재李憲梓	법운法雲	탁연卓然	병옹病翁	신필정申弼貞
백정栢亭	정역鄭易	법유자法遊子	탁연卓然	병와甁窩	이형상李衡祥
백졸百拙	한익상韓益相	법은法隱	강필효姜必孝	병은病隱	신해익申海翊
백졸암百拙庵	유직柳稷	법해法海	봉주琫注	병은病隱	정사위鄭士偉
백졸재百拙齋	한응인韓應寅	법환法桓	충지冲止	병재甁齋	박하징朴河澄
백주白洲	이명한李明漢	벽계碧桂	김호구金浩龜	보가재寶稼齋	김민재金敏材
백주白舟	김영숙金永肅	벽계碧溪	이인기李寅基	보객정報客亭	이정보李鼎輔
백천栢川	김선여金善餘	벽계碧溪	정심正心	보경寶鏡	사일獅馹
				보덕輔德	임정林整

호號	성 명	호號	성 명	호號	성 명
보만당保晩堂	안연석安鍊石	봉암鳳巖	채지홍蔡之洪	불수레	전영택田榮澤
보만당保晩堂	이정구李廷龜	봉암鳳巖	한몽린韓夢麟	불연不然	이기영李箕永
보만재保晩齋	서명응徐命膺	봉음峯陰	유희량柳希亮	불염자不染子	김희겸金喜謙
보문普門	방환妩煥	봉종奉宗	긍양兢讓	불염재不染齋	김희겸金喜謙
보백당寶白堂	김계행金係行	봉주鳳洲	박동량朴東亮	불우헌不憂軒	정극인丁克仁
보산寶山	한철호韓哲浩	봉주鳳洲	신심申鐔	불이자不二子	안중식安中植
보산甫山	유영하柳榮河	봉주鳳洲	유황兪榥	불재弗齋	윤효중尹孝重
보산자寶山子	이인상李麟祥	봉천鳳川	이명은李命殷	불정산인佛頂山人	홍지성洪至誠
보암保庵	심연원沈連源	봉촌鳳村	박동열朴東說	불폐不吠	김중건金中建
보암普菴	이종린李鍾麟	봉촌鳳村	최상룡崔象龍	불함도인不咸道人	유희강柳熙綱
보옹葆翁	박이관朴以寬	봉헌奉軒	서유방徐有防	불후당不朽堂	유백승柳百乘
보운寶雲	석일碩一	봉헌鳳軒	신여량申汝樑	붕명鵬溟	용주龍珠
보운步雲	한인택韓仁澤	봉호蓬壺	조진택趙鎭宅	비로도인毘盧道人	양만고楊萬古
보응普應	영허映虛	봉화奉化	전영수田永秀	비암泚菴	박준승朴準承
보응普應	해일海日	부강거사浮姜居士	이지화李之華	비연斐然	오회문吳希文
보재溥齋	이상설李相卨	부남部南	박태만朴泰萬	비와卑窩	정중대鄭重垕
보제普濟	여심如心	부사桴槎	성여신成汝信	비와肥窩	원경하元景夏
보졸재保拙齋	서명균徐命均	부사浮査	성여신成汝信	비원肥園	박규순朴奎淳
보진암葆眞菴	이지신李之信	부암斧巖	성눌聖訥	비장飛將	김규철金奎哲
보진재葆眞齋	노사신盧思愼	부암浮菴	무기無寄	비천泌川	박이서朴彝敍
보진재葆眞齋	조욱趙昱	부용芙蓉	영관靈觀	비해당匪懈堂	안평대군安平大君
보한당保閑堂	성진成晉	부용당芙蓉堂	성안의成安義	빈교貧郊	이지온李之韞
보한재葆閑齋	신숙주申叔舟	부익자翼子	정양鄭瀁	빙허憑虛	현진건玄鎭健
보화普和	김교헌金敎獻	부재孚齋	엄경수嚴慶遂	빙헌氷軒	이가상李嘉相
복암伏菴	이기양李基讓	부호梟軒	백경한白慶翰	빙호氷湖	허경許熲
복암宓庵	충지冲止	부훤負暄	설악雪岳		
복암復庵	박점朴漸	부훤負暄	허욱許項		
복암復菴	이설李偰	부훤당負暄堂	오상吳祥		
복애伏崖	범세동范世東	부휴浮休	선수善修		
복재復齋	민용호閔龍鎬	부휴자浮休子	성현成俔	人	
복재復齋	서경덕徐敬德	부휴자浮休子	이종준李宗準		
복재復齋	이도자李道孜	북계北溪	이세백李世白	사가정四佳亭	서거정徐居正
복재復齋	이휘준李彙濬	북곡北谷	이진유李眞儒	사겸思謙	이승효李承孝
복재復齋	정국성鄭國成	북곡北谷	홍치중洪致中	사계沙溪	김장생金長生
복재復齋	정총鄭摠	북산北山	김수철金秀哲	사계沙溪	방응현房應賢
복재復齋	조용숙趙鏞肅	북산北山	백홍준白鴻俊	사계沙溪	이정로李正魯
복재復齋	한종유韓宗愈	북산北山	이발李潑	사고社皐	박승휘朴承輝
복재服齋	기준奇遵	북악北嶽	이해룡李海龍	사곡沙谷	정장鄭樟
복천復泉	강학년姜鶴年	북애北厓	김기金圻	사곡社谷	조말생趙末生
복헌復軒	김응환金應煥	북일北逸	김익金瀷	사괴자四乖子	강선姜璿
본암本庵	김종후金鍾厚	북저北著	김류金瑬	사기沙磯	이시원李是遠
본적本寂	달공達空	북정北汀	윤지술尹志述	사담沙潭	김홍민金弘敏
봉계鳳溪	윤유尹揄	북정北汀	홍처량洪處亮	사류재四留齋	이규일李圭日
봉계鳳溪	채지홍蔡之洪	북창北窓	정렴鄭磏	사류재四留齋	이정암李廷馣
봉곡鳳谷	계덕해桂德海	북천北天	유영순柳永詢	사명四明	이방운李昉運
봉곡鳳谷	김동준金東準	북해거사北海居士	최수성崔壽峸	사명당四溟堂	유정惟政
봉곡鳳谷	송주석宋疇錫	북헌北軒	김춘택金春澤	사명자四名子	차좌일車佐一
봉남鳳南	김봉남金奉南	분봉盆峯	이주李澍	사미정四美亭	이구李龜
봉래蓬萊	양사언楊士彦	분사分沙	이성구李聖求	사병四屛	이민각李民覺
봉래제일선관 蓬萊第一仙關	손재형孫在馨	분서汾西	박미朴瀰	사복재思復齋	송진봉宋鎭鳳
		분서汾西	박장설朴長卨	사봉沙峰	이명덕李明德
봉록鳳麓	김이곤金履坤	분애汾厓	신정	사서沙西	김식金湜
봉산鳳山	이종린李鍾麟	분음汾陰	최천건	사서沙西	전식全湜
봉서鳳棲	유신환兪莘煥	불곡佛谷	이천李蕆	사숙재私淑齋	강항姜沆
봉암鳳巖	낙현樂賢	불구당不求堂	김왕金迬	사숙재私淑齋	강희맹姜希孟
봉암鳳巖	이경여李敬輿	불부옹不不翁	안중식安中植	사숙재私淑齋	최숙정崔淑精

호號	성 명	호號	성 명	호號	성 명
사심師心	이정호李挺豪	산농汕農	박승봉朴勝鳳	삼산三山	이태중李台重
사아四雅	신의화申儀華	산당서객山堂書客	최충성崔忠成	삼산재三山齋	김이안金履安
사암俟菴	정약용丁若鏞	산돌	손양원孫良源	삼성三省	김정식金貞植
사암思庵	천만리千萬里	산명山鳴	장수철張壽哲	삼성三醒	김정식金貞植
사암思菴	박순朴淳	순문舜文	장수철張壽哲	삼성재三省齋	정숭조鄭崇祖
사암思菴	성세장成世章	산목山木	김희순金義淳	삼송三松	김보근金輔根
사암思菴	유숙柳淑	산북山北	이미李薇	삼송三松	허백기許伯琦
사암思菴	정대년鄭大年	산서山西	조경남趙慶男	삼수헌三秀軒	이하조李賀朝
사암獅巖	채영采永	산서병옹山西病翁	조경남趙慶男	삼안당三安堂	곽현郭鉉
사애沙厓	민주헌閔冑顯	산서처사山西處士	조경남趙慶男	삼암參巖	권희인權希仁
사양당四養堂	심충겸沈忠謙	산석山石	권주욱權周郁	삼연三淵	김창흡金昌翕
사어四於	정창순鄭昌順	산우汕愚	김최명金最明	삼연三然	곽상훈郭尙勳
사영思穎	김병기金炳冀	산운汕耘	장도빈張道斌	삼연재三淵齋	송시일宋時一
사영思潁	남공철南公轍	산은汕隱	이상정李相定	삼오당三誤堂	김소운金素雲
사옹簑翁	김굉필金宏弼	산재汕齋	조병세趙秉世	삼옥당三玉堂	곽지운郭之雲
사와思窩	유의정柳宜貞	산재汕齋	이만원李萬源	삼외당三畏堂	신숙申潚
사우당四友堂	송국택宋國澤	산전山前	허성許筬	삼외재三畏齋	권명회權命熙
사우당四友堂	이시담李時聃	산좌汕左	이남규李南珪	삼우당三友堂	이지충李之忠
사우당四友堂	임원준任元濬	산천山泉	김명희金命喜	삼우당三憂堂	문익점文益漸
사우당四友堂	한명회韓明澮	산천재山泉齋	윤선거尹宣擧	삼우재三友齋	이만형李萬亨
사은四隱	소영복蘇永福	산초山樵	김윤겸金允謙	삼의당三宜堂	삼의당김씨 三宜堂金氏
사은士隱	김상金尙	산초山樵	유최진柳最鎭	삼일당三一堂	성로成輅
사은莎隱	이규서李圭瑞	산택재山澤齋	권태시權泰時	삼일산인三一山人	변헌卞獻
사인당四印堂	노경린盧慶麟	산해山海	쌍장雙杖	삼일재三一齋	김구金絿
사장와舍藏窩	채지홍蔡之洪	산향山響	이최응李最應	삼절당三節堂	최여주崔汝舟
사재思齋	김정국金正國	산향재山響齋	강세황姜世晃	삼족당三足堂	김대유金大有
사재思齋	김후진金後進	삼가정三可亭	박수량朴遂良	삼족당三足堂	위세보魏世寶
사재思齋	유명재柳命才	삼계三戒	원용팔元容八	삼족당三足堂	이억李億
사재思齋	장가순張可順	삼계三溪	최경회崔慶會	삼졸재三拙齋	남궁집南宮鏶
사재당思齋堂	안처순安處順	삼고당三古堂	성이민成以敏	삼주三洲	김창협金昌協
사정四貞	송덕영宋德榮	삼곡三谷	박경신朴慶新	삼주三洲	신호인申顥仁
사정思亭	윤명은尹鳴殷	삼괴三槐	장지현張智賢	삼주三洲	이정보李鼎輔
사정思亭	이지번李之蕃	삼괴당三槐堂	신종호申從濩	삼죽三竹	이홍연李弘淵
사정思亭	최기대崔基大	삼구당三苟堂	정우주鄭宇柱	삼지三池	최운崔澐
사지당仕止堂	신승선愼承善	삼금당三錦堂	민제장閔濟章	삼취헌三翠軒	이대성李大成
사천槎川	이병연李秉淵	삼기당三棄堂	금시양琴是養	삼치三癡	정홍명鄭弘溟
사천泗川	유진삼柳晉三	삼기재三奇齋	최북崔北	삼탄三灘	이승소李承召
사촌沙村	김치후金致垕	삼농三儂	김용우金用雨	삼편재三便齋	이윤룡李潤龍
사촌沙村	안덕린安德麟	삼담三潭	의연義演	삼호三好	임덕제林德躋
사촌沙村	이축李軸	삼당三堂	이종덕李鍾德	삼환재三患齋	채지홍蔡之洪
사촌沙村	장경세張經世	삼당三堂	정태제鄭泰齊	삼휴당三休堂	강세구姜世龜
사촌沙村	홍헌洪憲	삼당三塘	강석기姜碩期	삼휴자三休子	경섬慶暹
사치四痴	신의화申儀華	삼당三塘	김영金瑛	삼휴자三休子	윤관尹寬
사포沙浦	이지천李志賤	삼도三島	임계영任啓英	삽교霅橋	안석경安錫儆
사하당四何堂	정연鄭沇	삼두三斗	정동윤鄭東潤	상강尙岡	송민용宋民用
사한四寒	김창일金昌一	삼락재三樂齋	김낙풍金樂豊	상경헌常敬軒	이능호李能灝
사헌思軒	정내성鄭來成	삼로三路	김이음金爾音	상고당尙古堂	김광수金光遂
사헌思軒	하겸락河兼洛	삼류재三留齋	김의행金義行	상고헌尙古軒	정현복鄭鉉福
사호思湖	오장吳長	삼매당三梅堂	김하정金廈挺	상곡商谷	강유姜瑜
사호沙湖	송수면宋修勉	삼명三溟	강준흠姜浚欽	상곡桑谷	성석연成石珚
사호沙湖	오익창吳益昌	삼복재三復齋	이동언李東彦	상곡相谷	김작金碏
사호沙湖	유색柳穡	삼봉三峰	정도전鄭道傳	상당산인上黨山人	박노식朴魯植
사휴思休	김만균金萬均	삼봉三峰	지탁知濯	상당일민上黨逸民	오덕명吳德明
사휴정四休亭	김휘金徽	삼불三佛	김원룡金元龍	상락거사上洛居士	김뉴金紐
산강재山康齋	변영만卞榮晩	삼산三山	유정원柳正源	상락군上洛君	권진인權眞人
산남山南	김부인金富仁	삼산三山	이병상李秉常		

호號	성 명	호號	성 명	호號	성 명
상무헌尙武軒	허득량許得良	서남瑞南	이양구李洋球	서파西坡	이안유李安柔
상백想白	이상백李相佰	서농西儂	이휘영李彙榮	서파西坡	이이두李以斗
상봉象峰	신익량申翊亮	서담西潭	이달李達	서파西坡	이준李準
상봉霜峰	정원淨源	서당西堂	김성립金誠立	서파西陂	유회柳僖
상산常山	김도연金度演	서당西堂	이덕수李德壽	서포西浦	김만중金萬重
상산常山	이재수李在秀	서대西臺	김충金冲	서포西浦	박동선朴東善
상산橡山	안집安㠎	서돈西墩	심대沈岱	서하棲霞	민치록閔致祿
상암霜嵒	권준權濬	서령西嶺	박영준朴榮濬	서하西河	이민서李敏叙
상와尙窩	이민보李敏輔	서룡瑞龍	상민詳玟	서하西河	임춘林椿
상우당尙友堂	이종준李宗準	서림西林	이송李淞	서학산인樓鶴山人	한정동韓晶東
상운祥雲	응혜應惠	서묵재瑞墨齋	박유성朴維城	서한당樓閑堂	민기閔機
상월霜月	새봉璽封	서봉瑞鳳	임일식林日植	서해曙海	최서해崔曙海
상유자桑楡子	유사규柳思規	서봉西峯	유우柳藕	서헌西軒	김문金汶
상은象隱	조용욱趙容郁	서봉西峯	이시방李時昉	서호西湖	김홍도金弘道
상정橡亭	이사증李思曾	서봉西峰	김요립金堯立	서호西湖	심규택沈奎澤
상체헌常棣軒	박민효朴敏孝	서봉西峰	신지남申智男	서호西湖	이단상李端相
상촌桑村	김자수金自粹	서부西阜	송구수宋龜壽	서호산인西湖山人	박민웅朴敏雄
상촌桑村	노숭盧嵩	서산西山	김취성金就成	서호산인西湖山人	신효申曉
상촌橡村	양응록梁應祿	서산西山	김흥락金興洛	서호산인西湖山人	유기창兪起昌
상촌象村	신흠申欽	서산西山	유자미柳自湄	서호주인西湖主人	이총李摠
상허尙虛	이태준李泰俊	서산西山	이상의李尙毅	서화西華	이행원李行遠
상허常虛	유석창劉錫昶	서석瑞石	김국광金國光	석간石澗	서효원徐孝源
상헌常軒	안진安震	서석瑞石	김만기金萬基	석감石憨	조희룡趙熙龍
상헌橡軒	안정복安鼎福	서석瑞石	한인급韓仁及	석강石江	임석령任碩齡
상현尙玄	이능화李能和	서암恕庵	선기善機	석강石江	채용신蔡龍臣
상화尙火	이상화李相和	서암恕庵	신후재申厚載	석거石居	김기찬金基纘
상화常華	정호의鄭好義	서암恕菴	원용팔元容八	석견루石見樓	이복현李復鉉
상화想華	이상화李相和	서암瑞巖	신정하申靖夏	석경우石耕牛	최재서崔載瑞
생곡生谷	이인환李寅煥	서암西巖	일화日華	석계石溪	권화權鑅
생원笙園	신광현申光絢	서암西巖	김유성金有聲	석계石溪	김문빈金文彬
서간西澗	이제민李齊閔	서암西庵	소상진蘇尙鎭	석계石溪	민욱閔昱
서간西澗	이진수李眞洙	서암西菴	태두남太斗南	석계石溪	송진부宋眞夫
서간西澗	정광적鄭光績	서암노인西巖老人	이진백李震白	석계石溪	이시명李時明
서간노인西磵老人	김상헌金尙憲	서애西厓	유성룡柳成龍	석계石溪	최명룡崔命龍
서강西剛	김재광金在光	서어西漁	권상신權常愼	석계산인石溪山人	조영석趙榮祏
서강西岡	김계금金係錦	서어鋤漁	김정균金鼎均	석곡石谷	박안행朴安行
서강西岡	김수담金壽聃	서우曙宇	최재희崔載喜	석곡石谷	성팽년成彭年
서강西岡	왕의성王義成	서우西愚	이준용李濬鏞	석곡石谷	송상민宋尙敏
서강西岡	한필명韓必明	서운曙雲	박계주朴啓周	석곡石谷	이규준李圭晙
서경西坰	유근柳根	서유자孾孺子	서응윤徐應潤	석곡石谷	조박趙璞
서계西溪	김담수金聃壽	서은西隱	김기석金基錫	석곡石谷	조정순趙正純
서계西溪	남추南趎	서재西齋	송간宋侃	석남石南	송석하宋錫夏
서계西溪	박세당朴世堂	서재西齋	임징하任徵夏	석년石年	김준영金準榮
서계西溪	박태무朴泰茂	서정瑞亭	윤이경尹履慶	석농石儂	유근柳瑾
서계西溪	송동윤宋東胤	서정西亭	전벽田闢	석농石農	이종우李鍾愚
서계西溪	이득윤李得胤	서주西州	조하망曺夏望	석담石潭	권대운權大運
서계西溪	정세호鄭世虎	서주西洲	최정길崔廷吉	석담石潭	유형柳珩
서계西溪	정언굉鄭彦宏	서주西曙	정예남鄭禮男	석담石潭	이윤우李潤雨
서계초西溪樵叟	박세당朴世堂	서천西川	어세겸魚世謙	석담石潭	이이李珥
서고西皐	유언술兪彦述	서촌西村	송도남宋圖南	석당石堂	김상정金相定
서곡瑞谷	서종태徐宗泰	서촌西村	이경창李慶昌	석당石塘	권협權悏
서곡瑞谷	찬연粲淵	서촌西村	장운익張雲翼	석당石塘	이유신李維新
서곡西谷	이정영李正英	서촌西村	최기崔沂	석동石洞	이문재李文載
서곽西郭	송상인宋象仁	서파西坡	오도일吳道一	석두石頭	보택寶澤
서관覍觀	봉석주奉石柱	서파西坡	유필영柳必永	석로石老	고광채高光彩
서교西郊	송찬宋贊	서파西坡	윤개尹漑	석루石樓	이경전李慶全

호號	성 명	호號	성 명	호號	성 명
석릉石菱	김창희金昌熙	석정石汀	유거柳椐	설강雪岡	김태오金泰午
석릉石陵	김영순金英淳	석정石汀	채희순蔡羲順	설강雪江	안현安玹
석린石麟	민필호閔弼鎬	석정石渟	윤태준尹泰駿	설곡雪谷	어몽룡魚夢龍
석모산인席帽山人	이서구李書九	석정石鼎	이봉상李鳳商	설곡雪谷	윤훤尹暄
석문石門	윤복尹復	석정釋靜	신석정辛夕汀	설곡雪谷	정포鄭誧
석문石門	윤봉오尹鳳五	석주石洲	권필權韠	설담雪潭	자우自優
석문石門	이경직李景稷	석주石洲	신홍원申弘遠	설당雪堂	김군수金君綏
석문石門	임규任奎	석주石洲	이상룡李相龍	설도雪島	김서종金書鍾
석문石門	장후상張后相	석지石芝	채용신蔡龍臣	설두雪竇	봉기奉琪
석범石帆	이건필李健弼	석지영石志永	신석정辛夕汀	설두雪竇	유형有炯
석벽石壁	홍춘경洪春卿	석천昔泉	오종식吳宗植	설루雪樓	민회閔熙
석병石屏	이회보李回寶	석천石川	곽원진郭元振	설봉雪峯	강백년姜栢年
석봉石峰	한호韓濩	석천石川	김각金覺	설봉雪峯	충감沖鑑
석북石北	신광수申光洙	석천石川	임억령林億齡	설봉雪峰	박신朴信
석사石史	서미徐湄	석천石泉	신인손辛引孫	설봉雪峰	전택보全澤珤
석사자石獅子	수련秀蓮	석천石泉	신작申綽	설봉雪峰	지운영池雲英
석산石山	김관보金官寶	석천石泉	오재소吳載紹	설봉雪峰	최서해崔曙海
석산石山	한문건韓文健	석천石泉	유형진柳炯鎮	설봉雪峰	학몽學夢
석선재石仙齋	신광한申光漢	석초石初	신석초申石艸	설빈옹雪鬢翁	이현보李賢輔
석세石世	김정집金鼎集	석초石樵	한양리韓良履	설사雪蓑	남이공南以恭
석송石松	김형원金炯元	석초石艸	신석초申石艸	설산雪山	장덕수張德秀
석실石室	명안明安	석초石蕉	정안복鄭顔復	설산雪山	천희千熙
석실산인石室山人	김상헌金尚憲	석촌石村	경섬慶暹	설송雪松	연초演初
석암石庵	반복해潘福海	석촌石村	민효식閔孝植	설송雪松	정광현鄭光鉉
석애石厓	조만영趙萬永	석촌石村	윤용구尹用求	설송재雪松齋	박필성朴弼成
석연石淵	이우세李禹世	석촌石村	임서林惰	설악雪嶽	이정李楨
석연石然	김찬규金燦奎	석취石醉	윤치정尹致定	설암雪嵒	김로金鏴
석연石然	양기훈楊基薰	석치石痴	허련許鍊	설암雪巖	명안明安
석연노어石然老漁	양기훈楊基薰	석탄石灘	이신의李愼儀	설암雪巖	의성義誠
석영夕影	안석주安碩柱	석탄石灘	이존오李存吾	설암雪巖	추붕秋鵬
석오石吾	이동녕李東寧	석탄石灘	한효중韓孝仲	설애雪厓	오환吳煥
석옹石翁	철유喆侑	석파石坡	김용행金龍行	설옹雪翁	양연梁淵
석우石友	보화普化	석파石坡	이하응李昰應	설월雪月	봉준奉準
석운石耘	서헌순徐憲淳	석포石浦	김원국金元國	설월당雪月堂	김부륜金富倫
석운石雲	권동수權東壽	석포石浦	전내적田乃績	설월당雪月堂	이삼석李三錫
석운石雲	박기양朴箕陽	석헌石軒	유옥柳沃	설유雪乳	처명處明
석위石圍	윤명렬尹命烈	석헌石軒	최일崔逸	설잠雪岑	김시습金時習
석은石隱	유언민俞彦民	석호石湖	민회閔熙	설재雪齋	김려金礪
석음와惜陰窩	이교악李喬岳	석호石湖	윤문거尹文擧	설정雪汀	박만정朴萬鼎
석인石人	정태진丁泰鎮	석호石湖	이재완李載完	설정雪汀	이태직李台稙
석재石齋	박효수朴孝修	석화石華	정윤영鄭胤永	설정雪汀	이흘李忔
석재石齋	서병오徐丙五	선곡仙谷	박건중朴建中	설정雪汀	조문수曹文秀
석재石齋	이영견李永肩	선곡仙谷	박안현朴顔賢	설죽雪竹	조국빈趙國賓
석재碩齋	윤행임尹行恁	선동仙洞	김감金勘	설창雪牕	하철河澈
석재碩齋	조연현趙演鉉	선산禪山	변중선邊衆船	설창雪窓	이정은李貞恩
석전石田	성로成輅	선석仙石	신계영辛啓榮	설천雪川	어몽룡魚夢龍
석전石田	유건영柳健永	선암仙庵	유창劉敞	설천雪川	이봉상李鳳祥
석전石田	육지수陸芝修	선양정善養亭	정희맹丁希孟	설천雪川	이의활李宜活
석전石顚	정호鼎鎬	선오당善迂堂	이시李蒔	설천雪泉	안성安省
석전경인石田耕人	이최선李最善	선운禪雲	오상순吳相淳	설청雪靑	정기춘鄭基春
석정夕汀	신석정辛夕汀	선원仙源	김상용金尚容	설초雪蕉	이종우李鍾禹
석정石丁	안종원安鍾元	선은仙隱	남추南趎	설초雪樵	윤안국尹安國
석정石亭	김괴金塊	선자仙子	설요薛瑤	설촌雪村	송시철宋時喆
석정石庭	이준용李埈鎔	선주仙舟	곽희태郭希泰	설탄雪灘	한시각韓時覺
석정石正	장기영張基永	선주仙舟	남태응南泰膺	설파雪坡	박승원朴承源
석정石汀	신석정辛夕汀	선화자禪和子	일선一禪	설파雪坡	상언尙彦

호號	성 명	호號	성 명	호號	성 명
설파雪坡	이후산李後山	성옹醒翁	김덕함金德諴	세창世昌	백낙주白樂疇
설하거사雪下居士	남기제南紀濟	성와省窩	이인재李寅梓	세촌細村	이문좌李文佐
설학雪壑	이대기李大期	성와醒窩	남두첨南斗瞻	세한당歲寒堂	정현鄭礥
설해雪海	이만영李晚榮	성은星隱	손석좌孫碩佐	세한재歲寒齋	손필대孫必大
설헌雪軒	정오鄭顬	성은城隱	남이흥南以興	세한재歲寒齋	송시도宋時燾
설호산인雪壺山人	김하종金夏鐘	성은城隱	유성춘柳成春	세한재歲寒齋	안종도安宗道
섬강蟾江	이덕익李德益	성은城隱	한언침韓彦沈	소계小溪	오필선吳弼善
섭서葉西	권엄權襹	성재惺齋	금난수琴蘭秀	소계蘇溪	최강崔堈
성강星江	조견소趙見素	성재惺齋	김태석金台錫	소고嘯皐	박승임朴承任
성건재省愆齋	강찬姜酇	성재惺齋	정이주鄭以周	소고嘯皐	서명균徐命均
성곡星谷	이남식李南軾	성재惺齋	최충崔冲	소곡素谷	윤광소尹光紹
성곡星谷	이제李濟	성재成齋	조병현趙秉鉉	소근재小近齋	박익동朴翼東
성곡省谷	김성곤金成坤	성재星齋	안재건安載健	소남小楠	심능숙沈能淑
성광醒狂	이심원李深源	성재星齋	최북崔北	소남少南	이희수李喜秀
성극당省克堂	김홍미金弘微	성재省齋	고시언高時彦	소남蘇南	송치헌宋致憲
성남星南	유시연柳時淵	성재省齋	권상익權相翊	소남邵南	윤동규尹東奎
성담性潭	송환기宋煥箕	성재省齋	기삼연奇參衍	소남韶南	이주환李珠煥
성담性潭	수의守意	성재省齋	손긍구孫肯九	소농篠農	이종태李鍾泰
성담聖潭	의전儀典	성재省齋	유중교柳重教	소당小塘	이재관李在寬
성당性堂	정혁신鄭赫臣	성재省齋	윤이병尹履炳	소당小棠	김석준金奭準
성당惺堂	김돈희金敦熙	성재省齋	이시영李始榮	소당笑堂	양대경梁大卿
성동초자城東樵者	유창환兪昌煥	성재省齋	이진휴李震休	소당素堂	김제환金濟煥
성만星灣	최연崔莚	성재省齋	정순붕鄭順朋	소동재小東齋	우해찬禹海纘
성몽星夢	이시필李時弼	성재省齋	조규승曺逵承	소릉少陵	이상의李尙毅
성봉性峰	권영대權寧大	성재省齋	최문병崔文炳	소릉少陵	최규서崔奎瑞
성봉聖峰	김성배金聖培	성재誠齋	강응태姜應台	소리素里	박득순朴得錞
성부醒夫	윤결尹潔	성재誠齋	권고權皐	소림小琳	조석진趙錫晉
성산聖山	강진원姜振遠	성재誠齋	김약묵金若默	소매당訴梅堂	장영張鍈
성산聖山	오빈吳玭	성재誠齋	김영윤金永胤	소몽素夢	채기중蔡基中
성산聖山	장덕로張德櫓	성재誠齋	민이승閔以升	소미산인少微山人	김일손金馹孫
성서城西	이상언李尙彦	성재誠齋	이관구李寬求	소백산인小白山人	이선李選
성석醒石	이건석李建奭	성재誠齋	이동휘李東輝	소벽少碧	양우조梁宇朝
성소惺所	허균許筠	성재誠齋	장희춘蔣希春	소봉小蓬	나수연羅壽淵
성수星壽	한정동韓晶東	성재誠齋	신익상申翼相	소봉蘇峰	이병학李丙學
성수聖樹	장재모張載模	성재醒齋	유운柳雲	소봉蘇峰	김대덕金大德
성암性菴	김노겸金魯謙	성재醒齋	이담李湛	소산小山	이광정李光靖
성암惺菴	이수인李壽仁	성조고星祖姑妣	선덕여왕善德女王	소산素山	이호우李鎬雨
성암惺菴	장윤덕張胤德	성주왕자星主王子	말로末老	소산疏山	우정상禹貞相
성암星巖	이광李光	성천醒泉	박정래朴廷來	소산蘇山	송상래宋祥來
성암省庵	성호成浩	성탄聲灘	유경창柳慶昌	소석小石	강진구姜鎭求
성암省庵	유엄柳儼	성파惺波	권종해權鍾海	소석小石	조병기趙秉夔
성암省菴	김효원金孝元	성포星圃	권보權補	소선笑仙	신감申鑑
성암省菴	박필부朴弼傅	성해星海	이익상李益相	소성笑醒	이수경李壽慶
성암省菴	송준宋駿	성헌性軒	임한주林翰周	소성素城	박득순朴得錞
성암省菴	이지번李之蕃	성헌惺軒	백현룡白見龍	소소笑笑	이목연李穆淵
성암省菴	이진휴李震休	성헌省軒	이병희李炳憙	소소거사笑笑居士	손병희孫秉熙
성암誠庵	박문오朴文五	성헌省軒	최문식崔文湜	소소옹笑笑翁	이요헌李堯憲
성암誠庵	한사철韓思喆	성헌誠軒	고종高宗	소송小松	김정현金正炫
성암誠庵	고응관高應觀	성헌醒軒	이지억李之億	소송小松	백성기白性基
성암醒庵	박필리朴弼理	성호星湖	이익李瀷	소심小心	윤동야尹東野
성암醒菴	송수만宋秀萬	세류옹世瘤翁	현철玄哲	소아笑啞	홍사용洪思容
성암醒菴	허계許啓	세류옹世瘤翁	현철玄哲	소아素我	김진성金振聲
성암醒菴	홍처후洪處厚	세심洗心	민진원閔鎭遠	소암小庵	노수盧遂
성연星淵	최연崔莚	세심당洗心堂	추수경秋水鏡	소암小庵	이석균李鉐均
성오省吾	이일삼李日三	세심재洗心齋	김주신金柱臣	소암笑庵	조하위曹夏瑋
성오대省吾臺	이개립李介立	세심재洗心齋	이집李集	소암疎庵	임숙영任叔英

호號	성 명	호號	성 명	호號	성 명
소암素菴	김이원金履元	소죽小竹	강신명姜信明	송간松磵	이단하李端夏
소암蘇巖	김경문金慶門	소죽小竹	임병직林炳稷	송간松磵	조준영趙準永
소암蘇巖	김영보金泳俌	소창小滄	신성모申性模	송강松岡	서경주徐景霌
소암蘇巖	이동욱李東郁	소천宵泉	이헌구李軒求	송강松岡	이서李舒
소앙素昻	조소앙趙素昻	소천小泉	변수邊燧	송강松崗	조사수趙士秀
소양당素養堂	김수령金壽寧	소천小泉	유재소劉在韶	송강松崗	이붕해李鵬海
소영素影	박화성朴花城	소천蘇川	권대재權大載	송강松江	정철鄭澈
소오小悟	설의식薛義植	소첩巢睫	김덕승金德承	송강松江	조징趙澄
소옹踈翁	성덕우成德雨	소치嘯癡	임제林悌	송계松溪	김용언金龍彦
소옹梳翁	조공근趙公瑾	소치小痴	허련許鍊	송계松溪	김진홍金振興
소옹素翁	이인李璘	소태산少太山	박중빈朴重彬	송계松溪	무상無相
소와疏窩	김상옥金相玉	소파小坡	김유택金裕澤	송계松溪	신용개申用漑
소완筱浣	이억李億	소파小坡	오효원吳孝媛	송계松溪	심사하沈師夏
소완재주인	유희강柳熙綱	소파小坡	최진崔鎭	송계松溪	원휘圓輝
蘇阮齋主人		소파小波	방정환方定煥	송계松溪	이인기李麟奇
소완정素玩亭	이서구李書九	소포素圃	오경리吳慶履	송계松溪	이종적李宗迪
소요消遙	태능太能	소포嘯浦	나덕명羅德明	송계松溪	이지번李之蕃
소요당消遙堂	박세무朴世茂	소하小荷	조성하趙成夏	송계松溪	이형남李亨男
소요당逍遙堂	강문회姜文會	소하小霞	박승무朴勝武	송계松溪	인평대군麟坪大君
소요당逍遙堂	권윤權綸	소하小霞	신명준申命準	송계松溪	정응민鄭應珉
소요당逍遙堂	박하담朴河淡	소하韶荷	박용화朴鏞和	송계松溪	진무성陳武晟
소요산인逍遙山人	정현鄭礥	소한당所閑堂	권람權擥	송계松溪	한진교韓鎭敎
소요재逍遙齋	최숙정崔淑精	소한당所閑堂	신수근慎守勤	송고松皐	권정하權靖夏
소요정逍遙亭	심정沈貞	소한당素閑堂	유정량柳廷亮	송곡松谷	박대하朴大夏
소우당素愚堂	정응鄭鷹	소해宵海	장건상張建相	송곡松谷	박주현朴周鉉
소우헌消憂軒	이도일李道一	소향素鄉	이상로李相魯	송곡松谷	이서우李瑞雨
소운巢雲	김소운金素雲	소허小虛	서동진徐東辰	송곡松谷	정연鄭淵
소운紹雲	조석원曺錫元	소헌素軒	조태구趙泰耉	송곡松谷	조복양趙復陽
소운거사嘯雲居士	이규경李圭景	소호小湖	김응원金應元	송교松郊	이목李楘
소월素月	김소월金素月	소호蘇湖	최균崔均	송국재松菊齋	이파李坡
소월素月	최승구崔承九	소호당주인	김택영金澤榮	송남松南	이형태李亨泰
소유小游	권용정權用正	韶濩堂主人		송담松潭	박태원朴泰遠
소은小隱	유치구柳致球	소화小華	남유용南有容	송담松潭	백수회白受繪
소은巢隱	권인규權仁圭	소화小華	이광문李光文	송담松潭	송남수宋枏壽
소은簫隱	정민하鄭敏河	소화素華	이일찬李日瓚	송담松潭	송빈宋賓
소은素隱	박중회朴重繪	속천涑川	우여무禹汝楙	송담松潭	이영인李榮仁
소은素隱	신천익愼天翊	손곡損谷	김상성金尙星	송담松潭	함우치咸禹治
소은紹隱	이경재李景在	손곡蓀谷	이달李達	송당松堂	권맹손權孟孫
소은蘇隱	이봉李封	손암巽庵	김현우金鉉宇	송당松堂	김광재金光載
소은蘇隱	이파李坡	손암巽庵	정약전丁若銓	송당松堂	박영朴英
소재疎齋	이이명李頤命	손암巽菴	심의겸沈義謙	송당松堂	조준趙浚
소재篠齋	서기수徐淇修	손암巽菴	오기호吳基鎬	송당松塘	유홍兪泓
소재素齋	유순선柳順善	손암巽菴	정황鄭榥	송도松島	나해륜羅海崙
소재蘇齋	노수신盧守愼	손암損庵	조근趙根	송림松林	김정현金鼎鉉
소재蘇齋	이성린李聖麟	손암損菴	이식李拭	송만松巒	윤현尹晛
소적蘇笛	신석정辛夕汀	손옹巽翁	주세붕周世鵬	송목관松穆館	이언진李彦瑱
소전少?	김덕승金德承	손와損窩	최석항崔錫恒	송방松坊	최명익崔明翊
소전篠田	손재형孫在馨	손재巽齋	권중경權重經	송벽당松蘗堂	이정신李正臣
소전篠顚	손재형孫在馨	손재巽齋	박치화朴致和	송봉松峯	오익승吳益升
소전素荃	손재형孫在馨	손재損齋	남한조南漢朝	송사松史	이수경李壽卿
소전素田	손재형孫在馨	손재損齋	조재호趙載浩	송사松沙	기우만奇宇萬
소정小亭	변관식卞寬植	손재遜齋	박광일朴光一	송사松沙	이명웅李命雄
소정小庭	이근상李根庠	손재遜齋	이겸李謙	송산松山	김성원金聲遠
소정疎亭	송진명宋眞明	송松	안광선安光善	송산松山	조견趙狷
소정素汀	서정봉徐庭鳳	송간松澗	이정회李庭檜	송서松西	강운姜橒
소정邵亭	김영작金永爵	송간松磵	손기양孫起陽	송서松西	이경재李景在

호號	성 명	호號	성 명	호號	성 명
송석松石	강재천姜在天	송와松窩	김상리金相离	송창松窓	조종운趙從耘
송석松石	김학성金學性	송와松窩	이기李墍	송천松川	고예진高禮鎭
송석松石	송성명宋成明	송와松窩	이종윤李從允	송천松川	양응정梁應鼎
송석松石	이경안李景顔	송와松窩	정재숭鄭載嵩	송천松泉	조위명趙威明
송석松石	이교익李敎翼	송와松窩	최제태崔濟泰	송천松泉	최홍원崔興源
송석松石	이근상李根庠	송우松友	김성태金聖泰	송천노인松泉老人	안기安岐
송석松石	이한철李漢喆	송운松雲	심의린沈宜麟	송촌松村	박세훈朴世勳
송석松石	이형록李亨祿	송운松雲	유정惟政	송촌松村	신경락申景洛
송석松石	임한수林翰洙	송운松雲	정운경鄭雲慶	송촌松村	지석영池錫永
송석거사松石居士	최명창崔命昌	송월宋月	응상應祥	송촌松村	채종길蔡宗吉
송설당松雪堂	최송설당崔松雪堂	송월松月	조수趙須	송촌松村	한훈韓焄
송설헌松雪軒	권홍權弘	송월당松月堂	강섬姜暹	송파松坡	각민覺敏
송소松巢	권우權宇	송월당松月堂	박호원朴好元	송파松坡	남세주南世周
송아頌兒	주요한朱耀翰	송월당松月堂	윤풍형尹豊亨	송파松坡	박전朴全
송암松嵒	박제현朴齋賢	송월당送月堂	이사경李思敬	송파松坡	서문상徐文尙
송암松嵒	서병호徐丙浩	송월재松月齋	이시선李時善	송파松坡	양성지梁誠之
송암松岩	함태영咸台永	송월헌松月軒	임득명林得明	송파松坡	윤거형尹居衡
송암松巖	권호문權好文	송은松隱	구홍具鴻	송파松坡	이해창李海昌
송암松巖	김연광金鍊光	송은松隱	김광수金光粹	송파松坡	임식林植
송암松巖	김완규金完圭	송은松隱	박영희朴英熙	송파松坡	최성지崔誠之
송암松巖	성진性眞	송은松隱	박익朴翊	송포松圃	이일로李逸老
송암松巖	양대박梁大樸	송은松隱	유창순庾昌淳	송하松下	권심규權心揆
송암松巖	윤엄尹儼	송은松隱	이병직李秉直	송하松下	안국정安國禎
송암松巖	의천義泉	송은松隱	장안세張安世	송하옹松下翁	조윤형曺允亨
송암松巖	이로李魯	송음松陰	이경증李景曾	송학松鶴	권응시權應時
송암松巖	이홍수李興秀	송일松日	강섬姜暹	송헌松軒	신여정申汝楨
송암松巖	정춘丁春	송재松齋	고용진高龍鎭	송헌松軒	이강李綱
송암松庵	강봉수姜鳳壽	송재松齋	권준權準	송헌松軒	태조太祖
송암松庵	강익姜翼	송재松齋	김종선金宗善	송현松峴	상진尙震
송암松庵	김면金沔	송재松齋	나세찬羅世纘	송호松湖	김연金演
송암松庵	박두성朴斗星	송재松齋	노숙동盧叔仝	송호松湖	김한철金漢哲
송암松庵	손천민孫天民	송재松齋	박중룡朴重龍	송호松湖	백진남白振南
송암松庵	유관柳灌	송재松齋	서재필徐載弼	송호松湖	유언술兪彦述
송암松庵	윤엄尹儼	송재松齋	손소孫昭	송호松湖	조응문趙應文
송암松庵	정화鄭和	송재松齋	송일중宋日中	송호松湖	조정립趙正立
송암松庵	최흠最欽	송재松齋	이우李瑀	송호松湖	허강許橿
송암松菴	권징權徵	송재松齋	한충韓忠	수간睡幹	윤용구尹用求
송암松菴	노원섭盧元燮	송정松亭	권벌權橃	수곡修谷	김이례金履禮
송암松菴	오동진吳東振	송정松亭	김반金泮	수곡壽谷	김주신金柱臣
송암松菴	이지시李之詩	송정松亭	김수金銖	수곡守谷	이찬李澯
송암松菴	이충원李忠元	송정松亭	송우宋愚	수곡樹谷	권부權溥
송애松匡	김경여金慶餘	송정松亭	신명인申命仁	수곡睡谷	이여李畬
송애松匡	박여룡朴汝龍	송정松亭	이준용李埈鎔	수구隨鷗	오효원吳孝媛
송애松匡	반석평潘碩枰	송정松亭	전팽령全彭齡	수남水南	이이장李彝章
송애松匡	서종태徐宗泰	송정松亭	최동량崔東亮	수남방옹水南放翁	정훈鄭勳
송애松匡	이여李畬	송정松亭	최응룡崔應龍	수당修堂	이남규李南珪
송애松匡	최호문崔虎文	송정松亭	하수일河受一	수당壽堂	김한수金翰壽
송애松崖	이수대李遂大	송정松汀	유헌兪櫶	수당水堂	맹주천孟柱天
송애松崖	이시해李時楷	송정松汀	이극인李克仁	수당秀堂	김연수金年洙
송애松崖	전득우田得雨	송정松汀	이정림李庭林	수당隨堂	김순식金洵植
송애松崖	정동후鄭東後	송주松洲	유자후柳子厚	수뢰루인水雷累人	심희수沈喜壽
송오松塢	여응구呂應龜	송죽松竹	나월환羅月煥	수룡袖龍	색성賾性
송오松塢	이진李軫	송죽당松竹堂	정문익鄭文翼	수만헌收漫軒	권이진權以鎭
송오松塢	정전鄭佺	송죽헌松竹軒	이휘李徽	수목청화관水木淸華觀	한용간韓用幹
송오松悟	이근상李根湘	송창松滄	정전鄭篆		
송옹松翁	서지수徐志修	송창松窓	인조仁祖	수몽守夢	정엽鄭曄

호號	성 명	호號	성 명	호號	성 명
수봉壽峰	문영박文永樸	수월도인水月道人	임희지林熙之	순재純齋	순조純祖
수부守夫	정광필鄭光弼	수월헌水月軒	김성익金盛益	순재醇齋	윤방尹坊
수북壽北	이광사李匡師	수월헌水月軒	이집李集	순풍정順風亭	오방언吳邦彦
수북水北	김광현金光炫	수월헌水月軒	임희지林熙之	술재述齋	변박卞璞
수북정水北亭	김흥국金興國	수은睡隱	강항姜沆	술포述圃	이도간李道衎
수분와守分窩	이즙李楫	수은睡隱	권진權縉	숭덕재崇德齋	이윤경李潤慶
수산修山	이종휘李種徽	수은睡隱	이사필李士弼	숭산崇山	박길진朴吉眞
수산壽山	정학수丁學秀	수은睡隱	이홍조李弘祚	숭악崧岳	임창택林昌澤
수산水山	김우진金祐鎭	수은睡隱	장득만張得萬	숭양산인崧陽山人	장지연張志淵
수산水山	이성화李性和		김세호金世鎬	숭완소전실新紹田室	손재형孫在馨
수산水山	이지함李之菡	수재修齋	이유선李有善	숭정야로崇禎野老	박회무朴檜茂
수산睡山	이우신李友信	수재壽齋	이곤수李崑秀	숭정처사崇禎處士	박수춘朴壽春
수산睡山	조희백趙熙百	수재壽齋	이한복李漢福	슬재瑟僩齋	박민헌朴民獻
수산秀山	김병종金秉宗	수재守齋	홍현보洪鉉輔	습와習窩	이주천李柱天
수서水西	박선장朴善長	수재睡齋	강영지姜永墀	습재習齋	권극화權克和
수석水石	이행건李行健	수재睡齋	구수복具壽福	습재習齋	권벽權擘
수선修仙	공부孔俯	수재睡齋	유인귀柳仁貴	습재習齋	박명벽朴命璧
수선水仙	윤심덕尹心悳	수재睡齋	최응현崔應賢	습재習齋	이상급李尙伋
수성壽星	근헌謹憲	수정水亭	변처후邊處厚	습재習齋	이소응李昭應
수심당水心堂	윤동로尹東老	수정水晶	박병래朴秉來	습정習靜	민순閔純
수암修巖	유진柳袗	수졸守拙	신두영申斗泳	습정習靜	송방조宋邦祚
수암守庵	노응환盧應晥	수졸재守拙齋	이우민李友閔	습정習靜	이정구李廷龜
수암守庵	박지화朴枝華	수종재守宗齋	송달수宋達洙	습정習靜	임헌林杺
수암守菴	정사진鄭四震	수주樹州	변영로卞榮魯	습천陽川	박장원朴長遠
수암水庵	권희맹權希孟	수죽水竹	정창연鄭昌衍	승당承堂	임영신任永信
수암睡庵	한복윤韓復胤	수죽脩竹	조방직趙邦直	시계외사柴溪外史	유희강柳熙綱
수암秀庵	연규횡延圭鎭	수죽헌數竹軒	조홍립曺弘立	시남市南	신면주申冕周
수암羞庵	임성任珹	수초당遂初堂	권변權抃	시남市南	유계俞棨
수암遂菴	권상하權尙夏	수촌守村	고정봉高廷鳳	시남市南	조세환曹世煥
수암首巖	이약해李若海	수촌樹村	조세환趙世煥	시남是南	최태용崔泰瑢
수양세가首陽世家	윤희평尹熙平	수촌水村	임방任埅	시남詩南	민병석閔丙奭
수양일민首陽逸民	오경원吳慶元	수촌水邨	오시수吳始壽	시당時堂	여준呂準
수여水余	성기열成耆說	수파守坡	안효제安孝濟	시림산인始林山人	
수오재守迕齋	송병하宋炳夏	수헌守軒	강숙경姜叔卿	시무언是無言	이시영李始榮
수옹壽翁	윤삼산尹三山	수헌睡軒	권오복權五福	시북市北	이용도李龍道
수옹睡翁	구인문具人文	수헌睡軒	목내선睦來善	시산詩山	남이웅南以雄
수옹睡翁	목내선睦來善	수헌睡軒	조존도趙存道	시서거사市西居士	유운홍劉運弘
수옹睡翁	송갑조宋甲祚	수헌壽峴	석지형石之珩	시암是庵	김선金璇
수옹睡翁	신용개申用漑	수화樹話	김환기金煥基	시암是庵	강인姜絪
수옹睡翁	이세응李世應	숙야재夙夜齋	민익수閔翼洙	시암詩庵	김정희金正喜
수와守窩	백경해白慶楷	숙야재夙夜齋	윤지교尹智教	시야是也	김종진金宗鎭
수와守窩	이제만李濟萬	숙옹塾翁	유흥룡柳興龍	시약헌蒔藥軒	심세정沈世禎
수와睡窩	이호민李好閔	숙재肅齋	조병덕趙秉悳	시연施衍	이상훈李常薰
수와睡窩	조도빈趙道彬	순계醇溪	이정리李正履	시옹是翁	임화세任華世
수우守愚	김성하金聲夏	순명順命	경헌敬軒	시와是窩	한태동韓泰東
수우守愚	박환朴煥	순수順受	양원梁楄	시우당時雨堂	목첨睦詹
수우守愚	이승달李承達	순암醇庵	오재순吳載純	시우당時雨堂	홍혼洪渾
수우당守愚堂	최영경崔永慶	순암順庵	이병성李秉成	시우재是憂齋	한경리韓敬履
수운岫雲	유덕장柳德章	순암順庵	정윤희丁胤禧	시원柿園	김기동金起東
수운水雲	최제우崔濟愚	순암順菴	안정복安鼎福	시은市隱	김상석金相奭
수운재水雲齋	최제우崔濟愚	순암順菴	의선義璇	시은市隱	박계강朴繼姜
수월水月	영민永旻	순옹淳翁	이방운李昉運	시은市隱	이기익李箕翊
수월水月	음갈문왕飮葛文王	순옹順翁	이형상李衡祥	시재施齋	조혜趙惠
수월水月	조검趙儉	순은醇隱	신덕린申德隣	시정是丁	신숙申肅
수월당水月堂	민주면閔周冕	순재淳齋	김수규金壽奎	식산息山	이만부李萬敷
수월당水月堂	임희지林熙之	순재淳齋	이방운李昉運	식암息庵	김석주金錫冑

호號	성 명	호號	성 명	호號	성 명
식암息庵	이자현李資玄	심로心老	이방운李昉運	쌍오雙梧	민점閔點
식우拭疣	김수온金守溫	심산心山	김창숙金昌淑	쌍오거사雙梧居士	박기양朴箕陽
식재植齋	기재奇宰	심산心山	김태원金泰源	쌍월雙月	성활性闊
신강新江	경최慶寁	심산心汕	노수현盧壽鉉	쌍천雙泉	권순權恂
신계莘憩	이돈李敦宇	심석心石	송병순宋秉珣	쌍천雙泉	이영춘李永春
신계晨鷄	이선평李仙枰	심수心水	이정근李正根	쌍청당雙淸堂	안종원安宗源
신고당信古堂	노우盧友明	심악心岳	이승녕李承寧	쌍취헌雙翠軒	권철權轍
신곡新谷	김보남金寶男	심암心菴	조두순趙斗淳	쌍호雙湖	남상문南尙文
신곡神谷	정사신鄭士信	심온深溫	천상병千祥炳	쌍호당雙壺堂	이단석李端錫
신곡薪谷	윤계尹榮	심옹心翁	이방운李昉運		
신구당愼懼堂	이칙李忕	심원心園	조중현趙重顯		
신당新堂	정붕鄭鵬	심은心隱	민흥도閔興道		
신독재愼獨齋	김집金集	심은深隱	이수李隨		
신묵재愼默齋	성윤신成允信	심재心齋	서용보徐龍輔		
신부莘夫	이경직李耕稙	심재心齋	송환기宋煥箕		
신선당信善堂	조언수趙彦秀	심재心齋	이강현李康賢	○	
신안新安	강현姜顯	심재心齋	이도재李道宰		
신암愼庵	이만각李晩慤	심재心齋	이방운李昉運		
신암愼庵	하석홍河錫洪	심재深齋	조긍섭曺兢燮	아계丫溪	고경허高景虛
신암愼菴	권기환權麒煥	심적당心適堂	김이상金履祥	아계丫溪	김일경金一鏡
신암愼菴	노응규盧應奎	심전心荃	안중식安中植	아계鵝溪	이산해李山海
신암愼菴	어석정魚錫定	심전心田	안중식安中植	아곡鵝谷	이태좌李台佐
신암愼菴	조봉진曺鳳振	심향深香	박승무朴勝武	아맹啞盲	권창진權昌震
신암新巖	송병조宋秉祚	심향深香	박승무朴勝武	아산鵝山	김진호金鎭祜
신암新菴	이준민李俊民	심호心湖	이동주李東柱	아산鵝山	정호민丁好敏
신암薪菴	김약슬金約瑟	심호沈湖	채상덕蔡相悳	아수당我誰堂	박춘수朴春秀
신야新野	이인행李仁行	십성당十省堂	엄흔嚴昕	아은啞隱	이정악李挺岳
신연新淵	송사이宋師頤	십주十洲	김수장金壽長	아인雅人	김내성金來成
신와愼窩	정재경鄭在褧	십주十洲	한여직韓汝溭	아정雅亭	이덕무李德懋
신원信園	이의양李義養	십청十靑	김근순金近淳	아주鵝州	이우규李祐珪
신재信齋	윤득부尹得孚	십청헌十淸軒	김세필金世弼	아차산인峨嵯山人	신잠申潛
신재信齋	이영익李令翊	십탄十灘	이우신李雨臣	아천啞川	우석문禹錫文
신재愼齋	한상경韓尙敬	쌍계雙溪	이복원李福源	아행雅行	최정안崔井安
신재愼齋	문기선文夔善	쌍계雙溪	이재李梓	아헌啞軒	김응조金應祖
신재愼齋	주세붕周世鵬	쌍계雙溪	이종검李宗儉	아현亞峴	권영준權寧濬
신재新齋	김진종金振宗	쌍계재雙溪齋	김뉴金紐	아호丫湖	신경진辛慶晉
신재新齋	조림曺霖	쌍곡雙谷	김질金礩	악남岳南	정석鄭晳
신재新齋	조형기趙亨期	쌍곡雙谷	이사경李士慶	악록岳麓	허성許筬
신재新齋	채달주蔡達周	쌍공雙公	정이형鄭伊衡	악재樂齋	서사원徐思遠
신재新齋	최산두崔山斗	쌍괴雙槐	문근文瑾	안곡安谷	이중명李重明
신천新川	이응성李應星	쌍괴雙槐	이홍간李弘幹	안곡顔谷	박세징朴世徵
신촌新村	남해준南海準	쌍괴당雙槐堂	조성한趙晟漢	안당安堂	신태환申泰煥
신포新圃	유대진兪大進	쌍당雙塘	권홍權弘	안락당安樂堂	김소金訴
신희新稀	하연河演	쌍리雙里	이첨李詹	안락당顔樂堂	김흔金訢
실곡實谷	이필희李弼熙	쌍매雙梅	김질간金質幹	안분당安分堂	이희보李希輔
실암實菴	권동진權東鎭	쌍매당雙梅堂	이윤李胤	안분재安分齋	홍처윤洪處尹
실암實菴	권동진權東鎭	쌍매당雙梅堂	이첨李詹	안산安山	유봉영劉鳳榮
실암實庵	김직순金直淳	쌍명재雙明齋	이인로李仁老	안산자安山子	이현종李鉉淙
심강心崗	고재욱高在旭	쌍백당雙栢堂	이세화李世華	안서岸曙	김억金億
심경心耕	윤태림尹泰林	쌍백당雙栢堂	최기崔沂	안서생岸曙生	김억金億
심계心溪	최익항崔益恒	쌍봉雙峰	정극후鄭克後	안소당安素堂	한구韓構
심곡深谷	김치金緻	쌍봉雙峰	도윤道允	안소재安素齋	심원준沈元俊
심곡深谷	장제원張悌元	쌍송雙松	이복로李福老	안재安齋	성임成任
심기당審幾堂	황계희黃啓熙	쌍산雙山	이현영李顯英	안재安齋	이덕현李德玄
심당心堂	이병린李丙璘	쌍송雙松	강양군江陽君	안재安齋	이세응李世應
심락재尋樂齋	김호金灝	쌍송雙松	이덕형李德馨	안재安齋	이종열李鍾烈

호號	성 명	호號	성 명	호號	성 명
안정安亭	신영희辛永禧	약봉藥峰	이탁李鐸	양정당養正堂	최방언崔邦彦
안촌安村	박광후朴光後	약산藥山	백일규白一圭	양정당養靜堂	오천민吳天民
안촌安村	배응경裵應褧	약산若山	강이오姜彛五	양정재養正齋	한식韓栻
안항顔巷	위정훈魏廷勳	약산若山	김원봉金元鳳	양졸당養拙堂	민유부閔有孚
안호安湖	이명윤李命允	약산藥山	김병덕金炳德	양졸재養拙齋	심재沈梓
암당巖塘	김도혁金道赫	약산藥山	김유연金有淵	양졸정養拙亭	이휴복李休復
암산巖山	이동녕李東寧	약산藥山	오광운吳光運	양지정養志亭	송선宋瑄
암수巖叟	박경업朴慶業	약산藥山	이황주李璜周	양직養直	도성유都聖俞
암실暗室	노수신盧守愼	약암約菴	오연상吳淵常	양진당養眞堂	김택金澤
암재巖齋	박연백朴淵伯	약와約窩	이현정李顯靖	양진재養眞齋	김시회金時晦
암헌巖軒	신장申檣	약재約齋	유상운柳尙運	양촌陽村	권근權近
암후巖后	이만각李晩慤	약전藥田	김성식金成植	양촌陽村	박춘성朴春成
압구정狎鷗亭	한명회韓明澮	약창葯窓	박엽朴燁	양촌陽村	정재희鄭載禧
압호정壓湖亭	허언심許彦深	약천藥泉	남구만南九萬	양파陽坡	유관현柳觀鉉
애당愛堂	권동진權東鎭	약천藥泉	조계원趙啓遠	양파陽坡	정태화鄭太和
애라자懶子	홍제유洪濟猷	약파藥坡	남취명南就明	양포楊浦	최전崔澱
애류崖溜	권덕규權悳奎	약파藥坡	이희령李希齡	양한재養閑齋	김수경金壽卿
애사愛史	편강렬片康烈	약포藥圃	이해수李海壽	양헌養軒	권중석權重錫
애산愛山	이인李仁	약포藥圃	정탁鄭琢	양호楊湖	민업閔業
애산艾山	신선온申善溫	약허若虛	서명구徐命九	어계漁溪	조려趙旅
애산艾山	정재규鄭載圭	약헌約軒	송징은宋徵殷	어당峿堂	이상수李象秀
애서厓西	박진영朴震英	약헌約軒	홍현주洪顯周	어부漁夫	성효원成孝元
애일당愛日堂	정분鄭苯	약현藥峴	김익金熤	어성漁城	신담申湛
애일암愛日庵	이언렬李彦烈	약현藥峴	심단沈檀	어수漁叟	이세장李世璋
애춘靄春	신명연申命衍	양계暘溪	정호인鄭好仁	어야옹於野翁	김성진金聲振
애탄愛灘	임현任鉉	양곡良谷	이승복李承福	어옹漁翁	김성기金聖基
애헌艾軒	김시헌金時獻	양곡陽谷	이의길李義吉	어우당於于堂	유몽인柳夢寅
야계산옹倻溪散翁	송희규宋希奎	양곡陽谷	소세양蘇世讓	어은漁隱	김성기金聖基
야곡埜谷	전윤田潤	양곡陽谷	오두인吳斗寅	어은漁隱	민제閔霽
야곡冶谷	조극선趙克善	양옹兩棄翁	안서우安瑞羽	어은漁隱	양사형楊士衡
야당埜堂	허금許錦	양기재兩棄齋	안서우安瑞羽	어은漁隱	오국헌吳國獻
야당野堂	김수렴金守廉	양덕陽德	기준奇遵	어은漁隱	임내신任鼐臣
야당野堂	유혁연柳赫然	양동陽洞	박찬영朴燦瑛	어적산인漁滄散人	유중룡柳仲龍
야당野塘	김남중金南重	양무揚武	권준權晙	어주漁洲	전오륜全五倫
야당野塘	김필진金必振	양산陽山	김우생金佑生	어천笑泉	최중길崔重吉
야돈野豚	김용호金容浩	양서讓西	이광윤李光胤	어천魚川	최중길崔重吉
야로埜老	지엄智嚴	양성헌養性軒	영조英祖	어촌漁村	공부孔俯
야로野老	성여신成汝信	양성헌養性軒	정희계鄭熙啓	어촌漁村	심언광沈彦光
야로野老	이순李淳	양송거사養松居士	김시金禔	여당藜堂	김재원金載元
야로野老	지엄智嚴	양송당養松堂	김시金禔	여물헌與物軒	채헌징蔡獻徵
야뢰夜雷	이돈화李敦化	양송헌養松軒	김시金禔	여봉노인茹峰老人	노수신盧守愼
야성也城	김정주金正柱	양심당養心堂	조성趙晟	여산黎山	양달석梁達錫
야수野叟	정문형鄭文炯	양악羊岳	계선啓璇	여서余胥	신규식申圭植
야운冶雲	조인원趙仁元	양암陽巖	박영묵朴永默	여수驪叟	이충원李忠元
야은野隱	시성時聖	양암陽菴	정존겸鄭存謙	여시산방如是山房	조종현趙宗玄
야은埜隱	전녹생田祿生	양암養庵	최기남崔起南	여심餘心	주요섭朱耀燮
야은冶隱	길재吉再	양와養窩	이세구李世龜	여심생餘心生	주요섭朱耀燮
야은野隱	박이환朴駬桓	양우楊愚	박기호朴基鎬	여암旅菴	신경준申景濬
야은野隱	송시영宋時榮	양원楊原	이숙감李淑瑊	여암如庵	일운一雲
야은野隱	오중주吳重周	양원園園	신기선申箕善	여암如庵	최린崔麟
야은野隱	장유순張裕淳	양은壤隱	정동일鄭東逸	여여如如	유홍기劉鴻基
야족당也足堂	어숙권魚叔權	양은陽隱	이내수李來修	여와餘窩	목만중睦萬中
야천冶川	박소朴紹	양재陽齋	조인희趙寅熙	여천如泉	김중업金重業
야청也青	박기원朴琦遠	양재陽齋	권순명權純命	여천與天	이용설李容卨
야촌野村	손만웅孫萬雄	양재陽齋	정존겸鄭存謙	여천黎泉	이원조李源朝
약봉藥峰	서성徐渻	양전헌兩傳軒	채선견蔡先見	여항汝航	신영삼申榮三

호號	성 명	호號	성 명	호號	성 명
여헌旅軒	장현광張顯光	연초재燕超齋	윤신지尹新之	영은瀛隱	김상전金尙銓
여호驪湖	김양행金亮行	연촌烟村	최덕지崔德之	영응선생永膺先生	이지남李至男
여호黎湖	박필주朴弼周	연파蓮坡	김진수金進洙	영재泠齋	유득공柳得恭
역동易東	우탁禹倬	연파蓮坡	송상도宋相燾	영재寧齋	이건창李建昌
역매亦梅	오경석吳慶錫	연파蓮坡	차상원車相轅	영재詠齋	김진섭金晉攝
역봉櫟峰	이개립李介立	연파淵坡	남종삼南鍾三	영주靈珠	의성義誠
역산櫟山	선영善影	연파煙波	구정래具鼎來	영주瀛洲	양천운梁千運
역암櫟庵	강진규姜晉奎	연포蓮浦	윤덕희尹德熙	영처嬰處	이덕무李德懋
역암櫟菴	민기문閔起文	연포蓮圃	이하윤異河潤	영천자靈川子	신잠申潛
역암易菴	성사달成士達	연포蓮圃	김구金九	영초潁樵	김병학金炳學
역양嶧陽	문경호文景虎	연하蓮下	이기손李起巽	영촌嶺村	김성후金聖垕
역옹櫟翁	이제현李齊賢	연해淵海	광열廣悅	영파影坡	성규聖奎
역천櫟泉	송명흠宋明欽	연해燕海	이의무李宜茂	영하정暎霞亭	양사형楊士衡
역헌櫟軒	홍처대洪處大	연헌蓮軒	김대립金大立	영해影海	약탄若坦
연각硯覺	김하득金夏得	연호延乎	박지원朴趾源	영허靈虛	의현義玄
연강烟江	성진선成晉善	열상외사洌上外史	박종홍朴鍾鴻	영허暎虛	선영善影
연강蓮江	오정남吳挺男	열암洌巖	장지영張志暎	영허暎虛	해일海日
연경당燕敬堂	이구李構	열운洌雲	장한종張漢宗	영호映湖	정호鼎鎬
연경재研經齋	성해응成海應	열청재閱淸齋	곽휘승郭徽承	영호永湖	조엄趙曮
연경재研經齋	정약전丁若銓	염와廉窩	나정련羅正練	영호정映湖亭	이척李滌
연계蓮溪	김첨金瞻	염재念齋	정실鄭宲	영회정永懷亭	오찬조吳纘祖
연계蓮溪	이장오李章吾	염재念齋	조희제趙熙濟	예곡禮谷	곽율郭超
연곡蓮谷	노정섭盧正燮	염재念齋	최득현崔得賢	예곡禮谷	구문유具文游
연곡延谷	권성익權聖翊	염헌恬齋	임상원任相元	예관睨觀	신규식申圭植
연농研農	원명웅元命雄	영계靈溪	길선주吉善宙	예남藝南	방응명方允明
연단자추실燕端紫秋室	손재형孫在馨	영계潛溪	신희남愼喜男	예남藥南	이하원李夏源
연담蓮潭	김명국金明國	영곡靈谷	고득종高得宗	예당禮堂	김정희金正喜
연담蓮潭	이운규李雲圭	영곡靈谷	영우永愚	예동沕東	김두헌金斗憲
연담蓮潭	김후진金後進	영내寧耐	조신준曺臣俊	예미曳尾	어숙권魚叔權
연담蓮潭	유일有一	영녕攖寧	유엽柳儚	예봉禮峰	평신平信
연당蓮塘	정진원丁進源	영담暎潭	경주敬注	예산농은猊山農隱	최해崔瀣
연당研堂	이갑성李甲成	영동永同	성문준成文濬	예암禮庵	광준廣俊
연려실藜室	이긍익李肯翊	영랑永郎	김영랑金永郎	예산산인猊巖山人	조종현趙宗玄
연방蓮坊	이구李球	영매嶺梅	유후조柳厚祚	예정禮庭	민영익閔泳翊
연방노인蓮坊老人	이준경李浚慶	영모당永慕堂	김질金質	오계梧溪	민승룡閔升龍
연백당研白堂	김석준金奭準	영모당永慕堂	신방집辛邦楫	오계梧溪	이흘李忔
연봉蓮峰	이기설李基卨	영모당永慕堂	안당安瑭	오계梧溪	한효원韓效元
연빙당淵氷堂	신석조辛碩祖	영모당永慕堂	오명항吳命恒	오계鰲溪	김하명金夏明
연사蓮士	이조헌李祖憲	영모정永慕亭	하진보河晉寶	오곡鰲谷	홍일순洪一純
연산蓮山	김중건金中建	영산影山	경순敬淳	오공통혜悟空通慧	낙진樂眞
연상煙湘	박지원朴趾源	영산靈山	박대완朴大完	오담梧潭	권필칭權必稱
연암蓮庵	구인회具仁會	영서瀍西	전명룡全命龍	오당梧堂	함화진咸和鎭
연암淵庵	우성전禹性傳	영서瀛西	고병간高秉幹	오로재吾老齋	정종鄭種
연암淵菴	임예환林禮煥	영서거사潁西居士	임로任魯	오룡재五龍齋	남명학南溟學
연암烟巖	조석우曺錫雨	영수합令壽閤	영수합서씨	오류정五柳亭	장의현張義賢
연암然庵	김순하金舜河		令壽閤徐氏	오리梧里	박율朴繘
연암燕巖	박지원朴趾源	유득공柳得恭	영암冷庵	오리梧里	이원익李元翼
연옹蓮翁	윤덕희尹德熙	영암靈巖	묘잠妙岑	오무당五無堂	유정柳頲
연유蓮游	이존수李存秀	영암靈巖	오한영吳漢泳	오방 五放	최흥종崔興琮
연일당燕日堂	곽지운郭之雲	영암暎巖	박기종朴淇宗	오백 梧栢	이주국李柱國
연자燃髭	홍집洪潗	영어潁漁	김병국金炳國	오봉 五峯	이호민李好閔
연재淵齋	송병선宋秉璿	영운嶺雲	모윤숙毛允淑	오봉 五峰	서춘徐椿
연재淵齋	윤종의尹宗儀	영운影雲	김용진金容鎭	오봉 五峰	채이항蔡以恒
연재淵齋	정은조鄭誾朝	영원수靈源叟	지인之印	오봉 梧峰	신지제申之悌
연재衍齋	이승연李升淵	영월詠月	청학淸學	오봉 鰲峯	김제민金齊閔
연주蓮舟	극현極玄			오사 五沙	이정운 李鼎運

호號	성 명	호號	성 명	호號	성 명
오산五山	차천로車天輅	옥봉玉峰	옥봉이씨玉峰李氏	왕림旺林	이행상李行祥
오산午山	남정각南廷珏	옥산玉山	이우李瑀	왕산旺山	허위許蔿
오산吾山	이강李剛	옥산玉山	이정규李正奎	외당畏堂	유홍석柳弘錫
오산梧山	서창재徐昌載	옥산玉山	장한종張漢宗	외배	이광수李光洙
오서梧墅	박영원朴永元	옥소玉所	권섭權燮	외삼재畏三齋	심약기沈若沂
오서梧西	엄숙嚴璹	옥소정玉素亭	손재형孫在馨	외솔	최현배崔鉉培
오서재주인五瑞齋主人	오상돈吳相燉	옥수玉垂	조면호趙冕鎬	외암畏庵	이간李柬
오석吾石	김혁金爀	옥애玉崖	김진여金振汝	외암畏庵	김도명金道明
오석烏石	김혁金爀	옥오재玉吾齋	송상기宋相琦	외암畏庵	송대립宋大立
오소재吾巢齋	김여량金汝亮	옥유당玉蕤堂	한치윤韓致奫	외암畏庵	정윤교鄭允喬
오수鰲叟	이경李坰	옥전장玉田莊	손재형孫在馨	외암畏菴	권석장權錫璋
오악산인五嶽山人	신광수申光洙	옥정연재玉井研齋	전형필全鎣弼	외암畏菴	김여물金汝岉
오암鰲巖	곽유번郭維藩	옥천沃川	최태호崔台鎬	외암畏菴	이식李拭
오애浯涯	김진표金震標	옥천玉川	안여경安餘慶	외재畏齋	이단하李端夏
오옹梧翁	윤겸尹㻩	옥천玉川	장덕구張德耈	외재畏齋	이후경李厚慶
오우당五友堂	김근金近	옥천玉川	조덕린趙德鄰	외재畏齋	하겸진河謙鎭
오우재五友齋	김시후金時煦	옥천玉川	조유趙瑜	요곡拗谷	유성증兪省曾
오운五雲	이원만李源万	옥천玉泉	강주호姜周祜	요산樂山	김위남金偉男
오원吾園	장승업張承業	옥파沃坡	이종일李鐘一	요산樂山	방효원方孝元
오은梧隱	조창원趙昌遠	옥파玉派	함낙기咸洛基	요산주인樂山主人	이원풍李元豐
오음梧陰	윤두수尹斗壽	옥포玉浦	이익李瀷	요천堯泉	김헌기金憲基
오자옹五者翁	김약金籥	옥해도인玉海道人	변지순卞指淳	용계龍溪	김덕명金德明
오재寤齋	조정만趙正萬	옥현玉峴	박근제朴根悌	용계龍溪	김지남金止男
오재梧齋	신지제申之悌	옥호玉壺	이조원李肇源	용계龍溪	서변솨拚
오재梧齋	양만용梁曼容	옥호자玉壺子	정하언鄭夏彦	용계龍溪	이수준李壽俊
오재汙齋	조지겸趙持謙	온계溫溪	이해李瀣	용계龍溪	이연송李連松
오정梧亭	변삼근卞三近	온당溫堂	백삼규白三圭	용계龍溪	장환張喚
오주鰲洲	한극창韓克昌	온암溫菴	홍승한洪承漢	용곡龍谷	김유경金有慶
오주五洲	이규경李圭景	온유재溫裕齋	윤종섭尹鐘燮	용담龍潭	박이장朴而章
오죽재梧竹齋	조의양趙宜陽	온재韞齋	김진옥金鎭玉	용담龍潭	손여성孫汝誠
오창梧窓	박동량朴東亮	온재溫齋	이광래李光來	용담龍潭	임흘任屹
오천梧川	이종성李宗城	올보리	이광수李光洙	용담龍潭	조관愯冠
오천梧泉	김석진金奭鎭	옹재雍齋	안숭선安崇善	용만龍巒	권기權紀
오천烏川	이문화李文和	와곡瓦谷	이익신李翊臣	용만龍巒	김우윤金友尹
오천鰲川	김경수金景壽	와빈臥濱	정운호鄭雲湖	용문龍門	조욱趙昱
오촌梧村	윤이도尹以道	와운옹臥雲翁	정칙鄭侙	용산龍山	기홍연奇弘衍
오촌梧村	이대건李大建	와운자臥雲子	김택룡金澤龍	용산蓉山	정건조鄭健朝
오탄梧灘	심유沈攸	와은臥隱	김한동金翰東	용서龍西	윤원거尹元擧
오파梧坡	최병호崔炳浩	완구完邱	양사언楊士彦	용서龍西	정대수丁大水
오하梧下	이규홍李圭弘	완구宛九	신대우申大羽	용섭당龍攝堂	이기손李起巽
오하梧下	이병규李昞圭	완기헌玩棋軒	윤혜교尹惠教	용아龍兒	박용철朴龍喆
오한鰲漢	손기양孫起陽	완당阮堂	김정희金正喜	용악聳岳	보위普衛
오향정五香亭	강양군江陽君	완산完山	이긍익李肯翊	용암龍巖	송광정宋光井
오헌梧軒	민응수閔應洙	완산完山	이헌길李獻吉	용암龍巖	이상일李尙逸
오호五湖	이상의李尙毅	완서翫西	이조연李祖淵	용암龍巖	주몽룡朱夢龍
오휴당五休堂	안공安玑	완암浣巖	정내교鄭來僑	용암龍巖	체조體照
옥계玉溪	강유후姜裕後	완양完陽	안석경安錫儆	용암龍菴	마응방馬應房
옥계玉溪	노진盧禛	완역재玩易齋	강석덕姜碩德	용암龍菴	김이소金履素
옥계玉溪	유진산柳珍山	완월翫月	궤홍軌泓	용암溶菴	김낙철金洛喆
옥계玉溪	이정민李貞敏	완월당翫月堂	오응정吳應鼎	용암蓉菴	김병시金炳始
옥국재玉局齋	이운영李運永	완이莞爾	이유수李惟秀	용애龍崖	신응태申應泰
옥금산인玉琴散人	이서李漵	완정浣亭	이언영李彦英	용연容淵	김종발金宗發
옥동玉洞	문익성文益成	완파玩坡	위규장魏珪璋	용오龍塢	정관원鄭官源
옥동玉洞	이서李漵	완허玩虛	원준圓俊	용와慵窩	유승현柳升鉉
옥봉玉峯	백광훈白光勳	완허翫虛	장섭伏涉	용운龍雲	처익處益
옥봉玉峰	김몽호金夢虎	완호玩虎	윤우倫佑	용월龍月	경언敬彦

호號	성 명	호號	성 명	호號	성 명
용은慵隱	조윤석趙胤錫	우당愚堂	홍순갑洪淳甲	우재吁齋	조준趙浚
용은慵隱	조진석趙晉錫	우당憂堂	권동진權東鎭	우재尤齋	송시열宋時烈
용은거사慵隱居士	유대일兪大逸	우당憂堂	박용朴融	우재愚齋	손중돈孫仲墩
용인庸人	안중식安中植	우당牛堂	곽복산郭福山	우재愚齋	이이李珥
용재慵齋	성현成俔	우당羽堂	조병현趙秉鉉	우재愚齋	정미수鄭眉壽
용재慵齋	이종준李宗準	우당藕堂	민영달閔泳達	우재迂齋	이후원李厚源
용재容齋	목겸선睦兼善	우당藕堂	민응식閔應植	우천愚田	정현덕鄭顯德
용재容齋	이행李荇	우락재憂樂齋	최동보崔東輔	우정偶丁	임규林圭
용재庸齋	백낙준白樂濬	우란友蘭	서회순徐熹淳	우정宇精	이규채李圭彩
용졸用拙	민성휘閔聖徽	우랑又閬	권돈인權敦仁	우정愚亭	서기환徐基煥
용졸재用拙齋	신식申湜	우록友鹿	유근근柳瀁根	우정愚楨	유강렬劉康烈
용주龍洲	김유경金有慶	우만寓灣	이장곤李長坤	우정優亭	김경직金敬直
용주龍洲	조경趙絅	우문又文	이성구李成九	우정優亭	김경직金敬直
용천龍泉	김안로金安老	우보牛步	민태원閔泰瑗	우정優亭	김극성金克成
용탄산인龍灘散人	박원도朴元度	우복愚伏	유전柳琠	우정雨亭	조박趙璞
용탄자龍灘子	이연경李延慶	우복愚伏	정경세鄭經世	우졸옹愚拙翁	임방任埅
용파龍坡	기홍基弘	우봉又峰	조희룡趙熙龍	우졸재迂拙齋	박한주朴漢柱
용포龍浦	윤세기尹世紀	우봉牛峰	이극배李克培	우주헌寓酒軒	한종일韓宗一
용허龍虛	장호莊昊	우봉禹峰	홍충희洪忠憙	우창于蒼	신석우申錫愚
용헌慵軒	이종준李宗準	우봉藕峰	안지호安智鎬	우창雨蒼	이용림李用霖
용헌慵軒	조세영趙世英	우불급재愚不及齋	오재순吳載純	우천又川	오영진吳泳鎭
용헌容軒	이원李原	우사尤史	김규식金奎植	우천友泉	장학엽張學燁
용현진인慵玄眞人	한무외韓無畏	우사雩沙	이세백李世白	우천愚川	정칙鄭仗
용호龍湖	남근南瑾	우산右山	윤현진尹顯振	우천牛川	민선閔善
용호龍湖	윤이도尹以道	우산牛山	안방준安邦俊	우천牛川	윤경립尹敬立
용호龍湖	조존성趙存性	우석于石	신헌申櫶	우천牛川	정옥鄭玉
용호龍湖	해주海珠	우석又石	이재면李載冕	우천牛泉	이약수李若水
용호어부蓉湖漁夫	죽향竹香	우석友石	박동규朴東圭	우천藕泉	조완구趙琬九
우강友江	송종식宋鐘翊	우석愚石	박진朴珍	우청雨晴	심령沈苓
우강雩岡	양기탁梁起鐸	우석愚石	이창구李昌九	우촌友村	허진許瑨
우계尤溪	박수서朴守緒	우선藕船	이상적李尙迪	우촌牛村	박찬朴璨
우계愚溪	김민재金敏材	우성又誠	김종영金鍾瑛	우촌牛村	전진한錢鎭漢
우계牛溪	성혼成渾	우성宇醒	박용만朴容萬	우춘又春	박내원朴來源
우계산인雨溪散人	이광李洸	우세祐世	의천義天	우하又荷	민형식閔衡植
우계한민牛溪閒民	성수침成守琛	우송재友松齋	이령李翎	우해于海	이현근李鉉圭
우곡愚谷	강백姜栢	우수尤叟	민응기閔應箕	우향又香	정대유丁大有
우곡愚谷	권영權坽	우수迂叟	송정규宋廷奎	우향雨鄕	박내현朴崍賢
우곡愚谷	박신윤朴身潤	우암寓庵	권장權檣	우헌寓軒	박상현朴尙玄
우곡愚谷	송량宋亮	우암寓菴	김주金澍	우헌寓軒	유세명柳世鳴
우곡愚谷	유성증兪省曾	우암寓菴	남구명南九明	우헌愚軒	신응현申應顯
우곡愚谷	정이오鄭以吾	우암尤庵	송시열宋時烈	우헌愚軒	유원중柳遠重
우교당于郊堂	구치용具致用	우암愚庵	김경탁金敬琢	우헌愚軒	이현섭李鉉燮
우근友槿	유자명柳子明	우암迂庵	박희현朴希賢	우헌愚軒	채헌징蔡獻徵
우금당友琴堂	김일진金日晉	우연русь淵	김지복金知復	우헌迂軒	김총金璁
우남羽南	이원철李源喆	우연옹偶然翁	임성고任聖皐	우헌迂軒	정언유鄭彦儒
우남雩南	이승만李承晚	우염又髥	권돈인權敦仁	우헌迂軒	허욱許頊
우념재雨念齋	이명오李明五	우용寓慵	변헌卞獻	우현又玄	고유섭高裕燮
우념재雨念齋	이봉환李鳳煥	우운于雲	박병채朴炳采	우현又玄	김관식金冠植
우담優曇	우행禹行	우운又雲	권병덕權秉悳	우호友壺	김철회金喆熙
우담愚潭	정시한丁時翰	우원愚園	임성원林聲遠	우화雨華	이동춘李同春
우담雨潭	유정有定	우월又月	김활란金活蘭	욱재勖齋	심통원沈通源
우담雪潭	채득기蔡得沂	우은寓隱	정시술丁時述	운강雲崗	이강년李康秊
우당于堂	윤희구尹喜求	우은隱隱	달선達善	운강雲岡	박시묵朴時默
우당友堂	이회영李會榮	우이자虞夷子	안정복安鼎福	운강雲崗	이경민李慶民
우당愚堂	김관오金冠五	우인又仁	김용덕金龍德	운강雲江	김계金啓
우당愚堂	유창환兪昌煥	우인雨人	송지영宋志英	운강雲江	임국로任國老

호號	성 명	호號	성 명	호號	성 명
운강雲江	조원趙瑗	운와雲臥	신요申橈	원정圓丁	민영익閔泳翊
운경雲耕	이재형李載瀅	운재芸齋	설장수偰長壽	원정猿亭	최수성崔壽峨
운계雲桂	이준영李峻永	운재芸齋	이언충李彦忠	원중元中	은원충殷元忠
운계雲桂	이준영李峻永	운재雲齋	박문일朴文一	원천原泉	이기수李驥秀
운계雲溪	김종정金鍾正	운재雲齋	이의양李義養	원촌源村	정존겸鄭存謙
운계雲溪	문려文勵	운전雲田	장석룡張錫龍	원파圓坡	김기중金祺中
윤계雲溪	박용남朴容南	운정篔汀	이도재李道宰	원학산인猿鶴山人	유이태劉爾泰
윤계雲溪	박태창朴泰昌	운정芸亭	김언건金彦健	원해圓海	문주文周
윤계雲溪	백기준白基俊	운정芸庭	성낙서成樂緖	월간月磵	이전李㙉
윤계雲溪	유창兪瑒	운정雲庭	윤효정尹孝定	월강月崗	오익吳翊
윤계雲溪	전이성全以性	운정雲庭	이숙종李淑鍾	월강月崗	신상초申相楚
윤계雲溪	정뇌경鄭雷卿	운정雲汀	김정진金井鎭	월강月江	이길용李吉用
윤계雲溪	조순趙淳	운제雲齊	고병국高秉國	월계月溪	조희문趙希文
윤계雲溪	조중묵趙重黙	운천芸泉	박성양朴性陽	월고月皐	조성가趙性家
운고雲皐	이경우李景宇	운천雲川	김두량金斗樑	월곡月谷	오원吳瑗
운고雲皐	장시표張時杓	운천雲川	김용金涌	월곡月谷	우배선禹拜善
운곡耘谷	원천석元天錫	운초云初	장사훈張師勛	월곡月谷	유종흥柳宗興
운곡雲谷	남노성南老星	운초雲樵	문석환文奭煥	월곡月谷	차경석車京石
운곡雲谷	민여검閔汝儉	운초雲樵	박기준朴基駿	월곡月谷	최흥효崔興孝
운곡雲谷	송강석宋康錫	운초雲樵	함대영咸大榮	월남月南	이상재李商在
운곡雲谷	송한필宋翰弼	운촌雲村	민여검閔汝儉	월담月潭	김정룡金廷龍
운곡雲谷	이광좌李光佐	운파雲坡	익화益化	월담月潭	설제雪霽
운곡雲谷	이희발李羲發	운파波雲	이병우李炳祐	월담月潭	윤의립尹毅立
운곡雲谷	정보鄭保	운포耘逋	정학유丁學游	월담月潭	이구원李久源
운곡雲谷	충휘冲徽	운포雲浦	이달李達	월담月潭	최황崔滉
운담雲潭	정일鼎馹	운포雲浦	여성제呂聖齊	월당月塘	강석기姜碩期
운당雲堂	주명우朱明禹	운포雲浦	이위국李緯國	월당月塘	이정암李廷馣
운당雲藍	이염李琰	운학雲壑	조평趙平	월봉月峯	고부천高傅川
운당韻堂	김붕해金鵬海	운학雲鶴	편운자片雲子	월봉月峯	고인계高仁繼
운람雲藍	정봉현鄭鳳鉉	운학재雲聖齋	정구鄭矩	월봉月峯	김인관金仁寬
운루芸樓	김원행金元行	운허耘虛	용하龍夏	월봉月峯	무주無住
운미芸楣	민영익閔泳翊	운허耘虛	이시열李時說	월봉月峰	쌍식雙式
운산耘山	여대표呂大驃	운헌雲軒	이광익李光翼	월봉月峰	김광원金光遠
운산雲山	이휘재李彙載	운호雲湖	이규갑李奎甲	월봉月峰	이서李曙
운석雲石	장면張勉	운호雲湖	임몽정任蒙正	월봉月峰	정옥형丁玉亨
운석雲石	조인영趙寅永	운호雲湖	임정주任靖周	월봉月峰	한기악韓基岳
운소雲巢	김사목金思穆	운홍雲鴻	편운자片雲子	월봉月蓬	유영길柳永吉
운소자雲巢子	박문규朴文逵	웅음雄飮	김계우金季愚	월사月養	성호선成好善
운송雲松	김해金澥	웅초熊超	김규택金奎澤	월사月沙	이정구李廷龜
운송거사雲松居士	강희맹姜希孟	원곡元谷	도오道悟	월성月城	최북崔北
운수당雲水堂	하윤河潤	원광圓光	상월上月	월악月嶽	한지韓祉
운수산인雲水山人	정규한鄭奎漢	원교圓嶠	이광사李匡師	월암月巖	이광려李匡呂
운암雲菴	한석지韓錫地	원당圓塘	성규헌成揆憲	월암月庵	김호金虎
운암雲巖	김성숙金星淑	원명圓明	해원海圓	월양月洋	이탁李鐸
운암雲巖	김연金緣	원모당遠慕堂	김후진金後進	월여月如	범인梵寅
운암雲巖	김주金輳	원백元伯	김증건金中建	월연月淵	이태李迨
운암雲巖	이홍발李興浡	원석圓石	조맹선趙孟善	월음月陰	이방운李昉運
운암雲巖	정두흠鄭斗欽	원암圓庵	득원得圓	월전무月田茂	김종한金鍾漢
운암雲巖	차원부車原頫	원여元汝	이인화李仁和	월정月亭	유정현柳廷顯
운암雲庵	박문일朴文一	원옹圓翁	이의승李宜繩	월정月汀	윤근수尹根壽
운암雲庵	백남규白南奎	원응圓應	계정戒定	월주月洲	소두산蘇斗山
운애雲崖	박효관朴孝寬	원응圓應	지근志勤	월주月洲	오영수吳泳壽
운양雲養	김윤식金允植	원인圓人	임경재任璟宰	월총月牎	이총李摠
운와雲窩	목태림睦台林	원재圓齋	정공권鄭公權	월창月滄	임계林垍
운와雲窩	민몽룡閔夢龍	원정圓亭	여희림呂希臨	월창月窓	임계林垍
운와雲窩	이달존李達尊	원정圓丁	김덕준金德俊	월창月窓	김대현金大鉉

호號	성 명	호號	성 명	호號	성 명
월창月窓	안후태安後泰	유당留堂	강이오姜彝五	일성日省	이인행李仁行
월창月窓	인흥군仁興君	유당惟堂	정현복鄭鉉福	일성재日省齋	김은金檃
월천月川	김길통金吉通	유당酉堂	김노경金魯敬	일소一笑	노협盧協
월천月川	노세후盧世厚	유민維民	홍진기洪璡基	일소재一笑齋	윤이건尹以健
월천月川	조목趙穆	유봉酉峰	윤증尹拯	일송一松	김동삼金東三
월초月初	거연巨淵	유산柳山	유허일柳虛一	일송一松	심회수沈喜壽
월촌月村	이성임李聖任	유석維石	조병옥趙炳玉	일송一松	홍치洪治
월탄月灘	박종화朴鐘和	유선儒仙	한권翰卷	일송일송逸松	김선태金善太
월탄月灘	이현李絃	유시柳示	한흥일韓興一	일암一庵	윤동원尹東源
월탄月灘	한효순韓孝純	유시재有是齋	이의연李義淵	일암一庵	윤인석尹仁錫
월파月坡	김상용金尙鎔	유심재有心齋	이화보李和甫	일암一庵	이기지李器之
월파月坡	서민호徐珉濠	유암流暗	김여제金輿濟	일암一菴	박효남朴孝男
월파月波	유팽로柳彭老	유암游菴	홍기조洪基兆	일암日庵	정이精頤
월파月波	태율兌律	유연당悠然堂	김대현金大賢	일암일암逸庵	윤덕준尹德駿
월파거사月坡居士	조정구趙鼎九	유연재悠然齋	김희수金希壽	일야一野	윤정현尹玨鉉
월포月圃	최충崔冲	유와牖窩	김이익金履翼	일엄一广	김상일金相日
월포月浦	강사상姜士尙	유원幽園	김중현金重鉉	일여一如	신순信淳
월포月浦	이우빈李佑賓	인주麟洲	오전吳竱	일엽一葉	김일엽金一葉
월하月荷	계오戒悟	인촌仁村	김성수金星洙	일오一梧	구자균具滋均
월헌月軒	정수강丁壽崗	인촌仁村	조명superscript趙銘	일옹逸翁	최희량崔希亮
월헌月軒	조현曹顯	인파처사烟波處士	박개朴漑	일와一窩	김노응金魯應
월호月湖	이정은李貞恩	일가도인一可道人	이행李行	일우一宇	김한종金漢鍾
월호月湖	정숙하鄭淑夏	일계一溪	김철준金哲埈	일우一愚	박태원朴泰遠
월호月湖	조영국趙榮國	일계일계逸溪	김자지金自知	일우一愚	성백선成百善
월화月華	인학仁學	일계일계逸溪	채무일채무일	일우一愚	전필순全弼淳
월화당月華堂	노극복盧克復	일곡日谷	조득영趙得永	일우一愚	종수宗壽
월휘당月暉堂	이희증李希曾	일관一觀	이석호李碩鎬	일우一雨	정신鄭信
위남葦南	박희중朴熙中	일광一狂	정시해鄭時海	일우日愚	강우규姜宇奎
위당爲堂	신헌申櫶	일당一堂	이완용李完用	일운一雲	여암如菴
위당韋堂	정인보鄭寅普	일도一島	나정문羅正紋	일운일운逸雲	조재천曺在千
위당韋堂	김문제金文濟	일두一蠹	정여창鄭汝昌	일유재一逌齋	장태수張泰秀
위당韋堂	이진구李鎭求	일로당逸老堂	성세명成世明	일재一齋	권한공權漢功
위당韋堂	장회원張熙遠	일로당逸老堂	양관梁灌	일재一齋	김감金勘
위빈渭濱	김세록金世祿	일묵재一黙齋	김광두金光斗	일재一齋	김병조金秉祚
위사渭士	강필주姜弼周	일묵헌一黙軒	조정위趙正緯	일재一齋	어윤중魚允中
위사韋史	신석회申錫禧	일민一民	김상만金相万	일재一齋	이항李恒
위산緯山	서광범徐光範	일민一民	신규식申圭植	일재일재逸齋	김양신金良臣
위석渭石	강명규姜明奎	일범一帆	장석신張錫藎	일재일재逸齋	나세진羅世振
위암韋庵	김상악金相岳	일보一步	함대훈咸大勳	일재일재逸齋	박유연朴由淵
위암韋庵	신상申鎧	일봉一峰	조석회趙錫晦	일재일재逸齋	성임成任
위암韋庵	장지연張志淵	일봉一峰	조현기趙顯期	일재일재逸齋	신한평申漢枰
위암韋菴	이최중李最中	일봉日峰	이교문李教文	일정一丁	구여순具汝淳
위재爲齋	정현복鄭鉉福	일부一夫	김항金恒	일주一洲	김진우金振宇
위창韙傖	오세창吳世昌	일붕一鵬	서경보徐京保	일죽一竹	이돈오李惇五
위창韋瘡	오세창吳世昌	일사一簑	방종현方鍾鉉	일지암一枝庵	의순意恂
위천渭川	김세록金世祿	일사一查	이함일李涵一	일진一塵	강선姜璿
위항도인葦抗道人	박제가朴齊家	일산一山	김두종金斗鍾	일천一泉	김지환金智煥
유경당幽敬堂	김의정金義貞	일산一山	김명환金命煥	일청一青	김달순金達淳
유계柳溪	강명규姜命奎	일서逸曙	김홍일金弘壹	일청一青	양유식楊潤植
유곡柳谷	이헌국李憲國	일석一石	이희승李熙昇	일파一波	엄항섭嚴恒燮
유곡楡谷	박치륭朴致隆	일석一石	최병하崔炳夏	일파一派	이부李敷
유관游觀	김응근金興根	일석일석逸石	변영태卞榮泰	일편단생一片丹生	신채호申采浩
유당蕤堂	김하종金夏鐘	일성一蟬	이홍재李洪載	일포逸圃	박시원朴時源
유당柳堂	계수명桂惟明	일성一星	신태악辛泰嶽	일한재一寒齋	김성적金盛迪
유당柳塘	김니金柅	일성一醒	명주완明柱完	일해一海	이세정李世禎
유당柳塘	윤동도尹東度	일성一醒	이준李离	일헌一軒	하해관河海寬

호號	성 명	호號	성 명	호號	성 명
일헌逸軒	어석윤魚錫胤	자락헌自樂軒	유최기兪最基	장암壯菴	곽한일郭漢一
일호一濠	남계우南啓宇	자문紫門	양명문楊命門	장암藏菴	지헌영池憲英
일호一瓠	송영구宋英耈	자봉紫峰	최종주崔宗周	장위산인藏位山人	윤용구尹用求
일홍당日紅堂	권상신權常愼	자산自山	안확安廓	장육거사藏六居士	이종李宗準
일화一和	최현달崔鉉達	자산紫山	조중묵趙重黙	장육당藏六堂	배용길裵龍吉
일환재一丸齋	심낙수沈樂洙	자성自城	이덕진李德珍	장음정음亭	나식羅湜
일휴逸休	박필정朴弼正	자암紫巖	남태회南泰會	장재莊齋	심헌영沈獻永
일휴당日休堂	금응협琴應夾	자암紫巖	이민환李民寏	장주莊洲	김첨경金添慶
일휴당日休堂	최경회崔慶會	자암自庵	김구金絿	장주長洲	박진원朴震元
일휴정日休亭	이영세李榮世	자연自然	김상복金相福	장주長洲	윤휘尹暉
일휴정日休亭	이숙李翻	자연自然	김용배金龍培	장춘長春	전영택田榮澤
임계林溪	유호인兪好仁	자연암自然庵	한종일韓宗一	장포長浦	김행金行
임계林溪	윤집尹集	자연옹紫煙翁	이인문李寅文	장포長浦	이효원李効元
임고자臨皐子	이상권李尙權	자오紫塢	김조근金祖根	장호長湖	윤경교尹敬教
임곡霖谷	임진부林眞怤	자오自娛	한익상韓益相	재간在澗	서명균徐命均
임곡霖谷	최윤덕崔潤德	자운慈雲	성우城祐	재간在澗	임희성任希聖
임당林塘	정유길鄭惟吉	자운慈雲	천우天祐	재곡梓谷	이기李沂
임당琳塘	백은배白殷培	자운紫雲	강학년姜鶴年	재곡齋谷	안후열安後說
임당恁堂	고기승高基升	자운紫雲	신우현申禹鉉	재사당再思堂	이원李黿
임당林塘	백은배白殷培	자유子游	어득강魚得江	저곡樗谷	여칭呂稱
임목아林木兒	이원조李源朝	자유재自有齋	윤용선尹容善	저도楮島	구용具容
임성任性	충언冲彦	자응慈應	신화信和	저로樗老	이우직李友直
임여재臨汝齋	유규流注	자이당自怡堂	임훈林薰	저암樗菴	유한준兪漢雋
임연臨淵	이양연李亮淵	자천紫泉	전운상田雲祥	저전樗田	이종림李鍾林
임연재臨淵齋	배삼익裵三益	자하紫霞	변경윤邊慶胤	저헌樗軒	박민헌朴民獻
임은林隱	이민곤李敏坤	자하紫霞	신위申緯	저헌樗軒	이석형李石亨
임재臨齋	서찬규徐贊奎	자하自下	경신敬信	적곡赤谷	성승成勝
임재臨齋	윤심형尹心衡	자하도인紫霞道人	정약용丁若鏞	적상赤裳	권진인權眞人
임전琳田	조정규趙廷奎	자하산방紫山房霞	김응섭金應燮	적성재赤城齋	정동호鄭東虎
임진당任眞堂	채세영蔡世英	자행慈行	책활策活	적안適安	신명규申命圭
임천任天	양원梁棩	작약산인芍藥山人	강필로姜必魯	적암適庵	신광현神光絢
임하林下	이지영李祉永	잠계潛溪	권창식權昌植	적암은인適巖隱人	한몽삼韓夢參
임헌林軒	정세필鄭世弼	잠곡潛谷	김육金堉	적은迪隱	소제蘇濟
임호林湖	박수검朴守儉	잠소당潛昭堂	박광우朴光佑	전귀당全歸堂	서시립徐時立
입록立祿	원정元禎	잠수潛叟	박세당朴世堂	전긍재戰兢齋	김서일金瑞一
입암立巖	민제인閔齊仁	잠암潛巖	성로成輅	전암典庵	강정환姜鼎煥
입암立巖	유중영柳仲郢	잠암潛庵	김의정金義貞	전은田隱	안상계安桑鷄
입암立菴	주용규朱庸奎	잠야潛冶	박지계朴知誡	전재全齋	임헌회任憲晦
입암笠巖	길인화吉仁和	잠옹潛翁	남하행南夏行	절재節齋	김종서金宗瑞
입암笠巖	손비장孫比長	잠와潛窩	이명준李命俊	점필재占畢齋	김종직金宗直
입암笠巖	이성신李省身	잠와潛窩	최진립崔震立	정간貞簡	서문유徐文裕
입재立齋	강재항姜再恒	잠은潛隱	강영姜怜	정견靜見	한익모韓翼謨
입재立齋	노흠盧欽	장계藏溪	오이정吳以井	정계正溪	김예전金禮鎭
입재立齋	송근수宋近洙	장계長溪	서장보徐長輔	정곡貞谷	이수장李壽長
입재立齋	정종로鄭宗魯	장곡藏谷	권태일權泰一	정곡靜谷	송극인宋克訒
입택笠澤	김감金鑑	장곡藏谷	성준구成俊耈	정곡靜谷	임권任權
		장륙당藏六堂	조구석趙龜錫	정곡鼎谷	조대중曹大中
		장륙당藏六堂	최양崔瀁	정곡鼎谷	조존성趙存性
		장륙재藏六齋	문덕구文德龜	정관井觀	김복진金復鎭
		장밀헌藏密軒	송인명宋寅明	정관靜觀	일선一禪
	ㅈ	장백산長白山	김용관金容觀	정관재靜觀齋	김만기金萬基
		장백산인長白山人	이광수李光洙	정관재靜觀齋	박문건朴文健
		장성章聖	의인왕후懿仁王后	정관재靜觀齋	박충원朴忠元
자겸와自慊窩	유대원柳大源	장암丈巖	정호鄭澔	정관재靜觀齋	이단상李端相
자계옹紫溪翁	이언적李彦迪	장암場巖	성몽정成夢井	정당政堂	유여림兪汝霖
자기慈起	강위姜瑋	장암壯菴	나덕헌羅德憲	정락재靜樂齋	김이구金履矩
자당資堂	안중식安中植				

호號	성 명	호號	성 명	호號	성 명
정묵당靜默堂	권중경權重經	정포靜浦	한옹韓雍	존성재存誠齋	박미朴楣
정묵재靜默齋	유의건柳宜健	정허와靜虛窩	이원곤李源坤	존성재存誠齋	박태상朴泰尙
정산定山	채용신蔡龍臣	정헌定軒	이종상李種祥	존양存養	최덕지崔德之
정산鼎山	송규宋奎	정헌正軒	순종純宗	존양재存養齋	송정렴宋挺濂
정산鼎山	유백온俞伯溫	정헌禎軒	유시발柳時發	존양재存養齋	이계전李季甸
정산鼎山	조철제趙哲濟	정헌貞憲	의인왕후懿仁王后	존와存窩	최석정崔錫鼎
정산초인靜山樵人	이유립李裕岦	정헌貞軒	이가환李家煥	존재存齋	강규환姜奎煥
정세靖世	양의직楊懿直	정헌靜軒	김설金卨	존재存齋	곽준郭趄
정송梃松	전덕원全德元	정헌靜軒	박필간朴弼幹	존재存齋	구택규具宅奎
정수靜叟	유인숙柳仁淑	정헌靜軒	이기李曙	존재存齋	기대승奇大升
정수재靜修齋	이병모李秉模	정헌靜軒	조정철趙貞喆	존재存齋	위백규魏伯珪
정수재靜修齋	최후량崔後亮	정헌靜軒	정광성鄭廣成	존재存齋	이휘일李徽逸
정안당靜安堂	한우신韓禹臣	제곡濟谷	유희량柳希亮	존재存齋	조익趙翼
정안재靜安齋	정침鄭沈	제교霽嶠	권환權瑍	존추사실尊秋史室	손재형孫在馨
정암整菴	정척鄭陟	제남濟南	하경락河經洛	졸당拙堂	민성휘閔聖徽
정암晶巖	즉원卽圓	제남濟南	배렴裵濂	졸수재拙修齋	조성기趙聖期
정암正菴	박민헌朴民獻	제당霽堂	운고雲皐	졸수재拙修齋	조형기趙亨期
정암正菴	이종훈李種勳	제봉霽峯	고경명高敬命	졸암拙庵	송석경宋錫慶
정암貞庵	민우수閔遇洙	제봉霽峰	김성탁金聖鐸	졸암拙庵	연온衍昷
정암貞菴	권병덕權秉悳	제산霽山	운고雲皐	졸암拙庵	유영순柳永詢
정암貞菴	안완경安完慶	제산운사霽山雲史	정상리鄭象履	졸암拙庵	이충작李忠綽
정암靜庵	이석용李錫庸	제암制庵	송병준宋秉畯	졸암拙菴	이직언李直彦
정암靜庵	조광조趙光祖	제암濟庵	김종섭金宗燮	졸암拙菴	정동만鄭東晩
정암鼎庵	유최진柳最鎭	제암濟菴	정명열丁鳴說	졸옹拙翁	서지수徐志修
정양당靜養堂	김윤명金允明	제암霽巖	김석회金錫晦	졸옹拙翁	이문형李文馨
정양당靜養堂	이경운李卿雲	제애霽厓	박경전朴慶傳	졸옹拙翁	이성동李成童
정영靜影	김태오金泰午	제우당悌友堂	영조英祖	졸옹拙翁	채소권蔡紹權
정옹鼎翁	성직成稷	제운齊雲	염상섭廉想涉	졸옹拙翁	최해崔瀣
정와靜窩	강대수姜大遂	제월霽月	경헌敬軒	졸재拙齋	권오기權五紀
정우당淨友堂	김식金湜	제월당霽月堂	송규렴宋奎濂	졸재拙齋	김조金銚
정운丁芸	이영도李永道	제월재霽月齋	권성權惲	졸재拙齋	유원지柳元之
정월晶月	나혜석羅惠錫	제은濟隱	이중철李重徹	졸재拙齋	이현기李玄紀
정유貞葵	박제가朴齊家	제정霽亭	이달충李達衷	졸탄拙灘	김권金權
정은貞隱	강노姜渚	제촌霽村	권장權橋	졸헌拙軒	박응복朴應福
정일당靜一堂	정일당강씨靜一堂姜氏	제헌霽軒	심정진沈定鎭	종남수옹終南睡翁	이산해李山海
정재正齋	양회갑梁會甲	조경당釣耕堂	장문익狀文益	종봉鍾峯	유정惟政
정재定齋	곽월郭越	조계棗溪	정만종鄭萬鍾	종산鍾山	이원명李源明
정재定齋	박태보朴泰輔	조수루주인棗樹樓主人	박종화朴鐘和	종산鍾山	이삼현李參鉉
정재定齋	선우훈鮮于燻	조수루주인釣水樓主人	박종화朴鐘和	종암宗庵	송유원宋有源
정재定齋	유봉柳봉	조암槽巖	조창기趙昌期	종암鍾庵	백인白印
정재定齋	유치명柳致明	조암照菴	정해필鄭海弼	좌옹左翁	윤치호尹致昊
정재定齋	정만양鄭萬陽	조암釣巖	이시백李時白	좌은坐隱	김우항金宇杭
정재貞齋	박의중朴宜中	조암釣菴	이범직李範稷	종화	박종화朴種和
정재貞齋	윤영기尹泳淇	조은朝隱	정곤수鄭崑壽	주강蛛舡	변원규卞元圭
정재貞齋	남언기南彦紀	조은釣隱	김성기金聖基	주경朱耕	안견安堅
정재靜齋	성담년成聃年	조은釣隱	박은朴訔	주계周溪	정기세鄭基世
정재靜齋	안응형安應亨	조은釣隱	송덕일宋德馹	주계朱溪	나열羅列
정재靜齋	오일영吳一泳	조은釣隱	신경행辛景行	주몽당주인書夢堂主人	조경남趙慶男
정재靜齋	유명현柳命賢	조은釣隱	오명열吳命說	주봉柱峯	조경趙絅
정재靜齋	윤홍尹泓	조은釣隱	이범직李範直	주봉主峯	이후李厚
정재靜齋	이담명李聃命	조은釣隱	이세택李世澤	주산主山	송도성宋道成
정재鼎齋	최우석崔宇錫	조은釣隱	최치운崔致雲	주선酒仙	남태혁南泰赫
정정정亭亭亭	서거정徐居正	조은釣隱	한몽삼韓夢參	주암洲庵	고지연高趾淵
정졸재靜拙齋	이하원李夏源	족한당足閒堂	백인국白仁國	주암疇巖	이의병李義秉
정좌와靜坐窩	송이창宋爾昌			주옹周翁	안민영安玟英
정좌와靜坐窩	심조沈潮				

호號	성 명	호號	성 명	호號	성 명
주옹周翁	윤사로尹師路	죽석竹石	조돈趙暾	죽취竹醉	김제겸金濟謙
주은酒隱	김명원金命元	죽소竹巢	민종혁閔宗爀	죽파竹杷	서준보徐俊輔
주천朱川	박서朴瑞	죽소竹所	김광욱金光煜	죽파竹杷	전덕명全德明
주천舟川	강유선康惟善	죽소竹所	한상질韓尙質	죽파竹杷	정괄鄭佸
주촌舟村	마하수馬河秀	죽실거사竹室居士	임홍망任弘望	죽파竹杷	목천성睦天成
주하柱下	김도희金道喜	죽암竹巖	양대박梁大樸	죽포竹圃	김순흠金舜欽
죽각竹閣	이광우李光友	죽암竹菴	이송제李松齊	죽포竹圃	김우현金禹鉉
죽간竹磵	강복성康復誠	죽애竹崖	임열任說	죽포竹圃	박기종朴琪鍾
죽강竹岡	김보金普	죽오竹塢	목대흠睦大欽	죽포竹圃	오근태吳根泰
죽경竹扃	유영근柳永謹	죽오竹塢	목취선睦取善	죽포竹圃	이원경李元卿
죽계竹溪	김존경金存敬	죽오竹塢	성하구成夏耇	죽하竹下	김익金熤
죽계竹溪	마희경馬羲慶	죽오竹塢	심익현沈益顯	죽하竹下	정기일鄭基一
죽계竹溪	문관門瓘	죽오竹塢	이근오李覲吾	죽하竹下	최우형崔遇亨
죽계竹溪	박운수朴雲壽	죽오竹塢	임국로任國老	죽헌竹軒	김륜金倫
죽계竹溪	서재겸徐再謙	죽옥竹屋	신의립辛義立	죽헌竹軒	김민택金民澤
죽계竹溪	송정기宋廷耆	죽옥竹屋	안우기安于器	죽헌竹軒	나계종羅繼從
죽계竹溪	심로沈魯	죽와竹窩	이우李瑀	죽헌竹軒	도신징都愼徵
죽계竹溪	안처성安處誠	죽와竹窩	조광익趙光益	죽헌竹軒	신필청申必淸
죽계竹溪	안침安琛	죽우당竹雨堂	성수침成守琛	죽헌竹軒	윤용선尹容善
죽계竹溪	안희安熹	죽월헌竹月軒	강첨姜籤	죽헌竹軒	이교재李教載
죽계竹溪	오운吳澐	죽유竹牖	구영具瑩	죽헌竹軒	이구징李耈徵
죽계竹溪	정창鄭昌	죽유竹牖	오운吳澐	죽헌竹軒	이창후李昌後
죽계竹溪	조응록趙應祿	죽유竹牖	이순악李舜岳	죽헌竹軒	장우벽張友璧
죽곡竹谷	이장영李長榮	죽음竹陰	이만영李萬榮	죽헌竹軒	정재륜鄭載崙
죽교竹橋	김영金詠	죽음竹陰	조희일趙希逸	죽헌竹軒	정태현鄭泰鉉
죽남竹南	안치묵安致黙	죽재竹齋	곽간郭趕	죽헌竹軒	하성河悻
죽농竹農	오준吳竣	죽재竹齋	양사기楊士奇	죽호竹湖	고홍달高弘達
죽농竹濃	서동균徐東均	죽재竹齋	윤긍尹兢	죽호竹湖	양덕호陽德壕
죽농竹儂	김계선金桂善	죽재竹齋	윤인함尹仁涵	죽호竹湖	이정제李廷濟
죽당竹堂	서동균徐東均	죽재竹齋	이시익李時益	준봉隼峰	고종후高從厚
죽당竹堂	신유申濡	죽정竹亭	최유경崔有慶	준암樽巖	이약빙李若氷
죽당竹堂	유진동柳辰仝	죽정竹亭	탁신卓愼	중곡中谷	이원회李元會
죽당竹堂	윤인함尹仁涵	죽창竹窓	강주姜籒	중관中觀	해안海眼
죽당竹堂	정복주鄭復周	죽창竹窓	구용具容	중봉仲峯	박의朴瀰
죽당竹塘	최탁崔濯	죽창竹窓	김식金埴	중산重山齋	조헌趙憲
죽로竹老	신활申活	죽창竹窓	박원도朴元度	중수中樹	이지수李趾秀
죽리竹裏	남태기南泰耆	죽창竹窓	심정주沈廷週	중순당中順堂	박정희朴正熙
죽리竹里	김이교金履喬	죽창竹窓	안정安珽	중심당中心堂	나흥유羅興儒
죽리竹里	박동보朴東普	죽창竹窓	안침安琛	중암거사中菴居士	모달겸牟達兼
죽리竹里	유명홍柳命弘	죽창竹窓	윤돈尹暾	중암重菴	강이천姜彝天
죽림竹林	권산해權山海	죽창竹窓	이시직李時稷	중암重菴	김평묵金平默
죽림竹林	김승만金承萬	죽창竹窓	이응시李應蓍	중암거사中菴居士	채홍철蔡洪哲
죽림竹林	서재승徐在承	죽창거사竹窓居士	정윤목鄭允穆	중영仲英	각웅覺雄
죽미竹楣	민영익閔泳翊	죽천竹川	박광전朴光前	중재中齋	정화용鄭華鎔
죽사竹史	김간金侃	죽천竹川	조정趙挺	중재中齋	김황金榥
죽사竹沙	김태원金泰元	죽천竹泉	김진규金鎭圭	중재重齋	남종삼南鍾三
죽산竹山	유영근柳永謹	죽천竹泉	노흠盧欽	중주中洲	이직보李直輔
죽서竹西	이응로李應魯	죽천竹泉	박정양朴定陽	중파坡中	김진호金鎭浩
죽서竹西	심로沈魯	죽천竹泉	이덕형李德洞	중현中見	강문진姜文鎭
죽서竹西	조봉암曺奉岩	죽초竹樵	배치규裵致奎	중현仲現	강문진姜文鎭
죽서竹西	김식金埴	죽초竹樵	오태운吳泰雲	중호中虎	임용상林龍相
죽서竹西	심종직沈宗直	죽촌竹村	고성후高成厚	중호重湖	윤탁연尹卓然
죽서竹西	원몽린元夢麟	죽촌竹村	박신규朴信圭	중화재中和齋	강응정姜應貞
죽서竹西	이민적李敏迪	죽촌竹村	이우신李友信	증공證空	긍양兢讓
죽서竹西	죽서박씨竹西朴氏	죽촌竹村	조숭문趙崇文	증산甑山	강일순姜一淳
죽석竹石	서영보徐榮輔	죽총竹叢	윤의병尹義炳	증소憎巢	김신겸金信謙

호號	성 명	호號	성 명	호號	성 명
지강芝岡	민치완閔致完	지족당知足堂	권양權讓	진사재進思齋	이명준李命俊
지강芝岡	유순익柳舜翼	지족당知足堂	권응창權應昌	진솔眞率	김종수金鍾秀
지강芝江	양한묵梁漢黙	지족당知足堂	남곤南袞	진암晋庵	이천보李天輔
지강芝江	이욱李稶	지족당知足堂	박명부朴明榑	진암眞菴	이병헌李炳憲
지곡芝谷	한배하韓配夏	지족당知足堂	박성인朴成仁	진우재眞愚齋	양황梁榥
지관재止觀齋	박선朴銑	지족당知足堂	신여철申汝哲	진의振衣	민여임閔汝任
지담芷潭	신득홍申得洪	지족당知足堂	우석규禹錫圭	진인眞人	권진인權眞人
지당止堂	정하언鄭夏彦	지족당知足堂	유언철兪彦述	진일재眞一齋	유숭조柳崇祖
지락와至樂窩	이주면李周冕	지족당知足堂	정양한鄭良翰	진일재眞逸齋	성간成侃
지봉智峯	우기祐祈	지족암知足庵	오겸吳謙	진재眞宰	김윤겸金允謙
지봉芝峯	이수광李晬光	지족암知足庵	윤변尹忭	진재眞齋	김종후金鍾厚
지분헌知分軒	장이유張以兪	지족와知足窩	방원정房元井	재眞齋	한용간韓用幹
지비옹知非翁	김세필金世弼	지족헌知足軒	우석간禹錫簡	재眞齋	오경석吳慶錫
지비자知非子	이덕성李德成	지지당止止堂	김맹성金孟性	진정재眞靜齋	박길응朴吉應
지비재知非齋	채성구蔡聖龜	지지당止止堂	남포南褒	진효성朴孝成	박효성朴孝成
지산地山	조태로趙泰老	지지당止止堂	송흠宋欽	진하震河	축원竺源
지산志山	김복한金福漢	지지당止止堂	이명민李命敏	진호震湖	석연錫淵
지산志山	정원택鄭元澤	지지재止止齋	이상계李商啓	진혼震魂	김정련金正連
지산智山	배종호裵宗鎬	지지제止止齊	이연덕李延德	질암質庵	이성중李成中
지산止山	백종걸白宗杰	지천支川	오이규吳以奎	질재質齋	이기李沂
지산止山	심수현沈壽賢	지천智川	이정규李廷圭	집의당集義堂	김태원金泰元
지산芝山	김팔원金八元	지천遲川	최명길崔鳴吉	집재執齋	김경지金敬之
지산芝山	남치훈南致薰	지촌芝寸	김방걸金邦杰	징소澄昭	도윤道允
지산芝山	심익운沈翼雲	지촌芝村	이희조李喜朝	징암徵庵	박문일朴文一
지산芝山	윤민일尹民逸	지퇴당知退堂	이정형李廷馨	징암徵庵	윤심尹深
지산芝山	전형필全鎣弼	지포止浦	김구金坵	징와澄窩	허굉許硡
지산芝山	조유헌趙有憲	지포芝浦	곽지흠郭之欽		
지산芝山	조호익曹好益	지포芝浦	박돈朴潡		
지서자之西子	김선金璇	지포芝浦	이재학李在學	ㅊ	
지석支石	윤신尹紳	지헌止軒	안기종安起宗		
지소재志素齋	남효의南孝義	지헌止軒	최효술崔孝述		
지수篪叟	정규양鄭葵陽	지헌芝軒	정사성鄭士誠	차산此山	배전裵婰
지수재知守齋	김태수金泰壽	지헌遲軒	송응규宋應圭	차호叉湖	민암閔黯
지수재知守齋	유척기兪拓基	지호止湖	이선李選	찬하餐霞	윤제홍尹濟弘
지숭志崇	법장法藏	직곡直谷	남이신南以信	참선거사參禪居士	백분화白賁華
지암止巖	도신수都愼修	직당直堂	신현국申鉉國	창강滄江	김택영金澤榮
지암止庵	이철보李喆輔	직당稷堂	강성태姜聲邰	창강滄江	조속趙涑
지암止菴	김양행金亮行	직봉포의直峰布衣	김우옹金宇顒	창계滄溪	문경동文敬仝
지암止菴	이행진李行進	직암直庵	윤사국尹師國	창계滄溪	임영林泳
지애芝厓	정위鄭煒	직암直菴	남이목南履穆	창계蒼溪	이의필李義弼
지애芝崖	민형남閔馨男	직암直菴	신경申暻	창기滄起	이현영李顯英
지양芝陽	신기석申基碩	직암稷庵	권일신權日身	창대昌臺	이언진李彦瑱
지와止窩	송정명宋正明	직양直養	송도성宋道成	장랑滄浪	정대임鄭大任
지우재之又齋	정수영鄭遂榮	직재直齋	김기한金起漢	장랑滄浪	고경리高敬履
지월당池月堂	김극기金克己	직재直齋	김익동金煜東	장랑滄浪	성문준成文濬
지은智隱	최전구崔鈴九	직재直齋	서형수徐逈修	장랑滄浪	엄정구嚴鼎耉
지재止齋	권제權踶	직재直齋	이기홍李箕洪	장랑滄浪	장택상張澤相
지재止齋	김청金淸	직하稷下	김상복金相福	장랑滄浪	최명길崔鳴吉
지재止齋	조직趙溭	직헌直軒	양동훈楊東勳	장랑滄浪	남궁찬南宮璨
지재芝齋	유감柳堪	진각眞覺	영조靈照	창백헌蒼白軒	권적權樀
지재趾齋	민진후閔鎭厚	진계進溪	박재형朴在馨	창사昌舍	손명래孫命來
지재遲齋	김준金焌	진관자眞觀子	허승소許昇所	창산蒼山	강창제姜昌濟
지전芝田	이경헌李景憲	진당眞堂	명완벽明完璧	창산蒼山	김기수金綺秀
지정止亭	남곤南袞	진락당眞樂堂	김취성金就成	창석蒼石	이준李埈
지족知足	조지서趙之瑞	진묵震黙	일옥一玉	창설재蒼雪齋	권두경權斗經
지족당知足堂	권만두權萬斗	진봉震峰	권굉權宏		

호號	성 명	호號	성 명	호號	성 명
창암滄巖	이민재李敏載	창주滄洲	윤지경尹知敬	척서尺西	이봉희李鳳羲
창암滄庵	조종덕趙種悳	창주滄洲	윤춘년尹春年	척암拓庵	김도화金道和
창암蒼巖	김상채金尙彩	창주滄洲	이성길李成吉	척암瘠庵	이기경李基慶
창암蒼巖	박사해朴師海	창주滄洲	조인득趙仁得	척약재惕若齋	김구용金九容
창암蒼巖	박종악朴宗岳	창주滄洲	허돈許燉	척약재惕若齋	김약항金若恒
창암蒼巖	이삼만李三晚	창주蒼洲	이승재李承宰	척재惕齋	김보택金普澤
창애蒼厓	유한준俞漢雋	창추滄醜	조속趙涑	척재惕齋	이서구李書九
창애蒼厓	이중광李重光	창택어수滄澤漁水	이행李荇	척재惕齋	이존중李存中
창원菖園	강창규姜昌奎	창파蒼坡	정로鄭魯	천강天江	안국선安國善
창은滄隱	함병춘咸秉春	창하蒼霞	원경하元景夏	천곡泉谷	송상현宋象賢
창재暢齋	정척鄭陟	창해滄海	양사언楊士彦	천곡泉谷	안성安省
창주滄洲	김익회金益熙	창해滄海	왕덕구王德九	천남거사泉南居士	권섭權燮
창주滄洲	나무송羅茂松	창혜滄惠	조병직趙秉稷	천리구千里駒	김동성金東成
창주滄洲	나학천羅學川	채미헌採薇軒	채만식蔡萬植	천묵재天黙齋	이상형李尙馨
창주滄洲	남궁옥南宮鈺	채원菜園	오횡묵吳宖默	천미天微	이필행李必行
창주滄洲	박돈복朴敦復	채진자采眞子	강주姜籒	천봉千峯	만우萬雨
창주滄洲	심지한沈之漢	처곡處谷	조유趙瑜	천봉天峰	태흘泰屹
창주滄洲	윤지경尹知敬	척서尺西	이봉희李鳳羲	천사川沙	김종덕金宗德
창주滄洲	윤춘년尹春年	척암拓庵	김도화金道和	천상川上	윤휘尹暉
창주滄洲	이성길李成吉	척암瘠庵	이기경李基慶	천서泉西	윤혼尹焜
창주滄洲	조인득趙仁得	척약재惕若齋	김구용金九容	천식泉食	민영목閔泳穆
창주滄洲	허돈許燉	척약재惕若齋	김약항金若恒	천심죽재千尋竹齋	민영익閔泳翊
창주蒼洲	이승재李承宰	척재惕齋	김보택金普澤	창주滄洲	윤지경尹知敬
창추滄醜	조속趙涑	척재惕齋	이서구李書九	창주滄洲	윤춘년尹春年
창택어수滄澤漁水	이행李荇	척재惕齋	이존중李存中	창주滄洲	이성길李成吉
창파蒼坡	정로鄭魯	천강天江	안국선安國善	창주滄洲	조인득趙仁得
창하蒼霞	원경하元景夏	천곡泉谷	송상현宋象賢	창주滄洲	허돈許燉
창해滄海	양사언楊士彦	천곡泉谷	안성安省	창주蒼洲	이승재李承宰
창해滄海	왕덕구王德九	천남거사泉南居士	권섭權燮	창추滄醜	조속趙涑
창혜滄惠	조병직趙秉稷	천리구千里駒	김동성金東成	창택어수滄澤漁水	이행李荇
채미헌採薇軒	채만식蔡萬植	천묵재天黙齋	이상형李尙馨	창파蒼坡	정로鄭魯
채원菜園	오횡묵吳宖默	천미天微	이필행李必行	창하蒼霞	원경하元景夏
채진자采眞子	강주姜籒	천봉千峯	만우萬雨	창해滄海	양사언楊士彦
처곡處谷	조유趙瑜	천봉天峰	태흘泰屹	창해滄海	왕덕구王德九
척서尺西	이봉희李鳳羲	천사川沙	김종덕金宗德	창혜滄惠	조병직趙秉稷
척암拓庵	김도화金道和	천상川上	윤휘尹暉	채미헌採薇軒	채만식蔡萬植
척암瘠庵	이기경李基慶	천서泉西	윤혼尹焜	채원菜園	오횡묵吳宖默
척약재惕若齋	김구용金九容	천식泉食	민영목閔泳穆	채진자采眞子	강주姜籒
척약재惕若齋	김약항金若恒	천심죽재千尋竹齋	민영익閔泳翊	처곡處谷	조유趙瑜
척재惕齋	김보택金普澤	창주滄洲	윤지경尹知敬	척서尺西	이봉희李鳳羲
척재惕齋	이서구李書九	창주滄洲	윤춘년尹春年	척암拓庵	김도화金道和
척재惕齋	이존중李存中	창주滄洲	이성길李成吉	척암瘠庵	이기경李基慶
천강天江	안국선安國善	창주滄洲	조인득趙仁得	척약재惕若齋	김구용金九容
천곡泉谷	송상현宋象賢	창주滄洲	허돈許燉	척약재惕若齋	김약항金若恒
천곡泉谷	안성安省	창주蒼洲	이승재李承宰	척재惕齋	김보택金普澤
천남거사泉南居士	권섭權燮	창추滄醜	조속趙涑	척재惕齋	이서구李書九
천리구千里駒	김동성金東成	창택어수滄澤漁水	이행李荇	척재惕齋	이존중李存中
천묵재天黙齋	이상형李尙馨	창파蒼坡	정로鄭魯	천강天江	안국선安國善
천미天微	이필행李必行	창하蒼霞	원경하元景夏	천곡泉谷	송상현宋象賢
천봉千峯	만우萬雨	창해滄海	양사언楊士彦	천곡泉谷	안성安省
천봉天峰	태흘泰屹	창해滄海	왕덕구王德九	천남거사泉南居士	권섭權燮
천사川沙	김종덕金宗德	창혜滄惠	조병직趙秉稷	천리구千里駒	김동성金東成
천상川上	윤휘尹暉	채미헌採薇軒	채만식蔡萬植	천묵재天黙齋	이상형李尙馨
천서泉西	윤혼尹焜	채원菜園	오횡묵吳宖默	천미天微	이필행李必行
천식泉食	민영목閔泳穆	채진자采眞子	강주姜籒	천봉千峯	만우萬雨
천심죽재千尋竹齋	민영익閔泳翊	처곡處谷	조유趙瑜	천봉天峰	태흘泰屹

호號	성 명	호號	성 명	호號	성 명
천사川沙	김종덕金宗德	청남晴南	이상정李相定	청재靑齋	박심문朴審問
천상川上	윤휘尹暉	청담淸潭	송소용宋紹用	청재靑齋	이진섭李鎭燮
천서泉西	윤혼尹焜	청담淸潭	이중환李重煥	청전靑田	안무安武
천식泉食	민영목閔泳穆	청대淸臺	이현李玄	청전靑田	이상범李象範
천심죽재千尋竹齋	민영익閔泳翊	청라靑蘿	권상일權相一	청죽靑竹	남태응南泰膺
천연자天然子	이종일李鍾一	청람靑嵐	김극성金克成	청죽靑竹	성람成灠
천용天容	정백창鄭百昌	청람靑嵐	김동익金東益	청천淸川	안욱安旭
천원天園	오천석吳天錫	청람靑嵐	문세영文世榮	청천淸川	하응림河應臨
천유天遊	이언경李彦經	청람靑嵐	정구영鄭求瑛	청천淸川	김진섭金晉燮
천유자天遊子	박문구朴文逑	청련靑蓮	이후백李後白	청천靑川	강연姜綖
천은天隱	조종현趙宗鉉	청련靑蓮	한지원韓智源	청천靑天	신유한申維翰
천은당天隱堂	노사신盧思愼	청류靑陸	김덕겸金德謙	청천당聽天堂	심수경沈守慶
천죽재天竹齋	오경석吳慶錫	청마靑馬	유치환柳致環	청천당聽天堂	장응일張應一
천축고선생天竺古先生	김정희金正喜	청만晴巒	유격柳格	청천와聽天窩	이영전李榮全
天竺古先生		청만晴灣	심종민沈宗敏	청추각聽秋閣	강위姜瑋
천태산인天台山人	김지수金地粹	청매靑梅	인오印悟	청파靑坡	기건奇虔
천파天坡	오숙吳翻	청묘거사淸妙居士	차천로車天輅	청파靑坡	이륙李陸
천휴天休	박태손朴泰遜	청벽靑壁	이수연李守淵	청평거사淸平居士	이자현李資玄
철경掣鯨	응언應彦	청봉晴峰	심동구沈東龜	청포淸浦	김식金埴
철경鐵鏡	영관永觀	청봉晴峰	윤승훈尹承勳	청풍자淸風子	정윤목鄭允穆
철계鐵鷄	사문師文	청봉淸峯	세영世英	청하淸河	탄정彈靜
철기鐵驥	이범석李範奭	청부靑鳧	심정주沈廷胄	청하聽荷	김기종金起宗
철마鐵馬	김중현金重鉉	청사晴史	조성환曺成煥	청하聽荷	박승진朴勝振
철마鐵馬	박승길朴昇吉	청사晴史	조풍연趙豊衍	청하靑霞	권극중權克中
철마산인鐵馬山人	정약용丁若鏞	청사晴沙	고용후高用厚	청하靑霞	이준李寯
철봉鐵棒	우승창禹承昌	청사晴沙	권두기權斗紀	청하자靑霞子	이중약李仲若
철우鐵牛	표운表云	청사晴簑	김진형金鎭衡	청학靑鶴	조여적趙汝籍
철운鐵雲	조종현趙宗玄	청사淸沙	김재로金在魯	청학도인靑鶴道人	이행李荇
철재澈齋	정지검鄭志儉	청사淸沙	한호韓濩	청한淸閑	원정元禎
철적鐵笛	조희룡趙熙龍	청서靑壄	강종경姜宗慶	청한거사淸閑居士	신돈辛旽
철주鐵舟	전성호全盛鎬	청선聽蟬	이지정李志定	청한자淸寒子	김시습金時習
첨모당瞻慕堂	임운林芸	청성靑城	성대중成大中	청해淸海	응신應信
첨의당瞻依堂	정천鄭洊	청성동주靑城洞主	신광한申光漢	청향당淸香堂	윤회尹淮
첨재添齋	강세황姜世晃	청소晴沼	조용화趙容和	청향당淸香堂	이원李源
첨재瞻齋	이은李溵	청송聽松	성수침成守琛	청허자淸虛子	이거이李居易
첩취옹輒醉翁	김홍도金弘道	청송靑松	최상현崔相鉉	청허재淸虛齋	손엽孫曄
청간당聽澗堂	이지완李志完	청송당靑松堂	도응桃應	청헌晴軒	김중한金曾漢
청강晴江	윤흔尹昕	청악淸岳	만하晚霞	청헌聽軒	이경일李敬一
청강淸江	이제신李濟臣	청악靑岳	김수익金壽翼	청헌靑軒	목임일睦林一
청계淸溪	구희具喜	청암淸巖	김원근金元根	청호靑湖	성중엄成重淹
청계淸溪	김사엽金思燁	청암淸菴	권병덕權秉悳	청호淸湖	오상서吳祥瑞
청계淸溪	백종기白種基	청암淸菴	김동신金東臣	청호聽湖	조존세趙存世
청계淸溪	최영걸崔旭永	청암淸菴	권동보權東輔	청호靑湖	이일상李一相
청계聽溪	신석림辛碩林	청연淸淵	월영月影	청화산인淸華山人	이중환李重煥
청계聽溪	이우휘李遇輝	청오靑吳	정춘수鄭春洙	청화외사淸華外史	이옥李鈺
청계靑溪	김진金璡	청오靑吳	차상찬車相瓚	체소體素齋	이춘영李春英
청계靑谿	정종여鄭種汝	청오헌聽悟軒	임광필林光弼	체암遞菴	나대용羅大用
청계도사靑溪道士	조형도趙亨道	청운菁雲	강진희姜璡熙	체천棣泉	오수채吳遂采
청계도인靑溪道人	양대박梁大樸	청운靑雲	박봉술朴奉述	초간草澗	권문해權文海
청고靑皐	윤용尹容	청월헌聽月軒	강백년姜栢年	초계初桂	양한규梁漢圭
청고靑皐	이승학李承學	청은淸隱	권영權瑩	초계苕谿	김대근金大根
청곡靑谷	윤찬尹巑	청은淸隱	이상신李尙信	초계草溪	양한규梁漢奎
청구靑丘	신규식申圭植	청음淸陰	정철鄭哲	초당草堂	강경서姜景敍
청구靑駒	이마동李馬銅	청음淸陰	김상헌金尙憲	초당草堂	허엽許曄
청구자靑丘子	박동보朴東普	청장관靑莊館	이덕무李德懋	초당草塘	구성具成
청금聽禽	위정훈魏廷勳	청재聽齋	원만리元萬里	초려草廬	김진양金震陽

호號	성 명	호號	성 명	호號	성 명
초려草廬	이유태李惟泰	추사秋史	김정희金正喜	춘실春實	박동식朴東植
초루草樓	권협權韐	추산秋産	김일두金一斗	춘악春岳	승진承震
초루草樓	김상숙金相肅	추산秋産	박홍중朴弘中	춘암春菴	박인호朴寅浩
초몽草夢	남궁벽南宮璧	추산秋産	전용선全用先	춘원春園	이광수李光洙
초산楚山	손화중孫華仲	추송秋松	장덕준張德俊	춘전春田	이용우李用雨
초성焦星	김우진金祐鎭	추수秋水	김관식金冠植	춘전거사春田居士	이경휘李慶徽
초성蕉醒	신영균申永均	추암楸菴	김하구金夏久	춘절재春節齋	이인복李仁復
초암初庵	김헌기金憲基	추애秋崖	이정구李廷龜	춘정春亭	변계량卞季良
초애草涯	장만영張萬榮	추양秋陽	송계간宋啓幹	춘정春庭	엄주익嚴株益
초운樵云	이병구李炳九	추연秋淵	우성전禹性傳	춘주春洲	김도수金道洙
초원樵園	김석신金碩臣	추우당追尤堂	심단沈檀	춘주春洲	정운일鄭雲馹
초원樵園	이수민李壽民	추월헌秋月軒	이간李柬	춘파春坡	쌍언雙彦
초월初月	백초월白初月	추인秋人	정교鄭喬	춘파春坡	이성령李星齡
초은樵隱	이인복李仁復	추재秋齋	조수삼趙秀三	춘파春坡	이정소李廷熽
초의草衣	의순意恂	추정秋汀	염온동廉溫東	춘파春坡	정인회鄭寅會
초전蕉田	오순吳珣	추정秋汀	이갑李甲	춘포春圃	유신로柳莘老
초정楚亭	박제가朴齊家	추정秋汀	이응준李應俊	춘풍春風	박종화朴鍾和
초정草亭	강언룡姜彦龍	추천秋川	정광경鄭廣敬	춘해春海	방인근方仁根
초창焦窓	김시민金時敏	추천秋川	정양필鄭良弼	춘헌春軒	서엄徐崦
초창草窓	윤초창尹草窓	추천秋泉	이직언李直彦	춘헌春軒	오시만吳始萬
초천苕川	김시찬金時粲	추천鄒川	손영제孫英濟	춘헌春軒	이명룡李明龍
초천蕉泉	김상휴金相休	추탄楸灘	오윤겸吳允謙	춘헌春軒	최문도崔文度
초천蕉泉	정문승鄭文升	추탄楸灘	박경업朴慶業	춘호春湖	송석경宋錫慶
초평艸平	김정수金正秀	추파楸坡	송기수宋麒壽	춘호春湖	이정렬李定烈
초허超虛	김동명金東鳴	추호秋湖	전영택田榮澤	충경冲鏡	천영天英
촌은村隱	유희경劉希慶	축원竺源	지천智泉	충암冲菴	김정金淨
총계와叢桂窩	조비造備	축전畜田	이근태李根台	충재冲齋	권벌權橃
최락당崔樂堂	남효온南孝溫	축한생逐閑生	최남선崔南善	충재盅齋	최숙생崔淑生
최락당最樂堂	낭원군朗原君	춘간春磵	강대수姜大遂	충허冲虛	지책冊冊
최락당最樂堂	이간李侃	춘강春崗	박승림朴勝喜	충헌忠軒	조지서趙之瑞
최와最窩	김규오金奎五	춘강春江	어유구魚裕吉	췌세옹贅世翁	김시습金時習
추강秋岡	김지섭金祉燮	춘강春江	조동식趙東植	취금헌醉琴軒	박팽년朴彭年
추강秋岡	최양옥崔養玉	춘경春景	구연영具然英	취당取堂	이원규李源兢
추강秋江	김용호金容浩	춘고春皐	박영효朴泳孝	취당翠堂	김만식金晚植
추강秋江	남효온南孝溫	춘고春皐	이인식李仁植	취면醉眠	김시제金視提
추강秋江	백낙관白樂寬	춘곡春谷	고희동高羲東	취면醉眠	심극명沈克明
추계秋溪	윤효손尹孝孫	춘곡春谷	원세훈元世勳	취명거사醉暝居士	장승업張承業
추계秋溪	유문有文	춘곡春谷	이원광李元紘	취몽헌醉夢軒	오태주吳泰周
추계秋溪	최은희崔恩喜	춘곡春谷	임치정任蚩正	취몽헌醉夢軒	이수언李秀彦
추곡楸谷	김정현金鼎鉉	춘곡春谷	정탁鄭擢	취미翠微	수초守初
추금秋琴	강위姜瑋	춘교春郊	유동열柳東說	취미翠微	신재식申在植
추담楸潭	유창兪瑒	춘담春潭	김진수金鎭壽	취병翠屏	고응척高應陟
추담楸潭	고유高裕	춘담春潭	법합法成	취병翠屏	조형趙珩
추담秋潭	김진金搢	춘당春堂	변중량卞仲良	취병醉炳	조속趙涑
추담秋潭	서병설徐丙卨	춘당春塘	박맹지朴孟智	취봉翠峯	고재호高在鎬
추담秋潭	성만징成萬徵	춘당春塘	오수영吳守盈	취부醉夫	윤결尹潔
추담秋潭	오달제吳達濟	춘당春塘	이용규李容珪	취사炊沙	이여빈李汝馪
추담秋潭	윤선尹銑	춘방春舫	김영金瑛	취산鷲山	천보天輔
추담秋潭	전우田愚	춘사春史	나운규羅雲奎	취석실醉石室	우하영禹夏永
추당秋堂	김창환金昌煥	춘사春士	김동인金東仁	취선醉仙	김만균金萬均
추만秋巒	정지운鄭之雲	춘산春山	김홍근金弘根	취설재翠雪齋	전형필全鎣弼
추범秋帆	서병건徐丙建	춘산春山	민치도閔致道	취송翠松	송만재宋晚載
추봉楸峰	오저吳著	춘산椿山	조용순趙容淳	취수당醉睡堂	오연吳淵
추봉秋峯	윤이지尹履之	춘성春城	노자영盧子泳	취수옹醉睡翁	박록朴漉
추봉秋峯	최신남崔藎楠	춘소春沼	신최申最	취아醉啞	이사상李士祥
추봉秋峰	최유원崔有源	춘수당春睡堂	정수민鄭秀民	취아醉鵶	이용범李龍範

호號	성 명	호號	성 명	호號	성 명
취암醉菴	이흡李洽	칠광七狂	송치중宋致中	태비苔扉	윤민헌尹民獻
취애翠崖	도응유都應兪	칠봉七峯	성수익成壽益	태소泰素	주경朱慶
취여醉如	삼우三愚	칠봉七峯	합헌咸軒	태수苔叟	정약용丁若鏞
취옹醉翁	김명국金明國	칠송七松	경섬慶暹	태우泰宇	유활柳活
취옹醉翁	민여임閔汝任	칠실漆室	이덕일李德一	태운장泰雲長	김형렬金亨烈
취옹醉翁	박경후朴慶後	칠우七迂	이윤성李潤聖	태재泰齋	유방선柳方善
취옹醉翁	유철兪橄	칠우정七友亭	권대림權大臨	태정苔庭	성영成泳
취옹醉翁	이욱李稶	칠정七井	이세화李世華	태정일민太庭逸民	이종준李宗準
취옹醉翁	조속趙涑	칠탄七灘	김세흠金世欽	태천駄川	윤의중尹毅中
취운翠雲	학린學璘	칠탄七灘	이광려李匡呂	태천苔川	김지수金地粹
취원翠園	목창명睦昌明	칠택七澤	이충李沖	태천苔泉	민인백閔仁伯
취원당聚遠堂	조광익趙光益	칠휴七休	권시경權是經	태촌泰村	고상안高尙顔
취은取隱	민욱旻旭	칠휴七休	손순효孫舜孝	태촌苔村	조가석趙嘉錫
취은取隱	송세림宋世琳	七休居士		태평진일太平眞逸	이심원李深源
취은醉隱	신규申奎	침계梣溪	윤정현尹定鉉	태항苔巷	한회韓懷
취은醉隱	인흥군仁興君	침명枕溟	한성韓醒	태허太虛	홍선弘宣
취은醉隱	정덕필鄭德弼	침산枕山	이동환李東煥	태허정太虛亭	최항崔恒
취은醉隱	정유승鄭維升	침우당枕雨堂	장지완張之琬	태헌苔軒	고경명高敬命
취전醉癲	오기봉吳起鳳	침은鍼隱	조광일趙光一	태호兌湖	조행립趙行立
취정翠汀	김성균金聲均	침천枕泉	박주대朴周大	태호太湖	이원진李元鎭
취죽翠竹	심택沈澤			태호苔湖	김지수金地粹
취죽翠竹	이응시李應蓍			태화당太和堂	이광회李光熹
취죽醉竹	강극성姜克誠			태화자泰華子	남유상南有常
취죽당翠竹堂	김응명金應鳴		ㅌ	택구거사澤癰居士	이식李植
취촌醉村	신이의愼爾儀			택당澤堂	이식李植
취촌醉村	이집李集			택암澤菴	나용환羅龍煥
취추醉醜	조속趙涑	타괴打乖	윤인서尹仁恕	택와澤窩	허선도許善道
취치醉癡	안응로安應魯	타우打愚	이상李翔	택헌澤軒	안복준安復駿
취하醉霞	박술음朴術音	탁계濯溪	김상진金相進	토굴처사土窟處士	이도李櫂
취향醉鄉	이방운李昉運	탁사濯斯	최병헌崔炳憲	토당土塘	오윤겸吳允謙
취헌翠軒	김뉴金紐	탁영濯纓	김일손金馹孫	토정土亭	이지함李之菡
취헌翠軒	유백증兪伯曾	탁오실濯悟室	김영섭金永燮	토헌土軒	박초朴礎
취화사醉畫士	김홍도金弘道	탁옹濯翁	정약용丁若鏞	통소通沼	지칭智偁
취홀醉吃	유축柳潚	단수灘叟	김규金虯	통정通亭	강회백姜淮伯
측헌則軒	양한규梁漢奎	단수灘叟	원두표元斗杓	통허재通虛齋	성헌징成獻徵
치계癡溪	여우길呂祐吉	단수灘叟	이연경李延慶	퇴경退耕	권상로權相老
치계雉溪	여우길呂祐吉	단실彈實	김명순金明淳	퇴계退溪	이황李滉
치당痴堂	연최적延最績	단암坦菴	곽시郭詩	퇴곡退谷	권칭權稱
치서菑墅	한경의韓敬儀	단옹灘翁	원두표元斗杓	퇴당退堂	유명천柳命天
치암恥庵	권황權愰	단옹灘翁	이현李絃	퇴도退陶	이황李滉
치암恥菴	박충좌朴忠佐	단옹炭翁	권시權諰	퇴사암退思菴	이윤李潤
치암恥菴	송질宋瓆	단옹炭翁	이주진李周鎭	퇴사退思	양예수楊禮壽
치암恥菴	이지렴李之濂	단와坦窩	김진화金鎭華	퇴사재退思齋	유천우柳天遇
치암痴庵	신석호申奭鎬	단월灘月	김경원金景源	퇴사재退思齋	이응춘李應春
치암癡巖	배상익裴尙益	단은灘隱	이정李霆	퇴석退石	김인겸金仁謙
치암癡菴	남경희南景義	단재坦齋	이중하李重夏	퇴성헌退省軒	정희보鄭熙普
치암癡菴	이정구李廷龜	단초灘樵	이노익李魯益	퇴수당退修堂	유한검劉漢儉
치언致彦	김용욱金容旭	태계台溪	하진河溍	퇴수재退修齋	조성복趙聖復
치옹恥翁	하대연河大淵	태고太古	보우普愚	퇴암退庵	권중도權重道
치재恥齋	조탁曺倬	태동苔洞	최계崔誡	퇴암退庵	박응남朴應男
치정癡丁	신숙申肅	태려泰廬	고윤식高允植	퇴암退菴	이성렬李聖烈
치천雉川	윤방尹昉	태록영胎祿堂	조태억趙泰億	퇴어退漁	김진상金鎭商
치헌痴軒	권경유權景裕	태만苔巒	안구安覯	퇴옹退翁	성철性徹
치헌痴軒	김덕오金德五	태백광노太白狂奴	박은식朴殷植	퇴우退憂	안음安崟
칙지헌則止軒	유언호俞彦鎬	태백산인太白山人	계응戒膺	퇴우退憂	표빙表憑
친친재親親齋	선거이宣居怡	태봉泰峰	김진형金鎭炯	퇴우당退憂堂	김수흥金壽興

호號	성 명	호號	성 명	호號	성 명
퇴우당退憂堂	박승종朴承宗	팔우당八右堂	유세린柳世麟	풍계楓溪	이경화李景華
퇴우당退憂堂	이정암李廷馣	팔우헌八友軒	조보양趙普陽	풍고楓皐	김조순金祖淳
퇴운退雲	이진망李眞望	팔하八下	안겸제安兼齊	풍고楓皐	양사준楊士俊
퇴은退隱	여훈如訓	팔회당八懷堂	이시항李時恒	풍년豊年	최서해崔曙海
퇴장암退藏菴	김중원金重元	패동浿東	최한기崔漢綺	풍담楓潭	의심義諶
퇴재退齋	권민수權敏手	패상어인浿上魚人	양기훈楊基薰	풍돈楓墩	민유경閔有慶
퇴재退齋	김안로金安老	패인浿人	이팔룡李八龍	풍류광객風流狂客	신명인申命仁
퇴재退齋	소세양蘇世讓	패천浿川	조세걸曺世傑	풍서豊墅	이민보李敏輔
퇴전당退全堂	오정방吳定邦	편석촌片石村	김기림金起林	풍석楓石	서유구徐有榘
퇴초자退樵子	민종식閔宗植	편양鞭羊	언기彦機	풍악楓嶽	보인普印
퇴촌退村	김식金埴	편운자片雲子	편운자片雲子	풍암楓巖	김덕보金德普
퇴촌退村	윤형尹洞	편파월片破月	이용악李庸岳	풍암楓巖	백광언白光彦
퇴촌退村	이당규李堂揆	편재砭齋	최온崔蘊	풍암楓巖	세철世察
퇴헌退軒	홍진洪進	평사平沙	민태중閔泰重	풍암楓巖	유광익柳光翼
퇴헌退軒	서종급徐宗伋	평암平菴	정영진鄭榮振	풍애楓厓	임복林復
퇴헌退軒	전극태全克泰	평암平庵	권정침權正沈	풍애楓崖	이인손李仁孫
퇴헌退軒	조영순趙榮順	평옹平翁	김필진金必振	풍애楓崖	김필진金必振
퇴휴당退休堂	강헌지姜獻之	평와平窩	윤탁尹倬	풍애楓崖	안민학安敏學
퇴휴당退休堂	소세양蘇世讓	평재平齋	박제순朴齊純	풍애楓崖	우선언禹善言
		평천平川	변옥희卞玉希	풍옥헌風玉軒	조수륜趙守倫
ㅍ		폐호閉戶	권반權盼	풍월정風月亭	월산대군月山大君
		포백抱白	김대봉金大鳳	풍천楓川	정수홍鄭守弘
		포산匏山	이진李珍	풍천風泉	차예량車禮亮
		포석抛石	나중소羅仲昭	피구자皮裘子	김여물金汝岉
파강巴江	윤병정尹秉鼎	포석抛石	조명희趙命熙	필운弼雲	이항복李恒福
파곡坡谷	이성중李成中	포세자匏世子	이홍업李弘業	필운옹弼雲翁	김영행金令行
파담坡潭	윤계선尹繼善	포송抛松	서상봉徐相鳳	필재蓽齋	박광우朴光佑
파릉巴陵	이상의李尙毅	포신浦臣	정지산鄭之産		
파릉巴陵	최규서崔奎瑞	포암圃庵	윤봉조尹鳳朝		
파산청은坡山淸隱	성수침成守琛	포암蒲庵	민영기閔泳琦		
파서坡西	조봉원趙逢源	포암蒲菴	이사명李師命	**ㅎ**	
파서坡西	조순생趙順生	포암浦庵	권주욱權周郁		
파서琶西	이집두李潗斗	포옹抱翁	정양鄭瀁	하강荷江	박제경朴霽璟
파옥진인坡屋陳人	김정후金靜厚	포옹抱翁	박인상朴麟祥	하강荷江	조석여曺錫與
파은坡隱	남익훈南益熏	포옹浦翁	유비연柳斐然	하계霞溪	김상로金尙魯
파은坡隱	박호朴浩	포옹산인抱擁山人	이덕형李德馨	하계霞溪	이가순李家淳
파인巴人	김동환金東煥	포운浦雲	응원應元	하계霞溪	이면주李冕宙
파하波荷	이길용李吉用	포은圃隱	정몽주鄭夢周	하곡荷谷	양대박梁大樸
판곡板谷	성윤해成允諧	포음圃陰	김창집金昌緝	하곡荷谷	허봉許篈
판교板橋	이조원李祖源	포음浦陰	이여李畲	하곡霞谷	권유權愈
판교板橋	이홍로李弘老	포의蒲衣	여심如心	하곡霞谷	맹세형孟世衡
팔계八溪	이욱李郁	포저浦渚	조익趙翼	하곡霞谷	윤계尹堦
팔계후인八溪後人	변헌卞獻	포정圃庭	김성진金星振	하곡霞谷	정운룡鄭雲龍
팔곡八谷	구사맹具思孟	포초浦초	임보신任輔臣	하곡霞谷	정제두鄭齊斗
팔굉八紘	관홍寬弘	포헌逋軒	권덕수權德秀	하곡霞谷	조태구趙泰耉
팔대수八大搜	안확安廓	표암豹菴	강세황姜世晃	하관何觀	신덕영申德永
팔무당八無堂	윤동섬尹東暹	표옹瓢翁	송영구宋英耉	하구何求	김시현金始顯
팔봉八峰	조희일趙希逸	표옹豹翁	강세황姜世晃	하남河南	김성중金聲中
팔사八斯	배유화裵幼華	표운豹雲	강노姜㳣	하남河南	최인욱崔仁旭
팔산八山	김광선金光旋	표은瓢隱	김시온金是榲	하담荷潭	김시양金時讓
팔송八松	윤황尹煌	표정杓庭	민태호閔台鎬	하담荷潭	목수흠睦守欽
팔송八松	정필달鄭必達	표천瓢泉	김경승金景承	하담荷潭	어운해魚雲海
팔송관八松觀	이의양李義陽	풍강楓江	김상용金尙容	하담荷潭	이희득李希得
팔역八域	이지호李智皓	풍계楓溪	남궁경南宮鑢	하당荷堂	민치상閔致庠
팔오헌八吾軒	김성구金聲久	풍계楓溪	명찰明察	하당荷堂	이존중李存中

호號	성 명	호號	성 명	호號	성 명
하당荷塘	김첨金瞻	학사鶴沙	김응조金應祖	한벽재寒碧齋	정석견鄭碩堅
하라賀羅	이순석李順石	학사鶴沙	신현록申顯祿	한사寒沙	강대수姜大遂
하몽何夢	이상협李商協	학산學山	유최진柳崔鎭	한사漢槎	김호金乎
하보何步	장응두張應斗	학산鶴山	김용호金容鎬	한산漢山	서형순徐衡淳
하빈河濱	노홍기盧弘器	학산鶴山	김창수金昌洙	한산漢山	최성모崔聖模
하빈河濱	신후담愼後聃	학산鶴山	윤정립尹貞立	한산韓山	민종묵閔種默
하빈옹河濱翁	윤지尹墀	학산鶴山	윤제홍尹濟弘	한산閑山	이종수李鍾洙
하빈조수河濱釣叟	박종우朴宗祐	학산鶴山	이목호李穆鎬	한산閑山	주비朱悲
하사下沙	안승우安承禹	학산鶴山	이인영李仁榮	한산병은漢山病隱	안정복安鼎福
하산何山	최효건崔孝騫	학산鶴山	이조李肇	한샘	최남선崔楠善
하산荷山	양기하梁基瑕	학산鶴山	허균許筠	한서翰西	남궁억南宮檍
하산霞山	남정철南廷哲	학산목재鶴山木齋	유최진柳最鎭	한석당閑碩堂	박중림朴仲林
하산霞山	유치봉柳致鳳	학서鶴棲	유태좌柳台佐	한설당閒說堂	안창후安昌後
하서河西	김인후金麟厚	학서鶴西	서종옥徐宗玉	한솔	이효상李孝祥
하서荷棲	조경趙璥	학석鶴石	유재소留在韶	한송寒松	윤석尹晳
하서荷西	이진순李眞淳	학송鶴松	전유형全有亨	한송재寒松齋	심사주沈師周
하석霞石	박인석朴寅碩	학순鶴舜	장판개張判介	한수漢叟	조정趙挺
하석霞石	박정朴炡	학암鶴巖	박정번朴廷璠	한수재寒水齋	권상하權尙夏
하석霞石	한필교韓弼敎	학암鶴巖	유몽정柳夢鼎	한수재寒秀齋	신대구申大龜
하성霞城	이선근李瑄根	학암鶴巖	정시연鄭時衍	한암漢巖	중원重遠
하오霞塢	유극柳극	학암鶴巖	조문명趙文命	한암閑庵	보환普幻
하옥荷屋	김좌근金左根	학암鶴菴	최신崔愼	한암당寒闇堂	이유립李裕岦
하옹霞翁	이익필李益馝	학야鶴野	남태제南泰齊	한양漢陽	용주龍珠
하운下雲	윤정구尹定求	학역재學易齋	정인지鄭麟趾	한원漢源	노긍盧兢
하원夏園	정수동鄭壽銅	학우鶴于	김시현金始顯	한월당寒月堂	김상정金商玎
하은荷隱	예가例珂	학우헌鶴于軒	백규白규	한음漢陰	이덕형李德馨
하은霞隱	신설申渫	학은鶴隱	공진원公震遠	한인恨人	신규식申圭植
하은霞隱	정태현鄭台鉉	학음學音	윤춘년尹春年	한재漢齋	이맹균李孟畇
하음河陰	신집申楫	학음鶴陰	윤순尹淳	한주韓洲	이정렬李定烈
하의荷漪	임백경任百經	학정鶴汀	이동명李東溟	한주韓州	이진상李震相
하의荷衣	정지正持	학정鶴汀	채득기蔡得沂	한죽寒竹	이집李潗
하전夏篆	김익정金益鼎	학주鶴洲	김홍욱金弘郁	한임韓鈕	신임申銋
하정芐淨	이덕주李德胄	학천學川	송명휘松明輝	한지韓志	김상옥金相玉
하정何亭	김경원金景源	학천鶴川	이봉춘李逢春	한천寒川	최인崔認
하정夏亭	유관柳寬	학촌學村	유진兪鎭	한천寒泉	박경신朴慶新
하정荷亭	김영수金永壽	학촌鶴村	안진安縝	한천寒泉	이동욱李東郁
하정荷亭	여규형呂圭亨	학촌鶴村	이범선李範善	한천寒泉	이재李縡
하정荷汀	민영휘閔泳徽	학파鶴坡	이예李藝	한천寒泉	정민교鄭敏僑
하정霞庭	박찬현朴瓚鉉	학파鶴坡	정관검鄭觀儉	한천寒泉	정협鄭協
하죽河竹	현정경玄正卿	학포學圃	양팽손梁彭孫	한천자漢川子	신아申雅
하지下枝	이상진李象辰	학포學圃	이상좌李上佐	한파漢坡	이상옥李相玉
하천下泉	이원형李遠馨	학해鶴海	김원식金元植	한포재寒圃齋	이건명李健命
하천霞川	고맹영高孟英	학해당學海堂	조희순趙義純	한훤당寒喧堂	김굉필金宏弼
하천霞川	고운高雲	학호鶴號	김봉조金奉祖	한힌샘	주시경周時經
하헌夏軒	윤휴尹鑴	한간寒澗	김한록金漢祿	할옹鶡翁	윤회평尹熙平
학계鶴溪	심액沈詻	한강寒岡	정구鄭逑	함명函溟	태선太先
학고鶴皐	김이만金履萬	한결	김윤경金允經	함월涵月	해원海源
학고鶴皐	이장곤李長坤	한계寒溪	심건영沈建永	함재涵齋	기효증奇孝曾
학곡鶴谷	이격李格	한계寒溪	오선기吳善基	함재涵齋	김수황金壽璜
학남鶴南	정우량鄭羽良	한계寒溪	윤담휴尹覃休	함재涵齋	심염조沈念祖
학당鶴塘	조상경趙尙絅	한계開溪	강백년姜栢年	함재涵齋	안종화安鍾和
학동鶴洞	이광준李光俊	한계韓溪	이승희李承熙	함허涵虛	기화己和
학록鶴麓	이경윤李慶胤	한명漢明	대운大雲	합강合江	박대덕朴大德
학범學凡	박승빈朴勝彬	한뫼	이유재李允宰	항와恒窩	유중악柳重岳
학봉鶴峯	고인후高因厚	한백당寒栢堂	안숭효安崇孝	항재恒齋	유광익柳光翼
학봉鶴峰	김성일金誠一	한벽당寒碧堂	곽기수郭期壽	항재恒齋	유운柳雲

호號	성 명	호號	성 명	호號	성 명
항재恒齋	이숭일李嵩逸	해은海隱	강필효姜必孝	허백당虛白堂	김양진金揚震
항재恒齋	정조영鄭宗榮	해은海隱	김종남金宗南	허백당虛白堂	명조明照
항타원恒陀圓	이경순李敬順	해일海一	영허映虛	허백당虛白堂	성현成俔
해강海岡	김규진金圭鎭	해장海藏	신석우申錫愚	허백당虛白堂	정난종鄭蘭宗
해객海客	양사언楊士彦	해좌海左	정범조鄭範朝	허암虛庵	정희량鄭希良
해거재海居齋	홍현주洪顯周	해창海窓	송기식宋基植	허응虛應	보우普雨
해고海皐	이광정李光庭	해천海天	윤성범尹聖範	허정虛靜	법종法宗
해곡海谷	처진處珍	해천蟹川	한진韓稹	허주虛舟	김반金槃
해공海公	신익희申翼熙	해촌海村	김성구金聲久	허주虛舟	덕진德眞
해관海盥	이관직李觀稙	해풍海風	심훈沈熏	허주虛舟	이징李澄
해관海觀	오긍선吳兢善	해학海鶴	이기李沂	허주虛舟	이천기李天基
해관海觀	윤용구尹用求	해화당海華堂	서선徐選	허주와虛舟窩	김석일金錫一
해광海光	최윤동崔允東	행당杏堂	윤복尹復	허주자虛舟子	김재로金在魯
해광海狂	송제민宋齊民	행명涬溟	윤순지尹順之	허직虛直	이선李瑄
해기海寄	송은성宋殷成	행사杏史	양회일梁會一	헐오재歇五材	정기화鄭琦和
해담海曇	치익致益	행산杏山	박전지朴全之	현계玄溪	오대관吳大觀
해동초인海東樵人	최찬식崔瓚植	행수幸叟	송문재宋文載	현곡玄谷	양일동梁一東
해려재海旅齋	반부潘阜	행우杏雨	남효온南孝溫	현곡玄谷	유영선柳永善
해룡海龍	김원규金元圭	행우杏雨	최동립崔東立	현곡玄谷	정백창鄭百昌
해몽海夢	전봉준全琫準	행원杏園	이부李阜	현곡玄谷	조위한趙緯韓
해문海門	구의강具義剛	행원杏園	최동립崔東立	현기玄磯	이경엄李景嚴
해봉海峯	김형익金衡翼	행인杏仁	이승만李承萬	현담玄潭	유정동柳井洞
해봉海峯	유기有機	행정杏亭	도형都衡	현당玄堂	현철賢哲
해부海夫	변지순卞持淳	행정杏亭	이중광李重光	현동玄同	정동유鄭東愈
해붕海鵬	전령展翎	행좌杏左	이익연李翼延	현동자玄洞子	안견安堅
해사海史	맹철호孟喆鎬	행촌杏村	김응삼金應三	현민玄民	유진오俞鎭午
해사海史	유병우柳秉禹	행촌杏村	민순閔純	현석玄石	김익석金苪石
해사海史	이원순李元淳	행촌杏村	이암李嵒	현석玄石	박세채朴世采
해사海史	이준李準	행촌杏村	정적鄭揚	현석玄石	임인수林仁洙
해사海士	김성근金聲根	행헌杏軒	이의형李義亨	현석玄石	한인급韓仁及
해사海士	안건영安健榮	행호거사杏湖居士	이만성李晚成	현석玄石	현제명玄濟明
해사海沙	김명선金鳴善	향곡香谷	김여란金如蘭	현암玄巖	김종회金鐘喜
해산海山	전기홍全基泓	향곡香谷	혜림惠林	현암玄巖	송덕기宋德基
해산海山	조헌영趙憲泳	향농香農	신정희申正熙	현옹玄翁	신흠申欽
해산海山	최동崔棟	향당香塘	백윤문白潤文	현옹玄翁	윤덕희尹德熙
해산정海山亭	강세황姜世晃	향봉香峰	향눌香訥	현은玄隱	김덕성金德成
해석海石	김재찬金載瓚	향사香史	박귀희朴貴姬	현재玄齋	심사정沈師正
해석海石	손정도孫貞道	향산響山	이만도李晚燾	현주玄洲	이소한李昭漢
해송海松	마해송馬海松	향산香山	조사석趙師錫	현주玄洲	조찬한趙纘韓
해악海岳	김기형金基瀅	향산초부香山樵夫	윤영시尹榮始	현포玄圃	신득연申得淵
해악海嶽	이명환李明煥	향석香石	김용진金容鎭	현포玄圃	이상황李相璜
해암懈菴	김응정金應鼎	향설당香雪堂	한경기韓景琦	현포玄圃	이혜李嵇
해암海巖	김봉재金奉才	향수香壽	정학교丁學教	현헌玄軒	신흠申欽
해암海巖	김영주金英珠	향운響雲	이지용李地鎔	현헌거사玄玄居士	박영효朴泳孝
해암海巖	현철玄哲	향일당嚮日堂	상진尙震	협소愜素	한회일韓會一
해암海巖	현철玄哲	향적정香積精舍	여훈如訓	형당蘅堂	유재소劉在韶
해양海陽	나열羅列	향정香庭	한무숙韓戊淑	형암炯庵	이덕무李德懋
해옥海玉	이준李儁	향천香泉	임경한林景翰	형양滎陽	정습명鄭襲明
해온解慍	백남훈白南薰	향파向破	이주홍李周洪	형재亨齋	이직李稷
해옹海翁	여이재呂爾載	향파鄕坡	서대순徐戴淳	형재荊齋	변박卞璞
해옹海翁	윤선도尹善道	향파香坡	이익한李翊漢	형타원亨陀圓	오종태吳宗泰
해운海運	경열敬悅	향포香圃	김재창金在昌	혜각존자慧覺尊者	신미信眉
해운당海雲堂	김하락金河洛	향호香湖	최운우崔雲遇	혜강惠剛	최한기崔漢綺
해월海月	최시형崔時亨	허강虛江	심덕부沈德符	혜곡兮谷	최순우崔淳雨
해월당海月堂	박춘호朴春豪	허곡虛谷	나백懶白	혜남蕙南	고병국高秉國
해위海葦	윤보선尹潽善	허당虛堂	심덕부沈德符	혜봉惠奉	이순爾順

호號	성 명	호號	성 명	호號	성 명
혜산惠山	전음광全飲光	호은湖隱	신량申湸	화서花西	전재호田在浩
혜산蕙山	유숙劉淑	호은湖隱	이규태李圭泰	화서華棲	김학순金學淳
혜석惠石	조동윤趙東潤	호은湖隱	이성원李性源	화서華西	김상철金尙喆
혜암慧庵	현문玄門	호은湖隱	이채우李採雨	화서華西	이항로李恒老
혜원惠園	윤길구尹吉求	호은湖隱	전덕원全德元	화석자花石子	이옥李鈺
혜원惠園	신윤복申潤福	호은芦隱	김규식金奎植	화악華岳	문신文信
혜월慧月	혜명慧明	호음湖陰	정사룡鄭士龍	화악華嶽	지탁知濯
혜인惠人	조영하趙寧夏	호의縞衣	시오始悟	화암和巖	신봉조申鳳朝
혜재惠齋	어윤적魚允迪	호일胡逸	조시원趙時元	화암和庵	신성하申聖夏
혜전惠田	정현철鄭顯哲	호재扈齋	임정任珽	화암和庵	장세량張世良
혜찬慧燦	진응震應	호재浩齋	허백기許伯琦	화암花巖	이숙李叔
혜천惠泉	남병길南秉吉	호정壺亭	노병희魯炳熹	화암花巖	최유원崔有源
혜환재惠寰齋	이용휴李用休	호정壺亭	정두원鄭斗源	화암華巖	이이근李頤根
호거壺居	이약우李若愚	호정湖亭	한기욱韓基昱	화애당花厓堂	성수영成遂永
호계壺溪	강진휘姜晉暉	호주湖洲	채유후蔡裕後	화운化雲	은철銀汀
호계壺溪	박세중朴世拯	호폐헌好閉軒	노직盧稙	화운華雲	서기원徐基元
호계壺溪	이을규李乙奎	호하壺下	박회수朴晦壽	화월化月	숙홍淑荭
호고와好古窩	유휘문柳徽文	호학재好學齋	민기閔箕	화월華月	성눌聖訥
호곡壺谷	남용익南龍翼	혼계渾溪	이관李琯	화은化隱	민창도閔昌道
호곡壺谷	박회수朴晦壽	혼돈산인渾頓山人	어득강魚得江	화은花隱	김이혁金履爀
호기互棄	금산군錦山君	혼성溷性	취선就善	화은華隱	남벌南橃
호기互棄	이성윤李誠胤	혼원混元	세환世煥	화은華隱	신경申炅
호당皓堂	연성흠延星欽	혼허渾虛	상능尙能	화음華陰	이창정李昌庭
호동瓠東	정홍순鄭弘淳	홍련거사紅蓮居士	이준경李浚慶	화인花人	김수돈金洙敦
호량濠梁	신익륭申翊隆	홍암泓巖	나철羅喆	화재和齋	변상벽卞相璧
호봉壺峰	송언신宋言愼	홍암泓菴	나인협羅仁恊	화전樺田	윤복영尹復榮
호봉壺峰	이돈李墩	홍엽산방주인 紅葉山房主人	유창환兪昌煥	화천花川	이수봉李壽鳳
호봉瓠峰	이진은李震殷	홍엽상서紅葉商書	강세황姜世晃	화천花川	조흡趙潝
호산壺山	윤동철尹東喆	홍와弘窩	노사예盧士豫	화천華泉	이채李采
호산壺山	조희룡趙熙龍	홍우紅藕	선천善天	화천당花遷堂	박춘무朴春茂
호산湖山	박의준朴義熏	홍월헌弘月軒	김득신金得臣	화촌和村	이술원李述原
호산자湖山子	한석지韓錫地	홍재弘齋	정조正祖	화하華下	이방운李昉運
호상포객湖上逋客	이유립李裕岦	홍재弘齋	의소義沼	확재擴齋	민치복閔致福
호생관毫生館	최북崔北	화강火崗	이준식李俊植	환명幻溟	경찬敬贊
호석湖石	강우姜虞	화강花岡	정택뢰鄭澤雷	환몽幻夢	광활宏闊
호석연경실 好石研經室	손재형孫在馨	화강華岡	민치홍閔致鴻	환봉煥峯	섭민攝旻
호성胡星	신석정辛夕汀	화강華岡	최학승崔鶴昇	환산桓山	이윤재李允在
호세好世	이해남李海南	화계花溪	유의건柳宜健	환성喚醒	민응회閔應恢
호수浩叟	정세아鄭世雅	화곡化谷	강순룡康舜龍	환성喚醒	이현李俔
호암浩菴	이기조李基祚	화곡禾谷	정사호鄭賜湖	환성喚醒	지안志安
호암湖巖	문일평文一平	화곡華谷	서원리徐元履	환성당喚醒堂	성만징成萬徵
호암湖巖	박문회朴文會	화곡華谷	이경억李慶億	환성재喚醒齋	안세징安世徵
호암湖巖	이병철李秉喆	화곡華谷	정종명鄭宗溟	환암幻庵	선흠善欽
호암虎巖	체정體淨	화남華南	박장호朴長浩	환옹幻翁	선탄禪坦
호암護巖	약휴若休	화남華南	유희분柳希奮	환응幻應	탄영坦泳
호연浩然	유우有寓	화담花潭	서경덕徐敬德	환재瓛齋	박규수朴珪壽
호옹壺翁	목낙선睦樂善	화담華曇	법린法璘	환재桓齋	박규수朴珪壽
호옹壺翁	조덕순曹德純	화담華潭	경화敬和	환재거사瓛齋居士	박규수朴珪壽
호옹湖翁	조정융曺挺融	화담華潭	영원靈源	환적幻寂	의천義天
호와壺窩	유현시柳顯時	화당化堂	신민일申敏一	환허幻虛	봉규奉圭
호우湖憂	이환李焕	화산花山	권주權柱	활계活溪	이대유李大㽕
호월湖月	관례寬禮	화산華山	김우근金宇根	활당活塘	박동현朴東賢
호은壺隱	유감柳堪	화산華山	정규한鄭奎漢	활사活史	지희전池熙銓
호은好隱	유기有機	화산華山	조말생趙末生	활안活眼	김윤기金允基
		화산관華山館	이명기李命基	활엽活葉	윤영춘尹永春
				활탄活灘	유세린柳世麟

호號	성 명	호號	성 명	호號	성 명
활호자活毫子	김수규金壽奎	효성曉城	조명기趙明基	휴재休齋	오재희吳載熙
황강黃岡	김계휘金繼輝	효송曉松	하점생河点生	휴천休川	조중려趙重呂
황강黃江	이희안李希顏	효운루曉雲樓	김회연金會淵	휴헌休軒	문영개文英凱
황락거사黃落居士	윤회평尹熙平	효정曉亭	이순탁李順鐸	휴헌休軒	정홍익鄭弘翼
황림篁林	윤사진尹思眞	효종曉鍾	현철玄哲	휴휴休休	구강具康
황사黃史	민규호閔奎鎬	효종생曉鍾生	현철玄哲	휴휴당休休堂	이계호李繼祜
황산黃山	김유근金逌根	효창曉窓	신효申曉	휴휴자休休子	정광운鄭廣運
황악산인黃岳山人	학조學祖	효창曉蒼	한징韓澄	휴휴자休休子	정효성鄭孝成
황암篁巖	박제인朴齊仁	효창노인曉窓老人	심봉원沈逢源	흑성黑星	권구현權九玄
황재黃齋	심의겸沈義謙	효효재嘐嘐齋	김용겸金用謙	흠재欽齋	조덕승趙德承
황파荒坡	서원준徐元俊	효휘孝徽	철인왕후哲仁王后	희곡希谷	이지연李止淵
회곡晦谷	권춘란權春蘭	후계后溪	소광진蘇光震	희락당希樂堂	김안로金安老
회곡晦谷	남서南銑	후계後溪	박서朴遾	희산希山	김승학金承學
회곡晦谷	조한영曹漢英	후계後溪	이이순李頤淳	희산義山	이사인李士仁
회곡檜谷	성석용成石瑢	후계後溪	이충양李忠養	희설喜雪	이방운李昉運
회광晦光	사선師瑄	후계後溪	조시영曹始永	희암希庵	송시일宋時一
회광晦光	유선有璿	후계後溪	조유수趙裕壽	희암希菴	김태암金泰巖
회당晦光	윤응선尹膺善	후곡後谷	나급羅級	희암希菴	채팽윤蔡彭胤
회당晦光	장석영張錫英	후락재後樂齋	김만흥金萬興	희양재希陽齋	임헌회任憲晦
회백晦百	이상두李相斗	후몽後夢	김학진金鶴鎭	희원喜園	이한철李漢喆
회봉晦峯	하겸진河謙鎭	후산后山	이종수李宗洙	희원希園	이한철李漢喆
회산晦山	보혜普慧	후산后山	정윤영鄭胤永	희이자希夷子	박정최朴挺最
회산檜山	정환丁煥	후석後石	천관우千寬宇	희이자希夷子	이자현李資玄
회암晦庵	심훈心訓	후송後松	유의양柳義養	희헌義軒	천수경千壽慶
회암晦庵	정혜定慧	후송재後松齋	김사정金士貞	희현당希賢堂	신숙주申叔舟
회와悔窩	박태원朴泰遠	후영어은後潁漁隱	이시발李時發	희현당希賢堂	이영서李永瑞
회와悔窩	안중관安重觀	후율後栗	조헌趙憲	흰곰	백기만白基萬
회와悔窩	한덕전韓悳全	후은後隱	김용구金容球		
회와晦窩	윤양래尹陽來	후은後隱	이학로李學魯		
회와晦窩	이승우李勝宇	후재厚齋	김간金榦		
회와晦窩	이인엽李寅燁	후재厚齋	노극신盧克愼		
회월懷月	박영희朴英熙	후창後滄	김택술金澤述		
회은悔隱	응준應俊	후촌後村	윤전尹烇		
회은晦隱	유도발柳道發	후추後廖	김신국金藎國		
회은晦隱	응준應俊	후포後浦	이정원李挺元		
회은晦隱	이용李溶	훈수塤叟	정만양鄭萬陽		
회을悔乙	김성숙金成淑	훈재訓齋	김진金搢		
회재懷齋	박광옥朴光玉	훤정萱亭	권벌權橃		
회재晦齋	윤개尹漑	훤정萱庭	염정수廉廷秀		
회재晦齋	이언적李彦迪	휘열徽烈	의인왕후懿仁王后		
회정당晦靜堂	김육金堉	휘재暉齋	방우정防禹鼎		
회천晦泉	이학순李學純	휴계休溪	김희철金希哲		
회헌悔軒	양덕록楊德祿	휴곡休谷	김덕원金德遠		
회헌懷軒	박희수朴希壽	휴곡休谷	오시복吳始復		
회헌晦軒	이정작李庭綽	휴당休堂	이계호李繼祜		
회헌晦軒	조관빈趙觀彬	휴수休叟	이문건李文楗		
회헌晦軒	안향安珦	휴암休菴	공서린孔瑞麟		
회헌檜軒	유의손柳義孫	휴암休菴	김상준金尙寯		
횡보橫步	염상섭廉相涉	휴암休菴	백인걸白仁傑		
효강曉岡	최문환崔文煥	휴암休菴	정홍익鄭弘翼		
효당曉堂	최범술崔凡述	휴암休庵	이휴징李休徵		
효리재孝里齋	김석준金奭準	휴옹休翁	심광세沈光世		
효봉曉峰	학눌學訥	휴옹休翁	이계호李繼祜		
효사당孝思堂	노한盧閈	휴옹休翁	일선一禪		
효산曉山	강태홍姜太弘	휴옹休翁	정홍익鄭弘翼		
효산曉山	송찬식宋贊植	휴와休窩	조도빈趙道彬		

시호諡號 일람표

시호諡號	성 명	시호諡號	성 명	시호諡號	성 명
		경성敬成	경성왕후敬成王后	공간恭簡	윤긍尹兢
		경성景成	최충헌崔忠獻	공간恭簡	윤세호尹世豪
	ㄱ	경숙敬肅	심도원沈道源	공간恭簡	윤형尹炯
		경숙景肅	성운成雲	공간恭簡	이성서李成瑞
		경숙景肅	왕총지王寵之	공간恭簡	이자건李自健
		경숙景肅	이애李薆	공간恭簡	이효백李孝伯
각진覺眞	복구復丘	경신景信	문공왕후文恭王后	공간恭簡	정홍鄭洪
간숙簡肅	허주許周	경안敬安	낙랑후樂浪侯	공간恭簡	조석문曺錫文
간헌簡憲	성원규成元揆	경안敬安	유윤부柳允孚	공간恭簡	한사문韓斯文
간헌簡憲	이기익李箕翊	경안景安	유여림兪汝霖	공간恭簡	한사직韓師直
간헌簡憲	임시철林蓍喆	경애景哀	경애왕景哀王	공간恭簡	한세환韓世桓
강康	장수왕長壽王	경양景襄	강중康拯	공간恭簡	허성許誠
강경康敬	최사량崔思諒	경의景懿	기홍수奇洪壽	공경恭頃	김로金輅
강경康敬	홍빈洪彬	경의景毅	신경유申景裕	공대恭戴	정척鄭陟
강렬康烈	왕충王沖	경의景毅	이지시李之詩	공도恭度	서선徐選
강무剛武	남은南誾	경절敬節	최사강崔士康	공도恭度	신상申商
강민剛愍	김원량金元亮	경절敬節	하숙보河叔溥	공도恭度	이문화李文和
강민剛愍	이완李莞	경절景節	손중돈孫仲暾	공도恭悼	구한具澣
강소康昭	조림趙琳	경절景節	이래李來	공도恭悼	한의韓義
강안康安	조대림趙大臨	경정敬靖	문공유文公裕	공량恭良	원종元宗
강양剛襄	이부李敷	경정景定	민여익閔汝翼	공목恭穆	강시姜蓍
강양剛襄	홍서洪恕	경정景貞	김사원金士元	공목恭穆	민효증閔孝曾
강의剛義	정세아鄭世雅	경정景貞	민인백閔仁伯	공무恭武	송문림宋文琳
강이康夷	윤평尹泙	경질敬質	김지경金之慶	공무恭武	이계린李季疄
강정剛靖	양녕대군讓寧大君	경질景質	안원安瑗	공무恭武	장언량張彦良
강정康定	권철權轍	경평敬平	노숭盧嵩	공무恭武	한규韓珪
강정康靖	기윤숙奇允肅	경평景平	채송년蔡松年	공민恭敏	권이진權以鎭
강정康靖	성종成宗	경평景平	박태정朴泰定	공상恭觴	헌종憲宗
강평康平	이명신李明晨	경헌敬憲	의창군義昌君	공소恭昭	이계李誡
강호康胡	이귀령李貴齡	경헌敬憲	이계손李繼孫	공소恭昭	이보李溥
강회康懷	조중장趙仲璋	경헌敬獻	김사목金思穆	공소恭昭	이사검李思儉
개숙凱肅	황종각黃宗慤	경헌景憲	구봉서具鳳瑞	공숙恭肅	김양경金良璥
개절介節	홍우정洪宇定	경헌景憲	김시혁金始㷜	공숙恭肅	노한盧閈
경간景簡	김원의金元義	경헌景憲	정세규鄭世規	공숙恭肅	봉려奉礪
경강敬剛	안소광安紹光	경헌景憲	채이항蔡以恒	공숙恭肅	서문중徐文重
경강敬康	덕종德宗	경헌景憲	홍보洪寶	공숙恭肅	신인손辛引孫
경덕景德	경덕왕景德王	경헌景憲	홍섬洪暹	공숙恭肅	심회沈澮
경렬敬烈	김인연金仁沇	경헌景獻	김진구金鎭龜	공숙恭肅	유필庚弼
경렬敬烈	박보로朴普老	경헌景獻	송갑조宋甲祚	공숙恭肅	이명덕李明德
경렬景烈	백임지白任至	경헌景獻	조상경趙尚絅	공숙恭肅	이집李諿
경렬景烈	왕국모王國髦	경혜敬惠	인빈김씨仁嬪金氏	공숙恭肅	정괄鄭佸
경렬景烈	정지鄭地	경혜景惠	권전權專	공숙恭肅	조익정趙益貞
경명景明	경명왕景明王	경혜景惠	허응許應	공순恭順	문종文宗
경목敬穆	경목현비敬穆賢妃	경화敬和	경화왕후敬和王后	공순恭順	박숭질朴崇質
경목景穆	조흡趙潝	경효敬孝	영응대군永膺大君	공안恭安	김겸광金謙光
경무景武	이우항李宇恒	경효敬孝	진안대군鎭安大君	공안恭安	정옥형丁玉亨
경무景武	이제李濟	경희景禧	왕우王瑀	공안恭安	조혜趙惠
경무景武	이항李沆	공간恭簡	김봉金崶	공안恭安	한치인韓致仁
경무景武	정식鄭軾	공간恭簡	김조金銚	공양恭良	윤계겸尹繼謙
경문景文	경문왕景文王	공간恭簡	김주金湊	공양恭襄	윤계겸尹繼謙
경문景文	최홍윤崔洪胤	공간恭簡	박건朴楗	공양恭襄	강곤姜袞
경문景文	황주량黃周亮	공간恭簡	신거관愼居寬	공양恭襄	김관金瓘

시호諡號	성 명	시호諡號	성 명	시호諡號	성 명
공양恭襄	김순명金順命	낭공朗空	행적行寂	무열武烈	주몽룡朱夢龍
공예恭睿	공예태후恭睿太后	낭원朗圓	개청開淸	무열武烈	태종무열왕
공원恭元	명덕태후明德太后	노국대장魯國大長	노국대장공주		太宗武烈王
공의恭懿	선희왕후宣禧王后		魯國大長公主	무의武毅	박의장朴毅長
공의恭懿	이승상李升商			무의武毅	유극량劉克良
공장恭莊	변종인卞宗仁			무의武毅	이순신李純信
공장恭長	이극증李克增	**ㄷ**		무의武毅	임성고任聖皐
공절恭節	김당金璫			무의武毅	조심태趙心泰
공절恭節	이거인李居仁			무익武翼	서유대徐有大
공정恭定	태종太宗			무장武壯	신호申浩
공정恭靖	김충찬金忠贊	단민端敏	홍진洪進	무절武節	신유정辛有定
공정恭靖	심덕부沈德符	단의端懿	단의왕후端懿王后	무후武厚	이화영李和英
공정恭靖	이승상李升商	대각大覺	의천義天	문간文簡	강혼姜渾
공정恭靖	정종定宗	대감大鑑	탄연坦然	문간文簡	기정진奇正鎭
공정恭靖	황상黃裳	대경大鏡	여엄麗嚴	문간文簡	김광재金光載
공편恭編	이유청李惟淸	대경戴敬	김연지金連枝	문간文簡	김동건金東健
공평恭平	광정태후光靖太后	대낭혜大朗慧	무염無染	문간文簡	김부일金富佾
공평恭平	김영유金永濡	대민戴敏	강석덕姜碩德	문간文簡	김상악金相岳
공평恭平	안침安琛	대민戴敏	박미朴楣	문간文簡	김세필金世弼
공평恭平	한위韓偉	대성大成	광종光宗	문간文簡	김양택金陽澤
공헌恭憲	명종明宗	대장戴莊	최향崔珦	문간文簡	김양행金亮行
공혜恭惠	공혜왕후恭惠王后	대지大智	찬영粲英	문간文簡	김이재金履載
공혜恭惠	성염조成念祖	도열度烈	홍경주洪景舟	문간文簡	김정金淨
공혜恭惠	임정林整	돈회敦僖	이응거李膺擧	문간文簡	김창金敞
공호恭胡	김종순金從舜	동명東明	동명성왕東明聖王	문간文簡	김창협金昌協
공회恭懷	안양군安陽君	동진洞眞	경보慶甫	문간文簡	김취문金就文
공효恭孝	박중손朴仲孫			문간文簡	김희순金義淳
공효恭孝	헌숙왕후獻肅王后			문간文簡	노수신盧守愼
공효恭孝	화의군和義君			문간文簡	민우수閔遇洙
공후恭厚	설미수偰眉壽	**ㅁ**		문간文簡	박상朴祥
공희恭僖	오사충吳思忠			문간文簡	서당보徐堂輔
공희恭僖	이계전李季專			문간文簡	서유구徐有榘
공희恭喜	황석기黃石奇	명성明成	명성황후明成皇后	문간文簡	선우협鮮于浹
관숙寬肅	경성왕후敬成王后	명성明聖	명성왕후明聖王后	문간文簡	성헌징成獻徵
관정寬靖	홍선洪詵	명숙明肅	성준成俊	문간文簡	성혼成渾
광렬匡烈	최우崔瑀	명의明懿	명의왕태후	문간文簡	송치규宋穉圭
광빈匡彬	최량崔亮		明懿王太后	문간文簡	신광한申光漢
광사匡事	유홍柳洪	명헌明憲	이파李坡	문간文簡	안위安瑋
광선廣宣	원성태후元成太后	명효明孝	숙종肅宗	문간文簡	안종원安宗源
광위匡衛	유신성劉新城	무강武剛	이종장李宗張	문간文簡	유공권柳公權
광자廣慈	윤다允多	무공武恭	복지겸卜智謙	문간文簡	유관柳寬
광정光正	조계순趙季珣	무령武寧	무령왕武寧王	문간文簡	유신환兪莘煥
광정匡定	김이金怡	무민武愍	유혁연柳赫然	문간文簡	유염柳琰
광정匡定	홍규洪奎	무민武愍	최영崔瑩	문간文簡	유중교柳重教
광정匡靖	이징망李徵望	무민武愍	황진黃進	문간文簡	이경재李景在
광헌匡憲	노단盧旦	무숙武肅	박진영朴震英	문간文簡	이광문李光文
국강상광개토	광효光孝	무숙武肅	유상필柳相弼	문간文簡	이궤李軌
경평안호태왕	명종明宗	무숙武肅	유효원柳孝源	문간文簡	이무방李茂芳
國岡上廣開土	광개토왕廣開土王	무숙武肅	이경무李敬懋	문간文簡	이민서李敏敍
境平安好太王		무숙武肅	이주국李柱國	문간文簡	이상수李象秀
		무숙武肅	장붕익張鵬翼	문간文簡	이서李舒
		무숙武肅	최희량崔希亮	문간文簡	이수광李睟光
		무애지無碍知	계응戒膺	문간文簡	이승소李承召
ㄴ		무양武襄	남치근南致勤	문간文簡	이시원李始源
		무열武烈	박원종朴元宗	문간文簡	이약우李若愚
		무열武烈	배현경裵玄慶	문간文簡	이의현李宜顯

시호諡號	성 명	시호諡號	성 명	시호諡號	성 명
문간文簡	이익수李益壽	문경文敬	송계간宋啓幹	문극文克	조연수趙延壽
문간文簡	이익회李翊會	문경文敬	송익필宋翼弼	문단文端	구봉령具鳳齡
문간文簡	이정李挺	문경文敬	송환기宋煥箕	문단文端	김주金澍
문간文簡	이정보李鼎輔	문경文敬	신응조申應朝	문단文端	송인宋寅
문간文簡	이준李埈	문경文敬	안보安輔	문대文戴	김응기金應箕
문간文簡	이지李至	문경文敬	유운柳雲	문덕文德	문덕왕후文德王后
문간文簡	이천보李天輔	문경文敬	윤관尹瓘	문도文度	민제閔霽
문간文簡	이희조李喜朝	문경文敬	윤선거尹宣擧	문도文度	박지원朴趾源
문간文簡	정공권鄭公權	문경文敬	이강李岡	문도文度	박훈朴薰
문간文簡	정온鄭蘊	문경文敬	이기李芑	문도文度	유천우兪千遇
문간文簡	조경趙絅	문경文敬	이당규李堂揆	문도文度	이거이李居易
문간文簡	조관빈趙觀彬	문경文敬	이봉상李鳳祥	문도文度	정약용丁若鏞
문간文簡	조복양趙復陽	문경文敬	이상정李象靖	문도文悼	김수녕金壽寧
문간文簡	조수익趙壽益	문경文敬	이세필李世弼	문량文良	강희맹姜希孟
문간文簡	조호익曹好益	문경文敬	이여李畬	문량文良	설공검薛公儉
문간文簡	최성지崔誠之	문경文敬	이유태李惟泰	문량文良	설장수偰長壽
문간文簡	최신崔愼	문경文敬	이직보李直輔	문량文良	이오李顒
문간文簡	최함崔諴	문경文敬	이채李采	문량文良	이은상李殷相
문간文簡	한상경韓尙敬	문경文敬	이태중李台重	문량文良	정을보鄭乙輔
문간文簡	한장석韓章錫	문경文敬	이항李恒	문량文良	조간趙簡
문간文簡	홍계희洪啓禧	문경文敬	이항로李恒老	문량文良	홍여방洪汝方
문간文簡	홍명하洪命夏	문경文敬	이현일李玄逸	문명文明	문명왕후文明王后
문간文簡	홍석주洪奭周	문경文敬	임성주任聖周	문목文穆	김정국金正國
문간文簡	홍우원洪宇遠	문경文敬	임정주任靖周	문목文穆	민종현閔鍾顯
문강文剛	박세희朴世熹	문경文敬	임헌회任憲晦	문목文穆	민치상閔致庠
문강文剛	이사균李思鈞	문경文敬	정호鄭澔	문목文穆	박영朴英
문강文剛	조말생趙末生	문경文敬	조병덕趙秉悳	문목文穆	박지계朴知誡
문강文康	김세렴金世濂	문경文敬	조승숙趙承肅	문목文穆	오원吳瑗
문강文康	김숙자金叔滋	문경文敬	한수韓脩	문목文穆	유숭조柳崇祖
문강文康	김창흡金昌翕	문경文敬	허공許珙	문목文穆	윤신지尹新之
문강文康	박광전朴光前	문경文敬	허조許稠	문목文穆	이담李潭
문강文康	박소朴紹	문경文敬	홍이상洪履祥	문목文穆	이상李翔
문강文康	박원朴遠	문경文敬	홍직필洪直弼	문목文穆	장응일張應一
문강文康	서경덕徐敬德	문경文景	강맹경姜孟卿	문목文穆	정구鄭逑
문강文康	안방준安邦俊	문경文景	권제權踶	문목文穆	조극선趙克善
문강文康	우성전禹性傳	문경文景	권진權軫	문무文武	문무왕文武王
문강文康	윤언이尹彦頤	문경文景	남곤南袞	문민文愍	기준奇遵
문강文康	이석형李石亨	문경文景	민기閔箕	문민文愍	김일손金馹孫
문강文康	이지함李之菡	문경文景	민영모閔令謨	문민文愍	박중림朴仲林
문강文康	장현광張顯光	문경文景	박충원朴忠元	문민文愍	이정숙李正淑
문강文康	정제두鄭齊斗	문경文景	성석린成石璘	문민文愍	정총鄭摠
문강文康	조욱趙昱	문경文景	신용개申用漑	문민文敏	서종옥徐宗玉
문경文敬	김간金榦	문경文景	이극감李克堪	문민文敏	서호수徐浩修
문경文敬	김감金勘	문경文景	이직李稷	문민文敏	원인손元仁孫
문경文敬	김굉필金宏弼	문경文景	정초鄭招	문민文敏	이현석李玄錫
문경文敬	김수동金壽童	문경文景	정흠지鄭欽之	문민文敏	주세붕周世鵬
문경文敬	김신겸金信謙	문경文景	조영인趙永仁	문민文敏	황신黃愼
문경文敬	김안국金安國	문경文景	최린崔璘	문성文成	김인존金仁存
문경文敬	김예몽金禮蒙	문경文景	홍길민洪吉旼	문성文成	안향安珦
문경文敬	김원행金元行	문공文恭	문공왕후文恭王后	문성文成	유부柳溥
문경文敬	김유金楺	문공文恭	심언광沈彦光	문성文成	윤증尹拯
문경文敬	김집金集	문공文恭	김흔金訢	문성文成	이이李珥
문경文敬	박성양朴性陽	문광文匡	노사신盧思愼	문성文成	정인지鄭麟趾
문경文敬	박필주朴弼周	문광文匡	박전지朴全之	문성무열성文成武烈聖	정조正祖
문경文敬	백인걸白仁傑	문광文匡	홍귀달洪貴達		인장효仁莊孝
문경文敬	성근묵成近默	문극文克	정오鄭顥	문숙文淑	안목安牧

시호諡號	성 명	시호諡號	성 명	시호諡號	성 명
문숙文淑	최유청崔惟清	문열文烈	김천일金千鎰	문장文莊	김태서金台瑞
문숙文肅	김제갑金悌甲	문열文烈	박인량朴寅亮	문장文莊	박계현朴啓賢
문숙文肅	박광일朴光一	문열文烈	박태보朴泰輔	문장文莊	성세창成世昌
문숙文肅	박석명朴錫命	문열文烈	이계전李季甸	문장文莊	신완申琓
문숙文肅	박종경朴宗慶	문열文烈	이조년李兆年	문장文莊	신응시辛應時
문숙文肅	변계량卞季良	문열文烈	조헌趙憲	문장文莊	이숙함李淑瑊
문숙文肅	성석용成石瑢	문열文烈	한상질韓尙質	문장文莊	이혼李混
문숙文肅	신정申晸	문열文烈	한안인韓安仁	문장文莊	정경세鄭經世
문숙文肅	심상규沈象奎	문영文英	김순金恂	문장文莊	조위曺偉
문숙文肅	안숭선安崇善	문영文英	최언위崔彦撝	문장文長	김구金鉤
문숙文肅	안정복安鼎福	문온文溫	박여룡朴汝龍	문장文長	김말金末
문숙文肅	오억령吳億齡	문온文溫	오한경吳漢卿	문장文長	정자영鄭自英
문숙文肅	유사눌柳思訥	문온文溫	윤혜교尹惠教	문재文載	성현成俔
문숙文肅	윤승훈尹承勳	문원文元	김장생金長生	문절文節	구홍具鴻
문숙文肅	이보림李寶林	문원文元	송명흠宋明欽	문절文節	권중화權仲和
문숙文肅	이성원李性源	문원文元	오희상吳熙常	문절文節	김담金淡
문숙文肅	이일상李一相	문원文元	이언적李彦迪	문절文節	김황원金黃元
문숙文肅	이지강李之剛	문원文元	전조생田祖生	문절文節	박세당朴世堂
문숙文肅	이춘영李春英	문의文懿	구사맹具思孟	문절文節	신상申鏛
문숙文肅	장순손張順孫	문의文懿	김구金絿	문절文節	유희춘柳希春
문숙文肅	정엽鄭曄	문의文懿	김부의金富儀	문절文節	이행李行
문숙文肅	조득림趙得林	문의文懿	김평묵金平默	문절文節	정수충鄭守忠
문숙文肅	조병구趙秉龜	문의文懿	노수신盧守愼	문절文節	정양鄭瀁
문숙文肅	채제공蔡濟恭	문의文懿	박항朴恒	문절文節	조원기趙元紀
문숙文肅	한익모韓翼謩	문의文懿	성종成宗	문절文節	주열朱悅
문숙文肅	황거중黃居中	문의文懿	이우직李友直	문절文節	차원부車原頯
문순文純	권상하權尙夏	문의文懿	이원배李元培	문절文節	한권韓卷
문순文純	박세채朴世采	문의文懿	이자李秄	문절文節	한종유韓宗愈
문순文純	원부元傅	문의文懿	최선崔詵	문정文定	김맹金猛
문순文純	이황李滉	문의文懿	홍주원洪柱元	문정文定	안극인安克仁
문순文純	한원진韓元震	문의文毅	김식金湜	문정文定	원송수元松壽
문순文順	권홍權弘	문의文義	이언충李彦冲	문정文定	유순정柳順汀
문순文順	민적閔頔	문익文翼	김관주金觀柱	문정文定	윤인첨尹鱗瞻
문순文順	안우기安于器	문익文翼	김수흥金壽興	문정文定	이귀李貴
문순文順	이규보李奎報	문익文翼	김여지金汝知	문정文定	이진李瑱
문신文信	최온崔溫	문익文翼	김홍근金弘根	문정文定	이행李荇
문신文愼	김변金㻸	문익文翼	박규수朴珪壽	문정文定	정이오鄭以吾
문안文安	강세구姜世龜	문익文翼	박영원朴永元	문정文定	최보순崔甫淳
문안文安	강현姜鋧	문익文翼	박정양朴定陽	문정文定	허금許錦
문안文安	김심언金審言	문익文翼	서명균徐命均	문정文正	권부權溥
문안文安	김양감金良鑑	문익文翼	유척기兪拓基	문정文正	김상헌金尙憲
문안文安	성임成任	문익文翼	윤방尹昉	문정文正	김태현金台鉉
문안文安	유승단兪升旦	문익文翼	윤시동尹蓍東	문정文正	박상충朴尙衷
문안文安	이문형李文炯	문익文翼	이경억李慶億	문정文正	송시열宋時烈
문안文安	이사철李思哲	문익文翼	이덕형李德馨	문정文正	송준길宋浚吉
문안文安	이첨李詹	문익文翼	이병모李秉模	문정文正	유경柳璥
문안文安	이희맹李希孟	문익文翼	이상황李相璜	문정文正	윤황尹煌
문안文安	정존겸鄭存謙	문익文翼	이원정李元禎	문정文正	이간李柬
문안文安	정항鄭沆	문익文翼	이존수李存秀	문정文正	이재李縡
문양文襄	양성지梁誠之	문익文翼	이지연李止淵	문정文正	이지저李之氏
문양文襄	오연총吳延寵	문익文翼	정광필鄭光弼	문정文正	조광조趙光祖
문양文襄	유자환柳子煥	문익文翼	조엄趙曮	문정文正	조충趙冲
문양文襄	최연崔演	문익文翼	한준겸韓浚謙	문정文正	최수성崔壽峸
문양文襄	한계미韓繼美	문익文翼	홍순목洪淳穆	문정文正	탁광무卓光茂
문양文陽	유희림柳希霖	문인文仁	민지閔漬	문정文正	허목許穆
문열文烈	김부식金富軾	문장文莊	홍가신洪可臣	문정文正	허백許伯

시호諡號	성 명	시호諡號	성 명	시호諡號	성 명
문정文正	홍언박洪彦博	문정文貞	이돈우李敦宇	문정文靖	임민비林民庇
문정文貞	강백년姜栢年	문정文貞	이신의李愼儀	문정文靖	임열任說
문정文貞	강석기姜碩期	문정文貞	이암李嵓	문정文靖	정가신鄭可臣
문정文貞	권변權抃	문정文貞	이우李堣	문정文靖	정실鄭實
문정文貞	김경여金慶餘	문정文貞	이익李翊	문정文靖	조만원趙萬元
문정文貞	김광욱金光煜	문정文貞	이최중李最中	문정文靖	조병식趙秉式
문정文貞	김구金坵	문정文貞	이헌영李𨯶永	문정文靖	조병필趙秉弼
문정文貞	김령金坽	문정文貞	이혁李爀	문정文靖	조석우曹錫雨
문정文貞	김만증金萬增	문정文貞	이휘정李輝正	문정文靖	최항崔恒
문정文貞	김상기金上琦	문정文貞	이흥민李興敏	문정文靖	한계희韓繼禧
문정文貞	김세균金世均	문정文貞	임백경任百經	문정文靖	홍서봉洪瑞鳳
문정文貞	김심金諶	문정文貞	정해륜鄭海崙	문정文靖	홍수헌洪受瀗
문정文貞	김우옹金宇顒	문정文貞	정홍명鄭弘溟	문제文齊	박충좌朴忠佐
문정文貞	김유근金逌根	문정文貞	조렴趙廉	문제文齊	오잠吳潛
문정文貞	김육金堉	문정文貞	조사수趙士秀	문진文眞	이장용李藏用
문정文貞	김이교金履喬	문정文貞	조식曹植	문질文質	이예李芮
문정文貞	김익金熤	문정文貞	조용趙庸	문청文淸	권단權胆
문정文貞	김익희金益熙	문정文貞	최석정崔錫鼎	문청文淸	김매순金邁淳
문정文貞	김정金淨	문정文貞	최숙생崔淑生	문청文淸	김진규金鎭圭
문정文貞	김정집金鼎集	문정文貞	최승로崔承老	문청文淸	남유용南有容
문정文貞	김홍욱金弘郁	문정文貞	최여해崔汝諧	문청文淸	서지수徐志修
문정文貞	남병철南秉哲	문정文貞	탁신卓愼	문청文淸	신재식申在植
문정文貞	남이웅南以雄	문정文貞	한충韓忠	문청文淸	유인길柳寅吉
문정文貞	남효온南孝溫	문정文貞	허침許琛	문청文淸	이병태李秉泰
문정文貞	문정왕후文貞王后	문정文貞	홍경모洪敬謨	문청文淸	이후백李後白
문정文貞	민유중閔維重	문정文貞	홍성민洪聖民	문청文淸	정철鄭澈
문정文貞	박승휘朴承輝	문정文貞	황정욱黃廷彧	문청文淸	최자崔滋
문정文貞	박응남朴應男	문정文靖	김계락金啓洛	문청文淸	홍낙명洪樂命
문정文貞	박종갑朴宗甲	문정文靖	김의정金義貞	문충文充	조득영趙得永
문정文貞	박종훈朴宗薰	문정文靖	김익문金益文	문충文忠	고득종高得宗
문정文貞	서유신徐有臣	문정文靖	김인후金麟厚	문충文忠	권근權近
문정文貞	서종급徐宗伋	문정文靖	김자지金自知	문충文忠	김류金瑬
문정文貞	서준보徐俊輔	문정文靖	김질金礩	문충文忠	김만기金萬基
문정文貞	성수침成守琛	문정文靖	김효정金孝貞	문충文忠	김보현金輔鉉
문정文貞	손순효孫舜孝	문정文靖	서경보徐耕輔	문충文忠	김상용金尙容
문정文貞	송상기宋相琦	문정文靖	서명응徐命膺	문충文忠	김석주金錫胄
문정文貞	송천봉宋天逢	문정文靖	성여완成汝完	문충文忠	김성일金誠一
문정文貞	신석우申錫愚	문정文靖	소세양蘇世讓	문충文忠	김수항金壽恒
문정文貞	신흠申欽	문정文靖	심정沈貞	문충文忠	김재찬金載瓚
문정文貞	심희수沈喜壽	문정文靖	안지安止	문충文忠	김종수金宗秀
문정文貞	안축安軸	문정文靖	오재순吳載純	문충文忠	김종직金宗直
문정文貞	어세겸魚世謙	문정文靖	오취선吳取善	문충文忠	남구만南九萬
문정文貞	유인숙柳仁淑	문정文靖	원효연元孝然	문충文忠	민영목閔泳穆
문정文貞	유전柳㙉	문정文靖	유근柳根	문충文忠	민익수閔翼洙
문정文貞	윤근수尹根壽	문정文靖	유백유柳伯濡	문충文忠	민정중閔鼎重
문정文貞	윤급尹汲	문정文靖	윤두수尹斗壽	문충文忠	민진원閔鎭遠
문정文貞	윤성진尹成鎭	문정文靖	이관명李觀命	문충文忠	민희閔熙
문정文貞	윤치정尹致定	문정文靖	이달충李達衷	문충文忠	박순朴淳
문정文貞	윤택尹澤	문정文靖	이명한李明漢	문충文忠	범세동范世東
문정文貞	이가우李嘉愚	문정文靖	이병상李秉常	문충文忠	서거정徐居正
문정文貞	이경여李敬輿	문정文靖	이복원李福源	문충文忠	송병선宋秉璿
문정文貞	이계조李啓朝	문정文靖	이색李穡	문충文忠	송인宋麟壽
문정文貞	이공승李公升	문정文靖	이수李隨	문충文忠	신숙주申叔舟
문정文貞	이단상李端相	문정文靖	이식李植	문충文忠	신익성申翊聖
문정文貞	이덕수李德壽	문정文靖	이원명李源命	문충文忠	심순택沈舜澤
문정文貞	이도재李道宰	문정文靖	이희준李羲準	문충文忠	유계兪棨

시호諡號	성 명	시호諡號	성 명	시호諡號	성 명
문충文忠	유성룡柳成龍	문헌文憲	윤자운尹子雲	문혜文惠	이안눌李安訥
문충文忠	윤용선尹容善	문헌文憲	이기진李箕鎭	문혜文惠	채유후蔡裕後
문충文忠	은정殷鼎	문헌文憲	이양원李陽元	문혜文惠	최선문崔善門
문충文忠	이경석李景奭	문헌文憲	이응진李應辰	문혜文惠	한강韓康
문충文忠	이공수李公壽	문헌文憲	이종우李鍾愚	문호文胡	이점李坫
문충文忠	이공수李公遂	문헌文憲	이총李灇	문화文和	문화왕후文和王后
문충文忠	이단하李端夏	문헌文憲	이휘지李徽之	문화文和	최유선崔惟善
문충文忠	이산해李山海	문헌文憲	임긍수林肯洙	문효文孝	김만중金萬重
문충文忠	이심원李深源	문헌文憲	장석룡張錫龍	문효文孝	노진盧禛
문충文忠	이원익李元翼	문헌文憲	정도전鄭道傳	문효文孝	민진장閔鎭長
문충文忠	이인복李仁復	문헌文憲	정범조丁範祖	문효文孝	박장원朴長遠
문충文忠	이재순李載純	문헌文憲	정휘량鄭翬良	문효文孝	박태상朴泰尙
문충文忠	이정공李靖恭	문헌文憲	조동면趙東冕	문효文孝	서종태徐宗泰
문충文忠	이정구李廷龜	문헌文憲	조명리趙明履	문효文孝	성사달成士達
문충文忠	이제현李齊賢	문헌文憲	조성교趙性教	문효文孝	어효첨魚孝瞻
문충文忠	이항복李恒福	문헌文憲	조용화趙容和	문효文孝	예종睿宗
문충文忠	임백령林百齡	문헌文憲	조학년趙鶴年	문효文孝	오태주吳泰周
문충文忠	임원후任元厚	문헌文憲	최충崔冲	문효文孝	윤효손尹孝孫
문충文忠	장유張維	문헌文憲	홍낙순洪樂純	문효文孝	이곡李穀
문충文忠	전승全昇	문헌文獻	공서린孔瑞麟	문효文孝	전신全信
문충文忠	정몽주鄭夢周	문헌文獻	권돈인權敦仁	문효文孝	조석윤趙錫胤
문충文忠	정우량鄭羽良	문헌文獻	김로金鏴	문효文孝	조익趙翼
문충文忠	정원용鄭元容	문헌文獻	김병기金炳冀	문효文孝	하연河演
문충文忠	조문명趙文命	문헌文獻	김병덕金炳德	문희文僖	송규렴宋奎濂
문충文忠	조인영趙寅永	문헌文獻	김병학金炳學	문희文僖	신개申槩
문충文忠	조준趙浚	문헌文獻	김상현金尚鉉	문희文僖	신석조辛碩祖
문충文忠	조태억趙泰億	문헌文獻	김영수金永壽	문희文僖	안현安玹
문충文忠	조한영曹漢英	문헌文獻	김이안金履安	문희文僖	우탁禹倬
문충文忠	최명길崔鳴吉	문헌文獻	김학성金學性	문희文僖	유숙柳淑
문충文忠	하륜河崙	문헌文獻	남공철南公轍	문희文僖	유순柳洵
문탄文坦	권한공權漢功	문헌文獻	박연朴堧	문희文僖	유창劉敞
문평文平	권개權愷	문헌文獻	서유린徐有隣	문희文僖	이익상李翊相
문평文平	김길통金吉通	문헌文獻	송근수宋近洙	문희文僖	이정립李廷立
문평文平	김수온金守溫	문헌文獻	신기선申箕善	문희文僖	이호민李好閔
문평文平	이계맹李繼孟	문헌文獻	윤봉구尹鳳九	문희文僖	임방任埅
문평文平	이지명李知命	문헌文獻	윤자덕尹滋悳	문희文僖	홍언필洪彦弼
문평文平	전백영全伯英	문헌文獻	윤치희尹致羲	민숙愍肅	김언金琂
문평文平	조박趙璞	문헌文獻	윤행임尹行恁	민양愍襄	박춘무朴春茂
문헌文憲	강시영姜時永	문헌文獻	이만수李晩秀	민절愍節	김륵金玏
문헌文憲	기대승奇大升	문헌文獻	이면승李勉昇	민충敏忠	정두원鄭斗源
문헌文憲	김보근金輔根	문헌文獻	이행李荇	민혜敏惠	왕륭王隆
문헌文憲	김상복金相福	문헌文獻	정범조鄭範朝	민휴敏休	최지몽崔知夢
문헌文憲	김상성金尚星	문헌文獻	정여창鄭汝昌		
문헌文憲	김창희金昌熙	문헌文獻	조두순趙斗淳		
문헌文憲	민응수閔應洙	문헌文獻	조명정趙明鼎		ㅂ
문헌文憲	박문일朴文一	문헌文獻	조병호趙秉鎬		
문헌文憲	박사수朴師洙	문헌文獻	조성하趙成夏		
문헌文憲	박성원朴聖源	문헌文獻	홍양호洪良浩		
문헌文憲	박성원朴盛源	문헌文獻	황승원黃昇源	법경法鏡	경유慶猷
문헌文憲	박원형朴元亨	문현文顯	윤보尹珤	법경法鏡	현휘玄暉
문헌文憲	백문절白文節	문현文顯	장항張沆	법인法印	탄문坦文
문헌文憲	백이정白頤正	문현무성헌文顯武成獻	철종哲宗	법흥法興	법흥왕法興王
문헌文憲	서상우徐相雨			보각普覺	일연一然
문헌文憲	서승보徐承輔		인영효仁英孝	보각普覺	혼수混修
문헌文憲	서영보徐榮輔		성건成健	보감寶鑑	혼구混丘
문헌文憲	유후조柳厚祚	문혜文惠	이맹균李孟畇	보조普照	체징體澄

시호諡號	성 명	시호諡號	성 명	시호諡號	성 명
보주普州	허황옥許黃玉	소의昭懿	김수金晬	신성神聖	태조太祖
봉의奉義	공직龔直	소의昭懿	안천보安天保	신옹愼翁	임수겸林守謙
불일보조佛日普照	지눌知訥	소이昭夷	임백령林百齡	신헌信獻	선정태후宣靖太后
		소이昭夷	홍상洪常		
		소정昭靖	윤곤尹坤		
	人	소정昭靖	윤비경尹飛卿	**ㅇ**	
		소평昭平	정미수鄭眉壽		
		소헌昭憲	소헌왕후昭憲王后		
		소휴昭休	현종顯宗		
사간思簡	안성安省	숙간肅簡	김첨경金添慶	안경安敬	김영정金永貞
사도思悼	장조莊祖	숙간肅簡	윤봉오尹鳳五	안경安敬	전보문全普門
사숙思肅	성세순成世純	숙간肅簡	윤승길尹承吉	안공安恭	위수여韋壽餘
사숙思肅	한악韓渥	숙공휘령肅恭徽寧	경화공주慶華公主	안도安悼	심안의沈安義
사절思節	제안공齊安公	숙렬肅烈	서춘보徐春輔	안도安悼	영해군寧海君
사정思靖	김약온金若溫	숙렬肅烈	이요헌李堯憲	안무安武	조비형曺備衡
사효思孝	선종宣宗	숙민肅愍	박승종朴承宗	안무安武	홍달손洪達孫
선각先覺	형미迴微	숙민肅敏	민성휘閔聖徽	안민安愍	홍영통洪永通
선각禪覺	혜근惠勤	숙민肅敏	엄세영嚴世永	안성安成	이견기李堅基
선녕宣寧	목종穆宗	숙민肅敏	유강兪絳	안소安昭	이양우李良祐
선덕善德	선덕여왕善德女王	숙위肅魏	조반趙胖	안소安昭	이훈李塤
선덕宣德	선덕왕宣德王	숙의肅懿	왕진王稹	안숙安淑	문공왕후文恭王后
선목宣穆	문공왕후文恭王后	숙절淑節	문공왕후文恭王后	안숙安肅	유계문柳季聞
선위宣威	문덕왕후文德王后	숙절淑節	문덕왕후文德王后	안양安襄	곽연성郭連城
선의宣懿	선의왕후宣懿王后	숙정肅定	송순宋純	안양安襄	권반權攀
선의宣懿	귀보부인貴寶夫人	숙정肅靖	송질宋軼	안양安襄	설계조薛繼祖
선정宣正	선정왕후宣正王后	숙정肅靜	조흥진趙興鎭	안양安襄	유수柳洙
선정宣靖	선정왕후宣靖王后	숙헌肅憲	강구손姜龜孫	안양安襄	이축李軸
선평宣平	선평왕후宣平王后	숙헌肅憲	엄숙嚴璹	안양安襄	익안대군益安大君
선혜宣惠	순종順宗	숙헌肅憲	여이재呂爾載	안양安襄	장말손張末孫
선희宣禧	선희왕후宣禧王后	숙헌肅憲	오빈吳翻	안양安襄	최유림崔有臨
성덕聖德	성덕왕聖德王	숙헌肅憲	이준李準	안양安襄	한종손韓終孫
성덕신공聖德神功	태종太宗	숙헌肅憲	임상준任商濬	안양安襄	홍순로洪純老
	문무광효文武光孝	숙헌肅獻	민명혁閔命爀	안장安長	구종직丘從直
성도成度	조효문曺孝門	숙헌肅獻	박회수朴晦壽	안정安貞	유녹숭庾祿崇
성렬成烈	박종우朴從愚	숙헌肅獻	서희순徐憙淳	안정安靖	김구덕金九德
성선聖善	인예순덕태후 仁睿順德太后	숙헌肅獻	정만석鄭晩錫	안정安靖	우홍강禹洪康
		순간純簡	민치록閔致祿	안정安靖	조서趙敍
성안成安	상진尙震	순공順恭	최제안崔齊顔	안헌安獻	선정왕후宣正王后
성안成安	윤사윤尹士昀	순덕順德	문경태후文敬太后	안혜安惠	이명규李名珪
성정成貞	성정왕후成貞王后	순상順殤	왕필王佖	안호安胡	남경우南景祐
성정成靖	이승손李承孫	순성順聖	문공왕후文恭王后	안효安孝	고종高宗
성평成平	성평왕후成平王后	순성順聖	문덕왕후文德王后	안효安孝	심온沈溫
성효誠孝	희종熙宗	순절順節	경의慶儀	애장哀莊	애장왕哀莊王
세양世襄	박강朴薑	순절順節	이숙시李叔時	양간良簡	김승택金承澤
소간昭簡	남휘南暉	순정純靖	장위張暐	양간良簡	대방공帶方公
소간昭簡	덕원군德源君	순충順忠	김선궁金宣弓	양간良簡	원창명元昌命
소간昭簡	안수산安壽山	순평順平	익양군益陽君	양간良簡	이수남李壽男
소간昭簡	임유겸任由謙	순평順平	허경許慶	양간良簡	윤희평尹熙平
소경昭敬	선조宣祖	순헌順憲	곽상郭尙	양간襄簡	이세응李世應
소도昭度	윤향尹向	순회順懷	순회세자順懷世子	양간襄簡	진을서陳乙瑞
소도昭悼	의안대군宜安大君	순효順孝	원종元宗	양견襄堅	선정왕후宣正王后
소민昭敏	조존성趙存性	신덕神德	신덕왕神德王	양경良敬	고영신高令臣
소사昭思	이백온李伯溫	신도信度	신수근愼守勤	양경良敬	민훤閔萱
소성昭聖	소성왕昭聖王	신무神武	신무왕神武王	양경良敬	정문형鄭文炯
소안昭安	신준申浚	신문神文	신문왕文王	양경良敬	조연趙涓
소양昭養	황맹헌黃孟獻			양경良敬	최문도崔文度

시호諡號	성 명	시호諡號	성 명	시호諡號	성 명
양경良景	유원柳源	양정良靖	한창수韓昌守	영민榮敏	이태화李泰和
양경良景	이종선李種善	양정襄貞	장필무張弼武	영밀英密	유청신柳淸臣
양경良景	정희계鄭熙啓	양정襄靖	권경權擎	영숙英肅	왕가도王可道
양경良景	허윤許玩	양정襄靖	권언權躽	영신榮信	김문연金文衍
양경襄景	김승주金承霍	양정襄靖	김우金宇	영양榮襄	송언신宋言愼
양경襄景	성몽정成夢井	양정襄靖	박령朴齡	영용英容	문덕왕후文德王后
양경襄頃	이운李㻛	양정襄靖	박필건朴弼健	영장英章	통의후通義侯
양도良度	안경공安景恭	양정襄靖	변협邊協	영정靈靖	권총權聰
양도良度	이숙묘李叔畝	양정襄靖	성봉조成奉祖	영평靈平	윤탕로尹湯老
양도襄度	이천우李天祐	양정襄靖	유습柳濕	영헌英憲	김지대金之岱
양도襄悼	예종睿宗	양정襄靖	이각李恪	영희榮僖	남연군南延君
양도襄悼	한명진韓明溍	양정襄靖	채수蔡壽	영희榮僖	유구柳頔
양렬襄烈	이지란李之蘭	양정襄靖	하경복河敬復	예숙譽肅	최석崔奭
양렬襄烈	정인경鄭仁卿	양정襄靖	함녕군諴寧君	예철성렬	태종太宗
양렬襄烈	조인벽趙仁璧	양체襄替	오백창吳伯昌	睿哲成烈	유명웅兪命雄
양무襄武	김완金完	양평良平	권지權摯	온간溫簡	헌숙왕후憲肅王后
양무襄武	김태허金太虛	양평良平	김세민金世敏	온경溫敬	정빈이씨靖嬪李氏
양무襄武	오자경吳子慶	양평良平	김입견金立堅	온희溫僖	순지順之
양무襄武	유담년柳聃年	양평良平	유자유柳子維	요오了悟	정종靖宗
양무襄武	이익필李益馝	양평良平	최사제崔思齊	용혜容惠	덕소德素
양무襄武	정봉수鄭鳳壽	양평良平	구문신具文信	원각圓覺	충지冲止
양무襄武	최영지崔永沚	양평襄平	권감權瑊	원감圓鑑	현욱玄昱
양무襄武	황희석黃希碩	양평襄平	윤사흔尹士昕	원감圓鑑	낙진樂眞
양묵襄墨	송익손宋益孫	양평襄平	이양생李陽生	원경元景	원경왕후元敬王后
양민襄敏	손소孫昭	양평襄平	이철견李鐵堅	원경元敬	임개林槩
양성良成	이세재李世材	양평襄平	정종鄭種	원경元敬	지종智宗
양소襄昭	박중선朴仲善	양평襄平	조익청曺益淸	원공圓空	대통大通
양소襄昭	이화李和	양평襄平	한계순韓繼純	원랑圓朗	충감冲鑑
양숙良淑	임유任濡	양평襄平	황효원黃孝源	원명圓明	요세了世
양숙良肅	허숭許嵩	양헌襄憲	이원李原	원묘圓妙	현종顯宗
양숙襄肅	어세공魚世恭	양헌襄憲	조선공朝鮮公	원문元文	서눌徐訥
양숙襄肅	이경하李景夏	양혜良惠	헌숙왕후獻肅王后	원숙元肅	결응決凝
양숙襄肅	최홍재崔弘宰	양혜襄惠	박자안朴子安	원융圓融	도의道義
양신良愼	김의진金義珍	양혜襄惠	변응성邊應星	원적元寂	하즙河楫
양안良安	이지李枝	양혜襄惠	성달생成達生	원정元正	선정왕후宣正王后
양안良安	장담張湛	양혜襄惠	한백륜韓伯倫	원정元貞	원정왕후元貞王后
양안襄安	허형손許亨孫	양혜養惠	한여복韓汝復	원정元貞	김향金珦
양양良襄	김교金嶠	양혜襄胡	김백겸金伯謙	원정元靖	김희선金希善
양의良毅	송분宋玢	양호襄胡	유서柳漵	원정元靖	찬유璨幽
양의襄懿	유소柳韶	양효良孝	김영렬金英烈	원종元宗	보우普愚
양의襄毅	김경서金景瑞	양효良孝	노영수盧英壽	원증圓證	승형承逈
양의襄毅	이기축李起築	양효良孝	홍중징洪重徵	원진圓眞	김순전金純
양이襄夷	안경손安慶孫	양효襄孝	김효성金孝誠	원충元忠	김한충金漢忠
양이襄夷	한서구韓瑞龜	양효襄孝	권공權恭	원평元平	문덕왕후文德王后
양장襄壯	여영원呂榮元	양후良厚	이백유李伯由	원평元平	원화왕후元和王后
양장襄莊	우공禹貢	양후襄厚	이종무李從茂	원헌元獻	강종康宗
양장襄莊	최운해崔雲海	양후襄厚	원민생元閔生	원화元和	민발閔發
양절良節	나익희羅益禧	양희良僖	회안대군懷安大君	원효元孝	이순몽李順蒙
양절良節	조온趙溫	양희襄僖	이흥상李興商	위양威襄	김취려金就礪
양절襄節	한확韓確	엄의嚴毅	박술희朴述熙	위양威襄	전림田霖
양정良靖	남좌시南佐時	여도庚悼	창원군昌原君	위열威烈	김정경金定卿
양정良靖	박경朴經	열성烈成	황수신黃守身	위절威節	최칠석崔七夕
양정良靖	유용생柳龍生	열직烈直	김진金縝	위정威靖	왕식렴王式廉
양정良靖	이징李澄	염의廉義	정운경鄭云敬	위정威靖	홍윤성洪允成
양정良靖	채인규蔡仁揆	영렬英烈	금의琴儀	위정威靜	신천辛蕆
양정良靖	최렴崔濂	영렬英烈	최윤의崔允儀	위평威平	강신姜紳

시호諡號	성 명	시호諡號	성 명	시호諡號	성 명
의간毅簡	홍계적洪啓迪	익헌翼憲	김달순金達淳	장간章簡	이윤손李允孫
의간毅簡	덕종德宗	익헌翼憲	김이소金履素	장간章簡	장일張鎰
의경懿敬	김원황金元晃	익헌翼憲	김지묵金持默	장간章簡	홍원용洪元用
의경毅敬	혜종惠宗	익헌翼憲	김화진金華鎭	장간莊簡	한치례韓致禮
의공義恭	김제남金悌男	익헌翼憲	서매수徐邁修	장강莊剛	이징석李澄石
의민懿愍	봉성군鳳城君	익헌翼憲	윤유尹游	장경章敬	문관文冠
의민懿愍	박이헌朴而絢	익헌翼憲	이경휘李慶徽	장경章敬	유돈柳墩
의민毅愍	안경수安駉壽	익헌翼憲	이문원李文源	장경章敬	장경왕후章敬王后
의민毅愍	연최적延最績	익헌翼憲	정태화鄭太和	장경章敬	정해鄭瑎
의민毅愍	이억기李億祺	익헌翼獻	김보택金普澤	장경莊敬	왕규王珪
의민毅愍	정희등鄭希登	익헌翼獻	김상로金尙魯	장경莊敬	이덕량李德良
의민毅愍	전유형全有亨	익헌翼獻	서광범徐光範	장경莊敬	장경왕후莊敬王后
의민義敏		익헌翼獻	서용보徐龍輔	장경莊敬	최유崔濡
의숙義肅	최균崔均	익헌翼獻	어유구魚有龜	장경莊景	윤징고尹徵古
	최강崔堈	익헌翼獻	윤양래尹陽來	장경莊景	최사전崔思全
의열毅烈	고인후高因厚	익헌翼獻	윤헌주尹憲柱	장도章悼	한치의韓致義
의열毅烈	박진朴晉	익헌翼獻	이상의李尙毅	장렬莊烈	이희건李希健
의열毅烈	이자성李子晟	익헌翼獻	이재학李在學	장렬莊烈	임연林衍
의열義烈	홍명형洪命亨	익헌翼獻	이창의李昌誼	장명莊明	윤신걸尹莘傑
의열義烈	영빈이씨暎嬪李氏	익헌翼獻	이헌위李憲瑋	장무壯武	김준金浚
의장毅壯	한순韓楯	익헌翼獻	홍재룡洪在龍	장무莊武	신여철申汝哲
의절懿節	선정왕후宣正王后	익혜翼惠	안윤덕安潤德	장무莊武	황형黃衡
의정毅貞	노효돈盧孝敦	익혜翼惠	정난종鄭蘭宗	장민莊愍	심진沈搢
의정毅靖	이탁남李擢男	익효翼孝	심강沈鋼	장민莊敏	조서趙瑞
의정義貞	유몽인柳夢寅	익효翼孝	이인李韌	장민長敏	계원군桂原君
의헌懿憲	심액沈詻	익효翼孝	정재륜鄭載崙	장성章成	신승선愼承善
의헌毅憲	김예직金禮直	인경仁敬	인경현비仁敬賢妃	장성章成	한효원韓效元
의혜懿惠	원정왕후元貞王后	인목仁穆	인목대비仁穆大妃	장소章昭	안평대군安平大君
의효懿孝	충숙왕忠肅王	인목仁穆	인목왕후仁穆王后	장숙壯肅	신헌申櫶
이간夷簡	신영申瑛	인선仁宣	인선왕후仁宣王后	장숙莊淑	이덕손李德孫
이간夷簡	진남군鎭南君	인성仁聖	인성왕후仁聖王后	장숙莊肅	이위李瑋
이경夷敬	심한沈澣	인순仁順	인순왕후仁順王后	장숙莊肅	이집李鏶
이도夷悼	덕성군德城君	인열仁烈	인열왕후仁烈王后	장숙莊肅	정기원鄭岐源
이정夷靖	박열朴說	인예仁睿	인예순덕태후 仁睿順德太后	장순章順	변한후卞韓侯
이정夷靖	윤사분尹士昐			장순章順	왕유王儒
이회李懷	의안군義安君	인원仁元	인원왕후仁元王后	장순章順	왕자지王字之
익경翼景	정탁鄭擢	인절仁節	인절왕후仁節王后	장순章順	장순왕후章順王后
익대翊戴	김전金佺	인평仁平	위숙왕후威肅王后	장양壯襄	이일李鎰
익렬翼烈	정극온鄭克溫	인헌仁憲	강감찬姜邯贊	장양莊襄	김남수金南秀
익성翼成	황희黃喜	인효仁孝	문종文宗	장양莊襄	김만수金萬壽
익양翼襄	이천李蒇	인효仁孝	최숙崔肅	장양莊襄	서익徐益
익원翼元	김사형金士衡	인후仁厚	헌숙왕후獻肅王后	장양莊襄	이종생李從生
익위翼魏	박자청朴子靑			장양莊襄	장철張哲
익정翼正	윤계尹堦			장양莊襄	정윤겸鄭允謙
익정翼正	정광적鄭光績			장양莊襄	정준鄭俊
익정翼貞	조상진趙尙鎭		**ㅈ**	장양莊襄	홍사석洪思錫
익정翼貞	한용구韓用龜			장위章威	서희徐熙
익정翼靖	정운유鄭運維			장의壯毅	김경복金慶福
익정翼靖	허휘許徽	자정慈靖	문경태후文敬太后	장의壯毅	김여물金汝岉
익정翼靖	홍봉한洪鳳漢	자정慈淨	자안子安	장의壯毅	이윤서李胤緖
익평翼平	권람權擥	자통홍제존자	유정惟政	장의章懿	광평대군廣平大君
익평翼平	이계남李季男	慈通弘濟尊者		장의章懿	용성대군龍城大君
익평翼平	이극돈李克墩	장간章簡	남이성南二星	장의莊懿	이자덕李資德
익평翼平	이극배李克培	장간章簡	박경인朴景仁	장의莊毅	유효걸柳孝傑
익평翼平	이무李茂	장간章簡	박필균朴弼均	장의莊毅	조경趙儆
익헌翼憲	강로姜浩	장간章簡	손관孫冠	장익章翼	박사익朴師益

시호諡號	성 명	시호諡號	성 명	시호諡號	성 명
장익章翼	윤휘尹暉	정간貞簡	이관징李觀徵	정무貞武	기건奇虔
장절壯節	김락金樂	정간貞簡	이륜李倫	정무貞武	김기석金箕錫
장절壯節	김사우金師禹	정간貞簡	이맹전李孟專	정무貞武	박호문朴好問
장절壯節	반석평潘碩枰	정간貞簡	이명李蓂	정무貞武	신명순申命淳
장절壯節	신숭겸申崇謙	정간貞簡	이지완李志完	정무貞武	오정방吳定邦
장절章節	이정령李正寧	정간貞簡	이직언李直彦	정무貞武	이희경李喜儆
장정狀貞	민형남閔馨男	정간貞簡	이혁유李奕蕤	정무貞武	최진립崔震立
장정壯靖	송립宋岦	정간貞簡	임영대군臨瀛大君	정무靖武	이호성李好誠
장정莊貞	이기李墍	정간貞簡	임한호林漢浩	정문正文	김수근金洙根
장정莊靖	신희복愼希復	정간貞簡	임호신任虎臣	정문貞文	김경선金景善
장정莊靖	이무李堥	정간貞簡	정문鄭文	정문貞文	홍종서洪鍾序
장정莊靖	이석李晳	정간貞簡	정석오鄭錫五	정문靖文	서명빈徐命彬
장정莊靖	정숭조鄭崇祖	정간貞簡	정수기鄭壽期	정문靖文	윤동도尹東度
장평章平	이성군利城君	정간貞簡	정탁鄭琢	정민正愍	송현수宋玹壽
장평章平	최영崔永	정간貞簡	조언수趙彦秀	정민正愍	윤지술尹志述
장헌章憲	유명홍兪命弘	정간貞簡	조원명趙遠命	정민貞愍	금성대군錦城大君
장헌章憲	정지鄭芝	정간貞簡	조호익曺好益	정민貞愍	안당安瑭
장헌莊憲	금관후金官侯	정간貞簡	채충순蔡忠順	정민貞愍	임해군臨海君
장헌莊憲	세종世宗	정간貞簡	허후許詡	정민貞敏	김지수金地粹
장헌莊獻	기자오奇子敖	정간貞簡	홍만용洪萬容	정민貞敏	남선南銑
장헌莊獻	장조莊祖	정간貞簡	홍억洪檍	정민貞敏	서필徐弼
장혜章惠	정렴鄭磏	정간貞簡	홍우경洪友敬	정민貞敏	신공제申公濟
장혜章惠	인후印侯	정간靖簡	권시경權是經	정민貞敏	유진동柳辰仝
장호章胡	조윤손曺潤孫	정간靖簡	권혁權爀	정민貞敏	이유민李裕民
장화章和	이자연李子淵	정간靖簡	권희儇僖	정민貞敏	이유징李幼澄
장효章孝	밀성군密城君	정간靖簡	기언정奇彦鼎	정민貞敏	이정운李鼎運
장효莊孝	의종毅宗	정간靖簡	유옥柳沃	정민貞敏	이종백李宗白
장희莊僖	이규원李奎遠	정간靖簡	이익정李益炡	정민貞敏	이해李瀣
장희莊僖	홍숙洪淑	정간靖簡	최부崔府	정민貞敏	이해우李海愚
적인寂忍	혜철惠哲	정간靖簡	홍명주洪命周	정민貞敏	장운익張雲翼
절민節愍	조숭문趙崇文	정강定康	정강왕定康王	정민貞敏	허잠許潛
절비節妃	신의왕후神懿王后	정강靖康	박형朴形	정민貞敏	홍석洪錫
절의節義	최항崔沆	정강靖康	원덕태후元德太后	정민靖敏	윤흔尹昕
절효節孝	성수종成守琮	정견貞堅	기대항奇大恒	정비靜妃	정비靜妃
절효節孝	조희趙熙	정경貞敬	문공원文公元	정선靖宣	김하金何
정각靜覺	지겸至謙	정경貞敬	임의任懿	정선靖宣	채정蔡楨
정간定簡	최현崔晛	정경貞敬	최홍사崔弘嗣	정성貞聖	정성왕후貞聖王后
정간正簡	이선李選	정경貞敬	황영黃瑩	정성靖成	윤은보尹殷輔
정간正簡	이선李選	정경貞景	안등安騰	정숙定肅	이탁李鐸
정간正簡	이수언李秀彦	정경貞景	윤저尹柢	정숙貞肅	김인경金仁鏡
정간貞簡	권성權偕	정경貞景	이응李膺	정숙貞肅	박안신朴安臣
정간貞簡	김상석金相奭	정경貞景	현석규玄錫圭	정숙貞肅	유규柳規
정간貞簡	김영후金永煦	정덕靖德	평원대군平原大君	정숙貞肅	이성구李聖求
정간貞簡	김원충金元冲	정도丁悼	이영은李永垠	정숙貞肅	이칙李則
정간貞簡	김재창金在昌	정도貞度	이장곤李長坤	정숙貞肅	정연鄭淵
정간貞簡	민진주閔鎭周	정도貞度	정역鄭易	정숙貞肅	조인규趙仁規
정간貞簡	박원양朴元陽	정도貞悼	한남군漢南君	정숙貞肅	최사위崔士威
정간貞簡	성대영成大永	정렬貞烈	경복흥慶復興	정숙靖肅	성담수成聃壽
정간貞簡	신익상申翼相	정렬貞烈	김륜金倫	정숙靖肅	안순安純
정간貞簡	양원준梁元俊	정렬貞烈	송송례宋松禮	정숙靖肅	이익운李益運
정간貞簡	오겸吳謙	정렬貞烈	영풍군永豊君	정순貞純	정순왕후貞純王后
정간貞簡	원호元昊	정렬貞烈	이규李揆	정순貞順	정유산鄭惟産
정간貞簡	유방헌柳邦憲	정렬貞烈	최윤덕崔潤德	정순靖順	권찬權攅
정간貞簡	유복명柳復明	정명靜明	천인天因	정순靖順	의화왕후義和王后
정간貞簡	유인저柳仁著	정목貞穆	김우석金禹錫	정순靖順	이성중李誠中
정간貞簡	유최기兪最基	정목貞穆	허욱許頊	정신貞信	신변申抃

시호諡號	성 명	시호諡號	성 명	시호諡號	성 명
정신貞信	한언공韓彦恭	정청貞淸	신명인申命仁	정현貞顯	정현왕후
정신貞愼	김준金晙	정청靖淸	이징구李徵龜		貞顯王后
정신貞愼	박충숙朴忠淑	정평定平	함부림咸傅霖	정혜正惠	한영韓永
정신貞愼	선정왕후宣正王后	정평貞平	서균형徐鈞衡	정혜貞惠	고약해高若海
정신貞愼	유승柳陞	정평靖平	김극핍金克愊	정혜貞惠	김우형金宇亨
정안定安	심덕부沈德符	정평靖平	김봉모金鳳毛	정혜貞惠	문공왕후
정안靖安	최당崔讜	정평靖平	성석연成石珚		文恭王后
정양貞襄	왕안덕王安德	정평靖平	손홍량孫洪亮	정혜貞惠	박수량朴守良
정양靖襄	심구령沈龜齡	정평靖平	신정왕태후	정혜貞惠	이규령李奎齡
정양靖襄	이숙기李淑琦		神靜王太后	정혜靖惠	성직成稷
정온靖溫	한흥일韓興一	정평靖平	안익安翊	정혜靖惠	여성제呂聖齊
정의定懿	공화후恭化侯	정평靖平	여칭呂稱	정혜靖惠	이찬李澯
정의貞懿	이광진李光縉	정평靖平	오승吳陞	정혜靖惠	홍상한洪象漢
정의貞懿	한문준韓文俊	정평靖平	우인열禹仁烈	정호靖胡	김수金睟
정의貞毅	변양걸邊良傑	정평靖平	유구柳珣	정효貞孝	김남중金南重
정의貞毅	최정崔挺	정평靖平	윤중부尹重富	정효貞孝	능원대군綾原大君
정의貞義	이로李魯	정평靖平	조계생趙啓生	정효貞孝	이언강李彦綱
정의貞義	채귀하蔡貴河	정평靖平	이순지李純之	정효貞孝	이연경李延慶
정의靖懿	박응순朴應順	정헌定憲	이원조李源祚	정효貞孝	홍담洪曇
정의靖懿	이억李億	정헌定憲	김계행金係行	정효貞孝	황인검黃仁儉
정의靖毅	이용희李容熙	정헌定憲	오재소吳載紹	정효靖孝	박실朴實
정의靖毅	이주철李周喆	정헌定憲	이몽량李夢亮	정효靖孝	신종神宗
정의靖毅	임태영任泰瑛	정헌定獻	조영진趙榮進	정효靖孝	윤이지尹履之
정의靖夷	심결沈決	정헌正憲	박성양朴成陽	정효靖孝	인흥군仁興君
정익貞翼	김유연金有淵	정헌正憲	허백기許伯琦	정효靖孝	효령대군孝寧大君
정익貞翼	이광하李光夏	정헌正憲	홍의호洪義浩	정후靖厚	연사종延嗣宗
정익貞翼	이여발李汝發	정헌正憲	권상유權尙游	정후靖厚	윤호尹虎
정익貞翼	이완李浣	정헌正憲	김노응金魯應	정희貞僖	김석연金錫衍
정익貞翼	이유수李惟秀	정헌正憲	민백상閔百祥	정희貞僖	이기하李基夏
정익貞翼	조변趙抃	정헌正憲	왕후王煦	정희貞僖	임유후任有後
정익貞翼	홍만조洪萬朝	정헌正憲	이윤경李潤慶	정희貞僖	남태기南泰耆
정익貞翼	황섬黃暹	정헌正憲	이희갑李羲甲	정희靖僖	윤경尹絅
정익靖翼	김시묵金時默	정헌貞憲	박동선朴東善	정희靖僖	이원회李元熙
정익靖翼	신정희申正熙	정헌貞憲	서필원徐必遠	정희靖僖	조도빈趙道彬
정익靖翼	한준韓準	정헌貞憲	성이호成彝鎬	정희靖僖	해안군海安君
정장正莊	장선징張善澂	정헌貞憲	엄집嚴緝	제간齊簡	경녕군敬寧君
정장貞章	성평왕후成平王后	정헌貞憲	이몽유李夢游	제간齊簡	권규權跬
정장貞莊	어유소魚有沼	정헌貞憲	이정李頲	제대齊戴	노구산盧龜山
정장貞莊	여자신呂自新	정헌貞憲	임권任權	제숙齊肅	김균金稛
정절貞節	박광우朴光佑	정헌貞憲	홍우창洪祐昌	제순齊順	정효준鄭孝俊
정절貞節	배극렴裵克廉	정헌貞憲	문정文正	제안齊安	정효상鄭孝常
정절貞節	정갑손鄭甲孫	정헌貞獻	홍현보洪鉉輔	제의齊懿	이숙李淑
정절貞節	조려趙旅	정헌靖憲	김수현金壽賢	제정齊貞	최용소崔龍蘇
정절靖節	이백강李伯剛	정헌靖憲	김이주金頤柱	제정齊靖	신효창申孝昌
정절靖節	이옥李沃	정헌靖憲	낙선군樂善君	제평齊平	권맹손權孟孫
정절靖節	정구鄭矩	정헌靖憲	서호수徐浩修	제효齊孝	노진盧禛
정정丁靖	김국광金國光	정헌靖憲	신계영辛啓榮	증각證覺	홍척洪陟
정정貞定	심풍지沈豊之	정헌靖憲	어유룡魚有龍	지광智光	해린海麟
정정貞靖	유연柳淵	정헌靖憲	유언술兪彦述	지인계운성	태조太祖
정정貞靖	윤번尹璠	정헌靖憲	윤여필尹汝弼	至仁啓運聖	
정정貞靖	이변李邊	정헌靖憲	이광적李光迪		문신무文神武
정정貞靖	이식李軾	정헌靖憲	이유승李裕承		지선智詵
정정貞靖	홍처량洪處亮	정헌靖憲	정종영鄭宗榮	지증智證	지증왕智證王
정정靖貞	이의민李宜晚	정헌靖憲	조영국趙榮國	진각眞覺	천희千熙
정지正智	지천智泉	정헌靖憲	김흥경金興慶	진각眞覺	혜심慧諶
정진靜眞	긍양兢讓	정헌靖獻	한용탁韓用鐸	진경眞鏡	심희審希

시호諡號	성 명	시호諡號	성 명	시호諡號	성 명
진공眞空	진공眞空	충간忠簡	이진형李鎭衡	충렬忠烈	고경명高敬命
진공眞空	충담忠湛	충간忠簡	이헌구李憲球	충렬忠烈	곽준郭䞭
진덕眞德	진덕여왕眞德女王	충간忠簡	이헌직李憲稙	충렬忠烈	구치관具致寬
진락眞樂	이자현李資玄	충간忠簡	임광任絖	충렬忠烈	권순장權順長
진명眞明	혼원混元	충간忠簡	임성미林成味	충렬忠烈	김방경金方慶
진성眞聖	진성여왕眞聖女王	충간忠簡	임현任鉉	충렬忠烈	나덕헌羅德憲
진정眞靜	곽여郭輿	충간忠簡	전식全湜	충렬忠烈	송상현宋象賢
진정眞靜	천책天頙	충간忠簡	정황丁熿	충렬忠烈	심현沈誢
진지眞智	진지왕眞智王	충간忠簡	조병직趙秉稷	충렬忠烈	엄수안嚴守安
진철眞澈	이엄利嚴	충간忠簡	조성복趙聖復	충렬忠烈	오달제吳達濟
진평眞平	진평왕眞平王	충간忠簡	조운규趙雲逵	충렬忠烈	위계정魏繼廷
진흥眞興	진흥왕眞興王	충간忠簡	조종영趙鍾永	충렬忠烈	장정張珽
질경質景	한치형韓致亨	충간忠簡	최유원崔有源	충렬忠烈	정시鄭著
질량質良	유지성劉志誠	충간忠簡	홍계적洪啓迪	충렬忠烈	최자성崔滋盛
징효澄曉	절중折中	충강忠剛	홍치중洪致中	충렬왕忠烈王	하위지河緯地
		충강忠剛	김제민金齊閔	충렬忠烈	홍명구洪命耉
		충강忠剛	박쟁朴崝	충렬忠烈	황일호黃一皓
		충강忠剛	송간宋侃	충목忠穆	김여석金礪石
	ㅊ	충강忠剛	이상급李尙伋	충목忠穆	박영교朴泳教
		충강忠剛	이술원李述原	충목忠穆	유응부兪應孚
		충강忠剛	이확李廓	충목忠穆	유홍兪泓
창화昌和	권준權準	충강忠康	김사안金士安	충목忠穆	이상집李尙鏶
철감澈鑒	도윤道允	충결忠潔	정택뢰鄭澤雷	충목忠穆	이시직李時稷
청간淸簡	김시습金時習	충겸忠謙	소태보邵台輔	충목忠穆	이은李溵
청문淸文	서기순徐箕淳	충경忠敬	염제신廉悌臣	충목忠穆	이정암李廷馣
청숙淸肅	박신규朴信圭	충경忠敬	윤문거尹文擧	충목왕忠穆王	허유전許有全
청진淸眞	몽여夢如	충경忠敬	인평대군	충목忠穆	홍진도洪振道
청헌淸憲	김응근金鷹根	충경忠敬	麟平大君	충무忠武	구성군龜城君
청헌淸憲	이산두李山斗	충경忠敬	조만영趙萬永	충무忠武	구인후具仁垕
청헌淸獻	김종정金鍾正	충경忠敬	원종元宗	충무忠武	김시민金時敏
청헌淸獻	남태제南泰齊	충경忠景	홍석보洪錫輔	충무忠武	김응하金應河
청헌淸獻	심택현沈宅賢	충경忠景	김수익金壽翼	충무忠武	남이南怡
청헌淸獻	윤심형尹心衡	충경忠景	김익복金益福	충무忠武	이수일李守一
충간忠簡	구인기具仁墍	충경忠景	남재南在	충무忠武	이순신李舜臣
충간忠簡	김권金權	충경忠景	박동명朴東命	충무忠武	정충신鄭忠信
충간忠簡	김선석金先錫	충경忠景	신임申銋	충무忠武	조영무趙英茂
충간忠簡	김속명金續命	충경忠景	신점申點	충문忠文	김병국金炳國
충간忠簡	남지南智	충경忠景	심명세沈命世	충문忠文	김병시金炳始
충간忠簡	박이서朴彛敍	충경忠景	어한명魚漢明	충문忠文	김조순金祖淳
충간忠簡	백문보白文寶	충경忠景	유량柳亮	충문忠文	김춘택金春澤
충간忠簡	양백연楊伯淵	충경忠景	유백증兪伯曾	충문忠文	김흥근金興根
충간忠簡	오윤겸吳允謙	충경忠景	유성원柳誠源	충문忠文	민응식閔應植
충간忠簡	유상운柳尙運	충경忠景	유형柳珩	충문忠文	민진후閔鎭厚
충간忠簡	유황兪榥	충경忠景	윤사로尹師路	충문忠文	민태호閔台鎬
충간忠簡	윤계尹棨	충경忠景	이상형李尙馨	충문忠文	서명선徐命善
충간忠簡	윤군정尹君正	충경忠景	정로鄭魯	충문忠文	성삼문成三問
충간忠簡	윤승순尹承順	충경忠景	정백형鄭百亨	충문忠文	원경하元景夏
충간忠簡	윤지표尹之彪	충경忠景	정효전鄭孝全	충문忠文	유언호兪彦鎬
충간忠簡	윤현尹鉉	충경忠景	조광원曺光遠	충문忠文	이이명李頤命
충간忠簡	이개李塏	충경忠景	최사추崔思諏	충문忠文	조영하趙寧夏
충간忠簡	이기조李基祚	충경忠景	화의군和義君	충민忠愍	권자신權自愼
충간忠簡	이동표李東標	충달忠達	김옥균金玉均	충민忠愍	권종權悰
충간忠簡	이민환李民寏	충도忠度	신경인申景禋	충민忠愍	김인찬金仁贊
충간忠簡	이산보李山甫	충렬忠烈	강수남姜壽男	충민忠愍	김저金磧
충간忠簡	이성중李誠中	충렬忠烈	강위빙姜渭聘		
충간忠簡	이숭원李崇元	충렬忠烈	강흥업姜興業		

시호諡號	성 명	시호諡號	성 명	시호諡號	성 명
충민忠愍	김제겸金濟謙	충숙忠肅	윤숙尹塾	충익忠翼	이헌국李憲國
충민忠愍	김홍익金弘翼	충숙忠肅	이경직李耕稙	충익忠翼	이호준李鎬俊
충민忠愍	박명룡朴命龍	충숙忠肅	이덕형李德泂	충익忠翼	임담林墰
충민忠愍	백광언白光彦	충숙忠肅	이만성李晩成	충익忠翼	정곤수鄭崑壽
충민忠愍	송도남宋圖南	충숙忠肅	이상길李尙吉	충익忠翼	정태화鄭太和
충민忠愍	양산숙梁山璹	충숙忠肅	이세화李世華	충익忠翼	조태채趙泰采
충민忠愍	양지梁誌	충숙忠肅	이수李晬	충익忠翼	최양崔瀁
충민忠愍	윤각尹慤	충숙忠肅	이예李藝	충익忠翼	홍중보洪重普
충민忠愍	윤정준尹廷俊	충숙忠肅	조련趙璉	충장忠壯	구항具恒
충민忠愍	이건명李健命	충숙忠肅	조정익趙廷翼	충장忠壯	김덕령金德齡
충민忠愍	이단석李端錫	충숙왕忠肅王		충장忠壯	남연년南延年
충민忠愍	이돈서李惇敍	충숙忠肅	한규직韓圭稷	충장忠壯	남이흥南以興
충민忠愍	이명민李命敏	충순忠純	김문근金汶根	충장忠壯	민영림閔泳林
충민忠愍	이봉상李鳳祥	충순忠順	민종유閔宗儒	충장忠壯	박영서朴永緒
충민忠愍	이상안李尙安	충신忠愼	유신柳伸	충장忠壯	박영신朴榮臣
충민忠愍	이양李穰	충양忠襄	김정순金正純	충장忠壯	변응정邊應井
충민忠愍	이의연李義淵	충양忠襄	김준룡金俊龍	충장忠壯	송덕영宋德榮
충민忠愍	이총李摠	충양忠襄	송순례宋純禮	충장忠壯	신립申砬
충민忠愍	임경업林慶業	충양忠襄	유하柳河	충장忠壯	신초辛礎
충민忠愍	임최수林最洙	충양忠襄	이수량李遂良	충장忠壯	심대沈岱
충민忠愍	정곤수鄭崑壽	충양忠襄	제경욱諸景彧	충장忠壯	양대박梁大樸
충민忠愍	홍사범洪師範	충의忠懿	문공인文公仁	충장忠壯	어재연魚在淵
충민忠愍	홍영식洪英植	충의忠懿	최숙崔肅	충장忠壯	우상중禹尙中
충민忠敏	권건權健	충의忠毅	권응수權應銖	충장忠壯	원호元豪
충민忠敏	김회련金懷鍊	충의忠毅	김문기金文起	충장忠壯	유림柳琳
충민忠敏	이해李澥	충의忠毅	엄흥도嚴興道	충장忠壯	이광악李光岳
충민忠敏	정사호鄭賜湖	충의忠毅	유병연柳炳然	충장忠壯	이국李國
충선忠宣	강유姜瑜	충의忠毅	장윤張潤	충장忠壯	이복남李福男
충선忠宣	김혼金琿	충의忠毅	정기룡鄭起龍	충장忠壯	이성부李聖符
충선忠宣	충선왕忠宣王	충의忠毅	정기원鄭期遠	충장忠壯	이의배李義培
충선忠宣	문익점文益漸	충의忠毅	정문부鄭文孚	충장忠壯	이중로李重老
충성忠成	권균權鈞	충의忠毅	제말諸沫	충장忠壯	정발鄭撥
충성忠成	익헌군翼峴君	충의忠毅	조기趙琦	충장忠壯	정운鄭運
충성忠成	한명회韓明澮	충의忠毅	조종도趙宗道	충장忠壯	최효일崔孝一
충소忠昭	계양군桂陽君	충의忠毅	최경회崔慶會	충장忠壯	한규직韓圭稷
충숙忠肅	구성具宬	충의忠毅	최몽량崔夢亮	충장忠章	오광운吳光運
충숙忠肅	권극지權克智	충의忠毅	한온韓蘊	충장忠章	이흘李忔
충숙忠肅	권절權節	충의忠毅	한호운韓浩運	충장忠莊	구인문具人文
충숙忠肅	김심金深	충의忠毅	홍계훈洪啓薰	충장忠莊	권율權慄
충숙忠肅	김좌명金佐明	충의忠義	윤임尹任	충장忠莊	백시구白時耉
충숙忠肅	문극겸文克謙	충익忠翼	곽재우郭再祐	충장忠莊	성대훈成大勳
충숙忠肅	민겸호閔謙鎬	충익忠翼	김명원金命元	충장忠莊	양헌수梁憲洙
충숙忠肅	박난영朴蘭英	충익忠翼	김상철金尙喆	충장忠莊	이보흠李甫欽
충숙忠肅	박익朴翊	충익忠翼	김시양金時讓	충장忠莊	정분鄭苯
충숙忠肅	박정朴炡	충익忠翼	김우명金佑明	충장忠莊	천만리千萬里
충숙忠肅	배명순裵命純	충익忠翼	김종서金宗瑞	충장忠莊	허완許完
충숙忠肅	백인걸白仁傑	충익忠翼	김좌근金左根	충장忠莊	홍처후洪處厚
충숙忠肅	서성徐渻	충익忠翼	박동량朴東亮	충절忠節	길재吉再
충숙忠肅	성승成勝	충익忠翼	박종보朴宗輔	충절忠節	김사혁金斯革
충숙忠肅	송여해宋汝諧	충익忠翼	신경진申景禛	충절忠節	유금필庾黔弼
충숙忠肅	송영구宋英耉	충익忠翼	신경행辛景行	충절忠節	정성근鄭誠謹
충숙忠肅	심상훈沈相薰	충익忠翼	심충겸沈忠謙	충정忠定	권벌權橃
충숙忠肅	어윤중魚允中	충익忠翼	원두표元斗杓	충정忠定	권징權徵
충숙忠肅	원유남元裕男	충익忠翼	이시발李時發	충정忠定	김기종金起宗
충숙忠肅	원충갑元沖甲	충익忠翼	이시백李時白	충정忠定	김약시金若時
충숙忠肅	유관柳灌	충익忠翼	이최응李最應	충정忠定	성희안成希顏

시호諡號	성 명	시호諡號	성 명	시호諡號	성 명
충정忠定	유빈柳濱	충정忠貞	정창손鄭昌孫	충헌忠獻	김익훈金益勳
충정忠定	이서李曙	충정忠貞	정홍익鄭弘翼	충헌忠獻	김창집金昌集
충정忠定	이태좌李台佐	충정忠貞	조계상曹繼商	충헌忠獻	김취로金取魯
충정忠定	이홍술李弘述	충정忠貞	조상치曺尙治	충헌忠獻	김홍집金弘集
충정忠定	임창任敞	충정忠貞	조형趙珩	충헌忠獻	민규호閔奎鎬
충정忠定	장만張晩	충정忠貞	최규서崔奎瑞	충헌忠獻	박윤수朴崙壽
충정忠定	조경趙璥	충정忠貞	최홍원崔興源	충헌忠獻	박재원朴在源
충정忠定	충정왕忠定王	충정忠貞	한광조韓光肇	충헌忠獻	박준원朴準源
충정忠定	황보인皇甫仁	충정忠貞	허종許琮	충헌忠獻	신잡申磼
충정忠正	김시찬金時粲	충정忠貞	홍만식洪萬植	충헌忠獻	이숙李翿
충정忠正	김약로金若魯	충정忠貞	홍무적洪茂績	충헌忠獻	이정소李廷熽
충정忠正	김익겸金益兼	충정忠貞	홍응洪應	충헌忠獻	임덕제沈德躋
충정忠正	남연군南延君	충정忠靖	권고權皐	충헌忠獻	정민시鄭民始
충정忠正	민승호閔升鎬	충정忠靖	김우항金宇杭	충헌忠獻	조원길趙元吉
충정忠正	민영환閔泳煥	충정忠靖	김응남金應南	충헌忠獻	조흥진趙興鎭
충정忠正	박팽년朴彭年	충정忠靖	김재로金在魯	충헌忠獻	최익남崔益男
충정忠正	윤지완尹趾完	충정忠靖	마천목馬天牧	충헌忠獻	홍경보洪景輔
충정忠正	이목李楘	충정忠靖	박숭원朴崇元	충현忠顯	송시영宋時榮
충정忠正	이세백李世白	충정忠靖	송거신宋居信	충현忠顯	안홍국安弘國
충정忠正	이시수李時秀	충정忠靖	심열沈悅	충현忠顯	이돈오李惇五
충정忠正	이이장李彛章	충정忠靖	염승익廉承益	충현忠顯	이후李厚
충정忠正	이준경李浚慶	충정忠靖	왕복명王福命	충혜忠惠	김동필金東弼
충정忠正	조병세趙秉世	충정忠靖	우현보禹玄寶	충혜忠惠	심연원沈連源
충정忠正	홍익한洪翼漢	충정忠靖	유순익柳舜翼	충혜忠惠	충혜왕忠惠王
충정忠正	홍자번洪子藩	충정忠靖	유탁柳濯	충효忠孝	오명항吳命恒
충정忠貞	권협權悏	충정忠靖	윤형尹泂	충효忠孝	윤환尹桓
충정忠貞	금산군錦山君	충정忠靖	이시방李時昉	충효忠孝	조현명趙顯命
충정忠貞	김극성金克成	충정忠靖	이주진李周鎭	충희忠僖	이인손李仁孫
충정忠貞	김덕함金德諴	충정忠靖	이희필李希泌	충희忠僖	임성任珹
충정忠貞	김운택金雲澤	충정忠靖	정응두丁應斗	충희忠僖	정병하鄭秉夏
충정忠貞	김의원金義元	충정忠靖	조계원趙啓遠	충희忠禧	신소봉申小鳳
충정忠貞	김전金詮	충정忠靖	조인옥趙仁沃		
충정忠貞	목서흠睦敍欽	충정忠靖	한응인韓應寅		
충정忠貞	민신閔伸	충정忠靖	홍진문洪振文		**ㅌ**
충정忠貞	민창식閔昌植	충질忠質	박정유朴挺蕤		
충정忠貞	박심문朴審問	충평忠平	유감柳監		
충정忠貞	박용화朴鏞和	충평忠平	홍관洪灌		
충정忠貞	신상申恦	충헌忠憲	고종高宗	통효曉大	범일梵日
충정忠貞	오두인吳斗寅	충헌忠憲	김구金構		
충정忠貞	윤집尹集	충헌忠憲	김한구金漢耈		**ㅍ**
충정忠貞	윤태준尹泰駿	충헌忠憲	박문수朴文秀		
충정忠貞	이보혁李普赫	충헌忠憲	박종악朴宗岳		
충정忠貞	이상진李尙眞	충헌忠憲	서명선徐命善		
충정忠貞	이성윤李誠胤	충헌忠憲	송인명宋寅明		
충정忠貞	이수민李壽民	충헌忠憲	안윤행安允行	편정偏情	정현조鄭顯祖
충정忠貞	이시원李是遠	충헌忠憲	윤명렬尹命烈	평간平簡	박거겸朴居謙
충정忠貞	이조연李祖淵	충헌忠憲	윤전尹烇	평간平簡	이순李珣
충정忠貞	이현李袨	충헌忠憲	이집李㙫	평간平簡	이예장李禮長
충정忠貞	이현영李顯英	충헌忠憲	이충원李忠元	평간平簡	이제신李濟臣
충정忠貞	이홍주李弘冑	충헌忠憲	임징하任徵夏	평간平簡	조견趙狷
충정忠貞	이후원李厚源	충헌忠憲	정홍순鄭弘淳	평간平簡	한공의韓公義
충정忠貞	임성고任聖皐	충헌忠憲	조사석趙師錫	평도平度	박은朴訔
충정忠貞	장안세張安世	충헌忠憲	조인승曺仁承	평도平度	최유경崔有慶
충정忠貞	정뇌경鄭雷卿	충헌忠憲	조중회趙重晦	평안平安	성세명成世明
충정忠貞	정대년鄭大年	충헌忠憲	최유엄崔有渰	평안平安	이흥발李興發
충정忠貞	정유성鄭維城	충헌忠憲	홍복원洪福源	평양平壤	선형宣炯

시호諡號	성 명	시호諡號	성 명	시호諡號	성 명
평양平襄	함우치咸禹治	호려胡戾	이염의李念義	효문孝文	한장석韓章錫
평원平原	김겸金謙	호목胡穆	정용수鄭龍壽	효민孝愍	능창대군綾昌大君
평익平翼	문빈文彬	호문胡文	임원준任元濬	효민孝愍	인성군仁城君
평절平節	한옹韓雍	호민胡敏	이채李寀	효민孝敏	이경직李景稷
평정平靖	윤호尹壕	호안胡安	심광언沈光彦	효민孝敏	정치달鄭致達
평정平靖	이약동李約束	호안胡安	심지명沈之溟	효민孝敏	허계許棨
평정平靖	이중지李中至	호안胡安	이등李登	효민孝敏	홍중효洪重孝
평호平湖	이형손李亨孫	호안胡安	이정李定	효성孝成	윤인경尹仁鏡
평호平胡	김개金漑	호안胡安	황치신黃致身	효성孝成	효성왕孝成王
평후平厚	권충權衷	호양胡襄	구치홍具致洪	효소孝昭	김작金碏
		호양胡襄	김윤수金允壽	효숙孝肅	배흥립裵興立
		호양胡襄	이몽가李蒙哥	효숙孝肅	인흥군仁興君
ㅎ		호이胡夷	신윤윤申尹昀	효숙孝肅	헌정왕후獻貞王后
		홍문弘文	정배걸鄭倍傑	효순孝純	효순왕후孝純王后
		홍유弘儒	설총薛聰	효신孝愼	문공왕후文恭王后
		홍진弘眞	혜영惠永	효안孝安	홍낙성洪樂性
헌간憲簡	윤은필尹殷弼	화순和順	선희왕후宣禧王后	효열孝烈	고종후高從厚
헌간獻簡	김시걸金時傑	화순和順	최계방崔繼芳	효의孝懿	이헌李櫶
헌무憲武	이계동李季仝	화신和信	진한후辰韓侯	효의孝懿	효의왕후孝懿王后
헌문의무장	인종仁宗	회간懷簡	담양군潭陽君	효의孝毅	신대현申大顯
獻文懿武章		회곡晦谷	조광좌趙廣佐	효의孝毅	이규철李圭徹
		회상懷觴	헌종憲宗	효익孝翼	이준민李俊民
	숙흠효숙흠효欽孝	회안懷安	헌숙왕후獻肅王后	효장孝章	진종眞宗
헌민憲敏	노직盧稙	효간孝簡	김조근金祖根	효장孝莊	허유례許惟禮
헌민憲敏	윤탁연尹卓然	효간孝簡	김주신金柱臣	효절孝節	김극일金克一
헌민獻愍	정종鄭悰	효간孝簡	김한철金漢喆	효절孝節	이현보李賢輔
헌민獻敏	남태회南泰會	효간孝簡	김희金熹	효정孝定	이경일李敬一
헌숙憲肅	김치인金致仁	효간孝簡	서유방徐有防	효정孝定	홍석기洪錫箕
헌의獻懿	이하응李昰應	효간孝簡	심집沈諿	효정孝正	신만申晩
헌정憲靖	강세황姜世晃	효간孝簡	유당柳戇	효정孝貞	권적權樀
헌평憲平	김의영金義英	효간孝簡	유치선兪致善	효정孝貞	김병지金炳地
헌평憲平	이봉李封	효간孝簡	이숭호李崇祜	효정孝貞	김병필金炳弼
헌화憲和	경종景宗	효간孝簡	이정영李正英	효정孝貞	김유경金有慶
헌효獻孝	충혜왕忠惠王	효간孝簡	임훈林薰	효정孝貞	김효대金孝大
현덕顯德	현덕왕후顯德王后	효간孝簡	홍득기洪得箕	효정孝貞	남정순南廷順
현목顯穆	유빈박씨綏嬪朴氏	효간孝簡	홍현주洪顯周	효정孝貞	송국택宋國澤
현오玄悟	종린宗璘	효강孝剛	이종성李宗城	효정孝貞	신억申檍
현정玄靜	오세재吳世才	효경孝敬	숭선군崇善君	효정孝貞	유정량柳廷亮
현효顯孝	충목왕忠穆王	효공孝恭	문덕왕후文德王后	효정孝貞	윤돈尹暾
혜감慧鑑	만항萬恒	효공孝恭	인종仁宗	효정孝貞	윤종의尹宗儀
혜감慧鑑	태능太能	효명孝明	익종翼宗	효정孝貞	이근우李根友
혜강惠康	양팽손梁彭孫	효목孝穆	인예순덕태후	효정孝貞	이민보李敏輔
혜덕慧德	소현韶顯		仁睿順德太后	효정孝貞	이석규李錫奎
혜목惠穆	조창원趙昌遠	효문孝文	김난순金蘭淳	효정孝貞	이성규李聖圭
혜소慧炤	정현鼎賢	효문孝文	김병주金炳洀	효정孝貞	이유승李裕承
혜숙惠肅	박신朴信	효문孝文	박기수朴綺壽	효정孝貞	이재郁李載郁
혜의惠懿	황자후黃子厚	효문孝文	서정순徐正淳	효정孝貞	이정제李廷濟
혜장惠莊	세조世祖	효문孝文	신석희申錫禧	효정孝貞	이행원李行遠
혜정惠定	이유李濡	효문孝文	염신약廉信若	효정孝貞	임영수林永洙
혜정惠靖	유엄柳儼	효문孝文	월산대군月山大君	효정孝貞	임홍망任弘望
혜정惠靖	이성룡李聖龍	효문孝文	윤병정尹秉鼎	효정孝貞	조경하趙敬夏
혜평惠平	강현姜顯	효문孝文	윤정현尹定鉉	효정孝貞	조덕윤趙德潤
호간胡簡	김우신金友臣	효문孝文	이관李琯	효정孝貞	조병준趙秉駿
호간胡簡	문효종文孝宗	효문孝文	이근필李根弼	효정孝貞	조정만趙正萬
호간胡簡	이손李蓀	효문孝文	임상원任相元	효정孝靖	김성응金聖應
		효문孝文	조진관趙鎭寬	효정孝靖	박필성朴弼成

시호諡號	성 명	시호諡號	성 명	시호諡號	성 명
효정孝靖	변득양邊得讓	희순僖順	홍녹주洪祿遒		
효정孝靖	서상정徐相鼎	희양僖襄	유사柳泗		
효정孝靖	서영순徐英淳	희양僖襄	장사길張思吉		
효정孝靖	서좌보徐左輔	희절僖節	정진鄭津		
효정孝靖	성원묵成原默	희정僖靖	권상일權相一		
효정孝靖	심경택沈敬澤	희정僖靖	성억成抑		
효정孝靖	유장환兪章煥	희정僖靖	원상元庠		
효정孝靖	윤덕준尹德駿	희정僖靖	이희발李羲發		
효정孝靖	이병문李秉文	희질禧質	손주孫澍		
효정孝靖	이사관李思觀	희헌僖憲	김순金淳		
효정孝靖	이정간李貞幹				
효정孝靖	임한수林翰洙				
효정孝靖	한정교韓正教				
효헌孝憲	김기성金箕性				
효헌孝憲	김기후金基厚				
효헌孝憲	김도희金道喜				
효헌孝憲	김선金銑				
효헌孝憲	김원식金元植				
효헌孝憲	박종덕朴宗德				
효헌孝憲	서대순徐戴淳				
효헌孝憲	서상조徐相祖				
효헌孝憲	성수묵成遂默				
효헌孝憲	송흠宋欽				
효헌孝憲	연령군延齡君				
효헌孝憲	원몽린元夢麟				
효헌孝憲	윤광보尹光普				
효헌孝憲	이득신李得臣				
효헌孝憲	이승응李昇應				
효헌孝憲	이정신李鼎臣				
효헌孝憲	정기안鄭基安				
효헌孝憲	정문승鄭文升				
효헌孝憲	정세호鄭世虎				
효헌孝憲	조상우趙相愚				
효헌孝憲	조종현趙宗鉉				
효헌孝憲	최산휘崔山輝				
효헌孝憲	한형윤韓亨允				
효헌孝憲	홍명호洪明浩				
효헌孝獻	권상신權常愼				
효헌孝獻	김시형金始炯				
효헌孝獻	김찬金瓚				
효헌孝獻	민치구閔致久				
효헌孝獻	민치헌閔致憲				
효헌孝獻	윤세기尹世紀				
효헌孝獻	이세환李世瑍				
효헌孝獻	이인명李寅命				
효헌孝獻	조병기趙秉夔				
효헌孝獻	홍의모洪義謨				
효헌孝獻	홍철주洪澈周				
효희孝僖	밀성군密城君				
효희孝禧	서종제徐宗悌				
희개熙愷	최응崔凝				
희경僖敬	김맹성金孟盛				
희경僖景	최이崔迤				
희목禧穆	용신왕후容信王后				
희민僖敏	나세찬羅世纘				
희민僖敏	순화군順和君				

과거제도(科擧制度)

과거란 옛날 중국과 우리나라에서 시행한 관리 채용시험 제도를 말하며 기원은 일찍이 한 대(漢代)로부터 시작된다.

우리나라 과거제도의 시조는 788년(신라 원성왕 4)에 실시한 독서출신과(讀書出身科)로써 왕권 강화에 목적을 두고, 관리 임명을 골품제도(骨品制度)에 의하지 않고 한문(漢文) 성적을 3품(上·中·下品)으로 구분하여 인재등용의 원칙을 수립했던 것이지만 귀족의 반대에 부딪쳐 제대로 실시되지 못하였고, 다만 학문(學問)을 보다 널리 보급시키는 데 큰 구실을 하였다.

그러나 엄격한 의미의 과거제도는 중국(中國) 후주(後周) 사람으로서 고려(高麗)에 귀화(歸化)해 온 쌍기(雙冀)의 건의로 958년(고려광종 9) 당(唐)나라 제도를 모방하여 창설하였고, 성종(成宗) 때에 합격자를 우대하였다.

1. 고려시대(高麗時代)의 과거제도

고려 초기의 과거시험은 제술과(製述科:진사과)·명경과(明經科)·잡과〔의(醫)·복(卜)과〕를 두었으며, 1136년(인종 14)에 이르러서 정비를 보게 되었는데 그 내용은 도표와 같다.

문관 등용시험으로 제술과와 명경과가 있었는데 제술과를 더욱 중요시하여 고려시대를 통하여 제술과의 합격자 수가 6,000여 명이나 되는데 비해 명경과는 450명 정도였다. 이것은 당시의 귀족들이 경학(經學) 보다 문학을 숭상했기 때문이다.

과거명	시 험 내 용
제술과	시(詩)·부(賦)·송(頌)·책(策)·논(論) 등의 한문학 시험
명경과	상서(尙書:서경)·모시(毛詩)·예기(禮記)·춘추(春秋) 등의 유교경전으로 시험
잡 과	명법업(明法業)·명책업(明策業)·의업(醫業)·주금업(呪噤業:복업)·지리업(地理業)·하론업(何論業) 등 기술관 등용을 위한 시험

이 밖의 과거에는 승과(僧科:교종시와 선종시)가 있었으며, 무신(武臣)의 등용을 위한 무과(武科)는 1390년(공양왕 2)에 실시하였기 때문에 고려시대에는 거의 없었다고 보는 편이 좋겠다. 과거의 응시자격은 양인(良人) 이상이면 응시할 수 있었다고 하나 농민은 사실상 응시하지 못하였다.

응시절차는 3차에 걸쳐 시험을 보게 하였다. 처음에는 매년 과거를 실시했으나 성종(成宗) 때에는 3년(式年試)에 한 번씩 실시하였고, 현종(顯宗) 때에는 격년으로, 그 후에는 매년 또는 격년으로 실시하였다.

1차 시험에서는 중앙(개경)에서 선발한 자를 상공(上貢), 지방에서 선발한 자를 향공(鄕貢), 외국인 중에서 선발한 자를 빈공(賓貢)이라고 하였다. 2차 시험은 1차 시험에 합격한 삼공(三貢:상공·향공·빈공)들을 국자감(國子監)에서 다시 선발. 이에 합격한 자와 국자감에서 3년 이상 수학한 학생, 벼슬에 올라 300일 이상 경과한 자들이 최종시험인 3차 시험〔東堂監試)를 보게 하였다.

합격자에 정원은 없었으나 중기 이후 대체로 33명 이었다. 이와 같은 과거는 예부에서 관장하였고, 시험관을 지공거(知貢擧)라고 하였다. 그리고 최종 시험에서 1등을 장원(壯元), 2등을 아원(亞元), 3등을 탐화(探花)라고 하였고, 빈공에서 합격한 자를 별두(別頭)라고 하였다.

성종 때에는 동당감시에 합격한 사람을 임금이 다시 시(詩)·부(賦)·논(論)으로 친히 시험을 보게 하여 등급을 정하는 복시(覆試) 제도가 있었으나 상례적인 제도는 아니었다. 최종시험에 합격한 자에게 홍패(紅牌)를 주었는데 이것이 곧 합격증이었다. 이와 같은 과거제도는, 지공거와 합격자가 좌주(座主)와 문생(門生)의 관계를 맺어 일생을 통하여 그 예(禮)가 부자간(父子間)과 같았기 때문에, 그들 사이에 학벌이 형성되어 출세의 배경이 되었다.

의종(毅宗) 이후 과거제도는 문란해져 1369년 공민왕 때 이 색(李穡)은 지공거 이인복(李仁復)과 논의하여 원나라의 제도를 모방하여 향시(鄕市)·감시(監試:會試)·전시(殿試)의 3단계의 제도를 확정하고 시험관인 지공거도 시험 하루 전에 임명토록 한 일이 있었다.

과거 이외에 5품 이상의 관리의 자제에게는 ·(1인에 한함) 정치적 특혜를 인정하여 과거시험을 거치지 않고 관리에 채용한 음서제도(蔭敍制度)가 있었다.

2. 조선시대(朝鮮時代)의 과거제도

관리의 등용을 위한 과거시험은 조선시대에 이르러 그 중요성이 더하여 과거를 통하지 않고는 출세의 길이 거의 없었다. 과거의 내용을 보면 도표와 같으며 과거와는 구별된 취재(取材)·음직제도(蔭職制度:蔭敍·南行)에 의한 문음(門蔭)·이과(吏科)·도시(都試) 등이 있었으나 문과가 가장 어렵고 중시되었다.

▶ 문과(文科)

구 분		시험 방법	선발인원	비 고
소과 소과	생 원 과 (生員科)	사서오경으로 시험	100명	합격된 생원, 진사에게 백패(白牌)를 줌
	진 사 과 (進士科)	문예(文藝:詩, 賦, 頌, 策)로 시험	100명	합격된 생원, 진사에게 백패(白牌)를 줌

대과(大科)	초 시 (初試; 1차시험)	서울,지방에서 생원·진사 성균관 유생 중 선발	340명 (후에 233명)	
	복 시 (覆試; 2차시험)	서울에서 초시 합격자 중 선발	33명	
	전 시 (殿試; 판정시험)	어전에서 복시합격자의 등급을 결정	갑과(甲科) 3명 을과(乙科) 7명 병과(丙科) 23명	홍패(紅牌)를 줌

▶ 무과(武科)

구 분	시 험 방 법	선발인원	비 고
초 시 (初試; 1차시험)	서울,각도 병영에서 선발	200명	
복 시 (覆試; 2차시험)	서울에서 초시 합격자 중 선발	28명	홍패(紅牌)를 줌
전 시 (殿試; 판정시험)	어전에서 복시 합격자의 등급을 결정	28명	

▶ 잡과(雜科)

구 분	시 험 방 법	선발인원	비 고
역과 (譯科)	통역관 시험, 초시를 거쳐 한어(漢語) 23명, 몽고· 여진· 왜어 각 4명씩 등용	35명	
의과 (醫科)	의무관 시험	초시 18명 복시 9명	
음양과 (陰陽科)	관상관 시험	초시 14명 복시 7명	
율과 (律科)	법무관 시험	초시 18명 복시 9명	

과거의 응시자격은 수공업자·상인·무당·승려·노비·서얼(庶孽)을 제외하고는 누구나 응시할 수 있었으나 차차 가문을 중시하는 경향이 나타났다. 양빈의 자제들은 어릴 때 서당(書堂)에서 한문의 기초과정을 배운 뒤 8세가 되면 중앙의 사학(四學)과 지방의 향교(鄕校)에 진학하여 수학한 유생들이 소과(생원과·진사과)에 응시하여 합격하면 생원·진사가 되었다.

생원과 진사는 다시 서울의 최고 학부인 성균관(成均館)에 진학하였

고, 이 성균관의 유생들이 대과에 응시하여 3차에 걸쳐 시험을 보아 갑(甲)·을(乙)·병(丙) 3과로 나누어 그 등급이 결정되었는데, 갑과의 장원급제자는 종6품 이상의 참상관(參上官)으로 임명되고 병과 합격자는 정9품 이상의 관리로 임명되었다.

무과는 궁술(弓術)·기창(騎槍) 등의 무예와 경서(經書)·병서(兵書) 등을 시험과목으로 하였다. 잡과는 사역원(司譯院)·전의감(典醫監)·형조(刑曹) 등에 근무하는 중인(中人)의 자제 중에서 그 분야에 소양이 있는 자들을 해당 관청에서 선발하였다.

과거시험의 시기는 3년마다 보는 정기시험인 식년시(式年試)가 원칙이었으나 1401년(태종 1)부터 실시된 증광시(增廣試 : 나라에 큰 경사가 있을 때 보던 과거시험), 1457년(세조 3)의 별시(別試), 1429년 세종 때 국왕이 성균관에 가서 시험하는 알성문과(謁聖文科) 등이 있었다.

후기에는 빈번한 과거로 인하여 과거에 합격되고도 보직을 받지 못한 자가 많아지자 당파의 소속이나 뇌물과 정실에 의하여 좌우되는 등 과거의 폐단이 심하였다. 이와 같은 과거제도는 갑오경장(甲午更張) 때 폐지되고 새로운 관리등용법이 채용되어 종래의 신분구별 등도 없어지게 되었다.

3. 과거(科擧)의 종류(種類)

▶ 감시(監試)

고려(高麗)시대의 과거의 하나로 국자감시(國子監試)라고 하며, 예부시(禮部詩)의 예비시험으로 1032년(덕종 1)에 두었다.

이 시험에서 합격한 자는 진사(進士)가 되어 예부시에 응시할 자격을 얻게 된다고 하여 진사시험이라고도 하였다.

조선조(朝鮮朝)에서는 소과(小科)에 해당하는 시험으로 남성시(南省試) 또는 성균관시(成均館試)라고도 하였으며 별칭(別稱)으로 사마시(司馬試)라 하여 생원(生員)과 진사(進士)를 뽑았다.

▶ 별시(別試)

조선시대의 부정기(不定期) 과거. 나라에 경사가 있거나, 10년에 한 번 당하관(堂下官)을 대상으로 하는 중시(重試)가 있을 때 시행하던 것으로, 증광시(增廣試) 다음으로 치던 시험이다. 문과·무과의 2과가 있었는데, 처음에는 일정한 시행규칙이 없었으나 영조 때 일정한 규정이 생겼다. 첫째, 별시문과(別試文科)에는 초시(初試)·전시(殿試) 2단계의 시험이 있었고, 경향(京鄕)의 유생들을 서울에 모아 고시하였다. 초시에서는 종2품 이상 3명을 상시과(上試官), 정3품 이하 4명을 참시관(參試官), 양사(兩司) 각 1명을 감시관(監試官)으로 하여 300명, 또는 600명을 뽑았다. 전시(殿試)에서는 의정(議政) 1명이 명관(命官), 종2품 이상 2명이 독권관(讀券官), 정3품 이하 4명이 대독관(對讀官)이 되어 시행하였는데, 시취 인원은 일정하지 않아 가장 많을 때가 30명, 적을 때는 3명이었다. 둘째, 별시무과(別試武科)에도 초시·전시 2단계의 시험이 있었다. 초시는 처음 서울에서만 보였으나, 말기에는 각 도에서도 치렀다. 2품 이상의 문관 1명, 무관 2명, 당하(堂下)의 문관 1명, 무관 2명이 시관(試官)이 되고 양사(兩司) 1명을 감시관으로 시행하였는데, 11기(技) 중 2·3기를 선정하여 고시하였으며, 비율 또는 평균에 의하여 선발하였다. 전시의 시관(試官)은 의정(議政) 1명을 더하여 초시와 같이 시험을 보였으나 정원을 두지 않고 입격하는 대로 뽑았다.

▶ 사마시(司馬試)

고려(高麗)와 조선(朝鮮)시대의 과거제도로서 생원(生員)과 진사(進士)를 뽑는 소과(小科)를 이르는 말로, 생진과(生進科) 또는 감시(監試)라고도 한다.

▶ 생원 진사(生員進士)의 초시 정수(初試定數)

한성부(漢城府)	⋯⋯⋯⋯⋯⋯⋯⋯⋯	268명
충청도(忠淸道)	⋯⋯⋯⋯⋯⋯⋯⋯⋯	90명
경상도(慶尙道)	⋯⋯⋯⋯⋯⋯⋯⋯⋯	100명
전라도(全羅道)	⋯⋯⋯⋯⋯⋯⋯⋯⋯	90명
강원도(江原道)	⋯⋯⋯⋯⋯⋯⋯⋯⋯	45명
황해도(黃海道)	⋯⋯⋯⋯⋯⋯⋯⋯⋯	35명
평안도(平安道)	⋯⋯⋯⋯⋯⋯⋯⋯⋯	45명
함경도(咸鏡道)	⋯⋯⋯⋯⋯⋯⋯⋯⋯	35명
경승보(京陸補)	⋯⋯⋯⋯⋯⋯⋯⋯⋯	30명
합 제(合 製)	⋯⋯⋯⋯⋯⋯⋯⋯⋯	48명

▶ 소과복시(小科覆試)

조선시대 소과의 제2차 시험. 소과 초시 합격자 1,400명이 서울에 모여 보던 시험으로 회시(會試)·생진복시(生進覆試)·감시복시(監試覆試)라고도 하였다. 시험은 자(子)·묘(卯)·오(午)·유(酉)의 식년(式年) 2월이나 3월에 예조(禮曹)와 성균관 두 곳으로 나누어 시행하였다. 응시자들은 녹명소(錄名所)에 녹명(등록)하기 전에 조홀강(照訖講)이라 하여「소학(小學)」·「가례(家禮)」를 고강(考講)하여 입격자에게 첩문(帖文)을 주었는데 이 첩문이 없으면 녹명할 수 없었다. 시험은 종2품 이하 2명을 상시관(上試官), 정3품 이하 3명을 참시관(參試官), 감찰 1명을 감시관(監試官)으로 하여 먼저 진사과를 시행하고 하루 쉰뒤 생원과를 시행하였다. 과차(科次)방법은 상·중·하·이상(二上)·이중(二中)·이하(二下)·삼상(三上)·삼중(三中)·삼하(三下)·차상(次上)·차중(次中)·차하(次下)·경(更)·외(外)의 14등으로 나누어 채점하며, 삼하 이상을 뽑는 것이 관례였다. 과차가 끝나면 두 시험장의 입격자를 섞어 등제(登弟)를 정하였는데, 1등 5명, 2등 25명, 3등 70명을 하였다. 뒤에 가서는 생원 3등이나 진사 6등은 불행한 일이 생긴다는 미신이 있어 시관들이 명문자제를 골라 생원·진사의 장원(壯元)으로 하고, 향인(鄕人)이나, 중서(中庶) 등 미천한 자를 골라 생원 3등, 진사 6등으로 하는 풍속이 있었는데 이를 생삼진육(生三進六)이라 하였다. 소과 복시에 합격한 생원·진사 각 100명은 길일(吉日)을 택하여 전정(殿庭)에서 시신(侍臣)과 사관(四館)의 참하관(參下官)들이 시립(侍立)한 가운데 방방의(放榜義)라는 의식을 거행하였는데, 여기에서 국왕으로부터 합격증인 백패(白牌)와 주과(酒果)를 하사받았다. 생원·진사들은 이로써 대과(大科)인 문과(文科)에 응시할 자격과 성균관 상재생(成均館上齋生)할 자격을 얻었고 관직을 원하면 하급관리로 등용될 수도 있었는데, 무엇보다도 사회적으로 선비 대접을 받는 것에 큰 의의가 있었다.

▶ 식년시(式年試)

자(子)·묘(卯)·오(午)·유(酉) 등의 간지(干支)가 들어있는 해에 시행하던 과거로서 조선(朝鮮)시대에는 3년마다 이 해가 돌아오면 과거를 보이며 호적조사(戶籍調査)를 하였다.

식년시의 시험으로, 소과(小科)의 생원(生員)·진사과(進士科), 문과(文科)의 복시(覆試)·전시(殿試), 무과(武科)의 복시·전시, 잡과(雜科)의 역과(譯科)·의과(醫科)·음양과(陰陽科), 율과(律科)의 복시(覆試)에 식년과가 있다.

▶ 식년문과(式年文科)의 초시 정수(初試定數)

한성부(漢城府)	⋯⋯⋯⋯⋯⋯⋯⋯⋯	108명
충청도(忠淸道)	⋯⋯⋯⋯⋯⋯⋯⋯⋯	25명
경상도(慶尙道)	⋯⋯⋯⋯⋯⋯⋯⋯⋯	38명
전라도(全羅道)	⋯⋯⋯⋯⋯⋯⋯⋯⋯	25명
강원도(江原道)	⋯⋯⋯⋯⋯⋯⋯⋯⋯	15명
황해도(黃海道)	⋯⋯⋯⋯⋯⋯⋯⋯⋯	10명
평안도(平安道)	⋯⋯⋯⋯⋯⋯⋯⋯⋯	13명
함경도(咸鏡道)	⋯⋯⋯⋯⋯⋯⋯⋯⋯	10명
통독(通讀)	⋯⋯⋯⋯⋯⋯⋯⋯⋯	30명

▶ 알성시(謁聖試)

조선시대 과거제도의 하나. 일명 알성과(謁聖科). 1414년(태종 14)에 처음 시행되었는 데 임금이 문묘(文廟)에 참림할 때 성균관에서 실시하는 시험이다. 알성시에는 문과와 무과의 구별이 있는데 알성문과는 대과전시(大科殿試)에 해당하는 단일단계(單一段階)로 책(策)·표(表)·전(箋)·잠(箴)·송(頌)·제(制)·조(詔) 중의 1편을 시험하여 당일에 합격자를 발표하며 일정한 정원은 없었다. 알성무과는 초시(初試)와 전시(殿試)의 구별이 있었는데 초시는 2개의 시험소에서 각각 50명을 선발하고, 전시는 임금이 참석한 가운데 목전(木箭)·철전(鐵箭)·유엽전(柳葉箭)·편전(片箭)·기추(騎芻)·관녁(貫革)·격구(擊毬)·기창(騎槍)·조총(鳥銃)·편추(鞭芻)·강서(講書) 등을 시험하였다.

▶ 전시(殿試)

고려(高麗)와 조선(朝鮮)시대에 복시(覆試)에서 선발(選拔)된 사람에게 왕(王)이 친림(親臨)하여 시행하던 3단계의 최종 시험이며, 고려시대에 전시가 실시된 것은 1369년(공민왕 18) 원(元)나라의 향시(鄕試)·회시(會試)·전시의 3단계법이 채택되고 부터이다. 조선시대에는 대과(大科)인 문과(文科)와 무과(武科)의 초시(初試:향시)·복시(覆試) 합격자에게 전시를 실시하였는데, 과·락(科落)을 결정한 시험이 아니라 복시 합격자의 등급을 정하는 시험이었다. 전시는 3년마다 식년(式年)에 정기적으로 시행하던 식년문과전시(式年文科殿試), 식년무과전시, 나라에 큰 경사가 있을 때 열던 증광(增廣)문과전시·증광무과전시, 경사가 10년에 한 번 연중시(重試)가 있을 때 같이 시행하던 별시(別試)문과전시·별시무과전시, 임금이 문묘(文廟)에 참배한 뒤 명륜당(明倫堂)에서 열던 알성(謁聖)문과전시·알성무과전시, 10년에 한 번 당하관(堂下官:정3품 당하관 이하)에게 보이던 중시(重試)문과전시·중시무과전시, 역시 나라에 경사가 있을 때 임시로 보이던 정시(庭試)문과전시·정시무과전시 등이 있었다. 이 중 식년문과전시는 복시 입격자 33명과 직부전시인(直赴殿試人:초시·복시를 거치지 않고 달리 응시자격을 얻은 자)을 전정(殿庭)에 모아 시행하였는데, 시험전에 조복(朝服)을 입은 독권관(讀卷官)·대독관(對讀官)과 흰옷에 흑두건(黑頭巾)을 한 응시자들이 국왕에게 국궁사배(鞠躬四拜)하는 것으로 시작되는 문과전시의(文科殿試儀)라는 의식을 거행하였다. 시험은 의정(議政) 1명을 명관(命官), 종2품 이상 2명을 독권관, 정3품 이하 3명을 대독관, 승지(承旨) 1명을 감시관(監試官)으로 하여 시행하였는데, 고시과목은 표(表)·책(策)·전(箋)·잠(箴)·송(頌)·제(制)·조(詔)·론(論)·부(賦)·명(銘) 등 10과 중의 1편을 고시하였으나 그 중 책이 가장 많이 출제되었다. 전시는 33명의 등급을 정하는 데 불과하여 부정이 없는 한 떨어뜨리는 일이 없었으며, 성편(成篇)하지 못하였거나 전연 문리(文理)를 이루지 못한 답안이 있더라도 다음 식년전시에 다시 응시하게 하였다. 분등(分等)은 1466년(세조 12)부터 갑과 3명, 을과 7명, 병과 23명으로 나누고, 직부전시인은 정원외로 취급되어 성적에 관계없이 방말(榜末:병과)에 붙여서 발표하였다. 초기에는 고려에서와 같이 10회 이상 떨어진 십거부중자(十擧不中者)에게 출신(出身)을 주는 은사급제(恩賜及第)가 있었으나 1438년(세종 20)에 폐지되었다. 합격자 중 갑과 1등은 종6품, 2·3등에게는 정7품, 을과 전원에게는 정8품, 병과 전원에게는 정9품의 품계(品階)를 주었으나 갑과 3명에게만 실직(實職)을 주고 나머지는 사관(四館)에 권지(權智:試補)로서 두었다가 자리가 나는 것을 기다려 실직을 주었다. 증광문과전시도 고시과목이 식년과 같고 정원도 33명으로 같았으나 큰 경사가 있을 때하던 대증광시(大增廣試) 때에는 40명을 뽑았다. 별시문과전시의 정원은 때에 따라 달라 많을 때가 30명, 적을 때는 3명이 가장 적었다. 알성문과전시는 초·복시가 없이 전시 한 번의 시험에 의하여 뽑고, 응시자격도 처음에는 성균관 유생(成均館儒生)에게만 주던 것을 제한을 두지 않고, 다른 시험과는 달리 사전에 등록을 하지 않아도 누구나 입장하여 응시할 수 있었기 때문에 요행을 바라는 무리들이 심지어 맹인(盲人)까지 모여들어 1694년(숙종 20)에는 만여 명, 1739년(영조 15)에는 1만 8,000명 정도나 되었다. 이렇게 응시자가 많고, 발표도 당일로 하기 때문에 시험관도 30명이 넘었으며, 고시과목도 채점을 하는데 시간이 걸리는 책을 피하고 표(表)를 많이 출제하였는데, 입격정원은 그때그때 달랐다. 중시문과전시는 당하관에게 10년마다 보였던 승진시험으로, 표·책 중의 1편을 고시하였는데, 정원은 일정치 않아 많을때가 19명, 적을 때가 3명이었는데 등급은 을과 제1등, 을과 제2등, 을과 제3등으로 나누어 을과 제1등의 제1인은 4계급, 제2·3인은 3계급, 을과 제2등은 모두 2계급, 을과 제3등은 모두 1계급씩을 승진시키되 정3품의 당하관까지를 한도로 하였으며 참외(參外:정7품 이하의 벼슬)는 모두 6품으로 승진시켜 주었다. 식년무과전시는 의정(議政) 1명을 시관(試官)으로 하여 복시 입격자 28명을 시험하여 등급을 정하였는데, 고시과목은 처음에는 기격구(騎擊毬)·보격구(步擊毬)로 하고 뒤에는 11기(技) 중에서 1~2기로 하여 성적에 따라 갑과 3명, 을과 5명, 병과 20명으로 분등하였다. 별시무과전시도 위와 같으나 정원은 두지 않고 입격하는 대로 뽑았다. 알성무과전시는 초시에 넘어온 100명을 복시를 거치지 않고 다른 무과전시와는 달리 임금의 친림(親臨) 아래 시행하였다. 중시무과전시는 10년에 한 번 당하무관(堂下武官)과 과거에 급제하고도 벼슬길에 오르지 못한 사람 등을 초시에서 100명을 뽑아 역시 복시를 거치지 않고 다른 무과전시(武科殿試)와 같은 방식에 의해 뽑았다.

▶ 중시(重試)

과거(科擧)에 급제하여 문(文)·무(武) 당하관(堂下官)이 된 사람들을 계속 격려하기 위하여 실시하던 특별 시험으로 1122년(고려 예종 17) 왕이

사루(紗樓)에서 문신에게 모란시(牡丹詩)를 짓게 하여 등급을 정한 것이 중시의 시초이다.

1427년(세종 9) 제도화되어 10년에 한 번씩 실시하였으며 증광전시(增廣殿試)와 거의 같은 방법으로 시행하였다.

▶ 증광시(增廣試)

조선시대(朝鮮時代) 즉위경(卽位慶)이나 30년 등극경(登極慶)과 같은 나라의 큰 경사가 있거나 작은 경사가 여러 개 겹쳤을 때 임시로 보이던 과거로서 소과(小科)·문과(文科)·무과(武科)·잡과(雜科)가 있었다. 1401년(태종 1) 왕의 등극을 경축하기 위하여 처음으로 실시하였고, 그 후 1589년(선조 22) 종계변무경(宗系辨誣慶), 90년 종계변무 및 상존호경(上尊號慶), 1605년 공신책훈(功臣冊勳)·상존호경, 이듬해의 즉위 40년경(慶), 1612년(광해군 4) 창덕궁 낙성 및 세자가례경(世子嘉禮慶), 52년(효종 3) 왕세자가례·입학·김자점토역(金自點討逆)을 축하하기 위한 합삼경(合三慶), 62년(현종 3) 효종부묘(孝宗祔廟)·양대비존숭(兩大妃尊崇)·왕비 책례(冊禮)·원자(元子) 탄생을 축하하기 위한 합오경(合五慶) 등이 실시되었다. 증광시는 식년시(式年試)와 마찬가지로 그 절차가 생원·진사의 초시(初試)·복시(覆試), 문과초시·문과복시·문과전시(殿試)의 5단계로 나누어지며 시험과목도 같았다. 때로는 대증광(大增廣)이라 하여 문과합격자에 7명을 더하여 선발하였다.

▶ 친시(親試)

과거(科擧)시험 때 임금이 몸소 과장(科場)에 나와서 시험을 관전하는 것을 말한다.

4. 과거급제(科擧及第)의 특권(特權)

과거에 급제한 사람에게는 다음과 같은 특권(特權)이 부여된다.

첫째, 각도(各道)의 감영(監營)에서 행하는 향시(鄕試)나 중앙(中央)에서 실시하는 생진과(生進科)의 초시(初試)에 합격하면 이초시(李初試)·김초시(金初試)·박초시(朴初試)라 부르며 우대(優待)하였고,

둘째, 중앙에서 실시하는 생진과(生進科)에 합격하면 이생원(李生員)·김생원(金生員)·박생원(朴生員)이라 하여 살인죄(殺人罪)를 제외하고는 체포(逮捕)나 감금(監禁)도 되지 않았다. 그리고 과거에 급제한 사람이 살고 있는 부락(部落) 앞에는 소도(蘇塗) 나무를 높다랗게 세워 과거에 급제한 사람이 살고있다는 표시를 하고 그 부락을 지나가는 일반인은 경의(敬意)를 표하며, 말을 타고 가는 사람은 말에서 내렸다고 한다.

5. 과거지보(科擧之寶)

조선시대 임금의 도장의 하나. 과거시험용지인 시권(詩卷)과 소과(小科)에 합격한 생원·진사에게 내어 주던 증서인 백패(白牌) 및 문과(文科)의 회시(會試)에 합격한 사람에게 내어 주던 홍패(紅牌)에 사용하였다.

6. 과거의 팔폐(科擧八弊)

1818년(순조 18) 5월, 성균관 사성(司成) 이영하(李瀅夏)가 지적한 과거의 8가지 폐단. 인재등용의 관문이었던 과거제도는 조선 말엽에 이르러

차차 문란하기 시작하여 여러 가지 폐단이 발생하였으므로 이를 시정하기 위하여 상소하는 글에 8가지 폐를 들었는데,

▶ 차술차작(借述借作 : 남의 글을 빌어 쓰는 일)
▶ 수종협책(隨從挾冊 : 책을 과장에 가지고 들어가는 일)
▶ 입문유린(入門蹂躪 : 과장에 아무나 들어가는 일)
▶ 정권분답(呈券紛遝 : 시험지를 바꾸어 내는 일)
▶ 외장서입(外場書入 : 밖에서 써내는 일)
▶ 혁제공행(赫蹄公行 : 과거 제목을 미리 알게 되는 일)
▶ 이졸환면출입(吏卒換面出入 : 이졸이 바꾸어 출입하는 일)
▶ 자축자의환롱(字軸恣意幻弄 : 시권(試券)을 농간하는 일)이었다. 이 상소를 계기로 하여 과장구폐절목(科場捄弊節目)이 나오게 되었다.

7. 과문육체(科文六體)

조선시대에 과거를 볼 때 문과(文科) 응시자가 사용하던 6가지 문체(文體). 즉, 시(詩)·부(賦)·표(表)·책(策)·의(義)·의(疑)를 말한다.

8. 과방(科榜)

조선시대에 과거에 급제한 사람의 성명을 적은 방목. 채점과 등급이 결정되면 응시자가 쓴 답안지인 본초(本草)와, 시관(試官)의 채점용으로 만든 본초의 사본인 주초(朱草)와 대조하여 이상유무를 확인한 다음 입격시권(入格試券)의 피봉(皮封)을 가져 그 안에 있는 응시자 및 사조(四祖)의 이름이 씌어있는 부분을 본초에 붙인 다음, 본초에는 점수, 주초에는 성명을 기입하였다. 이를 감합(勘合)이라 하는데 피봉과 시권을 잘못 붙여서 떨어져야 할 사람이 붙고 붙어야 할 사람이 떨어지는 수가 흔히 있었다.
감합이 끝나면 사준(査準 : 査定)하여 등제(登第)를 정하고 초방(草榜)을 작성한 다음 사관원(四館員)을 시켜 초방을 청서(淸書)하였는데 이를 입격방목(入格榜目)이라 하였으며, 따로 방(榜)을 만들어 발표하는 것을 과방(科榜) 또는 괘방(掛榜)·방방(放榜)·출방(出榜)이라고 하였다.

9. 과장구폐절목(科場捄弊節目)

조선시대에 과거의 각종 부정을 없애기 위하여 1818년(순조 18) 비변사(備邊司)에서 왕에게 건의한 규정. 응시자 명단은 오부관(五部官)이 책으로 만들어 한성부(漢城府)를 경유하여 사관원(四館院 : 성균관·예문관·교서관·승문원)에 제출하되 반드시 6월말 이전에 도착하게 하고 지방의 유생(儒生)은 그 지방관이 명부를 만들어 감영(監營)에 보내면 감사(監司)가 이를 조사한 뒤 책을 만들어 과시(科試)의 담당관에게 보내고 응시자에게 강첩(講貼)을 발급한다는 등의 규정이었다.

10. 과장역서의 법(科場易書法)

과거 응시자의 글씨를 고시관(考試官)이 알면 사정(私情)을 둔다고 하여 이를 사전에 막고자 거자(擧子 : 응시자)의 시권(試券 : 시험지)을 다른 사람을 시켜 다른 종이에 쓰게 하던 법으로 차작(借作)·남작(濫作)의 폐단이 있어 폐지하자는 의론이 있었으나 고려 말기부터 조선고종 때까지 사용되었다.

삼국, 고려 및 조선시대 관직 및 품계

가

가감역관假監役官	조선 때 토목 · 영선을 담당하던 종9품의 임시관직
가덕대부嘉德大夫	조선의 종1품의 종친에게 주던 관계
가선대부嘉善大夫	조선의 관계, 종2품으로 문 · 무반 · 종친이 받음
가의대부嘉義大夫	조선의 관계. 종2품으로 처음에는 가정대부였다.
각간角干	신라의 최고 관급, 상대등과 같이 17판 등과는 별개
감관監官	조선 때 각 관아 · 궁방에서 금전의 출납을 맡아보던 관리
감군監軍	조선의 군직으로 군인들의 순찰을 감독하던 임시벼슬
감목관監牧官	조선의 외관직, 지방의 목장일을 맡아 보았다.
감무監務	고려 때 현령을 둘 수 없는 작은 현의 감독관
감사監司	조선 때 관찰사의 별칭으로 각 도의 우두머리로 종2품
감사監史	고려 때 소부시 · 군기시의 관원
감사監事	조선의 춘추관에 두었던 정1품의 관직
감서監書	조선 규장각에 소속된 관직
감수국사監修國史	고려 춘추관의 최고 관직으로 시중(종1품)이 겸임
감역관監役官	조선 때 종9품의 벼슬로 건축에 관한 사무를 담당하였다.
감진어사監賑御史	조선 때 지방에 파견된 어사
감찰監察	조선 때 사헌부의 정6품 관직
감창사監倉使	고려 때 창고를 감찰하던 관직
감춘추관사監春秋館事	춘추관 감사, 조선 때 춘추관의 정1품 관직
건공장군建功將軍	조선의 종3품 무관에 주는 품계
건신대위健信隊尉	조선 때 무관에게 주는 정6품 품계
건충대위建忠隊尉	조선의 정5품 토관 · 관계
검관檢官	조선의 형조 소속으로 시체를 검사하는 관리
검교사檢校使	신라 때 중앙관부의 장관인 영슝
검독檢督	조선의 지방관직으로 지금의 면장 또는 읍장에 해당하는 관직
검률檢律	조선 때 형조에 소속된 종9품의 벼슬
검열檢閱	고려 때 예문관 · 춘추관의 정8품에서 정9품의 벼슬, 조선 때 예문관의 정9품 벼슬로 사초를 꾸미는 일을 맡았다.
겸교리兼校理	조선 때 교서관에 소속된 종5품 관직
겸교수兼教授	조선 때 종6품의 벼슬
겸도사兼都事	조선 때 충훈부에 속한 종5품 관직
겸보덕兼輔德	조선 때 세자시강원의 정3품 관직
겸사복장兼司僕將	조선 무관의 관직으로 종2품 이었으나 뒤에 정3품이 되었다
겸필선兼弼善	조선 초기에 세자시강원에서 세자를 교육한 정4품 관직
경력經歷	고려 때 4~5품 관리, 조선 때 종4품의 관리
경사교수經史教授	고려 때 교육기간인 국자감에 속했던 관직
겸사복장兼司僕將	조선 무관의 관직으로 종2품 이었으나 뒤에 정3품이 되었다
겸필선兼弼善	조선 초기에 세자시강원에서 세자를 교육한 정4품 관직
경력經歷	고려 때 4~5품 관리, 조선 때 종4품의 관리
경사교수經史教授	고려 때 교육기간인 국자감에 속했던 관직
경학박사經學博士	고려 때 지방관민의 자제를 교육시키기 위해 둔 교수직
계사啓仕	조선 때 호조에 속한 종8품의 관직, 처음에는 산원이라고 했다
계사랑啓仕郎	조선 때 동반(무관)의 관계로 정9품
계의관計議官	고려 때 광정원 소속의 정7품 관직
공조판서工曹判書	조선 때 공조의 으뜸 벼슬로 정2품
관군대장군冠軍大將軍	고려 때 정3품 무산계
관찰사觀察使	조선 때 지방장관으로 종2품이며 지금의 도지사와 같다.
광덕대부光德大夫	조선의 품계로 의빈부에 속했던 1품 관계
광성대부光成大夫	조선 때 정4품의 관계
교감校監	고려 비서성의 종9품 관. 조선 승문원의 종5품 벼슬
교검校檢	조선 때 승문원의 정6품의 관리
교리校理	조선의 관직으로 홍문관과 승문원의 종5품 벼슬
교서랑校書郎	고려 때 비서성에 속한 정9품 관리
교수教授	조선 때 부와 목에서 유생들을 가르치는 종6품 관리
국별장局別將	조선 때 훈련도감에 소속된 정3품의 무관직
군수郡守	조선 때 각 군의 우두머리로 종4품의 무관직
권독勸讀	조선 때 세손에게 학문을 가르치던 직책으로 종5품 관리
근절랑謹節郎	조선 때 동반종친의 품계로 종5품 관리
금위대장禁衛大將	조선 때 금위영의 주장으로 종2품 무신관직
금자광록대부金紫光祿大夫	고려 문산계의 하나로 종2품 관.

금자숭록대부 金紫崇祿大夫	고려 문산계의 하나로 종1품 품계
금자흥록대부 金紫興祿大夫	고려 문산계의 하나로 종1품의 품계
급사중給事中	고려 때 중서문하성에 소속된 종4품 벼슬
기거랑起居郎	고려 때 문하부의 관직으로 종5품 벼슬
기거사인起居舍人	고려 때 문하부의 관직으로 종5품, 후에 정5품
기거주起居注	고려 때 문하부의 관직으로 종5품, 후에 정5품이 되었다.

나

낭관郎官	조선의 6품관직
낭사郎舍	고려 문하성소속으로 간관들의 총칭
낭장郎將	고려 때 정6품의 무관직
낭중郎中	신라 때 관직으로 사지(13등급)에서 내차(11등급)까지 역임. 고려 때는 6부에 소속된 정5품 벼슬
낭청郎廳	조선 때 비변사에 속한 종6품의 관직
내급사內給事	고려 때 전중성에 소속된 종6품의 관직
내사사인內史舍人	고려 때 내사문성소속 종4품 벼슬
내사시랑평장사 內史侍郎平章事	고려 때 문하부 소속의 정2품 벼슬
내시內侍	고려 때 재주와 용모가 뛰어난 세족자 제들을 임명하여 숙위 및 근시의 일 을 맡던 관원. 조선 때 환관의 별칭
내신좌평內臣佐平	백제의 1품 관직. 시중과 같은 수상급
내직랑內直郎	고려 때 동궁(세자의 거처)에 소속된 종6품 벼슬
녕원장군寧遠將軍	고려 때 정5품의 무산계(무신들의 품계)
녹사錄事	고려 때 정8품의 무관 벼슬, 조선 때 각 관아에 속한 하급이속

다

대간大司諫	조선 때 사간원의 최고직이며 학식과 경험이 풍 부하여 임금에게 풍간하는 일을 맡은 정3품 관리
대사성大司成	조선 성균관의 최고관. 유학에 관 한 일을 담당한 정3품 관리
대사헌大司憲	조선 때 사헌부의 장관으로 정2품 관리
대장大將	조선 때 정2품 무관직이며, 호위 청에 만 정1품관을 두었다.
대장臺長	조선 때 사헌부의 장령(정4품) 과 지편을 가리키는 말
대장군大將軍	신라 무관직의 으뜸. 고려 때 종3품의 무관직
대정隊正	고례 때 무관의 벼슬, 최하위 군관으로 종9품

대제학大提學	조선 때 홍문관·예문관에 둔 정2품 관직
대호군大護軍	고려 무관직으로 종3품, 조선의 무관직이며 종3품의 벼슬
도사都事	고려 때 종7품의 관직, 조선 때 관리의 감찰· 규탄을 맡은 종5품 관
도선導善	조선 때 종학에 소속된 정4품 벼슬
도순문사都巡問使	고려의 외관직으로 주·부의 장관을 겸하였다.
도순찰사都巡察使	조선 군관직, 정2품 또는 종2품의 관찰사가 겸임한 임시직
도승지都承旨	조선 때 승정원의정3품관, 지금의 대통령 비서실장
도원수都元帥	고려·조선 때 전시에 군대를 통괄하던 임시 무관직
도정都正	조선 때 종친부·돈영부에서 종친사무를 담당하는 정3품
도제조都提調	조선 때 각 관청의 정1품 벼슬
도청都廳	조선 때 준천사에 속한 정3품 당상관
도체찰사都體察使	조선 때 관직, 전시에 의정이 겸임하는 최고 군직
도총관都摠管	조선 때 오위도총부의 우두머리로 정2품 관직
돈신대부敦信大夫	조선 때 종3품의 품계를 가진 문 관 벼슬로 의빈에서 줌
돈용교위敦勇校尉	조선 무관의 관계로 정6품
돈의도위敦義徒尉	조선 때 무관의 관계로 정7품
동부승지同副承旨	조선 때 승정원에 소속된 정3품 관직
동지경연사同 知經筵事	조선 때 경연청에 속한 종2품의 벼슬
동지돈령부사 同知敦寧府使	조선 때 돈령부에 속한 종2품의 벼슬
동지사同知事	조선 때 종2품 관직으로 이들의 직 함은 소속 관청 명 위에 동지를 쓰 고 관청 명 밑에 사를 사용하였다.
동지삼군부사 同知三軍府事	조선 삼군부에 속한 종2품 벼슬, 대장이 겸임
동지성균관사 同知成均館事	조선 성균관에 속한 종2품 벼슬
동지원사同知院事	고려 때 중추원 소속의 종2품 벼슬
동지의금부사 同知義禁府事	조선 때 의금부에 속한 종2품 벼슬
동지춘추관사 同知春秋館事	조선 때 춘추관에 속한 종2품 벼슬
동첨절제사 同僉節制使	조선 때 절도사에 딸린 종4품의 무관직

마

만호萬戶	고려·조선 때의 외관직으로 정4품의 무관직

명덕대부明德大夫	조선의 관계로 숭덕대부를 개칭한 것
명선대부明善大夫	조선 초기 종친들에게 주던 관계로 정3품 당상관
명신대부明信大夫	조선 초기 의빈에게 주던 정3품의 관계
목사牧使	조선 때 각 목의 으뜸 벼슬로 정3품의 관계
명위장군明威將軍	고려 때 종4품의 무산계
무공랑務功郎	조선 때 정7품의 문반관계로 종친 및 의빈에게 주었다.
문사文師	고려 때 유수관이나 대도호부에 속한 9품직
문하녹사門下錄事	고려 때 문하성에 소속된 정7품의 관직
문하사인門下舍人	고려 때 문하부 소속의 종4품의 관직
문하시랑평장사門下侍郎平章事	고려 때 문하부에 소속된 정2품의 관직
문하시중門下侍中	고려 때 문하성의 최고 관리로 종1품 관직
문하우시중門下右侍中	고려 때 문하부의 관직으로 문하시중을 고쳐 부른 것
문하좌시중門下左侍中	고려 때 문하부의 관직으로 문하시중을 고쳐 부른 것
문하주서門下注書	고려 때 문하부의 종7품 관직으로 첨의주서라 한다.
문하찬성사門下贊成事	고려 때 문하부의 정2품 벼슬이며 찬성사라 한다.
문하평리門下評理	고려 때 문하부 소속의 종2품 관리
밀직판원사密直判院事	고려 때 밀직사 소속의 종2품 관직
밀직원사密直院事	고려 때 밀직지원사 · 밀직사 소속의 종2품 관직
밀직부사密直副使	고려 때 밀직사 소속의 정3품 관직

바

방어사防禦使	조선 때 지방 관직으로 각 도의 요지를 방어하는 병권을 가졌다.
백호百戶	고려 · 조선 때 5 · 6품의 무관직으로 청백하고 무예에 능한 관원
벽상삼한 · 삼중대광壁上三韓 · 三重大匡	고려의 정1품 품계. 벽상공신의 무관
별장別將	고려 때 정7품의 무관직, 조선 때 각 영에 소속된 종2품의 무관직
별제別提	조선 때 6품의 관리로 6조에 속해 있었다.
별좌別座	조선 때 수원 총리영 소속의 정3품 군인
별효장別驍將	조선 때 수원 어영청에 소속된 정3품의 군인
별후부천총別後部千總	조선 때 어영청에 소속된 정3품의 군인
병마사兵馬使	고려 때 동 · 북 양계의 군권을 지휘하는 정3품 벼슬

병마방어사兵馬防禦使	조선 때 각 지방의 군대를 통솔하던 종2품의 무관직
병마절도사兵馬節度使	조선 때 지방의 군대를 통솔하던 종2품의 군인
병마절제사兵馬節制使	조선 때 각 읍의 수령이 겸임하는 군사직
병부상서兵部尚書	고려 병부의 장관. 지금의 국방부 장관과 같다.
병절교위秉節校尉	조선 때의 종6품에 속하는 무관의 관계
병조판서兵曹判書	조선 때 병조의 으뜸 벼슬로 정2품
보공장군保功將軍	조선 때 무관의 관계로 종3품
보국대장군輔國大將軍	고려 때 정2품의 무신계
보국숭록대부輔國崇祿大夫	조선의 정1품 품계
보덕報德	조선의 세자시강원에서 세자를 가르치던 종3품 벼슬
보신대부保信大夫	조선 초기에 종친에게 주던 종3품의 관계
봉렬대부奉列大夫	조선 때의 정4품 관계
봉사奉事	조선 때의 종8품 관직
봉상대부奉常大夫	고려 때 정4품의 문산계
봉상시정奉常寺正	조선 때 봉상시 소속의 정3품 관원
봉선대부奉善大夫	고려의 종4품 문산계
봉성대부奉成大夫	조선의 종4품 관계로 종친에게만 주었다.
봉순대부奉順大夫	고려 · 조선 때 정3품의 문관 풍계
봉어奉御	고려 때 각 관청 소속의 정6품 관직
봉의랑奉議郎	조선 때 종5품의 문관 관계
봉익대부奉翊大夫	고려 때 종2품의 문산계 · 영록대부
봉정대부奉正大夫	조선 때 정4품의 문관과 종친에게 준 관계
봉헌대부奉憲大夫	조선 때 정2품으로 의빈에게 준 품계
부사府使	고려 및 조선 때 지방관직으로 각 부의 수령을 가리킨다. 대도호 부사(정3품) · 도호부사(종3품)을 말함
부사副使	고려 때 사의 다음가는 관직을 5~6품이었다.
부사과副司果	조선의 5위에 속한 무관직으로 종6품의 벼슬
부사맹副司猛	조선의 5위에 속한 무관직으로 종8품의 벼슬
부사소副司掃	조선의 액정서에 속한 종9품의 잡직
부사안副司案	조선의 액정서에 속한 종7품의 잡직
부사약副司鑰	조선의 액정서에 속한 종6품의 잡직
부사용副司勇	조선의 5위에 속한 종9품의 무관직
부사정副司正	조선의 5위에 속한 종7품의 무관직
부사직副司直	조선의 5위에 속한 종5품의 무관직
부사포副司舖	조선의 액정서에 속한 종8품의 잡직

부수副守	조선의 종친부에서 종실과 종친에 관한 일을 보던 종4품의 관직
부수찬副修撰	조선 때의 홍문관에서 내외의 경적과 문헌에 관한 일을 맡아 본 종6품의 벼슬
부승지副承旨	고려 때 광정원 소속의 종6품, 밀직사로 고친 후 정3품이 됨. 조선 때 승정원의 정3품 관직. 지금의 비서실 차장급
부신금副愼禽	조선 때 장원서에 소속된 종8품의 잡직
부신수副愼獸	조선 궁중의 정원을 관리하던 종9품의 잡직
부위副尉	조선 때 의빈부에 속한 종6품의 벼슬
부윤府尹	조선 때 정2품 지방 관직으로 부의 우두머리
부응교副應敎	조선 때 홍문관에서 경서와 사적을 관리하던 종4품 관직
부장部將	조선 때 무관직으로 5위에 속한 종6품의 벼슬
부장副將	조선 말의 무관계급. 정2품이었으며 상장 밑의 관직
부전수副典需	조선 때 내수사에 소속된 종6품의 관직
부전악副典樂	조선 때 장악원에서 음악에 관한 일을 본 종6품 관직
부전율副典律	조선 때 장악원에서 음악에 관한 일을 본 종7품 관직
부정副正	고려 때 각 관청 소속의 종4품 관직, 조선 때 각 관청의 종3품관
부정자副正字	고려와 조선 때 교서관과 승문원 종9품 관직
부제조副提調	조선 때 각 기관에 소속된 정3품 관직
부제학副提學	조선 때 홍문관의 정3품 관직, 제학의 다음 벼슬
부직장副直長	고려 때 정8품 관직, 조선 때 상서원 소속의 정8품 관직
부창정副倉正	고려 때 각 군현에 소속된 지방 관직
부첨사副詹事	조선말의 관직으로 왕태자 궁의 주임관 벼슬
부총관副摠管	조선 때 5위도총부에 속한 정2품의 무관직
부총제사副摠制使	고려 말 삼군도 총제부에 속한 관직
부호장副戶長	고려 때 호장 아래 관직이며 대등을 개칭한 이름
부순부위奮順副尉	조선 때 무관의 관계로 종7품이었다.
비서감秘書監	고려 때 비서성에 소속된 종3품 관직
비서관秘書官	관청의 장관에 직속되어 기밀 사무를 맡아보는 관리
비서랑秘書郎	고려 때 비서성에 소속된 종6품 관직
비서승秘書丞	고려 때 비서성에 소속된 종6품 관직
빈객賓客	조선 때 세자시강원에 소속되어 세자에게 경사와 도의를 가르치던 정2품의 관직

사

사師	조선의 세자시강원에서 세자에게 경서와 사기를 가르치던 정1품관으로 영의정이 겸임하였다.
사간司諫	조선 때 사간원 소속으로 임금의 잘못을 간하고 논박하는 일을 한 종3품의 관직
사경司經	조선 때 경연청에 속한 정7품 벼슬
사과司果	조선 때 오위도총부에 속한 정6품의 무관직
사공司空	고려 때 삼공의 하나로 정1품 벼슬
사도司徒	고려 때 삼공의 하나로 정1품 벼슬
사맹司盟	조선 때 오위에 속한 정8품 무관직
사사司事	고려 때 밀직사 소속의 종2품 벼슬
사서司書	조선 때 세자시강원 소속의 정6품 관직
사성司成	조선 때 성균관에서 유학을 가르치던 종3품 관리
사알司謁	조선 때 액정서에 소속되어 임금의 명령을 전달하던 정6품 잡직
사업司業	조선 때 성균관에서 유학 강의를 맡아보던 정4품의 벼슬
사예司藝	조선 때 성균관 소속의 정4품 벼슬
사용司勇	조선 때 오위도총부에 속한 정9품 무관직
사의司議	조선 때 장예원에서 노예에 관한 일을 보던 정5품의 벼슬
사의대부司議大夫	고려 때 문하부 소속으로 정4품 관직
사인舍人	신라 때 사지(13등급)에서 대사(12등급)를 총칭하는 말
사자使者	부여와 고구려의 관직으로 정3품에서 정5품까지 다양하다.
사재四宰	조선의 관직으로 의정부 · 우참찬(정2품)을 말한다.
사정司正	조선의 오위에 속한 정7품의 무관직
사지舍知	조선 때 조지서에서 종이 제조에 관한 일을 맡은 종6품
사직司直	조선의 오위도총부에 속한 정5품의 무관직
사평司評	조선 때 장예원에 소속된 정6품 관직
사포司鋪	조선 때 액정서 소속의 정8품 관직
사포司圃	조선 때 때 사포서에서 궁중의 원포園圃와 채소 따위에 관한 일을 맡아보던 정6품 벼슬
산사算士	조선 때 호조 · 산학청의 종7품이며, 지금의 계리사
산원算員	고려와 조선 초기의 군관의 계급으로 정8품 관직
산학교수算學敎授	조선 때 호조에 소속되어 회계를 담당한 종6품
산학박사算學博士	신라 때 산술을 가르치던 교수, 고려 때 종9품으로 국자감에서 산술을 가르치던 교수
삼공三公	고려 때 사마 · 사도 · 사공의 총칭으로 정1품, 조선 때 영의정 · 좌의정 · 우의정의 총칭으로 정1품 벼슬

삼도수군통제사 三道水軍統制使	조선의 해군 총사령관	선부膳夫	조선 때 사용원에 소속된 종7품의 벼슬
삼도육군통어사 三道陸軍統禦使	조선 말기의 무관직으로 육군 통수관	선용부위宣勇副尉	조선 때 사용원에 소속된 종7품의 벼슬
삼사三司	고려의 태자·태부·태보를 말하며 임금의 고 문 또는 국가 최고의 명예직으로 정1품이었다.	선위사宣慰使	조선 때 사신을 영접하는 임시관직, 3품 이상의 당상관이 임명
삼사사三司使	고려 때 삼사에 속한 정3품 벼슬	선위장군宣慰將軍	고려 때 종4품 무관의 관계
상경上卿	조선 때 정1품과 종1품의 판서를 가리키는 통칭	선의랑宣議郎	고려 때 종7품 무관의 관계
상경尚更	조선 때 내시부에 소속되어 임금의 시중을 들던 정9품 벼슬	선전관宣傳官	조선 때 선전관청에 소속된 정3품에서 종9품의 관리
상다尚茶	신라 때 내마(11등급)에서 아찬(16등급)에 해당하는 벼슬	선절교위宣折校尉	고려 때 정8품의 무산계
		선절부위宣折副尉	고려 때 정8품의 무산계
상대등上大等	신라 때의 최고관직으로 모든 정사를 총관했다.	선직랑宣職郎	조선 때 동반의 정6품 토관직
상례相禮	조선 때 통례원에 소속된 종3품 관리	선화善畵	조선의 도화서에 소속되어 그림 을 담당하던 종6품 관직
상만호上萬戶	고려 때 군직으로 순군만호부 다음의 벼슬		
상문尚門	조선 때 내시부에 소속된 종8품의 벼슬	선회善繪	조선 때 도화서에 속한 종7품 잡직 벼슬
상서尚書	고려 때 6부에 두었던 정3품 관직으로 판서·전서 등으로 변경 되었다.	선휘대부宣徽大夫	조선 때 종친과 문관에게 주던 정4품 관계
		설경設經	조선 때 경연에 속한 정8품 벼슬
상서령尚書令	고려 때 상서성의 우두머리로 종1품 벼슬	성록대부成祿大夫	조선 때 의빈에게 주던 정1품 관계
상서좌우승尙 書左右丞	고려 때 종3품 관직으로 상서도성에 속하였다.	세마洗馬	고려 때 동궁에 속한 종5품 관 직, 조선 때 정9품의 잡직
상선尚膳	조선의 내시부에 소속된 종2품 벼 슬로 궁중식사 일을 맡았다.	세자부世子府	고려 때 세자의 스승, 조선 때 세자 시강원에 속한 정1품 관직
상세尚洗	조선의 내시부에 소속된 종6품의 벼슬로 주방 일을 담당하였다.	소감少監	신라 때 무관직, 고려 때 4~5 품 관직, 조선 때 종4품 벼슬
상시常侍	고려 때 좌산기상시·우산기상시를 통틀어 산기상시라 하고 약칭 상시라고 했다.	소경少卿	고려 때 종4품 벼슬, 조선 때 종4품 벼슬
		소덕대부昭德大夫	조선 때 종친과 문관에게 준 종1품 관계
상약尚藥	조선 때 내시부의 종3품 관직이며, 궁중의 약에 관한 일을 보았다.	소윤少尹	신라 때 지방 관직 고려 때 종4품 벼슬, 조선 때 한성부·개성부 소속의 정4품 관직
상원尚苑	조선 때 내시부의 종3품 관직	소의대부昭義大夫	조선 때 종친에게 주던 종2품 벼슬
상위사자上位使者	고구려의 관직으로 정6품 관직에 해당한다.	소첨사少詹事	고려 때 첨사부의 종3품 관직, 첨사 다음가는 벼슬
상장군上將軍	신라 때 대장군 밑의 무관직. 고려 때와 조선 초기의 정3품 무관직	수국사修國史	고려 때 감수국사 다음으로 2품 이상이 겸임한 사관이다.
상좌평上佐平	백제의 16관 등급 중 좌평의 우두머리		
상주국上柱國	고려 때 정2품 훈계	수군방어사水 軍防禦使	조선 때 수군을 통솔한 종2품 무관직
상호尚弧	조선 때 내시부에 소속된 정5품 관직	수군절도사水 軍節度使	조선 때 수군을 통제하기 위하여 둔 정3품 무관직
상호군上護軍	고려 때 무관직, 조선 때 5위 에 속한 정3품의 무관직	수군첨절제사 水軍僉節制使	조선 때 진의 수군을 지휘하는 종3품 무관직
서윤庶尹	조선 때 한성부·평양부 소속의 종4품 벼슬	수문하시중 守門下侍中	고려 때 문하부의 대신
서장관書狀官	조선 때 관직으로 연행사의 일행인 기록관		
서학박사書學博士	고려 때 국자감에서 글씨를 가르치던 종9품의 관직	수어사守禦使	조선의 수어청 장관. 광주유수가 겸임한 종2품 벼슬
선략장군宣略將軍	조선 때 종4품의 무관계로 경력·첨정·부호군 등이 되었다.	수의도위守義徒尉	조선 때 종7품의 토관계로 관직
		수의부위守義副尉	조선 때 종8품의 무관에게 주는 관계
선무사宣撫使	조선 때 재해나 병란이 일어났을 때 지방에 파견된 관리	수임교위修任校尉	조선 때 문반의 정6품에 속하는 잡직계
		수직랑修職郎	고려 때 7품의 문산계

⋯찬修撰	고려 때 예문관에 속한 사관으로서 정2품의 관직이었는데 후에 정8품이 되었다. 조선 때 홍문관의 정6품
⋯찬관修撰官	고려 때 한림원 소속. 3품 이하가 겸직한 사관
⋯무사巡撫使	고려 때 안무사를 개칭한 것으로 지방관을 감찰하는 관직
⋯위관巡衛官	고려 때 사평순위부에 소속된 참상관 밑의 벼슬
⋯덕대부崇德大夫	조선 때 의빈에게 주던 종1품의 관계
⋯록대부崇祿大夫	고려와 조선 때 종1품의 문산계, 공민왕 때는 정2품
⋯정대부崇政大夫	조선 때 문관에게 주던 종1품의 관계
⋯헌대부崇憲大夫	조선 때 종친에게 주던 정2품 관계. 후에 문관에게도 주었다.
⋯승承	고려 때와 조선 때 각 관청에 소속된 정5품~정9품의 관원
⋯무랑承務郎	조선 때 종7품의 잡직 관계
⋯봉랑承奉郎	고려 때 종8품의 문산계
⋯사랑承仕郎	조선 때 종8품의 문산계
⋯선承宣	고려 때 왕명의 출납을 맡아본 정3품 관직이다. 승지·대언
⋯의랑承義郎	조선 때 정6품의 문관계
⋯의부위承義副尉	조선 때 정8품의 무관의 관계
⋯전선전관承傳宣傳官	조선의 선전광청에 소속돼 왕의 명령을 전달하던 무관
⋯지承旨	고려 때 밀직사 소속의 왕명을 출납하는 관리이다. 조선 때 승정원 속속의 왕명을 출납하는 관리로 정3품
⋯훈랑承訓郎	조선 때 정6품 관직으로 종친과 의빈에게 주던 관계
⋯강관侍講官	조선 때 경연청에 속해 임금에게 경서를 강의하던 정4품
⋯독관試讀官	조선 때 경연청에 속해 임금에게 경서를 강의하던 정5품
⋯독사侍讀事	고려 때 동궁에 소속된 관직
⋯랑侍郎	신라 때 각 부의 차관이며 내마에서 아찬까지 해당하는 벼슬 고려 때 각 부의 정4품 관리
⋯사랑試仕郎	조선 때 품으로 동반의 토관직
⋯어사侍御史	고려 때 어사대 소속의 종5품 관직
⋯중侍中	신라 때 집사성의 최고 벼슬로 대아찬(5등급)에서 아찬(2등급)까지이다. 고려 때 수상으로 종1품
⋯직랑修職郎	고려 때 7품의 문산계
⋯찬修撰	고려 때 예문관에 속한 사관으로서 정 2품의 관직이었는데 후에 정8품이 되었다. 조선 때 홍문관의 정6품
⋯찬관修撰官	고려 때 한림원 소속. 3품 이하가 겸직한 사관
⋯무사巡撫使	고려 때 안무사를 개칭한 것으로 지방관을 감찰하는 관직

순위관巡衛官	고려 때 사평순위부에 소속된 참상관 밑의 벼슬
숭덕대부崇德大夫	조선 때 의빈에게 주던 종1품의 관계
숭록대부崇祿大夫	고려와 조선 때 종1품의 문산계, 공민왕 때는 정2품
숭정대부崇政大夫	조선 때 문관에게 주던 종1품의 관계
숭헌대부崇憲大夫	조선 때 종친에게 주던 정2품 관계. 후에 문관에게도 주었다.
승承	고려 때와 조선 때 각 관청에 소속된 정5품~정9품의 관원
승무랑承務郎	조선 때 종7품의 잡직 관계
승봉랑承奉郎	고려 때 종8품의 문산계
승사랑承仕郎	조선 때 종8품의 문산계
승선承宣	고려 때 왕명의 출납을 맡아본 정3품 관직이다. 승지·대언
승의랑承義郎	조선 때 정6품의 문관계
승의부위承義副尉	조선 때 정8품의 무관의 관계
승전선전관承傳宣傳官	조선의 선전광청에 소속돼 왕의 명령을 전달하던 무관
승지承旨	고려 때 밀직사 소속의 왕명을 출납하는 관리이다. 조선 때 승정원 속속의 왕명을 출납하는 관리로 정3품
승훈랑承訓郎	조선 때 정6품 관직으로 종친과 의빈에게 주던 관계
시강관侍講官	조선 때 경연청에 속해 임금에게 경서를 강의하던 정4품
시독관試讀官	조선 때 경연청에 속해 임금에게 경서를 강의하던 정5품
시독사侍讀事	고려 때 동궁에 소속된 관직
시랑侍郎	신라 때 각 부의 차관이며 내마에서 아찬까지 해당하는 벼슬 고려 때 각 부의 정4품 관리
시사랑試仕郎	조선 때 품으로 동반의 토관직
시어사侍御史	고려 때 어사대 소속의 종5품 관직
시중侍中	신라 때 집사성의 최고 벼슬로 대아찬(5등급)에서 아찬(2등급)까지이다. 고려 때 수상으로 종1품
신과懊果	조선 때 장원서에 소속된 종7품 벼슬

아

아장亞將	용호별장, 도감중군, 병조참관, 금위중군, 어영중군 등 무관武官 계통의 차관급의 통칭
악사樂師	조선 때 장악원에 예속된 정6품직
안렴사按廉使	고려 때 지방장관으로 절도사·안찰사라고도 한다. 지금의 도지사
안무사按撫使	고려·조선 때 지방에 파견되어 수령을 감찰하는 임시 외관직(지방에 변란이나 재난이 있을 때 왕명으로 파견되어 백성을 안무하던 임시 벼슬)
약장랑藥藏郎	고려 때 동궁에 속한 정6품의 관직

양관대제학兩館大提學	조선 때 홍문관 대제학과 예문관 대제학을 아울러 이르는 말
어모교위禦侮校尉	고려 때 종8품의 상上인위에 있는 무관품계
어모장군禦侮將軍	조선 때 정3품의 무관 품계
어사御使	고려 때 각 조曹의 장관 또는 수서원修書院의 장長
어사대부御使大夫	고려 때 정3품으로 어사대御史臺의 장관. 조선 때 대사헌에 해당함
어사잡단御使雜端	고려 때 어사대에 속한 종5품의 벼슬
어사중승御使中丞	고려 때 어사대에 속한 종4품의 벼슬
어영대장御營大將	고려 때 어영청御營廳의 으뜸가는 벼슬로 종2품의 무관직
어영장군御營將軍	고려 때 어영청의 장관將官으로 종4품의 무관직
역학譯學	조선 때 종9품으로 번역·통역을 맡은 관리
염문사廉問使	고려 때 지방 관리의 재판행정을 감독하기 위해 파견한 2품 관직
영슈	신라의 각 부의 장관. 고려 때 3~9품 관직. 조선 때 종5품 관직
영관상감사領館象監事	조선 때 관상감觀象監의 으뜸 벼슬
영도첨의領都僉議	고려 때 수상급의 관직. 영도첨의부사의 약칭
영돈령부사領敦寧府事	조선 때 영돈령, 돈령부의 장으로 정1품의 관직
영록대부榮祿大夫	고려 때 종2품의 문산계
영사領事	고려 때 삼사三司·춘추관春秋館의 장. 조선 때 홍문관·예문관·경연청·춘추관·관상감·돈령부의 장長
영사복시사領司僕寺事	고려 때 종2품의 벼슬로 복시사僕寺事의 으뜸 벼슬
영선공사사領繕工司事	고려 때 선공사繕工司의 장으로 종2품의 관직
영원장군寧遠將軍	고려 때 무산계로 정5품 하下
영의정領議政	조선 때 최고의 중앙관청인 의정부의 최고관직으로 정1품이며 백관을 통솔하고 서정庶政을 감독하였다. 지금의 국무총리와 같다.
영춘추관사領春秋館事	고려와 조선 때 춘추관의 으뜸 벼슬로 영의정이 겸했다.
영홍문관사領弘文館事	조선 때 홍문관의 으뜸 벼슬로 정1품의 관직
예의판서禮儀判書	고려 때 예의사의 으뜸 벼슬로 정3품의 벼슬
예조정랑禮曹正郎	조선 때 예악·제사·연회·과거 등의 일을 담당한 예조에 속한 정5품
오위장五衛將	조선 때 오위의 으뜸가는 종2품 벼슬, 후에 정3품
요무교위耀武校尉	고려 때 정6품의 무산계
요무부위耀武副尉	고려 때 정6품의 무산계
요무장군耀武將軍	고려 때 정6품의 무산계

우대언右代言	고려 때 밀직사 소속의 정3품 관직 조선 때 승정원 소속의 정3품 벼슬
우보궐右補闕	고려 때 중서문하성 소속의 정6품 벼슬
우복야右僕射	고려 때 상서도성에 소속되어 상서령尙書令 다음가는 정2품의 관직. 조선 초기 삼사에 소속된 종2품의 벼슬
우부대언右副代言	고려 때 밀직사 조선 때 승정원에 소속된 정3품
우부빈객右副賓客	조선 때 세자시강원에 소속된 종2품의 벼슬
우부수右副率	조선 때 세자익위사에 소속된 정7품의 무관직
우부승선右副承宣	고려 때 중추원의 소속으로 정3품이었다가 후에 종6품 조선 때 승선원 소속의 관직
우부승지右副承旨	조선 초기 중추원의 정3품 벼슬이며, 후에 승정원의 정3품
우부승직右副承直	고려 때 내시부에 속한 종6품 관직
우빈객右賓客	조선 때 세자시강원에 속한 정2품의 관직
우사右使	고려·조선 때 삼사에 속한 정2품 벼슬. 우복야를 고친 이름
우사간右司諫	고려 때 중서문하성에 소속되어 간쟁諫爭을 맡아본 정6품의 벼슬이었으나 뒤에 우헌납으로 고치면서 정5품으로 하였다가 다시 종5품으로 바꾸었다.
우사낭중右司郎中	고려 때 상서도성에 소속된 정5품의 벼슬
우사어右司禦	조선 때 세자익위사 소속의 종5품의 무관
우사원외랑右司員外郎	고려 때 상서도성에 소속된 정6품의 벼슬
우상시右常侍	고려 때 중서문하성 소속의 정3품의 벼슬
우승右丞	고려 때 상서도성의 종3품의 벼슬 조선 초 삼사의 정3품 벼슬
우승직右承直	고려 때 내시부에 속한 종5품의 벼슬
우시금右侍禁	고려 때 액정국 소속의 정8품의 벼슬
우시직右侍直	조선 때 세자익위사에 소속된 정8품의 관직
우윤右尹	조선 때 한성부에 소속된 종2품의 관직
우의정右議政	조선 때 의정부에 소속된 정1품의 벼슬로 백관官을 통솔하고 서정을 총괄하며 여러 관직을 겸
우익위右翊衛	조선 때 세자익위사 소속의 정5품의 무관
우익찬右翊贊	조선 때 세자익위사 소속의 정6품의 무관
우찬성右贊成	조선 때 의정부에 속한 벼슬로 삼의정(영의정·좌의정·우의정) 다음가는 벼슬로 종1품의 벼슬
우참찬右參贊	조선 때 의정부 소속의 정2품의 벼슬
우첨사右詹事	고려 때 왕비부에 예속된 관직
운휘대장군雲麾大將軍	고려 때 정3품의 무산계
원보元輔	영의정의 별칭
원사院使	고려 때 중추원 소속의 종2품의 벼슬

원상院相	조선 때 어린 임금을 보좌하며 정사를 다스리던 관직
원외랑員外郎	고려 때 각 기관의 정6품의 관직
위尉	고려 때 정9품의 무관직
위수衛率	고려 때 춘방원에 소속된 좌·우위수로 정5품 무관 조선 때 세자익위사에 소속된 좌·우위수로 종6품
유격장군遊擊將軍	고려 때 종5품의 무산계
유기장군遊騎將軍	고려 때 종5품의 무산계
유덕대부綏德大夫	조선 때 종친에게 주었던 종1품계
율학교수律學敎授	조선의 형조·율학청律學廳에서 법률을 연구하던 종6품직
율학박사律學博士	고려 때 상서형부와 국자감에 소속된 종8품직
율학훈도律學訓導	조선 때 형조, 율학청에 소속된 정9품의 관직
은청광록대부銀靑光祿大夫	고려 때 문관의 품관
응교應敎	고려 때 예문춘추관에 속한 정5품의 관직 조선 때 홍문관·예문관에 속한 정4품의 벼슬
의덕대부	조선 조선 때 문관과 종친에게 주는 종1품의 관계
의동삼사儀同三司	고려 때 정1품 하의 문산계文散階
이마理馬	조선 때 사복시司僕寺에 소속되어 임금의 말에 관한 일을 맡아보던 관직. 품계는 6품이 1명, 8품이 2명, 9품이 1명이었으며, 모두 체아직遞兒職이다.
이사吏師	조선 때 세자시강원에 속한 종1품 관직
이조참의吏曹參議	조선 때 관리의 임명, 공훈봉작 등에 관한 일을 맡아 보던 이조에 속한 정3품 벼슬
익례翊禮	조선 때 통례원通禮院에 소속되어 의식儀式을 맡아 본 종3품직
익선翊善	고려 때 정5품의 관직. 조선 때 세손강서원에 소속된 종3품 직
익찬翊贊	조선 때 세자익위사에 소속되어 세자를 호위한 정6품의 무관직
익휘부위翊麾副尉	고려 때 종7품의 무산계
인의引儀	조선 때 통례원 소속의 종6품의 벼슬
인진부사引進副使	고려 때 각문에 소속된 종5품의 관직
인진사引進使	고려 때 각문에 소속된 정5품의 관직

자

자덕대부資德大夫	고려 때 종2품 하의 문산계
자신대부資信大夫	조선 때 종친과 문관에게 주던 정3품의 관계
자의諮議	고려 때 정6품의 관직. 조선 초 삼사에 속한 정4품 벼슬
자의대부資義大夫	조선 때 의빈과 문관에게 주던 종2품 관계

자헌대부資憲大夫	조선 때 초기에는 문·무관, 말기에는 종친·의빈에게 주던 정2품계
장교將校	조선 때 각 군영에 속했던 군관
장군將軍	신라 때 시위부의 으뜸벼슬. 고려 때 정4품 관직
장무장군將務將軍	고려 때 정4품 하의무산계
장사長史	고려 때 정6품의 무관 벼슬
장사랑將仕郎	고려와 조선 때 종9품 하의 문산계
장원掌苑	조선 때 장원서에 소속된 정6품의 벼슬
재부宰夫	조선 때 사용원에 소속된 종6품의 잡직
저작著作	조선 때 정8품의 관직
적공교위迪攻校尉	조선 때 무관의 잡직으로 종6품의 벼슬
적순부위迪順副尉	조선 때 무관의 정7품 관계
전근랑展勤郎	조선 때 종9품 문관 계통의 잡직
전력부위展力副尉	조선 때 정9품 문관 계통의 잡직
전부典簿	조선 때 종친부에 속한 정5품의 관직
전수典需	조선 때 내수사에 속한 정5품의 관직
전악典樂	조선 때 장악원에 속한 정6품의 잡직
전율典律	조선 때 장악원에 속한 정7품의 관직
전적典籍	조선 때 성균관에 속한 정6품의 관직
전첨典籤	조선 때 종친부에 속한 정4품의 관직
전한典翰	조선 때 홍문관에 속한 정3품의 관직
전화典貨	조선 때 내수사에 속한 종9품 관직
전회典會	조선 때 내수사에 속한 종7품의 관직
절도사節度使	고려 때 지방장관, 뒤에 안무사라 했다. 조선 때 각 지방 군권의 총 책임자였던 무관직으로 2품관
절제도위節制都尉	조선 때 절도사에 속한 종6품의 무관직
절제사節制使	고려 때 원수를 개칭한 이름으로 각 주·부의 장관직. 조선 때 각 지방에 두었던 정3품의 무관직
절충장군折衝將軍	조선 때 정3품의 당상관으로 무반관계
정당문학政堂文學	고려와 조선 초기의 종2품 관직. 고려 때 내사문하성 소속이며, 조선 때 문하부 소속이었다.
정덕대부靖德大夫	조선 때 의빈에게 주었던 종1품 관계
정랑正郎	고려와 조선 때 6조 소속의 정5품 벼슬
정략장군定略將軍	조선 때 종4품의 무반관계
정봉대부正奉大夫	고려 때 종2품의 문산계
정순대부正順大夫	고려 때 정3품 문반계. 조선 때 의빈의 정3품 벼슬
정언正言	고려 때 중서문하성에 속한 종6품의 관직, 뒤에 정6품이 되었다. 조선 때 사간원에 속했던 정6품의 벼슬
정윤正尹	고려 때 종친에게 종2품, 훈신에게 정3품으로 내리던 봉작
정원장군定遠將軍	고려 때 정5품의 무산계

정의대부正義大夫	조선 때 정4품의 문관품계
정헌대부正憲大夫	조선 때 정2품의 문무관 품계로 후에 종친 의빈의 품계와 병용
제거提擧	고려 때 관직, 조선 때 사용원의 3품 벼슬
제검提檢	조선 때 사용원·예빈시 등에 소속된 4품 벼슬
제조提調	조선 때 관직으로 도제조는 정1품, 부제조는 정3품
좨주祭酒	조선 때 성균관에서 제향을 담당한 정3품 벼슬
제학提學	고려 때 정3품 벼슬로 대제학 다음 가는 벼슬. 조선 때 종1품 또는 종2품 벼슬
조교助教	신라 때 국학박사 다음 가는 벼슬. 고려 때 태의감·국학에 속한 벼슬
조기調驥	조선 때 사복시에 소속된 종7품의 잡직
조봉대부朝奉大夫	조선 때 종4품의 문반품계
조부調夫	조선 때 사용원에 소속된 종8품의 잡직
조산대부朝散大夫	고려 때 4품 또는 5품의 문관품계. 조선 때 종4품 문관품계
조산랑朝散郎	고려 때 종7품 하의 문관품계
조열대부朝列大夫	고려 때 종4품 하의 문관품계
조의대부朝議大夫	고려 때 정5품 상의 문관품계
조의랑朝議郎	고려 때 정6품 상의 문관품계
조전원수助戰元帥	고려 말기의 무관직. 도원수·상원수를 돕는 구실을 담당
조청대부朝請大夫	고려 때 정7품의 문반품계
조현대부朝顯大夫	고려 때 문반품계
종사랑從仕郎	고려 때 7품의 문반품계
종순랑從順郎	조선 때 정6품의 문반품계이며 종친의 위계
종정경從正卿	조선 말의 종친부 소속으로 종2품 이상의 벼슬
좌간의대부左諫議大夫	고려 때 정4품의 관직위계. 조선 때 정3품
좌대언左代言	고려 때 밀직사. 조선 때 승정원에 소속된 정3품 벼슬
좌랑佐郎	고려와 조선 때 6조에 소속된 정5품 벼슬
좌보궐左補闕	고려 때 시대에 따라 정5품에서 정6품의 벼슬
좌복야左僕射	신라 때 관직. 고려 때 상서도성 소속의 정2품 벼슬로 상서령 다음의 관직. 조선 초기 삼사에 속했던 정2품
좌부대언左副代言	고려 때 밀직사. 조선 때 승정원의 정3품
좌부빈객左副賓客	조선 때 세자시강원에 속했던 종2품 벼슬
좌부수左副率	조선 때 세자익위사에 소속되어 왕세자를 호위하던 정7품 무관직
좌부승선左副承宣	고려 때 정3품벼슬. 조선 말 승선원 소속의 관직
좌부승직左副承直	고려 때 내시부에 속한 정6품 벼슬
좌빈객左賓客	조선 때 세자시강원에서 왕세자를 가르쳤던 정2품관
좌사간左司諫	고려 때 문하부에 소속된 관직. 뒤에 좌헌납으로 개칭
좌사낭중左司郎中	고려 때 상서도성에 소속된 정5품 벼슬
좌사어左司禦	조선 때 세자익위사에 소속된 종5품 무관 벼슬
좌산기상시左散騎常侍	고려와 조선 초 문하부 소속의 간관
좌상시左常侍	고려 때 중서문하성 소속의 정3품 벼슬
좌습유左拾遺	고려 때 내사문하성의 종5품에서 정6품. 조선 초 문하부 소속의 정6품 간관
좌승左丞	조선 초기의 삼사의 종3품 벼슬
좌선선左丞宣	조선 말기의 승선원 소속의 관직
좌승지左承旨	조선 때 승정원 소속의 정3품 벼슬. 지금의 대통령 비서
좌승직左承直	조선 때 세자익위사에 소속된 정8품 무관
좌위수左衛率	고려 때 춘방원 소속의 정5품 무관직. 조선 때 종6품
좌유선左諭善	조선 때 세손시강원에서 왕세손을 가르치던 종2·3품 벼슬
좌윤左尹	좌윤左尹- 고려 삼사 소속의 종3품 벼슬 - 조선 한성부의 종2품 벼슬 좌윤佐尹- 고려 때 향직으로 6품 벼슬
좌의정左議政	조선 때 의정부 소속의 정1품으로 영의정과 우의정 사이의 정1품 벼슬로 좌규·좌상·좌정승·좌합
좌익위左翊衛	조선 때 세자익위사 소속의 정5품 벼슬
좌익찬左翊贊	조선 때 세자익위사 소속의 정6품 벼슬
좌종사左從史	조선 때 세손위종사에 소속하여 세자를 호위하던 종6품직
좌찬독左贊讀	조선 때 세손강서원에 속한 종6품의 무관벼슬
좌찬선대부左贊善大夫	고려 때 동궁에 소속된 정5품 벼슬
좌찬성左贊成	조선 때 의정부에 소속된 종1품 벼슬로 백관을 통솔하고 일반정사의 처리, 국토계획, 외교를 맡아보았다.
좌참찬左參贊	조선 때 의정부에 소속된 정2품 관직
좌첨사左詹事	고려 때 첨사부에 소속된 벼슬
좌통례左通禮	조선 때 통례원의 으뜸벼슬로 정3품 벼슬
주부主簿	고구려 때 종2품 상당의 벼슬. 신라 때 내마(11등급)에서 사지(13등급)의 관직. 고려 때 각 기관에 두었던 6품관에서 8품까지의 관직. 조선 때 각 기관에 두었던 종6품
주사注事	신라와 고려 때 의 관직. 조선 때 정7품 관직
주서注書	고려 때 정7품의 관직. 조선 때 문하부와 승정원 소속의 정7품
중대부中大夫	고려 때 종4품 하의 문산계
중랑장中郎將	고려와 조선 초 각 영에 소속된 정5품의 무관직
중무장군中武將軍	고려 때 정4품 상의 무산계

중봉대부中奉大夫	고려 때 정5품 상의 무산계
중서령中書令	고려 때 문하부 소속의 종1품 관직
중서사인中書舍人	고려 때 중서문하성 소속의 종4품 벼슬
중서시랑평장사中書侍郎平章事	고려 때 중서성의 정2품 관직
중정대부中正大夫	고려 때 종3품의 문산계
중직대부重直大夫	조선 때 종3품으로 문반의 관계
중현대부中顯大夫	고려 때 정3품 하의 문산계
중훈대부中訓大夫	조선 때 종2품의 문산계
지부사知府事	고려 때 6부에 소속된 종3품 관직
지사知事	고려 때 각 도의 도통사에 딸린 5품에서 6품의 벼슬이며 또한 각 관청의 2품에서 5품의 벼슬. 조선 때 정2품에서 종3품
지성사知省事	고려 때 상서성 소속의 종2품 관직
지원사知院使	고려 때 중추원 소속의 종2품 벼슬
지제고知制誥	고려 때 조서 · 교서 등을 지어 왕에게 올리던 관직
지제교知制教	조선 때 왕에게 교서 등을 기록하여 올리는 일을 담당하였으며 부제학 이하 부수찬까지가 겸임
지주사知奏事	고려 때 중추원 소속의 정3품 벼슬
지평持平	고려 때 정5품 관직. 조선 때 사헌부에 소속된 정5품 관직
지후祗侯	고려 때 정7품 벼슬
직각直閣	조선 때 규장각에 소속된 정3품에서 종6품까지의 관직
직강直講	조선 때 성균관 소속의 정5품 관직
직무랑職務郎	조선 때 동반 계통의 종8품으로 토관직 관계
직문하直門下	고려 때 문하에 소속된 종3품 벼슬
직사백直詞伯	고려 때 예문춘추관 소속의 정4품 벼슬
직장直長	고려 때 6품에서 9품까지의 관직. 조선 때 종7품 관직
직제학直提學	고려 때 정4품 관직. 조선 때 집현전의 종3품관 홍문관 · 예문관의 정3품 관직. 규장각의 종2품에서 정3품관
직학直學	고려 때 국자감에 둔 종9품 관직
직학사直學士	고려 때 중추원 소속의 정3품 관직
진국대장군鎭國大將軍	고려 때 종2품 무산계
진덕박사進德博士	고려 때 성균관의 종8품 관직
진무振撫	고려 때 도통사 소속의 종2품과 정3품이 있었다.
진무부위振武副尉	고려 때 종6품 하의 무산계
진무사鎭撫使	조선 때 세자시강원에 소속된 정4품 관직
진용교위進勇校尉	조선 때 정6품의 무관 관계
진위교위振威校尉	고려 때 종6품 상의 무관 관계

진위장군進威將軍	조선 때 정4품의 무관 관계
진장鎭將	고려 때 각 진에 배치된 으뜸벼슬로 7품 이상 관원 중에서 임명됨
집사集事	고려 때 말단 관리
집순랑執順郎	조선 때 정6품의 종친에게 주던 관계
집의執義	고려 때 추밀원 소속의 관직 조선시대 사헌부에 두었던 종3품 직
집주執奏	고려 때 추밀원 소속의 관직
정사랑徵事郎	고려 때 정8품 문산계

차

찬독贊讀	조선 때 세손강서원에 속한 종6품 관직
찬선讚善	조선 때 세자시강원에 속한 정3품 관직
찬선대부贊善大夫	조선 때 최고기관인 의정부의 종1품 관직
찬성사贊成事	고려 때 문하부 소속의 정2품 관직
찬위贊尉	조선 때 친왕부에 소속된 주임관의 벼슬
찬의贊儀	조선 때 통례원 소속의 정5품 벼슬
찰방察訪	조선 때 종4품 관직으로 각 역에 소속된 벼슬
참교參敎	조선 때 승문원에 속한 종3품 품관. 조선 말 무관직의 하나
참군參軍	조선 때 한성부 · 훈련원의 정7품 관직
참리參里	고려 때의 관직으로 참지정사(종2품)를 바꾼 이름
참봉參奉	조선 때 각 관청에 소속된 종9품 벼슬
참의參議	조선 때 6조에 소속된 정3품 벼슬
참지문하부사參知門下府使	고려 때 문하부에 소속된 종2품 벼슬
참지정사參知政事	고려 때 중서문하성의 종2품 벼슬
참찬參贊	조선 때 최고기관인 의저이부에 소속된 정2품 관직
참찬관參贊官	조선 때 경연에 속한 정3품의 관직
참판參判	조선 때 육조에 속했던 종2품 벼슬로 지금의 차관
창선대부彰善大夫	조선 때 정3품의 당하관인 종친 관계
창신교위彰信校尉	조선 때 종5품의 문관 관계
천문학교수天文學教授	조선 때 관상감 소속의 종6품 벼슬
천문학훈도天文學訓導	조선 때 관상감 소속의 정9품 벼슬
천호千戶	고려 때 순군만호부(후에 의금부)에 소속된 관리
첨사僉使	조선 때 각 진영에 속한 3품의 무관직
첨사詹事	고려 때 동궁의 종3품 벼슬
첨서원사添書院使	고려 때 중추원 소속의 정3품 관직
첨절제사僉節制使	첨사의 원래 관직

첨정僉正	조선 때 각 부서에 속한 종4품 관직
첨지사僉知事	조선 때 중추원에 소속된 정3품 당상관
체찰사體察使	조선 때 지방에 파견되어 일반군무를 총괄하는 군인직
초관哨官	조선 때 종9품의 무관직
총제사摠制使	고려의 삼군도총제부의 관직. 재신 이상이 맡음
충의교위忠毅校尉	조선 때 정5품의 무관 관계
치과교위致果校尉	고려 때 정7품 상의 무산계
치과부위致果副尉	고려 때 정7품 하의 무산계
치력부위致力副尉	조선 때 정9품의 잡직 관계

타

태보太保	고려 때 삼사에 속한 정1품 관직
태부太傅	고려 때 삼사에 속한 정1품 관직
태사太師	고려 때 삼사에 속한 정1품 관직
태수太守	신라 때 각 군의 으뜸벼슬로 중아찬에서 사지까지가 맡음
통덕랑通德郎	조선 때 정5품 동반(문반)의 관계
통사通事	고려 때 내시부에 속한 9품 벼슬 문하부에 속한 야속
통사通詞	조선 때 사역원에 속하여 통역에 종사하였다.
통사랑通仕郎	고려 때 9품의 문관 관계, 조선 때 정8품 문관 관계
통선랑通善郎	조선 때 정5품의 동반 관계
통의대부通議大夫	고려 때 시대에 따라 정3품에서 정4품까지의 문산계
통의랑通議郎	조선 때 동반의 정5품 토관직 관계
통정대부通政大夫	조선 때 문관 정3품 관계, 고종 때 종친과 의친에게도 줌
통제사統制使	조선 때 3도(경남·전라·충청)의 수군을 통솔하던 관직
통직랑通直郎	고려 때 시대에 따라 정5품에서 6품 하까지 문관 관계
통헌대부通憲大夫	고려 때 종2품의 문산계. 조선 때 정2품의 의빈관계
통훈대부通訓大夫	조선 때 문관의 정3품 당하관의 관계

파

판관判官	신라 때의 벼슬. 고려 때 5품에서 9품까지의 벼슬. 고려 및 조선 때 6품 이상의 지방관직. 조선 때 5품의 중앙관직
판교判敎	조선 때 승문원·교서관에 속한 정3품 벼슬
판사判事	고려 때 각6부의 장으로 종1품 관. 각 관청의 정3품

판서判書	고려 때 각 관청 및 6조의 으뜸 벼슬로 정3품관. 조선 6조의 으뜸 벼슬로 정2품 관직. 지금의 장관
판윤判尹	조선 때 한성부의 으뜸 벼슬로 정2품 관직
판원사判院事	고려 때 중추원 소속의 종2품 관직
판전교시사判校寺事	고려 때 전교시의 으뜸 벼슬로 정3품 관직
평사評事	신라 때 관직. 조선 때 정6품의 외직무관
평장사平章事	고려 때 문하부 소속의 정2품 벼슬. 내사시랑 평장사
평장정사平章政事	고려 때 중문하성 소속의 정2품 벼슬
포도대장捕盜大將	조선 때 수도권 치안을 담당하는 포도청의 장관. 종2품 무관직
포도대장군捕盜大將軍	고려 때 종1품의 무산계
필선弼善	조선 때 직관. 고려 때 종2품에서 정4품까지의 벼슬

하

학사學士	신라 때 직관. 고려 때 종2품에서 정4품까지의 벼슬. 조선 초기의 중추원에 소속된 종2품 벼슬
학사승지學士承旨	고려 때 한림원 소속의 정2품에서 정3품 관직
학유學諭	고려 때 국자감의 종9품 관직. 조선 때 성균관의 종9품 관직
학정學正	고려 때 국자감의 종9품 관직. 조선 때 성균관의 종9품 관직
한림학사翰林學士	고려 때 한림원 소속의 정4품 관직
한성부판윤漢城府判尹	조선 때 한성부의 으뜸 벼슬로 정2품. 지금의 서울시장
해운판관海運判官	조선 때 전함사에 소속되어 조운을 담당한 관직
헌납獻納	고려 때 문하부 소속의 5품 벼슬. 조선 때 사간원의 정5품 벼슬
현감縣監	고려와 조선 초의 지방장관으로 고려 때는 7품. 조선에서는 종6품직
현령縣令	조선 때 각 현의 으뜸벼슬로 종5품의 지방관직
현록대부顯祿大夫	조선 때 종친에게 주는 정1품 벼슬
형조판서刑曹判書	조선 때 형조의 으뜸 벼슬로 정2품
호군護軍	조선 때 오위에 속한 정4품 무관직
호조판서戶曹判書	조선 때 호조의 으뜸 벼슬로 정2품
회사會士	조선 때 호조·산학청 소속의 종9품 벼슬
효임랑效任郎	조선 때 각 관아에 소속된 종6품 관직
홍록대부興祿大夫	고려 때 정2품 문관품계. 조선 때 종친에게 주던 정1품 관계
회공랑熙功郎	조선 때 동반 토관직으로 정7품 벼슬

조선시대품계표

구분		문관文官	무관武官	외명부外名簿	잡직雜	
					동반東班	서반西班
당상堂上	정일품正一品	대광보국숭록대부(의정) 大匡輔國崇祿大夫(議政) 상보국숭록대부上輔國崇祿大夫 보국숭록대부輔國崇祿大夫		부부인付夫人 (왕비모王妃母) 정경부인 貞敬夫人		
	종일품從一品	숭록대부崇祿大夫 숭정대부崇政大夫		봉보부인 奉保夫人 (大殿乳母) 정경부인 貞敬夫人		
	정이품正二品	정헌대부正憲大夫 자헌대부資憲大夫		정부인貞夫人		
	종이품從二品	가정대부嘉靖大夫(嘉義) 復改 가선대부嘉善大夫		정부인貞夫人		
당하堂下	정삼품正三品 정삼품正三品	통정대부通政大夫	절충장군折衝將軍	숙부인淑夫人		
		통훈대부通訓大夫	어모장군禦侮將軍	숙인淑人		
	종삼품從三品	중직대부中直大夫 중훈대부中訓大夫	건공장군建功將軍 보공장군保功將軍	숙인淑人		
	정사품正四品	봉정대부奉正大夫 봉렬대부奉列大夫	진위장군振威將軍 소위장군昭威將軍	영인令人		
	종사품從四品	조산대부朝散大夫 조봉대부朝奉大夫	정략장군定略將軍 선략장군宣略將軍	영인令人		
참상參上	정오품正五品	통덕랑通德郎 통선랑通善郎	과의교위果毅校尉 충의교위忠毅校尉	공인恭人		
	종오품從吳品	봉직랑奉直郎 봉훈랑奉訓郎	현신교위顯信校尉 창신교위彰信校尉	공인恭人		
	정육품正六品	승의랑承議郎 승훈랑承訓郎	돈용교위敦勇校尉 진용교위進勇校尉	의인宜人	공직랑供職郎 여직랑勵職郎	봉사교위 奉仕校尉 수사교위 修仕校尉
	종육품從六品	선교랑宣教郎 선무랑宣務郎	여절교위勵節校尉 병절교위秉節校尉	의인宜人	근사랑謹仕郎 효사랑効仕郎	현공교위 顯功校尉 적공교위 迪功校尉
참하參下	정칠품正七品	무공랑務功郎	적순부위迪順副尉	안인安人	봉무랑奉務郎	승용부위 承勇副尉
	종칠품從七品	계공랑啓功郎	분순부위奮順副尉	안인安人	승무랑承務郎	선용부위 宣勇副尉
	정팔품正八品	통사랑通仕郎	승의부위承義副尉	단인端人	면공랑勉功郎	맹건부위 猛健副尉
	종팔품從八品	승사랑承仕郎	수의부위修義副尉	단인端人	조공랑赴功郎	장건부위 壯健副尉
	정구품正九品	종사랑從仕郎	효력부위效力副尉	유인孺人	복근랑服勤郎	치력부위 致力副尉
	종구품從九品	장사랑將仕郎	전력부위展力副尉	유인孺人	전근랑展勤郎	근력부위 勤力副尉

고려(高麗)의 왕릉약표(王陵略表)

陵號(墓) 능호(묘)	廟號 묘호	謚號 시호	姓名 성명	生年月日 생년월일	昇遐年月日 승하년월일	葬禮年月日 장례년월일	所在地 소재지
顯陵 현릉	太祖 태조	應運元明光烈大定睿 德章孝威穆神聖大王 응운원명광열대정예 덕장효위목신성대왕 神惠王后 신혜왕후	王建 왕건 柳氏 류씨	신라 49대 憲康王 (헌강왕) 3년(877) 1 월 丙戌日(병술일)	太祖(태조)26 년(943) 5월 丙 午日(병오일)	太祖(태조)26 년(943) 6월 壬 申日(임신일)	경기도 개풍군 중 서면 곡령리
壽陵 수릉		貞平柔明慈景宣德懿 敬定憲神靜王后 정평유명자경선덕의 경정헌신정왕후	皇甫氏 황보 씨		成宗(성종)2년(983) 7월 壬戌日(임술일)		
貞陵 정릉		神成王后 신성왕후	金氏 김씨				경기도 개풍군 상도면 봉곡동
順陵 순릉	惠宗 혜종	仁德景憲高平宣顯 明孝義恭大王 인덕경헌고평선현 명효의공대왕 靖順懷宣景信成 懿義和王后 정순회선경신성 의의화왕후	王武 왕무 林氏 임씨	後高句麗(후고구 려) 水德萬歲(수 덕만세)2년(912)	惠宗(혜종)2년(945) 9월 戊申日(무신일)		경기도 개성 시 자하동
安陵 안릉	定宗 정종	至德莊元簡敬令仁正 肅章敬文明大王 지덕장원간경령인정 숙장경문명대왕 安淑貞惠宣穆順聖景 信孝愼淑節文恭王后 안숙정혜선목순성경 신효신숙절문공왕후	王堯 왕요 朴氏 박씨	太祖(태조)6년(923)	定宗(정종)4년(949) 3월 丙辰日(병진일)		경기도 개풍군 청교면 양릉리
憲陵 헌릉	光宗 광종	弘道康惠懿孝肅憲平 世宣烈大成大王 홍도강예의효숙헌평 세선열대성대왕 靜睿恭平信敬懿正宣 明安靜大穆王后 정예공평신경의정선 명안정대목왕후	王昭 왕소 皇甫氏 황보 씨	太祖(태조)8년(925)	光宗(광종)26 년(975) 5월 甲 午日(갑오일)		경기도 개풍군 잠남면 심천리
榮陵 영릉	景宗 경종	至仁恭懿靖孝恭熙明 惠成穆獻和大王 지인공의정효순희명 혜성목헌화대왕 仁厚懷安懿穆順聖良 惠恭孝溫敬獻肅王后 인후회안의목순성량 혜공효온경헌숙왕후	王伷 왕주 金氏 김씨	光宗(광종)6년(955)	景宗(경종)6년(981) 7월 丙午日(병오일)		경기도 개풍군 진봉면 탄동리
幽陵 유릉		應天啓聖靜德獻哀王后 응천계성정덕헌애왕후	皇甫氏 황보 씨		顯宗(현종)20년 (1029) 1월(1월)		
元陵 원릉		明簡宣容仁惠獻貞王后 명간선용인혜헌정왕후	皇甫氏 황보 씨				경기도 개풍군 중서면 현화리

陵號(墓) 능호(묘)	廟號 묘호	諡 號 시 호	姓 名 성 명	生年月日 생년월일	昇遐年月日 승하년월일	葬禮年月日 장례년월일	所在地 소재지
泰陵 태릉	戴宗(追) 대종(추)	顯獻恭愼和簡睿 聖宣慶大王 현헌공신화간예 성선경대왕 益慈匡懿靜穆貞 淑宣義王后 익자광의정목정 숙선의왕후	王旭 왕욱 柳氏 류씨		光宗(광종) 20년(969)		경기도 개풍군 중서면 곡잠리
康陵 강릉	成宗 성종	襄定獻明光孝章憲 康威文懿大王 양정헌명광효장헌 강위문의대왕 宣威元憲肅英容順 聖孝恭文德王后 선위원헌숙절영용순 성효공문덕왕후	王治 왕치 劉氏 유씨	光宗(광종)11 년(960)12월辛 卯日(신묘일)	成宗(성종) 16년(997)10월 戊午日(무오일)		경기도 개풍군 청교면 배야리
義陵 의릉	穆宗 목종	靖恭克英威惠孝 思宣讓大王 정공극영위혜효 사선양대왕 元貞襄堅安獻貞愼 懿節宣正王后 원정양견안헌정신 의절선경왕후	王誦 왕송 劉氏 유씨	景宗(경종)5년(980) 5월 壬戌日(임술일)	穆宗(목종)12년 (1009) 2월 己丑日(기축일)		경기도 개성시 동교
乾陵 건릉	安宗(追) 안종(추)	聖德憲景孝懿大王 성덕헌경효의대왕	王郁 왕욱		成宗(성종)15 년(996) 7월		경기도 개풍군 잠남면 현화리
宣陵 선릉	顯宗 현종	達思德威大孝元文大王 달사덕위대효원문대왕	王詢 왕순	成宗(성종)11년 (992) 7월 壬辰日(임진일)	顯宗(현종)22년 (1031) 5월 辛 未日(신미일)	顯宗(현종)22년 (1031) 6월 丙 申日(병신일)	경기도 개풍군 중서면 곡령리
和陵 화릉		懿惠元貞王后 의혜원정왕후	金氏 김 씨		顯宗(현종)9년 (1018) 4월 戊 辰日(무진일)		
明陵 명릉		廣宜慈聖良德信節順聖 英穆容恭懿惠元成王后 광의자성량덕신절순성 영목용공의혜원성왕후	金氏 김 씨		顯宗(현종)19년 (1028) 7월 乙 卯日(을묘일)		
懷陵 회릉		元惠王后 원혜왕후	金氏 김 씨		顯宗(현종)13년 (1022) 6월 戊 辰日(무진일)		
宜陵 의릉		元平王后 원평왕후	金氏 김 씨				
肅陵 숙릉	德宗 덕종	光莊剛明宣孝敬康大王 광장강명선효경강대왕	王欽 왕흠	顯宗(현종)7년 (1016) 5월 乙巳日(을사일)	德宗(덕종)3년 (1034) 9월 癸 卯日(계묘일)	靖宗卽位年(정종 즉위년(1034) 10 월 庚午日(경오일)	
質陵 질릉		寬肅柔貞敬成王后 관숙유정경성왕후	金氏 김 씨		宣宗(선종)3년 (1086) 10월 庚 午日(경오일)		
周陵 주릉	靖宗 정종	弘孝安懿康獻文敬 英烈容憲大王 홍효안의강헌문경 영렬용헌대왕	王亨 왕형	顯宗(현종)9년 (1018) 7월 戊寅日(무인일)	靖宗(정종)12년 (1046) 5월 丁 酉日(정유일)		

陵號(墓) 능호(묘)	廟號 묘호	諡 號 시 호	姓 名 성 명	生年月日 생년월일	昇遐年月日 승하년월일	葬禮年月日 장례년월일	所在地 소재지
玄陵 현릉		禧穆明達定懿容信王后 희목명달정의용신왕후	韓氏 한 씨		靖宗(정종)2년 (1036) 7월 庚 子日(경자일)	文宗(문종) 즉위 년(1036) 8월	
景陵 경릉	文宗 문종	明戴剛正章聖仁孝大王 명대강정장성인효대왕	王徽 왕 휘	顯宗(현종)10년 (1019) 12월 癸未日(계미일)	文宗(문종)37년 (1083) 7월 辛 酉日(신유일)	順宗卽位年(순종 즉위년)(1083) 8월 甲申日(갑신일)	경기도 장연군 진 서면 경릉리
戴陵 대릉		孝穆聖善仁睿順德王后 효목성선인예순덕왕후	李氏 이 씨		宣宗(선종)9년 (1092) 9월		
成陵 성릉	順宗 순종	靖憲英明宣惠大王 정헌영명선혜대왕 和順恭懿宣禧王后 화순공의선희왕후	王勳 왕 훈 金氏 김 씨	文宗元年(문종원년) (1047) 12월 乙酉日(을유일)	順宗卽位年(순종 즉위년)(1083) 10 월 乙未日(을미일)	宣宗卽位年(선종 즉위년)(1083) 11 월 庚申日(경신일)	경기도 개풍군 상도면 풍천리
仁陵 인릉	宣宗 선종	顯順寬仁安威思孝大王 현순관인안위사효대왕 匡肅貞和思肅王后 광숙정화사숙왕후	王運 왕 운 李氏 이 씨	文宗(문종)3年 (1049) 9월 庚 子日(경자일)	宣宗(선종)11년 (1094) 5월 壬 寅日(임인일)	憲宗卽位年(헌종 즉위년)(1094) 5월 甲寅日(갑인일)	
隱陵 은릉	憲宗 헌종	定比恭?大王 정비공상대왕	王昱 왕 욱	宣宗元年(선종원년) (1084) 6월 乙未日(을미일)	肅宗(숙종)2년 (1097) 윤2月甲 辰日(갑진일)	肅宗(숙종)2년 (1097) 3월 庚 申日(경신일)	
英陵 영릉	肅宗 숙종	康正文惠明孝大王 강정문혜명효대왕	王? 왕 옹	文宗(문종)8년 (1054) 7월 乙丑日(을축일)	肅宗(숙종)10년 (1105) 10월 丙 寅日(병인일)		경기도 장단군 진서면 판문리
崇陵 숭릉		光惠柔嘉明懿王后 광혜유가명의왕후	柳氏 류 씨		睿宗(예종)7년 (1112) 7월 己 巳日(기사일)	睿宗(예종)7년 (1112) 8월 丙 申日(병신일)	
裕陵 유릉	睿宗 예종	齊順明烈文孝大王 제순명열문효대왕	王? 왕 우	文宗(문종)33년 (1079) 1월 丁丑日(정축일)	睿宗(예종)17년 (1122) 4월 丙 申日(병신일)	仁宗卽位年(인종 즉위년)(1122) 4월 甲寅日(갑인일)	경기도 개풍군 청교면 유단리
慈陵 자릉		敬和王后 경화왕후	李氏 이 씨				
綏陵 수릉		慈靖文敬王后 자정문경왕후	李氏 이 씨		睿宗(예종)13 년(1118) 9월甲 申日(갑신일)		
長陵 장릉	仁宗 인종	克安恭孝大王 극안공효대왕	王楷 왕 해	睿宗(예종)4년 (1109) 10월 乙亥日(을해일)	仁宗(인종)24년 (1116) 2월 丁 卯日(정묘일)	毅宗卽位年(의종 즉위년)(1146) 3월 甲申日(갑신일)	경기도 개풍군 청교면 장릉리
純陵 순릉		恭睿王后 공예왕후	任氏 임 씨				
禧陵 회릉	毅宗 의종	剛果莊孝大王 강과장효대왕 惠資莊敬王后 혜자장경왕후	王晛 왕 현 金氏 김 씨	仁宗(인종)5년 (1127) 4월 庚午日(경오일)	明宗(명종)3년 (1173) 10월 庚 申日(경신일)		

陵號(墓) 능호(묘)	廟號 묘호	諡號 시호	姓名 성명	生年月日 생년월일	昇遐年月日 승하년월일	葬禮年月日 장례년월일	所在地 소재지
智陵 지릉	明宗 명종	皇明光孝大王 황명광효대왕 恭平光靖王后 공평광정왕후	王晧 왕호 金氏 김 씨	仁宗(인종)9년 (1131) 10월 庚 辰日(경진일)	神宗(신종)5년 (1202) 11월 戊 午日(무오일)	神宗(신종)5년 (1202) 윤12월 壬 寅日(임인일)	경기도 장단군 장 도면 두매리
陽陵 양릉	神宗 신종	敬恭靖孝大王 경공정효대왕	王晫 왕 탁	仁宗(인종)22년 (1144) 7월 庚 申日(경신일)	神宗(신종)7년 (1204) 1월 丁 丑日(정축일)	熙宗卽位年(희종 즉위년)(1204) 2월 庚申日(경신일)	
眞陵 진릉		信獻宣靖王后 신헌선정왕후	金氏 김 씨		高宗(고종)9년 (1222) 8월 壬 辰日(임진일)		
碩陵 석릉	熙宗 희종	仁穆成孝大王 인목성효대왕	王？ 왕 영	明宗(명종)11년 (1181) 5월 癸 未日(계미일)	高宗(고종)24년 (1237) 8월 戊 子日(무자일)	高宗(고종)24년 (1237) 10월 丁 酉日(정유일)	인천광역시 강화군 양도 면 능내리
紹陵 소릉		貞章成平王后 정장성평왕후	任氏 임 씨		高宗(고종)34년 (1247) 8월 乙 巳日(을사일)		
厚陵 후릉	康宗 강종	濬哲文烈亶聰明憲 준철문열단총명헌 貽謀穆淸元孝大王 이모목청원효대왕	王璹 왕 오	毅宗(의종)6년 (1152) 4월 乙 巳日(을사일)	康宗(강종)二년 (1213) 8월 丁 丑日(정축일)		인천광역시 강화군
坤陵 곤릉		貞康元德王后 정강원덕왕후	柳氏 류 씨		高宗(고종)26 년(1239) 5월		인천광역시 강화 군 양도면 길정리
洪陵 홍릉	高宗 고종	忠憲安孝大王 충헌안효대왕 安惠王后 안혜왕후	王□ 왕 철 柳氏 류 씨	明宗(명종)22년 (1192) 1월 壬 戌日(임술일)	高宗(고종)46년 (1259) 6월 壬 寅日(임인일) 高宗(고종)19년 (1232) 6월 庚 戌日(경술일)	元宗卽位年(원종 즉위년)(1232) 9월 己未日(기미일) 高宗(고종)19년 (1232) 6월 辛 酉日(신유일)	인천광역시 강화군 강화 읍 국화리
韶陵 소릉	元宗 원종	忠敬順孝大王 충경순효대왕	王植 왕 식	高宗(고종)6년 (1219) 3월 乙 酉日(을유일)	元宗(원종)15년 (1274) 6월 癸 亥日(계해일)	忠烈王卽位(충렬 왕즉위)(1274) 9월 乙酉日(을유일)	경기도 개풍군 잠 남면 소능리
嘉陵 가릉		順敬王后 순경왕후	金氏 김 씨				인천광역시 강화 군 양도면 능내리
慶陵 경릉		忠烈景孝王 충열경효왕	王？ 왕 거	高宗(고종)23년 (1236) 2월 癸 丑日(계축일)	忠烈王(충렬왕) 34년(1308) 七월 己巳(기사)일	忠宣王卽位(충선 왕즉위)(1308) 10 월 丁酉日(정유일)	
高陵 고릉		莊穆仁明齊國大長公主 장목인명제국대장공주	忽都魯 揭里 迷失 홀도노 계리 미실		忠烈王(충렬왕) 23년(1297) 5월 壬 午日(임오일)	忠烈王(충렬왕) 23년(1297) 9월 己 未日(기미일)	경기도 개풍군 중 서면 여능리
德陵 덕릉		忠宣宣孝王 충선선효왕	王璋 왕 장	忠烈王元年(충렬 왕원년)(1275) 9월 丁酉日(정유일)	忠肅王(충숙왕)12 년(1325) 5월 辛 酉日(신유일)	忠肅王(충숙왕) 12년(1325) 11월 甲寅日(갑인일)	경기도 개성 서 교(西郊)
毅陵 의릉		忠肅懿孝王 충숙의효왕	王卍 왕 만	忠烈王(충렬왕) 20년(1294) 7월 乙 卯日(을묘일)	忠肅王(충숙왕) 후 8년(1339) 3월 癸未日(계미일)	忠肅王(충숙왕) 후 8년(1339) 6월 己酉日(기유일)	

陵號(墓) 능호(묘)	廟號 묘호	諡 號 시 호	姓名 성명	生年月日 생년월일	昇遐年月日 승하년월일	葬禮年月日 장례년월일	所在地 소재지
令陵 영릉		明德王后 명덕왕후	洪氏 홍 씨		禑王(우왕)6년 (1380) 1월 戊 戌日(무술일)	禑王(우왕)6년 (1380) 2월	
永陵 영릉		忠惠獻孝王 충혜헌효왕	王禎 왕 정	忠肅王(충숙왕) 2년(1315) 1월 丁卯日(정묘일)	忠惠王(충혜왕) 5년(1344) 1월 丙 子日(병자일)	忠惠王(충혜왕) 5년(1344) 8월 庚 申日(경신일)	
頃陵 경릉		德寧公主 덕녕공주	亦憐 眞班 역련 진반		禑王元年(우왕 원년)(1375)		
明陵 명릉		忠穆顯孝王 충목현효왕	王昕 왕 흔	忠肅王(충숙왕) 6년(1337) 4월 乙酉日(을유일)	忠穆王(충목왕) 4년(1348) 12월 丁 卯日(정묘일)	忠定王元年(충정 왕원년)(1349) 3월 丁酉日(정유일)	경기도 개풍군 중서면 여능리
聰陵 총릉		忠定王 충정왕	王胝 왕 저	忠肅王(충숙왕) 후 7년(1338)	恭愍王元年(공민 왕원년)(1352) 3월 辛亥日(신해일)	恭愍王元年(공민 왕원년)(1352) 7월 癸酉日(계유일)	경기도 개풍군 청교면 유능리
玄陵 현릉		恭愍仁文義武勇 智明烈敬孝王 공민인문의무용 지명열경효왕	王? 왕 전	忠肅王(충숙왕) 17년(1330) 5월	恭愍王(공민왕) 23년(1374) 9월 甲 申日(갑신일)	禑王卽位年(우왕 즉위년)(1374) 10 월 庚申日(경신일)	경기도 개풍군 중서면 여능리
正陵 정릉		仁德恭明慈睿宣安徽 懿魯國大長公主 인덕공명자예선안휘 의노국대장공주	寶塔 失里 보탑 실리		恭愍王(공민왕) 14년(1365) 2월 甲 辰日(갑진일)	恭愍王(공민왕) 14년(1365) 4월 壬 辰日(임진일)	경기도 개풍군 중서면 여능리
懿陵 의릉		宣明齊淑敬懿順靖王后 선명제숙경의순정왕후	韓氏 한 씨				경기도 개풍군 중서면 곡령리
禑王墓 우왕묘			王禑 왕 우	恭愍王(공민왕) 14년(1365) 7월 己卯日(기묘일)	恭讓王元年(공양 왕원년)(1389) 12 월 戊申日(무신일)		강원도 강릉시
昌王墓 창왕묘			王昌 왕 창	禑王(우왕)6년 (1380) 8월 乙丑日(을축일)	恭讓王元年(공양 왕원년)(1389) 12 월 戊申日(무신일)		인천광역시 강화군
恭讓王陵 공양왕릉		恭讓王 공양왕 順 妃 순 비	王瑤 왕 요 盧氏 노 씨	忠穆王元年(충목왕 원년)(1345) 2월 5일	太祖(태조)3년 (1394) 4월 丙 戌日(병술일)		경기도 고양시 덕양구 원당동

조선(朝鮮)의 왕릉약표(王陵略表)

陵號(墓) 능호(묘)	廟號 묘호	諡號(尊號∨틋) 시호(존호휘호)	姓名 성명	生年月日 생년월일	昇遐年月日 승하년월일	葬禮年月日 장례년월일	坐向 좌향	所在地 소재지
健元陵 건원릉	太祖 태조	康獻至仁啓運應天肇 統廣勳永命聖文神武 正義光德高皇帝 강헌지인계운응천조 통광훈영명성문신무 정의광덕고황제	(舊) 李成桂 이성계 李 旦 이 단	忠肅王(충숙왕) 후 4년(1335) 10 월 11일(己未)	太宗(태종)8 년(1408) 5월 24일(壬申)	太宗(태종)8 년(1408) 9 월 9일(甲寅) 子時(자시) (23~01)	癸坐丁向(북 북동에서 남 남서방향)	경기도 구리 시 동구동 (舊)양주 검암
齊陵 제릉		承仁順聖神懿高皇后 승인순성신의고황후	韓氏 한 씨	至元王(지원 왕)3년(1337)	恭讓王(공양 왕)3년(1391) 9 월 23일(丁未)		甲坐庚向(동 에서 서방향)	경기도 개풍군 상도면 풍천리 (舊)해풍군 치율촌
貞陵 정릉		順元顯敬神德高皇后 순원현경신덕고황후	康氏 강 씨		太祖(태조)5 년(1396) 8월 13일(戊戌)	太祖(태조)6 년(1397) 1월 3일(丙辰) 太宗(태종)9년 (1409) 2월 23 일(丙申) 顯宗(현종)10 년(1669) 9월 29일(己未)	庚坐甲向(서 에서 동방향)	서울시 중구 정동 (舊)한성부 서 부 화방 양주 남쪽 사 아리(遷葬) 서울 성북구 정 릉동(遷葬)
厚陵 후릉	定定 정종	恭靖懿文莊武溫 仁順孝大王 공정의문장무온 인순효대왕 順德溫明莊懿定安后 순덕온명장의정안왕후	(舊) 李芳果 이방과 李 曔 이 경 金 氏 김 씨	恭愍王(공민 왕)6년(1357) 7월 1일 恭愍王(공민 왕)4년(1355) 1월 9일	世宗(세종)2 년(1419) 1월 3일(壬寅) 太宗(태종)12 년(1412) 6월 25일(庚申)	世宗2년(1420) 1월 3일(壬寅) 太宗(태종) 12 년(1412) 8월 8일(庚申)	癸坐丁向(북 북동에서 남 남서방향)	경기도 개풍군 흥교면 흥교리 (舊)풍덕군 동흥 교동 위(合葬)
獻陵 헌릉	太宗 태종	恭定聖德神功健天體 極大正啓佑文武睿 哲成烈光孝大王 공정성덕신공건천체 극대정계우문무예 철성렬광효대왕 彰德昭烈元敬王后 창덕소열원경왕후	李芳遠 이방원 閔氏 민 씨	恭愍王(공민 왕)16년(1367) 5 월 16일(辛卯) 恭愍王(공민 왕)14년(1365) 7월 11일	世宗(세종)4 년(1422) 5월 10일(丙寅) 世宗(세종)2 년(1420) 7월 10일(丙子)	世宗(세종)4 년(1422) 9월 6일(庚申) 世宗(세종)2 년(1420) 9월 17일(壬午)	乾坐巽向(북서 에서 남동방향)	서울시 서초구 내곡동(合葬) 太 母山(太母山)
英陵 영릉	世宗 세종	莊憲英文睿武仁 聖明孝大王 장헌영문예무인 성명효대왕 宣仁齊聖昭憲王后 선인제성소헌왕후	李 祹 이 도 沈 氏 심 씨	太祖(태조)6 년(1397) 4월 10일(壬辰) 太祖(태조)4 년(1395) 9월 28일(己未)	世宗(세종) 32년(1450) 2 월 17일(壬辰) 世宗(세종) 28년(1446) 3 월24일(辛卯)	文宗卽位年 (문종즉위년) (1450) 5월 12 일(甲寅) 世宗(세종)28년 (1446) 7월 19일 睿宗元年(예종 원년)(1469) 3 월6일(庚寅)	子坐午向(정북 에서 정남향)	광주 서유능 서 혈(西穴) 광주 서헌능 서 혈(西穴) 경기도 여주군 능 서면 왕대리(遷葬)

陵號(墓) 능호(묘)	廟號 묘호	諡號(尊號∨맛) 시호(존호휘호)	姓名 성명	生年月日 생년월일	昇遐年月日 승하년월일	葬禮年月日 장례년월일	坐向 좌향	所在地 소재지
顯陵 현릉	文宗 문종	恭順欽明仁肅光文聖孝大王 공순흠명인숙광문성효대왕	李珦 이향	太宗(태종)14년(1414) 10월 3일(癸酉)	文宗(문종)2년(1452) 5월 14일(丙午)	端宗卽位年(단종즉위년)(1452) 9월 1일(庚寅)	癸坐丁向(북북동에서 남남서방향)	경기도 구리시 동구동
		仁孝順惠顯德王后 인효순혜현덕왕후	權氏 권 씨	太宗(태종)18년(1418) 3월 12일(壬申)	世宗(세종)23년(1441) 7월 24일(戊午)	世祖(세조)23년(1441) 9월 21일 世祖(세조)3년(1446) 6월 26일 中宗(중종)8년(1531) 4월 21일(己未)	子坐午向(정북에서 정남향) 寅坐申向(동에서 서향)	경기도 시흥군 군자면 목내리(舊昭陵) 昭陵(소릉)을 묘(墓)로 내려 昭陵(소릉)10리 개장(改葬) 경기도 구리시 동구동(遷葬)
莊陵 장릉	端宗 단종	恭懿溫文純定安莊景順敦孝大王 공의온문순정안장경순돈효대왕	李弘暐 이홍위	世宗23년(1441) 7월 23일(丁巳)	世祖(세조)3년(1457) 10월 24일(甲申)		申坐申向(남에서 북동방향)	강원도 영월군 영월읍 영흥리 (舊)영월 동을지
思陵 사릉		懿德端良齊敬定順王后 의덕단양제경정순왕후	宋氏 송 씨	世宗22년(1440)	中宗16년(1521) 6월 4일(甲申)		癸坐丁向(북북동에서 남남서방향)	경기도 남양주시 진건면 사릉리 (舊)양주 풍양 직동
光陵 광릉	世祖 세조	惠莊承天體道烈文英武至德隆功聖神明睿欽肅仁孝大王 혜장승천체도열문영무지덕융공성신명예흠숙인효대왕	李겇 이유	太宗17년(1417) 9월 8일(甲子)	世祖(세조)14년(1417) 9월 8일(甲子)	睿宗卽位年(예종즉위년)(1468) 11월 28일(甲申)	子坐午向(정북에서 정남향)	경기도 남양주시 진접면 부평리 (舊)양주 풍양 직동
		慈聖欽仁景德宣烈明順元淑徽愼惠懿神憲貞熹王后 자성흠인경덕선열명순원숙휘신혜의신헌정희왕후	尹氏 윤 씨	太宗(태종)18년(1418) 11월 11일(丁亥)	成宗(성종)14년(1483) 3월 20일(壬戌)	成宗(성종)14년(1483) 6월 12일(癸酉)	丑坐未向(북북동에서 남서방향)	
昌陵 창릉	睿宗 예종	襄悼欽文聖武懿仁昭孝大王 양도흠문성무의인소효대왕	李晄 이황	世宗(세종)32년(1450) 11월 28일(戊申)	睿宗元年(예종원년)(1469) 11월 28일(戊申)	成宗元年(성종원년)(1470) 2월 5일	艮坐坤向(북동에서 남서방향)	경기도 고양시 덕양구 용두동
		仁惠昭徽齊淑安順王后(繼) 인혜소휘제숙안순왕후(계)	韓氏 한 씨	燕山君(연산군)4년(1498) 12월 23일(甲寅)	燕山君(연산군)4년(1498) 12월 23일(甲寅)	燕山君(연산군)5년(1499) 2월 14일(辰寅)		
恭陵 공릉		徽仁昭德章順王后 휘인소덕장순왕후	韓氏 한 씨	世宗(세종)27년(1445) 1월 16일(庚寅)	世祖(세조)7년(1461) 12월 5일(辛未)	世祖(세조)8년(1462) 2월 25일(庚寅)	戌坐坤向(북동에서 남서방향)	경기도 파주시 조리면 봉일천리
敬陵 경릉 (追)	德宗 덕종	懷簡宣肅恭顯溫文懿敬大王 회간선숙공현온문의경대왕	(舊) 李崇 이숭 李暲 이장	世宗20년(1438) 9월 15일(丙申)	世祖(세조)3년(1457) 9월 2일(癸亥)	世祖(세조)3년(1457) 11월 24일(甲申)	艮坐坤向(북동에서 남서방향)	경기도 고양시 덕양구 용두동 (舊)고양 봉현
		仁粹徽肅明懿昭惠王后 인수휘숙명의소혜왕후	韓氏 한 씨	世宗(세종)19년(1437) 9월 8일(乙未)	燕山君(연산군)10년(1504) 3월 27일(戊午)	燕山君(연산군)10년(1504) 5월 1일(庚寅)	癸坐丁向(북북동에서 남남서방향)	

陵號(墓)능호(묘)	廟號묘호	諡號(尊號∨뭇)시호(존호휘호)	姓名성명	生年月日생년월일	昇遐年月日승하년월일	葬禮年月日장례년월일	坐向좌향	所在地소재지
宣陵 선릉	成宗 성종	康靖仁文憲武欽 聖恭孝大王 강정인문헌무흠 성공효대왕 慈順和惠昭懿欽淑 貞顯王后(繼) 자순화혜소의흠숙 정현왕후(계)	李娎 이 혈 尹氏 윤 씨	世祖(세조)3년(1457) 7월 30일(辛卯) 世祖(세조)8년(1462) 6월 26일(戊子)	成宗(성종)25년(1494) 12월 24일(己卯) 中宗(중종)25년(1530) 8월 22일(己卯)	燕山君元年(연산군원년)(1495) 4월 6일(己未) 中宗(중종)25년(1530) 10월 29일(乙酉)	壬坐丙向(북북서에서 남남동방향)	서울시 도봉구 삼성동 (舊)광주 부서면 학당동
順陵 순릉		徽懿愼肅恭惠王后 휘의신숙공혜왕후	韓氏 한 씨	世祖(세조)2년(1456) 10월 11일(丁未)	成宗(성종)5년(1474) 4월 15일(己巳)	成宗(성종)5년(1474) 6월 7일	卯坐酉向(정동에서 정서방향)	경기도 파주시 조리면 봉일천리
燕山君墓 연산군묘			李㦕 이 륭	成宗(성종)7년(1476) 11월 6일(丙午)	中宗元年(중종원년)(1506) 11월 6일(辛巳)			인천광역시 강화군 교동면
		居昌郡夫人愼氏 거창군부인신씨				中宗(중종)7년(1512) 12월		서울시 강남구 방학동(改葬)
靖陵 정릉	中宗 중종	恭僖徽文昭武欽 仁誠孝大王 공희휘문소무흠 인성효대왕	李? 이 역	成宗(성종)19년(1488) 3월 5일(己巳)	中宗(중종)39년(1544) 11월 15일(庚戌)	仁宗元年(인종원년)(1545) 2월 3일(丙申) 明宗(명종)17년(1562) 9월 4일(乙酉)	乾坐巽向(북북서에서 남남동방향)	고양시 덕양구 원당동 원당리 희릉(禧陵) 서울시 강남구 삼성동(遷葬)
溫陵 온릉		恭昭順烈端敬王后 공소순열단경왕후	愼氏 신 씨	成宗(성종)18년(1487) 1월 14일(乙卯)	明宗(명종)12년(1557) 12월 7일(丙戌)		亥坐巳向(북북서에서 남남동방향)	경기도 양주시 장흥면 일영리
禧陵 회릉		宣昭懿淑章敬王后 선소의숙장경왕후	尹氏 윤 씨	成宗(성종)22년(1491) 7월 6일(庚辰)	中宗(중종)10년(1515) 3월 2일(己未)	中宗(중종)10년(1515) 윤 4월 4일(辛酉) 中宗(중종)32년(1537) 9월 9일(乙酉)	乾坐巽向(북서에서 남서방향) 艮坐坤向(북동에서 남서방향)	광주 서헌릉 오른쪽 산등성이 경기도 고양시 덕양구 원당동(遷葬)
泰陵 태릉		聖烈仁明文定王后(繼) 성열인명문정왕후(계)	尹氏 윤 씨	燕山君(연산군)7년(1501) 10월 22일(丁卯)	明宗(명종)20년(1565) 4월 7일(壬申)	明宗(명종)20년(1565) 7월 15일(己酉)	壬坐丙向(북북서에서 남남동방향)	서울시 노원구 공릉동 (舊)양주 노원면 대방리
孝陵 효릉	仁宗 인종	榮靖獻文懿武章 肅欽孝大王 영정헌문의무장 숙흠효대왕 孝順恭懿仁聖王后 효순공의인성왕후	李峼 이 고 朴氏 박 씨	中宗(중종)10년(1515) 2월 25일(癸丑) 中宗(중종)9년(1514) 9월 1일(庚申)	仁宗元年(인종원년)(1545) 7월 1일(辛酉) 宣祖(선조)10년(1577) 11월 29일(辛巳)	明宗卽位年(명종즉위년)(1545) 10월 15일(甲辰) 宣祖(선조)11년(1578) 2월 15일	艮坐坤向(북동에서 남서방향)	경기도 고양시 덕양구 원당동
康陵 강릉	明宗 명종	恭憲獻毅昭文光 肅敬孝大王 공헌헌의소문광 숙경효대왕 宣烈懿聖仁順王后 선열의성인순왕후	李峘 이 환 沈氏 심 씨	中宗29년(1534) 5월 22일(戊子) 中宗(중종)27년(1532)	明宗(명종)22년(1567) 6월 28일(辛亥) 宣祖(선조)8년(1575) 1월 2일(壬寅)	宣祖卽位年(선조즉위년)(1567) 9월 22일(癸酉) 宣祖(선조)8년(1575) 4월 28일(丙申)	亥坐巳向(북북서에서 남남동방향)	서울시 노원구 공릉동 (舊)양주 노원면 대방리

陵號(墓) 능호(묘)	廟號 묘호	諡號(尊號∨틀) 시호(존호휘호)	姓名 성명	生年月日 생년월일	昇遐年月日 승하년월일	葬禮年月日 장례년월일	坐向 좌향	所在地 소재지
穆陵 목릉	宣宗 선종	昭敬正倫立極盛德洪 烈至誠大義格天熙運 景命神曆弘功隆業顯 文毅武聖敬達孝大王 소경정윤입극성덕홍 열지성대의격천희운 경명신력홍공융업현 문의무성경달효대왕	(舊) 李 鈞 이 균 李 鷄 이 공	明宗(명종)7 년(1552) 11 월 11일(己丑)	宣祖41년(1608) 2월 1일(戊午)	光海君卽位 年(광해군즉 위년)(1608) 6 월 12일(丁酉) 仁祖(인조)8 년(1630) 11 월 21일(丙申)	酉坐卯向(정서 에서 정동방향) 壬坐丙向(북 북서에서 남 남동향)	경기도 구리 시 동구동 건원릉(健元陵) 서오강(西五岡) 에서 좌이강(左 二岡)로(遷葬)
		章聖徽烈貞憲敬 穆懿仁王后 장성휘열정헌경 목의인왕후	朴氏 박 씨	明宗(명종)10 년(1555) 4월 15일(己卯)	宣祖(선조)33 년(1600) 6월 27일(戊戌)	宣祖(선조)33 년(1600) 12 월 22일(辛卯)	壬坐丙向(북 북서에서 남 남동향)	건원릉(健元陵) 좌삼강(左三岡)
		昭聖貞懿明烈正肅光 淑莊定仁穆王后(繼) 소성정의명렬정숙광 숙장정인목왕후(계)	金氏 김 씨	宣祖(선조)17 년(1584) 12 월 14일(丙戌)	仁祖(인조)10 년(1632) 10 월 6일(庚午)	仁祖(인조)10 년(1632) 10 월 6일(庚午)	甲坐庚向(동 에서 서방향)	건원릉(健元陵) 좌오강(左五岡)
光海君墓 광해군묘		神聖英肅欽文仁武大王 신성영숙흠문인무대왕 文城郡夫人柳氏 문성군부인류씨	李 琿 이 혼		仁祖(인조)19 년(1641) 7월 1일(乙亥) 仁祖(인조)21 년(1643)			제주도 경기도 남양주 시 진건면 사 릉리(遷葬)
章陵 장릉 (追)	元宗 원종	敬德仁憲靖穆章孝大王 경덕인헌정목장효대왕	李 琈 이 부	宣祖(선조)13 년(1580) 6월 22일(庚申)	光海君(광해 군)11년(1619) 12월 28일	仁祖(인조)5 년(1627) 8월 27일(庚申)	子坐午向(정북 에서 정남향)	양주 곡촌리 경기 김포시 풍 무리(遷葬)
		敬毅貞靖仁憲王后 경의정정인헌왕후	具氏 구 씨	宣祖(선조)11 년(1578) 1월 14일(戊午)	仁祖(인조)4 년(1626) 1월 14일(戊午)	仁祖(인조)4 년(1626) 5월 18일(己未) 仁祖(인조)5 년(1627) 8월 27일(庚申)	癸坐丁向(북 북동에서 남 남서방향) 子坐午向(정북 에서 정남향)	같은 곳에서 원종 릉(元宗陵) 오른 쪽 언덕으로(遷葬)
長陵 장릉	仁祖 인조	開大肇運正紀宣德憲 文烈武明肅純孝大王 개대조운정기선덕헌 문열무명숙순효대왕	李 倧 이 종	宣祖(선조)28 년(1595) 11 월 7일(乙亥)	仁祖27년(1649) 5월 8일(丙寅)	孝宗卽位年 (효종즉위년) (1649) 9월 20 일(丙子) 英祖(영조)7 년(1731) 8월 30일(庚申)	卯坐酉向(정동 에서 정서방향) 子坐午向(정북 에서 정남향)	경기도 파주 시 운천리 경기도 파주시 탄 현면 갈현리(遷葬)
		正裕明德貞順仁烈王后 정유명덕정순인열왕후	韓氏 한 씨	宣祖(선조)27 년(1594) 7월 1일(丁丑)	仁祖(인조)13 년(1635) 12 월 9일(乙酉)	仁祖(인조)14 년(1636) 4월 11일(乙酉) 英祖(영조)7 년(1731) 8월 30일(庚申)	卯坐酉向(정동 에서 정서방향) 子坐午向(정북 에서 정남향)	파주시 운천리 경기도 파주시 탄 현면 갈현리(遷葬)

陵號(墓) 능호(묘)	廟號 묘호	諡號(尊號∨튓) 시호(존호휘호)	姓名 성명	生年月日 생년월일	昇遐年月日 승하년월일	葬禮年月日 장례년월일	坐向 좌향	所在地 소재지
徽陵 휘릉		慈懿恭愼徽獻康仁淑穆 貞肅溫惠莊烈王后(繼) 자의공신휘헌강인숙목 정숙온혜열장왕후(계)	趙氏 조 씨	仁祖(인조)2 년(1624) 11 월 7일(丁巳)	肅宗(숙종)14 년(1688) 8월 26일(丙寅)	肅宗(숙종)14 년(1688) 12 월 16일(乙卯)	酉坐卯向(정서 에서 정동방향)	경기도 구리 시 동구동
寧陵 영릉	孝宗 효종	欽遷達道光毅弘烈宣文章 武神聖顯仁明義正德大王 흠천달도광의홍열선문장 무신성현인명의정덕대왕	李淏 이 호	光海君(광해 군)11년(1619) 5 월 22일(甲辰)	孝宗(효종)10 년(1659) 5월 4일(甲子)	顯宗即位年 (현종즉위년) (1659) 10월 29일(丙寅) 顯宗(현종)14 년(1673) 10 월 7일(癸卯)	子坐午向(정북 에서 정남향)	건원릉 서쪽 언덕 (현 영조 원릉 터) 경기도 여주군 능 서면 왕대리(遷葬) (舊)영릉(英陵) 내 홍제동 효종 릉(孝宗陵) 아래
		孝肅貞範敬烈明 獻仁宣王后 효숙정범경열명 헌인선왕후	張氏 장 씨	光海君(광 해군)10년 (1618) 12월 25일(庚辰)	顯宗(현종)15 년(1674) 2월 24일(戊午)	顯宗(현종)15 년(1674) 6월 4일(丁酉)	子坐午向(정북 에서 정남향)	
崇陵 숭릉	顯宗 현종	昭休衍慶敦德綏成純 文肅武敬仁彰孝大王 소휴연경돈덕수성순 문숙무경인창효대왕	李棩 이 연	仁祖(인조)19 년(1641) 2월 4일(己酉)	顯宗(현종)15 년(1674) 8월 18일(己酉)	肅宗即位年 (숙종즉위년) (1674) 12월 13일(丁酉)	酉坐卯向(정서 에서 정동방향)	경기도 구리 시 동구동
		顯烈禧仁貞獻文 德明成王后 현열회인정헌문 덕명성왕후	金氏 김 씨	仁祖(인조)20 년(1642) 5월 17일(乙酉)	肅宗(숙종)9 년(1683) 12 월 5일(壬寅)	肅宗(숙종)10 년(1684) 4월 5일(庚子)		
明陵 명릉	肅宗 숙종	顯義光倫睿聖英烈裕謨氷 運洪仁峻德配天合道啓休 篤慶正中協極神毅大勳 章文憲武敬明元孝大王 현의광윤예성영열유모빙 운홍인준덕배천합도계휴 독경정중협극신의대훈 장문헌무경명원효대왕	李焞 이 돈	顯宗(현종)8 년(1661) 8월 15일(辛酉)	肅宗(숙종)46 년(1720) 6월 8일(癸卯)	景宗即位年 (경종즉위 년)(1720)	甲坐庚向(동 에서 서방향)	경기도 고양시 덕양구 용두동
		孝敬淑聖莊純元化懿 烈貞穆仁顯王后(繼) 효경숙성장순원화의 열정목인현왕후(계)	閔氏 민 씨	顯宗(현종)8 년(1667) 4월 23일(丁卯)	肅宗(숙종)27 년(1701) 8월 14일(己巳)	肅宗(숙종)27 년(1701) 12 월 9일(辛酉)	甲坐庚向(동 에서 서방향)	
		惠順慈敬獻烈光宣顯 翼康聖貞德壽昌景永福 隆化徽靖正運定懿 章穆仁元王后(繼) 혜순자경헌열광선현 익강성정덕수창영복 융화휘정정운정의 장목인원왕후(계)	金氏 김 씨	肅宗(숙종)13 년(1687) 9월 29일(甲辰)	英祖(영조)33 년(1757) 3월 26일(丁巳)	英祖(영조)33 년(1757) 7월 12일(壬寅)	乙坐辛向(동 에서 서방향)	
翼陵 익릉		光烈宣穆惠聖純懿孝 莊明顯仁敬王后 광열선목혜성순의효 장명현인경왕후	金氏 김 씨	顯宗(현종)2 년(1661) 9월 3일(乙卯)	肅宗(숙종)6 년(1680) 10 월 16일(辛亥)	肅宗(숙종)7 년(1681) 2월 22일(丙午)	丑坐未向(북 북동에서 남 남서방향)	경기도 고양시 덕양구 용두동

陵號(墓) 능호(묘)	廟號 묘호	諡號(尊號∨뒷) 시호(존호휘호)	姓名 성명	生年月日 생년월일	昇遐年月日 승하년월일	葬禮年月日 장례년월일	坐向 좌향	所在地 소재지
懿陵 의릉	景宗 경종	德文翼武純仁宣孝大王 덕문익무순인선효대왕 敬純孝仁惠穆宣 懿王后(繼) 경순효인혜목선 의왕후(계)	李? 이윤 魚氏 어씨	肅宗(숙종)14 년(1688) 10 월28일(丙寅) 肅宗(숙종)31 년(1745) 10 월29일(己未)	景宗(경종)4 년(1724) 8월 25일(乙未) 英祖(영조)6 년(1730) 6월 29일(丙寅)	英祖卽位年 (영조즉위년) (1724) 12월 16일(甲寅) 英祖(英祖)6 년(1730) 10 월19일(甲寅)	申坐寅向(남서 에서 북동방향)	서울 성북 구 석관동 (舊)양주 남중양 포(南中梁浦)
惠陵 혜릉		恭孝定穆端懿王后 공효정목단의왕후	沈氏 심씨	肅宗(숙종)12 년(1686) 5월 21일(癸卯)	肅宗(숙종)44 년(1718) 2월 7일(丙戌)	肅宗(숙종)44 년(1718) 4월 18일(丙申)	酉坐卯向(정서 에서 정동방향)	경기도 구리 시 동구동
元陵 원릉	英祖 영조	至行純德英謨毅烈莊毅弘 倫光寅敦禧體天建極聖功 神化大成廣運開泰基永堯 明哲乾健坤寧配命垂統 景曆洪休中和隆道肅莊彰 勳正文宣武熙敬顯孝大王 지행순덕영모의열장의홍 윤광인돈회체천건극성공 신화대성광운개태기영요 명순철건건곤녕배명수통 경역홍휴중화융도숙장창 훈정문선무희경현효대왕 睿順聖哲莊僖惠徽翼烈 明宣綏敬光獻隆仁正顯 昭肅靖憲貞純王后(繼) 예순성철장회휘익열 명선수경광헌융인정현 소숙정헌정순왕후(계)	李昑 이음 金氏 김씨	肅宗(숙종)20 년(1694) 9월 13일(戊寅) 英祖(영조)21 년(1745) 11 월10일(丁丑)	英祖(영조)52 년(1776) 3월 5일(丙子) 純祖(순조)5 년(1805) 1월 12일(丁酉)	正祖卽位年 (정조즉위년) (1776) 7월 27 일(丙申) 純祖(순조)5 년(1805) 6월 20일(壬申)	亥坐巳向(북서 에서 남동방향) 亥坐巳向(북서 에서 남동방향)	경기도 구리 시 동구동 경기도 구리 시 동구동
弘陵 홍릉		惠敬莊愼康宣恭翼仁徽昭 獻元烈端穆章和貞聖王后 혜경장신강선공익인휘소 헌원열단목장화정성왕후	徐氏 서씨	肅宗(숙종)18 년(1692) 12 월7일(辛巳)	英祖(영조)33 년(1757) 2월 15일(丁丑)	英祖(영조)33 년(1757) 6월 4일(甲子)	乙坐辛向(동 에서 서방향)	경기도 고양시 덕양구 용두동
永陵 영릉 (追)	眞宗 진종	溫良睿明哲文孝章大王 온양예명철문효장대왕 徽貞賢淑孝純王后 휘정현숙효순왕후	李緈 이행 趙氏 조씨	肅宗(숙종)45 년(1719) 2월 15일(戊午) 肅宗(숙종)41 년(1715) 12 월14일(丙子)	英祖(영조)4 년(1728) 11 월16일(壬戌) 英祖(영조)27 년(1751)1월 22일(甲申)	英祖(영조)5 년(1729) 1월 26일(辛未) 英祖(영조)28 년(1752) 1월 22일(甲申)	乙坐辛向(동 에서 서방향)	경기도 파주시 조 리면 봉일천리

陵號(墓) 능호(묘)	廟號 묘호	諡號(尊號∨號) 시호(존호휘호)	姓 名 성 명	生年月日 생년월일	昇遐年月日 승하년월일	葬禮年月日 장례년월일	坐 向 좌 향	所在地 소재지
隆陵 융릉 (追)	莊祖 장조	思悼綏德敦慶弘仁景祉 章倫隆範基命彰休됩 元憲誠啓祥顯熙神文 桓武莊獻廣孝懿皇帝 사도수덕돈경홍인경지 장륜융범기명창휴찬 원헌성계상현회신문 환무장헌광효의황제	李 킬 이 훤	英祖(영조)11 년(1735) 1월 21일(壬辰)	英祖(영조)38 년(1762) 윤 5 월 21일(癸未)	英祖(영 조)38(1762) 7 월 23일(癸未) 正祖(정조)13 년(1789) 10 월 7일(己未)	甲坐庚向(동 에서 서방향) 癸坐丁向(북 북동에서 남 남서방향)	동대문구 휘경동 (舊)양주 남중양 포(南中梁浦) 경기도 화성군 태 안읍 안녕리(遷葬)
		孝康慈禧貞宣懿穆裕 靖仁哲啓聖敬懿皇后 효강자희정선휘목유 정인철계성경의황후	洪 氏 홍 씨	英祖(영조)11 년(1735) 6월 18일(丙戌)	純祖(순조)15 년(1815) 12 월 15일(乙丑)	純祖(순조)16 년(1816) 3월 3일(癸未)		
健陵 건릉	正祖 정조	敬天明道洪德顯謨文成 武烈聖仁莊孝宣皇帝 경천명도홍덕현모문성 무열성인장효선황제	李 祘 이 산	英祖(영조)28 년(1752) 9월 22일(己卯)	正祖(정조)24 년(1800) 6월 28일(己卯)	純祖卽位年 (순조즉위년) (1800) 11월 6 일(甲申) 純祖(순조)21 년(1821) 9월 13일(庚申)	亥坐巳向(북서 에서 남동방향) 子坐午向(정북 에서 정남향)	융릉(隆陵) 동 이강(東二岡) 경기도 화성시 태 안읍 안녕리(遷葬)
		莊徽睿敬慈粹孝懿宣皇帝 장휘예경자수효의선황제	金 氏 김 씨	英祖(영조)29 년(1753) 12 월 13일(癸巳)	純祖(순조)21 년(1821) 3월 9일(己未)	純祖(순조)21 년(1821) 9월 13일(庚申)		
仁陵 인릉	純祖 순조	淵德顯道景仁純禧?聖凝 明欽光錫慶繼天配極隆元 敦休懿行昭倫熙化峻烈大 中正洪끠哲謨乾始泰亨 彰運弘基高明博厚剛健粹 精啓統名曆建功裕範文 安武靖憲敬成孝肅皇帝 연덕현도경인순회체성응 명흠광석경계천배극융원 돈휴의행소윤회화준열대 중지정홍훈철모건시태형 창운홍기고명박후강건수 정계통수력건공유범문 안무정헌경성효숙황제	二 階 이 공	正祖(정조)14 년(1753) 6월 18일(丁卯)	純祖(순조)34 년(1834) 11 월 13일(甲戌)	憲宗元年(헌종 원년)(1835) 4 월 19일(戊申) 哲宗(철종)7 년(1856) 10 월 11일(乙未)	乙坐辛向(동 에서 서방향) 子坐午向(정북 에서 정남향)	경기도 파주시 탄현면 갈현리 서울시 서초구 내곡동(遷葬)
		明敬文仁光聖隆禧正烈宣 徽英德慈獻顯倫洪化神運 粹穆會成弘定純元肅皇帝 명경문인광성융회정열선 휘영덕자헌현륜홍화신운 수목예성홍정순원숙황제	金 氏 김 씨	正祖(정조)13 년(1789) 5월 15일(辛未)	哲宗(철종)8 년(1857) 8월 4일(壬子)	哲宗(철종)8 년(1857) 12 월 17일(甲子)	子坐午向(정북 에서 정남향)	

陵號(墓) 능호(묘)	廟號 묘호	諡號(尊號∨昊) 시호(존호휘호)	姓名 성명	生年月日 생년월일	昇遐年月日 승하년월일	葬禮年月日 장례년월일	坐向 좌향	所在地 소재지
綏陵 수릉 (追)	文祖 문조	體元贊化錫極定命聖憲 英哲睿誠淵敬隆德純功 篤休弘慶洪運盛烈宣光 濬祥堯欽舜恭禹勤湯正 啓天建統神則肅謨乾大坤 厚廣業永祚莊義彰倫行健 配寧基泰裕熙範昌禧立 經亨道成獻昭章致中達和 繼曆協紀剛粹景穆峻惠衍 祉宏獻愷徽綏緒佑福敦 文顯武仁懿孝明翼皇帝 체원찬화석극정명성헌 영철예성연경융덕순공 독휴홍경홍운성열선광 준상요흠순공우근탕정 계천건통신숙모건대곤 후광업영조장의창윤행건 배녕기태수유희범창희입 경형도성헌소장치중달화 계력협기강수경목준혜연 지광유신휘수서우복돈 문현무인의효명익황제	李旲 이 호	純祖(순조)9 년(1809) 8월 9일(丁酉)	純祖(순조)30 년(1830) 5월 6일(壬戌)	純祖(순조)30 년(1830) 8월 4일(己丑) 憲宗(헌종)12 년(1846) 윤 5 월 20일(甲辰) 哲宗(철종)6 년(1855) 8월 26일(丙辰)	酉坐卯向(정서 에서 정동방향) 癸坐丁向(북 북동에서 남 남서방향) 壬坐丙向(북 북서에서 남 남동방향)	양주 천장산(舊)의 릉(懿陵)의 왼쪽 산 양주 용마산(遷葬) 경기도 구리시 동구동(遷葬)
		孝裕獻聖宣敬正仁慈惠 弘德純化文光元成肅烈 明粹協天隆穆壽寧禧康 顯定徽安欽倫洪慶泰運 昌祿熙祥懿謨睿敦教章啓 祉景巸哲範神貞翼皇后 효유헌성선경정인자혜 홍덕순화문광원성숙열 명수협천융목수녕희강 현정휘안흠윤홍경태운 창복희상의모예헌돈장계 지경훈철범신정익황후	趙氏 조 씨	純祖(순조)8 년(1808) 12 월 6일(丁酉)	高宗(고종)27년 (1890) 4월 17일	高宗(고종)27 년(1890) 8월 30일(丁卯)	壬坐丙向(북 북서에서 남 남동방향)	文祖(문조)와 합봉(合封)
景陵 경릉	憲宗 헌종	體健繼極中正光大至 聖廣德弘運章化經文 緯武明仁哲孝大王 체건계극중정광대지 성광덕홍운장화경문 위무명인철효대왕	李烉 이 환	純祖(순조)27 년(1827) 7월 18일(辛酉)	憲宗(헌종)15 년(1849) 6월 6일(壬申)	哲宗卽位年 (철종즉위년) (1849) 10월 28일(壬辰)	酉坐卯向(정서 에서 정동방향)	경기도 구리 시 동구동
		端聖粹元敬惠靖 順孝顯王后 단성수원경혜정 순효현왕후	金氏 김 씨	純祖(순조)28 년(1828) 3월 14일(癸丑)	憲宗(헌종)9 년(1843) 8월 25일(乙丑)	憲宗(헌종)9 년(1843) 12 월 2일(庚子)	庚坐甲向(서 에서 동방향)	
		明憲淑敬睿仁正穆弘 聖章純貞徽莊昭端禧 粹顯懿獻康綏裕寧慈 溫恭安孝定王后(繼) 명헌숙경예인정목홍 성장순정휘장소단희 수현의헌강수유영자 온공안효정왕후(계)	洪氏 홍 씨	純祖(순조)31 년(1831) 1월 22일(丙子)	光武(광무)8 년(1904) 1 월 2일(陽)	光武(광무)8 년(1904) 3 월 15일(陽)		

陵號(墓) 능호(묘)	廟號 묘호	諡號(尊號∨틋) 시호(존호휘호)	姓名 성명	生年月日 생년월일	昇遐年月日 승하년월일	葬禮年月日 장례년월일	坐向 좌향	所在地 소재지
睿陵 예릉	哲宗 철종	熙倫正極粹德純聖欽 命光道敦元彰化文顯 武成獻仁英孝章皇帝 희윤정극수덕순성흠 명광도돈원창화문현 무성헌인영효장황제	李昇 이 승	純祖(순조)31 년(1831) 6월 17일(丁酉)	哲宗(철종)14 년(1863) 12 월 8일(庚申)	高宗元年(고종 원년)(1864) 4 월 7일(丁丑)	子坐午向(정북 에서 정남향)	경기도 고양시 덕양구 원당동
		明純徽正元粹寧敬 獻莊穆哲仁王后 명순휘성정원수녕경 헌장목철인왕후	金氏 김 씨	憲宗(헌종)3 년(1837) 3월 23일(庚子)	高宗(고종)15년 (1878) 5월 12일	高宗(고종)15 년(1878) 9월 18일(甲子)		
洪陵 홍릉	高宗 고종	統天隆運肇極敦倫正聖 光義明功大德堯峻舜徽 禹謨湯敬應命立紀至化 神烈巍勲洪業啓基宣曆 乾行坤定英毅弘休文憲武 章仁翼貞孝壽康太皇帝 통천융운조극돈륜정성 광의명공대덕요준순휘 우모탕경응명립기지화 신열외훈홍업계기선력 건행곤정영의홍휴문헌무 장인익정효수강태황제	李熙 이 희	哲宗(철종)3 년(1852) 7월 25일(癸酉)	1919년 1월 21일(陽)	1919년 3 월 4일(陽)	乙坐辛向(동 에서 서방향)	경기도 남양주시 미금읍 금곡리
		孝慈元聖正化合天洪功誠 德齊徽烈穆明成太皇后 효자원성정화합천홍공성 덕제휘열목명성태황후	閔氏 민 씨	哲宗(철종)2 년(1851) 9월 25일(丁丑)	高宗(고종)32 년(1895) 8월 20일(戊子)	光武元年(광 무원년) 11 월 21일(陽) 1919년 2월 16일(陽)	艮坐坤向(북동 에서 남서방향) 乙坐辛向(동 에서 서방향)	서울 동대문 구 청량리 (舊)양주 천장산 경기도 남양주 시 미금읍 금 곡리(遷葬)
裕陵 유릉	純宗 순종	文溫武寧敦仁誠敬孝皇帝 문온무녕돈인성경효황제	李? 이 척	高宗(고종)11 년(1874) 2월 8일(辛巳)	1926년 4월 25일(陽)	1926년 6월 11일(陽)	卯坐酉向(정동 에서 정서방향)	경기도 남양주시 미금읍 금곡리
		敬顯成徽文純明孝皇后 경현성휘문순명효황후	閔氏 민 씨	高宗(고종)9 년(1872) 10 월 20일(辛未)	光武(광무)8 년(1904) 11 월 5일(陽)	光武(광무)9 년(1905) 1 월 4일(陽) 1926년 6 월 5일(陽)	卯坐酉向(정동 에서 정서방향) 卯坐酉向(정동 에서 정서방향)	서울시 성동 구 도(島) (舊)양주 용 마산 내동 경기도 남양주 시 미금읍 금 곡리(遷葬)

역대(歷代) 고려왕(高麗王) 일람표(一覽表)

王號 (왕호)	姓氏 (성씨)	名字 (명자)	父及輩行 (부급배행)	母(모)	在位 年數 (재위년수)	年齡 (연령)	后 妃(후 비)
太祖 (태조)	王 (왕)	建(건) 字 若天 (자 약천)	金城太守隆 長子 (금성태수융 장자)	威肅王后 韓氏 (위숙왕후 한씨)	26	67	神惠王后 柳氏 (신혜왕후 류씨) 三重大匡天弓女 (삼중대광천궁녀)
惠宗 (혜종)	王 (왕)	武(무) 字 承乾 (자 승건)	太祖 長子 (태조 장자)	莊和王后 吳氏 (장화왕후 오씨) 多憐君女 (다린군녀)	2	34	義和王后 林氏 (의화왕후 임씨) 大匡 曦女 (대광 희녀)
定宗 (정종)	王 (왕)	堯(요) 字 天義 (자 천의)	太祖 二子 (태조 이자)	神明王后 劉氏 (신명왕후 유씨) 兢達女 (긍달녀)	4	27	文恭王后 朴氏 (문공왕후 박씨) 三重大匡 英規女 (삼중대광 영규녀)
光宗 (광종)	王 (왕)	昭(소) 字 日華 (자 일화)	太祖 三子 (태조 삼자)	上同(상동)	26	51	大穆王后 皇甫氏 (대목왕후 황보씨) 太祖女(태조녀)
景宗 (경종)	王 (왕)	伸(신) 字 長民 (자 장민)	光宗 長子 (광종 장자)	大穆王后 皇甫氏 (대목왕후 황보씨)	6	27	獻肅王后 金氏 (헌숙왕후 김씨) 新羅敬順王女 (신라경순왕녀)
成宗 (성종)	王 (왕)	治(치) 字 溫古 (자 온고)	戴宗旭(대종욱) (太祖 子) (태조 자)	宣義王后 柳氏 (선의왕후 류씨)	16	38	文德王后 劉氏 (문덕왕후 유씨) 光宗女(광종녀)
穆宗 (목종)	王 (왕)	誦(송) 字 孝伸 (자 효신)	景宗 長子 (경종 장자)	獻哀王后 皇甫氏 (헌애왕후 황보씨) 戴宗女(대종녀)	12	30	宣正王后 劉氏 (선정왕후 유씨) 宗室 弘德院君王女 (종실 홍덕원군왕녀)
顯宗 (현종)	王 (왕)	詢(순) 字 安世 (자 안세)	安宗郁(안종욱) 太祖 子 (태조 자)	孝宗王后 皇甫氏 (효종왕후 황보씨)	22	40	元貞王后 金氏 (원정왕후 김씨) 成宗女(성종녀)
德宗 (덕종)	王 (왕)	欽(흠) 字 元良 (자 원량)	顯宗 長子 (현종 장자)	元誠太后 金氏 (원성태후 김씨)	3	19	敬成王后 金氏 (경성왕후 김씨) 顯宗女(현종녀)
靖宗 (정종)	王 (왕)	亨(형) 字 申照 (자 신조)	顯宗 次子 (현종 차자)	上同(상동)	12	32	容信王后 韓氏 (용신왕후 한씨) 贈門下侍中 祚女 (증문하시중 조녀)
文宗 (문종)	王 (왕)	徽(휘) 字 燭幽 (자 촉유)	顯宗 長子 (현종 장자)	元惠太后 金氏 (원혜태후 김씨) 시중은전女 (시중은전녀)	37	65	仁平王后 金氏 (인평왕후 김씨) 顯宗女(현종녀)
順宗 (순종)	王 (왕)	勳(훈) 字 義恭 (자 의공)	文宗 長子 (문종 장자)	仁睿太后 李氏 (인예태후 이씨) 中書令子淵女 (중서령자연녀)	4월	37	貞懿王后 王氏 (정의왕후 왕씨) 宗室平壤公 基女 (종실평양공 기녀)

王號 (왕호)	姓氏 (성씨)	名字 (명자)	父及輩行 (부급배행)	母(모)	在位 年數 (재위년수)	年齡 (연령)	后 妃(후 비)
宣宗 (선종)	王 (왕)	運(운) 字 繼天 (자 계천)	文宗 次子 (문종 차자)	上同(상동)	11	46	思肅太后 李氏 (사숙태후 이씨) 工部尚書 碩女 (공부상서 석녀)
獻宗 (헌종)	王 (왕)	昱(욱)	宣宗 元子 (선종 원자)	思肅太后 李氏 (사숙태후 이씨)	1	14	
肅宗 (숙종)	王 (왕)	?(옹) 字 天常 (자 천상)	文宗 三子 (문종 삼자)	仁睿太后 李氏 (인예태후 이씨)	10	54	明懿太后 柳氏 (명의태후 류씨) 文下侍中 洪女 (문하시중 홍녀)
睿宗 (예종)	王 (왕)	?(오) 字 世民 (자 세민)	肅宗 長子 (숙종 장자)	明懿太后 柳氏 (명의태후 류씨)	17	45	敬和王后 李氏 (경화왕후 이씨) 宣宗女(선종녀)
仁宗 (인종)	王 (왕)	楷(해) 字 仁表 (자 인표)	睿宗 長子 (예종 장자)	順德王后 李氏 (순덕왕후 이씨) 朝鮮國資謙女 (조선국자겸녀)	24	28	恭睿太后 任氏 (공예태후 임씨) 中書令 元厚女 (중서령 원후녀)
毅宗 (의종)	王 (왕)	晛(현) 字 日升 (자 일승)	仁宗 長子 (인종 장자)	恭睿太后 任氏 (공예태후 임씨)	24	47	莊敬王后(장경왕후) 宗室江陵公 溫女 (종실강릉공 온녀)
明宗 (명종)	王 (왕)	晧(호) 字 之旦 (자 지단)	仁宗 三子 (인종 삼자)	上同(상동)	27	72	光靖太后 金氏 (광정태후 김씨) 上同(상동)
神宗 (신종)	王 (왕)	晫(탁) 字 至華 (자 지화)	仁宗 五子 (인종 오자)	上同(상동)	7	61	宣靖太后 金氏 (선정태후 김씨) 上同(상동)
熙宗 (희종)	王 (왕)	?(영) 字 不陂 (자 불피)	神宗 長子 (신종 장자)	宣靖太后 金氏 (선정태후 김씨)	7	57	成平王后 任氏 (성평왕후 임씨) 宗室 寧仁侯 禎女 (종실 영인후 정녀)
康宗 (강종)	王 (왕)	灈(오) 字 大華 (자 대수)	明宗 長子 (명종 장자)	光靖太后 金氏 (광정태후 김씨)	2	62	思平王后 任氏 (사평왕후 임씨) 義方女(의방녀)
高宗 (고종)	王 (왕)	瞰(철) 字 大明 (자 대명)	康宗 長子 (강종 장자)	元德太后 柳氏 (원덕태후 류씨) 宗室信安侯珹女 (종실신안후성녀)	46		安惠王后 柳氏 (안혜왕후 류씨) 熙宗女(희종녀)
元宗 (원종)	王 (왕)	禃(정) 字 日新 (자 일신)	高宗 長子 (고종 장자)	安惠太后 柳氏 (안혜태후 류씨)	15	56	順敬太后 金氏 (순경태후 김씨) 莊翼公 若先女 (장익공 약선녀)
忠烈王 (충열왕)	王 (왕)	?(거)	元宗 長子 (원종 장자)	順敬太后 金氏 (순경태후 김씨)	34	73	齊國大長公主 名忽都 (제국대장공주 명홀도) 魯揭里迷失 元世祖女 (노게이미실 원세조녀)
忠宣王 (충선왕)	王 (왕)	璋(장) 字 仲昂 (자 중앙)	忠烈王(충렬왕) 長子(장자)	齊國大長公主 (제국대장공주)	5	51	?國大長公主 寶塔實(계 국대장공주보탑실) 憐元晋王 甘麻剌女(연 원진왕 감마자녀)

王號 (왕호)	姓氏 (성씨)	名字 (명자)	父及輩行 (부급배행)	母(모)	在位 年數 (재위년수)	年齡 (연령)	后 妃(후 비)
忠肅王 (충숙왕)	王 (왕)	燾(도) 小字宜孝 (소자의효)	忠宣王(충선왕) 二子(이자)	懿妃 也速眞 (의비 야속진) 蒙古女(몽고녀)	復位 (복위) 8	46	濮國長公主 亦憐眞班(복 국장공주 역련진반) 刺鎭西武靖王 焦八女(자 진서무정왕 초팔녀)
忠惠王 (충혜왕)	王 (왕)	禎(정)	忠肅王(충숙왕) 長子(장자)	明德太后 洪氏 (명덕태후 홍씨) 府院君 奎女 (부원군 규녀)	1 復位 (복위)5	30	德寧公主 亦憐眞班 (덕령공주 역련진반) 元鎭西武靖王 焦八女 (원진서무정왕 초팔녀)
忠穆王 (충목왕)	王 (왕)	昕(흔)	忠惠王(충혜왕) 長子(장자)	德寧公主 (덕령공주)	4	12	
忠定王 (충정왕)	王 (왕)	?(저)	忠惠王(충혜왕) 庶子(서자)	禧妃 尹氏 (희비 윤씨)	3	15	
恭愍王 (공민왕)	王 (왕)	?(전)	忠肅王(충숙왕) 次子(차자)	明德太后 洪氏 (명덕태후 홍씨)	23	45	徽懿魯大長公主寶塔失 (휘의로대장공주보탑실) 里元宗室 魏王女 (이원종실 위왕녀)
禑王 (우왕)	辛 (신)	小字牟尼奴 (소자모니노)	辛旽(신 돈)	般 若(반 약)	14	25	謹妃 李氏 (근비 이씨) 判開城府事 琳女 (판개성부사 임녀)
昌王 (창왕)	辛 (신)		辛旽(신 돈)	謹? 李氏 (근비 이씨)	1	10	
恭讓王 (공양왕)	王 (왕)	瑤(요)	定原府院君 鈞 (정원부원군 균)	國大? 王氏 (국대비 왕씨)	3	50	順杞 盧氏 (순기 노씨) 昌城君 禎女 (창성군 정녀)

역대(歷代) 조선왕(朝鮮王) 일람표(一覽表)

王號 (왕호)	姓氏 (성씨)	名字 (명자)	父及輩行 (부급배행)	母(모)	在位 年數 (재위년수)	年齡 (연령)	后 妃(후 비)
太祖 (태조)	李 (이)	成桂旦 (성계단) 字 君晋 (자 군진)	桓祖(환조)	懿惠王后 (의혜왕후) 永興崔氏 (영흥최씨)	7	74	神懿王后韓氏 (신의왕후한씨) 安川府院君 卿女 (안천부원군 경녀) 神德王后康氏 (신덕왕후강씨) 象山府院君 允成女 (상산부원군 윤성녀)
定宗 (정종)	李 (이)	芳果㬚 (방과돈) 字 光遠 (자 광원)	太祖 二子 (태조 이자)	神懿王后 韓氏 (신의왕후 한씨)	2	63	安定王后金氏 (안정왕후김씨) 門下侍中 天瑞女 (문하시중 천서녀)
太宗 (태종)	李 (이)	芳遠 (방원) 字 遺德 (자 유덕)	太祖 五子 (태조 오자)	上同(상동)	18	56	元敬王后閔氏 (원경왕후민씨) 驪興府院君 霽女 (여흥부원군 제녀)
世宗 (세종)	李 (이)	祹(도) 字 元正 (자 원정)	太宗 三子 (태종 삼자)	元敬王后 閔氏 (원경왕후 민씨)	32	54	昭憲王后沈氏 (소헌왕후심씨) 青川府院君 溫女 (청천부원군 온녀)
文宗 (문종)	李 (이)	珦(향) 字 輝之 (자 휘지)	世宗 長子 (세종 장자)	昭憲王后 沈氏 (소헌왕후 심씨)	2	39	顯德王后權氏 (현덕왕후권씨) 花山府院君 專女 (화산부원군 전녀)
端宗 (단종)	李 (이)	弘暐 (홍위)	文宗 長子 (문종 장자)	顯德王后 權氏 (현덕왕후 권씨)	3	17	定順王后宋氏 (정순왕후송씨) 礪良府院君 玹壽女 (여량부원군 현수녀)
世祖 (세조)	李 (이)	瑈(유) 字 粹之 (자 수지)	世宗 二子 (세종 이자)	昭憲王后 沈氏 (소헌왕후 심씨)	13	52	貞熹王后尹氏 (정희왕후윤씨) 坡平府院君 璠女 (파평부원군 번녀)
德宗 (덕종)	李 (이)	崇暲 (숭장) 字 原明 (자 원명)	世祖 長子 (세조 장자)	貞熹王后 尹氏 (정희왕후 윤씨)		20	昭惠王后韓氏 (소혜왕후한씨) 西原府院君 韓確女 (서원부원군 한확녀)
睿宗 (예종)	李 (이)	晄(황) 字 明照 (자 명조)	世祖 二子 (세조 이자)	上同(상동)	1	20	章順王后韓氏 (장순왕후한씨) 上黨府院君 明澮女 (상당부원군 명회녀) 安順王后韓氏 (안순왕후한씨) 清州府院君 伯倫女 (청주부원군 백윤녀)

王號 (왕호)	姓氏 (성씨)	名字 (명자)	父及輩行 (부급배행)	母(모)	在位 年數 (재위년수)	年齡 (연령)	后 妃(후 비)
成宗 (성종)	李 (이)	娎(혈)	德宗(덕종)	昭惠王后 韓氏 (소혜왕후 한씨)	25	38	恭惠王后韓氏 (공혜왕후한씨) 上黨府院君 明澮女 (상당부원군 명회녀) 貞顯王后尹氏 (정현왕후윤씨) 鈴原府院君 壕女 (영원부원군 호녀)
燕山君 (연산군)	李 (이)	㦕(융)	成宗(성종)	廢妃尹氏 (폐비윤씨)	11		夫人愼氏(부인신씨) 領議政 承善女 (영의정 승선녀)
中宗 (중종)	李 (이)	懌(역) 字 樂天 (자 낙천)	成宗(성종)	貞顯王后 尹氏 (정현왕후 윤씨)	39	57	端敬王后愼氏 (단경왕후신씨) 益昌府院君 守勤女 (익창부원군 수근녀) 章敬王后尹氏 (장경왕후윤씨) 坡原府院君 汝弼女 (파원부원군 여필녀) 文定王后尹氏 (문정왕후윤씨) 坡山府院君 之任女 (파산부원군 지임녀)
仁宗 (인종)	李 (이)	峼(고)	中宗 長子 (중종 장자)	章敬王后 尹氏 (장경왕후 윤씨)	1	31	仁聖王后朴氏 (인성왕후박씨) 錦城府院君 墉女 (금성부원군 용녀)
明宗 (명종)	李 (이)	峘(환) 字 對陽 (자 대양)	中宗 二子 (중종 이자)	文定王后 尹氏 (문정왕후 윤씨)	22	34	仁順王后沈氏 (인순왕후심씨) 靑陵府院君 鋼女 (청릉부원군 강녀)
宣祖 (선조)	李 (이)	鈞(공)	德興君 二子 (덕흥군 이자)	河東府大夫人 鄭氏 (하동부대부인 정씨)	41	57	懿仁王后朴氏 (의인왕후박씨) 潘城府院君 應順女 (반성부원군 응순녀) 仁穆王后金氏 (인목왕후김씨) 延興府院君 悌南女 (연흥부원군 제남녀)
光海君 (광해군)	李 (이)	琿(혼)	宣祖 二子 (선조 이자)	恭嬪金氏 (공빈김씨)	14		夫人柳氏(부인류씨) 判尹 自新女 (판윤 자신녀)
元宗 (원종)	李 (이)	琈(부)	宣祖 五子 (선조 오자)	仁嬪金氏 (인빈김씨)		40	仁獻王后具氏 (인헌왕후구씨) 綾安府院君 思孟女 (능안부원군 사맹녀)

王號 (왕호)	姓氏 (성씨)	名字 (명자)	父及輩行 (부급배행)	母(모)	在位 年數 (재위년수)	年齡 (연령)	后 妃(후 비)
仁祖 (인조)	李 (이)	倧(종) 字 和伯 (자 화백)	元宗 長子 (원종 장자)	仁獻王后 具氏 (인헌왕후 구씨)	27	55	仁烈王后韓氏 (인열왕후한씨) 西平府院君 凌謙女 (서평부원군 능겸녀) 莊烈王后趙氏 (장렬왕후조씨) 漢原府院君 昌遠女 (한원부원군 창원녀)
孝宗 (효종)	李 (이)	淏(호) 字 靜淵 (자 정연)	仁祖 二子 (인조 이자)	仁烈王后 韓氏 (인열왕후 한씨)	10	41	仁宣王后張氏 (인선왕후장씨) 新豊府院君 維女 (신풍부원군 유녀)
顯宗 (현종)	李 (이)	棩(연) 字 景直 (자 경직)	孝宗 長子 (효종 장자)	仁宣王后 張氏 (인선왕후 장씨)	15	34	明聖王后金氏 (명성왕후김씨) 淸風府院君 佑明女 (청풍부원군 우명녀)
肅宗 (숙종)	李 (이)	焞(돈) 字 明普 (자 명보)	顯宗 長子 (현종 장자)	明聖王后 金氏 (명성황후 김씨)	46	60	仁敬王后金氏 (인경왕후김씨) 光城府院君 萬基女 (광성부원군 만기녀) 仁顯王后閔氏 (인현왕후민씨) 驪陽府院君 維重女 (여양부원군 유중녀)仁元王后金氏 (인원왕후김씨) 慶恩府院君 柱臣女 (경은부원군 주신녀)
景宗 (경종)	李 (이)	昀(윤) 字 輝瑞 (자 휘서)	肅宗 長子 (숙종 장자)	大嬪張氏 (대빈장씨)	4	37	端懿王后沈氏 (단의왕후심씨) 淸恩府院君 浩女 (청은부원군 호녀) 宣懿王后魚氏 (선의왕후어씨) 咸原府院君 有龜女 (함원부원군 유귀녀)
英祖 (영조)	李 (이)	昑(령) 字 光叔 (자 광숙)	肅宗 四子 (숙종 사자)	淑嬪崔氏 (숙빈최씨)	52	83	貞聖王后徐氏 (정성왕후서씨) 達城府院君 宗悌女 (달성부원군 종제녀) 貞純王后金氏 (정순왕후김씨) 鰲興府院君 漢耈女 (오흥부원군 한구녀)
眞宗 (진종)	李 (이)	緈(행) 字 聖敬 (자 성경)	英祖長子 (영조 장자)	靖嬪李氏 (정빈이씨)		10	孝純王后趙氏 (효순왕후조씨) 豊陵府院君 文命女 (풍릉부원군 문명녀)

王號 (왕호)	姓氏 (성씨)	名字 (명자)	父及輩行 (부급배행)	母(모)	在位 年數 (재위 년수)	年齡 (연령)	后 妃(후 비)
莊祖 (장조)	李 (이)	愃(선) 字 允寬 (자 윤관)	英祖 二子 (영조 이자)	暎嬪李氏 (영빈이씨)		28	敬懿王后洪氏 (경의왕후홍씨) 永豊府院君 鳳漢女 (영풍부원군 봉한녀)
正祖 (정조)	李 (이)	祘(산) 字 亨連 (자 형련)	莊祖 長子 (장조 장자)	敬懿王后 洪氏 (경의왕후 홍씨)	24	49	孝懿王后金氏 (효의왕후김씨) 清原府院君 時默女 (청원부원군 시묵녀)
純祖 (순조)	李 (이)	玜(공) 字 公寶 (자 공빈)	正祖 二子 (정조 이자)	綏嬪朴氏 (수빈박씨)	34	45	純元王后金氏 (순원왕후김씨) 永安府院君 祖淳女 (영안부원군 조순녀)
翼宗 (익종)	李 (이)	旲(호) 字 德寅 (자 덕인)	純祖 子 (순조 자)	純元王后金氏 (순원왕후김씨)		22	神貞王后趙氏 (신정왕후조씨) 豊恩府院君 萬永女 (풍은부원군 만영녀)
憲宗 (헌종)	李 (이)	奐(환) 字 文應 (자 문응)	翼宗(익종)	神貞王后 趙氏 (신정왕후 조씨)	15	23	孝顯王后金氏 (효현왕후김씨) 永興府院君 祖根女 (영흥부원군 조근녀) 明憲王后洪氏 (명헌왕후홍씨) 益豊府院君 在龍女 (익풍부원군 재용녀)
哲宗 (철종)	李 (이)	昪(변) 字 道升 (자 도승)	全溪君 三子 (전계군 삼자)		14	33	哲仁王后金氏 (철인왕후김씨) 永恩府院君 文根女 (영은부원군 문근녀)
高宗 (고종)	李 (이)	熙(희) 字 聖臨 (자 성림)	興宣君 二子 (흥선군 이자)		44	67	明成王后閔氏 (명성왕후민씨) 驪興府院君 致祿女 (여흥부원군 치녹녀)
純宗 (순종)	李 (이)	坧(척) 字 君邦 (자 군방)		明成王后 閔氏 (명성왕후 민씨)		33	純明王后閔氏 (순명왕후민씨) 驪興府院君 台鎬女 (여흥부원군 태호녀) 純貞孝王后尹氏 (순정효왕후윤씨) 海豊府院君 澤榮女 (해풍부원군 택영녀)

한국 역대 제왕 일람표

(1) 고구려(高句麗) : 28대 705년

(? : 미확인 또는 연대미상)

대	왕 명	이 름	재위년	생몰년
1	동명성왕(東明聖王)	고주몽, 추모, 중해(高朱蒙, 鄒牟, 衆解)	BC37~BC19	BC58~BC19
2	유리왕(瑠璃王)	유리, 유류, 누리(傈利, 孺留, 累利)	BC19~18	~18
3	대무신왕(大武神王)	무휼(無恤)	18~44	4~44
4	민중왕(閔中王)	해색주(解色朱)	44~48	~48
5	모본왕(慕本王)	해우, 해애루(解憂, 解愛婁)	48~53	~53
6	태조대왕(太祖大王)	궁, 어수(宮, 於漱)	53~146	47~166
7	차대왕(次大王)	수성(遂成)	146~165	71~165
8	신대왕(新大王)	백고, 백구(伯固, 伯句)	165~179	88~179
9	고국천왕(故國川王) 국양왕(國襄王)	남무(男武)	179~197	~197
10	산상왕(山上王)	연우, 이이모(延優, 伊夷模)	197~227	~227
11	동천왕(東川王)	우위거, 위궁, 교체(憂位居, 位宮, 郊彘)	227~248	209~248
12	중천왕(中川王)	연불(然弗)	248~270	224~270
13	서천왕(西川王)	약로, 약우(藥盧, 若友)	270~292	~292
14	봉상왕(烽上王)	치갈, 상부, 삽시루(稚葛, 相夫, 揷矢婁)	292~300	~300
15	미천왕(美川王)	을불, 을불리, 우불(乙弗, 乙弗利, 憂弗)	300~331	~331
16	고국원왕(故國原王)	사유, 유, 쇠(斯由, 劉, 釗)	331~371	~371
17	소수림왕(小獸林王)	구부(丘夫)	371~384	~384
18	고국양왕(故國壤王)	이련, 이속, 어지지(伊連, 伊速, 於只支)	384~391	~391
19	광개토왕(廣開土王)	담덕, 안(談德, 安)	391~412	374~412
20	장수왕(長壽王)	거련, 연(巨連/巨璉, 璉)	413~491	393~491
21	문자명왕(文咨明王)	라운(羅雲)	491~591	~519
22	안장왕(安臧王)	흥안, 안(興安, 安)	519~531	~531
23	안원왕(安原王)	보련(寶延)	531~545	~545
24	양원왕(陽原王)	평성(平成)	545~559	~559
25	평원왕(平原王)	양성, 탕(陽成, 湯)	559~590	~590
26	영양왕(嬰陽王)	평양, 대원, 원(平陽, 大元, 元)	590~618	~618
27	영류왕(營留王)	건무, 성(建武, 成)	618~642	~642
28	보장왕(寶藏王)	장, 보장(藏/臧, 寶藏/寶臧)	642~668	~682

(2) 백제(百濟) : 31대 678년

대	왕 명		이 름	재위년	생몰년
1		온조왕(溫祚王)		BC18~28	~28
2		다루왕(多婁王)		28~77	~77
3		기루왕(己婁王)		77~128	~128
4		개루왕(蓋婁王)		128~166	~166
5		초고왕(肖古王)	소고, 속고(素古, 速古)	166~214	~214
6		구수왕(仇首王)	귀수, 길수(貴須, 吉須)	214~234	~234
7		사반왕(沙伴王)		234~234	~?
8		고이왕(古爾王)		234~286	~286
9	한 성 BC 18 ~ 475	책계왕(責稽王)	청계, 책체(청계, 책체)	286~298	~298
10		분서왕(汾西王)		298~304	~304
11		비류왕(比流王)		304~344	~344
12		계왕(契王)		344~346	~346
13		근초고왕(近肖古王)		346~375	~375
14		근구수왕(近仇首王)	수(須/首)	375~384	~384
15		침류왕(枕流偃)		384~385	~385
16		진사왕(辰斯王)		385~392	~392
17		아신왕(阿辛王)	아방, 아화(阿芳, 阿花)	392~405	~405
18		전지왕(腆支王)	직지, 진지, 여영(直支, 眞支, 餘映)	405~420	~420
19		구이신왕(久爾辛王)		420~427	~427
20		비유왕(毗有王)		427~455	~455
21		개로왕(蓋鹵王)	경사(慶司)	455~475	~475
22	웅진 475 ~ 538	문주왕(文周王)	문주(汶洲)	475~477	~477
23		삼근왕(三斤王)	삼걸, 임걸(三乞, 壬乞)	477~479	~479
24		동성왕(東城王)	모대, 마제, 여대(牟大, 摩帝, 餘大)	479~501	~501
25		무녕왕(武寧王)	사마, 융(斯摩/斯摩, 隆)	501~523	462~523
26 26	사비 538 ~ 660	성왕(聖王) 성왕(聖王)	명농(明穠) 명농(明穠)	523~554 523~554	~554 ~554
27		위덕왕(威德王)	창, 여창(昌, 餘昌)	554~598	525~598
28		혜왕(惠王)	계(季)	598~599	~599
29		법왕(法王)	선, 효순(宣, 孝順)	599~600	~600
30		무왕(武王)	장, 무강, 헌병, 일기사덕(璋, 武康, 獻丙, 一耆篩德)	600~641	~641
31		의자왕(義慈王)		641~660	

(3) 본가야(本伽倻) : 10대 419년

(? : 미확인 또는 연대미상)

대	왕 명	이 름	재위년	생몰년
1	수로왕(首露王)		421~119	~199
2	거등왕(居登王)		199~253	~253
3	마품왕(麻品王)	마품(馬品)	253~291	~291
4	거질미왕(居叱彌王)	금물(今勿)	291~346	~346
5	이시품왕(伊尸品王)	이품(伊品)	246~407	~407
6	좌지왕(坐知王)	김질, 김토(金叱, 金吐)	407~421	~421
7	취희왕(吹希王)	김희, 질가(金喜, 叱嘉)	421~451	~451
8	질지왕(銍知王)	김질(金銍)	451~492	~492
9	겸지왕(鉗知王)	김겸(金鉗)	492~521	~521
10	구형왕(仇衡王)	구충, 구해(仇衝, 仇亥)	521~532	~532

(4) 신라(新羅) : 56대 992년

(? : 미확인 도는 연대미상)

史記	遺事	대	왕 명	이 름	재위년	생몰년
上古	上代	1	혁서세거서간(赫居世居西干)	혁거세, 불구내(赫居世, 弗矩內)	BC57~4	BC70~4
		2	남해차차웅(南解次次雄)		4~24	~24
		3	유리니사금(儒理尼師今)		24~57	~57
		4	탈해니사금(脫解尼師今)		57~80	BC57~80
		5	파사니사금(婆娑尼師今)		80~112	~112
		6	지마니사금(祇摩尼師今)	지미(祇味)	112~134	~134
		7	일성니사금(逸聖尼師今)		134~154	~154
		8	아달라니사금(阿達羅尼師今)		134~184	~184
		9	벌휴니사금(伐休尼師今)	발휘(發揮)	184~196	~196
		10	내해니사금(奈解尼師今)		196~230	~230
		11	조분니사금(助賁尼師今)	제귀, 제분(諸貴, 諸賁)	230~247	~247
		12	첨해니사금(沾解尼師今)	이해, 점해(理解, 詀解)	247~261	~261
		13	미추니사금(味鄒尼師今)	미조, 미고, 미소(味照, 未古, 未召)	262~284	~284
		14	유례니사금(儒禮尼師今)	유리, 유례(儒理, 儒禮)	284~298	~298
		15	기림니사금(基臨尼師今)		298~210	~310
		16	흘해니사금(訖解尼師今)		310~356	~356
		17	내물마립간(奈勿麻立干)		356~402	~402
		18	실성마립간(實聖麻立干)		402~417	~417
		19	눌지마립간(訥祇痲立干)		417~458	~458
		20	자비마립간(慈悲麻立干)		458~479	~479
中古		21	소지마립간(炤知麻立干)	비처(毗處)	479~500	~500
		21	소지마립간(炤知麻立干)	비처(毗處)	479~500	~500
		22	지증마립간(智證麻立干)	지대로, 지철로, 지도로(智大路, 智哲老, 智度路)	500~514	~%14
		23	법흥왕(法興王)	원종, 모진(原宗, 募秦)	514~540	~540
		24	진흥왕(眞興王)	삼맥종, 심맥부(彡麥宗, 深麥夫)	540~576	~576
		25	진지왕(眞智王)	사륜, 금륜(舍輪, 金輪)	576~579	~579
		26	진평왕(眞平王)	백정(白淨)	579~632	~632
		27	선덕여왕(善德女王)	덕만(德曼)	632~647	~647
		28	진덕여왕(眞德女王)	승만(勝曼)	647~654	~654

史記	遺事	대	왕 명	이 름	재위년	생몰년
下古	中代	29	태종무열왕(太宗武烈王)	춘추(春秋)	654~661	602~661
		30	문무왕(文武王)	법민(法敏)	661~681	~681
		31	신문왕(神文王)	정명, 명지(政明, 明之)	681~692	~692
		32	효소왕(孝昭王)	이홍, 이공(理洪, 理恭)	692~702	643~702
		33	성덕왕(聖德王)	융기, 홍광(隆基, 興光)	702~737	~737
		34	효성왕(孝成王)	승경(承慶)	737~742	~742
		35	경덕왕(景德王)	헌영(憲英)	742~765	~765
		36	혜공왕(惠恭王)	건운(乾運)	765~780	~780
	下代	37	선덕왕(宣德王)	양상(良相)	780~785	~785
		38	원성왕(元聖王)	경신(敬信)	785~798	~798
		39	소성왕(昭聖王)	준옹(俊邕)	798~800	~800
		40	애장왕(哀莊王)	청명, 중희(淸明, 重熙)	800~809	~809
		41	헌덕왕(憲德王)	언승(彦昇)	809~826	~826
		42	흥덕왕(興德王)	수종, 경휘, 수승(秀宗, 景徽, 秀升)	826~836	~836
		43	희강왕(僖康王)	제융, 제옹(悌隆, 悌顒)	836~838	~838
		44	민애왕(閔哀王)	명(明)	838~839	~839
		45	신무왕(神武王)	우징(祐徵)	839~839	~839
		46	문성왕(文聖王)	경응(慶應)	839~857	~857
		47	헌안왕(憲安王)	의정, 우정(誼靖, 祐靖)	857~861	~861
		48	경문왕(景文王)	응렴, 의렴(膺廉, 疑廉)	861~875	846~875
		49	헌강왕(憲康王)	정(晸)	875~886	~886
		50	정강왕(定康王)	황(晃)	886~887	~887
		51	진성여왕(眞聖女王)	만, 탄(曼, 坦)	887~897	~897
		52	효공왕(孝恭王)	요(嶢)	897~912	~912
		53	신덕왕(神德王)	경휘, 수종(景暉, 秀宗)	912~917	~917
		54	경명왕(景明王)	승영(昇英)	917~924	~924
		55	경애왕(景哀王)	위응(魏膺)	924~927	~927
		56	경순왕(敬順王)	부(傅)	927~935	~979

(5) 발해(渤海) : 15대 228년

(? : 미확인 도는 연대미상)

대	왕 명	이 름	재위년	생몰년
1	고왕(高王)	대조영(大祚榮)	699~719	~719
2	무왕(武王)	대무예(大武藝)	719~737	~737
3	문왕(文王)	대흠무(大欽茂)	737~793	~793
4	폐왕(廢王)	대원의(大元義)	793~794	~794
5	성왕(成王)	대화여(大華璵)	794~794	~794
6	강왕(康王)	대숭린(大嵩璘)	794~809	~809
7	정왕(定王)	대원유(大元瑜)	809~813	~813
8	희왕(僖王)	대언의(大言義)	813~817	~817
9	간왕(簡王)	대명충(大明忠)	817~818	~818
10	선왕(宣王)	대인수(大仁秀)	818~830	~830
11	?	대이진(大彝震)	830~858	~858
12	?	대건황(大虔晃)	858~870	~870
13	경왕(景王)	대현석(大玄錫)	870~893	~893
14	?	대위해(大瑋瑎)	893~906	~906
15	애왕(哀王)	대인선(大諲譔)	906~926	~926

(6) 고려(高麗) : 34대 475년

(? : 미확인 도는 연대미상)

대	왕 명	이 름	자	재위년	생몰년
1	태조(太祖)	건(建)	약천(若天)	918.06~943.05	877~943
2	혜종(惠宗)	무(武)	승건(承乾)	943.05~945.09	912~945
3	정종(定宗)	요(堯)	천의(天義)	945.09~949.03	923~949
4	광종(光宗)	소(昭)	일화(日華)	949.03~975.05	925~975
5	경종(景宗)	주(伷)	장민(長民)	975.05~981.07	955~981
6	성종(成宗)	치(治)	온고(溫古)	982.07~997.10	960~997
7	목종(穆宗)	송(訟)	효신(孝伸)	997.10~1009.02	980~1009
8	현종(顯宗)	순(詢)	안세(安世)	1009.02~1031.05	992~1031
9	덕종(德宗)	흠(欽)	원량(元良)	1031.05~1034.09	1016~1034
10	정종(靖宗)	형(亨)	신조(申照)	1034.09~1046.05	1018~1046
11	문종(文宗)	휘(徽)	촉유(燭幽)	1046.05~1083.07	1019~1083
12	순종(順宗)	휴, 훈(烋, 勳)	의공(義恭)	1083.07~1083.10	1047~1083

대	왕 명	이 름	자	재위년	생몰년
13	선종(宣宗)	증, 운(蒸, 運)	계천(繼天)	1083.10~1094.05	1049~1094
14	헌종(獻宗)	욱(昱)		1094.05~1095.10	1084~1097
15	숙종(肅宗)	희, 옹(熙, 顒)	천상(天常)	1095.10~1105.10	1054~1105
16	예종(睿宗)	우(俁)	세민(世民)	1105.10~1122.04	1079~1122
17	인종(仁宗)	구, 해(構, 楷)	인표(仁表)	1122.04~1146.02	1109~1146
18	의종(毅宗)	철, 현(徹, 晛)	일승(日升)	1146.02~1170.09	1127~1173
19	명종(明宗)	흔, 호(昕, 晧)	지단(之旦)	1170.09~1197.09	1131~1202
20	신종(神宗)	민, 탁(旼, 晫)	지화(至華)	1197.09~1204.01	1144~1204
21	희종(熙宗)	덕, 영(惪, 韺)	불피(不陂)	1204.01~1211.12	1181~1237
22	강종(康宗)	숙, 정, 오(璹, 貞, 祦)	대화(大華)	1211.12~1213.08	1152~1213
23	고종(高宗)	친, 철(瞔,)	대명(大明)	1213.08~1259.06	1192~1259
24	원종(元宗)	전, 식, 진(禎, 䄄, 禛)	일신(日新)	1259.06~1274.06	1219~1274
25	충렬왕(忠烈王)	심, 춘, 거(諶, 旽, 賰)		1274.06~1298.01 1298.08~1308.07	1236~1308
26	충선왕(忠宣王)	원, 장(源, 璋)	중앙(仲昻)	1298.01~1298.08 1308.07~1313.03	1275~1325
27	충숙왕(忠肅王)	도, 만(燾, 卍)	의효(宜孝)	1313.03~1330.02 1332.02~1339.03	1294~1339
28	충혜왕(忠惠王)	정(禎)		1330.02~1332.02 1339.03~1334.01	1315~1344
29	충목왕(忠穆王)	흔(昕)		1344.02~1348.12	1337~1348
30	충정왕(忠定王)	저(胝)		1394.07~1351.10	1338~1352
31	공민왕(恭愍王)	기, 전(祺, 顓)	이재(怡齋)	1351.10~1374.09	1330~1374
32	우왕(禑王)	우(禑)		1374.09~1388.06	1365~1389
33	창왕(昌王)	창(昌)		1388.06~1389.11	1380~1389
34	공양왕(恭讓王)	요(瑤)		1389.11~1392.07	1345~1394

7) 조선(朝鮮) : 27대 519년

(?: 미확인 도는 연대미상)

대	왕 명	이 름	자	호	재위년	생몰년
1	태조(太祖)	성계, 단(成桂, 旦)	중결(仲潔) 군진(君晉)	송헌(松軒)	1392.07~1398.09	1335~1408
2	정종(定宗)	영안대군 방과, 경 (永安大君 芳果, 曔)	광원(光遠)		1398.09~1400.11	1357~1419
3	태종(太宗)	정안대군 방원(靖安大君 芳遠)	유덕(遺德)		1400.11~1418.08	1367~1422
4	세종(世宗)	충녕대군 도(忠寧大君 祹)	원정(元正)		1418.08~1450.02	1397~1450

대	왕 명	이 름	자	호	재위년	생몰년
5	문종(文宗)	향(珦)	휘지(輝之)		1450.02~1452.05	1414~1452
6	단종(端宗)	홍위(弘暐)			1452.05~1455.06	1441~1457
7	세조(世祖)	수양대군 유(首陽大君 瑈)	수지(粹之)		1455.06~1468.09	1417~1468
8	예종(睿宗)	해양대군 황(海陽大君 晄)	명조(明照)	?	1468.09~1469.11	1450~1469
9	성종(成宗)	자산대군 혈(者山大君 娎)			1469.11~1494.12	1457~1494
10	연산군(燕山君)	융(㦕)			1494.12~1506.09	1476~1506
11	중종(中宗)	진성대군 역(晋城大君 懌)	낙천(樂天)		1506.09~1544.11	1488~1544
12	인종(仁宗)	호(峼)	천윤(天胤)		1544.11~1545.07	1515~1545
13	명종(明宗)	환(峘)	대양(對陽)		1545.07~1567.06	1534~1567
14	선조(先祖)	하성군 균,연(河城君 鈞, 昖)			1567.07~1608.02	1552~1608
15	광해군(光海君)	혼(琿)			1608.02~1623.03	1575~1641
16	인조(仁祖)	능양대군 천윤,종(綾陽大君 天胤,倧)	화백(和伯)	송창(松窓)	1623.03~1694.03	1595~1649
17	효종(孝宗)	봉림대군 호(鳳林大君 淏)	정연(靜淵)	죽오(竹梧)	1649.05~1659.05	1619~1659
18	현종(顯宗)	연(棩)	경직(景直)		1659.05~1674.08	1641~1674
19	숙종(肅宗)	돈(焞)	명보(明普)		1674.08~1720.06	1661~1720
20	경종(景宗)	윤(昀)	휘서(輝瑞)		1720.06~1724.08	1688~1724
21	영조(英祖)	연잉군 금(延礽君 昑)	광숙(光叔)	양성헌(養性軒)	1724.08~1776.03	1694~1776
22	정조(正祖)	산(祘)	형운(亨運)	홍재(弘齋)	1776.03~1800.06	1752~1800
23	순조(純祖)	공(玜)	공보(公寶)	순재(純齋)	1800.07~1834.11	1790~1834
24	헌종(憲宗)	환(奐)	문응(文應)	원헌(元軒)	1834.11~1849.06	1827~1849
25	철종(哲宗)	덕완군 원범,변(德完君 元範, 昪)	도승(道升)	대용재(大勇齋)	1849.06~1863.12	1831~1863
26	고종(高宗)	익성군 재황, 형(翼成君 載晃, 㷩)	성임(聖臨) 명부(明夫)	성헌(誠軒)	1863.12~1907.07	1852~1919
27	순종(純宗)	척(拓)	군방(君邦)	정헌(正軒)	1907.07~1910.08	1874~1926

고금관작 대조표(古今官爵對照表)

기관계급	입법부	정부기관	지방행정	대학	군인	사법부	외무부	경찰계	문교부	정부투자기관	일반행정부	조선	품계
	국회의장	대통령				대법원장							
		국무총리										영의정 좌의정 우의정	장1품
		부총리										좌찬성 우찬성	종1품
		장관 차관	도지사		대장	대법원판사	장관 차관	본부장	장관 차관 교육감		장관 차관	판서 좌참찬 우참찬	정2품
		차관보		학장	중장	법원장 검사장	차관보				차관보	참판 관찰사	종2품
1급		관리관		주임교수	소장	2호이산	관리관		관리관	관리관	관리관	참의 목사 도호부사	(당상관)정3품
2급		이사관 국장		교수	준장	4호이상 판검사	이사관	치안정감	부교육감	이사	이사관	집의 사관	종3품
3급		부이사관(3년이상		부교수	대령	6호이상 판검사	부이사관	치안감		이사 3년이하	부이사관	군수 사인 장령	정4품
					중령							경력 첨정	종4품
4급		서기관(과장)	군수 부군수 국장	주교수	소령	9호이상 판검사	서기관	경무관 총경 경정	교장 6호이상			헌령 판관 지평	정5품
4급		서기관(과장)	군수 부군수 국장	주교수	소령	9호이상 판검사	서기관	경무관 총경 경정	교장 6호이상			정량 교리	종5품
5급		사무관(계장)	과장(면장)	전임강사	대위		사무관		교감 9호이상	과장(차장)		좌랑 감찰	정6품
5급		사무관(계장)	과장(면장)	전임강사	대위		사무관		교감 9호이상	과장(차장)		현감 찰방	종6품
6급	주사	주사(계장)		전임강사(2년미만)	중위		주사	경감 경위	21호이상	계장(대리)	주사	박사	정7품
7급	주사보	주사보		조교	소위 준위		주사보	경사	30호이상	평사원 3년이상	주사보	직장 저작	정7품
7급	주사보	주사보		조교	소위 준위		주사보	경사	30호이상	평사원 3년이상	주사보	직장 저작	정8품
8급	서기	서기			상사 중사		서기	경장	31호이하	평사원	서기	정사 훈도	정9품
9급	서기보	서기보			하사		서기보	순경		평사원	서기보	참봉	종9품

공무원 예규철에 없는 직은 관례에 따랐음.

조선시대관직 등 품계표(朝鮮時代官職 等 品階表)

區分	無階	正一品(堂上)	從一品(堂上)	正二品(堂上)	從二品(堂上)	正三品(堂上)	正三品(堂下)	從三品(堂下)	正四品(堂下)	從四品(堂下)	正五品(參上)	從五品(參上)	正六品(參上)	從六品(參上)	正七品(參下)	從七品(參下)	正八品(參下)	從八品(參下)	正九品(參下)	從九品(參下)
東西		大匡輔國崇祿大夫 補國崇祿大夫	崇祿大夫 崇政大夫	正憲大夫	嘉靖大夫 嘉善大夫	通政大夫	通訓大夫	中直大夫 中訓大夫	奉正大夫 奉烈大夫	朝散大夫 朝奉大夫	通德郎 通善郎	奉直郎 奉訓郎	承議郎 承訓郎	宣教郎 宣務郎	務功郎	啓功郎	通仕郎	承仕郎	從仕郎	將仕郎
班班						折衝將軍	禦侮將軍	建功將軍 保功將軍	振威將軍 昭威將軍	定略將軍 宣略將軍	果毅校尉 忠毅校尉	顯信校尉 彰信校尉	敦勇校尉 進勇校尉	勵節校尉 秉節校尉	迪順副尉	奮順副尉	承義副尉	修義副尉	校力副尉	展力副尉
文武官妻		貞敬夫人	貞敬夫人	貞夫人	貞夫人	淑夫人	淑人	淑人	令人	令人	恭人	恭人	宜人	宜人	安人	安人	端人	端人	孺人	孺人
宗親男	大君	君	君	君	君	都正	正	副正	正	副正	令	副令	監							
宗親女	公主 翁主			君主	縣主															
內命夫	王妃	嬪	貴人	昭儀	淑儀	昭容		淑容	昭媛	淑媛	尚宮 尚儀	尚服 尚食	尚寢 尚功	尚正 尚記	典膳	典言	典藥	典正	奏角	奏徹
外命夫		府夫人 郡夫人	郡夫人	縣夫人	縣夫人	縣夫人	縣人	惠人	惠人	溫人	溫人	順人	順人							
儀賓		尉	尉	尉	尉	副尉		僉尉		僉尉										

*府 夫 人 : 大君의 처, 王妃 父(府院君)의 처, 一品君의 처
*貞敬夫人 : 功臣 父(府院君), 從一品 이상 大監의 처.
*貞 夫 人 : 從二品 이상 大臣의 처
* 尉 : 공주의 남편(從一), 옹주의 남편(從二)
*大 君 : 정실 왕자.　* 君 : 왕자(庶), 왕세자의 자.
*公 主 : 정실 왕녀.　*翁 主 : 왕녀(庶)
*君 主 : 왕세자의 여.　*縣 主 : 왕세자의 여(庶)
*郡 夫 人 : 王子君(一品)의 처.　*縣夫人 : 왕자君(二品)의 처.
*副 尉 : 君主의 남편.　*僉 尉 : 縣主의 남편.

우리 나라가 사용한 연호 일람

(가나다순)

연 호	사용 국가 / 왕	연 대
개국(開國)	신라 / 진흥왕	551~567
개국(開國)	조선 / 고종	1894~1897
건국(建國)	신라 / 진흥왕	551~567
건복(建福)	신라 / 진평왕 · 선덕여왕	584~633
건양(建陽)	조선 / 고종	1896~1897
건원(建元)	신라 / 법흥왕 · 진흥왕	536~550
건황(建晃)	발해 / ?	858~870
건흥(建興)	발해 / 선왕	818~829
광덕(光德)	고려 / 광종	950~951
광무(光武)	대한 / 고종	1897~1907
대창(大昌)	신사 / 진흥왕	568~571
대흥(大興)	발해 / 문왕	737~792
무태(武泰)	마진 / 궁예	904~905
성책(聖冊)	마진 / 궁예	905~910
수덕만세(水德萬歲)	태봉 / 궁예	911~914
영덕(永德)	발해 / 정왕	809~812
영락(永樂)	고구려 / 광개토왕	391~413
융기(隆基)	발해 / ?	1115
융희(隆熙)	대한 / 순종	1907~1910
응순(應順)	발해 / ?	1115
인안(仁安)	발해 / 무왕	719~736
인평(仁平)	신라 / 선덕여왕	634~646
정력(正曆)	발해 / 강왕	795~809
정개(政開)	태봉 / 궁예	914~918
주작(朱雀)	발해 / 희왕	813~817
준풍(峻豊)	고려 / 광종	960~963
중흥(中興)	발해 / 성왕	794
천개(天開)	고려 / 인종(대위국 / 소청)	1135
천경(天慶)	발해 / ?	1029~1120
천수(天授)	고려 / 태조	918~933
천통(天統)	발해 / 고왕	699~718
태시(太始)	발해 / 간왕	817~818
태창(太昌)	신라 / 진흥왕	568~571
태화(太和)	신라 / 선덕여왕	647~650
함화(咸和)	발해 / 이진	830~858
홍제(鴻濟)	신라 / 진흥왕 · 진시왕 · 진평왕	572~583

중국 근세국가(明·靑) 연호표

국가명	기 간	연 호	사용기간	비 교
명	1368~	홍무(洪武) 건문(建文) 영락(永樂) 홍희(洪熙) 선덕(宣德) 정통(正統) 경태(景泰) 천순(天順) 성화(成化) 홍치(弘治) 정덕(正德) 가정(嘉靖) 융경(隆慶) 만력(萬曆) 태창(泰昌) 천계(天啓) 숭정(崇禎) 융무(隆武) 소무(紹武) 영력(永曆)	1368~1398 1399~1402 1403~1424 1425 1426~1435 1436~1449 1450~1457 1457~1464 1465~1487 1488~1505 1506~1521 1522~1566 1567~1572 1573~1620 1620 1621~1627 1628~1644 1645~1646 1646 1647~1661	
청	1616~	천명(天命) 천총(天總) 숭덕(崇德) 순치(順治) 강희(康熙) 옹정(雍正) 건융(乾隆) 가경(嘉慶) 도광(道光) 함풍(咸豊) 동치(同治) 광서(光緒) 선통(宣統)	1616~1627 1627~1635 1636~1643 1644~1661 1662~1722 1723~1735 1736~1795 1796~1820 1821~1850 1851~1861 1862~1874 1875~1908 1909~1911	

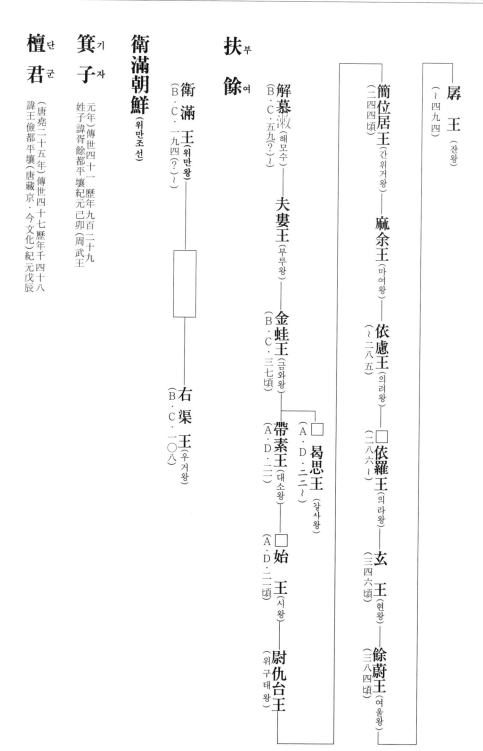

歷代王朝의 王系

檀군君
（唐堯二十五年）傳世四十七歷年千四十八 諱王儉都平壤（唐藏京·今文化）紀元戊辰

箕기子
元年 傳世四十一歷年九百二十九 姓子諱胥餘都平壤紀元己卯（周武王

衛滿朝鮮（위만조선）
衛滿王（위만왕）（B·C·一九四(?)~
右渠王（우거왕）（B·C·一○八）

扶여餘
解慕漱（해모수）（B·C·五九(?)~
夫婁王（부루왕）（B·C·五九(?)~
金蛙王（금와왕）（B·C·三七頃）
帶素王（대소왕）（A·D·二二）
葛思王（갈사왕）（A·D·二二~
□王（갈사왕）（A·D·二二~
□始王（시왕）（A·D·二二頃）
尉仇台王（위구태왕）

屠 王（잔왕）（~四九四）
簡位居王（간위거왕）（二四四頃）
麻余王（마여왕）（~二八五）
依慮王（의려왕）（~二八五）
□依羅王（의라왕）（二八六~
玄 王（현왕）（三四六頃）
餘蔚王（여울왕）（三八四頃）

大伽倻(대가야)

夷毗訶之(이비가지) (天神)(천신)

正見母主(정견모주) (山神)(산신) (惱室朱日)(뇌실주일)

伊珍阿鼓(이진아고) (A·D四二(?)~) (天神)(천신) (內珍朱智)(내진주지)

荷知王(하지왕) (四七九頃)

異腦王(이뇌왕) (五二二頃)

⑯ 道設智王(도설지왕) (~五六二)

茂得(무득)

茂力(무력) ── 舒玄(서현) ── 庾信(유신)

世宗(세종)

⑥ 坐知王(좌지왕) (四○七~四二一) (金叱)(금화)

叱嘉(화가)

⑦ 吹希王(취희왕) (四二一~四五一)

⑧ 鉒知王(질지왕) (四五一~四九二) (金銍)(금질)

⑨ 鉗知王(겸지왕) (四九二~五二一) (金鉗)(금겸)

⑩ 仇衡王(구형왕) (五二一~五三二) (仇亥·仇次休)(구해·구차휴)

駕洛(가락)=金官伽倻(금관가야)

(金氏)(김씨)

① 首露王(수로왕) (四二~一九九)

② 居登王(거등왕) (一九九~二五九)

③ 麻品王(마품왕) (二五九~二九一) (馬品)(마품)

④ 居叱彌王(거질미왕) (二九一~三四六) (今勿)(금물)

⑤ 伊尸品王(이시품왕) (三四六~四○七) (伊品)(이품)

高句麗

_{고구려}

（高　氏）（고씨）

起唐高宗戊辰亡二十八王七百五年自稱
高氏自稱高辛氏後都卒本扶餘又國內城又丸
都又平壤漢宣帝甲申
都本扶餘又國內城又丸都又平壤漢宣帝甲申

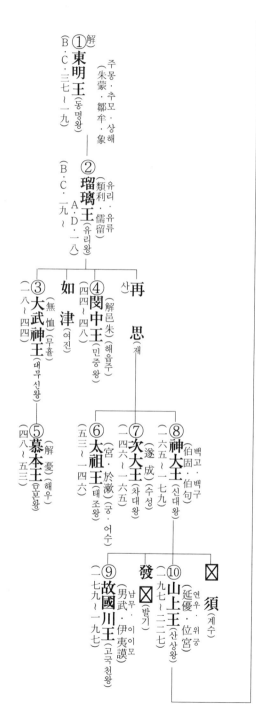

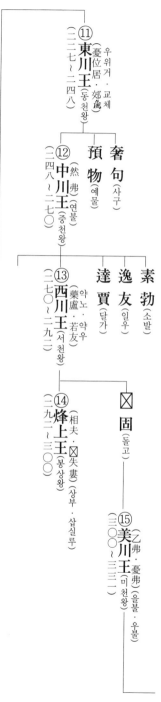

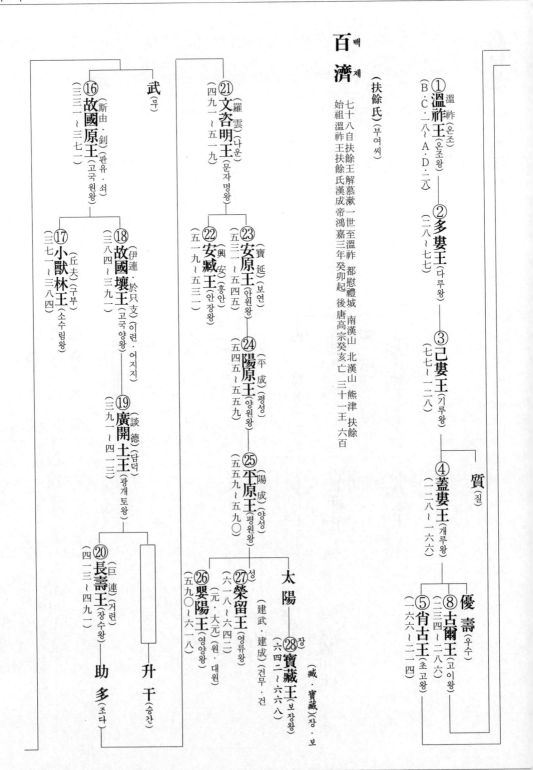

百濟^{백제}

（扶餘氏）（부여씨）

始祖溫祚王扶餘氏漢成帝鴻嘉三年癸卯起 後唐高宗癸亥亡 三十一王 六百
七十八 自扶餘王解慕漱一世 至溫祚 都慰禮城 南漢山 北漢山 熊津 扶餘

①溫祚王（온조왕）^{온조}
（B·C·一八∼A·D·二八）

②多婁王（다루왕）^{다루}
（二八∼七七）

③己婁王（기루왕）^{기루}
（七七∼一二八）

④蓋婁王（개루왕）^{개루}
（一二八∼一六六）

質（질）^질

⑧古爾王（고이왕）^{고이}
（二三四∼二八六）

優壽（우수）^{우수}

⑤肖古王（초고왕）^{초고}
（一六六∼二一四）

⑯故國原王（고국원왕）^{고국원}
斯由·釗（사유·쇠）
（三三一∼三七一）

武（무）^무

㉑文咨明王（문자명왕）^{문자명}
羅雲（나운）
（四九一∼五一九）

⑰小獸林王（소수림왕）^{소수림}
丘夫（구부）
（三七一∼三八四）

⑱故國壤王（고국양왕）^{고국양}
伊連·於只支（이련·어지지）
（三八四∼三九一）

㉒安藏王（안장왕）^{안장}
興安（흥안）
（五一九∼五三一）

㉓安原王（안원왕）^{안원}
寶延（보연）
（五三一∼五四五）

㉔陽原王（양원왕）^{양원}
平成（평성）
（五四五∼五五九）

⑲廣開土王（광개토왕）^{광개토}
談德（담덕）
（三九一∼四一三）

⑳長壽王（장수왕）^{장수}
巨連（거련）
（四一三∼四九一）

㉕平原王（평원왕）^{평원}
陽成（양성）
（五五九∼五九○）

升干（승간）^{승간}

助多（조다）^{조다}

太陽^{태양}

㉗榮留王（영류왕）^{영류}
建武·建成（건무·건）
（六一八∼六四二）

㉖嬰陽王（영양왕）^{영양}
元·大元（원·대원）
（五九○∼六一八）

㉘寶藏王（보장왕）^{보장}
藏·寶藏（장·보）
（六四二∼六六八）

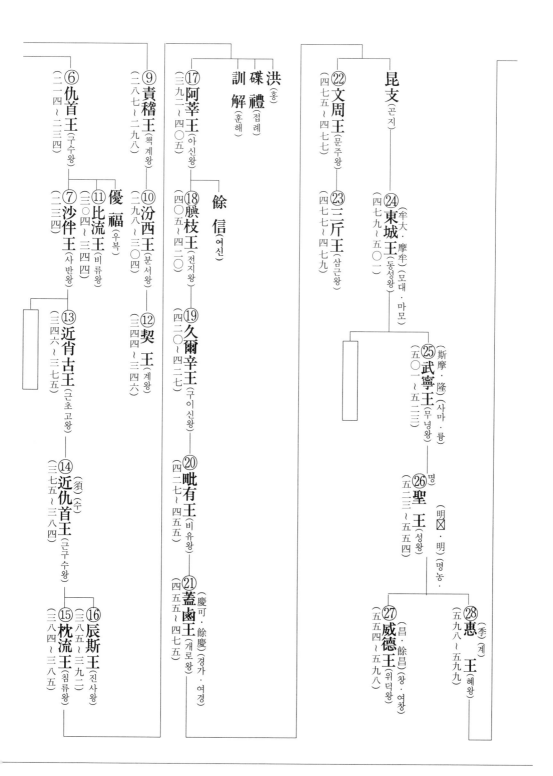

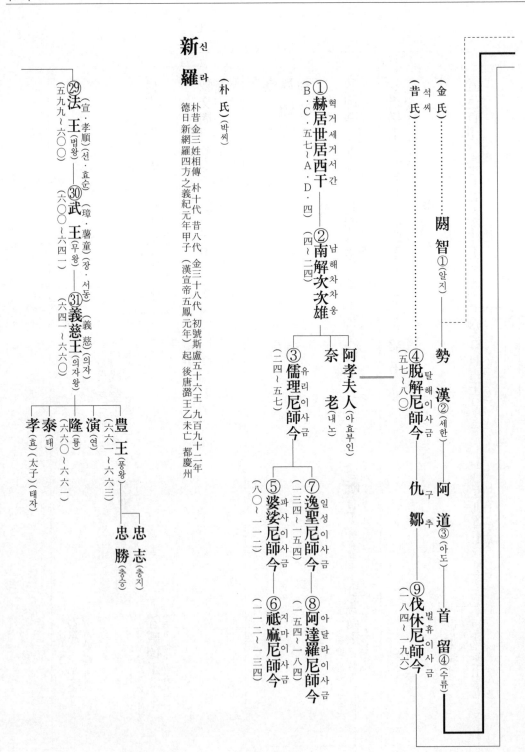

新羅 신라

(朴 氏)(박씨)

朴昔金三姓相傳 朴十代 昔八代 金三十八代 初號斯盧 五十六王 九百九十二年 德日新羅 四方之義 紀元年 甲子(漢宣帝五鳳元年) 起 後唐潞王乙未亡 都慶州

① 赫居世居西干 혁거세거서간
(B·C·五七〜A·D·四)

② 南解次次雄 남해차차웅
(四〜二四)

③ 儒理尼師今 유리이사금
(二四〜五七)

奈老 (내노)

阿孝夫人 (아효부인)

④ 脱解尼師今 탈해이사금
(五七〜八〇)

⑤ 婆娑尼師今 파사이사금
(八〇〜一一二)

⑦ 逸聖尼師今 일성이사금
(一三四〜一五四)

⑥ 祇麻尼師今 지마이사금
(一一二〜一三四)

⑧ 阿達羅尼師今 아달라이사금
(一五四〜一八四)

(金 氏) 김씨
석씨
(昔 氏)

閼 智 ① (알지)

勢 漢 ② (세한)

阿 道 ③ (아도)

首 留 ④ (수류)

仇 鄒 (구추)

⑨ 伐休尼師今 벌휴이사금
(一八四〜一九六)

㉙ 法 王 (선·효순) (법왕)
(五九九〜六〇〇)

㉚ 武 王 (璋·薯童)(장·서동) (무왕)
(六〇〇〜六四一)

㉛ 義慈王 (義慈)(의자) (의자왕)
(六四一〜六六〇)

孝 (효)(太子)(태자)

泰 (태)

隆 (륭)
(六六〇〜六六一)

演 (연)

豊 王 (풍왕)
(六六一〜六六三)

忠 志 (충지)

忠 勝 (충승)

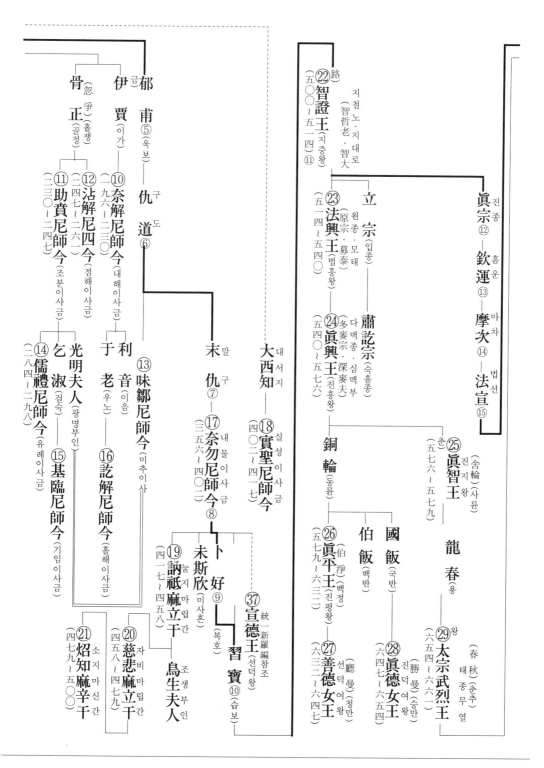

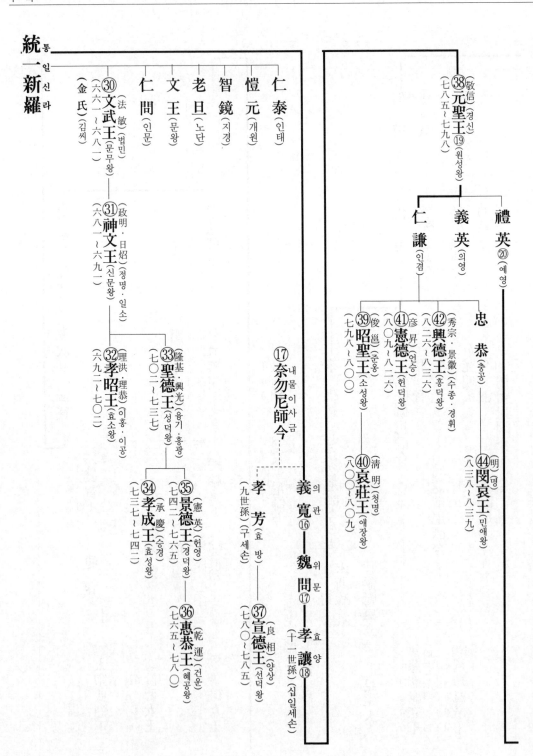

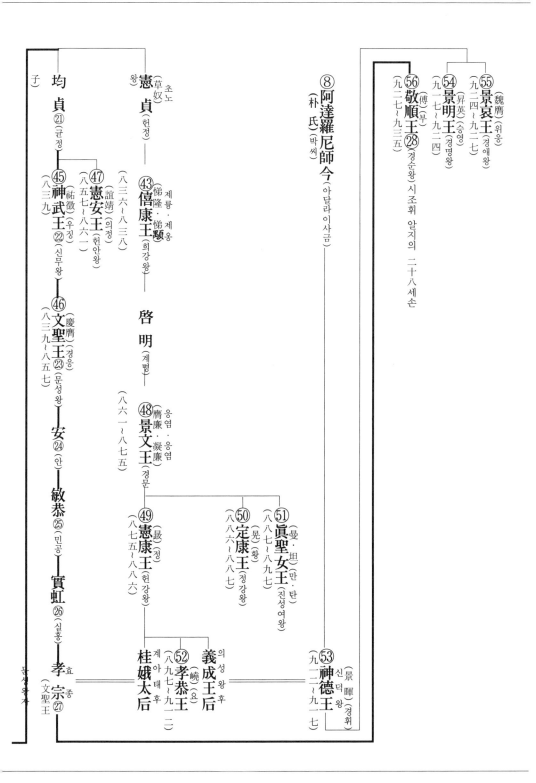

⑧阿達羅尼師今(아달라이사금)
(朴氏)(박씨)

憲貞(헌정) 왕
(草奴)(초노)

均貞(균정)㉑
子

神武王㉒(신무왕)(祐徵)(우징)(八三九)

文聖王㉓(문성왕)(慶膺)(경응)(八三九~八五七)

安㉔(안)

敏恭㉕(민공)

實虹㉖(실홍)

孝宗(효종)㉗(文聖王)(문성왕)

憲安王㉔(헌안왕)(誼靖)(의정)(八五七~八六一)

僖康王㉓(희강왕)(悌隆·悌顒)(제륭·제옹)(八三六~八三八)

啓明(계명)

景文王㉔(경문왕)(膺廉·凝廉)(응렴·응렴)(八六一~八七五)

憲康王㉔(헌강왕)(晸)(정)(八七五~八八六)

定康王㉕(정강왕)(晃)(황)(八八六~八八七)

眞聖女王㉕(진성여왕)(曼·坦)(만·탄)(八八七~八九七)

義成王后(의성왕후)

桂娥太后(계아태후)

孝恭王㉕(효공왕)(嶢)(요)(八九七~九一二)
의아태후

神德王㉓(신덕왕)(景暉)(경휘)(九一二~九一七)

景明王㉔(경명왕)(昇英)(승영)(九一七~九二四)

景哀王㉕(경애왕)(魏膺)(위응)(九二四~九二七)

敬順王㉘(경순왕)(傅)(부)(九二七~九三五)

시조 휘 알지의 二十八세손

渤발海해

（大氏）（대씨）

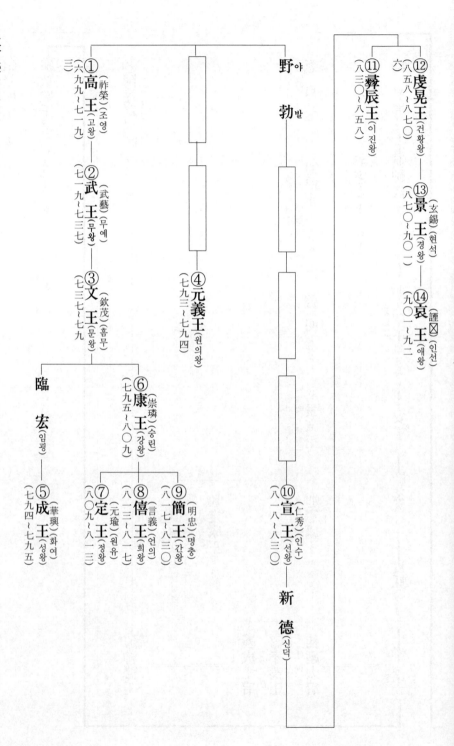

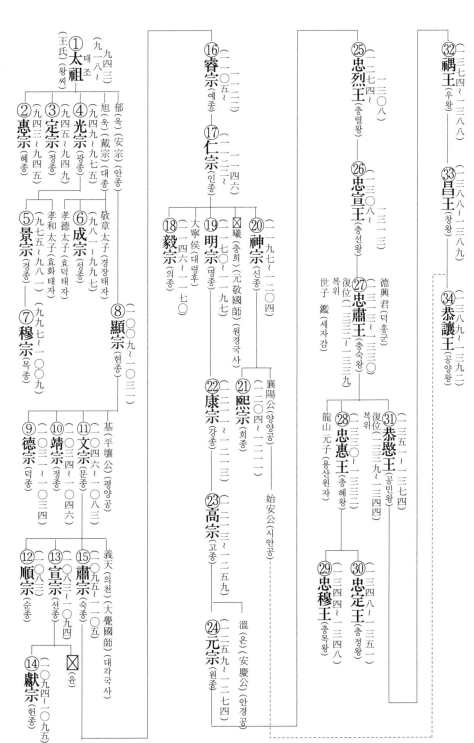

高麗王系表

（九一八年～一三九二年…三十四代　四七五年）

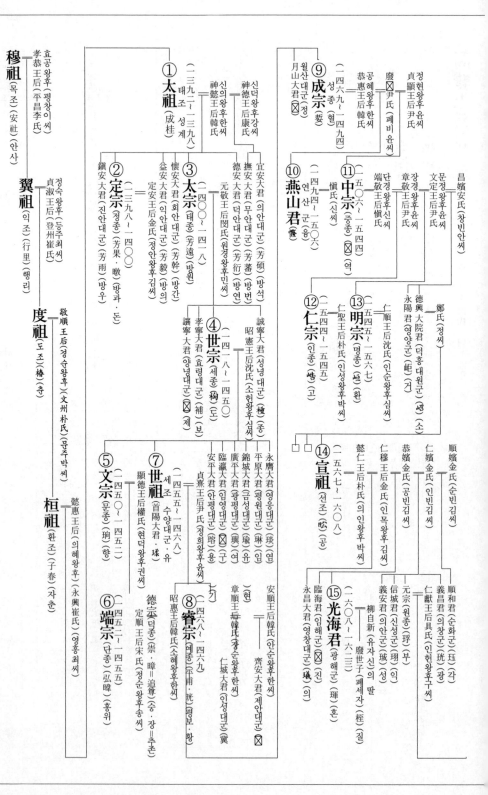

朝鮮王室世系表

(一三九二年〜一九一〇年…二十七代…五一九年)

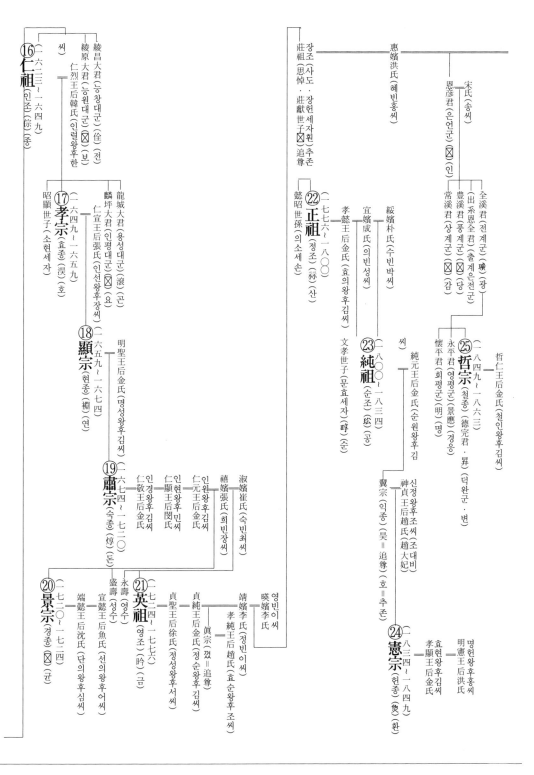

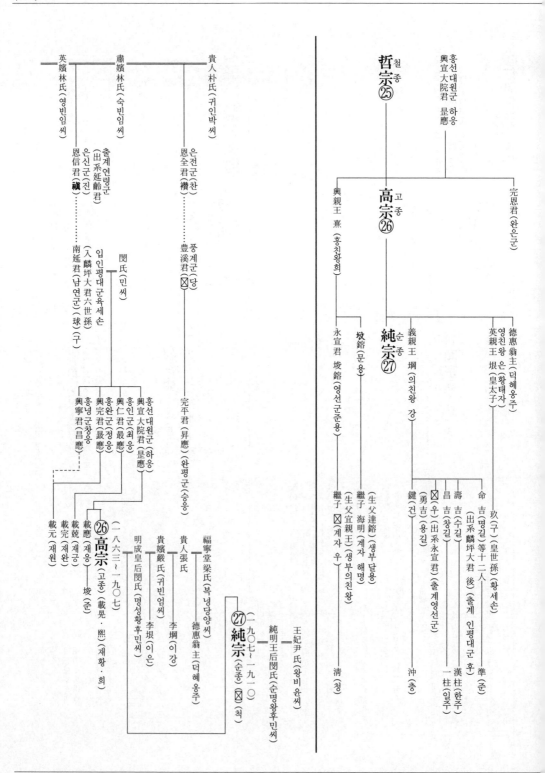

조선 왕후록(씨족별)

N.O	성씨	위(位)	대(代)·왕(王)·왕후(王后)
1	파평윤씨(坡平尹氏)	4	⑦ 세조(世祖) = 정희왕후(貞熹王后) ⑨ 성종(成宗) = 정현왕후(貞顯王后) ⑪ 중종(中宗) = 장경왕후(章敬王后)·문정왕후(文定王后)
2	여흥민씨(驪興閔氏)	4	③ 태종(太宗) = 원경왕후(元敬王后) ⑲ 숙종(肅宗) = 인현왕후(仁顯王后) ㉖ 고종(高宗) = 명성왕후(明聖王后) ㉗ 순종(純宗) = 순명왕후(純明王后)
3	청주한씨(淸州韓氏)	4	⑧ 예종(睿宗) = 장순왕후(章順王后)·안순왕후(安順王后) ⑨ 성종(成宗) = 공혜왕후(恭惠王后) ⑯ 인조(仁祖) = 인렬왕후(仁烈王后)
4	경주김씨(慶州金氏)	3	② 정종(定宗) = 정안왕후(定安王后) ⑲ 숙종(肅宗) = 인원왕후(仁元王后) ㉑ 영조(英祖) = 정순왕후(貞純王后)
5	청송심씨(靑松沈氏)	3	④ 세종(世宗) = 소헌왕후(昭憲王后) ⑬ 명종(明宗) = 인순왕후(仁順王后) ⑳ 경종(景宗) = 단의왕후(端懿王后)
6	안동김씨(安東金氏)	3	㉓ 순조(純祖) = 순원왕후(純元王后) ㉔ 헌종(憲宗) = 효현왕후(孝憲王后) ㉕ 철종(哲宗) = 철인왕후(哲仁王后)
7	나주박씨(羅州朴氏)	2	⑫ 인종(仁宗) = 인성왕후(仁聖王后) ⑭ 선조(宣祖) = 의인왕후(懿仁王后)
8	청풍김씨(淸風金氏)	2	⑱ 현종(顯宗) = 명성왕후(明聖王后) ㉒ 정조(正祖) = 효의왕후(孝懿王后)
9	거창신씨(居昌愼氏)	2	⑩ 연산군(燕山君) = 부인신씨(夫人愼氏) ⑪ 중종(中宗) = 단경왕후(端敬王后)
10	안변한씨(安邊韓氏)	1	① 태조(太祖) = 신의왕후(神懿王后)
11	곡산강씨(谷山康氏)	1	① 태조(太祖) = 신덕왕후(神德王后)
12	안동권씨(安東權氏)	1	⑤ 문종(文宗) = 현덕왕후(顯德王后)
13	여산송씨(礪山宋氏)	1	⑥ 단종(端宗) = 정순왕후(定順王后)
14	연안김씨(延安金氏)	1	⑭ 선조(宣祖) = 인목왕후(仁穆王后)
15	문화유씨(文化柳氏)	1	⑮ 광해군(光海君) = 부인유씨(夫人柳氏)
16	양주조씨(楊州趙氏)	1	⑯ 인조(仁祖) = 장렬왕후(莊烈王后)
17	덕수장씨(德水張氏)	1	⑰ 효종(孝宗) = 인선왕후(仁宣王后)
18	광주김씨(光州金氏)	1	⑲ 숙종(肅宗) = 인경왕후(仁敬王后)
19	함종어씨(咸從魚氏)	1	⑳ 경종(景宗) = 선의왕후(宣懿王后)
20	달성서씨(達城徐氏)	1	㉑ 영조(英祖) = 정성왕후(貞聖王后)
21	남양홍씨(南陽洪氏)	1	㉔ 헌종(憲宗) = 명헌왕후(明憲王后)
22	해평윤씨(海平尹氏)	1	㉗ 순종(純宗) = 순정효황후(純貞孝皇后)
23	함안윤씨 (咸安尹氏)	1	⑨ 성종(成宗) = 제헌왕후(齊獻王后) 폐비윤씨

조선조를 움직였던 벼슬관의 관직표

1) 조선시대 중앙관제

조선시대 중앙관제는 16부府·6조曹·5관館·4원院·8청廳·9사寺·8사司·6감監·17서署·2위衛·2창倉·2고庫·5영營·2학學에 기타 6개로 110관아이며, 최고정책기구로써 의정부가 있고 그 감독하에 6조가 있어 행정을 분장하고 있다. 군사조직으로 중추부·오위도총부가 있는 바 이들의 편제와 권한은 여러 번의 변혁을 겪었다고 한다.

또 특수관료로서 비서기관인 승정원과 사법기관인 사헌부·사간원 및 의금부 상례원이 있고, 문한기관인 홍문관·예문관·춘추관 및 경영청이 있다. 이상의 정부기관을 부중府中이라 하며 그 밖에 궁중宮中이라 하여 별도로 국왕이 직속하는 궁중기관이 있는데, 이들 종친부·충훈부·의빈부·돈녕부·내명부·내시부 등이 있다. 또한 왕권강화와 국정운영의 효율화를 기하기 위하여 6조직계제直啓制를 기도하고, 기존의 중요 독립관아를 제외한 68여 아문을 6조에 분속시켰다. 속아문에 정1품 아문부터 정6품 이문까지 구분하였고, 아문마다 제조제提調制를 두게 하여 제조는 타관이 겸직토록 하였다.

2) 지방관제

조선시대 지방관제는 8개도에 수장으로 관찰사를 두고, 그 밑에 수령으로, 4부윤·4대도호·부사·20목사·44도호부사·82군마·38현령·137현감 등 모두 329의 지방관이 있다. 군사조직으로 12병마절도사 (병사)와 8수군절도사(수사)로 소재로 한 주진主鎭이 있고, 그 밑에 절제사 및 첨절제사가 있는 곳을 거진巨鎭이라 칭하여 관장케 하고, 이 거진을 단위로 진영에 여러 개의 제진諸鎭을 두어, 동첨절제사·만호·도위·ㄷ관 및 별장 등이 관장케 한 것이다. 이로써 제진은 거진에 속하고 거진은 주진에 의하여 통괄되었다.

3) 조선시대의 과거제도

조선왕조에 있어서 과거科擧와 문음門蔭이 초입사初入仕로서 쌍벽을 이루는 두 가지 중요한 관문이었다. 그러나 관료 임용 방법에는 시험을 통하여 개인의 능력을 인정하여 선발하는 과거제와 공신이나 3품이상의 관료자손을 선발하는 음서제蔭敍制 및 초야에 묻혀있는 선비 중에서 학문과 인품이 출중한 인물을 추천하여 선발하는 천거제薦擧制가 있었다. 그러나 중앙집권적 관료체제가 확립됨에 따라 혈통 및 친분보다는 개인의 능력이 우선되어야 한다는 과거 우선 주의가 정착하게 되었다.

과거에는 정규적으로 3년을 식년式年으로 실시하는 정규과시正規科詩가 있는가 하면, 시년시 외 임시적이고 부정기적인 과시科詩가 있었다. 국가의 경사시 수시로 시행되는 경과慶科(중광 별시 정시 춘당대시 등)와 반제泮製(일성과 응제 절일제 황감제 도기과 등)이 있었다. 그러면 당시의 정규과시제도는 어떠하였는가 알아보기로 하자.

(1) 문관의 과거제도(문과)

과거별		주관 및 과거장소		선발인원	응시자격	시험방법	비고
소과	초시	생원과	한성시	200	경내 및 각도의 유생	경서 강의 시부 제술	일일종의 자격 고시임. 초시합격자에 초시로 호칭하고 복시합격자에 생원진사로 호칭함
			향시	500			
		진사과	한성시	200			
			향시	500			
	복시	생원과	예조주제 성균관에서 실시	100	초시 합격자	경서 강의 시·부·제술	
		진사과		100			
대과	초시	관시(성균관)		50	소과 합격자	초장 경서강의 중장 시부제술 종장 대책제술	오늘날의 고등고시로 관료 임용고시임 1등 장원, 2등 방안, 3등 탐화의 칭호가 붙음
		한성시(한성)		40			
		향시(각도)		150			
		계		240			
	복시	예조 주재하 중앙에서 실시		33	초시 합격자	〃	
	전시	궁왕 친림하 궁중에서 실시		갑과 3	복시 합격자	시부제술	
				을과 7			
				병과 23			

(2) 무관의 과거제도(무과)

과거별	주관 및 과거장소	선별인원	응시자격	시험방법	비고
초시	원시 한성에서 향시 각도에서	70 120	유생 및 중인	무예과목 실기	일종의 고등 무관
복시	병조주제 중앙실시	28	초시 합격자	무예과목 실기 및 경서 및 병서 강의	시험으로 임용고사임
전시	국왕친림 궁중실시	갑과 3 을과 5 병과 20	복시 합격자	〃	1등 장원 2등 방안 3등 탐화 칭호

(3) 잡관의 과거제도(잡과)

과거별		초시			복시		
		인원	주관관아	과목	인원	주관관아	과목
역과	현학	한양 23 황해 7 평안 15	사역원 관찰사	경서강의 및 중국어	13	예조 및 사역관 공동관리	경서강의 및 중국어
	몽학	4	사역원	경서 및 몽골어	2	〃	경서 및 몽골어
	왜학	4	사역원	〃	2	〃	경서 및 일본어
	여진학	4	사역원	〃	2	〃	〃
의과	의학	18	전의감	의서 강의	9	예조와 전의감 공동관리	의서 강의
음양과	천문학	10	관상감	천문학 강의	5	예조와 관상관 공동관리	천문학 강의
	지리학	4	〃	지리학 강의	2		지리학 강의
	명과학	4	〃	명과학 강의	2		명과학 강의
율과	음학	18	형조	대명률과 경서 강의	9	예조와 형조 당상관 공동관리	대명률과 경서 강의

과거는 본래 일정한 시험을 통하여 관리를 뽑는 등용문이었다. 과거 중에 문·무과는 고급관료를 뽑는 시험이고, 잡과는 하급관리를 뽑는 시험이었다. 이러한 의미에서 과거는 초입사로初入仕路로써 중요한 관문이다. 그러면 과거시험에 합격하면 어느정도 초자超資 초직超職의 혜택이 있었는가 그 규정을 알아본다.

과거 급제자 초자 초직표

과별 등급	문과		무과		잡과		
	인원	품계(관직)	인원	품계	등급	역과	기타잡과
장원	1	종6품계			1등	종7품계	종8품계
갑원	2	정7품계	3	종7품계	2등	종8품계	종9품계
을과	7	정8품계	5	종8품계	3등	종9품계	종9품계
병과	23	정9품계	20	종9품계			

초자 초읍은 초읍사자가 과거시험의 성적과 이미 가지고 있던 관품의 높고 낮음에 따라 더 붙여 주는 것으로써 조선왕조의 과거의 특징을 드러내는 법제였다.

4) 조선시대의 인사행정

조선시대의 인사행정은 도목정사都目政事라고 하여 관료의 재직 년수와 근무평정에 따라, 매년 6월과 12월 두 번에 걸쳐 왕지를 물어 인사조치를 행하는 것이 관례이다. 즉, 매년 6월과 12월 양차에 관리 1년간의 근무 평정 또는 성정고사표인 '도력장都歷狀'을 토대로 문관은 이조에서, 무관은 병조에서 각기 판서와 전랑銓郎이 모여 심의한 결과에 따라 선임과 승임을 행한다.

도력장에 의하여 심의한 결과 관직마다 그의 적격한자 소위 '망望'에든 중에서 3명을 선발하고, 그 성명을 열거하여 국왕에게 진문하도록 하였으니 이것이 '비삼망備三望'이라 하였다. 이러한 모든 명록을 함께 국왕에게 봉정하면 국왕은 삼망 중의 1명에게 점을 찍어 최후의 결정을 내리는데, 이를 낙점落點 또는 비하比下라 하여 관보에 공표되는 것이다.

그러나 어떤 관직에 대한 임명절차는 이로써 그치지 아니한다. 이와 같이 일단 이조 또는 병조로부터 관리로 제수된 자는 그 신분상의 적격여부를 심사하는 서경署經이라는 절차를 밝아야 한다. (당상관堂上官 이상은 숙배肅拜시 곧바로 임명장이 전급되기 때문에 제외)

당하관의 임명이 있으면, 이조·병조에서 당사자의 내·의·처 삼족三族의 사조四祖(부·조·증·외)를 열거하여 사헌부와 사간원에 보내고, 이 양사에서는 당사자와 삼족 사조에 흠이 없음을 판정한 후에 인준하는 것이다. 이 서경 절차가 완료되어야 임관이 확정되는 것이다. 이 서경제는 단순한 절차 이상의 의미를 갖는다. 이는 국왕에 의한 절대적 권력행사를 제도적으로 제한 받게 함으로써 왕권과 신권을 균형있게 발전시키는 체제를 마련한 하나의 기준이 된다고 할 수 있다.

그 외에도 실적주의·임용제·근무평정제·가자제·서경제·포폄제·순자제·상피제·분경의 금지 등 비교적 공정하고 합리적인 제규정이 구비되었다.

당시의 인사관행으로 보거保擧·거관去官·포폄襃貶 등의 규정이 있었다. 보거는 현임 참상관 이상의 관원으로 하여금 관직에 임용할만한 사람을 공개적으로 천거하여 인사의 공정성을 보장하게 운영하자는 것이고, 거관은 한 관직에 임기를 채운 관리가 그 관직을 떠나는 것을 의미하였는데, 그 상한의 관직에서 타 관서로 떠나는 것이며, 포폄은 세목별 직무성과에 의하여 인사 고과를 매기고 그 성적을 따르는 것이다.

그 중에서도 포폄의 확대와 인사관리의 강화에 따라 내외 관직의 차별이 해소되었으며, 포폄을 근거로 가자加資(당하관에서 당상관으로 승진) 또는 승품陞品(당하관으로 품계가 승진)하는 규정이 정비됨에 따라, 순자법循資法(근무일수에 따라 품계를 승급하는 제도)이 단계적으로 확대 적용되었으며, 그에 따라 관계官階의 중요성이 더욱 높아졌으며 관리통제도 강화되었다.

인사관리상으로 직사職事 여부에 관련하여 정직正職과 겸직兼職 그리고 권설직權設職으로 구분하고 있다.

전문화된 정부기관을 종합적 조정을 촉진시킴으로써 행정의 중앙집권화에 큰 역할을 할 수 있다는 뜻에서 중요관직의 광범위한 겸직제를 실시했다. 예를 들면, 의정부의 영의정은 경영청·홍문관·예문관·춘추관·관상감의 영사직과 승문원의 도제조직 그리고 세자부 등 8개직을 겸임하고 1품의 품질을 가진 관리는 여러 직의 겸임의 원칙이다.

또한 항구적 관직제가 아닌 기구는 임시직으로 하는 권설직제가 있다. 도감·순찰사·어사·경차관 등과 외교적인 영접의 원접사·선의사 중국의 동지사·정조사·일본의 통신사 등이 이에 해당한다.

그리고 관계차대官階差待와 관련하여 정직正職과 체아직遞兒職 녹관祿官과 무녹관無祿官으로 구분하는데, 정직은 1년에 연이어 네 번의 정해진 녹봉을 받는 전문직 관리이고, 체아직은 정해진 녹봉이 없이 사시로 고강하여 그 성적에 따라 서로 바꾸어 수록하는 관리로써 근무할 때만 녹봉을 받는다.

또한 무녹관은 녹봉을 지급받지 않고 근무하는 관리를 말한다. 인사관리상의 중앙의 문무관의 관계차대 직종별 관료수를 한번 검토해 보면 정식으로 녹을 받고 근무하는 관료는 1,447명이고 임시직이나 무녹으로 근무하는 관료는 3,205명으로 배가 넘으며 정직에서 겸직하는 관료도 14%가 해당되고 있다.

중앙의 문무관 관계차대 인원현황

관직 / 품계	문관직						무관직				
	보직				겸직	합계	보직무녹관			겸직	합계
	정직 및 녹관	체아직	무녹관	계			정직 및 녹관	체아직	계		
정1품	4			4	28	32	1		1		1
종1품	3			3		3	2		2		2
정2품	9			9	81	90	6		6	6	12
종2품	11			11		11	7		7	23	30
정3품 당상	18			18	16	34	9		9	1	10
정3품 당하	28	4	1	33	4	37	10	3	13		13
종3품	24	3	1	28		28	16	9	25		25

관직 품계	문관직						무관직				
	보직				겸직	합계	보직무녹관			겸직	합계
	정직 및 녹관	체아직	무녹관	계			정직 및 녹관	체아직	계		
정4품	15		6	21	2	23	12		12		12
종4품	31	3	5	39		39	50	28	78		78
정5품	37	1	10	48	1	49	16		16		16
종5품	43	5	13	61		61	54	110	164		164
정6품	63		14	77	11	88	17		17		17
종6품	90	8	40	138		138	100	157	257		257
정7품	14			14	1	15	7		7	2	9
종7품	40	17		57	1	58	112	288	400		400
정8품	13		3	16	1	17	18		18		18
종8품	39	21	2	62	1	63	117	504	621	2	623
정9품	46	14		60	8	68	44		44		44
종8품	89	29		118		118	232	1906	2138		2138
계	617		95	817	163	980	830	3005	3835	34	3869

≪경국대전經國大典≫ 경관직 번차도목 참조

5) 고금 관제 및 관직 대조

조선시대의 정치체제는 왕권을 절정으로 하는 유교적 관료지배 체제였다. 정무政務의 중추기능으로서 의정부와 이조·호조·예조·병조·형조·공조의 6조를 두고, 6조 아래 아문으로 이조에 7개 아문 호조에 17개 아문, 예조에 29개 아문, 병조에 6개 아문, 형조에 2개 아문, 공조에 7개 아문이 각각 전문성을 담당하고 있었다. 그 외 독립 35개 아문도 왕실 담당 업무 6개 아문, 무관 방위 업무 17개 아문, 한성 외 근교지방 관리업무 5개 아문, 사헌부의 특수업무 5개 아문, 기타 공사 관리업무 2개 아문으로 관제가 편성되어 있다. 관직품계는 정1품에서 종9품으로 18개 품계로 되어 있다.

그러나 현재 우리나라 관제는 민주국가로써 삼권이 분립되어 행정부·입법부·사법부로 각각 독립되어 있다. 정무를 담당하는 행정부는 대통령을 중심으로 청와대와 내각으로 분리되어 있다. 청와대는 비서실과 경호실이 있고, 내각에는 대통령 직속기관으로 5개부서와 국무총리 직속 9개 부서가 있으며, 독립된 행정부서는 17개 부 16개 청으로 나누어져 있다. 관료 직급도 1급에서 9급까지 9단계로 되어 있다.

조선시대와는 정부 형태가 다르므로 관료 조직도 크게 다를 것이다. 그렇지만 업무내용상 유사한 부서와 관직을 대조해 보는 것도 재미있고, 관직을 이해하는 참고가 될 것이다.

고금 중요 관직 대조표

조선조 관아명	최고자 직계명	업무내용	현재 유사관청	최고자 직명
의정부	정1품 영의정	국정 총괄	국무총리실	국무총리
이조	정2품 판서	내무 문관 인사 봉훈	행정 자치부	장관
호조	정2품 판서	재정 조세 호구	재정 경제부	장관
예조	정2품 판서	의례 교육 외교	교육·외무 통상부	장관
병조	정2품 판서	국방 역원관리 무관 인사	국방·정보 통신부	장관
형조	정2품 판서	형벌 소송	법무부	장관

조선조 관아명	최고자 직계명	업무내용	현재 유사관청	최고자 직명
공조	정2품 판서	산림 건설 수공업	건설 교통부	장관
승정원	정3품 도승지	왕명 전달	청와대 비서실	실장
사헌부	종2품 대사헌	관리감찰 및 풍속단속	감사원	원장
사간원	정3품 대사간	국왕에 대한 간언 및 비판	국회	의장
의금부	종1품 판사	대역 모반 등 중죄처리	검찰청	청장
홍문관	정2품 대제학	경서작성 및 문서관리	한국정신문화연구원	원장
예문관	정2품 대제학	국왕교서 편찬 및 사초 기록	대학민국 학술원	원장
춘추관	정2품 지사	정치상황 기록 및 실록 편찬	국사편찬위원회	위원장
성균관	정2품 지사	문관 양성교육(대학)	서울대학교	총장
교서관	정3품 판교	서적 간행	국정교과서(주)	사장
경연	정2품 지사	경서연구 및 강의	국정자문위원회	위원장
중추부	종1품 판사	안보상 문무당상관 모임	비상기획위	위원장
오위도총부	정2품 도총관	오위 통설관	합동참모 본부	의장
어영청	종2품 대장	왕실호위 및 대권 경비	청와대 경호실	실장
금위영	종2품 대장	수도서울 경비	수도방위 사령부	사령관
포도청	종2품 대장	방범 수사	경찰청	청장
한성부	정2품 판윤	서울의 행정 및 치안담당	서울특별시	시장

6) 조선시대 관료 등급의 명칭

관료의 등급을 품품 또는 유품流品이라 정正·종從 각 9품으로 나누고 이 안에 드는 것을 유내流內, 그 밖의 비잡제직을 유외流外라 하였다. 이 18계급 가운데 문관 4품 이상을 대부大夫, 5품 이하를 낭郎, 무관 2품 이상은 대부, 3·4품은 장군將軍, 5·6품은 교위校尉, 7품 이하는 부위副尉의 명칭이 각각 있었다.

특히 정3품을 상·하 2계로 나누어 정3품 상계(통정대부, 절충장군) 이상을 당상堂上, 정3품 하계(통춘대부 어해장군) 이하를 당하堂下라 하여 그 예우상 차별이 심하였다. 또 종6품 이상을 참상參上, 정7품 이하를 참하參下라 하여 구분하였고, 참하에서 참상으로 되는 것을 출육出六 또는 승육陞六이라 하여 승진의 1관문으로 되어 있다.

관직의 정식명칭은 계階, 사司, 직職의 순서로 하였다. 예컨대 영의정은 '대광부국숭록대부(階)·의정부(司)·영의정(職)'이라 하였고, 또 관직에는 각각 소정의 품계가 있으나 예외의 경우도 많아서 계고직비階高職卑면 '행行'이라 하고, 계비직고階卑職高면 '수守'라 하여 이를 행수법行守法이라 하였다. 예컨대 종1품계를 가진 이가 정2품직인 이조판서가 되면 숭정대부 행 이조판서崇政大夫行吏曹判書라 하고, 종2품계를 가진 이가 정2품계직인 대제학이 되면 가선대부 수 홍문관대제학嘉善大夫守弘文館大提學이라 하였다.

또 신부에 따라서는 실직實職이 아닌 산직散職·영직影職·잡직雜

織을 부여하는 수도 있었다. 공사교제에 있어 당상관을 영감令監, 정2품 이상을 대감大監이라고도 한다. 또 망건網巾의 관자貫子는 당하관은 대모玳瑁 또는 흑각黑角, 정3품 당상관은 옥관자玉貫子, 종2품은 김관자金貫子, 정2품은 환금관자還金貫子, 종1품은 환옥관자還玉貫子를 다는 등의 구분이 되어있다.

그리고 사령장辭令狀의 경우에도 4품관 이상의 관원에게는 교지教旨, 5품관 이하의 관원에게는 첩지牒紙를 내렸다. 또 원로관직은 우대하는 방법으로 나이 70세 이상이 된 1품관으로서 국가의 요직을 맡아 사임할 수 없는 신하에게는 임금이 안석과 지팡이(궤장几杖)를 내리고 성대한 잔치를 베풀었으며, 정3품 당상관 이상의 관원으로 퇴직했을 때 우대하기 위해 임명하는 직명으로 봉조하奉朝賀가 있었다.

조선시대(朝鮮時代) 과거제도(科擧制度)

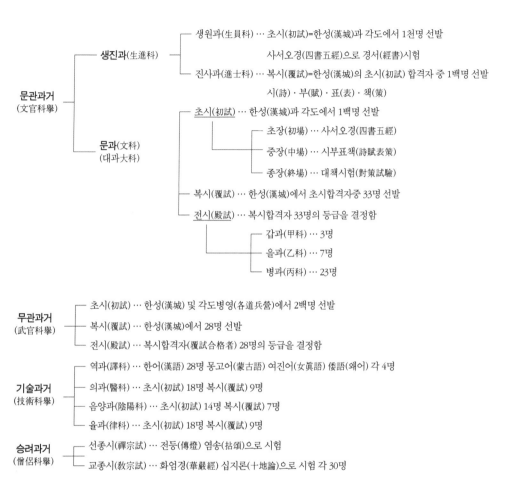

문관과거(文官科擧)
- **생진과(生進科)**
  - 생원과(生員科) ··· 초시(初試)=한성(漢城)과 각도에서 1천명 선발
    - 사서오경(四書五經)으로 경서(經書)시험
  - 진사과(進士科) ··· 복시(覆試)=한성(漢城)의 초시(初試) 합격자 중 1백명 선발
    - 시(詩)·부(賦)·표(表)·책(策)
- **문과(文科)** (대과大科)
  - 초시(初試) ··· 한성(漢城)과 각도에서 1백명 선발
    - 초장(初場) ··· 사서오경(四書五經)
    - 중장(中場) ··· 시부표책(詩賦表策)
    - 종장(終場) ··· 대책시험(對策試驗)
  - 복시(覆試) ··· 한성(漢城)에서 초시합격자중 33명 선발
  - 전시(殿試) ··· 복시합격자 33명의 등급을 결정함
    - 갑과(甲科) ··· 3명
    - 을과(乙科) ··· 7명
    - 병과(丙科) ··· 23명

무관과거(武官科擧)
- 초시(初試) ··· 한성(漢城) 및 각도병영(各道兵營)에서 2백명 선발
- 복시(覆試) ··· 한성(漢城)에서 28명 선발
- 전시(殿試) ··· 복시합격자(覆試合格者) 28명의 등급을 결정함

기술과거(技術科擧)
- 역과(譯科) ··· 한어(漢語) 28명 몽고어(蒙古語) 여진어(女眞語) 倭語(왜어) 각 4명
- 의과(醫科) ··· 초시(初試) 18명 복시(覆試) 9명
- 음양과(陰陽科) ··· 초시(初試) 14명 복시(覆試) 7명
- 율과(律科) ··· 초시(初試) 18명 복시(覆試) 9명

승려과거(僧侶科擧)
- 선종시(禪宗試) ··· 전등(傳燈) 염송(拈頌)으로 시험
- 교종시(敎宗試) ··· 화엄경(華嚴經) 십지론(十地論)으로 시험 각 30명

과거시험(科擧試驗)의 종류(種類)와 방목(榜目)

감시(監試) : 국자감시(國子監試)의 준말로서 조선시대 때 생원(生員)과 진사(進士)를 뽑던 과거.

갑과(甲科) : 조선시대 과거의 복시(覆試) 합격자에게 전시(殿試)를 보여 성적순에 따라 갑을병으로 분류하던 중의 첫째 등급을 말하며 3명을 뽑았다. 첫째의 장원랑(壯元郎), 둘째의 방안랑(榜眼郎), 셋째의 탐화랑(探花郎) 위 세 사람이 갑과(甲科)에 속한다.

경시(京試) : 조선시대 3년마다 한성(漢城)에서 보이던 소과(小科)의 초시(初試).

과거(科擧) : 왕조시대 때 문·무관(文武官)을 뽑을 때에 보던 시험(試驗).

관시(館試) : 조선시대 성균관(成均館) 유생(儒生)들만이 볼 수 있던 문과(文科)의 초시.

교종시(敎宗試) : 조선시대 세종(世宗) 이후(以後), 교종(敎宗) 승려(僧侶)에게 화엄경(華嚴經), 십지론(十地論)으로 시험(試驗) 보이던 과거(科擧). 이 시험(試驗)에서의 급제자(及第者)를 교종(敎宗) 대선이라 하였다.

국조방목(國朝榜目)=문과방목(文科榜目) : 조선시대 문과 급제자 명부.

매방초시(每榜初試) : 과거(科擧)를 볼 때마다 초시(初試)에는 언제나 합격(合格)되나 복시(覆試)에는 낙제된 사람.

무과(武科) : 조선시대 무관을 뽑던 과거로서 시험은 무예와 병서(兵書)로 3년마다 실시되었다. 초시(初試)복시(覆試)전시(殿試)의 3단계였음.

문과(文科) : 조선시대 문관(文官)을 뽑아 쓰던 과거로서 시험은 3년마

다 실시 되었다. 초시(初試)·복시(覆試)·전시(殿試)의 3단계
로 나뉘었음.

별시(別試) : 조선시대 정규 과거시험 외에 임시로 시행된 과거시험의
하나. 나라에 경사가 있을 때와 인재등용이 필요할 때에
실시되었다. 세조 2년(1456)에 처음으로 실시되었고, 문과
와 무과만 열고 생원진사시(生員進士試)와 잡과(雜科)는
열지 않았다.

병과(丙科) : 조선시대 과거의 복시(覆試) 합격자에게 전시(殿試)를 보
여 성적순에 따라 갑을병으로 분류하던 세 등급 가운데
셋째 등급으로 23명을 뽑았다.

복시(覆試) : 과거시험의 한 단계로 초시(初試) 합격자가 보는 시험이
다. 과거의 종류에 따라 최종시험이 되기도 하고 전시(殿
試)의 전 단계 시험이 되기도 한다.

사마방목(司馬榜目) : 조선시대 새로 합격한 진사와 생원의 성명연령
주소본적 및 사조(四祖)를 기록한 명부를 일컫는
다.

생원과(生員科) : 조선시대 사마시(司馬試)의 하나이며 주로 유생(儒
生)에게 경서(經書)를 시험(試驗)보여 생원(生員)을
뽑으며, 초시(初試)와 복시(覆試)가 있었다.

선종시(禪宗試) : 조선시대 승과(僧科)의 하나로 선종(禪宗) 출신(出身)
의 승려(僧侶)들에게 전등(傳燈)·염송(拈頌) 등을
시험(試驗)보여 30명을 뽑아 선종(禪宗) 대선(大選)
의 법계(法階)를 주었음.

식년시(式年試) : 조선시대 과거시험으로 3년마다 정기적으로 시행되
었다. 《속대전》 이전에는 대비과(大比科)라 하던 것
을 《속대전》 이후부터 자(子)묘(卯)오(午)유(酉)의 간
지(干支)가 들어 있는 해를 식년으로 하여 과거를 시
행함에 따라 식년시가 되었다.

알성시(謁聖試) : 조선시대 실시된 비정규 문과무과시험으로 알성과
(謁聖科)라고도 한다. 국왕이 문묘에 가서 제례를 올
릴 때 성균관 유생에게 시험을 보여 성적이 우수한
몇 사람을 선발하는 것으로서, 태종 14년(1414)에 처
음 실시하였다. 알성시는 문과무과만 치렀다.

양장초시(兩場初試) : 조선시대 과거에서 초시의 초장(初場)과 종장(終
場)에 합격(合格)한 사람.

역과(譯科) : 조선시대 잡과(雜科)의 하나로 중국어몽고어일본어여진
어에 능통한 사람을 역관(譯官)으로 뽑아 쓰기 위하여 보
이던 과거.

역과방목(譯科榜目) : 조선시대 통역관 선발시험인 역과 합격자의 명
단을 시취년(試取年)별로 모아놓은 책

율과(律科) : 조선시대 형률(刑律)에 능통한 사람을 등용하던 잡과(雜
科)의 한 가지

을과(乙科) : 조선시대 과거의 복시(覆試) 합격자에게 예조(禮曹)에서
전시(殿試)를 보여 성적순에 따라 갑을병으로 분류하던
세 등급 가운데 둘째 등급으로 7명을 뽑았다.

음양과(陰陽科) : 조선시대 잡과(雜科)의 하나로 천문학지리학명과학
(命課學)에 밝은 사람을 뽑던 과거.

의과(醫科) : 조선시대 잡과(雜科)의 하나로 의학(醫學)에 밝은 사람을
시취(試取)하던 과거(科擧)로 초시(初試), 복시(覆試)가 있
었다.

의과방목(醫科榜目) : 조선시대 의과급제생의 명단을 수록한 책으로서
2권 2책으로 구성된 활자본이며 1891년(고종 28)
에 간행했다. 1498년(연산군 4)부터 1891년까지
158회의 식년의과(式年醫科)와 증광의과(增廣醫
科) 급제자를 수록했다.

잡과(雜科) : 고려조선시대의 과거제도의 한 가지로서 역과(譯科)의과
(醫科)음양과(陰陽科)율과(律科) 따위를 통틀어 이르던
말이다.

전시(殿試) : 조선시대 복시(覆試)에 선발된 사람에게 임금이 친히 보
이던 과거. 즉 초시복시에 이은 문무과의 최종시험으로서
결과에 따라 갑, 을, 병과로 등급을 정하였음.

정시(庭試) : 조선시대 나라에 경사가 있을 때 대궐 안에서 보이던 과
거.

중시(重試) : 조선시대 과거제도의 하나로서 10년에 1번씩 당하관 이하
문관무관에게 보이던 정기시험이다. 이미 과거에 급제한
사람에게 거듭 보이던 시험으로 이 시험에 합격하면 성적
에 따라 관직의 품계를 특진시켜 당상관까지 올려 주었
다.

증광시(增廣試) : 조선시대 과거시험의 한 종류로서 즉위경(卽位慶)이
나 30년 등극경(登極慶)과 같은 큰 경사가 있을 때 또
는 작은 경사가 여러 개 겹쳤을 때 임시로 실시한 과
거. 소과(小科)문과(文科)무과(武科)잡과(雜科)가 있
었다. 태종원년(1401)에 처음 실시.

진사과(進士科)=제술과(製述科) : 조선시대 과거(科擧)의 하나로 소과
초시(小科初試)의 한 분과(分科)로
한성(漢城)과 지방(地方)에서 실시
(實施)하였음.

초시(初試) : 과거(科擧)의 맨 처음 시험(試驗)으로 조선시대 복시(覆
試)에 응할 자가 식년(式年)의 전해에 경향(京鄕)에서 치
르던 과거를 말한다. 또는 그 과거에 급제한 사람을 칭한
다.

친시(親試) : 과거(科擧)를 보일 때 임금이 친히 시험을 보이던 일.

한성시(漢城試) : 조선시대 한성부(漢城府)에서 실시(實施)하던 문과
(文科)와 생원(生員) 진사과(進士科)의 초시.

향시(鄕試) : 지방에서 실시(實施)하던 과거(科擧)의 초시. 여기에 합격
(合格)해야 한성(漢城)에서 복시를 치를 수 있었음.

관직(官職)과 품계(品階)

관직(官職)이란 정부직제(政府職制)에 의한 직책(職責)을 말하는 것이며, 품계(品階)란 관리(官吏)의 등급(等級)으로 위계(位階) 또는 관계(官階)라고도 한다. 이는 중국 주(周)나라 때부터 시행(施行) 되었으며 우리나라는 삼국시대(三國時代)부터 사용(使用) 되어 조선조(朝鮮朝) 말(末)까지 이어져 내려왔다.

품계는 시대에 따라 다르며 문관(文官)과 무관(武官)에게 주는 명칭(名稱)도 각기 달랐고 중앙 뿐만 아니라 지방의 향직(鄕職)에도 9품까지의 상하(上下) 구분이 있었다.

신라(新羅)때는 골품제도(骨品制度)를 바탕으로 한 귀족(貴族)중심의 전통 위에 형성되어 1등급인 이벌찬(伊伐湌)에서 17등급인 조위(造位)까지로 구분하였고, 고려(高麗) 때는 골품제(骨品制)를 폐지(廢止)하고 당(唐)나라 제도를 본(本)받아 중앙집권적(中央辦權的)인 3성6부(三省六部) 체제(體制)를 확립(確立)하였다.

이는 종1품(從一品)에서 종9품(從九品) 까지인데 3품(二品)까지는 정(正)·종(從)2등급으로 4품(四品)부터는 다시 상(上)·하(下)로 구분하여 총 29계(階)였으며, 이외에 왕의 최고(最高) 고문격(顧問格)인 삼사(三司)·삼공(三公) 직(職)이 있었는데 이들은 정1품(正一品)이었다.

조선조(朝鮮朝) 초기(初期)에는 고려(高麗)의 제도를 답습(踏襲)하다가 점차 왕의 권한이 커지면서 강력한 중앙집권적 정치체제를 갖추고 정1품에서 정9품까지 18품계의 관계(官階)로 하였다.

제1장 관직(官職)과 품계(品階)

1. 관직(官職)의 명칭(名稱)

관직(官職)의 정식명칭은 계(階:품계의 명칭)·사(司:소속된 관청)·직(職:맡은 직분)의 순으로 쓰는데 예로 대광보국숭록대부·의정부·영의정(大医輔國崇祿大夫義政府領議政)이라 할 때 대광보국숭록대부는 계(階)를 말하는 품계의 명칭이고 의정부는 사(司)를 말하는 소속된 관청을 뜻하고, 영의정은 직(職)을 말하며 직분이 된다.

특히 정3품 이상(문관은 통정대부·무관은 절충장군)을 당상관(堂上官), 정3품 이하(문관은 통훈대부·무관은 어모장군)을 당하관이라 하는데 당하관 중에서도 종6품(從六品) 이상을 참상관(參上官). 정7품(正七品) 이하를 참하관(參下官)이라 한다.

2. 관직(官職)의 행수법(行守法)

품계(品階)와 달리 높고 낮은 관직에 임명하는 경우에 사용하던 칭호(稱號)로서, 이는 중국(中國)의 당(唐)나라 이후에 사용하기 시작하였고, 우리나라에서는 고려(高麗)와 조선(朝鮮)시대에 사용하였다.

조선에서는 1442년(세종 24)에 처음으로 시작하여 뒤에「경국대전(經國大典)」에 의하여 법제화되었다. 이에 따르면 모든 관직에는 그에 따르는 품계가 일정하게 정해져 있으나 경우에 따라서 어떤 관직에는 그 관직 자체의 품계보다 더 높은 품계의 관원, 또는 반대로 더 낮은 품계의 관원을 임명할 수 있다. 그 중 품계가 높은 사람을 낮은 관직에 임용하는 계고직비(階高職卑)의 경우를〈행(行)〉이라 하고, 반대로 품계가 낮은 사람을 높은 관직에 임용하는 계비직고(階卑職高)의 경우를〈수(守)〉라 한다.

예를 들면 종1품의 숭록대부(崇祿大夫)가 정2품인 이조 판서(吏曹判書)에 임용되면 숭록대부 행 이조 판서(崇祿大夫行吏曹判書)라 하고, 반대로 종2품인 가선대부(嘉善大夫)가 정2품인 대제학(大提學)에 임용되면 가선대부 수 홍문관 대제학(嘉善大夫守弘文館大提學)이라 하였다.

그러나 7품 이하의 관원이 2계(階) 이상의 높은 관직에 임용될 수 없고, 6품 이상의 관원이 3계 이상의 높은 관직에 임용될 수 없는 것으로 규정되어 있다.

3. 문산계(文散階)·무산계(武散階)·잡직(雜職)·토관직(土官職)

문산계(文散階)란 문관의 위계제도(位階制度)로서 문신(文臣)에게 주는 품계이며, 무산계(武散階)란 무관의 위계제도로서 무신(武臣)에게 주는 품계이다. 조회(朝會)가 있을 때 문관은 동쪽에 품계에 따라 열을 맞춰 선다. 그리고 무관은 서쪽에 서게되므로 문관은 동반(東班), 무관은 서반(西班)이라고 한다.

잡직(雜職)이란 사무(事務)를 담당하지 않고 잡직에만 종사하던 관직으로 6품까지만 오를 수 있었으며 정직(正職:일반관직)에 임명될 때는 1품계를 낮추었다.

또한 토관직(土官職)이란 함경도(咸鏡道)·평안도(平安道) 지방의 토착민(土着民)들에게 주었던 특수한 관직으로 이들은 이민족(異民族)과 지리적(地理的)으로 가까운 거리에 있고 성격(性格)도 대륙적(大陸的) 기질(氣質)을 띠고 있어 반역할 우려가 있었으므로 중앙관직(中央官職)은 주지않고 이러한 토관직을 주어 민심을 회유(懷柔)할 목적으로 실시되었다. 이것은 5품까지로 한정되었고 중앙관직으로 임명될 때에는 1품계를 강등(降等)하였다.

4. 증직(贈職)과 영직(影職)

증직(贈職)이란 종친(宗親)이나 종2품이상 관원의 부모(父母)·조부모(祖父母)·증조부모(曾視父母) 또는 효자(孝子)·충신(忠臣)·학덕(學德)이 현저(顯著)한 사람에게 공(功)이나 덕(德)을 기리어 나라에서 사후(死後)에 관직과 품계를 추증(追贈)하는 벼슬로 관직 앞에 증(贈)자를 붙인다.

영직(影職)이란 실제로 근무하지 않고 이름만 가지고 있는 벼슬로, 이를 차함(借銜)이라고도 한다.

5. 천거(薦擧)·음직(蔭職)·음관(蔭官)

천거(薦擧)란 학식(學識)과 성행(性行)이 뛰어나고 덕망(德望)이 높은 사림(士林) 중에서 현직고관(現職高官)이나 지방관찰사(地方觀察使) 등의 추천(推薦)으로 발탁(拔擢) 되어 벼슬길에 나가는 것을 말한다.

음직(蔭職)이란 공신(功臣) 또는 현직(現職) 당상관(堂上官:정3품 이상)의 자손들이 과거(科擧)에 응(應)하지 않고 간단한 시험(試驗)으로써 관리로 임용(任用)되는 것으로 음사(蔭仕) 또는 남행(南行)이라고도 하며, 특히 음직출신의 재신(宰臣:재상)을 음재(蔭宰)라 한다.

음관(蔭官)이란 소과(小科:사마시)에 합격(合格)한 생원(生員)·진사(進士)가 처음으로 벼슬길에 나가는 것을 말하며, 초사(初仕) 또는 서사(筮仕)라고도 한다.

6. 노인직(老人職)과 수직(壽職)

조선시대(朝鮮時代)에 노인(老人)에게 특별히 주던 품계(品階)로서,「이전(吏典)」에 의하면 일반적으로 나이 80세가 되면 양민(良民)이나 천인(賤人)을 가리지 않고 1품계를 제수하며, 원래에 품계가 있는 사람에게는 1품씩을 더 올리고 당상관(堂上官)이면 어명(御命)에 따라 가자(加資)하였다.

종친(宗親)의 경우에는 부수(副守:종친부의 종4품) 이상으로 80세가 된 사람과 봉군(封君)된 사람 중 70세 이상인 자, 시종신(侍從臣)의 부친, 곤수(閫帥:병마절도사와 수군절도사)의 부친 중 70세가 된 사람에게도 매년 정초(正初)에 가자(加資)하였다.

또한 동서반(東西班)의 관리로서 4품 이상의 실직(實職)으로 있던 사람중에 80세 이상이 되면 가자하였고, 사족(士族)의 부녀자 중에 90세가 된 사람에게는 해당 조(曹)에서 추천하여 노인직(老人職)을 주었으며, 일반 서민은 100세가 된 사람에게 은전(恩典)으로 가자하는 등 노인을 예우하였는데, 이를 수직(壽職)이라 일컫는다.

7. 전조(銓曹)

조선시대(朝鮮時代)에 이조(吏曹)와 병조(兵曹)를 합칭(合稱)하던 말로서, 동반(東班:문관)의 인사전형을 맡아보던 이조(吏曹)를 동전(東銓), 서반(西班:무관)의 전형을 맡아보던 병조(兵曹)를 서전(西銓)이라 하였는데 관리의 인사문제와 관련하여 이들 양조(兩曹)를 전조라 하고 관원을 전관(銓官)으로 불렀으며, 참판(參判)은 아전(亞銓), 정랑(正郞), 좌랑(佐郞)을 전랑(銓郞)이라고 하였다.

8. 전랑(銓郞)

조선시대(朝鮮時代)에 이조(吏曹)와 병조(兵曹)의 정5품 정랑(正郞) 및 정6품 좌랑(佐郞)을 합칭(合稱)하던 말로서, 다른 조(曹)의 낭관(郞官)을 조랑(曹郞)이라 한 데 대해 양조(兩曹:이조와 병조)의 낭관은 전랑이라 하여 내외 문·무관을 천거·전형하는데 판서(判書)도 간여하지 못하는 특유의 권한이 부여되어 있어 낮은 품계(品階)에 비해 아주 중요한 관직으로 꼽혔다.

이들의 권한은 판서는 물론 의정부(議政府)의 삼정승(三政丞)도 간여하지 못하였으며, 가장 중직(重職)으로 꼽혔던 삼사(三司:홍문관·사헌부·사간원)의 관원 임명은 이조 전랑의 동의가 반드시 따라야 하는 등 거의 모든 인사권을 이들이 좌우하였다.

전랑은 양조에 6명씩 모두 12명이 있었는데, 결원이 생겼을 때 3사 등에서 명망이 높은 관원을 특별히 가려 임명하였지만 전랑천대법(銓郞薦代法)또는 전랑법(銓郞法)이라 하여 현임 전랑이 후임 전랑을 추

천토록 하여 전랑의 임면(任免)을 판서들도 간여치 못하게 하였다.

전랑법은 1575년(선조 8)의 동서분당(東四分黨)으로 일시 폐지하였으나 곧 부활되었다. 전랑직은 대과(人過)가 없는 한 재상(宰相)으로 이르는 최상의 관로(宦路)였다.

9. 은일(隱逸)

숨어 사는 학자(學者)나 학문(學問)과 덕행(德行)이 뛰어난 선비에게 임금이 특별하게 벼슬을 내리는 것을 말하며, 과거(科擧)에 급제하지 않았어도 높은 벼슬을 제수했다.

10. 산림처사(山林處士)

관직(官職)이나 세속(此俗)을 떠나 산속에 파묻혀 글이나 읽고 지내는 학덕(學德)이 숭고(崇高)한 선비를 일컫는 말이다.

11. 유학(幼學)

유생(儒生)으로서 아직 벼슬하지 아니한 선비를 일컫는 말이다.

12. 봉조하(奉朝賀)와 봉조청(奉朝請)

봉조하(奉朝賀)란 종2품 이상의 관원(官員)이 치사(致仕:나이가 많아서 벼슬을 내어놓고 사직하는 것을 말함)했을 때 특별히 내린 벼슬을 말하며, 봉조청(奉朝請)이란 정3품의 관원이 치사하였을 때 내린 벼슬의 칭호이다.

이들에게는 종신토록 신분에 맞는 녹봉(祿棒)을 받게 했으며 실무는 보지 않고 다만 나라에 의식(儀式)이 있을 때에만 조복(朝服)을 입고 참여케 하였다.

13. 원임(原任)과 시임(時任)

원임(原任)이란 본래의 관직, 즉 전관(前官)을 말하며 시임(時任)이란 현재의 관직, 즉 현임(現任)을 말한다.

14. 기로소(耆老所)와 궤장(几杖)

조선시대에 나이가 많은 문신(文臣)을 예우(禮遇)하기 위해 설치한 기구로, 왕 및 조정 원로의 친목·연회 등을 주관하였다.

태조는 1394년(태조 3) 60세를 넘자 기사(耆社)를 설치하여 처음에는 문·무신을 가리지 않고 70세 내외의 2품관 이상의 관료를 선발하여 여기에 이름을 올려 전토(田土)·염전(鹽田)·어전(漁箭)·노비 등을 사여(賜與)함과 아울러 군신(君臣)이 함께 어울려 연회를 베풀며 즐겼다. 태종 즉위 초에 이를 제도화하여 전함재추소(前衙宰樞所)라 하다가 1428년(세종 10)이 치사기로소(致仕耆老所)로 고쳐 기로소라 약칭하였다. 중기 이후 기로소에 들어갈 수 있는 자격에 제한을 두어 정경(正卿:정2품)으로서 70세 이상된 문신으로 국한하였다. 숙종 때에는 이들을 기로당상(耆老堂上)이라 하였으며, 군신(君臣)이 함께 참여하는 기구라 하여 관아의 서열로서는 으뜸을 차지하였다.

기로소가 맡은 일은 임금의 탄일, 정조(正朝)·동지, 그리고 나라에 경사가 있거나 왕이 행차할 때 서로 모여서 하례(賀禮)를 행하거나

중요한 국사(國事)의 논의에 참여하여 왕의 자문에 응하기도 하였다. 1719년(숙종 45)왕이 6순이 되었을 때 기로소에 들어가면서 기로소 경내에 따로 영수각(靈壽閣)을 짓고 어첩(御牒)을 봉안하였다. 역대 여기에 들어온 왕은 태조·숙종·영조 등이다.

궤장(几杖)이란 70세 이상된 1품 대신들이 국가의 요직(要職)을 맡고 있어 치사(致仕:나이가 많아 벼슬에서 물러남)할 수 없는 사람에게 왕이 하사(下賜)한 의자와 지팡이를 말하며, 왕이 직접 궤장을 내리고 국가행사(國家行事)로서 궤장연(几杖宴)이란 잔치를 매우 호화롭게 베풀어 주었다.

15. 가자(加資)와 승자(陞資)

가자(加資)란 당상관(堂上官) 정3품 이상의 품계를 말하는 것인데 승진(昇進)의 경우도 가자라고하며, 승자(陞資)란 정3품 이상의 품계에 승진하는 것을 일컫는 말인데 승자를 가자라고도 한다. 그런데 승진의 경우 가자하여야 할 사람이 더 가자할 수 없는 경우에는 그의 아들·아우·조카 중에서 대신 가자하는데 이를 대가(代加)라고 한다.

16. 대배(大拜)와 제배(除拜)

대배(大拜)란 재상(宰相:영의정·좌우의정)에 임명(任命)되는 것을 말하며, 제배(除拜)란 누구의 추천없이 임금이 직접 재상(宰相)을 제수(除授:임명)하는 것을 말한다.

17. 견복(甄復)과 기복(起復)

견복(甄復)이라 함은 늙어서 벼슬을 내놓고 퇴임(退任)한 사람이 필요에 따라 다시 불려 벼슬하는 것을 일컫는 말이며, 기복(起復)이란 상중(喪中)에 있는 사람이 탈상(脫喪)하기 전에 다시 벼슬에 나가는 것을 일컫는 말이다. 상중에는 원칙적으로 벼슬을 못하게 되어 있으나 전란중이거나 또는 유능한 신하로서 임금의 신임이 두터우면 비록 상중이라 할지라도 관직에 나오도록 명령을 내리는 일이 있다. 이를 기복출사(起復出仕)라 하며 상고(喪故)로 벼슬에서 물러났던 사람을 탈상(脫喪)후에 불러쓰는 것을 결복서용(闋服叙用)이라 한다.

18. 과만(瓜滿)과 개만(箇滿)

과만(瓜滿)을 사만(仕滿)이라고도 하는데 이는 동전(東銓:문관)에만 해당되는 용어(用語)이며, 서전(西銓:무관)에 대해서는 개만(箇滿)이라 한다.

과만이나 개만은 임기만료(任期滿了)의 뜻으로서 모든 관리(官吏)는 다음과 같이 과한(瓜限), 즉 일정한 임기(任期)가 있었음으로 임기가 만료되면 천전(遷轉:벼슬을 옮김)되거나 해임(解任)되었다.

가. 당상관(堂上官):30개월(個月)
나. 6품이상(六品以上):30개월
다. 7품이하(七品以下):15개월
라. 관찰사(觀察使):12개월(후에 24개월)
마. 도 사(都 事):12개월
바. 수 령(守 令):60개월(후에는 30~60개월)

19. 삭직(削職)과 추탈(追奪)

삭직(削職)이란 죄(罪)를 지은 관원에게 벼슬을 빼앗고 사판(仕版:관원록)에서 이름을 삭제해 버리는 것인데, 이를 삭출(削黜) 또는 삭탈관직(削奪官職)이라고도 한다.

그리고 추탈(追奪)이란 이미 죽은사람의 관직과 품계를 소급(遡及)해서 박탈(剝奪)하는 것인데, 이는 정치적(政治的)인 혐의(嫌疑)나 보복(報復)으로 행하는 것으로 뒤에 신원(伸寃:원한을 풀어버림)되며 복관(復官)되는 수가 많다. 이러한 경우 추탈후신(追奪後伸)이라 한다.

20. 사패(賜牌)와 사패지지(賜牌之地)

사패(賜牌)란 궁실(宮室)이나 공신(功臣)에게 나라에서 산림(山林)·토지(土地)·노비(奴婢) 등을 내릴 때 주던 문서(文書)이며, 사패지지(賜牌之也)란 사패에 의하여 하사(下賜)받은 토지를 일컫는 말이다.

21. 외명부(外命婦)

조선시대(朝鮮時代)에 왕족(王族) 및 문무관(文武官)의 처에게 남편의 품계에 따라 내렸던 봉작으로 왕실 및 종친의 여자로는 공주(임금의 嫡女)와 옹주(翁主:임금의 庶女)는 품계를 초월한 무계(無階)로서 외명부의 최상위에 두었고, 대군(大君)의 처와 왕비의 어머니를 정1품 부부인(府夫人), 왕자군(王子君)의 처에게는 종1품의 군부인(郡夫人)에 봉하였다. 또한 왕세자의 적녀는 정2품의 군주(郡主), 서녀에게는 종2품의 현주(縣主)에 봉하는 등 적·서의 차이를 두었다. 정·종1품 문무관의 처에게는 정경부인(貞敬夫人)이란 명호(名號)와 함께 벼슬아치의 부인으로서는 최상의 영예를 누리게 하였으며, 2품 이상의 외명부에게는 본관(本貫)의 읍호(邑號)를 붙이도록 허락하여 예를 들면〈신안주씨부부인(新安朱氏府夫人)〉등으로 부르게 하였다.

22. 외관직(外官職)

서울에 두었던 경관직(京官職) 이외에 지방에 두었던 문무관직(文武官職)을 말하며 외직·외관·외임(外任)이라고도 한다. 조선시대에는 8도의 감영(監營)을 비롯하여 부(府)·대도호부(大都護府)·목(牧)·도호부(都護付)·군(郡)·현(縣)등 모두 334개에 이르는 지방관서에 외관직을 두고, 이의 수령에 관찰사(觀察使:종2품)·부윤(府尹:종2품)·대도호부사(정3품)·목사(정3품)·도호부사(종3품)·군수(종4품)·현령(종5품)·현감(종6품) 등을 문관으로 임명하였다. 또한 병영(兵營)·수영(水營) 등의 주진(主鎭)과 그 밑의 거진(巨鎭)·독진(獨鎭) 등에도 무관의 외관직을 두었는데, 이의 수령은 거의 문관이 겸직하고 국경이나 해안요지의 독진에만 전문적인 무관의 외관직을 두어 문관을 우대하였다. 한편 한성부를 비롯해서 개성(開城)·강화(江華)·수원(水原)·광주(廣州)의 4부(府), 전주(全州)의 조경묘(肇慶廟)·경기전(慶基殿)·영흥(永興)의 준원전(濬源殿), 함경도의 덕릉(德陵) 등 8개의 능, 경기도 내 각 전(殿)·능·원(園)·묘(墓) 등에는 중요한 직책이라 해서 경관직(京官職)을 배치하였다. 또한 수원의 총리영(總理營), 광주의 수어청(守禦廳), 개성의 관리영(管理營), 강화의 진무영(鎭撫營) 등의 무관도 중앙에서 직접 경관직을 파견하였다. 외관직의 임기는 1년, 2년, 900일, 3년, 5년 등 품계와 직책에 따라 각각 다르게 되어 있었고, 70세 이상의 부모를 둔 자는 부모의 거주지에서 300리 이상 떨어진 곳에는 보내지 않았으며, 65세 이상된 자는 임명하지 않았다. 외관직은 경관직보다 다소의 특권이 있기도 하였으나 경시당하는 경향이 있어, 경관직으로의 전임을 원하였고 이를 위해 선정(善政)보다는 치부(致富)에 치우치기도 하여 숱한 오리(汚吏)를 낳았다.

23. 서반(西班)

무관(武官)의 반열(班列)을 말하며, 무반(武班)·호반(虎班)이라고도 한다. 이 말은 궁중에서 조회(朝會)를 할 때 무관은 서쪽에 줄을 짓는 데서 유래하여 동반(東班;文官)과 대비되는 말이다. 군사에 전문적인 군직(軍職)은 삼국시대에도 있었으나 이를 서반이라 부른 것은 고려 말부터였고 이를 법제화한 것은 조선조에 이르러서였다. 고려시대에는 중앙군의 2군(軍) 2위(衛)에 딸려있던 정3품의 상장군(上將軍) 이하 종9품의 대정(隊正)이 서반계열에 속하였는데, 동반의 최고품계가 종1품인데 반하여 서반의 최고품계는 정3품에 머물러 문·무의 차별은 이로서도 엿볼 수 있다. 조선조는 개국 초부터 동반과 서반의 관계(官階)를 법제화하여 이를 기본법인「경국대전」에 올려놓았다. 이에 따르면 서반의 경관직(京官職) 관서는 중추부(中樞府)가 정1품 아문(衙門)으로 최고이고, 다음으로 정2품 아문인 오위도총부(五衛都摠府)와 종2품 아문인 오위(五衛)가 있고, 후기에 이르러 훈련도감·금위영(禁衛營)·어영청(御營廳)·호위청(扈衛廳) 등 정1품 아문이 있었다. 또한 각 도의 군영·진(鎭)에도 외관직(外官職)의 병마절도사·수군방어사 등 종2품에서 종9품의 별장(別將)에 이르기까지 서반의 관직이 마련되어 있었다. 그러나 이들 서반 관서의 정1품·종1품·정2품 등의 우두머리는 모두 동반이 겸직한 것으로, 실질적으로 서반은 정3품 정도 되어야 그 관서의 최상직자가 되어 동·서반의 차별은 법제상으로 뚜렷이 나타났다. 또한 서반 관서의 관직 정원에는 동반 관원의 녹(祿)을 지급하기 위해 설정한 예도 허다하였다. 관리의 등용문(登龍門)인 과거(科擧)에 있어서도 문과(文科)는 대과(大科)라 하여 으뜸으로 쳐 무과와 차별하였다. 이와 같은 문·무의 차별은 동반 6품과 서반 4품을 동격시할 정도였고 임진왜란의 국가적 시련 끝에 크게 개혁된 조선 후기의 군사체제에도 군사 요직이나, 서반관서의 우두머리를 동반의 관리로 충당하는 제도는 변하지 않았다.

24. 서반관계(西班官階)

조선시대(朝鮮時代) 무관의 위계(位階·品階)를 말한다. 조선조는 1392년 개국과 함께 동반(東班;文官)과 서반의 위계를 정하여 처음에 동반은 9품까지 두었으나 서반은 정·종8품 까지만 두었다가「경국대전」에 이르러서 서반의 품계도 정·종9품까지 두었다. 서반의 품계는 정1품 상(上)에서 종2품 하(下)까지 8계(階)의 명칭을 동반과 같이하고, 정3품 상·하에서 종4품 상·하까지 동반의 대부(大夫)에 대응하는 8계의 명칭은 장군이라 하였다. 또한 정3품 상(上)의 절충장군(折衝將軍) 이상을 당상(堂上), 정3품 하(下) 어모장군(禦侮將軍) 이하를 당하(堂下)로 하였으며, 정1품에서 종6품까지 1품계마다 상·하로 다시 나누어 24계(階)를 참상(參上), 정7품 이하 종9품까지 참하(參下)라

해서 구분한 것은 동반의 경우와 같다. 이밖에 서반에는 중앙에 둔 6품 이하의 서반잡직계(西班雜職階) 10계(階), 함경도 및 평안도에 둔 5품 이하의 서반토관직(西班土官職) 10계가 따로 있었다.

25. 동반(東班)

고려·조선시대(朝鮮時代), 특히 조선시대의 사환계급(仕宦階級)인 양반(兩班) 중의 문반(文班). 원래 동반은 옛날 궁중에서 조회(朝會)를 받을 때, 문관은 동쪽에, 무관은 서쪽에 섰으므로 이런 이름이 생겼다. 조정의 백관을 동·서 양반으로 나눈 것은 고려 전반기(前半期)부터 시작되었다. 조선시대에도 이 제도를 그대로 계승하였는데, 의정부(議政府)와 육조(六曹), 그 밖의 여러 아문(衙門) 및 지방의 수령(守令)·방백(方伯) 등이 대개 동반에 속하였다. 조선시대는 문관 우위정책(文官優位政策)에 따라 동반은 서반(西班), 즉 무반(武班)에 비하여 훨씬 우월한 지위에 있었다. 서반의 여러 아문에서도 고위의 직책은 동반의 문관이 겸하는 일이 많았는데, 예를 들면 서반 중추부(中樞府)의 영중추부사(領中樞府事)·판중추부사(判中樞府事) 등은 거의 전부가 문관이었다. 그리고 지방의 문관인 관찰사가 병사(兵使)·수사(水使)등의 무관직을 겸하는 경우도 많았다. 또 과거에 있어서도 문무양과(文武兩科)는 소과(小科)와 대과(大科)로 구분되었으나 일반적으로 대과라고 하면 문과의 대과로 인식할 정도로 문과를 소중히 여겼다.

26. 동반관계(東班官階)

고려·조선시대(朝鮮時代)의 문관위계(文官位階)를 말한다. 고려시대에는 당식산계(唐式散階)를 약간 개정하여 995년(성종 14)에 29계(階)의 문산계(文散階)가 제정되었다. 조선시대에도 그 창업과 함께 백관(百官)의 위계를 정하였는데, 동반관계는 정(正)·종(從) 각1품(品)부터 9품까지 모두 18품계, 이를 다시 세분(細分)하여 30종의 등급을 두었다. 이때의 제도는 그대로「경국대전(經國大典)」에 계승되어 동품(同品)에서는 정이 높고 종이 낮으며, 4품 이상의 대부(大夫), 5품 이하를 낭(郎)이라 하였다. 정3품 통정대부(通政大夫) 이상은 당상관(堂上官), 6품 이상은 참상(參上)이라 하여 엄격하게 구분하였다. 참하(參下:정7품 이하)에서 참상으로 승진하는 일을 출륙(出六)이라 하여 매우 어렵게 여겼으며, 또한 같은 정3품이라도 당하관(堂下官)인 통훈대부(通訓大夫)로부터 당상관 통정대부가 되기 어려운 것을 일컬어 문당상(文堂上)·무가선(武嘉善)이라는 말이 있을 정도였다.「속대전(續大典)」이후 종2품 가정대부(嘉靖大夫)는 가의대부(嘉義大夫)로 고쳐졌고,「대전회통(大典會通)」에서는「경국대전」이래 별도의 위계를 가졌던 종친(宗親:9품 이상) 및 의빈(儀賓:3품 이상)도 모두 동반관계를 가지게 하였다. 문과(文科)의 합격자는 그 과등(科等)에 따라 종6품 이하의 계(階)를 주었으나 원래 계가 있는 자는 그 이상으로 올려주었다. 각 품계에는 그에 해당하는 직책이 있었으나, 특히 계가 높고 직이 낮을 때에는〈행(行)〉, 계가 낮고 직이 높을 때에는〈수(守)〉라는 글자를 직함 위에 붙이도록 하였다.「경국대전」에는 이상의 정식 관계 외에 잡직(雜職) 및 함경·평안도의 토착민에게 주었던 특수한 관직인 토관직(土官職:土官)의 위계도 규정되어 있다.

27. 동벽(東壁)

조선시대(朝鮮時代) 관리(官吏)의 좌석배치에서 유래된 관직(官職)의 별칭 중의 하나·본래는 동쪽 벽이라는 뜻이었으나, 후에는 관리들이 회석(會席)할 때, 동쪽에 자리 잡는 벼슬아치들을 말하는 것으로 전의(轉義)되었다. 즉 의정부(議政府)의 회석에서는 좌찬성(左贊成), 홍문관(弘文館)에서는 응교(應敎)·부응교(副應敎), 통례원(通禮院)에서는 인의(引儀), 승정원(承政院)에서는 우승지(右承旨)·좌부승지(左副承旨) 등이 동벽에 해당 되는데, 동벽 중에서는 북쪽 자리가 상석(上席)이 된다. 조선시대의 조정에서는 자리의 배치를 매우 중요시하였으며, 따라서 앉은 자리에서 유래된 관직의 별칭이 생기게 되었다.

28. 사직(社稷)

우리 나라와 중국(中國)에서 백성(百姓)의 복을 위해 제사하는 국토의 신(神)인 사(社)와 곡식의 신인 직(稷)을 아울러 이르는 말로 백성은 땅과 곡식이 없으면 살 수 없으므로 사직은 풍흉(豊凶)과 국가의 운명을 관장한다고 믿어 나라를 창건한 자는 제일 먼저 왕가의 선조를 받드는 종묘(宗廟)와 더불어 사직단을 지어서 백성을 위하여 사직에서 복을 비는 제사를 지냈다. 〈사〉는 본래 중국에서 일정한 지역의 혈족집단이 행하던 중심적 제사의 대상이었던 것으로 보이나, 혈연사회가 붕괴되면서 토지신·농업신으로서 받들게 되고, 여기에 곡물신인 〈직〉을 합하여 사직이라 이르게 되었다. 특히 민간신앙의 대상이 되기도 하였던 〈사〉는 서민집단의 한 단위로서도 존재하여, 우리 나라의 함경도 지방에 특히 많았던 〈사〉는 현(縣)의 아래 행정구역으로서, 본래는 제례집단(祭禮集團)의 단위였던 것으로 보인다. 중국의 전국시대(戰國時代) 이후에 천(天)·지(地)·인(人)의 사상이 생기면서 사와 직은 하나로 합하여 토지·곡물을 관장하는 지신(地神)으로 받들어져 이로부터 천자(天子)가 주재하는 국가적 제사의 하나가 되었다. 사직을 받드는 제사는 고구려 고국양왕 때 우리 나라에 처음으로 들어와 391년에 국사(國社: 社稷)를 지냈다는 기록이 있고, 신라에서는 783년(선덕왕 4)에 처음으로 사직단을 세웠으며, 고려는 991년(성종 10)에 사직단을 세워 사직에 제사하였다. 조선의 태조는 개국하여 한양으로 천도하면서 1395(태조 4) 경복궁·종묘와 더불어 가장 먼저 사직단을 건립하여 국가의 정신적인 지주로 삼았다. 나라가 망하면 종묘사직이 없어지므로 조선시대에도 나라가 망한다는 것을 종묘 사직이 망한다는 말로 비유할 만큼 종묘와 사직은 국가의 가장 중요한 존재가 되었다. 사직의 제례로는 중춘(仲春)·중추(仲秋)·납일(臘日)의 대향사(大享祀)와 정월의 기곡제(祈穀祭), 가뭄 때의 기우제(祈雨祭)가 있었는데 대향사 때는 국가와 민생의 안정을 기원하였다.

29. 사직서(社稷署)

조선시대(朝鮮時代)에 사직단(社稷壇)을 관리하던 관아(官衙). 처음에는 단직(壇直)을 두어 청소 등의 일을 맡게 하였는데, 1426년(세종 8) 6월부터는 사직서를 설치, 이를 관리하게 하였다. 처음 관원은 승(丞: 종6품) 1명, 녹사(錄事) 2명을 두었는데, 뒤에 영(令: 종5품)·직장(直長: 종7품)·참봉(參奉: 종9품) 등을 두었다. 그 후 1894년(고종 31) 갑오경장(甲午更張)의 신관제(新官制)에서는 예조판서가 겸임하는 제조(提調·勒任) 1명, 영(令: 判任) 3명, 참봉(參奉: 관임) 1명을 두었다. 1908년(순종 2)에 폐지하였다.

30. 전관(銓官)

조선시대(朝鮮時代)에 이조(吏曹)와 병조(兵曹)의 관원을 이르던 말. 문관과 무관의 인사행정을 맡아보던 이·병조를 전조(銓曹)라 한 데서 유래한 것으로, 특히 이조의 정랑(正郎: 정5품)·좌랑(佐郎: 정6품)은 전랑(銓郎)이라 하여 내외 관원을 천거·전형(銓衡)하는 데 있어 장관인 판서도 관여하지 못하는 특유의 권한이 부여된 관직으로 재상(宰相)으로 이르는 관로(官路)였다.

31. 음자제(蔭子弟)

고려(高麗)·조선시대(朝鮮時代)에 공신(功臣)이나 높은 벼슬을 지낸 양반의 자손. 음자제라함은 보통 그 자손을 지칭함이 원칙이나, 음사(蔭仕)를 함에 있어서는 수양자(收養子)·외손(外孫)·제(弟)·생질·여서(女婿) 등 그 적용 대상이 광범위하였다. 고려에서는 5품 이상의 관료층을 대상으로 공음전시(功蔭田柴)가 마련되어 음자제에게 세습적으로 상속하게 하였는데 그 순위는 직자(直子: 實子)·손·여서·친질(親姪)·양자·의자(義子)였으며, 음자제가 음직(蔭職)을 제수(除授)받으면 다시 양반전시(兩班田柴)도 급여하였다. 이러한 음자제 특혜제도는 세습적 귀족 가문을 형성케 하였고, 능력과 실력보다는 신분과 문벌이 사회적 지위를 결정하는 배경이 되었다. 조선에서는 음자제를 등용하는데 있어 부(父)·조(祖) 등의 벼슬에 따라 범위에 차등을 두어 공신, 2품관 이상의 아들·손자·사위·아우·조카, 실직(實職)에 있는 3품관 이상의 아들·손자·이조(吏曹)·병조(兵曹)·도총부(都摠付)·사헌부(司憲府)·사간원(司諫院)·홍문관(弘文館)·오위(五衛)의 부장(部將: 종6품관)·선전관(宣傳官) 등의 음직(蔭職)을 지낸 자의 아들로 규정, 이들을 등용하기 위하여 특별히 매년 정월 20세 이상된 음자제에게 형식적인 시험을 보여 합격된 자에게 실직(實職)을 주었다. 이렇게 음자제에게 주는 관직을 음직(蔭職)이라 하고, 음직에 임용하는 것을 음서(蔭叙)라 하였으며, 음직에 종사하는 음자제를 음관(蔭官: 南行官)이라 하였다.

32. 음관(蔭官)

고려·조선시대에 공신(功臣)이나 고위 관원(官員)의 자제(子弟)로서 음직(蔭職)이 제수(除授)된 자. 남행관(南行官)이라고도 한다. 음관은 음자제(蔭子弟) 중 20세 이상된 자를 매년 정월 간단한 특별시험에 의하여 제수되었기 때문에 과거(科擧)에 의하여 출사(出仕)하는 문·무관(文武官)과 구별되었다. 이들은 8·9품의 품관(品官)과 녹사(錄事)로 초임(初任)되어 대부분 5품 이상으로 진급되었으나 하위 품관으로 있다가 과거(科擧)를 통하여 문·무관으로 진출, 출세의 길을 밟는 음관도 있었다. 조선시대에는 일단 음관에 제수되면 누대(屢代)에 걸쳐 그 자손에게 음관직을 전수(傳授)할 수가 있었다. 또한 음관으로서 종1품의 실직(實職)에 있다가 체거(遞去)될 때에는 오위(五衛)의 상호군(上護軍: 정3품), 정2품은 대호군(大護軍: 종3품), 정3품은 부호군(副護軍: 정4품) 등 실무를 맡지 않은 체아직(遞兒職)과 체아록(遞兒錄)을 주어 임기가 만료되어 실직에서 일단 물러난 이들의 신분과 생활을 보장하여 주었다.

33. 과만(瓜滿)

지방관원의 임기(任期)를 말하며, 과기(瓜期) 또는 과한(瓜限)이라고도 한다. 조선시대의 몇 가지 예를 들면 관찰사(觀察使)와 도사(都事)는 360일, 수령(守令)은 1,800일, 당상관(堂上官)과 가족을 동반하지 않은 수령·훈도(訓導)는 900일, 절도사(節度使)·우후(虞侯)·평사(評事)는 720일, 가족을 동반하지 않은 첨절제사(僉節制使)와 만호(萬戶)는 900일이었다. 그러다가 후기에는 관찰사가 24삭(朔), 수령이 30삭 또는 60삭이 되었다.

34. 경관직(京官職)

조선시대(朝鮮時代) 중앙에 있던 관직(官職)을 통틀어 이르던 말. 경직(京職) 또는 경관(京官)이라고도 하였다. 관직을 크게 둘로 나누어 경관직과 지방관직인 외관직(外官職)으로 불렀는데, 경관직은 서울에 있는 문(文)·무(武)의 각 아문(衙門), 즉 문관은 종친부(宗親府)·의정부(議政府)·육조(六曹)·한성부(漢城府) 및 귀후서(歸厚署)·와서(瓦署)에 이르기까지이며, 무관은 중추부·선전청(宣傳廳)·오위도총부(五衛都摠府)에서 각 군영과 아문에 이르기까지였다. 이 밖에도 광주부(廣州府)·강화부(江華府)·개성부(開城府)·수원부(水原付)·춘천부(春川府)와 경기전(慶基殿:全州)·조경묘(肇慶廟:全州)·준원전(濬原殿:永興)·화령전(華寧殿:水原)·장녕전(長寧殿:江華)·만녕전(萬寧殿:江華) 및 각 능(陵)·묘(廟)·원(園)·전(殿)의 관직은 지방에 있어도 경관직이라 하였다.

35. 옥당(玉堂)과 대간(臺諫)

옥당(玉堂)이란 홍문관(弘文館)의 별칭이며, 홍문관의 부제학(副提學)이하 교리(校理)·부교리(副校理)·수찬(修撰)·부수찬(副修撰) 등 홍문관의 실무에 당하는 관원의 총칭이다. 대간(臺諫)이란 사헌부(司憲府)와 사간원(司諫院) 관직의 총칭으로 대사헌(大司憲)·집의(執義)·장령(掌令)·지평(持平)·감찰(監察) 등과 대사간(大司諫)·헌납(獻納)·정언(正言) 등을 말한다.

36. 교지(敎旨)와 첩지(牒紙)

교지(敎旨)란 4품이상 관원(官員)의 직첩(職牒:사령장)으로 관고(官語)·관교(官敎) 또는 고신(告身)이라고도 하며, 첩지(牒紙)란 5품이하 관원(官員)의 직첩(職牒)을 일컫는 말이다.

37. 문반의 내외직

문반(文班)의 벼슬자리는 크게 내직(內職)과 외직(外職)으로 구분된다. 내직은 중앙 각 관아의 벼슬인 경관직(京官職)을 말하고, 외직은 관찰사(觀察使)·부윤(府尹)·목사(牧使)·부사(府使)·군수(郡守)·현령(縣令)·판관(判官)·현감(縣監)·찰방(察訪)등 지방 관직을 말한다. 내직중에서도 옥당(玉堂)과 대간(臺諫) 벼슬을 으뜸으로 여겼는데, '옥당'이란 홍문관(弘文館)의 별칭으로서 부제학(副提學)이하 응교(應敎)·교리(校理)·부교리(副校理)·수찬(修撰) 등을 길하고, '대간'은 사헌부(司憲府)와 사간원(司諫院)의 관직으로서 사헌부의

대사헌(大司憲)·집의(執義)·장령(掌令)·지평(持平)·감찰(監察)과 사간원의 대사간(大司諫)·사간(司諫)·헌납(獻納)·정언(正言)등을 가리킨다. 홍문관·사헌부·사간원을 삼사(三司)라 했는데, 삼사의 관원은 학식과 인망이 두터운 사람으로 임명하는 것이 통례였으므로, 삼사의 직위는 흔히 '청요직(淸要職)'이라 하여 명예스럽게 여겼다. 따라서 삼사는 사림(士林)세력의 온상이 되기가 일쑤여서 조정의 훈신(勳臣)들과 자주 알력을 일으킴으로써 당쟁을 격화시키는 한 원인을 이루는 등, 역기능을 빚기도 했다.

38. 문형

문과를 거친 문신이라도 반드시 호당 출신이라야만 '문형(文衡)'에 오를 수 있는 자격이 주어졌다. 문형이란 대제학의 별칭인데, 문형의 칭호를 얻으려면 홍문관 대제학과 예문관대제학(藝文館大提學), 그리고 성균관의 대사성(大司成) 또는 지성균관사(知成均館事)를 겸직해야만 했다. 문형은 이들 삼관(三館)의 최고 책임자로서 관학계(官學界)를 공식적으로 대표하는 직이므로 더할 수 없는 명예로 여겼고, 품계는 비록 판서급인 정이품(正二品) 이었지만 명예로는 삼공(三公:영의정·좌의정·우의정)이나 육경 六卿:육조판서)보다 윗길로 쳤다.

역사상 여러 벼슬에서 최연소 기록을 세운 이는 한음(漢陰) 이덕형(李德馨)인데, 그는 20세에 문과에 올라 23세에 호당을 들었고 31세에 문형이 되었으며, 38세에 벌써 우의정이 되고 42세에 영의정에 이르렀다.

39. 호당

족보를 보면 높은 벼슬을 지낸 문신 중에는 '호당(湖堂)'을 거친 이가 많이 눈에 뜨인다. 호당이란 독서당(讀書堂)의 별칭으로서 세종(世宗) 때 젊고 유능한 문신을 뽑아 이들에게 휴가를 주어 공부에 전념하게 한 데서 비롯된 제도인데, 이를 '사가독서(賜暇讀書)'라고 하여 문신의 명예로 여겼으며 출세길도 빨랐다.

40. 이조정랑·좌랑의 권한

이조(吏曹)에서도 특히 정랑(正郎, 정5품)과 좌랑(佐郎, 정6품)이 인사행정의 실무 기안자로서 권한이 컸는데, 이들을 '전랑(銓郎)'이라 일컬었다. 전랑은 삼사 관원 중에서 명망이 특출한 사람으로 임명했는데, 이들의 임면(任免)은 이조판서도 간여하지 못했고 전랑 자신이 후임자를 추천하도록 되어 있었으며, 전랑을 지낸 사람은 특별한 과오가 없는 한 대체로 재상에까지 오를 수 있는 길이 트이게 마련이었다. 선조(宣祖) 때 심의겸(沈義謙)과 김효원(金孝元)이 전랑직을 둘러싸고 다툰 것이 동인(東人)·서인(西人)의 분당(分黨)을 가져온 직접적인 도화선이 되었던 것은 널리 알려진 사실이다.

41. 추증

추증이라 함은 본인이 죽은 뒤에 벼슬을 주는 제도로서 가문을 빛내게 하는 일종의 명예직인데, 추증의 기준을 보면 종친과 문무관으로서 실직(實職)이 품인자는 그의 3대를 추증한다. 그 부모는 본인의 품계(品階)에 준하고, 조부모·증조부모는 각각 1품계씩 강등(降等)된

다. 죽은 처는 그 남편의 벼슬에 준한다. 대군(大君)의 장인은 정일품, 왕자인 군(君)의 장인은 종일품을 증직(贈職)하고, 친공신(親功臣)이면 비록 벼슬의 직위가 낮아도 정삼품을 증직한다. 일등 공신의 아버지는 순충적덕병의보조공신(純忠積德秉義補祚功臣)을 추증하고, 삼등공신의 아버지는 순충적덕보조공신(純忠積德補祚功臣)을 추증하고, 삼등공신의 아버지는 순충보조(純忠補祚) 공신을 추증하여 모두 군(君)을 봉한다. 왕비의 죽은 아버지에게는 영의정을 추증하고, 그 이상의 3대는 따로 정한 국구추은(國舅推恩)의 예에 의한다. 세자빈(世子嬪)의 죽은 아버지에게는 좌의정을 추증하고, 대군의 장인에게는 우의정을, 그리고 왕자의 장인에게는 좌찬성을 추증한다.

42. 증시(贈諡)

벼슬길에 있던 자가 죽은 후 나라에서 시호를 내리는 기준은 다음과 같다. 종친과 문·무관으로서 정이품 이상의 실직에 있던 자에게 시호를 추증한다. 그러나 친공신이면 비록 직품이 낮다고 하더라도 시호를 추증한다. 대제학의 벼슬은 정이품인데 이에 준하여 비록 종이품인 제학이라도 또한 시호를 추증한다. 덕행과 도학이 고명한 유현(儒賢)과 절의(節義)에 죽은 사람으로서 현저한 자는 비록 정이품이 아니더라도 특히 시호를 내린다.

43. 대원군(大院君)

왕의 대를 이을 적자손(嫡子孫)이 없어 방계(傍系) 친족이 왕의 대통(大統)을 이어 받을 때 그 왕의 친부(親父)에게 주는 직임(職任)이다.

44. 부원군(府院君)

왕의 장인 또는 일등공신에게 주던 칭호(稱號)로서, 받은 사람의 관지명(貫地名)을 앞에 붙인다.
(예) 해은부원군(海恩府院君)

45. 재상(宰相)

국왕을 보필하고 문무 백관을 지휘 감독하는 지위에 있는 2품 이상의 관직을 통칭한다.

46. 원상(院相)

왕이 승하(昇遐)하면 잠시 정부를 맡던 임시직. 신왕(新王)이 즉위하였으나 상중(喪中)이므로 졸곡(卒哭)까지와, 혹은 왕이 어려서 정무(政務)의 능력이 없을 때 대비(大妃)의 섭정과 함께 중망(衆望)이 있는 원로재상급(元老宰相級) 또는 원임자(原任者) 중에서 몇 분의 원상을 뽑아 국사(國事)를 처결(處決)한다.

47. 삼공육경(三公六卿)

이조 때 영의정(領議政)·좌의정(左議政)·우의정(右議政) 등 삼정승을 삼공(三公)이라 하고 육조(六曹)의 판서(判書)를 육경이라 한다.

48. 사(事)

영사(領事), 감사(監事), 판사(判事), 지사(知事), 동지사(同知事) 등의 관직은 관사(官司)위에 영(領), 감(監), 판(判), 지(知), 동지(同知)자를 두고 사(事)는 관사(官司)밑에 쓴다.
(예) 영돈령부사(領敦寧府事) 감춘추관사(監春秋館事) 동지중추부사(同知中樞府事)

49. 제수(除授)

벼슬을 내릴 때에 일정한 추천 절차를 밟지 아니하고 왕이 직접 임명하거나 승진시키는 것. 이를 제배(除拜)라고 한다.

50. 원종공신(原從功臣)

각 등의 정공신(正功臣) 이외에 작은 공로가 있는 자에게 주는 칭호.

51. 검교(檢校)

고려말 조선초에 정원 이상으로 벼슬 자리를 임시로 늘리거나 공사(公事)를 맡기지 아니하고 이름만 가지게 할 경우 그 벼슬 앞에 붙던 말, 즉 임시직 또는 명예직이다. 3품 이상의 관(官)에만 썼다.
(예) 검교군기감(檢校軍器監)

52. 대제학(大提學)

대제학(大提學)을 문형(文衡)이라고도 한다. 문형은 홍문관대제학, 예문관대제학에 성균관대사성이나 지사(知事)를 겸임해야만 한다. 대제학은 정이품의 관계(官階)이지만 학문과 도덕이 뛰어나고 가문에도 하자가 없는 석학(碩學), 석유(碩儒)만이 오를 수 있는 지위인데, 학자와 인격자로서의 최고 지위라고 할 수 있어 본인은 물론 일문(一門)의 큰 명예로 여기었다. 대제학 후보 선정은 전임 대제학이 후보자를 천거하면, 이를 삼정승 좌우찬성(左右贊成), 좌우참찬(左右參贊), 육조판서, 한성부판윤(漢城府判尹) 등이 모여 다수결로 정한다. 대제학은 본인이 사임하지 않는 한 종신적이다.

53. 청백리(淸白吏)

청백리(淸白吏)는 인품, 경력, 치적(治績) 등이 능히 모든 관리의 모범이 될 만한 인물이어야만 청백리로 녹선(錄選)된다. 청백리로 뽑히면 품계가 오르고 그 자손은 음덕(蔭德)으로 벼슬할 수 있는 특전이 있다. 따라서 본인은 물론 일문(一門)의 큰 영예로 여기었다. 청백리는 의정부, 육조, 한성부의 2품 이상의 관원과 대사헌, 대사간 등이 후보자를 엄격한 심사를 거쳐 후보자를 선정하고 왕의 재가(裁可)를 얻어 녹선한다.

54. 불천위(不遷位)

덕망이 높고 국가에 큰 공로가 있는 사람에게 영원히 사당에 모시도록 국가에서 허가한 신위(神位).

55. 홍문록(弘文錄)

홍문관의 장(長)은 영사(領事)라 하여 영의정이 겸하고, 그 밑에 대제학(大提學)·제학(提學)은 타관(他官)이 겸직하고 부제학(副提學)·직제학(直提學)은 도승지(都承旨)가 겸하고, 전한(典翰, 종3품) 이상 응교(應敎, 정4품) 등 정9품 정자(正子)까지는 다 경연(經筵)을 겸대(兼帶)하였는데 부제학에서 부수찬(副修撰, 종6품)까지는 지제교(知製敎)를 겸하였다. 지제교는 왕의 교서(敎書)를 제술하는 소임인데, 이 외에 대제학이 이조판서와 상의하여 문관 6품 이상 중에서 초계(抄啓)하여 지제교를 겸임케 하는 일도 있어, 전자를 내지제교(內知製敎) 후자를 외시제교(外知製敎)라 했다. 또 홍문관은 경연관(經筵官)을 겸한 데다가 직사중(職司中)에도 왕의 고문(顧問)에 응하는 조항이 있어 왕의 측근에서 조정의 득실을 논하는 지위에 있었으므로 사헌부, 사간원과 아울러 언관(言官)의 삼사(三司)라고 한다. 홍문관원, 즉 옥당(玉堂)의 임무는 이와 같이 청요(淸要)하므로 그 전선(銓選) 또한 대단히 신중하게 행했다. 문과방목(文科榜目)이 나오면 홍문관의 7품 이하 관(官)이 모여 그 중에서 옥당 적임자를 뽑고 부제학 이하 응교(應敎)·교리(校理)·수찬(修撰) 등이 거기에 권점(圈点)을 부치니 이것이 '홍문록(弘文錄)'또는 '본관록(本館錄)'이란 것이며, 이것을 다시 의정(議政)·찬성(贊成)·참찬(參贊)·이조 삼당상(吏曹三堂上)들이 모여 제2차 권점을 부치니 이것을 '도당록(都堂錄)'이라 했는데, 이것을 왕께 상주하여 차점(次点) 이상의 득점자(장원수 내외)를 차례로 교리(校理), 수찬(修撰)에 임명하였다.

56. 한림

예문관의 봉교(奉敎, 정7품) 이하를 한림(翰林, 정9품)이라고 하는데, 좁게는 최말직(最末職)인 검열(檢閱)의 통칭이다. 한림의 직품(職品)이 비록 최하직이나 그 직(職)이 청환(淸宦)인데다가 실제 직무가 겸춘추관기사관(兼春秋館記事官)으로서 사관(史官) 노릇을 하기 때문에 직위에 맞지 않게 중요시되어, 이의 선임은 가장 신중하게 행해졌으며, 따라서 그 영예로움도 대단하였다. 즉 문과 급제의 방이 나면 말석(末席)의 예문관원이 주창하여 한림의 후보가 될 만한 사람을 가려내어 동료와 더불어 밀실에서 천차(薦次)를 평정(評定)하고, 이어 증경한림(曾經翰林)과 예문·홍문 양관 당상(堂上)에게 회시(廻示)하여 다 이의가 없는 뒤에야 설단(設壇)·초향(焚香)하고 천지에 서고(誓告)하기를 "병필지임(秉筆之任) 국가최중(國家最重) 천비기인(薦非其人) 필유기앙(必有其殃)"이라 하고, 다음 삼정승과 찬성·참찬·양관 제학·이조 당상(堂上)이 모여 앉아 피천인(被薦人)으로 하여금 강목(綱目), 좌전(左傳). 송감(宋鑑)을 시강(試講)케하여 석차를 정하였다. 이것은 한림이 사관(史官)으로서 만고시비(萬古是非)의 권(勸)을 잡는 사람이기에 공정하고 유능한 인물을 추천해야 한다는 조심성에서 나온 것이다.

영조 17년에 구천법(舊薦法)이 당론과 관섭(關涉)하는 폐가 있다 하여 이를 폐하고, 새로 증경한림(曾經翰林二人) 세 사람이 모여 문과 방목(文科榜目)중에서 한림 후보자를 뽑아내어 권점(圈点)을 쳐서 2인 이상의 투점(投点)을 얻은 자로 취하니 이른바 '한림합권(翰林合圈)'이요, 한림이 비원(備員)되지 못한 때에는 정부에서 이를 행하니

이것이 소위 '도당회권(都堂會圈)'이다. 이리하여 적임자로 약간 명을 선정하고 다시 그 중에서 몇 사람만을 득점순대로 보임(補任)하였는데, 비록 보직을 못 받더라도 권내(圈內)에 참입(參入)된 것만으로도 일종의 자격을 인정받은 것으로 긍지가 컸으니, 한림은 이와 같이 영광스럽던 것이다.

57. 감찰(監察)

비록 사헌부(司憲府)의 종6품 최말단직이나 독립된 감찰청(監察廳)에 속하여, 외직으로 의사로의 사행(使行), 조정에서의 예회(禮會), 국고(國庫)의 출납(出納), 과거 현장, 제사 절차 등 모든 것에 다 임검(臨檢)하여 위례범칙(違例犯則)을 계찰(戒察)할 수 있는 권한이 대단하여 감찰이라면 누구든 벌벌 떨었다 하며, 비록 왕자대군(王子大君)이나 귀족명사(貴族名士)들도 이들이 연폐(聯袂)·출동(出動)할 때에는 하마(下馬), 회피(廻避)할 정도였다고 한다. 그러므로 이들의 임용에는 매우 신중극택(愼重極擇)하여, 한 번 선임되면 반드시 추의누색 [麤衣陋色:토색단령(土色團領)을 입음과 단모폐대(短帽幣帶)·박마파안(撲馬破鞍)으로 하도록 되어 있다. 정원은 24명이다.

58. 삼사(三司)

이조시대의 홍문관(弘文館) 사헌부(司憲府) 사간원(司諫院)을 합칭(合稱)한 말로서 삼사(三司)의 관원(官員)은 학식과 인망이 두터운 사람을 임명한다. 국가 중대사에 관하여는 연합(連合)하여 삼사합계(三司合啓)를 올리는 일과 합사복합(合司伏閤)이라 하여 소속 관원이 궐문(闕門)에 엎드려 왕의 청종(聽從)을 강청(强請)하기도 한다.

59. 사패지(賜牌地)

고려·이조 때 국가에 공을 세운 왕족과 관리에게 주는 토지. 토지의 수조권(收租權)을 개인에게 이양한 것으로 일대한(一代限)과 3대세습(三代世襲)의 두 종류가 있다. 사패(賜牌)에 가전영세(可傳永世)의 명문(明文)이 있는 것은 3대세습을 허락한 것이고, 이러한 명문이 없으면 일대한으로 국가가 환수(還收)키로 한 것이나, 환수하지 않고 대대로 영세사유화(永世私有化)가 됐다. 선조 이후에는 사패기록(賜牌記錄)만 주고 실제로 토지는 사급(賜給)하지 않았다.

60. 예장(禮葬)

정1품 이상의 문무관 및 공신이 졸(卒)하면 국가에서 예의를 갖추어 장례를 치르는 것으로 일종의 국장(國葬)이다. 이외의 예장범위는 대체로 참찬·판서를 지낸 사람 또는 특지(特旨)가 있는 경우에 한하였다.

61. 장일(葬日)

관원(官員)이 졸(卒)하면 4품 이상은 3개월, 5품 이하는 1개월이 지나야 장사(葬事)한다.

묘지(墓地)는 경계를 정하고 경작(耕作)·목축(牧畜)을 금하고 묘지 한계는 1품 분묘(墳墓)를 중심으로 4면(面) 90보(步), 2품은 4면

80보, 3품은 4면 70보, 4품은 4면 60보, 5품 이하는 4면 50보, 7품 이하와 생원(生員)·진사(進士)는 4면 40보, 서인(庶人)은 4면 10보.

62. 배향(配享)

공신·명신 또는 학덕이 높은 학자의 신주(神主)를 종묘(宗廟)나 문묘(文廟)·서원(書院) 등에 향사(享祀)하는 일.

63. 치제(致祭)

국가에 공로가 많은 사람 또는 학행과 덕망이 높은 사람에게 사후 국왕이 내려주는 제사(祭祀).

64. 가자(加資)

정3품 통정대부(通政大夫) 이상의 품계(品階)에 올려줌을 말한다.

65. 당상관(堂上官)

관계(官階)의 한 구분. 문관은 정3품인 통정대부(通政大夫) 이상, 무관은 정3품인 절충장군(折衝將軍) 이상을 말한다.

66. 당하관(堂下官)

문관은 정3품인 통훈대부 이하 종9품인 장사랑(將仕郞)까지, 무관은 정3품인 어모장군(禦侮將軍) 이하 종9품인 전력부위(展力副尉)까지를 통칭한다.

67. 참상참하(參上參下)

당하관 중 6품 이상은 참상(參上), 7품 이하는 참하(參下) 또는 참외(參外)라고도 한다.

68. 승륙(陞六)

7품 이하의 관원이 6품 즉 참상으로 오르는 것.

69. 낭청(郎廳)

각관사(各官司)에 근무하는 당하관의 총칭(總稱)이다.

70. 권지(權知)

새로 문과에 급제(及第)한 사람을 승문원(承文院) 교서관(校書館)에 분속(分屬)하여 권지(權知)라는 명칭으로 실무를 수습(修習)하게 한다. 즉 벼슬 후보자.

71. 서사(筮仕)

처음으로 관직에 나감.

72. 각관(各官)의 임기

중앙 각관사의 6품 이상 당상관은 30월(月), 병조판서·관찰사·유수(留守)는 24월, 수령은 30월 내지(乃至) 60월, 병사(兵使)·수사(水使)는 24월.

73. 사림(士林)

벼슬하지 않고 은거하는 덕망이 높은 선비.

74. 통어사(統禦使)

조선 후기에 경기·충청·황해도 등 3도의 수군을 통할(統轄)하는 무관직. 경기수사(京畿水使)가 겸직(兼職)한다.

75. 통제사(統制使)

임진왜란 때 설치. 충청·전라·경상도 등 3도의 수군을 통할하는 무관직. 전라수사가 겸직한다.

76. 방어사(防禦使)

인조 때에 경기·강원·함경·평안도 등 요소를 방어하기 위하여 둔 벼슬. 지방 수령이나 변장(邊將)이 겸함.

77. 도순무사(都巡撫使)

조선 때 전시(戰時)나 지방에서 반란(叛亂)이 일어났을 때 군무(軍務)를 통할하는 임시관직.

78. 체찰사(體察使)

지방에 군란(軍亂)이 있을 때 왕의 대신으로 그 지방에 나아가 일반 군무를 두루 총찰하는 임시 관직.(재상이 겸임함)

79. 제주(祭酒)

성균관의 당상관직으로 보(補)하되 학생과 명망이 높은 선비에 제수(除授)한다.

80. 암행어사(暗行御史)

왕이 신임하는 젊은 당하관 중에서 뽑아 비밀히 지방에 보내 현직·전직 지방관의 선행(善行)과 비행(非行), 백성(百姓)의 사정·민정·군정의 실정(實情), 숨은 미담·열녀·효자의 행적 등을 조사·보고하게 하는 임시직. 어사로 뽑혀 왕에게서 봉서(封書)를 받으면 집에 들리지 않고 즉시 출발하며, 역마(驛馬)와 역졸(驛卒) 등을 이용할 마패(馬牌)를 받는다. 필요할 때에는 마패로써 자기의 신분을 밝히고 [어사출두(御史出頭)] 비행(非行)이 큰 수령이면 즉시 봉고파직(封庫罷職)하며, 지방관을 대신하여 재판(裁判)도 한다. 부모상이나 국장

(國葬)이 있어도 임무중에는 돌아오지 못한다.

81. 원(園)

왕세자 또는 왕세손으로 책봉된 뒤에 왕위에 오르지 못하고 사망한 분과, 왕의 생모로 선왕비(先王妃)가 아닌 분의 묘소.

82. 내명부(內命婦)

내명부(內命婦)라 함은 궁안에 있는 여인의 벼슬을 말함인데, 여기에 상궁(尚宮) 이하는 궁직(宮職) 즉 궁녀의 직함이고, 빈(嬪)으로부터 숙원(淑媛) 까지는 왕의 후궁(後宮)이다. 정·종(正·從) 각 9품으로 되어 있으니 그 계단이 18계단이 있는 셈이다.

83. 외명부(外命婦)

왕족·종친의 여자·처 및 문무관의 처로서 그 부직(夫職)에 좇아 봉작을 받은 여자의 통칭(별표 참조). 왕족에는 공주·옹주·부부인(府夫人), 봉보부인(奉保夫人=유모), 군주(郡主), 현주(縣主)가 있고, 종친의 처로는 부부인, 군부인(郡夫人) 등과, 문무관의 처로는 정경부인·정부인·숙부인·숙인·영인(令人)·공인(恭人)·의인(宜人)·안인(安人)·단인(端人)·유인(孺人) 등이 있다. 그러나 서자(庶子)와 재가(再嫁)를 한 자에게는 작(爵)을 봉하지 아니하고 개가(改嫁)한 자의 봉작(封爵)은 추탈(追奪)한다. 왕비의 친어머니, 세자의 딸과 종친으로서 2품 이상의 처는 읍호(邑號)를 병용(竝用)한다.

84. 호패(號牌)

조선시대(朝鮮時代)에 16세 이상의 남자가 차고 다니던 패. 지금의 신분증명서와 같은 것으로 그 기원은 원(元)나라에서 시작되어 우리 나라는 1354년(고려 공민왕 3)에 이 제도를 모방. 수·육군정(水陸軍丁)에 한하여 실시하였으나 잘 시행되지 않고, 조선시대에 들어와 비로소 전국으로 확대되어 호적법의 보조적인 역할을 하게 되었다. 그 목적은 호구(戶口)를 명백히 하여 민정(民丁)의 수를 파악하고, 직업·계급을 분명히 하는 한편 신분을 증명하기 위한 것이었으나 그 중에서 가장 중점을 둔 것은 군역(軍役)과 요역(搖役)의 기준을 밝혀 백성의 유동과 호적 편성상의 누락·허위를 방지하는 데 있었다. 1413년(태종 13)에 처음으로 시행되었는데 그 후 숙종 초까지 5차례나 중단되었다. 이와 같이 호패의 사용이 여러 번 중단된 것은 백성들이 호패를 받기만 하면 곧 호적과 군적(軍籍)에 올려지고 동시에 군정(軍丁)으로 뽑히거나 그 밖에 국역(國役)을 지어야만 했으므로 되도록 이를 기피한 까닭에 실질적 효과가 없었기 때문이다. 특히 이를 계기로 백성들은 국역을 피하기 위하여 양반의 노비로 들어가는 경향이 늘고 호패의 위조·교환 등 불법이 증가하여 국가적 혼란이 격심하였다. 이리하여 조정에서는 강력한 조치를 취하여 호패의 위조자는 극형, 호패를 차지 않은 자는 엄벌에 처하는 등의 법을 마련하는 한편 세조 때는 호패청을 두어 사무를 전담케 하였고 숙종 때는 호패 대신 종이로 지패(紙牌)를 만들어 간직하기 쉽고 위조를 방지하는 등의 편리한 방법을 취하기도 하였다. 그러나 이같은 정책에도 불구하고 실제로는 별로 효과를 얻지 못하고 사회적 물의만을 일으켰을 뿐이다. 「세

종실록」에 의하면 호패를 받은 사람은 전체 인구의 1~2할에 불과하다 하였으며, 「성종실록」에는 호패를 받은 자 중 실제로 국역을 담당할 양민은 1~2할 뿐이라고 하였다. 호패는 왕실·조관(朝官)으로부터 서민·공사 천(公私賤)에 이르기까지 16세 이상의 모든 남자가 소지하였는데 그 재료와 기재내용은 신분에 따라 구분되어 있었다. 호패의 관할기관은 서울은 한성부, 지방은 관찰사 및 수령이 관할하고 이정(里正)·통수(統首)·관령(管領)·감고(監考) 등이 실제 사무를 담당하였으며 그 지급 방법은 각자가 호패에 기재할 사항을 단자(單子)로 만들어 제출하면 2품 이상과 3사(司)의 관원은 관청에서 만들어 지급하고 기타는 각자가 만들어 관청에서 단자와 대조한 후 낙인(烙印)하여 지급하였다. 「속대전(續大典)」의 규정에 의하여 호패를 차지 않은 자는 제서유위율(制書有違律), 위조·도적한 자는 사형, 빌어서 차는 자는 누적률(漏籍律)을 적용하고 이를 빌려준 자는 장(杖) 100에 3년간 도형(徒刑)에 처하도록 하였으며, 본인이 죽었을 때는 관가에 호패를 반납하였다.

■ 신분별 호패의 종류

	2품 이상	4품 이상	5품 이상	7품 이하	서인(庶人) 이하
태종실록 규정	상아(象牙) 또는 녹각(鹿角)	녹각(鹿角) 또는 황양목(黃楊木)	황양목 또는 자작목(資作木)	자작목	잡목
속대전 규정	2품 이상	3품이하, 잡과(雜科) 합격자	생원, 진사	잡직, 서인, 서리(書吏)	공사천
	아패(牙牌)	각패(角牌)	황양목패	소목방패(小木方牌)	대목방패

85. 자(字)

가명(家名) 외에 붙이는 성인의 별명(別名). 남자 20세가 되어 관례(冠禮, 아이로서 성인이 되는 예식)를 행하여 성인이 되면 자(字)가 붙는다.

삼국, 고려 및 조선시대 관직 및 품계

가

가감역관假監役官	조선 때 토목·영선을 담당하던 종9품의 임시관직
가덕대부嘉德大夫	조선의 종1품의 종친에게 주던 관계
가선대부嘉善大夫	조선의 관계, 종2품으로 문·무반·종친이 받음
가의대부嘉義大夫	조선의 관계. 종2품으로 처음에는 가정대부였다.
각간角干	신라의 최고 관급, 상대등과 같이 17판 등과는 별개
감관監官	조선 때 각 관아·궁방에서 금전의 출납을 맡아보던 관리
감군監軍	조선의 군직으로 군인들의 순찰을 감독하던 임시벼슬
감목관監牧官	조선의 외관직, 지방의 목장일을 맡아 보았다.
감무監務	고려 때 현령을 둘 수 없는 작은 현의 감독관
감사監司	조선 때 관찰사의 별칭으로 각 도의 우두머리로 종2품
감사監史	고려 때 소부시·군기시의 관원
감사監事	조선의 춘추관에 두었던 정1품의 관직
감서監書	조선 규장각에 소속된 관직
감수국사監修國史	고려 춘추관의 최고 관직으로 시중(종1품)이 겸임
감역관監役官	조선 때 종9품의 벼슬로 건축에 관한 사무를 담당하였다.
감진어사監賑御史	조선 때 지방에 파견된 어사
감찰監察	조선 때 사헌부의 정6품 관직
감창사監倉使	고려 때 창고를 감찰하던 관직
감춘추관사監春秋館事	춘추관 감사, 조선 때 춘추관의 정1품 관직
건공장군建功將軍	조선의 종3품 무관에 주는 품계
건신대위健信隊尉	조선 때 무관에게 주는 정6품 품계
건충대위健忠隊尉	조선의 정5품 토관직·관계
검관檢官	조선의 형조 소속으로 시체를 검사하는 관리
검교사檢校使	신라 때 중앙관부의 장관인 영숙
검독檢督	조선의 지방관직으로 지금의 면장 또는 읍장에 해당하는 관직
검률檢律	조선 때 형조에 소속된 종9품의 벼슬
검열檢閱	고려 때 예문관·춘추관의 정8품에서 정9품의 벼슬, 조선 때 예문관의 정9품 벼슬로 사초를 꾸미는 일을 맡았다.
검교리兼校理	조선 때 교서관에 소속된 종5품 관직
검교수兼敎授	조선 때 종6품의 벼슬
검도사兼都事	조선 때 충훈부에 속한 종5품 관직
검보덕兼輔德	조선 때 세자시강원의 정3품 관직
검사복장兼司僕將	조선 무관의 관직으로 종2품 이었으나 뒤에 정3품이 되었다
검필선兼弼善	조선 초기에 세자시강원에서 세자를 교육한 정4품 관직
경력經歷	고려 때 4~5품 관리, 조선 때 종4품의 관리

경사교수經史敎授	고려 때 교육기간인 국자감에 속했던 관직
경학박사經學博士	고려 때 지방관민의 자제를 교육시키기 위해 둔 교수직
계사啓仕	조선 때 호조에 속한 종8품의 관직, 처음에는 산원이라고 했다.
계사랑啓仕郎	조선 때 동반(무관)의 관계로 정9품
계의관計議官	고려 때 광정원 소속의 정7품 관직
공조판서工曹判書	조선 때 공조의 으뜸 벼슬로 정2품
관군대장군冠軍大將軍	고려 때 정3품 무산계
관찰사觀察使	조선 때 지방장관으로 종2품이며 지금의 도지사와 같다.
광덕대부光德大夫	조선의 품계로 의빈부에 속했던 1품 관계
광성대부光成大夫	조선 때 정4품의 관계
교감校監	고려 비서성의 종9품 관. 조선 승문원의 종5품 벼슬
교검校檢	조선 때 승문원의 정6품의 관리
교리校理	조선의 관직으로 홍문관과 승문원의 종5품 벼슬
교서랑校書郎	고려 때 비서성에 속한 정9품 관리
교수敎授	조선 때 부와 목에서 유생들을 가르치는 종6품 관리
국별장局別將	조선 때 훈련도감에 소속된 정3품의 무관직
군수郡守	조선 때 각 군의 우두머리로 종4품의 무관직
권독勸讀	조선 때 세손에게 학문을 가르치던 직책으로 종5품 관리
근절랑謹節郎	조선 때 동반종친의 품계로 종5품 관리
금위대장禁衛大將	조선 때 금위영의 주장으로 종2품 무신관직
금자광록대부金紫光祿大夫	고려 문산계의 하나로 종2품 관.
금자숭록대부金紫崇祿大夫	고려 문산계의 하나로 종1품 품계
금자흥록대부金紫興祿大夫	고려 문산계의 하나로 종1품의 품계
급사중給事中	고려 때 중서문하성에 소속된 종4품 벼슬
기거랑起居郎	고려 때 문하부의 관직으로 종5품 벼슬
기거사인起居舍人	고려 때 문하부의 관직으로 종5품, 후에 정5품
기거주起居注	고려 때 문하부의 관직으로 종5품, 후에 정5품이 되었다.

나

낭관郎官	조선의 6품관직
낭사郎舍	고려 문하성소속으로 간관들의 총칭
낭장郎將	고려 때 정6품의 무관직
낭중郎中	신라 때 관직으로 사지(13등급)에서 내차(11등급)까지 역임. 고려 때는 6부에 소속된 정5품 벼슬
낭청郎廳	조선 때 비변사에 속한 종6품의 관직

내급사內給事	고려 때 전중성에 소속된 종6품의 관직
내사사인內史舍人	고려 때 내시문성소속의 종4품 벼슬
내사시랑평장사 內史侍郎平章事	고려 때 문하부 소속의 정2품 벼슬
내시內侍	고려 때 재주와 용모가 뛰어난 세족자제들을 임명하여 숙위 및 근시의 일을 맡던 관원. 조선 때 환관의 별칭
내신좌평內臣佐平	백제의 1품 관직. 시중과 같은 수상급
내직랑內直郎	고려 때 동궁(세자의 거처)에 소속된 종6품 벼슬
녕원장군寧遠將軍	고려 때 정5품의 무산계(무신들의 품계)
녹사錄事	고려 때 정8품의 무관 벼슬, 조선 때 각 관아에 속한 하급이속

동지사동知事	조선 때 종2품 관직으로 이들의 직함은 소속 관청 명 위에 동지를 쓰고 관청 명 밑에 사를 사용하였다.
동지삼군부사 同知三軍府事	조선 때 삼군부에 속한 종2품 벼슬, 대장이 겸임
동지성균관사 同知成均館事	조선 때 성균관에 속한 종2품 벼슬
동지원사同知院事	고려 때 중추원 소속의 종2품 벼슬
동지의금부사 同知義禁府事	조선 때 의금부에 속한 종2품 벼슬
동지춘추관사 同知春秋館事	조선 때 춘추관에 속한 종2품 벼슬
동첨절제사同 僉節制使	조선 때 절도사에 딸린 종4품의 무관직

다

대사간大司諫	조선 때 사간원의 최고직이며 학식과 경험이 풍부하여 임금에게 풍간하는 일을 맡은 정3품 관리
대사성大司成	조선 성균관의 최고관. 유학에 관한 일을 담당한 정3품 관리
대사헌大司憲	조선 때 사헌부의 장관으로 정2품 관리
대장大將	조선 때 정2품 무관직이며, 호위청에만 정1품관을 두었다.
대장臺長	조선 때 사헌부의 장령(정4품)과 지평을 가리키는 말
대장군大將軍	신라 무관직의 으뜸. 고려 때 종3품의 무관직
대정隊正	고려 때 무관의 벼슬, 최하위 군관으로 종9품
대제학大提學	조선 때 홍문관·예문관에 둔 정2품 관직
대호군大護軍	고려 무관직으로 종3품, 조선의 무관직이며 종3품의 벼슬
도사都事	고려 때 종7품의 관직, 조선 때 관리의 감찰·규탄을 맡은 종5품관
도선導善	조선 때 종학에 소속된 정4품 벼슬
도순문사都巡問使	고려의 외관직으로 주·부의 장관을 겸하였다.
도순찰사都巡察使	조선 군관직, 정2품 또는 종2품의 관찰사가 겸임한 임시직
도승지都承旨	조선 때 승정원의정3품관, 지금의 대통령 비서실장
도원수都元帥	고려·조선 때 전시에 군대를 통괄하던 임시 무관직
도정都正	조선 때 종친부·돈영부에서 종친사무를 담당한 정3품
도제조都提調	조선 때 각 관청의 정1품 벼슬
도청都廳	조선 때 준천사에 속한 정3품 당상관
도체찰사都體察使	조선 때 관직, 전시에 의정이 겸임하는 최고 군직
도총관都摠管	조선 때 오위도총부의 우두머리로 정2품 관직
돈신대부敦信大夫	조선 때 종3품의 품계를 가진 문관 벼슬로 의빈에서 줌
돈용교위敦勇校尉	조선 무관의 관계로 정6품
돈의도위敦義徒尉	조선 때 무관의 관계로 정7품
동부승지同副承旨	조선 때 승정원에 소속된 정3품 관직
동지경연사同 知經筵事	조선 때 경연청에 속한 종2품의 벼슬
동지돈령부사 同知敦寧府使	조선 때 돈령부에 속한 종2품의 벼슬

마

만호萬戶	고려·조선 때의 외관직으로 정4품의 무관직
명덕대부明德大夫	조선의 관계로 숭덕대부를 개칭한 것
명선대부明善大夫	조선 초기 종친들에게 주던 관계로 정3품 당상관
명신대부明信大夫	조선 초기 의빈에게 주던 종3품의 관계
목사牧使	조선 때 각 목의 으뜸 벼슬로 정3품의 관계
명위장군明威將軍	고려 때 종4품의 무산계
무공랑務功郎	조선 때 정7품의 문반관계로 종친 및 의빈에게 주었다.
문사文師	고려 때 유수관이나 대도호부에 속한 9품직
문하녹사門下錄事	고려 때 문하성에 소속된 정7품의 관직
문하사인門下舍人	고려 때 문하부 소속의 정4품의 관직
문하시랑평장사 門下侍郎平章事	고려 때 문하부에 소속된 정2품의 관직
문하시중門下侍中	고려 때 문하성의 최고 관리로 종1품 관직
문하우시중門 下右侍中	고려 때 문하부의 관직으로 문하시중을 고쳐 부른 것
문하좌시중門 下左侍中	고려 때 문하부의 관직으로 문하시중을 고쳐 부른 것
문하주서門下注書	고려 때 문하부의 종7품 관직으로 첨의주서라 한다.
문하찬성사門 下贊成事	고려 때 문하부의 정2품 벼슬이며 찬성사라 한다.
문하평리門下評理	고려 때 문하부 소속의 종2품 관리
밀직판원사密 直判院事	고려 때 밀직사 소속의 종2품 관직
밀직원사密直院事	고려 때 밀직지원사·밀직사 소속의 종2품 관직
밀직부사密直副使	고려 때 밀직사 소속의 정3품 관직

바

방어사防禦使	조선 때 지방 관직으로 각 도의 요지를 방어하는 병권을 가졌다.
백호百戶	고려·조선 때 5·6품의 무관직으로 청백하고 무예에 능한 관원

벽상삼한·삼중대광 壁上三韓·三重大匡	고려의 정1품 품계. 벽상공신의 무관
별장別將	고려 때 정7품의 무관직, 조선 때 각 영에 소속된 종2품의 무관직
별제別提	조선 때 6품의 관리로 6조에 속해 있었다.
별좌別座	조선 때 수원 총리영 소속의 정3품 군인
별효장別驍將	조선 때 수원 어영청에 소속된 정3품의 군인
별후부천총別 後部千總	조선 때 어영청에 소속된 정3품의 군인
병마사兵馬使	고려 때 동·북 양계의 군권을 지휘하는 정3품 벼슬
병마방어사 兵馬防禦使	조선 때 각 지방의 군대를 통솔하던 종2품의 무관직
병마절도사 兵馬節度使	조선 때 지방의 군대를 통솔하던 종2품의 군인
병마절제사 兵馬節制使	조선 때 각 읍의 수령이 겸임하는 군사직
병부상서兵部尙書	고려 병부의 장관. 지금의 국방부 장관과 같다.
병절교위秉節校尉	조선 때의 종6품에 속하는 무관의 관계
병조판서兵曹判書	조선 때 병조의 으뜸 벼슬로 정2품
보공장군保功將軍	조선 때 무관의 관계로 종3품
보국대장군輔 國大將軍	고려 때 정2품의 무신계
보국숭록대부 輔國崇祿大夫	조선의 정1품 품계
보덕報德	조선의 세자시강원에서 세자를 가르치던 종3품 벼슬
보신대부保信大夫	조선 초기에 종친에게 주던 종3품의 관계
봉렬대부奉列大夫	조선 때의 정4품 관계
봉사奉事	조선 때의 종8품 관직
봉상대부奉常大夫	고려 때 정4품의 문산계
봉상시정奉常寺正	조선 때 봉상시 소속의 정3품 관원
봉선대부奉善大夫	고려의 종4품 문산계
봉성대부奉成大夫	조선의 종4품 관계로 종친에게만 주었다.
봉순대부奉順大夫	고려·조선 때 정3품의 문관 풍계
봉어奉御	고려 때 각 관청 소속의 정6품 관직
봉의랑奉議郎	조선 때 정5품의 문관 관계
봉익대부奉翊大夫	고려 때 종2품의 문산계·영록대부
봉정대부奉正大夫	조선 때 정4품의 문관과 종친에게 준 관계
봉헌대부奉憲大夫	조선 때 정2품으로 의빈에게 준 품계
부사府使	고려 및 조선 때 지방관직으로 각 부의 수령을 가리킨다. 대도호 부사(정3품)·도호부사(종3품)를 말함
부사副使	고려 때 사의 다음가는 관직을 5~6품 이었다.
부사과副司果	조선의 5위에 속한 무관직으로 종6품의 벼슬
부사맹副司猛	조선의 5위에 속한 무관직으로 종8품의 벼슬
부사소副司掃	조선의 액정서에 속한 종9품의 잡직
부사안副司案	조선의 액정서에 속한 종7품의 잡직

부사약副司鑰	조선의 액정서에 속한 종6품의 잡직
부사용副司勇	조선의 5위에 속한 종 9품의 무관직
부사정副司正	조선의 5위에 속한 종 7품의 무관직
부사직副司直	조선의 5위에 속한 종 5품의 무관직
부사포副司舖	조선의 액정서에 속한 종8품의 잡직
부수副守	조선의 종친부에서 종실과 종친에 관한 일을 보던 종4품의 관직
부수찬副修撰	조선 때의 홍문관에서 내외의 경적과 문헌에 관한 일을 맡아본 종6품의 벼슬
부승지副承旨	고려 때 광정원 소속의 종6품, 밀직사로 고친 후 정3품이 됨. 조선 때 승정원의 정3품 관직. 지금의 비서실 차장급
부인금副仁禽	조선 때 장원서에 소속된 종8품의 잡직
부신수副愼獸	조선 때 궁중의 정원을 관리하던 종9품의 잡직
부위副尉	조선 때 의빈부에 속한 종6품의 벼슬
부윤府尹	조선 때 정2품 지방 관직으로 부의 우두머리
부응교副應敎	조선 때 홍문관에서 경서와 사적을 관리하던 종4품 관직
부장部將	조선 때 무관직으로 5위에 속한 종6품의 벼슬
부장副將	조선 말의 무관계급. 정2품이었으며 상장 밑의 관직
부전수副典需	조선 때 내수사에 소속된 종6품의 관직
부전악副典樂	조선 때 장악원에서 음악에 관한 일을 본 종6품 관직
부전율副典律	조선 때 장악원에서 음악에 관한 일을 본 종7품 관직
부정副正	고려 때 각 관청 소속의 종4품 관직, 조선 때 각 관청의 종3품관
부정자副正字	고려와 조선 때 교서관과 승문원 종9품 관직
부제조副提調	조선 때 각 기관에 소속된 정3품 관직
부제학副提學	조선 때 홍문관의 정3품 관직, 제학의 다음 벼슬
부직장副直長	고려 때 정8품 관직, 조선 때 상서원 소속의 정8품의 관직
부창정副倉正	고려 때 각 군현에 소속된 지방직
부첨사副詹事	조선말의 관직으로 왕태자 궁의 주임관 벼슬
부총관副摠管	조선 때 5위도총부에 속한 정2품의 무관직
부총제사副摠制使	고려 말 삼군도 총제부에 속한 관직
부호장副戶長	고려 때 호장 아래 관직이며 대등을 개칭한 이름
분순부위奮順副尉	조선 때 무관의 관계로 종7품이었다.
비서감秘書監	고려 때 비서성에 소속된 종3품의 관직
비서관秘書官	관청의 장관에 직속되어 기밀사무를 맡아보는 관리
비서랑秘書郎	고려 때 비서성에 소속된 종6품의 관직
비서승秘書丞	고려 때 비서성에 소속된 종6품의 관직
빈객賓客	조선 때 세자시강원에 소속되어 세자에게 경사와 도의를 가르치던 정2품의 관직

사

사師	조선의 세자시강원에서 세자에게 경서와 사기를 가르치던 정1품관으로 영의정이 겸임하였다.

사간司諫	조선 때 사간원 소속으로 임금의 잘못을 간하고 논박하는 일을 한 종3품의 관직	상대등上大等	신라 때의 최고관직으로 모든 정사를 총관했다.
사경司經	조선 때 경연청에 속한 정7품 벼슬	상례相禮	조선 때 통례원에 소속된 종3품 관리
사과司果	조선 때 오위도총부에 속한 정6품의 무관직	상만호上萬戶	고려 때 군직으로 순군만호부 다음의 벼슬
사공司空	고려 때 삼공의 하나로 정1품 벼슬	상문尚門	조선 때 내시부에 소속된 종8품의 벼슬
사도司徒	고려 때 삼공의 하나로 정1품의 벼슬	상서尚書	고려 때 6부에 두었던 정3품 관직으로 판서·전서 등으로 변경 되었다.
사맹司盟	조선 때 오위에 속한 정8품 무관직	상서령尚書令	고려 때 상서성의 우두머리로 종1품 벼슬
사사司事	고려 때 밀직사 소속의 종2품 벼슬	상서좌우승尚書左右丞	고려 때 종3품 관직으로 상서도성에 속하였다.
사서司書	조선 때 세자시강원 소속의 정6품 관직	상선尚膳	조선의 내시부에 소속된 종2품 벼슬로 궁중식사 일을 맡았다.
사성司成	조선 때 성균관에서 유학을 가르치던 종3품 관리	상세尚洗	조선의 내시부에 소속된 종6품의 벼슬로 주방 일을 담당하였다.
사알司謁	조선 때 액정서에 소속되어 임금의 명령을 전달하던 정6품 잡직	상시常侍	고려 때 좌산기상시·우산기상시를 통틀어 산기상시라 하고 약칭 상시라고 했다.
사업司業	조선 때 성균관에서 유학 강의를 맡아보던 정4품의 벼슬	상약尚藥	조선 때 내시부의 종3품 관직이며, 궁중의 약에 관한 일을 보았다.
사예司藝	조선 때 성균관 소속의 정4품 벼슬	상원尚苑	조선 때 내시부의 종3품 관직
사용司勇	조선 때 오위도총부에 속한 정9품 무관직	상위사자上位使者	고구려의 관직으로 정6품 관직에 해당한다.
사의司議	조선 때 장예원에서 노예에 관한 일을 보던 정5품의 벼슬	상장군上將軍	신라 때 대장군 밑의 무관직. 고려 때와 조선 초기의 정3품 무관직
사의대부司議大夫	고려 때 문하부 소속으로 정4품 관직	상좌평上佐平	백제의 16관 등급 중 좌평의 우두머리
사인舍人	신라 때 사지(13등급)에서 대사(12등급)를 총칭하는 말	상주국上柱國	고려 때 정2품 훈계
사자使者	부여와 고구려의 관직으로 정3품에서 정5품까지 다양하다.	상호弧	조선 때 내시부에 소속된 정5품 관직
사재四宰	조선의 관직으로 의정부·우참찬(정2품)을 말한다.	상호군上護軍	고려 때 무관직, 조선 때 5위에 속한 정3품의 무관직
사정司正	조선의 오위에 속한 정7품의 무관직	서윤庶尹	조선 때 한성부·평양부 소속의 종4품 벼슬
사지舍知	조선 때 조지서에서 종이 제조에 관한 일을 맡은 종6품	서장관書狀官	조선 때 관직으로 연행사의 일행인 기록관
사직司直	조선의 오위도총부에 속한 정5품의 무관직	서학박사書學博士	고려 때 국자감에서 글씨를 가르치던 종9품의 관직
사평司評	조선 때 장예원에 소속된 정6품 관직	선략장군宣略將軍	조선 때 종4품의 무관계로 경력·참정·부호군 등이 되었다.
사포司鋪	조선 때 액정서 소속의 정8품 관직	선무사宣撫使	조선 때 재해나 병란이 일어났을 때 지방에 파견된 관리
사포司圃	조선 때 때 사포서에서 궁중의 원포園圃와 채소 따위에 관한 일을 맡아보던 정6품 벼슬	선부膳夫	조선 때 사옹원에 소속된 종7품의 벼슬
산사算士	조선 때 호조·산학청의 종7품이며, 지금의 계리사	선용부위宣勇副尉	조선 때 사옹원에 소속된 종7품의 벼슬
산원算員	고려와 조선 초기의 군관의 계급으로 정8품 관직	선위사宣慰使	조선 때 사신을 영접하는 임시관직, 3품 이상의 당상관이 임명
산학교수算學教授	조선 때 호조에 소속되어 회계를 담당한 종6품	선위장군宣慰將軍	고려 때 종4품 무관의 관계
산학박사算學博士	신라 때 산술을 가르치던 교수, 고려 때 종9품으로 국자감에서 산술을 가르치던 교수	선의랑宣議郞	고려 때 종7품 무관의 관계
삼공三公	고려 때 사마·사도·사공의 총칭으로 정1품, 조선 때 영의정·좌의정·우의정의 총칭으로 정1품 벼슬	선전관宣傳官	조선 때 선전관청에 소속된 정3품에서 종9품의 관리
삼도수군통제사三道陸軍統禦使	조선의 해군 총사령관	선절교위宣折校尉	고려 때 정8품의 무산계
삼도육군통어사三道陸軍統禦使	조선 말기의 무관직으로 육군 통수관	선절부위宣折副尉	고려 때 정8품의 무산계
삼사三司	고려의 태자·태부·태보를 말하며 임금의 고문 또는 국가 최고의 명예직으로 정1품이었다.	선직랑宣職郞	조선 때 동반의 정6품 토관직
삼사사三司使	고려 때 삼사에 속한 정3품 벼슬	선화善畵	조선의 도화서에 소속되어 그림을 담당하던 종6품 관직
상경上卿	조선 때 정1품과 종1품의 판서를 가리키는 통칭	선회善繪	조선 때 도화서에 속한 종7품 잡직 벼슬
상경尚更	조선 때 내시부에 소속되어 임금의 시중을 들던 정9품 벼슬	선휘대부宣徽大夫	조선 때 종친과 문관에게 주던 정4품 관계
상다尚茶	신라 때 내마(11등급)에서 아찬(16등급)에 해당하는 벼슬	설경說經	조선 때 경연에 속한 정8품 벼슬

성록대부成祿大夫	조선 때 의빈에게 주던 정1품 관계
세마洗馬	고려 때 동궁에 속한 종5품 관직, 조선 때 정9품의 잡직
세자부世子府	고려 때 세자의 스승, 조선 때 세자시강원에 속한 정1품 관직
소감少監	신라 때 무관직, 고려 때 4~5품 관직, 조선 때 종4품 벼슬
소경少卿	고려 때 종4품 벼슬, 조선 때 종4품 벼슬
소덕대부昭德大夫	조선 때 종친과 문관에게 준 정1품 관계
소윤少尹	신라 때 지방 관직 고려 때 종4품 벼슬, 조선 때 한성부·개성부 소속의 정4품 관직
소의대부昭義大夫	조선 때 종친에게 주던 종2품 벼슬
소첨사少詹事	고려 때 첨사부의 정3품 관직, 첨사 다음가는 벼슬
수국사修國史	고려 때 감수국사 다음으로 2품 이상이 겸임한 사관이다.
수군방어사水軍防禦使	조선 때 수군을 통솔한 종2품 무관직
수군절도사水軍節度使	조선 때 수군을 통제하기 위하여 둔 정3품 무관직
수군첨절제사水軍僉節制使	조선 때 진의 수군을 지휘하는 종3품 무관직
수문하시중守門下侍中	고려 때 문하부의 대신
수어사守禦使	조선의 수어청 장관. 광주유수가 겸임한 종2품 벼슬
수의도위守義徒尉	조선 때 종7품의 토관계로 관직
수의부위守義副尉	조선 때 종8품의 무관에게 주는 관계
수임교위修任校尉	조선 때 문반의 정6품에 속하는 잡직계
수직랑修職郎	고려 때 7품의 문산계
수찬修撰	고려 때 예문관에 속한 사관으로서 정2품의 관직이었는데 후에 정8품이 되었다. 조선 때 홍문관의 정6품
수찬관修撰官	고려 때 한림원 소속. 3품 이하가 겸직한 사관
순무사巡撫使	고려 때 안무사를 개칭한 것으로 지방관을 감찰하는 관직
순위관巡衛官	고려 때 사평순위부에 소속된 참상관 밑의 벼슬
숭덕대부崇德大夫	조선 때 의빈에게 주던 종1품의 관계
숭록대부崇祿大夫	고려와 조선 때 종1품의 문산계, 공민왕 때는 정2품
숭정대부崇政大夫	조선 때 문관에게 주던 종1품의 관계
숭헌대부崇憲大夫	조선 때 종친에게 주던 정2품 관계. 후에 문관에게도 주었다.
승丞	고려 때와 조선 때 각 관청에 소속된 정5품~정9품의 관원
승무랑承務郎	조선 때 종7품의 잡직 관계
승봉랑承奉郎	고려 때 종8품의 문산계
승사랑承仕郎	조선 때 종8품의 문산계
승선承宣	고려 때 왕명의 출납을 맡아본 정3품 관직이다. 승지·대언
승의랑承義郎	조선 때 정6품의 문관계
승의부위承義副尉	조선 때 정8품의 무관의 관계
승전선전관承傳宣傳官	조선의 선전광청에 소속돼 왕의 명령을 전달하던 무관
승지承旨	고려 때 밀직사 소속의 왕명을 출납하는 관리이다. 조선 때 승정원 속의 왕명을 출납하는 관리로 정3품

승훈랑承訓郎	조선 때 정6품 관직으로 종친과 의빈에게 주던 관계
시강관侍講官	조선 때 경연청에 속해 임금에게 경서를 강의하던 정4품
시독관試讀官	조선 때 경연청에 속해 임금에게 경서를 강의하던 정5품
시독사侍讀事	고려 때 동궁에 소속된 관직
시랑侍郎	신라 때 각 부의 차관이며 내마에서 아찬까지 해당하는 벼슬. 고려 때 각 부의 정4품 관리
시사랑試仕郎	조선 때 품으로 동반의 토관직
시어사侍御史	고려 때 어사대 소속의 종5품 관직
시중侍中	신라 때 집사성의 최고 벼슬로 대아찬(5등급)에서 아찬(2등급)까지이다. 고려 때 수상으로 종1품
신과愼果	조선 때 장원서에 소속된 종7품 벼슬

아

아장亞將	용호별장, 도감중군, 병조참판, 금위중군, 어영중군 등 무관武官 계통의 차관급의 통칭
악사樂師	조선 때 장악원에 예속된 정6품직
안렴사按廉使	고려 때 지방장관으로 절도사·안찰사라고도 한다. 지금의 도지사
안무사按撫使	고려·조선 때 지방에 파견되어 수령을 감찰하는 임시 외관직(지방에 변란이나 재난이 있을 때 왕명으로 파견되어 백성을 안무하던 임시 벼슬)
약장랑藥藏郎	고려 때 동궁에 속한 정6품의 관직
양관대제학兩館大提學	조선 때 홍문관 대제학과 예문관 대제학을 아울러 이르는 말
어모교위禦侮校尉	고려 때 종8품의 상上인[위에 있는] 무관품계
어모장군禦侮將軍	조선 때 정3품의 무관 품계
어사御使	고려 때 각 曹의 장관 또는 수서원修書院의 장長
어사대부御使大夫	고려 때 정3품으로 어사대御史臺의 장관. 조선 때 대사헌에 해당함
어사잡단御使雜端	고려 때 어사대에 속한 종5품의 벼슬
어사중승御使中丞	고려 때 어사대에 속한 종4품의 벼슬
어영대장御營大將	고려 때 어영청御營廳의 으뜸가는 벼슬로 종2품의 무관직
어영장군御營將軍	고려 때 어영청의 장관將官으로 종4품의 무관직
역학譯學	조선 때 종9품으로 번역·통역을 맡은 관리
염문사廉問使	고려 때 지방 관리의 재판행정을 감독하기 위해 파견된 2품 관직
영令	신라의 각 부의 장관. 고려 때 3~9품 관직. 조선 때 종5품 관직
영관상감사領館象監事	조선 때 관상감觀象監의 으뜸 벼슬
영도첨의領都僉議	고려 때 수상급의 관직. 영도첨의부사의 약칭
영돈령부사領敦寧府事	조선 때 영돈령, 돈령부의 장으로 정1품의 관직
영록대부榮祿大夫	고려 때 종2품의 문산계
영사領事	고려 때 삼사三司·춘추관春秋館의 장. 조선 때 홍문관·예문관·경연청·춘추관·관상감·돈령부의 장長

영사복시사領司僕寺事	고려 때 종2품의 벼슬로 복시사僕寺事의 으뜸 벼슬	우의정右議政	조선 때 의정부에 소속된 정1품의 벼슬로 백관百官을 통솔하고 서정을 총괄하며 여러 관직을 겸함
영선공사사領繕工司事	고려 때 선공사繕工司의 장으로 종2품의 관직	우익위右翊衛	조선 때 세자익위사 소속의 정5품의 무관
영원장군寧遠將軍	고려 때 무산계로 정5품 下	우익찬右翊贊	조선 때 세자익위사 소속의 정6품의 무관
영의정領議政	조선 때 최고의 중앙관청인 의정부의 최고관직으로 정1품이며 백관을 통솔하고 서정庶政을 감독하였다. 지금의 국무총리와 같다.	우찬성右贊成	조선 때 의정부에 속한 벼슬로 삼의정(영의정·좌의정·우의정) 다음가는 벼슬로 종1품의 벼슬
영춘추관사領春秋館事	고려와 조선 때 춘추관의 으뜸 벼슬로 영의정이 겸했다.	우참찬右參贊	조선 때 의정부 소속의 정2품의 벼슬
영홍문관사領弘文館事	조선 때 홍문관의 으뜸 벼슬로 정1품의 관직	우첨사右詹事	고려 때 왕비부에 예속된 관직
예의판서禮儀判書	고려 때 예의사의 으뜸 벼슬로 정3품의 벼슬	운휘대장군雲麾大將軍	고려 때 정3품의 무산계
예조정랑禮曹正郎	조선 때 예악·제사·연회·과거 등의 일을 담당한 예조에 속한 정5품	원보元輔	영의정의 별칭
오위장五衛將	조선 때 오위의 으뜸가는 종2품 벼슬, 후에 정3품	원사院使	고려 때 중추원 소속의 종2품의 벼슬
요무교위耀武校尉	고려 때 정6품의 무산계	원상院相	조선 때 어린 임금을 보좌하며 정사를 다스리던 관직
요무부위耀武副尉	고려 때 정6품의 무산계	원외랑員外郎	고려 때 각 기관의 정6품의 관직
요무장군耀武將軍	고려 때 정6품의 무산계	위尉	고려 때 정9품의 무관직
우대언右代言	고려 때 밀직사 소속의 정3품 관직 조선 때 승정원 소속의 정3품 벼슬	위수衛率	고려 때 춘방원에 소속된 좌·우위수로 정5품 무관 조선 때 세자익위사에 소속된 좌·우위수로 종6품
우보궐右補闕	고려 때 중서문하성 소속의 정6품 벼슬	유격장군遊擊將軍	고려 때 정5품의 무산계
우복야右僕射	고려 때 상서도성에 소속되어 상서령尙書令 다음가는 정2품의 관직. 조선 초기 삼사에 소속된 종2품의 벼슬	유기장군遊騎將軍	고려 때 정5품의 무산계
우부대언右副代言	고려 때 밀직사 조선 때 승정원에 소속된 정3품	유덕대부綏德大夫	조선 때 종친에게 주었던 종1품계
우부빈객右副賓客	조선 때 세자시강원에 소속된 종2품의 벼슬	율학교수律學敎授	조선의 형조·율학청律學廳에서 법률을 연구하던 종6품직
우부수右副率	조선 때 세자익위사에 소속된 정7품의 무관직	율학박사律學博士	고려 때 상서형부와 국자감에 소속된 종8품직
우부승선右副承宣	고려 때 중추원의 소속으로 정3품이었다가 후에 종6품 조선 때 승선원 소속의 관직	율학훈도律學訓導	조선 때 형조, 율학청에 소속된 정9품의 관직
우부승지右副承旨	조선 초기 중추원의 정3품 벼슬이며, 후에 승정원의 정3품	은청광록대부銀青光祿大夫	고려 때 문관의 품관
우부승직右副承直	고려 때 내시부에 속한 종6품 관직	응교應敎	고려 때 예문춘추관에 속한 정5품의 관직 조선 때 홍문관·예문관에 속한 정4품의 벼슬
우빈객右賓客	조선 때 세자시강원에 속한 정2품의 관직	의덕대부	조선 때 조선 때 문관과 종친에게 주는 종1품의 계급
우사右使	고려·조선 때 삼사에 속한 정2품 벼슬. 우복야를 고친 이름	의동삼사儀同三司	고려 때 정1품 下의 문산계文散階
우사간右司諫	고려 때 중서문하성에 소속되어 간쟁諫爭을 맡아 본 정6품의 벼슬이었으나 뒤에 우헌납으로 고치면서 정5품으로 하였다가 다시 종6품으로 바꾸었다.	이마理馬	조선 때 사복시司僕寺에 소속되어 임금의 말에 관한 일을 맡아보던 관직. 품계는 6품이 1명, 8품이 2명, 9품이 1명이었으며, 모두 체아직遞兒職이다.
우사낭중右司郎中	고려 때 상서도성에 소속된 정5품의 벼슬	이사吏師	조선 때 세자시강원에 속한 종1품 관직
우사어右司禦	조선 때 세자익위사 소속의 종5품의 무관	이조참의吏曹參議	조선 때 관리의 임명, 공훈봉작 등에 관한 일을 맡아 보던 이조에 속한 정3품 벼슬
우사원외랑右司員外郎	고려 때 상서도성에 소속된 정6품의 벼슬	익례翊禮	조선 때 통례원通禮院에 소속되어 의식儀式을 맡아 본 종3품직
우상시右常侍	고려 때 중서문하성 소속의 정3품의 벼슬	익선翊善	고려 때 정5품의 관직. 조선 때 세손강서원에 소속된 종3품 직
우승右丞	고려 때 상서도성의 종3품의 벼슬 조선 초 삼사의 정3품 벼슬	익찬翊贊	조선 때 세자익위사에 소속되어 세자를 호위한 정6품의 무관직
우승직右承直	고려 때 내시부에 속한 종6품의 벼슬	익휘부위翊麾副尉	고려 때 종7품의 무산계
우시금右侍禁	고려 때 액정국에 소속된 정8품의 벼슬	인의引儀	조선 때 통례원 소속의 종6품의 벼슬
우시직右侍直	조선 때 세자익위사에 소속된 정8품의 관직	인진부사引進副使	고려 때 각문에 소속된 종5품의 관직
우윤右尹	조선 때 한성부에 소속된 종2품의 관직	인진사引進使	고려 때 각문에 소속된 정5품의 관직

자

자덕대부資德大夫	고려 때 종2품 하의 문산계
자신대부資信大夫	조선 때 종친과 문관에게 주던 종3품의 관계
자의諮議	고려 때 정6품의 관직. 조선 초 삼사에 속한 정4품 벼슬
자의대부資義大夫	조선 때 의빈과 문관에게 주던 종2품 관계
자헌대부資憲大夫	조선 때 초기에는 문ㆍ무관, 말기에는 종친ㆍ의빈에게 주던 정2품계
장교將校	조선 때 각 군영에 속했던 군관
장군將軍	신라 때 시위부의 으뜸벼슬. 고려 때 정4품 관직
장무장군將務將軍	고려 때 정4품 하의무산계
장사長史	고려 때 정6품의 무관 벼슬
장사랑將仕郎	고려와 조선 때 종9품 하의 문산계
장원掌苑	조선 때 장원서에 소속된 정6품의 벼슬
재부宰夫	조선 때 사용원에 소속된 종6품의 잡직
저작著作	조선 때 정8품의 관직
적공교위迪攻校尉	조선 때 무관의 잡직으로 종6품의 벼슬
적순부위迪順副尉	조선 때 무관의 정7품 관계
전근랑展勤郎	조선 때 종9품 문관 계통의 잡직
전력부위展力副尉	조선 때 종9품 문관 계통의 잡직
전부典簿	조선 때 종친부에 속한 정5품의 관직
전수典需	조선 때 내수사에 속한 정5품의 관직
전악典樂	조선 때 장악원에 속한 정6품의 잡직
전율典律	조선 때 장악원에 속한 정7품의 관직
전적典籍	조선 때 성균관에 속한 정6품의 관직
전첨典籤	조선 때 종친부에 속한 정4품의 관직
전한典翰	조선 때 홍문관에 속한 정3품의 관직
전화典貨	조선 때 내수사에 속한 종9품 관직
전회典會	조선 때 내수사에 속한 정7품의 관직
절도사節度使	고려 때 지방장관, 뒤에 안무사라 했다. 조선 때 각 지방 군권의 총 책임자였던 무관직으로 2품관
절제도위節制都尉	조선 때 절도사에 속한 종6품의 무관직
절제사節制使	고려 때 원수를 개칭한 이름으로 각 주ㆍ부의 장관직. 조선 때 각 지방에 두었던 정3품의 무관직
절충장군折衝將軍	조선 때 정3품의 당상관으로 무반관계
정당문학政堂文學	고려와 조선 초기의 종2품 관직. 고려 때 내사문하성 소속이며, 조선 때 문하부 소속이었다.
정덕대부靖德大夫	조선 때 의빈에게 주었던 종1품 관계
정랑正郎	고려와 조선 때 6조 소속의 정5품 벼슬
정략장군定略將軍	조선 때 종4품의 무반관계
정봉대부正奉大夫	고려 때 종2품의 문산계
정순대부正順大夫	고려 때 종3품 문반계. 조선 때 의빈의 정3품 벼슬
정언正言	고려 때 중서문하성에 속한 종6품의 관직, 뒤에 정6품이 되었다. 조선 때 사간원에 속했던 정6품의 벼슬

정윤正尹	고려 때 종친에게 종2품, 훈신에게 정3품으로 내리던 봉작
정원장군定遠將軍	고려 때 정5품의 무산계
정의대부正義大夫	조선 때 정4품의 문관품계
정헌대부正憲大夫	조선 때 정2품의 문무관 품계로 후에 종친 의빈의 품계와 병용
제거提擧	고려 때 관직, 조선 때 사용원의 3품 벼슬
제검提檢	조선 때 사용원ㆍ예빈시 등에 소속된 4품 벼슬
제조提調	조선 때 관직으로 도제조는 정1품, 부제조는 정3품
좨주祭酒	조선 때 성균관에서 제향을 담당한 정3품 벼슬
제학提學	고려 때 정3품 벼슬로 대제학 다음 가는 벼슬. 조선 때 정1품 또는 종2품 벼슬
조교助敎	신라 때 국학박사 다음 가는 벼슬. 고려 때 태의감ㆍ국학에 속한 벼슬
조기調驥	조선 때 사복시에 소속된 종7품의 잡직
조봉대부朝奉大夫	조선 때 종4품의 문반품계
조부調夫	조선 때 사용원에 소속된 종8품의 잡직
조산대부朝散大夫	고려 때 4품 또는 5품의 문관품계. 조선 때 종4품 문관품계
조산랑朝散郎	고려 때 종7품 하의 문관품계
조열대부朝列大夫	고려 때 종4품 하의 문관품계
조의대부朝議大夫	고려 때 정5품 상의 문관품계
조의랑朝議郎	고려 때 정6품 상의 문관품계
조전원수助戰元帥	고려 말기의 무관직. 도원수. 상원수를 돕는 구실을 담당
조청대부朝請大夫	고려 때 정7품의 문반품계
조현대부朝顯大夫	고려 때 문반품계
종사랑從仕郎	고려 때 7품의 문반품계
종순랑從順郎	조선 때 정6품의 문반품계이며 종친의 위계
종정경從正卿	조선 말의 종친부 소속으로 종2품 이상의 벼슬
좌간의대부左諫議大夫	고려 때 정4품의 관직위계. 조선 때 정3품
좌대언左代言	고려 때 밀직사. 조선 때 승정원에 소속된 정3품 벼슬
좌랑佐郎	고려와 조선 때 6조에 소속된 정5품 벼슬
좌보궐左補闕	고려 시대에 따라 정5품에서 정6품의 벼슬
좌복야左僕射	신라 때 관직. 고려 때 상서도성 소속의 정2품 벼슬로 상서령 다음의 관직. 조선 초기 삼사에 속했던 정2품
좌부대언左副代言	고려 때 밀직사. 조선 때 승정원의 정3품
좌부빈객左副賓客	조선 때 세자시강원에 속했던 종2품 벼슬
좌부수左副率	조선 때 세자익위사에 소속되어 왕세자를 호위하던 정7품 무관직
좌부승선左副承宣	고려 때 정3품벼슬. 조선 말 승선원 소속의 관직
좌부승직左副承直	고려 때 내시부에 속한 정6품 벼슬
좌빈객左賓客	조선 때 세자시강원에서 왕세자를 가르쳤던 정2품관
좌사간左司諫	고려 때 문하부에 소속된 관직. 뒤에 좌헌납으로 개칭

좌사낭중左司郎中	고려 때 상서도성에 소속된 정5품 벼슬	중현대부中顯大夫	고려 때 정3품 하의 문산계
좌사어左司禦	조선 때 세자익위사에 소속된 종5품 무관 벼슬	중훈대부中訓大夫	조선 때 종2품의 문산계
좌산기상시左散騎常侍	고려와 조선 초 문하부 소속의 간관	지부사知府事	고려 때 6부에 소속된 정3품 관직
좌상시左常侍	고려 때 중서문하성 소속의 정3품 벼슬	지사知事	고려 때 각 도의 도통사에 딸린 5품에서 6품의 벼슬이며 또한 각 관청의 2품에서 5품의 벼슬. 조선 때 정2품에서 3품
좌습유左拾遺	고려 때 내사문하성 소속의 종5품에서 정6품 조선 초 문하부 소속의 정6품 간판	지성사知省事	고려 때 상서성에 소속된 종2품 관직
좌승左丞	조선 초기의 삼사의 종3품 벼슬	지원사知院使	고려 때 중추원에 소속된 종2품 벼슬
좌승선左丞宣	조선 말기의 승선원 소속의 관직	지제고知制誥	고려 때 조서·교서 등을 지어 왕에게 올리던 관직
좌승지左承旨	조선 때 승정원 소속의 정3품 벼슬. 지금의 대통령 비서	지제교知制教	조선 때 왕에게 교서 등을 기록하여 올리는 일을 담당하였으며 부제학 이하 부수찬까지가 겸임
좌승직左承直	조선 때 세자익위사에 소속된 정8품 무관	지주사知奏事	고려 때 중추원에 소속된 정3품 벼슬
좌위수左衛率	고려 때 춘방원 소속의 정5품 무관직. 조선 때 종6품	지평持平	고려 때 정5품 관직. 조선 때 사헌부에 소속된 정5품 관직
좌유선左諭善	조선 때 세손시강원에서 왕세손을 가르치던 종2·3품 벼슬	지후祗侯	고려 때 정7품 벼슬
좌윤左尹	좌윤左尹- 고려 삼사 소속의 종3품 벼슬 - 조선 한성부의 종2품 벼슬 좌윤佐尹- 고려 때 향직으로 6품 벼슬	직각直閣	조선 때 규장각에 소속된 정3품에서 종6품까지의 관직
좌의정左議政	조선 때 의정부 소속의 정1품으로 영의정과 우의정 사이의 정1품 벼슬로 좌규·좌상·좌정승·좌합	직강直講	조선 때 성균관에 소속된 정5품 관직
좌익위左翊衛	조선 때 세자익위사에 소속된 정5품 벼슬	직무랑職務郎	조선 때 동반 계통의 종8품으로 토관직 관계
좌익찬左翊贊	조선 때 세자익위사에 소속된 정6품 벼슬	직문하直門下	고려 때 문하부에 소속된 정3품 벼슬
좌종사左從史	조선 때 세손위종사에 소속하여 세자를 호위하던 종6품직	직사백直詞伯	고려 때 예문춘추관 소속의 정4품 벼슬
좌찬독左贊讀	조선 때 세손강서원에 속한 종6품의 무관벼슬	직장直長	고려 때 6품에서 9품까지의 관직. 조선 때 종7품 관직
좌찬선대부左贊善大夫	고려 때 동궁에 소속된 정5품 벼슬	직제학直提學	고려 때 정4품 관직. 조선 때 집현전의 종3품관 홍문관·예문관의 정3품 관직. 규장각의 종2품에서 정3품관
좌찬성左贊成	조선 때 의정부에 소속된 종1품 벼슬로 백관을 통솔하고 일반정사의 처리, 국토계획, 외교를 맡아보았다.	직학直學	고려 때 국자감에 둔 정9품 관직
좌참찬左參贊	조선 때 의정부에 소속된 정2품 관직	직학사直學士	고려 때 중추원 소속의 정3품 관직
좌첨사左詹事	고려 때 첨사부에 소속된 벼슬	진국대장군鎭國大將軍	고려 때 종2품 무산계
좌통례左通禮	조선 때 통례원의 으뜸벼슬로 정3품 벼슬	진덕박사進德博士	고려 때 성균관의 종8품 관직
주부主簿	고구려 때 종2품 상당의 벼슬. 신라 때 내마(11등급)에서 사지(13등급)의 관직. 고려 때 각 기관에 두었던 6품관에서 8품까지의 관직. 조선 때 각 기관에 두었던 종6품	진무振撫	고려 때 도통사 소속의 종2품과 정3품이 있었다.
주사注事	신라와 고려 때 의 관직. 조선 때 종7품 관직	진무부위振武副尉	고려 때 종6품 하의 무산계
주서注書	고려 때 정7품의 관직. 조선 때 문하부와 승정원 소속의 정7품	진무사鎭撫使	조선 때 세자시강원에 소속된 정4품 관직
중대부中大夫	고려 때 종4품 하의 문산계	진용교위進勇校尉	조선 때 정6품의 무관 관계
중랑장中郎將	고려와 조선 초 각 영에 소속된 정5품의 무관직	진위교위振威校尉	조선 때 정6품 상의 무관 관계
중무장군中武將軍	고려 때 정4품 상의 무산계	진위장군進威將軍	조선 때 정4품의 무관 관계
중봉대부中奉大夫	고려 때 정5품 상의 무산계	진장鎭將	고려 때 각 진에 배치된 으뜸벼슬로 7품 이상 관원 중에서 임명됨
중서령中書令	고려 때 문하부 소속의 종1품 관직	집사事	고려 때 말단 관리
중서사인中書舍人	고려 때 중서문하성 소속의 종4품 벼슬	집순랑執順郎	조선 때 정6품의 종친에게 주던 관계
중서시랑평장사中書侍郎平章事	고려 때 중서성의 정2품 관직	집의執義	고려 때 추밀원 소속의 관직 조선시대 사헌부에 두었던 종3품 직
중정대부中正大夫	고려 때 종3품의 문산계	집주執奏	고려 때 추밀원 소속의 관직
중직대부中直大夫	조선 때 종3품으로 문반의 관계	징사랑徵仕郎	고려 때 정8품 문산계

차

찬독贊讀	조선 때 세손강서원에 속한 종6품 관직
찬선讚善	조선 때 세자시강원에 속한 정3품 관직
찬선대부贊善大夫	조선 때 최고기관인 의정부의 종1품 관직
찬성사贊成事	고려 때 문하부 소속의 정2품 관직
찬위贊尉	조선 때 친왕부에 소속된 주임관의 벼슬
찬의贊儀	조선 때 통례원 소속의 정5품 벼슬
찰방察訪	조선 때 종4품 관직으로 각 역에 소속된 벼슬
참교參敎	조선 때 승문원에 속한 종3품 관직. 조선 말 무관직의 하나
참군參軍	조선 때 한성부·훈련원의 정7품 관직
참리參里	고려 때의 관직으로 참지정사(종2품)를 바꾼 이름
참봉參奉	조선 때 각 관청에 소속된 종9품 벼슬
참의參議	조선 때 6조에 소속된 정3품 벼슬
참지문하부사參知門下府使	고려 때 문하부에 소속된 종2품 벼슬
참지정사參知政事	고려 때 중서문하성의 종2품 벼슬
참찬參贊	조선 때 최고기관인 의저이부에 소속된 정2품 관직
참찬관參贊官	조선 때 경연에 속한 정3품의 관직
참판參判	조선 때 육조에 속했던 종2품 벼슬로 지금의 차관
창선대부彰善大夫	조선 때 정3품의 당하관인 종친 관계
창신교위彰信校尉	조선 때 종5품의 문관 관계
천문학교수天文學敎授	조선 때 관상감 소속의 종6품 벼슬
천문학훈도天文學訓導	조선 때 관상감 소속의 정9품 벼슬
천호千戶	고려 때 순군만호부(후에 의금부)에 소속된 관리
첨사僉使	조선 때 각 진영에 속한 3품의 무관직
첨사詹事	고려 때 동궁의 종3품 벼슬
첨서원사添書院使	고려 때 중추원 소속의 정3품 관직
첨절제사僉節制使	첨사의 원래 관직
첨정僉正	조선 때 각 부서에 속한 종4품 관직
첨지사僉知事	조선 때 중추원에 소속된 정3품 당상관
체찰사體察使	조선 때 지방에 파견되어 일반군무를 총괄하는 군인직
초관哨官	조선 때 종9품의 무관직
총제사摠制使	고려의 삼군도총제부의 관직. 재신 이상이 맡음
충의교위忠毅校尉	조선 때 정5품의 무관 관계
치과교위致果校尉	고려 때 정7품 상의 무산계
치과부위致果副尉	고려 때 정7품 하의 무산계
치력부위致力副尉	조선 때 정9품의 잡직 관계

타

태보太保	고려 때 삼사에 속한 정1품 관직
태부太傅	고려 때 삼사에 속한 정1품 관직
태사太師	고려 때 삼사에 속한 정1품 관직
태수太守	신라 때 각 군의 으뜸벼슬로 중아찬에서 사지까지가 맡음
통덕랑通德郎	조선 때 정5품 동반(문반)의 관계
통사通事	고려 때 내시부에 속한 9품 벼슬 문하부에 속한 야속
통사通詞	조선 때 사역원에 속하여 통역에 종사하였다.
통사랑通仕郎	고려 때 9품의 문관 관계, 조선 때 정8품 문관 관계
통선랑通善郎	조선 때 정5품의 동반 관계
통의대부通議大夫	고려 때 시대에 따라 정3품에서 정4품까지의 문산계
통의랑通議郎	조선 때 동반의 정5품 토관직 관계
통정대부通政大夫	조선 때 문관 정3품 관계, 고종 때 종친과 의친에게도 줌
통제사統制使	조선 때 3도(경남·전라·충정)의 수군을 통솔하던 관직
통직랑通直郎	고려 때 시대에 따라 정5품에서 6품 하까지 문관 관계
통헌대부通憲大夫	고려 때 종2품의 문산계. 조선 때 정2품의 의빈관계
통훈대부通訓大夫	조선 때 문관의 정3품 당하관의 관계

파

판관判官	신라 때의 벼슬. 고려 때 5품에서 9품까지의 벼슬. 고려 및 조선 때 6품 이상의 지방관직. 조선 때 5품의 중앙관직
판교判敎	조선 때 승문원·교서관에 속한 정3품 벼슬
판사判事	고려 때 각6부의 장으로 종1품 관. 각 관청의 정3품
판서判書	고려 때 각 관청 및 6조의 으뜸 벼슬로 정3품관. 조선 때 6조의 으뜸 벼슬로 정2품 관직. 지금의 장관
판윤判尹	조선 때 한성부의 으뜸 벼슬로 정2품 관직
판원사判院事	고려 때 중추원 소속의 종2품 관직
판전교시사判典校寺事	고려 때 전교시의 으뜸 벼슬로 정3품 관직
평사評事	신라 때 관직. 조선 때 정6품의 외직무관
평장사平章事	고려 때 문하부 소속의 정2품 벼슬. 내사시랑 평장사
평장정사平章政事	고려 때 중문하성 소속의 정2품 벼슬
포도대장捕盜大將	조선 때 수도권 치안을 담당하는 포도청의 장관. 종2품 무관직
포도대장군捕盜大將軍	고려 때 정1품의 무산계
필선弼善	조선 때 직관. 고려 때 종2품에서 정4품까지의 벼슬

하

학사學士	신라 때 직관. 고려 때 종2품에서 정4품까지의 벼슬. 조선 초기의 중추원에 소속된 종2품 벼슬

학사승지學士承旨	고려 때 한림원 소속의 정2품에서 정3품 관직
학유學諭	고려 때 국자감의 종9품 관직. 조선 때 성균관의 종9품 관직
학정學正	고려 때 국자감의 종9품 관직. 조선 때 성균관의 종9품 관직
한림학사翰林學士	고려 때 한림원 소속의 정4품 관직
한성부판윤漢城府判尹	조선 때 한성부의 으뜸 벼슬로 정2품. 지금의 서울시장
해운판관海運判官	조선 때 전함사에 소속되어 조운을 담당한 관직
헌납獻納	고려 때 문하부 소속의 5품 벼슬. 조선 때 사간원의 정5품 벼슬
현감縣監	고려와 조선 초의 지방장관으로 고려 때는 7품. 조선에서는 종6품직
현령縣令	조선 때 각 현의 으뜸벼슬로 종5품의 지방관직
현록대부顯祿大夫	조선 때 종친에게 주는 정1품 벼슬
형조판서刑曹判書	조선 때 형조의 으뜸 벼슬로 정2품
호군護軍	조선 때 옹위에 속한 정4품 무관직
호조판서戶曹判書	조선 때 호조의 으뜸 벼슬로 정2품
회사會士	조선 때 호조·산학청 소속의 종9품 벼슬
효임랑效任郎	조선 때 각 관아에 소속된 종6품 관직
흥록대부興祿大夫	고려 때 정2품 문관품계. 조선 때 종친에게 주던 정1품 관계
희공랑熙功郎	조선 때 동반 토관직으로 정7품 벼슬

조선시대품계표

구분		문관文官	무관武官	외명부外名簿	잡직雜	
					동반東班	서반西班
당상堂上	정일품正一品	대광보국숭록대부(의정) / 大匡輔國崇祿大夫(議政) / 상보국숭록대부上輔國崇祿大夫 / 보국숭록대부輔國崇祿大夫		부부인付夫人 (왕비I모王妃母) 정경부인 貞敬夫人		
	종일품從一品	숭록대부崇祿大夫 / 숭정대부崇政大夫		봉보부인 奉保夫人 (大殿乳母) 정경부인 貞敬夫人		
	정이품正二品	정헌대부正憲大夫 / 자헌대부資憲大夫		정부인貞夫人		
	종이품從二品	가정대부嘉靖大夫(嘉義) 復改 / 가선대부嘉善大夫		정부인貞夫人		
	정삼품正三品	통정대부通政大夫	절충장군折衝將軍	숙부인淑夫人		
당하堂下		통훈대부通訓大夫	어모장군禦侮將軍	숙인淑人		
	종삼품從三品	중직대부中直大夫 / 중훈대부中訓大夫	건공장군建功將軍 / 보공장군保功將軍	숙인淑人		
	정사품正四品	봉정대부奉正大夫 / 봉렬대부奉列大夫	진위장군振威將軍 / 소위장군昭威將軍	영인令人		
	종사품從四品	조산대부朝散大夫 / 조봉대부朝奉大夫	정략장군定略將軍 / 선략장군宣略將軍	영인令人		
참상參上	정오품正五品	통덕랑通德郎 / 통선랑通善郎	과의교위果毅校尉 / 충의교위忠毅校尉	공인恭人		
	종오품從五品	봉직랑奉直郎 / 봉훈랑奉訓郎	현신교위顯信校尉 / 창신교위彰信校尉	공인恭人		
	정육품正六品	승의랑承議郎 / 승훈랑承訓郎	돈용교위敦勇校尉 / 진용교위進勇校尉	의인宜人	공직랑供職郎 / 여직랑勵職郎	봉사교위奉仕校尉 / 수사교위修仕校尉
	종육품從六品	선교랑宣敎郎 / 선무랑宣務郎	여절교위勵節校尉 / 병절교위秉節校尉	의인宜人	근사랑謹仕郎 / 효사랑效仕郎	현공교위顯功校尉 / 적공교위迪功校尉
참하參下	정칠품正七品	무공랑務功郎	적순부위迪順副尉	안인安人	봉무랑奉務郎	승용부위承勇副尉
	종칠품從七品	계공랑啓功郎	분순부위奮順副尉	안인安人	승무랑承務郎	선용부위宣勇副尉
	정팔품正八品	통사랑通仕郎	승의부위承義副尉	단인端人	면공랑勉功郎	맹건부위猛健副尉
	종팔품從八品	승사랑承仕郎	수의부위修義副尉	단인端人	조공랑赴功郎	장건부위壯健副尉
	정구품正九品	종사랑從仕郎	효력부위效力副尉	유인孺人	복근랑服勤郎	치력부위致力副尉
	종구품從九品	장사랑將仕郎	전력부위展力副尉	유인孺人	전근랑展勤郎	근력부위勤力副尉

조선왕실(朝鮮王室)의 품계표(品階表)

身分(신분)	封號(봉호)	品階(품계)	配偶者(배우자)	品階(품계)
王子(왕자)嫡(적)	大君(대군)	無階(무계)	府夫人(부부인)	正(정)1품
〃 庶(서)	君(군)	〃	郡夫人(군부인)	〃
王女(왕녀)嫡(적)	公主(공주)	〃	駙馬都尉(부마도위)	正從(정종)1품
〃 庶(서)	翁主(옹주)	〃	〃	正從(정종)2품
王世子(왕세자)의 子(자) 嫡(적)	君(군)	初授(초수) 正(정)2품	縣夫人(현부인)	〃
〃 庶(서)	〃	〃	〃	〃
王世子(왕세자)의 女(녀) 嫡(적)	郡主(군주)	正(정)2품	副尉(부위)	正(정)3품
〃 庶(서)	縣主(현주)	正(정)3품	僉尉(첨위)	正從(정종)3품
王?(왕비)의 父(부)	府院君(부원군)	正(정)1품	府夫人(부부인)	正(정)1품
親功臣(친공신)	〃	〃	貞敬夫人(정경부인)	〃
	君(군)	從(종)1품	貞敬夫人(정경부인)	
	〃	正從(정종)2품	貞夫人(정부인)	
	都正(도정)	正三堂上 (정3당상)	愼夫人(신부인)	
	正(정)	正三堂下 (정3당하)	愼人(신인)	
	副正(부정)	從(종)3품	〃	
	守(수)	正(정)4품	惠人(혜인)	
	副守(부수)	從(종)4품	〃	
	令(령)	正(정)5품	溫人(온인)	
	副令(부령)	從(종)5품	〃	
	監(감)	正(정)6품	順人(순인)	

조선시대(朝鮮時代) 관직품계표(官職品階表)(其一)

구분\n품계	內命婦\n(내명부)		宗親(종친)	外命婦①\n(외명부)\n宗親妻(종친처)	外命婦②\n(외명부)	儀賓(의빈)
	王宮\n(왕궁)	世子\n(세자)				
無階\n(무계)	嬪\n(빈)		大君(대군)\n王子君(왕자군)		公主\n(공주)\n翁主\n(옹주)	
正1品	嬪\n(빈)	君\n(군)	顯祿大夫(현록대부)\n興祿大夫(흥록대부)\n后期(후기)는\n上輔國崇祿大夫\n(상보국숭록대부)	府夫人(부부인)\n大君妻(대군처)\n郡夫人(군부인)\n王子君妻\n(왕자군처)	尉\n(위)	綏祿大夫(수록대부)\n成祿大夫(성록대부)\n后期上輔國崇祿大夫\n(후기상보국숭록대부)
從1品	貴人\n(귀인)	君\n(군)	昭德大夫(소덕대부)\n綏德(수덕)-后改(후개)\n嘉德大夫(가덕대부)	郡夫人(군부인)		尉\n(위)	光德大夫(광덕대부)\n靖德(정덕)-后改(후개)\n崇德大夫(숭덕대부)\n明德(명덕)-后改(후개)
正2品	昭儀\n(소의)	君\n(군)	崇憲大夫(숭헌대부)\n承憲大夫(승헌대부)	縣夫人(현부인)	君主\n(군주)	尉\n(위)	奉憲大夫(봉헌대부)\n通憲大夫(통헌대부)
從2品	淑儀\n(숙의)	良?\n(양제)	君\n(군)	中義大夫(중의대부)\n正義大夫(정의대부)\n昭義(소의)-后改(후개)	縣夫人(현부인)	縣主\n(현주)	尉\n(위)	資義大夫(자의대부)\n順義大夫(순의대부)
正3品\n(堂上)\n正3品\n(堂下)	昭容\n(소용)		都正\n(도정)\n正\n(정)	明善大夫(명선대부)\n彰善大夫(창선대부)	愼夫人(신부인)\n愼人(신인)		副尉\n(부위)\n僉尉\n(첨위)	奉順大夫(봉순대부)\n正順大夫(정순대부)
從3品	淑容\n(숙용)	良媛\n(양원)	副(부)\n正(정)	保信大夫(보신대부)\n資信大夫(자신대부)	惠人(혜인)		僉尉\n(첨위)	明信大夫(명신대부)\n敦信大夫(돈신대부)
正4品	昭媛\n(소원)		守\n(수)	宣徽大夫(선휘대부)\n廣徽大夫(광휘대부)	惠人(혜인)		
從4品	淑媛\n(숙원)	承徽\n(승휘)	副(부)\n正(정)	奉成大夫(봉성대부)\n光成大夫(광성대부)	溫人(온인)		
正5品	以下\n係宮\n(계궁)\n尙宮\n(상궁)\n尙儀\n(상의)	人職\n(인직)	令\n(영)	通直郎(통직랑)\n秉直郎(병직랑)	溫人(온인)		
從5品	尙服\n(상복)\n尙食\n(상식)	昭訓\n(소훈)	副(부)\n令(영)	謹節郎(근절랑)\n愼節郎(신절랑)	順人(순인)		
正6品	尙寢\n(상침)\n尙功\n(상공)		監(감)	執順郎(집순랑)\n從順郎(종순랑)	順人(순인)		

구분 품계	內命婦 (내명부)		宗親(종친)	外命婦 ① (외명부) 宗親妻(종친처)	外命婦 ② (외명부)	儀賓(의빈)
	王宮 (왕궁)	世子 (세자)				
從6品	尙正 (상정) 尙記 (상기)	以下 係宮 (계궁) 守閨 (수규) 守則 (수칙)	人職(인직)			
正7品	典賓 (전빈) 典儀 (전의) 典膳 (전선)					
從7品	典設 (전설) 典製 (전제) 典言 (전언)	掌饌 (장찬) 掌正 (장정)				
正8品	典贊 (전찬) 典飾 (전식) 典藥 (전약)					
從8品	典燈 (전등) 典彩 (전채) 典正 (전정)	掌書 (장서) 掌縫 (장봉)				
正9品	奏宮 (주궁) 奏商 (주상) 奏角 (주각)					
從9品	奏徵 (주징) 奏變徵 (주변징) 奏羽 (주우) 奏變宮 (주변궁)	掌歲 (장세) 掌食 (장식) 掌醫 (장의)				

구분\품계		東班(동반)	西班(서반)	外命婦 ③ (외명부) 文武官妻 (문무관처)	雜 職(잡 직)		土 官 職(사 관 직)	
					東班(동반)	西班(서반)	東班(동반)	西班(서반)
堂上(당상)	正(정)1품	大匡輔國崇祿大夫(議政)(대광보국숭록대부(의정)) 上輔國崇祿大夫 (상보국숭록대부) 國舅(국구)-后期(후기) 輔國崇祿大夫 (보국숭록대부)		府夫人 (부부인) 王妃母 (왕비모) 貞敬夫人 (정경부인)				
	從(종)1품	崇祿大夫(숭록대부) 崇政大夫(숭정대부)		奉保夫人 (봉보부인) (대전유모) 貞敬夫人 (정경부인)				
	正(정)2품	正憲大夫(정헌대부) 資憲大夫(자헌대부)		貞夫人 (정부인)				
	從(종)2품	嘉靖大夫(가정대부) 嘉義(가의)-後改(후개) 嘉善大夫(가선대부)		貞夫人 (정부인)				
	正(정)3품	通政大夫 (통정대부)	折衝將軍 (절충장군)	淑夫人 (숙부인)				
堂下(당하)	(정3품)	通訓大夫 (통훈대부)	禦侮將軍 (어모장군)	淑人(숙인)				
	從(종)3품	中直大夫 (중직대부) 中訓大夫 (중훈대부)	建功將軍 (건공장군) 保功將軍 (보공장군)	淑人(숙인)				
	正(정)4품	奉正大夫 (봉정대부) 奉烈大夫 (봉렬대부)	振威將軍 (진위장군) 昭威將軍 (소위장군)	令人(영인)				
	從(종)4품	朝散大夫 (조산대부) 朝奉大夫 (조봉대부)	定略將軍 (정략장군) 宣略將軍 (선략장군)	令人(영인)				
祭上(참상)	正(정)5품	通德郎 (통덕랑) 通善郎 (통선랑)	果毅校尉 (과의교위) 忠毅校尉 (충의교위)	恭人(공인)			通義郎 (통의랑)	建忠徒尉 (건충도위)
	從(종)5품	奉直郎 (봉직랑) 奉訓郎 (봉훈랑)	顯信校尉 (현신교위) 彰信校尉 (창신교위)	恭人(공인)			奉義郎 (봉의랑)	勵忠徒尉 (려충도위)
	正(정)6품	承議郎 (승의랑) 承訓郎 (승훈랑)	敦勇校尉 (돈용교위) 進勇校尉 (진용교위)	宜人(의인)	共職郎 (공직랑) 勵職郎 (여직랑)	奉主校尉 (봉주교위) 修仕校尉 (수사교위)	宣職郎 (선직랑)	建信徒尉 (건신도위)
	從(종)6품	宣敎郎 (선교랑) 宣務郎 (선무랑)	勵節校尉 (려절교위) 秉節校尉 (병절교위)	宜人(의인)	謹任郎 (근임랑) 効任郎 (효임랑)	顯功校尉 (현공교위) 迪功校尉 (적공교위)	奉職郎 (봉직랑)	勤信徒尉 (근신도위)

품계 \ 구분		東班(동반)	西班(서반)	外命婦 ③ (외명부) 文武官妻 (문무관처)	雜職(잡직)		土官職(사관직)	
					東班(동반)	西班(서반)	東班(동반)	西班(서반)
系下 (참하)	正(정)7품	務功郎 (무공랑)	迪順副尉 (적순부위)	安人(안인)	奉務郎 (봉무랑)	騰勇副尉 (등용부위)	熙功郎 (희공랑)	敦義徒尉 (돈의도위)
	從(종)7품	啓功郎 (계공랑)	奮順副尉 (분순부위)	安人(안인)	承務郎 (승무랑)	宣勇副尉 (선용부위)	注功郎 (주공랑)	守義徒尉 (수의도위)
	正(정)8품	通仕郎 (통사랑)	承義副尉 (승의부위)	端人(단인)	勉功郎 (면공랑)	猛健副尉 (맹건부위)	供務郎 (공무랑)	奮勇徒尉 (분용도위)
	從(종)8품	承仕郎 (승사랑)	修義副尉 (수의부위)	端人(단인)	赴功郎 (부공랑)	壯健副尉 (장건부위)	直務郎 (직무랑)	効勇徒尉 (효용도위)
	正(정)9품	從仕郎 (종사랑)	効力副尉 (효력부위)	孺人(유인)	服勤郎 (복근랑)	致力副尉 (치력부위)	啓仕郎 (계사랑)	勵力徒尉 (여력도위)
	從(종)9품	將仕郎 (장사랑)	展力副尉 (전력부위)	孺人(유인)	服勤郎 (복근랑)	勤力副尉 (근력부위)	試仕郎 (시사랑)	彈力徒尉 (탄력도위)

조선시대(朝鮮時代) 동반(東班-文官) 관직표(官職表)

(※ 서반직, (雜)잡직, (兼)겸직, 숫자는 정원, ×무정원)

官衙名 관아명	正1品	從1品	正2品	從2品	正3品 堂上	正3品 堂下	從3品	正4品	從4品	正5品	從5品	正6品	從6品 參上	正7品 參下	從7品	正8品	從8品	正9品	從9品
宗親府 종친부	大君× 대군 君× 군 君× 군	君× 군	君× 군	君× 군	都正 도정	正 정	副正 부정	守× 수	副守× 부수 典籤1 전첨	令× 영	副令× 부령 典簿1 전부	監× 감							
忠勳府 충훈부	君× 군	君× 군	君× 군	君× 군					經歷1 경력		都事1 도사								
儀賓府 의빈부	尉× 위	尉× 위	尉× 위	尉× 위	副尉× 부위	僉尉× 첨위	僉尉× 첨위		經歷1 경력		都事1 도사								
敦寧府 돈녕부	領事1 영사	判事1 판사	知事1 지사	同知事1 동지사	都正1 도정	正1 정	副正× 부정		僉正2 첨정		判官2 판관	主簿2 주부			直長2 직장		奉事2 봉사		參奉2 참봉
奉朝賀 봉조하								正一品 정1품 功臣 공신	從一品 종1품 功臣 공신	正二品 정2품 功臣 공신	從二品 종2품 功臣 공신	正三品 정3품 功臣 공신							
奉朝賀 봉조하								正一品 정1품 功臣 嫡長 공신 적장	從一品 종1품 功臣 嫡長 공신 적장	正二品 정2품 功臣 嫡長 공신 적장	從二品 종2품 功臣 嫡長 공신 적장	正三品 정3품 功臣 嫡長 공신 적장							
奉朝賀 봉조하								正一品 정1품 凡人 범인					從一品 종1품 凡人 범인	正二品 정2품 凡人 범인		從二品 종2품 凡人 범인	正三品 정3품 凡人 범인		
議政府 의정부	領議政 영의정 1 左議政 좌의정 1 右議政 우의정 1	左贊成 좌찬성 1 右贊成 우찬성 1	左參贊 좌참찬 1 右參贊 우참찬 1					舍人2 사인	檢詳1 검상						司錄2 사록				
義禁府 의금부		判事 판사	知事 지사	同知事 동지사					經歷 경력		都事 도사								
司憲府 사헌부			大司憲 대사헌				執義1 집의	掌令2 장령		持平2 지평		監察 감찰 24							
承政院 승정원					都承旨 도승지 1 左右承旨 좌우승지 左右副承旨 좌우부승지 각2 同副承旨 동부승지									注書2 주서					

官衙名 관아명	正1品	從1品	正2品	從2品	正3品堂上	正3品堂下	從3品	正4品	從4品	正5品	從5品	正6品	從6品条上	正7品条下	從7品	正8品	從8品	正9品	從9品
司諫院 사간원					大司諫 대사간 1		司諫1 사간			獻納1 헌납		正言1 정언							
經筵 경연	領事3 영사		知事3 지사	同知事3 동지사	贊官 찬찬관 7			講官 강관		侍讀官 시독관		檢討官 검토관		司經 사경		設經 설경		典經 전경	
漢城府 한성부			判尹1 판윤	左尹1 좌윤 右尹1 우윤					庶尹1 서윤		判官2 판관			軍3 참군 (中一兼) 중1겸					
開城府 개성부			留守 유수 2中1兼 3중1겸						經歷1 경력		都事1 도사		敎授1 교수						
※ 中樞府 중추부	領事1 영사	判事1 판사	知事6 지사	同知事7 동지사	僉知事8 첨지사				經歷1 경력		都事1 도사								
※ 五衛都摠府 오위도총부			都摠管 도총관	副摠管 부총관					經歷4 경력		都事4 도사								
※ 兼司僕 겸사복				將3 장															
※ 內禁衛 내금위				將3 장															
吏曹 이조			判書1 판서	叅判1 참판	叅議1 참의					正郞3 정랑		佐郞3 좌랑							
忠翊府 충익부											都事2 도사								
尙瑞院 상서원						正1 정					判官1 판관					直長1 직장	副直長2 부직장		
宗簿寺 종부시	都提調2 도제조		提調2 제조			正1 정													
司饔院 사옹원	都提調2 도제조		提調4 제조		副提調5 부제조	正1 정			僉正1 첨정		判官1 판관		主簿1 주부		直長2 직장		奉事3 봉사		叅奉2 참봉
						提擧 제거	提與 제여	提檢 제검	提僉 제첨 合4										
													宰夫雜 재부잡1		膳夫雜 선부잡1		調夫雜 조부잡2	飪夫雜 임부잡2	烹夫雜 팽부잡7
內需司 내수사										典需 別坐1 전수 별좌	別坐 별좌	別提 별제	副典需 부전수1 別提2 별제		典會1 전회		典穀1 전곡		典貨1 전화
內侍府 내시부				尙膳1 상선	尙醞1 상온	尙茶2 상다	尙藥2 상약	尙傳2 상전	尙冊3 상책	尙弧4 상고	尙帑4 상탕	尙洗4 상세	尙燭4 상촉	尙炬4 상거	尙設6 상설	尙除6 상제	尙門5 상문	尙更6 상경	尙苑 상원

官衙名 관아명	正1品	從1品	正2品	從2品	正3品堂上	正3品堂下	從3品	正4品	從4品	正5品	從5品	正6品	從6品參上	正7品參下	從7品	正8品	從8品	正9品	從9品
掖庭署 액정서												司謁 사알(雜)1 司鑰 사약(雜)1	副司鑰 부사약(雜)1	司案 사안(雜)2	副司案 부사안(雜)3	司舖 사포(雜)2	副司舖 부사포(雜)3	司掃 사소(雜)6	副司掃 부사소(雜)9
戶曹 호조			判書1 판서	參判1 참판	參議1 참의					正郎3 정랑		佐郎3 좌랑	算學教授1 산학교수 別提2 별제		算士1 산사		計士2 계사	算學訓導1 산학훈도	會士2 회사
內資寺 내자시				提調1 제조		正1 정	副正1 부정		僉正1 첨정		判官1 관관		主簿1 주부		直長1 직장		奉事1 봉사		
內贍寺 내섬시				提調1 제조		正1 정	副正1 부정		僉正1 첨정		判官1 관관		主簿1 주부		直長1 직장		奉事1 봉사		
司贍寺 사섬시				提調1 제조		正1 정	副正1 부정		僉正1 첨정				主簿1 주부		直長1 직장		工造 공조(雜)4		工作 공작(雜)2
軍資監 군자감	都提調1 도제조			提調1 제조		正1 정	副正1 부정		僉正1 첨정		判官3 관관		主簿1 주부		直長1 직장		奉事1 봉사	副奉事1 부봉사	參奉1 참봉
濟用監 제용감				提調1 제조		正1 정	副正1 부정		僉正1 첨정		判官1 관관		主簿1 주부		直長1 직장		奉事1 봉사	副奉事1 부봉사	參奉1 참봉
司宰監 사재감				提調1 제조		正1 정	副正1 부정		僉正1 첨정				主簿1 주부		直長1 직장				參奉 참봉
豐儲倉 풍저창								守1 수					主簿1 주부		直長1 직장		奉事1 봉사	副奉事1 부봉사	
廣興倉 광흥창								守1 수					主簿1 주부				奉事1 봉사	副奉事1 부봉사	
典艦司 전함사				提調1 제조				提檢 제검		別坐 별좌	別坐 별좌	別提 별제	別提 별제 합5						
平市署 평시서	提調1 제조										令1 영						奉事1 봉사		
司醞署 사온서											令1 영						奉事1 봉사		
義盈庫 의영고											令1 영						奉事1 봉사		
長興庫 장흥고											令1 영						奉事1 봉사		
司圃署 사포서				提調1 제조								司圃別提 사포별제	別提 별제		別檢 별검	別檢7 별검			
養賢庫 양현고													主簿1 주부		直長1 직장		奉事1 봉사		

官衙名 관아명	正1品	從1品	正2品	從2品	正3品 堂上	正3品 堂下	從3品	正4品	從4品	正5品	從5品	正6品	從6品 条上	正7品 条下	從7品	正8品	從8品	正9品	從9品
五部 오부													主簿 주부 各1						
禮曹 예조			判書1 판서	叅判1 참판	叅議1 참의					正郎3 정랑		佐郎3 좌랑							
弘文館 홍문관	領事1 영사		大提學 대제학 1	提學1 제학	副提學 부제학 1	直提學 직제학 1	典翰1 전한	應教1 응교	副應教 부응교 2	校理2 교리	副教理 부교리 2	修撰2 수찬	副修撰 부수찬 2	博士1 박사		著作1 저작		正字2 정자	
藝文館 예문관	領事1 영사		大提學 대제학 1	提學1 제학		直提學 직제학 1		應教1 응교						奉教2 봉교		待教2 대교		檢閱4 검열	
成均館 성균관			知事1 지사	同知事 동지사	大司成 대사성		司成2 사성	司藝3 사예		直講4 직강		典籍13 전적		博士2 박사		學正3 학정		學錄3 학록	學諭3 학유
春秋館 춘추관	領事1 영사 監事1 감사		知事2 지사	同知事 동지사 2	修撰官 수찬관	編修官 편수관	編修官 편수관	編修官 편수관	編修官 편수관	記註官 기주관	記註官 기주관	記事官 기사관	記事官 기사관	記事官 기사관	記事官 기사관	記事官 기사관	記事官 기사관	記事官 기사관	記事官 기사관
承文院 승문원	都提調 도제조 3		提調 제조		副提調 부제조	判教1 판교	?校1 참교		校勘1 교감		校理2 교리	校檢2 교검		博士2 박사		著作2 저작		正字2 정자	副正字 부정자 2
通禮院 통례원					左通禮 좌통례 1 右通禮 우통례 1	相禮1 상례	叅禮1 참례	贊儀1 찬의				引儀8 인의							
奉常寺 봉상시	都提調 도제조		提調1 제조		正1 정	副正1 부정		僉正2 첨정		判官2 판관		主簿2 주부		直長1 직장		奉事1 봉사	副奉事 부봉사		
校書館 교서관			提調1 제조		判校1 판교			校理1 교리		博士2 박사		著作2 저작		正字2 정자		副正字 부정자 2			
									別坐 별좌	別提 별제	別提 별제 合4								
												工造 공조 (雜)4				工作 공작 (雜)2		
內醫院 내의원	都提調 도제조 1		提調1 제조		副提調 부제조 1	正1 정		僉正1 첨정		判官1 판관		主簿1 주부		直長3 직장		奉事2 봉사	副奉事 부봉사 1		叅奉1 참봉
禮賓寺 예빈시			提調1 제조		正1 정	副正1 부정		僉正1 첨정		判官1 판관		主簿1 주부		直長1 직장		奉事2 봉사		?奉1 참봉	
					提檢 제검	提檢 제검	別坐 별좌	別坐 별좌	別提 별제	別提 별제 合6									
掌樂院 장악원			提調2 제조		正1 정		僉正1 첨정				主簿1 주부		直長1 직장						
									典樂 전악 (雜)1	副典樂 부전악 (雜)3	典律 전율 (雜)2	副典律 부전율 (雜)2	典音 전음 (雜)4	副典音 부전음 (雜)10	典聲 전성 (雜)23	副典聲 부전성 (雜)23			

官衙名 관아명	正1品	從1品	正2品	從2品	正3品 堂上	正3品 堂下	從3品	正4品	從4品	正5品	從5品	正6品	從6品 參上	正7品 參下	從7品	正8品	從8品	正9品	從9品
觀象監 관상감	領事1 영사		提調2 제조			正1 정	副正1 부정		僉正1 첨정		判官2 판관		主簿1 주부				奉事2 봉사	副奉事3 부봉사	
													天文學敎授1 地理學敎授1 천문학교수 지리학교수					天文·地理·命課學訓導4 천문·지리·명과학훈도	
典醫監 전의감			提調2 제조			正1 정	副正1 부정		僉正1 첨정		判官1 판관		主簿1 주부		直長2 직장		奉事2 봉사	副奉事4 부봉사	參奉5 참봉
													醫學敎授 의학교수					醫學訓導 의학훈도	
司譯院 사역원	都提調1 도제조		提調2 제조			正1 정	副正1 부정		僉正1 첨정		判官1 판관		主簿1 주부		直長2 직장		奉事3 봉사	副奉事2 부봉사	
													漢學敎授4 한학교수 (中二兼 중2겸)					漢·蒙·倭·女眞學訓導10 한몽왜여진학훈도	參奉 참봉
世子侍講院 세자시강원	師1 傅1 사 부	貳師1 左賓客1 右賓客1 左右賓客 右賓客各1 이사 좌빈객 우빈객 좌우빈객 각1			輔德1 보덕	弼善1 필선			文學1 문학		司書1 사서		說書1 설서						
宗學 종학					導善1 도선		典訓1 전훈		司誨1 사회										
昭格署 소격서			提調1 제조								令1 영	別提 별제	別別提合2 별별제합2						
															尙道 상도 (雜)1		志道 지도 (雜)1		
宗廟署 종묘서	都提調1 도제조		提調1 제조								令1 영				直長1 직장		奉事1 봉사	副奉事1 부봉사	
社稷署 사직서	都提調1 도제조		提調1 제조								令1 영						參奉2 참봉		

官衙名 관아명	正1品	從1品	正2品	從2品	正3品 堂上	正3品 堂下	從3品	正4品	從4品	正5品	從5品	正6品	從6品 參上	正7品 參下	從7品	正8品	從8品	正9品	從9品
冰庫 빙고	提調1 제조										別坐 별좌	別提 별제	別提 별제	別檢 별검	別檢 별검 합4				
典牲署 전생서	提調1 제조												主簿1 주부		直長1 직장		奉事1 봉사		參奉1 참봉
司畜署 사축서	提調1 제조												司畜1 사축 / 別提2 별제						
惠民署 혜민서	提調1 제조												主簿1 주부		直長1 직장		奉事1 봉사		參奉 참봉 각1
惠民署 혜민서											醫學教授 의학교수			醫學訓導 의학훈도					
圖畫署 도화서	提調1 제조												別提 별제						
圖畫署 도화서													善畫 선화 (雜)1		善繪 선회 (雜)1		畫史 화사 (雜)1		繪史 회사 (雜)2
活人署 활인서	提調1 제조										別提4 별제								參奉 참봉 각2
歸厚署 귀후서											別提6 별제								
四學 사학											教授 교수 각2			訓導 훈도 각2					
各殿 각전	都提調 도제조	提調 제조							令 영										參奉 참봉 각2
各陵園 각릉원									令 영										參奉 참봉 각2
兵曹 병조			判書1 판서	參判1 참판	參議1 참의 / 參知1 참지					正郎4 정랑		佐郎4 좌랑							
※ 五衛 오위				將12 장	上護軍 상호군 9		大護軍 대호군 14	護軍 호군 12	副護軍 부호군 54	司直14 사직	副司直 부사직	司果15 사과	部將25 부장 / 副司果 부사과	司正5 사정	副司正 부사정	司猛16 사맹	副司猛 부사맹	司勇42 사용	副司勇 부사용
※ 訓鍊院 훈련원				知事1 지사	都正2 도정 (中一兼) 중1겸	正1 정	副正2 부정		僉正2 첨정		判官2 판관		主簿2 주부		參軍2 참군		奉事2 봉사		
司僕寺 사복시						正1 정	副正1 부정		僉正2 첨정		判官2 판관		主簿2 주부 / 安驥 안기 (雜)1		調驥 조기 (雜)1		理驥 이기 (雜)1		促驥 촉기 (雜)1

官衙名 관아명	正1品	從1品	正2品	從2品	正3品 堂上	正3品 堂下	從3品	正4品	從4品	正5品	從5品	正6品	從6品 參上	正7品 參下	從7品	正8品	從8品	正9品	從9品
軍器寺 군기시	都提調 도제조					正1 정	副正1 부정		僉正1 첨정		判官2 관관		主簿2 주부		直長1 직장		奉事1 봉사	副奉事 부봉사1	參奉1 참봉
										別坐 별좌	別坐 별좌	別提 별제	別提 별제合2						
															工製 공제(雜)5		工造 공조(雜)2		工作 공작(雜)2
典設司 전설사						守1 수		提檢 제검	提檢 제검	別坐 별좌	別坐 별좌	別提 별제	別提 별제合5						
世子 翊衛司 세자 익위사										左翊衛 좌익위 1	左司禦 좌사어 1	左翊贊 좌익찬 1	左衛率 좌위솔 1	左副率 좌부솔 1		左侍直 좌시직 1		左洗馬 좌세마 1	
										右翊衛 우익위 1	右司禦 우사어 1	右翊贊 우익찬 1	右衛率 우위솔 1	右副率 우부솔 1		右侍直 우시직 1		右洗馬 우세마 1	
刑曹 형조			判書1 판서	參判1 참판	參議1 참의					正郎4 정랑		佐郎4 좌랑	律學教授別提 율학교수별제2		明律1 명률		審律1 심률	律學訓導 율학훈도1	檢律1 검률
掌隷院 장례원					判決事 판결사1					司議3 사의		司評4 사평							
典獄署 전옥서					副提調 부제조1								主簿1 주부				奉事1 봉사		參奉1 참봉
工曹 공조			判書1 판서	參判1 참판	參議1 참의					正郎3 정랑		佐郎4 좌랑					工造 공조(雜)1		工作 공작(雜)1
尚衣院 상의원			提調2 제조		副提調 부제조1	正1 정			僉正1 첨정		判官1 관관		主簿1 주부		直長2 직장				
										別坐 별좌	別坐 별좌	別提 별제	別提 별제合2						
															工製 공제(雜)4		工造 공조(雜)1		工作 공작(雜)3
繕工監 선공감			提調2 제조		副提調 부제조1	正1 정	副正1 부정		僉正1 첨정		判官1 관관		主簿1 주부		直長1 직장		奉事1 봉사	副奉事 부봉사1	參奉1 참봉
																	工造 공조(雜)4		工作 공작(雜)4

官衙名 관아명	正1品	從1品	正2品	從2品	正3品堂上	正3品堂下	從3品	正4品	從4品	正5品	從5品	正6品	從6品祭上	正7品祭下	從7品	正8品	從8品	正9品	從9品
修城禁火司 수성금화사	都提調 도제조		提調2 제조				提檢4 제검(中三兼) 중3겸			別坐 별좌	別坐별좌합6(中四兼) 중4겸	別提 별제	別提별제합3(中一兼) 중1겸						
典涓司 전연사			提調1 제조					提檢 제검		別坐 별좌	別坐 별좌	別提 별제	別提별제합5		直長2 직장	奉事2 봉사			參奉6 참봉
掌苑署 장원서			提調1 제조							別坐 별좌		掌苑1 장원	別提별제합3 慎花신화(雜)1		慎果신과(雜)1	慎禽신금(雜)1	副慎禽부신금(雜)1	慎獸신수(雜)1	副慎獸부신수(雜)3
造紙署 조지서			提調2 제조										司紙1 사지 別提4 별제				工造공조(雜)4		工作공작(雜)2
瓦署 와서			提調1 제조										別提3 별제						
地方 지방			觀察使(大都護府事) 관찰사(대도호부사)			都護府事 도호부사			郡守 군수		縣令 현령		縣監 현감						
				府尹 부윤															
			領牧使 영목사	判牧使 판목사	牧使 목사								教授 교수						驛丞 역승
			兵使 병사	水使 수사 兵馬節度使 병마절도사 兵馬水軍節度使 병마수군절도사		兵馬虞候 병마우후 僉節制使 첨절제사	水軍虞候 수군우후	同僉節制使 동첨절제사 萬戶 만호				評事 평사	察訪 찰방 兵馬節制都尉 병마절제도위 監牧官 감목관						渡丞 도승 訓導 훈도 權管 권관

조선시대(朝鮮時代) 서반(西班-武官) 관직표(官職表)

官衙名 관아명	正1品	從1品	正2品	從2品	正3品 堂上	正3品 堂下	從3品	正4品	從4品	正5品	從5品	正6品	從6品 叅上	正7品 叅下	從7品	正8品	從8品	正9品	從9品
中樞府 중추부	領事 영사	判事 판사	知事 지사	同知事 동지사	僉知事 첨지사				經歷 경역		都事 도사								
宣惠廳 선혜청	都提調 도제조		提調 제조	提調 제조															
五衛都摠府 오위도총부			都摠管 도총관	副摠管 부총관					經歷 경역		都事 도사								
五衛 오위			將 장		上護軍 상호군	大護軍 대호군	護軍 호군	副護軍 부호군	司直 사직	副司直 부사직	司果 사과		副司果 部將 부사과 부장	司正 사정	副司正 부사정	司猛 사맹	副司猛 부사맹	司勇 사용	副司勇 부사용
兼司僕 겸사복			將 장																
內禁衛 내금위			將 장																
羽林衛 우림위					將 장														
訓鍊院 훈련원		知事 지사			都正 도정	正 정	副正 부정		僉正 첨정		判官 판관		主簿 주부	參軍 참군	奉事 봉사				
宣傳官廳 선전관청					宣傳官 선전관	宣傳官 선전관	宣傳官 선전관	宣傳官 선전관	宣傳官 선전관	宣傳官 선전관	宣傳官 선전관	宣傳官 선전관	宣傳官 선전관	宣傳官 선전관	宣傳官 선전관	宣傳官 선전관	宣傳官 선전관		宣傳官 선전관
世子翊衛司 세자익위사										右翊衛 左翊衛 우익위 좌익위	右司禦 左司禦 우사어 좌사어	右翊贊 左翊贊 우익찬 좌익찬	右衛率 左衛率 우위솔 좌위솔	右副率 左副率 우부솔 좌부솔		右侍直 左侍直 우시직 좌시직		右洗馬 左洗馬 우세마 좌세마	
世孫衛從司 세손위종사													右長史 左長史 우장사 좌장사	右從史 左從史 우종사 좌종사		英祖때 設置 영조 설치			
守門將廳 수문장청													守門將 수문장			正祖때 設置 정조 설치			哨官 초관
訓鍊都監 훈련도감	都提調 도제조		提調 제조	中軍 大將 중군 대장	千摠 別將 천총 별장								從事官 종사관			宣祖 壬辰前 創設 선조 임진전 창설			哨官 초관
禁衛營 금위영	都提調 도제조		提調 제조	中軍 大將 중군 대장	別將 千摠 騎士將 별장 천총 기사장		把摠 外方兼 把摠 파총 외방겸 파총						從事官 종사관	肅宗때 設置 英祖때 大將 을둠 숙종 설치 영조 대장					哨官 초관

官衙名 관아명	正1品	從1品	正2品	從2品	正3品 堂上	正3品 堂下	從3品	正4品	從4品	正5品	從5品	正6品	從6品 叅上	正7品 叅下	從7品	正8品	從8品	正9品	從9品
御營廳 어영청	都提調 도제조		提調 제조	中軍 大將 중군 대장	別將 별장 千摠 천총 騎士將 기사장				把摠 파총 外方兼 외방겸 把摠 파총				從事官 종사관		仁祖때 御營使를 둠 인조 어영사				
摠戎廳 총융청				中軍使 중군사	千摠 천총 鎭營將 진영장				把摠 파총						仁祖때 創設 인도 창설				
扈衛廳 호위청	大將 대장				別將 별장										仁祖때 創設 인조 창설				
龍虎營 용호영			別將 별장	將 장											仁祖때 創設 인조 창설				
捕盜廳 포도청				大將 대장									從事官 종사관		成宗때 設置 성종 설치				
總理廳 총리청			使 사		中軍 중군 別驍將 별효장				把摠 파총		從事官 종사관				正祖때 水原에 設置 정조 수원 설치				哨官 초관 斥候將 척후장
守禦廳 수어청				中軍使 중군사	別將 별장 千摠 천총				把摠 파총				從事官 종사관		仁祖때 南漢山 城에 인조 남한 산성 設置 설치	哨官 초관			
管理營 관리영				使 사	中軍 중군 別將 별장 千摠 천총 百摠 백총				把摠 파총 從事官 종사관						肅宗때 開城에 設置 숙종 개성 설치	哨官 초관			
鎭撫營 진무영				使 사	中軍 중군 鎭營將 진영장 千摠 천총				把摠 파총						肅宗 때 江 華府에 숙종 강화부 設置 설치	哨官 초관			

외관직(外官職) 동반(東班)

官階\官職	正1品	從1品	正2品	從2品	正3品堂上	正3品堂下	從3品	正4品	從4品	正5品	從5品	正6品	從6品參上	正7品參下	從7品	正8品	從8品	正9品	從9品
京畿道 경기도				觀察使 관찰사 府使 부사		牧使 목사	都護府使 도호부사		郡守 군수		都事 도사 判官 판관 縣令 현령		察訪 찰방 縣監 현감 敎授 교수						訓導 훈도 審藥 심약 檢律 검률 驛丞 역승 渡丞 도승
忠淸道 충청도				觀察使 관찰사		牧使 목사	都護府使 도호부사		郡守 군수		都事 도사 判官 판관 縣令 현령		察訪 찰방 縣監 현감 敎授 교수						訓導 훈도 審藥 심약 檢律 검률 縣丞 현승
慶尙道 경상도				觀察使 관찰사 府尹 부윤	大都護 府使 대도호 부사 牧使 목사	都護 府使 도호 부사			郡守 군수		都事 도사 判官 판관 縣令 현령		察訪 찰방 縣監 현감 敎授 교수						訓導 훈도 倭學 왜학 訓導 훈도 審藥 심약 檢律 검률 驛丞 역승
全羅道 전라도				觀察使 관찰사 府尹 부윤		牧使 목사	都護 府使 도호 부사		郡守 군수		都事 도사 判官 판관 縣令 현령		察訪 찰방 縣監 현감 敎授 교수						訓導 훈도 譯學 역학 訓導 훈도 審藥 심약 檢律 검률 驛丞 역승
黃海道 황해도				觀察使 관찰사		牧使 목사	都護 府使 도호 부사		郡守 군수		都事 도사 判官 판관 縣令 현령		察訪 찰방 縣監 현감 敎授 교수						訓導 훈도 譯學 역학 訓導 훈도 審藥 심약 檢律 검률 驛丞 역승

官階 官職	正1品	從1品	正2品	從2品	正3品 堂上	正3品 堂下	從3品	正4品	從4品	正5品	從5品	正6品	從6品 条上	正7品 条下	從7品	正8品	從8品	正9品	從9品
江原道 강원도				觀察使 관찰사	大都護 府使 대도호 부사 牧使 목사	都護 府使 도호 부사	郡守 군수		都事 도사 判官 판관 縣令 현령		察訪 찰방 縣監 현감 敎授 교수								訓導 훈도 審藥 심약 檢律 검률 驛丞 역승
咸鏡道 함경도				觀察使 관찰사 府尹 부윤	大都護 府使 대도호 부사 牧使 목사	都護 府使 도호 부사	郡守 군수		都事 도사 判官 판관 縣令 현령		察訪 찰방 縣監 현감 敎授 교수								訓導 훈도 譯學 역학 訓導 훈도 審藥 심약 檢律 검률
平安道 평안도				觀察使 관찰사 府尹 부윤	大都護 府使 대도호 부사 牧使 목사	都護 府使 도호 부사	郡守 군수		都事 도사 判官 판관 縣令 현령		察訪 찰방 縣監 현감 敎授 교수								訓導 훈도 譯學 역학 訓導 훈도 審藥 심약 檢律 검률

외관직(外官職) 서반(西班)

官階 官職	正1品	從1品	正2品	從2品	正3品 堂上	正3品 堂下	從3品	正4品	從4品	正5品	從5品	正6品	從6品 条上	正7品 条下	從7品	正8品	從8品	正9品	從9品
京畿道 경기도				兵馬 節度使 병마 절도사 兵馬 防禦使 병마 방어사 水軍 統禦使 수군 통어사 水軍 防禦使 수군 방어사	兵馬 節制使 병마 절제사 水軍 節度使 수군 절도사 巡營 中軍 순영 중군 鎭營將 진영장		兵馬僉 節制使 병마첨 절제사 水軍僉 節制使 수군첨 절제사		兵馬 同僉 節制使 병마 동첨 절제사 兵馬 萬戶 병마 만호 水軍 同僉 節制使 수군 동첨 절제사 水軍 萬戶 수군 만호				兵馬節 制都尉 병마절 제도위 監牧官 감목관						別將 별장
忠淸道 충청도				兵馬 節度使 병마 절도사	水軍 節度使 수군 절도사 巡營 中軍 순영 중군 鎭營將 진영장	兵馬 虞候 병마 우후 兵馬僉 節制使 병마첨 절제사 水軍僉 節制使 수군첨 절제사		兵馬 同僉 節制使 병마 동첨 절제사 水軍 萬戶 수군 만호				兵馬節 制都尉 병마절 제도위 監牧官 감목관							別將 별장

한말관직표(韓末官職表)

官衙(관아)	年代 (연대)	名稱(명칭)	勅任(칙임)	奏任(주임)	判任(판임)	備考(비고)
宮內府 (궁내부)	1894		大臣(대신) 協辦(협판)	叅議(참 의)	主事委員 (주사위원)	
	1895	宮內府(궁내부)	大臣(대신) 協辦(협판)	叅書官(참서관)	主事(주사)	
	1899	宮內府(궁내부)	內大臣(增) (내대신(증))	秘書官(비서관)		
	1895 1902	宮內府(궁내부) (大臣官房) (대신관방)	特進官(특진관)	秘書官(비서관) 內事課長 (내사과장) 通譯官(통역관) 調査課長(增) (조사과장(증))		內事課長(내사과장)을 文書課長(문서과장)으로 개칭
侍從院 (시종원)	1895	侍從院(시종원)	卿(경) 侍從長(시종장) 侍講(시강)	侍從(시종) 副侍講(부시강)	侍御(시 어) 侍讀(시 독)	
	1895	侍從院(시종원)	侍講(시강)	侍從(시종) 秦侍(진시)	侍御(시 어)	
	1897	侍從院(시종원)	侍講(시강)	侍從(시종) 秦侍(진시)	主事(增) (주사(증))	
	1900	侍從院(시종원)		承奉(增) (승봉(증))	左侍御(좌시어) 右侍御(우시어)	
秘書院 (비서원)	1894	承宣院(승선원)	都承宣(도승선) 左承宣(좌승선) 右承宣(우승선) 左副承宣 (좌부승선) 右副承宣 (우부승선)	記注(기주) 記事(기사)	香室禁漏主事 (향실금루주사)	
	1895	秘書監(비서감)	中丞(중승)	丞(승)	郞(랑)	
	1895	秘書院(비서원)	卿(경)	丞(승)	郞(랑)	
奎章閣 (규장각)	1894	奎章閣(규장각)	學士(학사)	直學士(직학사)	直殿侍制 (직전시제) 主事(주사)	
	1895	奎章院(규장원) (校書司)(교서사) (記錄司)(기록사)	卿(경)	長(장) 長(장)	主事(주사) 校書(교서) 主事(주사)	
	1895	奎章院(규장원)	卿(경)	直學士(직학사)	校書(교서) 主事(주사)	
	1896	奎章閣(규장각)	學士(학사)	直學士(직학사)	直閣侍制 (직각시제) 主事(주사)	
弘文館 (홍문관)	1894	經筵廳(경연청)	大學士(대학사)	學士(학사)	副學士(부학사)	侍從院(시종원)에 移屬(이속)
	1895		侍講(시강)		侍讀(시독)	
	1895	經筵院(경연원)	卿(경) 侍講(시강)	副侍講(부시강)	侍讀(시독)	
	1896	弘文館(홍문관)	大學士(대학사)		侍讀(시독)	
	1897	弘文館(홍문관)	大學士(대학사) 學士(학사)	副學士(부학사)		
	1903	弘文館(홍문관)	經筵官(增) (경연관(증))	經筵官(增) (경연관(증))	侍讀(시독)	

관아 왼쪽 세로: 궁 내 부 (宮 內 府)

官衙(관아)	年代(연대)	名稱(명칭)	勅任(칙임)	奏任(주임)	判任(판임)	備考(비고)
宮內府(궁내부)	掌禮院(장례원)	1894	通禮院(통례원)	左通禮(좌통례) 右通禮(우통례)	相禮(상례) 翊禮(익례)	奉禮(봉례) 鴻?(홍려)	
		1894	宗伯府(종백부)	大宗伯(대종백) 宗伯(종백)	叅議(참의) 祀享官(사형관)	主事(주사)	
		1895	掌禮院(장례원)	卿(경)	掌禮(장례)	主事(주사)	
		1897	掌禮院(장례원)	卿(경) 小卿(소경)	左掌禮(좌장례) 贊儀(찬의) 右掌禮(우장례) 相禮(상례)	主事(주사)	
	敦寧院(돈령원)	1894					舊敦寧府(구돈령부)를 宗正府(종정부)에 합함
		1895	貴族司(귀족사)	長(장)		主事(주사)	
		1895	貴族院(귀족원)	卿(경)		主事(주사)	
		1900	敦寧院(돈령원)	領事(영사) 判事(판사) 知事(지사) 同知事(동지사)	僉知事(첨지사)	主事(주사)	
	會計院(회계원)	1894	會計司(회계사) 會計院(회계원)	提學(제학) 卿(경)			
		1895	(出納司)(출납사)		長(장)	主事(주사)	
		1895	(檢査司)(검사사) (金庫司)(금고사)		長(장) 長(장)	主事(주사) 主事(주사)	
			會計院(회계원)	卿(경)	檢査課長(검사과장) 出納課長(출납과장)	主事(주사) 主事(주사)	
	宗正院(종정원)	1894	宗正院(종정원)				
		1895	宗正司(종정사)	長(장)	都正(도정) 正(정) 副正(부정)	主事(주사)	
		1895	宗正院(종정원)	卿君(경군)		主事(주사)	
	太醫院(태의원)	1894	內醫院(내의원)	提擧(제거)	太醫(태의)		
		1895	典醫司(전의사)	長(장)	典醫(전의)	主事(주사)	
		1895	典醫司(전의사)	長(장) 副長(부장)	典醫(전의)	典醫補(전의보)	
		1896	太醫院(태의원)	都提調(도제조)卿(경)	少卿(소경) 典醫(전의)	主事(주사)	
		1903	太醫院(태의원)	都提調(도제조) 卿(경)	少卿(소경) 典醫(전의) 技師(기사)	主事(주사)	
	內藏院(내장원)	1895	內藏院(내장원) (寶物司)(보물사) (莊園司)(장원사)	卿(경)	長(장) 長(장)	主事(주사) 主事(주사) 主事(주사)	
		1895	內藏司(내장사)	長(장)		主事(주사)	
		1899	內藏院(내장원) (藏園課)(장원과) (種牧課)(종목과) (水輪課)(수륜과)	卿(경)	長(장) 長(장) 長(장)	主事(주사) 主事(주사) 主事(주사) 主事(주사)	

官衙(관아)	年代(연대)	名稱(명칭)	勅任(칙임)	奏任(주임)	判任(판임)	備考(비고)
內藏院(내장원)	1899	(貢稅課)(공세과) (記錄課)(기록과)		長(장) 長(장)	主事(주사)	貢稅課(공세과)로 改稱(개칭)
	1902	正業課(정업과) (典牲課)(전생과)	卿(경)	長(장) 技師(기사)		
	1903	內藏院(내장원)	監督(增)(감독(증))	長(增)(장(증)) 各課(각과)는 전과 같음	主事(주사)	
水輪院(수륜원)	1898	水輪院(수륜원)		長(장) 技師(기사)	主事(주사)	內藏院(내장원)에 移屬(이속)
	1899 1902	水輪院(수륜원)	摠裁(총재) 副摠裁(부총재) 監督(감독)	課長(과장) 技師(기사) 局長(국장)	主事(주사) 技手(기수)	
警衛院(경위원)	1901	警衛院(경위원)	摠管(총관) 摠務局長(총무국장)	摠務局長(총무국장) 警務官(경무관)	主事(주사) 摠巡(총순)	
禮式院(예식원)	1900	禮式院(예식원)	長(장) 副長(부장)	外務課長(외무과장) 飜譯課長(번역과장) 余理官(참리관) 飜譯官(번역관)	主事(주사) 飜譯官補(번역관보)	
	1902	禮式院(예식원)	長(장) 副長(부장)	文書課長(增)(문서과장(증)) 會計課長(增)(회계과장(증))		
	1903	禮式院(예식원)		博文課長(增)(박문과장(증))		
鐵道院(철도원)	1900	鐵道院(철도원)	摠裁(총재) 監督(감독)	技師(기사)	主事(주사) 技手(기수)	
	1901	鐵道院(철도원)	摠裁(총재) 監督(감독) 副摠裁(부총재)	技師(기사) 鐵道課長(철도과장) 會計課長(회계과장) 文書課長(문서과장)	主事(주사) 技手(기수)	
博文院(박문원)	1902 1903	博文院(박문원)	長(장) 副長(부장) 贊議(찬의)	監督(余書)(감독(참서))	記事(主事)(기사(주사))	禮式院(예식원)에 屬(속)함
平式院(평식원)	1902	平式院(평식원)	摠裁(총재) 副摠裁(부총재)	摠務課長(총무과장) 檢定課長(검정과장) 技師(기사)	主事(주사) 技手(기수)	
	1903					農商工部(농상공부)에 屬(속)함
綏民院(유민원)	1902	綏民院(유민원)	摠裁(총재) 副摠裁(부총재) 監督(감독)	摠務局長(총무국장) 余事官(참사관)	主事(주사) 委員(위원)	

官衙(관아)	年代 (연대)	名稱(명칭)	勅任(칙임)	奏任(주임)	判任(판임)	備考(비고)
御供院 (어공원)	1904	御供院(어공원)	卿(경)	庶務課長 (서무과장)	委員(위원) 主事(주사)	
秘 院 (비 원)	1902	秘院(비원)	監督(감독) 長(장)	檢務官(검무관) 監董(감동)	主事(주사)	
	1903	秘院(비원)	副長(부장)	檢務官(검무관) 監董(감동)	主事(주사)	
帝室制度整理局 (제실제도 정리국)	1904	帝室制度整理局 (제실제도정리국)	摠裁(총재) 議定官(의정관)	秘書(비서)	記事(기사)	
西北鐵道局 (서북철도국)	1900	西北鐵道局 (서북철도국)	摠裁(총재) 監督(감독) 局長(국장)	局長(국장) 技師(기사)	主事(주사) 技手(기수)	
奉常司 (봉상사)	1895	奉常司(봉상사)		長(장)	主事(주사) 協律郞(협률랑)	掌禮院(장례원) 에 屬(속)함
	1895	奉常司(봉상사)		長(장)	主事(주사)	
	1896	奉常司(봉상사)	提調(제조)	副提調(부제조)	主事(주사)	
	1902	奉常司(봉상사)	都提調(도제조) 提調(제조)	副提調(부제조)	主事(주사)	
尙衣司 (상의사)	1894	尙衣院(상의원)		提擧(제거)	主事(주사)	提調(제조)는 宴餐 冠衣(연찬관의) 때 만 差出(차출)
	1895	尙衣司(상의사)		長(장)	主事(주사)	
	1903	尙衣司(상의사)	提調(제조)	長(장)	主事(주사)	
	1904	尙衣司(상의사)	提調(제조)	長(장) 鐵道課長 (철도과장) 技師(기사)	主事(주사) 技手(기수)	
典膳司 (전선사)	1894	司餐院(사찬원)		提擧(제거)	主事(주사)	提調(제조), 副提 調(부제조)는 宴餐 嘉禮(연찬가례) 때 만 差出(차출)
	1895	典膳司(전선사)		長(장)	主事(주사)	
	1900	典膳司(전선사)	提調(제조)	副提調(부제조) 長(장)	主事(주사)	
主殿司 (주전사)	1894	殿閣司(전각사)		提擧(제거)	守護內侍(?) (수호내시(?))	
	1895	主殿司(주전사)		長(장)	主事(주사)	
營繕司 (영선사)	1895	營繕司(영선사)		長(장)	主事(주사)	
	1897	營繕司(영선사)		長(장) 技師(기사)	主事(주사)	
物品司 (물품사)	1895	物品司(물품사)		長(장)	主事(주사)	
太僕司 (태복사)	1895	太僕寺(태복사)		提擧(제거)	主事(주사) 內乘(내승)	
	1895	太僕司(태복사)		長(장)	主事(주사) 內乘(내승)	
	1902	太僕司(태복사)		長(장) 技師(기사)	主事(주사) 內乘(내승)	
通信司 (통신사)	1896	通信司(통신사) (電話課) (전화과) (鐵道課) (철도과)		長(장) 長(장) 技師(기사) 長(장) 技師(기사)	主事(주사) 主事(주사) 主事(주사)	
濟用司 (제용사)	1904	濟用司(제용사)	長(장)	副長(부장) 理事(이사) 檢察官(검찰관)	主事(주사)	

궁 내 부 (宮 內 府)

官衙(관아)	年代(연대)	名稱(명칭)	勅任(칙임)	奏任(주임)	判任(판임)	備考(비고)
管理署(관리서)	1903	管理署(관리서)	管理(관리) 副管(부관)	副管(부관) 理事(이사)	主事(주사)	
礦學局(광학국)	1901	礦學局(광학국)	局長(국장) 監督(감독)	局長(국장) 技師(기사)	主事(주사)	
王太后宮(왕태후궁)	1895	王太后宮(왕태후궁)	大夫(대부)	理事(이사)	主事(주사)	
皇后宮(황후궁)	1895	皇后宮(황후궁)	大夫(대부)	理事(이사)	主事(주사)	
侍講院(시강원)	1894	侍講院(시강원)	師傅(사전) 貳師(이사) 賓客(빈객)	贊善(찬선) 輔德(보덕) 弼善(필선) 文學(문학)	司書(사서) 說書(설서) 諮議(자의)	
	1894	翊衛司(익위사)	翊衛(익위) 司禦(사어) 翊贊(익찬) 衛率(위솔)	副率(부솔) 侍直(시직) 洗馬(세마)	典書官(전서관)	
	1895	王太子宮(왕태자궁)	詹事(첨사) 卿(경) 日講官(일강관)	副詹事(부첨사)	侍從官(시종관) 侍御(시어) 主事(주사) 侍講(시강)	
	1895	王太子宮(왕태자궁)	日講官(일강관) 詹事(첨사)	副詹事(부첨사) 侍從官(시종관)	侍從官(시종관)	
	1896	侍講院(시강원)	日講官(일강관) 詹事(첨사)	副詹事(부첨사) 侍讀官(시독관)	侍從官(시종관)	
	1903	侍講院(시강원)	書筵官(서연관) 詹事(첨사)	書筵官(서연관) 侍讀官(시독관)	侍從官(시종관)	書筵官(서연관)은 儒賢(유현)으로 叙任(서임)
講書院(강서원)	1894	講書院(강서원)	師傅(사전) 諭善(유선)	翊善(익선) 勸讀(권독)	贊讀(찬독)	
	1903	講書院(강서원)	日講官(일강관) 諭德(유덕)	副諭德(부유덕)	贊讀(찬독) 衛從(위종)	
皇太子妃宮(황태자비궁)	1895	王太子妃宮(왕태자비궁)		大夫(대부)	主事(주사)	
	1897	皇太子妃宮(황태자비궁)		大夫(대부)	主事(주사)	
親王府(친왕부)	1900	親王府(친왕부)	摠辦(총판)	令(령)	典衛(전위)	
	1902	親王府(친왕부)		贊尉(찬위)	典讀(전독) 典衛(전위)	
王族家(왕족가)	1895			家令(가령)	家從(가종)	王族家(왕족가)에 둠
宗人學校(종인학교)	1899	宗人學校(종인학교)	校長(교장) 導善(도선) 典訓(전훈)	典訓(전훈) 司誨(사회)	司誨(사회) 典簿(전부)	宗正院(종정원)에 屬(속)함
園丘壇祠祭署(원구단사제서)	1897	園丘壇祠祭署(원구단사제서)	提調(제조)		令(령) ?奉(참봉)	
宗廟署(종묘서)	1894 1895	宗廟署(종묘서)	提擧(제거) 提調(제조)		令(령) ?奉(참봉) 令(령)	
社稷署(사직서)	1894 1894	社稷署(사직서) 社稷署(사직서)	提擧(제거) 提調(제조)		令(령) 令(령) ?奉(참봉)	

官衙(관아)	年代(연대)	名稱(명칭)	勅任(칙임)	奏任(주임)	判任(판임)	備考(비고)
永禧殿 (영희전)	1894	永禧殿(영희전)	提擧(제거)		令(령) ?奉(참봉)	
	1894	永禧殿(영희전)	提調(제조)		令(령) ?奉(참봉)	
廟殿官 (묘전관)	1894		提調(제조) (全羅監司兼) (전라감사겸)		衛將(위장) (鎭衛大隊長(진위 대대장)이 겸함)	肇慶廟(조경묘), 慶 基殿(경기전)에 둠
壇墓官 (단묘관)	1899				守奉官(수봉관)	肇慶壇(조경단),濬慶 墓(준경묘), 永慶墓 (영경묘)에 각각 둠
陵園官 (능원관)	1899				奉事(봉사) 參奉(참봉)	各陵(각릉)에 둠
扈衛隊 (호위대)	1897	扈衛隊(호위대)	摠管(총관)	正尉(정위) 副尉(부위) ?尉(참위)	餉官(향관) 正軍官(정군관) 副軍官(부군관) ?軍官(참군관) ?領(참령)	
議政府 (의정부)	1894	議政府(의정부)	摠理大臣 (총리대신) 左贊成(좌찬성) 右贊成(우찬성) 司書(사서)	司憲(도헌) (사헌(도헌)) ?議(참의)	主事(주사)	
		(軍國機務處) (군국기무처)	摠裁(총재) 副摠裁(부총재)	會議員(회의원)	書記官(서기관)	
		(都察院) (도찰원)	長(장)	都憲(도헌)	主事(주사)	
		(中樞院) (중추원)	長(장)	?議(참의)	主事(주사)	
		(會計審査局) (회계심사국)		長(장)	書記(서기) 審査官(심사관)	
	1895	內閣(내각)	摠理大臣 (총리대신) 摠書(총서)	記錄局長 (기록국장) ?書官(참서관) 秘書官(비서관)	主事(주사)	
	1896	議政府(의정부)	議政(의정) ?政(참정) 贊政(찬정) ?贊(참찬) 摠務局長 (총무국장)	秘書官(비서관) ?書官(참서관)	主事(주사)	
中樞院 (중추원)	1894 1895	中樞院(중추원) 中樞院(중추원)	議長(의장) 副議長(부의장) 議官(의관)	議官(의관) ?書官(참서관)	主事(주사)	
表勳院 (표훈원)	1899	表勳院(표훈원)	摠裁(총재) 副摠裁(부총재) 議政官(의정관)	製章局長 (제장국장) ?書官(참서관) 技師(기사)	主事(주사) 技手(기수)	1904년 議政府(의 정부)에 속함
內 部 (내 부)	1894	內務衙門 (내무아문)	大臣(대신) 協辦(협판)	?議(참의)	主事(주사) 技手(기수)	
	1895	內部(내부)	大臣(대신) 協辦(협판) 局長(국장)	局長(국장) ?書官(참서관) 視察官(시찰관) 技師(기사)		

궁내부(宮內府)

의정부(議政府)

官衙(관아)	年代(연대)	名稱(명칭)	勅任(칙임)	奏任(주임)	判任(판임)	備考(비고)
廣濟院 (광제원)	1899	病 院(병 원)		長(장) 技師(기사)	醫師(의사) 製藥師(제약사)	
	1900	普施院(보시원)		長(장) 技師(기사)	醫師(의사)	
	1900	廣濟院(광제원)		長(장) 技師(기사)	醫師(의사) 委員(위원)	
惠民院 (혜민원)	1901	惠民院(혜민원)	摠裁(총재) 議定官(의정관) 摠務(총무)	摠務(총무) ?書官(참서관)	主事(주사)	
外 部 (외 부)	1894	外務衙門 (외무아문)	大臣(대신) 協辦(협판)	?議(참의)	主事(주사)	
	1895	外部(외부)	大臣(대신) 協辦(협판) 局長(국장)	局長(국장) ?書官(참서관) 飜譯官(번역관)	主事(주사) 飜譯官補 (번역관보)	
公使館 (공사관) 및 領事館 (영사관)	1895		特命全權公使 (특명전권공사) 辦理公使 (판리공사)	代理公使 (대리공사) ?書官(참서관) 摠領事(총영사) 領事(영사) 副領事(부영사)	書記生(서기생) 書記生(서기생)	
		(公使館) (공사관) (摠領事館) (총영사관) (領事館) (영사관)	公使(공사)	?書官(참서관) 摠領事(총영사) 副領事(부영사) 領事(영사) 通商事務官 (통상사무관)	書記生(서기생) 書記生(서기생) 書記生(서기생)	領事(영사) 없 는 곳에 둠
監理署 (감리서)	1895 1896	知事署(지사서) 監理署(감리서)		知事(지사) 監理(감리)	主事(주사) 主事(주사)	各港(각항)에 둠
度支部 (탁지부)	1894	度支衙門 (탁지아문)	大臣(대신) 協辦(협판)	?議(참의)	主事(주사)	
	1895	度支部(탁지부)	大臣(대신) 協辦(협판) 局長(국장)	局長(국장) ?書官(참서관) 財務官(재무관)	主事(주사)	
	1904	度支部(탁지부)	大臣(대신) 協辦(협판) 局長(국장)	局長(국장) ?書官(참서관) 財務官(재무관) 技師(기사)	主事(주사) 技手(기수)	
管稅司 (관세사)	1895	管稅司(관세사)		長(장)	主事(주사)	
徵稅署 (징세서)	1895	徵稅署(징세서)			長(장) 主事(주사)	
量地衙門 (양지아문)	1898	量地衙門 (양지아문)	摠裁官(총재관) 副摠裁官 (부총재관)	記事員(기사원)	書記(서기)	
	1899				量務監理 (양무감리) 委員(위원)	
地契衙門 (지계아문)	1901	地契衙門 (지계아문)	摠裁(총재) 副摠裁(부총재) 監督(감독)	記事員(기사원) 委員(위원) 監理(감리)	主事(주사)	

官衙(관아)	年代 (연대)	名稱(명칭)	勅任(칙임)	奏任(주임)	判任(판임)	備考(비고)
典園局 (전원국)	1899	典園局(전원국)	局長(국장)	局長(국장) 技師(기사)	主事(주사) 技手(기수)	
	1901	典園局(전원국)	局長(국장) 管理(관리)	局長(국장) 技師(기사)	主事(주사) 技手(기수)	
軍 部 (군 부)	1894	軍務衙門 (군무아문)	大臣(대신) 協辦(협판)	?議(참의)	主事(주사)	
	1895	軍部(군부)	大臣(대신) 協辦(협판) 局長(국장)	局長(국장) 課長(과장) 課員(과원) 技師(기사)	技手(기수) 主事(주사)	
	1899	軍部(군부)	大臣(대신) 協辦(협판) 局長(국장)	局長(국장) 課長(과장) 局員(국원) 課員(과원) 官房長(관방장) ?書官(참서관) 技師(기사)	技手(기수) 主事(주사) 房員(방원)	
陸軍法院 (육군법원)	1900	陸軍法院 (육군법원)	長(장) 理事(이사)	理事(이사)	錄事(녹사) →主事(주사)	
陸軍監獄署 (육군감옥서)	1900		長(장)		看守長(간수장) 主事(주사)	
軍器廠 (군기창)	1904	軍器廠(군기창)	提理(제리) 副官(부관)	主計(주계) 技師(기사)	主事(주사) 技手(기수)	
	1904	軍器廠(군기창)	管理(관리) 副管理(부관리)	副官(부관) 檢査官(검사관)	餉官(향관) 醫官(의관) 主事(주사) 技手(기수)	
		(製造所) (제조소)	長(장)	技師(기사)	技手(기수)	
法 部 (법 부)	1894	法務衙門 (법무아문)	大臣(대신) 協辦(협판)	?議(참의)	主事(주사)	
	1895	法部(법부)	大臣(대신) 協辦(협판) 局長(국장)	檢事(검사) ?書官(참서관)	主事(주사)	
平理院 (평리원)	1894	義禁司(의금사)	判事(판사) 知事(지사) 同知事(동지사)	?議(참의)	主事(주사)	
	1895	高等裁判所 (고등재판소)	裁判長(재판장) 判事(판사) 檢事(검사)	判事(판사) 檢事(검사) 豫備判事 (예비판사)	書記(서기) 判事試補 (판사시보) 檢事試補 (검사시보)	
	1899	平理院(평리원)	裁判長(재판장) 判事(판사) 檢事(검사)	判事(판사) 檢事(검사)	主事(주사)	
		(特別法院) (특별법원)	裁判長(재판장) 判事(판사)	判事(판사)		皇室犯罪取扱 (황실범죄취급)
漢城府裁判所 (한성부재판소)	1895	漢城府裁判所 (한성부재판소)	判事(판사) 檢事(검사)	判事(판사) 檢事(검사)	書記(서기)	
	1897		首班判事 (수반판사)	判事(판사) 副判事(부판사)	主事(주사)	
	1899	漢城府裁判所 (한성부재판소)	判事(판사) 檢事(검사)	判事(판사) 檢事(검사)	主事(주사)	
	1901	漢城府裁判所 (한성부재판소)	首班判事 (수반판사) 判事(판사)	判事(판사) 檢事(검사)	主事(주사)	

의
정
부
(議
政
府)

官衙(관아)	年代(연대)	名稱(명칭)	勅任(칙임)	奏任(주임)	判任(판임)	備考(비고)
地方裁判所 (지방재판소)			判事(판사)	檢事(검사)	書記(서기)	
法官養成所 (법관양성소)	1899	法官養成所 (법관양성소)	長(장)	敎官(교관)	敎官(교관)	
法律起草委員會 (법률기초 위원회)			長(장) 委員(위원)	委員(위원)		
學部 (학부)	1894 1895	學務衙門 (학무아문) 學部(학부)	大臣(대신) 協辦(협판) 大臣(대신) 協辦(협판) 局長(국장)	叅議(참의) 局長(국장) 叅書官(참서관)	主事(주사) 主事(주사)	
觀象所 (관상소)	1895	觀象所(관상소)		長(장) 技師(기사)	技手(기수) 書記(서기)	
成均館 (성균관)	1895 1899	成均館(성균관)		長(장) 敎授(교수) 長(장) 敎授(교수)	敎授(교수) 直員(직원) 敎授(교수) 博士(박사) 直員(직원)	
師範學校 (사범학교)	1895	師範學校 (사범학교)		長(장) 敎官(교관)	敎官(교관) 副敎官(부교관) 敎員(교원) 書記(서기)	
中學校 (중학교)	1899	中學校(중학교)		長(장) 敎官(교관)	敎官(교관) 書記(서기)	
外國語學校 (외국어학교)	1895	外國語學校 (외국어학교)		長(장) 敎官(교관)	敎官(교관) 副敎官(부교관) 書記(서기)	
醫學校 (의학교)	1899	醫學校(의학교)		長(장) 敎官(교관)	敎官(교관) 書記(서기)	
農商工學校 (농상공학교)	1899 1904	商工學校 (상공학교) 農商工學校 (농상공학교)		長(장) 敎官(교관) 長(장) 敎官(교관)	書記(서기) 書記(서기)	
礦務學校 (광무학교)	1900	礦務學校 (광무학교)		長(장) 敎官(교관)	副敎官(부교관) 書記(서기)	
小學校 (소학교)		小學校(소학교)		長(장)	敎員(교원) 副敎員(부교원)	
農商工部 (농상공부)	1894 1894 1895	工務衙門 (공무아문) 農商衙門 (농상아문) 農商工部 (농상공부)	大臣(대신) 協辦(협판) 大臣(대신) 協辦(협판) 大臣(대신) 協辦(협판)	?議(참의) ?議(참의) 局長(국장) ?書官(참서관) 技師(기사)	主事(주사) 主事(주사) 主事(주사) 技手(기수)	1895년에 工務 (공무)와 農商 (농상)을 합침
通信院 (통신원)	1900	摠信院(총신원)	摠辦(총판) 會辦(회판)	局長(국장) ?書官(참서관) 飜譯官(번역관) 技師(기사)	主事(주사) 船稅委員 (선세위원)	
電報司 (전보사)	1900	電報司(전보사)		摠司(총사) 司長(사장) 技師(기사)	主事(주사)	全國(전국)에 設置(설치)

의
정
부
(議
政
府)

官衙(관아)	年代(연대)	名稱(명칭)	勅任(칙임)	奏任(주임)	判任(판임)	備考(비고)
郵遞司 (우체사)	1900	郵遞司(우체사)		摠司(총사) 司長(사장)	主事(주사)	
警務廳 (경무청)	1894	警務廳(경무청)	警察使(경찰사)	副管(부관) 警務官(경무관)	書記官(서기관) 摠巡(총순) 巡檢(순검) 監禁(감금) 副監禁(부감금) 監守(감수)	고종 31년 갑오개혁(甲午改革) 이후에 한성부(漢城府) 안의 경찰업무와 감옥의 일을 맡아보던 관청으로서 각 관찰부(觀察府)에는 총순(摠巡), 각 항구(港口)에는 경찰관(警察官)총순(摠巡), 개시장(開市場)에는 총순(摠巡)을 두었음.
	1895	警務廳(경무청) (監獄署) (감옥서)	警務使(경무사)	警務官(경무관)	主事(주사) 摠巡(총순) 長(장) 書記(서기) 看守長(간수장)	
	1900	警部(경부) (監獄署) (감옥서)	大臣(대신) 協辦(협판) 局長(국장)	局長(국장) 警務官(경무관) 長(장)	主事(주사) 摠巡(총순) 看守長(간수장) 主事(주사)	
	1901	警務廳(경무청) (監獄署) (감옥서)	警務使(경무사) 局長(국장)	局長(국장) 警務官(경무관) 長(장)	主事(주사) 摠巡(총순) 技手(기수) 看守長(간수장) 主事(주사)	
漢城府 (한성부)	1894 1895 1896	漢城府(한성부) 漢城府(한성부) 漢城府(한성부)	府尹(부윤) 觀察使(관찰사) 判尹(판윤)	?書官(참서관) 少尹(소윤)	主事(주사) 主事(주사) 主事(주사)	
元帥府 (원수부)	1899 1904	局長(국장) 副元帥(부원사)	副長(부장) 副長(부장)	局員(국원) 副官(부관)	下士(하사)	軍務(군무), 檢查(검사), 記錄(기록), 會計(회계)의 四局(사국)을 둠
侍從武官府 (시종무관부)	1904	武官長(大●) (무관장(대부))	侍從武官 (시종무관)	侍從武官(正) (시종무관(정))	書記(서기)	
東宮陪從武官府 (동궁배종 무관부)	1904	武官長(副ʃʃ) (무관장(부참))	陪從武官 (배종무관)	陪從武官(正) (배종무관(정))	書記(서기)	
親王附武官 (친왕부무관)				親王附武官(正) (친왕부무관(정))	書記(서기)	
?謀部 (참모부)	1904	摠長(大●) (총장(대부)) 局長(參) (국장(참))	副官(부관) 局員(參) (국원(참))	副官(正) (부관(정)) 局員(正) (국원(정))	餉官(軍司) 향관(군사) 飜譯官(奏二) (번역관(주관)) 書記(서기) 編輯員(判) (편집원(판))	
教育部 (교육부)	1904	摠監(副ʃʃ) (총감(부참)) 副監(參) (부감(참)) ?謀長(參) (참모장(참))	副監(正) (부감(정)) ?謀長(正●) (참모장(정부)) ?謀官(副ʃʃ) (참모관(부참)) 副官(參) (부관(참))	?謀官(正) (참모관(정)) 副官(副) (부관(부))	餉官(軍司) (향관(군사)) 飜譯官(奏二) (번역관(주관)) 書記(下士) (서기(하사))	

의정부(議政府)

官衙(관아)	年代 (연대)	名稱(명칭)	勅任(칙임)	奏任(주임)	判任(판임)	備考(비고)
騎輕兵科 (기경병과)			科長(副・參) (과장(부참))	科員(正・副) (과원(정부))		
砲工兵科 (포공병과)			科長(副・參) (과장(부참))	科員(正・副) (과원(정부))		
憲兵司令部 (헌병사령부)	1900	司令官(사령관)		副官(正) (부관(정))	餉官(軍司) (향관(군사)) 書記(下士) (서기(하사))	
				副官(副) (부관(부))	餉官(軍司) (향관(군사)) 書記(下士) (서기(하사))	
		隊長(대장)		中隊長(正・副) (중대장(정부)) 小隊長(副・參) (소대장(부참))	書記(下士) (서기(하사)) 分隊長(下士) (분대장(하사))	
侍衛隊 (시위대)	1895		聯隊長(副) (연대장(부))	副官(副) (부관(부))	下士(하사) (正校(정교), 副校(부교), 參校(참교))	
			大隊長(參) (대대장(참))	餉官(正) (향관(정)) 中隊長(正) (중대장(정)) 小隊長(副・參) (소대장(부참))		
	1898		聯隊長(正・副) (연대장(정부))	副官(正) (부관(정)) 武器主管(副・參) (무기주관(부참))		
大隊 (대 대)			大隊長(參) (대대장(참))	旗官(參) (기관(참)) 副官(副) (부관(부))	餉官(軍司) (향관(군사)) 正校(정교) 副校(부교)	
親衛隊 (친위대)	1896		聯隊長(正・副) (연대장(정부))	副官(正) (부관(정)) 武器主管(副・參) (무기주관(부참)) 旗官(參) (기관(참))		
騎兵隊 (기병대)	1900		大隊長(參) (대대장(참))	副官(副) (부관(부)) 中隊長(正) (중대장(정)) 小隊長(副・參) (소대장(부참))	餉官(軍司) (향관(군사)) 正校(정교) 副校(부교) 參校(참교)	侍衛隊所屬 (시위대소속)
工兵隊 (공병대)	1900			中隊長(正) (중대장(정)) 小隊長(副・參) (소대장(부참))	正校(정교) 副校(부교) 參校(참교)	親衛隊所屬 (친위대소속)

元帥府
(원수부)

官衙(관아)	年代(연대)	名稱(명칭)	勅任(칙임)	奏任(주임)	判任(판임)	備考(비고)
輕重兵隊 (경중병대)	1900			中隊長(正) (중대장(정)) 小隊長(副乀) (소대장(부참))	正校(정교) 副校(부교) 參校(참교)	親衛隊所屬 (친위대소속)
砲兵隊 (포병대)	1900		大隊長(參) (대대장(참))	副官(副) (부관(부))	餉官(軍司) (향관(군사))	侍衛隊所屬 (시위대소속)
山砲中隊 (산포중대)	1900			中隊長(正) (중대장(정)) 小隊長(副乀) (소대장(부참))	軍醫(군의) 獸醫(수의) 書記(서기) 正校(정교) 副校(부교) 參校(참교)	
野砲中隊 (야포중대)	1900			中隊長(正) (중대장(정)) 小隊長(副乀) (소대장(부참))	正校(정교) 副校(부교) 參校(참교)	
軍樂隊 (군악대)	1900 1904			 中隊長(副乀) (중대장(부참))	軍樂隊(군악대) 參校(참교) 書記(서기) 正校(정교) 軍樂手(군악수)	侍衛隊所屬 (시위대소속)
武官學校 (무관학교)	1898 1904	校長(교장) 敎頭(교두) 學徒隊長 (학도대장) 校長(교장)	副官(부관) 敎官(교관) 中隊長(正) (중대장(정)) 副官(부관) 敎官(교관) 學徒隊長 (학도대장) 學徒隊副官 (학도대부관) 學徒隊中隊長 (학도대중대장)	醫官(의관) 飜譯官(번역관) 飜譯官補 (번역관보) 主事(주사) 助敎(조교) 醫官(의관) 獸醫(수의) 餉官(향관) 飜譯官(번역관) 主事(주사) 助敎(조교) 特務(특무) 正校(정교)		語學科(어학과) 敎官 (교관)은 文官(문관) 으로 奏任(주임) 또 는 判任(판임)이다.
陸軍硏成學校 (육군연성학교)	1904		校長(교장) 敎成隊長(副乀) (교성대장(부참))	副官(正) (부관(정)) 敎官(교관) 副官(副) (부관(부)) 中隊長(正) (중대장(정)) 敎成隊長(副) (교성대장(부))	醫官(의관) 餉官(향관) 飜譯官(번역관) 書記(서기) 特務正校 (특무정교) 助敎(조교)	
陸軍幼年學校 (육군유년학교)	1904		校長(교장)	副官(正) (부관(정)) 敎官(교관) 學徒隊中隊長 (학도대중대장) (正)(정)	醫官(의관) 餉官(향관) 特務正校 (특무정교) 助敎(조교) 馬術助敎 (마술조교)	

원수부(元帥府)

官衙(관아)	年代 (연대)	名稱(명칭)	勅任(칙임)	奏任(주임)	判任(판임)	備考(비고)
원 수 부 (元 帥 府)	1896	鎭衛隊 (진위대)	參領(참령)	正尉(정위) 副尉(부위) 參尉(참위)	正校(정교) 副校(부교) 參校(참교)	대한제국 때 지방 의 각 진(鎭)에 둔 군대. 지방군(地方 軍)으로 지방에 따 라 차이가 있음.
	1898		大隊長(參) 대대장(참)	副官(副) (부관(부)) 中隊長(正) (중대장(정))	餉官(향관) 副校(부교) 正校(정교) 副校(부교) 參校(참교)	
				小隊長(副·參) (소대장(부참))	曲號隊副校 (곡호대부교)	
	1900		聯隊長(正·副) (연대장(정·부))	副官(正) (부관(정)) 武器主管(副·參) (무기주관(부참)) 旗官(기관)		
			大隊長(參) 대대장(참)	副官(副) (부관(부)) 中隊長(正) (중대장(정))	餉官(軍司) (향관(군사)) 正校(정교) 副校(부교) 參校(참교)	
				小隊長(副·參) (소대장(부참))		
지방 관제 (地方 官制)	1894	(府)(부)(23)	觀察使(관찰사)	觀察使(관찰사) ?書官(참서관) 警務官(경무관)	主事(주사) 警務官補 (경무관보) 摠巡(총순)	
	1896	(郡)(군)(438) (道)(도)(13) 濟州牧(제주목) 府(부)(9) 郡(군)	觀察使(관찰사)	郡守(군수) 牧使(목사) 府尹(부윤) 郡守(군수)	主事(주사) 主事(주사)	

[註] 將官欄(장관란)의 (大)(대)·(副)(부)·(叅)(참)은 각각 大將(대장)·蛤(부장)·欄(참장)
　　　領官欄(영관란)의 (正)(정)·(副)(부)·(叅)(참)은 각각 正領(정령)·衛(부령)·諾(참령)
　　　尉官欄(위관란)의 (正)(정)·(副)(부)·(叅)(참)은 각각 正尉(정위)·合(부위)·亂(참위)

조선시대(朝鮮時代) 주요관직편람(主要官職便覽)

(가나다 순)

관 직	소 속 관 청
監 察(감 찰)	司憲府(사헌부)
檢 詳(검 상)	議政府(의정부)
檢 閱(검 열)	藝文館(예문관)
檢討官(검토관)	經 筵(경 연)
兼文學(겸문학)	世子侍講院(세자시강원)
兼輔德(겸보덕)	世子侍講院(세자시강원)
兼司書(겸사서)	世子侍講院(세자시강원)
兼說書(겸설서)	世子侍講院(세자시강원)
兼弼善(겸필선)	世子侍講院(세자시강원)
經 歷(경 력)	의빈부 · 한성부 · 중추부 · 도총부 · 의금부 · 개성부 · 충훈부 · 강화부
觀察使(관찰사)	各 道(도)
校 勘(교 감)	承文院(승문원)
校 檢(교 검)	承文院(승문원)
校 理(교 리)	홍문관 · 승문원 · 규장각 · 교서관
教 授(교 수)	개성부 · 관상감 · 四學(사학) 및 각 州府(주부)
郡 守(군 수)	各 郡(군)
禁 衛 大 將(금 위 대 장)	禁衛營(금위영)
記事官(기사관)	春秋館(춘추관)
記注官(기주관)	춘추관
待 教(대 교)	예문관 · 奎章閣(규장각)
大司諫(대사간)	司諫院(사간원)
大司成(대사성)	成均館(성균관)
大司憲(대사헌)	司憲府(사헌부)
大提學(대제학)	홍문관 · 藝文館(예문관)
都 事(도 사)	충훈부 · 의빈부 · 의금부 · 개성부 · 춘익부 · 중추부 · 오위도총부 · 오부 · 각 도
都承旨(도승지)	承政院(승정원)
都 正(도 정)	종친부 · 돈녕부 · 훈련원
都提調(도제조)	선혜청 등 13개 관청과 임시관청

관 직	소 속 관 청
同 副 承 旨(동 부 승 지)	承政院(승정원)
同 知 經 筵 事(동지 경연사)	經 筵(경 연)
同知敦寧府事(동지돈녕부사)	敦寧府(돈녕부)
同知成均館事(동지성균관사)	成均館(성균관)
同知義禁府事(동지의금부사)	義禁府(의금부)
同知中樞府事(동지중추부사)	中樞府(중추부)
同知春秋館事(동지춘추관사)	春秋館(춘추관)
同僉節制使(동첨절제사)	各 鎭(진)
萬 戶(만 호)	各 鎭(진)
牧 使(목 사)	各 牧(목)
文 學(문 학)	世子侍講院(세자시강원)
博 士(박 사)	성균관 · 승정원 · 승문원 · 홍문관 · 校書館(교서관)
防禦使(방어사)	各 道(도)
別 將(별 장)	용호영 기타 武官廳(무관청)
別 坐(별 좌)	규장각 · 교서관 · 기타 寺(시) · 院(원) · 監(감) · 署(서) · 司(사) · 倉(창)
兵 馬 節 度 使(병마 절도사)	各 都(도) 1명은 관찰사가 겸직
輔 德(보 덕)	世子侍講院(세자시강원)
奉 教(봉 교)	藝文館(예문관)
奉 事(봉 사)	돈녕부 · 훈련원 · 기타 각 寺(시) · 院(원) · 監(감) · 署(서) · 司(사) · 倉(창)
傅 (부)	세자시강원 · 세손강서원
副校理(부교리)	弘文館(홍문관)
府 使(부 사)	各 都護府(도호부)
副 守(부 수)	宗親府(종친부)
副修撰(부수찬)	弘文館(홍문관)

관 직	소 속 관 청
府 尹(부 윤)	한성·평양·함흥·경주·개성·광주·의주·전주
副應敎(부응교)	弘文館(홍문관)
副 正(부 정)	돈녕부·의금부·훈련원·기타 寺(시)·監(감)
副正字(부정자)	승문원·교서관(敎書館)
副提學(부제학)	弘文館(홍문관)
師(사)	世子侍講院(세자시강원) 世孫講書院(세손강서원)
司 諫(사 간)	司諫院(사간원)
司 書(사 서)	世子侍講院(세자시강원)
관 직	소 속 관 청
司 成(사 성)	成均館(성균관)
司 業(사 업)	成均館(성균관)
司 藝(사 예)	成均館(성균관)
司 議(사 의)	掌隸院(장례원)
舍 人(사 인)	議政府(의정부)
司 評(사 평)	掌隸院(장례원)
三道水軍統制使(삼도수군통제사)	兵曹(병조)(경상도 주둔)
相 禮(상 례)	通禮院(통례원)
庶 尹(서 윤)	한성부·평양부
說 書(설 서)	世子侍講院(세자시강원)
水軍節度使(수군절도사)	兵曹(병조)(각 수군진)
守門將(수문장)	守門將廳(수문장청)
守禦使(수어사)	守禦廳(수어청)
修 撰(수 찬)	弘文館(홍문관)
修撰官(수찬관)	春秋館(춘추관)
侍講官(시강관)	經 筵(경 연)
侍讀官(시독관)	經 筵(경 연)
兩館大提學(양관대제학)	藝文館(예문관)·弘文館(홍문관)
御營大將(어영대장)	御營廳(어영청)

관 직	소 속 관 청
令(영)	각 署(서)·陵(능)
領經筵事(영경연사)	經筵(경연)
領敦寧府事(영돈녕부사)	敦寧府(돈녕부)
領藝文館事(영예문관사)	
領議政(영의정)	議政府(의정부)
領春秋館事(영춘추관사)	春秋館(춘추관)
領弘文館事(영홍문관사)	弘文館(홍문관)
右副率(우부솔)	世子翊衛司(세자익위사)
右副承旨(우부승지)	承政院(승정원)
右賓客(우빈객)	世子侍講院(세자시강원)
右司禦(우사어)	世子翊衛司(세자익위사)
右洗馬(우세마)	世子翊衛司(세자익위사)
右承旨(우승지)	承政院(승정원)
右侍直(우시직)	世子翊衛司(세자익위사)
右衛率(우위솔)	世子翊衛司(세자익위사)
右諭善(우유선)	世孫講書院(세손강서원)
右 尹(우 윤)	漢城府(한성부)
右議政(우의정)	議政府(의정부)
右翊善(우익선)	世孫講書院(세손강서원)
右翊衛(우익위)	世子翊衛司(세자익위사)
右翊贊(우익찬)	世子翊衛司(세자익위사)
右贊成(우찬성)	議政府(의정부)
右參贊(우참찬)	議政府(의정부)
右通禮(우통례)	通禮院(통례원)
右捕盜大將(우포도대장)	捕盜廳(포도청)
虞 侯(우 후)	각 道(도)
尉(위)	儀賓府(의빈부)
留 守(유 수)	광주·강화·개성
應 敎(응 교)	弘文館(홍문관)

관 직	소 속 관 청
貳 師(이 사)	세자시강원(世子侍講院)
引 儀(인 의)	通禮院(통례원)
諮 議(자 의)	世子侍講院(세자시강원)
掌 令(장 령)	司憲府(사헌부)
著 作(저 작)	홍문관·승문원·교서관
典 簿(전 부)	宗親府(종친부)
典 籍(전 적)	成均館(성균관)
典(전)	宗親府(종친부)
典 翰(전 한)	弘文館(홍문관)
正(정)	돈녕부·종친부·상서원 및 監(감)·寺(시)·院(원)·署(서)·司(사)·倉(창)
正 郎(정 랑)	各曹(각 조)
正 言(정 언)	司諫院(사간원)
正 字(정 자)	홍문관·승문원·교서관
提 擧(제 거)	司饔院(사용원)
提 調(제 조)	비변사·훈련도감·어영청·금위영 및 임시관청
提 學(제 학)	홍문관·예문관·규장각
佐 郎(좌 랑)	各曹(각 조)
左副率(좌부솔)	世子翊衛司(세자익위사)
左 副 承 旨(좌 부 승 지)	承政院(승정원)
左賓客(좌빈객)	世子侍講院(세자시강원)
左司禦(좌사어)	世子翊衛司(세자익위사)
左洗馬(좌세마)	世子翊衛司(세자익위사)
左承旨(좌승지)	承政院(승정원)
左侍直(좌시직)	世子翊衛司(세자익위사)
左衛率(좌위솔)	世子翊衛司(세자익위사)
左諭善(좌유선)	世孫講書院(세손강서원)
左 尹(좌 윤)	漢城府(한성부)
左議政(좌의정)	議政府(의정부)
左翊善(좌익선)	世孫講書院(세손강서원)
左翊衛(좌익위)	世子翊衛司(세자익위사)
左翊贊(좌익찬)	世子翊衛司(세자익위사)

관 직	소 속 관 청
左贊成(좌찬성)	議政府(의정부)
左參贊(좌참찬)	議政府(의정부)
左通禮(좌통례)	通禮院(통례원)
左 捕 盜 大 將(좌포도대장)	捕盜廳(포도청)
祭 酒(좨 주)	成均館(성균관)
主 簿(주 부)	한성부·돈녕부·훈련원·오부·기타寺(시)·司(사)·院(원)·監(감)·署(서)·倉(창)·庫(고)
注 書(주 서)	承政院(승정원)
知 經 筵 事(지 경 연 사)	經筵(경 연)
知 敦 寧 府 事(지 돈 녕 부 사)	敦寧府(돈녕부)
知 成 均 館 事(지 성 균 관 사)	成均館(성균관)
知 義 禁 府 事(지 의 금 부 사)	義禁府(의금부)
知 中 樞 府 事(지 중 추 부 사)	中樞府(중추부)
知 春 秋 館 事(지 춘 추 관 사)	春秋館(춘추관)
持 平(지 평)	司憲府(사헌부)
直 閣(직 각)	奎章閣(규장각)
直 講(직 강)	成均館(성균관)
直 長(직 장)	돈녕부·상서원 및 寺(시)·監(감)·院(원)·署(서)
直提學(직제학)	홍문관·규장각·예문관
進 善(진 선)	世子侍講院(세자시강원)
執 義(집 의)	司憲府(사헌부)
贊 善(찬 선)	世子侍講院(세자시강원)
察 訪(찰 방)	각 驛(역)·道(도)
參 校(참 교)	承文院(승문원)
參 軍(참 군)	한성부·훈련원
參 奉(참 봉)	돈녕부·종친부·기타 寺(시)·院(원)·監(감)·司(사)·署(서) 및 각 陵(능)
參 議(참 의)	各曹(조)
參 知(참 지)	兵曹(병 조)
參贊官(참찬관)	經筵(경 연)

관 직	소 속 관 청
參 判(참 판)	각 曹(조)
僉 節 制 使 (첨 절 제 사)	각 鎭(진)
僉 正(첨 정)	돈녕부 기타 寺(사) · 院(원) · 監(감)
僉 知 中 樞 府 事 (첨지중추부사)	中樞府(중추부)
摠戎使(총용사)	摠戎廳(총융청)
統禦使(통어사)	병조 각 鎭(진)
特進官(특진관)	經 筵(경 연)
判決事(판결사)	掌隷院(장례원)
判 官(판 관)	돈녕부 · 한성부 · 상서원 · 봉상시 · 훈련원
判 校(판 교)	승문원 · 교서관
判 敦 寧 府 事 (판돈녕부사)	敦寧府(돈녕부)
判 書(판 서)	각 曹(조)
判 尹(판 윤)	漢城府(한성부)
判 義 禁 府 事 (판의금부사)	義禁府(의금부)
判 中 樞 府 事 (판중추부사)	中樞府(중추부)
編修官(편수관)	春秋館(춘추관)
評 事(평 사)	평안 · 함경도
弼 善(필 선)	世子侍講院(세자시강원)
學 錄(학 록)	成均館(성균관)
學 諭(학 유)	成均館(성균관)
學 正(학 정)	成均館(성균관)
獻 納(헌 납)	司諫院(사간원)
縣 監(현 감)	각 縣(현)
縣 令(현 령)	각 縣(현)
扈 衛 大 將 (호 위 대 장)	扈衛廳(호위청)
訓 導(훈 도)	典醫監(전의감) · 觀象監(관상감)
訓 鍊 大 將 (훈 련 대 장)	訓鍊都監(훈련도감)

고금관작 대조표

기관계급	입법부	정부기관	지방행정	대학	군인	사법부	외무부	경찰계	문교부	정부투자기관	일반행정부	조선	품계
	국회의장	대통령				대법원장							
		국무총리										영의정 좌의정 우의정	정1품
		부총리										좌찬성 우찬성	종1품
		장관 차관	도지사		대장	대법원판사	장관 차관	본부장	장관 차관 교육감		장관 차관	판서 좌참찬 우참찬	정2품
		차관보		학장	중장	법원장 검사장	차관보				차관보	참판 관찰사	종2품
1급		관리관		주임교수	소장	2호이상	관리관		관리관	관리관	관리관	참의 목사 도호부사	(당상관) 정3품
2급		이사관 국장		교수	준장	4호이상 판검사	이사관	치안정감	부교육감	이사	이사관	집의 사관	종3품
3급		부이사관 (3년이상)		부교수	대령	6호이상 판검사	부이사관	치안감		이사 3년이하	부이사관	군수 사인 장령	정4품
					중령								종4품
4급		서기관 (과장)	군수 부군수 국장	조교수	소령	9호이상 판검사	서기관	경무관 총경 경정	교장 6호이상	부장	서기관	현령 판관 지평	정5품
5급		사무관 (계장)	과장 (면장)	전임강사	대위		사무관		교감 9호이상	과장 (차장)	사무관	정랑 교리	종5품
												좌랑 감찰	정6품
												현감 찰방	종6품
6급		주사	주사 (계장)	전임강사 2년미만	중위		주사	경감 경위	21호이상	계장 (대리)	주사	박사	정7품
7급		주사보	주사보	조교	소위 준위		주사보	경사	30호이상	평사원 3년이상	주사보	직장 저작	종7품 / 정8품
8급		서기	서기		상사 중사		서기	경장	31호이상	평사원	서기	정사 훈도	정9품
9급		서기보	서기보		하사		서기보	순경		평사원	서기보	참봉	종9품

참고문헌

· 한국민속사대백과

· 전국시군지 市君誌

· 각씨족세보 世譜및 대동보大同譜

· 조선왕조실록 朝鮮王朝實錄

· 연려실기술 然黎室記述

· 대동야승 大東野乘

· 전고대방 典故大方

· 고려사 高麗史

도서출판 타오름 한국사 시리즈

문밖에서 부르는 조선의 노래 이은식 저/ 12,000원
노비, 궁여, 서얼... 엄격한 신분 사회의 굴레 속에서 외면당한
자들의 노래하는 또 다른 조선의 역사.

불륜의 한국사 이은식 저/ 13,000원
베개 밑에서 찾아낸 뜻밖의 한국사!역사 속에 감춰졌던 애정
비사들의 실체가 드러난다

불륜의 왕실사 이은식 저/ 14,000원
고려와 조선을 넘나들며 펼쳐지는 왕실 불륜사!
엄숙한 왕실의 장막 속에 가려진 욕망의 군상들이 적나라하게
그모습을 드러낸다.

이야기 고려왕조실록 (상),(하) 한국사연구원 편저/ 上)15,500원 下)18,500
고려사의 모든 것을 한눈에 살펴볼 수 있는 최고의 역사해설서!
다양하고 풍부한 문헌 자료를 바탕으로 재미있고 쉽게 읽히는 새로운
고려 왕조의 역사가 펼쳐진다.

우리가 몰랐던 한국사 이은식 저/ 16,000원
제한된 신분의 굴레 속에서도 자신의 삶을 숙명으로 받아들이지 않고 꿈을
이루기위해 노력한 선현들의 진실된 이야기.

2009 문화 체육관광부 우수교양도서 선정

모정의 한국사 이은식 저/ 14,000원
위인들의 찬란한 생애 뒤에 말없이 존재했던 큰 그림자,
어머니! 진정한 영웅이었던 역사 속 어머니 들이 들려주는 시대를 뛰어넘는
교훈과 감동을 만나 본다.

읽기 쉬운 고려왕 이야기 한국사연구원 편저/ 23,000원
쉽고 재미있게 읽히는 새로운 고려왕조의 역사!
500여 동안 34명의 왕들이 지배했던 고려 왕조의 화려하고도
찬란한 기억들.

원균 그리고 이순신 이은식 저/ 18,000원
417년 동안 짓밟혔던 원균의 억울함이 벗겨진다.
이순신의 거짓 장계에서 발단한 원균의 오명과 임진왜란을 둘러싼 오해의
역사를 드디어 밝힌다.

신라 천년사 한국사연구원 편저/ 13,000원
고구려와 백제를 멸망시킨 작은 나라 신라!
전설과도 같은 992년 신라의 역사를 혁거세 거서간의 탄생 신화부터
제 56대 마지막 왕조의 이야기까지 연대별로 풀어냈다.

풍수 한국사 이은식 저/ 14,500원
풍수와 무관한 터는 없다. 인문학과 풍수학은 빛과 그림자와 같다.
각각의 터에서 태어난 역사적 인물들에 얽힌 사건을 통해
삶의 뿌리에 닿게 될 것이다.

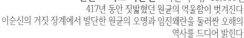

도서출판 타오름 한국사 시리즈

기생, 작품으로 말하다 이은식 저 / 14,500원
기생은 몸을 파는 노리개가 아니었다. 기생의 어원을 통해
그들의 역사를 돌아보고, 예술성 풍부한 기생들이 남긴 작품을
통해 인간 본연의 삶을 들여다본다.

여인, 시대를 품다 이은식 저 / 13,000원
제한된 시대 환경 속에서도 자신들의 재능과 삶의 열정을 포기하거나
방관하지 않았던 여인들. 조선의 한비야 김금원과 조선의 힐러리 클린턴
동정월을 비롯한 여인들이 우리 삶을 북돋아 줄 것 이다.

미친 나비 날아가다 이은식 저 / 13,000원
정의를 꿈꾼 혁명가 홍경래와 방랑시인 김삿갓 탄생기.
시대마다 반복되는 위정자들의 부패, 그 결과로 폭발하는 민중의 울분,
역사 속 수많은 인간 군상들이 현재 우리를 되돌아 보게 한다.

지명이 품은 한국사-1,2,3,4,5,6 이은식 저 / 15,000원~19,800원
지명의 정의와 변천 과정, 지명의 소재 등 지명의 기본을 확실히 정리하고, 1천여 년 역사의 현장을
도처에 남긴 독특한 고유 지명을 알아보자.

핏빛 조선 4대 사화 첫 번째 무오사화 한국사연구원 편저 / 19,800원
사림파와 훈구파의 대립은 부조리한 연산군 통치와 맞물리면서 수많은
희생자를 만들게 된다. 사회, 경제적 변동기의 상세한 일화를 수록함 으로써
혼란의 시대를 구체적으로 그려냈다.

핏빛 조선 4대 사화 두 번째 갑자사화 한국사연구원 편저 / 19,800원
임사홍의 밀고로 어머니가 사사된 배경을 알게된 연산군의 잔인한 살상.
그리고 왕의 분노를 이용해 자신들의 세력을 확고히 하려던 왕실 세력과
훈구 사림파의 암투!

핏빛 조선 4대 사화 세 번째 기묘사화 한국사연구원 편저 / 17,000원
조광조를 필두로 한 사림파가 급진적 왕도 정치를 추구하면서 중종과
쇠외받던 훈구파는 반발하게되고, 또 한번의 개혁은 멀어져 간다.

핏빛 조선 4대 사화 네 번째 을사사화 한국사연구원 편저 / 19,000원
4왕실의 외척 대윤과 소윤이 권력을 차지하기 위해 극렬한 투쟁을 벌였다.
이때 그 정권에 참여하지 못했던 사람들도 대윤과 소윤으로 갈리면서,
조선 시대봉당정치의 시작을 예고한다.

계유년의 역신들 한국사연구원 편저 / 23,000원
세조의 왕위 찬탈 배경과 숙청되는 단종, 왕권의 정통성을 보전하려던 사육신과
생육신 사건부터 김문기가 정사의 사육신인 이유를 분명히 밝힌 역사서!

도서출판 타오름 한국사 시리즈

한국사의 희망 부모와 청소년 이야기 이은식 저 / 19,800원

우리는 인간됨의 씨앗을 줄기차게 뿌려야 합니다.
문제 청소년 뒤에는 반드시 문제의 가정과 부모가 있다는 사실을
우리 모두 자각해야 할 것이다. 따라서 전인적 교육의 필요성은
매우 시급하다. 전인적 교육의 장으로 가정만한 곳은 없다고 본다.
누가 이 세상에서 제일 어려운 것이 무어냐고 묻는다면 본인은 단연코
자녀 교육이라 답하고 싶다.

피바람 인수대비 상 이은식 저 / 19,800원

세상의 모든 원리는 질서와 양보와 용서를 요구하고있다. 오직 자기 중심으로 되어주길
바라는 것은 결코 그 열매가달지 못하듯, 정해진 선을 넘나드는 사람은 참인격자라
평가하지 않는다. 장독안에든 쥐를 잡기위해 그독을 깨었다면 무엇이
남았겠는가 한사람의 지나친 욕망으로 인하여 피바람의 역사는
기록되고 있다. 이는 바람직한 역사도 유산도 될수없다.

피바람 인수대비 하 이은식 저 / 19,800원

세상의 모든 원리는 질서와 양보와 용서를 요구하고있다.
오직 자기 중심으로 되어주길 바라는 것은 결코 그 열매가 달지 못하듯, 정해진 선을
넘나드는 사람은 참인격자라 평가하지 않는다. 장독안에든 쥐를 잡기위해 그독을
깨었다면 무엇이 남았겠는가 한사람의 지나친 욕망으로 인하여 피바람의 역사는
기록되고있다. 이는 바람직한 역사도 유산도 될수없다.

불신라왕조실록-1,2,3,4권 한국인물사연구원편저 / 각 권 19,800

신라사의 모든 것을 한눈에 살펴볼 수 있는 최고의 역사 해설서!
다양하고 풍부한 문헌 자료를 바탕으로 재미있고 쉽게 읽히는
신라 왕조의 역사가 펼쳐진다.

발간중 | 청백리실록 37권

진정한 청백리清白吏란

청백리실록1

고구려 / 백제

을파소 · 성충 · 흥수 · 계백

한국인물사연구원 편저
도서출판 한나음

가격 | 각권 25,000원

청백리란 청렴한 관리라는 뜻이다. 조선왕조는 새 왕조 개창 후 유교의 민본정치를 표방하고 나섰다. 백성을 위한 정치를 한다는 뜻에서 청렴하고 깨끗한 정치를 하고자 했던 것이다. 고려의 몰락 원인은 원의 간섭 후에 권문세가의 부패한 정치에 두고 있다. 그러므로 새 왕조 개창 후에는 관리의 임명에 가장 큰 역점을 두고 있었다. 청백리 제도가 역사적으로 중요시되었다. 그러나 제도적으로 처음부터 법제화 한 것은 아니었던 듯 하다. 세종 때에는 도덕적 기강이 바로 잡혀 청백리 재상이 많이 배출되었다. 동대문 밖의 비새는 초가에서 살았다는 정승 유관柳寬, 고향에 내려갈 때 검은 소를 타고 다녔다는 맹사성, 평생을 근검절약하며 가난하게 살면서도 부끄러워하지 않고 많은 일화를 남겨 오래도록 세인의 칭송을 받았던 황희 정승 등이다. 이들이 언제부터 청백리라는 이름으로 불리고 청백리가 제도화되기까지는 어떤 과정을 밟았는가를 알아보고자 한다. 사람들의 청백한 심성은 인류 역사가 시작됨과 함께 존재했다. 고구려 백제 신라 고려 조선조를 망라하여 청백한 관리가 악정관리보다 더 많았기에 오늘날까지 우리의 역사는 존재하였다. 각종 문헌을 참고 열람하여 그들의 행적을 가감없이 밝혀놓은 책 <청백리 실록>
내용 인물은 336위 37권으로 엮어진 책을 세상에 밝힌다.

고구려 · 백제 · 신라 · 고려 · 조선조 청백리 상 336위
高句麗 · 百濟 · 新羅 · 高麗 · 朝鮮朝 淸白吏 像 336位

고구려 을파소 백제 성충 흥수 계백 신라 박문량 석강수 녹진 고려 강감찬 정문 위계정 김부일 최홍사 유록숭 정항 최척경 양원준 유응규 함유일 전원균 이지명 이공로 김지대 권수평 손변 허공 설공검 주열 윤해 최수황 권단 전신 윤택 유석 왕해 김지석 배정지 박효수 최해 홍균 최석 김연수 정운경 이공수 안보 윤가관 최영 박의중 정몽주 조선 안성 서견 우현보 심덕부 유구 길재 경의 최유경 이지직 이원 김약항 박서생 이백지 최사의 금유 하경복 신유정 정척 맹사성 홍계방 허조 최만리 유겸 박팽년 유염 황희 이석근 이정보 김장 유관 민불탐 이지 옥고 노숙동 기건 정문형 곽안방 박강 김종순 이언 한계희 성삼문 유응부 이맹전 황효원 정성근 허종 허침 이훈 양관 이신효 임정 박열 이현보 박처륜 이순 성현 윤석보 김겸광 조지서 이약동 구치관 안팽명 민휘 류헌 정매신 김무 김전 이화 류빈 손중돈 김연수 이언적 신공제 조사수 조치우 강숙돌 김종직 이숭원 표빈 박상 김정 김양진 최명창 오세한 이선장 정갑손 류희철 조원기 윤사익 유찬 전팽령 권빈 송흠 정창손 김흔 양지손 이철균 한형윤 박한주 유언겸 정붕 조광조 어영준 상진 임훈 원유남 정연 안현 임보신 이몽필 윤춘년 김팽령 김우 김언겸 김몽좌 이탁 정이주 이이 윤부 박수량 홍섬 홍담 류혼 강윤권 이중경 변환남 이준경 이세장 김순 이명 성세창 박영준 오상 안종전 박민헌 주세붕 정종영 임호신 이영 윤현 우세겸 신잠 김확 이증영 김개 이황 김약묵 송익경 송찬 노진 신사형 안잠 김취문 이인충 심수경 이원익 백인걸 안자유 이광정 허엽 허욱 이기설 허세린 허잠 류성룡 이제신 이후백 이기 이유중 오억령 이호민 장현광 정기룡 곽제우 이덕형 나급 이행원 박우 송영구 변양걸 이항복 최흥원 류훈 정곤수 심희수 최여림 김행 김성일 김충선 이우직 이직언 장필무 김수 성영 김장생 조언수 김경서 남이흥 김상헌 김덕함 이시백 김신국 김상 이명준 홍명하 정충신 정언황 민여임 성하종 신경진 임광 목장흠 이안눌 최진립 구곤원 민성휘 조익 권대재 이해 양칙 이민서 이상진 류경창 성이성 홍우량 강세구 윤지인 조경 박신규 이후정 강열 윤추 이제 강백년 최관 조속 이태영 강유후 정도복 이형상 오도일 이종성 조석윤 이지은 홍무 이세화 최경창 임숙영 유하익 이희건 신임 류상운 김두남 송정규 이하원 강석범 오광운 정옥 정간 이명준 허정 정필복 이겸빈 이병태 최유현 이태중 한지 유용 윤득재 고유 김종수 박문수 한덕필 이태중 이의필 이단석 이방좌 정만석 황정 채제공 남이형 서기순 한익상 심의신 박규수 이시영 변영태